ጸጋይ ተኽለሚካኤል ገብረህይወት

(ኢንጅነር)

ንምንታይ?

ካብ 1976 - 1991 ስዉር ተጻብኦ
መሪሕነት ህዝባዊ ወያነ ሓርነት ትግራይ
ኣብ ልዕሊ ናጽነት ኤርትራ፡
ንምምስራት ዓባይ ትግራይ

© ጸጋይ ተኽለሚካኤል ገብረህይወት

ቀዳማይ ሕታም - 2016
(First edision - June 2016)
ካልኣይ ሕታም -ሕዳር 2021
(Second edision - November 2021)

"ንምንታይ?"
(NMNTAY?)

መሰል ደራሲ ብሕጊ ዝተሓለወ'ዩ።
ነዚ መጽሓፍ'ዚ፡ ብዘይ ፍቓድ ደራሲ ምትርጓም፡
ናብ ኣውድዮን ኤለክትሮኒክን ምቕያር ብሕጊ የሕትት።

Email - tsegayteclemicael@gmail.com

ኣርትዖት፡ ቀሺ ብርሃነ ዘርኣይ
ሓሳብ ንድፊ ገበር፡ ደራሲ
ንድፊ ገበር፡ ፍረሚናጦስ እስቲፋኖስ

ብደራሲ ዝተደርሰን ዝተሓትመን መጻሕፍቲ

ስርሒት በርሊን 1984 - 2017
ኤርትራ፡ ጉዕዞ ኣብ ተዘክሮታተይ (ደራሲ ኣሕመድ ጣህር ባዱሪ) - 2018
ኤርትሮ - ኢትዮጵያ፡ ከመጋረጃው በስተጀርባ (ኣምሓርኛ) - 2019
ሰላዩት ኣብ መቐለ - 2021

ኣብ ቀረባ እዋን
"ኣደ!?"

ISBN - **99948-50-13-x**

እዛ መጽሓፍ'ዚኣ ንነፍሰ ሄር ኣቦይ ኣቶ ተኽለሚካኤል ገብረህይወት ዮሃንስ፣ ንነፍሰ ሄርት ኣደይ ወይዘሮ ለምለም ገብረየሱስ ጊላሚካኤል፣ ንበዓልቲ ቤተይ ወይዘሮ ምሕረት ዘርኣይ ወልደሚካኤልን ንደቀይ ቤትኤል፣ ኢዮቤል፣ ሳራን ሃናን መዘከርታ ትኹን።

ምስጋና

እዛ መጽሓፍ'ዚኣ፣ ኣብ መወዳእታ 2012 ስምዒታዊ ኮይነ ክጽሕፉ ኣብ ዝጀመርኩዋ እዋን፡ ከባቢ ኣርብዓ ገጽ ዝኸውን ጽሒፈ ቀ'ሊሕ ከይበልኩዋ ድሕሪ ምጽናሕ፡ ኣብ መስከረም 2014 ህላውነታ ተዘከረኒ። ግና ደልየ ክረኽባ ኣይከኣልኩን። ኣጀማምራኣ ስምዒታዊ ስለ ዝነበረ እቶም ኣብኣ ተጠቒሶም ዝነበሩ ገጸ ባህርያት፣ ሓቐኛ ኣስማት ብምንባሮም ሰባት ረኺቦም ምስ ዘንብቡዋ ጌጋ መረዳእታ ከይገብሩ ሻቕሎት ሓደረኒ። ኮይኑ ኸኣ፡ ንኣማኑኤል ተስፋሁነይ ሻቕሎተይ ገለጽኩሉ'ሞ፣ ዘሰክፍ ከም ዘይብሉ ኣተባቢዑ ነታ ጽሑፍ ክረኽባ ተማሕጸነኒ። እታ ጽሑፍ ኣብታ ኣሪጋ ኢለ ዝደርበኹዋ ላፕቶፐይ ምስ ረኸብኩዋ ንኸንብባ ንዕኡ ሃብኩዎ። ንሱ ኸኣ ኣንቢቡ እታ ዝተጀመረት ዛንታ ክቕጽላን ኣብ መወዳእታ ኸብጽሓን ፍናን ኣስነቐኒ። ንስለ'ቲ ዘበገሰንን ብቐጻሊ ኣብ ጐድነይ ደው ምባሉን ምስጋና ይኹኖ።

ተጻሒፉ ናብ ሕትመት ክሳዕ ትበጽሕ ብዙይ ምስልካይ ዘማኸረንን ሞራለይ ክብ ለጠቕ ኣብ ዝብለሉ ዝነበረ እዋናት ከይተሃከየ ዘተባብዓኒ ሕሩይ ብርሃነ ንጉሰ፣ ከይተሓለለ ሓገዝ ፎቶ ኮፒ ዝገበረለይ ኣቶ ቶማስ ኪሮስን ንስድራ ቤት ነፍሰ ሄር ኣቶ ኣብርሃም ብርሃነ ግርማይ (ሰናይ ግሮሶሪ)ን ስለ'ቲ ጽቡቕ ተግባራቶም የቐንየለይ እብሎም።

እታ ብቐጻሊ ካብ ኣሜሪካ እናደወለት እንታይ ክሕግዘካ ብምባል ገዚፍ ፋናንስያውን ሞራላውን ደገፍ ዝገበረትለይ ሓፍተይ ብርኽቲ ተኽለሚካኤል፣ ከምኡ'ውን ኣሕዋተይ በላይነሽ ተኽለሚካኤልን ታደሰ ተኽለሚካኤልን ንስለ'ቲ ጽቡቕ ተግባሮም ክብረት ይሃበለይ እብሎም።

ኣቶ ተኽለ ገብረመድህን፣ ዋና ትካል ኣስመራ ኤሌክትሪክ (ሲመንስ)፣ ክንዮ ምኽርን ምትብባዕን ሓሊፉ ንዝገበረለይ ዓቢ ፋይናንስያዊ ደገፍ የቐንየለይ እናበልኩ፡ ኣመስጊነ ነመስግንቲ ክህቦ እፈቱ።

እዛ መጽሓፍ'ዚኣ ገና ኣብ ፍርቂ እንከላ ንኸንብቡለይ ነቶም ዓቢ ደራሲ ዶክተር ክብረኣብ ፍረ ኣብ ዝተወከስኩዎም እዋን፡ ብዙይ ዝኾነ ይኹን "ግና..." ተቐቢሎም ምስ ኩሉ ናይ ጽሑፍ ሕጽረታታ ኣብ ውሽጢ ዓሰርተ መዓልቲ ኣንቢቦም ንኽቕጽላን ኣብ መወዳእታ

ከብጽሓን ብሓደ ወገን፡ ተወዲኣ ገና ከይተኣራረመት ከላ ደጊሞም ክልተ ጊዜ ኣንቢቦም ዝሃቡኒ ምዕዶ በቲ ካልእ፡ እንሆ መጽሓፍ ኮይና ንሳልሳይ እዋን ብዕምቈት ርእዮም ዝሃቡኒ ርእይቶን ምኽርን ብገንዘብ ዘይግመት'ዩ'ሞ፡ የቐንየለይ እብሎም።

ጋዜጠኛን ገጣማይን ኣቶ ኣስመሮም ሃብተማርያም ናብ ቤት ጽሕፈቶም ብምኻድ ነዛ መጽሓፍ'ዚኣ ክግምግሙለይ ኣብ ዝሓተትኩዎም ብዘይ ሎሚ - ጽባሕ ተቐቢሎም ንዝሃቡኒ ዕምቈት ዘለዎ ገምጋሞም ብልቢ ኣመስግኖም።

ሓወቦይ ነፍሰ ሄር መምህር ይስሓቕ ገብረህይወት ዮሃንስ ንስለቲ ኣባታዊ ምኽሩ፡ ተቐማጠ ከተማ ፍራንክፈርት ጀርመን ኣብርሃም ይስሓቅ ገብረህይወትን በዓልቲ ቤቱ ወይዘሮ መብራት ዕቑባሚካኤልን ነቲ ሰናይ ተግባራትኩም ምስጋናይ ይብጻሕኩም። ታሪኽ ኣማውታ ሓዋ ዘውስአትኒ ወይዘሮ ኣበበሽ ስብሃቱ ዮሃንስ፡ ንስለ'ቲ ዘደንቕ ሕሉፍ ዝኽሪ ኣድንቓ። ዶ/ር ጴጥሮስ ስብሃቱ ንዝሃበኒ ሞራላዊ ደገፍ፡ ኣቶ በራኺ ተስፋይ በራኺ ኽኣ ከም ሓው ዓርክን መማኽርትን እቲ ጽቡቕ ተግባሩ ኣይርስዖን'የ።

ማሕበረኮም ኤርትራውያንን ሓፋሽ ውድባት ህዝባዊ ግንባር ሓርነት ኤርትራን ጨንፈር ጀርመን ብሓፈሻ፡ ከተማ ብሬመን ብፍላይ፡ በዓል ልደት መጸት ታኒካ ሒዝና ኣብ ፈቐዶ ጕደናታት ፋሕ ኢልና ንስለ'ዛ ሎሚ ነስተማቕራ ዘለና ናጽነት ገንዘባዊ ረድኤት ሳንቲም ወዲ ሳንቲም ለሚንና ብሓባር እናሰሓቕናን እናተዋዘናን ክንቈጽሮ ኽለና ሎሚ ኮይኑ ስለ ዝስምዓኒ፡ እቲ ጥዑም እዋን ካብ ኣእምሮይ ኣይሃስስን'ዩ ዘሎ። ስለዚ ሓበን ይሰማዕኩም እብለኩም።

ጠበቓ ዲርክ ፎገልሳንግን (Dirk Vogelsang) ክሪስቲና ፎገልሳንግን (Kristine Vogelsang) ካብ ከተማ ብሬመን (ጀርመን) ኣብ ጊዜ ሰውራን ድሕሪ ናጽነትን ንኤርትራ ዝገበርኩሞ ኣበርክቶ ልዑል ስለ ዝኾነ ብልቢ ኣመስግነኩም።

ደራሲ

መእተዊ

ህዝቢ ኤርትራን ህዝባዊ ግንባር ሓርነት ኤርትራን (ህ.ግ) ኣብ ጉዕዞ ሓርነታዊ ቓልሲ ዘሕለፉዎ መስገደላትን ዘጋጠሞም ተጻብኢታትን ንምግላጹ ዘሸግር'ኳ እንተ ኾነ፡ እቲ ኣብ'ተን ዓሰርተ ሓሙሽተ ዓመት ቅድሚ ናጽነት ኤርትራ ብመሪሕነት ህዝባዊ ወያነ ሓርነት ትግራይ (ህ.ወ.ሓ.ት) ዘጋጠሞ ስዉር ተጻብኦ እንተ ዝግለጽ መዳርግቲ ኣይምተረኽቦን። መብዛሕትና፡ ኩናት ኣብ 1998 ዝተኣወጀና ገይርና ከም እንሓስብ ዘጠራጥር ኣይኮነን። ኮይኑ ግና፡ ተጋድሎ ሓርነት ህዝቢ ትግራይ ምስ ተመስረተ ኣብ ዓመቱ፡ ኣብ ወርሒ ሓምለ 1976 ንዕላማ ቓልሱ ዘነጽር "ብማኒፌስቶ ትግራይ 68" ዝፍለጥ ጽሑፍ ናብ ህዝብን ተጋዳላይን ትግራይ ዘርጊሑ። ምቛም ዓባይ ትግራይ ዝሕመረቱ እቲ ማኒፌስቶ፡ ትግራይ፡ ዶባታ ካበይ ናበይ ክኸውን ከም ዘለዎ ዘነጽር ካርታ'ውን ኣውጺኡ። ዶብ ትግራይ፡ ንምዕራባዊ ቆላታት ኤርትራን ገማግም ባሕሪ ደንከልን ዝሓቝፈ ምዃኑ ብወግዒ ኣነጸረ። ናይ ነዊሕ ዕላማ ቃልሲ ህዝባዊ ወያነ ሓርነት ትግራይ ድማ፡ ነዛ ኣብ ወረቐት ዝሰፈረት ካርታ ኣብ ባይታ ክዉን ንምግባራ ምዃኑ ኣብ ዝተፈላለየ ኣጋጣሚታት ብድሙቕ ቀለም ኣስሚሩሉ።

ሓንቲ ሃገር፡ ኣብ ልዕሊ ጐረቤታ ሃገር፡ ኲናት እትእውጅ፡ እታ ሃገር ልዑላውነታ ተጋፊሱ መሬታ ምስ ዝጉበጥ ምዃኑ ኣድማሳዊ ሓቂ እዩ። መሪሕነት ህ.ወ.ሓ.ት ኣብ'ቲ እዋን'ቲ ተጋድሎ ሓርነት ህዝቢ ትግራይ፡ ካርታ 'ዓባይ ትግራይ' ብወግዒ ኣብ ዘውጽኣሉ እዋን'ዩ እምበኣርከስ፡ ኣብ ልዕሊ ህዝቢ ኤርትራ ኲናት ኣዊጁ። ምኽንያቱ፡ እቲ ብ1900፡ 1902 ከምኡ'ውን 1908 ኣብ መንጎ ጣልያንን ሃጸይ ሚኒሊክን ዝተገብረ ውዕል መግዛእታዊ ዶባት፡ ሕቡራት ሃገራት ኣብ 1952 ዝተቐበሎ ኤርትራዊ መግዛእታዊ ዶባት፡ ካርቶግራፌ ማእከላይ ወኪል ስለያ ኣሜሪካ ዘነጸሮን ኣብ ዘመን ሃጸይ ሃይለስላሴ ይኹን ስርዓት ደርግ ዘይተቐየረን ካርታ ኤርትራ፡ መሪሕነት ህ.ወ.ሓ.ት፡ መሬት ኤርትራ ቈርሚሙ ኣብ ሓምለ 1976 ኣካል 'ዓባይ ትግራይ' ብምግባር፡ ሕመረት ናይ ነዊሕ ተልእኾ ብረታዊ ቓልሱ ምዃኑ ብጉሁድን ስዉርን መገዲ ይሰርሓሉ ስለ ዝነበረ፡ ንቑናት መሰረት ኣንበሩ ክንብል ንኽእል።

ኣብ'ቲ እዋን'ቲ ስዉር ኲናት ተኣዊጁልና፡ ንምንታይ?

ብድሕሪኡ ዝሰዓበ ዓመታትከ እንታይ ዓይነት ሽርሒታት ተፈቲኑ? መሪሕነት ህ.ወ.ሓ.ት፡ ነቲ ህ.ግ ኣብ ሕዳር 1978 ዝገበሮ ስትራተጂያዊ ምዝላቕን ኣብ ጎቦታት ሳሕል ንዝሰርሖም ድፋዓትን ተቓዊሙዎ፡ ንምንታይ? ኣብ 1979 ብመንጎኝነት ምብራቕ ጀርመን ኣብ ምብራቕ በርሊን ዝተፈተነ ዘተ ሰውራ ኤርትራን ስርዓት ደርግን ኲኒኑዎ፡ ንምንታይ? ንሕብረት ሶቭየት ኣግላሲት ዘይበልኩማ ናይ ብርጁዋ ውድብ ስለ ዝኾንኩም እዩ ተባሂሉ፡ ንምንታይ? ኣብ ወርሒ ጥሪ 1984 መጥቃዕቲ ተሰነይን መጋቢት 1984 ሰሜናዊ ምብራቕ ሳሕል ሃደሽደሽ ምስ በለን ዝምድናኡ በቲኹ፡ ንምንታይ? ኣብ 1984 ዶባት ኤርትራን ትግራይን ክንጸረሉ ሓቲቱ፡ ንምንታይ? 'ገድሊ ህዝቢ ኤርትራ ካበይ ናበይ?' ዝብል ንህ.ግ ዝኹንን ጽሑፍ ኣብ 1986 ዘርጊሑ፡ ንምንታይ? ድሕሪ ምፍራስ ናደው እዝ መጋቢት 1988 ነቲ ብድልየቱ ዝበተኾ ዝምድና ኣብ ወርሒ ሚያዝያ ናብ ንቡር ንምምላሱ ተጓይዩ፡ ንምንታይ? ሽረ እንዳ ስላሴ ለካቲት 1989 ሓራ ምስ ወጸት ኣብ ወርሑ (መጋቢት) መሪሕነት ህ.ወ.ሓ.ት ንመንግስቲ ኢትዮጵያ (ደርግ) ጻውዒት ሰላም ኣቕሪቡሉ፡ ንምንታይ? ነቲ ኣብ ወርሒ ግንቦት 1989 ኣብ ልዕሊ ፕረዚደንት መንግስቱ ሃይለማርያም ዝተፈተነ ዕልዋ መንግስቲ ንምንታይ ትድግፎ ብምባል ንህዝባዊ ግንባር ሓርነት ኤርትራ ተቓዊሙዎ፡ ንምንታይ? ወደባዊት ከተማ ምጽዋዕ ብ10 ለካቲት 1990 ሓራ ምስ ወጸት ኣብ ክልተ ወርሓ ማለት ሚያዝያ 1990፡ መለስ ዜናዊ ናብ ኣሜሪካ ብምኻድ ንኣባል ማእከል ወኪል ስለያ ኣሜሪካን ራንድ ፋውንደሽንን ፕሮፌሰር ፓወል ሄንዝ ረኺቡዎ፡ ንምንታይ? ኣብ'ቲ ኣብ መንጎኦም ዝተገብረ ክልተኣዊ ዘተ ንህዝቢ ኤርትራን ህዝባዊ ግንባርን ዘይመልከዑ ሂቡዎ፡ ንምንታይ? ድሕሪ ውድቀት ስርዓት ደርግ ንዝቐውም መንግስቲ ኢትዮጵያ፡ ኣሜሪካ ኣፍልጦ ክትህቦ መለስ ዜናዊ ንፓወል ሄንዝ ተማሕጺኑዎ፡ ንምንታይ? ኣብ ለንደን ኣብ ግንቦት 1991 ዝተጋበአ ዘተ ሰላም ወደብ ዓሰብ ከም መዛተዪ ኣርእስቲ ክቐርብ ተሓሲቡ፡ ንምንታይ?

እምበኣርከስ፡ እዛ መጽሓፍ'ዚኣ ነዞም ማእለያ ዘይብሎም ንምንታያት ካብ ባሕሪ ብጭልፋ መልሲ ክትረኽበሎም'ያ ትፍትን። ኣንባቢ፡ እቲ ኣብ'ቲ እዋን'ቲ ዝነበረ ተጋዳላይ ብፍላይ ድማ ኣብ'ቲ ኵነታት ብክብ ዝበለ ሓላፍነት ዝተዋስአ፡ ነዊሕ ዓመታት ንድሕሪት ተመሊሱ ነቲ ዅነታት ክዝክሮን መሪሕነት ህ.ግ ነቲ እዉጅ ኲናት ኣብ ብልሒ ተመርኲሱ ብኸመይ ክሰግሮ ከም ዝኸኣለን ክመራመር

ከም ዘለዎ ንምትሕስሳብ ብሓደ ወገን፣ መጻኢ ወለዶታት ድማ፣ ነቲ ካብ ሓምለ 1976 ክሳዕ ግንቦት 1991 ብህዝባዊ ወያነ ሓርነት ትግራይ ዘጋጠመና ተጻብኦ 'ንምንታይ?' ዝብል ሕቶ ኣልዒሎም ብዕምቈትን ቀጻልን ክመራመሩ ብኻልእ ወገን፣ እዛ መጽሓፍ'ዚኣ ድርኺት ክትፈጥረሎም ተስፋ እገብር።

እዛ ኣብ ሓቀኛ ፍጻሜታት ተመርኲሳ ብመልክዕ ልቢ ወለድ ዛንታ እተዘንቱ መጽሓፍ'ዚኣ፣ መሪሕነት ህ.ወ.ሓ.ት ኣብ ዕጹዉን ክፉትን ኣኼባታቱ እንታይ ይብል ነይሩ? ጀነራላት ኢትዮጵያ'ኸ ድሕሪ ነፍሲ ወከፍ ውድቀቶም እንታይ ይብሉ ነይሮም? ሓፋሽ ውድባት ህዝባዊ ግንባር ኣብ ኣዲስ ኣበባ ዘካየዱዎ ንጥፈታት ከመይ ይመስል ነይሩ? ህዝባዊ ግንባር፣ ስለያዊ ንጥፈታቱ ማዕረ ክንደይ ሓያል ነይሩ? ዝብሉ ሕቶታት ናብ ሓቂ ብዝቐረበ መልክዑ መልሲ ሂባትሉ ክትከውን እናተተስፈወት፣ ንህዝባዊ ግንባር ወኪሎም ቀሪቦም ዘለዉ ገጸ ባህርያት ባዕለይ ዝፈጠርኩዎም ከም ምኧኖም መጠን፣ ንማንም ከም ዘይውክሉ ብትሕትና ተዘኻኽር። እንተ እቶም ጀነራላት መንግስቲ ኢትዮጵያን መሪሕነት ህ.ወ.ሓ.ትን ግና ንህዝቢ ኤርትራ ዘድመዩ ብምኧኖም፣ ኣንባባይ እቲ ዛንታ ብልክዕ ክርድኦ ብምባል ሓቀኛ ኣስማቶም ተጠቒማ ኣላ። ስለዚ፣ ኣብ ገበር ናይ'ዛ መጽሓፍ ዘሎ ስእሊ ብቀደም ተኸተል ፕረዚደንት መለስ ዜናዊ፣ ስየ ኣብርሃ፣ ገብሩ ኣስራትን ስብሓት ነጋን ምኧኖም ኣንባቢ ክግንዘብ ይግባእ።

እቶም ኣብ ሕዳር 1976 ዝተቐትሉ ጳውሎስ ስብሃቱን ግርማይ በርሀን ኣቦታቶም ካብቶም ኤርትራ ንኤርትራውያን ዝብሉ ዝነበሩ ብምንባሮም ጥራይ 'ደቂ ሽፋቱ' ተባሂሎም ስለ ዝተቐትሉ፣ ሓቐኛ ሽሞም ተጠቒሱ ኣሎ።

እምበኣርከስ፣ ኣብዛ ካልኣይቲ ሕታም'ዚኣ፣ ምብታኽ ዝምድና ወያነ ምስ ህ.ግ፣ ቅትለት ኮሎኔል ካሳ ገብረማርያም ኣብ ጎቦ መእደን፣ እቲ ዘይነበረ ወይ ዘይተኻየደ ኣኼባ ሎንዶን ግንቦት 1991 ዝኣመሰሉ ዝንቶታታ ምትዕርራያት ገይረ ኣቕሪበዮም ኣለኹ። ብኣፈ ዛንታ ዝተነግሩኒ ጭብጢ ዘይተረኽቦም ዛንታታት ህልቂት ኣዲስ ኣበባ ብሰራዊት ጣልያን ኮነ ምቅጻል 40 ነፈርቲ ኢትዮጵያ ኣብ ሓይሊ ኣየር ኣስመራ ኣብ 1986 መእረምታ ገይረሎም ኣለኹ።

ደራሲ

ኣስመራ - 2016

ገጸ ባህርያት

ሻለቃ ታምራት ወንድነህ	ኣባል ደርግን ሓላፊ ወተሃደራዊ ስለያን
ሓጐስ ገብረኣነንያ	ተጋዳላይ ህ.ወ.ሓ.ት፡ ኣማኻሪ ፕረዚደንት መለስ ዜናዊ
ወልደሚካኤል	ልኡኽ ህ.ሓ
በረኸት በርሀ	ኮድ ኣማኑኤል፡ ልኡኽ ህ.ሓ
ተስፋይ ክብረኣብ	ኮድ ፍጹም፡ ኣባል ዋህዮ ህ.ግ
መሓሪ ታክሲስታ	ኮድ ኣበበ፡ ኣባል ዋህዮ ህ.ግ
ኣዜብ ኣዝማች በራኺ	ኮድ ሳራ ኣባል፡ ዋህዮ ህ.ግ
ሚኪኤል	ልኡኽ ህ.ግ
ምጽላል ገብረህይወት	ኮድ እትየነሽ፡ ኣባል ዋህዮ ህ.ግ
ካፕተን ሃይለመለኮት	ኮድ ጥላሁን፡ ኤርትራዊ ኣባል ሓይሊ ባሕሪን ኣባል ህ.ግንባርን
ሻምበል ብርሃነ	ኮድ ተመስገን፡ ወተሃደራዊ ሎጂስቲክ ኢትዮጵያን ኣባል ህ.ግንባርን
ክንፈ	ወዲ ወዱም ንኣይተ ዘሪሁን ትግራዋይ
ሰለሙን ተወልደ	ተጋዳላይ ህ.ግ ወዲ ሓወቦኡ ንተስፋይ ክብረኣብ
ለምለም ገረዝጊሀር (ጓል ገሬ)	ተጋዳሊት ህ.ግ ሓኪም
መንሱር	ኣባል ፖ.ቤ. ጽሕፈት ሓላፊ ፖለቲካዊ ጉዳያት
ዑስማን (ወዲ ያሲን)	ኣባል ፖ.ቤ. ጽሕፈት ሓላፊ ስለያዊ ጉዳያት
መለስ ዜናዊ	ኣቦ መንበር ህ.ወ.ሓ.ት፡ ማለሊት፡ ኢ.ህ.ወ.ደ.ግ
ስዩም መስፍን	ሓላፊ ወጻኢ ዝምድናታት ህ.ወ.ሓ.ት
ስየ ኣብርሃ	ሓላፊ ወተሃደራዊ ስታፍ ህ.ወ.ሓ.ት
ስብሓት ነጋ	ኣባል መሪሕነት ህ.ወ.ሓ.ት
ኣርከበ ዕቑባይ	ኣባል መሪሕነት ህ.ወ.ሓ.ት
ተወልደ ወልደማርያም	ኣባል መሪሕነት ህ.ወ.ሓ.ት
ኣባይ ጸሃየ	ሓላፊ ፖለቲካዊ ጉዳያት ህ.ወ.ሓ.ት

ኮ/ል መንግስቱ ሃይለማርያም	ፕረዚደንት ኢትዮጵያ
ሻ/ ዳንኤል ኣሰፋ	ኣባል ደርግ
ዶ/ር ሰናይ ልኬ	መስራቲ ሰልፊ ወዝሊግ
ሃይለ ፊዳ	መስራቲ ሰልፊ መኢሶን
ህ.ግ	ህዝባዊ ግንባር ሓርነት ኤርትራ
ህ.ሰ	ህዝባዊ ሰራዊት ሓርነት ኤርትራ
ሚ.ም.ኤ	ሚስጢራዊ ምንቅስቓስ ኤርትራውያን
ተ.ሓ.ኤ	ተጋድሎ ሓርነት ኤርትራ
ማ.ፖ.ት	ማሕበር ፖለቲካ ትግራይ
ግ.ገ.ሓ.ት	ግንባር ገድሊ ሓርነት ትግራይ
ማ.ገ.ብ.ት	ማሕበር ገስገስቲ ብሄረ ትግራይ
ተ.ሓ.ህ.ት	ተጋድሎ ሓርነት ህዝቢ ትግራይ
ህ.ወ.ሓ.ት	ህዝባዊ ወያን ሓርነት ትግራይ
ኢ.ህ.ዴ.ን	ኢትዮጵያ ህዝቢ ዴሞክራስያዊ ንቅናቄ
ኢ.ህ.ወ.ደ.ግ	ኢትዮጵያ ህዝቢ ወያናይ ዴሞክራስያዊ ግንባር
ሰደድ	ሰልፊ ሰደድ
መኢሶን	መላው የኢትዮጵያ ሶሻሊስት ንቅናቄ
ወዝሊግ	የወዛደር ሊግ
ኢፒኣርፒ	ኢትዮጵያን ፒፐልስ ረቮሊሽናሪ ፓርት

ምዕራፍ 1

ጥሪ 1981

ሻለቃ ታምራት፣ ኣብ ደርግ ተፈራህን ተፈታውን ጥራይ ዘይኮነ፣ መንግስቱ ሃይለማርያም፣ ሓደ ካብ'ቶም ውሑዳትን ኣዝዩ ዝኣምኖምን ኣባላት ደርግ'ዩ ነይሩ። ቤት ጽሕፈቱ፣ ሓያል ሓለዋ ካብ ዝግበረሎም ቤት ጽሕፈታት ኣብ ቀዳማይ ደረጃ ዝስራዕ'ዩ ዝነበረ። ኮይኑ ኸኣ፣ ኣብታ ንግሆ'ቲኣ ቤት ጽሕፈቱ ኣትዩ ኣብ መንበሩ ምስ ተቐመጠ፣ ሓንቲ "ጥብቅ ምስጢር፣" ዝተጻሕፋ ደብዳቤ ኣብ ጠረጴዛኡ ረኣየ። ከም'ቲ ወትሩ ዝመጾ ደብዳበታት ገይሩ ስለ ዝሓሰባ፣ ብጒድና ብፕላስቲክ ካራ ገይሩ ተዛንዩ ቀዲዱ ኸፈታ። ትሕዝቶኣ ክንባ መነጽሩ ወደየ። ንዘንበቦ ክኣምኖ ተጸገመ፣ ከይተፈለጠ፣ "ኣዜብ!!" ኣድመጸ።

እታ ደብዳቤ ንጹር መልእኽቲ ነበራ። "ካበይን መንን ኣምጺኡዋ ኢልካ ኣይትሕተት! ባዕልና ክንረኽበካ ኢና! ማሕተም፣ ህዝባዊ ግንባር ሓርነት ኤርትራ፣ ሕዳር 1980።"

ሻለቃ፣ ንሰዓት ትሽዓተ ኣኼባ'ኺ እንተ ነበሮ፣ ኣእምሮኡ በታ መልእኽቲ ተባሒቱ ስለ ዝነበረ። ነቲ ትሕቲኡ ዝነበረ ሓላፊ ኸመርሓ ትእዛዝ ሃበ። ንጸሓፊቱ ተራርን ውዕይትን ቡን ከተምጽኣሉ ሓቲቱ፣ ሽጋራ ወለዐ።

"እዛ ሰነድ'ዚኣ ኣብ ቤት ጽሕፈተይ ብኸመይ መገዲ ክትኣቱ ክኢላ? ኣዜብ ኣብዚ'ላ ማለት ድዩ? ወይ ኣማኑኤል? ንምንታይከ ሕጂ ድሕሪ ኣርባዕተ ዓመት? መን እዩ ክረኽበኒ? ንምንታይ ዕላማ?" ዝብሉ ሕቶታት ከደይብን ከውርድን ከይተፈለጠ ሰዓታት ሓለፈ።

ኣብቲ እዋን'ቲ፣ ታምራት፣ ከምቲ ተስፋይ ካብታ ለተኣብ ዝሃበቶ ንእሽቶ ወረቐት ዝነበቦ ዘይኮነስ፣ "ሓላፊ ስለያዊ ጉዳያት ኢትዮጵያ" ኾይኑ ተሸይሙ ነበረ። ዝኾነ ሓበሬታ ናብኡን ካብኡን'ዩ ዝመሓላለፍ። ስለ ዝኾነ ኸኣ እዩ፣ ምስጢር ኣተኣታትዋ ናይታ

ደብዳቤ ፈቲሹ ኽረኽቦ ዘይከኣለ። ከይሓትት፡ እታ "ኣይትሕተት!" ትብል መምርሒ ቐየደቶ። ነታ ጸሓፊቱ'ውን ትኹን፡ ኣይሓተታን። ዘሕትት'ውን ኣይነበሮን። ንመን'ዩ'ሞ ኽጥርጥር? ኣብ ከባቢኡ እን ተ ኾነ፡ ንዕኡ ኽገብሩ ዝኽእሉ ሰባት ኣይነበሩን። ኣብ ምሉእ ቤት ጽሕፈቱ፡ ኤርትራዊ ኣይነበረን። ኣብኡ ክኣትዉ ይኽእሉ እዮም ዝብሎም ንሓደ'ኳ ኽጥርጥር ኣይከኣለን።

ሻለቃ ታምራት፡ ደብዳበ ህዝባዊ ግንባር ምስ ተቐበለ ኣብ ካልኣይ መዓልቱ፡ ሻምበል ብርሃኔ ደወለሉ።

"ሻለቃ! ከመይ ውዒልካ? ብርሃኔ እየ።"

"ብርሃኔ ኸመይ ኣለኻ? ካብ ዘይርእየካ ነዊሕ ኮይኑ። ስራሕ ሎጂስቲክ ተወዝ ከብለካ ኣይከኣለን መስለኒ።"

"መካይን ከተውፍርን እዝን እትን ከተማልእን ትንፋስ ዝብሃል ኣይርከብን'ዩ። ዋላ ብሕልም'ኻ ኽይተረፈ መኪና መኪና ..." ምስ በሎ፡ ታምራት እናሰሓቐ፡

"ትማሊ ምስ ጀነራል ባልቻ ኣሰፋ ብሓባር ኣምሲናስ፡ ብስራሕካን ክእለትካን ኣዝዩ ይድነቐ ነይሩ።"

"የቐንየለይ ታምራት፡ እሞ ካብቲ ናይ ትማሊ ተረፍኩም ኣሎ እንተ ኾይኑ ደኣ ምሸት ..."

"ደስ እናበለኒ! ኣብ ንፋስ ስልክ ንራኸብ፡" ኢሉ ልዓት ተሌፎን ኣንበረ።

ሻምበል ብርሃኔ፡ ካብታ ቕድሚ ኽልተ ዓመት ካፕቴን ሃይለመለኮት ኣብ ሓፋሽ ውድባት ህ.ግ ካብ ዝውድቦ ኣትሒዙ፡ መንነቱ ረኽባ። ብኸለ'ንትናኡ'ዩ ተቐይሩ። ስለ ዝኾነ ኸኣ፡ ብዛዕባ ወተሃደራዊ ሎጂስ ቲክስን ዝካየዱ ንጥፈታትን በታ ካፕቴን ሃይለመለኮት ዝኸፈተሉ መስመር ኣቢሉ፡ ሓበሬታ የመሓላልፍ ነበረ። ኣብ ንጡፍ ናይ ሓበሬታ ምትሕልላፍ ስራሓት እንከሎ እዩ ሓንቲ መልእኽቲ ካብ ካፕቴን ሃይለመለኮት ዝመጾቶ።

"ንወንድሙ ብህጹጽ ርኸቦ፡ ብዛዕባ ቀይ ሽብር ኣዘራርቦ፡ ኣስማት ደቂ መሬት እንተ ጸዊዑ እንታይነቶም ፍለጥ። ጥላሁን።"

ብርሃኔ፡ ንሻለቃ ተቛጺሩዎ። ኣብ ሓደ ሶፋ ኾፍ ብምባል፡ ሓሙሽተ ደቒቕ ምስ ተጸበየ፡ ታምራት ብዓጀብቱ ተሰንዩ ናብቲ ቦታ ኣተው'ሞ፡ ሻምበል ካብ ኮፍ መበሊኡ ብምትሳእ ግቡእ ወተሃደራዊ ሰላምታ ሂቡ፡

ናይ ኢድ ሰላምታ ተለዋወጡ።

“ብርሃኔ፣ ኣጸብየካ ኸይከውን ተስፋ እገብር፣” እናበሎ፣ ናብቲ ንኸምኣቶም ሰበ ስልጣን ተባሂሉ ዝተሓዝአ ፍሉይ ቦታ ኣትዮም፣ *ክትፎ፣ ጐረድ ጐረድ፣ ቅቅልን* ሓንቲ ጥርሙስ ብላክ ለበልን ኣዚዞም እናበልዑን እናሰተዩን ኣብ ኤርትራ ዘሎ ዅነታት ኣልዒሎም ናብ ዲቕ ዝበለ ዕላል ኣተዉ።

“ናብ ኣስመራ እንክኸይድ ጓሂ እዩ ዝስምዓኒ። ካብ 1957 ኣቢለ እየ ናብኡ ተመላሊሰ። ጽባቔኣ ሎሚ የለን ሃደሽደሽ ኢሉ፣ እቲ ጻዕረኛ ህዝባ በዚ ብኣና፡ በቲ ብጀብሃን ሻዕብያን ተስፋ ቈሪጹ ...” በረኸትን ኣዜብን ናብ ሜዳ ካብ ዝወርዱ ኣትሒዙ፣ ከምዛ ዝጸርፎም ዘሎ ኾይኑ ይስምዖ ስለ ዝነበረ፣ ወንበዴ ኽብል ሕልናኡ ኣይገብረሉን'ዩ ነይሩ። “ዘዝጐበዘን ዝተማህረን ናብ በረኻ ወጺኡ ...” ኢሉ፣ ነቲ ኣብ ብርጭቆኡ ዝነበረ ዊስኪ ብሓንሳብ ጎጭ ኣቢሉ ድንን በለ። *ታምራት*፣ ሻምበል ብርሃኔ ኦሮሞ'ምበር ካልእ ኣይመስሎን እዩ ነይሩ። ስለ ዝኾነ ኸኣ እዩ ኣብ ዕላሉ ግልጺ ዝነበረ።

“እቲ ኣብ ኣስመራ፣ ኣዲስ ኣበባን ካልኣት ከተማታትን ብቐይሕ ራዕዲ፣ ዝፍለጥ ዝተፈጸመ ቅትለት'ውን እኮ፣ ነቶም ደቂ'ቲ ክፍለ ሃገር ናብ ወንበዴታት ንኽጽንበሩ ዓቢ ኣስተዋጽኦ እዩ ገይሩ። ምሳና ኣብ ካደት ዝነበሩ ኸይተረፉ ...”

“ዝገርመካ! ሓደ ሓደ እዋን ክሓስቦን ክዝክሮን ኣይደልን'የ!። ኣነ ኸመይ ዝበሉ ኤርትራውያን ኣዕሩኽቲ ነይሮምኒ'መስለካ። ናይ ልበይ እየ ዘዕልለካ ዘለኹ ብርሃኔ። ከም ሻምበል ሚኪኤል ካብ'ቶም ቀዳሞት ኣባል ደርግ ዝነበሩ፣ ኣዜብ እታ ኸም ወላዲት፣ ሓፍቲ፣ ሓማት፣ ዓርክን ብፍቕሪ ዝፈትዋ ዝነበርኩን፣ ኣማኑኤል እቲ ምሁር፣ መስተውዓሊ፣ ለባምን ህዱእን፣ ኢብራሂም ብጀካ ሰሓቕ፣ ዕላል፣ ንብላዕ ንስተ፣ ንሳዕስዕ፣ ህይወት ሎሚ ነስተማቕራ ጽባሕ ኣይትርከብን'ያ በሃላይን፣ መሓሪ ...” ኢሉ ዝን ድሕሪ ምባል፣ “ኩሎም'ዚኦም ናብ ሻዕብያ ኸይዶም፣ ንመሓሪ ግና ቀይ ሽብር በሊዑዎ!” ኢሉ፣ ነታ ብርጭቆ ዊስኪ ግብ ኣቢሉ ንብርሃኔ ዓይኒ ዓይኑ እናጠመተ፣ “ህይወት ትርጉም ከም ዘይብላ ትፈልጣ'ኮ፣ ፈተውትኻ ብዝኾነ ይኹን ምኽንያት ካባኻ ምስ ዝርሕቁ፣

ብሕታውነትን ባዶሽን ክስምዓካ ምስ ዝጅምርን'ዩ፡" ኢሉ ድንን በለ።

"ታምራት፡ እዚ ደኣ'ሞ ኣብ ኩላትና ዘሎ እንድዩ፡" ድሕሪ ምባል፡ ነቲ ዕላል ናብ ካልእ ጠወዮ። ከባቢ ፍርቂ ለይቲ ምስ ኮነ ኸኣ ሰንደልደል እናበሉ ብዓጀብቶም ተደጊፎም ኣብ መኪና ተወጢሖም ናናብ ገዘኦም ከዱ።

ካፕቴን ሃይለመለኮት ብምስጢር ዝተጻሕፈ መልእኽቲ በጽሐ፡ ካብ ሻምበል ብርሃኔ። ንሱ ነታ ምስጢር ፈቲሑ ናብ ሚኪኤል ሰደዳ። ሚኪኤል፡ ሻለቃ ታምራት ክርከብ ምኽኣሉ ኸም ሓደ ዓቢ ዓወት ቈጺሩ እቲ ሓበሬታ ናብ ሜዳ ኣመሓላለፎ። ነቲ ተልእኾ እትበቅዕ መን ክትከውን ከም ትኽእል ኣብ ምስልሳል እንከሎ እዩ እምበኣርከስ፡

"ህጹጽ ጉዳይ ስለ ዝኾነ፡ ጊዜ ኣይትብልዑ። ህዝባዊ ግንባር ሓርነት ኤርትራ፡" ትብልን እቲ ጉዳይ ብላዕለዎት መሪሕነት ከም ዝተታሕዘ ዘመልክት መልሲ ናይ መልእኽቱ ካብ ሜዳ ኤርትራ ዝመጸቶ። እቲ ካብ ሜዳ ነቲ መልእኽቲ ሒዙ ዝመጸ ተጋዳላይ፡ ብዛዕባ ኣዜብን በረኽትን ምስ ሻለቃ ታምራት ዝነበሮም ዝምድና ዘመልክት ጽጹይ ናይ ጽሑፍ ሓበሬታ ሃቦ። ሚኪኤል፡ ድሕሪ ነዊሕ ምሕሳብ ሰነዳቱ ረኣየ'ሞ፡ 'ምጽላል ገብረህይወት፡ ሚስጢራዊ ሽም እትየነሽ፡ ዕድመ 36፡ ስራሕ ኣብ ሕብረት ኣፍሪቃ ሓላፊት ቍጠባዊ ጉዳያት ቀርኒ ኣፍሪቃ፡ ዘይምርዕውቲ፡ ካብ 1966 ኣትሒዛ ኣባል ሚስጢራዊ ምንቅስቓስ ኤርትራውያን (ሚ.ም.ኤ)፡ ውፍይቲ፡' ዝብል ኣንበበ። ጊዜ ኸየጥፍኣ ንምጽላል ናብ ስራሓ ከይዱ ብኣካል ረኺቡ ተቛጸራ። ኣብ ርክቦም ድሕሪ ሓጺር ዕላል፡

"ሓደ ኣዝዩ ኣገዳሲ፡ ግና ሓያል ጥንቃቐ ዘድልዮ ዕማም ስራሕ ካብ ሜዳ መጺኡና'ሎ። ድሕሪ ነዊሕ ምሕሳብ፡ ነዚ ኽተተግብሪ እትኽእሊ ንስኺ ጥራይ ምዃንኪ ስለ ዝተኣምነሉ ኸኣ እዩ፡ እታ ተልእኾ ከተተግብርያ ብላዕለዋይ ኣካል ተወሲኑ ዘሎ፡" ብምባል፡ እቲ ክግበር ዘሎዎ ሓደ ብሓደ ኣብርሃላ።

"ስኳቡሊ'ኳ ኽይከውንሲ፡ በዓል ሓዳር!" ብምባል፡ ብናይ ገዛእ ርእሳ ዘረባ ሰሓቐት'ሞ፡ "እዚ ደኣ ብምንታይ ክርከብ'ዩ። ንሱ ዝኣትዎ ቦታን ኣነን ኣይራኽብን'ዩ። ብዝኾነ ግና፡ ክሓስብ'ሞ እን ታይ ከም ዝግበር ክፍልጠካ እየ፡" ብምባል፡ ካብቲ ዝነበሩዎ ቦታ

ኸም ክልተ ፍቑራት ተሓቚቖሞም ወጹ።

ምጽላል፣ ብኸመይን ኣበይን ንሻሊቃ ታምራት ከም ትረኽቦ ካብ ምሕሳብ ስለ ዘየቋረጸት'ያ እያ እምበኣር፣ ኣብቲ ኣብ ኬንያ ንወርሒ ጥሪ 1981 ክካየድ ዝተሓሰበ ንቑጠባን ጸጥታን ቀርኒ ኣፍሪቃ ዝምልከት ዓመታዊ ዋዕላ ሃገራት ቀርኒ ኣፍሪቃ ሓሳባ ዝወደቐ። እዚ ብሰበ ስልጣንን ላዕለዎት ሓለፍትን ዝካየድ ዋዕላ፣ ጸብጻብን ኣብ ቍጠባ እተን ሃገራት ክግበሩ ኣለዎም ዝብሃሉ እማመታትን እናሓንጸጸት እንከላ እዩ ምጽላል፣ ሓደ ሓሳብ ዝመጻ፣ "ካብ ኢትዮጵያ መን መን ኮን ይውከሉ ይኾኑ፣" ኣብ ዝብል ሓሳብ ከላ ጠሓለት። ቅጽበት ለዓት ተሌፎን ኣልዓለት'ሞ፣

"ጃን ኮስ፣ ከመይ ውዒልካ። ንእሽቶ ስራሕ ነይራትኒ'ሞ ክመጸካ እኽእል ድየ?" ብምባል፣ ናብ ላዕለዋይ ሓላፊኣ ደወለት። ጃን ኮሰ ወዲ ሰኔጋል ኮይኑ፣ ምስ ምጽላል ጥቡቕ ዝምድናን ዕርክነትን ዝነበሮ ክኢላ ቍጠባ እዩ። ንዓኣ ዝሓብኣላ ነገር ኣይነበሮን፣ ከመይሲ? ምስጢሩ ኣዝሪቒትሉ ኸም ዘይትፈልጥ ኣጸቢቑ ስለ ዝፈልጥ። በዚ ምኽንያት'ዚ ኸኣ'ያ፣ ምጽላል ናብቲ ልዕሊ ኣርብዓ ትርብዒት ሜተር ዝበጽሕን ኣዝዩ ውቁብ ቤት ጽሕፈቱን ወረቓቕታ ሒዛ ዝኣተወት።

"ሃለው ሚስ፣ ምሳሕ ክትዕድምኒ ኢልኪ መጺኺ ክትኮኒ ተስፋ'ገብር፣" ብምባል፣ ሓፍ ኢሉ ተቐበላ። ጃን ኮሰ ይኹን ካልኦት፣ እታ ምጽላል ትብል ሽም ስለ እትነውሖም "ሚስ" ኢሎም'ዮም ዝጽውዕዋ ነይሮም።

"ትርእየኒ'ለኻ፣ ብሰንኪ ወረቓቕትኻ ካብቲ ኾፍ ዝብለሉ መንበር ስለ ዘይትስእ ..."

"ኪሎታት ወሲኺ፣" ብምባል፣ ነቲ ወትሩ ዝሰምዮ ዘረባ መልኣላ'ሞ፣ ተተሓሒዞም ሰሓቑ።

"ምሳሕ ኣብ ፍንፍኔ፣ እእ!" ኢላ ነታ ካብ ዓቐና ንላዕሊ ገፋሕ መኻፍቲ ኣፉ ኽፊታ ክሳዕ ኵራርምታ ዝርኣ ፍሽኽ በለቶ። ምጽላል ክትስሕቕ ከላ ብመኻፍቲ ኣፉ ዘይማረኽ ሰብኣይ ኣይነበረን። ስለ ዝኾነ እዩ ኸኣ፣ ጃን ኮሰ ብውሽጡ ዘፍቅራ ዝነበረ።

"ሕራይ፣ በሊ ካብ ደሞዝ ወስኸኒ ወጻኢ እንታይ ኣምጽኣኪ?" ምስ በላ፣ ብሰሓቕ ትዋሕ በለት።

"ካብ ሕብረት ኣፍሪቃስ ገንዘብ ክርከብ!" ብምባል፣ ናብቲ ዘምጽኣ ጉዳይ ሰገረት'ሞ፣ "እንታይ'መስለካ፣ ነዚ ዋዕላ ዝኸውን ወረቓቕቲ ኣብ ምድላው ከም ዘለኹ ትስሕቶ ኣይመስለንን። ከም

ትፈልጦ፡ ዓመት ዓመት መራሕትና ዋጭዋጭ ካብ ምባል መቸም ኣይዓርፉን'ዮም። ስለዚ፡ ካብ'ቶም ክኢላታት በዓል መን ከም ዝካፈሉ እንተ ዝፈልጥ፡ ንዝመጸና ሕቶ ብኣጋኡ ምተዳለናሉ ኔርና ዝብል እምነት ኣለኒ። ንምፍላጡ ተኸእሎ ኣሎዶ?" ምስ በለቶ፡ እቲ ጉዳይ ነቶም ኣብ ናቲ ጽፍሒ ዘለዉ ጥራይ ዝምልከቶም'ኳ እንተ ነበረ፡ ንምጽላል ግና ከመይ ገይሩ ክኸልኣ። ንጸሓፊቱ ጸዊዑ ኸኣ ፋይል ክትህቦ ተወከሳ።

"እሞ መብዛሕቶም'ኳ ትፈልጥዮም ኢኺ፡ ለውጢ ዘይብሎም ከም ሰብ ውራይ ኣብ ፈቐዶ ዋዕላታት'ዮም ዝርከቡ። ውሑዳት ሓደስቲ ገጻት ግና ኣይስኣኑን'ዮም፡" ብምባል፡ እታ ካብ ቤት ጽሕፈቱ ዘይትወጽእ ፋይል ሃባ። ኣብታ ኣብ ትሕቲ "ጸጥታ" ትብል ኣተኲረት'ሞ፡ ካብ ኢትዮጵያ "ሻለቃ ታምራት ወንድነህ፡ ሓላፊ ስለያዊ ጉዳያት" ትብል ኣንበበት። ልባ ዱግ ዱግ ክትብል ተፈለጣ'ሞ፡ ርእያ ምስ ወድኣት፡

"ወጮ እንተ ገልበጥካዮ ወጮ፡" ብምባል፡ ብፍሽኽታን ብሩህ ገጽን ነታ ፋይል ዓጽያ ሃበቶ። ድሕሪ ሓደ ሰዓት ንምሳሕ ብሓንሳብ ክኸዱ ተሰማሚያም ከኣ፡ ካብ ቤት ጽሕፈቱ ወጸት። ምጽላል፡ ከይደንጎየት ናብ ሚኪኤል መልእኽቲ ብምስዳድ ኣብ ሂልተን ሆቴል ተራኺቦም ብዛዕባ እቲ ኣብ ኬንያ ዝግበር ዋዕላን ታምራት ኣብኡ ኸም ዝሳተፍን ሓበረቶ'ሞ፡

"ብዛዕባኡ ኣሎ ዝብሃል ሓበሬታ እደሊ ኣለኹ። ሓዳሩ፡ ደቁ፡ ኣዕሩኽቱ፡ ምስ ኣዜብ ዝነበሮ ዝምድና፡ ኣማኑኤል መን'ዩ? ኣብ ጽፍሑ ዘለዉ ኤርትራውያን፡ ዝፈትዎ መስተ፡ ዝፈትዎ ዕላል፡ ፈታው ደቀንስትዮ ድዩ ኮታስ ኩለንትናኡ፡" ምስ በለቶ፡ ምጽላል፡ እቲ ጉዳይ ብዕቱብ ከም ትሕዞ፡ ሚኪኤል ኣይተጠራጠረን። ስለ ዝኾነ ኸኣ፡ ብወገኑ ዘድልያ ሓበሬታ ከምጽኣላ ምኳኑ ተመባጺዑ ብሓባር ካብቲ ሆቴል ወጹ።

ሚኪኤል፡ ብዛዕባ ሻለቓ ታምራት ኣሎ ዝብሃል ሓበሬታ ኽስደደሉ ብምልባው፡ ነቲ ብወገኑ ተረኺቡ ዝነበረ ሓበሬታ ኣስፊሑ ናብ ሜዳ ሰደዶ፣ ህጹጽ መልሲ ይጽበ ኸም ዘሎ ኸኣ፡ ኣነጸረ። ብኻልእ ወገን ከኣ፡ ሻምበል ብርሃኔ ንታምራት ክረኽቦ ኸም ዘሎዎ ንካፕቴን ሃይለመለኮት መልእኽቲ ሰደደሉ። ብኸምዚ ኣገባብ፡ ሻለቃ ታምራት ናብ ኬንያ ዝብገሰሉን ድሕሪ'ቲ ዋዕላ ንሸውዓተ መዓልቲ ኣብኡ ከዕርፍ ምኳኑን፡ ምስ ተመልሰ ነቲ መጠነ ሰፊሕ ወራር ኣብ ኣስመራ ኾይኑ ኽወዳድብ ናብ ኣስመራ ኸም ዝኸይድን

ካልኦት ኣዝዮም ኣገደስቲ ዝብሃሉ ሓበሬታታትን ተኣኪቦም ኣብ ጽሑፍ ሰፊሩ። ምጽላል፡ እቲ ኸብጸሕ ተደልዩ ዝነበረ ሸቶ ከውቃዕ ምእንቲ፡ ኣቐዲማ ዓመታዊ ዕረፍቲ ኽተመልከትን ዕረፍታ ኣብ ኬንያ ኽተሕልፎን ወሰነት። እቲ ብወገን ሜዳ ዝተላእከን ኣብ ኣዲስ ኣበባ ዝተኣከበን ሓበሬታ ኸኣ፡ ከይተሸራረፈ ኽተጽንዮ ተዋህባ'ሞ፡ ምቅርራባ ወዲኣ ናብ ናይሮቢ ኬንያ ተበገሰት።

* * *

ናይሮቢ ሰንበት 11 ጥሪ 1981

መገዲ ኣየር ኢትዮጵያ ቦይንግ 707 ካብ ቦሌ መዓርፎ ነፈርቲ ናብ ናይሮቢ ኣብ ሰዓታ ተበገሰት። ምጽላል ምስ ከምኦ ዝመሰሉ ኣብቲ ዋዕላ ዝካፈሉ ብጾታ ብሓባር ናብ ናይሮቢ ኣብ ትበረሉ ዝነበረት እዋን፡ ሓሳባ ካብ ናብቲ ዋዕላ፡ ንታምራት ከመይ ገይራ ክትቀርቦ ኽም ዘለዋ እናሰላሰለት ከይተፈለጣ ድሕሪ ናይ ሓሙሽተ ሰዓት በረራ መዓርፎ ነፈርቲ ናይሮቢ ኣተወት። ተታሒዙላ ዝነበረ ሆቴል ኣብ ሻራቶን ብምንባሩ፡ እትው ኢላ ናብ መሕጸብ ነብሲ ብምኻድ ክዳውንታ ኣወጺኣ ኣብ ቅድሚ መስትያት ደው በለት። ዕድሚኣ ሰላሳን ሓሙሽተ ሓሊፉ'ኳ እንተ ነበረ፡ ጽባቐ ቅርጺ ሰብነታ ኣዝዩ መሳጢ፡ ፈጣሪ ኾነ ኢሉ ጐደሎ ዘይብሉን ኣተኻኺሉ ክፈጥራ ኣዝዩ ብዙሕ መዓልታት ዝወሰደሉን እያ ትመስል ነይራ። ካብ እግራ ክሳዕ ጸጕሪ ርእሳ ንነብሳ በብሓደ ኣብቲ መስትያት ረኣየቶ'ሞ፡ ፍሽኽ በለት። ፍሽኽታኣ ግና ነዊሕ ኣይጸንሐን፣ ገጻ ጸላም ተኸዲኑ ናብቲ ኣብ ጥቓኣ ዝነበረ መንበር ዱጭ ኢላ ኾፍ በለት። ኣንቃዕሪራ ናብ ናሕሲ ብምጥማት ንእስቲፋኖስ በርሀ ዘኪራ ንብዓት ሰዓራ።

እስቲፋኖስ በርሀ፡ "*ቀይ ሽብር*" ኣብ ዝተጀመረሉ እዋን ከም ኩሎም ኣባላት ሓፋሽ ውዱባት ንሜዳ ብህጹጽ ክወጽእ'ኳ እንተ ተሓበሮ፡ "እቲ ዝበርትዐ ገድሊ ኣብ ሕምብርቲ ጸላኢ እዩ ዘሎ!" ካብ ዝብል ናይ ተወፋይነት ኣተሓሳስባ፡ ከይወጸ ተረፈ። ኣብቲ ግዛ ተኻርዩ ንበይኑ ዝነብረሉ ዝነበረ መገዲ ቦሌ፡ ኣብታ መዓልቲ'ቲኣ ቅትለት "*ቀይ ሽብር*" ጸዕጺዑ እዩ ኣምሰዩ።

"እስቲፍ፡ ኣነ ሎሚ ምሸት ናብ ገዛኻ ክትክይድ ፈጺሙ ባህ ኣይብለንን'ዩ ዘሎ። ነብሰይ ፍርህ ፍርህ ይብለኒ'ሎ። ንምንታይ ኣብ ሆቴል ዘይንሓድር?" ብምባል ክልተ ኣእዳዉ ደረዘተን።

"ኣየ ምጽላሊኖ! መቸም እንተ ተፈልየኪ ከክፉኡ ኢኺ ትሓስቢ፣" ብምባል፣ ንሱ'ውን ሕቍፍ ኣቢሉ፣ "ሓቅኺ'ለኺ! ኣነ'ውን ደስ ኣይበለንን ዘሎ፣ ግና ጽባሕ ዋናታት እቲ ካምፓኒ ካብ ግሪኽ ዝኣትዉሉ መዓልቲ ስለ ዝኾነ፣ ኣኼባ ክህልወና እዩ። ስለዚ፣ ቀልጢፈ ገዛ ኸይደ ቈሩብ ክቀራረብን ክዳውንቲ ኸኣ ክቕይርን ኣለኒ።"

"እሞ ኣንጊህካ ተሲእካ ዘይትኸይድ?"

"ሓደ ሓደ ጊዜስ ምሳኺ ኽለኹ ኢኺ ትናፍቕኒ'መስለኒ፣" ብምባል፣ ኣብ ምዕጕርታ ሰዓማ'ሞ ገጻ ከም ገለ ገበረቶ። እስቲፋኖስ'ውን ብዘይ ዝኾነ ምኽንያት ነብሱ ክብድብድ ኢሉዎ እዩ ውዒሉ። ካብቲ ቤት ብልዒ ወጺኦም ናብ ገዝኣ ኣብጽሓ'ሞ፣ ንጽባሒቱ ብሓንሳብ ኣብ ራስ ሆቴል ከምስዩ ምዃኖም ተላብዩ፣ "ኣዝየ እየ ዘፍቅረኪ፣" ብምባል፣ ካብ መኪና ኣውሪዱዋ ኸደ።

ሰዓቱ፣ ከባቢ ሰዓት ትሽዓተ ምሸት ኣቢሉ እዩ ነይሩ። እስቲፋኖስ፣ ገዝኡ ክኣቱ ዋርድያ "ጐይታይ!" ብምባል፣ ኢድ ነሲኡ ሓጹር ክኸፍትን ሓንቲ ቮልክስ ዋገን ዝዓይነታ መኪና ሕጭጭ ኢላ ኣብቲ ኣፍ ደገ ደው ክትብልን ሓደ ኾነ። ሰለስተ መንእሰያት ካብታ መኪና ወረዱ። እስቲፋኖስ፣ ነታ ካብ ኢዱ ዘይፈልያ ሽጉጥ ኣልዒሉ፣ ኣጻብዕቱ ቀልጢፉ ኣብ ቃዕታ ብምእታው፣ ካብታ ማኪና ወረደ። ንሳቶም ድማ፣ ኣጻብዕቶም ኣብ ቃዕታ ኣንቢሮም፣ ኣፍ ሻምብቆ ካላሽኖም ናብ ላዕሊ ገይሮምን ኣብ መንኩቦም ኣንቢሮምን ብናይ ኣሽካዕላል ስጕሚ ንዋርድያ ተጸጋዕ ብምባል ናብ እስቲፋኖስ ገጾም ቀረቡ። ንሱ ዝነበሮ ኣማራጺ ንሰለስቲኦም ምውዳቕን ብድሕሪኡ መኪና ኣልዒሉ ምምርቃፍን'ዩ ነይሩ። ንኽቐርቡዎ ሰለስተ ሜትሮ ምስ ተረፎም፣ ኣነጻጺሩ ቃዕታ ሽጉጡ ሰሓበ፤ እቶም ክልተ ኣብ መሬት ዘግ ክብሉ ኸለዉ፣ እቲ ሓደ ግና ቅጽበት ካላሽኑ ደርብዩ ናብ ደገ ጐየየ። በቲ ተኹሲ ዝተሰናበደ መራሒ ማኪና፣ ንብጾተይ ክጽበ ኸይበለ መኪና ኣልዒሉ ተመርቀፈ፤ ዋርድያ እስቲፋኖስ'ውን ከምኡ ኣንፈቱ ናብ ዘይፍለጥ ነፈጸ።

እስቲፋኖስ፣ ካላሽን እንተርፎ ኣብ ስእሊ እምበር፣ ቅድሚኡ ኣብ ኢዱ ሒዙዋ ኣይፈልጥን'ዩ። ሽዑ ግና፣ ናይ ሞትን ሕየትን ጉዳይ ኮይኑዎ፣ ተቐዳዲሙ ማዕጾ ሓጹሩ ዓጽዩ ንሰለስቲኣን ካላሽን ብምልዓል ናብ ገዝኡ ኣተወ። እቲ ኸባቢ ብዋጭዋጭታን ኣውያትን ተናወጸ። ወተሃደራት ናብቲ ቦታ ቅጽበት በጽሑ'ሞ፣ ነቲ ኸባቢ ንዝሕ በሉዎ። ሓለቓ ሓምሳ፣ ወተሃደራቱ ብሓጹር

ዘሊሎም ክኣትዉ ትእዛዝ ሃበ። ክልተ ወተሃደራት ተሓናጊሮም ናብቲ ሓጹር ደየቡ፣ "ኣድራጋ ጠያይቲ" ነቲ ሓጹር በሳስያ፣ ሓደ ወተሃደር ተወቒዑ ወደቐ፣ ዝተረፉ ኸኣ፡ እንታይ መጸና ኢሎም ብምህዳም፡ ኣብተን ዝነበራ መኸወሊ ኣነ ቅድም ኣነ'ባ እናበሉ ተደፋፊኦም ተሓብኡ። ሓለቓ ሓምሳ ናብ ካልኦት ሮንዳ መልእኽቲ ሬድዮ ብምስዳድ፡ ክልተ ብሬይን ዝጸዓና ጂፕ መጺአን ነቲ ገዛ ናብ መንፈት ቀየራኦ። ተኹሲ፡ እንትርፎ ናይ'ቶም ብደገ ዝነበሩ ካብ ውሽጢ ኣይተሰምዓን። ካብ ውሽጢ፡ ድምጺ ህጣሙ ምስ ኣጥፍአ፡ ወተሃደራት ነቲ ኸወድቕ ቐሩብ ተሪፉዎ ዝነበረ ሓጹር ደፊኦም ኣውዲቖም ናብ ውሽጢ ኣተዉ። ድምጺ የለን። ነታ ተኸፊታ ዝነበረት መእተዊ ማዕጾ ግና መን ይድፈራ? እተን ብሬን ዝጸዓና ጂፕ ብጠያይቲ በሳሰዓኦ። ድምጺ የለን፣ ክትኵሳ ዳግማይ ትእዛዝ ምስ ተዋህበን ነቲ መሳኹቲ ናብ ሓምኹሽቲ ቀየራኦ። ፈጺሙ ድምጺ ስለ ዘጥፍአ እንታይ ሒዙ'ሎ ዝብል ሻቕሎት ተፈጥረ። ወተሃደራት፡ ሰላሕ እናበሉ ናብቲ ክፍልታት በብሓደ ኣተዉ፣ ፍራስ መንደቕ ወደቐ'ሞ መጸና ካብ ዝብል ፍርሂ ናብ ድሕሪት ክምለሱ ክብሉ ኣብ ረርእሲ ተጸፋጺፎም ወደቑ። መሊሶም ክኣትዉ ፈተኑ፣ ሓደ ካብኣ'ቶም "ያውላችሁ" - እነህለኩም - ክብልን ወዮም ኣብ ቀረባ ዝጸንሑ ወተሃደራት ነንሓድሕዶም ኣነ ኸሓልፍ ኣነ ኸሓልፍ ብምባል ተጐናኒጾም ደጊሞም ኸወድቁን ሓደ ኾነ። እስቲፋኖስ ግና፡ ቃዕታ ብረቱ ናብኦም ኣይሰሓባን። እታ ናይ መወዳእታ ጥይቱ እናረኣዩዎ ሽጉጡ ናብ ኣፉ ብምእታው ቃዕታ ሰሓበ። ሞት ጅግና ፈጺሙ ኸኣ፡ ኣብ መሬት ብምውዳቕ ነቲ መሬት ምልእ ኢሉዎ ጸንሖም። ሬሳኡ፡ እቶም ብፍርሂ ኸንበድብዱ ዘምሰዩ ወተሃደራት ኣብ ጂፕ ኣሲሮም ብዓ'ኮታት፡ ኣብ ጽርግያ ሰጥሑዎ። ምጽላል ነዚ ስለ ዝዘከረት እያ'ምበኣር ገጻ ጸላም ዝተኸድነ። የግዳስ፡ ካብ ንዝሓለፈ ህይወት ምዝካር ንላዕሊ ዓቢ ተልእኾ ይጽበያ ኸም ዘሎ ዘከረት'ሞ፡ ካብ ዝነበረቶ ብድድ ብምባል ንብዓታ ደራሪዛ፡ ነብሳ ኣብ መስትያት ርእያ ናብ ሰብነታ ምሕጻብን ምጽብባቕን ኣተወት።

ረቂቕ ፒጃማ ወድያ ካብ መሕጸብ ሰብነት ብምውጻእ ደጊማ ናብ መስትያት ቀረበት። ሰብነታ ንየማነ ጸጋም እናጠዋወየት ተዓዚባ ኣብ ዓራት ደየበት'ሞ ክልቲኦን ኣብራኻ ዓጺፋን ኣጥባታ ኣብ ኣብራኻ ኣጸጊዓን ብኽልቲኦን ኣእዳዋ ኣብራኻ ሓቝፋ ኾፍ በለት። ነብሳ ካብቲ ባህሪ ዝዓደላ ስምዒት ዝደለየት ክትመስል፡

ዳህሪ ተነዝሓ'ሞ ናብ ተሌፎን ቍሊሕ በለት።

"ደሓንዶ ውዒልክን፡ ካብ ሪሰፕሽን ወ/ት ሃናእ እየ፡ እንታይ ክሕግዘክን?"

"ሚስ'የ፡ በጃኽን ምስ ኣቶ ጃን ኮሰ ኸተራኽባኒ ምኽኣልክንዶ?"

"ሓንሳብ ጽንሓኒ ሚስስ፡" ብምባል፡ ተሌፎን ናብ ጃን ኣሕለፈ‌ታ።

"ሃለው ሚስ፡ ከመይ ነይሩ በረራኺ?"

"ብስራሕ ዝኣክል ደኺመ ..."

"ስለ ዝነበርኩ ..." ምስ በለ፡

"ደቂሰ እየ መጺአ፡" ብምባል፡ ክርትም ኢላ ሰሓቐት'ሞ፡

"ሚስ፡ ቈጸራ ኣኺላትኒ ተሃዊኸ እየ ዘለኹ'ሞ፡ እንታይ ክሕግዘኪ?"

"ድራር ሎሚ ምሸት ምሳኻ እየ።"

"ዋው! ሰዓት ሸውዓተን ፈረቓን ኣብ ቤት ብልዒ፡" ኢሉ፡ ለዓት ተሌፎን ኣንበራ።

እቲ ናይ መኽፈቲ ኮክቴል ግብጃ፡ ሰበ ስልጣን መንግስታት፡ ዲፕሎማሰኛታት፡ ወከልቲ ዘይመንግስታውያን ማሕበራት፡ ወከልቲ ለገስቲ ሃገራት፡ ላዕለዎት ሓለፍቲ ናይ ውድብ ሓድነት ኣፍሪቃን ወከልቲ ውድብ ሕቡራት ሃገራትን ጥራይ ዝርከቡሉ ንጽባሒቱ ሰዓት ሸውዓተ ምሸት ዝግበር ብምንባሩ እያ፡ ምጽላል ንጃን ቅድሚኡ ምሸት ክትረኽቦ ዝመደበት። ኣጻብዕቲ ኣእጋራን ኣእዳዋን ደም በጊዕ ኣዝማልቶ ለኺያ ናብ ኸብሒ ክዳውንታ ብምኻድ ነቲ ዝመረጸቶ ክዳውንቲ በብሓደ ኣውጺኣ ኣብ ኣፍ ልባ እናጸግዐት ክትርእዮ ጀመረት። ሰለስተ ቀሚሽ መረጸት፣ ጉዕ፡ ቀይሕን ጸሊምን። ድሕሪ ናይ ሓደ ሰዓት ቅልውላው ምርጫ፡ ቀይሕ ቀሚሽ መሪጻ ወደየት'ሞ፡ ጸሊም ነዊሕ ዝታኬቱ ሳእኒ ገይራ፡ ነብሳ ኣብ መስትያት ተዓዘበቶ። "ምጽላለይ ክትጽብቒ'ኮ ጉዳም ኢኺ!" ብምባል፡ ፍሽኽ በለት። ነቲ ክሳዕ ግንባራ ዝበጽሕ ብርቱዕ ጽጕሪ ርእሳ ብመትሓዚ ጸጕሪ ርእሲ ገይራ ንላዕሊ ጥቕልል ኣቢላ ኣትሒዛ፡ ንእሽቶ ቦርሳ ኢድ ብምሓዝ ናብ ቈጸራኣ ኸደት። ጃን ኮሰ፡ ኣብቲ መጸበይ ሳሎን ኮይኑ ምምጻኣ ኣብ ዝጽበየሉ ዝነበረ ህሞትዩ እምበኣር፡ ኳዕኳዕ ዝብል ድምጺ ኣራግጻ ጓለንስተይቲ ሰሚዑ ቍሊሕ ዝበለ። ነታ ኸይተፈለጠ ልቡ ሰሊባቶ ዝነበረት ምጽላል ኣማዕድዩ ምስ ረኣያ ኣብ ልቡ ምልኣተ ፍቕሪ ተሰምዖ።

"ብቛንቋ ፈረንሳ ቦንጁር ሟድሟዘል ሚስ?" ኢሉ፡ ኣጻብዕቲ

ኣእዳዋ ሰዓማ።

"ቦንጁር መስዩ ኮስ፣ ሳቫ?" ብምባል፣ ዓጸፌታ ፍሽኽታ ሃበቶ'ሞ ተተሓሒዞም ኣብቲ ንዕኦም ተባሂሉ ዝተሓዝአ ጠረጴዛ፣ ጃን መንበር ስሒቡ ንቕድም ንምጽላል ኮፍ ኣበላ።

"መርሲ መሲዩ ኮስ፣" ብምባል ከኣ ተኾየጠት።

"ሚስ፣ ነዚ ማራኺ ቍንጅናኺ ሎሚ ኸኣ ፍሉይ ጽባቐ ወሲኽክሉ።"

"የቐንየለይ መስዩ ጃን ኮስ፣" ድሕሪ ምባል፣ "በዘን ደቂ ኬንያ ኸይተቐንኣኒ ግና ተጠንቀቕ፣" ብምባል፣ ካዕካዕ ኢላ ሰሓቐት። ድራር ተኣዚዙ፣ ጥርሙስ ቀይሕ ነቢት ደቡብ ኣፍሪቃ ተቐሪቡ እናበልዑን እናሰተዩን ናብ ዕላል ኣተዉ'ሞ፣

"ትፈልጥ ዲኻ ጃን፣ ኣብ ህይወተይ ንማንም ሰብ ናብ ዝኾነ ግብጃ ኸሰንየካ ኢለ ኸም ዘይፈልጥን ተሓቲተ'ውን ሕራይ ከም ዘይብልን?"

"ስለዚ፣ ኣሰንይኒ ኸም ዘይብለኪ ኣፍሊጥክኒ ..."

"ጃን፣ ከምኡ ማለተይ ኣይኮንኩን! እእ ..."

"እሞ ጽባሕ ከተሰንይኒ ብኹሎም መላእኽቲ ተምበርኪኸ እልምነኪ'ለኹ፣" ምስ በላ፣ ዕላማኣ ብምውቃዓ፣ ከምቲ ኹሉ ጊዜ ወዲ ተባዕታይ ክትማርኽ እንተ ደልያ እትገብሮ፣ ኲለን ኣስናና ክሳዕ ዝርኣያ ኣፋ ኸፊታ ካዕካዕ በለት'ሞ፣

"ጃን፣ ከሰንየካ ኸም ትደሊ ርግጸኛ ዲኻ?" ብምባል እወታዊ መልሳ ሃበቶ። ጃን ታሕጓሱ ኣብ ገጹ ተራእየ። ከምዚ'ሎም ከዕልሉ ድሕሪ ምምሳይ፣ ሰዓት ዓሰርተ ምስ ኮነ፣ ጃን ንምጽላል ክሳዕ ኣፍ ደገ ክፍላ ኣሰንዩ፣ "ደሓን ሕደሪ፣" ኢሉ፣ ተፋንዩዋ ናብ መደቀሲኡ ኸደ።

ሻለቃ ታምራት ዝመርሖም ላዕለዎት ሰበ ስልጣን ኢትዮጵያ ሰዓት ሰለስተ ናይ ድሕሪ ቐትሪ ናይሮቢ ኣተዉ። ብናይ ፖሊስ ሞተር ሳይክል ተዓጂቡ ናብ ሻራቶን ሆቴል ብምኻድ፣ ኣብቲ ንዕኡ ዝተሓዝኣሉ ውቁብ ክልተ መደቀስን ሳሎንን ዘሎዎ ባንጋሎ ኣተወ። ቍሩብ ቀም ድሕሪ ምባል፣ ተንሲኡ ነብሱ ተሓጻጺቡ ክዳውንቱ ተኸዳደነ። ታምራት ቆማት፣ በዓል ገፊሕ ደረትን ምልኩዕ ን ብምዃኑ፣ ካብ ቀደሙ ንደቀንስትዮ ልበን ጠልጠል እዩ ዘብል ነይሩ። ምጽላል፣ ብዛዕባ ታምራት ዝኾነ ይኹን ስእሊ'ኳ እንተ ዘይነበራ፣ መልክዑ ካብ መንግስቱ ሃይለማርያም ዝሓይሽ ኮይኑ ግና ተሰሚዑዋ ኣይፈልጥን'ዩ ነይሩ። ሰዓት ግብጃ ኣኺሉ'ሞ ጃን ስልኪ ብምድዋል፣

"ሚስ፣ ተቐሪብኪዶ?" በላ ህውኽ ኢሉ።

"እወ ጃን፣ መጺኻ ውሰደኒ።"

ጃን ኮሰ፣ ብምጽላል ተሰንዩ ዝረአዩዎ ፈለጥቱ፣ ሓደ ብሓደ ብምምጻእ ሰላም በሉዎ። ይኹን'ምበር፣ ካብ ንዕኡ ንምጽላል ሰላም ምባል ምቐረቦም ነይሩ። ከምቲ ልሙድ ሰበ ስልጣን ኣፍሪቃ ኣ ብ ግብጃታትን ኣኼባታትን ዝገብሩዎ ናይ ሎቢ ስራሓት፣ እቲ ሓደ ኸይዱ ነቲ ሓደ ኸዘራርብ፣ ምስኡ ዘረባ ኸይወድአ ኻልእ መጺኡ ሰላም ብምባል እታ ኸምዚኣስ ኸምዚ እንተ ትኸውን ክብሉ ዘውደልድሉን ተርእዮ ኸም ምዃኑ መጠን፣ ኣብ ናይሮቢ'ውን ዝተፈልየ ነገር ኣይነበሮን። ምጽላል፣ ኣብ ጐድኒ ጃን ኮሰ ብምዃን ሻምፓኝ ሒዛ ንዝመጸ ሰላም ክትብልን ክትላለን ድሕሪ ምጽናሕ፣

"ሃገረይ ብትሑት ደረጃ እያ'መስለኒ ወከልታ ሰዲዳ?" ብምባል፣ ኮነ ኢላ ሓተተቶ።

"ኣይኮነን!" ብምባል፣ ጃን ሒዙዋ ናብ ሻለቃ ታምራት ከደ'ሞ ኽልቲኦም ሰላምታ ድሕሪ ምልውዋጥ፣

"ወ/ሮ ምጽላል ትብሃል፣" ኢሉ፣ ኣላለዮ'ሞ፣

"ሻለቃ ታምራት፣ ኣዜብ እብሃል፣ ከመይ ኣለኹም?" ብምባል፣ ኢድ ነሲኣ ዓይኒ ዓይኑ ጠመተቶ። ታምራት ፍሽኽ እናበለ ተኲሩ ጠመታ። እታ "ኣዜብ" ትብል ሽም ግና ተዘዝ ኣበለቶ። ጃን ኮሰ፣ ኻልእ ሰብ ሰላም ክብል ንምጽላል ምስ ሻለቃ ታምራት ገዲፉዋ እልይ ምስ በለ፣

"ኢትዮጵያዊት ዲኽን?" ብምባል፣ ብምግራም ሓተታ።

"ንስኹምኸ?" በለቶ ፍሽኽ ብምባል። ብሕቶኣ ዝተገረመ ሻለቃ'ውን ኣስናኑ ኽኸውለን ስለ ዘይከኣለ፣ ሰሓቕ መለቐ።

"ወኪል ኬንክን ዲኽን መጺእክን፣ ወይ ..."

"ንጃን በዓልቲ ቤቱ ኣይኮንኩን፣ መሳርሕቱ እየ፣" ምስ በለቶ፣ ውሽጡ ዘንበበቶ መሲሉዎ ክምስ በለ። "ኣብ ኣዲስ ኣበባ እየ ዝነብርን ዝሰርሕን። ኣድራሻይ ኸኣ ..." ኢላ፣ ነታ ኣቐዲማ ኣዳልያታ ዝነበረት ቢዝነስ ካርድ ገልቢጣ ሃበቶ። ታምራት ነቲ ዘንበቦ ኽኣምኖ ኣይከኣለን። ኢዱ ፈጥፈጥ እናበሎ ተኲሩ ዓይኒ ዓይና ጠሚቱ፣ ነታ "ኣበይን ከመይን ከም ዘለኹ ክትነግረካ እያ። ኣዜብ ቍጽሪ ክፍሊ 2242" እትብል ጽሑፍ ደጊሙ ኣንበባ።

"ድሕሪ ዋዕላ፣ ዓመታዊ ዕረፍተይ ኣብዚ ኣብ ኬንያ ኽሕልፎ መዲበ'ለኹ፣" ድሕሪ ምባል፣ ኢድ ነሲኣ ተፋንያቶ ናብ ጃን ብምኻድ ኣብ ዕላሉ ተጸንበረቶ።

ሻለቃ ታምራት፡ ኣብቲ ግብጃ ንምጽላል ክረክብ'ኺ እንተ'ቋመተ፡ ንሳ ግና ካብ ዓይኑ ተሰወረት። ምጽላል ዕላማእ ብምህራማ ዝተሰምዓ ሩፍታ ዓቢ ይኹን'ምበር፡ እቲ ተዋሂቡዋ ዝነበረ ተልእኾ ክሳድካ ንኻራ ኣሕሊፍካ ምሃብ ምዃኑ ግና ኣይዘንግዐትን። ስለ ዝኾነት ኸኣ እያ ኻልእ ዘየድሊ ዘረባ ኸይወሰኸት ንጃን ኮሰ ኣብ እዝኑ ቅርብ ኢላ፡ "ድሕሪ ሓደ ሰዓትን ፈረቓን ኣብ ሂልተን ሆቴል ክጽበየካ እየ፡" ኢላ፡ ናብ ደገ ኸሰንያ ዝሓተተቶ።

ታምራት፡ ነቲ ዘጓነፎ ነገር ክደይብን ክውርድን ሰለም ከየበለ ሓደረ። "ኣዜብ፡ ኣብዚ ኸባቢ'ላ ማለት ድዩ? ዋላስ ካብ በረኻ ሃዲማ ኣብ ወጻኢ እያ ዘላ? እንተልያ ኾይና ንምንታይ ዘይደወለት? ብዛዕባ እቲ ናይ ክልቴና ምስጢርከ ንኻልእ ኣሕሊፋ ሂባቶዶ ትኸውን? ዝብሉ፡ ክጭበጡን መልሲ ኽረኽበሎምን ዘይክኣለ ሕቶታት እናልዓ ለ፡ ንነብሱ ድቃስ ከሊኡዋ ሓደረ።

* * *

ንጽባሒቱ ሰሉስ 13 ጥሪ ብመኸፈቲ ቃል ፕረዚደንት ኬንያ ዋዕላ ተኸፍተ'ሞ፡ ዝተፈላለየ ጸብጻባት፡ መጽናዕታዊ ወረቓቕቲ፡ ዝተወጠኑን ትግባረኦም ኣብ መስመር ዘለዉን ፕሮጀክትታት ኣብ ዝቐርቡሉ ዝነበሩ እዋን፡ ሻለቃ፡ እንትርፎ ብዛዕባ እታ ኣብ ግብጃ ዝረኣያ ግርምቲ ጓለ'ንስተይቲ ምሕሳብ እንተ ዘይኮይኑ፡ ነቲ ዝምደር ዝነበረ መደረታት ኣቓልቦ ኣይሃበሉን። ኣብ ከምዚ ኾነታት ከሎ እዩ እምበኣር፡ ሽም ምጽላል ገብረሂወት ካብ ቤት ጽሕፈት ልምዓት ኣፍሪቃ ዝብል መላለዪ ሓበሬታ ሰሚዑ ካብ ሓሳቡ ዝተበራበረ።

ታምራት፡ ኣብ ቀዳማይ መስርዕ ብምንባሩ፡ ምጽላል ናብ መድረኽ ክትድይብ ከላ ካብ ዳንጋእ ክሳዕ ጸጕሪ ርእሳ ብተመስጦ ጠመታ። ጉያዋይ ዝሕብሩ ኣብ ብርካ ዝበጽሕ ቀሚሽ፡ ድሙቕ ደም በጊዕ ዝሕብሩን ነዊሕ ዝታኮኡ ሳእንን ከቢብ ከም ሳእና ዝሕብሩ ሪቫን ዝተኣሰሮ ቆብዕን ወድያ ዝረኣያ ታምራት፡ ንኣዜብ እምበር ንኻልእ ጓለ'ንስተይቲ ዝርኢ ዘሎ ኾይኑ ኣይተሰምዖን።

"ዝኸበርክንን ዝኸበርኩምን ..." ኢላ መደረ ዝጀመረት ምጽላል፡ ብትርኢታ ኣቓልቦ ብዙሓት ስሒባ ስለ ዝነበረት፡ ኩሉ ኣኼበኛ ኣእዛኑ ኹር ኣቢሉ ይሰምዓ ነበረ። ዝተዋህባ 15 ደቓይቕ ኣኺለ'ሞ፡ "የቐንየለይ፡" ብምባል፡ መደረኣ ኣሰሚዓ ካብ መድረኽ ክትወርድ ከላ ነቲ ኣብ ቅድሚኣ ኾይኑ ዓይኒ ዓይና ዝጥምታ ዝነበረ ሻለቓ ታምራት ኢድ ነሲኣትሉ ሓለፈት። ዋዕላ ሰበ ስልጣናት

ንሓንቲ መዓልቲ ብምንባራ፣ እቶም ኣገደስቲ ዝብሃሉ ጸብጻባት ምስ ተነበበሎም፣ ከም ወትሩ ኣማስያኦም ናብ ምዝንጋዕ ተጓየዩ።

ምጽላል፣ ክዳውንታ ካብ ነብሳ ድርብይ ድርብይ ኣቢላ ናብ መሕጸብ ሰብነት ብምእታው ነታ ነብሳ ዝሑል ማይ ከዓወትላ። ሽጎማኖ ተጠቒሊላ ወጸት'ሞ፣ ናብ መስትያት ብምቕራብ ንገጽ ተባሂሉ ኣብ ዝተመስርሐ ፈሳሲ ጡጥ እናኣለኸት ገጻ ደራሪዛ ናብ ዓራት ከደት። ጥንቅልዒት ደቂሳ ብዛዕባ ተልእኾኣ ክትሓስብ ኣብ ዝጀመረትሉ ህሞት፣ ስልኪ "ጭር፣" በለት። ካልኣይ ደገመት፣ ጃን ኮስ እዩ ዝኸውን ብምባል መጥላዕላዕ እናበለት ለዓት'ታ ስልኪ ኣልዒላ፣

"ምጽላል፣" በለት።

"ከመይ ውዒልክን ወ/ሮ ምጽላል? ፍቓድ ከይሓተትኩ ብምድዋለይ ይቕሬታ፣ ታምራት'የ።"

"ሻለቃ ታምራት፣ ከመይ ውዒልኩም?" በለት ኵርዕ ኢላ።

"ዝክኣል እንተ ኾይኑ፣ ጽባሕ ኣብ ላውንጀይ ብሓንሳብ ክንድረር ምኸኣልናዶ ኔርና?"

"ሻለቃ ታምራት፣ ኣዝዩ ደስ ምበለኒ። የግዳስ፣ ዝተታሕዘ ቈጸራ ስለ ዘለኒ ..." ኢላ፣ ዋዕላ ድሕሪ ጽባሕ ፍርቂ መዓልቲ ኽዛዘምን ሻለቃ ኸኣ ዕረፍቱ ዝጀምረሉን ብምዃኑ፣ ኣብ መደባቱ ዝኾነ ለውጢ ገይሩ ኸይከውን ክትፈልጥ ስለ ዝደለየት፣ "ንሓሙስ ምሸት እንተ ዝኾነልና ደስ ምበለኒ፣" በለቶ።

"ኣብ ክፍለይ ..."

"ኣይፋልኩምን ሻለቃ፣ ወ/ሮ ኣልማዝ እንተ ሰሚዐን ነዛ ጽብቕቲ ገጸይ ፍሕጭርጭር ከብላኒ፣" ምስ በለቶ፣ ድምጺ፣ ላዛን ጭርቃንን ኣዜብ ኮይኑ ስለ ዝተሰምዖ ሰሓቐ።

"በላ ንስኽን ኣብ ዝመረጽክናኦ።"

"ረዘርቨሽን ገይረ ክድውለልኩምዶ ..." ኢላ፣ ንኻልኢታት ትም በለት'ሞ፣ "ኣነ ክድውለልኩም ስለ ዘይክእል ድሕሪ ዓሰርተ ሓሙሽተ ደቒቕ ደውሉለይ፣" ኢላ ስልካ ዓጸወት።

ታምራት፣ ገጹ ብኢዱ ገይሩ ሕስይስይ ኣቢሉ ሓንቲ ምዕጉ ዊስኪ ሰተየ'ሞ ለዓት ተሌፎን ብምልዓል፣

"ናብ ክፍሊ ቊጽሪ 2242ዶ ኽተሕልፉኒ?"

"ጐይታይ፣ መስመር ተታሒዙሎ'ሞ ጸኒሓዶ ኽራኽበኩም?" ብምባል ኦፐሬተር ስልኪ ዓጸወታ። ድሕሪ ቍሩብ ደቓይቕ ግና ናይ ታምራት ስልኪ ደወለት።

"ጕይታይ፡ ዝደለኹመን ሰብ ኣብ መስመር ኣሎዋ?" ብምባል፡ ናብ ምጽላል ኣመሓላለፈቶ።

"ሃሎው! መን ክብል?"

"ታምራት'የ፡ ይቕሬታ ኣብ ስራሕ ኣእትየክን ከይከውን?"

"ብፍጹም ሻለቓ ታምራት፡ ንዓኹም ዝበቅዕ ኣይኮነን'ምበር፡" ብምባል፡ ሪዘርቭሽን ዝገበረትሉ ቦታን ሰዓትን ነጊራ ለዓት ተሌፎና ኣንበረት።

ሓሙስ 15 ጥሪ

ዋዕላ 15 ጥሪ ፍርቂ መዓልቲ ተወድአ። ምጽላል፡ ድሕሪ ቐትሪ ናብ ከተማ ብምውራድ ክዳውንቲ ሸመተት'ሞ፡ ኣብ ሓንቲ ብጣልያናዊ እትውነን እንዳ ጀላቶን ቡንን ብምእታው፡ ዝተፈላለየ ፍሩታ ዝተሓወሶን ብምኡዝ ፈሳሲ ካካዎ ዘጌጸን ጀላቲ ኣዘዘት። ዝነበረቶ ቦታ ብኣግራብታትን ንዓይንኻ ብዝማርኹ ዕምባባታትን ዝማዕረገ ኣብ ርእሲ ምንባሩ፡ ንወድ ሰብ ባህታ ዝፈጥረሉ ፍሽፍሽታ ንፋስ'ውን ነበሮ። ንሳ፡ ብዛዕባ ናይ ምሸት ቈጸራኣ ክትሓስብ ድሕሪ ምጽናሕ፡ ኣብ መንጎ ሓሳባ፡ "ኣዜብ እንታይ ዓይነት ሰብ ነይራ ኮን ትኸውን?" ብምባል ንነዊሕ ዓመት ንድሕሪት ተመሊሳ ምስሊ ኣዜብ ክትቀርጽ ፈተነት። ከባቢ ሓደ ሰዓት ዝኸውን ነቲ ብዛዕባ ታምራትን ኣዜብን ዝተዋህባ ሓበሬታ ብሓሳባ ምስ ደገመቶ፡ ሕሳባ ኸፊላ ናብ ሆቴላ ኣምርሐት።

ንናይ ምሸት ቈጸራኣ ኣዝዩ ዘምሕረላ ድሙቕ ዑንቀ ባይረ ቀሚሻ፡ ጸጕራ ዘው ኣቢላ መሺጣን ብመትሓዝ ጸጕሪ ርእሲ ገይራ ኣመላኺዓን ካብ ክፍላ ወጸት'ሞ፡ ናብ ፍሉያትን ኣገደስትን ዝብሃሉ ሰባት ዝርከቡዎ ረሰፕሽን ብምኻድ፡ ቈጸራ ከም ዘለዋ ሓበረት፡

"ሚስስ፡ ተኸተላኒ፡" ብምባል፡ ሓደ ካብ'ቶም ንሓለዋ ዝተመደቡ ናይ ኬንያ ናይ ጸጥታ ኣባላት መሪሑ ናብቲ ክፍሊ ኣብጽሓ። ኣብ ኣፍ ደገ ናይቲ ኽፍሊ ዝነበሩ ኣባላት ጸጥታ ኢትዮጵያ፡

"ይቕሬታ፡ ሓንሳብዶ ቦርሳኽን ከተርእያና፡" ብምባል፡ ንቦርሳኣ ፈቲሾም ማዕጾ ኸፊቶም ንኽትኣቱ ዓደሙዋ።

"የቐንየለይ፡" ብምባል፡ ኢድ ነሲኣ ናብ ታምራት ኣተወት።

"ወ/ሮ ምጽላል!" ኢሉ፡ ሻለቃ ታምራት ካብ ዝነበሮ ብድድ ብምባል ናብቲ ደው ኢላቶ ዝነበረት ከይዱ ኢዱ ንሰላምታ ሃባ'ሞ፡ ባዕላ ምዕጕርታ ሃበቶ። ክልተ ጊዜ ኣብ ምዕጕርታ ብምስዓም ተተሓሒዞም ናብ ውሽጢ ኣትዮም ኮፍ በሉ።

"ወ/ሮ ምጽላል፣ በዓል ቤትክን ኣዝዩ ዕድለኛ ኾኸውን ኣለዎ ንዓኸን ዝረኸበ፣" ብምባል፣ ቍንጅናኣን ኣከዳድናኣን ኣድነቐ። ንሳ ኸኣ ክምስምስ ብምባል፣

"ሻለቃ ታምራት የቐንየለይ፣ ኣነ ግና ምሉእ ምሸት ኣቱም፣ ኣቱም፣ ብምባል ኣፈይ ክደክም ኣይኮንኩን ..." ምስ በለቶ፣ ናብ ሰሓቑ ኣተወ'ሞ፣

"መዓርገይን ዕድመይን'ኮ እዩ ኣቱም ዘብለኒ።"

"እሞ ንሎም መዓልቲ ነዛ መዓርግካ ዘይንሓብኣ፣" ብምባል፣ ኣፉ ኸፊታ ካዕካዕ ኢላ ሰሓቐት። ንሱ'ውን በቲ ምእኩዝ ኣወዳድቓ ቓላታን ሰለምለም ዝበላ ኣዒንታን ተማሪኹ ፍሽኽ ኢሉ እናጠመታ ኸሎ፣ ስልኪ ጭር በለት።

"ሃለው፣" በለ ታምራት።

"ጐይታይ፣ ፍቓደኛ እንተ ኴንኩም ዝኣዘዝኩሞ ድራር ይመጸኩም ኣሎ፣" ብምባል፣ እታ ተቐባሊት ጋሻ እናተዛረበት ከላ፣ ንምጽላል ጠሚቱ፣

"ወ/ሮ ..." ኢሉ፣ ኣፉ ክፍት ከብልን፣ ምጽላል "ታምራት፣" ብምባል ፍሽኽ ክትብልን ሓደ ኾነ።

"ሕራይ ኣምጽኣኣ፣" ኢሉ ነታ ስልኪ ዓጸዋ። ዝተኣዘዘ ምግብን መስተን ብዓረብያ ተደፊኡ ናብቲ ክፍሊ ኣተወ'ሞ ኣሳሳዪት ነታ ዓረብያ ኣብ ጐድኒ'ቲ ጠረጴዛ ኣጸጊዓታ ወጸት። ክልቲኦም ካብ ሳሎን ብምትንሳእ ናብ ጠረጴዛ ኣምርሑ፣ ታምራት መንበር ስሒቡ ንቕድም ንምጽላል ኮፍ ኣበላ። ነቲ ምግቢ ምጽላል'ያ ኣዚዛቶ። መረቕ ደርሆ፣ ብሽሪምፕ ዝተሰርሐ ስነ ማኮሮኒ፣ ብቐይሕ ነቢት ዝተጠብሰ ዶራቶ ዓሳ፣ ዝተፈላለየ ቀመማት ዘሎዎ ሰላጣ፣ ማቺዶንያ፣ ክልተ ጸዕዳ ናይ ደቡብ ኣፍሪቃ ነቢትን ሓንቲ ብላክ ለበል ዊስክን ብምባል ንታምራት ምስ ገለጸትሉ፣ ሽሕ'ኳ ብውሽጡ ገና ዘየቕስን ጉዳይ ምጽላል፣ ኣዜብን በረኸትን እንተ ነበሮ፣ ነገራት ናብ ውሽጡ ብምግባር ናብ ምግቦም ኣተዉ።

"ዝገርመኪ፣ ኣይ ነቨር ሃድ ሳች ካይንድ ኦፍ ኤ ዲነር ፎር ኤ ሎንግ ታይም፣" ብምባል፣ ብእንግሊዘኛ ገይሩ ኣድናቖቱ ገለጸላ።

"ሕሳብ ናባኻ፣" ምስ በለቶ ግና ብሰሓቕ ተተኩሱ ኽመውት ደለየ። ታምራት፣ ኩሉ ነገራታ ንኣዜብ ኣዘኻኸረቶ፣ ኣዜብ ፈታዊት፣ ተመጋቢትን ተኸዳኒትን ጽቡቕ፣ ኮታ ኹሉ ጸጽብቑ እያ ትፈቱ ነይራ። ንድራር ኣብ ዝወጹሉ እዋን፣ "ታምራተይ፣ እዚኣ ትሕሽካ፣ እዚኣ ጥዕምቲ እያ፣" ብምባል ባዕላ እያ ትእዝዘሉ ነይራ። ስለ ዝኾነ

ኸአ እዩ፣ ከይተፈለጠ ኣብ ኣፉ ዝኹለሶ ምግቢ ኸይሓየኸ ክሳዱ ናብ ጸጋም ብምቕናን ዓይኑ ናብ ሓደ ቦታ ተኺሉ ትም ዝበለ።

"ታምራት፣" ኢላ ምጽላል እንተ ዘይትጽውዮ፣ ካብቲ ኣትዩዎ ዝነበረ ሓሳብ ኣይምተመልሰን ነይሩ።

"ዝገርመኪ እዩ። ለካስ ወዲ ሰብ ዘለኣለም ነባሪ እዩ ኽብሃል ሓቂ እዩ። ኣብ ውሽጢ ናይ ቍርጽራጽ ካልኢታት ዓመታት ንድሕሪት ተመሊስካ ሰባት ትዝክር። ኩሉ ነገር ከኣ ከም ስእሊ ኣብ ፊትካ መጺኡ ይቕጀለካ፣" ብምባል፣ ንምጽላል ተኩሩ ዓይኒ ዓይና እናጠመተ ኣዕሚቑ ኣስተንፈሰ'ሞ ኣዒንቱ ናብ ጠረጴዛ ለኣኸን።

"ንኣብነት ኣብዛ ደቒቕ'ዚኣ ኣልማዝ፣ ጌታሁንን ወሰንሰገድን ዝገብሩዎ ..." ኢላ ኸይወድአት።

"ኣይኮነን ወ/ሮ ምጽላል፣ ምጽላል መን'ያ? ብምባል'ምበር ንድሕሪት ተመሊሰ ጸኒሐ። መን እያ ምጽላል? ንስኺ ኸ ትፈልጥያ ዲኺ? ንሳ ባዕላ ድያ ዋላስ ናይ ካልእ ሰብ መንፈስ ዝለበሰት ዘይንሳ?" ብምባል፣ ብፍሽኽታ ዝተሰነየ ቈላሕታ ሃባ'ሞ፣ ምጽላል ቀው ኢላ ጠመተቶ።

"ታምራት፣ ምጽላል ኣዜብ'ያ፣ ኣዜብ ከኣ ምጽላል። ክትኣምነኒ ኸኣ ተስፋ እገብር።"

"ንምዃኑ ኣዜብ መን እያ? ክፈልጣ ኣይከኣልኩን።"

"ርኢኻ ታምራት፣ ብግልጺ ክንዘራረብ እንተ ኾይና፣ መጀመርታ ክነግረካ ዝግብኣኒ ወሳኒ ነገር ኣሎ። ናተይ ህይወት ካብ ናይ ካልኦት ሰባት ህይወት ኣይትብልጽን'ያ። ኩላትና መዓስን ኣበይን ብኸመይን ከም ንመውት ኣይንፈልጥን ኢና፣ ኣብ እንነብረሉ እዋን፣ ምንባርና፣ ህይወት ዝህልዎ ንስለ ዕላማ ንነብር እንተለና ጥራይ እዩ፣" ብምባል፣ ናብ ጠረጴዛ ተኩራ ክትጥምት ድሕሪ ምጽናሕ፣ "ብመጀመርታ ቃል ክትኣትወለይ ዝደልዮ ነገር ኣለኒ፣" ኢላ፣ ዝኹለሰቶ ካብ ምሕያኽ ኣቋሪጻ ዓይኒ ዓይኑ እናጠመተት ካብኡ መልሲ ተጸበየት።

"ኣነ ዝኽእሎ እንተ ኾይኑ።"

"ዘይከኣል ነገር የለን፣ ናይ እግዚኣብሄር ፍጡር ዝኾነ ሰብ ከይተረፈ'ኳ ምቕታል ዝከኣል፣ ታምራት፣" ብምባል፣ ትበልዓሉ ዝነበረት ካራን ፋርኬታን ኣብ ሸሓኒኣ ብምቕማጥ፣ መድረዚ ኣፍ ገይራ ኣፋ እናደረዘት ዓይኒ ዓይኑ ጠመተቶ።

"ኣዝዩ ሓያል ዘረባ እዩ፣" ብምባል፣ ጻዕዳ ነቢት ዝሓዘት ብርጭቆኡ ኣልዒሉ ቑሩብ ምዕጉ ኣበለ'ሞ፣ ነታ ኣብ ብርጭቆ ዝነበረት ነቢት እናሕበረ፣ "ካባይ እንታይ ኢኹም ትደልዩ?" ብምባል

ሓተታ። ንርእሱ እታ "ንስኹም" ትብል ኣዘራርባኡ ምላቑ ምኽና ኣስተብሂሉ ርእሱ ነቕነቐ፣ ምጽላል'ውን ኣስተብሃለትላ።

"ታምራት፣ ኣነ ሓንቲ ሕቶ እየ ሓቲተካ፣ ክትገብረለይ ከኣ ተስፋ እገብር። ከመይሲ፣ ንረብሓ ክልቴና ስለ ዝኾነ፧" በለቶ፣ ብጊደኣ ነቢታ እናመዓጐተ። ክልቲኦም ነገራት ናበይ ይኸዱ ኸም ዘለዉ ስለ ዘስተብሃሉ ኣብ መንጎኦም ስቕታ ሰፈነ። ድሕሪ ቑሩብ ስቕታ፣

"ተፋቲሕካ ሓዳር ግበረለይ ክሳዕ ዘይበልክኒ ..." ብምባል፣ ካዕካዕ እናበለ ናብ መንበሩ ድሕሪ ምጽጋዕ፣ ርእሱ ንላዕልን ንታሕትን ብምንቅስቓስ "ሕራይ ቃል ይኹንኒ፧" ኢሉ፣ ፍሽኽ በላ።

"ኣነ ንዓኻ ደልየ እየ ሰሙን ዕረፍቲ ወሲደ ናብ ናይሮቢ መጺአ ዘለኹ፣ ስለዚ፣ እዘን ናይ ዕረፍቲ ጊዜይ ኣብዚ ይኹን ኣብ ካልእ ብሓንሳብ ከነሕልፈን ቃል እተወለይ፧" ኑቲ ማራኺ ዝኾነ ገፊሕ መኻፍቲ ኣፋን ነተን ጸባ ዝመስላ ስጡማት ኣስናናን እናርኣየት ፍሽኽ በለቶ። ታምራት "ኣብዚ ሰሙን ከም ዝጸንሕ ብኸመይን ብመንን ፈሊጣ" ኢሉ ኽሓስብ ዕድል ኣይረኸበን፣ ኩሉ ነገር ስለ ዝቐልጠፎ። ሓደ ነገር ግና ኸየስተውዓለ ኣይተረፈን፣ ምጽላል ብዛዕ ባኡ ብዙሕ ከም እትፈልጥ። ካብቲ ተጸጊዑዎ ዝነበረ መንበር ክልተ ኣእዳዉ ጠሚሩ ኣብ ጠረጴዛ ብምንባር ዓይኒ ዓይና እናጠመተ፣

"ተስፋ እገብር ኣብ ሓደ ዓራት ..."

"ታምራት፧" በለት፣ ብርጭቆኣ ኣልዒላ፣ "ኣይትሰከፍ፣ ትሕዝቲ እየ፧" ብምባል፣ ዓው ኢላ ሰሓቐት፣ ታምራት'ውን ምስኣ። ተተጠማሚቶም ነዊሕ ምስ ሰሓቑ፣ "እሞ እንታይ?" በለቶ፣ ንኽተረጋግጽ።

"ወ/ሮ ምጽላል ቃል እኣትወልክን፧" ምስ በላ፣ ከምቲ ኣዜብ ትገብሮ ዝነበረት ካብ መንበራ ተሲኣ ብሕቖኡ ሓቝፋ በተን ንኽትስዕመን ዘጕምጀዋ ኸናፍራ ኣብ ምዕጕርቲ ኣጥቢቓ ሰዓመቶ'ሞ ብሓባር ካብ ጠረጴዛ ተንሲኦም ኣብ ሳሎን ኮፍ በሉ። ሻለቃ፣ እታ ሓንቲ ነቢት ጥርሙስ ስለ ዝተወድአት ነታ ኻልኣይቲ ኽኸፍታ ብምሕታት፣ ንምጽላል ብድድ ኢሉ ቀድሓላ፤ ንዕኡ ኸኣ ካብታ ብላክ ለበል ቀዲሑ "ንጥዕና" ብምባል ናብ ኣዒንታ እናጠመተ ሓንሳእ ምዒጉ ነታ ብርጭቆ ካብ ኢዱ ኸየውረደ እናወዛወዘ፣

"ንምኻኑ ኣበይ ተወሊድኪ ዓቢኺ?" ኣብ ኤርትራ ተወሊዳ ኣብ ኣዲስ ኣበባ ዝዓበየት ክትከውን ትኽእል ብዝብል ግምት ሓተታ።

"ኣብ ጎንደር ተወሊደ፣ ሽዱሽተ ዓመተይ ምስ መላእኩ ኸኣ፣ ምስ ወለደይ ናብ ኣዲስ ኣበባ ብምምጻእ ኣብ ቤት ትምህርቲ ናዝሬት ተማሂረ። ኣብ ኣዲስ ኣበባ ዩኒቨርሲቲ ኸኣ ብቐጥባ ቀዳማይ ዲግረይ ወዲአ ናብ ዓዲ እንግሊዝ ብምኻድ ናይ ማስተርስ ዲግሪ ኣምጺአ። ኣብዚ ሕጂ ዘለኹዎ ማለት ቤት ጽሕፈት ምዕባለ ኣፍሪቃ ስራሕ ጀሚረ፣" ብምባል፣ ካብቲ ነቢት መዓጕት'ሞ፣ ንስኻኸ ምስ በለቶ፣ ታሪኽ ህይወቱ ብዘይ ዝኾነ ተጕላባ ዘርዚሩ ነገራ። ምጽላል፣ ሰዓታ ረኣየት፣ ድሮ ኽይተፈለጠም ሰዓት ዓሰርተው ሓደን ዕስራን ኮይኑ ስለ ዝነበረ ንኽትከይድ ፍቓድ ሓተተቶ'ሞ ብድድ በሉ።

"ዝመጽእ ዘሎ ሰለስተ መዓልቲ ኣብዚ እየ ኽሕልፎ፣ እተን ዝተረፋ ኸኣ ናብ ሞምባሳ ክኸይድ'የ፣ ስለዚ፣?" ምስ በላ፣

"ካብ ምሳኻ ናብ'ዝን ናብ'ትን ምባል ሓሊፈ፣ ካልእ ቁም ነገር የብለይን፣" ብምባል፣ ናብ ማዕጾ ገጻ ኣምሪሓ ደው በለት'ሞ፣ ዓይኒ ዓይኑ እናጠመተት፣ "ነዚኣ ምሳኻ ዘምሰኹዋ ምቅርቲ ምሸት ኣዝየ እየ ዘመስግን፣ የቐንየለይ፣" ኢላ፣ ኣዒንታ ናብ መሬት ተኸለተን። "ከምዛ ጥዕምቲ ምሸት'ዚኣ ካብ ዘየሕልፍ ነዊሕ ጊዜ ጌረ ኣለኹ፣" ብምባል፣ ኣብ ኣዒንታ ንብዓት እናቌጸረት ኣብ ምዕጕርቱ ብምስዓም፣ "ኣነ ክድውለልካ ፍቓድካ ኽድልየኒ እዩ፣" ብምባል፣ ተፋንያቶ ኸደት። ኣብ ክፍላ ምስ ኣተወት ነብሳ ተሓጻጺባ ናብ ዓራት እናኸደት ከላ፣ ተሌፎን ጭር በለት'ሞ ሰለስተ ጊዜ ክሳዕ ትድውል ተጸብያ ብምልዓል፣

"ሃለው፣" በለት።

"ወ/ሮ ምጽላል፣ ኣብ ክፍልኸ'ን ብደሓን ኣቲኸን ክትኮና ተስፋ እገብር፣ እንተ ንዓይ'ሞ እዚ ክፍሊ ዝሕልሕል ኢሉኒ።"

"ጥዑም ዕላል ኩሉ ጊዜ ሓጺር'ዩ፣ ሻወር ገይረ ናብ ዓራተይ እናምራሕኩ እየ፣" ምስ በለቶ፣

"ብቐጥታ ክትድውልለይ ትኽእሊ ኢኺ፣" ኢሉ፣ እታ ናይ ቀጥታ ተሌፎኑ ብምሃብ "ደሓን ሕደሪ፣" ብምባል፣ ለዓት ተሌፎን ኣንበራ።

ምጽላል፣ ኣብ ዓራታ ጎቦ ብምኳን ብእንግሊዝ፣ "እታ ጃንጥላ ተዘርጊሓ ጽቡቕ ጽላል ገይራትለይ ኣላ፣" ጸሓፈት'ሞ፣ ኣብ ፋክሳ ቍጽርታት ብምጥዋቕ ነታ ጽሒፍቲ ናብ ጀርመን ለኣኸታ። እታ ናይ ፋክስ መልእኽቲ ካብ ጀርመን ናብ ኣዲስ ኣበባ ተላእከት። ናይ ሻለቃ ታምራት ነገር ኣዝዩ ተኣፋፊን ሓደገኛን ብምኳኑ፣

ሚኪኤል ጥራይ ዘይኮነ ኣብ ሜዳ ነቲ ጉዳይ ዝከታተሉ ላዕለዎት መራሕቲ'ውን፡ ድቃስ ኣይረኸቡን። ኣብ ሜዳ፡ ጉዳይ ሻለቃ ኣብ ክልተ ኣባላት መሪሕነት ጥራይ እዩ ተታሒዙ ነይሩ፡ ምክትል ዋና ጸሓፍን ሓላፊ ስለያዊ ጉዳያትን። ነቲ ጉዳይ ምስጢራውነቱ ምእንቲ ክዕቀብ ተባሂሉ፡ ሰለስተ መስመር ተኸፊቱ ነበረ። ናይሮቢ ጀርመን ኣዲስ ኣበባ፡ ናይሮቢ ዓዲ ጣልያን ኣዲኣ ኣበባ፡ ናይሮቢ ዓዲ እንግሊዝ ኣዲስ ኣበባ። እዚ ዝኾነሉ ምኽንያት ኣብ ዝሓለፈ ኽልተ ዓመት ደርግ *ብኸይ.ጂ.ቢን ስታዚ* ናይ ምብራቕ ጀርመንን ዘሰልጠኖም ኣባላት ስለያ ኢትዮጵያ፡ ዳርጋ ንኹሉ ንጥፈታት እን ተላይ ኤለክትሮኒካዊ መራኸቢታት እቲ ሃገር ኣብ ትሕቲ ቁጽጽሮም ኣእትዮሞ ስለ ዝነበሩ እዩ። በዚ ምኽንያት'ዚ፡ ኣብ ኣዲስ ኣበባ ኸምኡ'ውን ካብ ነፍሲ ወከፍ ከተማ ዝመጽእ መልእኽቲ ብሰለስተ ቍጽሪ ፋክስ ከም ዝመሓላለፍ ብምግባርን እቲ መልእኽቲ ሓጺርን ንጹርን ክኸውን ከም ዘሎዎን ገይሩ እዩ፡ ሚኪኤል ነቲ ምትሕልላፍ ሓበሬታ ወዲቡዎ። ምጽላል'ውን እንተ ኾነት መልእኽቲ ፋክስ ደኣላ ትፈልጥ'ምበር፡ ናብ መንን መን ከም ዝቕበሎን እንዶ ኣይነበራን፡ ንስለ ውሕስነት ኩሎም። ንሳ ንዘዋህለለቶ መልእኽቲ ንምልኣኽ ንሰለስቲኤን ቍጽሪ ፋክስ በብተራ ክትጥቀመለን ነበራ።

ታምራት፡ ንግሆ ሰዓት ሓሙሽተን ፈረቓን ተበራቢሩ ናብ መሓምበሲ ቦታ ብምኻድ ክሳዕ ዝደክም ንሓደ ሰዓት ምሉእ ምስ ሓምበሰ፡ ነብሱ ብማይ ለቕሊቑ ናይ ስፖርት ክዳውንቱ ወድዩ ናብ ቍርሲ ኽእዝዘሉ ዝኽእል ጠረጴዛ ኸይዱ ኮፍ በለ። ብጥምየት ሃለፍ ኢሉዎ'ኳ እንተ ነበረ፡ "ንምጽላል ክድውለላዶ ዋላ ትም ክብል፡" ኣብ ዝብል ሓሳብ ተሸመ። ኣብ መንጎ ኣሳሳዪ መጽ'ሞ ንጊዚኡ ሓንቲ ብርጭቆ ጵማቕ ኣራንሽን ኦምለትን ኣዚዙ ብዛዕባ ምጽላል ክሓስብ ጀመረ። ሻለቃ፡ እቲ ጉዳይ ናበይ ገጹ ኽኸይድ ምዃኑ'ኳ ኽእንፍት እንተ ኽኣለ፡ ምጽላል ካብ ኣዜብ ዝተላእከት'ምበር ሰላይ ናይ ህ.ግ እያ ዝብል ሓሳብ ክመጾ ኣይከኣለን። ምኽንያቱ፡ ብወገን ህ.ግ ዝተላእከትን ክትለኣኽን ትኽእል'ያ ንኸይብል፡ እቲ ኣብ ባይታ ሜዳ ኤርትራ ዝነበረ ኩነታት ንባዕሉ ናብኡ ኽኣንፍቶ ዝኽእል ስለ ዘይነበረ። ንሻለቃ፡ ሰውራ ኤርትራ ብፍላይ ከኣ ህ.ግ፡ ኣብ ሳሕል ተኸቢቡ መውጽኢ ስኢኑ፡ "ኢዱ ሎሚዶ ጽባሕ ይህብ፡" ኣብ ዝብሃለሉ ጊዜ፡ ምጽላል ናቱ ልኡኽ ክትከውን ዘሎ ዕድል ብዙሕ ክርኣዮ ኣይከኣለን። ይኹን'ምበር፡ ድሕሪ ሓሙሻይ ወራር፡ ኣባል ማእከላይ ሽማግለን ምክትል ሓላፊ ሓለዋ ሰውራ ዝነበረ ተኽላይ ዓደን ሰሊሙ ብዛዕባ ህ.ግ ዝርዝር ሓበሬታ ኣብ ዝህበሉ ዝነበረ

እዋን፡ ሓደ መሳርሕቶም “ሻዕብያ ናባና ዘስለኹም ስላይ እንተ ኾንኩም?” ብምባል ዝሃቦ ክልሰ ሓሳባዊ ትንተና ኣዝዩ ኣካታዒ ስለ ዝነበረ፡ እታ ኣብ ጠረጴዛኡ ዝጸንሐቶ ቅዳሕ ናይታ ብኣሸናፊ መሳይ ዝተዳለወት ሰነድን ምስኡ ኸኣ “ካበይን መንን ኣምጺኡዋ ኢልካ ኣይትሕተት፡ ባዕልና ክንረኽበካ ኢና፡” እትብል መልእኽትን ንድሕሪት ተመሊሱ ምስ ዘከረ ብሓደ ወገን፡ ክልቲኡ ፍጻሜታት ማለት እታ ቕዳሕ ሰነድን ምጽላልን ድሕሪ ምስላም ተኸላይ ዓደን ዝተኸስቱ ስለ ዝነበሩ ብኻልእ ወገን፡ ንምጽላል ዕሽሽ ክብላ ኣይደፈረን። ስለ ዝኾነ ኸኣ እዩ፡ ነገራት ብጽሞና ክሰምዖምን ክርእዮምን ንነብሱ ኣእሚኑ፡ ንምጽላል ኣብቲ ዘሎዎ ቦታ ኾይኑ ስልኪ ዝደወለላን።

“ሃለው።”

“ከመይ ሓዲርክን ወ/ሮ ምጽላል፡ ብንግሆኡ ጽምዋ ስለ ዝበርትዓኒ እየ ድምጽኽን ክሰምዕ ደዊለ።”

“ታምራት፡ ከመይ ሓዲርካ? ካብ ድቃሰይ ሕጂ እየ ዝበራበር ዘለኹ። ሰዓት ክንደይ ድዩ ኾይኑ?”

“እሞ ንቕርሲ ...” ኢሉ ኸይወድአ፡

“በል መጀመርታ ሓደ ፍርቂ ሰዓት ክሕምብስ'ሞ ኣብኡ ኾይነ ክድውለልካ እየ።”

“ኣነ'ውን ኣብኡ እየ ዘለኹ'ሞ ክርእየኪ ደስ'ዩ ዝብለኒ፡” ብምባል፡ ተሌፎን ዓጸዋ።

ምጽላል፡ እታ ለይቲ እቲኣ ኸም ቈልዓ ኸይተገልበጠት በጥ ኢላ'ያ ደቂሳ ሓዲራ። ሽሕ'ኳ ብተልእኾ ምስ ሻለቃ እንተ'ምሰየት፡ ነታ ምሸት'ቲኣ ግና ኣዝያ እያ ኣስተማቒራታ። ስለ ዝኾነ ኸኣ፡ ድቃሳ ወዲኣ ካብ ዓራት ብምትሳእ፡ ንመሐምበሲ ዝኸውን ኮስትሞን ረጅን ወድያ ብላዕሊ ርቕቕ ዝበለ ነዊሕ ቀሚሽ ለቢሳ ናብ ታምራት ዝኸደት። ታምራት፡ ኣማዕድዩ ምስ ረኣያ ብቑመናኣ እናተደነቐ ካብ መንበሩ ብድድ ብምባል፡ ካብ ፍርቂ መገዲ ተቐቢሉ ኣብ ምዕጉርታ ስዒሙ ናብታ ንሱ ዝነበራ ጠረጴዛ ንኽትቕመጥ መንበር ሰሓበላ'ሞ “የቐንየለይ፡” ብምባል ኮፍ በለት።

“ገለ ነገርዶ ክእዝዘልኪ?”

“እወ፡ ጽማቕ ኣራንሺ፡” ድሕሪ ምባል፡ “መቸም ሓምቢስካ ትክእል ክትከውን ተስፋ እገብር?”

“ንዓሳ ብቑሩብ'የ ዝበልጾ'ምበር ኣይክእልን'የ፡” ምስ በላ ካዕካዕ ኢላ ሰሓቐት። እታ ዝኣዘዘታ ጽማቕ ኣራንሺ መጺኣ'ሞ፡ ከየዕረፈት ጠምጠም ኣቢላ ሰተየታ። “እሞ ይቕሬታ ግበረለይ፡ ሓደ

ዓሰርተ ሓሙሽተ ደቒቕ ንበይንኻ ክገድፈካ እየ። ግና፣ ናብ'ዘን ወይዘራዝር ቊሊሕ ምሊሕ ምባል ኣይፍቀድን'ዩ፣" ብምባል፣ እናሰሓቐት ናብቲ መሐንበሲ ኸደት። ሻለቃ፣ ቅዳሕ ኣዜብ'ምበር ካልእ ሰብ ኮይና ክትርእዮ ኣይከኣለትን። ዋዛኣ፣ ሰሓቓን ኣወዳድቓ ቓላታን ነታ ኸይመነዋ ዝተፈልየቶ ኣዝዩ ዝፈትዋ ኣዜብ ኣዘከሮ። ኣዜብ፣ እንትርፎ ሓፈሻዊ ነገራት'ምበር ንስርሑ ዝምልከት ብዝኾነ ይኹን ተኣምር ሓቲታቶ ኣይትፈልጥን ምዃና ብምዝካር፣ "ዘገርም'ዩ፣" በለ ብልቡ። ከምኡ ኢሉ ብዛዕባ ዝሓለፈ እዋን ኣብ ሓሳብ ጥሒሉ ኸሎ፣ ምጽላል ምሕምባሳ ወዲኣ ናብኡ ክትመጽእ ከላ ረኢያ'ሞ፣ ብድድ ብምባል ኮፍ ኣበላ።

"የቐንየለይ ሻለቃ።"

"ታምራት ወንድነህ እዩ ሽመይ ወ/ሮ ምጽላል፣" ብምባል፣ ፍሽኽ በላ።

"ዝገርመካ እዩ! ብጥምየት ክመውት ኢለ እየ ዘለኹ፣" ምስ በለቶ፣ ነቲ ኣብ ፊቶም ኢዱ ንድሕሪት ጠሚሩ ደው ኢሉ ዝነበረ ኣሳሳዩ ብምጽዋዕ ሜኑ - መእዘዝ ምግቢ - ክህቦም ብምውካስ ቍርሲ ኣዘዙ። ናይ ምጽላል ካብ ቍርሲ ትብሎ ድልዱል ምሳሕ ክትብሎ ይቕልል እንተ ተባህለ፣ ምግናን ኣይነበረን።

"ምሳሕ ዲኺ ኣዚዝኪ፣" ብምባል ፍሽኽ በለ።

"ዝገርመካ ነገር፣ ጥዑም ቍርሲ እየ ዝፈቱ። ኣነ ንስድራይ ሳልሰይቲ ውላዶም'የ። ኣቦይ ንግሆ ጽቡቕ ቍርሲ ይፈቱ ስለ ዝነበረ ምስኡ እየ ዝቕረብ ነይረ፣ ሕሳስ ልደ ብምዃነይ። ምናልባት ካብኡ ዝመጸ ክኸውን ኣለዎ።"

"ስድራኺ ኣለዉ ድዮም?"

"እወ! ግና ኣብ ሃገር የለዉን።"

"ማለት?"

"ኩሉ ነገሩ ስለ ዝወረስኩሞ፣ ኩርዩ ደቂ ሒዙ ናብ ኣመሪካ ኸይዱ!" ብምባል፣ ካርካር ኢላ ሰሓቐት።

"እሞ እንተ ንመልሰሎምከ ምመጹዶ ነይሮም?" ሓተታ ንሱ'ውን እናሰሓቐ። ድሕሪ ቐሩብ ስቕታ፣

"ሎሚ እንታይ መደብ ሒዝኪ'ለኺ?"

"ናይ ዕረፍተይ መደብ'ኮ ነጊረካ እየ፣" ብምባል፣ ነቲ ኣብ ኣፉ ኣእትያቶ ዝነበረት መግቢ እናሓየኸት ዓይኒ ዓይኑ ጠመተቶ።

"በዓል ስልጣን ምዃነይ'ባ ኣይትረስዒ።"

"እሞ ሰበ ስልጣን ውሽማ የብሎምን ዝበለ ሰብዶ'ሎ እዩ?"

ምስ በለቶ፡ ፍሸኽ ብምባል፡

"ኣነ ደኣ'ሞ ንኽምኡ መሃይም እንደኣለይ።"

"ሀ ሁ ኣብ ሰሙን ..." ኢላ ኸይወድኣት ክስርነቕ ክሳዕ ዝደሊ ሰሓቐ። ከምኡ ኢሎም ብዛዕባ ነብሶም ከዕልሉ ልዕሊ ኽልተ ሰዓት ገበሩ'ሞ ንሰዓት ኣርባዕተ ተቛጺሮም ነናብ ውራዮም ከዱ።

ምጽላል፡ ናብ ክፍላ ተመሊሳ ናይቲ ዋዕላ ጸብጻባት ክትገብር ከላ፡ ታምራት ከኣ፡ ብዓጀብቱ ተመሪሑ ንኸተማ ናይሮቢ ኽዘራ ወዓለ። ምጽላል፡ ኣብ ሆቴላ ኾይና ጸብጻባት እናጸሓፈት ከላ፡ "እቲ ዝሰደድካየ ኣቑሑት በጺሑና'ሎ። ነቶም ሳፕላየር ግና ተጠንቂቕካ ሓዞም ኢኻ" ትብል ናይ ፋክስ መልእኽቲ ካብ ዓዲ እንግሊዝ መጺታ'ሞ፡ መስመራ ብትኽክል ከም ዝሰርሐ ኣረጋገጸት።

ዓርቢ 16 ጥሪ ሰዓት 16፡00

ምጽላል፡ ለዓት ተሌፎን ኣልዒላ ናብ ሻለቃ ታምራት ደወለት።

"ታምራት ደሓንዶ ውዒልካ? ምሳሕ እንታይ በሊዕኪ ክትብል ኣይትድውልን ዲኻ ደኣ?"

"እዋእ! ንግሆ እንታይ ዲኺ በሊዕኪ?" ብምባል፡ ካርካር በለ'ሞ ኣብታ ናይ ትማሊ ምሸት ክራኽቡ ነጊሩ ለዓት ተሌፎን ኣንበራ። ንሳ፡ ድሕሪ ዓሰርተ ደቒቕ ናብታ ሻለቃ ዝነበራ ክፍሊ ኣተወት'ሞ ሓቑፉ ምስ ሰዓመቶ ኾፍ በለት።

"ኣብ ምንታይ ደኣ ወዓልኪ?"

"ወረቓቕቲ ኣብ ምእርናብ፡ ጸብጻባት ኣብ ምጽሓፍን ብዛዕባኻ ኣብ ምሕሳብን፡" ብምባል፡ ፍሸኽ በለቶ።

"ኣነ ኸኣ ኣብ'ዛ ኸተማ ኣብ ምኹብላል'የ ጊዜይ ኣጥፊአየ። ናብ ናይሮቢ ኽልተ ጊዜ መጺአ'ለኹ፡ ግና ጊዜ ስለ ዘይነበረኒ ዘይረ ርእየያ ኣይፈልጥን'የ ነይረ። ሎሚ ግና ዳርጋ ነታ ፍርቂ ኸተማ ብምዛር ርእየያ። ኣዝያ ጽብቕትን ረሳሕን ኸተማ ኮይና ረኺበያ፡" ብምባል ካብቲ ኾፍ ኢሉዎ ዝነበረ ብድድ ኢሉ "እንታይ ክቐድሓልኪ?" በላ።

"ቀይሕ ነቢት፡" በለቶ'ሞ፡ ንዕኡ ብላክ ለበል ብምሓዝ ነታ ነቢት ኣቐበላ።

"ካብ ኢትዮጵያ ብዙሕ ጊዜ ኣይትወጽእን ኢኻ'መስለኒ?"

"ምውጻእ እወጽእ'የ፡ ግና ኸም ኣስመራ ገይሩ ዝምስጠኒ ኸተማ ስለ ዘየለ፡ ኣብ ዝኸድኩዎ ነቲ ኸተማ ክርእዮ ብዙሕ ኣይህንጠን'የ።"

"ኣስመራ'ሞ ኸምቲ ንስኻ ብ1957 ትፈልጦዶ ትህሉ ትኸውን?" ብምባል፡ ኮነ ኢላ ንዕኡ ዘገረመ ሕቶ ምስ ሓተተቶ፡ ነታ ምዒጉዋ ዝነበረ ዊስኪ ኸየውረደ ቀው ኢሉ ዓይኒ ዓይና ጠመታ። "ታምራት፡ እንትርፎ ሰባት ኮነ ኢሎም ነገራት ክሓብኡዎ እንተ ዘይተቐሲቦም፡ ኣብዚ ዓለም ዝሕባእ ነገር የሎን፡" ብምባል፡ ቈላሕ በለቶ።

"እንታይ ማለትኪ እዩ እንተ ዘይተቐሲቦም?" ብምባል፡ ሕጂ'ውን ኣዒንቱ ካብ ዓይና ኸይኣለየ ሓተታ።

"ማለትሲ፡ ገለ ሰባት ኣለዉ እንታይነቶምን ሕሉፎምን ብዝተፈላለየ ምኽንያታት ክግለጸሎም ዘይግባእ። ንኣብነት፡ ንጆን ኦፍ ኬነዲ ቐቲሉ ዝተባህለ ሰብ ተታሒዙ፡ ኣብ ቅድሚ ሚድያ ኸኣ ብሓደ ወናኒ ባር ተቐቲሉ፡ እዚ ቐታላይ ከኣ፡ ካብ ቤት ማእሰርቲ ኣምሊጡ ተባሂሉ፡ እቲ ድራማ ኸኣ ኣብኡ ኣብቂዑ። ሓላፊ ኤፍ.ቢ.ኣይ ዝነበረ ሁቨር ግና ክሳዕ ሓሚሙ ዝመውት ጸኒሑ። ስለዚ፡ ንኬነዲ መን ቀተሎ ዝብል ምስጢር ኮይኑ ተሪፉ'ሎ። ምኽንያቱ፡ ንሃገራዊ ድሕነት ኣሜሪካ ስግኣት ስለ ዝኾነ፡" ምስ በለቶ፡ ንስኻ'ውን ከምኡ ትብሎ ኸም ዘላ ክስወሮ ኣይከኣለን።

"እሞ ኣነ'ውን ..." ኢሉ ኸይወድኤ፡

"ብዓጀባ'ምበር ሻለቃ ታምራት። ንዓና'ሞ ብዝለዓለ፡" ብምባል፡ ዓይኒ ዓይኑ ጠመተቶ።

"ንዓና!"

"እወ ንዓና! ነቶም ካብ መቕዘፍቲ ዘድሓንካና። ርኢኻ ታምራት፡ ኣብ እዋን ወራር ኢጣልያ፡ ጀነራል ግራስያኒ፡ ኣብ ኣዲስ ኣበባ ዓሰርተታት ኣሽሓት ነበርቲ እታ ኸተማ ኣኪቡ መደረ ኣብ ዘስምዓሉ ዝነበረ እዋን፡ ኣስተርጓሚኡ ዝነበሩ ኤርትራዊ ኣብ ጐድኑ ኾይኖም እናስተርጐሙ ከለዉ፡ ኣብርሃም ደቦጭን መጉስ ኣስገዶምን ዝብሃሉ ኤርትራውያን ቡምባ ብምድርባይ ንጀነራል ግራስያኒ ኣቝሰሉዎ። እታ ዝተደርበየት ቡምባ ነቶም ደግያት'ውን ኣይነሓፈቶምን። ኣብ የማናይ ኢዶም ኣቝሰለቶም ይባሃል። ኮይኑ ኸኣ፡ ኣብ መላእ ኣዲስ ኣበባን ከተማታት ኢትዮጵያን ጃምላዊ ህልቂት ኣብ ዝፍጸመሉ ዝነበረ እዋን፡ ነቲ መቕዘፍቲ እቶም ደግያት'ዮም ሓቢሎም ሓባቢሎም ደው ከም ዝብል ገይሮሞ፡ ክብሃል ብቐልዓይ ከለኹ ዝሰማዕኩዎ ዛንታ ኣሎ። ሎሚ ኸኣ፡ ንስኻ ንዓና ንኤርትራውያን ካብ መቕዘፍቲ ኣድሒንካና። ዝገበርካልና ውዕለት ..." ኢላ፡ ርእሳ ብምድናን ናብ መሬት ጠመተት። ታምራት፡ ነቲ ትብሎ ዝነበረት ብጽሞና ኸሰምዓ ድሕሪ ምጽናሕ፡ ንሱ'ውን ነታ ኣብ ቤት ጽሕፈቱ ዝመጸቶ ደብዳበ ብምዝካር ገጹ ናብ ሽነኽ

ጸጋም ገይሩ ዝን በለ። ንሳ ንታ "ዝገበርካልና፣" ትብል ቃል ኮነ ኢላ እያ ተጠቒማትላ፣ ምእንቲ ነቲ ክትበጽሖ እትደሊ ዘላ ዕላማ መበገሲ ኽኾና።

"ምጽላል፣ እንታይ ትብሊ ኸም ዘለኺ ዋላ ክስዕበኪ ኣይከኣልኩን? እንታይ ማለትኪ እዩ ካብ መቕዘፍቲ ኣድሒንካና?" ብምባል፣ ብዛዕባ እቲ ትብሎ ዘላ ብንጹር ክፈልጥ ስለ ዝደለየ ሓተታ።

"ኣሸናፊ መሳይ መተዓብይትና እዩ ነይሩ። ኣምሓራይን ኤርትራውን ኸይተበሃሃልና ኸኣ ዓቢና። ኣብ ሓደ እዋን ግና "ንስኻትኩም፣" ዝብል ፈላላዪ ቓላት እናተጠቕመ፣ ካብ ደቂ ገዛውትና ክንጽለና ብዙሕ'ዩ ዝፍትን ነይሩ። ከም እትፈልጠ፣ እግዚኣብሄር ቀልጢፉ ደኣ ወሲዱዎ'ምበር ንጥፍኣትና እዩ ተበጊሱ ነይሩ። ልክዕ'ዩ፣ *ቀይ ሽብር፣* ኤርትራዊ፣ ኣምሓራይ፣ ኦሮሞ፣ ጉራጌ ወዘተ. ኢሉ ኸይፈላለየ'ኳ ሰብ እንተ'ጽንተ፣ ብፍላይ ንዓና ግና "ወንበዴታት" ብምባል ኣብ ኣስመራ ይኹን ኣብ ካልኦት ክፍላተ ሃገራት ዝገደፈልና የብሉን። ኣነ፣ ንስኻ ብዛዕባ'ዚ ጉዳይ ኣይፈልጥን'የ እንተ ኢልካኒ፣ ነቶም እፈትዎም ነይረ ትብሎም ኤርትራውያን ከም ኣሸናፊ ..." ምስ በለቶ፣

"ምጽላል ይኣክል በጃኺ። ኣነ ብዛዕባ'ዚ ጉዳይ'ዚ ንሓደ ደቒቕ'ውን ይኹን ክሓስብ ኣይደልን'የ። ኣነ'ውን ሓፍተይን ኣዝየ ዝፈትዎ ዝነበርኩ ውላዳን ደም ነቢዐ ቀቢረዮም'የ፣" ብምባል፣ ካብቲ ጥርሙስ ክልተ ጊዜ ዊስኪ ብምቕዳሕ ግስም ግስም ኣበሎ።

"ይቕሬታ ታምራት፣ ስምዒትካ ክጉድኣካ ኢለ ኣይኮንኩን ኣልዒለዮ። ኣነ'ውን ኣዝየ ስለ ዝተጎዳእኩ ..." ብምባል፣ ናብቲ ደው ኢሉዎ ዝነበረ ብምኻድ፣ ሸምጡ ሓቚፋ ኣብ ደረቱ ተጸግዐት'ሞ ንቐሩብ ደቓይቕ ከይተንቀሳቐሱ ትም በሉ።

ታምራት፣ ምጽላል ትነብዕ ከም ዘላ ተፈለጠ'ሞ፣ ብኽልተ መንኩባ ብምሓዝ ካብ ነብሱ ኣፈንተት ኣቢሉ፣ "ምጽላል፣" ኢሉ ብኽልተ ኣጻብዕቱ ገይሩ ንብዓታ ድርዝ ድርዝ ኣቢሉ ናብ መሕጸቢ ገጽ ብምውሳድ፣ "ገጽኪ ተሓጻጸቢ'ሞ ናብ ደገ ክንወጽእ፣" ኢሉዋ፣ ናብቲ ሳሎን ከይዱ ርእሱ ኣድኒኑ ኾፍ በለ። ንሳ ገጻ ተሓጺባ ንነብሳ ኣብ መስትያት ቀው ኢላ ብምጥማት፣ ሰሓቕ ክመልቓ ቕሩብ ተረፋ። መጀመርታ ናይቲ መወዳእታ ጉዕዞ ኸም ዝጀመረቶ ኸኣ፣ ነታ ኣብ መስትያት ትርእያ ዝነበረት ምጽላል ብዓውታ ነገረታ።

ገጻ ተሓጻጺባ ዝተመልሰት ምጽላል፣ ናብ ታምራት ብምቕራብ

ተተሓሒዞም ካብ ክፍሎም ወጺኦም ናብ ሓደ በግራብ ዝተሸፈነ መናፈሲ ቦታ ኸዱ። ክሳዕ ኣብኡ ዝበጽሑ ካብ ክልቲኦም ዝኾነ ይኹን ቃል ኣየውጽኡን።

“ወ/ሮ። ቀኁሩብ ብእግርና ሰለይ እናበልና እንተ ተዛወርና እንታይ ይመስለክን፧” ብምባል፡ ታምራት ነቲ ስቕታ ሰበሮ።

“ኣነ'ኒ ደስ ምበለኒ፡ የግዳስ ሓዚልካ ትኽእለኒዶ ትኸውን?” ኢላ፡ ነቲ ነዊሕ ዝታኮኡ ሳእና ኣርእየቶ። የማን ጸጋም ቀኁሊሕ ኢሉ፡ ኣብቲ ፓርክ ንቱሪስት ዝተፈላለየ ነገራት እትሸይጥ ድኳን ረኣየ'ሞ ናብኡ ኸይዱ ገለ ነገር ገዚኡ ምስ ተመልሰ፡ “ዓይንኺ ዓምቲ፡” ኢሉ፡ ተምበርኪኹ ነተን ታኬት ብምውጻእ እተን ሓደስቲ ሳእኒ ናብ እግራ ወደየላ።

“እውይ ታምራት ክጽብቕ!” ብምባል፡ ኣብ ነብሱ ተጠምጢማ ሰዓመቶ'ሞ፡ ኩሉ ነብሱ ሓዊ ተዘርአ። ቅድሚኡ ተሰሚዑዎ ዘይፈልጥ ስምዒት ነብሱ ክወሮ ተፈለጠ፡ ኣዕሚቑ ብምትንፋስ ከኣ ካብኣ ቐኁሩብ ፍንትት በለ። ምጽላል'ውን ሹነታቱ ክትርድኦ ኣይኣገማን።

“ይቕሬታ ታምራት፡ ደቀንስትዮ ሓደ ሓደ እዋን ነብስና ኣይንቈጻጸርን ኢና፡ ንደቂ ተባዕትዮ ናብ ዘይሓሰቡዎ ...”

“ምጽላል! ሰባት ኢና'ኮ። የግዳስ ...” ኢሉ ትም በለ።

“ታምራት፡ ረአዮ'ሞ እዚ ሕንጻይ ክጽብቕ። ናብዚ ምኳንና እንተ ትነግረኒ ኔርካ፡ ካሜራ ሒዝና ምመጻእና'ሞ፡ ግሩም ዝኾነ ስእልታት ምሰኣልኩ ነይረ። ትፈልጥ ዲኻ ፕሮፌሽናል ሰኣሊት ምኳነይ?”

“እወ! ኣብ ኮለጅ ከለና ...” ምስ በላ፡ ተተሓሒዞም ብሰሓቕ ትዋሕ በሉ። ከምዚ'ሎም ኣርእስቲ ብምቕያር ንተፈጥሮ እና'ድነቑ ሓደ ፍርቂ ሰዓት ምስ ተጓዕዙ፡ ናብ ሓደ እንዳ ካፈ ብምእታው ኣብ ደገ ኾፍ በሉ። እዚ ኹሉ ክኸውን እቶም ክልተ ኢትዮጵያውያንን ክልተ ደቂ ኬንያ ዓጀብቲ ታምራትን፡ ካብኣም ዓሰርተ ሜትሮ ዝኸውን ተፈንቲቶም ንዝመጸ ሰብ ብውሽጢ መረጸኖም ኣፍጢጦም ክርእዩ ሞኽ በሉ። ከመይሲ፡ ቅድሚኡ ዝኾነ በዓል ስልጣን ኢትዮጵያ ብእግሩ ኣብ ከምዚ ቦታ፡ እሞ ኣብ ከምዚ ሰዓት ክዛወር ኣጋጢሙዎም ስለ ዘይፈልጥ'ዩ። ብዝኾነ፡ ኽልቲኦም ኣብቲ እንዳ ካፈ ምስ ኣተዉ፡

“ታምራተይ፡ እዞም ዓጀብትኻ'ባ ገለ ዝስተ ውሰዱ በሎም'ሞ ኣብቲ ስግርና ኸይዶም ኮፍ ይበሉ።”

"ጽቡቕ ኣለኺ፣" ብምባል፣ ንኣሻግሬ ጸዊዑ ኽምቲ ምጽላል ዝበለቶ ምስ በሎ፣

"ጐይታይ ..."

"ደሓን ጽቡቕ ኣለኻ ኣሻግሬ፣ ግና ዝበልኩኻ ግበር፣" ጥራይ ብምባል፣ ናብ ምጽላል ተመሊሱ፣ "ካብቲ ኮኮናት እንታይ ከይብለና፣" ኢሉ፣ ካብቲ ዝነበሮ ወሪዱ ኽልተ ሒዙ ብምምጻእ "ንጥዕና፣" ብምባል ሰተዩ'ሞ ነቲ ኣብ ጣውላ ዝነበረ መአዘዝ መግቢ ብምልዓል ዝብላዕ ናእሽቱ ነገራት ኣዘዙ።

"ምጽላል፣" ድሕሪ ምባል ዓይኒ ዓይና ጠመታ። "ኣነ ኣብ ህይወት ዝናስሓ ነገራት የብለይን። ኣሸናፊ መሳይ ንኣዜብ ..." ኢሉ ገጹ ናብ ካልእ ገበረ። ክሳዕ ሕጂ ብህላዌ ኣዜብ ይኹን በቲ ምጽላል ክትብሎ ዝጸንሐት ክእመን ኣይደለየን ነይሩ። ድሕሪ ነዊሕ ምሕሳብን ንነገራት ብውዱዕ ምርኣይን ግና፣ "ኣነ፣ እቲ ንስኺ'ውን ድሮ ፈሊጥክዮ ዘለኺ ሰነድ፣ ልክዕ'ዩ ካብ ኣሸናፊ መሳይ ተቐቢለ እየ። እወ! ኣዝዩ ዘሰምብድን ዘሕዝንን'ዩ፣" ብምባል ድንን በለ፣ "ኣብታ መዓልቲ'ቲኣ ኣሸናፊ መሳይ ተቐቲሉ። ይኹን ደኣ'ምበር፣ ነታ ሰነድ ክህበኒ ኽሎ ካልኣዩ ነይሩዎ ..."

"ከበደ፣" በለቶ'ሞ፣ ካብቲ ድንን ኢሉሉ ዝነበረ ቅንዕ ብምባል፣ "ንዕኡ'ውን ትፈልጡዎ ኔርኩም?"

"ከበደ፣ ግዳም ሓደር ዝነበረን ኣሸናፊ ናብ ቀታል ሰብ ዝቐየሮን'ዩ ነይሩ።"

"ብዝኾነ፣ ድሕሪ ሞት ናይ መሓሪ፣ ከበደ'ውን ኣብ ዝኣተዎ ኽይተፈልጠ ጠፊኡ። ስለዚ ኽኣ፣ እታ ሰነድ ምስኣም ሞይታ። ርኢኺ ምጽላል፣ ኣነ ዝዘርኩልኩም ነገር ዋላ ሓደ ነገር የለን። ተፈጥሮ እያ ስራሓ ዘይረስዐት። ዘለናዮ ኹነታት ኣዝዩ ኽቢድን ብዙሕ ደም ዝኽፈለሉ ዘሎ እዋንን ኢና ዘለና፣ ብኽም'ዚ ንኽንደይ እዋን ክቕጽል'ዩ እንድዒ፣ ..." ኢሉ ኽይወድእ ኽሎ፣ እቲ ዝኣዘዝዎ መግቢ መጸ'ሞ፣

"ታምራት፣ እዚኣ ትሕሸካ ስብሒ የብላን፣ ኣብ ትኪ ዝተዓጥነት ስጋ መፍለስ እንድያ ጉዳም እያ ክትጥዕም፣" ብምባል፣ ካብታ ስጋ ብኻራ ገይራ ቈሪጻ ብኢዳ ኣኹለሰቶ። ታምራት፣ ስጋ መፍለስ በሊዑ ዘይፈልጥ'ኳ እንተ ነበረ ምስ ጠዓሞ ግና፣ "መቸም ደቀንስትዮ ጠጥዑሙ ኣይትስእናኣን ኢኽን።"

"ደቂ ተባዕትዮ ኽኣ ሓድሽ ስጋ፣" ምስ በለቶ፣ ኣበሃህላኣ ዝተረድአ ታምራት ብሰሓቕ ክፉልሕ ደለየ።

"ኣየ ምጽላል፡ ኣነስ ብሓቂ እየ ክጠራጠር ጀሚረ ዘለኹ ፕላስቲክ ሰርጀሪ ዝገበረት ኣዜብ ከይትኾኒ፡" ብምባል ደጊሙ ሰሓቐ።

"ኣዜብ ምስ ሀ.ግ እያ ዘላ፡" ብምባል፡ ዓይኒ ዓይኑ እናጠመተት፡ "ኣዝያ ሓያል ሰብ'ያ። መማህርቲ ኢና ኔርና። ንሳ ናብ ኮመርስ ከይዳ፣ ኣነ ኸኣ ናብ ዩኒቨርሲቲ። ምሕዝነትና ካብ ቍልዕነትና ብምንባሩ ኸኣ እዩ ባህርና ምናልባት ተመሳሳሊ ዝኾነ። ብድሕሪኡ ግና፡ ብዙሕ ኣይተቐራረብናን።"

"ሽምኪ ግና ብዝኾነ ይኹን መገዲ ጠቒሳቶ ኣይትፈልጥን'ያ።"

"ኣብ ሚሊታሪ ካደት ከለኻ፡ ንመንግስቲ ሃይለስላሴ ትቃወም ከም ዝነበርካ ዕላላት ኣሎ። ብፍላይ ኣሜሪካ በጺሕካ ምስ ተመለስካ፡ ጽልዋ ናይ በዓል መንግስቱ ንዋይ ስለ ዝነበርካ ለውጢ ኸም ዘድሊ ትኣምን ኔርካ'መስለኒ። ንሕና'ውንኮ ኻልእ ዝበልናዮን ዝተመነናዮን ዋላ ሓደ ነገር የለን። እቲ ዝተመነናዮን ዝግብኣናን መሰል ስለ ዘይረኸብና ኢና ኸይፈተና ብረት ኣልዒልና፡" ብምባል ናብ ምግባ ኣድሃበት።

"ሕጂ'ሽ ኻልእ መፍትሒ የለን ድዩ?" ምስ በለ፡ ምጽላል ቋሕ ኢላ ጠመተቶ።

"ታምራት፡ ንስኻ ብዛዕባ ዘለናዮ ኹነታት ካባይ ንላዕሊ ትፈልጥ ኢኻ። ካልእ ይትረፍሲ፡ ኣብዚ ቐረባ እዋን ምስ ናይ ሻዕብያ ተጋዳላይ ዝነበረ ተኽላይ ዓደን ነዊሕ ዝርርብ ኣካይድካ ኔርካ ኢኻ። እዚ ሰብ'ዚ፡ ንንውሕ ዝበለ እዋን ንናጽነት ኤርትራ ተቓሊሱ ኣብ ዝለዓለ ጽፍሒ በጺሑ ነይሩ፣ ሕጂ ኸኣ ኸዲዑ። እዚ ምናልባት ንገለ ወገናት ሞራል ሂቡ ጌጋ ስእሊ ፈጢሩሎም ክኸውን ይኽእል'ዩ። ስለዚ፡ እዚ ሰብ ብዝሃበኩም ሓበሬታ ኣይትጋገዩ። እቲ ቓልሲ ናይ ህዝብን ናይ እምቢታ ቃልስን ኸም ምዃኑ መጠን፡ መንግስቲ ኻልእ መፍትሒ ኸናድየሉ ኣለዎ'ምበር፡ ብኹናት ብዝኾነ ይኹን ተኣምር ኣይክፈትሖን'ዩ፡" ብምባል፡ ዓይኒ ዓይኑ ጠመተቶ።

"ስለ ዝኾነ ኸኣ'ዩ ኻልእ ፍታሕ ክርከበሉ ዘሎዎ።"

"ኣብ ደርግ ካልእ ፍታሕ ይናደ ዝበሉ፡ ኣማን ዓንዶም፡ ተፈሪ በንቲ፡ ኣጥናፉ ኣባቴ፡ ሲሳይ ሃብተን ካልኦትን ኣይጠፍኡን ድዮም? ንስኻ'ውንኮ ብናቶም ቅትለት ሕጉስ ኣይኮንካን። ሕጂ ግና ስልጣን ጠቕሊልኩም ኣብ ኢድኩም ሒዝኩምን በዚ ጊዝያዊ ዓወት ተተባቢዕኩምን ንህዝቢ ኤርትራ ንምጥፋእ ትሸባሸቡ ኣለኹም፡" ምስ በለቶ፡ ቀው ኢሉ ክጥምታ ዝጸንሐ ታምራት፡ ገጹ ናብ

የማን ጠውዩ ሕቖኡ ናብ መንበር ኣጸግዐ'ሞ ኣጻብዕቲ ኣእዳዉ ኣጣሚሩ ትም በለ። ኣብ መንጎኦም ስቕታ ሰፈነ። ምጽላል፣ ነቲ ኣሳሳዪ ብምጽዋዕ ሓንቲ ቀያሕ ናይ ጣልያን ነቢት ኣዘዘት። ኣሳሳዪ፣ ቅጽበት ብምኻድ ኣምጺኡ ንመጥዓሚ ኣብ ብርጭቆ ቖኑብ ቀድሓላ። ነቲ ገና ስቕታ ሰፊኑዎ ዝነበረ ኵነታቶም ንምስባር፣ "ሻለቃ ታምራት፣" ብምባል፣ ፍሽኽ እናበለት ነታ ብርጭቆ ኣቐበለቶ'ሞ፣ ምዒጉ "ጥዕምቲ፣" ብምባል ንኽትምልኣሉ ኣብ ጠረጴዛ ኣቐመጣ። ክልቲኦም ብዛዕባ ሰውራ ኤርትራን ህዝባዊ ግንባርን ነዊሕ ድሕሪ ምዝታይ፣ "ታምራት፣ ንሕና ኣሕሊፍና ኽይንህበካ ክሳድና ትሰየፍ፣" ኢላ፣ ፍሽኽ እናበለት ብርጭቆኣ ኣልዓለትሞ፣ "ንጥዕና፣" ብምባል፣ ዓይኒ ዓይኑ እናጠመተት ነቢታ ሰተየት። ልዕሊ ኣርባዕተ ሰዓታት ኣብቲ እንዳ ካፌ ኾፍ ኢሎም ድሕሪ ምዕላሎም ሰዓት ትሽዓተን ፈረቓን ኣቢሉ ኾነ'ሞ ተበጊሶም ናብ ሆቴሎም ተመሊሶም፣ ኣብ ኣፍ ደገ መደቀሲ ክፍላ ደው ብምባል፣ "ጥዑም ምሸት ኣምሲና፣ የቐንየለይ። ጽባሕ ካብዚ ኽተማ ወጺእና እንተ ወዓልና እንታይ ይመስለኪ?" ምስ በላ፣

"ደስ ይብለኒ፣ ንግሆ ሽዱሽተን ፈረቓን ኣብ ቍርሲ ንራኸብ፣" ብምባል፣ ኣብ ምዕጕርቱ ስዒማ ናብ ክፍላ ኣተወት።

ቀዳም 17 ጥሪ 1981

ምጽላል፣ ከም ወትሩ ተጸባቢቓ፣ ወተሃደራዊ መሰል ስረን ካምቻን ወድያ፣ ካምቻኣ ክሳዕ ቀላጽማ ዕጽፍ ዕጽፍ ኣቢላ፣ ቆብዕን ስኒከር ሳእንን ወድያ ክትመጽእ ብማዕዶ ዝረኣያ ታምራት፣ ፍሽኽ በለ። ንሱ'ውን ድሮ ናበይ ከም ዝኸዱ ኽይተሰማማዕሁ ዝተሰማምዑ ክመስሉ ኸምኡ ናይ በረኻ ክዳውንቲ ገይሩ ጸንሓ'ሞ ኮፍ ኽይበለት እናሰዓመቶ፣ "ሻለቃ፣ ሰባት ብቴለፓዚ ኽምዝራኸቡ ትፈልጥ ዲኻ?" በለቶ፣ ግሩም ዝኾነ ፍሽኽታ እናርኣየት ናብ መንበራ ኾፍ በለት።

"ከም ዝመስለኒ ኣብ ብዙሕ ነገራትና ብዙሕ ተመሳሳልነት ከይሃለወና ኣይተርፍን'ዩ፣" ብምባል፣ ንሱ'ውን ክምስ በላ።

"እሞ እንታይ ፔንካ ደኣ ክሳዕ ሕጂ ኣብ መገዲ ዘይተጓነፍካኒ?"

"መዓልቱ ግዲ ዘይተወድአ ነይሩ ኾይኑ፣" ኢሉ፣ ካዕካዕ በለ። ድሕሪ ቖኑብ መማቐሪ ዕላል፣ ድልዱል ቍርሲ ኣዘዙ'ሞ፣ በላሊያም ናብቲ ብሳፋሪ ዝፍለጥ መካነ እንስሳታት ብመኪናን እግሪ ጕዕዞን ብምኻድ ናብ ሓደ ንኽትርእዮ ብዘብህግ ዱር ዝተኸበ ቤት ብልዒ ኣተዉ።

“ዝገርመኒ፣ ካብ ዓደይ ወጺኤ ካብ ዘይዛወር ነዊሕ እዋን ኮይኑኒ'ሎ። ምኽንያቱ፣ ኣብ ኣሜሪካ ብሰንኪ ኣፍሪቃውያን ምዃንና ዘጋጥመና ዝነበረ ኣድልዎ ኣዝዩ ስለ ዘስካሕክሓኒ፣ ኣብ ኩሉ ዓዲ ኸምኡ እዩ ዝመስለኒ ነይሩ። ሎሚ ግና ምናልባት ምስ ሓንቲ መልክዐኛን ማራኺትን ሰበይቲ ግዲ ኣለኹ ኾይነ፣ እንትርፎ ኣብ ዓደይ'ምበር ኣብ ካልእ ዘለኹ ኾይኑ ኣይስምዓንን ዘሎ፣” ብምባል፣ ነተን ኣብ ጠረጴዛ ኣንቢራተን ዝነበረት ንኽትደርዘን ዘወናውናኻ ነዋሕቲ ዘጻብዕተን ኣእዳዋ ድርዝ ድርዝ ኣቢሉ ከምስ በላ። ምጽላል፣ ድሕሪ ቕትለት እስቲፋኖስ ከምታ እዋን'ቲኣ ገይራ ምስ ሰብኣይ ኣዕሊላን ተተናኺፋን ኣይትፈልጥን'ያ። ንእስቲፋኖስ ካብ ልቢ እያ ተፍቅሮ ዝነበረት። ሽዱሽተ ወርሒ ቕድሚ ምስውኡ ንኽምርዓዉ ምስ ሓተታ፣ “ስቲፍ፣ ተመርዒና ካብዛ እነስተማቕራ ዘለና ህይወት'ዚኣ ንላዕሊ ኽነስተማቕር ስለ ዘይንኽእል፣ ክሳዕ ጓል ሱሳ ዝኸውን ኣይምርዓወካን'የ፣” ብምባል፣ ዝሓሰበቶን ዝተመነየቶን ከይረኸበት'ዩ እስቲፋኖስ ተቘጺዩ። እዚ ኸኣ እዩ ኣብ ውሽጣ ኣትዩ ዘሳጽያ ዝነበረ። ብኡ ምኽንያት ከኣ እያ፣ ገዳም ኣቲኺ ባሕትዊ'ምበር ካልእ ዝርኣያ ዘይነበረ። ምኽንያቱ፣ ከምቲ ምስ እስቲፋኖስ ዝሰሓቐቶን ዝረኣየቶ ፍቕርን ምስ ካልእ ሰብኣይ ዝድገም ኮይኑ ስለ ዘይተሰምዓ፣ ኣእዳዋ እርንብ ኣቢላ፣ “ኣብ ኣሜሪካ ደኣ እንታይ እዩ ኣጋጢሙካ?”

“ንሕና፣ እቶም ካብ ኢትዮጵያ ንውተሃደራዊ ትምህርቲ ዝኸድና ናይ ዘርኢ ኣድልዎ እንታይ ምዃኑ ንፈልጦ ነገር ኣይነበረናን። ልክዕ'ዩ፣ ቀሩብ ሓበሬታ ተዋሂቡና ነይሩ እዩ፣ ግና ለይለይ ንብል መንእሰያት ስለ ዝነበርና ብዙሕ ኣየድሃብናሉን። ድሕሪ ኽልተ ወርሒ ኣቢሉ፣ ሓሙሽተ መዓልቲ ዕረፍቲ ተዋህበና'ሞ፣ ቡቲ ዝነበረና ህንጡይነት ተደሪኽና ተጸባቢቕና መን ከማይ እናበልና ናብ ከተማ ወጺእና ክን ኮላ ወዓልና። ኣማስይኡ ቢራ ክንሰቲ ኢልና ናብ ሓንቲ ባር ኣተና ...” ኢሉ ዘረባኡ ኽቕጽል ምስ በለ፣

“ታምራተይ፣ ይቕሬታ ገለ ናእሽቱ ነገራት እንተ ኣዘዝኩልካ እንታይ'መስለካ፣” ምስ በለቶ፣ “ጽቡቕ ወ/ሮ ምጽላል፣” ኢሉ ናብ ዕላሉ ኣተወ። “ናብቲ ባር ኣቲና ኾፍ በልና'ሞ ነቲ ጻዕዳ ኣሳሳዪ ጸዊዕና ሰለስተ ቢራ ኣዘዝናዮ። ቢራ ግና ቀልጢፉ ኣይመጸናን ኣዝዩ ደንጎየና። ኣነ ብኣካል ብምኻድ ረሲዑና ኸይከውን ነቲ ኣሳሳዪ ደጊመ ኣዘኻኸርክዎ። እንግሊዝኛይ ሰሚዑ፣ “ኒገር፣ ካበይ ኢኻ መጺእካ?” ብምባል ሓተተኒ፣ ኵርዕ ኢለ “ካብ ኢትዮጵያ” ኢለዮ ናብ ኣዕሩኽተይ ተመለስኩ። ቢራ መጸና ደገምና ሰለስና

ዳር.ጋ ናብ ምውቕውቕ ምባል ገጽና ኸድና'ሞ ናብ ኣንስቲ ቍሊሕ ምሊሕ ምባል ጀመርና፡” ድሕሪ ምባል፡ ታምራት ነቲ ትርኢቱ ዝማርኽ በብዓይነቱ ቀንጠ መንጢ መሰል ነገራት እቲ ኣሳሳዪ ኣብ ጠረጴዛኦም ኣቐሚጡ ክሳዕ ዝውድእ፡ ንምጽላል ፍሽኽ ኢሉ ይጥምታ ነበረ።

“ታምራት፡ እዚኣ ሎብስተር፡ እዚኣ ኸኣ ሽሪምፕ ...” እናበለት በብሓደ ምስቲ መግቢ ኣላለየቶ። ሻለቃ ታምራት ቅድሚ ሕጂ ነዞም ምጽላል ትጽውዖም ዝነበረት ናይ ባሕሪ ፍርያት ብወረ ሰሚዑዎም ይኸውን'ዩ፡ ግና ብዓይኑ ርእዩዎም ኣይፈልጥን'ዩ። ብዝኾነ፡ ካብ ኩሉ በብተራ ምስ ጠዓሞ፡ ብጣዕሙ ዝኣክል ዘረባ ክቕጽል'ውን ኣይተመነየን።

“ክንደይ ደኣ ይጥዕም፡” እናበለ፡ ከረሜላ ኸይውድኦ ከም ዝፈርሀ ቈልዓ ዝገብሮ ስጕድ ስጕድ ከብሎ ዝረኣየት ምጽላል፡ ክርትም ኢላ ሰሓቐት። ብኻልእ ወገን ከኣ፡ ከምዛ ባዕላ ዝኸሸነቶ'ሞ ተሃንጥዩ ብምብላዑ ኣሐጐሳ።

“ታምራተይ፡ ኣጆኻ እቶም ዓሳ ናብ ባሕሪ ኣይክምለሱን'ዮም” ምስ በለቶ እዩ ንሱ'ውን ብግብሩ ካርካር ኢሉ ዝሰሓቐ።

“እሞ ኣብቲ ባር ደኣ እንታይ ገበርኩም?”

“መቸም፡ ምውቕውቕ ኢሉና ስለ ዝነበረ ቍሊሕ ምሊሕ ክንብል ጀመርና'ሞ፡ ሽዑ ኣነ ናብተን ገንዘብ ኣብ ናይ ሙዚቃ መጻወቲት ማሺን ብምእታው ደርፊ እናመረጻ ንበይነን ዝስዕስዓ ዝነበራ ጸዓዱ ደቀንስትዮ ኸይደ ምስኣን ክስዕስዕ ጀመርኩ፡ ምትኩ'ውን ይግበር ኢሉ መጺኡ ተሓወሰና። ንሳተን ካባና ክርሕቃ ንሕና ናብኣን ክንቀርብ ኣብ መንጎ፡ ናይ በይዝቦል ኣባትር ዝሓዙ ኸክንዲ ግዝዕ ዝኾኑ ኣርባዕተ ጸዓዱ ኣሜሪካውያን ኣብ ቅድሜና ግትር ኢሎም ረኣና'ሞ፡ ብስምባደ ዝኣክል ልብና ህርመታ ደው ኣበለት። እተን ኣዋልድ ካብቲ መሳዕስዒ ቦታ ቀልጢፈን ተኣልያ። ንሕና ፈጠጥ ፈጠጥ ምባል ጀመርና'ሞ ምትኩ ናብዛ መሬት ብምምብርካኽ፡ “ንሕና ኣብቲ ናይ ወተሃደራዊ ኣካዳሚ ተመሃሮ ኢትዮጵያውያን ኢና፡ ኣይትሓዙልና፡” ብምባል ክልምኖም ጀመረ። ኣነ ኣብ ዘለኹዎ እየ ነቒጸ። እቲ ኣብ ጠረጴዛ ዝገደፍናዮ ኣሳምነው እንተ ረኣኹዎ፡ ኣብ ትሕቲ ጠረጴዛ ኣትዩ ተሓብአ። ኣነ ክልምኖም ኢለ ኢደይ ሓፍ ከብልን እቲ ናይ በይዝ ቦል በትሪ ኣብ ፈርሲ ዳንጋይ ከውድቑለይን ሓደ ኾነ'ሞ፡ ናብ መሬት ጸሕ ክብልን ሰለስተ ኣርባዕተ ኣባትር ኣብ ሕቖይ ክዕልቡለይን ሓደ ኾነ።

ምሕረት ኣይገበሩልናን፡ ኣብ መሬት ...” ኢሉ ብናይ ገዛእ ተግባራቱ እናሰሓቐ ይነግራ ስለ ዝነበረ፡ ምጽላል ከብዳ ብምሓዝ ብሰሓቕ ክርትም በለት።

“በጃኻ ታምራት በጃኻ ታምራት ከብደይ ቈሲለ፡” ብምባል፡ ግንባራ ናብ ብርካ ብምድፋእ ተዓጺፋ ትም በለት።

“ደሓር’ሞ እንታይ ክትብልዮ ኢኺ፡ ኣብዛ መሬት ሰፋሕፋሕ ክሳዕ ንብል ገይሮም፡ ነተን ዘይከፈልናየን ሕሳብ ካብ ጁባና ወሲዶም፡ ሻምቦ ሻምቦ ብምባል ናብዛ ደገ ደርበዩና። ይገርመኪ እዩ፡ ከምዛ ጕሓፍ ዘደርበዩ፡ ኢዶም ንግፍ ንግፍ ኣቢሎም ናብ ባሮም ኣተዉ። እንተ ንሕና’ሞ ብኸንደይ ሓይልን ቃንዛን ፍሕኹ እናበልና ተንሲእና ናብቲ ጥቓና ዝነበር መዓስከርና ተመለስና፡” ምስ በላ፡ ዓይኒ ዓይኑ እናረኣየት ተግባራቶም ተራእዩዋ ሰሓቓ ደው ምባል ኣበያ።

“ኣብ መዓስከር ምስ መጻእኩም ደኣ እንታይ ገበርኩም?” ብምባል እናሰሓቐትን መንዲል ኣውጺኣ ኣፍንጫኣን ኣዒንታን እናደረዘት ሓተተቶ። ታምራት ነገሩ ተራእዩዎ ዓው ኢሉ ካዕካዕ ብምባል ሰሓቐ’ሞ፡ “ኣብቲ መእተዊ መዓስከርና ምስ በጻሕና፡ እቲ ሓላዊ ነገሩ ገሪሙዎ ኣብ ዘለናዮ ደው ክንብል ኣዚዙና ነታ ኣብ ጥቓኡ ዝነበረት ስልኪ ኣልዒሉ ደወለ’ሞ ኣብ ቅልጽሞም ኤምፒ ዝብል ጨርቂ ዝኣሰሩ ኣርባዕተ ወተሃደራት ብሓንቲ ጂፕ ዝዓይነታ ማኪና መጹ። ኣባትሮም ኣብ ኢዶም ሒዞም ካብ መኪናኦም ወሪዶም ናባና ምስ ቀረቡ፡ ኣሳምነው እቲ ቕሩብ በትሪ ዝቐመሰ ተቐዳዲሙ፡ “ንሕና ኢትዮጵያውያን ኢና፡ ኣብዚ ኸኣ እዩ መዓስከርና” ምስ በሎም፡ ኣርባዕቲኦም በብወገኖም ሬድዮኦም ኣውጺኦም ክዛረቡ ጀመሩ። ኣብ ውሽጢ ደቓይቕ ዘይመልእ ጊዜ ሰለስተ ኣምቡላንስ መጺኦን ንዓና ጽዒነን “ዊው ዊው” እናበላ ናብቲ ናይቲ መዓስከር ሆስፒታል ደርብየናና ተመርቀፋ። ብድሕሪኡ’ሞ እንታይ ክትብልዮ ኢኺ፡ ጀሶ ዝገብር ጀሶ ዝጅነን ተጀኒኑ፡ ኣነን ምትኩን ዓዓሰርተ መዓልቲ፡ ኣሳምነው ድማ፡ ክልተ መዓልቲ ኣብቲ ሆስፒታል ደቂስና ተሓኪምና ናብ ቦታና ኸድና። ብድሕሪኡ እንታይ ኢልና ጻዕዳ ክንጥምት፡ ነቶም መምህራንና’ውን ከይተረፈ ፈራህናዮም። እቲ ዝነበረ ዓሌታውነት ብዘይ ምፍላጥና ዝወረደና ኣበሳ እዚ ክብሃል ኣይከኣልን’ዩ። ብድሕሪኡ እቲ ሃገር ፈጺመ ተጸይፈዮ፡” ብምባል ኣዘንተወላ። ከምኡ ኢሎም ከዕልሉ ድሕሪ ምውዓል፡ ሰዓት ክልተ ካብቲ ቦታ ተበገሱ። ምሸት ሰዓት ትሸዓተ ተራኺቦም ብሓንሳ

ብ ክድረሩ ተሰማሚዖም ኣብ ሆቴሎም ብምብጻሕ ነናብ ክፍሎም ተፈላለዩ።

ሰዓት 21፡00

ሻለቃ ታምራት፡ ቀትሪ ናብ ክፍሉ ምስ ኣተወ ንሓደ ሰዓት ኣብ ዓራቱ ነቦ ኾይኑ ምስ ኣዕረፈ፡ ክዳውንቱ ኣወጺኡ ናብ መሕጸብ ሰብነት ኣትዩ ነቲ ዳርጋ ክሳዕ ኣፉ መሊኡዎ ዝነበረ ባስካ ጥዑም ጨና ዘሎዎ ፈሳሲ ሳምና ኣእተወሉ'ሞ፡ ብኢዱ ገይሩ ጨብረቕ ጨብረቕ ኣቢሉ ቐሩብ ኣዕፈሮ። ነታ ተዓጢቑዋ ዝነበረ ሽጎማኖኡ ኣብ ቦታኣ ድሕሪ ምግባር ናብቲ ባስካ ኣትዩ ጥንቅልዒት በጥ ኢሉ ኣዕሚቑ ኣስተንፈሰ። እቲ መሕጸብ ሰብነት፡ መንደቑ ብቐጠልያ እምኒ በረድ ዝጌጸን ናሕሱ ናብ ቀይሕ ዝኸይድ ቀለም ዝተቐብአን ኮይኑ፡ ድምቀት ዘይብለን ከም ናይ ሽምዓ ብርሃን ገብገብ ዝብላ ኣብ ክልተ ጐድኒ ናይቲ መንደቕ ዝተሰቕላ ናእሽቱ መብራህቲታት፡ ዓቢ መስትያት ኣብ ልዕሊኡ ውቁባት መብራህቲታት ዘሎዎ ኾይኑ፡ ካብኡ ውጻእ ኣይመጸካን'ዩ። ታምራት፡ ሽምዓ ክፈቱ ጉዳም ስለ ዝነበረ ሓንቲ ሽምዓ ብምውላዕ ነተን መብራህቲ ኣጥፍአን። ነታ ኣብ ጥቓኡ ኣንቢሩዋ ዝነበረ ቀያሕ ናይ ፈረንሳይ ቦርደ ነቢት ናብ ብርጭቆ ቀዲሑ ጨብ ኣቢሉ ኣብቲ ጉድኑ ኣቐመጣ። እቲ ኸፍሊ ንባዕሉ ሰላም ዝዓሰሎ ብምንባሩ ረጊእካ ንኽትሓስብ ብ ዝዕድም ሃዋህው'ዩ ዝነበሮ። ታምራት ኣብ ሓሳብ ተሸመመ። ብዛዕባ ስድራኡ ጌታነህ፡ ወሰንሰገድ፡ ኣልማዝ ትኹን ሕሉፍ ህይወቱ ከደይብን ከውርድን ድሕሪ ምጽናሕ፡ ሃንደበት እታ ኣዜብ ዝበለታን ምጽላል ዝደገመታን፡ "ንሕና ክሳድና ትሰየፍ ኣሕሊፍና ኣይክን ህበካን ኢና!" ትብል ሓረግ ዘከረሞ "ካባይ እንታይ እዮም ደልዮም ዘለዉ፡ ሃገረይ ኣሕሊፈ ክህብ? ንመንግስቲ ኣሕሊፍካ ምሃብ ንሃገር ኣሕሊፍካ ምሃብ ማለትዶ ኣይኮነን? ልክዕ'ዩ መንግስቱ ንጥፍኣት ኢትዮጵያ ዝተዓጥቀ፡ ነፍሰ ፍቶትን ስልጣንን ዘስከሮ ሰብ ካብ ምዃኑ ዝተላዕለ ሓደ መዓልቲ ንዓይ'ውን መን ይፈልጥ ከምቶም ካልኦት ግዳይ ይገብረኒ ይኸውን። ንምዃኑ ንዓይ ካብ ኣዲስ ኣበባ ናብ ኣስመራ ምቕያር ትርጉሙ እንታይ ማለትከ እዩ? ካብ ጥቓይ ረሓቕ!" ዝብሉ ሓሳባት እናመጹ ነቲ ዝነበሮ ሃዋህው ብርዝ ኣበሉሉ። ሓንቲ ኣጸቢቑ ዝሓሰበላ ጉዳይ ግና፡ ጉዳይ ውሕስነት ደቂን ነብሱን ነበረት። ኣብ ደርግ ማንም ሰብ ውሑስ ኣይነበረን፡ ብፍላይ ከም ታምራት ዝመሰለ ብዙሕ ምስጢራት ዝፈልጥ። ነዝን ከምኡ ዝመሰለ ሓሳባትን ከውርድ ከደይብ

ኣብ መሕጸብ ሰብነት ልዕሊ ኣርብዓን ሓሙሽተን ደቒቕ ገበረ። ማይ'ውን ዘሓለሞ ነብሱ ተለቕሊቑ ሽጎማኖ ተዓጢቑ ናብ መስትያት ብምቕራብ ጺለት መስደድ ጭሕሚ ገይሩ ነተን ቍሩብ ክቕልቀላ ጀሚረን ዝነበራ ጭሕሙ ሰደደን። *ኦልድ ስፓይስ ኣፍተር ሸይቭ* ናብ ኣእዳዉ ኣፍሲሱ ብኽልቲኦን ኣእዳዉ ብምሕባር፡ ምዕጕርቱን ክሳዱን ደረዙ ናብ ከብሒ ክዳውንቱ ብምኻድ፡ ጻዕዳ ሸራጥ ሸራጥ ፒንክ ዘሎዎ ሓጺር ኢዱ ካምቻ፡ ቡናዊ ስረ፡ ንዕኡ ዝሰማማዕ ካልስን ሳእንን ወድዩ ናብ ሳሎን ተመልሰ። ሰዓቱ ርእዩ ናብ ምጽላል ስልኪ ብምድዋል ተቐሪባ እንተ ኾነት ክመጸ ሓታታ። ቅድሚኡ ታምራት ክመጸኪ ኢሉዋ ኣይፈልጥን'ዩ፣ ስለ ዝኾነ ኸኣ፡ ንምንታይ ከይበለት፡ "ሕራይ፡" ጥራይ በለቶ። ከየተሓሳሰባ ግና ኣይተረፈን፣ ምኽንያቱ እታ ንፍሉያትን ኣገደስትን ሰባት እትሕዛእ ቦታ ኸም ርዱእ መራኸቢቶም ገይራ ስለ ዝወሰደታ። ማዕጾ ተኳሕኲሑ። ምጽላል ማዕጾ ኸፊታ፡ "ታምራተይ፡" ብምባል፡ ከምዛ ኸይረኣየቶ ዝወዓ ለት ሓቝፋ ሰዓመቶ። ንሱ'ውን፡ "ምጽላል፡" ብምባል፡ ኣብ ደረቱ ኣጥቢቑ ብምሕቛፍ ሰዓማ'ሞ፡ ንሳ ናብ መሕጸብ ሰብነት፡ ንሱ ኸኣ ናብ ውሽጢ ገጹ ኣትዩ ኣብቲ ኮፍ መበሊ ሳሎን ኮፍ ብምባል ነቲ ክፍሊ ብዓይኑ ኰለሎ። ምጽላል ካብ መሕጸብ ነብሲ ብምውጻእ፡ "ታምራተይ ኣጸብየካዶ?" ብምባል ንኸወጹ ዓደመቶ። ምጽላል ከተማ ናይሮቢ ይኹን ሞምባሳ ብስራሕ ቀጻሊ ስለ እትመላለስ ውሽጡን ወሻጠኡን'ያ ትፈልጦ። ድሕሪ መቕተልቲ እስቲፋኖስ ግና ነቲ ትዘናግዓሉ ዝነበረት፡ መዘናግዒ ቦታታት ከይዳቶ ኣይትፈልጥን'ያ፣ ከመይሲ ዘይወጽእ ጓሂ ይፈጥረላ ስለ ዝነበረ።

"ምጽላል፡" ብምባል ናብኣ ቅርብ በለ'ሞ፡ ክልተ መንኩባ ምስ ሓዛ ኸስዕማ ዝመጸ ኾይኑ ተሰሚዑዋ እዛ ልባ ቶግ ቶግ ክትብል ጀመረት፣ ኣብራኻ ክጠልማኣ ደለያን ከብዲ ኢዳ ረሃጸን። "ሎሚ ምሸት ኣብዚ ኸምሲ ኣይደለኹን፡ ከም ወዲ ዕስራ ዓመት ክስዕስዕ ደልየ ስለ ዘለኹ ፍቓድኪ እንተ ኾይኑ ..." ኢሉ ኸይወድኣ፡ ብሰሓቕ ዳርጋ ኣብ እግሩ ወዲቓ ነበረት። ሻለቃ ነገሩ ገሪሙዎ ቍሩብ ካብኣ ፍንትት ኢሉ፡ በቲ ዝብሎ ዘሎ ትስሕቕ ዘላ መሲሉዎ ንሱ'ውን ክምስ በለ። ንሳ ግና ታምራት ናብኣ ክቐርብ ከሎ ብውሽጣ ዝሓሰበቶን ዘሰምበዳን ደኣሉ ኣስሒቑዋ'ምበር፡ ነትስ ንሳ'ውን ሓሲባቶ ነይራ እያ። ሕጂ'ውን ሰሓቓ ምእርናብ ኣብዩዋ ዝነበረ ምጽላል፡ መልሲ ክትህቦ ዓይኒ ዓይና እናጠመተ፡ "ኢሂ እመቤት?" በላ።

"ኣየ ታምራተይ፣ ዘስሕቐኒ ዘሎ እንታይ ድዩ መሲሉካ? እቲ ዝሓሰብኩዎ ስለ ዝሓሰብካ ኣነስ ምናልባት ደኾን ኣብ ገጸይ ኣንቢቡዎ ኾይኑ እዩ ኢለ እየ፡" ብምባል ሕቝፍ ኣበለቶ'ሞ፣ ከም ክልተ ፍቑራት በእዳዎም ተተሓሒዞም ካብ መደቀሲኦ ወጹ። ብማዕዶ ንዝርእዮም ሰብኣይን ሰበይትን ወይ ኣዕሩኽ'ምበር፣ ክልተ በብጉዳዮምን ሃገራዊ ሓላፍነት ዘስከሞም ስራሕ ዝሰርሑን ኣይመስሉን'ዮም ነይሮም። ብፍላይ ክራኽቡን ክፈላለዩን ከለዉ ምጽላል ሓቝፋ ኸይሰዓመቶ ኣይፈላለዩን እዮም ነይሮም። ካብ ሆቴል ብምውጻእ ናብታ ንዕኡ ኢላ ዝተዳለወት መኪና ንቕድም ንምጽላል ማዕጾ ተኸፊተላ'ሞ ተሳፈረት፣ በቲ ኻልኣይ ማዕጾ ኸኣ ሻለቃ። መራሕ መኪና ኣባል ጸጥታ ኬንያ ኾይኑ፣ ኣብታ ኻልኣ ይቲ ግና ኽልተ ናይ ኬንያን ክልተ ናይ ኢትዮጵያን ናይ ጸጥታ ኣባላት ብምኳን ንሻለቃ ዓጀቡዎ። ምጽላል፣ ንመራሕ መኪና ብቛን ቋ ስዋሂሊ ገይራ "ሃራምበ፡" ንኽወስዶም ሓበረቶ።

ሃራምበ፣ ሓደ ካብ'ቶም ጸዓዱ፣ ህንዳውያን፣ ሰበ ስልጣን ኬንያ፣ ፍሉጣት ሃብታማት ኬንያውያንን ደቂ ወጻእን ዝኣትዉዎ ፍሉጥ ናይ መዘናግዒ ቦታ እዩ። ዋናታቱ ጣልያናውያን ኮይኖም ብጣዕሚ መግቡ ኣዝዩ ዝተፈልጠ ቦታ እዩ። ደቂ ኬንያ፣ ኣብቲ ቦታ ክኣትዉ ይትረፍ ኣብቲ ኸባቢ'ውን ተወዚ ኣይብሉን'ዮም። ገና ኣብቲ ኸባቢ ብጽሒ ምስ በልካ እዩ መንነትካ ብፖሊስ ትሕተት። እቲ ኸባቢ እንግሊዛውያን ዝቕመጡሉ ኽም ምኳኑ መጠን፣ ንደቂ'ቲ ዓዲ ሕሩም'ዩ ዝነበረ። ስለ ዝኾነ ኸኣ እዩ፣ ከቢድ ሓለዋ ዝግበረሉ ነይሩ። ኣብ ኬንያ እቶም ደቀባት ኬንያውያን ሳልሳይ ዜጋ'ምበር፣ ነጘሶም ወናኒት መሬት ምኳና ዳርጋ ዝዘንግዑ ከመስሉ፣ ነቲ ብእንግሊዛውያንን ህንዳውያንን ዝወርዶም ዓሌታዊ ኣፈላላይ ከም ቅቡል'ዮም ዝወሰዱዎ እዩ ዝብሃል። መብዛሕትኦ፣ ኣረ ኸይተጋነነ ኹሉ ትካላት ብእንግሊዛውያንን ህንዳውያንን'ዩ ዝውነን እንተ ተባህለ ምግናን ኣይኮነን። ኣብ ገዛእ መሬትካ ሳልሳይ ዜጋ ምኳን ሞት ምኳኑ ብዙሓት ኬንያውያን ዝኣምኑሉ'ኳ እንተ ኾኑ፣ መራሕቶም ግና ካብ ኣሰር ገዛእቶም ዝነበሩ እንግሊዛውያን ስለ ዘይተናገፉ፣ መሰል ደቀባት ከኽብሩ ኣይተኻእሎምን። ብዝኾነ፣ እቲ ዓሌታውን ቀቢላውን ኣፈላላይ ስለ ዘይተረፈ ናብ ከምኡ ዝመስለ መዘናግዒ ቦታታት ደቂ ሃገር ክኣትዉ ኣይፍቀደሎምን'ዩ ዝነበረ። እቲ መዘናግዒ ቦታ ናይ ጸጥታ ስግኣት ስለ ዘይነበሮ፣ ሻለቃን ምጽላልን ካብ መኪናኦም ምስ ወረዱ፣ ተቐበልቲ ኣጋይሽ

ኣፍ ደገ ማዕጾ ኽፊቶም ኣእተዉዎም። እንተ እቶም ዓጀብቲ ግና ከም ሰቦም ኣብ ደገ ተረፉ። ምጽላልን ታምራትን ብኣሳሰይቲ ተመሪሖም ናብ ሓደ ብቑርበት ነብሪ ዘጌጸ ኾፍ መበሊ ኣትዮም ኮፍ በሉ'ሞ፡ ሓጺር ሚኒ ስካርት ቀሚሽ ዝተኸድነት ኣሳሳይት መአዘዚ ምግብን መስተን ኣቐበለቶም።

"እምበይተይ እንታይ ኢኽን ትእዝዛልና?" ብምባል፡ ንምጽላል ክምስ በላ። ምጽላል፡ ንታምራት እንታይ ከም ዝፈቱ ድሮ'ኳ ኣስተብሂላትሉ እንተ ነበረት ዘይጠዓሞ ኽተጥዕሞ ኢላ ፍሉይ ነገር እናኣዘዘት ከላ፡ ሻለቃ ግና ነቲ ገዛ ኽርኢ ሃንን ይብል ነበረ።

"ታምራት፡ እዚ ትርእዮ ዘለኻ መዘናግዒ ቦታ ብፍሉይነት እንተ ዘይኮይኑ፡ ደቂ ሃገር ክኣትዉዎ ኣይፍቀደሎምን'ዩ። ንስኻ'ውን ምሳይ ስለ ዘለኻ'ምበር ኣይመእተዉኻን ነይሮም፡" ብምባል፡ ካር ካር ኢላ ሰሓቐት። ታምራት'ውን ነገር ጸወታ መሲሉዎ ምስኣ ሰሓቕ'ሞ ክሳዕ ምግብን መስተን ዝመጾም ናብ ካልእ ዕላሎም ኣተዉ። እቲ ምጽላል ዝኣዘዘቶ መረቕ ናይ ባሕሪ ጎብየ፡ ታላቴሊ ፓስታ ብስጎ ናይ ባሕሪ ኣሮን ዝተሰርሐን ኣብ ልዕሊኡ ምስ ቆፎኣም ዝተጠብሱ ኣሮን ዘሎዎን፡ ብነቢትን ብኻልእ ቀመማት ዝተጠብሰ ምቁር ዓሳ፡ ሽሪምፕ ዘሎዎ ሰላጣ፡ ፍሩታን ክልተ ቀይሕ ናይ ጀርመን ራይን ነቢት ተቐረበሎም። እቲ ሓደ በሊያም ምስ ወድኡ እቲ ኻልእ እናመጾም ብምቁር ዕላል ኣሰንዮም ተመገቡ። ታምራት፡ ሽሕ'ኳ ነቲ ናይ ባሕሪ ጎብየን ኣሮንን ቅድሚኡ በሊዑዎ ዘይፈልጥ እንተ ነበረ፡ ምስ ጠዓሞ ግና ብመቐረቱ ተደነቐ።

"ዝገርመኪ! ነዕሩኽተይ ኣሮን፡ ጎብየ፡ መፍለስን እንቍርያብን በሊዐ እንተ ኢለዮም፡ ብምፍንፋን ዝኣክል ምቕራብ ክኣብዩኒ እዮም። ክንደይ ይምቅር'ዩ፡" እናበለ ሓመድ ኣስሓኖ።

"ታምራት፡ ትፈልጥ ዲኻ ቀይሕ ባሕሪ ካብ'ዚኦም ዝጥዕሙ ናይ ባሕሪ ለመምታት፡ ዓሳታት፡ ጎብየ፡ ሽሪምፕ፡ ሎብስተር፡ ኣዝዮም ክቡራት ዓሳታትን ካልኦትን ከም ዘለዉዎ። ንሕና ግና ክንበልዖ ይትረፍሲ፡ ህላውነቶም'ውን ክንፈልጥ ኣይተዓደልናን። ሕጂ'ሞ ኸኣ፡ መጻወቲ ሩስያውያን፡ ጀርመናውያን፡ ግብጻውያንን የመናውያንን ኮይኑ'ሎ፡ እሞ ኸኣ ብናጻ፡" ኢላ፡ ገጻ ናብ ካልእ ሸነኽ ኣዞረቶ። ታምራት፡ እንታይ ከም ትብል ዘላ ኣይዘንግዮን። ሰዓቱ ናይ ክምኡ ዕላል ተዕልለሉ ስለ ዘይነበረ፡ "ምጽላል፡" ብምባል ፍሽኽ እናበለ፡ "ሓንቲ ሕቶ ክሓተኪ ምኽኣልኩዶ?"

"ካልኣይቲ ግና ኣይፍቀድን'ዩ፡" ብምባል፡ ካርካር በለት።

"ምናልባት ከምኡ ሕቶ ክትሕተቲ ኣይትደልይን ከይትኾኒ'ሞ ደስ እንተ ዘይበለኪ ይቕሬታ።"

"እንታይ እዩ ዝብሃል፡ ጌጋ መልሲ'ምበር ጌጋ ሕቶ የለን፡" ኢላ ፍሽኽ በለቶ።

"ንምኳኑ ዓርኪ፡ ሕጹይ ወይ በዓል ቤት ኣለኪዶ?"

"ምናልባት ከምዘን ካልኦት ደቀንስትዮ እንተ ዝኸውን ነይረ፡ እወ ምበልኩኻ ነይረ፡" ኢላ ድንን በለት፡

"እሞ?"

"ዓርኪ ነይሩኒ፡" ኢላ መሊሳ ድንን በለት'ሞ፡ "ኣብ ጊዜ ቐይሕ ራዕዲ ኣብ ገዛኡ መጺኦም ቀቲሎሞ። ቀቲሎም ከይኣኽሎም ከኣ፡ ሬሳኡ በተን ዝመጹለን መካይን እናጐተቱ ኣብ መስቀል ኣደባባይ ሰጢሖሞ ውዒሎም፡" ብምባል፡ ኣትሪራ ዓይኒ ዓይኑ ጠመተቶ። ታምራት ብምሕታቱ ኣመና ተጣዕሰ። ዝብሎን ዝሓቶን ጨኒቑዎ ኣብቲ ዝነበሮ ደሪቑ ተረፈ። ምጽላል ግና ገና ዓይኒ ዓይኑ እያ ትጥምቶ ነይራ፡

"ምጽላል፡ ይቕሬታ ግበርለይ፡ ብልቢ እየ ሓዚነ፣ ክሓተኪ ኣይምተገብኣንን፡" ብምባል፡ ደጊሙ ብምሕታቱ ኸም ዝጐሃየ ገለጸላ።

"ታምራት፡" ፍሽኽ እናበለት፡ "ክትሓተኒ'ኺ ግቡእካ እዩ፡ ክትፈልጥ ከኣ ኣይትኽእልን ኢኻ። ስለዚ፡ ይቕሬታ ዘብል ዝኾነ ይኹን ምኽንያት የብልካን፡" ብምባል ክምስ በለቶ። ንሱ ግና እንታይ ዘሕትት ነበረኒ ብምባል፡ ምስ ነብሱ ኣብ ባእሲ ኣተወ። ነታ ኣብ ኢዱ ሒዙዋ ዝነበረ ብርጭቆ ነቢት ግስም ኣቢሉ ኸኣ፡ ርእሱ ናብ መሬት ኣድኒኑ፡ "ምጽላል፡" በለ'ሞ፡ "ይቕሬታ ግበርለይ ሓንሳብ ዓይኒ ምድሪ በጺሐ ክመጽኪ እየ፡" ኢሉዋ፡ መልሲ ኸይተጸበየ ብምኻድ ማዕጾ ብውሽጢ ዓጽዩ ርእሱ ኣድኒኑ ኣስታት ሓሙሽተ ደቒቕ ኸይተፈለጠ ዝን ድሕሪ ምባል፡ ገጹ ተሓጺቡ ናብ ምጽላል ተመልሰ'ሞ ብምድንጓዩ ይቕሬታ ሓቲቱ ኾፍ በለ።

"ታምራተይ፡ እዚ ምግቢ ኣይተሰማምዓካን ድዩ? ኣነስ ጥዒምካዮ ዘይትፈልጥ ክትጥዕም ..." ኢላ ኸይወድኣት፡

"ምጽላል ኣይትሸገሪ፡ ዝኾንኩዎ ዋላ ሓደ ነገር የለን፡ ክንድ'ቲ ዝበላዕኩዎ መሊሰ'ኺ ምበላዕኩ፡" ብምባል ኣእዳዋ ስሒቡ እናደራረዘን ብሩህ ገጽን ፍሽኽታን ዝተሓወሶ ቌላሕታ ብምግባር፡ "ሓደ ነገር ክሓተኪ እየ። ብልክዕ ከኣ መልስለይ። ተልእኾኺ ንዓይ ኣብ መስመር ንምእታው ድዩ? ማለት ኣነ ብሓበሬታ ምትሕልላፍ

ክተሓባበረኩም ድዩ?" ብምባል ዓይኒ ዓይና ጠመታ። ምጽላል፡ ኣብ ዘይተጸበየቶ ቦታን ጊዜን ብምንባሩ ግር'ኳ እንተ በላ፡ "እወ! ሻለቃ ታምራት፡" በለቶ።

"ንመን?"

"ማለት?"

"ንጀብሃ ድዩ ንሻዕብያ?"

"ንሻዕብያ፡" ኢላ ዓይኒ ዓይኑ እናጠመተት፡ "ዘድልየካ ውሕስነት ክንህበካ ቅሩባት ኢና!።"

"ደሓን ንሱስ ይጽንሓልና፣ ቍማልኩም ዘየራገፍኩምሲ ንዓይ ውሕስነት ክትህቡኒ፡" ኢሉ ካዕ ካዕ ብምባል ናይ ልቡ ሰሓቐ። ምጽላል ተደናገረት፣ ሰብ እያ'ሞ ፍርሃት ተሰምዓ፣ ምኽንያቱ፡ ንዓኣ፡ መልሲ ታምራት ናይ ሞትን ሕየትን ተልእኾ ብምንባሩ እን ታይ ኮን ክብል'ዩ ብምባል ክትጥምቶ ነቐጸት።

"ሕራይ ክተሓባበረኩም'የ፡ ብዘይ ቃል ዓለም፡" ምስ በላ፡ ኩሉ ነገር ሃንደበት ስለ ዝኾና ክትኣምኖ ኣይከኣለትን።

"ታምራት፡ እዚ ክትዋዘ እትብሎ ነገር ኣይኮነን። ብልብኻ ዲኻ?"

"ምጽላል፡ ኣነ በዓል ስልጣን'የ፡ ንጸወታ ኢለ ዝዛረቦ ዘረባ ኣይኮንኩን። ካልእ ይትረፍሲ፡ ኣብ ቦርሳኺ እንታይ መጸናጸኒ ሒዝኪ ኽትመጺ ኽም እትኽእልን መን ከም ዝሰደደክን ሓሲበሉ ኣይፈልጥን'የ። ምኽንያቱ፡ ካብታ መጀመርታ ምሸት መንነትኪ ስለ ዝፈለጥኩ፡ እወ! እታ ኽም ኣደ፡ ሓማት፡ ዓርክን ዝፈትዋ ኣዜብ ..." ኢሉ ክምስ በላ'ሞ፡ "ንስለ ድሕነትን ሰላምን ህዝቢ ህይወታ ኽትብጃ ዝተበገሰት፡ ኣነኸ ብኸመይ ብዘየገድስ ንሰላም ዘይብጀወሉ ምኽንያት ኣሎ ድዩ? እንኮስ ህዝቢ ኢትዮጵያ ሰላም ዝረኽበሉ ደኣ ይኹን'ምበር፡ እቲ ካባይ ዝድለ ኽገብር ቅሩብ'የ፡" ብምባል፡ ነቲ ኣዕቲቡዎ ዝጸንሐ ገጹ ናብ የማነ ጸጋም ኣወዛዊዙ ፍሽኽ በላ። ምጽላል ደስታኣ ወሰን ኣይነበሮን፣ ካብቲ ኾፍ ኢላቶ ዝነበረት ተንሲኣ ክትሓቝፎ ኣይምጸልኣትን፡ ግና ትዕግስቲ መረጸት።

"ታምራተይ፡" በለቶ፡ በተን ጽቡቓት ደርጊ ስና ክሳዕ ዝከኣላ ፍሽኽ እናበለት፡ "ሰብ ኮይኑ ፍጥረት ሰብ፡ ንዋላ ሓደ ነገር ካብ ምንባር ንገለ ነገር ሙማት ይሕሾ። ንሕና ኸኣ ንስለ ሰላም ህዝብና ክንመውት ጸጋ እዩ፡" ብምባል ዓይኒ ዓይኑ ኣትሪራ እናጠመተት፡ "ሕጂ ክልምነካ ዝደሊ ዓቢ ነገር ኣለኒ።"

"እንታይ!?" እንታይ ኮን ክትብለኒ እያ ብምባል፡ ሕጂ'ውን

ዓይኒ ዓይና ጠመታ።

“ምስ ስድራአ ከም እትቅመጥ ጓል ዓሰርተ ሸሞንተ ዓመት እሞ ደገ ወጺአ ዘይትፈልጥን ሸርጅንን መጠን፡ ምሳኻ ስዕስዕ ሓዲረ፡ ኣብ ዓራት ተደርብየ ክውዕል ...” ኢላ ዘረባኣ ኸይወድኣት፡ ኩሉ ሰብ ክሳዕ ዝሰምዓ ካር ካር ኢላ ሰሓቐት። ታምራት'ውን ከምኡ። ብዝኾነ፡ ኣብቲ ዝነበሩዎ ለይታዊ ትልሂት ስዕስዕ ሓዲሮም ከባቢ ሰዓት ኣርባዕተ ወጋሕታ ናብ ሆቴሎም ተመልሱ።

ምጽላል፡ ሰዓት ዓሰርተ ሓደ ኣቢላ ተበራበረት'ሞ ነብሳ ተሓጻጺባ ቊርሲ ኣብ መደቀሲኣ ኣዚዛ ናብ በረንዳ ብምውጻእ ናይ ጸሓይ መከላኸሊ መነጽር ገይራ ኾፍ በለት። ቊርሲ እናበልዐት እቲ ምስ ታምራት ዝተዘራረበቶ መሊሳ ብሓሳባ ክትደጋግሞ ጀመረት። ዕላማኣ ብምህራማ'ኳ እንተ ተሓጒሰት፡ ዝመጽእ ርክባ ምስ ታምራት ከመይ ክኸውን'ዩ ዝብል ሓሳብ ግና ኸየተሓሳሰባ ኣይተረፈን። እቲ ዝተረፈ ስራሕ ንበዓል ሚኪኤል ዝሕደግ ምዃኑን ንሳ ብዝተኻእላ መጠን እተን ተሪፈናኦም ዘለዋ መዓልታት ኣ ብ ናይሮብን ሞምባሳን ብምዝንጋዕ ክሕልፉወን ወሰነት። ስለ ዝኾነ ኸኣ፡ ናብ ሚኪኤል መልእኽቲ ክትሰድድ ብርዕን ወረቐትን ከተምጽእ ብድድ በለት'ሞ፡ “እቶም ሳፕላየር ዘድሊ ኣቑሑት ብዘይ ገደብ ክህቡና ብዘይ ጥርጥር ተሰማሚዖም ኣለዉ፡ ምስ መጻእኩ ብኣካል ክንዘራረበሉ ኢና፡” ትብል ሓጻር መልእኽቲ ሰደደት። ሚኪኤል ነታ መልእኽቲ ብኡ ንብኡ ረኺባ'ሞ፡

“የቐንየለይ፡ ካብ ቈጸራና ሓንቲ መዓልቲ ቐዲምና ንራኸብ፡” ትብል መልእኽቲ ፋክስ ሰደደላ።

ምጽላልን ታምራትን ነተን ዝተረፋ ናይ ዕረፍቲ ጊዜኦም ኣብ ናይሮብን ሞምባሳን ብምዝንጋዕ ኣሕለፉወን'ሞ፡ ምጽላል፡ ታምራት ቅድሚ ምብጋሱ፡ ቅድሚ ሓደ መዓልቲ ብ21 ጥሪ 1981 ናብ ኣዲስ ኣበባ ተመልሰት።

* * *

ምዕራፍ 2

ሓጐስ፡ ድሕሪ'ቲ ንዶባት ኤርትራን ትግራይ ኣመልኪቱ ምስ ስየን ገብሩ ኣስራትን ዝገበሮ ዝርርብ፡ ኣካይዳ መሪሕነት ህ.ወ.ሓ.ት ደስ ኣይበሎን። ንዕኡ፡ ዶባት ኤርትራ ብመሰረት ጣልያን ምስ ምንሊክ ኣብ 1900፡ 1902ን 1908 ዝተበጽሐ ስምምዕ፡ ኣብ እዋን ፌደረሽን ሕቡራት ሃገራት ዘውጽኡዎ ካርታ፡ ሃጸይ ሃይለስላሴ ይኹን ደርግ'ውን ዘይቀየሩዎ ኸዉንነት ምዃኑ ንጹር'ዩ ነይሩ። ስለ ዝኾነ ኸኣ፡ ብወገን መሪሕነት ህ.ወ.ሓ.ት ይኹን ብዙሓት ተጋደልቲ ብትሒም ትሒም ዝዝረብ ዘረባ መበገሲኡ ኸርድኦ ኣይከኣለን። ብፍላይ ከኣ እቲ ውድብ ኣብ ቀዳማይ ውድባዊ ጉባኤኡ ለካቲት 1978 ኣብ ማይ ዓባይ ደረት መረብ፡ “ጉዳይ ኤርትራ መግዛእታዊ ሕቶ እዩ” ኢሉ፡ ንዝሕለፎ ዳግማይ ውሳኔ፡ እቲ መግዛእታዊ ዶባት ብዘይ ሕቶ ቕቡል ክኸውን ዝግባእ ክነሱ፡ “ንምንታይ እዩ ውድብና ንጉዳይ ዶብ ኣብ ምልክት ሕቶ ኣእትዩዎ?” ብምባል ወትሩ ምስ ኣተሓሳሰቦ እዩ። ካብ ኩሉ ግና፡ “ንሕና፡ ጉዳይ ኤርትራ መግዛእታዊ ሕቶ እዩ ንብል ንስልቲ'ምበር ካልእ ኣይኮንናን፡” ዝብል ኣብ ብዙሓት መስረትቲ እቲ ውድብ ዝነበረ ኣተሓሳስባ፡ ከየሻቐሎ ኣይተረፈን። ስለዚ፡ ነቲ ዑስማን፡ “እቲ ውድብ ንጹር መትከልን ራእይን ዘይብሉ፡ ምስ ህዝባዊ ግንባር ዘሎዎ ዝምድና ናይ ረብሓ'ምበር ናይ ስትራተጂ ኣይኮነን” ዝበሎ፡ ሓቅነቱ ኸረጋግጽ ደለየ። ካብዚ ብምብጋስ'ዩ እምበኣር፡ ኣረኣእያ ናይ'ቶም ካልኦት ኣባላት እቲ መሪሕነት ንምፍታሽ፡ እቲ ንወፍሪ ቐይሕ ኮኾብን ኵነታት ሻዕብያን፡ ኣመልኪቱ ብመሪሕነት ስብሓት ነጋ ዝተጋብአ ኣኼባ ህ.ወ.ሓ.ት ምስ ተዛዘመ፡ ናብ ቦታኡ ብምኻድ፡ “ብጻይ ስብሓት፡ ዝምድናና ምስ ህ.ግ ኣብ ከመይ ኵነታት ኣሎ?” ብምባል ሓተቶ'ሞ፡

“ዝምድናና ስልታዊ'ምበር ስትራተጂያዊ ኣይኮነን እዩ ክብሃል ዝከኣል። ምኽንያቱ፡ ሻዕብያ ቅድም ቀዳድም፡ ንናጽነት ኤርትራ ብምሉእ ልቡ ኣይኮነን ኣሚኑ ዝቃለስ ዘሎ፡ ከምኡ ስለ ዝኾነ እዩ ኸኣ ምስ ደርግ ንኽዝቲ ኣብ ምብራቕ ጀርመን ዝተራኸበ። እቲ ኻልእ ዘየቀራርብና ጉዳይ ከኣ፡ ኣብ ልዕሊ ሕብረት ሶቭየት

ዘሎዎም መርገጽን ካብ'ቲ ደጀኑ ዝኾነ ህዝቢ ኤርትራ ርሒቑ ኣብ ሳሕል ድፋዕ ብምስራሕ ዝገብሮ ዘሎ ቅዲ ኹናትን፡ ውድብና ግጉይ ስልቲ ኹናት ኢሉ ስለ ዝኣምን ዝምድናና ናብ ስልታዊ ዝምድና ኣውሪድናዮ ኣለና።"

"ብዙሕ እዋን ብገለ ገለ ኣባላት፡ ዶባት ትግራይ ሑጻ ምላሽ'ዩ፡ ማለት፡ ምዕራባዊ ቆላታት ኤርትራ ይኹን ክፋል ባሕሪ ኤርትራ ኣብ ዶብ ትግራይ እዩ ዝኣቱ፡ ክብሉ ይስማዕ'ዩ፣ ዶብ ኤርትራ ንጹር ኣይኮነን ድዩ?"

"መቸም እቲ ጉዳይ ገና ኣዛራቢ ምኻኑ'ኳ ንኣምነሉ እንተ ኾነ፡ ኣብዚ እዋን'ዚ ምልዓሉ ነቲ ኣብ መጻኢ ክንበጽሖ እንደሊ ራእይ ከዐንቅፈና ስለ ዝኽእል፡ ተወንዚፉ ኸጸንሕ ኢና ንመርጽ። ብገለ ገለ ወገናት ግና፡ ጣልያን ንኢትዮጵያ ኣብ 1935 ምስ ወረራ እቲ ውዕል ፍሩስ ስለ ዝኾውን፡ ዶብ ትግራይ ከም ብሓድሽ ክንጸር ኣለዎ ዝብሉ ኣይሰኣኑን'ዮም። በዚ ኾይኑ በቲ፡ ብዛዕባኡ ምዝራብ ሕጂ እዋኑ ኣይኮነን፡" ብምባል፡ ሽፍንፍን ዝበለ መልሲ ሃቦ፡ ስብሓት። ንሓጐስ፡ እቲ መልሲ ንጹርን እቲ ውድብ ከኣ ገለ ሕቡእ ኣጀንዳ ኸም ዘሎዎን ከየስተብሃለ ኣይተረፈን።

"ዝምድናና ስትራተጂያዊ እዩ ክብሃል ከም ዘይጸንሐ እንታይ ስለ ዝተረኸበ ደኣሉ ኣብ'ዚ እዋን'ዚ፡ እሞ ኸኣ፡ ህ.ግ ኣብ ከቢድ ውግእ ከሎ ዝምድናና ናብ ስልታዊ ደረጃ ኣውሪድናዮ ዝብሃል ዘሎ።" ሓተተ ሓጐስ።

"ውድብና ኣብ ቀዳማይ ጉባኤኡ ኣብ ልዕሊ ሕብረት ሶቭየት መርገጺኡ ኣነጺሩ እዩ። ንሱ ኸኣ፡ "ኸላሲት ሕብረት ሶቭየት" ዝብል ጽሑፍ ኣብ ስራዊት ድሕሪ ምዝርጋሕ፡ ሶቭየት ከላሲት ምዃና፡ መጋበእያ ብምሉእ ድምጺ ኣረጋጊጹ ወሲኑ እዩ። ይኹን'ምበር፡ ሻዕብያ፡ እቲ ብርኽርዋዊ ባህሪኡ ኸፍቅደሉ ስለ ዘይከኣለ፡ ሶቭየት ዝተጋጋየት ፈታዊትና'ምበር ጸላኢትና ክትከውን ኣይት'ኽእልን'ያ ዝብል መርገጺ ስለ ዝሓዘ፡ ሶቭየት ስትራተጂያዊት መሓዛና እንካብ ዘይኮነት፡ ሻዕብያ ኸኣ መሓዛ ሶቭየት እንካብ ኮነ፡ መሓዛና ክኸውን ኣይክእልን'ዩ፡" ብምባል፡ ዥርዕርዕ እናበለ መለሰሉ። ሓጐስ ግና ንነገራት ብምግንዛብ፡ ሓደ ንሓርነትን ማዕርነትን ብሄራት ዝቃለስ ውድብ፡ እንታይ ኣእተዎ ናብዚ ኹሉ ሃለውለው ዝኣቱ፡ ብምባል፡ ነቲ ውድብ ከዓቦ። ህ.ግ፡ ንሕና ንናጽነት እንቃለስ ግንባር'ምበር፡ ኣብ ፖለቲካዊ ቈይቈ ክንኣቱ ድልየት የብልናን ብምባል ዝወሰዶ ብሱል መርገጺ ግና፡ ኣብ ብልሒ ዝተመርኰሰን ነዊሕ ዝጠመተን ምዃኑ፡

በቲ ኣብ'ቲ እዋን'ቲ ዝወሃብ ዝነበረ መግለጺ ህዝባዊ ግንባር ከየስ ተብሃለ ኣይተረረፈን። ኮይኑ ኸኣ፡ ኣብዘን ከባቢ ልዕሊ ኽልተ ዓመት ኣብ ተ.ሓ.ህ.ት ዝነበረለን እዋን፡ ናይቲ ውድብ ኣጋውላ ኽግምግም ኣኽኢሉዎ እዩ። ካብ ኩሉ ነገር ዘተሓሳሰቦ ግና፡ መሪሕነት ተ.ሓ.ህ.ት ንጾባት ኤርትራን ትግራይን ብዝምልከት ኣብ ነዊሕ እዋን ዝፍንጀር ነታጕ ቀቢሮም ከም ዘለዉ እዩ። ከይተፈለጠ ኸኣ ኣብ ውሽጡ ፍርሒ ተሰምዮ። ድሕሪ ንውሕ ዝበለ ዘተ ምስ ስብሓት ነጋ፡ ሓጐስ ናብ መደቀሲኡ ኸደ'ሞ ምሉእ ለይቲ ብሓሳብ ክገላበጥ ሓደረ። ኣብ መንጎ ግና ሓንቲ ሓሳብ መጸቶ፡ ናብ ህ.ግ መልእኽቲ ኽሰድድ። ከመይሲ? ኣብ'ቲ እዋን'ቲ ማለት 1981 ተ.ሓ.ህ.ት ክልተ በራጊድ ናብ ሳሕል ክሰድድ፡ ስብሓት ነጋ ምስ ሓደ ላዕለዋይ ሓላፊ ህ.ግ ኣብ ሽላሎ ተራኺቦም ኣብ ምርድዳእ ከም ዝበጽሑ ስየ ኣ ብርሃ ኣተንቢሁሉ ስለ ዝነበረ፡ ንሱ'ውን ምስ'ተን በራጊድ ክብገስ ወሰነ። ካብ'ዚ ውሳኔ'ዚ ዝተላዕለ እዩ ኸኣ፡ ብሕቡእ ናይ ሬድዮ ርክብ ብምግባር ምስ ዑስማን ዝተረዳድአ።

* * *

ምዕራፍ 3

1972 እዩ። ሰለሙን ብአውቶቡስ ሰታዮ ናብ ኣዲስ ኣበባ ተበገሰ። ኣዲኡ፣ ኣሕዋቱን ኣዕሩኽቱን ከምቲ ልሙድ ንሓደ ናብ ኣዲስ ኣበባ ዝኸይድ ሰብ ሕምባሻ ተሓምቢሹ፣ ባናና ተገዚኡ "ዝወደይ ብደሓን የእትኻ፣ ኣምላኽ ምሳኻ ይኹን፣" ብምባል፣ እናመረቓን እናነብዓን፣ ኣሕዋቱ ብምድንፋቕ ንብዓተን ብነጸላ እናደረዛ፣ ሰለሙን ከኣ ንዕአን ብምርኣይ ሕንቕንቕ እናበለ ኸሎ፣ ኣውቶቡስ ጥሩምባኣ ሃሪማ ተበገሰት። ኩሎም እቶም ተሰቒሎም ዝነበሩ ወዶም ጓሎም ብመስኮት ተቐልቂሎም "ቻው ቻው" እናበሉ፣ ካብ ኣዒንቶም ክሳዕ ዝኸወሉ ንቤተ ሰቦምን ፈተውቶምን ኢዶም ኣወዛወዙ። ኣውቶቡስ ሰታዮ ብብሎኮ መንደፈራ ገይራ ንኣስመራ ተፋነወታ። ንሳቶም ከኣ "ዓሕ ኣስመራ! ገዲፍናኪ ንኸይድ ኣለና፣" እናበሉን ደርፊ በረኸት መንግስተኣብ እናሰምዑን ድሕሪ ኸልተ ሰዓት ኣቢሎም ዓዲ ኳላ ኣትዮም ቍርሲ በሊዖም ብምብጋስ፣ ዶብ ኤርትራ ሰጊሮም ንምሳሕ ዓድዋ ኣተዉ። ሰለሙን፣ ኣብ ጐድኒ ሓንቲ ጓለንስተይቲ ኾፍ ኢሉ እዩ ዝጕዓዝ ነይሩ።

"ክሳዕ ሕጂ ኣይተላለናን፣ ኣነ ሰለሙን እብሃል፣" ብምባል፣ ነታ ኣብ ጥቓኡ ዝነበረት ጓለንስተይቲ ተላለያ።

"ለምለም እብሃል።"

"ንኣዲስ ኣበባ ደኣ ቤተ ሰብ ክትርእዩ ዲኺ ትኸዲ ዘለኺ?" ብምባል፣ ዕላል ጀመረላ።

"ኣይኮንኩን፣ ቤተ ሰብ ዝብሃል'ኳ የብለይን።" ንስኻኸ እንታይ ክትገብር ትኸይድ ኣለኻ?"

"ኣነስ ዩኒቨርሲቲ ክመሃር'የ ዝኸይድ ዘለኹ። ኣብኡ ዝነብር ሓወቦይ ክቕበለኒ እዩ። ትፈልጥዮ ዘይብልኪ ደኣ እንዳ መን ክትኣትዊ ኢኺ? ሓቀይ! ተላግጺ ዲኺ ዘለኺ?።"

"ከምዚ ዝብለካ እዩ። ኣነ'ውን ከማኻ ማትሪክ ሓሊፈ እየ ዝኸይድ ዘለኹ። ዝቕበለኒ ሰብ ስለ ዘይብለይ ከኣ ትኽ ኢለ ናብ ዩኒቨርሲቲ ክኸይድ'የ፣" ብምባል፣ ሰለሙን ዘይተጸበዮ መልሲ ሃበቶ።

ሰለሙን፣ ለምለም ከምኡ ኣብ ዩኒቨርሲቲ ኣዲስ ኣበባ ክትመሃር

ትኽይድ ኣላ ኢሉ ፈጺሙ ኣይሓሰበን። ከመይሲ፡ ለምለም ጓል ገጠርን ኣከዳድናኣ ኸኣ ብኡ መጠን ነጸላን ቀሚሽ ሽፎንን ወድያ ስለ ዝነበረት እዩ፡ ነቲ ጌጋ ግምት ዝገበረ። ብተግባራቱ ኸኣ ሓፈረ።

"ኣበየናይ ቤት ትምህርቲ ደኣ ተማሂርኪ?"

"ሳን ጆርጆ።"

"ሳን ጆርጆኽ ኣበይ እዩ?" ብምባል፡ ደንጽዩዎ ሓተታ።

"ሓቅኻ ዲኻ ዘይትፈልጦ?"

"ፈጺመ ኣይፈልጦን'የ!"

"ሳን ጆርጆ፡ ኣብ ኤርትራ ዳርጋ ንመጀመርታ ጊዜ ዝተሃንጸ ካልኣይ ደረጃ ቤት ትምህርቲ እዩ። ኣብኡ፡ ካብ ምሉእ ኤርትራ ዝመጹ ብዙሓት ፍሉጣት ሰባት ከም ዝተማህሩ ኣሕዋተይ ከዕልሉ እሰምዕ ነይረ። ሓወይ'ውን ካብኡ እዩ ንዩኒሽ ..." ኢላ፡ ዘረባኣ ኣቋረጸት።

"ዩኒቨርሲቲ ዝኣተወ ሓው ኣለኪ?።"

"ነይሩኒ፡" ኢላ፡ ንብዓታ ኸይርአ ገጻ ብነጸላኣ ሸፈነቶ።

"ሕጂኸ ኣበይ ኣሎ?"

"ኣሜሪካ እዩ ዘሎ። ንስኻኸ ኣበይ ተማሂርካ?" ሓተተት፡ ነገራት ናብ ካልእ መኣዝን ንምቕያር።

"ኣነ፡ ልኡል መኰንን'የ ተማሂረ። ማትሪክ ከኣ 3.2 ኣምጺአ። ገዛውተይ ከኣ ኣርባዕተ ኣስመራ እዩ። ትፈልጥዮ ዲኺ?"

"ክብሉ እሰምዕ'ምበር፡ ኣስመራስ ኣይፈልጣን'የ።"

"ኣስመራ መጺኺ ኣይትፈልጥን?"

"ንስኻኸ መንደፈራ ትፈልጦ ዲኻ?"

"ኣይፈልጦን!"

"እንታይ ደኣ ኣነ ነኣስመራ ብዘይ ምፍላጠይ ትግረም፡" ብምባል፡ ክርትም ኢላ ሰሓቐት።

"ማለተይሲ፡" በለ፡ ሕፍርፍር እናበለ። "ቤተ ሰብ ክትበጽሒ መጺእኪ ኔርኪ እንተ ኼንኪ ኢለ እየ። ምኳን ሓቅኺ ኢኺ፡ ኣነ'ውን ሳንጆርጆ ዝበሃል ቤት ትምህርቲ ኸም ዘሎ ሕጂ እየ ፈሊጠ፡" ብምባል፡ ተናስሐ። ለምለም ከኣ ነቦኣ ማለት ነቦይ ገረዝግሄር ዘኪራ ኣብ ሓሳብ ኣተወት። ኣቦይ ገረዝጊሄር፡ ብሓያል ኣዘራርበኦምን ዝነበሮም ተሰማዕነትን ኣብ ዓዶም ዓዲ ሞንጎንቲ ዝተፈልጡ ሰብኣይ እዮም ነይሮም። ባይቶ ተኣኪቡ ጉዳይ ዓዲ ኣብ ዝዝተየሉ እዋን፡ ምስላ ብዝተሓወሶ ኣዘራርባ ገይሮም ንዓዲ ዝመኽሩ፡ ንዝተባእሰ

ዝምዕዱን ዝዓርቁን፡ ንዝተበደለ ኸኣ ዝሽምግሉን ሓያል ሰብኣይ እዮም ነይሮም። ማህጸን ኣደይ ለተ'ኺዳን፡ ዓሰርተ ሓደ ቈልዑ እያ ፈርያ። ካብ'ዚኦም እቶም ክልተ ብሕማም ንፍዮ ተጐዲኦመን እቲ ሓደ ድማ ብሓደጋ። ብርሃነ፡ በ'ዅሪ ገዛ ክኸውን ኸሎ፡ መነባብሮኡ ኸኣ ኣብ ዓዲ እዩ። ሓዳር መስሪቱ ኣርባዕተ ቈልዑ ወሊዱ። ገብርኤልን ሙሉን ሓዳረን ዝወጸ፡ እታ ሓንቲ ዓዲ ጻዕዱ፡ እታ ካልኣይቲ ኸኣ ማይ ሓርማዝ እየን ኣትየን። ግርማይ፡ ሓርኰትኰት በሃላይ፡ ከዕርፍ ዘይፈልጥን ብሓይሉ ትምህርቲ ዝኣተወን መንእሰይ እዩ ነይሩ። ኣቦኡ ትምህርቲ ዘይቀሰሙ ብምንባሮም፡ ደቆም ዓብዮም ኣብ ማሕረስ ክብርዩዎም'ምበር፡ ምህሮ እንታዮም ኣይነበረን። እዚ ኾይኑ ኸብቅዕ ግና፡ ኣብ ግርማይ በጺሖምሲ ተረትዑ ደኣ።

ሓደ እዋን ግርማይ ወዲ ሸውዓተ ዓመት ኣብ ዝነበረሉ እዋን፡ ሓወ'ቦኡ መምህር ተወልደ፡ ማርያም ግንቦት ኮይኑ ንግደት ዓዲ እንዳ ሓዎም ከዱ። ግርማይ ኢድ ከሕጽብ፡ መኣዲ ኸቕርብ፡ ከልዕልን ክለኣኽን መምህር ተወልደ ተኲሮም ክጥምቱዎ ድሕሪ ምጽናሕ፡ "ኣንታ ገረዝግሄር ሓወይ! እዚ፡ እቲ ግርማይ ወድኻ ድዩ?"

"እወ! እቲ ፍላይ ማንታ እንድዩ፡ ኣብየት ክነፍዕ! ደኺመ ኣይፈልጥ፡ ተሃክየ ኣይብል፡ ጉዳም ቈልዓ እዩ።"

"ትምህርቲኸ ጀሚሩዶ?"

"ኣንታ እንታይ ትምህርቱ! ወረቐት ሒዞም ናብ'ዝን ናብ'ትን እንተ በሉ፡ እንታይ ከርብሖም እዩ! እነሀለካንዶ ቀሺ ሃብተዝጊ ዘዝወለዶም ትምህርቲ ትምህርቲ ኸብል፡ ኣብዛ ዓዲ ዘብርዩ ስኢኑ ዘሎ! ኩሎም ገዲፎሞ ነስሙራን ባጽዕን ተሰዊሮም፣ ጸላኢና ይሰወር! ንስኻስ ደይ ሕሳስ ልደ ስለ ዝኾንካ ኢኻ ኣደይ ለሚና ለማሚና ነቦይ ሕራይ ዘበለቶ፡" ኢሎም ዘረባኦም ከይወድኡ፡ መምህር ተወልደ ኵልፍ ኣበሉዎም'ሞ፡

"መምጽኢ ነገር'ኮ እቲ ጣልያን'ዩ። ንመንደፈራ ተለኣኽኒ ኢሉኒ፡ ተላኢኸዮ። ምስ ተመለስኩ፡ ጐይታና፡ እነሀለ ዝለኣኸካኒ ኢለዮ። ወዮ ጣልያን ካርካር ኢሉ ሰሓቐኒ'ሞ፡ ያኢ ተሓጕሱለይ ኢሉ ኣነ'ውን ምስኡ ክርትም ኢለ ሰሓቕኩ። እታ ጻዕዳ ኢዱ ኣብዛ ገጸይ ምስ'ዕለበለይ፡ ናበይ ኣቢለ ኸም ዝወደቕኩ ኸይተፈለጠኒ፡ ኣብዛ መሬት ዝርግሕ በልኩ። ሻምቦ ሻምቦ ኢሎም ኣብ ገዛና ምስ ኣእተዉኒ እዩ ሃለዋተይ ተፈሊጡኒ። ኣብቲ እዋን'ቲ፡ ወዲ ትሽዓተ ዓሰርተ ዓመት'የ ነይረ። ሽዑ ጣልያን ተሳዒሩ እንግሊዝ

ዝኣተወሉ እዋን'ዩ ነይሩ። ኣቦይ፡ ነቲ ጻዕዳ እንተ ዘይቀተልኩዎ ኢሎም ምስ ደቂ ዓዲ ክንደይ ባእሲ ገበሩ። ወዮ ጣልያን ሃዲሙ ንኹዱፈላሲ ኽይዱ ተሓብአ። ብኡ ምኽንያት'ያ ኸኣ፡ እታ ትምህርቲ ዝመጸት።"

"ከመይ ኢላ?" በሉ፡ ኣቦይ ገረዝጊሄር።

"እቲ ጣልያን፡ ድሕሪ ኣርባዕተ መዓልቲ ናብ ዓድና ይመጽእ'ሞ፡ ነገር ከለሳልስ ኢሉ፡ ነቦይ ረኺቡ "ነዚ ወድኻ ትምህርቲ ኽእትዎ" በሎ። ኣቦይ ከኣ ነደይ ነገራ። ንሳ ደኣ ትምህርቲ እንታይ ኣፍሊጡዋ፡ ግና ምህሮ ትብል ዘረባ ምስ ሰምዐት፡ ነቦይ ኮፍ ምባል ከልኣቶ። ከምዚ'ለ ኸኣ እየ ትምህርቲ ጀሚረ። "ገረዝግሄር ሓወይ፡ በጃኻ ኢለካ፡ ንግርማይ ኣብ'ዛ ዓድና ትምህርቲ ኣእትዎ። ጽባሕ ንግሆ ኽጠቕመካ እዩ፡" ብምባል፡ ኣጥቢቖም ለመንዎም።

ግርማይ፡ መንደፈራ እናተመላለሰ ኽመሃር ጀመረ። ኣብ ትምህርቲ፡ ቀዳማይ'ምበር፡ ካልኣይ ወጺኡ ኣይፈልጥን ነበረ። ድሕሪ ግርማይ ዝተወልዱ ተኸታቲሎም ትምህርቲ ኣተዉ። ለምለም፡ ንግርማይ ምንኣስ ምንኣሱ እያ። ምንኣስ ግርማይ ግና፡ ካብ ዳዕሮ ወዲቑ ሕቘኡ ተሰይሩ፡ ድሕሪ ነዊሕ ስቓይ እዩ ሞይቱ። ግርማይ፡ ኣብ 1966 ዩኒቨርሲቲ ኣዲስ ኣበባ ኣትዩ። ከም ኩሎም መንእሰያት ናይ'ቲ እዋን'ቲ ብተግባራት ባይቶ ኤርትራ ዝተቘጥዐን ኣብ ክንደይ ሸፔሮ (ኣድማ) ተመሃሮ ዝተኻፈለን ከም ምንባሩ መጠን፡ ንኣዲስ ኣበባ ብኽንደይ ለመና ናይ ሓወ'ቡኡ መምህር ተወልደ እዩ ኸይዱ። ለምለም ንሓዋ ክትዝክሮ ኸላ ንብዓታ ደው ምባል እዩ ዝኣብያ። ካብ ኣዝዮም ምፍቓሮም ዝተላዕለ፡ ብጸልማት ኣብ ንእዲ ኾይኖም ጉጅም ክብሉ ይሓድሩ ነበሩ። "ኣንቱም ቈልዑ፡ ምእንተ ማርያም ኣደቅሱና፡ ንጽባሕ ዘይኮነልኩም፡" ክብላ፡ ኣደይ ለተኺዳን ረብሪበን'የን። ዓብዮም ኣብ ሓደ ንእዲ ደቂሶም ከዕልሉ ኸለዉ፡ ላምባ ኣብረሀን ረኺባኦም'ሞ፡ "ዋይ ኣነ ተካሊት፡ ዋይ ኣነ ተካሊት፡ ኣንቲ ቈልዓ ተስኢ ካብዛ ንእዲ ኽይተዋርድኒ፡ ኣታ ጽሉል ከኣ፡ ናብዛ ንእዲ ገጽካ ኽይትመጽእ ኢለካ ኣለኹ፡" ምስ በላኦም፡ ኩሉ ሰብ ካብ ድቃሱ ክሳዕ ዝበራበር ብሰሓቕ ትዋሕ በሉ። ካብኡ ንደሓር ዕላሎም ብቐትሩ ደኣ ገበሩዎ። ክልቲኦም፡ ኣብ ዝወዓሉ ውዒሎም ምስ ጥራውዝቶም'ዮም ዝቃለሱ። ግርማይ ከረድእ፡ ለምለም ክትሓትት፡ ኣደይ ለተኺዳን ከኣ "ኣንቱም ቈልዑ እዛ ላምባ ኽይትውዳእ ኣጥፍኡዋ፡" ክብላ፡ ረብሪበን እየን። እንተ ኣቦይ ገረዝግሄር ግና ኩሉ ከም ዘይናቶም'ዮም ዝርእዩዎ

ነይሮም። ግርማይ፡ ንግሆ ተንሲኡ ምስ'ቶም ኋሶት ኮይኑ ጤለ-በጊዕ ክሓልብን ከብቲ ይኹና ኣእዱግ ንደገ ኽውጽእን፡ ለምለም ሓዊ ክትኣጉድን ንብምልእታ ስድራ ቤት ቍርሲ ክትገብርን ሰዓት ናይ ትምህርቲ ይኣክል'ሞ፡ ከርክቡ ጕያ ጕያ ይብሉ ነበሩ። ለምለም፡ ብትምህርታ ኣዝያ ንፍዕትን መልክዐኛን ብምንባራ፡ ንዓኣ ዘይፈቱ ተመሃራይ ይኹን መምህር ኣይነበረን። እንተ ንመርዓ'ሞ፡ ገና ኋል ዓሰርተው ኣርባዕተ እንከላ እዮም ወግሐ ጸብሐ ዝሓቱላ ነይሮም። ኣቦይ ገረዝግሄር ግና ንኹሎም ኣብሊያምን ኣስትዮምን ብጥዑም መልሓስ የፋንዉዎም ነበሩ። ሓደ እዋን፡ እንዳ ፊተውራሪ ሃብቱ ኋልኩም ሃቡና ኢሎምዎም ስለ ዝኸልኡዎም፡ "ንሕና እንዳ ኽንቲባ ሓቲትናዮም ክኣብዩና፡" ብምባል ተቐየሙዎም። እንተ ኾነ ኣደይ ለተኺዳን ወረጃን ፈቃር ሰብን ብምንባረን፡ ሓደ እዋን እቲ ምቅይያም ናብ ዘይተደልየ ጽልኢ ኸይከይድ ብምባል ስለ ዝተሰከፋ፡ ሓደ ኺሎ ሽኮር ሒዘን ናብ እንዳ ፊተውራሪ ሃብቱ ኸዳ። ምስ ወ/ሮ ስላስ ቡነን እናሰተያ ኸኣ ኽምዚ በለኣን።

"ኣንትን ስላስ፡ መምጽእየይ'ኮ ካን ተቐያዩምና ኸይንነብር ኢለ እየ። እዛ ኋልና ኽምዛ ትሰምዕዋ ዘለኹም ብትምህርታ ኣዝያ ንጥፍቲ ብምኳና፡ እቲ ግርማይ ሓዋ 'ንለምለም ሓፍተይ ትምህርቲ ኽይወድእት እንተ ኣመርዲኹማ፡ ኣነ፡ ኣብታ መርዓኣ መዓልቲ፡ ገመድ ገይረ ኣብዛ ደምበ ገዛና ክሕነቕ'የ፡' ኢሉ ኸም ናይ ነገር ጽሉላት ኣብዛ መጽሓፍ ቅዱስ ምስ ጠቐዐ፡ ኣነን እዞም ሰብኣይን ከኣ እዛ ልብና ምልቕ በለት። እነሀልክን ስላሰይ ንገብሮ እዩ ጠፊኡና ዘሎ። ኋልና ሂብና ወድና ኸይነጥፍእ ፈሪህና። እዚ ኾይኑና እዩ'ምበር፡ ካባኹም ዝቐርበና ደኣ መን ኣሎ። እዚኣ ክብለክን'የ መጺኤ'ሞ፡ ብዘይካ ንፊተውራሪ ንኻልእ ኸይትነግራ ማሕላ ይኹንክን ስላሰይ።"

"ወይለይ ለተኺዳን ሓብተይ፡ ኣይ ጉድ እንዲኸን ደኣ ረኺብክን። ዘይፈለጠ ኸኣ ክሓሚ ይውዕል። ወይ ጉድ! ኋልካ ሂብካስ ወድኻ ኽተጥፍእ። በላ ለተኺዳን ሓብተይ፡ ቃል ይኹነኒ ንሰብ ከይነግር፡ እንተ ፊተውራሪ'ሞ ካን ተቐይሞም እዮም ዘለዉ፡ ቀስ ኢለ ነጊረ ናብ ልቦም ክመልሶም'የ፡" ብምባል ልበን ኣረስሪሰን ኣፋነዋኣን። እቲ ቂምታ ናይ'ቶም ክልተ ቤተ ሰብ ከኣ ብኡ ንብኡ ተረፈ።

ወርሒ ነሓሰ እዩ። ተመሃሮ ዓሰርተ ኽልተ ክፍሊ ማትሪክ ምሕላፎምን ምትራፎምን ክንገሩ ናብ ቤት ትምህርቶም ከዱ።

እንተ ኾነ፡ ዘይተጸበዩዎ ነገር ደኣ ኣጋጠሞም። ማትሪክ ዝተፈተኑ ተመሃሮ ውጽኢት ፈተናኦም ንኽንገሮም ብመንግስቲ ኢትዮጵያ ክፍሊት ተሓተቱ። ተመሃሮ ቕድሚኡ ዘይነበረ ሓድሽ መስርሕ ስለ ዝኾኖም በቲ ሓደ ወገን፡ እቲ ክፍሊት ንነፍሲ ወከፍ ሳብጀክት ሓሙሽተ ቕርሺ ስለ ዝነበረን ተመሃሮ ልዕሊ ዓቕሞም ስለ ዝኾኖምን በቲ ኻልእ፡ ተቓውሞኦም ኣስምዑ። ድሕሪ ኽንደይ ውረድ ደይብ ውጽኢት ፈተና ኣብ መንደቕ ክጥቃዕ ተወሰነ። ለምለም፡ ማትሪክ 3.8 ኣምጺኣ ናብ ዩኒቨርሲቲ ሓለፈት። ስድራ ቤት ኣቦይ ገረዝግሄር ከኣ ታሕጓሶም ወሰን ሰኣኑሉ። ነቲ ሰላሳ ቅርሺ፡ እኽልን ጥሪትን ሸይጦም ብኡ ንብኡ ኸፈሉዎ። ኣብቲ ገዛ ዕልልታን ከበሮን ተሃርመ'ሞ እንታይ ተረኽበ ክትብል ዓዲ ብዓዳ ናብ እንዳ ኣቦይ ገረዝግሄር ወሓዘት። ንሶም ከኣ ንጓሎም፡ ሓደ ካብ'ቶም ስቡሓት ከብቶም ኣብ ክንዲ መርዓኣ ኣውደቑላ። ዓዲ ምልእቲ በሊዓን ሰትያን ንለምለም ናብ ኣዲስ ኣበባ ኣፋነወታ። ንሳ ኣብ መንጎ ዕላሎም ነዚ እናዘከረትን ስእሊ ግርማይ ሓዋ ኣብ ቅድሚኣ እናመጸ ቅጅል ቅጅል ስለ ዝበላን ገጻ ብንብዓት ተሓጽበ። ሰለሙን ግና ናይ ናፍቖትን ምፍልላይን መሲሉዎ፡ “ኣንቲ ለምለም፡ ነዘን ቑሩብ ዓመታት ተፈልየ ኢልኪ ክንድ'ዚ ክትነብዒ፡ ተማሂርኪ ኢኺ'ኳ ኽትምለሲ። ኣዲስ ኣበባ ምስ ኣተና ሽኣ እንተ ተኻኢሉ፡ ንሓወቦይ ክዛረቦ እየ ንቑሩብ መዓልቲ ምሳና ክትጸንሒ። ምናልባት'ውን ንዩኒቨርሲቲ ብሓንሳብ ንኸይድ ንኸውን፡” ብምባል፡ ነቲ ተጻዊኑዋ ዝነበረ ናፍቖት ግርማይ ሓዋ ይኹን ስድራ ቤታ ኽም ትርስዖን ናብ ካልእ ዕላል ከም ትኣቱን ገበረ።

* * *

እንዳቦይ ገብረኣነንያ ኣዝዩ ድኽነት ዘጥቅዖም ስድራ ቤት ጥራይ ዘይኮኑ ዝነበሩ፡ ኣደይ ብርነሽ ሓሙሽተ ኸብደን ዝቐበራ፡ ኣዝየን ለዋህን ጥዕና ዘይነበረንን'የን ነይረን። ንሰን ሰለስተ ቈልዑ ዝወለዳን ካብ'ቶም ሰለስተ ኸኣ፡ እቲ ሓደ ወደን ብሕማም ፖልዮ ዝተጠቕዐን'ዩ ነይሩ። እልልታ ጓለን፡ ፈቶዶ ደብሪ ብምኻድን ነደይ ማርያም ወግሐ ጸብሐ ብምልማንን ዝተወልደት ቈልዓ መብጽዓ እያ ነይራ። ንሳም ንመሰለስ ዝሓርሱ ኣብ ርእሲ ምንባሮም፡ እታ ዝረኸቡዋ ቑሩብ ቍራቦ ነታ ቤተ ሰብ ከተዐንግል ትኽእል'ውን

ኣይነበረትን። ይኹን'ምበር፡ ዝገደፉ ገዲፎም ደቆም የምህሩ ደኣ ነበሩ። ሓጐስ፡ ኣዝዩ በሊሕ፡ መስተውዓልን እዚኣ ክገብራ እየ እንተ ኢሉ ኽይገበራ ዘይሓድርን መንእሰይ እዩ ነይሩ። ሕጽር ዝበለ ቁመትን ድልዱል ሰብነትን ዝነበሮ ሓጐስ፡ ብቐልዑኡ ኽሎ ንፍዮ ሒዙዎ ኣብ ሞት በጺሑ'ሞ፡ ኣዲኡ ኣብ ጕንዲ እዝኑ ተኹሰናኦ ስለ ዝነበራ፡ ሰብ ፈጺሙ ክጋግዮ ኣይክእልን'ዩ ነይሩ። ኣብ ዓድዋ ናይ ካልኣይ ደረጃ ትምህርቱ ዛዚሙ፡ 1972 ዓ.ም ዩኒቨርሲቲ ኣዲስ ኣበባ ኣተወ። ምስ ሰለሙን ከኣ ኣብ ሓንቲ ኽፍልን መደቀስን በጽሖም። ሰለሙን፡ ምስኡ ኣብ ሓደ መደቀሲ ክፍሊ ምድቃስ ፈጺሙ ኣይተቐበሎን ጥራይ ዘይኮነስ፡ ነዛ ክርእዮ እዩ ጸሊኡዎ ዝነበረ። በንጻሩ፡ ሓጐስ በቲ ኣብቲ እዋን'ቲ ኣብ ልዕሊ ተጋሩ ዝነበረ ኣረኣእያ ኣምሓሩ ይስከፍ ስለ ዝነበረ፡ ምስ ሰለሙን ኣብ ሓደ መደቀሲ ዝበጽሖ ኣዝዩ ባህ ኢሉዎ ነበረ። እንተ ኾነ፡ እቲ ኣብ መንጎኦም ዝነበረ ሽፋን ምትፍናን ክቕንጠጥ ነዊሕ ኣይጸንሐን። ንሱ ብትምህርቱ ኣዝዩ በሊሕ'ዩ ነይሩ። ሰለሙን ከኣ ጻዕረኛ። ኣብ ክፍሊ ዝተማህራ ብኡ ንብኡ እዩ ቆብ ዘብላ፡ ምርሳዕ ከኣ ዘይሕሰብ'ዩ ነይሩ። ንነገራት ብቐሊሉ ናይ ምርዳእን ግድላት ናይ ምፍታሕን ተውህቦኡ ዝድነቕ'ዩ ነይሩ። ሰለሙን፡ ኣብቲ መጀመርታ ሰመስተር ትምህርቲ በርቲዑዎ ኣብ ዝነበረሉ እዋን፡ ቀንዲ ጸግዑ ሓጐስ'ዩ ነይሩ። ኣጆኻ እናበለ ለይትን መዓልትን ካብ ጐድኑ ኽይተፈልየ እዩ ብሓንሳብ ዝሰርሑ ነሮም። ሰለሙን ዝነበሮ ትምክሕቲ በብቑሩብ እናጥፍአ ኸደ፡ ንሓጐስ ከኣ ቀንዲ ዓርኩ ገበሮ። እቲ ቐንዲ ዕርክነቶም ከደልድሎ ዝኸኣለ ግና፡ እቲ ብበዓል ኣማኑኤል ዮሃንስ፡ ዮሃንስ ፍቓዱ፡ ማርታ መብራህቱን ካልኦትን ብ09 ታሕሳስ 1972 ካብ ኣዲስ ኣበባ ናብ ኣስመራ ትበርር ዝነበረት ነፋሪት መገዲ ኣየር ኢትዮጵያ በረራ ቑጽሪ 708 ዝተፈተነ ጭውያ ነፋሪት'ዩ። እቲ ጭውያ ንኽልቲኦም ጋን'ዩ ኾይኑዎም ነይሩ። ምኽንያቱ፡ ክሳዕ ሽው ንሰለሙን ይኹን ንሓጐስ ጉዳይ ኤርትራ ዝብሃል ነገር ኣብ ኣእምሮኦም ኣይነበረን። ስለ ዝኾነ ኸኣ እዩ፡ *የኤርትራ ነጻ ኣውጪ ድርጅት ባዮች (ናይ ኤርትራ መውጽኢ ሓርነት በሃልቲ)* እትብል ሓረግ፡ ብቴሌቪዥን፡ ብሬድዮን ብጋዜጣን እቲ ሃገር ምስ ተቓልሐ፡ ጋን ተሰሪሖም ዝሓደሩ። ኣብቲ ዩኒቨርሲቲ፡ ኤርትራውያን ነንሓድሕዶም ሕሽኹሽኹ ክብሉ ኸለዉ፡ ገስገስቲ ኢትዮጵያውያን ከኣ ጉዳይ ኤርትራ ዲሞክራስያዊ ፍታሕ ክረክብ ኣለዎ ብምባል ርእይቶ ኽህቡን እቶም ዝተረፉ

ኸኣ "ኤርትራ ዘይትፍለ ኣካል ኢትዮጵያ እያ!" ዝብል ርሱን ክትዓትን ኣለዓዐለ። ሰለሙን፣ በቲ ዝካየድ ዝነበረ ክትዓት ኣዝዩ ተጸልወ። ንኸፈልጥ ከኣ ነቶም ቅድሚኡ ኣብቲ ዩኒቨርሲቲ ዝነብሩ ኤርትራውያን ክሓትትን ህንጥዩነቱ መመሊሹ ንኸዓብን እቲ ፍጻሜ ኣገደዶ። ሓጐስ'ውን ብግዲኡ ንሰለሙን ብዛዕባ እቲ ንሓርነት ኤርትራ ዝቃለሱ ዝብል ኣዛራቢ ጉዳይ ኸሓቶን ብዛዕባኡ ንምፍላጥ ብዕቱብ ክንቀሳቐስን ጀመረ። በዚ ምኽንያት ከኣ እዩ፣ ህላዌ ማሕበር ፖለቲካ ትግራይ (ማ.ፖ.ት) ዝተባህለ ምንቅስቓስ ከም ዘሎ ክፈልጥ ዝኸኣለ። ሰለሙን'ውን ብጊድኡ ጽሑፋት ተጋድሎ ሓርነት ኤርትራ ብምርካብ፣ ኣብ ውሽጢ ሜዳ ኤርትራ ዝተፈጸመ ምምቕቓል ገድሊ ኤርትራ ክርዳእ ከኣለ።

በዓል ፋሲካ ኾይኑ ተመሃሮ ነተን ናይ ክልተ ሰሙን ዕረፍቶም ኣብ ገዝኦም ከሕልፉወን ኣብ ዝተበገሱሉ እዋን፣ ሰለሙን ናብቲ መደቀሲ ተመሃሮ ደቀንስትዮ ብምኻድ ኣጣይቑ ንለምለም ረኸባ። ምስ ረኣየቶ ምናልባት ኣብ ህይወታ ኸምኡ ገይራ ተሓጒሳ ኣይትፈልጥን'ያ።

"ኣንታ ሰለሙን ሓወይ፣ ከመይ ትኸውን ኣለኻ? እዚ ዩኒቨርሲቲስ ከምዚ እዩ? ሰብ ኣየራኽብ፣ ጊዜ ኣይህብ ብዘይካ ንስኻን እዛ መጽሓፍካን! ከመይ ነይሩ ፈተናታት? ኣነ መቸም ተቐይመልካ እየ፣ ሓንቲ መዓልቲ'ኳ መጺእካ ከመይ ኣለኺ ኣይትብለንን? ዝገርመካ፣ ብልደት ኣዝየ እየ ተጸብየካ፣" እናበለት፣ ከይተፈለጣ ንሰለሙን ሕቶታት ደርደረትሉ።

"ዋይ ለምለም፣ መጽናዕቲ ዳርጋ ሽምና ኽረስዓና ቑሩብ'ዩ ተሪፉዎ ዘሎ። ዝኾነ ኾይኑ ሕጂ ብዙሕ ጊዜ ስለ ዘይብልና ንእንዳ ሓወቦይ ክወስደኪ እየ መጺአ፣ ኪዲ'ሞ ዘድልየኪ ነገራት ኣምጽኢ፣ ኣብዚ ክጽበየኪ እየ፣" በላ። ለምለም፣ ቃል ዓለም ኣይገበረትን ብጒያ ኸይዳ ብጒያ ኸኣ ተመልሰት'ሞ፣ ምስ'ቦይ ክብረኣብ ተተሓሒዞም ከዱ። ኣደይ ዙፋን ከምዛ ኣብ ሕጽኖት ቀንዮም ንገዝኦም ዝምለሱ ሓደስቲ መርዑት፣ ብዕልልታ ተቐበላኦም።

"ኣንቲ ለምለም ጓለይ! ከመ'ለኺ? ኣንታ ሰለሙን ወደይ! ድሮ ሰብኣይ ኬንካሲ ጭሕሚ ኣውጺእካ" እናበላ ስዒመን ክጸግባኦም ኣይከኣላን። በዚ ኾፍ በሉ፣ በቲ ኾፍ በሉ ክብላ፣ ኣብዛ ዘቐምጣኦም ጠፍኣን።

ንጽባሒቱ ተስፋይ ከም ወትሩ ንግሆ ንስራሕ ክኸይድ ተሲኡ ገጹ እናተሓጽበ ኸሎ፣ ኣዲኡ "ከመይ ሓዲርካ ተስፎም ወደይ?

በል ኣሕዋትካ መጺኦም ኣለዉ'ሞ፡ ሰላም በሎም" በላእ።

"ኣበይ ኣሎዉ፡" ኢሉ፡ ናብቲ ሰለሙን ደቂሱሉ ዝነበረ ክፍሊ ኸደ'ሞ፤

"ወይለይ! ዩኒቨርሲቲ እምበኣር ጭሕሚ ክሳዕ ተውጽእ ገይሩካ፡ ከመይ ኣለኻ? ሃጢርካ፡" ብምባል፡ ዋዛ ዝተሓወሶ ሰላምታ ለገሰሉ'ሞ፡ "በል ደሓር ናብ ስራሕ ምጽኣኒ'ሞ፡ ከነዕልል ኢና፡" ኢሉ፡ ተሰናቢቱዎ ኸደ። ሰለሙን ከኣ ገጹ ተሓጻጺቡ ናብ ኣደይ ዙፋን ከደ፡ እንተ ለምለም ግና ክሳዕ ሰዓት ዓሰርተ ካብ ድቃሳ ኣይተበራበረትን።

"ኣንታ ሰለሙን ወደይ! እዛ ቈልዓ ብደሓና ድያ ክሳዕ ሕጂ ዘይተበራበረት፡ ኪድ'ባ ኳሕኵሓያ።"

"ማማ ዙፋን፡ ናይ ሽዱሽተ ወርሒ ድኻም ስለ ዘይወጸላ እዩ።"

"ኣንታ ወደይ! እዚ በርስቲ እትብሉዎ እንታይ ድዩ? ካን ኩሉኹም ዲኹም ድቃስ ዘይትረኽቡ፣ እቲ ዓርኪ ..." ኢለን፡ ኣብ ሓሳብ ተሸመማ።

"ኢሂ ማማ ዙፋን፡ እንታይ ደኣልኪ ዘረባኺ ኣቋሪጽኪ ኣብ ሓሳብ ኣቲኺ።"

"ኣንታ ወደይ! ነዚ ወድና ዓርኩ ሓደ መንእሰይ ሎሚ'ኳ ሽሙ ጠፊኡኒ፡ ኣብዛ ገዛና ቅልቅል ቅልቅል ይብል ነይሩ። ኣብዚ ገዛና ኽመጽእ ከሎ ግና ድቃስ ኣይጸግብን'ዩ ነይሩ። ወይለ'ዴኻ! ትምህርቲ ስለ ዘይርድኣኒ፡ ነቦኻ፡ ኣንቱም እዚ ቈልዓ ብጥዕናኡ ድዩ ክብሎም፡ ንሶም ከኣ ግደፍዮ የዕርፍ ክብሉኒ፡ ከይተቓየቑና ውዒልና ኣይንፈልጥን ኢና ነይርና። እዚ ቈልዓ ኣብ'ዚኣ ኣተወ ኽይተባህለ እነህልካ ጠፊኡ ተሪፉ፡ ይዋእ ዝወለደ፡ ኣነ'ሞ ናይታ ነቦኻ ዝበልኩዎም፡ ክሳዕ ሎሚ ኽምዛ ባዕለይ ዘጥፋእኩዎ ኾይኑ ስለ ዝስምዓኒ፡ መዓንጣ ኽብደይ ትቖርጸኒ'ላ።"

"ማማ ዙፋን፡ ኣብ'ቲ ትምህርቲ ድቃስ ዝብልዎ ኣይወስደካን'ዩ። ምኽንያቱ፡ ምእንቲ ክትሓልፍ፡ ለይትን መዓልትን ከተጽንዕ ኣለካ። ብኡ ምኽንያት'ያ ኸኣ ለምለም ቀሲና ደቂሳ ዘላ። እዛ ትርእዩዎ ዘለኺ ጓል፡ ብመንፍዓታ ሰብ ኣዛሪባ እያ።"

"ወደይ ሃብሮም! ጓልን ምህሮን ትም ኢልካ እዩ። ጓልሲ፡ ሓዳር ገይራ ናብራ እንተ ገበረት እምበር ..."

"ኣየ ማማ ዙፋን፡ ሎሚ ደኣ ካብ ጓል የብሉ ካብ ወዲ፡ ምህሮ ኽም መንፈዓትካ እዩ። እዝግሄር ከኣ ንኹላትና ማዕረ ገይሩ

እዩ ፈጢሩና፡" ኢሎም እናዕለሉ ኸለዉ፡ ለምለም ካብ መደቀሲኣ ወጺኣ ተጸምበረት'ሞ፡

"ከመይ ሓዲርክን ማማ ዙፋን? ሰለሙን ከመይ ሓዲርካ?"

"ከመይ ሓዲርኪ መዓረይ?" ብምባል፡ ኣደይ ዙፋንን ሰለሙንን ብሓንሳብ መለሱ። ሰለሙን፡ ኣደይ ዙፋን ከምኡ ኸም ዝብላኣ ስለ ዝፈለጠ እዩ ንለምለም መዓረይ ኢሉዋ። ንሰን ብመልሲ ሰለሙን ክርትም ኢለን ስለ ዝሰሓቓ፡ ለምለም ብሕፍረት ኣብ'ዛ ትኣትዋ ጠፊኡዋ ቀባሕባሕ በለት። እንተ ሰለሙን ግና ኸምዛ ገለ ነገር ዘይበለ ኣጽቀጠ።

"በሊ ለምለም ጓለይ፡ መንበር ኣምጽኢ'ሞ ምስ ሓውኺ ቍርሲ ክትበልዒ፡" ኢለናኣ፡ ናብ ክሽነ ኣተዋ። ድሮ ኾፍ ኸይበለት ክልቲኦም ጕጅምጅም ጀመሩ'ሞ፡ ኣደይ ዙፋን ብጎቦ ዓይነን ርእየናኦም ፍሽኽ በላ።

ቍርሲ በሊዖም ምስ ወድኡ፡ "ኣነ ናብ ተስፋይ ክኸይድ እየ'ሞ ምሳይ ንፒያሳ ትኸዲዶ?"

"ኣይፋለይን፡ ኣነስ ንማማ ዙፋን ክሕግዘን'የ።"

"ሓቅኺ'ዛ ጓለይ፡ ወዲ ደኣ ደገ ደገ ይብል'ምበር፡ ጓልሲ እርንብ ኢላ ገዛኣ ኾፍ እንተ በለት'ዩ ዘምሕረላ።" ምስ በላኣ፡ ሰለሙን ብመልሰን እናሰሓቐ ተፋንዩወን ከደ።

* * *

ምዕራፍ 4

መወዳእታ 1970

ሽሕ'ኳ ኣብ ኣዲስ ኣበባ እንተ ዓበየ፡ ስድራኡ ኣብ ገዛ ብዘይካ ትግርኛ ኣምሓርኛ ኸዛረብ ብፍጹም ኣየፍቅዱሉን'ዮም ነይሮም። ስለ ዝኾነ ኸኣ እዩ፡ መብዛሕትኦም ኣዕሩኽቱ ኤርትራውያን ዝነበሩ። ቀንዲ ዝፈትዎም ኣዕሩኽቱ ግና ተስፋይ ክብረኣብን ኣሸናፊ መሳይ ዝተባህለ ኣምሓራይ መተዓብይቱን ወዲ ገዛውቱን ነበሩ። ሰለስቲኦም ስራሕ ውዒሎም፡ ምሸት ናብ'ቲ ኤርትራውያን ብብዝሒ ዘዘውትሩዎ ዝነበሩ ኣብ ካዛንችስ ዝርከባ ባራት ክዘናግዑ ይኸዱ ነበሩ። መሓሪ ጸሊምን ሕጽር ዝበለን ኮይኑ፡ ኣዝዩ ውዑይን ንዕኡ ዘይትፈልጥ በዓልቲ ባር ትኹን ኣሳሳይት ኣይነበረትን። ንሱ ዝኣተዋ ባር ሰሓቕን ወኻዕካዕን'ዩ ዝበዝሓ።

ሓደ መዓልቲ መሓሪ ኣብ ባር ዓድዋ ምስ ኣዕሩኽቱ እናተዘናግዐ ኸሎ፡ ሓደ ሰብ ናብ እዝኑ ቐሪቡ ገለ ነገር ሕሹኽ በሎ። ዘይተጸበዮ ጉዳይ ስለ ዝነበረ፡ እታ ኣብ ኢዱ ዓቲሩዋ ዝነበረት መሎቲ ቢራ ካብ ኢዱ ሰተት ክትብሎ ክሳዕ ትደሊ፡ ሰምበደ። ብኡ ንብኡ ኹሉ ነገራቱ ተቐያየረ። ነገራቱ ደንጽዩዎ ቀባሕባሕ በለ። እንተ'ቲ ሰብ ግና ናብ'ታ ንበይኑ ኾይኑ ቢራ ዝሰትየላ ዝነበረ ቦታ ተመሊሱ ኾፍ በለ። መሓሪ፡ ብዓይኑ ኹሊሉ ምስ ረኸቦ ናብኡ ኸደ'ሞ፡ ከምዛ ዝጋገየ፡ "ኣንታ ኸመልኻ?" ብምባል፡ ድሙቕ ሰላምታ ተለዋወጡ። በረኸት ጊዜ ክወስድ ኣይደለየን፡ ናብ'ቲ ዘምጽኦ ጉዳይ ኣተወ።

"ኣለሊኻኒ ኸትከውን ተስፋ'ገብር፡" በለ በረኸት።

"ኣንታ በየን በሪቕካ!" መሓሪ ንሓደ ነዊሕ እዋን ዘይረኣዮ ሰብ እንተ ረኺቡዎ ዝሓቶ ልሙድ ሕቶ እዩ ነይሩ።

"ብስራሕ'የ መጺአ።"

"እሞ ናብዚ!?"

"እቲ ዝዓበየ ስራሕ'ኮ፡ ኣብ ሕምብርቲ እዛ ኸተማ እዩ ዘሎ፡" በለ'ሞ ንሓጺር እዋን ስቕታ ሰፈነ።

"ካብ ዝመጽእ ሰለስተ መዓልተይ እየ ገይረ፡ መንበሪ ገዛ ኸኣ

እደሊ'ለኹ። እንተ ተኻኢሉ ሰለስተ ኣርባዕተ ክፍልታት ዘሎዎ ኣብ ዝሓጸረ እዋን ክትረኽበለይ ተስፋ'ገብር።"

"እዚ ደኣ ጽባሕ እረኽበልካ። ንምኳኑ ናይ ነገር ደሓን ደኣ ናብዚ መጺእካ?" ብምባል፡ እናተጠራጠረ ሓተቶ።

"ደሓን'የ፡ ግና ኣብዚ ኬንካ ዝዝረበሉ ጉዳይ ኣይኮነን። ዝኾነ ኾይኑ፡ ብዙሕ ጊዜ ስለ ዘለና ብሰፊሑ ኽነዕልል ኢና። ጽባሕ ንግሆ ምስ ኣዜብ በራኺ ኽተራኽበኒ ደልየ'ለኹ"።

"ኣዜብ በራኺ ኣብ ኤምባሲ ኣሜሪካ እያ ትሰርሕ ዘላ፡ ጽባሕ ንግሆ ክረኽባ ኽሸግረኒ እዩ። ድሕሪ ቐትሪ እየ ኽራኽበካ ዝኽእል፡" በሎ፡ ሕጂ'ውን ብምጥርጣር።

"እወ! ኣብኡ ኽም ትሰርሕ ፈሊጠ'ለኹ። ግና ቕድሚ ስራሕ ምኻዳ ግድነት ኣብ ገዝኣ ኼድና ክንረኽባ'ለና"።

መሓሪ ነገሩ ደንጽዩዎ ጋን ተሰርሐ። ካብ ኩሉ ኣዜብ በራኺ ኣብ'ቲ ኤምባሲ ስራሕ ካብ ትጅምር ዓመታ ዘይመልአት ስለ ዝነበረት፡ በረኸት ከመይ ገይሩ ክፈልጥ ክኢሉ? መን ነጊሩዎ? እሞ ኸኣ ኣብ በረኻ? ዝብሉ ሕቶታት ኣብ ሓንጎሉ ብኡ ንብኡ ተቐጀሉዎ። ኣብ መንጎ፡

"መቸም ሰብ እንተ ረኺብካ፡ መማጽእትኻ ኣይትዝክርን ኢኻ፡" ብምባል፡ ተስፋይ ንመሓሪ ካብ'ቲ ተሸሚሙዎ ዝነበረ ሓሳባት ኣበራበሮ።

"ወይለይ ተስፍሽ ረሲዐካዶ? እዚ ዓርከይ ካብ ዘይንርአአ ነዊሕ እንዲና ጌርና፡ ምስ ጸውዓኒ መን ምኳኑ ጋግየ'ኳ እየ ክንተሓታተት ዘረባ ኣንዊሐ። ኮፍ በል ከላልየካ። በረኸት ይብሃል፡ እዚ ኸኣ ተስፋይ ይብሃል፡" ብምባል፡ ንኽልቲኦም ኣላለዮም። ተስፋይ ንሰለስቲኦም ቢራ ኣዚዙ ምስኦም ኮፍ በለ። መሓሪ ብዛዕባ ደቀንስትዮ ዕላል እናምጽአ ኽስሕቆምን ከዕሉሉን ዳርጋ ፍርቂ ለይቲ ኾነ። ናይ ነገር ቢራ ኾይኑዎም፡ ንዓናይ ምሳይ ሕደር ምሳይ'ባ እናተበሃሃሉ፡ ካብ ባር ዓድዋ ወጹ'ሞ፡ በረኸት ምስ መሓሪ ኣብ መኪና ተሳፈሩ ኸደ።

"በረኸት፡ እሞ ናበይ ከብጽሓካ?"

"ዝከኣል እንተ ኾይኑ መሕደሪ ምሳኻ እየ፡ እቲ ሆቴልሲ ጸሊኣዮ፡" ምስ በለ፡ መሓሪ ኹሉ ነገራቱ ስለ ዘጠራጠሮ፡

"እታ ገዛና ጸባብ'ያ፡ ቈልዓ ሰበይቲ ኽይነተስእ'ምበር ደሓን፡" በሎ፡ ተሰኪፉ ናብ ሆቴሉ እንተ ኽደሉ ኢሉ።

"ከምኡ እንተ ኾይኑስ፡ ደሓን ናብ ሆቴል ኣብጽሓኒ። ኣብ ሆቴል *ኦሜድላ ንፋስ ስልክ'የ ዝድቅስ ዘለኹ፡*" መሓሪ ሩፍታ

ተሰምየ፣ ንንግሆ ሰዓት ሸውዓተ ተቛጺሮም ድማ ተፈላለዩ።

መሓርን በረኸትን፣ ንግሆ ሰዓት ሸውዓተ ናብ እንዳ ኣዜብ በራኺ ብምኻድ ማዕጾ ኳሕ ኳሕ ኣበሉ።

"መን?" በለት፣ ሰራሕተኛ ገዛ ናብ ሓጹር እናቐረበት።

"ኣነ እየ፣" መለሰ'ሞ፣ ማዕጾ ተራሕወ።

"እውይ ኣቶ መሓሪ ደሓን ዲኹም ደኣ ብንግሆኡ መጺእኩም?" ብምባል ቅዝዝ በለት። ምኽንያቱ፣ መሓሪ ኣብቲ ገዛ ብቐጻሊ ስለ ዝመላለስን እታ ሰራሕተኛ ጽቡቕ ገይራ ስለ እትፈልጦን'ያ፣ ኣንጊሁ ምምጽኡ ዘሰምበዳ።

"ብደሓን ኢና መጺእና፣ ኣዜብ ኣላዶ?" ሓተታ በምሓርኛ ገይሩ።

"እተዉ ኣቶ መሓሪ፣ ኣዜብ ንስራሕ ክትከይድ እናተዳለወት እያ። መኪና ስለ ዘይብላ ኣብ ጽቡቕ ጊዜ ኢኹም መጺእኩማ" ኢላ፣ ናብ ሳሎን ኣእተወቶም።

"እምበይተይ ኣዜብ፣ ኣቶ መሓሪ ኣብ ሳሎን ይጽበዩኽን ኣለዉ።" ኣዜብ፣ መሓሪ ኣንጊሁ ብምምጽኡ እናተገረመት ናብ ሳሎን ከደት'ሞ፣ እትው ኢላ መጀመርታ ንበረኸት'ያ ርእያቶ። ርእሳ ሒዛ፣

"እውይ በረኸት!" ብምባል እዛ ልባ ብስምባደ ብኣፉ ክትወጽእ ቀሪባ ተረፈታ። ንሱ ተሲኡ ናብኣ ገጹ ብምኻድ ሓቘፉ ሰዓማ። ኣዜብ፣ በረኸት ካብ ሜዳ ናብ ኣዲስ ኣበባ ምምጽኡ ምእማኑ ሰኣነት፣ ከመይሲ፣ ንሜዳ ኸወጽእ ዘመቻቸወትሉ ንሳ ስለ ዝነበረት።

በረኸት፣ ኣብ ነሓሰ 1968 ንሜዳ ቅድሚ ምውጽኡ ተመሃራይ ዩኒቨርሲቲ ካልኣይ ዓመት'ዩ ነይሩ። ኣብ'ቲ እዋን'ቲ ኤርትራዊ ናብ ዩኒቨርሲቲ ኣዲስ ኣበባ እትው ምስ በለ፣ "ኢሳይያስ ኣፈወርቂ ንሜዳ ወጺኡ፣" ዝብል ወረ እዩ ዝቕበሎ ነይሩ። ገድሊ ኤርትራ ንሱ ኸም ዝመርሖ፣ ኣዝዩ ተዋግኣይ፣ ኣብ ቅልጽሙ ሸሕር ስለ ዘሎዎ ጥይት ከም ዘይትሃርሞ፣ ንኾማንድስን ጦር ሰራዊትን ኣስመራ ኣትዩ ፈጥፈጥ ከም ዘብሎም፣ መዓት ወተሃደራት ንዕኡ ኸደልዩ ኸም ዝወፍሩን እዝን ካልእን ወረ እዩ ዝቕለብ። ብዛዕባ ገድሊ ኤርትራ ቅድሚኡ ኣፍልጦ ንዘይነበሮ ሰብ፣ ኣብ ውሽጢ ሓጺር መዓልቲ ኣፍልጦኡ ዝዓብየሉ ዝነበረ እዋን'ዩ ነይሩ። ከም ኩሎም ተመሃሮ ካምፓስ፣ ንሱ'ውን ብጉዳይ ሰውራ ኤርትራ ኣዝዩ ተጸልወ።

በረኸት፣ ስድራኡ ብ1954 ናብ ኣዲስ ኣበባ ተሰዲዶም።

ኣቦኡ፡ ካብ ጣልያን ብዝተማህሩዎ ናይ መካኒክነት ስራሕ፡ ኣብ ናይ መንግስቲ ጋራጅ'ዮም ዝሰርሑ ነይሮም። ኣብ'ቲ እዋን'ቲ ኣብ ኣዲስ ኣበባ ብሓፈሻ ኣብ ኢትዮጵያ ስራሕ ፋብሪካ ይኹን ናይ መካኒክነት ፈጺሙ ዘይፍለጠሉ ዝነበረ እዋን'ዩ ዝነበረ። ስለ ዝኾነ ኸኣ፡ ኣቦኡ ብሞያኦም ስራሕ ክረኽቡ ፈጺሞም ኣይተሸገሩን። ንሱ ኣብ'ቲ እዋን'ቲ ወዲ ሓሙሽተ ዓመት'ዩ ነይሩ። ኣብ መስከረም ከኣ ቀዳማይ ክፍሊ ኣብ ካዛንችስ ዝርከብ ቤት ትምህርቲ *ኣሰፋ ወሰን* ጀሚሩ። ብትምህርቱ ኣዝዩ ትጉህ'ዩ ነይሩ። እናዓበየ ኣብ ዝኸደሉ እዋን፡ ኣቦኡ ፈጺሞም ዘይሕጉስን ኩሉ ጊዜ "ኣሕ" ክም ዝብሉን ኣስተብሂሉ። ኮይኑ ኸኣ፡ ዳርጋ ወዲ 17 ዓመት ከሎ፡ ሓደ መዓልቲ ሓደ ጋሻ ናብ ገዝኦም መጺኡ ምስ ኣቦኡ ድሙቕ ዕላል ኣብ ዘዕልሉሉ ዝነበሩ ህሞት፡ 'ፈደረሽን ፈሪሱ!' ትብል ቃል ኣዝያ ትደጋገም ብምንባራ፡ እንታይ ማለት ምዃኑ ንምፍላጥ ህንጥዩነት ኣሕደረ። ስለ ዝኾነ ኸኣ እዩ፡ ማትሪክ ሓሊፉ ዩኒቨርሲቲ ምስ ኣተወ ነዛ ቃልን ኤርትራን መሊሱ ክሰምዐን ዝጀመረ። ካብ ምስማዕ ሓሊፉ'ውን ነቦኡ ብተደጋጋሚ ይሓቶም ብምንባሩ፡ ሓደ መዓልቲ ኸመይ ኢሎምን ንምንታይን ናብ ኣዲስ ኣበባ ኸም ዝመጹ፣ ኤርትራ፡ መጀመርታ ብፈደረሽን ምስ ኢትዮጵያ ኸም ዝተቘርነትን ሃጸይ ሃይለስላሴ ብዘይ ድልየት ህዝቢ ኤርትራ፡ ብጐነጽ ኣካል ኢትዮጵያ ኸም ዝገበራ ሓደ ብሓደ ኣዕለሉዎ። ይኹን ደኣ'ምበር፡ ገድሊ ኤርትራን ሰውራ ኤርትራን ዝብሉ ኣምራት ግና ኣብ ዩኒቨርሲቲ እዩ ብዕምቈትን ብዝተወደበ መልክዕን ክሰምዕ ዝጀመረ። ብዛዕባ ተጋደልቲ ዝሰምዖ ዝነበረ ወረ ከኣ ሃሙን ቀልቡን ናብ ሜዳ ምውጻእ ጥራሕ ኮነ።

ኣዜብ፡ ሽሕ'ኳ ብዕድመ ካብኡ ትዓቢ እንተ ነበረት፡ ዝነበሮም ምቅርራብ ግና ገና ካብ ጊዜ ንእስነቶም ጀሚሩ እዩ ነይሩ። ኣቦኣ፡ ግራዝማች በራኺ፡ ኣብ ዓረዛ ኢትዮጵያ ወይ ሞት! ምስ ዝብሉ ዝነበሩ ኣባላት ማሕበር ኣንድነት ሕለፍያ እዮም ነይሮም። ኣዝማች በርሀ ካብ ዳምባ፡ ንሶም ከኣ ካብ ዓረዛ ኣብ ከከባቢኦም ዝነበረ ቀጽሪ ናጽነት ይመርሑ ነበሩ። ይኹን ደኣ'ምበር፡ ድሕሪ ቕትለት ምክትል ፕረዚደንት ቀጽሪ ናጽነት ኣውራጃ ሰራየ ኣዝማች በርሀ ገብረኪዳን 16 ግንቦት 1950፡ ንኣዲስ ኣበባ ተሰዱ። ናብ ሃጸይ ሃይለስላሴ ብምቕራብ ከኣ ምሕረት ሓቲቶም ብሰላም ኽነብሩ ጀመሩ። ንሶም፡ ካብ ኣፍ ሞት ዝወጹ ውጻእ መዓት ብምንባሮም፡ እቲ ኣብ ኢትዮጵያ ዝረኸቡዎ ተዛማዲ ሰላምን ንመነባብሮኦም ዝኸውን ስራሕን ጊዝያዊ ቅሳነት ሃቦም። ከይወዓሉ ኸይሓደሩ ኸኣ፡

ምስ ሰልፊ "ሓንቲ ኢትዮጵያ" ተጸንበሩ። ሓደ መዓልቲ፡ ኣዝማች በራኺ ካብ ሃጸይ ሃይለስላሴ ዝተዋህበቶም መኪና ተበላሽያቶም ናብ ጋራጅ መንግስቲ ኣእተዉዋ። ኣቦይ በርሀ ኣዐረዩዋ'ሞ ክታሞም ንኸንብሩ ንዋናኣ ኣጸውዑዎም። ኣዝማች፡ ጕተት እናበሉ ናብኦም ቀረቡ'ሞ፡ ኣቶ በርሀ ዘይፈለጡ ፍርቁ ብኣምሓርኛ ፍርቁ ብትግርኛ ገይሮም ብልሽት ናይታ መኪና ሓበሩዎም።

"ኣይትሓዙለይ ደኣ'ምበር፡ ካብ ኤርትራ ዲኹም መጺእኩም?" ብምባል፡ ኣዝማች በራኺ ሓተቱዎም።

"እወ፡ ንስኹምኸ ካበይ ዝመጻእኩም ኢኹም?"

"ኣነሲ ካብ ዓረዛ።"

"እሞ ኣሕዋት ኢና፡ ኣነ ኸኣ ካብ መንሳዕ'የ፡" በሉዎም'ሞ ድሕሪ'ዛ እዋን'ዚኣ ዘይፈላለዩ ኣዕሩኽ ኮኑ። ንሳቶም ጥራይ ዘይኮነስ ደቆም'ውን ነንሓድሕዶም ተዓራረኹ። ፍልጠት በረኸትን ኣዜብን እምበኣር ካብዚ እዩ ዝብገስ።

* * *

ኣዜብ፡ ኣብቲ እዋን'ቲ ጓል 25 ዓመት'ያ ነይራ። ኣብ ቤት ትምህርቲ ኮመርስ ብዲፕሎማ ተመሪቓ ኣብ ኤምባሲ እንግሊዝ ትሰርሕ ነበረት። ኣቦኣ ሸሕ'ኳ መዕቈብን ስራሕን ኣብ ኢትዮጵያ እንተ ረኸቡ፡ ብጉዳይ ኤርትራ ግና ፈጺሞም ኣይደቀሱን። ስለ ዝኾነ እዮም ከኣ፡ ነታ ካብ ካይሮ እትፍኖ ዝነበረት ሬድዮ ብሕቡእ ዝኸታተሉዋ ዝነበሩ። ንሳ'ውን፡ ኣብ ብዙሕ ኣጋጣሚታት ነዛ ፈነወ'ዚኣ ተሓቢኣ ትሰምዓ ነበረት። ሓደ መዓልቲ፡ ኣብ'ቲ ኸባቢ ገዛውቶም *ሲድስት ኪሎ* ምስ ሓደ ሕሉፍ ዝተባህለ ኤርትራዊ መንእሰይ ተመሃራይ ዩኒቨርሲቲ ተላለየት። ሌላኦም እናዓመቈ ብዝኸደ፡ ብዛዕባ እታ ሬድዮ እንታይ ከም ትብል ኣዕለለቶ'ሞ፡ ኣብ ዝተራኸቡሉ ህሞት፡ ዕላሎም ብዛዕባ ወልደኣብ ወልደማርያምን ኢብራሂም ሱልጣንን ኮነ። ኣብ ከባቢ 1966 ብምንባሩ ኸኣ ብዛዕባ ብረታዊ ቓልሲ ህዝቢ ኤርትራ ኣብ ባርካ ከም ዝተጀመረን ውግእ ኣ ብ ኩሉ ኤርትራ ኸም ዘሎን ኸዕልሉ ነቲ ፍቕራዊ ዕላሎም በሓቶ። ኣብ መወዳእትኡ ኸኣ፡ ኣብቲ ምስጢራዊ ውድብ ተጸምበሩ። ንሳ ንጥፍቲ ኣባል እቲ ውድብ ኮነት። ሕሉፍ'ውን ቀንዲ መራሕን ወዳብን ኣብ'ቲ ዩኒቨርሲቲ ኾነ። ድሕሪ'ቲ ናይ ቀረባ መማህርቱ ዝነበሩ ንሜዳ ምውጽኦም ንሱ'ውን ኣብ'ታ ዩኒቨርሲቲ ኾፍ ክብል

ስለ ዘይከኣለ ኣብ ታሕሳስ 1967 ምስ ግርማይ ወዲ ኣቦይ ገረዝግሄር ናብ ሜዳ ወጸ። ኣዜብ፡ ብድሕሪኡ ክሳዕ ሕማም በጽሐት። ቀንዲ ዘጸናንዓ ዝነበረ በረኸት'ዩ ዝነበረ። ንሱ፡ ኣብ'ቲ እዋን'ቲ ናብ ዩኒቨርሲቲ ዝተሰጋገረሉ ጊዜ እዩ ነይሩ። ብዛዕባ ጉዳይ ኤርትራ ዝኾነ ይኹን ኣምር ኣይነበሮን። ብዘይካ እታ "ፈደረሽን ፈሪሱ፡ ኤርትራ ናብ ኣዲኣ ኢትዮጵያ ተመሊሳ፡" ተባሂሉ ብተደጋጋሚ ዝዝረበለን ዝነበራ ኣምራት እንተ ዘይኮይኑ፡ ኣፍልጦኡ ድሩት'ዩ ነይሩ። እምበኣርከስ፡ ንሳ እያ ንበረኸት ብዛዕባ ኤርትራ ዕምቈ ዝበለ ኣፍልጦ ኽተስንቖ ዝኸኣለት። ኮይኑ ኸኣ፡ በቲ ኣብ ዩኒቨርሲቲ ዝሰምዖ ዝነበረ ወረ ተጋደልትን ኣብ ካልኣይ ሰመስተር ምስ በጽሐ ኩሉ ሓሳቡ ንሜዳ ጥራይ ክብሎ ጀመረ። ኣብ መወዳእታ ንሜዳ ክወጽእ ደለየ። ግና እቶም ተጋደልቲ ኣበይ ከም ዝርከቡ ስለ ዘይፈለጠ፡ ቤተ ሰብ ክርኢ ብምባል ናብ ኣስመራ፡ ብኡ ኣቢሉ ምናልባት ኣብ ገጠራት ነቶም ተጋደልቲ እንተ ረኸቦም ክኸይድ ምኳኑ ንኣዜብ ደጋጊሙ የዕልላ ነበረ። ኣብ ወርሒ ግንቦት ብፍላይ፡ ፈጺሙ ትምህርቲ ክመሃር ኣይከኣለን። ካብ'ዚ ዝተላዕለ እያ እምበኣርከስ ኣዜብ፡ ዓቕሊ ኽገብር፡ ካልኣይ ሰሚስተር ትምህርቱ ብግቡእ ክከታተል፡ ንሳ ኸኣ ዘድሊ ምትሕብባር ክትገብረሉ ምኳና ቃል ዝኣተወትሉ። መዓልቱ ኣኺሉ ኸኣ፡ ንሳ በቲ እትፈልጦ መስመር ኣቢላ ኣብ ወርሒ ነሓሰ 1968 ንሜዳ ኣውጽኣቶ።

በረኸት፡ ኣብ ሜዳ ኹሉ ነገር ዘሎን ኤርትራ ኸኣ ኳሕ ኳሕ ኣቢልካ ናጻ እትወጽእ'ምበር፡ እቲ ናይ ሜዳ ምረት ፈጺሙ ኣይፈልጦን ጥራይ ዘይኮነስ፡ ከምቶም ቅድሚኡ ዝወጹ ንሱ'ውን ሰሚዑዎ ኣይፈልጥን'ዩ ነይሩ። ባርካ ምስ ኣተወ እዩ "ከምዚኸ ኣሎ ድዩ" ዝበለ። እወ! ብረት የለ፡ መግቢ የለ፡ ክዳን የለ፡ ኩሉ የለን። እቲ ዝኸፍአ ግና እቲ ዝነበረ ድሑር ኣተሓሳስባን ቀቢላዊ ኣፈላላይን'ዩ። ለይቲ ኸይደቀስካ ምሕዳር፡ ቀትሪ ዝመጸካ ዘይምፍላጥ፡ ሰባት ብኸምኡም ሰባት እሞ ንሓደ ዕላማ ዝተሰለፉ፡ ክህደኑን ክቕንጸሉን ከለዉ ካብ ምርኣይን ኣካል ናቱ ካብ ምኳንን ዝኸፍእ ኣይነበረን። ስለ ዝኾነ ኸኣ እዩ፡ ኣብ 1970 ንሰውራ ንምዕራይን ለውጢ ኣብ ተጋድሎ ሓርነት ኤርትራ ንምምጻእን እቶም ሰለስተ ሓይልታት ካብ ተጋድሎ ሓርነት ኤርትራ ዝተፈንጨሉ። ዑበል፡ ራብዓይትን ሓምሸይትን *ክፍሊ ተጋድሎ ሓርነት ኤርትራ* ብዝብል ሽም

ዝፍለጣ ሓይልታት፣ ራብዓይቲ ኣብ ሳሕል፣ ሳልሰይቲ ኣብ ዑበል፣ እታ ሓሙሽይቲ ክፍሊ ኸኣ ገለ ኸፋላ ካብ ካርቱም ተበጊሳ ብሰንዓ የመን ኣቢላ ናብ ደንከል ብምእታው፣ ድሒራ ኣብ ዓላ ዝተኣኻኸበት። ኣብ'ቲ እዋን'ቲ እዩ በረኸት ካብ'ታ ሓሙሽይቲ ክፍሊ ምስጢራዊ ተልእኾ ሒዙ ኣብ መወዳእታ 1970 ንኣስመራ ካብኡ ኸኣ ናብ ኣዲስ ኣበባ ዝኣተወ።

"ኣዜብ ከመ'ለኺ? ኣቦይ ኣዝማችኸ ከመይ ኣለዉ?" እናበለ፣ ኣከታቲሉ ሓተታ።

"ኩሎም ደሓን ኣለዉ። ንስኻኸ ኸመይ ኣለኻ?"

"ከምዛ ትርእይኒ ዘለኺ፣ ዘምጻእኩዎ ለውጢ የለን፣ ብዕባራይ እየ ዘለኹ። ንም኿ኑ ሰዓት ክንደይ ኢኺ ስራሕ ትኣትዊ።"

"ንዓኻ ገዲፈ ኸመይ ገይረ ስራሕ ክኣቱ። ሓደ ሰሙን ዕረፍቲ ሃቡኒ ክብሎም እየ'ሞ፣ እንታይ ከም ዝብሉ ኸሰምየም" ብምባል፣ እንደገና ተሲኣ ሰዓመቶ።

"እንድሕር ከምኡ ኾይኑ ደኣ፣ መሓሪ እንታይ ገበርካ፣ ንስኻ ናብ ስራሕካ ኺድ፣ እታ ዝበልኩኻ ጉዳይ እንተ ረኺብካያ ግና ምሸት ኣብ'ታ ናይ ትማሊ ሰዓት ዓሰርተ ንራኸብ፣" ኢሉ፣ ተፋነዎ። ኣቦይ ኣዝማች፣ ሓዎም ደግያት ይሕደጎ ብዕድመ ምኽንያት ስለ ዝዓረፉ፣ ኣብ ቀብሪ ኸካፈሉ ምስ በዓልቲ ቤቶም ናብ ኤርትራ እዮም ገይሾም ነይሮም። ስለ ዝኾነ ድማ፣ ኣርብዓ ኣሕሊፎም'ዮም ክምለሱ። እንተ እቶም ካልኦት ኣሕዋታ ግና፣ ሰብ ሓዳርን ገሊኦም ከኣ ሃይለስላሴ ኸምህሮም ናብ ወጻኢ ሃገር ዝሰደዶምን'ዮም ነይሮም።

"እንታ መሓሪ፣ ብስምባደ ዝኣክል ቊርሲ ብላዕ ከይበልኩ'ኻ። ጽናሕ ሓንሳብ ቊርሲ ኸምጽኣልካ፣" በለቶ። ንሱ ግና ዝተሃወኸ ብምምሳል ብድድ ኢሉ፣ "ደሓን፣ እግረ መገደይ ክቖርስ'የ፣" ኢሉ ተፋንዩዎም ከደ'ሞ፣ ክልቲኦም ዝብሉዎ ጠፊኡዎም ትም በሉ።

በረኸት፣ "ኣዜብ፣" ክብልን ንሳ ብወገና "በረኸት፣" ኢላ ክትዛረብ ዝሓሰበት፣ "መቸም ኣሰምቢደክን ገሪሙክን ከም ዘሎ ኣይስሕቶን'የ፣ ግና ኸምቲ ትሓስብዮ ዘለኺ ኣይኮነን። ኣነ ብስራሕ'የ መጺአ። ካብ ዝመጽእ ከኣ ሎሚ ራብዓይ መዓልተይ እየ ገይረ ዘለኹ። ብመጀመርታ ክረኽቦም ዝግብኣኒ ሰባት ስለ ዝነበሩ እየ እምበር፣ ካልእ ኣይኮነን ክሳዕ ሕጂ ዘይመጻእኩኺ። ስለዚ፣ ካብ'ቶም ክርከቡ ዘሎዎም ብጾትና ሓንቲ ንስኺ ኢኺ። እዛ ዕጽውቲ መልእኽቲ ኸኣ ናባኺ እያ፣" ኢሉ፣ ሓንቲ ንእሽቶ

ወረቐት ሃባ። ኣዜብ፣ ነታ ወረቐት ከፊታ፣ "ኣነ ኣዳም እብሃል፣" ትብል ጽሑፍ ምስ ኣንበበት፣ ንበረኸት ጠመተቶ። ነዛ "ኣነ ኣዳም እብሃል" ትብል ሽም ምስ ኣንበበት፣ ካብ ሕሉፍ ምኗና ፈለጠት። ሕሉፍ፣ ኣብቲ ምስጢራዊ ውድብ ቅድሚ ኣዜብ እዩ ተጸምቢሩ። ቀንዲ ስራሑ ምውዳብ'ዩ ነይሩ። ስለ ዝኾነ ኸኣ፣ እዛ ናይ ኮድ ሽም ይጥቀም ነበረ። ንዓኣ ምስ ወደባ "ካብ ሕጂ ንንዮ ሽመይ ኣዳም እብሃል፣ ዝኾነ ብጽሑፍ ንእተመሓላልፍዮ መልእኽቲ፣ ናብ ኣዳም'ምበር፣ ሕሉፍ ኢልኪ ኽይትጽሕፊ፣" ክም ዝበላ ተዘከራ። ገጻ ብንብዓት ተሓጽበት። ክሳዕ ትረጋጋእ ከኣ ነዊሕ ወሰደላ። ብትሑት ድምጺ ኸኣ፣

"ከመይ ኣሎ?" ኢላ ሓተተቶ።

"ሕሉፍ ጽቡቕ ኣሎ፣" ብምባል፣ ሓጻር መልሲ ሃባ። ንሳ ብበረኸት ኣዝያ ተኣማመነት። ምኽንያቱ፣ ንሱን ሕሉፍን ቅድሚ ሜዳ ምውጽኦም፣ ብማዕዶ'ምበር ኣይፋለጡን'ዮም ነይሮም። ፍልጠቶም ኣብ ሜዳ እዩ። ሕሉፍ፣ ኣብ እዋን ምቕንጻል ክንደይ ጊዜ እዩ ካብ ኢድ እቶም ቀንጸልቲ ኣምሊጡ። ጀብሃ፣ ኣብ ልዕሊ'ተን ሰለስተ ክፍልታት ተ.ሓ.ኤ ኲናት ምስ ኣወጀት፣ ብፍላይ ኣብ ልዕሊ ሓሙሽይቲ ክፍሊ ዝወሰደቶ መጥቃዕቲ፣ ሕሉፍ ምስ ካልኣዩ ኾይኖም ካብቲ ኣጻምእ ጐላጕል ደንከል ናብ ዓላ እዮም ተጓዒዞም መጺኦም። ኣብ'ቲ እዋን'ቲ ብድኻምን ሕማምን ኣዝዩ ተሰኒፉ እዩ ናብ ዓላ ኣትዩ። ከደ እናተባህለ ኸኣ እዩ ህይወት መሊሱ።

"ንምኺኑ ሕሉፍ ኣበይ ቦታ እዩ ዘሎ፣" ሓተተት ኣዜብ።

"ናብ ሰሜናዊ ባሕሪ ተበጊሶም ከለዉ እየ መጺአ።"

"ተጋደልቲ ኣብ ባርካ እዮም ዘለዉዶ ኣይኮነን ዝውረ?"

"እቲ ታሪኽ ነዊሕ'ዩ። ምስ ጊዜ ቀስ ኢልኪ ምእንቲ ክትርድእዮ ክነግረኪ እየ። ሕጂ ህጹጽ ስራሕ ስለ ዘለና ናብኡ ኽነተኵር ኢና። ኣብዚ ስራሕ ከኣ ቀንዲ ተዋሳኢት ንስኺ ኢኺ። ካባኺ ብዙሕ ኢና እንጽበ። እዚ እንጀምሮ ስራሕ፣ ኣዝዩ ዓቢ ተወፋይነት ዝሓትት'ዩ ብኣኺ ኸኣ ኣይንጠራጠርን ኢና፣" ብምባል፣ ዕትብ ኢሉ ገለጸላ። ኣዜብ፣ ነቲ ቕድሚ ኽልተ ዓመት ትፈልጦ ዝነበረት ለይለይ ዝብል ገርሂ መንእሰይ፣ ሎሚ ዓቢ ሓላፍነት ናይ ውድብ ተሰኪሙ ክመጽእ ኣዝዩ ገረማ። ንዘውጽኦም ቃላት ከኣ፣ ሓንቲ ብሓንቲ ኽይሓልፋኣ ብኣንክሮ ትሰምዖ ነበረት።

"በረኸት፣ ኣነ'ኮ ብህይወት ክርእየካ ብፍጹም ኣይኣምንን'የ ዘለኹ። ብኣኻ ይኹን ብሕሉፍ ካብ ምሕሳብ ኣቋሪጸ ኣይፈልጥን'የ።

ግን ንመን ትሓቶ። ሓደ ሓደ እዋን ምርር ክብለኒ ኸሎ፣ ሃጽ ኢልኪ ኺዲ እዩ ዝመጸኒ። በረኸት! ናፍቖት ሓያል'ዩ፣" ክትብልን መሊሱ ንብዓት ክስዕራን ሓደ ኾነ።

"አዜብ፣ ክሳዕ አጸቢቕኪ ትዝሕሊ ንበይንኺ ክገድፈኪ።"

"ኖኖእ! ክገድፎ እየ፣" ኢላ ብድድ በለት'ሞ ተመሊሳ ዝብላዕን ዝስተን ሒዛ መጸት።

"እዚ ኹሉ ዓመታት እንታይ ክትገብሪ ኣሕሊፍክዮ፣ እስከ ንገርኒ።"

"እንታይ'ሞ፣ ብድሕሬኹም ኩሉ ነገር'ዩ ተቐይሩ። ህይወት ከም ቀደማ ክትከውን ኣይከኣለትን። እቲ ምውዳብ ናይ ብሓቂ ጽቡቕ'ዩ ዝኸይድ ዘሎ። ኣብ መንጎ ገለ ማእሰርቲ የጋጥም'ዩ። ኣብ ዩኒቨርሲቲ ምንቅስቓስ ገስገስቲ ኢትዮጵያውያን ከም በዓል ዋለልኝ ዝመሰሉ ንሃይለስላሴ ዓቢ ብድሆ ኾይኑዎ'ሎ። እንተ ኤርትራውያን ግና፣ ገና ኢና ዘለና፣" በለቶ፣ ብዛዕባኣ ዋላ ሓደ ነገር ከየኣን ፈተት።

"በጃኺ ኢለኪ እንቋዕ ገና ኾነ፣ ኣብ ሜዳ'ውን እቲ ኹነታት ኣዝዩ ሕማቕ'ዩ ዘሎ። ኣሕዋት ንንሓድሕዶም ዝቃተሉሉ መድረኽ'ዩ ዘሎ። ዝገርመኪ፣ ሓደ ሓደ እዋን ንነብስኻ ኣላ ድያ የላን ፈጺምካ ኣይትኣምናን ኢኻ። ንግሆ ተሲእካ መን ኣሎ መን የለን ኢኻ ትርኢ። ምኽንያቱ፣ ቅንጸላ መዓት'ዩ። ብኡ ምኽንያት ኸኣ እዩ ካብ ጀብሃ እተን ሰለስተ ክፍልታት ተፈንጪለን ዘለዋ። ኩሉ ነገር ድሑር'ዩ። ተወጊእካ ይኹን ሓሚምካ መድሃኒት ኣይትረክብን ኢኻ። ብረት ዝብሃል የለን እንተ በልኩ ዝተጋነነ ኣይኮነን። በዚ ጀብሃ ትሃድነካ፣ በዚ ጦር ሰራዊት፣ በቲ ኸኣ ኮማንድስ። እቲ ህይወት ሲኦል'ዩ። ጉዳይ ሃገር ኮይኑና ኢና በረኻ ሰፊርና'ምበር፣ ገድሊ ገደል'ዩ፣" ብምባል ርእሱ ነቕነቐ። ብምቕጻል፣ "ብጾትና ኣብዚ ሰዓት'ዚ ኣብ ሕማቕ ኵነታት'የ ገዲፈዮም መጺአ። ኣነ፣ ኣብ ዓላ ምስ ተኣኻኸብና እየ ካብ'ቲ ናይቲ ሓይሊ ኮሚሳር ሓደ መምርሒ ተዋሂቡኒ ናብዚ መጺአ ዘለኹ። ንሱ ኸኣ፣ ናብ ኣዲስ ኣበባ ክኸይድን ንዓኻትኩም ክረኽበኩም እሞ፣ ኸመይ ጌርና ናብኣቶም ሓገዝ ኸም ዝበጽሕ መገዲ ንምፍጣርን'ዩ። ሓደ ሓደ ጊዜ ኸመይ ኢሎም ነቲ መሪር ጒዕዞ ስዒሮም ሳሕል ክኣትዉ ምኽኣዮም ክሓስቦ ኸለኹ፣ እቲ ብሕጂ ዝግበር ቃልሲ ኣዝዩ መሪርን ጽንኩርን ከም ዝኸውን ኣይጠራጠርን'የ፣" ኢሉ፣ ዝን በለ።

"ኣንታ በረኸት! ሕጅስ ዘረባ ይጽንሓልና ንብላዕ። መቸም

ካልእ መዓልቲ ቅድሚ ቍርሲ ኽይትመጹኒ ተስፋ'ገብር። ቍርሲ ንዓይ ኩሉ ነገር'ዩ። ምሳሕ እንተ ዘይበላዕኩ፡ ብዙሕ ኣይግደስን'የ፡" ምስ በለቶ፡ ካዕካዕ ኢሉ ሰሓቐ።

"እዋእ! እንታይ ደኣ ኼንካ ትስሕቕ? ናይ ሓቀይ እኳ እየ፡" ብምባል፡ ንሳ'ውን ሰሓቐት።

"ኣብ ሜዳ ደኣ'ሞ መን ፍርፍር፡ ርግአ ዘሎዎ ገዓትን እታ ትፈትውያ ስፓጌትን ክቐርበልኪ እዩ፡" ምስ በላ፡

"ወይለከ! ባዕሉ ወዲ ኣፈ እምበር መን ደኣ ክቐርበለይ፡" በለቶ'ሞ ክሳዕ ዝነብዕ ሰሓቐ።

"ኣየ ኣዜቢና! ይገርመኪ እዩ፡ ከምዚ ገይረ ካብ ዘይስሕቕ ዓመታት ኮይኑ፡" ድሕሪ ምባል፡ እናበልዑ ናይ ቤተ ሰብ ዕላል ሒዞም ከይተፈለጠም ሰዓት ሓደ ኾነ። በረኸት ሰዓቱ ርእዩ፡ "በሊ፡ ሰዓት ክልተ ቈጸራ ስለ ዘለኒ፡ ጽባሕ ኢና ንራኸብ። ተሌፎንኩም እታ ናይ ቀደም ድያ?" በላ።

"እወ! ክሳዕ ሎሚ ኣይረሳዕካያን ኣለኻ። ስምዓኒ! ምሕዳርካ ምሳይ ኢኻ፡" ብምባል ለመነቶ።

"በሊ ሕራይ፡ ግና ሰዓት ዓሰርተ ሓደ ኣቢለ እየ ዝመጽእ። ሽመይ ካብ ሕጂ ንንየ "ኣማኑኤል" እየ ዝብሃል። ስለዚ፡ ብዝኾነ ይኹን መገድን ኣብ ዝኾነ ይኹን ቦታን በረኸት ኢልኪ ኽይትጽውዕኒ፡" ኢሉ፡ ተፋንዩዋ ኽኸይድ ምስ በለ፡ ሓደ ነገር ትዝ በሎ፣ እቲ ትማሊ ምሸት ዝተላለዮ ተስፋይ። "ስምዒንዶ ኣዜብ፡ ትማሊ ምሸት ሓደ ተስፋይ ዝተባህለ ዓርኪ መሓሪ ተላልየዮ ነይረ። ትፈልጥዮ ዲኺ?"

"እወ እፈልጦ፡" በለት ኣዜብ።

"እሞ ሽመይ በረኸት ምዃኑ መሓሪ ነጊሩዎ ኣሎ'ሞ፡ ከም ገለ ጌርኪ ሽመይ "ኣማኑኤል" ምዃኑ ንገርዮ፡" ኢሉዋ ናብ ቈጸራኡ ኸደ። በረኸት ምስ ከደ፡ ከምዛ ኣብ ዓለም ንበይና ዝተረፈት፡ ኣዜብ ብጽምዋ ተበልዐት።

* * *

ምዕራፍ 5

ሰለሙንን ተስፋይን ተቐራሪቦም ብዛዕባ ቤተ ሰብ ከዕልሉ ፋልማዮ'ም'ዩ። ምኽንያቱ፡ ሰለሙን ፋልማዩ ካብ ኣስመራ ምስ መጸ ኣብ ገዛ እንዳ ኣቦይ ክብረኣብ ኣርባዕተ መዓልቲ ጥራይ እዩ ሓዲሩ፡ ለምለም'ውን ከምኡ። ስለ ዝኾነ ኸኣ፡ ከም ደቂ ሓወቦታት ሽዑ እዮም ዝላለዩ ዘለዉ። ተስፋይ ሽሕ'ኳ ንሰለሙን ብዓሰርተ ሓሙሽተ ዓመት ዝዓብዮ እንተ ነበረ፡ ልክዕ ከም መሰታኡ ገይሩ እዩ ዘዕልሎ ዝነበረ።

"ተስፋይ ሓወይ! ሓንቲ ሕቶዶ ክሓተካ?" ብምባል ሰለሙን ሰጋእ መጋእ እናበለ ሓተቶ።

"ክምልሶ ዝኽእል እንተ ደኣ ኾይኑ ሕራይ።"

"ነታ ነፋሪት ዝጨወዩ ኤርትራውያን'ዮም ዝብሃል ሓቂ ድዩ? ንምኳኑ *ናይ ኤርትራ ናጻ ኣውጪ ድርጅት* ዝብሃል ኣሎ ድዩ?" ብምባል ሓተቶ። ሽሕ'ኳ ኣብ ዩኒቨርሲቲ ብዛዕባ'ዚ ጉዳይ ብዙሕ እንተ ሰምዐ፡ ዝሓሸ መልሲ ካብ ወዲ ሓወቦኡ እንተ ረኸበ ኢሉ እዩ ዝሓተቶ።

"ርኢ'ኻ ሰለሙን፡ ዩኒቨርሲቲ ሕጂ ኢ'ኻ ኣቲ'ኻ፡ ነዊሕ ጕዕዞ ኸኣ ይጽበየካ ኣሎ። ስለዚ፡ ብዝከኣለካ መጠን ብዛዕባ ትምህርት'ኻ እንተ ሓሰብካ ዝሓሸ'መስለኒ፡ ንዕኡ ኸተርክበሉ ኢ'ኻ፡" ዝብል ናይ ለባማት መልሲ ኸህቦ'ኳ እንተ ፈተነ፡ ሰለሙን ኣሞንግው ኣቢሉ፡

"ኣነ ዝገረመንስ! ኣብ ኣስመራ ኸለኹ ዘይሰማዕኩዎ ኣብዚ ምስ መጻእኩ ምስምዐይ እየ ሓቲተካ'ምበር፡ ንሱስ ሓቅ'ኻ። ንኣብነት፡ ኣብ ሳልሳይ ዓመት ዘለዉ ዳርጋ ምስ ኣምሓሩ ኣይለግቡን'ዮም፡ ምኽንያቱ፡ ብዛዕባ እቲ ዝተገብረ ጭውያ ነፋሪት ዳርጋ ኣብ ምፍጣጥ'ዮም ተባጺሖም ኔሮም። ገሊኦም ተመሃሮ ኸኣ ጀጋኑ ኤርትራውያን ክብሉ ትሰምዖም። ንስኹምከ ምስ ጐረባብትኹም ከመይ ኢኹም?"

"ከምኡ እንተ ዝኸውን ደኣ ኣብዚ ስራሕ ከፊትና ምሰራሕናዶ? እዚ ገዛኸ ካልኦት ምኣተዉዎዶ? ኣብ'ዚ ኣፈላላይ የለን ቀሲንካ ትመሃር። ብትምህርት'ኻ ግና ልዕሊ ኹሎም ኩን፡ ምእንቲ ንሕና ክንኰርዓልካ። ሕጂ ናበይ ክትከይድ ኢ'ኻ? እዚ ኸተማ ገፊሕ'ዩ

ተጠንቀቕ ከይትጠፍእ፡” ኢሉ፡ ሓደ ሚእቲ ብር ሃቦ'ሞ፡ ቅድሚ ናብ ገዛ ምኻዱ ብኡ ኣቢሉ ኸሓልፍ ተማሕጸኖ።

ሰለሙን፡ ኣብ *ፒያሳ* ናብ'ዝን ናብ'ትን ክብል ውዒሉ ናብታ ብወረ ወረ ዝተላለያ እንዳ *ገብረትንሳኤ ኬክ ቤት* ኣላገሰ። *ባቕለባን ካፑቺኖን* ኣዚዙ ነታ ገዛ ብዓይኑ ክኾላ ጀመረ። ኣብ መንጎ ሓደ ሓሳብ መጾ፡ ንለምለም *ባቕለባ* ኽማልኣላ። በቲ ሓሳብ ከኣ ምስ ነብሱ ሰሓቐን ኣብ ሓሳብ ጠሓለን። እቲ ኣብ ኣውቶቡስ ዘዕለሉዎን ተኸዲናቶ ዝነበረት ክዳንን ተዘከሮ። ከምዚ ሓደ ዓቢ ነገር ዝዳህሰሰ ኸኣ፡ ነቲ ዝሓሰቦ ኽገብር ተሃወኸ። ቀልጢፉ ኸፊሉ ኸኣ፡ ናብ ውሽጢ ኸተማ ኸይዱ ሓደ ሓደ ነገራት ሸማሚቱ ናብ *በቕሎ ቤት* ትኸይድ ታክሲ ተሰቒሉ ናብ እንዳ ኣቦይ ክብረኣብ ኣምርሐ። ማዕጾ ሓጹር ኳሕኲሐ'ሞ፡ ለምለም፡ “መን?” ብምባል ከፈተቶ።

“እውይ ሰለሙን፡” ኢላ፡ ዓይና ውሪሕርሕ ኣበለተን።

“ኣየ ለምለሚና! ካን ዓዲ ሞንጎንቲ ዘለኺ መሲሉክስ “መን!” ኢልኪ ኸፊትክኒ። ሓደ ኣምሓራይ እንተ ዝኸውን *“ዝም በይ በሩን ክፈቺ”* ምበልኪ ኔሩ ምስ በላ፡ ጠጠው ኢለን ዝሰምዓኦም ዝነበራ ኣደይ ዙፋን ኣፈን ምእርናብ ክሳዕ ዝኣብየን ክርትም ኢለን ሰሓቓ።

“ኣንቱም ደቀይ! እግርኹም ከይኣተኹም፡ ኣምሓራይዶ ትግራዋይ ክትብሉ ጀሚርኩም፡” እናበላ ተገልቢጠን ናብ ገዛ ኣተዋ።

“በሊ ድሕር'ዛ ሕጂ ሰብ እንተ ኳሕኲሑ ኣብየት ኢልካ እዩ ዝኸፈት ከይተዋርድና፡” ኢሉዋ እናሰሓቐ፡ ነቲ ሒዙዎ ዝመጸ ኣቐበላ።

“እንታይ ደኣሉ?”

“ከፊትኪ ርአይዮ'ባ!” ምስ በላ ብናይ ሕውነታዊ ፍቕሪ ዓይኒ ዓይኑ እናጠመተት ነታ ዝዓበየት ጥቕላል ቀዲማ ኸፈተታ'ሞ፡ “እውይ ሰለሙን ሓወይ! እንታይ ደኣሉ እዚ? እውይ ክትጽብቕ!” እናበለት፡ ነታ ካልኣይቲ ጥቕላል ከፈተታ። ቅድሚ ሕጂ ርእያቶ ዘይትፈልጥ ነገር ኮይኑዋ ኸኣ ብሰሓቕ ክርትም በለት። ንሱ ብምስሓቓ ተገሪሙ “ኢሂ ለምለም! እዚ ኣይትፈልጥዮን ዲኺ? ፋራ፡ *ባቕላባ* እዩ እኮ፡” ብምባል ከምዛ ቕድሚኡ ርእዩዎ ዝፈልጥ እናሸካዕለለ ናብ ገዛ ኣተዉ'ሞ ኣደይ ዙፋን፡

“ለምለም፡” ኢለን ተዳህያ።

“ኢሂ ማማ ዙፋን።”

“ኣቦኺ ገይሾም'ዮም ዘለዉ'ሞ፡ ንሓውኺ ጸውዕዮ ብሓባር

ክንምሳሕ፡” ኢልናኣ ናብ ክሽነ ኣተዋ።

ኣደይ ዙፋን፡ ብፍጥረተን ሓወይ ሓውተይ ዝብላ ኣዝየን ሕያወይቲ ኣደ እየን ነይረን። ንስን፡ ጓል ዓሰርተው ሰለስተ ዓመት ምስ መልኣ እየን ስድራአን ነቶም ብሓሙሽተ ዓመት ዝዓብዩወን ዝነበሩ ኣቦይ ክብረኣብ ዘመርዓዉወን። ድሕሪ ኣርባዕተ ዓመት ከኣ ንተስፋይ ተበኵራ። ድሕሪ ተስፋይ፡ ዳርጋ ውላድ ኣብዩወን ኣብዩወን እናተባህለ ኣብ ሓሙሻይ ዓመቱ ወዲ ወለዳ። ኣቦይ ክብረኣብ ኣዝዮም ዕጉስ፡ ዘረባ ዘየብዝሑን ፈቃርን ብምዃኖም፡ “ኣንቲ ዙፋን፡ እዝግሄር መዓልቱ ሓልዩ ክህበና እንድዩ?” ካብ ምባል ሓሊፎም፡ ብልቢ እዮም ዘጸናንዐወን ዝነበሩ። ስለ ዝኾነ ኸኣ፡ ቤቶም፡ ቤት ፍቕርን ሸሻይን ነበረ። እዚ ይኹን'ምበር፡ እንዳቦይ ክብረኣብ ብውላድ ኣይተዓደሉን። ምንኣስ ተስፋይ ዝነበረ ብሓደጋ ክመውት ከሎ፡ እቲ ምንኣስ ምንኣሱ ግና ክውለድ ከሎ'ውን ጥዕና ስለ ዘይነበሮ ኣብ ሳልሳይ ዓመቱ ዓረፈ። ስለዚ፡ ተስፋይ ንስድራኡ እንኮ ውላድ ብምንባሩ ስድራኡ ብቐበጥበጥን ሓልዮትን'ዮም ኣዕብዮሞ። ንብዓት ኣዲኡ ርእዩ ስለ ዝዓበየ ኸኣ፡ ኣብ ልዕሊ ኣቦኡን ኣዲኡን ዝነበሮ ኣኽብሮትን ሓልዮትን መዳርግቲ ኣይነበሮን። ካብ ድልየት ስድራኡ ወጺኡ ኣይፈልጥን'ዩ። ብስነ ስርዓቱ ይኹን ስነ ምግባሩ ሰብ ዘዛረበ እዩ ነይሩ። ኣደይ ዙፋን ከኣ፡ ኣበባ ወደን ክርኢያ ወትሩ ሃረር ክብላን ብኀቦ ኀቦ ክሓታኦን “ኣንቱም! ነዚ ቈልዓ ተመርዖ ዘይትብሉዎ ካን ከምዛ መሰታኹም ብዘይካ ምስኡ ጕጅም ምባል፡ ካልእ ዘይብልኩም፡” ክብላን፡ ንሶም ከኣ፡ “ግዲ የብልክን፡ ለባም እዩ'ሞ ሓደ መዓልቲ ጓል ሰብ ሕተቱለይ ክብለና እዩ፡” ይብሉወን ነበሩ።

“ኣንታ ሰለሙን ወደይ፡ ደሃይ ስድራ ኣለካዶ? ደሓንዶ ኣለዉ?” ብምባል፡ ካብታ ጦቕ ዝበለት ሸሮ፡ ብዘይትን ሽጉርቲ ጻዕዳን ዝተጠብሰ ሓምልን ደረቕ ኣልጫን ኣብ ዓቢ ሽሓኒ ጸቢሖን እናበልዑ፡

“ስድራ ደሓን ኣለዉ፡ ደብዳበ ብቐጻሊ እየ ዝጽሕፈሎም፡” በለ፡ ሰለሙን።

“ለማልምከ ነዞም ስድራኺ ትጽሕፍሎምዶ? ከመይ ኣለዉ?”

“ደሓን'ዮም ማማ ዙፋን፡ ግዳ እቲ ዓድና ኸም ኣስመራ ኣይኮነን ቡስጣ ኽበጽሖ ይድንጕ እዩ።”

በሉ'ዞም ደቀይ ብልዑ እናበላ መመሊሰን ጸብሓሎም። ንስን፡ ሰብ በሊዑ ዝጸግበን ተኸዲኑ ዝመውቕን ኣይመስለንን'ዩ። መብዛሕትኡ

እዋን ኣብ'ቲ ገዛ ንበይነን ምስ ሰራሕተኛ እየን ዘሕልፋኦ። ስለ ዝኾነ ኸኣ፡ ሰለሙንን ለምለምን ምምጽኦም ኣዝዩ እዩ ባህ ኢሉወን ዝነበረ። ምሳሕ ተበሊዑ ምስ ኣብቅዐ፡ ለምለም ናውቲ ቡን ቀረባ፡ ቡን ክትቁሉን ክተፍልሕን ጀመረት፣ እንተ ሰለሙን ግና፡ ብኾፉ ድቃስ ጠሊሙዎ ናብ ዓራት ከይዱ ግምብው በለ።

"ኣንቲ ለምለም ጓለይ! እዞም ስድራ'ኽስ ኣበይ እዮም ዘለዉ?" ብምባል፡ ዕላል ጀመራ ኣደይ ዙፋን።

"ኣብ ዓዲ እዮም ዘለዉ። ሓረስቶት'ዮም።"

"ዓዲ መን ደኣ ይብሃል?"

"ዓዲ ሞንጎንቲ፡ ኣብ ሰራየ እዩ። ካብ መንደፈራስ ብእግርኻ ቀረባ እዩ።"

"ወይለይ ጓለይ፡ ኣነስ ደይ ካብ ኵዶፈላሲ እየ። ኣቦኺ ክብረኣብ ስድራኦም ኣብኡ እዮም ነይሮም። ጣልያን ኣብ ጀርዲን ክሰርሖ ካብ ወኪ ዛግር'ዩ ኣምጺኡዎም። ኣቦኺ ገብረክርስቶስ፡ ኣቦኦም ነዞም በዓል ቤተይ፡ ሓያል'ዮም ነይሮም። ኣብቲ ዓዲ ኸኣ፡ ብዋዛኦምን ላዛ መልሓሶምን ኣዝዮም ተፈታዊ እዮም ዝነበሩ።"

"ኵዶፈላሲ ተመርዒኺን ነርባዕተ'ስመራ መጺእክን ማለት ድዩ።"

"እወ! ኣቦኺ ክብረኣብ ነስመራ እንተ ዘይከድኩ ኢሎም ምስ ኣሸገሩዎም፡ ነቲ ዝሰርሑሉ ዝነበሩ ጣልያን ለሚኖም ለማሚኖም ኣብ እንዳ ፎርኖ ስራሕ ረኺቦም ነስመራ ኣፋነዉዎም'ሞ፡ ኣነ ኸኣ ምስ እንዳ ሓሞይ ተረፍኩ። ሓደ መዓልቲ ኣቦኺ ክብረኣብ ክርእዩኒ መጹ፡ ኣነ ኸኣ ብገርሀይ፡ ያኢ ጋሻ መጺኡ ኢለ ቡን ክቕርብ ናብቲ ክፍሊ እትው በልኩ፣ ሓሞይ ኸኣ፡ "ዙፋን ጓለይ፡ ንኽብረኣብ ደኣ እንቋዕ ደሓን መጻእካ ኣይትብልዮን ዲኺ?" ምስ በሉኒ፡ ነዛን ሒዘየን ዝነበርኩ ኣቕሓ ስንድው ኣቢለ፡ ነዛ ገጾም ከይረኣኹ ንገዛና ሃደምኩ፡" ኢለን ክርትም ኢለን ሰሓቻ። ብኣንክሮ ክትሰምዐን ዝጸንሐት ለምለም'ውን ተግባረን ተራእዩዋ ቡን ገንፊላ ክሳዕ ትኲያ ሰሓቐት።

"ስድራ'ኽን ደኣ እንታይ ኢሎም'ኽን?"

"ለምለም ጓለይ፡ እዛ ልበይ ነናሻዕ እያ ቶግ ቶግ ትብል። ኣደይ ከይትርእየኒ ብምባል ናይ ነገር ቈልዓ ኣብቲ ሑን ኸይደ ተሓቢአ፣ ድሕሪ ቑሩብ እዋን ሓሞይ፡ "ኣቱም ገዛ፡ ከመይ ውዒልኩም፡" ክብሉ ሰማዕኩዎም'ሞ፡ ኣንፈርፊረ ክኸይድ ደለኹ። ኣብ ገዛና ኣደይ እያ ጸኒሓቶም፡ "ገብረክርስቶስ፡ ደሓንዶ ውዒልኩም፡ እተዉ!" ኢላ

ኸአ ቅጫን ሻህን ቀረበትሎም። ድሕሪ ደሓንዶ ኣለኹም ከመይ ኣለኽን፥ "ዙፋን ደኣ ኣይመጸትክን ድያ?" ብምባል፥ ሓተቱዋ። ኣደይ ከኣ ስምብድ ኢላ፥ "እዋእ! ናብዚ ገጻ'ሞ ኣይመጸትን፥ ኢሂ ደሓን ድያ?" "ክብረኣብ ወደይ ካብ ኣስመራ ክበጽሓና መጺኡ'ሎ፥ ንዕኡ ርእያ እያ መስለኒ ካብ ገዛ ነፊጻ ወጺኣ፥" ኢሎም ፍሽኽ በሉ። ኣደይ ከኣ፥ "ኣየ ናይ ቈልዓ ነገር፥ በሉ ደሓን፥ ምስ መጸትኒ ሒዘያ ክመጽእ እየ፥" ኢላ ንሓሞይ ኣፋነወቶም። ንዓይ ከኣ ካብ'ታ ኹሉ ጊዜ ዝሕብኣላ ሑን ኣውጺኣ፥ በዛ ኢደይ ሒዛ እናጕተተት፥ ንእንዳ ሓሞይ ኣረኪባትኒ እብለኪ ለምለም ጓለይ፥" ኢለን ናብዛ ሰሓቐን ኣተዋ።

"ደሓርከ ደኣ እንዳ ሓሞኽን ኬድክን እንታይ ገበርክን?" ሓተተተን፥ ሰሓቃ ምቍራጽ እናኣበያ፥

"ደሓር ደኣ ናብዛ ሓዳረይ። ኣቦኺ ክብረኣብ ግና ዋዛ ኣይኮኑን ነይሮም። ሰበይተይ ክወስድ ደልየ ኣለኹ በሉዎም፥ ሓሞይ ከኣ እሞ ኣብ'ዚኣ እንተ ኼንካ ሕራይ፥ ኣስመራ ክወስዳ እንተ ኢልካ ግና ሕንጫል ቈልዓ ኣይህበካን'የ፥ በሉዎም'ሞ፥ ጥራይ ኢዶም ነስመራ ተመልሱ።"

"መዓስ ደኣ ሓዳርክን ጌርክን?"

"ንዓዲ ይመላለሱ ነይሮም። ኣነ ኸኣ ውላድ ኣብዩኒ ሸቐልቀል እብል ነይረ። እነሀልኪ እዛ ጓለይ፥ ድሕሪ ኣርባዕተ ዓመት ንተስፋይ ተበኵረ። እዞም ሓሞይ ከመይ ለባም ይመስለኪ፥ ወሊደ ክሳዕ ሽዱሽተ ወርሒይ ዝመልእ ኣብ ገዝኦም እና'ሐንቀቑ ኣጽኒሖም፥ ባዕሎም ነስመራ ወሲዶምኒ።"

"ኣስመራኸ ቐድሚኡ ትፈልጣኣዶ ኔርክን?"

"ወይለይ ኣዴኺ፥ እንታይ ክፈልጣ ደኣ። ኣብቲ ዓድና ነቶም ጣልያን ክንርእዮም ዕንድ ንብል ነይርና። ኣቦኺ ክብረኣብ ምስ ጣልያን እንድዮም ዝሰርሑ ነይሮም፥ ቍሩብ ደሞዝ ይወስዱ ነይሮም። በተን ዝነበራኦም ከኣ ኣብ ኣርባዕተ ኣስመራ ገዛ ሰሪሖም ጸኒሖምኒ፥ ኣብኡ ኸኣ ኣትየ። ተስፋይ ወዲ ዓሰርተው ሓደ ዓመት ክሳዕ ዝኸውን ኣብታ ገዛ ተቐሚጥና፥ ካብኡ ናብዚ መጺእና፥" ኢለን ዝን በላ። እቲ ኹሉ ዝሓለፋኦ ሽግራት ተዘኪሩወን ክነብዓ ቐሩብ ተረፈን። ለምለም'ውን ስለ ዘስተብሃለትለን ካልእ ዕላል ኣምጺኣ ኣረሳስዓተን።

"ኣንቲ ለማልም ጓለይ! ኣብ'ዚኣ ምሳይ ዘይትኾኒ፥ እንታይ ዝገብር ምህሮ እዩ። ክመሃር እየ እንተ ኢልኪ ኸኣ፥ ኣብ'ዚ ኼንኪ

ክትመሃሪ ነቦኺ ክብረኣብ ክዛረቦም'ንዶ ፍቐድለይ?" በላኣ፡ ከም ሓውሲ ምስትንታን እናገበረ።

"ኣደይ ዙፋን፡ ኣነ ተማሂረ ወለደይ ክሕግዝ'የ ዝደሊ ዘለኹ። ምህሮ ኸኣ፡ ንወዲ ንጓል ኣይብልን'ዩ። ሎሚ ኸኣ ዘይተማህረ ክሓልፈሉ ኣይክእልን'ዩ። ምህሮ'ኮ ቀለም ጥራይ ኣይኮነን፣ ከምዚ ኣቦይ ክብረኣብ ኣብ እንዳ ፎርኖ ባኒ ኸመይ ጌርካ ኸም ዝስራሕ ዝተማህሩዎ'ሞ ሎሚ ኸመይ ዝበለ ናብራ ዘሎዎም፡ ሞያ ምምሃር ጽቡቕ'ዩ፡" በለተን።

"ሓቅኺ'ዛ ጓለይ፡ ከምዚ ኸማኺ ለባም ይፈልጠ። ግና፡ ኣብ'ዚ ምሳይ ኬንኪ ዘይትመሃሪ እየ ዝብለኪ ዘለኹ'ዛ ጓለይ፡" ኢለን ዘረባኣን ከይወድኣ፡ ሰለሙን መጥላዕላዕ እናበለ ምስኣተን ኮፍ በለ።

"ሰሌ፡ ሻሂዶ ኸፍልሓልካ?" ኢላ፡ ለምለም ብድድ በለት። ከይዳ ኸኣ፡ ሻህን ሕምባሻን ሒዛ መጸት'ሞ፡ "እንታይ ዝበለ ድቃስ ደኣሉ ወሲዱካ?"

"ኣብ ካምፓስ ደኣ ትፈልጥያ እንዲኺ፡ ድቃስዶ ኣላ እያ?" በላ፡ እናተዋዘየ።

ኣደይ ዙፋን ኣብ መንጎ ዘረባኦም እትው ኢለን፡ "ኣንታ ሰለሙን ወደይ፡ ነዛ ለምለም ጓለይ ለምነለይ'ንዶ፡ ኣብቲ በርስቲ ትብሉዎ ኣብ'ዚ ምሳይ ኮይና ክትመሃር።

"ማማ ዙፋን፡ በርስቲ ኣይኮነን ዝብሃል ዩኒቨርሲቲ እዩ፡" ኢሎም ክልቲኦም ተጠማሚቶም ካርካር በሉ። "እዚ ትብልዮ ዘለኺ ጽቡቕ'ዩ ነይሩ፡ ሕራይ እንተ ደኣ ኢላ። ንስኺ'ኳ ተስምዕያ ኣይመስለንን ባባ ክብረኣብ ግና መስምዓ ነይሩ፡" በለን፡ ብልቡ በቲ ጉዳይ ሓጐስ እናተሰምዖ።

ለምለም ስምብድ ኢላ፡ "ሰለሙን! እንታይ ኢኻ ትብል ዘለኻ? ካብ ካምፓስ ወጺኣስ እናተመላለስኩ ክመሃር። እቲ ኸትመጽእ ክትኸይድ ዝጠፍእ ጊዜኸ?" በለቶ ብምግራም።

"ንዕኡስ ግዲ ኣይትግበርሉ፡ *ኩቺንተ* ንሰርሓልኪ፡" በላ እናሓጨጨ። ኣደይ ዙፋን በታ ሰለሙን ዝበለን ምኽሪ ተተስፍየን ዕላለን ቀየራ። እንተ ናይ ለምለም ጉዳይ ግና ኣቶ ክብረኣብ ምስ መጹ ክዛረባኦም ምኳነንን ንሶም ከም ዘእምኑዋን ኣይተጠራጠራን።

* * *

ሓጐስ፡ ኣብ ናይ ፋሲካ ዕረፍቲ ኣብ'ቲ ዩኒቨርሲቲ እዩ ተሪፉ። ምኽንያቱ፡ ኣብ ኣዲስ ኣበባ ዝፈልጦ ቤተ ዘመድ ኣይነበሮን። ስለ

ዝኾነ ኸኣ፡ ምስቶም ከምኡ ቤተ ሰብ ዘይብሎም ተመሃሮ ኣብ ዕላልን ዙረትን'ዩ መዓልቱ ዘሕልፎ ነይሩ። ብኻልእ ወገን ድማ፡ ነቲ ምስ ማሕበር ፖለቲካ ትግራይ (ማፖት) ኽገብሮ ዝሓሰበ ምስጢራዊ ርክብ ከምቲ ዝግብኦ ኽምዕብል ስለ ዘይከኣለ፡ ኣብ እዋን ዕረፍቱ ኽገብሮ ሓሲቡ ንዝነበረ መደብ ገዲፉ፡ ንሰለሙን ክረኽቦ ሓሰበ። ኣድራሻ ይኹን ተሌፎን ስለ ዘይነበሮ ግና፡ ኣዝዩ ተሸገረ። ድሕሪ ነዊሕ ምሕሳብ፡ ሰለሙን ዝበሎ ትዝ በሎ። ኣይደንጐየን ከኣ ናብ *"መለይ"* ኣምርሐ። ኣብኡ ምስ ኣተወ፡ ናብታ ተሓዚት ገንዘብ ብምቕራብ፡

"ደሓንዶ ውዒልኪ፡ ትፈልጥዮ እንተ ኼንኪ ሰብ እንድየ ክሓትት ደልየ?" በላ፡ በምሓርኛ ገይሩ።

"ንመን ደሊኻ?"

"ሰለሙን ዝተባህለ ካብ ኣስመራ ዝመጸ ኣብ ዩኒቨርሲቲ ዝመሃር።"

"ኣነ'ኒ ኣይፈለጥኩዎን፡ ግና እቲ እንድዩ ሓላፊ፡ ንዕኡ ሕተቶ፣ ምኽንያቱ፡ ኣብዚ ብዙሓት ተመሃሮ ዩኒቨርሲቲ ስለ ዝመጹ፡ ክፈልጦ ይኽእል'ዩ፡" በለቶ ብትሕትና። ሓጐስ'ውን ከምቲ ዝበለቶ ናብ ተስፋይ ከይዱ ሓተቶ'ሞ ናብ ገዛ ደዊሉ ምስ ሰለሙን ኣራኸቦ።

"ሃለው ሰለሙን፡ ኣነ ሓጐስ'የ።"

"ሓጐስ ደሓንዶ ኣለኻ። መን ደኣ ተሌፎን ሂቡካ? ኣነ'ኒ ንባዕለይ ዘይፈልጣ፡" ብምግራም ሓተተ ሰለሙን።

"ተስፋይ ሓውኻ እዩ ደዊሉለይ'ምበር፡ ኣነ ደኣ ተውሳኺቱለይ ተሌፎን'ኒ ርእየን ተዛሪበን ኣይፈልጥን። ከመይ ከም ትድወል'ኒ ዘይፈልጣ። ዓድዋዶ'ይኮንኩን ዓብየ፡" ብምባል፡ ከምቲ ወትሩ ዝገብሮ ብዋዛ ንሰለሙን ኣዛረቦ'ሞ ንጽባሒቱ ሰዓት ዓሰርተው ሓደ ኣብ *"መለይ"* ክራኸቡ ተቛጸሩ። ንጽባሒቱ ንግሆ፡

"ሰሌ ናበይ ደኣልካ ብንግሆኡ ትኸይድ ዘለኻ?"

"ምስ ሓጐስ ተቛጺረ'ለኹ። ትፈልጥዮ እንዲኺ እቲ ትግራዋይ መዳቕስተይ?"

"እወ! ንምዃኑ ንስኻስ ሓንቲ መዓልቲ'ኒ ንቓል ዓለም ንዕናይ ኣዲስ ኣበባ ኽርእየኪ ኣይትብለንን?" ሕፍርፍር እናበለት ሓተተቶ።

"ንስኺ ነዘን ቀምሽኪ ጌርኪ ምሳይ ናብ ከተማ እንተ ወሲደኪ ደኣ'ሞ፡ ካበይ ዝመጹ እዮም ኢሎም ክዓጉና። እዛ ሓፍተይ፡ እዛ ኣነ ዘምጸእኩልኪ ኽዳን እንተ ተኸዲንኪ፡ ንማማ ዙፋን ኣፍቂደ ሕጂ ክወስደኪ እየ፡" በላ፡ እናሰሓቐ። እታ ዝገዝኣላ ኽዳን ኣብ ቅድሚኡ ንኽትዕቅና ኣዝዩ ስለ ዘሕፈራ፡ ኣብ መደቀሲኣ ኾይና

ምስ ዓቀነታ፡ ብሰሓቕ ክትመውት ደለየት። “ለምለም፡ ኣዴኺ እዚ ጌርኪ እንተ ትርእየኪ እንታይ ምበለት ነይራ?” ኢላ፡ መሊሳ ብሰሓቕ ክርትም በለት። እታ ኽዳን ኣዝያ እያ ተጸብቐላ። ሓጻር፡ ካብ ብርካ ቊሩብ ውርድ ዝበለት ኮይና፡ ንምሉእ ቅርጺ ሰብነታ ፈልያ እያ ኣውጺኣቶ። ገጻ ብስባር መስትያት'ምበር፡ ምሉእ ሰብነታ ርእያቶ ዘይትፈልጥ ለምለም፡ “ካን እዚ መስትያትሲ ጥራሕካ እዩ ዘርእየካ?” ኢላ ብምግራም ካብታ ኽፍላ ምውጻእ ሰኣነት። ስለ ዝኾነ ኸኣ እያ፡ ሓደ ነገር ንኽትውስን ኣብ ዓራታ ኾፍ ዝበለት።

ኣደይ ዙፋን ናብ መደቀሲኣ ብምኻድ “ሓደርኪ ለማልም፡ እንታይ ደኣልኪ ንሓውኺ ገዲፍኪ ኣብዚ ኾፍ ኢልኪ?” በላኣ።

“ዓራት ከነጻጽፍ ኢለ እየ'ምበር፡ ቊርሲ ደኣ ቐሪበሉ እንድየ፡” በለተን፡ ሓውሲ ሕፍረት ብዝመስል።

“ሰለሙን ወደይ ደሓንዶ ሓዲርካ? ብንግሆኡ ናበይ ደኣልካ ደሊኻ? ቊሩብ ርፍድ ዘይብለልካ?”

“ምስ ሓደ መማህርተይ ኣብ *“መለይ”* ተቛጺረስ፡ ከይድንጉዮ ኢለ እየ። ንለምለም ምሳይ ንዕናይ ኢለያስ፡ ንዓኺ ፈሪሃ እያ'መስለኒ፡ ኣብያትኒ፡” በለን፡ ብጎቦ ዓይኑ እናጠመተን።

“እንታይ ኮይና? እዚ ሓድሽ ኣበባ'ኳ ርእያቶ ዘይትፈልጥ። ለምለም ንዕሞ፡” ብምባል፡ ተዳህያኣ። ለምለም ካብ ኮፍ ኢላቶ ዝነበረት ብድድ ብምባል ክዳውንታ ቀያይራ፡

“ኣደይ ዙፋን ቡንዶ ክቐራርብ? እንተ ሰለሙን ግና ናብ ተስ ፋይ ክኸይድ'የ ይብል ኣሎ'ሞ ምሳና ቡን ክሰቲ ግዳ ዘይትልምናእ፡” በለተን ናብ ሰለሙን እናጠመተት። ኣደይ ዙፋን ክርትም ኢለን ሰሓቓ'ሞ፡

“ኣንቲ ጓለይ፡ ክልቴኹም ንሳ'ባ ንሱ'ባ ክትብሉ ሞኽ'ምበር ኢልኩም። ንሱ ኸተማ ኽወስደኪ፡ ንስኺ ኣብዚ ኾፍ በል ክትብልዮ ተረባሪብኩም። እሞ'ዛ ጓለይ፡ ኣነዶ ክፈርደኩም። ኪዲ'ሞ ኽዳንኪ ቀይሪ፡ ናብ ሓውኹም ተስፋይ በጺሕኩም ምጹ፣ ኣነ ኸኣ ከመይ ዝበለት ምሳሕ ሰሪሐ ክጸንሓኩም'የ” በላኣ፡ ነገሩ ዘይተረድኣን ኣደይ ዙፋን። ንለምለም እቲ ጉዳይ ዓቢ ዓቐበት ኮና፡ ሰለሙን ግና ግብሩ ፈሊጡ ፍሽኽ ጥራይ በለ። ለምለም ትገብሮ ጠፍኣ፡ እንታይ ከም ተመኽኒ ደንጽዩዋ ቀባሕባሕ እናበለት ከላ፡ ሰለሙን ተቐዳዲሙ፡

“ለማልም፡ እታ ዝገዛእኩልኪ ኽዳን'ባ ጌርኪ ንዕናይ፡” በላ'ሞ መሊሳ ትገብሮ ጠፊኡዋ ዕንይንይ በለት።

“ኣንታ ሰለሙን ወደይ፡ ንሓፍትኻ ኽዳን ገዚእካላስ ክሳዕ ሕጂ ዘየርኣየትኒ? እዛ ጓለይ ተኸዲንክዮ ንዒ'ሞ ክምርቐልኪ፡” በላኣ

ኣደይ ዙፋን ሕጂ'ውን ከይተረድኣን። ለምለም ሓነኸት።

"ሰለሙን ኣነ ኣይከይድን'የ! ናይ ትምህርቲ ዝስራሕ ኣለኒ!" በለቶ፣ ድንን እናበለት።

"ማማ ዙፋን፣ እንታይ ይመስለኪ ክትከይድ ዘይደለየት? ነታ ኽዳን መኻድንቲ ትኾና ሳእኒ ስለ ዘይብላ እያ?" በለን እናሓጨጨ። ኣደይ ዙፋን፣ ለምለም ንኽትከይድ ሓባበላኣ። ለምለም'ውን ብወገና እናዕጠይጠየት ሕራይ ኢላ ምስ ሰለሙን ናብ ከተማ ተበገሰት። ነቲ ሓድሽ ክዳና ገይራ ነደይ ዙፋን ቅልቅል ምስ በለተን፣

"ኣንቲ ለማልም ጓለይ፣ ክንደይ ደኣ የጸብቐልኪ እዩ። እዘን ኣዴኽስ ከመይ ዕድለኛ እየን ንዓኺ ዝወለዳ፣" በላኣ፣ ብውሽጠን ጓል ብዘይ ምውላደን እናጕሃያ። ንሰን፣ ተስፉይ ወደን ተመርዕዩ ወዲ ወደን ክሓቝፉ ለይትን መዓልትን'የን ናብ ኣምላኽ ጸሎተን ዘብጽሓ። ንለምለም ብዝረኣያ መጠን ከኣ ድልየተን መሊሱ ሰማይ ይዓርግ። ሰይቲ ወደን ክትኮነለን ከኣ ተመነያ።

ሰለሙንን ለምለምን ፒያሳ ምስ በጽሑ ናብ ሓደ ቡቲክ ኣተዉ። ለምለም ነገሩ ደንጽዩዋ፣ "ሰሌ! እንታይ ክንገብር ደኣልና ኣብዚ ኣቲና?"

"ሳእኒ የብለይን ትብሊዶ ኣይነበርክን፣ ስለዚ ፒያሳ ካብ መጻእና ኣብኡ ኸለኺ ክትርእዩ ኢለ እንድኣለይ። በሊ ደስ ትብለኪ ሳእኒ ኣየነይቲ እያ? እስከ ባዕልኺ ሕረዪ፣" ኢሉዋ፣ እልይ በለ።

"ስምዓኒ ሰሌ፣ ኣነ ዋላ ሓደ ሳእኒ ኣየድልየንን'ዩ፣ ንዓናይ በጃኻ ኣይተሰክፈኒ።"

"ማማ ዙፋን'ኳ እያ ግዝኣላ ኢላ ሓምሳ ቅርሺ ሂባትኒ፣ ከይገዛእኩልኪ ገዛ እንተ ኣትየ እንታይ ክትብለኒ እያ?" ምስ በላ፣ ከይፈተወት ሓንቲ ጫማ መሪጻ ገዝኣት። ሰለሙን፣ ቈጸራ ሰዓቱ ስለ ዝኣኸለት ቅልጥፍ ቅልጥፍ እናበሉ ናብ ቤት ምቁር ሕብስቲ መለይ ኣምርሑ። ሓጐስ፣ ቈጸራኡ ኣኽቢሩ ንበዓል ሰለሙን እናተጸበዮም ከሎ፣ ተስፉይ መጺኡ መንበር ስሒቡ ምስኡ ኾፍ በለ።

"ምስ ሰለሙን ኣብ ዩኒቨርሲቲ ብሓንሳብ ዲኹም ትመሃሩ ሓቀይ?"

"እወ፣ ኣብ ሓደ ዶርሚቶሪ'ውን ብሓንሳብ ኢና ንድቅስ።"

"ካብ ኣስመራ ዲኻ መጺእካ?"

"ኣይፋለይን፣ ካብ ዓድዋ እየ መጺኣ፣ ትግራዋይ እየ።"

"ኣዲስ ኣበባ ቕድሚ ሕጂ ትፈልጣ ዲኻስ ዋላ መጀመርታኻ እዩ?"

"ኣይ መጀመርታይ እዩ። ቤተ ሰብ ዝብሃል የብለይን፣" በለ ሓጐስ።

"በል ደሓን! ኣብዚ ካብ ትግራይ ዝመጹ ተመሃሮ ስለ ዘለዉ፡ ከፋልጠካ እየ ኣይትስከፍ። ቍሩብ እንተ ጸኒሕካ'ውን ክንፈ ዝብሃል ዓርከይ ክመጽእ እዩ'ሞ ከፋልጠኩም'የ።" ተስፋይ ንሓጐስ እናዕለሎ ኸሎ ሰለሙንን ለምለምን ደበኽ በሉ'ሞ ንተስፋይ ሰላም ኢሎም፡

"ኣንታ ሓጐስ ደንጒናካዶ? ለምለም ሳእኒ እንተ ዘይገዛእኩ ስለ ዝበለትኒ እምበር፡ ኣነስ ኣብ ሰዓተይ ምመጻእኩ ነይረ፡" ኢሉ፡ ነቲ ነገር ናብ ለምለም ኣጸግዮ። ለምለምን ሓጐስን ብዙሕ ኣይፋለጡን'ዮም፡ ሓንሳእ ክልተ ሳዕ እዮም ተረኣእዮም። ተስፋይ፡ ሰብ ጸዊዑዎ ተፋንዩዎም ምስ ከደ፡

"እዞም ደቀ'ስመራስ ከምዞም ፈረንጂ ኢኹም ትብሃሉ፡ ማለተይሲ ቈጸራ የኽብሩ እዮም'ዩ ዝብሃል፡" በለ፡ ሓጐስ እናሓጨጨ።

"ጣልያን ይኹን እንግሊዝ ነቦታትና ምኽባር ሰዓትሲ ምሂሮሞም ነይሮም፡ ኣባና ምስ በጽሐ ግና ጠፊኡ። ንምዃኑ ከመይ ቀኒኻ? ካምፓስ ከመይ ኣሎ? ይገርመካ እዩ፡ ናፊቐዮ።"

"ኣነ ኸኣ ትምህርቲ ኽጅመር ተሃዊኸ እየ ዘለኹ። ለምለም ደሓንዶ'ለኺ? ዕረፍቲ ተሰማሚዑኪዶ?" ሓተታ ንለምለም።

"ጽቡቕ ኣለኹ፡ ኣብ ካምፓስ ዲኻ ተሪፍካ? ኣነ'ውን ሰሌ እንተ ዘይነብርሲ ናብ ዘብሎ'ኳ ኣይነብረንን፡" በለት፡ እታ ኣመና ኣሰኪፋታ ዝነበረት ክዳን ንታሕቲ እናሰሓበትን ንሰለሙን እናጠመተትን። ከምኡ ኢሎም እናዕለሉ ኸለዉ ሃንደበት ተስፋይ ምስ ካልኣዩ መጺ'ሞ፡ "ሓጐስ፡ እቲ ክንፈ ዝበልኩኻ እዚ እዩ፡ ተፋለጦ፡" ብምባል ንኽልቲኦም ኣፋለጦም።

"ንስኻ ዲኻ ሓጐስ? ሓደ ሰብ ብዛዕባኻ ነጊሩኒ ነይሩ፣ ናብ ካምፓስ ክመጸካ ሎሚ ጽባሕ እናበልኩ ተራኺብና። ትምህርቲ ከመይ ኣሎ? ንፋዕ ክትከውን ተስፋ እገብር?" በሎ።

"እዚ ኹሉ ኪሎ ሜተር መጺእካ ደኣ'ሞ ኽይፈተኻ ትምህርቲ ምንፋዕ'ዩ እምበር፡" መለሰ ሓጐስ።

"ንስኹም'ውን ተመሃሮ ዩኒቨርሲቲ ምዃንኩም ተስፋይ ነጊሩኒ፡ ኣመና ኸኣ ኢና ንሕበነልኩም። ብዝኾነ፡ ልቢ ምግባር ኣገዳሲ እዩ፣ ምኽንያቱ፡ ቀለም ንበይኑ ኣኻሊ ስለ ዘይኮነ፡" ድሕሪ ምባል፡ "ሓጐስ፡ እዛ ተሌፎን እንካ'ሞ ጽባሕ ድሕሪ ቐትሪ ምእንቲ ክንራኸብ ደውለለይ ኢኻ፡" ኢሉ ተሌፎኑ ሂቡ ተፋንዩዎም ከደ።

* * *

ምዕራፍ 6

ክንፈ፡ ኣብ ኤርትራ ተወሊዱ ዝዓበየን ናይ ካልኣይ ደረጃ ይኹን ናይ ቴክኒክ ትምህርቲ ኣብ ፖይንት ፎር ኣስመራ ወዲኡ ኣብ ተሌኮሙኒኬሽን ኣዲስ ኣበባ ዝሰርሕ ትግራዋይ እዩ። ናብኡ ካብ ዝመጽእ ድሮ ካልኣይ ዓመቱ ረጊጹ ዝነበረን ወዲ ሰላሳን ሰለስተን ዓመት ክኸውን ከሎ፡ ኣቦ ኸልተ ቈልዑን በዓል ሓዳርን'ዩ ነይሩ። ኣቦሓጎኡ፡ ኣይተ ዘሪሁን ኣብ 1943 ተመስሪታ ብመንግስቲ ሃጸይ ሃይለስላሴ ፋሕ ፋሕ ከም ትብል ዝተገብረት *"ወይን"* ዝተባህለት ናይ ሓረስቶት ምልዕዓል ውድብ ካብ'ቶም ቀዳሞት መስረትቲ እዮም ነይሮም። እታ ንህዝቢ ትግራይ ብሄራዊ መሰሉ ንኸሕለወሉ ብምባል ቃልሲ ዝጀመረት ውድብ፡ ብዙሕ ከይሰጎመት'ያ ተበታቲና። ኣባላታ፡ ገሊኦም ክርሽኑ ኸለዉ ገሊኣቶም ከኣ ምሕረት ሓቲቶም ናብ ሰላማዊ ህይወት ተመሊሶም ናብራኦም ዘካይዱ ዝነበሩ እዮም። እዚ ታሪኽ'ዚ፡ ክንፈ ገና ብንእሽቶኡ ኸሎ ኣቦኡ የዘንትዉሉ ነበሩ። እናዓበየ ምስመጸ ኣብ ሓምሳታት ኣብ ኤርትራ ኣንጻር ህላዌ ኢትዮጵያ ዝካየድ ዝነበረ ተቓውሞ ብኣካል ይሳተፎ ነበረ፣ ምኽንያቱ ንዕኡ፡ ኤርትራ፡ ተወሊዱ ዝዓበየላ ሃገሩ እያ ነይራ። ኣብ ኣዲስ ኣበባ ኣዕሩኽቱ ይኹኑ መቓርብቱ ደቀ'ስመራ እዮም ነይሮም። ትግራዋይ ምዃኑ ቤተ ሰቡ እንተ ዘይኮይኖም፡ ካብ መቓርብቱ ዝፈልጦ ኣይነበረን። ስለ ዝኾነ ኸኣ እዩ፡ ኣብ'ቲ ዝካየድ ዝነበረ ሚስጢራዊ ምንቅስቓስ ኤርትራውያን ብተስፋይ ተወዲቡ ዝሳተፍ ዝነበረ።

ሓደ እዋን ኣብ መወዳእታ 1970፡ ሓደ ካብ ሜዳ ዝተላእከ ተጋዳላይ ናብ ኣዲስ ኣበባ ብምምጻእ ንገለ ኣባላት ናይ'ቲ ብሽም ሚስጢራዊ ምንቅስቓስ ኤርትራውያን ዝፍለጥ ምውድዳብ ክረኽቦም ወጠነ። ተስፋይ ከኣ፡ ሓደ ካብ'ቶም ክርከቡ ዝግብኦም ቀንዲ ኣባል'ቲ ማሕበር'ዩ ነይሩ። ተጋዳላይ ወልደሚካኤል ሚስጢራዊ ሽም መኰንን፡ ብመሰረት ካብ ሜዳ ዝተዋህቦ ሓበሬታ ንተስፋይ ረኺቡ ኾነታት ኣባላት ናይታ ንሱ ዝጥርንፋ ዝነበረ ዋህዮ ኣብ ዝሓተተሉ እዋን፡

"እቲ ዝካየድ ዘሎ ስራሓት ኣዝዩ ሚስጢራዊ ካብ ምዃኑ ዝተላዕለ፡ ኣብ ኣወዳድባ ብዙሕ ጥንቃቐ እዩ ዝግበር ዘሎ። ኣብዚ ቐረባ እዋን ሓንቲ ሓዳስ ዋህዮ'ውን ተፈጢራ'ላ። ነታ ዋህዮ ኸኣ፡ ቅድሚ ዓመት ካብ ኣስመራ ዝመጸ ክንፈ ዝተባህለ ብጻይና ተሓዊሱዋ'ሎ። ኣዝዩ ንጡፍን ቈራጽን ሰብ'ዩ" ብምባል መለሰሉ።

"ክንፈ ኢልካኒ? ኣበይ እዩ ዝሰርሕ?" ሓተተ ወልደሚካኤል።

"ኣብ ተሌኮሙኒኬሽን።"

"ኣብ ኣስመራ'ኸ ኣብ ተሌኮሙኒኬሽን ድዩ ዝሰርሕ ነይሩ?"

"እወ!" መለሰ ተስፋይ።

"ምስኡ ሓዊስካ ክንደይ ሰባት ኣለዉ ኣብ'ታ ዋህዮ?"

"ንሱን ካልኣዩን ማለት ንዓይ ከይሓወስካ ማለተይ እዩ።"

"ንስኻ'ኸ ኣጸቢ'ቕካ ትፈልጦ ዲኻ? መንከ እዩ ኣብዛ ዋህዮ ወዲቡዎ?"

"ንሱ ፈለማዩ ካብ ኣስመራ ምስ መጸ፡ ኣብዛ ጥቓ ስራሕና ዘላ ሆቴል'ዩ ዝድቅስ ነይሩ። ናብ መለይ ከአ ብቐጻሊ ይመላለስ ስለ ዝነበረ፡ ጥቡ'ቕ ዕርክነት መስረትና'ሞ በቲ ዘሎዎ ፍቕሪ ሃገር ተመሲጠ እየ ወዲበዮ፡" በለ ተስፋይ።

"ብጀካ ንዓኻን ነቲ ኻልኣይካን ንኻልእ ኣብቲ ሚስጢራዊ ምንቅስቓስ ዝፈልጦ ሰብ ኣለዎዶ?" ብምባል፡ ገጹ ኣዕቲቡ ሓተቶ። ተስፋይ፡ ብሕቶታት ወልደሚካኤል ተደናገረ።

"ካባና ሓሊፉ ዝኾነ ይኹን ሰብ ኣይፈልጥን'ዩ። ብኻልእ ጉዳዩ ማለት ብዕርክነት ግና ብዙሓት ሰባት'ዩ ዝፈልጥ። ዘጠራጥር ነገር ኣሎ ድዩ?"

"ተስፋይ፡" በለ ወልደሚካኤል፡ ርእሱ ናብ መሬት ኣድኒኑ እንታይ ከም ዝብል እናሓሰበ። "እዚ ትብሎ ዘለኻ ሰብ ማለት ክንፈ፡ ኣቦሓጎኡ ዘሪሁን ዝብሃሉ ብሃይለስላሴ ዝተቐትሉ ትግራዋይ እዮም። ነታ ንመሰል ህዝቢ ትግራይ ክትቃለስ ቆይማ ዝነበረት "ወይን" ዝተባህለት ምንቅስቓስ ዝመርሑ ዝነበሩ ተባዕ ሰብኣይ እዮም ነይሮም። ክንፈ፡ ልክዕ'ዩ ኣብ ኣስመራ ተወሊዱ ኣብ ኣስመራ እዩ ዓብዩ፣ ግና፡ ትግራዋይ ወዲ ተንቤን'ዩ። ትግራዋይ ምዃኑ ነጊሩካ ይፈልጥዶ? ወይ ብዛዕባ ዛንታ ኣቦሓጎኡ ኣውሲኡልካዶ ይፈልጥ?" ምስ በሎ፡ ተስፋይ ረሃጽ ኣብ ግንባሩ ታህታህ በለ'ሞ፡ ርእሱ ኣድኒኑ ትም በለ። ወልደሚካኤል፡ ክብደት ናይ'ቲ ጉዳይ ኣዝዩ ዝርዳእ ስለ ዝነበረን ምስቲ ርግእ ኢልካ ናይ ምዝራብን ህዱእ ጠባዩን፡ ንተስፋይ ተወሳኺ ሕቶታት ክሓቶ ኣይደለየን፣

ንኽምልስ ጊዜ ኽህቦ መረጸ። ድሕሪ ንውሕ ዝበለ ስቕታ፡ ተስፋይ ኣዕሚቑ ኣስተንፈሰ'ሞ፡

"እቲ ዝገርመካ፡ ሓደ ሓደ እዋን ሰባት ክዛረቡ ክትሰምዖምን ኣብ'ቲ ዝገብሩዎ ምንቅስቓስ ክትዕዘቦምን ከለኻ መበቆል ትርጉም ከም ዘይብሉ እዩ ዝርኣየካ። ናይ ክንፈ ኸኣ ኸምኡ እዩ። ሕጂ እዚ ይብል ነይሩ እቲ ይብል ነይሩ ኣይብለካን'የ፡ ትርጉም ስለ ዘይብሉ። እቲ ሓላፍነት ኣነ ክስከሞ እየ። ብሓጺሩ፡ ብኽመይ ከኣልዮ ኸም ዘለኒ ክሓስብ ጊዜ ክትህበኒ ኢኻ። ብዝኾነ ይኹን መገዲ ግና፡ ስግኣት ከም ዘይከውን ኣረጋግጸልካ፡" ብምባል፡ ንወልደሚካኤል ገለጸሉ።

"እወ! እቲ ትብሎ ዘለኻ ሓቂ እዩ። ኣብ ኤርትራ ብዙሓት ተጋሩ ንናጽነት ኤርትራ ተቓሊሶምን ይቃለሱን ኣለዉ። የግዳስ፡ እዚ ሚስጢራዊ ዋህዮ ብምኳኑ እዩ ዘሰክፈካ፡" ብምባል፡ ልዝብ ኢሉ ተዛረቦ። ተስፋይ ንዘረባ ወልደሚካኤል ቆብ ኣቢሉ፡ "እሞ ምስጢራዊ ውድብ ተጋሩ ምቛም'ዩ እቲ መፍትሒ" በለ፡ ብትሕቲ መልሓሱ። እቲ ዝበሎ ዓው ኢሉ ኸብሎ ዝሓሰበ ኣይመስልን'ዩ ነይሩ። ገለ ነገር ከም ዝበለ ዝተረድኦ፡ ወልደሚካኤል፡ "እንታይ ኢኻ ዝበልካ?" ምስ በሎ እዩ።

"እወ፡ ናይ'ዚ ጉዳይ'ዚ መፍትሒኡ ሚስጢራዊ ምንቅስቓስ ተጋሩ ምምስራት'ዩ። ክንፈ ኸኣ ናይ ኩሉ ጉዳያት መበገሲ ክኸውን ዝኽእል ሰብ'ዩ። እቲ ዓቢ ስራሕ ግና፡ ከመይ ጌርና ንዕኡ ነእምኖ እዩ። ስለዚ፡ እቲ ስራሕ ናባይ ይገደፍ፣ ንስኻ ብዛዕባ'ዚ ጉዳይ'ዚ ዝኾነ ይኹን ዘተሓሳስብ ነገር ክህልወካ የብሉን። ንላዕለዎት ኣካላት ጥራይ ሓብሮም፡ ነዚ ሰብ'ዚ ናብ ምንቅስቓስ ትግራይ ክቕይሮ እየ፡" በሎ፡ ፍሽኽ እናበለን ብምሉእ ርእሰ ምትእምማንን። ወልደሚካኤል፡ ብናይ ተስፋይ ሓሳብ ኣዝዩ ተመስጠ። እቲ ምንቅስቓስ ንሚ.ም.ኤ ኣዝዩ ሓጋዚ ምኳኑ ኸኣ ብኡ ንብኡ ተሰወጠ። ስለ ዝኾነ ኸኣ እዩ በተሓሳስባ ተስፋይ ዝተደነቐ። ከምዚ ኢሎም ክዕልሉን ዘሎ ኾነታት ናይ ሜዳ ኤርትራ ኸውግዑን ብኾፎም ሓደሩ።

* * *

ምዕራፍ 7

እቲ እዋን'ቲ፡ ኣብ ሜዳ ኤርትራ፡ ኵነታት ተጋድሎ ሓርነት ኤርትራ ኣዝዩ ናብ ዝኸፍአ ምፍንጫል ዘምርሓሉ፡ ሰለስቲኤን ክፍልታት ከካብ ዝነበራአ ቦታታት ናብ ሳሕል ወሪደን ድልዱል ዕርዲ ዘቖማሉ፡ መሪሕነት ቅያዳ ኣል ዓማ ኸአ ነዘን ክፍልታት ዝሃድነሉ፡ ኣብ ኣዲስ ኣበባ ዝነበሩ ኣባላት ሚ.ም.ኤ ምሁራትን ሰራሕተኛታትን ዘውደብሉን ኣብ ዩኒቨርሲቲ ኸኣ ፖለቲካዊ ጕስጓስ ዝካየዱሉን'ዩ ነይሩ።

ተስፋይ ኣብ ሚ.ም.ኤ ኣብ መጀመርታ 1966 እዩ ተጸምቢሩ። ቅድሚ እቲ እዋን'ቲ ገለ ተመሃሮ ዩኒቨርሲቲ ንሜዳ ዝወጹሉን ኢትዮጵያውያን ተመሃሮ'ቲ ዩኒቨርሲቲ ርሱን ክትዓት ብዛዕባ መንግስቲ ሃይለስላሴ ዘካይዱሉን ዝነበረ ጊዜ እዩ ነይሩ። ንዕኡ፡ ወልደሚካኤል'ዩ ኣብ'ቲ ሚስጢራዊ ምንቅስቓስ ወዲቡዎ። ትኩርን ዝተዋህቦ ዕማም ብዘይ ዝኾነ "እንተ" ዝፍጽምን ዝነበረ መንእሰይ እዩ ነይሩ። ብፍላይ ከኣ ነቲ ምንቅስቓስ ፋይናንስያዊ ደገፍ ንምርካብ ኣዝዩ ልዑል ተራ እዩ ዝጻወተ ነይሩ። ብሰንኩ መለይ ናብ ናይ ሚ.ም.ኤ ንብረት ተቐይራ ነይራ እንተ ተባህለ፡ ምግናን ኣይኮነን። ኩሉ ሚስጢራዊ ምንቅስቓሳት ኣብታ ትካል'ዩ ዝካየድ ነይሩ። ስለ ዝኾነ ኸኣ እዩ፡ ተስፋይ ዓቢ ሓላፍነት ተሰኪሙ ዕማሙ ዘካይድ ዝነበረ። ካብ'ቶም ንሱ ኣብቲ ምንቅስቓስ ዝጠርነፎም ኣባላት፡ ግርማይ ገረዝግሄር ተመሃራይ ዩኒቨርሲቲ፡ ሕሉፍ ኣብርሃም ተመሃራይ ዩኒቨርሲቲ፡ ኣዜብ በራኺ ሰራሕተኛ ኤምባሲ እንግሊዝ ብሓደ ወገን፡ በቲ ኻልእ ከኣ መሓሪ ወናኒ ታክስን ክንፈን ነበሩ። ግርማይን ሕሉፍን ናብ ሜዳ ኤርትራ ወጹ። ኣዜብ በራኺ ከኣ፡ ነቲ ኣብ መወዳእታ 1968 ናብ ሜዳ ዝወጸ በረኸት በርሀ ወደበቶ። በብወገኖም ማለት ወልደንክኤልን በረኸትን ብስራሕ ውድብ ናብ ኣዲስ ኣበባ ምስ መጹ፡ ወልደንክኤል ንተስፋይ ክረኽቦ ኸሎ፡ በረኸት ከኣ ንዝተዋህቦ ዕማም ክፍጽም ንመሓርን ኣዜብን ረኸቦም። ስራሑ ንምፍጻም፡ መጀመርታ ንበረኸት ዝኸውን ሰፊሕ ገዛ ክርከብ ስለ ዝነበሮ፡ መሓሪ ኣብታ ቈጸራኡ ምስ በረኸት ተራኸቡ።

"ደሓንዶ ኣምሲኻ መሓሪ?" ብምባል፡ ካብቲ ኾፍ ኢሉዎ ዝነበረ መንበር ተሲኡ ሰላም በሎ።

"እግዚኣብሄር ይመስገን፡" ድሕሪ ምባል፡ ክልተ ቢራ ኣዚዞም ኣብ መንጎኦም ስቕታ ሰፈነ። ድሕሪ ቑሩብ ደቓይቕ፡

"ነቲ ዝበልካኒ ገዛ ኸደሊ ናብ'ትን ናብ'ዝን ክብል'የ ውዒለ፡ ቤንዚን መን ከም ዝኸፍሎ እንድዒ?" በለ ኽም ወትሩ እናሰሓቐ።

"እሞ ረኺብካ ክት'ኸውን ተስፋ'ገብር?"

"ምርካብሲ ተረኺቡ'ሎ፡ ግና ከም'ቲ ንስኻ ትደልዮ ክኾነልካ ተስፋ'ገብር።"

"ኣበይ ወገን ድዩ?" ሓተተ በረኸት ብምግራም።

"ኣብ *ንፋስ ስልክ'ዩ*። እዚ ኽብለካ ግና፡ ኣብ'ቲ ኣዝዩ ስሑው ገዛውቲ ዘሎዎ ቦታ እዩ። ዳርጋ ኣብ ጫካ እዩ። ምሸት ናብኡ ንምኻድ ኣሸጋሪ ኽይኾነ ኣይክተርፍን'ዩ፡" በለ እናተሰከፈ።

"ጫካን ብጸልማት ከይሽገርን ፈሪሕካ?" ኢሉ በረኸት ሰሓቑ ክቔጻጸሮ ክሳዕ ዝስእን ሰሓቐ። ምኽንያቱ፡ ኣብ ሜዳ ኤርትራ፡ ጸልማት ዘይኮነስ ቀትሪ እዩ ዝፍራሕ፣ ኩሉ ስራሓት ብጸልማት'ዩ ዝዕመም ዝነበረ። ንበረኸት እቲ ቐትሪ ጸልማት፡ እቲ ጸልማት ከኣ ቀትሪ እዩ ነይሩ። ብኡ ምኽንያት'ዩ እቲ ዝተባህለ ቦታ ንስራሕ ምሹው ምኳኑ ንመሓሪ ዝገለጸሉ።

"በል'ስከ ክሓተካ'ባ እቲ ገዛ ንምንታይ ኢኻ ክትጥቀመሉ?" ሓተተ መሓሪ።

"ኣብ ሜዳ ኤርትራ ንምንታይን ናበይን ዝብሃል ሕቶ ኣይሕተትን'ዩ፣ ዝተዋህበካ ስራሕ ብዘይ ሕቶ ኢኻ ትፍጽም። ዝኾነ እትሰርሖ ወይ ዝተዋህበካ ዕማም ብዘይካ ነቲ ስራሕ ዝሃበካ ሓላፊኻ ንኻልእ ኣይትነግርን ኢኻ። ስለዚ፡ ኣድላዪ እንተ ኾይኑ ኣብ እዋኑ ክንገረካ እዩ፡" በሎ፡ ዕትብ ኢሉ።

"ንሱስ ሓቅኻ ኢኻ።"

"ብጀካኻ ብዛዕባ'ቲ ገዛ ዝፈልጥ መን ኣሎ?"

"ብጀካይ ዝኾነ ይኹን ሰብ ዝፈልጥ የልቦን?" በለ፡ መሓሪ ብምግራም።

"ዋና'ቲ ገዛ መን ምዃኑን ብኽንደይ ከም ዝካረን ሓቲትካሉ ዲኻ?"

"ዝገርመካ፡ እቲ ገዛ ናይ ሓደ ሻለቃ እዩ። ዝካረዮ ስለ ዝሰኣነ ነዊሕ እዋን ብዘይ ተኻራያይ እዩ ጸኒሑ። ክራዩ ዳርጋ ብጥርሑ እዩ፡ ዓሰርተ ሓደ ብር'ዩ። ከም'ቲ ዝበሉኒ፡ እቲ ዋና ኣብ *ሪድዮ*

ኪሎ ገዛ ስለ ዘስርሐ ናብኡ እዩ ግዲዙ።"

"ጽቡቕ! በል ሽሙ፣ ዝሰርሓሉ ቦታን ሓላፍነቱን ኣጻሪኻ ኽይደንጐኻ ኣምጽኣለይ ኢኻ። ብዛዕባ'ዚ ኣዜብ በራኺ'ውን እንተ ኾነት ክትፈልጥ የብላን። ወይለይ! ከይረሳዕኹዎ፣ ካብ ሕጂ ንንዮ ሽመይ ኣማኑኤል፣ ናትካ ኣበበ፣ ናይ ኣዜብ ከኣ ሳራ እዩ። ኣብ ዝኾነ ይኹን እዋን ብሽመይ ንማንም ሰብ ከይተላልየኒ። እንተ ንኣዜብ ግና ብጽሑፍ እተመሓላልፈላ መልእኽቲ እንተለካ ኮይኑ ጥራይ ኢኻ እታ ሳራ ትብል ሽም ትጥቀም፣ ብዝተረፈ ብናይ ሓቂ ሽማ ትጽውዓ፣" ብምባል፣ ኣጠንቂቑ ነቲ ገዛ ንጽባሒቱ ክርእዩዎ ተቛጺሮም ተፈላለዩ።

በረኸት ሓደ ዕማም ስለ ዘሳለጠን ብዛዕባ'ቲ ኽገብሮ ዝሓሰበ ስራሓት እናሓሰበ ኽይተፈለጠ *ሰድሰት ኪሎ* በጽሐ። ኣዜብ፣ ዓቕላ ጸቢቡዋ ነናሻዕ ሰዓታ ኽትርኢ ዳርጋ ድቃስ ወሲዱዋ ነይሩ፣ እንተ ኾነ ኣብ መንጎ ማዕጾ ኳሕ ኳሕ በለ። ሰራሕተኛ ገዛ መን ብምባል ሓጹር ከፈተት'ሞ በረኸት እትው ክብል ንኣዜብ ኣብ ኣፍ ደገ ማዕጾ ረኣያ።

"ደሓንዶ ኣምሲኺ ኣዜብ? እንታይ ደኣ ዘይደቀስኪ?"

"እዋእ! ሰዓት ዓሰርተ ኣቢለ ክመጽእ'የዶ ኣይበልካንን?"

"ኣምስየዶ? እሞ ዝብላዕ ነገር ክህልወኪ ተስፋ'ገብር?" ምስ በላ፣ ኣይደንጐየትን ሃነን ዝብል ዝግኒ ኣምጽኣትሉ'ሞ ክሳዕ ከብዱ ዝጥርነቕ በልዐ።

"ኩሉ ዝሓሰብካዮ ሰሊጡካዶ?"

"እወ፣ ዳርጋ ዝሰለጠ እዩ ዝመስል ዘሎ።"

"ኣበይ ደኣ ኣምሲኻ?" ብምባል ሓተተቶ።

"ምስ መሓሪ፣" ድሕሪ ምባል ትም በለ'ሞ፣ ጸኒሑ፣ "ኣዜብ፣" በለ እናተሰከፈ፣ "ካብ ሕጂ ንንዮ ኣበይ ጸኒሕካ?፣ ምስ መን ጸኒሕካ?፣ እንታይ ክትገብር ውዒልካ? ኢልኪ እንተ ዘይትሓትኒ ደስ ምበለኒ ነይሩ። ኣነ ብስራሕ ምኽንያት'የ ናብዚ መጺአ። ስለ ዝኾነ ኸኣ፣ ስራሐይ ኩሉ ስቱርን ምስጢራውን'ዩ ክኸውን ዘሎዎ። ካብ ጽባሕ ጀሚርና ኸኣ ብዙሕ ኣይክንርአአን ኢና፣ ኣድላዪ እንተ ኾይኑ ኣነ እየ ዝመጸኪ ወይ ዝድውለልኪ፣" በላ።

"ሓቅኻ ኢኻ፣" በለት ሕንቕንቕ እናበለት። ኣዜብ፣ እቲ ኾነታት ናይ ሜዳ ኣጸቢቓ ብዘይ ምፍላጣ እተርእዮ ዝነበረት ጠባያት ንበረኸት ኣሕዘኖ። ብዝኾነ፣ ምእንቲ እቲ ኾነታት ኽርድኣን ንእትገብሮ ምስጢራዊ ስራሓት ኽሕግዛን ብዛዕባ ሰውራ

ኤርትራ ኣስፈሑ ገለጸላ። ብተግባራት ቅያዳ ኣል ዓማ ኸኣ ኣዝያ ኣስካሕክሐት። "ተጋደልትስ ንተጋደልቲ ይሓርዱ? እንታይ ኢኻ ትብል ዘለኻ? ንምንታይ ዕላማ ድዮም ወጺኦም ኣሕዋቶም ዝሓርዱ?" ብምባል ንብዓት ሰዓራ፣ በረኸት'ውን ናይ ነገር ሰብኣይን ተጋዳላይን ኮይኑዎ'ምበር ብውሽጡስ ደም'ዩ ዝነብዕ ነይሩ።

"ርኢኺ ኣዜብ፡ ምግዳል ሓደ ጉዳይ እዩ፡ ሰውራ ምኽያድ ግና ኣብ መንጎ ኣሕዋት ደም ይሓትት'ዩ። ስለዚ ኸኣ እዮም ብዙሓት ብጾትና መስዋእቲ ኸፊሎምን ገና ዝኸፍሉ ዘለዉን። እወ፡ ብጾትና ብለይቲ ኣብ ቅድሚ ዓይንና ተሓሪዶም፡ ምስ ወግሐ ኸኣ ንቐጻሊ ቃልሲ መብጽዓ ብምእታው ቀቢርናዮም። ኣነን ዝተረፉ ብጾተይን ውጻእ መዓት ኢና። ሰውራ ኤርትራ ኸነድሕኖን ቀጻልነቱ ኸነውሕስን ከኣ እነሆ ተበጊስና ኣለና። ቃልስና ኣንጻር *ቅያዳ ሓል ዓማ* ኣብ በረኻ ይኹን ኣብ ከተማታት መሪር ክኸውን'ዩ። እዚ ፈሊጥኪ ንእትገብርዮ ምንቅስቓስ ካብ ስለያ ኢትዮጵያ ጥራይ ዘይኮነ፡ ካብ ናይ ጀብሃ'ውን ክትጥንቀቒ ኣለኪ። ኣካይዳኺ ከም ቀደሙ ኣዝዩ ጥንቁቕ ክኸውን ኣለዎ፡" ብምባል ምረት ገድልን ምውሓስ ቀጻልነቱን ኣዕሚቑ ገለጸላ፣ ንእትገብሮ ንጥፈታት ከኣ ክትጥንቀቕ መኸራ።

ኣዜብ፡ ከም ኩሉ ኤርትራዊ ናይ'ቲ እዋን'ቲ፡ ቶግ ቶግ ኣቢልካ፡ ኤርትራ ናጽነት ትረክብ'ዩ ዝመስላ ነይሩ። ብሕልፊ ድሕሪ ሕሉፍ ንሜዳ ምውጽኡ፡ ሜዳ ንኽትኣቱ ሃረር'ያ ትብል ነይራ። ሜዳ ኤርትራ ግና፡ ኣብ ውሽጡ ሓዊ ሓቑፉ ይጐዓዝ ከም ዝነበረ ትፈልጥ ኣይነበረትን። ንኹሎም እቶም ብመገዳ ኣቢሎም ናብ ሜዳ ዝወጹ ክትሓተሎም ፍታዋ'ኳ እንተ ነበረ፡ ካብ ምሕታት ደኣ ተቜጠበት። እሞ በለ በረኸት፡ "ካብ ሕጂ ንንዮ ስራሕና ንሜዳ ዝወጽእ ሰብ በየንን ናበይን ከም ዝኸይድ ንምሕባር'ዩ። ናትኪ ስራሕ ከኣ ኣብዚ ቐረባ እዋን ክሕብረኪ እየ፡ ሕጂስ ቍሩብ ድቃስ ቀም ከብል፡" ኢሉዋ ናብ ዓራቱ ተበገሰ። ኣዜብ፡ ንሽሙ ደኣላ ሕራይ ዝበለቶ'ምበር ናብ መደቀሲኣ ኽትኣቱ ፍታዋ ኣይነበረን። ኣብ ዓ ራታ ኀቦ ድሕሪ ምኳን ግና፡ ኣብ'ቲ ዝሓለፈ ኽልተ ዓመት ንሜዳ ኤርትራ ዝወጹ ተመሃሮ ዩኒቨርሲቲ ይኹኑ ሰራሕተኛታት ትካላት መንግስቲ፡ በብሓደ ኽትዝክሮም ጀመረት። ኩስቶስ ይህሉዶ'ኸውን? ኩስቶኸ? ክትብል ከይተፈለጣ ድቃስ ወሰዳ። ንግሆ ሰዓት ሸውዓተን ፈረቓን ኣቢላ ምስ ተበራበረት፡ እታ ናይ ገዛ ሰራሕተኛ ሓንቲ ንእሽቶ ወረቐት ሃበታ። "ኣብ ተድልይኒ እዋን ባዕለይ ክድውለልኪ

ወይ ክመጸኪ እየ፣” ጥራይ ትብል መልእኽቲ በረኸት ነበረታ። ንኣዜብ ኩሉ ነገር ሕውስውስ በላ። ሰባት ኣዝዩ ዘጨንቖም ነገራት ምስ ዝህልዎም ምስ ሰባት ክዛረቡ ግድነት'ዩ፣ ኣዜብ ግና ምስ ነብሳ'ምበር ምስ ካልእ ተዛሪባ ክትጸናናዕ ሕጊ ሰውራ ኣየፍቅደላን ነበረ። እታ ዝነበረታ ናይ ስራሕ ዕረፍቲ ወዲኣ ናብ ስራሓ ተመልሰት። ኣብ ስራሓ ግና፣ ከም ቀደማ ክትከውን ኣይከኣለትን። ሕውስቲ፣ ዕላላን ሰሓቒትን ዝነበረት፣ ከይተፈለጣ ዝን በሃሊትን ካብ ሰባት እትርሕቕን ኮነት። መሳርሕታ “ኣንቲ ኣዜብ ደሓን ዲኺ? እንታይ ኬንኪ ኢኺ ነብስኺ ትውድኢ ዘለኺ?” እናበሉ ብሕቶ የጨንቑዋ ነበሩ። ብሕልፊ ፈትለወርቅ ትብሃል ኣምሓረይቲ መተዓ ብይታ፣ መማህርታ፣ መሳርሕታን መሓዛኣን፣ “ኣዜብ ካብ መዓስ ኢኺ ሽግርኪ ካባይ ትሓብእዮ? ዘኾንክዮ ዘይትነግርኒ፣ እንታይ ኬን ኪ ኢኺ ተጸጊምኪ ዘለኺ? ኣነ ዘይፈልጦ ዓርኪ ነይሩኪ እሞ ሕጂ ምስኡ ተባኢስኪ እንተ ኬንኪ ክትነግርኒ እንታይ እዩ ጸገሙ?” ኢላ ምስ ኣዋጠረታ፣ ኣዜብ ዘይሓሰበቶ መስተርሆት ረኸበት።

“ፈትለወርቅ፣ ሓቅኺ ኢኺ። ኣይትሓዝለይ እዚ ኹሉ ዝሓለፈ ዓመታት ምሕዝነትና ሓደ ጉዳይ ሓቢኣልኪ። ኣነ ንስኺ ዘይትፈልጥዮ ዓርኪ ነይሩኒ፣ ክምርዓወኪ እየ ኸኣ እዩ ዝብለኒ ነይሩ። ሕጂ ግና ምስ ሓንቲ ንነዊሕ እዋን ኣብ ልዕለይ ተዓራሪኹዋ ዝነበረ መሳርሕቱ ናብ ጀርመን ከይዱ። እቲ ዝገርም ከኣ፣ ብስራሕ ምኽንያት ንሓደ ወርሒ ናብ ሃረር እገይሽ ኣለኹ ኢሉ እዩ ኣመኽንዩለይ። እነሆልኪ ብኢዱ ዝተጻሕፈ ደብዳበ ካብ ጀርመን መጺኡኒ፣” ብምባል፣ ናይ ሓሶት ንብዓት ነብዐት። ፈትለወርቅ ኣመነታ፣ ምስኣ'ውን ሓዘነትን ነብዐትን። በዚ ኸኣ ኣዜብ ካብ ሕቶታት ኣዕረፈት። ቀሲና ክትሓስብ ብ'ውን ጀመረት።

* * *

ምዕራፍ 8

ዕረፍቲ ተወዲኡ ተመሃሮ ናብ ካምፓስ (ዩኒቨርሲቲ) ተመልሱ። ሓጐስ ከኣ ለክቸር ብምጅማሩ ሕጉስ ነበረ። ሓደ መዓልቲ ማለት ዳርጋ ሰሙን ምስ ተማህሩ ሓንቲ ደብዳበ መጸቶ። ትሕዝቶኣ ኸኣ "ደውለለይ፡" ጥራይ ትብል ኮይና፡ ሽም ለኣኺ ግና ኣይነበራን። ሓጐስ በታ መልእኽቲ ኣመና ተገረመ። ኩስቶ ሰዲዱዋ ኸብል'ውን ኣይከኣለን፡ ስለ ዝኾነ ኸኣ እዩ፡

"ኣታ ሰለሙን! ዝገርመካስ ሓንቲ ደብዳበ መጺኣትኒ፡ ካብ መን ምኧና ግና ኣይፈለጥኩን።"

"ሓንትስ ፈትያትካ ኣላ ማለት'ዩ፡ ሽማ ክትነግር ከኣ ኣይደለየትን፡" ብምባል፡ ብዙሕ ኣቓልቦ ኣይገበረሉን።

"ዝኾነ መልእኽቲ'ኧ እዩ ዘይብላ።"

"ጥርሑ ወረቐት ደኣ'ሞ እንታይ ኣጨነቐካ?" ብምባል ሰሓቐ።

"ጽሑፍስ እባ ነይሩዋ፡ ግና ደውል ጥራይ እያ ትብል።"

"ካን ቍልቁል ዝኣፋ ደውል ጥራይ?" ነገሩ ኣስሒቑዎ ክርትም በለ። ኣብ መንጎ ግና ሃንደበት ትም በለ'ሞ፡ "እዋእ! ትዝክሮዶ ኣብ መለይ ዝተፋለጥናዮ ሰብኣይ፡ መን'ዩ ሽሙ? ደውለለይ ክብለካ ይዝከረኒ። ንሱ ኸይከውን ምሳኻ ፍቕሪ ሒዙዎ ዘሎ፡" ኢሉ መሊሱ ካዕ ካዕ ኢሉ ሰሓቐ። ሓጐስ'ውን ብተግባራትን ዘረባ ሰለሙንን ከይፈተወ ሰሓቐ።

"ሰለሙን፡ ሓቕኻ ኢኻ'ኧ ደውለለይ ኢሉኒስ ኣይደወልኩሉን። እዞም ዓዳትና ትም ኢላቶም'ዮም ኢለስ ኣይተገደስኩሉን፡" ብምባል፡ ካብ ካምፓስ ወጺኡ ናብ ክንፈ ደወለ።

"ሃለው፡ ኣቶ ኸንፈ ኣለዉዶ?"

"መን ክብል፡" ጸሓፊት ሓተተት። "ሓንሳብ ጽንሑኒ፡" ድሕሪ ምባል "ኣቶ ኸንፈ ኣብ ተሌፎን ሰብ ኣለኹም፡ ሓጐስ ዝተባህሉ።"

"ኣሕልፍኒ፡" ድሕሪ ምባል "ሓጐስ፡ ከመይ ቀኒኻ?"

"ጽቡቕ፡ ኣቶ ኸንፈ ደሓንዶ ቀኒኹም? ይቕሬታ ክሳዕ ሎሚ ዘይደወልኩልኩም፡" በለ፡ ሓጐስ ኣልዕል ኣቢሉ።

"ኣይ ምንም ኣይኮነን፡ ሕጂ ኣበይ ኴንካ ኢኻ ትድውል ዘለኻ?" ብምባል ሓተቶ።

"ኣብ'ዚ ኣብ *ሰድስት ኪሎ* ጥቓ ሚኒስትሪ ትምህርቲ ዘላ ተሌፎን ኮይነ እየ ዝድውል ዘለኹ።"

"በል ኣብታ ኣብኡ ዘላ እንዳ ሻሂ ጽንሓኒ፡ ድሕሪ ኽልተ ደቒቕ ክመጽካ እየ፡" ኢሉ ተሌፎን ዓጸዋ። ሓጐስ፡ ነገሩ ደንጽዩዎ ተዓኒዱ ተረፈ። ክንፈ ኣብ'ቲ ቦታ ጠበቕ በለ'ሞ፡ ንሓጐስ ቀልጢፉ ኣላለዮ። "ከመይ ትኸውን ኣለኻ፡" ብምባል፡ ከምዛ ዓመታት ዘይተረኣኣዩ ሓቝፉ ደጋጊሙ ሰዓሞ። ሓጐስ'ውን ኣይሓመቐን ኣትሪሩ ሰዓሞ። መንበር ብምስሓብ "ንበሩ" ብምባል፡ ሓጐስ ንቕድም ክንፈ ኮፍ ክብል ተጸበዮ።

"ትምህርቲ ዩኒቨርሲቲ ኽቢዱካ እዩ'መስለኒ ክሳዕ ሎሚ ዘይደወልካ? ከመይከ ትኸይድ ኣለኻ?" ሓተተ ኽንፈ።

"ደሓን'ዩ፡" በለ ሓጐስ፡ ብልቡ እንታይ ክብለኒ እዩ ጸዊዑኒ ብዝብል ሻቕሎት።

"እሞ ሓጐስ፡ ብሓንሳብ ክንድረር'የ መጺኣካ ዘለኹ። ስለዚ፡ ተስፋ'ገብር ጊዜ ክህልወካ?" ሓተቶ ብልዙብ ኣዘራርባ።

"ናይታ ካምፓስ ሰዓት ትፈልጡዋ ኢኹም፡ ሕይል ዝበለት'ያ። ክይመሰየ ኸሎ ክኣቱ እየ ዘለኒ።"

"ግዲ የብልካን ባዕለይ ኣብ ሰዓቱ ኽብጽሓካ እየ ኣይትሻቐል። እታ 'ኣቱም' ትብል ከኣ እንተ ገደፍካያ ጽቡቕ'ዩ፡ 'ኣታ' እኽልቲ እያ፡" ብምባል፡ ንኽኽዱ ተበገሱ። ናብ ሓንቲ ብኤርትራዊ እትውነን ብመግቢ ፓስታ ዝተፈልጠት ቤት ምግቢ ብምእታው፡ ሓጐስ ቅድሚኡ ርእዩዎን ሰሚዑዎን ዘይፈልጥ ላዛኛ ኣዚዞም እናበልዑ፡ ኣብ ዕላል ኣተዉ።

"ኣብቲ ዘለኻዮ ፋካሊቲ ተጋሩ ኣለዉዶ?"

"የለዉን። መብዛሕትኦም ካብ ኤርትራ ዝመጹ እዮም።"።

"እሞ ምስኦም ከመይ ትረዳዳኡ? ማለተይሲ ትቀራረቡ ዲኹም?"

"ነንሓድሕዶም ክተሓላለዩን ክተሓጋገዙን ጉዳም'ዮም።"

"እሞ ተጋሩ ብዘይ ምህላዎም ትሽገር ትኸውን ኢኻ፡" ውሽጡ ንምፍላጥ ሓተተ ክንፈ።

"ፍጹም!" በለ ሓጐስ፡ ጥንቃቐ ብዝተሓወሶ ኣዘራርባ።

"ኣብ ኩሉ ዕላላቶም ትሕወሶምዶ?" ብምባል ምስ ሓተቶ፡ ሓጐስ ኣንፈት እቲ ዘረባ ናበይ ክብል ምኻኑ ብምግንዛብ፡

"እወ!" ብምባል ጥራይ መለሰሉ።

"መቸም እዞም ደቀ'ስመራ ዕላሎም ብዛዕባ ኣስመራ ኣይውዳእን'ዩ። ኮይኑዎም ንሳ ጥራይ እያ ዕላሎም። ኣነ ኣስመራ

ተወሊደ፡ ኣስመራ እየ ዓብየ፡ ትግራዋይ እየ። ስድራይ ክሰርሑ ናብ ኣስመራ ተሰዲዶም። ዝገርመካ፡ ኣነ ትግራዋይ ምዃነይ መጀመርታ የሕፍረኒ ነይሩ። ምኽንያቱ፡ ኣብ ኣስመራ ኹሉ ትሑት ስራሕ ዝሰርሕ ትግራዋይ፡ በለስ ዝሸቅጥ ትግራዋይ፡ ዝልምን ትግራዋይ ኮታስ እቲ ድኻ ዝብሃል ትግራዋይ ይብሃል ስለ ዝነበረ። ትግራዋይ ምዃነይ ከይፍለጠለይ ኣዝየ እየ ዝስከፍ ነይረ።" ምስ በሎ፡ ሓጐስ ነገሩ ደንጽዩዎ ኣፉ ኽፊቱ ኽሰምዖ ድሕሪ ምጽናሕ፡

"እሞ ብኡ ምኽንያት ኢኻ ናብ ኣዲስ ኣበባ መጺእካ?"

"ኣይኮንኩን። ኣነ ኣብ ፖይንት ፎር ናይ ቴክኒክ ቤት ትምህርቲ ተማሂረ፡ ኣብ ኣስመራ ኸኣ ተሌኮሙኒኬሽን እሰርሕ ነይረ። ናብዚ ብስራሕ ተቐይረ እየ መጺአ።"

"ካብ ኣስመራ እንታይ ለውጢ ረኺብካሉ?" ዘረባ ንምጥዋይ ዕድል ዝረኸበ መሲሉዎ ሓተቶ። ክንፈ ግና ብዕላማ ዝመጸን ነገራት ኮነ ኢሉ ዝሓትትን ስለ ዝነበረ፡

"ኣብዚ ይገድድ፡" ብምባል፡ ንሓጐስ ዓይኒ ዓይኑ ጠመቶ። ሓጐስ ነገር ኣይማእምኦን፡ ንክንፈ ኸኣ ብዓይኒ ጥርጣረ ክርእዮ ጀመረ፡ ንኽኸይድ ከኣ ተሃወኸ።

"ሓጐስ፡ እዚ ዝብለካ ዘለኹ ምናልባት ሓድሽ ነገር ኮይኑ ይስምዓካ ይህሉ እዩ። ከምኡ ግና ኣይኮነን። ደ'ስመራ ይኹኑ ኣምሓሩ ንዓና ንተጋሩ ድሕሪት ዝተረፈት ኣውራጃ እያ ..." ኢሉ ኽይቀጸለ ኸሎ፡ ሓጐስ ትቕብል ኣቢሉ፡

"ኣነ ብዛዕባ እዝን ክንድ'ዝን ዝፈልጦ ነገር የብለይን። መቸም ተመሃራይ ኬንካ ብዛዕባ ትምህርቲ'ምበር ካልእ ኣይትሓስብን ኢኻ። ሰዓት ኣኺሉ ስለ ዝኾነስ ክኸይድ፡" እናበለ ኸሎ፡ ተስፋይ፡ ንክንፈን ሓጐስን "ደሓንዶ ኣምሲኹም?" ብምባል ኣብታ ሳልሰይቲ መንበር ኮፍ በለ።

"እንታይ ደኣ ደንጉኻ? በሊዕና ምስ ወዳእና ዲኻ ደኣ ትመጽእ? ከነድርረኩም ኢልካስ ከምዚ ትገብር!" እናሰሓቐ ሓተቶ።

"ናትካስ ደሓን፡ ናይ ሓጐስ'ምበር። ሓጐስ ከመይ ኣለኻ? ሰለሙንን ለምለምንከ ከመይ ኣለዉ?"

"ኩላትና ደሓን ኣለና፡ እንተ ለምለም ግና ብመንፍዓታ ንኹሉ ተዛርብ ኣላ፡" ኣሕጺሩ መለሰ ሓጐስ፡ ክኸይድ ስለ ዝተሃወኸ።

"እንታይ ትብል፡ ክትርእያ ኸለኻ ኸኣ፡ ከምኡ ዘይትመስል፡" በለ ክንፈ።

"እሞ ኣነ ክኸይድ ንስኹም ኣዕልሉ፡" ኢሉ ሓጐስ ብድድ በለ ንኽኸይድ።

“እዋእ! ሓንሳብ ጽናሕ'ምበር፡ ከየዕለልና?” በለ ተስፋይ።

“ሓቂ እዩ ሓጐስ፡ ብዛዕባ ኣስመራ ገግናዩ ኽዕልሎ ስለ ዝጸናሕኩ ሰልኪዩዎ እዩ ዝኸይድ ዘሎ፡” በለ ክንፈ፡ ፍሽኽታ ብዝተሓወሶ ኣዘራርባ።

“ንስኻ ደኣ መዓስከ ብዛዕባናን ኣምሓሩን ጥዑይ ተዛሪብካ ትፈልጥ። ኩሉ ጊዜ ምስ ኣጕረምረምካ እንዲኻ። ሓጐስ ከኣ ሓቂ እዩ፡ ናብ ካልእ መዘናግዒ ቦታ ኽይትወስዶ ብዘረባ ኣሰልኪኻዮ ትኸውን። ኢሂ ሓጐስ! ሓቀይ ድየ?” በለ፡ ንሓጐስ እናጠመተ።

“ዘሰልኪ ነገር ኣይነበረናን፡ ሰዓት ስለ ዝኣኸለ'ምበር፡” ብምባል ተፋንዩዎም ከደ። እዚ ኾይኑ ኽብቅዕ፡ ሓጐስ ንኽንፈ ፈጺሙ ኽኣምኖ ስለ ዘይከኣለ፡ ኽም'ዛ ኣብ ሕቘኡ ዝሑል ማይ ዝተኻዕዎ ኹሉ ነብሱ ዝሕልሕል እናበሎ እዩ ዩኒቨርሲቲ በጺሑ።

* * *

ምዕራፍ 9

ሓጐስ፥ እቲ ክንፈ ዘልዓለሉ ዘረባ እናተሓሳሰቦ ኸይተፈለጠ ናብ መደቀሲኡ በጽሐ። ሰለሙን ምስ ክልተ አዕሩኽቱ ኽዛወር ኢሉ ወጺኡ ስለ ዝጸንሖ ግና ዓቕሉ ኣጽበበ። ናበይ ከይዱ ክረኽቦ ኸም ዝኽእል እናሓሰበ ኸሎ፥ ሰለሙን ካብ'ቲ ዝኸዶ ተመሊሱ ንሓጐስ ኣብ መደቀሲኡ ርእሱ ኣድኒኑ ረኸቦ። ከምቲ ኹሉ ጊዜ ዝጨርቀሉ ኸኣ፥

"ኢሂ ሓጐስ! እታ ዝቜጸርካያ ጓል ጠሊማትካ ድያ ደኣ ደኒንካ?"

"ኣንታ ንስኻስ ካን ኮይኑካ ብጓል ክትዛረብ ክትነብር። ትፈልጥ እንዲኻ ምስ ክንፈ ተቛጺረ ኸም ዝነበርኩ።"

"እሞ እንታይ ተረኺቡ ደኣሉ ርእስኻ ኣድኒንካ?"

"እዞም መዳቕስትና ኸይመጹ ኸለዉ ንዓናይ'ሞ ካብ'ዚ ንውጻእ፥" ኢሉዎ ንደገ ወጸ። "ኣነ ነዚ ክንፈ ዝብልዎ ብሱሩ ክኣምኖ ኣይከኣልኩን ዘለኹ። ዝዛረቦ ዘረባታት ባህ ኣይብለንን'ዩ ዘሎ። ምስ ተስፉይ ኣዕሩኽዶ ኣይኮኑን?" በሎ፥ ዘይኣመሉ ርብሽ ርብሽ እናበለ።

"ኣዕሩኽ'ምበር!"

"እንታይ ደኣሉ ብዛዕባ ደቀ'ስመራ ይኹን ኣምሓሩ ዝዛረቦ ነገራት ባህ ዘይብለካ። ንሕናስ ክንመሃር'ምበር ዘድልየናን ዘየድልየናን ክንሓስብ ኣይኮናን መጺእና። ካብ ሕጂ ንንየ ክረኽቦ ኣይደልን'የ፥" ብምባል፥ ርእሱ ኣድንን ኣቢሉ ነቲ መሬት በቲ ሒዙዎ ዝነበረ ዕንጨይቲ ጽሕትር ጽሕትር ኣበሎ። ሰለሙን፥ ሓጐስ ንተጋሩ ክቐርቦም ከም ዘይደሊ ይፈልጥ'ኳ እንተ ነበረ፥

"ሰሚዕካ ሓጐስ! ደቂ ዓድ'ኻ ኣብ ጥቓ'ኻ ክህልዉ ጽቡቕ'ዩ። ትተሓጋገዝ፥ ብዛዕባ ዓዲ ወረ ትረክብ፥ ቋንቋ'ኻ ትዛረብ፥ ንዓና ኤርትራውያን ትርእየናዶ'የለኻን ብዛዕባ ዓድና ጉጅም እንዲና ኽንብል ንውዕል። ስለዚ፥ ንሱ ኸኣ ምስ ተጋሩ ኸላልየካ ስለ ዝደለየ እዩ'ምበር፥ ካልእ ኣይኮነን። እቲ ዝብሎ ዘሎ ኸኣ፥ ከይነገርካኒ ኸለኻ ክርድኦ እ'ኽእል'የ፥ ሓቁ ኸኣ እዩ፥" በሎ ብድፉኑ።

"ኣነ'ውን'ኮ እፈልጥ'የ፥ ግና ካብ ምስኡ ምሳኻ ክዛረብ'ዩ ዝፈ'ኹሰኒ።"

“ኣይትዝክሮን ዲኻ፣ ኣማንኤል ዮሃንስ፣ ማርታ መብራህቱ፣ ዮሃንስ ፍቓዱን ካልኦትን መገዲ ኣየር ኢትዮጵያ ጨውዮም ምስ ተባህለ፣ ኣምሓሩ ንዓና ንኤርትራውያን እንታይ ይብሉና ኸም ዝነበሩ?” ምስ በሎ፣ ቍሩብ ርግእ በለ'ሞ፣

“ክነግረካ ኸቢዱኒ'ምበር፣ ኣብ'ዚ ካምፓስ “ማሕበር ፖለቲካ ትግራይ” ዝብሃል ማሕበር ኣሎ። ክንፈ ኣብኡ ክኣቱ እዩ ዝመኽረኒ ዘሎ። ኣነ ግና ኣብ'ዚ እዋን'ዚ ቅሩብ ኣይኮንኩን ዘለኹ። ምኽንያቱ፣ ብብሄር ማሕበር ምቛም ስለ ዘይኣምነሉ። ንስኻትኹም ጉዳይኩም ካልእ'ዩ፣ ስለ ዝኾነ ኸኣ፣ ብጥርኑፍ ኤርትራውያን ኢልኩም ኢኹም ትዛረቡ'ምበር፣ ብሄረ ኩስቶዶ ብሄረ ኩስቶ ኣይትብሉን ኢኹም። ኣነ ኢትዮጵያውነት'የ ዝኣምን፣” ምስ በሎ፣ ሰለሙን ተዓኒዱ ተረፈ። ካብ'ታ ዕለት'ቲኣ ጀሚሮም፣ ብዛዕባ ጉዳይ ኤርትራ ይኹን ትግራይ ብግልጽን ብዕምቈትን ክዘራረቡሉ ስለ ዝጀመሩ፣ ነቲ ኣብ'ቲ ዩኒቨርሲቲ ዝነበረ ሃዋህው መረዳእታኦም ከስፍሕዎ ኸኣሉ። ኣብ መንጎኦም ከኣ፣ ፍጹም ምትእምማን ሰፈነ። ካብ'ዚ ምትእምማን'ዚ ተበጊሶም'ዮም እምበኣር፣ ብዛዕባ ሰውራ ኤርትራ ፍልጠቶም ከዕምቚን እንታይ ክገብሩ ኸም ዘለዎምን ክሰላስሉ ዝጀመሩ።

* * *

ተስፋይ፣ ሓጐስ ሃንደበት ብድድ ኢሉ ምኻዱ ስለ ዘተሓሳሰቦ፣ “ሓጐስ ደኣ ደሓን ድዩ? ነዛ ሰላምታ ጽቡቕ ገይሩ ከየጽገበኒ ኸይዱ።”

“ደሓን'ዩ። ዘረባይ ደስ ስለ ዘይበሎ እዩ፣” በለ ክንፈ።

“እንታይ ዲኻ ክትብሎ ጸኒሕካ?”

“ኣምሓሩን ኤርትራውያንን ንዓና ይንዕቁና እዮም ...” ኢሉ ኸይወድኦ፣

“ኣንታ ደሓን ዲኻ? ከምኡኸ ይብሃል ድዩ? ምስ ኣዕሩኽቱ ኸተባእሶ!” በለ ተስፋይ ብምግራምን እቲ ነገር ስለ ዘተሓሳሰቦን።

“እንታይ ይመስለካ ተስፋይ፣ ኣነ ኸም ዝተዓዘብኩዎ እዚ ወዲ ንነብሱ ካብ ናብ ትግራዋይ ናብ ኤርትራውነት'ዩ ዘቕርባ። ብነብሱ ትግራዋይ ክብሃል ኣይደልን'ዩ። እዚ ኸኣ የሕርቓካ እዩ። እንታይ ከም ዝበለኒዶ ኽነግረካ፣ 'እዚ ማሕበር ፖለቲካ ትግራይ ትብልዎ፣ ዕላማኡ ዘይንጹርን ካብ ኢትዮጵያውነት ወጻእን'ዩ። ኤርትራውያን

ኣብ ጉዳዮም ንጹር ኣረኣእያ እዩ ዘሎዎም፣ ንናጽነት ከኣ ይቃለሱ። ንሕናኸ ንበይንና ብዘይ እቶም ካልኦት ኢትዮጵያውያን ኣሕዋትና ንምንታይ ዕላማ ኢና ንቃለስ ዘለና? ስለዚ፣ ኣነ ኣብ'ቲ ማሕበር ክኣቱ ኣይደልን'የ፣' እኮ እዩ ኢሉኒ፣" በሎ ብሕርቃን።

"ከም ዝመስለኒ፣ ንሕና፣ ነዞም መንእሰያት ኣትሒትና ኢና ንግምቶም፣ ምናልባት ዕድሜና ይኸውን ከምኡ ዝገብረና። ንሕና ካብኦም ንላዕሊ ንፈልጥን ንገብርን ኮይኑ እዩ ዝስምዓና። ስለዚ፣ ድልየቱ ኸተኸብረሉ እዩ ዝግብኣካ፣ እንተ ዘይኮነ ፈጺሙ ክርሕቀካ እዩ። ብመዓልቱ ምስ ተረድኦ ባዕሉ ክመጽእ እንድዩ። ብዘይ ብኡ ኸኣ ሓጎስ ኣዝዩ በሊሕ'ዩ፣ ምኽንያቱ፣ እቲ ዝበሎ ኢድን እግርን ዘሎዎ ዘረባ ስለ ዝኾነ።"

"እንታይ ማለትካ እዩ ተስፋይ?" በለ ክንፈ ኸም ቍጥዕ ኢሉ።

"ርኢኻ ክንፈ! ናይ'ታ ኣብ ኣስመራ ተወሊድካ ዝዓበኻ፣ ንስኻ'ውን'ኮ ካብ ትግራዋይ ክትብል ኤርትራዊ ክትብል እዩ ዝቐለካ ነይሩ። ትዝክሮ እንዲኻ፣ ንዓኻ ነዛ ትግራውነትካ ኸእምን ክንደይ ከም ዝተዘራረብና። ካልእሲ ይትረፍ እቲ ማሕበር ተጋሩ'ውን'ኮ ክቘውም ኣይደለኻን ኔርካ። ስለዚ፣ ንምንታይ ንሓጎስ ክትርድኦ ዘይትፍትን፣" ብምባል፣ እቲ ሓደ እዋን ምስ ወልደንክኤል ብዛዕባ ንኽንፈ ናብ ምንቅስቓስ ተጋሩ ኽቕይሮ ኸም ዝኽእል ዝተዘራረቡዎ ትዝ በሎ። ተስፋይ፣ ድሕሪ'ቲ ንወልደንክኤል ዘተንብሃሉ ሓሳብ፣ ንኽንፈ ኸእምን ዘይፈ'ንቀሎ እምኒ ኣይነበረን፣ ኣብ መወዳእታኡ ኸኣ ተዓዊቱ። ሽሕ'ኳ ገድሊ ኤርትራ ኸም ዘሎ ኣጸቢቑ ይፈልጥ እንተ ነበረ፣ ኣብ'ቲ ሚስጢራዊ ምንቅስቓስ ግና፣ ብዘይካ ነቶም ኣባላት'ታ ዋህዮ ንኻልእ ሰብ ኣይፈልጥን ብምንባሩ፣ ንኽንፈ፣ ሚስጢራዊ ምንቅስቓስ ኤርትራውያን ዝብሃል ከም ዘየለ ኣእመኖ። ስለ ዝኾነ ኸኣ እዩ ነቲ ተስፋይ ዘበገሶ ሓሳብ፣

"ተስፋይ ጽቡቕ ኣለኻ፣ ንሕና ተጋሩ'ውን ማሕበር ምቛም የድልየና እዩ፣ ምናልባት'ውን ሓደ መዓልቲ እንታይ ይፍለጥ ገድሊ ንናጽናት ትግራይ ይምስረት ይኸውን። ስለዚ ምስ በዓል ሙሴ ኪዳነ፣ ዮሃንስ ተኽለሃይማኖትን ገብረኪዳን ኣስፍሃን ብዛዕባ ምቛም ናይ ተጋሩ ማሕበር ክንዘራረብ ኢና፣" ኢሉ፣ ቅድሚ ክልተ ዓመት ንተስፋይ መንነቱ ሓቢኡ ዝቐረቦ ተዘኪሩዎ ፍሽኽ ድሕሪ ምባል፣ "ተስፋይ፣ ሰባት ካብ ድልየቶም ወጻኢ ኸተገድዶም እንተ ፈቲንካ፣ ኣንጻርካ ክለዓሉ ይኽእሉ እዮም። ስለዚ፣ ምስ ሓጎስ ንጊዚኡ ካብ ከምዝን ወዲ ኸምዝን ምዝራብ ክገድፎ እየ፣" ብምባል፣ ናብ

ካልእ ዕላል ኣተወ። "ዝገርመካ ትማሊ ምስ ሓደ ለገሰ ዝተባህለ መንእሰይ ተመሃራይ ዩኒቨርሲቲ ተቓጺርና ብዛዕባ'ቲ መዲካል ፋካሊቲ እናተዘራረብና ኽለና ብገለ ንለምለም ኣልዒልናያ። እንታይ ዝበሉዋ ተመሃሪት'ያ? ንሱ ክገልጻ ኽሎ ጉድ'ዩ። ክሳዕ ክንድ'ዚ በላሕ'ያ። ዝገርመካ እዚ ዝብለካ ዘለኹ መንእሰይ ከኣ ዘረባኡ ኣብ መሬት ኣይወድቕን'ዩ። ብዛዕባ ዝኾነ ይኹን ኣርእስቲ ዝገብሮ ትንተና ይገርም'ዩ። ተስፋ ዘሎዎ መንእሰይ።"

"መን ኢልካዮ ሽሙ?"

"ለገሰ እዩ ዝብሃል፣ ወዲ ዓድዋ እዩ። ቀዳማይ ዓመት ተመሃራይ እዩ።"

"እሞ ምስ ለምለምሲ ኣብ ሓደ ክፍሊ እዮም፣" እናበሉ ነዊሕ ድሕሪ ምዕላል፣ ክራኽቡ ተቛጺሮም ተፈላለዩ።

* * *

ምዕራፍ 10

ክረምታዊ ዕረፍቲ ኾይኑ ዩኒቨርሲቲ ምስ ተዓጽወ፣ ኣቦይ ክብረኣብ ንለምለምን ሰለሙንን ስድራኦም ርእዮም ክመጹ ናይ ኣውቶቡሶም ትኬት ከም ዝኸፈሉሎም ነደይ ዙፋን ምስ ነገሩወን፣ ንሰን ንለምለም ከምዛ ጓለን ገይረን ይርእያኦ ስለ ዝነበራ፣

"ኣንቱም እዛ ቈልዓ እንታይ ገበረት፣ ካን ንዒ ኺዲ ኢልኩም ትሰዱዋ? ኣረ! እንታይ እያ ኽቢዳትኩም? ኣብ መገዲ፣ ሽፍታ እንተ ረኺቡዋኽ?" እናበላ ዘይኣመለን ኲርናፍንፍ በላሎም።

"ኣየ ዙፋን፣ እቶም ስድራኣኽ፣ ከምዚ ናትኪ ገና ኽይተበገሰት ከላ ክትናፍቕያ ጀሚርኪ ዘለኺ፣ እቶም ክልተ ዓመት ተፈልያቶም ዘላ ስድራኣ ደኣ'ሞ ማዕረ ኽንደይ ኰን ይናፍቑዋ ይኾኑ ኢልኪ ኣይትሓስብን ዲኺ?"።

"ንስኩስ ሓቕኹም፣ የግዳስ በቑቑያ እንደኣለይ፣" ኢለን፣ ንብዓትን ብነጸላአን ድርዝ ኣበላኦ'ሞ፣ ኣቦይ ክብረኣብ ብልቢ ሓዘኑለን። እዚ ኾይኑ ኽብቅዕ ሰለሙንን ለምለምን ኣብ ሳልስቶም ኣስመራ ኣተዉ'ሞ፣

"ሰሌ፣ ቅድሚ ናብ ስድራይ ምኻደይ ገዛኹም ኣርእየኒ ስድራይ ምስ ስድራኻ ምእንቲ ኽላልዮም፣" በለቶ ለምለም፣ ብፍቕሪ ዓይኒ ዓይኑ እናጠመተት።

"ለማልም፣ ሓቕኺ እንዲኺ፣ ግና እዚ ዓድና ኸም ኣዲስ ኣበባ ኣይኮነን። ስለዚ፣ ጓል ዘይኮነት ንእንዳ ወዲ ትኸይድ፣ ንቕድም ወዲ እዩ እንዳ ጓል ዝኸይድ'ሞ ኣነ ድሕሪ ኽልተ ሰሙን ኣቢለ ንዓዲ ሞንጎንቲ ክመጸኪ እየ። ብዝተረፈ ግና፣ ሕጂ ምሳይ ገዛና እንተ ኼድኪ ወድኹም ሃቡና ትብልዮም መሲሉዎም፣ ከይጸርፉኺ፣" ብምባል፣ እናተዋዘየ ናብ ሆቴል ወሲዱ ኣሕደራ'ሞ፣ ንጽባሒቱ ብንግሆኡ ናብ መንደፈራ እትኸይድ ኣውቶቡስ ተሳፊራ ኸደት።

ለምለም፣ መንደፈራ ምስ ኣተወት ዝተሰምዓ ሩፍታ መግለጺ ኣይነበሮን። እቲ መዓልታዊ ካብ ዓዲ ሞንጎንቲ ናብ ቤት ትምህርቲ ሳንጆርጆ ብእግራ ትመላለሶ ዝነበረት፣ ቀዳም ቀዳም እኽሊ ኣብ ኣድጊ ጽዒና ናብ ዕዳጋ ንኽትሸይጥ ዝተመላለሰቶ፣ እቲ ምስ መሓዙታ እናተደጓደጐት ትኸዶ ዝነበረት መገዲ፣ ደጊም ዓባይ

ጓልን ተመሃሪት ዩኒቨርሲትን ኮይና ክትረግጾ ኸላ ልባ ብሓጐስ መልአ። ይኹን'ደኣምበር፣ ሓደ ኣዝዩ ዘሰክፉ ጉዳይ ኣብ ቅድሚኣ መጺኡ ቅጅል በላ፣ ጉዳይ ግርማይ ሓዋ። ስድራ ቤት ለምለም፣ ብግርማይ ወዶም ኩሉ ጊዜ እህ ምስ በሉ እዮም። ኣቦኣ ኣቦይ ገረዝግሄር ናብ ኣዲስ ኣበባ ኸይዶም ሃለዋት ወዶም ከይፈልጡ፣ ዘይፈልጡዎ ዓድን መእተዊ ዘይብሎምን ስለ ዝኾኑ፣ ጓሂኦም ተሰኪሞም'ዮም ዝነብሩ ነይሮም። ስለዚ ኸኣ፣ ሓደ መዓልቲ ደሃይ ሒዛትሎም ከም እትመጽእ ዓቢ ተስፋ ኣንቢሮም ከም ዘለዉ ኣይዘንግዓቶን። እዝን ክንድ'ዝን እናሓሰበት ከይተፈለጣ ነታ እንዳ ጠሓኒት ሓሊፋ ዓቐበት ብምውዳእ ናብ ቤተ ክርስትያን እንዳ ማርያም ቅልቅል ክትብልን ብውሽጣ ፍርሂ ክስምዓን ሓደ ኾነ። ሃንደበት፣

"እዋይ! ለምለም ጓለ'ቦይ ገረዝግሄር ዲኺ'ቲ?" ዝብል ደሃይ ምስ ሰምዐት'ያ እምበኣር፣ ካብ'ቲ ጥሒላቶ ዝነበረት ሓሳብ ዝተበራበረት።

"ለተብርሃን ጓለ'ቦይ ገረመድህን ዲኺ?" ተበሃሂለን ተሰዓዓማ'ሞ፣ ነቲ ቦርሳ ተቐቢላ ናብ ገዛ ሞንጎንቲ ገጸን ኣምርሓ። ኣብ መገዲ፣ ለምለም መጺኣ! ለምለም መጺኣ! እናበሉ ቈልዑ'ቲ ዓዲ፣ ምልእቲ ዓዲ ከም ትሰምዕ ገበሩዋ። ኣደይ ለተኺዳን ኣብ ሑጓ ኾይነን ዒባ ይጕድጕዳ ነበራ'ሞ፣ ጐረቤተን መጺኣን፣

"ለተኺዳን፣ ለምለም ጓልክን መጺኣ!" ምስ በላኣን፣ ዝብሎኦ ጠፊኡወን፣

"ዋይ ጓለይ! ዋይ ጓለይ!" እናበላ ኸይተፈለጠን ምስ ዒባኣን ንደገ ወጻ። ለምለም ነዲኣ ምስ ረኣየተን፣

"ኣደይ፣" ብምባል፣ ኣብ ክሳደን ተጸጊዓ ተነኸነኸት። ኣደን ጓልን ግደፉ ዝብል ክሳዕ ዝረኽባ ንብዓተን ደው ክብል ኣይከኣለን ጥራይ ዘይኮነ፣ ንንብዓተን'ውን ካብ ጐረባብቲ መዳመቒ ኣይሰኣናሉን። ከምኡ እናበላ ኸኣ ኣደይ ለተኺዳን ዒባ ኸም ዝጸየቓኣ፣ ለምለም ከኣ ከም ዝተጸየቐት ከይፈለጠት ምስ ኩሉ ጐረባብቲ ተተሓሒዘን ናብ ምድሪ ቤተን ኣተዋ። ጐረባብቲ፣ እቲኣ ክትስዕም እቲኣ ኸመለ'ኺ ክትብል፣ ነቶም ኣብ ማሕረስ ዝነበሩ ኣቦኣን ናእሽቱ ኣሕዋታን መልእኽቲ በጺሓም'ሞ፣ ማሕረሶም ገዲፎም ብዘይ ልቦም ናብ ገዝኦም መጹ። ኣቦይ ገረዝግሄር ጓሎም ክትመጾም ዘይተጸበዩዎ ስለ ዝነበረ፣ ብታሕጓስ ዝብሉዎ ጠፊኡዎም ዕንድ በሉ። ለምለም ናይ'ቲ ኽልተ ዓመት ዝተፈልየቶም ግዲ ኾይኑ፣ ኩሉ ነገር ተቐያየራ፣ ስድራኣ ዝኣረጉን ዝደኸሙን ኮይኑ ኸኣ ተሰምዓ።

"ኣንታ'ቦይ፡ እንታይ እዋንካ ደኣልካ ኣሪግካ? እዚ ማሕረስ ድዩ ኸምኡ ገይሩካ?" ንብዓታ እናደረዘት ሓተተቶም። ትብሎ ጠፊኡዋ ዝበለቶ'ምበር፡ ማሕረስ ደኣ ናብራ ቀደሞም'ዩ። እንተ እቲ እርጋን ግና ናብራ ገጠር ኮይኑዎም'ምበር ብዕድመ ዓቢ ኣይኮኑን፡ ሓምሳን ሓሙሽተን'ዮም ገይሮም።

"ኣንቲ ለማልም ጓለይ! እዚ ሓድሽ ኣበባ ኸምዚ ገይሩ እዩ ሰብ ዝቕይር። ከመ'ለኺ ጥዕናኺ? ካን እዛ ወረቐት ምስዳድሲ ከቢዳትኪ። ደሃይኪ ንሓቶ ሰብ ጠፊኡና ብሻቕሎትኪ እነህለኪ ደኣሲ፡ ኣዴኺ እዋይ ጓለይ! ባዕለይ ኣጥፊኢያ እናበለት፡ ኮፍ ምባል ከሊኣ ትና ነይራ። በሊስከ'ዛ ጓለይ ብርኺቲ፡ እንቋዕ ብደሓን መጻእኪ፡" ኢሎም ናብ መንበሮም ከይዶም ኮፍ በሉ። ኩለን ጐረባብቶም፡ እንጀራ፡ ስዋ፡ ቅጫ ዓተር፡ ሕምባሻን ካልእን ሒዘን ስለ ዝመጻ ገዛ እንዳቦይ ገረዝግሄር ብሰብ መልአት። እታ መዓልቲ'ቲኣ፡ ኣንስቲ ኸዕልላ፡ ሰብኡት ካብ ማሕረሶም መጺኦም እንቋዕ ሓጐሰኩም ክብሉ ዓረበት። እዋን ድቃስ ኮይኑ ነናብ ንእዶም ከዱሞ ለምለም'ውን ኣብታ ናይ ቀደማ ንእዲ ምስ ንእሽቶ ሓፍታ ብሓንሳብ ደቀሳ። ለምለም፡ ነቲ ቕድሚ ክልተ ዓመት ዝተሰናበተቶ ንእዲ፡ ቀንጭን ትኺንን በዚ ሓደ ወገን፡ እቲ ኹርኳሕ በቲ ኻልእ፡ ድቃስ ከሊኡዋ ሓደረት። ነዛ ቐሩብ'ኳ ሰለም ከየበለት ሓኸፍ ሓኸፍ ክትብልን ካብ ሓደ ወገን ናብቲ ኻልእ ወገን ክትገላበጥን መሬት ወግሐት። ንግሆ ሰዓት ሓሙሽተ ምስ ኮነ፡ ኣዲኣ ሓርኰትኰት ክብላ ሰሚዓ ወጊሑ ኢላ ተንስአት'ሞ፡ እታ ንእሽቶ ጓለን መሲሉወን፡

"ኣንቲ ኣሻብኪ ደኣ ተሲእኪ?" ኢለን ግልብጥ በላ'ሞ፡ ለምለም ኣብ ጥቓአን ቀሪባ፡

"ኣደይ ደሓንዶ ሓዲርኪ?" በለተን።

"እዋይ ለምለም ጓለይ! ንስኺ ዲኺ ኸኣ? እንታይ ኣእተወኪ ብለይቱ ትትስኢ፡ ዘይተዕርፊ!"

"ኣየ ኣደይ! ኮይኑኪ ደቅሱ ኣነ ክገብረልኩም ምባል ኣይገደፍክዮን። ኣብ'ቲ ዩኒቨርሲቲስ ደይ ለይቲ ተሲእና ኢና ነጽንዕ። እቲ ቐትሪ ደኣ መዓስ ከነርክበሉ፡" ምስ በለተን፡

"ዋይ ጓለይ እርእየኪ'ንዶ'የሎኹን ነብስኺ ወዲእኪ፡ ቅድሚኺ ይግበረኒ፡" በላኣ፡ ናይ ነገር ወላዲት። ሓዊ ኣጒዳን ቅጫ ሰንኪተን ሻሂ እፍልሓ'ሞ። ኩሎም ተሲኦም ብሓባር እናዕለሉ ቈረሱ። ብድሕሪኡ እታ ስድራ ንመጓሰ ትኸይድ ናብ መጓሰኣ፡ ናብ ማሕረስ ትኸይድ ከኣ ናብ ማሕረሳ ተዋፈረት። ኣብ'ቲ ገዛ ኸኣ ኣደይ

ለተኺዳንን ለምለምን ተረፉ።

ለምለም፣ ናብራ ኣዲስ ኣበባ ኣይቀየራን። ብንግሆኡ ምድሪ ቤት ክትሕስትርን ኣብ ሑጓ ኸይዳ ኸቦን ዕንጨይትን ብምእራይ፣ ኣብ ውሻጠ ኣትያ መቀላለዊ ቡን ቀራሪባ ቡን ከተፍልሕ ላዕልን ታሕትን ክትብል ዝረኣያአ ኣዲኣ፣ በዛ ታሕጓስ ፍንጭሕ ክብላ ደለያ። ለምለም፣ ንዕአን ይኹን ነቦይ ገረዝግሄር ፍልይቲ እያ ነይራ። ንሳ ትኹን ግርማይ ብፍጥረቶም ሀርኩታትን ደኺምና ዘይፈልጡን'ዩም ዝነበሩ። ደሃይ ግርማይ ወዶም ዘይምርካቦም ዘሕደረሎም ጓሂ፣ ብፍላይ ነደይ ለተኺዳን ናብ ሕማም'ዩ ኣብጺሑወን ነይሩ። እምበኣር፣ ለምለም ምምጻኣ ቖኑብ ተስፋ ገይረን ከም ዘለዋ ኣብ ገጸን ይርአ ነበረ። ለምለም'ውን ኣይሰሓተቶን። ካብ ኣዲስ ኣበባ ቕድሚ ምብጋሳ ምስ ሰለሙን ተመያይጣትሉን ኣብ ሓደ ውሳኔ'ውን በጺሓ እያ ነይራ። ቡነን እናሰተያ፣ ድሕሪ ናብራ ኣዲስ ኣበባን እንዳ'ቦይ ክብረኣብ ዝገበሩላን ዝገብሩላ ዘለዉን ምዕላለን፣ ኣደይ ለተኺዳን፣

"ኣንቲ ለማልም፣ ብዛዕባ ሓውኺኽ ገለ ደሃዩ የብልክን፣" ብምባል፣ ነቲ ዝተጸበየቶ ሕቶ ኣልዓላላ።

"ኣደይ፣ ግርማይ ሓወይ ብሂወት ኣሎ፣ ግና ደብዳበ ክጽሕፍ ኣብ ዘይክእለሉ ቦታ ስለ ዘሎ እዩ፣ ደሃይ ዘይገበረ። እዚ ኸኣ ዘሻቕል ኣይኮነን። ምኽንያቱ፣ ምስ ብዙሓት መማህርቱ ብሓባር ስለ ዝኸዱ ንሳቶም'ውን ከምኡ ደሃይ ናብ ስድራኦም ኣይሰዱን'ዮም ዘለዉ። ሓደ መዓልቲ ግና፣ ደሃዩ ክንረክብ ምኻንና ኣነ ኣረጋጊጸ እፈልጥ'የ። ስለዚስ፣ ብዙሕ ብኡ ኣይትጨነቒ ኣብ ዘይ ሕማምኪ ኸይትበጽሒ፣ ንዓና ረአዪ፣" ብምባል፣ ከተህድአን ፈተነት። ወላዲት ብምኻነን ግና እንትርፎ ሕማቕ፣ ጽቡቕ ክሓስባ ስለ ዘይከኣላ፣

"ካብ በልክስ፣ ንስኺ ትልብሚ እዛ ጓለይ፣" ኢለን፣ ጓሂአን ንውሽጢ ገይረን መሬት መሬት ጠመታ። ቡነን ከይወድአ ኣቦይ ገረዝግሄር ኣርከቡወን'ሞ፣ ለምለም ቡን ቈልያ ናብታ ጀበና ኣእትያትላ ኸምዛ ገለ ነገር እተምጽእ ብድድ ኢላ ወጸት።

"ኣንቱም እንታይ ደኣ ብእዋኑ መጺእኩም። ተጸሊኡኩም ድዩ?" ሓተታኦም ኣደይ ለተኺዳን።

"ኣይፋለይን! ናይ ነገር ወላዲ ኾይኑኒ'ምበር ነዛ ጓለይ ክርእያ መጺአ።"

"ኣየ ንስኹም! ነገር ወድኹም ደኣ ዕረፍቲ ኸሊእኩም'ምበር! ንሳ ደኣ ናበይ ከይትኸደኩም።"

"ሓቅኺ ለተኺዳን! ዝወለደ'ሞ ኸመይ ኢሉ ክድቅስ። ገለዶ እዛ ጓልና ደሃይ ኣይረኸበትን?"

"ኣንቱም፣ ብኣምሆይ ኣብ'ቲ ተስካር ናይ'ቶም ገብርሄት ካብ ኣስመራ ዝመጹ ኣጋይሽ ዝብሉዎ ዝነበሩ ትዝክሩዎዶ? እዞም ደቅና ተዓሪቆም ይብሉዶ ኣይነበሩን። ኣነስ፣ እንተ ዘይተጋግየ እዚ ወድና ምስኣም ከይህሉ። እዛ ለምለም ጓልና ምስ መማህርቱ እዩ ዘሎ ኣይትሻቐሊ፣ ሓደ መዓልቲ ደሃይ ክገብር'ዩ፣ ክትብለኒ እያ ውዒላ፣" ምስ በላኣም፣

"በሊስከ ለተኺዳን ከም ኣፍኪ ይግበረልና፣ ክፉእ ኣየስምዓና፣" ብምባል፣ ቡን ከይጠዓሙ፣ "ከይደ በሊ፣" ኢሎም ናብ ማሕረሶም ተመልሱ።

* * *

ምዕራፍ 11

ሰለሙንን ሓጐስን፡ እንዳ ኣቦሓጎኡ ወኪ ዛግር ምስ ኣተዉ፡ ዓባዩ ኣደይ ጽርሃ ንበይነን ኮፍ ኢለን እኽሊ እናኣረያ ኸለዋ "እቱም ገዛ፡" ዝብል ደሃይ ሰሚዐን "መን ኢኻ? እቶ!" በላ። እቲ ህድሞ፡ ብደገ መጺእካ ክትኣትዎ ኸለኻ ጸልማት ኮይኑ እዩ ዝስምዓካ። ክልቲኦም ነደይ ጽርሃ ክርእዩወን ዳርጋ እናተጸገሙ እዮም ኣትዮም። ኣደይ ጽርሃ ብድድ ኢለን ቀረባኦም'ሞ፡ "ወይለይ ወዲ ገረኣምላኽ፡ በየን ደኣ በሪቕካ? ባሕሪ ኣይወረድካን ዲኻ?" እናበላ ንዕኡን ንመርዓቱን ሰዓማኦም።

"እዚ ኸኣ ወደያ ተለንተ ተወልደ እዩ። ካብ ኣስመራ ክርእየኩም መጺኡ፡" ምስ በለን፡

"መን ኣንታ እቲ ንእሽቶ ሰለሙን?" ኢለን፡ ሓኒቐን ስዒመን ምጽጋብ ሰኣናኦ። "ዋይ ሰለሙን ወደይ፡ ኣንታ ኸመለኻ? ሓዲሽ ኣበባ እንዶ ንምህሮ ኸይዱ ኣይበሉንን። መዓስ ደኣ መጺእካ ዕልል!" በላ'ሞ፡ ንሓጐስ ርእይ ኣቢለን፡ "እዚኸ ወድ መን ደኣሉ?" ብምባል፡ ዓይነን ኣጨምቲለን ጠመታኦ።

"እዚ ዓርከይ ከሰንየኒ ኢሉ እዩ ምሳይ መጺኡ። ካብ ኣዲስ ኣበባ ብሓንሳብ ኢና መጺእና፡ ሓጐስ እዩ ሽሙ፡" ምስ በለን፡ ንሓጐስ'ውን ድሕሪ ምስዓም፡

"በሉ ንዑ በዚ ኾፍ በሉ፡" ኢለን፡ ንውሻጠ ኣተዋ። ከይጸንሓ ኸኣ ስዋ ሒዘን ብምምጻእ ንኹሎም ቀዲሐን ሃባኦም።

"ዓባየይ ከመለኺ?። እዋእ! ኣይኣረግክን ደሓን ኣለኺ። ኣቦሓጎይ ደኣ ናበይ ከይዱ?"

"ኣንታ ናብ'ቲ ግራውቲ ኢሎም ናብ ባሕሪ ምስ ከዱሲ፡ ተኣልዮም ግዲ ኾይኖም ኣይተመልሱን። እንተ ኣነ'ሞ እነሀልካ፡ ዓዲ ውዒል'የ ኾይነ፡ ዝሃቡኒ ምቕርጣም ጥራይ እዩ ስራሐይ፡" በላኦም፡ ወደን ተለንተ ተወልደ ኣብ ቅድሚ ዓይነን ቅጅል ቅጅል እናበሉወንን እናሕነቕነቓን።

"ኣንቲ ኣደይ ጽርሃ! ጽቡቕ ኣለኺ፡ ነደይ ርኢኺ ዘይተመስግኒ።"

"ሓቅኻ ዕቚባዝጊየ! ናይ ኣዴኻስ'ምበር ንበይኑ እዩ። ሰይጣን መጺኡ ርምስ ኣቢሉዋ፡ ኣየወ! እዚ ኹሉ መልክዕን ቁመትን፡

ካን ኣብ'ዛ ዓራት ተረሚሳ ተሪፋ!?" ብምባል፡ ኣስተንተና። ከምኡ ኢሎም ብዛዕባ ኣዝማድን ቤተ ሰብን እናተሓታተቱ ኸለዉ፡ ኣቦሓጎኡ ንሰለሙን ኣቦይ ገብረክርስቶስ ኣብ ኣፍ ደገ በጺሖም "እሕሕ!" በሉ'ሞ፡ ኣደይ ጽርሃ፡ "ኣቦኻ መጺኦም፡" ኢለን ናብ ውሻጠ ኣተዋ።

"ኣቦ መጺእካ፡ ኣይ ክንጽበየካ እንዲና ጸኒሕና። ጋሻ ሒዘልካ መጺአ'ለኹ፡" በሎም ዓው ኢሉ እዝኖም ስለ ዝጸንየም።

"መዓልካ ዕቝባዝጊ?" በሉዎ ንውሽጢ እናኣተዉ።

"ኣቦሓጎይ!" ኢሉ ሰለሙን ቀሪቡ ሰዓሞም'ሞ፡ ቀው ኢሎም ጠሚቶም፡

"ኣንታ መን ኢኻ?"

"ሰለሙን ወዲ ተወልደ እየ፡" ምስ በሎም፡

"ዋይ ወደይ!" ኢሎም ደጊሞም ሰዓሙዎ። "እዚ'ሽ ወዲ መን'ዩ?"

"እዚ ኸኣ ዓርከይ እዩ ሓጐስ ይብሃል፡ ምሳይ ካብ ኣዲስ ኣበባ እዩ መጺኡ፡" ኢሉ ኣላለዮም'ሞ፡

"ዝወደይ እንቋዕ ብደሓን መጻእካ፣ ኣንታ ሰለሙን ወደይ፡ መዓስ ደኣ መጺእካ!? ካን እዚ ዓደምሓራስ ህልም ኣቢሉካ። በልስኪ እንቋዕ ብደሓን መጻእካ። ክብረኣብ ወደይከ ከመይ ኣሎ ምስ ሰበይቱ ዙፋን? ኣየ ዙፋን ጥዕምቲ፡" እናበሉ ደሃይ ኩሎም ስድራ ቤት ኣብ ኣስመራ ይኹን ኣዲስ ኣበባ ክተሓቶቱ ዳርጋ ሰዓት ሸሞንተ ኾነ'ሞ፡ ኩሎም ነናብ መዳቕሶኦም ከዱ።

ሓጐስን ሰለሙንን ኣብ ንእዶም ኅቦ ኾይኖም ብዛዕባ ኣዲስ ኣበባን ኣብ ዩኒቨርሲቲ ዝፈልጡዎም ሰባትን መምህራንን እናልዓሉ ኸይተፈለጦም ፍርቂ ለይቲ ኾነ'ሞ ደቀሱ። ንግሆ ወጋሕታ ሰዓት ሽዱሽተ ኣቢሎም ምስ ተበራበሩ፡ ኣደይ ጽርሃ ዕንጨይቲ ሓዊ ኣሳዊረን በራድ ሰኽተታ'ሞ ናብ ክሽነ ብምኻድ ገዓት ዕፉን ኣዳልየን ቀረባሎም። ኣቦይ ገብረክርስቶስ ከኣ ድሕሪ ቍርሲ፡ ንኽልቲኦም ተፋንዮም ናብ ባሕሮም ከዱ።

ኣቦይ ገብረክርስቶስ ኣብ 1898 ዓ.ም ዝተወልዱ ኾይኖም፡ ቆማትን በዓል ግርማን'ዮም ነይሮም። ኣብቲ ኣብ ዓድዋ ኣብ መንጎ ጣልያንን ኢትዮጵያን ዝተገብረ ውግእ፡ ዓስከር ኢጣልያ ኮይኖም ኣብ ውግእ ንዝተማረኹ ኤርትራውያን፡ ራእሲ መንገሻ ስዩም ናይ ትግራይ ኣብ ቅድሚ ሃጸይ ሚኒሊክ ቀሪቦም ኣብ ልዕሊ'ቶም ኤርትራውያን ምሩኻት፡ "ጐይታይ፡ እዞም ዝወግኡና የማናይ

ኢዶምን ጸጋማይ እግሮምን ይቌረጽ፥" ብምባል ብዘቕረቡዎ ክሲ መሰረት፥ ሓወቦኦም ንኣቦይ ገብረክርስቶስ ባሻይ ሃይለዝጊ ግዳይ እቲ ኣረሜናዊ ፍርዲ ኾኑ። እቲ ተቌሪጹ ዝተረፈ ኢዶምን እግሮምን ክቕምርር ተባሂሉ ኣብ ዝፈልሐ ስብሒ ኣተወ። እዚ እንክዝክሩ ኣብ ልዕሊ መሳፍንቲ ኢትዮጵያ ዝነበሮም ጽልኢ መግለጺ ኣይረኽቡሉን ነበሩ። ወዶም ተለንተ ተወልደ ምስ እንግሊዝ ከይክተቡ፥ ኣሎ ዝብሃል ምኽሪ እዮም ሂቦሞም። ባሕሪ ኸይዶም ኣብ ሕርሻን ንግድን ክነጥፉ ኸም ዘሎዎም ብምምካር ዝከኣ ሎም ጽዒሮም'ዮም። ክኾነሎም ግና ኣይከኣለን። ሕማቕ ትዕድልቲ ኾይኑ ኸኣ፥ ፈደረሽን ምስ ተደንገገ ኣብ ዓመቱ ተለንተ ተወልደ ዓረፉ። ኣቦይ ገብረክርስቶስ ሓዘኖም ፈጺሞም ክጻወሩዎ ኣይከኣ ሉን። ባዕሎም ረጊሞም ዝቐተልዎም ኮይኑ ስለ ዝስምዖም ከኣ፥ ሰለሙን ዓብዩ ምስ መጸም'ውን እንተ ኾነ እቲ ጓሂ ኣይገደፎምን። ፈደረሽን ፈሪሱ መግዛእቲ ኢትዮጵያ ኣብ ኤርትራ ደልዲሉ ኸፍ ምስ በለ፥ ኣቦይ ገብረክርስቶስ ጽልኦም ኣብ ልዕሊ መግዛእቲ ኢትዮጵያን ሃጸይ ሃይለስላሴን ብግህዱ እዮም ዘርእዩዎ ዝነበሩ። ሓደ እዋን ኣብ ወርሒ ለካቲት 1963 ቀቅድሚ ኣዛዚ ፖሊስ ኤርትራ ሙማቱ፥ ፖሊስን ጦር ሰራዊትን ናብ ባሕሪ ክወፍሩ ኣብ ወኪ ዛግር ኣዕረፉ። ኣቦይ ገብረክርስቶስ፥ በዓል መድሃኔ ኣለም ስለ ዝነበረ፥ ንማሕረስ ኣይወፈሩን። ዝሓመመን ዝኣረገን ክበጽሑ ካብ ገዝኦም ውጽእ ምስ በሉ፥ ኣብ'ቲ ሻኻ ጦር ሰራዊትን ፖሊስን ለም ኢሎም ረኣዩዎም'ሞ፥ ሰላም ከይበሉዎም ብጥቓኦም ሓለፉ። ሓደ ካብ'ቶም ፖሊስ፥

"ኣታ! ሰላም ከመይ ሓዲርኩም ኣይትብልን" ብምባል፥ ብቑጥዐ ተዛረቦም።

"ኣታ ትብለኒስ፥ ብዕድመ ምንኣስካ ኾይነ ድየ ተራእየካ? እቶም ምሳኻ ዘለዉ ሰብ ቀጠልያ ኽዳን ንዓቢ ሰብ፥ ክብረት ከም ዝግብኦ ኣይመሃሩኻን ድዮም?" ኢሎም መገዶም ቀጸሉ።

"ደው በል'የ ዝብለካ ዘለኹ!" ብምባል እቲ ፖሊስ ነዲሩ ቐረቦም።

"ኢሂ ዝወደይ፥ ዝኣክል መልሲ ኣይሃብኩኻን ድየ?" ድሕሪ ምባሎም፥ ሓደ ኽልተ ተበሃሂሎም ናብ ነገር ተኣትወ'ሞ፥ ዓዲ ብዓዳ ተኣከበት። ነገር ናብ ካልእ መኣዝን ስለ ዝኸደ ኣሲሮም ናብ ኣስመራ ወሰዱዎም። ብቐጥታ ኸኣ ናብ ኣጅፕ ኣተዉ። ናብ መርመራ ቀሪቦም ምስ ተሓተቱ፥ ዝሃቡዋ መልሲ እታ ኣብ ዓዶም

ዝበሉዋ ጥራይ ኮነት። ሓላፊ መርመራን ገበንን ሻምበል መብራህቱ፡ ነቲ ጉዳይ ርእዩ ናብ ኣዛዚ ፖሊስ ኤርትራ ኣሕለፎም'ሞ፡ ምስ ረአዮም ሰምቢዱ ካብ መንበሩ ብምትሳእ ሰላምታ ተለዋወጡ። እቲ ጀነራል ምስ ተለንተ ተወልደ ዕርክነት ከም ዝነበሮምን ሓደ እዋን ንግደት ወኪ ብሓንሳብ ከይዶም ከም ዝነበሩ ኣዘኪሮም'ሞ፡ እቲ ጉዳይ ቀሊል ምዃኑ ድሕሪ ምግላጽ፡ ንሻምበል መራህቱ ጸዊዑ፡ 'ሰሚዕካ ሻምበል፡ ንኣቶ ገብረክርስቶስ ሕጂ ሕጂ መኪና ጌርኩም ኣብ'ታ ዓዶም ተብጽሑዎም፡ እቲ ነዚ ዝገበረ ፖሊስ ከኣ ኣብ ቤት ማሕቡስ ኣእትዉዎ። ኣቦ ተለንተ ተወልደ ምዃኖም ትፈልጥ ዲኻ?' ኢሉ ትእዛዝ ሃበ'ሞ፡ ሻምበል መብራህቱ ይቕሬታ ብምሕታት ካብቲ ቤት ጽሕፈት ሒዙዎም ወጸ። ኣቦይ ገብረክርስቶስ ከኣ ብፖሊስ ተዓጂቦም ናብ ቤቶም ወኪ ተመልሱ። መኪና ክትመጽእ ዝረአዩ ዓዲ ብምሉኦም ኣብ ኣፍ ደገ ህድሞኦም ኮይኖም እንታይ ኮን ክን ርኢ ኢና እናበሉ ዝጽበዩ ዝነበሩ፡ ኣቦይ ገብረክርስቶስ ብፖሊስ ተዓጂቦም ናብ ቤቶም ክኣትዉ እንተ ረአዩዎም'ኳ ብፍርሂ ካብ ድርኰኹት ኣፍ ደጊኦም ምንቕ ኣይበሉን። ከብደን ሓቍፈን ዝጸን ሓ ኣደይ ጽርሃ ዕልል ምስ በላ እዮም፡ ዓዲ፡ ነገር ሰላም ምዃኑ ፈሊጦም በብወገኖም ወረር ወረር እናበሉ ናብ እንዳ'ቦይ ገብረክርስ ቶስ፡ "እንቛዕ ደሓን መጻእኩም፡" ክብሉ ዝኸዱ።

ሰለሙንን ሓጐስን፡ ናብ ወኪ ዛግር ካብ ዝመጹ ድሮ ሰለስተ መዓልቶም'ዮም ገይሮም ዝነበሩ። ኣብ'ቲ ዓዲ ብሰፊሑ ዝዕለል ዝነበረ ኣሕዋትና ተዓሪቖም፡ በዚ ተራእዮምን በዚ ኸይዶምን ዝብል'ዩ ነይሩ። እቲ እዋን'ቲ ማለት ክረምቲ 1974 ሌ/ጀነራል ኣማን ዓንዶም ናብ ኤርትራ ዝመጸሉ ብሓደ ወገን፡ ኣብ መን ጎ ህዝባዊ ሓይልታትን ተጋድሎ ሓርነት ኤርትራን ዝግበር ዝነበረ ሓድሕድ ኲናት ብሽማግለታት ዓዲ ደው ዝበለሉን፣ ህዝቢ፡ ደቁ ተዓሪቖም ሓጐሱ ዘስምዓሉ ዝነበረ በቲ ኻልእ'ዩ ነይሩ። ስለ ዝኾነ ኸኣ፡ ሰለሙን ብዛዕባ ተጋደልቲ ኸሓትት ዘፍርሖ ነገር ኣይነበሮን። ኣቦይ ገብረክርስቶስ ግና፡ ብዛዕባ ተጋደልቲ ክሓቶም ከሎ እዚ ኸብዶም ዝርግ ይብሎም ጥራይ ዘይኮነስ፡ ፍርሂ ይስምዖም ነበረ። ኣብ ዕላሎም ብዛዕባ ጥምየት፡ ዕርቃን፡ ጽምኢ፡ ነዊሕ ጕዕዞን ከልበትበትን'ዮም ዝጸውዩዎ ነይሮም። ከመይሲ፡ እንክርእዩዎ ነብሶም ገለ ነገር ይስምዖምን እቲ ፍርሂ ኣብ ገጾም የርእዩዎ ስለ ዝነበሩን ከኣ እዩ ሰለሙን፡ ብዛዕባ ገድልን ተጋደልትን ንዕኦም ምሕታት ዝገደፎ። ብ'ኻልእ ወገን ከኣ፡ ሓጐስ ትግራዋይ ብምንባሩ ኣቦይ

ገብረክርስቶስ ኣብ ቅድሚኡ ብዛዕባ ገድሊ ኤርትራ ምዝራብ የሰክፎም ነበረ። ብኡ ምኽንያት ከኣ እዮም፡ ቍጡብ ዘረባ ዝዛረቡ ዝነበሩ። ኣብ ራብዕቶም ሰለሙንን ሓጐስን ናብ እንዳቦይ ገረኣምላኽ ከዱ'ሞ ንዕቍባዝጊ ረኸቡዎ። ምስ ረኣዮም ነጢሩ ብምምጻእ፡

"ኣንታ ሰለሙን ሓወይ! እንታይ ደኣ ጠፊእካ? ንባሕሪ ክንወስደካ እንተ መጻእና፡ እንዳ'ቦይ ኩስቶዶ እንዳቦይ ኩስቶ ኽይዱ'ሎ እናበሉ ኣቕቢጾምና።"

"ሓቅኻ ኢኻ፡ ነዚ ዓርከይ ቅድሚ ምምላሱ እዚ ጎደቦታት ወክን ካልእን ክርእዮ እየ ቐንየ። ሕጅስ ቅድሚ ምኻዱ ናብ ሳቡር፡ ምራራ፡ ፍልፍል ሰለሙና ኽርእዮ ደልየ'ሞ እንተ'ካየድካና ኢለ እየ መጺኣካ፡" በሎ ሰለሙን።

"እዋእ ሕራይ። መዓስ ደኣ ክትከዱ ሓሲብኩም?" ኢሉ ዕቍባዝጊ ብትሑት ቃና ምስ ሓተቶ፡ ኣብ ቃና ዕቍባዝጊ ገለ ዘስተብሃለ ሰለሙን "ሕጂ፡" ምስ በሎ፡ ንሓጐስ'ውን ሃንደበት ኮኖ። ዕቍባዝጊ ዝምልሶ ጠፊኡዎ፡

"በል ካብ በልካስ ሕራይ፡ እሞ ነቦይ ገረክርስቶስከ ነጊርካዮ ዲኻ?። እታ መገዲ ትርር ኢላ'ያ፡ ትኽእሉዋ ዲኹም ደኣ? ጽባሕ ኣንጊህና ዘይንኸይድ?" ብምባል ዘሎ ምስምስ ክፈጥር ፈተነ። ሰለሙን ግና ካብ'ታ ዝበላ ንድሕሪት ክምለስ ኣይደለየን፡ ገለ ነገር ስለ ዝጠርጠረ።

"ዕቍባዝጊ፡ ጽቡቕ ነይሩ፡ ሓጐስ ግና፡ ድሕሪ ጽባሕ'ዩ ኽኸይድ፡" ብምባል፡ ዝኾነ ይኹን ምስምስ ከልኦ።

"ምልእተ! ጎጎ'ስኪ ሃብና፡ ሰብ እንተ ሓተተኪ ኸኣ፡ ምስ ሰለሙን ኣብ'ዚ ኽባቢ ኽይዶም ኣለዉ ጥራይ በልዮም፡" በላ'ሞ፡ ምልእተ ሰይቲ ዕቍባዝጊ ዘድልዮም ነገር ሂባ ቕድሚ ምፍናዎም፡

"ዕቍባዝጊ፡ ንዓስኪ እዛ ክሻ ኣብ'ዚ ስቐለለይ፡" ብምባል ተዳህየቶ።

"ሕራይ፡" ኢሉ ናብ'ቲ ውሻጠ እትው ምስ በለ፡

"ስምዓኒ ዕቍባዝጊ፡ ተጠንቀቕ ኢኻ ናብዞ'ም ኣሕዋትና ገጽካ ኽይትወስዶም! ብዘይ ብኡ፡ በዓል ወዲ ሓጂ ኣብ'ቲ ኸባቢ እዮም ዘለዉ፡" በለቶ፡ ብስክፍታ።

"ሃእ! ኣንቲ ዓሻ ዲኺ!?" ኢሉዋ ምስ በዓል ሰለሙን ተተሓሒዞም ወጹ።

መገዲ ፍቸይ ምራራ ሒዞም ብዛዕባ ኣስመራን ኣዲስ ኣበባን ወጻዕ እናበሉ ኽይተፈለጦም ዓናጉለን ቢብዮን ሓሊፎም ሞግኣ

በጽሑ'ሞ፣ ከዕርፉ ናብ ሓደ ዕቑባዝጊ ዝፈልጦም ገዛ ተኣልዩ። እዚ ኹሉ መገዲ ክኸዱ ሰለሙን ይኹን ዕቑባዝጊ ብዛዕባ ተጋደልቲ ወይ ውግእ ፈጺሞም ኣየልዓሉን። ስክፍታ ዕቑባዝጊ ኸኣ ንሱ እዩ ነይሩ። ምኽንያቱ፣ ዕቑባዝጊ ንሓጐስ ኣይኣመኖን፣ ትግራዋይ ብምዃኑ። ሰለሙንን ሓጐስን ገና ካብ ኣዲስ ኣበባ ክብገሱ ኸለዉ ተመያይጠሙሉ ዝመጹ ነገር ስለ ዝነበረ፣ እቲ ጉዳይ ኣየልዓሉዎን። ኣብ'ቲ ከዕርፉ ኢሎም ዝኣተዉዎ ገዛ ሻሀን ቅጫን ተቐሪቡሎም በሊዖም እናመስገኑ ነቶም ገዛ ተፋንዮሞም መገዶም ቀጸሉ። ንሰለሙንን ሓጐስን ኣዝዩ ዝገረሞም ነገር እንተ ነበረ፣ እቶም ገዛ'ውን እንተ ኾነ ንተጋደልቲ ዘይምልዓሎም'ዩ። እወ! እቲ ምስጢር ኣይተረድኦምን፣ ኣብ'ቲ ኸባቢ ይኹን ኣብ ካልእ፣ ዘይትፈልጦ ሰብ እንተ መጺኡካ ሜዳን ወረ ሜዳን ኣይተልዕልን ኢኻ። ብዝኾነ፣ ካብ ሞግኣ ተበጊሶም ፍቓይ ክበጽሑ ኸልተ ሰለስተ ኪሎ ሜተር ምስ ተረፎም፣ ሓደ ወዲ ወኪ ኣብ መገዲ ገጠሞም። ከመ'ለኻ ድሕሪ ምብህሃል፣ ነቲ ሰብ ምስ ሰለሙን ኣፋሊጡ ወዲ ተለንተ ተወልደ ምዃኑ ድሕሪ ምንጋር ኣበይ ከም ዝጸንሐ ሓተቶ'ሞ፣

"ኣንታ ዕቑባዝጊ ሓወይ! ኣይ ተካል እንድየ ቀንየልካ። እቲ ወዲ ሓፍተይ እንህለካ፣ ነዲኡ ሓደ ብሓዲኡ፣ ብኣምሆ ንዓዲ ኢሉ መጺኡ ናብ'ዞም ኣሕዋትና ናብዛ ምራራ ኸይዱ ኣይተመልሰን። እዛ ሓፍተይ እነህለካ ነዛ ኾፉ ምባል ..." ኢሉ ዘረባኡ ኸይወድኦ ዕቑባዝጊ ኹልፍ ኣቢሉ፣

"እሞ ብኡ ምኽንያት ኢኻ፣ ኣብ'ቲ ቐብሪ ናይ ኣያ ንጉሰ ዘይረኣኹኻ!" ብምባል፣ ኣንፈት ዘረባኡ ኸቐይሮ'ኳ እንተ ፈተነ፣ ሰለሙን እዝኑ ገቲሩ ይሰምዖ ስለ ዝነበረ፣

"እሞ ንሜዳ ወጺኡ፣" ብምባል ከይተፈለጠ ሓተቶ።

"እወ! መዓንጣ ዘይቈጸረ ቈልዓ ሒዞሞ ኸይዶም!" ኢሉ፣ ብሕርቃን ዝጭብጦ ነገር ስኢኑ ብቑጽ ኢሉ ኸደ። ሰለሙን ካብ'ቲ ዝገመቶ ኣይሓለፈን፣ ዕቑባዝጊ ግና፣ ነገር ከይማእምኦ መገዶም ቀጸሉ። ድሕሪ'ቲ ናይ'ቲ ሰብኣይ ዘረባ፣ ዕቑባዝጊ ኸመይ ገይሩ ናብ ፍልፍል ካብ ምኻድ ነብሱ ኸም ዘድሕና እናስተንተነ ኸሎ፣ ሓንቲ ሓሳብ መጸቶ።

"ኣንታ ሰለሙን ሓወይ፣ ኣይ ረሲዐዮ እንድየ ደኣ። እዚ ቕድሚ ሰሙን ዝዘነበ ኣይሂ ማይ ነቲ ናብ ፍልፍል ዘወስድ ድልድል ውሒጅ ሒዙዎ ኸይዱስ፣ እታ መገዲ መሳገሪ ዘይብላ

ተሪፉ። እዋይ ኣሕዋተይ! ትም ኢለ ኣድኪመኩም! ኣንታ'ቲ ልበይ ናበይ እዩ ኸይዱ?” ብምባል ከምዛ ኣዝዩ ዝሓዘነ ርእሱ ሒዙ ኣብ መገዲ ኾፍ በለ።

“ዕቝባዝጊ ሓወይ፣ እንታይ'ሞ'ለዎ ኻልእ ጊዜ ዘይንምለስ። ኣነ'ኳ ክቕኒ እየ፣ እንተ ሓጐስ ግና ኣብ'ዚ ሳልስቲ ክኸይድ'ዩ። ካብ ገበርናዮ ግና ምራራ በጺሕና ንመለስ፡” በሎ፣ ምእንቲ ካብ መገዲ ኸይመልሶም። ሰለሙን ዕላማኡ ምራራ ምብጻሕ'ዩ ነይሩ፣ እንተ እቲ ዝተረፈ መገዲ ግና፣ ካልእ ሰብ ከብጽሖም ምኺኑ ስለ ዝፈልጥ። በዚ ተሰማሚዖም ድሕሪ ናይ ሽዱሽተ ኪሎ ሜተር ጕዕዞ፣ ምራራ ኣተዉ።

ኣብ ምራራ፣ ኣብ ቤተ ሰብ ሰይቲ ዕቝባዝጊ እንዳ ኣቦይ ተወልደመድህን ኣተዉ'ሞ፣ ንገጾምን ንኢዶምን መተሓጻጸቢ ዝኸውን ማይ ተዋሂቡዎም ተሓጻጺቦም ኣብ ኣጐዛ ዝተነጸፎ ንእዲ ኾፍ በሉ። ሰዓት ሰለስተ ኣቢሎም ስለ ዝኣተዉ፣ ጎኅን እንጀራ መሸላን ምስ ጥዕምቲ በርበረ ዘለዋ ብማይ ዝተበጽበጸት እንጣጢዕ ተቐሪቡሎም ምስሓም በልዑ። ሰይተ'ቦይ ተወልደመድህን ናውቲ ቡን ቀሪበን ቡን እናፍልሓ ኸለዋ፣ ኣቦይ ተወልደመድህን መጺኦ'ሞ፣ ንዕቝባዝጊ ርእይ ምስ ኣበሉዎ፣

“ኣንታ ዕቝባዝጊ ወደይ፣ በየን ደኣ በሪቕካ?” እናበሉ ተሰዓዒሞም ነቶም ዝተረፉ ኣጋይሽ ከኣ ሰላም በሉዎም።

“እዚ ኸኣ፣ ወዲ ሓው'ቦይ ወደያ ተለንተ ተወልደ እዩ፣ እዚ ኸኣ ካብ ኣስመራ ኸሰንዮ ኢሉ ዝመጸ ዓርከ እዩ።”

“ኣንታ ኽመ'ለኻ?” ኢሎም ንኽልቲኦም ስዒሞም ኮፍ በሉ። ቡን በረካ ስለ ዝነበረት እናዕለሉን ቡኖም እናሰተዩን፣

“እሞ ኣያ! ምሕዳርና ናባኻ ኢና፣ ዘይተሓስበ ኣጋይሽ እየ ሒዘልካ መጺአ'ሞ፣ ከም ድፍረት ኣይትቝጸረለይ፡” በሎም፣ ዕቝባዝጊ እናተሰከፈ።

“ኣየ ዕቝባዝጊ ወደይ፣ ንዓኻስ እዚ በዚሑካ፣ ክንደይ'ምበር ኣሕሊፍካ ኢኻ፡” ብምባል፣ ኣጋይሹ፣ ኣጋይሾም ምኻኖምን ከይተሰከፉ ክሓድሩ ኸም ዝኽእሉን ነጊሮም፣ ናብ ድጋሞም ከዱ።

ወጋሕታ፣ ሰዓት ሓሙሽተ ምስ ኮነ፣ ከም'ቲ ልሙድ ናብራ ገጠር ሰይተ'ቦይ ተወልደመድህን ተሲኣን፣ “ቀዲሽ ለተብርሃን ተስኣ፡” ኢለን ነተን ክልተ ደቀን ኣተስኣአን'ሞ፣ ሓንቲኣን ዕንጨይቲ ኣምጺኣ ሓዊ እናናኸሰት፣ ሓንቲኣን ከኣ ንቕጫ ዝኸውን ሓሩጭ ለዊሳ ቅጫ ቀጭቀጨት'ሞ፣ ቍርሲ ቐረባ። ቍርሲ ተበሊዑ

ምውፋር ምስ ኮነ፡ ዕቑባዝጊ ነቲ ኣብ ምራራ ዘሎ ሕርሻ ኽርእዮም ሒዙዎም ከደ። በዓል ሰለሙን ነቲ ኣብኡ ተዘሪኡ ዝነበረ ቡንን ፍረታትን ምስ ረኣዩ ብምግራም፡

"ቡንከ ኣብ'ዚ ይበቍል ድዩ?" ብምባል ሓተቱዎ። ዕቑባዝጊ፡ እቲ ቦታ ብጊዜ ጣልያን ናይ ሕርሻ ቦታ ኽም ዝነበረን ዝተፈላለየ ኣዝርእትን ፍረታትን ክበቍሎ ኽም ዝኽእል ኣስፊሑ ገለጸሎም። ከም'ዚ እናበሉ ነቲ ኽባቢ ዘይሮም ድሕሪ ምርኣይ፡ በቲ ዝወረዱዎ በረኻ ገይሮም ናብ እንዳ'ቦይ ተወልደመድህን እናተመልሱ ኸለዉ፡ ንቑልቁል ገጻ ትሰትኹ ዝነበረት ሓንቲ መስርዕ ተጋደልቲ ጎፍ በለቶም። እቶም ተጋደልቲ "ሰላማት፡" ብምባል ቍሊሕ ከይበሉዎም ናብ ዘምጽኦም ጉዳይ መረሹ። ሰለሙንን ሓጐስን በቲ ዝረኣዩዎ ፍጹም ተዓኒዶም ተረፉ። እንተ ዕቑባዝጊ ግና፡ ከምዛ ዝኾነ ነገር ዘይረኣየ መገዱ ሒዙ ትም ኢሉ ቀጸሎ'ሞ፡ ንሳቶም ግና ነቶም ተጋደልቲ ክርእዩ ብድሕሪኡ ተረፉ። ቍሊሕ እንተ በለስ፡ ኣብኡ ነቒጾም ረኣዮም። "ኣንታ ንዑናይ'ባ ንበገስ ይረፍደና እዩ ዘሎ፡" ብምባል ኣቓልቦኦም ናብኡ ኽም ዝገብሩ ገበሮም። ኣማራጺ ስለ ዘይነበሮም መገዶም ብሃትሃታ ተተሓሓዙዎ። መገዲ ሸውዓተ ሰዓት ተጓዒዞም ከኣ፡ ኣማስያኦም ወኪ ኣተዉ። ኣቦይ ገብረክርስቶስ ኣብ ገዛ ጸኒሖም፡

"ኣንቱም፡ ናበይ ኬድኩም፡ ብሓደ ኣፊቱ እዞም ቈልዑ ናበይ ጠፊኦም ክንብል ተሻቒልና ሓዲርና!"

"ኣያ፡ ፍልፍል በጺሕና ጽባሕ ክንምለስ ኢና ኢልና ነደይ ጽርሃ ነጊርናያ ነይርና ኢና'ኮ፡ ኣይነገረትካን ድያ?" ብምባል፡ ዕቑባዝጊ ልዝብ ኢሉ መለሰሎም'ሞ፡ ኣደይ ጽርሃ መኣዲ ኣምጺኣን ቀረባሎም። ድራር በሊያም ምስ ኣብቅዑ ናብ ናይ ቀደሞም ዕላሎም ተመልሱ። ድሕሪ ሰለስተ መዓልቲ ናብ ኣስመራ ክኸዱ ምዃኖም ሰለሙን ነጊሩዎም ናብ መዳቕሶኦም ከዱ። "መዓልትን ከልብን ከይጸዋዕካዮም ይመጹ" ከም ዝብሃል፡ ሰለሙንን ሓጐስን መዓልቶም ኣኺሉ ካብ ስድራ ቤት ኣቦይ ገብረክርስቶስን ካልእ ቤተ ሰብን ተፋንዮም፡ ብለይቲ ናብ ኣስመራ ተበገሱ። ዕቑባዝጊ መገሻ ስለ ዝነበሮ ኽፋንዎም ኣይከኣለን። ስለ ዝኾነ፡ ምስ ኣቦይ ገብረክርስቶስ ስድራ ቤት ክርእዩ ንኣስመራ ክመጽእ ምዃኑ ነጊሩ፡ ብኣግኡ ተሰናበቶም።

* * *

ለምለም፡ እቲ ዕረፍቲ ዘይህብ ናይ ትምህርቲ ጊዜን መጽናዕትን ኣዕቢሩዋ'ኳ እንተ ዘይተባህለ፡ ዕረፍትን ክሊማ ዓዲ ሞንጎንትን ግና ኣዝዩ ተወሃሂዳ። ኣቦይ ገረዝግሄር በቦኦምን በዲኦምን ዓዲ ሞንጎንቲ ስለ ዝኾኑ፡ እሞ እቲ መሬት መሬት ጽልሚ ብምንባሩ፡ ሰፊሕ መሬት'ዮም ዝውንኑ ነይሮም። በዚ ምኽንያት'ዚ ኸኣ፡ ንግሆ ዝወጹ፣ ጸሓይ ምስ ዓረበት'ዮም ናብ ቤቶም ዝምለሱ ነይሮም። ኣዝመራ ኣብ ዝኣትወሉ እዋን ከኣ፡ ዓዲ ብዓዳ እያ ብእንዳቦይ ገረዝግሄር ትዛረብ። እቲ ገዛ ሃብትን ሽሻይን ዝመልአ እዩ ነይሩ። ንማሕረስ ዝኾኑ ኣብዑር፡ ኣላሕም፡ ኣባጊዕ፡ ኣጣል፡ ደርሁን ኣናህብን ኣብ እንዳ'ቦይ ገረዝግሄር ማእለያ ስለ ዘይነበሮም፡ ብሰለስተ ኣርባዕተ ጓሶት'ዮም ዝጓሰዩ ነይሮም። ዓዲ ሞንጎንቲ ካብ መንደፈራ ሰለስተ ኪሎ ሜተር ኣቢላ ርሒቓ ትርከብ ዓዲ እያ። ንእግሪ መገድ'ኻ ዓዲ ወግሪ፡ ብየማን ሽነኽ ብዓዲ ሓረ፡ ላዕላይ ዓዲ ዛርና፡ ማይ ልቡስ፡ ዓዲ ቀመነ፡ ዓቢ ዓዲ፡ ዓዲ ቅላበትን ዳንዴርን ዝተኸበት'ያ። መሬታ፡ ልሙዕን ዝሃብካዮ ዘራእቲ ዝቕበልን ብምዃኑ ኸኣ ጣፍ፡ ስርናይ፡ ሓንፈጽ፡ ዳጉሻ፡ ዕፉን፡ እንጣጢዕ፡ ዓተር፡ ሰበረን መሽላን ብምዝራእ ቀለብ ዓመቶም ጥራይ ዘይኮነ፡ ንመሸጣ ዝኸውን'ውን ብዙሕ ኣእካል የእትዉ ነበሩ። ሓደ ንግሆ ለምለም ካብ ድቃሳ ተሲኣ ነቶም ስድራ ምስ ኣቝረሰቶም፡ እታ ውዕይቲ ቅጫ ቀይሕ ጣፍ ምስ እንጣጢዕ ወይ ንሂጕ ተሓስያ እትስራሕ ኣዝያ ምቅርቲ ሕሾ ሰሪሓ ምስ በልዐት፡ ናብ'ቲ ዝባን ገዛውቶም ወጺኣ ነተን ዝተፈላለየ ቃና ዘሎዎ ድምጺ ኣባጊዕ ምስ ዕየተን፡ ኣጣል ምስ መሓስእን፡ ኣላሕም ምስ ምራኹተንን ኣእዱግ ምስ ዒሉታተን እናድመጸ ናብ'ቲ ጐላጉል እቲ ዓዲ ዛሕ ኢለን ክትርእየን ከላ፡ ዝስምዓ ዝነበረ ባህታ መግለጺ ኣይትረኽበሉን'ያ ነይራ። ትምህርቲ ኾይኑዋ'ምበር ካብ ዓዳ ክትወጽእ ፍታዋ ኣይነበረን። ክሳዕ ናብ እንዳ ተለንተ ተወልደ ክትበጽሕ ኢላ ናብ ኣስመራ ትብገስ ከኣ፡ ንዕረፍታ ኣዝያ ኣስተማቐረቶ።

ለምለም፡ እቲ ድሕሪ ኽልተ ቕነ ናብ ዓዲ ኽመጸኪ እየ ዝበላ ሰለሙን፡ ደሃይ ካብ ዘይገብር ወርሒ ስለ ዝሓለፈ ዝተሻቐለት፡

"ኣንቲ'ደ፡ እዚ ዝበልኩኺ ገባሪ ጽቡቐይ ሰለሙን'ምበር ደሃይ ኣጥፊኡ። ናብ ኣስመራ ኸይዱ ደሃዩ ኽጣይቕ'ምበር?" ምስ በለተን፡

"ዋይ ጓለይ! እሞ ኣነ'ውን ነቶም ስድራ ክላለዮምን ከመስግኖምን ድሕሪ ጽባሕ ሕምባሻን ቅጫ ዓተርን ሒዝና ክንከዶም፡" በላኣ'ሞ፡ ኣብ ሳልስቱ ኣውቶቡስ ኣስመራ - መንደፈራ ተሰቒለን ኣስመራ

ኣተዋ። ዝነበረን ኣድራሻ፡ ኣርባዕተ ኣስመራን እንዳ ተለንተ ተወልደ ገብረክርስቶስ ከም ዝብሃልን ጥራይ እዩ ነይሩ። ኣብ ኣርባዕተ ኣስ መራ ገዛ ገዛ እናኳሕኰሓን ሓላፊ መገዲ እናሓተታን እየን እምበኣር፡

"ኣቱም ገዛ፡" ብምባል ኣብ ሓደ ገዛ ዝኳሕኰሓ።

"እተዋ፡" ዝብል ሓጺር መልሲ ረኸባ'ሞ፡

"እዛ ጓለይ፡ እንዳ ተለንተ ተወልደ ኣብ'ዚ ድዩ?" ምስ በላኣ፡ ኣብ ኣፍ ደገ ገዛ ዝጸንሐት ቈልዓ፡

"ኣብ'ቲ እዩ፡" ኢላ መሪሓ ብምውሳድ፡ "ኣደይ ምላሹ ጋሻ መጺኡክን፡" ኢላ፡ ተዳህየተን። ኣብ'ቲ ገዛ ዝጸንሓ ጐረቤት ኣደይ ምላሹ ውጽእ ኢለን፡ "መዓልክን?" በላኣን።

"መዓልክን፡ ኣብ'ዚ ድዩ እንዳ ተለንተ ተወልደ?"

"እወ፡ እተዋ፡" ኢለን ንውሽጢ ገዛ ኣእተዋኣን። ኣደይ ምላሹ ዘይጽወር ወሪዱወን፡ ለይትን መዓልትን ክበኽያን ክቚዝማን ኮይኑወን ኣብ ዘይሕማመን በጺሐን ነበራ። ስለ ዝኾነ ኸኣ እዩ፡ እተን ጐረባብቲ መዓልታዊ መጺኣን ዘጸናንዓኣን ዝነበራ። ደቀን'ውን ኣብ ክንዲ ይኣኽለኪ'ደ ዝብላ፡ ኣብ ዙርያኣን ኮፍ ኢለን ምስኣን ክበኽያን ክቚዝማን'የን ዝውዕላ ነይረን። ለምለምን ኣዲኣን ኣብ'ቲ ገዛ ኣትየን ዝብላኦ ጠፊኡወን ቀባሕባሕ በላ። ድሕሪ ክንደይ ስቕታ ግና፡ ገለ ሓዘን ተረኺቡ እዩ ዝኸውን ብምባል፡

"እንታይ ደኣሉ ተረኺቡ፡ ደሓን ድየን?" ነተን ጥቓኣን ዝነበራ ሰበይቲ ብትሕቲ መልሓሰን ቀስ ኢለን ሓተታኣን።

"ኣንትን እንታይ ክድሕና ደኣ! ኣይ ከመይ ዝበለ ወደን፡ እንህለክን ደሃዩ ካብ ዝሰኣን ዓሰርተ መዓልቱ ገይሩ ኣብዚኣ ኣተወ ኸይተባህለ ተሸሪቡ፡" ክብላን ለምለም ተቖዳዲማ፡

"መን! ሰለሙን?" ኢላ ሰምቢዳ ሓተተት'ሞ፡

"እው'ዛ ጓለይ ካብ ሓድሽ ኣበባ መጺኡ ኣቦሓጎይ ክርኢ ኢሉ ናብ ዓዲ ምስ ከደ ..." ኢለን ከይወድኣ ኸለዋ፡ ለምለም፡ "ኡይ ..." ብምባል ነዛ ገዛ ነቕነቐታ። ኣደይ ምላሹን እተን ኣብኡ ዝነበራ ኣንስትን፡ ኣውያት ለምለም ኣርሚሙወን ዓይኒ ዓይና እናጠመታ ነደይ ለተኺዳን መን ምኳና ሓተታኣን።

"ኣንትን፡ እዛ ጓለይ ለምለም'ያ ትብሃል፡ ነዚ ወድኽን ከኣ ኣብ'ቲ ሓድሽ ኣበባ መማህርቱ እያ። ካብኡ'ውን ብሓንሳብ'ዮም መጺኦም። ሕጂ ኸኣ ደሃይ ኣጥፊኡ ኢላ እያ ኽተጣይቐሉ ብሓንሳብ መጺእና። እንታይ ርካቡ ረኺብክን፡" ምስ በላኣን፡ ሓንቲ ካብ'ተን ኣሕዋቱ ሓደ ነገር ትዝ በላ'ሞ፡ ለምለም ቊሩብ ምስ ዘሓለት፡

"ንስኺ ኢኺ ለምለም፡ ብዛዕባኺ ሰለሙን ሓወይ ..." ኢላ ትም በለት'ሞ፡ እታ ኣነ ንዓዲ ምስ ከድኩ፡ ለምለም ትብሃል እንተ መጺኣ፡ እዚኣ ሃብለይ ዝበላ ደብዳበ ትዝ በለታ።

"እወ ኣነ እየ ለምለም፡" በለት እናተነኽነኸት። እተን ጐረባብቲ ኣቢደን ኣባቢደን ንለምለምን ኣዲኣን ናብ ዕላለን ኣእተዋአን። ኣደይ ምላሹ፡ በቲ ለምለም ብዛዕባ እንዳ'ቦይ ክብረኣብ ተዕልሎ ዝነበረት ተመሲጠን ይሰምዓኣ ነበራ።

"ንዓይ፡" በለት ለምለም፡ "ሰለሙን ሓወይ፡ ኣቦይ ክብረኣብ ኣቦይ፡ ኣደይ ዙፋን ከኣ፡ ኣደይ መሓዛይ መኻሪተይን ኣባዲተይን፡" እናበለት መሊሳ ናብ ብኽያታ ኣተወት። ብድሕሪ'ዚ ኩለን ኣባዲት ዘይብለን ተተሓሒዘን ናብ ቊዘማአን ኣተዋ። ከባቢ ፍርቂ መዓልቲ ኣቢሉ ኣቦይ ገብረክርስቶስን ዕቝባዝግን "መዓልኩም?" ኢሎም ኳሕኳሕ ኣበሉ'ሞ፡ ሓፍቲ ሰለሙን ዛይድ "ኣባሓጎይ" ብምባል፡ ብድድ ኢላ ናብ ገዛ መሪሓ ኣእተወቶም።

"ኣንቲ ምላሹ ኃለይ ደሓንዶ'ለኺ?" እናበሉ ሰዓዊሞም፡ "ኣየየየ!" እናበሉ ኾፍ በሉ።

"ኣንቱም ኣያ! እንታይ ደሓን ክንህሉ፡ ኣይ ዓይኒ ብርከይ እንድየ ኣጥፊአ!" ድሕሪ ምባል፡

"ንስኹምከ ደሓንዶ'ሎኹም፡ ኣንታ ንስኻ ዕቝባዝጊ ወደያ ገረኣምላኽ ዲኻ?" ብምባል ብኾፈን ሰዓሞአ'ሞ፡ ኮፍ ክብል ሓንቲ ጐረቤት መንበር ሰሓባሉ። እተን ኣብኡ ዝነበራ ኣንስቲ ኸኣ፡ በብሓደ "በሉ ደሓን ወዓሉ፡" እናበላ ተፋንየናኦም ከዳ።

ኣቦይ ገረብረክርስቶስ፡ ብኃሂ ገጾም ከሰል'ዩ መሲሉ ነይሩ፡ ምኽንያቱ፡ ናይ ወዶም ከይኣኽሎም ሓደ ብሓዲኡ ተኽሊ ወደይ ኢሎም ዝጽውዑዎ ዝነበሩ ሰለሙን፡ ጠሊሙዎም። እኽለ ማይ ተቐሪቡ ምስ ተበልዐ፣ ቡን እናፈልሐ ኸሎ፡

"ኣንቱም ኣያ፡ ገለ ደሃይ እዚ ቈልዓ ኣይረኸብኩምን? እዋይ ወደይ! እዋይ ወደይ!" ብምባል፡ ንብዓተን ጀረብረብ እናበለ ሓተታኦም።

"ኣየየየ!" በሉ'ሞ፡ "ምላሹ፡ እዝግሄር ዝበሎ እዩ ዝኸውን። እዚ ወድና ኸኣ ጊዜ ዘምጽኦ እዩ ገይሩ። እንታይ ክንብል፡ ዝሃበና ምቕባል ጥራይ እዩ፡" ብምባል፡ መሬት መሬት ጠመቱ። ኣደይ ምላሹ እንታይ ማለቶም ምኳኑ ፈጺሙ ኣይተረድኣንን።

"ኣንቱም ኣያ፡ እንታይ ድዩ ኾይኑ ንገሩኒ'ንዶ!?" ብምባል፡ ክንኽንንኻ ጀመራ። ኣቦይ ገብረክርስቶስ ነተን ኣብ'ቲ ገዛ ዝነበራ

ኣጋይሽ ጥምት ኣበሉወን'ሞ፡

"ኣንቲ፡ እዚኣ ጓል ወለገርግስ ድያ?" ብምባል እንታይነተን ከረጋግጹ ሓተቱወን።

"ኣይፋላን። እዚኣ መማህርቲ ሰለሙን'ያ። ካብ ኣዲስ ኣበባ ብሓንሳብ'ዮም መጺኦም። ንሳ'ውን ንዕረፍቲ ስድራኣ ክትርኢ ኢላ እያ መጺኣ። እዚኣን ከኣ ኣዲኣ እየን። ብገርህን ክበጽሓና ኢለን'የን መጺኣን፡" በለቶም ዛይድ፡ ናብ ለምለም ፍሽኽ እናበለት።

"እታ ክብረኣብ ወደይ ዝነገረኒ ቈልዓ ዲኺ? ንዕስከ ሰዓምኒ፡" ኢሎም፡ ንዓኣን ነደይ ለተኺዳንን ተሲኦም ኣትሪሮም ሰዓሙወን። ነገር ሰላም ምዃኑ ፍኹስ ስለ ዝበሎም፡ ነደይ ምላሹ እናጠመቱ "እሕሕ!" በሉ። ኣብ'ቲ እዋን'ቲ ወዲ ኹስቶ ወይ ጓል ኩስቶ ንበረኻ ወጺኣ ዝብሃለሉ ዝነበረ እዋን ስለ ዝነበረ ኸኣ፡ ዳርጋ ንሰማዒኡ ሓድሽ ኣይነበረን፡ ብሕልፊ'ኳ ደኣ ነቦይ ገብረክርስቶስ። ንሶም፡ ደርግ፡ ሽማግለታት ዓድን ከተማን ኣኪቡ "ንደቅኹም ካብ በረኻ ምለሱዎም" ኢሉ ሰዲዱ ኸብቅዕ፡ በንጻሩ ነተን ክልተ ውድባት ኤርትራ ዓሪቖም ዝመጹ ተባዕ ሰብኣይ እዮም ነይሮም። ስለ ዝኾነ፡ ነገራት ዝርድኡን ልዙብን'ዮም ነይሮም። ስለዚ እዮም፡ ደጊሞም "እሕሕ!" ድሕሪ ምባል፡

"ምላሹ ጓለይ፡ እዚ ወድና ዓው ዓው ደኣ ኣይንበል'ምበር፡ ምስ'ቲ መማጽእቱ ናብ'ዞም ኣሕዋቱ እዩ ኸይዱ። እቲ ናብ ዓዲ በጺሑ ኸመጽእ'የ ዝበለኒ ናብኦም ክኸይድ ኢሉ እዩ ናባና መጺኡ። እንታይ ይግበር ኮይኑ፡ ዝሃበና ኸም ሰብና ክንቅበሎ ጥራይ እዩ ዘለና እምበር፡ ኣነስ ዝከኣለኒ ገይረ እየ ክመልሶ። ነስመራ ኸይደ ኢሉ እንድዩ ደኣ ተፋንዩና፡ የግዳስ ተላጊጹልና፡" ብምባል፡ ርእሶም ኣድነኑ።

"ኣያ!" ከምዛ ዓሰርተ መዓልቲ ዘይተኾርመያ ካብ ዝነበራኦ ቅንዕ ኢለን፡ "እንቋዕ ደኣ ኣብ'ቲ በረኻታት ባሕሪ፡ ኣራዊት በሊዑዎ ሞይቱ ኣየስምዓኒ'ምበር፡ እነህለውንዶ ኣብ'ዛ ጐረቤትና ኣርኣያ ወዲ ሰርጀንቲ ዘካርያስ ካብ'ዛ ሰለሙን ጠፊኡ ዝብሃል ኣትሒዙ፡ ንሱ'ን ነስረዲን ዝተባህለ ዓርኩን ኣብ'ዚኣ ኣትዮም ከይተባህሉ ህልም ኢሎም። በሉስኪ፡ እዝግሄር ዝሃበና ንቕበል፡" ብምባል፡ ተመሊሰን ከጸናንዓኦም ፈተና። እንተ ለምለም'ሞ ኣብታ ዝነበረታ ነቚጻ፡ ሓንሳብ ንዕኦም ሓንሳብ ነደይ ምላሹ ክትርኢ ገሪሙዋ ተረፈት። ኣደይ ለተኺዳን ግና እታ "ናብ ኣሕዋቶም ከይዱም" ትብል ዘረባ ኣብዛ ዅርምተን ቀርቀራኣ። ኣደን ጓልን

ከኣ፣ ክይተፈለጠን ሰዓት ኣርባዕተ ኾነ'ሞ፣

"ምላሹ፣ እንታይ'ሞ'ግበር ኮይኑ ኩልና ገጢሙና ዘሎ እንድዩ፣ ኪዳን ምህረት ጽላላ ተንብረሎም። ደሓን ቀንያ፣" ብምባል ክኸዳ ተበገሳ። ዛይድ ከኣ ክሳዕ'ቲ እንዳ ኣውቶቡስ ከተፋንወን ኢላ ምስአን ወጸት። ለምለምን ዛይድን ከምዛ ናይ ቀደም መሓዙት ዲኻ ዝበለ ዕላል ሒዘን ክይተፈለጠን ኣብ'ቲ እንዳ ኣውቶቡስ በጽሓ። ዛይድ፣ ቀቅድሚ ኣደን ጓልን ኣብ ኣውቶቡስ ምስቃለን፣

"እዚኣ ደብዳበ ሰለሙን ገዲፉልኪ፣ ቀስ ኢልኪ ንበይንኺ ኣንብብያ ኢኺ፣" ኢላ፣ ሓቢኣ ንምለም ሃበታ'ሞ፣ ንዓዲ መጺአ ኽም ትበጽሓ ተመባጺዓ ተፋነወታ። ለምለም፣ ብሕዙን ልባ፣ ገጻ በታ ገይራታ ዝነበረት ነጸላ ሸፊና ፊቕ በለት። ኣዲኣ፣ "ኣንቲ ለማልም ጓለይ በጃኺ'ባ ኣይትንብዒ፣" ክብላ፣ ንሳ ክትነብዕ፣ መንደፈራ ኣተዋ። ዓዲ ሞንጎንቲ ኣብ ዝኣተዋሉ እዋን፣ ኣቦይ ገረዝጊሄር ኣብ ገዛ ጸንሖወን'ሞ "ለማልም ጓለይ፣" ብምባል ብድድ ኢሎም ተቐበሉወን። ኵነታት ጓሎም ምስ ረኣዩ ግና፣ እዛ ገጾም ኣጸልምት ኣበሉዋ።

"ለተኺዳን፣ ኣይደሓንክን ዲኽን? እንታይ ተረኺቡ?" እናበሉ ብደወን ናይ ሻቕሎት ሕቶ ሓተቱወን።

"ኣንቱም ደሓን'ያ፣" እናበላ ኣብ ኵርሲ ኾፍ በላ'ሞ ምዕጕርተን ብኢደን ደጊፈን ንለምለም በቲ ፈቃር ዓይነን ጠመታኣ። ንጓለን ጸዊዐን ቡን ክተፍልሕ ነገራኣ'ሞ ካብ'ቲ ጥቓአን ዝነበረ ዕትሮ ማይ ቀዲሐን ገጸንን እግረንን ተሓጽባ፣ ብዘይ ዝኾነ ዘረባ። እንተ ለምለም'ሞ ናብ ንእዳ ኸይዳ ግምብው በለት። ቡን ፈሊሑ ኣወል ምስ ተቐድሐ፣ ኣቦይ ገረዝግሄር "እሕሕ" ድሕሪ ምባል ብልዙብ ኣ ዘራርባ፣

"ለተኺዳን ደሓን ዲኽን?" ብምባል፣ መሊሶም ሓተቱወን።

"ኣንቱም እቲ ገዛ እንዳ ተለንተ ተወልደስ ረኺብናዮ፣ ነቲ ቈልዓ ግና ኣይረኸብናዮን። ይዋእየን እተን ኣዲኡ፣ ንዓና ዝረኸበ ረኺቡወን፣" እናበላ ድንን በላ።

"እንታይ ርካቡ?"

"ኣንቱም እቲ ወደን ናብ'ዞም ኣብ በረኻ ዘለዉ ኣሕዋቱ ኸይዱ፣" ብምባል፣ ግርማይ ወደን ተዘኪሩወን ፊፍ ፊፍ በላ። ንሶም'ውን ደሓን ይእተዉ ካብኡ ንንዮስ ክሓቱወን ኣይደለዩን፣ ነገር ጓሎም ግና ኣሻቐሎም።

* * *

ምዕራፍ 12

ኣስመራ ሓምለ 1974

ሰለሙን፡ ኣብ ወርሒ ሰነ ዩኒቨርሲቲ ተዓጽዩ ንዕረፍቲ ናብ ስድራኡ ምስ መጸ፡ ብዕልልታን ጓይላን'ዩም ተቐቢሎሞ። ኣዲኡ፡ ኣደይ ምላሹ'ሞ ካብ ታሕጓስ ዝተላዕለ ንብዓት ሰዓረን። ንዕአን ክልተ ዓመት ነዊሕን ናፍቖት ወደን ዘይክእልን'ዩ ነይሩ። ኩሉ ነገሩ ተቐይሩወን ጥራይ ዘይኮነስ፡ ጕቢዙን ቆሚቱን ምስ ረአያኦ፡ ክጥምታኦ ንቕጽ በላ'ሞ መልሓሰን ልኽት ኢላ ምዝራብ ሰኣና። ዓይኒ ዓይኑ እናጠመታ "ኣንታ ብሓቂ ሰለሙን ወደይ ድዩ?" እናበላ ነዛ ብርከን ብምጥፍጣፍ ኣቕሰል ኣበላኦ። ቕሩብ ርግእ ምስ በላ፡

"ኣንታ ሰለሙን ወደይ፡ ብሓቂ ንስኻ ዲኻ? እንታይ ደኣ ዓቢርካ? ኣብ'ቲ ምህሮ፡ ክብድኹም ኣይትመልኡን ዲኹም ኔርኩም? እቲ ሓድሽ ኣበባ ማዩ ኣይጥዑምን'ዩ እዮም ዝብልዎ፡ ዋይ ወደይ!" ክብላ፡ ካብ'ቲ ታሕጓሰን እቲ ቕዘማኣን ገደዶ።

"ኣንቲ ኣደ፡ ምግቢ ደኣ ተሪፉናስ ንጕሕፎ'ኳ ኔርና። ንምዃኑ ኸመይ ኣለኺ ጥዕናኺ?" ካብ ምባል ሓሊፉ፡ ካልእ ክብሎ ዝኽእል ነገር ኣይነበሮን፡ ክብዱ ሓበጭቦጭ ስለ ዝበሎ።

ሰለሙን፡ ኣብ ሳልስቱ በጻሕቱ ቤተ ዘመድ፡ ጕረባብቲ፡ ኣዕሩኽን መተዓብይቱን ዝሕል ምስ በሉሉ፡ ነታ ኣዝዩ ዝናፈቓ ኸተማ ኣስመራን እንዳ ሻሂኣን ክርኢ ምስ ኣዕሩኽቱ ኣርኣያ፡ ሙሉጌታን ነስረዲንን ተተሓሒዞም ወጹ። ካብ ኣርባዕተ ኣስመራ ብመደበር ሓሊፎም ናብ እንዳ ማርያም ገጾም ገይሮም ብሆስፒታል ኣጀካን እንዳ ማርያምን ኣቢሎም ናብ ኮምብሽታቶ ኣተዉ። ምሸት ከባቢ ሰዓት ሸውዓተ ስለ ዝነበረ መብራህትታት ኮምብሽታቶ ውልዕ ኢሉ ምስ ረኣየ፡ ኣብ ኣእምሮኡ "ሓጐስ ምስ መጸ እንታይ ክብል'ዩ?" ዝብል ሓሳብ ተቐጀሎ። ብዝኾነ፡ ምኡዝ ሽታ ማኪያቶ፡ ካፑቺኖ፡ ፓስተ ይኹን ጀላቶ ናይ ባር ኢምፔሮ፡ ሞዴርኖ፡ ሮያል፡ ኣሜሪካ፡ ኡጎን ካልኡትን እናስተማቐረ ኮምብሽታቶ ክልተ ጊዜ ዘይሩ ክጸግባ ኣይከኣለን።

"እሞ ኣብ'ዛ ባር ኢምፐሮ ኣቲና ገለ ዘይንሰቲ ደኣ፡" ብምባል

ነስረዲን ናብኡ ክኣትዉ ዓደሞም። ነስረዲን ወዲ ርኹባት'ዩ ነይሩ፣ ኣብ ጁባኡ ኸኣ ሰልዲ ተሳኢና ኣይትፈልጥን። ምህሮ ብዙሕ ዘይስቈሮ ስለ ዝነበረ ብኸንደይ ደርገፍገፍ ማትሪክ ተኻፊሉ ዳርጋ ኣብ ኩሉ ሳብጀክት ኤፍ ኣምጺኡ እዩ ንትምህርቲ ዓለም ተሰናቢቱዋ። ጽቡቕ ቀይሕ ዝሕብሩ ተፈታዋይን ዕባይ ከረን ብምዃኑ ቊሩብ መልሓሱ ናብ ትግረ ዘብል ስለ ዝነበረ፡ ራብዓይ ሓሙሻይ ክፍሊ ኣብ ቀ.ሃ.ስ እናተማህሩ ኸለዉ ዝኾነት ጓል ሓቝፋ እያ ትስዕሞ ነይራ። ብሰንኪ ምስዓም፡ ምዕጉርቱ ኹሉ ጊዜ ምስ ቀይሐት'ያ ነይራ። ኣርባዕቲኦም ካብ ራብዓይ ክፍሊ ኣትሒዞም'ዮም መማህርቲ ነይሮም። ስድራ ሙሉጌታ፡ ኣብ እዋን ሃይለስላሴ ኣገልገልቲ ቤተ መንግስቲ ክኾኑ ካብ ጎጃም ዝመጹ ኢትዮጵያውያን'ዮም ነይሮም። ይኹን'ምበር፡ ምስ ሙሉጌታ ንስኻ ኣምሓራይ ንስኻ ኤርትራዊ ኽይተበሃሃሉ ኵዕሶ፡ ቸላይ፡ ቊሪንቋር፡ ዓካት፡ ፋሕራ፡ ፓሊና፡ ኩባዕ፡ ማይዶ ጸባ ወዘተ. እናተጻወቱን ኣብ ሓደ ክፍሊ ብሓንሳብ ተማሂሮም'ዮም ዓብዮም። ኣብ'ታ ጊዜ'ቲኣ ደቂ ዕስራን ሓደን ዓመት ስለ ዝኾኑ ኸኣ፡ እቲ ዝነበሮም ዕርክነትን ዝሓለፉዎ ንእስነትን ንምዝካር'ዮም ብሓንሳብ ዘምሰዩ። ይኹን'ምበር፡ ሰለሙን ንመጀመርታ ጊዜ ኣብ መንጎኡን ኣብ መንጎ ሙሉጌታን ናይ ኤርትራውነትን ኢትዮጵያውነትን ስምዒት ተሰምዖ። ብዓይኒ ጽልኢ ዘይኮነስ ብጓናነት። እንተ ኾነ፡ ኣብ ኣዲስ ኣበባ ተጻዋርነትን ስምዒትካ ደፋፊኡካ ሃንደፍ ኢልካ ዘይምዝራብን ተማሂሩዎ ብምንባሩ፡ ከም ቀደሙ ኸዕልል ኣምሰየ። እቲ ኣብ 1969 ኣብ ኣፍ ደገ ሳንታ ፋሚሊያ ዩኒቨርሲቲ ኣስመራ "ኣምሓሩ ይውጽኡልና!" ብምባል ዝተገብረ ኣድማ ተመሃሮ፡ ምስ በዓል ሙሉጌታ ኾይኖም ይብሃል ኢሎም ነቲ ጭርሖ ክደጋግምዎ ኸለዉ ሃንደበት ዘከሮ'ሞ፡ ንበይኑ ኸም ጽሉል ፍሽኽ በለ። ኣብ መንጎ ግና ኣሳሳዪ መጺኡ፡ "እንታይ ክሰምዓኩም?" ምስ በሎም'ዩ እምበኣር፡ ሰለሙን ካብ'ቲ ተሸሚሙዎ ዝነበረ ሓሳብ ዝተበራበረ። ኩላቶም ካፑቺኖ ምስ ፓስተ ኣዚዞም ወኻዕካዕ እናበሉ ክሳዕ ሰዓት ዓሰርተ ኸዕልሉ ኣምስዮም ነናብ ገዝኦም ተፈላለዩ። ሰለሙንን ኣርኣያን ወጃዕ እናበሉ ነርባዕተ ኣስመራ፡ ነስረዲንን ሙሉጌታን ከኣ እቲ ንካምቦፓርሎ እቲ ሓደ ኸኣ ንጣባ ገልጠምጠም ገጾም ከዱ።

ሰለሙን፡ ካብ ኣዲስ ኣበባ ካብ ዝመጽእ ድሕሪ ሓደ ወርሒ ኣቢሉ ናብ ዓዶም ወኪ ዛግር ክበጽሕ ኢሉ ኣብ ዝተበገሰሉ እዋን፡ ኣደይ ምላሹ ነብሰን ክገብረለን ስለ ዘይከኣለ፡

"እንታ ሰለሙን ወደይ! ክረምቲ ምድሪ እንታይ ኣእተወካ ንዓዲ ትኸይድ። ክረምቲ ምስ ወጸልካ ዘይትኸይድ?" በላኦ።

"መስከረም ደኣ ትምህርቲ ኽጅምር እንድዩ። ደሓር ከኣ ንኣቦሓጎይን ዓባየየን ኣዝየ እየ ናፊቐዮም ዘለኹ" ምስ በለን፣

"ዋይ ወደይ! ሓቅኻ። በል ዘድልዮም ነገራት ከዳልወልካ'ሞ ሒዝካሎም ክትከይድ፣" ብምባል፣ ከዳልዋሉ ላዕልን ታሕትን እናበላ ኸለዋ ክዳውንቱ ቀያይሩ ተፋንዩወን ናብ ሃጸያዊ ቤት ሻሂ ብምኻድ ምስ መተዓብይቱን ቀንዲ ዓርኩ ኣርኣያን ተራኸቡ። ሻሂ ኣዚዞም ዕላላት ቀደም እናዕለሉ፣

"ሰሌ፣ እቲ ትማሊ ናብ ገዛውትና እናኸድና ከለና ዝነገርካንስ ማለት ብዛዕባ ኣብ ዩኒቨርስቲ ዝዕለል ዕላላት ኣብዚ'ውን ጫፈጫፍ ይስማዕ'ዩ። ግና ዝግደሰሉ ዳርጋ የለን። ቀደም ኣብ ሃይ ስኩል ኣድማ ብምግባር 'ኣምሓሩ ይውጹኡልና!' ክንብል ከለና፣ ናይ ነገር ንእስነት ኮይኑ እዩ ዝስምዓኒ ዝነበረ'ምበር፣ ቁም ነገር ዝነበሮ ኣይመስለንን'ዩ ነይሩ፣" ምስ በለ ሰለሙን ኵልፍ ኣቢሉ፣

"ኣርኣያ፣ እዚ ትብሎ ዘለኻ ልክዕ'ዩ፣ ኣቦታትና ፖሊስያ ነይሮም። ክኸተቡ ኸሎዉ ግና እንግሊዝ እዩ ኸቲቡዎም። ብድሕሪኡ ኢትዮጵያ ብሓይላ ኣብ ትሕቲኣ ምስ ኣእተወትና፣ እቲ ስራሕ ቀጺሎሞ። ኣነ ዝብለካ ዘለኹ ንሕና ተገዲድና ኢና ናብ ኢትዮጵያ ኣቲና'ምበር ኢትዮጵያውያን ስለ ዝኾንና ኣይኮንናን። ብኡ ምኽንያት'ዩ'ም ከኣ ኣሕዋትና፣ ኣብ በረኻ ምስ ጦር ሰራዊት ዝዋግኡ ዘለዉ፣" እናበለ ኸረድኦ ፈተነ። ኣብ መንጎ ግና፣ ኣርኣያ ንድሕሪት ተመሊሱ ሓደ ነገር ዘከረ፣

"1969 ድዩ 1970 ኣብ ቀዳማዊ ሃይለስላሴ ካልኣይ ደረጃ ቤት ትምህርቲ እናተማሃርና ኸለና፣ መዓት ጦር ሰራዊት ንላዕሊ እናተኰሱ 'እምቢ ያለ ሰው ጥይት ኣጕሩሶው (ንዝኣበየ ሰብ ጥይት ኣኹልሶ)!' እናበሉ ብእንዳ ሚኪኤል ገይሮም ንፎርቶ ክሓልፉ ኸለዉ፣ እተን ኣብ ቓኘው ኣብ ሓለዋ ዝነበራ ኣሜሪካውያን ከኣ ብስምባደ ዝኣክል ብዘይ ልበን ናብ ላዕሊ ክትኵሳ፣ ትዝክሮዶ? ካልእ ጊዜ ኸኣ በዓል መን'ዩም ዝብሃሉ ኸልተ ደግያታት ኣብ ባር ላንጋና ድዩ ዋላ ኣበይ እንድዒ፣ ሽፍታ ቀቲሎሞምሲ፣ እን ተ ዘይተጋግየ እቶም ኣብ ንእሽቶ ቀ.ሃ.ስ ዝመሃሩ ዝነበሩ ተመሃሮ ዲቪዛኦም ገይሮም ተሰሪያም ናብ ቀብሪ ክኸዱ ይዝከረኒ፣" ምስ በሎ፣ ሰለሙን ትቕብል ኣቢሉ፣

"ርኢኻ፣ እቶም ኣብ'ቲ ጊዜ'ቲ ሽፍታ ንብሎም ዝነበርና፣

እዞም ብቐንያቱ ክነግረካ ዝቐንኹ በረኻ ወጺኦም ንናጽነት ኤርትራ ዝዋግኡ ዘለዉ ኣሕዋትና እዮም። ዝገርመካ ኸኣ፡ ብዙሓት ካብኣቶም ተመሃሮ ዩኒቨርሲቲ ኣብ ኣዲስ ኣበባ ይኹን ኣብ ዓዲ ኣዕራብ ብሕልፊ ኣብ ካይሮ ዝነበሩ እዮም፡" ብምባል፡ ኣስፊሖ ገለጸሉ።

ኣርኣያ፡ ነቲ ሰለሙን ዝብሎ ዝነበረ ንኸርድኦ ኣዝዩ ኣጸገሞ። ምኽንያቱ፡ ኣብ'ቲ እዋን'ቲ እሞ በቲ ዕድመ'ቲ ኤርትራ ኣካል ናይ ኢትዮጵያ ኣይኮነትን ተባሂልካ ንኽትኣምኖ ኣጸጋሚ እዩ ነይሩ። ሃጸይ ሃይለስላሴ ኣብ ኤርትራ ዑደት ክገብር ክመጽእ ከሎ፡ ኣስመራ ብኣስመራኣ እያ ኣብ ጽርግያ ቀንፈዘው ትብል ነይራ። ኩሉ ቤት ትምህርቲ ተዓጽዩን ተመሃሮ ዲቪዛኦም ኣጽርዮምን ጉደናታት ኣስመራ ብሰልፊ ምልእ'ዮም ዝብልዋ ዝነበሩ። እቲ ሃጸይ ከኣ ኣብ ካልኦት ኣውራጃታት ኢትዮጵያ ክረኽቦ ዘይክእል ዝነበረ ኣቀባብላ ካብ ህዝቢ ኤርትራ ይረኽቦ ነበረ። ኣብ ፈቖዶ ጉደናታት ብራስ ኣስራተ ካሳ፡ ደግያት ተስፉሃንስ በርሀ፡ ደግያት ሓረጎት ኣባይ ይኹኑ ካልኦት ሹማምንቲ ኤርትራን ተሰንዩ ኣብ ዝንቀሳቐሰሉ ዝነበረ እዋን፡ ቈልዑን ዓበይትን ደድሕሪ መኪናኡ ብምኻድ፡ ሓንቲ ቅርሺ ኢትዮጵያ ንምርካብ ማዕረ ኣብ ጎማ መኪና ዝኣትዉ ሰባት ነሮም'ዮም። እቲ ሃጸይ ብብዝሒ ነናይ ሓደ ብር ኣብ መኪናኡ ገይሩ ፈቖዶ ኸተማታትን ዓድታትን እናደርበየ እዩ ዝኸይድ ነይሩ። እዚ ተግባር'ዚ ኣብ ካልኦት ኣውራጃታትን ኸተማታትን ሃገሩ ገይሩዎ ኣይፈልጥን'ዩ። ብግርማኡ፡ ኣለባብሳኡን ኵለንትናኡን ማራኺ እዩ ነይሩ። "ኣቦታትና ብዛዕባኡ ክዛረቡ ኸለዉ'ኮ፡ ንሕና ናእሽቱ፡ ኣብቲ ሃጸይ ከነምልኽን ንዘይነበሮ ታሪኽ፡ መለኮታዊ ታሪኽ ንውስኸሉ'ኮ ኢና ኔርና፡" ምስ በሎ፡ ኣርኣያ እታ "ኣሕዋትና ኣብ በረኻታት ንናጽነት ኤርትራ ይዋግኡ ኣለዉ፡" ትብል ዘረባ ሰለሙን ግና፡ ኣእምሮኡ ሰረቐቶ። ከይተፈለጠም ከኣ ገዛውቶም በጺሖም ተፈላለዩ። ሰለሙን፡ ንጽባሒቱ ነዲኡን ኣሕዋቱን ተፋንዩ ናብ ዓዶም ወኪ ዛግር ክብገስ ከሎ፡ ልዕል'ቲ ናብ ኣዲስ ኣበባ ኽኸይድ ከሎ ዝተደፋነቐ፡ ኩሉ ሰብነቱ ራዕራዕ በሎ። ንኹለን ኣሕዋቱ ደጋጊሙ ሓሓቖፉ ሰዓመን። ነደይ ምላሹ'ሞ ነዛ ንዓይነን ክርእየን ኣይከኣለን፣ ናይ ነገር ወዲ ተባዕታይ ገይሩዎ'ምበር ንብዓቱ ዳርጋ ክነጥባ ቐሪበን ነበራ።

"በሊ ኣደ፡ ደሓን ኩኒ መርቕኒ፡" ኢሉ፡ ናብ ብርከን ድንን በለ'ሞ፡

"ዝወደይ፡ ምሩቕ እንዲኻ፡ ማርያም ኣርባዕተ ኣስመራ ብደሓን

ትምለስካ። ንምዃኑ መዓስ ኢኻ ትምለስ ሰለሙን ወደይ?” ሓተታኦ ብውሽጠን ናይ ነገር ወላዲት ገለ ፍርሃት እናተሰምዐን።

“ድሕሪ ሰሙን፡” ኢሉ፡ ተፋንዩወን ኣብ ሰረጀቻ ንኸወርድ ኣስመራ - ከረን ትብል ኣውቶቡስ ተሳፈሩ ጕዕዞኡ ጀመረ። ኣውቶቡስ ተበጊሳ ብሎኮ ኣስመራ - ኸረን ሕልፍ ምስ በለት፡ ሰለሙን ነቲ ኣብ እንዳ ኣውቶቡስ ምህላዉን ዘይምህላዉን ቍሊሕ ምሊሕ ኢሉ ኣብ እግሪ ኣውቶቡስ ዝረኣዮ ዓርኩ ምስፋሩ ስለ ዘረጋገጸ፡ ካብ'ቲ ኾፍ ኢሉዎ ዝነበረ መንበር ተንሲኡ ናብኡ ኸደ። ነተን ምስኡ ኾፍ ኢለን ዝነበራ ዕብይ ዝበላ ሰበይቲ ቦታ ክቕይራሉ ለመነን። ንሰን'ውን እታ ቦታ ኣይፈተዋኣን ጸኒሐን ግዲ ኾይነን “ሕራይ ዝወደይ፡” ኢለን ናብታ ቦታ ሰለሙን ከዳ፣ ሰለሙን ከኣ ምስ ሓጐስ ኮፍ በለ።

“ኣንታ ሰለሙን! እዚ ኣስመራ ኣስመራ ትብሉዎ ዝነበርኩም ኣይ ሓቃትኩም እንዲኹም፡ ክንደይ ይግርም'ዩ። ንሱን ጽርየቱን ጽባቐኡን ዘገርም'ዩ። ኣንታ እቲ ዓዳትና ደኣ ወዮ ኻልእ ስለ ዘይረኣና ኬንና ጽቡቕ ዝመስለና ነይሩ'ምበር፡ ኣዝዩ ድሕሪት'ባ እዩ ተሪፉ፡” ኢሉ ዘረባ ምስ ጀመረ፡ ሰለሙን እቲ ዘረባ ናብ ካልእ ከይከይድ ኢሉ ብዛዕባ ኣብ ሰሜናዊ ባሕሪ ዘሎዎም ሕርሻን መነባብሮ እንዳ ኣባሓጎኡን እናዕለሎ እምባ ደርሆ ሓሊፎም ዝኾነን ዘይኮነን ኣልዒሎም እናሰሓቑ ኸይተፈለጦም ሰረጀቻ በጽሑ። ካብ ኣውቶቡስ ምስ ወረዱ ምስ ከምኦም ክልተ ደቂ'ቲ ዓዲ መንእሰያት ሰብኣይን ሰበይትን ተላለዩ'ሞ፡ ጕጅም እናበሉ ጕዕዞኦም ናብ ወኪ ዛግር ጀመሩ። ድሕሪ ዕላል ዕላል፡

“ንስኻስ ወደ'ያ ተወልደ ኢኻ? ዝገርም'ዩ። ኣነ ኸኣ ዕቍባዝጊ ወዲ ገረኣምላኽ ወዲ ሓወቦኡ ነቦኻ ዝወለዶ እየ። ኣየ'ዚ ዘይምፍላጥ ክኸፍእ። ኣያ ተወልደ ናብ'ዛ ዓዲ መጺኡ ንኹላ ቤተ ሰብ ከይበጽሓ ፈጺሙ ኣይከይድን'ዩ ነይሩ። እዛ ኹላ ዓዲ፡ ተለንተ ተወልደ መጺኡ እንተ ሰሚዓ፡ ዓዲ ብዓዳ ዘላ ቈልዓ ኸረሜላ ክትቅበል ደድሕሪኡ እያ ትኸይድ ነይራ። እንታይ ኢልካዮ ኢኻ፡ እቲ ኸረሜላኡስ ዓዲሉ ኣይውድኦን'ዩ ነይሩ። ኣየ ልግስሲ ዓለም ትም ኢላ እያ! ንበዓል ኣያ ተወልደ'ኳ ወሲዳ፡” እናበለ ኣስተንተነ።

ተለንተ ተወልደ፡ ኣብ እዋን መግዛእቲ ጣልያን ብ1922 ተወሊዶም ኣብ ፖሊስ ኤርትራ ዝሰርሑ ዝነበሩ ፍሉጥ ሰብኣይ እዮም ዝነበሩ። ጣልያን፡ ንኢትዮጵያ ኸትወርር ምድላዋት ኣብ ትገብረሉ ዝነበረት እዋን፡ ንሶም፡ ካብ ኰዶፈላሲ ናብ እንዳ ሓዎም

ኣቶ ክብረኣብ ይመጹ'ሞ፡ ኣስመራ ምስ ረኣዩዋ ኸምቲ ኹሎም ካብ ዓዲ ዝመጹ ዝገብሩዎ ዝነበሩ፡ "ዕጭ ሓንፈፍኩ፡ ናብ ዓዲ ኣይምለስን'የ፡ ኣብዚ ስራሕ ስድራይ ክሕግዝ'የ፡" ኢሎም፡ ንኣቶ ኸብረኣብ ኣቕብጽ ምስ'በሉዎም፡ ኣቶ ኸብረኣብ ነቦኦም ሓቢሎም ሓባቢሎም ምስኦም ከም ዝተርፉ ገበሩዎም። ኣብቲ ጊዜ'ቲ ወዲ ዓሰርተው ሰለስተ ዓመት ኣቢሎም'ዮም ነይሮም። ኣቶ ኸብረኣብ ነቲ ኣብ እንዳ ፎርኖ ዘስርሖም ዝነበረ ሚዮቲ ዝተባህለ ጣልያናዊ ለሚኖም ለማሚኖን ኣብ ትምህርቲ ኸም ዝኣትዉ ገበሩዎም። ክሳዕ ሳልሳይ ክፍሊ ምስ ተማህሩ፡ ክተት ክተት ኮይኑ ብ1939 ኣብ ጣልያን ተዓስከሩ። ኣስተርጓሚ ናይ ሓደ ካፒታኖ ኾይኖም ከኣ፡ ናብ ጎንደር ከዱ። ኣብ'ቲ እዋን'ቲ ኢትዮጵያ ብጣልያን ተታሒዛትሉ ዝነበረት እዋን ስለ ዝነበረ፡ ንሶም ኣብ'ቲ ካብ ተጋሩን ኣምሓሩን ዝቐመ ብካፒታኖ ላቲላ ዝምራሕ ዝነበረ ቦጦለኒ ኣስ ተርጓሚ ብምንባሮም፡ ሓበን ይስምዖም ነበረ። ምኽንያቱ፡ በቲ ናይ'ቲ ጊዜ'ቲ ኹነታት፡ ከምኡ ዓይነት ስራሕ እሞ ኣብ ኢትዮጵያ፡ ዓቢ ሽመት'ዩ ዝቝጸር ነይሩ። ስለ ዝኾነ ኸኣ፡ ኣምሓሩ ይኹኑ ተጋሩ ነቦይ ተወልደ ኸይሰገዱሎም ኣይሓልፉን'ዮም ነይሮም። ሽሕ'ኳ ንእሽቶ እንተ ነበሩ፡ ክብረት ይስምዖም ነበረ። እረ ሓደ ሓደ እዋን ሲ ነብሶም ጣልያን ኮይና ትርኣዮም ነበረት። ብኡ ምኽንያት ከይኮነ ኣይተርፍን'ዩ፡ ምስ'ቶም ኢትዮጵያውያን ዘይለግቡ ዝነበሩ። መግዛእቲ ግና፡ መግዛእቲ ምዃኑ ኣይተርፎን፡ ኣብ መወዳእታ ጣልያን ካብ ኤርትራን ኢትዮጵያን ብእንግሊዝ ተሳዒሩ ወጸ'ሞ መንእሰይ ተወልደ ናብ ኤርትራ ተመልሱ።

ኣብ ኤርትራ፡ መግዛእቲ እንግሊዝ ካብ'ቶም ዓሳክር ጣልያን ዝነበሩ መምዩ ፖሊስ ክኸትብ ስለ ዝደለየ፡ ንሶም እቲ ዝነበሮም ምልከት ቛንቛ ጣልያን ሓጊዙዎም ተኸትቡ። እንግሊዝ፡ ብ1948 ናይ ተለንትነት መዓርግ ሃቦም። በዚ ኸኣ ኣብ ኣጀፕ ኣብ'ቲ ናይ ስለያ ማለት ሲ.ኣይ.ዲ (ክሪሚናል ኢንተሊጀንስ ዲፓርትመንት) ሓላፊ ናይ ሓንቲ ኣሃዱ ስለያ ብምዃን ክሳዕ ብሃንደበታዊ ሕማም ብሕዳር 1953 ብሞት ካብዛ ዓለም ዝፍለዩ ሰርሑ። ሰለሙን ኣብ'ቲ እዋን'ቲ ሓደ ዓመት ኣይመልኣን ነይሩ። ኣቦይ ተለንተ ካብ ኣደይ ምላሹ ኣርባዕተ ቈልዑ፡ ሰለስተ ኣዋልድ ሓደ ሰለሙንን ክወልዱ ኸለዉ፡ ብደገ ደገ ኸኣ ሓንቲ ጓል ነይራቶም'ያ። ኣደይ ምላሹ፡ ሰብኣየን ካብ ካልእ ከም ዝወለዱ ምስ ፈለጣ ጨርቀን ክድርብያ ቍሩብ ተሪፉወን'ኳ እንተ ነበራ፡ ደቀን ዛሕዛሕ ከይብሉወን

ብምባል ጓሂአን ኣብ ውሽጠን ገይረን ደቀን የዕብያ ነበራ። ከምኡ ኢለን እናነበራ፣ ኣብ መበል ዕስራን ሓሙሽተን ዓመተን ብሞት ዝተፈልዩወን ሰብኣየን ዘይወጽእ ጓሂ እዩ ገዲፉለን። እታ በዅሪ ጓለን ትርሓስ ጓል ሸውዓተ ዓመት ኮይና፣ እተን ዝተረፉ ኣብ ረርእሲ እየን ተወሊደን። ስለ ዝኾነ ኸኣ እየን ደቀን ከዕብያ ዘሕለፉኦ ኸቢድ ናብራ ብሰለሙን ወደን ዝተኻሕሳ ኾይኑ ዝስምዐን ዝነበረ። ኩሉ ጊዜ ኸኣ፣ “ኣንታ መድሃኔ ኣለም ኣቦይ፣ እንቋዕ ነዚ ሓደ ወደይ ኣብዚ ኣብጻሕካለይ!” ክይበላ፣ ዘይውዕላ ዝነበራ።

* * *

ምዕራፍ 13

መሓሪ፣ ንጽባሒቱ እቲ ንበረኸት ዝረኸበሉ ገዛ ዋናኡ መን ምዃኑን ኣበይ ከም ዝሰርሕን ሓቲቱ ሓታቲቱ ኣብ ቈጸራኡ ምስ በረኸት ተራኸቡ።

"ደሓንዶ ኣምሲኻ መሓሪ?"

"ይመስገኖ! ከመይ ኣምሲኻ?" ኢሉ፣ ነታ በረኸት ትብል ሽም ካብ ኣፉ መለሳ።

"እንታይ ኣሎ ሓድሽ ነገር?"

"እቲ ገዛ ብኹሉ ወገኑ ፈቲሸናዮ ብዘይካ በረኻ ምዃኑ ዝወጾ የብሉን። እቲ ዋና ኣብ ሚኒስትሪ ምክልኻል ናይ ስለያ ሓላፊ እዩ። ካብ'ቶም ብብሪጋደር ጀነራል ወንድምኣገኘሁ ኣዝዩ ዝእመን ሓላፊ ሓደ እዩ። ኣብ ኮተቤ ናይ ሚሊታሪ ኣካዳምን ንፍሉይ ስልጠና ናብ እስራኤል ተላኢኹ ተማሂሩ ዝመጸን'ዩ። ቀንዲ መሳርሕቱ ሌተናል ኮሎኔል ደመቅሳ ዝብሃል ኣለዎ። ደቂ'ዚ ኮሎኔል ኣነ እየ ብኮን ትራት ናብ ቤት ትምህርቲ ዘመላልሰን። እቲ ገዛ ካብ ስድራኡ ዝወረሶ ኾይኑ፣ ቅድሚ ኣርባዕተ ዓመት ኣብዚ ሕጂ ዘሎዎ ገዛ ቀይሩ። በዓልቲ ቤቱ፣ ጓል ሓደ ደግያት'ያ። ዝተማህረት'ያ ኽኣ። ኣዝዩ ፈታው ሰበይቲ ምዃኑ ይዝረበሉ እዩ።" ምስ በለ፣ ዘረባኡ ጽን ኢሉ ክሰምዖ ዝጸንሐ በረኸት፣

"ፈታው ሰበይቲ ዲኻ ኢልካዮ?"

"እወ! ጠፊኡካዶ ስጋን ሰበይትን ..." ኢሉ፣ ነታ ዘረባ ምልስ ኣበላ።

"መብዛሕቱኡኽ ኣበይ ይርአ ወይ ይኣቱ?"

"ከም ዝነገሩኒ እንተ ኾይኑ፣ ኣብ ከባቢ *ካዛንችስ* ዘሎ ባራት'ዩ ዝኣቱ፣ ብልክዕ ግና ኣይፈለጥኩን። ሽሙ ኽኣ ሻለቃ ኣለማዮህ ባልቻ እዩ ዝብሃል፣" በሎ።

"በል መጀመርታ ነቲ ኮሎኔል ብዛዕባኡ ክህበካ ዝኽእል ሓበሬታ እንተሎ ብኅቦ ኅቦ ጌርካ ሕተቶ። ካልኣይ ከኣ ብልክዕ ኣበይ ከም ዝኣቱን ቅድሚ ሕጂ ይኹን ሕጂ ዝፈልጣ ሰበይቲ እንተላ ኣጣይቕካ ርኸበለይ። እታ ገዛ ኽኣ ብሽምካ ተኻረያ። ሽምካ ግና ኣበበ ምዃኑ ኣይትረስዓዮ። ካልእ፣ እዚ ተስፋይ ትብሎ ዓርክኻ

ሽመይ ብጌጋ ኸም ዝነገርካዮን ፍልጠትና እምብዛ ዓሚቝ ከም ዘይኮነን ንገሮ ኢኻ። ብዝተረፈ ጽባሕ ኣብ ሆቴል ኣሜድላ ሰዓት ሸሞንተ ምሸት ንራኸብ፡” ኢሉ ገዲፉዎ ኸደ። መሓሪ ብቕልጣፈ ዘረባ በረኸት ተዓኒዱ ተረፈ።

እቲ ስራሕ ጊዜ ዝህብ ስለ ዘይነበረ፣ መሓሪ፡ በቲ ምስ ሰባት ዝነበሮ ዝምድናታት ነቲ ጉዳይ ብኸመይን ንመንን ብዛዕባ እቲ ሻለቃ ኸም ዝሓትት ኽሓስብ ሰለም ከየበለ ሓደረ። ኣብ መወዳእታ ንሻምበል ታምራት ውብነህ ዘከረ። ሻምበል ታምራት በቲ መንግስቲ ዘማርር ከም ዝነበረን ነዊሕ እዋን ምውሳኽ መዓርግ ተሓሪሙዎ ጥራይ ዘይኮነስ ብመዓርግ መዘናኡ ዝነበሩ በዓል ሻለቃ ኣለማዮህ ባልቻ ሓሊፎሞ ኣብ ዝለዓለ ቦታ ስለ ዝበጽሑ፡ ኣብ'ቲ ዝሰርሓሉ ሚኒስትሪ ምክልኻል ምስ ናይ ቀረባ ሓላፊኡ ምስ ብ/ጀነራል ወንድምአገኝሁ ዘይምስናይ ከም ዝነበሮ ሌተናል ኮሎኔል ደመቅሳ ቕድሚ ሕጂ ኣዕሊሉዎ ኸም ዝነበረ ዘከረ። ንሱ ጥራይ ዘይኮነ ሻለቃ ኣለማዮህ ቀረባ መሳርሕቲ ሻምበል ታምራት ምዃኑ'ውን ትዝ በሎ። እምበአርከስ ካብዚ ብምብጋስ'ዩ፡ መሓሪ፡ ምስጢር ናይ ሻለቃ ኣለማዮህ ካብ ሻምበል ታምራት ንኽረክብ ህርድግ ዝበለ።

ሻምባል ታምራት፡ ብሰንኪ ምስ ሓለፍቱ ዘይምስምምዑ ሓደ እዋን ናብ ሳልሳይ ክፍለ ጦር ሃረር ክሳብ ምቕያር በጺሑ ነይሩ እዩ። ኣብ ሃረር፡ ሓደ ዓመት ምስ ጸንሐ፡ ምስቶም ኣብኡ ዝነበሩ ወተሃደራት ድልዱል ምሕዝነትን ጽቡቕ ናይ ስራሕ ቕርበት ፈጢሩ ነበረ። ስርሑ ኣብ ናይ ሚሊታሪ ማለት ኣብ ውሽጢ ሰራዊት ንዝግበር ስለያ ሓላፊ ብምንባሩ፡ ብቐረባ ምስ ሌ/ ጀነራል ኣማን ዓንዶም ይራኸብ ነበረ። ሻምበል ታምራት ወብነህ፡ ሓደ ምሸት ናብ'ቲ መዘናግዒ መኰንናት ክለብ ኣተው'ሞ፡ ናብ ዘብሎ ስኢኑ ቍሊሕ ምሊሕ እናበለ ኸሎ ንሌ/ኮሎኔል ይርጋው ምስ ሻምበል ሚኪኤል ኣፍ ንአፍ ተወሃሂቦም ከዕልሉ ኣማዕድዩ ርእዩ ናብኦም ብምቕራብ፡ ሰላምታ ገይሩ ምስኦም ኮፍ ክብል ዝኽእል እንተ ኾነ ፍቓድ ሓተተ። ብመሰረት ሕጊ ውተሃደር ከላ ኽልቲኦም ተንሲኦም ሰላምታ ገይሮም ኮፍ ንኽብል ዓደሙዎ'ሞ፡ ሌኮሎኔል ይርጋው ንሻምበል ታምራት ምስ ሻምበል ሚኪኤል ኣፋለጦ።

“ሻምበል፡ ካብ ዝገርመካ፡ ጊዜን መገድን ኣይረኸብኩን'ምበር፡ ብቐረባ ክፋለጠካ ብዙሕ እዋን ...” ኢሉ ዘረባኡ ኽይወድአ ኸሎ፡ ኮሎኔል ቍሩብ ምውቕውቕ ኢሉዎ ስለ ዝነበረ፡

“ንሚኪኤል ንዓይ ከየፍቀድካ ክትላለዮ ሓሲብካ እንተ ኔርካ

ተጋጊኻ፣ ምኽንያቱ፡ ሚኪኤል ካብ ኢደይ ዘይፍለ ናተይ ቦርሳ እዩ፡” ምስ በለ፡ ኩሎም ተተሓሒዞም ትዋሕ ኢሎም ሰሓቁ።

“ኣየ ይርጋው፡ ምሳኻ ምምሳይ ማለት፡ ከምዚ ኣብ ከቢድ ስራሕ ውዒልካ፡ ጽብቕቲ ሰበይቲ፡ ጥራሕ ነብስኻ ገይራ ኣብ ዝባንካ ኮፍ ኢላ ኣዒንታ ሰለምለም እናበለን ብልስሉስ ኣእዳዋ ጌራ ትደርዘካ'ሞ ኩሉ ነገር ትርስዖ፡ ዕላልካ ኸኣ ልክዕ ከምኡ እዩ” ምስ በሎ፡ ኣፎም ምኽዳን ክሳዕ ዝኣብዮም ትዋሕ በሉ። እምበኣርከስ ኣብ ከምዚ ዕላል ከለዉ እዩ ሻምበል ታምራት ዘረባ ዘረባ ዘምጽአ ገለ ካብቲ ትዕ ቢቱ በጨቕ ዘበለ። ንሱ “ትግራዋይን ጋላን ኣብ ሰራዊት ክኣትዉ ኣይግብኦምን'ዩ፡” ምስ በለ፡ ብፍላይ ኮሎኔል ስምብድ ኢሉ፡

“ሻምበል እንታይ ኴንካ ዘይዝሩብ ትዛረብ?” በለ፡ ሚኪኤል ርግእ ኢሉ፡

“ሓቕኻ ኢኻ ሻምበል፡ ክልቲኦም ኣምሓርኛ ስለ ዘይክእሉ” ብምባል መለሰሉ። ጽንሕ ኢሉ “ርኢኻ፡ እዛ ምልክዕቲ ሃገርና ኩላትና ብማዕረ ዘይንውንናን ዘይንዋግኣላን እንተ ኴንና ደኣ፡ እቶም ኢትዮጵያ ናይ በይንና እያ ዝብሉዋ፡ ትማሊ ንሶማሊያ ምስዓ ሩዎም ኢልካዶ ትሓስብ? ዶባታኸ፡ ምተሓለወዶ ነይሩ? ኢትዮጵያ ክብርትን ተሓፋሪትን ሃገርዶ ምኾነት ይመስለካ? ኣይመስለንን። ሻምበል ታምራት፡ ኩላትና ብፍላይ፡ ኣብ ላዕለዋይ መዓርግ ዘለና ዓቢ ሓላፍነት ኣለና፣ እዚ ጋላ፡ እዚ ትግራዋይ፡ እዚ ወላይታ፡ እዚ ኣምሓራ ኢልና ሰራዊት ከይንፈላሊ። ኣብ ምፍልላይ ዝተሰረተ ሰራዊት ንሓዋሩ እንታይ ዓይነት ሰራዊት ክኸውን'ዩ ኢልካ ትሓስብ? ብወገነይ፡ ንጊዚኡ ሓይሊ ዋላ እንተ ሃለዎ፡ ኣብ ነዊሕ እዋን ግና ፈርከሽ ካብ ምባል ኣይክድሕንን'ዩ፡” ምስ በሎ፡ ሻምበል ዘይተጸበዮ መልሲ ብምርካቡ ይቕሬታ ሓተተ። መስዩ ብምንባሩ ኸኣ፡ ኩላቶም ንኽኸዱ ተንስኡ'ሞ ከከም መዓርጎም ቅድሚትን ድሕሪትን ኮይኖም ካብ'ቲ ናይ መኰንናት መዘናግዒ ክለብ ወጹ።

* * *

ምዕራፍ 14

ግንቦት 1957

እቲ እዋን'ቲ፡ መራሕ መንግስቲ ተድላ ባይሩ ወሪዱ፡ ቢትወደድ ኣስፍሃ ወልደሚካኤል በትረ ስልጣን ዝሓዘሉ እዩ ነይሩ።

ሻምበል ታምራት፡ ብ1933 ካብ ፊተውራሪ ውብነህ ዝተባህሉ ሓረስታይ ኣብ ጅማ ተወሊዱ ዝዓበየን ትምክሕቲ ኣምሓራ ዘጥቅየን ወተሃደር'ዩ ነይሩ። ኣብ ጅማ ዝፈለሞ ትምህርቱ፡ ኣብ ኣዲስ ኣበባ ቤት ትምህርቲ ሚኒሊክ ካልኣይ ደረጃ ክሳዕ ዓስራይ ክፍሊ ተማሂሩ፡ ናብ ሃረር ብምኻድ ኣብ ወተሃደራዊ ኣካዳሚ ድሕሪ ምምሃር፡ ብናይ ሓለቓ ሚእቲ መዓርግ ተመሪቑ ወጺ። ኣይጸንሐን ንዝለዓለ ወተሃደራዊ ትምህርቲ ናብ ኣሜሪካ ብምኻድ ወተሃደራዊ ስለያ ተማሂሩ ንኢትዮጵያ ተመሊሰ'ሞ፡ ናይ ሻምበል መዓርግ ረኺቡ ኣብ ኣዲስ ኣበባ ዝመደበሩ ራብዓይ ክፍለ ጦር ተመደበ። ንሱ፡ በቲ ካብ 1946 ክሳብ 1951 ተጸዋዒ መንግስቲ ኢትዮጵያ ኣብ ኤርትራ ኾይኑ ኣብ ኣስመራ ቤት ጽሕፈት ብምኽፋት ግብረ ሽበራዊ ስራሓት ዘዋድድ ዝነበረ ብ/ጀነራል ነጋ ሃይለስላሴ ተመልሚሉ፡ ካብ'ቶም ንፍሉይ ስለያዊ ተልእኾ ብስቱር ናብ መሬት ኤርትራ ኣብ ወርሒ ግንቦት 1957 ዝኣተዉ ወተሃደራት ኢትዮጵያ እዩ ነይሩ። ኣስመራ ምስ ኣተወ፡ ዘይተጸበዮ ጽባቐ ኣስመራ እዩ ኣጋጢሙዎ። ብጽባቐኣን ጽርየታን ካብ'ተን ኣብ ከተማታት ኣሜሪካ ዝረኣየን ዘይትሰንፍ፡ ኣብ ገለ መዳያ እሞ፡ ካብኣን ትጸሪ ደኣ ኾይና ረኺባ። በቲ ዝረኣዮ ኣብ ኢትዮጵያ ኣለኹ ኽብል ኣይደፈረን። ስዉር ተልእኾ ስለ ዝነበሮ ግን ከይወዓለ ኽይሓደረ ኣንጊሁ ናብ ባጽዕ ኣምርሐ። ባጽዕን ባሕራን ምስ ረኣየ፣ ቅዱስ ገርጊስ፡ እዚ ኽይረኣኹ እንቋዕ ኣይቀተልካኒ ብምባልን ንገርጊሱ ብምምስጋን ኣብ'ቲ ዝተዳለወሉ ሆቴል ቀይሕ ባሕሪ ኣብ ክፍሊ ቍጽሪ 12 ኣተወ። ድሕሪ ኣስታት ክልተ ሰዓት ኣቢሉ፡ ነብሱ ተሓጻጺቡን እተን ካብ ኣሜሪካ ዘምጽኣን ምዕ ሩጋት ክዳውንቱ ለቢሱን ክወጽእ እናተቐራረበ ኸሎ፡ ማዕጾ ክፍሉ ተኳሕኲሓ። ማዕጾ ኽፊቱ ሓደ ዘይፈልጦን ቅድሚኡ ርእዩዎ

ዘፈልጥን ሰብ ኣብ ቅድሚኡ ደው ኢሉ ረአየ'ሞ፣ እቲ ጋሻ "ዳዊት መኰንን እብሃል። እንቋዕ ብደሓን ኣተኻ። ክኣቱ እኽእል ድየ?" ኢሉ መልሲ ኽይተጸበየ ናብ ውሽጢ ኣተወ። ለከ እቲ ኣብ ባጽዕ ክቕበለካ እዩ ተባሂሉ ተሓቢሩዎ ዝነበረ ሰብ'ዩ። ኮይኑ ግና፣ ንዝኾነ ሰብ ኣይትእመን ተባሂሉ መምርሒ ተዋሂቡዎ ስለ ዝነበረ፣ ንሱ'ውን ብግዲኡ "ስዩም እብሃል፣" ብምባል ማዕጾ ተደጊፉ ደው በለ።

"ከም ዝመስለኒ ባጽዕ ክትርእያ ዝተሃንጠኻ ኢኻ ትመስል ዘለኻ? ባጽዕ ኣብ'ዚ ሰዓት'ዚ ወይ ጽሉል ወይ ጋሻ ጥራይ እዩ ዝወጽእ"?

"ንስኻ'ውን ሓደ ካብኦም ክትከውን ኣለካ ማለት'ዩ።"

"ሓቅኻ ኢኻ! ግና፣ ምስ ጸሓያ ይኹን ሙቐታ ዝተላለኹ ሰብ'የ፣"

"ኣብ ዘይትፈልጦ ዓዲ፣ ዘይትፈልጦ ጋሻ ኳሕኲሑ ክኣትወካ፣ ቍሩብ ግር ከይበለካ ኣይተርፍን'ዩ፣" በለ ሻምበል ታምራት።

"ልክዕ'ዩ፣ ነዚ ሕብረተ ሰብን ሃገርን ዘይፈልጥ ክብል ይኽእል ይኽውን'ዩ፣"

"ማለት?"

"እዝዩ ተቐባል ጋሻ እዩ፣" በለ ዳዊት።

"ዋላ ኣብ ሆቴል ድዩ'ሞ?"

"ኣብ'ዚ ሕብረተ ሰብ፣ ሓንቲ ስድራ ካብ ሓደ ገዛ ናብ ካልእ ገዛ ምስ ትግዕዝ፣ እቶም ጐረባብቲ ሽኮር፣ ቀጠፍ ሻህን ሕምባሻን ሒዞም ብምኻድ ባዕሎም'ዮም ዝላለዩዋ፣" ብምባል፣ ጭውነት ህዝቢ ኤርትራ ገለጸሉ።

"እሞ ኣብ ሆቴልሲ፣ እንተ ወሓደ ዊስኪ ሒዞም ይበጽሑኻ ይኾኑ'ምበር።" በለ፣ ሻምበል ታምራት እናሓጨጨ።

"ከምኡ ስለ ዝኾነኮ እየ መጺአካ። እንተ እቲ ስካች ግና፣ ኣብ ደገ ጥራይ እዩ ዝፍቀድ፣" ምስ በሎ፣ ሻምበል እታ "ስካች" ትብል ቃል ትርጉማ ተረዲኡዎ ርእሱ እናነቕነቐ፣

"በል ንስካች ዝኸውን ብዙሕ ጊዜ የብልናን፣ ናብ'ቲ ቁም ነገርና ንእቶ።"

"ርኢኻ፣ እዚ ሃገር ብታሪኽ ኣካል ኢትዮ ..." ኢሉ ዳዊት ጅምር ከብልን ሻምበል ዡልፍ ኣቢሉ፣

"ንሱ ደሓር ከነርክበሉ ኢና፣ ኣነ እቲ ቑም ነገር እንታይ እዩ እየ ዝበልኩኻ?"

"መዝገብ ቍጽሪ ሓደ ኽፊትኩም ንቴድሮስ ኣብጽሑሉ፣" ምስ

በለ፣ ሻምበል፥

"ንመቕደላ መገዲ የለን፧" በለ'ሞ፥ ዳዊት ትቕብል ኣቢሉ፥

"ኣባቕል ኣለዋ ንኣዲስ ኣበባ ዘብጽሓ፧" ድሕሪ ምብህሃል፥ ነገራት ከምቲ ዝተዋህበም ምስጢራዊ ኮድ ምዃኑ ኣረጋጊጾም ፍሽኽ ብምባል እንደገና ሰላም ተበሃሃሉ። ተተሓሒዞም ከኣ ናብ ቤት መግቢ ናይ'ቲ ሆቴል ከዱ። ዳዊት፥ ሻምበል ሰሚዑዎምን ርእዩዎን ዘይፈልጥዎ ምግቢ ኣዘዙ። ቀዳማይ፥ ካልኣይ፥ ሳልሳይ እናበሉ ኸኣ ተመገቡ። በቲ ኹሉ ኣቀባብላ ናይ'ቶም ኣሳሰይቲ ብምግራም ከኣ፥

"ሰሚዕካ ዳዊት፥ ኣነ ኣብ'ዚ ሃገር ካልኣይ መዓልተይ ገና ኣይመላእኩን ኣለኹ፥ ብልክዕ ንምዝራብ ዕስራን ኣርባዕተን ሰዓት'የ ገይረ ዘለኹ እንተ በልኩ'ኻ ኣይሓሰኹን። በዚ ዝርእዮ ዘለኹ ግና፥ እንትርፎ ኣብ ኣመሪካ ወይ ኤውሮጳ ኣብ ካልእ ዘለኹ ኾይኑ ኣይስምዓንን'ዩ ዘሎ። ከመይ ዝበሉዎ ድንቂ ሃገር'ዩ!" ብምባል፥ ብዛዕባ ኣስመራን ኣብ መገዲ ኣስመራ - ባጽዕ ዝርከባ ኸተማታት ኣስማተን'ኳ እንተ ዘይፈለጠን ኣድናቖቱ ገለጸሉ። ሻምበል እታ ኤርትራ ትብል ሽም ከይሰምዓ ስለ ዝዓበየ፥ ኣካል ኢትዮጵያ ኢሉ ኣፉ መሊኡ ኽዛረብ ኣይደፈረን። ተመሲሖም ምስ ወድኡ፥

"በል ሕጂ ናብ ክፍል'ኻ ኼድካ ክሳዕ ሰዓት ሓሙሽተ ዝኸውን ኣዕርፍ'ሞ፥ ኣነ ሰዓት ሓሙሽተን ርብዕን ክመጸካ እየ። ርቕቕ ዝበለ ካምቻ እንተ ገበርካ ኸኣ ዝሓሸ እዩ፥ እ'ንተ ዘይኮነ ነቲ ዝጥልቂ ካምቻ'ኻ ክትጸምቕ ክትትዕብ ኢ'ኻ፧" ብምባል እናሰሓቐ ተፋንዩዎ ኸደ።

ሻምበል፥ ብድ'ኻም ተ'ኻኢሉ ስለ ዝነበረ፥ ሰዓት ሓደ ዝደቀሰ፥ ሰዓት ኣርባዕተ ናይ ምሸት ተበራበረ። ነብሱ ተሓጺቡ፥ ጸሊም ስረን ጻዕዳ ሓጺር ኢዱ ካምቻን ወድዩ ንፋስ ክቕበል ናብ'ቲ በራንዳ ወጸ። እቲ ኣብ ገጹ ዝተሰምዖ ሃፈጽታ ናይ'ቲ ሙቐት ብዙሕ ከይተገደሰሉ እግሩ ናብ ዝመርሖ ዘወንወን በለ። ሙቐት ባጽዕ ግና፥ ቀሊል ስለ ዘይኮነ ናብ ውሽጢ'ቲ ሆቴል ክኣቱ ደኣ ኣገደዶ። እታ ኣብ ኣስመራ ዝሰተያ ሽማ ብልክዕ ዘይሓዛ ውዑይ መስተ ክእዝዝ ደልዩ ንኣሳሳዪ *"ካፌ ዊዝ ሚልክ"* በሎ'ሞ፥ እቲ ኣሳሳዪ "ማክያቶ" ምስ በሎ፥ ብእንግሊዝ ገይሩ እወ በሎ። ድሕሪ ቑሩብ ደቓይቕ ማክያቶኡ ሰትዩ ሰዓቱ ርእዩ ናብ መደቀሲኡ ኸደ። ኣይደንጎየን፥ ዳዊት ኳሕኲሖ፣ ተተሓሒዞም ከኣ ብእግሮም ናብ ርእሲ ምድሪ ወረዱ። ካብ ሆቴል ቀይሕ ባሕሪ ተበጊሶም ኣብ'ቲ ነዊሕ ጐደና

ጥዋለት ብየማነ ጸጋሙ ንዝነበረ ብዘመናዊ ቅዲ ዝተሰርሐ ህንጻታት ሻምበል ተገሪሙ ኽዕዘቦም ዝረአየ ዳዊት፡

"ከምዚ ትርእያ ዘለኻ፡ ባጽዕ ዓባይ ህያብ'ያ፡" በሎ። ኣብ ጥቓ ሆቴል ዳህላክ ምስ በጽሑ ነቲ ኣብ ፊቱ ዝነበረ ብመግዛእቲ ቱርኪ ዝተሃንጸ ህንጻ ብምምልካት "እዚ ትርእዮ ዘለኻ ቤተ መንግስቲ፡ ቱርኪ ቅድሚ ኽባቢ ኣርባዕተ ሚእቲ ዓመት ኣቢሎም'ዮም ሃኒጾሞ። ኣብ'ዚ እዋን'ዚ እቲ እንግሊዛዊ ኣመሓዳሪ ናይዛ ኸተማ ኮሎኔል ስሚዝ ከም መንበሪኡ ገይሩ እዩ ዝጥቀመሉ ዘሎ። ጽባሕ ከኣ ጃን ሆይ ክኣትዉዎ ምዃኖም ርግጸኛ እየ፡" በሎ፡ ብርእሰ ተኣማንነት። ብምቕጻል "እዚ ኣብ ቅድሜና ትርእዮ ዘለኻ ዓበይቲ ህንጻታት ተደኵኑዎ ዘሎ መሬት፡ ቱርኪ ነቲ ባሕሪ ሓመድ እናመልኡ እዮም ናብ ውቁብ ከተማ ቀይሮሞ። ጣልያን'ውን ኣይሓመቑን መሊሶም ኣግፊሖሞ። ኣብ ውሽጢ ርእሲ ምድሪ ማለት ምጽዋዕ ዘሎ ቱርኪ ዝሃነጾ ህንጻታት ርኢኻ ኣይትጸግቦን ኢኻ፡" ኢሉ መግለጺኡ ኸይወድአ፡ ነታ ካብ ሆቴል ዳህላክ ናብ ባጽዕ እተእቱ ድልድል ከይተፈለጦም ሰገሩዋ። ተሌኮሙኒከሽን ሰጊሮም ናብ ሆቴል ቶሪኖ ገጾም እናኸዱ ኸለዉ፡

"በል ሓንሳብ ኣብ'ዚኣ ማይ ክንሰቲ፡" ብምባል፡ ናብ ቤት ቍርሲ ማሳዋ ተኣልዩ'ሞ፡ ኣብ ደገ ኾፍ ብምባል ነቲ ናይ ባጽዕ ምኡዝ ኣየር ከስተማቕሩዎ ጀመሩ። "ኣብ ባጽዕ ነዊሕ መገዲ ተወላዶኡ እንተ ዘይኮይኖም፡ ኣጋይሽ ነዚ ሙቐት ስለ ዘይጻወሩዎ እናዕረፉ እዮም ዝኸዱ፡" ብምባል ዳዊት ኵነታት ኣየር ባጽዕ ገለጸሉ።

"ኣነ'ውን እቲ ሙቐት ቍሩብ ከይሓየለኒ ኣይተረፈን። ኣብ ገለ ኾፍ ንበል'የ ክብለካ ሓሲበ ነይረ፡" በለ ሻምበል። ኣሳሳዪ ምስ መጾም፡ ክልተ ማይ ጋዝ ኣዘዙ'ሞ፡ ዳዊት፡ ኣብ ብርጭቆ ማይ ቀዲሑ ንሻምበል "ንጥዕና!" በሎ። ንሱ'ውን "ንጥዕና!" ኢሉ ነታ ብርጭቆ ግልብጥ ኣበላ።

"ማይ ጋዝ ኣብ ኣሜሪካ ጥራይ ዝርከብ እዩ ዝመስለኒ ነይሩ።"

"ዝገርመካ፡ እዚ ሃገር ብዙሕ ዝተፈላለየ ፋብሪካታት'ዩ ዘሎዎ። ጣልያን መግዛእቶም ምእንቲ ኽስፋሕፍሑ ዘይሃነጹዎ ነገር የለን። ብፍላይ ፈኵስ ኢንዱስትሪ፡ ኩሉ ዓይነት'ዩ ዘሎ። ጣልያን፡ ካብዚ ኸወጹ ኢሎም ሓሲቦም ኣይፈልጡን'ዮም ነይሮም። ኣብ ሃገሮም'ምበር፡ ኣብ ካልእ ዘለዉ ኾይኑ ኣይስምዖምን'ዩ ነይሩ። እዛ ሃገር፡ ከም መበገሲት ንወራር ቀርኒ ኣፍሪቃ ስለ ዝሓሰቡዋ፡ ዝኾነ ይኹን ኤውሮጳዊ ገዛኢ ኣብ ኣፍሪቃ ዘይሃነጾ ዝተፈላለየ ትሕተ

ቕርጺ እዮም ኣዋዲዶምላ። መገዲ ባቡር፣ ናይ ቅጥራን ጽርግያ፣ ወደባት፣ ናይ ተሌፎን መራኸቢታት፣ ኢንዱስትሪ፣ ኣብ ገመድ ተንጠልጢሎም ኣቑሑት ዘመላልሱ ባጎኒታት ማለት ቴለፈሪካ፣ ሓይሊ ኤክትሪክ፣ መዓርፎ ነፈርትን ካልእን። እዚ ምስ'ዳለዉ ድማ፣ ካብዚ ተበጊሶም ንኢትዮጵያ ወሪሮማ፣" ምስ በሎ፣

"ተመሃሮ ኸለና ጣልያን ንኢትዮጵያ ወሪራታ። ጣልያን ኣብ ኢትዮጵያ ኽምዚ ገይራ ኽምቲ ገይራ ክብሃል ከሎን ዝገበርናዮ ጅግንነትን ኢና እንሰምዕ ዝነበርና'ምበር፣ ብሓቂ ብዛዕባ'ዚ ትብሎ ዘለኻ ኣፍልጠ ኣይነበረናን። ኣብ መወዳእታ ኸኣ፣ ስዒርና ኣውጺእናዮም'ዩ ኣብ ትምህርቲ ይኹን ኣፈ ታሪኽ ዝተነግረና።"

"እወ ሓቅኻ ኢኻ። ታሪኽ ናይ'ዚ ሃገር'ዚ ግና ነዊሕ'ዩ። ካብ ንግስነት ኣኽሱም ጀሚርካ ስለ ዝኾነ፣ ኣብ ሓጺር ጊዜ ንኽትገልጾ ዝክኣል ኣይኮነን። ነዚ ሃገር፣ ቱርኪ፣ ግብጺ፣ ጣልያንን እንግሊዝን ንኽባቢ ኣርባዕተ ሚእቲ ዓመት ገዚኣሞ እዮም። ብፍላይ ብጊዜ ሃጸይ ሚኒሊክ፣ ጣልያን ንኢትዮጵያ ኽወርራ ፈቲኑስ ኣብ ዓድዋ ተሳዒሩ። ቅድሚኡ ግና ኣብ ውዕል ውጫሌ ሚነሊክን ጣልያንን ዶቦም ኣብ መረብ ምላሽ ምኳኑ ተሰማሚዖም'ዮም። ካብ መረብ ንላዕሊ ናይ ሃጸይ ሚኒሊክ፣ ካብኡ ንታሕቲ ኸኣ ግዝኣት ኢጣልያ ክኸውን፣" ብምባል፣ ነቲ ታሪኽ እናገለጸሉ ኸሎ፣

"እሞ እዚ ናይ ኢትዮጵያ መሬት ኣይኮነን ማለትካ ድዩ?" ሓተተ ሻምበል።

"ኣይፋለይን! ከምኡ ማለተይ ኣይኮንኩን። እንታይ ደኣ፣ ምእንቲ ብዛዕባ'ዚ ሃገር ኣፍልጠ ክህልወካ ኢለ እየ፣ እቲ ታሪኽ ከመይ ከም ዝነበረ ዝገልጸልካ ዘለኹ፣" ብምባል፣ ከረድኦ ፈተነ። ኣብ መንጎ ግና ንቐልቦም ዝሰሓበ ሓደ ነገር ረኣዩ፣ ወድን ጓልን ጣልያናውያን ኣብ ጽርግያ ተሓቚቖፎም ከንፈር ንኸንፈር ተወሃሂቦም ክሰዓዓሙ ኸለዉ፣ ሻምበል ብምግራም፣

"ኣንታ እንታይ እዮም ዝገብሩ ዘለዉ? ኣብ ማእከል ጽርግያ፣ እሞ ኸኣ ኣብ ኢትዮጵያ!" ክብልን ዳዊት ብሰሓቕ ክፈልሕን ሓደ ኾነ። "እንታይ የስሕቐካ ኣሎ?" ብምባል ቍጥዕ ኢሉ ሓተቶ።

"ኣብ ኢትዮጵያ ስለ ዝበልካ እየ። ንምኳኑ መን'ዩ ኣብ ኢትዮጵያ ኣለኻ ዝበለካ?" ብምባል፣ ዘይተጸበዮ ሕቶ ሓተቶ። ሻምበል ተደናገረ። "በል ክነግረካ፣ ንሕና ሕጂ ኣብ ኤርትራ ኢና ዘለና'ሞ እንዛረቦን እነውጽኦም ቃላትን ጥንቅቕ ኢልና ነውጽኦም፣" ድሕሪ ምባል፣ እቲ ዘረባ ናብ ካልእ ከይከዶ ብምባል፣ ዳዊት ናይ

ዝሰተዩዎ ሕሳብ ከፊሉ ሽናዕ እናበሉ ናብ ውሽጢ ባጽዕ ኣተዉ። ሆስፒታል ባጽዕ ንየማን ገዲፎም ድማ ናብ ወደብ ኣምርሑ።

"እዚ ትርእዮ ዘለኻ ነዊሕ መካበብያ፡ ወደብ'ዩ። ኣብ ከባቢና ካብ ዘለዉ ወደባት ዝዓበየ እዩ። ከም'ቲ ዝበልኩኻ ጣልያን ዝሃነጽዎ እዩ። ኢንፋክት! ቱርኪ መጀመርታ ኣብዚ እግሮም ምስ'ንበሩ፡ ተቐዳዲሞም ወደብ'ዮም ሰሪሖም። ከመይሲ፡ ኣብ'ቲ እዋን'ቲ ሓደ ካብቶም ናይ ዓለምና ሓያላን ሃገራት ስለ ዝነበሩ። ምስ እንግሊዝ፡ ፖርቱጋል፡ ስፐይን፡ ፈረንሳን ካልኦት ናይ'ቲ እዋን'ቲ ሓያላት ሃገራትን'ዮም ዝሰርዑ ነይሮም። ስለ ዝኾነ ኸኣ፡ ቀይሕ ባሕሪ ንምቍጽጻር'ዮም ነዚ ወደብ ሰሪሖሞ፣ ግና ኣይ ከም ናይ ጣልያንን። ብድሕሪኡ ቱርኪ ኣብ 1856 ንግብጺ ኣረኪቦሞ ምስ ወጹ፡ ግብጺ ብዙሕ ኣይተጠቐሙሉን። ኣብ ከባቢ 1890 ጣልያን ነዚ ሃገር ምስ ተቘጻጸረ፡ ንሱ'ውን ብጊድኡ ንቐይሕ ባሕሪ ብምቍጽጻር፣ ኤርትራ፡ ሶማልን ኢትዮጵያን ኣብ ትሕቲ ግዝኣቱ ኣእትዩ ናይ ዓባይ ቀርኒ ኣፍሪቃ ጥሙሑ ምእንቲ ኽተግብር ነዚ ትርእዮ ዘለኻ ዘመናዊ ወደብ ሃኒጹ፡" ብምባል፡ ነቲ ጣልያን ኣብ ኤርትራ ዘውፈሮ ርእሰ ማል ማዕረ ኽንደይ ዓቢ ኸም ዝነበረ ብሰፊሑ ገለጸሉ። መስዩ ሰዓት ትሽዓተን ፈረቓን ምስ ኮነ፡ ጥምየት ስለ ዝተሰምየም ናብ ሓንቲ ጣልያን ዝውንና ቤት ብልዒ ኣትዮም ኮፍ በሉ።

"እንታይ ክእዘዝ?" በሎም እቲ ኣሳሳዩ።

"እንታይ ጥዑም ነገር ኣለኩም?" ሓተተ ዳዊት ነቲ መእዘዚ ምግቢ እናንበበ።

"ፕሪሞ ሾርባ፡ ሴኮንዶ ፐነ ምስ ስጎ ቦለኘዘ፡ ቴርሶ ኸኣ ግሪል ዓሳ ምስ ሰላጣ፡" በሎም፡ ኢዱ ንድሕሪት ኣጣሚሩ። ሻምበል፡ እቲ ቛንቋ፡ ግእዝ ኮይኑዎ ብምግራም፡ ነቲ ናይ ስራሕ ጽሩይ ዲቪዛ ገይሩ ኣብ ቅድሚኦም ብትዕግስቲ ዝጽበ ዝነበረ ኣሳሳዩ ተዓዘቦ።

"እዞም ኣሳሰይትሲ ኹሉ ነገሮም ክጸሪ መዓት'ዩ። ኣይትሓዘለይ'ምበር፡ ኣነስ ካባና እዮም ኢለ ክኣምን ኣዝዩ እዩ ዝጽግመኒ ዘሎ። ምኽንያቱ፡ ንሕና ኣብ ማእከል ሃገር ዘለና ትፈልጦ ኢኻ፡ ካብ'ዚኦም ኣዚና ዝደሓርና ኾይኑ እዩ ዝስምዓኒ ዘሎ፡" በለ ሻምበል ታምራት ስምዒቱ ኽሓብእ ስለ ዘይከኣለ።

"ኣይተጋገኻን። እዚ ሃገር ንሓምሳ ዓመት ኣብ ትሕቲ መግዛእቲ ጣልያን ክነብር ከሎ፡ ከምቲ ዝበልኩኻ፡ ጣልያን ኣብ'ዚ ሃገር ኣሎ ዝብሃል ንዋይ እዩ ኣፍሲሱ። ኢትዮጵያ፡ ብኤውሮጳውያን

ኣይተገዝአትን። ኮይኑ ተሪፉ ምናልባት ጣልያን ንሓሙሽተ ዓመት። ስለዚ፡ ሃገርና ቅዲ መነባብሮ ኤውሮጳ ክትሕዝ ኣይከአለትን። ብሓጺሩ፡ ስልጣኔ ኤውሮጳ ኣየተኣታተወትን። ስለዚ፡ እንተ ደኣ ብሓባር ክንነብር ኬንና፡ ንሕና ካብ'ዚ ሃገር ክንመሃሮ ዝግብኣና ብዙሕ ቁም ነገር ክህሉ እዩ። ንሱ ጥራይ ዘይኮነ፡ እዚ ሃገር ብዲሞክራሲ ዝተመርጹ ኣባላት ባይቶ፡ ሓጋጊ፡ ፈራድን ፈጻምን ኣካል ኣለዎ። ማሕበር ሰራሕተኛታት ይኹን ናጻ ፕረስ ዘውንን ህዝቢ እዩ። ስለ ዝኾነ ኸኣ፡ ኣዝዩ ንቑሕ፡ ብዛዕባ ዓለማዊ ፖለቲካን ቍጠባን ኣፍልጦኡ ልዑል'ዩ። ንሕና ኸነመሓድሮ ብቕዓትና ማዕረ ክንደይ እዩ ዝብል ሕቶ ቕድሚ ሕብረት ክንምልሶ ዘለና ጉዳይ እዩ፡" ብምባል፡ ዳዊት እቲ ናይ ህዝቢ ኤርትራ ንቕሓትን ንሱ ዘለዎ ስክፍታ ኸብርሃሉ ፈተነ። ዝኣዘዝዎ ምግቢ በሊዖምን ነቢት ፈኒሊ ሰትዮምን ብእግሮም ኣብ'ቲ ኸተማ ቐኍሩብ ዘወን በሉ'ሞ፡ ናብ ሆቴሎም ተመሊሶም ነቲ ምኡዝ ናይ ባሕሪ ንፋስ ክስተማቕሩ ሜሎቲ ቢራ ኣዚዞም ኣብ ደገ ኾፍ በሉ።

"ጽባሕ ብንግሆኡ ናብ'ዛ ኣብ ቅድሜና ትርኣየካ ዘላ ደሴት ክትከይድ ኢኻ። ኣብ'ዚ ቐረባ እዋን ካብ ካልኣት ክፍልታትን መኻዚኖ ብረትን ዝተዋጽኡ ሓደስቲ ሰልጠንቲ ናብ'ዚ ኮለጅ ሓይሊ ባሕሪ ክመሃሩ ክመጹ እዮም። ካብኣቶም ሓደ ኣብ ሃረር ምሳኹም ዝነበረ ሓለቓ ሚእቲ መንግስቱ ሃይለማርያም'ዩ። ግና ተመሪጹ ኸብቅዕ፡ ሽመትካ ክትሕደግ ኢኻ ስለ ዝተባህለ፡ ካብ ሽመተይ ዝሕደግ ምትራፍ ይሕሸኒ ብምባል ተሪፉ'ሎ። ኣብ'ዛ ደሴት'ዚኣ፡ ናይ'ዛ ብሻምበል ኣሰፋ ኣሰፋው እትእዘዝ ኣብ ባጽዕ ኣብ ሓለዋ ተዋፈራ ዘላ ናይ ብርጌድ 12 ሓንቲ ሓይሊ ንሓለዋ ተመዲባ'ላ። እዛ ሓይሊ'ዚኣ ብምስጢር'ያ ንሓለዋ ኽትዋፈር። እቲ ምኽንያት ከኣ፡ እቲ መስርሕ ምጽምባር ኤርትራ ናብ ኢትዮጵያ ገና ስለ ዘይተወድአ ማለት እቲ ስማዊ ፌደረሽን ስለ ዘይፈረሰ፡ ንዝመጽእ እንተታት ቅሩባት ኬንና ክንጸንሕ'ዩ እቲ ሓሳብ። ስለዚ፡ ናትካ መደብ ኣብ'ዚ ኸተማ'ዚ ናይ ስለያ ኣሃዱ ምቛም ስለ ዝኾነ፡ ነዚ ዕማም ብዘይካናን እቲ ነዚ መምርሒ ዝሃበና ኣካልን ዋላ ሓደ ዝፈልጥን ክፈልጥ ዝግብኦን ሰብ የለን። ስለያ፡ ብደቂ ዓዲ ምስ ዝኸውን ኣድማዕነት ከም ዝህልዎ ኣየጠራጥርን'ዩ። ሓሳበይ ተረዲኡካ ክኸውን ተስፋ'ገብር። ብዛዕባ ገንዘብ ኣይትሕሰብ፡ ዝኣክል ባጀት ኣለካ። ስራሕካ ካብ ሕጂ ጀሚርካዮ ኣለኻ። ካብ ጽባሕ ንንየው ንዓይ ኣይክትረኽበንን ኢኻ። መልእኽቲ ምስ ዝህልወካ ድኳን እንዳ ጃምዕ ኬድካ፡ እዚኣ መልእኽቲ ንመሓመድ ሃበለይ

ብምባል፡ መቝሸሹ ኽልተ ብር ሃቦ ኢ'ኻ። እዚኣ ወደሓንካ፡" ኢሉዎ ቐድሚ ምኻዱ፡ "እታ መንግስቲ ኣሜሪካ ሂቡና ዘሎ ፒ-ሲ 16-16 ዝዓይነታ ናይ ውግእ መርከብ፡ ካብ ጀርመናዊት ወደብ *ብረመርሃፈን* ተበጊሳ 29 ግንቦት 1957 ኣብ'ዚ ክትኣቱ ምዃና ተሓቢሩካ ኸኸውን ተስፋ እገብር። ስለ ዝኾነ ኸኣ፡ እዚ ኸባቢ ጸጥታኡ ክሕሎ ግድን'ዩ፡" ኢሉዎ ተዓዝረ። ስለዚ፡ መሓሪ ነዚ ኣብ ኤርትራ ጽቡቕ ተመኩሮ ዝነበሮን ምስ ሻለቃ ኣለማየሁ መቐናቕን ትን ዝኾነ ሻምበል ታምራት ንምርካብ'ዩ እምበኣር ላዕልን ታሕትን ዝበለ። ዝኾነ ኣፋፍኖት ግና ክረክብ ኣይከኣለን። እታ ሓንቲ ኣብ ሓንጎሉ ዝመጸቶ ሓሳብ፡ ንሌተናል ኮሎኔል ደመቅሳ ኽረኽቦን ኣብቲ ናይ መኰንናት መዘናግዒ ማእከል ወሲዱ ከእንግዶን እያ ነይራ። መሓሪ፡ ንጓል ሌተናል ኮሎኔል ብኮንትራት ናብ ቤት ትምህርቲ የብጽሓ ስለ ዝነበረ፡ ምስኡ ጥቡቕ ዝምድና እዩ ነይሩዎ። ስለ ዝኾነ፡ ናብ ገዝኡ ብምኻድ ኣመኻንዩ ንኮሎኔል ናብ'ቲ መዘናግዒ ማእከል ወሰዶ። ድሕሪ ነዊሕ ዕላልን ሰሓቕን፡

"እቲ ሻምበል ታምራት ዝብሃልሲ፡ ገለ ወሪኡዶ ኣለካ? ኣብዚ ካብ ዘይመጽእ ነዊሕ ገይሩ፡" ብምባል፡ መሓሪ ኽምዛ ንሻምበል ታምራት ዝፈልጦ ኾይኑ ነቲ ዕላል ጠወዮ።

"እዋእ! ሕጂ'ንዶ ኣብዚ ቐድሚኡና ኣይጸንሐን፡" ብምባል ንየማነ ጸጋሙ ቍሊሕ ምሊሕ ኢሉ ረኸቦ። "ኣብቲ እነህልካ'ንዶ፡" ኸኣ በሎ።

"ዝገርመካ፡ ኣነስ ብወረ እየ ዝፈልጦ።"

"በል ሓንሳብ ጽናሕ ክጽውዖ እየ፡" ብምባል፡ ነቲ ኣሳሳዩ ጸዊዑ ንሻምበል ታምራት ክጽውዓሉ ለኣኾ። ሻምበል ደበኽ በለ'ሞ፡

"ሻምበል፡ ምስዚ ዓርከይ ከፋልጠካ፡ ኣቶ መሓሪ፡" ብምባል ንኽልቲኦም ኣፋለጦም። መሓሪ'ውን ኣይሓመቕን ተቐላጢፉ ነቲ ኣሳሳዩ ጸዊዑ ዊስኪ ኣዘዘሉ።

"ኣነ ዊስኪ ኣይሰትን'የ፡ ቢራ እየ ዝሰቲ፡" እንተ በለ፡ ኮሎኔልን መሓርን ኣይከውንን ብምባል ተቓወሙዎ። ሌላ ሻምበልን መሓርን ምስ ጊዜ እናዓመቘ መጸ። ካብ'ዚ ዕርክነት'ዚ ዝተላዕለ ኸኣ እዩ ሻምበል ታምራት ብዛዕባ ሻለቃ ኣለማየሁ ባልቻ ሓበሬታ ጥራይ ዘይኮነ ዝህቦ ዝነበረ፡ ምስ'ታ ኣብ ሓደ ባር እትሰርሕን መሓሪ ዘፋለጦን ኤርትራዊት ጓለንስተይቲ'ውን እንተ ኾነ ብፍቕራ ዝተጸምደ።

* * *

ምዕራፍ 15

በረኸት፡ እቲ ንስራሑ ምሹው ዝኾነ ኸባቢ ተሰማሚዑዎን ናብራ ኣዲስ ኣበባ ኸኣ ተለማሚዱዎን ነበረ። ክሳብ ዓመትን ፈረቓን እቲ ዝወጠኖ ስራሕ ብዙሕ ክሰጉም ኣይከኣለን። እቲ ምንታይሲ፡ ሰውራ ኤርትራ ኣብ'ቲ እዋን'ቲ ብዘይካ ኣብ ከባቢ ዩኒቨርሲቲ ኣብ ካልእ ብዙሕ ተፈላጥነት ኣይነበሮን፡ ብፍላይ ኣብ'ቲ ሓፋሽ ህዝቢ ኤርትራ። እቲ ምውዳብ'ውን ብኡ መጠን ኣመና ኣሸጋርን ኣስጋእን'ዩ ነይሩ። ከም ዕላማ ገይሮም ዝሓሰቡዎ እንተ ነበረ፡ ምውዳብ ሰብ ትካላትን ሰራሕተኛታትን'ዩ ነይሩ። ስለ ዝኾነ ኸኣ፡ ኤርትራውያን ዝውንኑወን ትካላት ንምጽናዕን ንምምዝጋብን ኣብ ንጡፍ ስራሓት ተጸምዱ። መሓርን በረኸትን ሓደ ምሸት ኣብ ካዛንችስ ኣብ ባር ዓድዋ እናዕለሉ ኸለዉ፡ ሰመረ ዝብሃል ፈላጥ መሓሪ ምስ ክልተ ኣዕሩኽቱ ኣተወ'ሞ፡ ንመሓሪ ምስ ረኣዮ ናብኡ ብምኻድ ሰላም ተበሃሃሉ። መሓሪ ንሰመረ ምስኦም ኮፍ ክብል ዓደሞ'ሞ፡ ምስ'ቶም መማጽእቱ ተተሓሒዞ ብምምጻእ ንበዓል መሓሪ ተጸንበሮም።

"ኣንታ ኸየፋለጥኩኹም፡ እዚ ዓርከይ ኣማንኤል ይብሃል፡ ኣነ ኸኣ መሓሪ፡" ኢሉ ነቶም ዝተረፉ ኣዕሩኽቲ ሰመረ ተፋለጦም።

"ኣነ ሰመረ'ብሃል፡ እዚ ተኽለ፡ እቲ ኸኣ ዮሴፍ ይብሃል። ኩላትና ኸኣ ኣብ *ኢስት ኣፍሪቃ ኣሉሚንዮም ካምፓኒ* ኢና ንሰርሕ፡" ብምባል ሰመረ ኣላለዮም። ዕላሎም እናመቀረ ብዝኸደ ኣማንኤል፡

"እዛ ትሰርሑላ ካምፓንስ ግሪኻውያን ድዮም ዝውንኑዋ ሓቀይ?" ብምባል ነቲ ኤርትራውያን እዮም ዋናታቱ ዝብል ብጽንጽንታ ዝሰምዖ ወረ ንምርግጋጽ ሓተቶም።

"ኤርትራውያን'ምበር፡" መለሰ ሰመረ ቅልጥፍ ኢሉ።

"እሞ መብዛሕትኹም ሰራሕተኛታት ኤርትራውያን ኢኹም ማለት'ዩ?"

"ኩላትና'ኳ ኣይኮንናን፡ ግና ዳርጋ ብዙሓት ኣለና። መብዛሕትና ኣብ *ሆለታ ገንት ቴክኒክ* ተማሂርና ዝተመረቕና ኢና።"

"*ሆለታ* ጀርመናውያን ዘቐሙዎ ቤት ትምህርቲ ቴክኒክ እንድዩ ሓቀይ?"

"እወ! ብመሰረቱ እቲ ቤት ትምህርቲ ዕላማኡ፡ ትምህርቲ ምስ ወዳእና ናብ ውትህድርና እዩ ክሰደና ወጢኑ ነይሩ፣ ከምኡ ኢሉ ኸኣ እዩ ኣፈሪሙና። ብዝተፈላለየ ምኽንያታት ግና ኽንከይድ ኣይደለናን። ኣጋጣሚ ኾይኑ ኸኣ ሰለስቴና ኣብ'ዛ ካምፓኒ ኣቲና፡" በለ ዮሴፍ።

"ኣብ'ቲ ቤት ትምህርቲ ብዙሓት ካብ ኤርትራ ዝመጹ ተመሃሮ ነይሮምዶ?" መሓሪ ሓተተ።

"ኤርትራውያን ደኣ መሊእና'ምበር። እቶም ዳይረክተር ከይተረፉ ኮሎኔል ወልደስላሴ በርሀ ዝተባህሉ ኤርትራዊ እዮም። ኣዝዮም ፍሉጥ ሰብ'ዮም፡" በለ ተኽለ።

"እሞ እቶም ዝወድኡ ደኣ ናብ ኣስመራ ተመሊሶም ማለት ድዩ?፡ ወይ ኣብ'ዚ ስራሕ ረኺቦም?" ሓተተ ኣማንኤል።

"ገሊኦም ናብ ውትህድርና ኸይዶም፡ መብዛሕትና ግና፡ ኣብ ገሊኣን ካምፓኒታት ንሰርሕ ኣለና፡" ብምባል፡ ዮሴፍ መለሰ።

"ኣዲስ ኣበባ'ኮ ገፊሕ'ዩ፡ ስራሕ ከኣ ኣይሰኣንን'ዩ። ንምዃኑ ነንሓድሕድኩም ትራኸቡዶ?"

"እወ!" በለ ተኽለ። ከምኡ እናበሉ ክተሓታተቱን ኽዕልሉን ዳርጋ ክወግሕ ቍሩብ ተረፎ'ሞ፡ ነንሓድሕዶም ተፋንዮም ካብ'ቲ ባር ወጹ።

ናይ ቴክኒክ ቤት ትምህርቲ *ሆለታ ገነት* ብጀርመናውያን ክኢላታትን ብደገፍ መንግስቲ ጀርመንን ዝቐመ ቤት ትምህርቲ እዩ። ኮሎኔል ወልደስላሴ በርሀ ኣብ ጀርመን ብኤለክትሪክን ኤክትሮኒክስን ተማሂሮም ብማስትረይት ዲግሪ ዝተመረቑ ኣዝዮም በሊሕ ወተሃደር'ዮም ነይሮም። ትምህርቶም ወዲኦም ናብ ኢትዮጵያ ቕድሚ ምምላሶም ንመንግስቲ ጀርመን ሓደ *ፖሊቴክኒክ* ኣብ ዓዶም ከቑሙ ኽም ዝደልዩን ሓገዝ ክውፍየሎምን ተማሕጸኑዎ። መንግስ ቲ ጀርመን'ውን ሓገዙ ኽውፍየሎም ቅሩብ ምዃኑን ንዕኡ ዝኸውን መሳለጥያታት ክህቦም ቃል ምስ ኣተወሎም ከኣ፡ ናብ ዓዶም ተመልሱ'ሞ ነቲ *ፖሊቴክኒክ* ዘቑሙሉ ቦታ ሃሰው በሉ። ከም ሓሳብ፣ ኣስመራ፡ ከረንን ደቀምሓረን ሓጸዩወን። ሓሳቦም ድሕሪ ምውራድን ምድያብን እቲ ቤት ትምህርቲ ኣብ ደቀምሓረ ክድኰን ወሰኑ'ሞ እቲ ሓሳብ ናብ ሃጸይ ሃይለስላሴ ኣቕረቡዎ። ይኹንደኣ'ምበር ሃጸይ ሃይለስላሴ ብዕላማ ንኤርትራን ኤርትራውያንን ክድህኽ ዝተበገሰ

ኸም ምንባሩ መጠን፡ ነቲ ኣብ ደቀምሓረ ዝብል ሓሳብ ብምንጻግ ኣብ ከባቢ ኣዲስ ኣበባ ክግበር ትእዛዝ ሃበ። ኮሎኔል ወልደስላሴ በርሀ ብጣዕሚ ጐሃዩን ኣስተማሰሉን። ዕረ እናጠዓምም ከኣ ነቲ ቤት ትምህርቲ ኣብ *ሆለታ ገነት* ኣቐሙዎ፣ ናቱ ዳይረክተር ከኣ ኾኑ። ኣብ'ቲ ቐዳማይ እብረ ትምህርቲ ኸም በዓል ሻምበል ዮሃንስ ፍቓዱን ሻምበል ደሳለኝ እምባየን ዝመሰሉ ፍሉጣት ኤርትራውያን መምህራን ዝነበሩዎ ኾይኑ፡ ብዕስራን ክልተን ተመሃሮ ትምህርቱ ዝጀመረ ኢትዮ-ጀርመን ቤት ትምህርቲ ቴክኒክ *ሆለታ ገነት*፣ ዳርጋ ኤርትራውያን ተመሃሮ ኣይነበሩዎን። ድሕሪ ክልተ ዓመት ግና ስሳ ተመሃሮ ካብ ምሉእ ኢትዮጵያ ክቕበል ከኣለ። ካብ'ዚኦም እቶም ዕስራን ሸውዓተን ካብ ኤርትራ ክኾኑ ኸለዉ፡ እቶም ሓሙሸተ ኸኣ ካብ ዝተፈላለያ ኣውራጃታት ኢትዮጵያ ዝመጹ ኤርትራውያን ነበሩ። ብሓፈሻ፡ ልዕሊ ፍርቂ ናይ'ቲ ቤት ትምህርቲ ተመሃሮ፡ ኤርትራውያን ነበሩ። በዚ ኸኣ ኮሎኔል ወልደስላሴ ኣዝዮም ሕቡን ነበሩ። እዝን ካልእን ሓበሬታ ምስ ረኸበ፡ በረኸት ቈላሕታኡ ናብዞም ሓደስቲ ኣዕሩኽቱ ምውዳብ ገበሮ።

*　*　*

በረኸት፡ ንውዳበ መበገሲ ዝኾኖ ሓሳብ ብምርካቡ ኸይተሓጐሰ ኣይተረፈን። ስለዚ፡ ንበንል ሰመረ ብቐጻሊ ዝረኽበሉ መገዲ ሃሰው ካብ ምባል ኣይዓረፈን። ዝኣትዉሉን ዝወጹሉን ሰዓታት ስራሑም ድሕሪ ምጽናዕ፡ ካብ ስራሕ ወጺኦም ናበይ ከም ዝኣትዉን ምስ መን ከም ዝኸዱን ክከታተሎም ጀመረ። ሓደ መዓልቲ መኪና ሒዙ ናብ *ካዛንችስ* ከይዱ ኣብ ጥቓ *ኢስት ኣፍሪካ ኣሉሚንዩም ካምፓኒ* ደው ብምባል፡ ካብ ሰለስቲኦም ሓደ ኽወጽእ ተጸበየ። ኣጋጣሚ ኾይኑ ዮሴፍን ተኸለን ብሓንሳብ ክወጹ ምስ ረኣዮም፡ ጥሩምባ መኪና ሃሪሙ ተዳህዮም፡

"ናበይ ደኣ ትኸዱ'ለኹም ክማልኣኩምዶ?" በሎም። ክልቲኦም መን ምዃኑ'ኳ ብዙሕ እንተ ዘየላለዩዎ ቀሪቦም ሰላም በሉዎ።

"ኣማንኤል'የ፡ ገጢኹምኒ ኢኹም'መስለኒ።"

"ዋእ! ኣማንኤል ዲኻ፡ ኣይ ገጢናካ'ንዲና፡" ብምባል ናብ መኪና ኣተዉ'ሞ፡ ከመ'ለኻ ከመ'ለኻ እናተበሃሃሉ 'ንቕድሚኦም ከዱ። ናብ *ኣራት ኪሎ* ገጾም ምስ ከዱ ተኸለን ዮሴፍን "ኣንታ ናበይ ኢና ንኸይድ ዘለና?" ተበሃሃሉ።

"ናብ ትኸዱዎ ካብ ዘይፈለጥኩም፣ ንውናይ ኣነ ኣብ ፒያሳ ኸመይ ዝበለት ቅልዋ ስጋ ከድርረኩም፣" ኢሉ ሒዙዎም ከደ። ዝኣ ዘዙዎ ምግቢ ተቐሪቡሎም እናበልዑ ናብ ዲቕ ዝበለ ዕላል ኣተዉ። ሰዓት ሸሞንተ ምስ ኮነ ኣብ'ቲ ኸባቢ ዝነበራ ባራት በጻጺሖም ናብ ካዛንቺስ ከዱ'ሞ ናብ ባር ዓድዋ ተኣልዩ። ባር ዓድዋ ካብተን ኤርትራውያን ብብዝሒ ዘዘውትሩወን ባራት ሓንቲ እያ። ኣብታ ባር ደርፉ ይኹን ትሰምዖ ቋንቋ፣ ትግርኛ እዩ። እቲ ደርፍታት ናይ በረኸት መንግስተኣብ፣ ኣልኣሚን ዓብደለጢፍ፣ ትበርህ ተስፋሁነኝ፣ የማነ ገብረሚካኤል (ባርያ)፣ ዑስማን ዓብደራሒም ወዘተ. ስለ ዝኾነ፣ እቶም ኤርትራውያን ምስ ዓዶም ብመገዲ እቲ ደርፍታት'ዮም ዝራኸቡ ነይሮም። በዓል በረኸት፣ ቢራ ኣዚዞም እናዕለሉ ኸለዉ "ሸገይ ሃቡኒ፣ ሸገይ ሃቡኒ፣ ሸገይ ሃቡኒ ኣይተታልሉኒ" ትብል ደርፌ ናይ ተወልደ ረዳ ተደርፈት'ሞ፣ ኩሎም ብሓባር ደረፉዋ።

"እዛ ደርፌ'ኮ ዓቢ መልእኽቲ እዩ ዘለዋ፣" በለ ዮሴፍ።

"ናጽነተይ ሃቡኒ ማለት እያ'ኮ፣" ደገመ ተኸለ።

"ኣንታ ኣብ በረኻታት ዓድና ምስ ጦር ሰራዊት ዝዋግኡ ጀብሃ ዝብሃሉ ኣለዉ ዝብሃልሲ፣ ሓቂ ድዩ?" ብምባል ዮሴፍ ቀስ ኢሉ ቀሪቡ ሓተቶም።

"ክሳዕ ሎሚ ኣይትፈልጥን ዲኻ። ክንደይ እንድያ ካብ ዩኒቨርሲቲ ኸይዳ። ወዲ ሓወ'ቦይ'ኳ ካብ ዝኸይድ ዳርጋ ኣርባዕተ ዓመቱ ገይሩ። እንታይ'ሞ ተፈላልዮም'ዮም ዝብሃል፣" በለ በረኸት እናስተንተነ።

"መን'ዮም ተፈላልዮም?"

"እቶም ኣብ በረኻ ዘለዉ ኣሕዋትና።"

"ወረ ሰብ'ዩ ዝኸውን'ምበር፣ ንናጽነት ኢሎም ወጺኦምሲ ነንሓድሕዶም ክዋግኡ!" በለ ተኸለ። ከምኡ እናበሉ ኸዕልሉ ኣምስዮም፣ ወጋሕ ትበል ለይቲ ክስዕስዑ ናብ *ራስ ሆቴል* ተተሓሒዞም ከዱ። ኣጋ ወጋሕታ ካብቲ ሆቴል ምስ ወጹ ንኸራኸቡ ተቛጺሮም ተፈላለዩ።

በረኸት፣ ንጽባሒቱ ነቲ ተኸለን ዮሴፍን ዘልዓሉዎ ኣርእስቲ፣ በብሓደ ድሕሪ ምዝካር፣ ነቲ ከሰላስሎ ዝቐነየ መደብ ንምትግባሩ ዓቢ ባይታ ምዃኑ ኣሐጕሶ፣ ደጊሙ ክረኽቦም ከኣ፣ ተሃንጠየ። ኮይኑ ኸኣ፣ ዳርጋ ብቐጻሊ ካብ ምርኻብ ዝተላዕለ ነንሓድሕዶም ክወሃሃዱን ናይ ልቦም ከዕልሉን ጀመሩ። ድሕሪ ነዊሕ ትዕዝብቲ፣ ክውድቦም ከም ዝኽእል ምስ ተኣማመነ ብዛዕባ'ቲ ጉዳይ ከዘራርቦም

ዓርቢ ምሸት ናብ'ቲ ወትሩ ዝኣትዉዎ ባር ዓድዋ ኸደ። ተኸለ፡ ሰመረን በረኸት ቅድሚኡ ርእዩዎ ዘይፈልጥ ሓደ ሰብን ጸንሑዎ። ሰላም ድሕሪ ምብህሃል ቢራ ኣዘዙ።

"ዮሴፍከ ከመይ ኣሎ? እንታይ ደኣ ዘይመጸ?"

"ካብ ስራሕ ቅድሚኤና እዩ ወጺኡ፡" ድሕሪ ምባል፡ "እዚ ኸኣ መማህርትናን ዓርክናን ኣብ *መተሃራ ወንጂ ስኳር ፋብሪካ* እዩ ዝሰርሕ። ቀዳመ ሰንበት ኮይኑ እዩ፡ ክበጽሓና መጺኡ። ዘርኣ ይብሃል፡ ንሱ ኸኣ ኣማንኤል፡" ብምባል፡ ተኸለ ኣላለዮም።

"ጽቡቕ ሌላ። ካብ መማህርትኹምከ ኣብኡ ኣለዉ ድዮም?" ከምዛ ዝተደነቐ ንዘርኣ ሓተቶ።

"እዛ ኹላ ቴክኒሻን ደኣ ደይ ኩላ ደቂ ዓድና እያ። ካብ መማህርትና ግና፡ ክልተ ጥራይ ኢና ዘለና፡" መለሰ ዘርኣ። ብኸም'ዝን ወዲ ኸም'ዝን ኸዕልሉ ኣምሰዩ'ሞ፡ በረኸት ገዛ ኽኸይድ'የ ኢሉ ቕድሚ ምፍናዉ፡ ሰኑይ ሰዓት ሸዱሽተን ፈረቓን ኣብ *ፒያሳ* ኣብታ ሓደ ጊዜ ዝተደረሩላ ቤት ብልዒ ክራኸቡ ተሰማሚዖም ተፈላለዩ።

* * *

ምዕራፍ 16

መሓሪ፡ ቀዳም ንግሆ ሃንደበት ናብ እንዳ በረኸት መጺ'ሞ፡ "ሎሚ ምሸት ንዘራረበሉ ጉዳይ ስለ ዘለና ምስ ኻልእ ሰብ ዝኾነ ቈጸራ ኸይትሕዝ! ብሓንሳብ ኸነምሲ ኢና! እንተ ደሊኻ ግና ቀትሪ ሰዓት ዓሰርተው ሓደ ኣብ እንዳ ተኸሉ ምቁር ሕብስቲ *ተክለሃይማኖት ሰፈር* ንራኸብ!" ብምባል፡ ተሃዊኹ ስለ ዝነበረ መልሲ ኸይተጸበየ ገዲፉዎ ኸደ። በረኸት እቲ ቅልጡፍ ኣዘራርባ መሓሪ ገሪሙዎ፡ "ደሓን ድዩ ደኣ?" ካብ ምባል ሓሊፉ፡ ዝበሎ ኣይነበሮን። ከም ቈጸራኦም ኣብ'ቲ ቦታ ተራኺቡ'ሞ ማኪያቶ እናሰተዩ፡

"ሎሚ ንግሆስ ብደሓንካ ዲኻ ደኣ ክንድ'ዚ ተሃዊኽካ ኔርካ?"

"እወ! ንሓደ ጸዕዳ ብኮንትራት ናብ'ዝን ናብ'ትን ከመላልሶ ስለ ዝነበረኒ፡ ሰዓት ከይሓልፈኒ ኢለ እየ'ምበር ካልእ ኣይኮንኩን።"

"እሞ ካብ ተራኺብና ምሸት ግድን ዲና መሊስና ክንራኸብ?"

"ትማሊ ምስ ሻምበል *ታምራት* ተራኺብና ኔርና፣ ሓደ ሓደ ጉዳያት ኣልዒሉ ዘዕለለኒ ነገር ኣሎ፡ ግና ዕላልና ኸይወዳእና ሰብ ስለ ዝመጸና፡ ንሎሚ ምሸት ክንራኸብ ተቛጺርና ኣለና'ሞ ብሓንሳብ ክንከዶ ዝሓሸ እዩ፡" ኢሉ ሰዓቱ ርእዩ "በል እዚ ፈረንጂ ይጽበየኒ ኣሎ'ሞ ክኸይድ፡" ኢሉዎ ኸደ።

ሻምበል *ታምራት*፡ ኣብ'ቲ ንሱ ዝሰርሓሉ ሚኒስትሪ ብፍላይ ንጉዳይ ኤርትራ እትከታተል ክፍሊ ሓላፊኣ ንሱ እዩ ነይሩ። ስራሓ ካብ ኤርትራ ዝመጹ ስለያዊ ጸብጻባት'ያ ትምርምር። ኣብ ልዕሊ ገድሊ ኤርትራ ዝግበር ምጽንጻናትን ስለያን ኣብ'ቲ ናቱ ኽፍሊ ተመምዩ እዩ ናብ ሻለቃ ኣለማየሁ ባልቻ ዝሓልፍ። ብመገዲ ሻለቃ ኸኣ ናብ ብ/ጀነራል ወንድምኣገኘሁ ንውሳኔ ይመሓላለፍ። ኸምኡ ስለ ዝኾነ ኸኣ እዩ ሻምበል *ታምራት* ብቐጻሊ ናብ ኣስመራ ዝመላለስ። ካብን ናብን ኣስመራ ዝመሓላለፍ ምስጢራዊ ናይ ደብዳበታት ርክብ፡ ንሱ እዩ ሒዙዎ ዝኸይድን ዝመጽእን። መሓሪ ኣጋጣሚ *ብሃገር ፍቕር ትያትር* ኣቢሉ ናብ *ራስ ሆቴል* እናኸደ ኸሎ፡ ሃንደበት ኣብ'ታ እንዳ ቀምቃማይ ንሻምበል ክቕምቀም ረአዮ'ሞ፡ ናብኡ ብምእታው ሰላም በሎ።

"መሓሪ ኣበይ ደኣ ጸኒሕካ? ከመይ ዝበለ ጽቡቕ ኣጋጣሚ እዩ

በጃ'ኻ፡ በል ሓንሳብ ጽንሓኒ ወዲአ እየ'ሞ ብሓንሳብ ሻሂ ክንሰቲ፡" ኢሉ ተቐምቂሙ ምስ ወድአ፡ ኣብ ከባቢ *ራስ ሆቴል* እትርከብ ቤት ሻሂ ኸዱ።

"ሻምበል *ታምራት* ካብ ዘይርእየካ ነዊሕ ገይረ? ንምዃኑ ኸመይ ኣለኻ? ኣልማዝከ ደሓን ድያ?"

"ህጹጽ ስራሕ ስለ ዘጋጠመ ኣስመራ ቐንየ እየ መጺአ። ይገርመካ እዩ! ንኣልማዝ ሒዘያ እየ ኸይደ። ኣስመራ ኣይትፈልጣን እያ ነይራ።"

"እሞ ኣስመራ ፈትያቶዶ?"

"ኣነ ክገልጸላ ኸለኹ ፈጺማ ኣይትኣምነንን'ያ እያ ነይራ። ብዓይና ምስ ረኣየቶ ግና ብጣዕሚ እያ ተገሪማ። ጽርየታ፡ እቲ ህንጻታታን ጐደናታታን ኩሉ ነገራ እያ ኣድኒቓቶ። ዝገርመካ፡ ኩሉ'ቲ ጐደናታት ሽምን ነፍሲ ወከፍ ገዛ ኸኣ ቍጽሪ ገዛ ብን ጹር ኣብ ሓጹር ዝተጻሕፈን ከም ዘሎዎ ንሳ ምስ ነገረትኒ እየ ብልክዕ ዘስተብሃልኩሉ። መሓሪ፡ ኣብዚ'ኮ ጐደና ቾርቺል፡ ሚኒሊክ ወዘተ. እንተ ዘኮይኑ፡ ኣይኮነን ሽም ጐደና፡ ብፕላን ዝተሰርሐ ቦታ የብልናን።"

"ሻምበል ንዓና ኣዲስ ኣበባ ኹሉ ነገርና እያ። ንዓና ጽብቕትን ጽርይትን'ያ፡ ከምኡ ጌርካ ኣይተቃልላ፡" በሎ መሓሪ ሰዓቱ እናረኣየ። "ንምዃኑ እንታይ ህጹጽ ስራሕ ነይሩካ እዩ ናብኡ ኼድካ?"

"መሓሪ፡ ወንበዴ ኣሸጊሮምና!" ኢሉ ዘረባኡ ኸይወድአ፡ ሓደ ንሻምበል ዝፈልጦ ሰብ ስለ ዝተሓወሶም፡ ንምሸት ተቛጺሮም ተፈላለዩ።

መሓሪ፡ ነቲ ጉዳይ ኣቕሊሉ ስለ ዘይረኣዮ እዩ እምበኣር ብንግሆኡ ናብ በረኸት ከይዱ ንኽራኸቡ ኣጥቢቑ ዘተሓሳሰቦ። ምሸት ኣብ ቈጸራኦም ተራኸቡ'ሞ፡

"ሻምበል *ታምራት* ኣስመራ ቐንዩ ኢዩ መጺኡ፡ ብስራሕ ምኽንያት ከኣ እዩ ኸይዱ ነይሩ። መኸየዲኡ ምኽንያት ምስ ሓተትኩዎ፡ "ወንበዴታት ኣሸጊሮምና፡" ኢሉኒ። ስለዚ፡ ብሓንሳብ ከነምሲ ተቛጺርና ኣለና'ሞ ንስኻ ቕድሚኡ ኣብ *ዋቢ ሸበሌ* ሆቴል ኣቲኻ ጽንሓና። ሽዑ ኣነ ኸም'ዛ ዘይፈለጥኩ መጺአ ሰላም ክብለካ እየ፡" ኢሉዎ ኸደ።

ሻምበል ንምሸቱ ናብ'ቲ ሆቴል ክኣቱ ኸሎ፡ መሓሪ ኣብ ሓደ ኹርናዕ ኮይኑ ይከታተሎ ስለ ዝነበረ፡ ካብ መኪና ወሪዱ ደድሕሪኡ ኣተወ። ከምዛ ዘይረኣዮ ናብ የማነ ጸጋም ቍሊሕ ምሊሕ ድሕሪ

ምባል ንበረኸት ርእዩ ናብኡ ገጹ ኸደ። በረኸት ተንሲኡ ምስ መሓሪ ኸምዛ ነዊሕ ዘይተረኣኣዩ ኣጥቢቖም ተሰዓዓሙ። እዚ ኹሉ ክኸውን፡ ሻምበል ንመሓሪ ካብ ዓይኑ ኣይኣለዮን። ድሕሪ ሰላምታ፡ ናብ ድሕሪት ቊሊሕ ኢሉ ንሻምበል ረኣዮ'ሞ፡ ንበረኸት ኣብኡ ገዲፉዎ ኸደ።

"ሻምበል፡ ክኣቱ ኸለኹ ፈጺመ ኣይረኣኹኻን፡ ቢጋጣሚ ንኣማንኤል እንድየ ረኺበዮ'ሞ፡ ፍቓድካ እንተ ኾይኑ ክጽውዖዶ ምሳና ኸዕልል።"

"ሕራይ ጸውዓዮ፡" በለ ሻምበል። በረኸት ግና ኸምዛ ዘይደለየ ዕጥይጥይ እናበለ ተንሲኡ ንኽልቲኦም ተጸንበሮም።

"ኣማንኤል ከመ'ለኻ? ዳርጋ ቕድሚ ኽልተ ወርሒ ምስ ተረኣኣና ኢና። እቲ ምድዋል'ውን ገዲፍካዮ ኢኻ" ብምባል፡ ምዉቕ ሰላምታ ሃቦ። ክልቲኦም ብመገዲ መሓሪ ካብ ዝፋለጡ ነዊሕ እዋን'ዮም ገይሮም። ተቛጺሮም ብሓንሳብ ዘማስዩሉን ክስዕስዑ ወይ *"ኣዝማሪ ቤት"* ብምኻድ ወጋሕ ትበል ለይቲ ዘሕለፉሉ ጊዜ'ውን ነይሩ እዩ። ሻምበል ንበረኸት ብዥለንትናኡ እዩ ዘድንቖ፡ ብኣዘራርባኡ፡ ብስነ ስርዓቱን ኣተሓሳስባኡን።

"ሓቅኻ ሻምበል! ስራሕ ተወዝ ምባል ከሊኡኒ። ትፈልጦ እንዲኻ ናይ *ምዝሸልድ* ስራሕ፡ ዕረፍቲ ኣይህበካን'ዩ፡" ድሕሪ ምባል፡ ነቲ ሻምበል ዝኣዘዞ ቢራ ኣልዒሎም ከምቲ ኹሉ ጊዜ ዝገብሩዎ "ንጥዕና!" ኢሎም ሰተዩ'ሞ ናብ ካልእ ዕላሎም ኣተዉ። ድሕሪ ነዊሕ ዕላል፡

"ኣንታ ሻምበል፡ ሸፋቱ ደኣ ኣበይ እዮም ረኺቦምኹም!? እዝግሄር ኣውጺእኩም!" በሎ መሓሪ፡ ኮነ ኢሉ ነቲ ነገር ምእንቲ ኸልዕለሉ ኢሉ።

"እንታይ ሽፍታኡ'ታ!" በለ፡ በረኸት ትቕብል ኣቢሉ።

"መሓሪ፡ ኣብ መገዲ ሽፍታ ረኺቦሙና'ኮ ኣይበልኩኻን። ኣነስ፡ ኣስመራ ቐንየ መጺአ፡ ኣብኡ ኸኣ ወንበዴ ኣሸጊሮምና እየ ዝበልኩኻ፡" ብምባል ንመሓሪ ኣረሞ።

"ወንበዴን ሽፍታን እንታይ ፍልልይ ኣለዎም፡ ኩሎም ከተርቲ!"

"መሓሪ ንስኻ ትፈልጦ ነገር የብልካን፡ ምኽንያቱ፡ ካብ'ዛ ኣዲስ ኣበባ ወጺእካ ደብረዘይት እንተ ኾነ'ውን በጺሕካ ዘይትፈልጥ ሰብ ኢኻ። ኣብ ክፍለ ሃገር ኤርትራ ለይትን መዓልትን ዘሸግረና ጀብሃ ዝበልዎ እኽብካብ ወንበዴ ኣሎ። ንሕና ኸኣ ንዕኡ እግሪ እግሩ እናተኸተልና ኽነጥፍኦ ነዊሕ ጽዒርና፡ ግና ኣይኮነልናን።

ሕጂ ኸኣ፡ ዝገደደ ሓደ ኻልእ ናቱ ጨንፈር ተመስሪቱ'ሎ። እዚ ሓድሽ ናይ ወንበዴ ጨንፈር፡ ምስቲ ጀብሃ ዝብሃል ወንበዴ ነንሓድሕዶም ተባሊዖም ክጠፍኡ እዮም እናበልናዮም ከለና፡ በዚ ኸባቢ ባጽዕ ውግእ እናኸፈተ ዕረፍቲ ኸሊኡና'ሎ። ብሕልፊ ሓደ ናይ ኢትዮጵያ ሓይሊ ባሕሪ ኣባል ዝነበረ'ሞ ዝሸፈተ፡ እድሪስ ዝብሃል ኣብ'ቲ ኸባቢ ተራእዩ ስለ ዝተበሃልና ንዕኡ ክንደሊ ድከትና ኢና ሰቲና ቀኒና፡" ምስ በለ፡ በረኸት ከይተፈለጦ ኣዒንቱ ኣፍጢጡን ኣፉ ኸፊቱን ብምግራም ይሰምዖ ነበረ። ከይተፈለጦ "ብጾትናስ ባጽዕ በጺሖም!" ክብል ካብ ኣፉ እዩ መሊሱዋ። ሻምበል ብምቕጻል "ምስኡ ዝተሓባበሩ ደቂ ሕርጊጎ ረኺብና ክንምርምሮም ኣሲርና ናብ ኣዲስ ኣበባ ሒዝናዮም መጺእና ኣለና፡" ምስ በለ፡ ናይ ክልቲኦም ገጽ ጽልምት በለ። እቲ ጉዳይ ቀሊል ከም ዘይኮነ ዝተረድኦ በረኸትን መሓርን ጥንቓቐ ክገብሩ ብዓይኖም ተረዳድኡ። ሻምበል ብምቕጻል "ኣብ ጥቓ ሸዕብ ኣብ ውግእ ዝማረኽናዮ ወንበዴ'ውን ሒዝና ኣለና፡" ምስ በለ፡ በረኸት ከብዱ ሓቦጭቦጭ በሎ፡ መን ኮን ይኸውን ብምባል። ሻምበል ምስ በዓል በረኸት ብዛዕባ ሸፋቱን ኣልማዝ ኣብ ኣስ መራ ዝገበረቶን እናዕለለ ኣብቲ ሆቴል ኣማስዮሞ፡ መሓሪ ናብ ካልእ ክኸዱ ሓሳብ ኣቕረበ።

"*ኣዝማሪ ቤት ንኺድ*፡" ተበሃሂሎም ከኣ ብናይ መሓሪ ታክሲ ገይሮም *ንንፋስ ስልክ* ከዱ። ንጽባሒቱ ሰንበት፡ በረኸት በቲ ዝሰምዖ ወረ ኸቢዱዎ እዩ ውዒሉ። ድሕሪ ቐትሪ ሰዓት ኣርባዕተ ኣቢሉ ቊሩብ እንተ ነፈሰሉ ኢሉ ናብ'ቲ በረኻ ናይ'ቲ ዝነብረሉ ገዛውቲ ከዛወር ከደ። ብሓሳብ ዝረግጾ ዝነበረ መሬት ኣይፍለጦን'ዩ ነይሩ። ኩሉ ሓሳቡ ብዛዕባ'ቲ ናይ ህዝባዊ ሓይልታት ተጋዳላይ እዩ ነይሩ። እንታይ ክገብር ከም ዘሎዎን ከመይ ገይሩ ኽረኽቦ ኸም ዝኽእልን እናሰላሰለ ኸሎ፡ ኣብ ሓሳቡ እታ ምልክዕቲ ኣልማዝ መጸቶ'ሞ፡ ኣብ ዘሎዎ ደው በለ።

* * *

ምዕራፍ 17

በረኸት፡ ኣብ'ቲ ምስ በዓል ተኽለ ዝተቛጸሩሉ ቤት ብልዒ ኣትዩ ኾፍ ኢሉ እናተጸበዮም ከሎ ድሕሪ ዓሰርተ ደቒቕ ኣቢሎም ሰመረ፡ ዮሴፍን ተኽለን ተጸምበሩዎ። ተኽለ ንበረኸት ኣፍልጦ ናይ ሜዳ ኾም ዘሎዎ ጠርጢሩዎ እዩ ቐንዩ። ከመይሲ፡ ንሱ ሓደ ሓደ ጽሑፋት ናይ ተ.ሓ.ኤ የንብብ ስለ ዝነበረ፡ ኣወዳድቓ ቓላት በረኸት ከኣ፡ ምስ'ቲ ዘንበቦም ቃላት ዝመሳሰል ብምንባሩ እዩ። በዚ ምኽንያት'ዚ ኸኣ እዩ፡ ገለ ናይ ሜዳ ጽሑፋት ካብ በረኸት ክረክብ ዝተተስፈወ። ቀዲሙ ንዮሴፍን ሰመረን ብዛዕባ'ቲ ጉዳይ ኣዘራሪቡዎም ስለ ዝነበረ ንሳቶም'ውን ህንጥዩነቶም ከም ናቱ ደኣ ነበረ።

“ኣማንኤል ደንጕናካዶ፡ ደሓንዶ ቐኒኻ?” በለ ተኽለ ንኹሎም ወኪሉ።

“ጽቡቕ! ንሱኹምከ ኸመይ ቀኒኹም? ቈጸራስ ሰተት ኣይተብሉን ኢኹም፡ እዚ *ሆለታ* ጽቡቕ ገይሩ እዩ ወተሃደራዊ ስነ ስርዓት ምሂሩኩም'መስለኒ፡” ብምባል ኣስሓቐም'ሞ ጠምዮም ስለ ዝነበሩ መኣዲ ኣዚዞም ክሳዕ ዝመጾም ዕላሎም ቀጸሉ። ድራር ምስ በልዑ፡ ናበይ ንኺድ ተበሃሃሉ'ሞ፡ በረኸት ከም መደቡ ናብ *ግዮን ሆቴል* ሒዙዎም ከደ። *ግዮን ሆቴል* ዓበይትን ሰብ ዝናን ዝኣትዉዎ ሆቴል ሰለ ዝነበረ፡ ነቲ በረኸት ምስኣቶም ክዘራረበሉ ዝደለየ ጉዳይ ምሹው ቦታ እዩ ነይሩ። ኣብኡ ኣትዮም ከኣ ኣብ ሓደ ውሱን ዝበለ ቦታ ኾፍ ብምባል ቢራ ኣዚዞም ናብ ዕላሎም ኣተዉ።

“ኣንታ ብዛዕባ ዓድናኸ እንታይ ወረ'ሎ? ነንሓድሕዶም ምውጋእሲ ገዲፎሞዶ ይኾኑ?” በለ በረኸት ርእሱ ኣድንን ኣቢሉ።

“እቲ ኣብ'ቲ ባር ዝረኸብናዮ ዘመድኩም፡ ትዝክሮ እንታይ ከም ዝበለና?” በለ ሰመረ ንተኽለ እናጠመተ።

“እወ ሓቅኻ! ኣብ ባርካ ብርቱዕ ውግእ'ዩ ቐንዩ ይብል ነይሩ።” ምስ በለ፡ በረኸት እቲ ዕላል ከይገፍሐ ኸሎ ምእንቲ ናብቲ ዘምጽኦ ጉዳይ ክኣቱ ብምባል፡

“እንታይ'መስለኩም፡ ብዙሕ ወረ ክህሉ ይኽእል'ዩ። ግና፡ ንወረ ኾም ዘሎዎ እንተ ተቐቢልናዮ ምናልባት ከጋግየና ይኽእል

ይኸውን'ዩ። ንሕና ኤርትራውያን ኢና፣ ኣሕዋትና ኹላ ንናጽነት ይዋግኡ ኣለዉ። ስለዚ፣ ንሕናኸ እንታይ ክንገብር ኣለና ክንብል ኣለና። ኣነ ኸም ሓሳብ ክነግረኩም፣ ገንዘብ ኣዋጺእና ዘይንሰደሎም፣" በሎም፣ ንሰለስቲኦም በብሓደ እናጠመተ።

"እዚ ደኣ ጽቡቕ ነይሩ! ግና ከመይ ጌርካ ናብኦም ክበጽሕ ይኽእል?" ሓተተ ሰመረ ህውኽ ኢሉ።

"ኣነስ ብወገነይ ዘሸግር ኮይኑ ኣይስምዓንን'ዩ፣ ጥራሕ ክንገብሮ ንበገስ'ምበር። ብወገነይ ዘድሊ ገንዘብ ክኸፍል ቅሩብ'የ፣" በለ ተኸለ ንዮሴፍን ሰመረን እናጠመተ። ንሳቶም'ውን "ንሕና'ውን፣" ብዘስ ምዕ ርእሶም ነቕነቑ።

"እሞ እዚ ክንገብር እንተ ደኣ ኼንና፣ ኣርባዕቴና ክይንጠላለም፣ እንገብሮን ምስ መን ከም እንገብሮን ንኻልእ ሰብ ከይንነግርን ኩሉ ነገር ብምስጢር ክንሕዞ ኸም ዘለናን ክንምሕል ኢና። እዚ ማሕላ'ዚ ዝጠለመ ግና፣ ናቱ ሳዕቤን ክህልዎ እዩ። ቅድም ቀዳድም ባዕሉ ናብ ማሕቡስ ክኣቱ እዩ ማለት ክእሰር'ዩ። ካልእ ከኣ፣ ንኹላትና ክልክመና እዩ። ስለዚ፣ እዚ ናይ ህይወትና ምስጢር'ዩ፣" በሎም፣ ዕትብ ኢሉን ዓይኒ ዓይኖም እናጠመተን። እቶም ኣብዝን ኣብትን ዘይነበሩ ሰለስተ የዋሃት፣ ንበረኸት ኣፎም ከፊቶም ክሰምዑዎ ድሕሪ ምጽናሕ፣ እቲ ነገር ዋዛ ኸም ዘይኮነ ምስ ፈለጡ ነንሓድሕዶም ተጠማመቱ። ዕምቈት ናይ'ቲ ነገር'ኳ እንተ ዘይፈለጡ፣ ብስምዒት ኩሎም ሕራይ በሉዎ። ኣብ'ቲ እዋን'ቲ ዝኾነ ይኹን መምርሒ ስለ ዘይነበረ፣ "ማሕላ፣" እዩ እቲ ዝዓበየ እምነት ነይሩ። ስለ ዝኾነ ኸኣ፣ በረኸት ካብ ጁባኡ ንእሽቶ መጽሓፍ ቅዱስ ኣውጺኡ ኣምሓሎም። "እሞ ካብ መሓልና ኣነ ነቲ እንገብሮ ከመይ ጌርና ኸም እንገብሮ ኣብ'ዚ ኽልተ ሰለስተ መዓልቲ ክነግረኩም'የ። ስለዚ፣ ብስልኪ ክረኽበኩም እንተ ደልየ ኣበይ ክድውለልኩም እኽእል" ሓተተ በረኸት።

"ኣብ ስራሕ፣" በለ ሰመረ።

"እምበኣርከስ ካባኻትኩም ንሓደ ጥራይ እየ ብስልኪ ዝረኽቦ፣ ንሱ ኸኣ፣ ዝህቦ መልእኽቲ ንዓኻትኩም ይነግረኩም። ስለዚ፣ ተኸለ እዩ ምሳይ ዝራኸብ፣" በሎም'ሞ፣ ኩሎም ከም ዝተሰማምዑ ርእሶም ነቕነቑ። ከምዚ'ሎም ከዕልሉ ድሕሪ ምምሳይ ነናብ ገዝኦም ከዱ።

እቲ ምውዳብ ብሓሙሽተ ወገን'ዩ ዝካየድ ነይሩ። ወልደንክኤልን ተስፋይን ብሓደ ወገን፣ በረኸት፣ መሓርን ኣዜብን በቲ ኻልእ፣ ኩሉ ኸኣ ብምስጢር። እቲ ሓደ ዝፈልጦ እቲ ሓደ ኣይፈልጦን'ዩ። ኩሎም ነናቶም ጨናፍር ሒዞም'ዮም ዝኸዱ ነይሮም፣ ንኹሎም

ዘማእክል ከኣ ሜዳ ኤርትራ እዩ ነይሩ። ኣብ'ቲ ምውዳብ፡ ተስፋይ ንወልደንክኤል፡ መሓርን ኣዜብን ከኣ ንበረኸት፣ እተን ካልኦት ዋህዮታት ከኣ፡ ብኸምኡ መገዲ ጸብጻበን የመሓላልፋ ነበራ።

* * *

ምዕራፍ 18

ለምለም፣ ካብ'ቲ ነጸላኣ ተሸፊና ግምብው ኢላትሉ ዝነበረት ንእዲ ተሲኣ፣ ሽንቲ ክሸይን ብምባል ንበይና ናብ ደገ ወጸት'ሞ፣ ኣብ ሓደ ልጉስ ቦታ ኾይና ነታ ዛይድ ዝሃበታ ናይ ሰለሙን ደብዳበ ኸፈተታ። ነታ ወረቐት ገንጺላ፣

"ዝኸበርኪ ለምለም ሓፍተይ፣

እዛ ደብዳበ ኸፊትኪ ኽተንብብያ ኸለኺ ዘስምዓኪ ሓዘን መግለጺ ኸም ዘይብሉ እፈልጥ'የ። ከም'ቲ እትነብዕዮ ዘለኺ ንብዓት፣ ኣነ'ውን ብውሽጠይ እነብዕ ከም ዘለኹ ኣይትረስዒ። መጀመርታ መዓልቲ ናብ ኣዲስ ኣበባ ክንከይድ ከለና ዘዕለልናዮ፣ ኣብ'ቲ ዩኒቨርሲቲ ኣፍ ንኣፍ ተወሃሂብና ንስሕቆ ዝነበርና፣ ኣብ እንዳ ባባ ክብረኣብ ኣብ መኣዲ፣ እዚኣ ንዓኺ እዚኣ'ባ ንዓኻ ንበሃሃሎ ዝነበርና፣ ኣብ መደቀሲ ኣቲና ኽነዕልል'ም ማማ ዙፋን "ኣንታ ቈልዓ ንዓ ውጻእ!" ክትብለኒ ኸላ፣ ኩታስ ኩሉ ጠጥዑሙ ኣብ ሜዳ ኾይነ ክዝክሮ ኸለኹ፣ ኩብደይ ሓበጭቦጭ ከም ዝብለኒ ትፈልጢ ትኾኒ ኢኺ፣" ዝብል ምስ ኣንበበት ኣምሪራ በኸየት። "እወ ለምለም! ኩሉ ጥዑም'ዩ ነይሩ። ኣብ ሰሙን ሓንሳብ እንተ ዘይርእየኪ ኣዝየ እየ ዝናፍቐኪ ነይረ። ብሓጺሩ መዓስ'ያ ቀዳመ ሰንበት ትኸውን'የ ዝብል ነይረ። ኩሉ ግና ኸምቲ እንደልዮ ክኸውን ኣይከኣለን፣ ከመይሲ፣ ጉዳይ ሃገር ስዒሩ። እወ! ብዘይ ሃገር ኩሉ የለን! መን ይፈልጥ ሓደ መዓልቲ ንራኸብ ንኸውን። ብሰላም የራኽበና።"

ሓውኺ ሰለሙን።

ለምለም፣ ኣባዲ ዘይብላ ኣብ ብርካ ተደፊኣ ተነኽነኸት። ኣደይ ለተኺዳን ጓለን ስለ ዝደንጐየት ክርእያኣ ናብ ደገ ወጺ'ሞ፣ ናብ'ታ ለምለም ቈልዓ ኸላ ኾፍ ትብለላ ዝነበረት ሰራው ዘለዋ ኹርባ ኸዳ። ኣብኡ ኸኣ ኣብ ብርካ ተደፊኣ ክትነብዕ ረኸባኣ።

"ኣንቲ ለማልም ጓለይ፣ እዚ ንብዓት ዘይኣኽለኪ እዩ፣ እዋይ ጓለይ ቅድሚኺ ይግበረኒ፣" እናበላ ኣብ ጉድና ኾፍ በላ። ለምለም፣

ከም ቈልዓ ናብ ኣፍ ልበን ተጠምጠመት፣ ኣደይ ለተኺዳን'ውን ኣጥቢቓን ሓቝፋኣ። ኣቢደን ኣባቢደን ከኣ፣ ናብ ገዛ ሒዘናኣ ኸዳ።

ለምለም ናብ ኣዲስ ኣበባ ቕድሚ ምንቃላ፣ ናብ እንዳ ተለንተ ተወልደ ኸደት'ሞ ምስ ኣደይ ምላሹን ኣሕዋት ሰለሙንን ኣዕልል ሓዲራ እናንብዐት ተፋንያተን ናብ ዓዲ ሞንጎንቲ ተመልሰት። ክረምታዊ ዕረፍቲ ተወዲኡ ኸኣ፣ ናብ ኣዲስ ኣበባ ተበገሰት። እወ! ለምለም ንሰለሙን ናብ ሜዳ ኣፋንያ እያ ትምለስ ዘላ። እቲ ኽልተ ዓመት ብሓንሳብ ዘሕለፉዎ እንትርፎ ሕውነት ካልእ ይመስላ ኣይነበረን፣ ፍቕሪ እዩ ኢላ'ውን ኣይኣመነትን ነይራ። ፍቕሪ ሰለሙን ግና ኸሳቕያ ጀመረ። ኣብ መገዳ ነፍሲ ወከፍ ኣም ከይተረፈ ንሰለሙን ኣዘከራ፣ ተደናፊቖት ከኣ። ኣብ ኣውቶቡስ ዝኾነ ዘረባ ኣይደለየትን፣ ብዘይካ ብዛዕባ'ቲ ምስ ሰለሙን ዘዕለሉዎ ዝነበሩ ክትዝክርን መልክዕን ቁመናን ሰለሙን ኣብ ኣእምሮኣ ኸም ስእሊ ክትደጋግሞን። ገጻ ናብ መስኮት ኣዚራ ነቲ ትሓልፎ ዝነበረት መገዲ እናረኣየት ከይተፈለጣ ሰንዓፈ በጽሐት። ቊርሲ ክበልዑ ካብ ኣውቶቡስ ወረዱ'ሞ ኣብቲ ቤት ቊርሲ ንበይና ኣብ ሓደ ኵርናዕ ኮፍ በለት። እዚ ኹሉ መገዲ ክመጹ፣ ምስኣ ሰብ ዘሎ ኾይኑ ኣይተሰምዓን፣ ብሓሳብ ኣብ'ቲ ዝነበረቶ ስለ ዘይነበረት። ኮይኑ ኸኣ፣ ብኣጋጣሚ ኣብ ዩኒቨርሲቲ ብማዕዶ እትፈልጣ ሓንቲ ጓለንስተይቲ ረኣየታ'ሞ፣ ናብኣ ቐረባ፣

"ለምለም ዲኺ ሓቀይ? ኣነ ኣብርሀት እብሃል፣ ኣብ ዩኒቨርሲቲ እየ ዝፈልጠኪ፣" ኢላታ ምስኣ ኾፍ በለት።

"ኣበየናይ ፋካሊቲ ደኣ ኣለኺ?" ንምባል፣ ለምለም ነቲ ሕቶ ብግዲ እያ ካብ ኣፋ ኣውጺኣቶ።

"ኤኮኖሚክስ?" ኢላ ገጽ ገጻ ጠመተታ'ሞ፣ ኣዒንታ ዓዝዒዙ ስለ ዝረኣየቶ "ለምለም ደሓን ዲኺ? ተጸሊኡኪ ድዩ? ንዕናይ'ሞ ገጽኪ ተሓጸቢ፣" ኢላ፣ ናይ ኣውቶቡስ ዕግርግር ዝበላ መሲሉዋ ሒዛታ ናብ ሽቓቕ ከደት። ለምለም፣ ገጻ ተሓጺጺባ ቊሩብ ፍኵስ ኢሉዋ ተመልሰት። ንማለቱ ኸኣ ንእሽቶ ቊርሲ ጠዓመት። ኣውቶቡስ ፋም ፋም ኣቢላ ንኹሉ ሰብ ሰቒላ ተበገሰት። ኣብርሀት ነቲ ምስ ለምለም ኮፍ ኢሉ ዝነበረ ወዲ "በጃኻ ተጸሊኡዋ ኾይኑስ ቦታ እንዶ ቐይረና፣" ብምባል ምስ ለምለም ኮፍ በለት፣ ለምለም'ውን ኣይጸልኣቶን። ኣብርሀት ኣዝያ መዕለሊት ስለ ዝነበረት፣ ንለምለም ከይፈተወት'ያ ኣፋ ተኸፍታ ነይራ። ከም ጓል ከተማ መጠን ኣብ ኣዲስ ኣበባ ትገብሮ ዝነበረትን፣ ስዕስዕ ሓዲረን ንግሆ ከመይ ኢለን

ናብ ካምፓስ ይኣትዋ ኸም ዝነበራን እናዕለለታ ኸይተፈለጠን ዓዲ ግራት ኣተዋ። ኣብ ዓዲ ግራት ተመሲሐን ምስ ተበገሳ፡ ለምለም ኣጸቢቑ ፈኹሳ፡ ክትዛረብ'ውን ጀመረትን።

"ኣንቲ ኣብርሀት፡ እዚ ኹሉ ዘዕለልክንስ ካልእ ጊዜ እንተ ዝኸውን ነይሩ ብሓቂ ተመሃሪት ዩኒቨርሲቲ እየ ኢልክኒ ኣይምኣመንኩኽን ነይረ። ንምንታይ ከመይ ጌርኪ ደኣ ንትምህርቲ ጊዜ ትረኽብሉ?" ብምባል ተደኒቓ ሓተተታ።

"እንታይ'መስለኪ፡ ትምህርቲ ኻልእ እዩ፡ ምዝንጋዕ ከኣ ኻልእ። እዚ ኹሉ እዋን ኣብ ኣዲስ ኣበባ ተቐሚጥክስ፡ *ኣዝማሪ ቤት* ኬድኪ ኣይትፈልጥን?"።

"ሓንቲ መዓልቲ ሰለሙ ..." ኢላ ትም በለት።

"እሞ እንታይ ሓንቲ መዓልቲ?" ምስ በለታ፡ ለምለም ድንን በለት። ለምለም፡ ሰለሙን ንሜዳ ኸይዱ ኸይበለት ዝነበሮም ምሕዝነትን ትምህርቲ ገዲፉ ኣስመራ ኸም ዝተረፈን ኣስፊሓ ገለጸትላ። ሕጂ ከመይ ኢላ ናብ'ቲ እንዳ ሓወቦኡ ኸም ትኣቱ ሓርቢቱዋ ኸም ዘሎ ምስ ኣዕለለታ፡

"መጀመርታ፡" በለት ለምለም፡ "ኣውቶቡስ ተሰቒልና ናብ ኣዲስ ኣበባ ምስ ተበገስና፡ ኣነ ካብ ስድራይ ስለ ዝተፈለኹ ተደናፊቐ ክነብዕ ረኣየኒ'ሞ ኣቢዱ ኣባቢዱ ኸም ዝዝሕል ገበረኒ። ሽዑ ኣዲስ ኣበባ ደኣ ክትሰርሒ ዲኺ ትኸዲ ዘለኺ ኢሉ ምስ ሓተተኒ፡ ኣይኮንኩን ናብ ዩኒቨርሲቲ ኣዲስ ኣበባ ክመሃር እየ ዝኸይድ ዘለኹ ምስ በልኩዎ፡ ኣይኣመነንን። ምኽንያቱ፡ ኣነ ጓል ገጠርን ምስ'ዛ ጀለብያይን ስለ ዝነበርኩ ..." ኢላ ዘረባኣ ኸይወድኣት፡

"ካበይ ዲኺ መጺእኪ?"

"ካብ ከባቢ መንደፈራ ዓዲ ሞንጎንቲ ዝተባህለ ዓዲ፡" ምስ በለታ፡

"ኣነስ ዓዲ ሞንጎንቲ እንድዩ ዓደይ፡ ስድራይ እንዳ ፊተውራሪ ሃብቱ እዮም ዝብሃሉ፡ ትፈልጥዮም ትኾኒ ኢኺ፡" ምስ በለታ፡

"እወ እፈልጦም እንድየ!" ኢላ ብሰሓቕ ክትመውት ደለየት። ኣብርሀት፡ ለምለም እንታይ የስሕቓ ኸም ዘሎ ኸይፈለጠት ንሳ'ውን ምስኣ ክርትም ኢላ ሰሓቐት።

"ይገርም'ዩ! ሰብሲ ለካ ኣበይ ዱ ይረኽቦ ኣይብሃልን'ዩ፡" ኢላ መሊሳ ለምለም ብሰሓቕ ክርትም በለት።

"ለምለም፡ እንታይ ደኣሉ ዘስሕቐኪ ዘሎ?" በለታ ነገሩ ዝገረማ ኣብርሀት፡

“እንታይ'መስለኪ ኣብርሀት፡” ሰሓቕ ከይመልቋ ኣፋ ብኢዳ ከውል ኣቢላ፣ “ሓደ መዓልቲ ስድራኹም ጓል ሃቡና ኢሎም ንስድራይ ሓቲቶሞምሲ፡ ስድራይ ከኣ ‘ጓልና ከመሃር'የ ኢላ ኣብያትና፡’ ስለ ዝበሉዎም ተጂርዮም ነይሮም። ደሓር ግና፡ ኣደይ ነደይ ስላስ ከይዳ ምስ ተዛረበተን ተዓሪቖም” ኢላ ሰሓቕ መለጃ'ሞ ሓቢረን ክርትም በላ።

“እሞ እታ ሓፍትኺ ሕጂ ንኻልእ ሰብኣይ ተመርዕያ ማለት ድዩ?”

“ኣይተመርዓወትን እነሀለት እንዶ ምሳኺ!” ኢላ ሰብ ክሳዕ ዝገርሞ ካርካር በለት። ኣብርሀት ንጊዚኡ ገሪሙዋ ዓይኒ ዓይና ክትጥምታ ድሕሪ ምጽናሕ፡

“ንስኺ ንስኺ?” ብምባል ነተን ጽቡቓት ከናፍራ ኣትሙም ኣቢላን ነተን ፍሩያት ኣዒንታ ኣፍጢጣን ጠመተታ።

ለምለም ብኢዳ ገይራ ናብ ነብሳ እናመልከተት፡ “እወ! ኣነ ኣነ፡” ምስ በለታ፡ ተተሓሒዘን ነታ ኣውቶቡስ ክትንቕንቕ ክሳዕ ትደሊ ሰሓቓ። ከምኡ እናበላ መቐለ ኣተዋ። ንጽባሒቱ ካብ መቐለ ተበጊሰን ደሴ ሓዲረን ኣብ ሳልስተን ኣዲስ ኣበባ ኣተዋ። ኣብርሀት ምስቲ ኽቕበላ ዝመጸ ወዲ ሓትነኣ ኸይኖም ንለምለም እንዳ'ቦይ ክብረኣብ ኣብጺሖማ ኸዱ።

ለምለም፡ ገዛ በጺሓ እናተሸቑረረት ማዕጾ ኳሕኳሕ ኣበለት'ሞ ሰራሕተኛ ገዛ “መን?” ብምባል ከፊተታ። ርእይ ምስ ኣበለታ “እውይ ለምለም ሓውተይ ዲኺ?” ኢላ እናሰዓመታ ኸላ፡ ኣደይ ዙፋን ናብ ደገ ወጺአን ንለምለም ርእይ ምስ ኣበላኣ “ዕልል ዕልል” እናበላ ሓቑፊን ጸጸኒሐን ሰዓማኣ። “ዋይ ለምለም ጓለይ!” በላ ናብ'ቲ ማዕጾ ናይ'ቲ ሓጹር ገጽን እናጠመታ። “ኣንቲ ለማልም፡ ስለሙን ደኣ ኣበይ ተሪፉ፡ ምሳኺ ዘይመጸ፡” ብምባል እታ ንለምለም መዋጥር ኮይናታ ዝነበረት ሕቶ ሓተታኣ።

“ማማ ዙፋን፡ ስለሙን ሎሚ ኣይኮነን ዝመጽእ፡ ምስ'ታ ዝመጽእ ዘሎ ሰሙን እትመጽእ ኣውቶቡስ'ዩ ክበገስ፡” ኢላ፡ ናብ ውሽጢ ገዛ ኣተወት። ኣደይ ዙፋን፡ ለምለም ብምምጻኣ ተሐጒሰን ዝብሎኦ ጠፍአን። ንዘሎ ቤተ ሰብ ጥዕናኦም በብሓደ ድሕሪ ምሕታት፡ ዝብላዕ ቀሪበን፡

“ብልዒ ለምለም ጓለይ፡ ተመስገንኪ ኪዳነ ምህረት! ጓለይ ብጥዕናኣ ዘምጻእክለይ፡” ኢለን ነደይ ማርያም ኣመስገናኣ። ኣማስዮኣም ኣቦይ ክብረኣብ መጹ'ሞ ንለምለም ምስ ረኣዩዋ፡

"ለምለም ጓለይ እንቋዕ ብደሓን መጻእኪ፡ ኣዴኺ ብናፍቖትኪ ኸፍ ምባል'ያ ኸሊኣትና ነይራ፡" እናበሉ ስዒሞም ነደይ ዙፋን ከኣ፡ "በሊ ዙፋን፡ ንስኺ ኸኣ እንቋዕ ሓጐሰኪ፡" በሉወን ፍሽኽ እናበሉ። ጥዕና ቤተ ሰብን ካልኦት ስድራ ቤትን ሓቲቶም ናብ ሳ ሎን ኣትዮም ኮፍ በሉ። ጽንሕ ኢሎም ግና ናብ ክሽነ ኸዱ'ሞ "ለምለም፡ ሰለሙን ደኣ ኣይመጸን ድዩ? ዋላ ናብ ሓዉ ኸይዱ?" ኢሎም ሓተቱዋ።

"ዝመጽእ ዘሎ ሰሙን'ዩ ዝመጽእ፡ ኣቦይ ክብረኣብ፡" በለቶም'ሞ ዘረባ ኸይቅጽሉላ ብምፍራህ፡ "ድራር ከምጽኣልኩምዶ?" ኢላቶም ምስውስው በለት። ንሶም'ውን ደሓን ይእተዉ "ሕራይ እዛ ጓለይ ብርኺቲ፡" ኢሎማ ናብ ሳሎኖም ተመልሱ።

ንለምለም፡ እታ ለይቲ'ቲኣ ኣብ ህይወታ እታ ዝኸፍኣት ለይቲ እያ ነይራ። ሽሕ'ኳ ብርቱዕ ድኻም እንተ ነበራ ሰለም ከየበለት መሬት ንርእሳ ክትብል ደኣ ወግሐት። ኣደይ ዙፋን፡ ንለምለም ቍርሲ ክገብራላ ኣንጊሀን'የን ተሲኣን። ለምለም'ውን ኣጋ ወጋሕታ ቕሩብ ቀም'ኳ እንተ በለት፡ ሕማቕ ሕልሚ ስለ ዝሓለመት ግና፡ ሰምቢዳ ተበራበረት። "በስመ ኣብ ወልደ መንፈስ ቅዱስ፡" ብምባል ተንሲኣ ኣብ ዓራታ ኾፍ በለት'ሞ፡ ደጊማ "በስመ ኣብ፡" ኢላ ካብ ዓራታ ወሪዳ ናብ ክሽነ ኸደት። ኣብኡ ኣደይ ዙፋን ምስ ታ ትግራወይቲ ሰራሕተኛአን ቍርሲ እናገበራ ኸለዋ፡ "ከመይ ሓዲርክን ማማ ዙፋን? ከመይ ሓዲርኪ ለተኣብ?" ብምባል ኣብ'ቲ ክሽነ ተሓወሰተን።

"ለማልም ከመይ ሓዲርኪ? እንታይ እዋን ደኣ ተንሲእኪ ቐርሲ ክሳዕ ንገብር ዘይተዕርፊ ዝነበርኪ፡" ብምባል ኲርሲ ስሒበን፡ "በሊ'ዛ ጓለይ ኣብዛ ቕድመይ ኮፍ በሊ፡ ጽቡቕ ገይረ ክርእየኪ፡" በላኣ'ሞ ኣብ ቅድሚኣን ኮፍ በለት። እቲ ለይቲ ኸሻቕላ ዝሓደረ ተስፋይ፡ ከይረኸበቶ ይኸይድ ስለ ዝነበረ ኸኣ፡

"ማማ ዙፋን ተስፋይ ደኣ ስራሕ ኸይዱ ድዩ?"

"ኣየ ለማልም ጓለይ! ሓውኺ ደኣ ካብ'ቲ ንርእዮ ዘይንርእዮ ይበዝሕ። ንግሆ ምስ ወጸ ለይቲ እዩ ዝኣቱ፡ ነዛ ምሳሕ'ኳ ምምጻእ ገዲፉዎ። እንድዒ፡ ስራሕ በርቲዑኒ እዩ ዝብል፡ ሓቂ ኸኣ ዘብርዮ ሓው የብሉ ሓውቲ፡ እንታዩ ክገብር ኢልክዮ፡" ብምባል ኣስተማሰላ።

"ኣየ ማማ ዙፋን! ስራሕ በዚሑዎ ይኸውን'ምበር ካብ መዓስ ደኣ ምሳሕ ኸይመጸ ውዒሉ ይፈልጥ ወይ ሕጽይቲ ረኺቡ ይኸውን፡"

ኢላ ዘረባኣ ኸይወድኣት፡ ተስፋይ ንለምለም ከየስተብሃለላ ከመይ ሓዲርኪ ማማ? ከመይ ሓዲርኪ ለተኣብ?” ኢሉ ናብ ቤት ሽንቲ ኽኸይድ ክብል፡

“ተስፋይ ሓወይ!” ኢላ ለምለም ብድድ በለት'ሞ፡

“ለማልም መዓስ ደኣ መጺእኪ?” ብምባል ሓቝፉ ሰዓማ።

“ትማሊ እንድየ መጺአ፡ ከይረኣኹኻ ኸይትኸይድ ኢለ እንድየ ኣብ'ዛ ኣፍ ደገ ኾፍ ኢለ ክሕልወካ ጸኒሐ፡” በለቶ ደጊማ እናሰዓመቶ።

“ስድራ ቤትኪ ኹሎም ኸመይ ጸኒሖምኺ፡ ደሓንዶ ኣለዉ?” ድሕሪ ምባል “ሰለሙንከ ኣይተስአን ድዩ?”

“ሰሌ ዝመጽእ ዘሎ ሰሙን'ዩ ዝመጽእ።”

“ጽቡቕ፡ በሊ ክሳዕ ዝኸይድ ምእንቲ ክርእየኪ ብሓንሳብ ቍርሲ ንብላዕ፡” ኢሉዋ ናብ ዓይኒ ምድሪ ኸደ። ቍርሲ ተቐሪቡ ጉጅም እናበሉ ብሓንሳብ እናበልዑ ኸለዉ፡ ኣደይ ዙፋን ሰሰሪቐን ይጥምታኦም ነበራ።

“ተስፋይ ሓወይ፡ ሰዓት ዓሰርተው ሓደ ኣቢለ ስራሕ ክመጸካ ትጸንሓኒዶ ትኸውን?” ብምባል ልባ ቶግ ቶግ እናበለታ ሓተተቶ።

“ሕራይ ለማልም ክጽበየኪ እየ፡” ኢሉዋ ውራይ ስራሑ ኽገብር ብድድ ኢሉ ኸደ። ለምለም'ውን ደድሕሪኡ ተንሲኣ ናብ ክሽነ ኸደት'ሞ ናውቲ ቡን ቀራሪባ ነደይ ዙፋን ቡን ኣፍልሐትለን።

“ኣየ ለምለም ጓለይ! እዛ ናትኪ ቡንሲ ንበይና እያ!” እናበላ፡ ሳልሳይ ሰትየን ናብ ውራይ ክሽነአን ኣድሃባ።

“ማማ ዙፋን፡ ንተስፋይ ኣጸቢቐ ስለ ዘይረኣኹዎ ናብ ስራሑ ክኸዶ እየ።”

“ክምሳሕ ክመጽእ እንድዩ! ነቲ ዕላል እንተ ኾነ ሽዑ ተርክብሉ ለማልም፡” በላኣ ምእንቲ ምስኣን ክትውዕል።

“ብኡ ኣቢለ ኸኣ ንምሳሕ ሒዘዮ እመጽእ፡” ብምባል ኣእሚና፡ ናብ *መለይ* ከደት። ተስፋይ፡ ኩሉ ናይ ደገ ስራሓቱ ገዲፉ ንለምለም ተጸበያ'ሞ፡ ምስ መጸት፡

“ለማልም መጺእኪ፡” ኢሉ ሕቝፍ ኣቢሉ ሰዓማ።

“እንታይ ከምጽኣልኪ ማኪያቶ፡ ካፑቺኖ ወይስ ኮካ፡”

“ከም'ታ ናትካ ካፑቺኖ፡” ብምባል፡ ዓይኒ ዓይኑ እናጠመተት ፍሽኽ በለቶ። ካፑቺኖ እናስተዩ ብዛዕባ ኣስመራ ይኹን ኣዝመራ፡ ዓዲ ድሕሪ ምዕላል፡

“ተስፋይ ሓወይ፡ ምሳኻ ክዘራረበሉ ዝደሊ ጉዳይ ስለ ዘለኒ

ኣብ ጽምው ዝበለ ቦታዶ ክንከይድ?" በለቶ፣ ሕፍርፍር እናበለት።

"ሕራይ ለማልም፣ ኣብ ጥቓ ፖስት ኣፌስ ዘላ ረንደቡ ክንከይድዶ?" ብምባል፣ ተንሲኦም ከዱ። ኣብ መገዲ ብዙሕ ኣይተዛረበትን ጥራይ ዘይኮነትሲ ነቲ ትርእዮ ዝነበረት ዘበለ ኹሉ ጽልእ ኣበለቶ። ብሓሳብ ተዋሒጣ ስለ ዝነበረት፣ ተስፋይ መኪና ፓርክ ገይሩ "ለማልም ንውረድ'ባ፣" ምስ በላ እያ፣ ኣብኡ ኸም ዝበጽሑ ዝተፈለጣ። ወሪዶም ኣብ ሓንቲ ኵርናዕ ቦታ ረኺቦም ኮፍ በሉ'ሞ፣ ዝእዘዝ ኣዘዙ። ለምለም ከመይ ገይራ ዘረባ ኸም ትጀምር ጠፊኡዋ ትም በለት።

"ኢሂ ለማልም፣ እንታይ ኢኺ ምሳይ ክትዘራረቢ ደሊኺ?" ምስ በላ፣ ንብዓት ስዒሩዋ ድንን በለት። ተስፋይ ገሪሙዎ ነቲ ኾፍ ኢላትሉ ዝነበረት መንበር ናብኡ ስሒብ ኣቢሉ ኢዱ ኣብ መንኩባ ብምንባር፣

"ለማልም ደሓን ዲኺ? እንታይ ተረኺቡ፣ ስድራ ቤትኪ ደሓን ድዮም?" ብምባል ብለውሃት ሓተታ።

ናብ ጸጋምን የማንን ጥምት ጥምት ኣቢላ "ተስፋይ ሓወይ፣ ሰለሙን ንሜዳ ኸይዱ፣ ድሮ ወርሑ ኣሕሊፉ፣" ምስ በለቶ፣

"ሰለሙን?" ብምባል ናብ'ቲ ኾፍ ኢሉዎ ዝነበረ መንበር ሕቝኡ ኣጸግዕ ኣቢሉ ትም በለ። ድሕሪ ቅሩብ ደቓይቕ ግና፣ "ማማ ምላሹስ እንታይ ኮን ተሰሚዑዋ ይህሉ ይኸውን? ምስኪነይቲ፣" ኢሉ ድንን በለ። ድሕሪ ክንደይ እዩ'ምበኣር፣ ለምለም ኣብ ጥቓኡ ኸም ዘላ ዝተሰወጦ። "ማማን ባባንከ ፈሊጦም ድዮም?" ብምባል ከኣ ሓተታ። እንተ ለምለም'ሞ ነዛ ርእሳ ናብ መሬት ምስ'ድነነታ ን ተስፋይ ቍሊሕ ኢላ ኣይጠመተቶን።

"ኣይፈለጡን። ድሕሪ ሰሙን'ዩ ዝመጽእ ኢለዮም ኣለኹ፣"

"ከመይ ኢልና ክንነግሮም ኢና ዓለይ? ክጽለሉ እዮም። ብፍላይ ባባ፣ ሓዉ ስኢኑስ ወዲ ሓዉ፣" ብምባል ኣስተንተነ።

"እሞ ተስፋይ ሓወይ፣ ኣነ ምስኦም ምእንተ ክቕኒ፣ ጊዜ ኸይወሰድካ ንገሮም፣" ብምባል መዓደቶ።

"ሓቅኺ ለማልም፣" ኢሉ ጸጕሪ ርእሳ ድርዝ ድርዝ ኣበላ'ሞ፣ ምሸት ክነግሮም ምዃኑ ነጊሩ ተፋንዩዋ ኸደ። ንሳ ኸኣ፣ ታክሲ ረኺባ ናብ እንዳ'ቦይ ክብረኣብ ተመልሰት።

ተስፋይ፣ ኣቦኡ ዝኣትዉሉ ሰዓት ስለ ዝፈልጥ፣ ሰዓት ሸሞንተ ናብ ገዝኦም መጸ'ሞ፣ ኣደይ ዙፋን፣ ወደን ብእዋኑ ምምጽኡ ኣሰምቢዱወን፣

"ተስፋይ ወደይ፣ ደሓን ዲኻ ደኣ ስራሕ ገዲፍካ መጺእካ?" በላእ።

"ምስ ለምለም ዕላልና ስለ ዘይወዳእናስ፣ ከይደቀሰት ከላ ኽርክባ ኢለ ኢየ መጺአ፣ ባባኽ ኣትዩ ድዩ?"

"ድሮ'ኳ ተደሪሮምሲ ኣብ ሳሎን ተለብዝዮን ይርእዩ ኣለዉ፣" በላኣ'ሞ ናብ ሳሎን ከደ።

"ባባ ኸመይ ኣምሲኻ?" ኢሉ ኢዱ ንሰላምታ ሃቦም።

"ተስፋይ ወደይ፣ እንታይ እዋን ደኣ ገዛ መጺእካ?" ብምባል፣ ካብ'ቲ ኅቦ ኮይኖሞ ዝነበሩ ሳሎን ብድድ ኢሎም ኮፍ በሉ። ኣደይ ዙፋንን ለምለምን'ውን ኣይጸንሓን ተሓወሳኦም። ተስፋይ፣ ነቲ ዘረባ ብኸመይ ከም ዝጅምሮ ጠፊኡዎ የማነ ጸጋም ድሕሪ ምጥማት፣ ኣደይ ዙፋን ኵንታቱ ኸስተውዕላሉ ጸኒሐን ነገር ደሓን ከም ዘይኮነ ብምጥርጣር፣

"ተስፋይ ደሓንዶ ኣይኮንናን ኢና?" ብምባል እቲ ኸቢዱዎ ዝነበረ መጀመሪ ዘረባ ኣፋኾሳሉ።

"ባባ፣ ሰለሙን ናብ ኣዲስ ኣበባ ኣይክመጽእን'ዩ። ንሱን ዓርኩን ኣስመራ ኢሎም ምስ ከዱ ..." ምስ በለ፣

"በረኻ ኸይዱ ዲኻ ክትብለኒ ደሊኻ?" ኢሎም፣ ነዛ ርእሶም ኣድንን ኣበሉዋ።

"እወ" በለ ተስፋይ ብምሽቍራር ዝን እናበለ።

"ኣየ እዛ ብርኽቲ ምላሹ፣ ኣብ ንኡስ ዕድሜኣ ሰብኣያ ሞይቱዋ ኸይኣኽላስ፣ እዚ ኸኣ ተወሲኹዋ። ተስፋይ፣ ጽባሕ ናይ ነፋሪት ቲኬት ግዝኣለይ ነስመራ ክኸይድ'የ!" በሉዎ ተንሲኦም ናብ መደቀሲኦም ከኸዱ።

"ኣነ'ውን ከምኡ ስለ ዝሓሰብኩ ድሮ ትኬት ንድሕሪ ጽባሕ ትኸይድ ነፋሪት ኣቍሪጸልካ ኣለኹ። ዘይትተርፍ ቈጸራ ኣላትኒ ኾይና'ምበር፣ ኣነ'ውን እንተ ዝኽእል ምሳኻ ምኸድኹ ነይረ።"

"ብሩኽ እንዲኻ ዝወደይ፣ ብዝኾነ ነዴኻ ርአ ተስፋይ ወደይ፣ ሓደ ንስኻ ኢኻ ዘለኻያ፣" ብምባል፣ ጥምት ኣቢሎሞ ኸዱ። ኣቦይ ክብረኣብ፣ ተስፋይ እንታይ ከም ዝሰርሕ ኣይጠፍኦምን፣ የግዳስ ንሶም'ውን ብሃገሮም ሕሙም ስለ ዝነበሩ፣ ነቲ ብውሽጠም ዝጥርጥሩዎ ተጻዊሮሞ እዮም ዝኸዱ ነይሮም። ወዶም፣ ኣሰር ሰለሙን ከይስዕብ ግና፣ ስክፍታ ኣሕደረሎም። ካብ ኩሉ ኣደይ ዙፋን ሰብ ኣይክኾናን'የን'ዩ ነይሩ እቲ ቖንዲ ሻቕሎቶም። ኣብ ሳልስቱ ኸኣ ኣቦይ ክብረኣብ ናብ ኣስመራ ኸዱ። ለምለም ከኣ

ካብ ገዛ ኽይወጸት ምስ ኣደይ ዙፋን ሰሙን ገበረት። ዕረፍቲ ተወዲኡ ዓመተ ትምህርቲ 1974/75 ተኸፍተ'ሞ ናብ ካምፓስ ተመልሰት።

ለምለም ኣብ ፋካሊቲ ሕክምና ናይ ሳልሳይ ዓመት ተማሃሪት'ያ። ብመንፍዓታ ኣብ ካልእ ፋካሊቲ ዘለዉ ኽይተረፉ እዮም፣ ብስማ ዝፈልጡዋ። ትሕትናን ኣኽብሮትን ዝተዓደለት ፍጥረት'ያ ነይራ፣ ስ ለ ዝኾነ ኸኣ፣ ኣብ'ቲ ካምፓስ ንዓኣ ዘይፈቱን ዘየኽብርን ተመሃራይ ኣይነበረን። ካብ ኩሉ ኽምቶም መብዛሕትኦም ዝገብሩዎ ኣብ ልዕ ሊ ኻልኦት ማለት ኣምሓራ፣ ትግራዋይዶ ኦሮሞ ዝኾነ ኣፈላላይ ኣይትገብርን'ያ ነይራ። ምስ ኩሉ ሕውስትን ንኹሉ ብዓቕማ እትሕግዝን ኣብነታዊት ተመሃሪት'ያ ዝነበረት። ትምህርቲ ምስ ተጀ-መረ ኣብርሀት ንለምለም ኣናድያ ረኺበታ'ሞ ምሕዝነተን እናዓመቔ ኸደ። ቀዳመ ሰንበት ካብ ካምፓስ ወጺአን ናብ ቤተ ሰበን ክኸዳ ኸለዋ፣ ኩሉ ጊዜ ቀዲመን ናብ ተስፉይ ከይደን ምስኡ ኣዕሊለን ምስ ወድኣ እየን ነናብ ገዝአን ታክሲ ተሰቒለን ዝኸዳ ዝነበራ። ኣ ብርሀት ብዛዕባ ስድራ ቤት ለምለም እንታይ ከም ዝገበሩ ንሓትነኣ ቀዲማ ኣዕሊላተን ስለ ዝነበረት ንሰን'ውን ክርእያኣ ህንጥይቲ እየን ነይረን። ብዝኾነ ሓደ መዓልቲ፣ ለምለም ንኣብርሀት ክትበጽሓ ምስ ከደት ሓትኖ ኣብርሀት፣

"ኣንቲ ለምለም፣ ኣቶ ገረዝግሄር ከመይ ኣለዉ? ወ/ሮ ለተኺዳንከ ጥዕና ይረኽባዶ ኣለዋ?" ብምባል ሓተታኣ።

"እወ! ደሓን ኣለዉ። እዚ ኽረምቲ ምስኦም ከሪመ እየ መጺአ፣" ብምባል፣ ንኣብርሀት ቋሕ ኢላ ጠመተታ።

"ርኢኺ ለምለም፣ ሓትነይ ንወዲ ሓዋ ኣይምርያን'የ ኢልኪ ስለ ዝኣበኽዮ ኣብ'ዛ ገዛይ ከይተምጽእለይ እያ ኢላትኒ ነይራ። ለሚነ ለማሚነ እየ ኣእትየኪ።"

"ኪዲ ጽልልቲ! ኣንታ መዓስ እያ ኣረ ትልብሞ!" እናበላ ኪር ኪር ኢለን ሰሓቓ። እንተ ለምለም'ሞ ብሰሓቕ ዝኣክል፣ ኣፋ ምኽዳን ኣበያ። ለምለም ንኣብርሀት ብልባ እያ ትፈትዋ ከመይሲ፣ ካብ'ቲ ብሰንኪ ሰለሙን ኣጓኒፉዋ ዝነበረ ስነ ኣእምሮኣዊ ነውጺ ዘውጽኣታ ንሳ ስለ ዝነበረት።

* * *

ምዕራፍ 19

ኣስመራ ጥሪ 1975

መንግስቲ ሃይለስላሴ ካብ መንበረ ስልጣኑ ተዓልዩ ኣብ ቦታኡ ወተሃደራዊ ስርዓት ደርግ ኣብ ስልጣን ኣብ ዝደየበሉ እዋን፡ ሰውራ ኤርትራ ብሓይሊ ሰቡ ይኹን ዕጥቁ ኣዝዩ ሓዪሉ ነበረ። ደርግ፡ ብድሕሪ'ቲ ሽማግለታት ዓዲ ኣኪቡ "ኪዱ ንደቅኹም እተዉ በሉዎም፡ እንተ ዘይኮነ ኽጥፍኣም'የ፡" ኢሉ ፈኪሩ ዝሰደዶም'ሞ፡ እቶም ሽማግለታት ብኣንጻሩ ደቆም ዓሪቖም ምስ ተመልሱ፡ መንእሰያት ኤርትራ ካብ ኩሉ ሸነኽ ኤርትራ ናብ ሜዳ ክውሕዙ ጀመሩ። ክረምቲ 1974 ንሰውራ ኤርትራ ነጥበ መቐይሮ እያ ነይራ እንተ ተባህለ ዝተጋነነ ኣይኮነን። ደርግ፡ ካብ ዓቕሊ ጽበት ዝተላዕለ ንሌ/ጀነራል ኣማን ዓንዶም ናብ ኤርትራ ሰዲዱ ነቶም ኣብ በረኻ ዘለዉ ተጋደልቲ ያኢ ናብ ዓዓዶም ከእትወሉ ብሓደ ወገን፡ እቲ ኣብ ውሽጡ ዝካየድ ዝነበረ ናይ ስልጣን መን ጨበጠ ዝፈጠሮ ውድድር፡ ኮሎኔል ኣጥናፉ ኣባተን ሻለቃ መንግስቱ ሃይለማርያምን ንንሕድሕዶ ዝተፋጠጡሉ በቲ ኻልእ፡ ሰውራ ኤርትራ ኸኣ፡ ነቲ ድኹም ጉድንታት ደርግ መዝሚዙ ንመጀመርታ እዋን ካብ ባርካን ሳሕልን ውግእ ናብ ኣስመራ ስሒቡ ዘምጽኣሉ እዋን'ዩ ነይሩ።

31 ጥሪ 1975 ምሸት እታ ፋልመይቲ ጥይት ኣብ ኣስመራ ተተኰሰት። እታ ለይቲ'ቲኣ ኣስመራ ብናይ ከቢድ ብረትን ተኹሲ ካላሽንን ክትናወጽ ሓደረት። ህዝቢ ኣስመራ ደቅና መጺኦም ብምባል ኣብ ክንዲ ፍርሂ ታሕጓስ ዓሲሉዎ ሓደረ። ወተሃደራት ደርግ ተኹሲ በየን ይመጽእ ከም ዘሎ ክፈልጡዎ ኣይከኣሉን። ስለ ዝኾነ ኸኣ፡ ዓይኒ'ብለይ ስኒ'ብለይ እናበሉ ዕላማ ዘይብሉ ናብ ቅድሚኦም'ዮም ዝትኵሱ ነይሮም። ምስ ደቂ ሕድርትና'ምበር፡ ምስ ከምኦም ሰባት ዝታኹሱ ዘለዉ ኾይኑ'ውን ኣይተሰምዖምን። ከመይሲ፡ ዝርአ ሰብ ስለ ዘይነበረ። ኣጋ ወጋሕታ ተኹሲ ዘፍ በለ'ሞ፡ ኣስመራ ርግኣት ረኸበት። እወ! ወተሃደራት ደርግ ነቲ ተኹሲ ሰሚዖ ናብ ገዝኡ ዝጉዩ ዝነበረ ሰብ ብጥይት ተሳሂሎሞ ሓደሩ። ንጽባሒቱ ህዝቢ፡ ነናብ ስራሑ ኽወፍር ብድድ እንተ በለ፡ ኣብ ፈቖዶ ጽርግያ ሬሳ

ታት ወዲቑ ጸንሖ'ሞ፣ ኣብ ክንዲ ናብ ስራሕ ምኻድ ሬሳታት ናብ ምእካብን ኣቦኡ፣ ሓዉ፣ ሓፍቱ፣ ውላዱን ክናዲ ፈቐዶ ሆስፒታላት ክኳየን ወዓለ። ፈጺምካ ዘይርሳዕ ጸልማት መዓልቲ! ኣስመራ ኣውያት ብኣውያት ኮነት። ፈቐዶኡ ብኽያት፣ ፈቐዶኡ ሓዘን፣ ፈቐዶኡ ዳስ ሓዘን። ወተሃደራት ደርግ እቲ ኣርዒዱዎም ዝሓደረ ተኹሲ ገና ደድሕሪኡም ዝመጽእ ዘሎ ስለ ዝመሰሎም፣ ዕለት 1 ለካቲት ካብ መዓስከር ፎርቶ፣ ቪላጆን ሰላሳ ኣምስተኛን ኣብ መካይን ተወጢሖም ጸጸራት፣ ቪላጆ፣ ማይተመናይ፣ ገዛ ባንዳ፣ ከምኡ'ውን ሰታንታ ኦቶን ዝባን ስንቀይን ተኹሲ ዝተሓወሶ ናይ ሰብ ምሽባር ተፍትሽ ከካይዱ ወዓሉ። እንተ ኾነ ግዳ፣ እንትርፎ ሰብ ምርዓድ ዝረኸቡዎ ነገር ኣይነበረን።

ኣስመራ፣ ናብ 2 ለካቲት ዘውግሐ ለይቲ፣ ተኹሲ ብተኹሲ ኾይና እያ ሓዲራ። ሰራዊት ደርግ ኸኣ ብኡ መጠን ራዕዶም ዛይዱ፣ ሰላማዊ ሰባት ናብ ምቕታልን ገዛ ገዛ ኣቲኻ ንብረት ናብ ምዝራፍን ተዋፈሩ። ድሕሪ ቐሩብ መዓልታት እቲ ተኹሲ ካብ ውሽጢ ኣስመራ ናብ ከባቢ ኣስመራ እናዝበለ ብምኻድ ኣብ ዝተኻደ ውግእ፣ ወተሃደራት ደርግ ሰፍ ዘይብል ሰብኣዊ ክሳራ ስለ ዝወረዶም፣ ንነባሮ ወኪ ዱባ ኣብ ጎልጎል ብምእካብን ኣብ ቤተ ክርስ ትያን ንዝተዓቑቡ ኸይተረፉን ቈልዓ የብሉ ሰበይቲ፣ ሽማግለ የብሉ መንእሰይ ብኣልማማ ብጥይት ረሸረሹዎም። ብጥይት ተወጊኡ ንዝወደቐ ብሳንጃ ጌሮም ኸብዱ ተርብዑዎ። ካብ ሞት ዝተረፈ ህዝቢ፣ እግረይ ኣውጽእኒ ብምባል እግሩ ናብ ዝመርሖ ሃደመ። መሬት ወኪ ዱባ ኣብ ክንዲ ብዝናብ ትጠልል ብደም ልዕሊ 150 ደቃ ጠልቅያ ወዓለት። ህዝቢ ወኪ ዱባ ካብ'ቲ ተሓቢኡሉ ዝወዓለ ስፍራ፣ ሰቡ ኸናድን ክርእን ናብ ዓዱ ምስ ተመልሰ እንትርፎ ሕልሚ'ምበር ጋህዲ ዘይመስል ኵነታት'ዩ ኣጋጢሙዎ። ሬሳ ኣ ብ ልዕሊ ሬሳ ተጸፍጺፉ፣ መሬት፣ ብደም ጨቅያ፣ ቤተ ክርስትያን ብሬሳታት ተጐቢኣ ጸንሓቶም። ሰብ ዝብሎን ዝጭብጦን ስኢኑ ዓነይነይ በለ፣ ናይ መን ሬሳ ኣልዒሉ ናይ መን ክገድፍ፣ ንመን ክበኽየሉ ወየ ወየ ኽብለሉ፣ ብሓባር ኣእውዩ ብሓባር ነቢዑ፣ ብሓባር ሓዚኑ ሬሳኡ ኣብ ናይ ሓባር ጋህሲ ቀበረ፣ ኩሉ ናቱ ስለ ዝነበረ። መንእሰይ ይኹን ዝኽእል ዘበለ ሕነ ሓዉ፣ ሓፍቱ፣ ኣዲኡን ኣቦኡን ክፈዲ ናብ ሜዳ ወሓዘ ዝተረፈ ድማ፣ ዓዱ ገዲፉ ናብ ስደት ኣምርሐ።

ህዝቢ ኣስመራ ግዳይ ቅትለትን ማእሰርትን ካብ ምዃን

ኣየዕረፈን። መንእሰያት ኣብ ፈቖዶኡ ብስልኪ እናተሓንቁ ተቐትሉን ተደርበዩን። ውግእ ኣስመራ ዝሒሉ ሰብ ናብ ስራሕ እንተ ተዋፈረ'ውን ምዩቕ እናበለ እዩ ዝወጽእን ዝኣቱን ነይሩ። ሰዓት እቶ እቶ፡ ሰዓት ሸውዓተ ኸም ምንባሩ መጠን፡ ህዝቢ ኣስመራ፡ ሰዓት ሓሙሽተ ነናብ ገዝኡ ዝጐዪ እምበር፡ ከም ቀደሙ ኣብ ኮምብሽታቶ ሸናዕ ዝብል ኣይነበረን። ሓደ መዓልቲ፡ ኽልተ መንእሰያት ደቂ ኣንስትዮ እንዳ ሓዘን ውዒለን ብተብተብ ናብ ገዝአን እናኸዳ ኸለዋ ኣብ ከባቢ መደበር ምስ በጽሓ፡ ሃንደበት ሓንቲ ኣርባዕተ ሰብ ዘወጥሐት ሬናውልት ዝዓይነታ መኪና ብናህሪ እናተሓምበበት መጺኣ ኣብ ቅድሚአን ደው በለት። ክልተ ሰባት ካብ'ታ መኪና ወረዱ። ዛይድን መሓዛኣን ልበን ቶሮግ ቶሮግ ክትብል ተፈለጠተን፣ ሰብነተን ማይ ኮነ፣ ምስጓም ጠፊኡወን ኣብራኸን ራዕራዕ ስለ ዝበለን ደው ምባል ኣበየን። እቶም ካብ'ታ መኪና ዝወረዱ ክትርእዮም ዘሰምብዱ ቆማታትን ጸዋጋትን ኣባላት ናይ ቅትለት ጕጅለ ዓፋኝ ጓድ ናብኣን ገጾም መረሹ። ናብኣን ከይኮኑ ጸለየ፣ ጸሎት ግና ክሕግዘን ኣይከኣለን፣ ቀረቡወን፣ ብቕልጽመን ብምሓዝ ጐቲቶም ናብ'ታ መኪና ኣቕሪቦም ደፊኦም ደፋፊኦም ኣእተዉወን፣ መኪና ብናህሪ ተዓዝረት። ዛይድን መሓዛኣን ረዳኢ ደልየን ኣእወያ፣ ክወጻ ፈንጠርጠር በላ፣ "ኣታ በጃኹም እንዳ ሓዘን ኢና ጸኒሕና ንገዛና ንኸይድ ዘለና!" ብምባል ለሚነን ለሚነን ዝሰምዐን ሰኣና። መኪና ትም ኢላ ተሓምበበት፡ ኣብ ከባቢ ማይጭሆት በጽሐት፡ ሰብ መኪና ግና፡ እናሰሓቑ መገዶም ቀጸሉ።

እንዳ ተለንተ ተወልደ፡ ጓሎም ናብ ገዛ ብእዋና ብዘይ ምእታዋ ዝብሉዎን ዝሕዙዎን ስኢኖም ፈቖዶ ገዛ እናኸዱ "ዛይድዶ ርኢኹም?" ክብሉ ሰዓት እቶ እቶ ኣኺሉ ኣብ ገዝኦም ተኹርምዮም ኮፍ በሉ። ኣደይ ምላሹ ኣብ ቤተን ኮይነን ኣደ ሓዳስ ከኣ ምስ ደቀን ተኹርምየን "ዋይ ጓለይ! ዋይ ጓለይ!" ክብላ መሬት ወግሐት። እተን ስድራ ቤት፡ ደቀን መስዩወን ኣብ'ቲ እንዳ ሓዘን ክሓድራለን ተመነያ። ግና፡ ኣይከምቲ ትምኒተንን። ክልተ ኣዋልድ ተቐቲለን ኣብ ማይጭሆት ተደርብየን ተረኺበን ዝብል ወረ ናብ እዝኒ ክልቲኤን ስድራ ቤት በጽሐ። ነጸላ ዘለዋን ዘይብላን ቈልዓ ሰበይቲ ናብ ማይጭሆት ጐየየት። ዝተረኽበ ሬሳ ግና ኣይነበረን። ኣደይ ምላሹን ኣዲኣ ንሓዳስን ምስ ጐረባብቲ ናብ ሆስፒታል ጐየያ። ኣብ ሆስፒታል ኣብ ፈቖዶኡ ቦታታት

ናይ ዝተቐትሉ ሰባት ሬሳ ተጸፍጺፉ ረኣያ። ደቀን ከለልያ ናብ'ቲ ኸፍሊ ከኣትዋ ተጸውዓ። ዛይድን ሓዳስን ክሳደን ብስልኪ ሓሊቑ ጕድኒ ጕድኒ ተጋዲመን ረኸባኦን። ኣደይ ምላሹ ጸጕረን ነጺያ፡ ገጸን ባሕጨራ፡ ኣብ መሬት ኣንገርገራ፡ ካብ'ቲ ኣብኡ ዝነበረ ኣውያት ናተን ብዝለዓለ ኣቃልሐ፡ ጓለን ግና፡ ሓንሳብን ንሓዋሩን ክትምለሰን ኣይከኣለትን። ሬሳኦን ክቐብራ ተዋህበን። እወ! እተን ቅድሚ ቑሩብ ሰዓታት ዝስሕቃን ዝዋዘያን ዝነበራ፡ እተን ንመርዓን ድርዓን በጺሐናለይ ዝብሃለለን ዝነበራ፡ እተን ነዊሕ ጕዕዞ ህይወት ዝጽበየን ዝነበረ መንእሰያት፡ ግዳይ ኣረሜናዊ መግዛእቲ ኢትዮጵያ ኾና። ኣርባዕተ ኣስመራ ናብ ሓዘን ተቐየረት፣ ዘእዊ፡ ዓው ኢሉ ዝበክን ሓፍተይ ሓፍተይ ዝብልን ጥራይ እትርእየላ ስፍራ ኾነት። ሬሳኦን ዝተቐበላ ስድራ ቤት፡ ንጽባሒቱ ዝፈልጠንን ዘይፈልጠንን ኩሉ እናነብዐ ኣብ እንዳ ማርያም ሓመድ ኣዳም ኣልበሰን፡

እንዳ'ቦይ ክብረኣብ፡ መርድእ ጓል ሓዎም ምስ ተነግሮም፡ ተስፋይ ናብ ዩኒቨርሲቲ ኸይዱ ንለምለም ካብ ዩኒቨርሲቲ ኣፍቂዱ ወሰዳ። ኵነታቱ ዝረኣየት ለምለም፡ ነብሳ ኸም ገለ ስለ ዝገበራ፡

"ኣንታ ተስፋይ ሓወይ! ደሓን ዲኻ ኣብ ዘይእዋኑ መጺእካኒ?"

"ደሓን'የ ለማልም፡" እኳ እንተ በለ፡ ምዝዋር መኪና ስለ ዝሰኣነ ግና ካብ'ቲ ጽርግያ ንየማኑ ኣእትው ኣቢሉ ደው ኣበላ። ለምለም ነብሳ ግንብንብ እናበላ፡

"ኣታ ተስፋይ ሓወይ፡ ማማ ዙፋን ደሓን ድየን? ኣቦይ ክብረኣብ ደሓን ድዮም? እንታይ ዲና ኼንና? በጃኻንዶ ንገረኒ!" ብምባል ኣጨነቐቶ።

"ለማልም፡ ዛይድ ...፡" ኢሉ ትም በለ።

"እእ ዛይድ! እንታይ ኮይና?"

"ምስ ካልኣይታ ተቐቲላ ተረኺባ፡" ክብላን፡ "ኡይ" ክትብልን ሓደ ኾነ። ተስፋይ ኣብ ሕቝፉ ኣእትዩ "በጃኺ ለምለም ኣብ ገዛ ይኹነልኪ!" ብምባል ድሕሪ ኸንደይ ትም ከም ትብል ገይሩ፡ ናብ ገዝኦም ኣብጽሓ። ለምለም ሓዘና፡ ወሰን ኣይነበሮን። እንታይ ይግበር! ከም ዘይከኣል የለን ኩሉ ደኣ ከኣለቶ፡ ብዝኾነ፡ ናብ ናብራኣ ተመልሰት።

ለምለም ነቲ ዩኒቨርሲቲ ምርኣዩ ጸልኣቶ፡ ትምህርቲ'ውን ኣይግድን ኮነት። ኣብርሀት ነናሻዕ ኣብ'ቲ መደቀሲኣ እናመጸት፡ "ለምለም ምስ ዝኸደ ኣይክየድን'ዩ። ትምህርትኺ ዘይትገብሪ፡" እናበለት ካብ'ቲ ኣትዩዋ ዝነበረ ሓዘን ከተውጽኣ ብዙሕ ጸዓረት።

እዋኑ፡ እዋን ፈተና ስለ ዝነበረ ብኸንደይ ጋዶ ዳርጋ መሕለፊ ጥራይ እያ ኣምጺኣ ነታ ሰመስተር ሰጊራታ። መምህራና እናጸውዑ፡ “ለምለም እንታይ ኬንኪ ነጥብኺ ብዘገርም መገዲ ንታሕቲ ኣንቈልቍሉ!” እናበሉ ኣሸገሩዋ። ንሳ ግና ንመጀመርታ ጊዜ ንኣምሓራይ ዝጸልአትሉ እዋን እዩ መጺኡ። ክረምቲ ኾይኑ ትምህርቲ 1974/75 ተዓጽወ'ሞ፡ ለምለም ናብ ስድራኣ ኸም እትኸይድ ነደይ ዙፋን ነገረተን። ንሰን ዝከኣለን'ኳ እንተ መኸራኣ ካብ ዓቕመን ንላዕሊ ኾይኑወን ነቦይ ክብረኣብን ተስፋይን ነገራኦም። ክልቲኦም ንለምለም ኮፍ ኣቢሎም “ኵነታት ዓድና ሕማቕ'ዩ ዘሎ፡” ብምባል ገኒሓም ገናኒሓም ሕራይ ኣበሉዋ።

* * *

ኣብ መላእ ኤርትራ ካብ መዓልቲ ናብ መዓልቲ ምቕታልን ዓዲ ምንዳድን እናበኣሰ ኸደ። ደርግ፡ ካብ ባሕሪ ሓይልን ኣጋር ሰራዊትን *ፃፋኝ ጓድ* ዝብሃል ናይ ቅትለት ጒጅለ ብምቛም፡ ንህዝቢ ኣስመራ ራዕዲ ኣእተወሉ። ንሳቶም ቮልክስ ዋገን፡ ፊያት 124 ከምኡ'ውን ሬናውልት ዝዓይነተን መካይን ብምሓዝ'ዮም ነታ ኸተማ ክኹሉዋ ዝውዕሉ ዝነበሩ። እዘን መኻይን'ዚኣን ኣብ ኣስመራ ዘይፈልጠን ኣይነበረን። ካብ ማዕዶ ዝልለያ፡ ኣብ ውሽጠን ኩሉ ጊዜ ኣርባዕተ ሰባት ኮፍ ዝብሉወንን ንዝደለዩዎ ሰብ ኣብ መገዲ ደው ኣቢሎም ክሓቱን ክወስዱን ዝኽልክሎም ኣይነበረን። ናብ'ታ መኪና ዝኣተወ ኽልተ ዕድል ጥራይ እዩ ዝነበሮ፣ ማእሰርቲ ኣብ ግቢ፡ ወይ ቅትለት ኣብ ማይጭሆት፡ ጨርሕን ገዛ ባንዳን።

ጳውሎስ ስብሃቱን ግርማይ በርሀን ቤተ ሰብ ጥራይ ዘይኮኑ ኣዕሩኽ'ውን'ዮም ነይሮም። ክልቲኦም፡ ግርማይ ሓወይ፡ ጳውሎስ ሓወይ እንተ ዘይኮይኑ፡ ግርማይ፡ ጳውሎስ ተበሃሂሎም ኣይፈልጡን'ዮም። ግርማይ በርሀ፡ ማናጀር ናይ ኮመርሻል ባንክ'ዩ ዝነበረ። ደርግ፡ ኣብ ኤርትራ ኾነታት ስለ ዘይጠዓሞ፡ ኣሎ ዝብሃል ኤርትራዊ ናብ ካልእ ክፍለ ሃገር ኢትዮጵያ ስራሕ ምቕያር ናተይ ኢሉ ተተሓሓዘ። ኣብ መላእ ኤርትራ ብፍላይ ኣብ ኣስመራ ዝነበሩ ሓለፍቲ፡ ብኣምሓሩ ተተክኡ። እቶም ኤርትራውያን ከኣ፡ ናብ ኣዲስ ኣበባ፡ ጅማ፡ ኣሰሳን ካልእ ቦታታትን ኣግዓዙም። ግርማይ በርሀ'ውን ካብ'ቶም ናብ ኣዲስ ኣበባ ዝተቐየሩ ኣካያዲ ስራሕ ሓደ ነበረ። እታ ኸም ዝተቐየረ እትሕብር ደብዳበ ምስ መጸቶ፡

ርእሱ እናንቕነቐ “ኣንታ እዚኦምሲ ዝገብሩዎ እዩ ጨኒቑዎም፣ ካን ካብ'ዛ ዓድና ጓሕጒሖም ክውጽኡና ደልዮም!” በለ'ሞ፣ ስልኪ ደዊሉ ንጳውሎስ ስብሃቱ ነገሮ። ጳውሎስ ስብሃቱ ኣዝዩ ሓዘነ። እታ ደብዳበ ብህጹጽ'ያ ትብል ነይራ። ኣጋ መወዳእታ ወርሒ ጥቅምቲ ስለ ዝነበረን እቲ ንዕኡ ዝትክእ ኢትዮጵያዊ ኣስመራ እንተ መጸ'ውን፣ “ደሞዘይ ተቐቢለ ዘይከይድ፣” ብምባል፣ ነታ ዝመጸቶ ደብዳቤ ዓጺፉ ኣብ ጁባኡ አእተዋ። ካብ ስራሕ ተፈዲሱ ናብ ሓይሊ ኤለክትሪክ ንበዓልቲ ቤቱ ከምጽኣ ከደ'ሞ፣

“ኣንቲ ኣበባ፣ ኣይ ናብ ኣዲስ ኣበባ እንድዮም ደኣ ተቐይርካ ኣለኻ ኢሎምኒ፣” ምስ በላ፣ ርእሳ ሒዛ፣

“እውይ! ኣንታ ግርማይ ሓወይ እንታይ ኢኻ ትብል ዘለኻ!? ንመዓስከ እዮም ተበገስ ኢሎምኻ?” ብምባል፣ ንብዓታ ብኡ ንብኡ ጸረር በለ።

“ቀልጢፍካ ተበገስ ኢሎምኒ፣” ብምባል፣ ዝን በለ።

ቀዳም ኣጋ ምሸት ኮምብሽታቶ ብሰብ መርኣዩ ኣይነበራን። ኩሉ እንዳ ካፌ ሰብ መሊኡ ወጃዕጃዕ'ዩ ዝብል። ኣብ ባራት ማኪያቶ፣ ካፑቺኖ፣ ሻሂ ዝሰትን ፓስተ ዝበልዕን ነቲ ምኡዝ ክሊማ ኣስመራ እናስተማቐረ ኣብ'ቲ ጐደና ሸናዕ ዝብል ሰብ እንክትርኢ ኸለኻ፣ ኣስመራ ነቲ ናይ ወጥሪ እዋን ለሚዳቶ ጥራይ ዘይኮነስ ንጽባሒቱ ሰንበት 09 ሕዳር 1975 እንታይ የንጸላልዋ ኸም ዝነበረ ኽግምት ዝኽእለ ሰብ ኣይነበረን። ኣብታ ንግሆ'ቲኣ፣ ኽልተ ሰባት፣ ኣብ ጐደና ኮምብሽታቶ ነቲ ህንጻታትን ጽርየት እቲ ኸባብን እናድነቑ ብእግሮም ይዛወሩ ነበሩ። ፈዳይን ኣስመራ ኸኣ፣ ነቲ ዝደልዩዎ ሰብ ኣብ ምክትታል ተዋፊሮም ነበሩ። ዕላማኦም ንምህራም ምሹው ቦታን ጊዜን ጥራይ እዮም ዝጽበዩ ዝነበሩ። እቲ ኣብ ዕላማ ኣትዩ ዝነበረ ሰብ፣ ህይወት ደሓን'ያ ዘላ ኢሉ፣ እቶም ዝሕንሕኑ ዝነበሩ ፈዳይን ከኣ መዓስ ዕላማና ንወቅዕ እናበሉ ኣብ'ቲ ጐደና ጐድኒ ንጐድኒ ይጓዓዙ። እቲ ኣብ ዕላማ ዝኣተወ ሰብ ምስ ዓርኩ ኣብ ባር ኢምፐሮ ማክያቶ ሰትዮም ናብታ ንሱ ዘዘውትራ ዝነበረ ባር ኣበባ ክኸዱ ተበገሱ። ፈዳይን ተኸተሉዎም። ባር ኣበባ ኣብ ሞኖፖሊዮ ጐደና ራስ ኣሉላ ልዕሊ ፋብሪካ ትምባኾ ጋሸ፣ ኣብ መንጎ ክለብ ሓማሴንን ስራሓት ዕንጸይትን ሓጺንን ተስፋይ ጀሪ እትርከብ ኮይና፣ ኣብ ውሽጢ ሓጹር እትው ዝበለት ዕምርቲ ቤት ምግብን መስ ተን'ያ ነይራ። ፈዳይን፣ መኪና ዓሺጎም ነቲ ሰብ ናብኣ ኽኣቱ ኣማዕድዮም ረኣዩዎ። ዋና ትካል ኣጋይሻ ብፍሽሑው ገጽ ተቐቢላ፣

"እንታይ ክሰምዓኩም?" በለቶም።

"ሓንቲ ቀያሕን ጻዕዳ ጥብስን፡" ብምባል፡ ኣዘዙ። በዓልቲ ባር ላዕልን ታሕትን ብምባል ነጋይሻ መግቢ ኣዳልያ ቀረበትሎም።

እዋኑ ኸባቢ ሰዓት ዓሰርተ ሓደ እዩ፣ ፊዳይን ካብ መኪናኦም ወሪዶም ናብቲ ባር ኣምርሑ። ከም ማንም ሰላማዊ ሰብ ብምእታው ነቲ ኣብ ዕላማኦም ዝኣተወ ሰብ ጠመቱዎ፣ ብኡ ንብኡ ኸኣ ሽጓጒጠም ኣውጺኦም ኣድራጋ ጠያይቲ ተኲሶምሉ ተሰወሩ። እቲ ሓደ ብኡ ንብኡ ሞተ፡ እቲ ኻልኣዩ ግና ሰንከልከል እናበለ ናብ ደገ ብምውጻእ ኣብ ጥቓ ባር ርእሲ ምድሪ ጻሕ ኢሉ ወደቐ። ካብ ባይታ ክትስእ ፈተነ፡ መሊሱ ድማ ወደቐ። ፊዳይን ናብ መኪናኦም ክኣትዉ ኸለዉ ኣማዕድዮም ረኣዩዎ'ሞ እቲ ሓደ ተመሊሱ ኣዳጊሙዎ ናብ መኪናኡ ተመልሰ። እቲ ሰብ ከኣ ብደም ጨቅዩ ኣብቲ ባይታ ዝርግሕ በለ። ማርቻበዲ ጐደና ራእሲ ኣሉላ ኸኣ፡ በቲ ናይቲ ዓድታት ኤርትራ ዘንደደን ህይወት ብዙሓት ንጹሃት ኤርትራውያን ዘጥፍአን ሰብ፡ ብደም ጠልቀየ። ተኹሲ ዝሰምዐ ሰብ ክሃድም ንዮው ነጀው ክብል ጀመረ። ኣብቲ ኸባቢ ዝነበረ ሰብ ዝመጾ ስለ ዝፈልጥ ካብቲ ቦታ ተኣልየ። ብኡ ንብኡ ኸኣ፡ እታ ጐደና፡ ሰብ ከም ዘይነበራ ጭው ጭው በለት። ተኹሲ ዝሰምዑ ወተሃደራትን ዓፋኝ ጓድን ናብ'ቲ ቦታ ደበኽ በሉ። ነቶም ወዲቖም ዝነበሩ መንነቶም ኣይፈለጡዎምን። ኣምቡላንስ ጸዊዖም ናብ ሆስፒታል ከም ዝውሰዱ ገበሩ። ኣብ ሆስፒታል ጁባውቶም ተጐርጒረ፡ መንነቶም ዝገልጽ ወረቓቕቲ ተረኺበ፣ እቲ ሓደ ኣብ ዕላማ ፊዳይን ዝነበረ ዓድታት ኤርትራ ኸም ሕሱም ዝደብደበ ፓይሎት ክኸውን ከሎ፡ እቲ ኻልኣዩ ግና፡ ቅድሚ ቍሩብ መዓልቲ ኣስመራ ዝኣተወ ኣካያዲ ስራሕ ንግዳዊ ባንክ ኤርትራ ኾይኑ፡ ብላኼማ ዝተቐትለ ነበረ።

ንግርማይ በርሀን ጳውሎስ ስብሃቱን እታ ባሕቲ ሰንበት (ግእዝ) እቲኣ ኸም ኩለን መዓልታት'ያ ነይራ። ግርማይ በርሀ ንጽባሒቱ ሰኑይ ናብ ኣዲስ ኣበባ ዝብገሰሉ መዓልቲ ስለ ዝነበረ፡ እንዳ ሓሙኡ ደግያት ተፈሪ ምሳሕ ስለ ዝተዓደመ ምስ በዓልቲ ቤቱ ኣብ ምቅርራብ ነበረ። ኮይኑ ከኣ ቅድሚ ምውጻኦም ንኸብረኣብ ደዊሉ ኣዲስ ኣበባ ዝኣትወሉ ሰዓት ኣብ ዝዘራረበሉ ዝነበረ እዋን በዓልቲ ቤቱ ኣበባ ብማዕዶ ሰምዐቶ'ሞ፡ "ኣንታ ግርማይ ሓወይ፡ ንሸኻ ጽባሕ ክትረኽቦም ኢኻ፡ ሃበኒስከ ሰላም ክብሎም፡" እናስሓቐት ብምባል፡ ንመሓሪ በርሀን ንኣለምሰገድ መስፍንን ኣዘራረበቶም።

ኮይኑ ኸኣ ኣብ ዘረባኣ ክትሻቐል ዝሰምዓ ክብረኣብ፣ ነታ ተሌፎን ካብ መሓሪ በርሀ ተቐበላ'ሞ፣

"ኣበባ እንታይ ዘሻቕል ኣለኪ፣ ደይ ናብ ኣሕዋቱ ዝመጽእ ዘሎ፣" ብምባል፣ ነቲ ብውሽጣ ዝስምዓ ዝነበረ ግና ክትገልጾ ዘይከኣ ለት ፍርሂ ከረጋግኣ ፈተነ። ልባ ግና ኣይረግኣላን።

ጳውሎስ፣ ፊት ባር ቶሪኖ እትርከብ እንዳ በንዚና ሕልፍ ኢልካ ናብ ገዛ ባንዳ እትወስድ ጽርግያ ብኢድ ጸጋም ሒዝካ ክትከይድ ከለኻ ቕድሚ እቲ መገዲ ባቡር እትርከብ ኣብ በሪኽ ቦታ ዝተደኰነት ገዝኦም ኮይኑ ምስ ሓፍቱን ሓዉን ኣብ ምዉኽ ዕላል ከለዉ ሰዓቱ ረኣየ'ሞ፣ ናይ ምሳሕ ዕድመ ኸም ዘሎዎም እና'ዘኻኸሮም ከሎ፣ ተኹሲ ሰምዑ። እቲ ተኹሲ ኣብ ጥቓ መንበሪ ገዝኦም ብምንባሩ ሓፍቱ ወ/ሮ ኣበበሽ ንኽልቲኦም ኣሕዋታ ካብ ገዛ ክወጹላ ሃወኽቶም። ጳውሎስ ናብ እንዳ ሓፍቱ፣ እንዳ ደግያት ተፈሪ ኣምርሐ፣ ካልኣት'ውን ጸኒሖም ሰዓቡዎ።

ግርማይን በዓልቲ ቤቱ ኣበባን ኣሕዋት'ምበር ሰብኣይን ሰበይትን ኣይመስሉን'ዮም ነይሮም። ግርማይ ሓወይ፣ ኣበባ ሓፍተይ ክበሃሃሉ ንዝሰምዖም ሰብ፣ ቅዱስ ቅንኢ እዮም ዘሕድሩሉ ነይሮም። ኣበባ ዙርያ፣ ግርማይ በርሀ ኸኣ ምዕሩግ ፓኖ ምስ ክራቫታ ወድዩ፣ "ግርማይ ሓወይ ወዲኣ እየ ንኺድዶ?" በለቶ፣

"ክንደይ ትጽብቓ ደኣ ኬንክን ወ/ሮ ኣበባ።"

"ኣጸቢቑለይዶ፣" ኢላ፣ ናብኡ ብምቕራብ፣ "ኣቶ ግርማይ፣ እንታይ ደኣሉ ሎምስ ዘይኣመልኩም፣" ብምባል፣ ነታ ክራቫትኡ ፍሽኽ እናበለት ኣዐረየትሉ'ሞ ናብታ ኣብ ጋራጅ ዝነበረት ፖጆት 605 ዝዓይነታ መኪናኦም ኣምርሑ።

ዕዱማት በብሓደ ናብ እንዳ ደግያት ተፈሪ ኣተዉ። ወ/ሮ ኣለማሽ በቲ ፍሽኽታ ዘይፍለዮ ገጽን እንቋዕ ደሓን መጻእኩም እናበላ ተቐበላኦም። እቶም ቀንዲ ዕዱማት ግርማይ ምስ በዓልቲ ቤቱ "መዓልኩም?" ኢሎም ምስ ኣተዉ፣ ኩሎም ካብ መንበሮም ተንሲኦም ኣብቲ ንዕኦም ኢሉ ዝተዳለወ መንበር ኮፍ ክሳዕ ዝብሉ በብሓደ ሰላም በሉዎም። ብፍላይ ምስ ጳውሎስ ከምዛ ነዊሕ እዋን ዘይተረኣኣዩ ተሓቛቑፎም ተሰዓዓሙ። ቡፈ ምሳሕ ተቐሪቡ ንቕድም ግርማይ ምስ በዓልቲ ቤቱ ወሰደ'ሞ፣ ኩሎም ዕዱማት ወኻዕካዕ እናበሉ ወሰዱ። ዕላል መቀረ፣ ኣብ መንጎ፣

"ኣንታ ግርማይ! እዚ ካብ ኣዲስ ኣበባ ዝመጸ ናይ ባንክ ቅያርካስ ምስ'ቲ ፓይሎት ከሎ ተቐቲሉ፣" በለ፣ ኣቶ ነጋሲ ነቲ

ዝሰምዖ ወረ ኽነግሮም ብምባል።

"እዋእ! እንታይ ትብል ኣቶ ነጋሲ!?"

"ላኼማ እዩ ነይሩ።"

"ይገርመካ እዩ። ንበዓልቲ ቤቱ ናብ ኣስመራ ተቐይረ ምስ በላ፡ ሬሳኻ ብነፋሪት ተጸይሩ ክመጸኒ እዩ ብምባል ናብዚ ምምጽኡ ፈጺማ ኣይተቐበለቶን እያ ነይራ፡" ምስ በለ፡ ኣበባ፡

"እውይ ሓፍተይ ሕማቕ ረኺባ!" ብምባል፡ ነዛ ርእሳ ሒዛ ድንን በለት።

ድሕሪ ምሳሕ ቡን ፈልሐ'ሞ፡ ብምቁር ቤተ ሰባዊ ዕላል ተሰንያ ተሰትየት። ከባቢ ሰዓት ኣርባዕተ ምስ ኮነ ዕዱማት ነናብ ውራዮም ክኸዱ ንግርማይ በርሀ፡ "ጸዕዳ ይጽናሕካ!" እናበሉ ተፋነውዎ። ግርማይ ናብ ገዝኡ፡ ጳውሎስ ከኣ ናብ እንዳ ሓዘን ብምኻድ ተፈላለዩ።

ጳውሎስ ስብሃቱ፡ ካብ እንዳ ሓዘን ወጺኡ ናብ ባር ኣሜሪካ ብምኻድ ማኪያቶ ኣዚዙ ምስ ኣዕረኸቱ ድሕሪ ምዕላል ናብ ገዝኡ ተበገሰ። እንተ ኾነ፡ ጋዜጣ ረሲዑ ስለ ዝነበረ *ኵሮቻ ደለ ሰደ* ኣቢሉ ቺነማ ሮማ ሓሊፉ ናብ እንዳ ሓፍቱ እንዳ ደግያት ተፈሪ ተመልሰ። ጋዜጣኡ ኣልዒሉን ንሓፍቱ ተፋንዩዋን ካብ ሓጹር ወጺኡ ናብ *ኵሮቻ ሮሳ* ገጹ እናኸደ ኸሎ፡ ክከታተሉዎ ዝጸንሑ ኽልተ ሰባት ናብኡ ብምቕራብ፡ "ደሊናካ ስለ ዘለና ምሳና ትኸይድ፡" ብምባል፡ ብኽልተ ቀላጽሙ ሒዞም፡ ናብ'ታ ሬናውልት ዝዓይነታ መኪና ኣእተዉዎ። ናብ እንዳ ግርማይ በርሀ ባር ጀማ ኣምርሑ። ግርማይ ምስቶም ጐረባብቱ ኣብቲ ኸባቢ ናይ ምፍናው ዕላል ሒዞም ዘወር እናበሉ እንከለዉ፡ ኣማዕድዩ ኣብ ኣፍ ደገ ገዝኡ ሬናውልት ዝዓይነታ መኪና ደው ኢላ ረአየ'ሞ፡ "እዚኣስ ናይ ቤተ ሰብ መኪና እያ፡" ብምባልን ነቶም ኣዕሩኽቱ፡ "በሉ ደሓን ኩኑ፡ ብሰላም የራኽበና፡" እናበለን ብኢዱ ንኹሎም ሰላም ሰላም ኢሉ ተፋንዩዎም ናብታ መኪና ቐረበ። ንጳውሎስ ስለ ዝረኣዮ ኸኣ "ጳውሎስ፡" ኢሉ ቅርብ በለ'ሞ፡ ኽልተ ሰባት፡

"ኣቶ ግርማይ ደሊናኹም ኣለና፡ ሓንሳብዶ ምሳና ክትመጹ፡" ምስ በሉዎ፡ ነብሱ ኽም ገለ ገበሮ። ነታ ኣጻብዕታ ቈራዕራዕ እናበለት እቲ ዝኸውን ትኸታተል ዝነበረት ሰማይነሽ ጓሉ፡ ምሉእ ደሞዙ ዝሓዘት ፖርቶፎልዮኡ፡

"ሰማይነሽ፡ እንኪ እዛ ፖርቶፎልዮ፡" ኢሉ ዓይኒ ዓይና እናጠመተ ኢዱ ወስ ኣበለላ'ሞ፡ ሓደ ካብቶም ክልተ ግና፡

"ፖርቶፎልዮ'ኹም ሓዙ፣" ብምባል፣ ብጸጋማይ ቅልጽሙ ሒዙ ናብታ መኪና አእትዮም ከምታ ዝመጹዋ ብናህሪ ካብ'ቲ ቦታ ተሸርቡ። ሰማይነሽ፣ ትሕዞን ትጭብጦን ሰኣነት፣ ናብ መን ከም ትድውል ሕርብት በላ። ኣዲኣ ካብ እንዳ ሓዘን ናብ ገዛ ምስ ተመልሰት፣

"ማማ! ንባባን ንጳውሎስን ክልተ ሰባት መጺኦም ወሲዶሞም!" በለታ ልባ ብኣፋ ክትወጽእ እናደለየት።

"እንታይ ዝኾኑ ሰባት!" በለት፣ ኣበባ ስምብድ ኢላ።

"እንድዒ! ጳውሎስ'ውን ምስኦም ነይሩ፣" ምስ በለታ፣ ኣበባ ነጸላኣ ኣልዒላ እቲ ዘጋጠመ ንወ/ሮ ኣለማሽ ክትነግረን ናብ እንዳዓለ'ቦኣ ኸደት። ወ/ሮ ኣለማሽ ቅድሚ ዓሰርተ ወርሒ ኣቢሎም በዓል ቤተን ስለ ዝዓረፉ፣ ጸሊም ክዳን ሓዘን'የን ወድየን ዝነበራ። ኣብ ልዕሊ ጸሊም፣ ጸሊም ክይመጸን እናጸለያ ምስ ደቀን ምሉእ ለይቲ ተቜልየን ሓደራ። ዝተረፈ ቤተ ሰብ ዳርጋ ብምሉኡ እዩ ሰሚዑ ሓዲሩ። ኣበባ "ኣንቲ እግዝእትን ማርያም እንታይ ኮን ክተስምዕኒ ኢኺ?" እናበለት፣ ምሉእ ለይቲ ክትጽልን ክትምህለለን ሓደረት። እታ ለይቲ ምእንቲ ነብሳ ክትብል ወግሐት'ሞ፣ ሰሚዑ ዝሓደረ ቤተ ሰብ "እንታይ ተረኺበ፣" ክብል፣ ናብ እንዳ ደግያት ተፈሪ ተኣኻኸበ። ወረ ኣስመራ ተሌፎን ዘድልዮ ኣይነበረን። ዝተቐትሉ ሰባት ኣብ ዝባን ስንቀይ፣ ጨርሒ፣ ገዛ ባንዳን ማይጭሆትን ተደርብዮም ኣለዉ ዝብል ወረ ብንግሆኡ ኣብ ኩሉ ተናፈሰ። ስለ ዝኾነ ኸኣ፣ ሰቦም ክናድዩ ናብ'ቲ ዝተባህለ ቦታ ብእግሩ ዝጉዩ ብእግሩ፣ መኪና ዘላቶ ብመኪና ኸዱ። ኣብ ኩሉ'ውን በጽሑ፣ ዝረኸቡዎ ነገር ግና ኣይነበረን። እምበኣርከስ፣ ኣብ'ዚ ካብ ዘይተረኽቡ ናብ ሆስፒታል ንኺድ ብምባል፣ ኣቶ ሃይለን ጴጥሮስን ዘለዉዎም ቤተ ሰብ ናብ መካነ ህይወት ሆስፒታል ከዱ። ከምኦም ሰቡ ዝደሊ ኣብኡ ተኣኪቡ ጸንሖም። ናብ ውሽጢ ክፍሊ ህጹጽ ረድኤት ኣተዉ፣ ነቲ ኣብኡ ዝነበረ ነርስ ዅነታቶም ምስ ነገሩዎ፣ ነቶም ብኣንሶላ ተሸፊኖም ዝነበሩ ሬሳታት በብሓደ ቀሊዑ ኣርኣዮም'ሞ ጳውሎስን ግርማይን ብጥይት ተቐቲሎም ኣብኡ ረኸቡዎም፣ ሰኑይ ዕለት 10 ሕዳር 1975። ቤተ ሰብ ተረድአ፣ ኣስመራ ብኣስመራኣ ናብ እንዳ ደግያት ተፈሪ ወሓዘት። ቀተልቲ፣ ደም ሰብ ሰትዮም ክሕጉሱ ኸለዉ፣ ኣስመራ ግና ኣእወየትን ደም ነብዐትን። ጳውሎስ ቆማት፣ ኣዝዩ ምልኩዕ፣ ተፈታዋይ፣ ህዱእ፣ ፈቃር ሰብን ዓቢ ኣይብል ንእሽቶ ምስ ኩሉ ሕዉስን

ሰብ'ዩ ነይሩ። ግርማይ በርህ፣ ከደራይ ኮይኑ፣ ህዱእን ተዋዛያይ ሰብ'ዩ ነይሩ። እንተ ኾነ፣ ኢድ መግዛእቲ ኢትዮጵያ ንኽልቲኦም ኣረኻኺቡሎም። ናይ ክልቲኦም ሬሳ ካብ ሆስፒታል ናብ እንዳ ደግያት ተፈሪ ኣተወ። ንጽባሒቱ ሰሉስ 11 ሕዳር 1975 ከኣ፣ ኣብ እንዳ ማርያም ኣስመራ ሓመድ ኣዳም ለበሰ።

ኣብ ኣዲስ ኣበባ፣ ኣብታ መዓልቲ'ቲኣ ተስፋይ ኣብ *ቤት ምቁር ሕብስቲ መለይ* ምስ ዓርኩ እናዕለለ ኽሎ ሓደ ዓርኮም ብደገ መጺኡ ተሓወሶም'ሞ፣

"ኣንታ ሰሚዕኩምዶ? ኣብ ኣስመራ ጳውሎስን ግርማይን ዝብሃሉ ኽልተ ሰባት *ብዓፋኝ* ተቐቲሎም!" በሎም።

"እወ! ትማሊ ኽምኡ ክብሉ ሰሚዐዮም ነይረ። ንመንዶ ንመን ዘመዱ እዮም ይብሉ ነይሮም፣" በለ ተስፋይ፣ ነቲ ዓርኮም ዓይኒ ዓይኑ እናጠመተ።

"እቲ ሓደ ወዲ ኣዝማች በርህ ገብረኪዳን ኣብዚ ዳምባ እዩ። ኣዝማች በርህ ካብ'ቶም ኤርትራ ንኤርትራውያን ዝብሉ ዝነበሩ ሓደ ኾይኖም ምክትል ፕረዚደንት ቀጽሪ ናጽነት ኣውራጃ ሰራየ እዮም ነይሮም። ቅድሚ ፌደረሽን 16 ግንቦት 1950 ብዕሱባት ኢትዮጵያ ኣብ ኣፍ ደገ ገዝኦም ዝተቐትሉ እዮም። ኣቦኡ ንጳውሎስ ደግያት ስብሃቱ ዮሃንስ ኣቦኡ ከኣ ጣልያን ንኢትዮጵያ ምስ ሓዝዋ፣ ትርጁማን ናይ ጀነራል ግራዝያኒ ኾይኖም ኣብ ኢትዮጵያ ዝነበሩ'ሞ፣ ድሕሪ ውድቀት ጣልያን ናብ ኤርትራ ተመሊሶም ዋና ጸሓፊ ኤርትራ ንኤርትራውያን ኣውራጃ ሰራየ እዮም ነይሮም።" እቲ ዝገርም፣ ብ/ጀነራል ጌታቸው ናደው ንኽልቲኦም ሽፋቱ እዩ ዝብሎም ነይሩ፣ እዩ ዝብሃል። ስለዝስ ናይ ክልቲኦም ቅትለት ኮነ ኢልካ ዝተገብረ'ምበር፣ ናይ ኣጋጣሚ ኣይኮነን፣" ኢሉ ርእሱ እናነቕነቐ ምስ ነገሮም፣

"ኣንታ! ነዛ መሓዛ ሓፍተይ ኣቦሓጎኣ እንድዮም። ለምለም ኣይሰምዐትን'ያ ትኸውን'ሞ ክኸይድ፣" ብምባል፣ ብድድ ኢሉ ናብ ለምለም ከደ። በቶም ዋርድያ ገይሩ ኣጸውዓ'ሞ ተስፋይ ምጁኡ ምስ ረኣየት ስምብድ ብምባል፣

"ተስፋይ ሓወይ ደሓን ዲኻ?" በለቶ፣ እናሰዓመቶ።

"ኣንቲ ለማልም፣ ነዛ መሓዛኺ ኣብርሀት ኣኮኣ እንድዩ ዓሪፉ'ሞ፣ ክነግረኪ መጺአ፣" በላ።

"እውይ! ኣበይ?"

"ኣብ ኣስመራ፣ ሎሚ እዮም ከኣ ተቐቢሮም፣" በላ'ሞ፣ ኣፍቂዳ

ክትወጽእ ነጊሩ ናብ መኪናኡ ኸደ። ንሳ'ውን ኣይጸንሐትን ነጸላ ሒዛ መጸት።

"ኣንታ ተስፋይ ሓወይ! ሓሚሞም ድዮም ነይሮም?" ተስፋይ ከመይ ገይሩ ከም ዝነግራ ኣዝዩ ተሰከፈ፣ ምኽንያቱ፣ ድሕሪ ቕትለት ዛይድ፣ ለምለም ኣብ ልዕሊ ኢትዮጵያ ዝነበራ ኣረኣእያ ኣዝዩ ተቐይሩ ጥራይ ዘይኮነስ፣ ጽልኢ'ውን ኣማዕቢላ ኸም ዝነበረት ኣስተብሂሉላ ስለ ዝነበረ እዩ ተጠንቂቑ ኸነግራ ዝመረጸ። ስለ ዝኾነ ኸኣ እዩ፣

"ኣይሓመሙን።"

"እንታይ ደኣ?"

"ተቐቲሎም!"

"እዋይ! ኣንታ ተስፋይ ሓወይ መን ቀቲሉዎም?"

"ዓፋኝ!"

"እንታይ ትብል ኣለኻ!? ክውድኡና ድዮም ተበጊሶም እዞም ..." ኢላ ነቲ ክትብሎ ዝሓሰበት ወሓጠቶ።

"ይገርመኪ እዩ። ንዕኡን ሰብኣይ ጓል ሓፍቱን ብሓንሳብ'ዮም ቀቲሎሞም፣" ምስ በላ፣ ደኒና ነብዐት። እንዳ ሓዘን ምስ በጽሑ፣ ተስፋይ ምስቶም ሰብኡት፣ ለምለም ከኣ ትኽ ኢላ ናብ ኣብርሀት ከይዳ ምስኣ ኾፍ በለት። ካብ ውሽጢ ልባ ኸኣ ነብዐት።

"ኣንቲ ኣብርሀት! ተስፋይ ሓወይ'ኳ እዩ ኣብ ዶርሚቶሪ መጺኡ ነጊሩኒ። እንታይ ርካብ ረኺብኩም ጓለይ፣" ብምባል ጥራይ ዘየድሊ ዘረባ ኸይትዛረብ ተቘጠበት። ኣብርሀት ኩነታት ኣቀታትላኣም ኣስፊሓ ኣዕለለታ። ለምለም ምስኣ ሰሙን ጸንሐት። ኣብርሀት፣ ሓዘን ተዓጽዩ፣ ዓሰርተ ምስ ሓለፈ ናብ ካምፓስ ተመልሰት'ሞ፣ ለምለም መዓልታዊ እናኸደት ትርእያ ነበረት። ሓደ መዓልቲ ግና፣ ኣብርሀት ንለምለም ሓደ ነገር ከተማኽራ ኸም እትደሊ ነጊራ ተተሓሒዘን ካብ'ቲ ካምፓስ ብምውጻእ፣ ብእግረን ናብ ፒያሳ ኸይደን ኣብ ሓደ ጽምው ዝበለ እንዳ ምቁር ሕብስቲ ኣተዋ። ድሕሪ ነዊሕ ዕላል፣

"ለምለም፣ ኣነ ኹሉ ክጻወሮ ኣይክእልን'የ ዘለኹ። ትምህርቲ ገዲፈ ናብ ኣስመራ ክኸይድ እየ።"

"ኣስመራ'ሞ እንታይ ክትገብሪ ኢኺ። እቲ ኹነታት ትርእዮ'ለኺ፣ ኣብ ቅድሚኣም ዘዝጸንሖም'ዮም ዝቐትሉ ዘለዉ፣" ምስ በለታ፣ ናይ ዛይድ መቕተልቲ ተራእዩዋ ድንን ብምባል ኣዒንታ ንብዓት ቋጸራ፣ ኣብርሀት'ውን ከምኡ።

"ለምለም፣" ኢላ፣ ብኽልተ ኣእዳዋ ነእዳው ለምለም ብምሓዝ፣ "ፈሪሀኪ እየ'ምበር፣ ኣነ ናብ ሜዳ ክኸይድ'የ። ንኹሉ ነገር ከኣ ተዳልየሉ እየ፣ ስለዚ፣ ንስኺ ሃለዋተይ ንስድራይ ምእንቲ ክትነግርዮም ኢለ እየ ዝነግረኪ ዘለኹ፣" ኢላ ዓይኒ ዓይና ጠመተታ።

"ኣየ ኣብርሀት ሓፍተይ! ኣነ'ውን ነዚ ነገር ካብ ዝሓስቦ ነዊሕ ገይረ እየ። ሰሌ ንሜዳ ካብ ዝወጽእን ዛይድ ካብ ትቕተልን ንነዮ፣ ኣነ ኣብ ልዕሊ'ዞም ተካላት ጽልኢ እየ ኣሕዲረ። ስለዚ፣ ኣነ'ውን ምሳኺ ክብገስ'የ፣" ምስ በለታ፣ ኣብርሀት ነጢራ ተሲኣ ኣብ ክሳዳ ተጠምጠመታ።

"እሞ ዝመጽእ ዘሎ ቀዳም ክንብገስ ኢና። ኣብ ኤርትራ ዝቕበለና ሰብ ኣለና፣ ኣይትሸገሪ። ካብ'ዚ ብመቐለ ጌርና ኢና ንኸይድ፣" ኢላታ ተሓቋቚፈን ናብ ዶርሚቶሪአን ከዳ። ለምለም ብዛዕባ ሰለሙን ክትሓስብ ምሉእ ለይቲ ነዘን ኣዒንታ ሰለም ከየበለተን ሓደረት፣

ቀዳም 26 ታሕሳስ 1975 ሰዓት ሓሙሽተ ወጋሕታ ለምለምን ኣብርሀትን ጀለብያ ኸዳን ተኸዲነን ኣብ ኣውቶቡስ ሳታዮ ተሳፈራ። መገደን ካብ ኣዲስ ኣበባ፣ ደሴ፣ መቐለ ኣስመራ እዩ። እናዕለላ ኸኣ፣ ከይተፈለጠን ኣብ ሳልሳይ መዓልተን ዓዲ ቐይሕ ብምውራድ ናብ ሓደ ሆቴል ኣምርሓ። ነቲ ናብ ሜዳ ዘውጽአን ሰብ ከኣ ኣብ ጸገም ከይንወድቕ፣ ከይወዓልካ ከይሓደርካ፣ ከም ተውጽኣና ግበር በለቶ።

"ኣነ ዝከኣለኒ ክገብር'የ። እንተ ምብጋስ ግና ነዊሕ መገዲ ይጽበየክን ስለ ዘሎ፣ ሎሚ መዓልቲ ኣዕርፋ'ሞ፣ ረቡዕ ንግሆ ሰዓት ሽዱሽተ ክንብገስ ኢና፣" ኢሉወን ከደ። ከም ቈጸራኦም ኣውቶቡስ ተሰቒሎም ብደቀምሓረ ኣቢሎም ናብ ዓላ ትኸይድ መኪና ተሰቒሎም ኣብኡ ወረዱ። እቲ መገዲ ዝመርሐን ዝነበረ ሰብ ሒዙወን እንዳ ኣቦይ ሓይለኣብ ብምኻድ ድማ ኣብኡ ሓደሩ።

ኣቦይ ሓይለኣብ እተን ኣጋይሽ ንምንታይ ከም ዝመጻ ኣይጠፍኦምን። ምልቕልቕ ዝብላ ደቂ ኸተማ ብምዃነን ከኣ እምበርዶ እቲ መገዲ ክኽእሎአ እየን ብምባል ተሰከፉ። ብዝኾነ፣ እኽለ ማይ ተቐረበለን'ሞ፣ ድኻም ስለ ዝነበረን ግና፣ ነዛ እንጌራ ኣጥዕየን ከይበልዓ ኣብቲ ንእዲ ግምብው ምስ በላ ብኡ ንብኡ ድቃስ ወሰደን። ኣቦይ ሓይለኣብ ንግሆ ካብ መደቀሲአን ነቕነቑወን'ሞ፣ ቍርሲ ሻህን ቅጫን በሊዐን ነቐላ። ንሶም ወዲ ሃይለ ዝመርሓ ሓንቲ ጋንታ ኣብ ከባቢ ማይሓባር ትንቀሳቐስ ከም ዝነበረት

ይፈልጡ ስለ ዝነበሩ፣ ድሕሪ ነዊሕን ኣድካምን ጉዕዞ ናብኡ በጽሑ። ከም ትጽቢቶም እታ ጋንታ ኣብኡ ጸንሐቶም። ድሕሪ ሰላምታ፣ ወዲ ሃይለ ነገሩ ገሪሙዎ፣

"ኣቦይ ሓይለኣብ ሎምስ እንታይ ደኣልካ ሒዝካልና መጺኻ። እዚ ገድሊ ኣይትፈልጦን ዲኻ?" ኢሉ ክመልሰን እናሓሰበ ኸሎ፣

"እዋእ! ሓቅኻ ወዲ ሃይለ፣ እሞ ካብ ሓድሽ ኣበባ መጺኣን ደኣ ናበይ ከብለን?" ምስ በሉዎ፣ ብልቢ ሰምበደ። በታ ሒዙዋ ዝነበረ ዕንጨይቲ ነቲ መሬት እናጻሕተረ፣

"ኣየ ኤርትራ፣" ብምባል ኣብቲ ዝነበሩዎ ገዲፉዎም ከደ። ድሕሪ ቍሩብ ዕረፍቲ ግና ንኽልቲኤን ናብ ቦታኡ ኣጸውዐን።

"ሰላማት፣ ኣቦይ ሓይለኣብ ከም ዝሓበረኒ እንተ ኾይኑ፣ ካብ ኣዲስ ኣበባ ኢኽን መጺእክን'መስለኒ?"

"እወ።"

"እሞ እዚ ገድሊ፣ ኣዝዩ ሓያል'ዩ። ንስኻትክን ትኽእሎኦ ኣይኮነን። ኣብዚ ቐረባ ቤተ ሰብ ኣለዊኽንዶ?"

"የብልናን።"

"ቤተ ሰብክን ኣበይ እዮም ዘለዉ?"

"ኣዲስ ኣበባ፣" በለት ኣብርሀት፣ ለምለም'ውን ከምኡ።

"ኣብ ኣዲስ ኣበባ እንታይ ትገብራ ኔርክን?"

"ንሕና ተመሃሮ ዩኒቨርሲቲ ኢና። ኣብርሀት ቍጠባ፣ ኣነ ኸኣ ሕክምና እመሃር ነይረ። ራብዓይ ዓመት ከላ በጺሕና፣" ምስ በለቶ፣ ወዲ ሃይለ ገሪሙዎ ትም በለ። ጋንታኡ ኣብ መገዲ ማይሓባር - ደቀምሓረ ደባይ ኲናት ክትገብርን ነተን ኣስመራ - ደቀምሓረ ዝመላለሳ ብኮሎኔል ብሸኡ ዝሕለዋ ኮሎኛ ነታጉ ኽተጻውደለንን'ያ ትንቀሳቐስ ነይራ። ይኹን'ምበር፣ ኣሃዱኡ ንህጹጽ ስራሕ ናብ ሳሕል ክትብገስ ከም ዘለዋ ተነጊሩዋ ስለ ዝቐነየት፣ ንጽባሒቱ ተበገሰት፣ በዓል ለምለም ከኣ ምስኣ ተበገሳ።

* * *

ምዕራፍ 20

ዓራግ 1979

ሓጐስ፡ ካብ ዓንበርበብ ተበጊሱ ኣማስይኡ ዓራግ ኣብ ዝኣተወሉ እዋን፡ ናብ ሓንቲ ዕሙር ጓይላ ተኸሊላ ዝነበረት ሓይሊ ቐሪቡ መራሒ ሓይሊ ኣበይ ከም ዝረኽቦ ንሓንቲ ብጾይቲ ሓተታ'ሞ፡

"እቲ ከበሮ ዝሃርም ዘሎ እዩ፡" ብምባል ብኢዳ ኣመልከተትሉ። ጓይላ ምስ ዘሓለ ናብ መራሒ ሓይሊ ብምቕራብ፡ "ሰላማት፡" በሎ።

"መርሓባ ብጻይ፡ እንታይ ደኣ እዛ ጓይላ ኣይሰሓበትካን ድያ ፍንትት ኢልካ ኮፍ ኢልካ ጸኒሕካ?"

"ኣይፋለይን፡ ንዓኻ ትወሃብ መልእኽቲ ኣላትኒ፡" ኢሉ ነታ ወረቐት ሃቦ።

መራሒ ሓይሊ ነቲ ኣብ ግንባሩ ዝነበረ እንቅዓ ረሃጽ ብኵሹኹ እናደረዘ ነታ ካብ መሪሕነት ዝመጸቶ ወረቐት ኣንቢቡ ድሕሪ ምውድኡ፡ ንሓጐስ ዝኸውን ገለ ዝልከፍ እንተ ረኺበሉ ኢሉ ናብቲ መጋባይ ተተሓሒዞም ከዱ'ሞ፡ ብንግሆኡ ብሓባር ክብገሱ ምእንቲ ምኽኖምን ምስ'ቶም ኣብ'ቲ ቦታ ዝነበሩ ብጾቱ ኸድቅስን ሓቢሩዎ ኸደ። ሰለሙን ናይ'ታ ኣብ'ቲ ቦታ ዝነበረት ሓይሊ ኣዛዚኣ እዩ ነይሩ። ናብ መራሕ ሓይሊ ቕድሚ ምብጽሑ ዝሓለፎ ውግኣት ቈጺርካ ኣይውዳእን'ዩ። ምረት ውግእ ናቕፋ ኸዝክር ከሎ የስካሕክሕ'ዩ። ንሰራዊት ጸላኢ ሽዱሽተ ወርሒ ኣኸቢብካ ክትሕልዎ፡ ካብ'ቲ ንዕኡ ተባሂሉ ብነፈርቲ ዝድርበ ዝነበረ ምግቢ ይኹን ኣጽዋር ክትማቐል ዝነበረ ቕልስ፡ ዕርቃን፡ ቊንጭን ትዃንን ብቓላት ክትገልጾ ዝከኣል ኣይኮነን። ሰራዊት ኢትዮጵያ ኹሉ ተሓሪሙዎ ዓቕሉ ምስ ኣጽበበን ካብ'ቲ ንወተሃደራቱ ኢሉ ካብ ነፈርቲ ብጋንጽላ ገይሩ ዝሰንድዎ ዝነበረ ስንቂ፡ ተጋደልቲ ይማቐሉዎ ኸም ዘለዉ ምስ ኣረጋገጸን ናይ ሓሶት ስንቂ ክድርቢ ጀመረ። ይዋእ! ተጋዳላይ ከኣ ፈቐዶ ስንጭሮ ተጓይዩን ኣርዩን ኣራርዩን እንተ'ምጽኣስ፡ ብዘይካ ሓሰር ንፋይ፡ ካልእ ዘይብሉ። ሽዑ እንድዩ ደኣ መራሕ ጋንታ ዮሱፍ ኣደም በቲ ጸያፍ ትግርኛኡ ገይሩ፡ "ኣየ ደርጊ! ሎምስ'ባ ልቢ ክትገብር ጀሚራ፡" ብምባል፡

ንኹላ ሰሓቕ ዝቐተላ። ድሕሪ ምትሓዝ ናቕፋ 22 መጋቢት 1977፡ ህዝባዊ ግንባር፡ ንኸተማታት ኣፍዓበት፡ ከረንን ደቀምሓረን ናጻ ኣውጽኣን። ሰለሙን ከኣ ኣብ መብዛሕትኡ ኲናት ተሳቲፉ፡ መውጋእትን መቑሰልትን ኣጋጢምዎ ነበረ። ህዝባዊ ግንባር ኣብ ባጽዕ መጥቃዕቲ ምስ ከፈተ፡ ሰለሙን ኣብ'ቲ ንደቀምሓረ ሓራ ንምውጻእ ዝተኻየደ ኲናት ኣብ ምንጋጋኡ ብዘጋጠሞ መውጋእቲ፡ ኣብ ሕክምና ፍልፍል እዩ ነይሩ። ከም'ቲ ልሙድ ተወጊኡም ዝመጹ ተጋደልቲ ዘዕልሉዎ፡ "ኣብ ከምዚ ተወጊአ፡ ኣብ ከምቲ ተወጊአ፡" ዕላል፡ ሓደ ወዲ ፈረጅ ዝብልዎ ኣብ'ታ ሰለሙን ዝነበራ ቦጠሎኒ ዝነበረ ገዲም ተጋዳላይን መራሕ ሓይልን ከዕልል ከሎ ሰለሙን ብድምጹ ኣለለዮ'ሞ፡

"ኣንታ ወዲ ፈረጅ ቦጠሎኒና ደኣ ሕጂ ናበይ ኣበለት፡" ኢሉ ኸም ዋዛ ሓተቶ።

"ዎ ንሳ ይገርመካ እዩ፡ ንጸላኢ ላሕ ኣቢላ ሕጂ ንባጽዕ ተጥቕዕ ኣላ፡" ምስ በሎ፡ ሰለሙን ኣብ ምውጻእ ሓርነት ባጽዕ ዘይምክፋሉ ክወሓጠሉ ኣይከኣለን። ንጽባሒቱ ንግሆ ኸም ልሙድ ተሲኡ እንዳ ሸንቲ እየ ብምባል፡ መሊቑ ብሰለሙና ጋሕተላይ ኣቢሉ፡ ንዝረኸቦ ተጋዳላይ ሓይሎም ኣበይ ከም ዘላ እናኣጣየቐ ናብታ ኣብ ዶጎሊ ዝነበረት ሓይሉ በጽሐ። ቦጠሎኒ ወዲ ተኸለ ኣብ ኸባቢ ባጽዕ ክትዋጋእ ቀንያ ኣዝያ ስለ ዝተዳኸመት፡ ንድሕሪት ተሳሒባ ሸሪፎ ዝመርሓ ቦጠሎኒ ተክኣታ። በዚ ምኽንያት'ዚ እዩ፡ ሰለሙን ኣብቲ ሩባ ክረኽባ ዝኸኣለ። ወዲ ተኸለ ንሰለሙን ምስ ረኣዮ፡

"ኣንታ ንስኻኸ ሕጂ ዲኻ ተወጊእካ፡ ወይስ ቀኒኻ ኢኻ?" ብምባል ሓተቶ። ወዮ ኽይመልሱዎ ተሰኪፉ ዝጸንሐ ሰለሙን፡ መዋጽኦ ዝረኸበ መሲሉዎ፡

"ሕጂ እየ፡ ደሓን ከኣ እያ ሕንጣጥ ጥራይ እያ፡" በሎ፡ ድንን ድንን እናበለ።

"ኣየ ንስኻ፡ ኣብ ደቀምሓረ ምንጋጋኻ ኣብ ኣፍ ልብኻ እንዶ በጺሑ ኣይነበረን?" ምስ በሎ፡ እቶም ተወጊኦም ክቕንዘዉ ዝጸንሑ ኹሉም ቃንዛኦም ረሲዖም ብሰሓቕ ትዋሕ በሉ። እቲ ፍርቂ ገጹ ተጀኒኑ፡ ስኑ ኸፊቱ ክስሕቕ ዘይከኣለ ኸኣ፡ ከብዱ ስለ ዝቘሰለ፡ እንተ ሓገዞ ኢሉ ኣብ መሬት ሰፋሕፋሕ በለ። ሰለሙን ዝገብሮ ጨኒቑዎ ኣጽቀጠ።

"በል፡ እዘን ኣምሓራ ምንጋጋ መጺኡና ኢለን ከይሃድማ ምእንቲ፡ በዛ ዝመጻእካያ ጌርካ ተመለስ፡" በሎ፡ ወዲ ተኸለ ናይ

መውጋእቲ ቃንዛኡ ሓቢኡ ፍሽኽ እናበለ። እምበኣርከስ ካብ ሽዑ ጀሚራ እያ ነታ "ቃኘው" እታ "ምንጋጋ" ትብል ሳጓ ዝተኸአታ። ኣይጸንሐን፡ ምስ'ቶም ካብ ሰምሃር ዝመጹ ውጉኣት ኣብ ኤነትረ ተሰቒሉ ናብ ፍልፍል ተመልሰ። ኣብ ሕክምና ኽልተ ወርሒ ምስ ተሓከመ ናብ ሓይሉ ተመልሰ። ይኹን'ምበር ለካቲት 1979 ንዓራግ ክወርድ ከም ዘሎዎ ህጹጽ ትእዛዝ መጾ። ከይወዓለ ኸይሓደረ ኸኣ፡ በተን ሽዑ ውጉኣትን ስንቅን ዘመላልሳ ዝነበራ መካይን ገይሩ ዓራግ ብምእታው፡ ብቐጥታ ናብ'ቲ ዝምልከቶ ኣካል ከደ።

"ወዲ ባሻይ ኣበይ ክረኽቦ እኽእል?" ሓተቶ ንሓደ ንእግረ መገዱ ዝኸይድ ዝነበረ ተጋዳላይ።

"ደሓን ዲኻ?"

"ደሓን'የ፡" መለሰ ሰለሙን።

"ካበይ ዝመጻእካ ኢኻ?"

"ካብ ሕክምና፡" ጥራይ ኢሉ መለሰሉ'ሞ ነቲ ሰለሙን ዓጢቑዎ ዝነበረ ዕጥቂ ርእዩ መራሕ ጋንታ ወይ ልዕሊኡ ምዃኑ ገመተ።

"በልስ'ከ ኣብ'ዚ ጽናሕ'ሞ ክምለሰካ እየ?" ኢሉዎ ኸደ። ድሕሪ ቑሩብ ደቓይቕ ተመልሰ'ሞ ተተሓሒዞም ናብ ወዲ ባሻይ ቀረቡ። ወዲ ባሻይ ከምዛ ዝፈልጠ ካብ'ቲ ኾፍ ኢሉዎ ዝነበረ ብድድ ኢሉ መንኩብ ንመንኩብ ተወሃሃቡ። ከመይ ነይሩ መገዲ ኢሉ ድሕሪ ምሕታት፡

"ካን ወዲ ተኽለስ እዛ ምንጋጋ ኣልግብ ኣቢሉልካ?" ምስ በሎ፡ እዛ ገጹ ቅይር በለት። "እዚኣስ ያኢ! ቁም ነገር ተረኺባትለይ ካብ ዶገሊ ንዓራግ በጺሓ፡" ብምባል፡ ወረ ማዕረ ኽንደይ ቅልጡፍ ምዃኑ ሰለሙን ተገንዘበ፡ ብፍላይ'ኳ ደኣ ንሳጓ ዝምልከት። ወዲ ባሻይ ቅድሚኡ ንሰለሙን (ምንጋጋ) ርእዩዎ ኣይፈልጥን'ዩ፡ ይኹን'ምበር ከም ኩሎም ኣብ ሓለዋ ሰውራ ዝተመደቡ ተጋደልቲ፡ ንሱ'ውን ቀንዲ ስራሑ ባህርያት ሰባት ብቐዳምነት ምጽናዕ'ዩ። ከምኡ ስለ ዝኾነ ኸኣ እዩ፡ ነታ ሳጓ በጨቕ ዘበላ።

"በስ ማዕለሽ! ኣነ'ኳ እታ ቃኘው እትብል መጸውዒትካ ናይ ጸላኢትና ኣሜሪካ ስለ ዝኾነት መዓስ ትእለየሉ እየ ዝብል ነይረ። ኣጋጣሚ ኾይኑ ግና፡ ኣምሓራ ኣልየናልካ፡" ምስ በሎ፡ ሰለሙን ነገሩ ገሪሙዎ ኽይፈተወ ሰሓቐ።

"ኣንታ እዛ ሳጓስ፡ ካን ቀስ ኢላ እያ ትለግበካ!"

"ኣብ መንጎስ'ባ ትሽብብ'ያ!" ምስ በሎ፡ ተተሓሒዞም ብሰሓቕ ክሞቱ ደለዩ።

"በልስኪ ቦጦሎኒና ናብ'ዚ ትምጻእ'ሞ ብድሙ ድሙን ጓይላን ጌርና ነዛ ሓዳስ ሳጓ ዳግም ከነመርቓ ኢና፡" ብምባል፡ ጨረቐሉ።

"ካብ በልካስ ሕራይ። ኣነ ግና ካብ ቃኘው ኣየዝልቕን'የ፡" እናተበሃሃሉ ናብ ምግብና ሒዙዎ ኸደ። ኣብኡ ኾፍ ኢሎም ብዛዕባ ዝነበረ ኹናትን ዝተራእየ መስተንክራዊ ጅግንነትን ከዕልሉ ድሕሪ ምውዓል፡ ናብ'ቲ ወዲ ባሻይ ዝድቅሰሉ ትሕተ ባይታዊ ገዛ ኸዱ።

ወዲ ባሻይ፡ ኣብ ሓለዋ ሰውራ ኦርኒክ ምጽራይን ንፍሉይ ስራሓት ኣድለይቲ ዝብሃሉ ሰባት ምልላይን'ዩ ዕማም ስራሑ ዝነበረ። ኣዝዩ በሊሕ፡ ሓንሳብ ዝረአዮ ቦታን ዝሰምዖ ሽምን ፈጺሙ ዘይርስዕ ተጋዳላይ እዩ ነይሩ። ውዑይን ላዛ ዘሎዎ ተጫራቓይን ብምዃኑ፡ ኣዝዩ ተፈታዋይ እዩ ነይሩ። ማርያ ጸላም ተወሊዱ ኣብ ከረን ብሓገዝ ካቶሊካዊት ቤተ ክርስትያን ክሳብ ካልኣይ ደረጃ ትምህርቲ ተማሂሩ ናብ ዩኒቨርሲቲ ዝሓለፈ ወዲ ገጠር'ዩ ነይሩ። ቋንቋኡ ብሌን ይኹን'ምበር፡ ካብ ወዲ ሓሙሽተ ዓመት ኣትሒዙ ኣብ ካቶሊካዊት ቤተ ክርስትያን ስለ ዝዓበየ ንቛንቋ ትግርኛ ሰውነት'ዩ ዘውጽኣሉ ነይሩ። ኣብ እዋን ሃይለስላሴ ሳልሳይ ሰመስተር ኣብ ኣዲስ ኣበባ ዩኒቨርሲቲ እናተማህረ ኸሎ፡ "ኣብ ካልኣይ ሰሚስተር ሰለስተ ነጥቢ ሸሞንተን ልዕሊኡን ዘምጻእኩም ተመሃሮ፡ ንዝለዓለ ትምህርቲ ናብ ኣሜሪካ ክትከዱ እትደልዩ ምዝገባ ስለ ዘሎ፡ ኣብ ቤት ጽሕፈት ብምምጻእ ቅጥዒ ምልኡ፡" ዝብል ምልክታ ኣብ ቦርድ ተጠቒዑ ምስ ረኣየ፡ ዘይፍትን ብምባል'ዩ ፈተና ዝወሰደ። ካብ'ቶም ንፈተና ዝቐረቡ 22 ተመሃሮ ሳልሳይ ርእሱ ሓሊፉ ብ1969 ናብ ኣሜሪካ ኸደ። ኣብ ኣሜሪካ ምስ'ቶም ኣብ'ቲ እዋን'ቲ ኸም ኩሎም ኤርትራውያን ኣብ ምንቅስቓስ ማሕበር ተመሃሮ ኢትዮጵያውያን ተጸንቢሩ'ኳ እንተ ነበረ፡ ኣብቲ ድሒሩ ዝቖመ ማሕበር ተመሃሮ ኤርትራውያን ሰሜን ኣሜሪካ ንጡፍ ኣባል ኮነ። ኣብ ኣሜሪካ፡ ኣብ ሃርቫርድ ዩኒቨርሲቲ ፖለቲካል ሳይንስ ተማሂሩ ትምህርቱ ምስ ዛዘመ፡ ከም ኩሎም ኣብ'ቲ እዋን'ቲ ንሜዳ ኤርትራ ዝወርዱ ዝነበሩ መንእሰያት እዩ ወሪዱ፡ መወዳእታ 1973። ድሕሪ ታዕሊም ኣብ ሓይልታት ተወዚዑ ኣብ ዝተፈላለየ ውግኣት'ኳ እንተ ተኻፈለ፡ ኣብ'ቲ ንናቕፋ ሓራ ንምውጻእ ዝተገብረ መሪር ኲናት፡ ኣብ ሓይሊ ጠዊል መራሕ መስርዕ ኮይኑ ኣብ ዝዋግኣሉ ዝነበረ እዋን'ዩ መውጋእቲ ኣብ ጸጋማይ መንኩቡ ዘጋጠሞ። ድሕሪ ሕክምና ናብ ክፍሊ ኦርኒክ ተመደበ።

ሓደ እዋን፡ ኣብ መፋርቕ 1978 ኣጋይሽ ይመጹዎ ኸም ዘለዉ ብሬድዮ ተሓቢሮ'ሞ፡ "መን ደኣ ኾይኖም'ዮም ማዕረ ብሬድዮ ዝነግሩኒ፡" ብምባል፡ ኣብ ሓሳብ ጠሓለ። በዓል ዑስማን'ዮም ከይብል፣ ዳርጋ መዓልታዊ እዩ ዝረኽቦም ነይሩ። ስለዚ፡ ናይ ወጻኢ ጋዜጠኛታት'ዮም ዝኾኑ ኢሉ ደምደሞ። ድሕሪ ቍሩብ ሰዓታት እቶም ክመጹኻ እዮም ዝተባህሉ ኣጋይሽ ብማዕዶ ናብኡ ክመጹ ረአዮም። ሓደ ሓሙሽተ ይኾኑ ቀረቡዎ'ሞ ርእይ ምስ ኣበሎም፡

"ኣንታ ሻዕቢያ ደኣ መዓስ እያ ነዚ ሳሕልና መዓርፎ ነፈርቲ ሰሪሓትሉ?" እናበለ ንኹሎም ሓሓቑፉ ሰዓሞም። እቶም ኣጋይሽ፡ ኣብ'ቲ ሽዑ እዋን ኣብ ሜዳ ዝተጋብአ ጉባኤ ማሕበር ተመሃሮ ንኽሳተፉ ንኤርትራውያን ንናጽነት ሰሜን ኣሜሪካ (ኤ.ና.ሰ.ኣ) ዝተባህለ ኣካል ሓፋሽ ውድባት ህዝባዊ ግንባር ብምውካል ካብ ኣሜሪካ ዝመጹ እዮም ነይሮም።

"ኣንታ ሃይለ ከመለኻ፡" ሓተተት ሰማይነሽ።

"ወይለይ! ኣንታ ሃይለ እባ'ዩ ሽመይ! እዛ ሽም'ዚኣ ካብ ዘይሰምዓ ዳርጋ ሓሙሽተ ዓመተይ ጌረ'ለኹ። ኣብ'ዚ ወዲ ባሻይ ምስ ለገበትኒ፡ ኮይኑዋ ሽም ኣቦ የብላ ሽም ኣቦሓጎ፡" ብምባል ኣስሓቖም።

"ሓሙሽተ ዓመት ጌርካ። እዋእ! እዚ ጊዜስ ከመይ ኢሉ እዩ ዝዕዘር ዘሎ!" በለ ክብረኣብ ኣስደሚሙዎ። ከምዚ እናበሉ ኸዕልሉ ወዓሉ'ሞ፡ በብቑሩብ ናብ'ቲ ዝነበረ ኹነታት ሜዳ ኤርትራ ኣተዉ።

እቲ እዋን'ቲ ሶቭየት ሕብረት ዝኣዛዘተን ብምሉኡ ደምበ ምብራቕ ኣብ ጐድኒ ደርግ ዝተሰለፉሉ እዩ ነይሩ። ሶቭየት ሕብረት፡ ዘይተኣደነ ኣጽዋር፡ ነፈርቲ ኹናትን ኣማኸርትን ንደርግ ስለ ዝመጠወትሉ፡ ደርግ ማዕረ ሰለስተ ሚእቲ ሽሕ ሰራዊት ኣሰልጢኑ ንሰውራ ኤርትራ ብኹሉ ሸነኹ ኽጥቅዖ ዝሸባሸበሉ ዝነበረ እዋን እዩ ነይሩ። ስለ ዝኾነ ኸኣ፡ ተጋደልቲ ይኹኑ ኣባላት ሓፋሽ ውድባት፡ ምትእትታው ናይ ሶቭየት ሕብረት ብትሪ ክኹንኑ ይስምዑ ነበሩ። ኣብ ሰሜን ኣሜሪካ ብፍላይ፡ ካብ'ቲ ኣብ ኤውሮጳ ይኹን ካልእ ኣህጉር ዝነበሩ ሓፋሽ ውድባት ፍልይ ብዝበለ መልክዕ ኾንኔ የጋውሑ ነበሩ። ኣብ'ቲ እዋን'ቲ በታ ውርይቲ "*ንቕሓት*" ዝተሰምየት መጽሄቶም ኣቢሎም ሓያል ጐስጓስ ኣንጻር ሶቭየት ሕብረት ይገብሩ ነበሩ። እታ መጽሔት ብዛዕባ

ኣግላስነት ብዙሕ ኣስተምህሮታት ትህብ ነበረት። እቲ ማሕበር፡ ሓያል ውዳበን ገዚፍ ፋይናንሳዊ ዓቕምን ስለ ዝነበሮ፡ ናብ ሱዳንን ኤውሮጳን *"ንንቕሓት"* ክዝርግሓን ብኡ መጠን ጽልዋኡ ኸስፍሕን ዝኣገሞ ነገር ኣይነበረን። ኣብ ውሽጢ ሜዳ'ውን እንተ ኾነ፡ ሕቶ ሕብረት ሶቭየት እዋናዊ ሕቶ እዩ ነይሩ። ስለ ዝኾነ ኸኣ፡ ንህ.ግ እቲ ጉዳይ ኣዝዩ ተኣፋፊ ሕቶ ስለ ዘበገሰሉ፡ መግለጺታት ካብ ምሃብ ኣዝዩ ተቘጢቡ ደኣ ነበረ። ከምኡ ስለ ዝኾነ ኸኣ እዩ፡ ወከልቲ ኤ.ና.ሰ.ኣ መርገጺ ህ.ግ ኣዝዩ ዘገድሶም ዝነበረ። ህዝባዊ ግንባር ግና "ንጸላኢ ብጥይቱ ብብረቱ" ካብ ምባል ሓሊፉ፡ ዝኾነ ፖለቲካዊ መርገጺ ክወስድ ከም ዘይኮነን ብኣንጻሩ ሕብረት ሶቭየት ዝተጋገየት መሓዛና እያ ብምባልን'ዩ ነቲ ካብ ሓፋሽ ውድባት ሰሜን ኣሜሪካ ሒዞሞ ዝመጹ ሕቶ ዝመለሰሎም። እምበኣር፡ እቶም ወከልቲ ንጉባኤ ኢሎም ሜዳ ምስ ኣተዉ እዮም ነቶም ኣብ ህ.ግ ዝተሰለፉ ኣባላቶም ዝነበሩ ንኹሎም በብሓደ ክረኽቡዎምን ብዛዕባ ምኽናን ሕብረት ሶቭየት ከዘራርቡዎምን ርሑው ባይታ ዝተኸፍተሎም። ድሕሪ ነዊሕ ዘተ፡

"እሞ ሃይለ፡ ንሶቭየት ምኹናን ዓቢ ጌጋ እዩ ክኸውን ኢልካ ኢኻ ትኣምን!" ሓተተት ሰማይነሽ።

"እወ! ምኽንያቱ ህ.ግ፡ ንናጽነት ዝዋጋእ ግንባር'ምበር፡ ንስለ ስነ ሓሳብ ዝቃለስ ፖለቲካዊ ውድብ ኣይኮነን። እዚ ማለት ፖለቲካዊ ትንታነታት ክህብ፡ መርገጽታት ክወስድን ክኸውንን ጊዜኡ ኸጥፍእ የብሉን። እዚ እንተ ገይሩ፡ ክህውትት'ዩ። ንሱ ጥራይ ዘይኮነ፡ ዕላማኡ'ውን ክስሕት'ዩ። ስለዚ፡ ህ.ግ፡ ነቲ ዝመጾ ዘሎ ገዚፍ ሰራዊት ኣብ ዝተናውሐ ኹናት ከመይ ገይሩ ኣረብሪቡ ኸም ዝሕምሽሾ ጥራይ እዩ ክተኵር ዘሎዎ፡" ምስ በለ፡

"ኣብ'ቲ ምስ ላዕለዎት መሪሕነትን ካልኦት ኣባላት ኤ.ና.ሰ.ኣ ዝነበሩን ዝገበርናዮ ዝርርብ'ውን፡ ካብ'ዚ ናትካ ዝተፈልየ ኣይኮነን ኣረኣእያኦም። ግና፡ እዚ ሕቶ'ዚ ኣብ ውሽጢ ሜዳ'ውን ኣሎ። ስለዝስ፡ ብዲሞክራስያዊ መገዲ ሕቶኦም ክምለሰሎም ዝግባእ ተጋደልቲ ስለ ዘለዉ፡ ክምለሰሎም ግቡእዶ ኣይኮነን'ዩ?" ብምባል፡ ክብረኣብ ቍሩብ ቍጥዕ ኢሉ ሓተቶ።

"ኣብ'ዚ ክንግንዘቦ ዘለና ዓቢ ጉዳይ እንተሎ ኾይኑ፡ ንሕና ኹኒንና፡ ኣግላሲት ኢልና ኻልእ ፍልስፍና ወሲኽና ኸነምጽኦ እንኸእል ለውጢ የለን። ሶቭየትሲ ንዓና ፈሪሓም ያኢ፡ ንደርግ ብረት ካብ ምሃብ ክቍጠቡ እዮም ኢልኩም ትሓስቡ? ርኣዮንዶ

ንሶማል እንታይ ከም ዝገበሩዋ? ኳል ደምበኦምዶ ደአ ኣይኮነትን? ጂኦፖለቲካዊ ረብሓኦም ስለ ዘገድሶም ግና ራሕሪሖማ ኸይዶም ጥራይ ዘይኮነስ፡ ደቐሶማ'ውን። ቀይሕ ባሕሪ ምቍጽጻር በቲ ሓደ ወገን፡ ጉዳይ ኤርትራን ኢትዮጵያን ኣብ ዝሓጸረ እዋን ክፍታሕ ዘይክእልን ዝተናወሐ ኹናት ክኸውን'ዩ ኢሎም ስለ ዝቐመሩ በቲ ኻልእ፡ ዘይተኣደነ ኣጽዋር፡ ተተኲስትን ነፈርትን ክሸጡ ኸም ዝኽእሉ ኣብ ግምት ኣእትዮም'ዮም ናብ ኢትዮጵያ ኣትዮም። እዛ ሃገር'ዚኣ ኣብ ሓምሳታት ንናጽነት ኤርትራ ድምጻ ኣይሃበትን ድያ? ስለዚ፡ ንሕና ንዝመጸና ጸላኢ ሕጂ'ውን ንጸላኢ ብጥይቱ ብብረቱ ጥራይ ኢና ክንዋግኦ ዘዋጽኣና፡" ብምባል መለሰሎም'ሞ፡ ነዊሕን ሰፊሕን ዘተ ድሕሪ ምክያዶም ሰዓቶም ኣኺሉ ተፋንዮሞ ናብ ቦታኦም ተመልሱ።

ኣብ ሜዳ፡ ጉባኤ ማሕበር ተመሃሮ ምስ ተወድአ፡ መጐዓዝያ ህ.ግ ንተኣንገድቲ ብመካይን ገይሮም ናብ ፖርት ሱዳን ኣብጽሖም። ኣብ ቤት ጽሕፈት ፖርት ሱዳን ሓላፊ ቤት ጽሕፈት ተቐቢሉ ጽቡቕ እንግዶት ገበረሎም። ካብ ፖርት ሱዳን ብባቡር ናብ ካርቱም ምስ ኣተዉ'ውን እንተ ኾነ፡ ኣባላት ቤት ጽሕፈት ካርቱም ተቐበሉዎም'ሞ፡ ኣብኡ'ውን መደቀሲኦምን ብልዖምን እቲ ቤት ጽሕፈት ኣዳለወሎም። ድሕሪ ሓደ ሰሙን ኣቢሎም ናብ ኒው ዮርክ ተመልሱ። ወከልቲ ኤ.ና.ሰ.ኣ፡ ድሕሪ'ዚ ኣብ ሜዳ ዝገበሩዎ ዑደት'ዮም እምበኣር ኣጋ መወዳእታ 1978 ኣብ ኒው ዮርክ ምልኣተ ጉባኤ ብምጽዋዕ ንህዝባዊ ግንባር ሓርነት ኤርትራ "ከዳዕ መሪሕነት ህዝባዊ ግንባር ሓርነት ኤርትራ" ብምባል፡ ዝዀነኑዎ።

ስለሙን፡ እታ ክውረየላ'ምበር ብዓይኑ ርእዩዋ ዘይፈልጥ "ከዳዕ መሪሕነት ህዝባዊ ግንባር ሓርነት ኤርትራ" ዘርእስታ መጽሔት ኤ.ና.ሰ.ኣ ኣብ መደቀሲ ወዲ ባሻይ ምስ ረኣያ፡ ብህንጥዩነት ኣልዕል ኣቢሉ ኸንብባ ጀመረ፡ ክሳዕ ወዲ ባሻይ ዝምለሶ።

"ኣንታ ወዲ ባሻይ፣ ጀብሃ፡ ደርግን ሶቭየትን ከይኣኽሉናስ እቶም የማናይ ኢድ ህ.ግ ንብሎም ዝነበርና ኤ.ና.ሰ.ኣ እንታይ ግበሩ እዮም ዝብሉና ዘለዉ? በዚ ደርግ ምስ ሶቭየት፡ በቲ ጀብሃ፡ ሕጂ ኸኣ እዚኦም፡" ብምባል፡ ርእሱ ናብ መሬት ኣድነነ።

"ሰውራ ምክያድ ብልሒ ሓንጎል፡ መትከል፡ ተወፋይነት፡ ትብዓት፡ ጽንዓትን መስዋእትን ይሓትት'ዩ። ገድሊ፡ ከምዚ ትርእዮ ዘለኻ ገደል'ዩ፣ ክንዕወት እንተ ኴንና ኸኣ ንኹሉን ብኹሉ ዓይነት መስገደልን ክንሓልፍ ግድን'ዩ። ኤ.ና.ሰ.ኣ ኸኣ ኣብ'ዚ እዋን'ዚ

ንምንታይ እዚ ስጕምቲ ወሲዶም ብዙሕ ትንትና ክንህበሉ ንኽእል ኢና። የግዳስ፡ እዚ ውድብ'ዚ ጊዚኡን ጸዓቱን ኣብኡ ኸጥፍኦ የብሉን፣ ምኽንያቱ፡ ነዊሕን መሪርን ጉዕዞ ይጽበዮ ስለ ዘሎ። ኣይትዝክሮን ዲኻ፡ ልኡኽ ወጻኢ፡ "ሜዳ እቶ" ምስ ተባህለዶ'ይኮነን "ህዝባዊ ሓይልታት ብዘይ ብኣይ ኣበይ ከይትበጽሕ፡" ብምባል ዝኣበየ። ሽዑ ጸላኢ፡ ብኹሉ ክኸርድነና ፈቲኑ፡ ግና ኣይተዓወተን። ስለዚ፡ እዚኦም'ሞ ኣበይ ከይበጽሑ። እዚ ውድብ'ዚ'ኮ ኣዝዩ ድልዱል ውድብ'ዩ። ስለ ዝኾነ ኸኣ እዩ፡ ብርእሰ ተኣማንነት "ርእስ'ኻ ምኽኣል ዝብል ጭርሖ ኣልዒሉ ዘሎ!" ብምባል፡ ንሰለሙን ሞራል ኣስነቐ።

* * *

ምዕራፍ 21

ሰለሙን፡ ናብ ወዲ ባሻይ ክሽይድ ከሎ፡ ህ.ግ ስትራተጂያዊ ምዝላቕ ወዲኡ ነቕ ዘይብል ድፋዓት ዝሰርሓሉ፡ ደርግ ኸኣ፡ በቲ ካብ ሕብረት ሶቭየት ዝረኸቦ ቢኤም፡ ረሻሻት፡ መዳፍዕ፡ ታንክታትን ነፈርቲ ውግእን ተሓጊዙ ንሰውራ ኤርትራ ሽጥፍእ ብሽዱሽተ ግንባራት ውግእ ዝኸፈተሉን ሓያል ጥምጥም ዘካይደሉን ዝነበረ ጊዜ እዩ ነይሩ። ህ.ግ፡ ሰቡን ንብረቱን ሒዙ ካብ ኩሉ ሓራ ዝነበረ ቦታታት ዘገም እናበለ ኣብ ሳሕል'ዩ ዓሪዱ። እቲ ካብ ፈቖዶ መዓስከራት ተዓሊሞም ዝወጹ ሰለስተ ሚእቲ ሽሕ ምልሻያ ከምኡ'ውን ሚእቲ ሽሕ ዝኾኑ ኣብ *ጠላይ* (ጅማ)፡ *ሁርሶ* (ሃረር)፡ *ባሌን ታጠቅ* (ኣዲስ ኣበባ) ዝዓለሞም ብብሄራዊ ውትህድርና ዝፍለጡ ሰራዊት፡ ብኣማኸርትን ሓንጸጽትን ኩናት ሶቭየታውያን፡ ብተኹስቲ ኸቢድ ብረት ደቡብ የመን፡ ብኣብረርቲ ነፈርቲ ውግእን ስለያን ምብራቕ ጀርመንን ወሃቢት ፋይናንሳዊ ሓገዝ ሊብያን ዝተደርዐ ደርግ፡ ወራራቱ ብገርሁ ስርናይን ኦምሓጀርን ኣቢሉ ናብ ጋሽን ባርካን፡ ብወገን ራማ ናብ ዓዲ ኳላ፡ ብጾሮና ናብ ደቀምሓረ፡ ብዛላምበሳ ናብ ዓዲ ቐይሕ ብባሕሪ ኸኣ ባጽዕ ንምሓዝ'ዩ ወፊሩ። እቲ ኹሉ ሰራዊት ከኣ፡ ብመሬት ትግራይ ሓሊፉ ናብ ኤርትራ እዩ ኣትዩ። ኩሉ ናይ ወፍሪ ምድላዋት ኣብ መሬት ትግራይ እዩ ዝግበር ነይሩ። ኣብ'ቲ እዋን'ቲ ገድሊ ትግራይ፡ ሰለስተ ዓመት ዕድመ ጥራይ እዩ ነይሩዎ። ይትረፍዶ ነቲ ገዚፍ ሰራዊት፡ ንሓደ ሓይሊ'ውን ይኹን ክገጥም ዝኽእል ዓቕሚ ኣይነበሮን። እተን ዝርካበን ብረት ካብ ህ.ግ ዝተመጠዋሉ እየን ነይረን። እንተ ብዝሒ ተጋዳላይ'ሞ፡ ሽሾ እዩ ነይሩ። ደርግ፡ ኣብ'ቲ እዋን'ቲ ተጋድሎ ሓርነት ህዝቢ ትግራይ (ተ.ሓ.ህ.ት) ንዕኡ ስግኣት ከም ዘይኮነን ክሽውን ከም ዘይክእልን ኣንዳዕዲዑ እዩ ዝፈልጥ ነይሩ። በዚ ምኽንያት'ዚ እዩ፡ ኩሉ ሓይሉ ናብ ሻዕብያን ጀብሃን ዘነጻጸሮ። ስለዚ፡ ህ.ግ ነዚ ኣብ ግምት ብምእታው'ዩ ኣብ ቀዳማይ ውድባዊ ጉባኤ፡ 'ንተቓወምቲ ውድባት ኢትዮጵያ ብመትከል ምሕጋዝ፡' ዝብል ዘሕለፎ ውሳኔ ንምትግባርን ተ.ሓ.ህ.ት ኣብ መሬት ትግራይ ሓቒቑ ከይተርፍ ብምባልን ኣጽዋርን ምኩራት መራሕቲ ውግእን

ክልእከሉ ዝወሰነ።

ወዲ ባሻይ ምስ ሰለሙን ብዛዕባ ኤ.ና.ሰ.ኣን ስትራተጂያዊ ምዝላቕን ኣሰፈሑም ድሕሪ ምዝታዮም ናብ መዳቕሶኦም ከዱ። ሰለሙን፡ ከምቲ ልሙድ ናይ ህ.ግ ኣሰራርሓ ናበይን ንምንታይን ከይበለ ንግሆ ተበገሰ ናብ ዝተባህሎ ቦታ ቜጸራ ኣብ ሰዓቱ በጽሐ። ክልቲኦም መራሕቲ "መርሓባ ሰለሙን" ብምባል ካብ'ቲ ኾፍ ኢሎ'ሞ ዝነበሩ ብድድ ኢሎም፡ ምስ ሰለሙን መንኩብ ንመንኩብ ድሕሪ ምስዕዓም ናብ'ቲ ጉዳዮም ኣተዉ። እቲ ኣባል መሪሕነት ብዛዕባ ሓይሊ ሰራዊት ደርግን ስትራተጂያዊ ምዝላቕን መግለጺ ምስ ገበረሉ፡ እቲ ኻልኣዩ ኸኣ፡ ብዛዕባ ኣብ ትግራይ ዘሎ ኹነታት መብርሂ ሃቦ። "ስለዚ፡" በለ እቲ ሓላፊ፡ "ህ.ግ ነዚ ገዚፍ ሰራዊት ኣብ ዝተናውሐ ኹናት ክስዕሮ እንተ ኾይኑ፡ ኣብ ትግራይ መጥቃዕቲ ኽኸፍት ኣለዎ። ነዚ ንምግባር ከኣ ንተ.ሓ.ህ.ት ዝኣክል ደገፍ ክህቦ እዩ። ተ.ሓ.ህ.ት፡ ብዝሒ ተጋዳላይ'ምበር፡ እኹል ኣጽዋር የብሉን። ብናትና ጸብጻብ ካብ ክልተ ሚእቲ ዘይበዝሕ ብረት'ዩ ዘሎዎ። ከቢድ ብረት ዝብሃል የብሉን። ካብ ኩሉ ካብ ኩሉ ግና፡ ውግእ ዝመርሕን ዝሕንጽጽን ኣዛዚ የብሉን። ኣብ ውግእ ብዙሕ ኣይተመኩረን። ስለዚ፡ ንደርግ ኣብ ትግራይ ካልእ ግንባር ክንከፍተሉ እንተ ኼንና፡ ናትና ሰራዊት ናብኡ ክንሰድድ ግድን'ዩ። ካብ'ቲ ዘለና ስለያዊ መጽናዕቲ ተበጊስና ሓንቲ ሓይሊ ክንሰድድ ኢና። ናይ'ዛ ሓይሊ ኣዛዚ ኸኣ ንስኻ ክትኸውን ኢኻ። መዓስን ብኸመይን ከም ትብገስ ክትሕበር ኢኻ። ንጊዚኡ ግና፡ ምስ ወዲ ባሻይ ጽናሕ፡" ኢሎሞ ናብ'ቲ ዕረፍቲ ዘይህብ ስራሖም ከዱ። ሰለሙን ከም ዝተኣዘዞ ናብ ወዲ ባሻይ ተመልሰ'ሞ ሶቕየት ትገብሮ ዘላ ምትእትታው፡ ብዛዕባ ደምበ ምብራቕ ወሲዱዎ ዘሎ መርገጽን ስቕታ ምዕራባዊ ዓለምን ብሰፊሑ ክመያየጡ ወዓሉ። ወዲ ባሻይ ቅድሚኡ ርእዩዎ ዘይፈልጥ ሓደ ተጋዳላይ ሰዓት ሸውዓተ ናይ ምሸት ኣቢሉ መጸም'ሞ፡ "ሰላማት፡" ብምባል ቀረቦም። ድራር ለይቲ ምስ ሓበሮም ንሶም'ውን ካላሽኖም መዚኖም ቀረቡዎ።

"ሃየ ብጻይ፡ እንታይ ደኣ በዚ ጸልማት ኣዛወረካ?" በለ ወዲ ባሻይ ነቲ ተጋዳላይ መልክዑ ኸለልዮ እናፈተነ።

"ናብ ምንጋጋ እትወሃብ መልእኽቲ ኣላትኒ፡" ምስ በለ፡ ወዲ ባሻይ ሰሓቕ ክመልቆ ደለየ፡ ብኽንደይ ሓይሊ ግና ወሓጦ። እንተ ሰለሙን ግና ተኸኽ በለ። እቲ ተጋዳላይ ነታ ሒዙዋ ዝመጸ ወረቐት ንሰለሙን ኣቐበሎ'ሞ፡ ካብኣቶም እልይ ኢሉ ነታ

ዝተዋህበቶ መልእኽቲ በታ ናይ ወዲ ባሻይ መብራህቲ ገይሩ ኣንበባ። "ምስ'ዚ ብጻይ ተበገስ፡" ጥራይ እያ እታ መልእኽቲ ትብል። ሰለሙን፡ ነታ ሒዙዋ ዝመጸ ወተሃደራዊት ሳንጣ ኣልዒሉ ኸም ዂርይ ኢሉ ክብገስ ምስ በለ፡ ወዲ ባሻይ ካብ'ቲ ተጋዳላይ ፍንትት ኣቢሉ፡

"ከምቲ ዝበልካዮ ብድሙ ድሙን ኋይላን ጌርካ ኣመርቃ ኢኻ፡ እንተ ዘይኮነ ..." ምስ በለ፡

"ኣይክትጸወራን ኢኻ፡" ብምባል፡ ሰለሙን መልኣሉ'ሞ ዅራኡ ገዲፉ ተተሓሒዞም ብሰሓቕ ክሞቱ ደለዩ። "ብጻይ ጊዜ የለን፡" ዝብል ድምጺ ምስ ሰምዑ እዮም ናብ ቀልቦም ተመሊሶም፡ "ኣብ ዓወት የራኽበና፡" ተበሃሂሎም ዝተሰናበቱ።

ሰለሙን፡ ጸልማት ምድሪ ኣንፈቱ ናበይ ምዄኑ ብዘይ ፈለጠ መገዲ ተበገሰ። ድሕሪ ናይ ክልተ ሰዓትን ፈረቓን ዝኸውን ውረድ ደይብ ኣብ ሓደ ቦታ በጺሖም ኣብረኹ'ሞ፡ እቲ ተጋዳላይ "ክመጸካ" እየ ኢሉዎ በቲ ጸልማት ተሸርበ። ድሕሪ ቍሩብ ደቓይቕ፡ "ብጻይ ተስእ ተኸተለኒ፡" ብምባል፡ ናብ ሓደ እልፊ ቈጽለ መጽሊ ዘሎዎ ቦታ ወሲዱ መሕደሪኡ ኣርኣዮ። ሰለሙን ድኻም ዓሲሉዎ ስለ ዝጸንሐ ኣብ'ታ ዝነበራ ግምብው በለ'ሞ፡ ብኡ ንብኡ፡ ድቃስ ወሰዶ። ሰዓት ሓሙሽተ ወጋሕታ ገጹ ምስ ኮነ፡ ካልእ ተጋዳላይ መጺኡ ካብ'ታ ጥዕምቲ ድቃሱ ኣበራበሮ፡ ሰለሙን እቲ ናይ ፈለማ ተጋዳላይ ዘይምዃኑ በቲ ቀጢን ድምጹ ኣላለዮ። ተተሓሒዞም ናብ ሓደ ጸሊምን ደፍጫጭ ዘፍንጫኡን ተጋዳላይ ምስ በጽሑ፡ እቲ ንሰለሙን ሒዙዎ ዝመጸ ተጋዳላይ ብኡ ንብኡ ተኣልየ። መንስር፡ ኣብ እዋን ምሕራር ከተማ ናቕፋ ኣዛዚ ግንባር ስለ ዝነበረ ምስ ሰለሙን እፋለጡ'ዮም ነይሮም። መንኩብ ንመንኩብ ምስ ተወሃሃቡ፡

"ብጻይ ሰለሙን ከመይ ነይሩ መገዲ፡ ነዊሕ መገዲ ተጓዒዝካ ኢኻ መጺእካ። ገድሊ ኣዕርፍ ኣይብልን'ዩ፡ እንትርፎ ምስ ተሰዊእካ። ንሳ'ውን በለጽ'ያ፡" በቲ ጸያፍን ላዛ ዘሎዎን ትግርኛኡ ምስ በሎ፡ ኣብ ሓንቲ ጸፋሕ እምኒ ኸይዱ ኾፍ በለ'ሞ፡ ንሱ'ውን ኣብ'ቲ ፊቱ ዝነበረ እምኒ ኾፍ በለ።። ሰለሙን ቅድም ቀዳድም እታ ምንጋጋ ትብል ኣረጊት፡ ግና ሕጂ ትሕደስ ዘላ ሳጓኡ ብዘይ ምስምዑ'ኳ ፍዅስ እንተ በሎ፡ እታ "ንሳ'ውን በለጽ እያ፡" እትብል ዘረባ ግና፡ ከየርመመቶ ኣይተረፈትን። ብውሽጡ ኸኣ "ኣብ ህ.ግ ለካ መስ ዋእቲ ኸኣ፡ ከም በለጽ'ያ ትቝጸር!" በለ።

"ርኢኻ! ደርግ እዚ ዘይብሃል ሰራዊት ካብ'ዝን ካብ'ትን ኣራርዩ ኽጥፍኣና ይሸባሸብ ኣሎ፣ ዎ ንሕና ኣብ'ዚ ኾፍ ኢልና ክንጽበዮ ኣይኮንናን። ንሕና መሬትና ኽም ኽብዲ ኢድና ንፈልጦ'ኳ እንተ ኾንና፣ ላኪን፣ ንጊዚኡ ምንቅስቓስ ከሸግረና እዩ፣ ደሓር ግና ሓዊ ክትዝርእ እያ። ንሕና ኣብ'ዚ ንምስጢራዊ ስራሕ ኢና ንዳሎ ዘለና። ካብ'ዚ ቦታ ትም ኢልና ኣይንንቀሳቐስን ኢና። ድሕሪ ቐሩብ ደቓይቕ ኣኼባ ክህልወና እዩ። ንስኻ ኸኣ ኽም'ቲ ተሓቢሩካ ዘሎ መራሕ ናይዛ ሓዳስ ሓይሊ ክትከውን ኢኻ። እዞም ተጋደልቲ ካብ ዝተፈላለየ ቦታን ቦጠሎንታት ተዋጺኦም ዝመጹ ኽም ምኳኖም መጠን፣ ነንሓድሕዶም ሕጂ እዮም ክፋለጡ። ከቢድ ታዕሊም ክህልወና እዩ። በስ! እዚ ግንባር ዘሎዎ ዓይነት ብረት ክንዓጥቕ ኢና። ሕጂ ምስ'ቶም ሰለስተ መራሕቲ ጋንታ ኬንና ኣኼባ ክንገብር ኢና'ሞ፣ ቅድሚኡ ቐርሲ ብላዕ፣" ኢሉዎ ብድድ ኢሉ ኸደ። ሰለሙን፣ መንሱር ክትስእ ደኣሉ ርእዩዎ'ምበር፣ ናበይ ከም ዝተሸርበ ኽርእዮ ኣይከኣለን።

ድሕሪ ሓደ ሰዓት ኣቢሉ፣ ትእዛዝ ዝሓዘ ሓደ ለይለይ ዝብል መንእሰይ መጸ'ሞ ንሰለሙንን ነቲ ምስኡ ኣብ ምግብና ዝነበረ ብጻይ ክኸተሉዎ ነገሮም። ኣብ'ቲ ቦታ ምስ በጽሑ በቶም ኣብኡ ዝጸንሑዎም ጠላዓት ኣንብዝ ተገረሙ። እቲ ኣኼባ ኣብ ትሕቲ ሓንቲ ሰፊሕ ጨናፍር ዝነበራ ገረብ'ዩ ኽካየድ ተመዲቡ። ኣብቲ ኣኼባ መንሱር፣

"ብጾት፣ እንቋዕ ብደሓን መጻእኩም፣" ድሕሪ ምባል፣ "እዚ እነካይዶ ዘለና ኣኼባ ኣዝዩ ምስጢራዊ ኽም ምኳኑ መጠን፣ ሓያል ምዕቃብ ምስጢር ከድልየና እዩ። ብመጀመርታ ነንሓድሕድኩም ክፋልጠኩም። ኪዳነ መራሕ ሓይሊ፣ መብራህቱ፣ ኣብርሃምን ዘሪሁንን መራሕቲ ጋንታ እዮም። እዚኦም ከኣ ዓለምቲ እዮም፣ ሽሞም ባዕሎም ክነግሩ'ኹም'ዮም። ትእዛዛት ካብኦም ናባ'ኹም ይመሓላለፍ፣ ዘለኩም ሓበሬታ ኸኣ፣ ብእኦም ገይሩ ናባና ይመጽእ። ስለዚ፣ እዚ ኣኼባ'ዚ፣ ናይ ምፍላጥን ቦታታት ታዕሊም እንርእየሉን'ዩ ክኸውን። እቲ ኻልእ ኣብ ቀጻሊ ክንርእዮ ኢና፣" ኢሉ ምስ ወድአ፣ ተተሓሒዞም ናብ'ቲ ታዕሊም ዝካየደሉ ጎቦታት ከዱ።

እቲ ታዕሊም ዕረፍቲ ዝህብ ኣይነበረን። ብሉ ምኽንያት ከኣ፣ ኣዝዩ ጽንኩር'ዩ ነይሩ። ሀ.ግ ዝሰለቦ ኹሉ ዓይነት ኣጽዋር ኣብ'ቲ ቦታ ታዕሊም ነበረ። ኣርበጅ፣ ዶሽካ፣ መድፍዕን ካብ'ተን ዝርካበን ታንክታት ከኣ ሓንቲ ነይራ። ነብሲ ወከፍ ኣባል

ናይ'ተን ጋንታ ንኹሉ ዓይነት ብረት ከም ዝመልኽ ኮይኑ እዩ ተዓሊሙ። እንተ እታ ታንክ ግና፡ ካብ ነፍሲ ወከፍ ጋንታ ሰለስ ተ ሰለስተ ሰባት፡ ታንክ እንተ ማረኽካ ከመይ ጌርካ ከም ትዝውራ እዮም ተማሂሮማ'ምበር፡ ምትኳስሲ ኣይምልከቶምን ነበረ። እቲ ታዕሊም ንኽልተ ወርሒ ብዘይ ዕረፍቲ እዩ ተኻይዱ። ታዕሊም ምስ ተዛዘመ፡ መንስር ዝመርሖ ሓፈሻዊ ኣኼባ ኣብ ትሕቲ ሓደ ዓቢ ገረብ ተጀመረ። ኣብ'ቲ ኣኼባ እቶም ተዓላሞ ነን ሓድሕዶም ከዕልሉ ዋጭዋጭ ስለ ዝበሉ "እሕሕ! ሓንሳብ ብጾት፡ ኣብ'ዚኣ ንሰማማዕ፡" ብምባል ኢዱ ጠቓዕ ጠቓዕ ምስ ኣበለ፡ ከምዛ ጫውጫውታ ዘይነበረ ጸጥታ ሰፈነ።

"እምበኣር፡ እዚ ንኣስታት ክልተ ወርሒ ዝተዓለምኩምዎ ታዕሊም፡ ከቢድ ይኹን ፈኩስ ብረት ዘጠቓልለ እዩ ነይሩ። ዕላማኡ ኸኣ እዚ ብሓገዝ ሕብረት ሶቭየት ተተባቢዑ እናተሃንደደ ዝመጽእ ዘሎ ጸላኢ መንን ኣበይን ብዘየገድስ ንኽንገጥሞን እቲ ካብኡ እንሰልቦ ወይ እንማርኾ ብረት ከኣ ብኡ ንብኡ ኣብ ጥቕሚ ንኽነውዕሎን ተባሂሉ እዩ ተዳልዩ። ልክዕ'ዩ፡ ኣብ'ዚ ሰዓት'ዚ ሓይሊ ሚዛን ናብ ጸላኢ ዘዝዩ'ሎ። ስለ ዝኾነ ኸኣ እዩ፡ እዚ ውድብ'ዚ ስትራተጂያዊ ምዝላቕ ገይሩ ዘሎ። እቲ ምዝላቕ ካብ ኩሉ ሓራ ቦታታት ክኸውን ከሎ፡ ካብ መወዳእታ ሕዳር 78 ክሳዕ ፍርቂ ለካቲት 1979 ተኻይዱ ተወዲኡ'ሎ፡ ብዘይ'ካ እቲ ብድሕሪ መስመር ጸላኢ ኽተርፍ ዝተመደበ ሰራዊት ማለት'ዩ። ጸላኢ ብትግራይ ብሽዱሽተ ከባቢታት ተሃንዲዱ'ዩ መጺኡ ዘሎ፣ ብዛላምበሳ፡ ጾሮና፡ ራማ፡ ገርሁ ስርናይ፡ ኦምሓጀር ከምኡ'ውን ብባጽዕ። ሰውራ ኤርትራ ኸኣ ናይ ምክልኻል ሜላ ብምጥቃም ንጸላኢ ኣብ ብዙሕ ቦታታት ሰፍ ዘይብል ክሳራታት'ዩ ኣውሪዱሉ ዘሎ። ብፍላይ ህ.ግ እናዝለቐን እናተዋግአን'ዩ ናብ ዘድምዓሉ ቦታ በጺሑ ዘሎ። ንምንታይ ምዝላቕ ኣድለየ? ንምንታይ ንጸላኢ ፊተፊት ዘይንገጥሞ ዝብል ኣይሰኣንን ይኸውን'ዩ፡ ላኪን! ሰውራ ብመጀመርታ ዓቕሚ ሰቡን ኣጽዋሩን ክዕቅብ ክኽእል ኣለዎ። ክንፈልጦ ዘለና፡ ሶቬታውያን፡ ንደርግ ኣዋጋእትን ተዋጋእትን ኮይኖም'ዮም ዝሕግዝዎ ዘለዉ። ንሶም ጥራይ'ውን ኣይኮኑን ኣብ ጐድኑ ዘለዉ፣ ምብራቕ ጀርመን፡ ደቡብ የመንን ሊብያ'ውን ኣለዉ። ኣብ'ዚ ቐረባ እዋን በጺሑና ዘሎ ሓበሬታ ኸም ዘመልክቶ፡ ሶቬየት ንኢትዮጵያ ብዘይካ ኸቢድ ብረት ክልተ ሚእቲ ዝኾና ሓደሽቲ ታንክታት ሂባታ'ላ። ስለዚ፡ ንሕና'ኸ እንታይ ንገብር? ስትራተጂያዊ ምዝላቕ ብምግባር፡ ንጸላኢ

ብጥይቱ ብብረቱ ንዘብጠ!" ምስ በለ፡ "ዓሸ ዓሸ፡ ዓወት ንሓፋሽ!" ብምባል ጣቕዒት ደርጕሑዎ። መንሱር "ሓንሳብ ብጾት፡" እንተ በለ'ውን ዝሰምዮ ኣይረኸበን። መራሕ ሓይሊ ሰለሙን ተንሲኡ "ሓንሳብ ብጾት! ጣቕዒት ኣብ መወዳእታ ክኾነልና፡" ምስ በሎም ግና፡ ጸጥታ ሰፈነ። ብምቕጻል፡

"እወ! ሎሚ'ውን ከም ትማሊ ንጸላኢ ብጥይቱ ብብረቱ እያ። ንዓና እታ ብረታዊ ቓልሲ ካብ ትጅምር ክሳዕ ሕጂ ኣብ ከተማታት በይሩት ኮይና ክትምድር ጥራይ ጊዜኣ ተሕልፍ *ዘላ ተጋድሎ ሓርነት ፍልስጤም* ከይተረፈት'ውን ጠሊማትና'ላ፣ ከመይሲ ስለ ዝተኣዘዘት። ስለዚ ንዓና፡ ደጀንና ህዝብና እዩ፣ ንስለ ህዝብና ሽኣ ንጸላእትና ኣብ ዝሃለዉ ይሃልዉ ኬድና ክንገጥሞም ኢና፡" ምስ በለ፡ "ዓሸ ዓሸ፡ ዓወት ንሓፋሽ!" ብምባል ኣጣቕዑሉ። "ስለዝኾነ ሽኣ፡ እዚ ንፍሉይ ተልእኾ ተባሂሉ ተዋሂቡ ዘሎ ኸቢድ ታዕሊም'ዚ ንጸላኢ ኣብ'ቲ ምንጩ ኬድና ምእንቲ ክንሃርሞ እዩ፡" ምስ በለ፡ ኩሉ ኣዲስ ኣበባ ኢና'መስለኒ ክንከይድ ብምባል ጫቖ ጫቖ በለ'ሞ፡ "ላላእ ብጾት! ኣብ ትግራይ፡" ድሕሪ ምባል፡ "እቲ ዝተረፈ፡ ብጻይ ዑስማን ሓበሬታ ክህበና እዩ፡" ብምባል፡ ዘረባኡ ዛዘመ።

"ብጻይ መንሱር'ኳ ኣስፊሑ ነቲ ኹነታት ገሊጹዎ እዩ። እቲ ሕጂ ዝቐርበልና ዛዕባ፡ ኣብ ትግራይ ዘሎ ኹነታት ከመይ ይመስል? ተጋድሎ ሓርነት ህዝቢ ትግራይ (ተ.ሓ.ህ.ት) ኣብ ከመይ ኵነታት ይርከብ እንታይከ ይገብር ኣሎ? ዝብል ክኸውን'ዩ። ብሓጺሩ፡ ደርግ፡ ብምሊሽያ ዝፍለጡ ልዕሊ ሰለስተ ሚእቲ ሽሕ ሰራዊትን ልዕሊ ሚእቲ ሽሕ ዝኾኑ ሽኣ፡ ብብሄራዊ ውትህድርና ኣብ ሓጺር እዋን ዓሊሙ ኣውጺኡ'ሎ። በዚ ሽኣ ንሰውራ ኤርትራ ነበረያ ነበረ ንምግባር እዩ ዕላማኡ። ካብዚኦም እቶም ልዕሊ ኽልተ ሚእቲ ሽሕ ዝኾኑ ብመሬት ትግራይ ናብ ኤርትራ ተዋፊሮም ኣለዉ። እዚ ካብ ዝተፈላለየ መዓስከራት *ማእከል ሃገር* ማለት ኣዲስ ኣበባ፡ ጅማ፡ ሃረር ዝተበገሰ ሰራዊት ብመሬት ትግራይ እዩ ሓሊፉ። ገድሊ ትግራይ ነዚ ገዚፍ ሰራዊት ኣይኮነን ነቲ ቕድሚኡ ኣብኡ ንዝነበረ ቑንጣሮ ሰራዊት ደርግ'ውን እንተ ኾነ፡ ክገጥም ዓቕሚ ኣይነበሮን። ዕጥቂ ይኹን ናይ ኲናት ተመኲሮ የብሉን። ስለዚ፡ ንሕና ድርዒ ክንኮኖ ብሓደ ወገን፡ ብኡ ኣቢሉ ኸይሓቕቕ ክነበራብሮ በቲ ኻልእ፡ ኢና ንኸይድ ዘለና። ከምቲ ዓንተቦይ ብጻይ መንሱር ዝገለጾ፡ እዚ ወፍሪ'ዚ ምስጢራዊ ወፍሪ እዩ። እዚ ማለት ግና ተ.ሓ.ህ.ት ኣይፈልጥን'ዩ ማለት ኣይኮነን፡ በንጻሩ'ኳ

ደኣ ናይ ጠፋእና ኣውያቱ ምስ ሰደደልና ኢና ክንረድኦ ንኽይድ ዘለና። ምስጢራዊ ዘብሎ ግና፡ ደርግ ብዝኾነ ይኹን መገዲ ህ.ግ ኣብ ትግራይ ከም ዘሎ ኽፈልጥ የብሉን። ኩሉ ነገርና ተ.ሓ.ህ.ት ክመስሎ ኣለዎ። ተጋደልቲ ተ.ሓ.ህ.ት'ውን እንተ ኾነ፡ መንነትና ክፈልጡ የብሎምን። ኣብ እንገብሮ ምንቅስቓስናን ኣዘራርባናን ኣዚና ቀ*ጡባት ክንከውን ይግባእ። እቲ ኣብኡ ምስ ኣተና እንገብሮ ስራሓት ብኣዛዚ'ቲ መሳርዕኩም ይኹን ጋንታኹም ክሕበረኩም'ዩ። ከም ወትሩ ንጸላኢ ብጥይቱ ብብረቱ ስለ ዝኾነ ጭርሖና፡ ዝተማረኽ ኣጽዋር ንተጋደልቲ ተ.ሓ.ህ.ት ክንምህሮም ይግባእ። ስለዚ፡ ተልእኾና ንሰራዊት ደርግ ምግጣም ጥራይ ዘይኮነስ፡ ነቲ ኣብኡ ዘሎ ብዓሰርተታት ኣሽሓት ብረት ስኢኑ ዘይዓጠቐ ተጋዳላይ ተ.ሓ.ህ.ት ብረት ንምዕጣቕ'ዩ። ህ.ግ፡ ኣብ ቀዳማይ ውድባዊ ጉባኤኡ ካብ ዘሕለፎም ውሳኔታት ሓደ፡ ንተቓወምቲ ውድባት ኢትዮጵያ ብዘይ ኣፈላላይ ብመትከል ምሕጋዝን ምስኦን ሓቢርካ ንመንግስቲ ደርግ ምህራምን'ዩ። ስለ ዝኾነ ኸኣ፡ ገድሊ ትግራይ ክሕገዝ ስለ ዘሎዎ ኢና ክንሕግዞ ንኸይድ ዘለና። እንብገሰሉ ጊዜ ኣብ'ዚ ቐረባ መዓልቲ ክኸውን'ዩ። ዓወት ንሓፋሽ! ዝኽረ ሰማእታት፡" ብምባል፡ ዑስማን መደረኡ ዛዘመ። ዑስማን፡ ኣባል ላዕለዋይ ፖለቲካዊ ቤት ጽሕፈት ኮይኑ ሓላፊ ስለያዊ ጉዳያት'ዩ።

* * *

ሓጐስ ኣብ'ቲ ምግብና ቑሩብ ቀ*ራቦ ጥዕም ጥዕም ኣቢሉ ናብ ሰለሙን ተመልሰ'ሞ፡

"ኣንታ ዝልከፍ ረኺብካዶ?" ሰለሙን ሓተቶ

"መቕተል ሓሰኻስ ይኸውን'ዩ፡" በለ ሓጐስ፡ ከብዱ ሓኸፍ ሓኸፍ እናበለ፡ "ሰለሙን፡ ጸልማት ኮይኑ እዩ'መስለኒ ገጊኻኒ ዘለኻ።"

"እወ! በል ቊሩብ ኣትሕዘኒ።"

"ሓጐስ ገብረ ..." ኢሉ ኽይወድእ፡ ሰለሙን ካብቲ ኮፍ ኢሉዎ ዝነበረ ነጢሩ መጺኡ ኣብ ክሳዱ ክጥምጠሞን ሓደ ኾነ።

"ከመ'ለኻ ሓጐስ? ካብ ታዕሊም ካብ ንወጽእ ንማለቱ'ኳ ኢና ተራኺብና ዘይንፈልጥ! ንምዃኑ ኣበይ ኣለኻ?" እናተበሃሃሉ፡ እቲ ሓደ ዕላል ናይ ቀደም ኣምጺኡ እቲ ኸምዚ ክንገብር ክብል፡ እቲ ኻልእ ከኣ ከምቲ ክንደግም ክብሉ ብኾፎም ሓደሩ። ወጋሕታ

ኾይኑ ተበራበሩ'ሞ፣

"ሓጐስ፣ ክምለስ'የ ኣብ'ዚ ጽንሓኒ?" ኢሉዎ ናብ መንሱር ከደ።

"ሰላማት ብጻይ መንሱር።"

"ሰላማት ቃኘው።"

"እቲ ብጻይ መጺኡ'ሎ።"

"ኣይዋ!" ኢሉ ንደቒቕ ትም ኢሉ ድሕሪ ምጽናሕ፣ "ኮይስ! ክሕብረካ እየ፣" ኢሉ ኣፋነዎ።

መንሱር ናብ ዑስማን ብምኻድ ብዛዕባ'ቲ ካብ ክፍልታት ተሳሒቡ መጺኡ ዘሎ ብጻዮም ዘተዩ። እቲ ጉዳይ ኣዝዩ ምስጢራዊ ኽም ዝኾነን ምስዚ ብጻይ'ዚ ዝግበር ዝርርብ ናይ ክልቲኦም ጸብጻብ ናብ ምክትል ዋና ጸሓፊ ጥራይ ክወሃብ ከም ዘሎዎን ንዑስማን ኣዘኻኺሮ። ድሕሪ ናይ ክልቲኦም ምርድዳእ'ዩ እምበኣር ሓጐስ፣ ብመንሱር ኣቢሉ ናብ ዑስማን ዝቐረበ። ዑስማን፣ ንሓጐስ መራሕ ጋንታ ኾይኑ ኣብ'ቲ ንዓዲ ቐይሕ ንምሓዝ ዝተኻየደ እሞ ዝፈሸለ ውግእ፣ ብትብዓት እናተዋግአ እንከሎ እዩ ዝፈልጦ። ዑስማን፣ ኣብ'ቲ እዋን'ቲ ነተን ኣብ'ቲ ኸባቢ ዝነበራ በራጊድ'ዩ ዝእዝዝ ነይሩ። እታ ሓጐስ ዝነበራ ጋንታ ተኸርደነት'ሞ፣ ከተዝልቕ ከም ዘለዋ ምስ ተሓበራ፣ ንስክላ ካብ ኣፍ ጸላኢ ወጺኣ ናብ'ቲ በዓል ዑስማን ዝነበሩዎ ናይ መአዘዚ ቦታ በጽሐት። ብድሕሪ'ዚ መራሕቲ ውግእ ብዛዕባ'ቲ ዝካየድ ዝነበረ ጽዕጹዕ ውግእ ሓበሬታ ንምርካብ ንመራሕ ጋንታ ጸውዑዎ'ሞ፣ ሓጐስ ዝነበረ ኹነታትን ዘጋጠመ ዘይምውህሃድ ናይ'ተን ኣብኡ ዝነበራ ሓይልታትን ድሕር ከይበለ ገለጸሎም። ዑስማን፣ ብኣፍልጠ ቅርጺ መሬት፣ ክግበር ዝነበሮ ኣተሓሕዛን መግለጽን ሓጐስ ኣመና ተመስጠ። "ስለዚ፣" በለ ሓጐስ፣ "እዘን ክንዮ ማዕዶ እታ ነዋሕ ጎቦ እንርእየን ዘለና ሰለስተ ታባታት መስዋእቲ ኸፊልና እንተ ዘይሒዝናየን ሓይልታትና ናብ ትግራይ ገጸን ክጸድፋ እየን፣ ብሓጺሩ መውጽኢ የብለንን፣" ድሕሪ ምባሉ፣ ዑስማን ክሓስቡሉ ዝጸንሐ ጉዳይ ስለ ዝነበረ፣ ህጹጽ ስጉምቲ ብምውሳድ ሓያል መስዋእቲ ከፊሎም ነተን ታባታት ተቘጻጸሩወን። ሰራዊት ደርግ ካብ'ተን ታባታት ተደፊኡ ምስ ወጸ፣ ሓይልታት ህ.ግ ሰሊኾን ወጻ። ዑስማን፣ ናብ ትግራይ ንመን ከነስል'ኸ ዝብል ሕቶ ምስ ተላዕለ፣ ንድሕሪት ነዊሕ ጊዜ ዘኪሩ እዩ ንሓጐስ ናብ'ቲ ውድብ ክኸይድ ዝሓጸዮ። በረኣእያ ዑስማን፣ ሓጐስ፣ በቲ ኣብ ውሽጢ ሓሙሽተ ዓመት ኣብ ህ.ግ

ኣጥርዩዎ ዝነበረ ናይ ውግእ ተመኩሮ፡ ኣብ ተ.ሓ.ህ.ት ኣብ ሓጺር እዋን መራሕ ብርጌድ ክኸውን ከም ዝኸእል ኣይተጠራጠረን። ስለ ዝኾነ ኸኣ እዩ፡ "እቲ ናብ ተ.ሓ.ህ.ት እንሰዶ ተጋዳላይ፡ መወለዱ ትግራዋይ እንተ ኾነ ዝተመርጸ ዝኸውን። እዚ ንዛረበሉ ዘለና ብጻይ ከኣ ብኹለንተናኡ፡ ብተወፋይነቱ፡ ብዘሎዎ ዓቕምን ኣብ መትከል ህ.ግ ዘሎዎ ጽኑዕ እምነትን ርኢኻ፡ ነቲ ተሓሲቡ ዘሎ ተልእኾ ዝበቅዕ ተጋዳላይ እዩ፡" ብምባል ርእይቶኡ ሂቡ ዝነበረ። ነዚ ብምዝካርን ብዛዕባ ሓጐስ ዝተዋህቦ ጽዑይ ሓበሬታን ኣብ ግምት ብምእታው'ዩ ንመንሱር እንታይ ርእይቶ ኸም ዘሎዎ ዝሓተቶ።

"ካብ'ቲ ጸብጻቡ ብምብጋስን ናይ'ቶም ቅድም ዝሰደድናዮም ብጾትና መስዋእቲ ኣብ ግምት ኣእቲኻን ክርአ ኸሎ፡ እዚ ምርጫ'ዚ ዝሓሸ እዩ። እቲ ኹነታት ኸኣ፡ ኣብ ቀጻሊ ክንርእዮ ኢና ማለት ዝወሃቦ መምርሒታት ብግቡእ ይፍጽሞም ድዩ ኣይፍጽሞምን፡ ካብ ኣባላት'ቲ ውድብ ንዘጋጥምዎ ብድሆታት ብኸመይ ይገጥሞም? ነዛ ናብ ትግራይ እነስልኻ ሓይሊ ብኸመይ ኣብ'ቲ ውድብ ብኸፊላ ከም ትወሃሃድ ይገብራ፡ ዝብሉ ሕቶታት ክምልሶም ክኽእል ኣለዎ።" በለ'ሞ፡

"ኣብ ተ.ሓ.ህ.ት ሙሴ (መሓሪ ተኽለ) ጥራይ ኣይኮነን ተሰዊኡ፡" ብምባል ኣብ'ቲ ውድብ ዝተሰውኡ ካልኦት ብዙሓት ብጾቶም'ውን ዘከሩ። ሙሴ ተኽለ ኣብ ተ.ሓ.ህ.ት ውፉይን ተባዕ ተዋግኣይን ምንባሩ ጥራይ ዘይኮነስ፡ ኣብ ዘመነ ሕንፍሽፍሽ ኣብቲ ውድብ ዓ ቢ ግደ ዝነበሮ ተጋዳላይ እዩ። ኣብ ትግራይ ንሓድሕድ ኲናት ኣብ ዝተባርዓሉ እዋን ኢ.ዲ.ዩ'ውን ዓቢ እጃም ነይሩዎ እዩ። እዚ እናኾነ ኸሎ እዩ እምበኣር፡ ሙሴ ካብ ሓይሊ 41 ብዝተተኰሰ ጥይት ብድሕሪቱ ተሃሪሙ ዝወደቐ። ሓይሊ 41 ብስየ ኣብርሃ እያ ትምራሕ ነይራ። ስየ፡ ብመሰረቱ ኣብ ልዕሊ ኤርትራውያን ዝነበሮ ጽልኢ ጐሉሕ'ዩ ነይሩ። ተፈላጥነትን ተፈታውነት ሙሴ የስግኦ ነይሩ እዩ ዝብሃል። ስለ ዝኾነ ኸኣ እዩ ሙሴ፡ ብገዛእ ብጾቱ ብጥይት ተወቒዑ ዝወደቐ። ስግኣት በዓል ዑስማን ከኣ ካብ'ዚ እዩ ዝብገስ። ድሕሪ ነዊሕ ምዝታይ፡ ዑስማን ንሓጐስ ናብ'ቲ ዝነበሩዎ ቦታ ኣጸውዩ'ሞ፡

"ሰላማት ብጻይ ሓጐስ፡ ከመይ ነይሩ መገዲ?" ብምባል፡ ክልቲኦም ሓፍ ኢሎም መንኲብ ንመንኲብ ሃቡዎ።

"መገዲ ደሓን ነይሩ።"

"ብጾት ከመይ ኣለዉ?"

"ደሓን'ዮም፣" ብምባል፣ ብዛዕባ ኣብ'ቲ ቦታ ዘሎ ኹነታትን ዝግበር ስራሓትን፣ ብዛዕባ ኹስቶ ኸመይ ኣሎ? ኩስቶ? ዝብል ዕላል ናብ ቀንዲ ጉዳዮም ቅድሚ ምእታዎም፣ መንሱር ተፋንዩዎም ከደ። ክልቲኦም ብዛዕባ ህልዊ ኹነታት ኣልዒሎም፣

"ብጸይ ሓጐስ፣ ህ.ግ ስትራተጂያዊ ምዝላቕ ክገብር ዘበገሶ ቐንዲ ምኽንያት፣ ከምቲ ክትብሎ ዝጸናሕካ ንጸላኢ ኣብ ዝተናውሐ ኲናት ንምስዓሩ እዩ። እቲ ዝኸፈል መስዋእቲ ኸኣ ብኡ መጠን ከቢድ ክኸውን'ዩ። ግና፣ ንጸላኢ ኣብ መሬትና ጥራይ ዘይኮነስ ስግር ዶብ ኬድና'ውን ክንሃርሞ ክንክእል ኣለና፣ ንስለ ሓባራዊ ረብሓ። ስለዚ፣ መሪሕነት ሓደ ውሳኔ ወሲኑ'ሎ፣ ንጸላኢ ኣብ ትግራይ ከይዱ ክወግኦን ንተጋድሎ ሓርነት ህዝቢ ትግራይ እግሪ ኸነትክሎን፣" ምስ በለ፣ ሓጐስ ገጹ ብሓንሳብ ክበርህን እተን ጽቡቓት ደርጊ ኣስናኑ ፍሽኽ ከብለንን ሓደ ኾነ።

"እዚ'ሞ እቲ ንጸላኢ ብርቱዕ ስምብራት ክገድፈሉ ዝኽእል በሊሕ ስጕምቲ እዩ፣" በለ ሓጐስ ከይተፈለጦ፣ ንዑስማን ኣሞንግው ኣቢሉ። ሓጐስ፣ ብኡ ንብኡ ኣዲኡ ኣብ ቅድሚ ዓይኑ ተቐጂላኦ'ሞ፣ ርእሱ ኣድንን ኣበለ። ሃለዋት ስድራኡ ካብ ዘይረክብ ሓሙሽተ ዓመት ዝገበረ ሓጐስ፣ ኣብ'ታ ደቒቕ'ቲኣ ግና ስድራኡ ኽርኢ ተሃንጠየ፣ ብፍላይ ነዲኡ። እቲ ብውሽጡ ዝሓሰቦ ዝነበረ፣ ዑስማን ዘስተብሃለሉ መሲሉዎ ግዲ ኾይኑ፣ ካብ'ቲ ድንን ኢሉዎ ዝነበረ ክሳ ዱ ኣልዕል ኣቢሉ፣

"እሞ ኸም'ቲ ኣብ ኩሉ ቦታታት ዝወሃብ ዘሎ መግለጺታት እንተ ኾይኑ፣ ደርግ ነቲ ብወገንና ይኹን ብወገን ጀብሃ ሓራ ወጺኡ ዝነበረ ቦታታት ኣትዩዎ'ሎ። ብወገን ትግራይከ ማለት ብወገን ተ.ሓ.ህ.ት ከመይ ይመስል እቲ ኹነታት?" ብምባል ንዑስማን ሓተቶ።

"ብመጀመርታ ኣመሰራርታ ተጋድሎ ሓርነት ህዝቢ ትግራይ (ተ.ሓ.ህ.ት) ክንርእዮ ኸለና ኣብ 1975 እዩ ተመስሪቱ። መስ ረትቱ ኸኣ፣ እቶም ኣብ ማ.ገ.ብ.ት ተጠርኒፎም ዝነበሩ ኸም በዓል በርሀ ኣረጋዊ፣ ስብሓት፣ ስዩም፣ ስየ፣ መለስን ካልኦትን'ዮም። ኩሎም እዞም ዝሰመኹልካ መስረትቲ ይኹን ናይ ኢ.ፒ.ኣር.ፒ ከም በዓል ብርሃነመስቀል ረዳ ዝመሰሉን፣ ኣብ ህ.ግ ተዓሊሞም ናብ ደደቢትን ዓሲምባን ዝኸዱ እዮም። ኣመሰራርታኡ፣ ኣብ ድሑር ዝንባለታት ዝተመርኰሰ ኾይኑ፣ ኣብ ውሽጡ ምብልላዕ ነይሩዎ

እዩ። ጀብሃ፡ ንሓጺር እዋን ነቲ ፈላሚ ቓልሲ ዝኾነ ውድብ ማለት ግንባር ገድሊ ህዝቢ ትግራይ (ግ.ገ.ህ.ት) ትሕግዞ ነይራ እያ። ይኹን'ምበር፡ እቲ ውድብ ከምቲ ኽኾኖ ዝግብኦ ኽኸውን ኣይከኣለን። ኣብ መንጎ ክልቲኦን ውድባት ማለት እታ ነቲብረታዊ ቓልሲ ትግራይ ዘበገሰት ግንባር ገድሊ ህዝቢ ትግራይን (ግ.ገ.ህ.ት) ተ.ሓ.ህ.ትን ኣብ መወዳእታ 1975 ጐንጺ ተላዕለ'ሞ፡ ግ.ገ.ህ.ት ተዋሒጣ ተረፈት። ብወገንና፡ ንቓልሲ ህዝቢ ኢትዮጵያ ብመትከል ንኣምነሉ ስለ ዝነበርና፡ ብዓንተቦ'ውን ንተ.ሓ.ህ.ት ሓገዝና ወፊናሎም ኢና። ካብ'ቲ ዝነበረና ኣጽዋር ጥራይ ዘይኮነስ ንሰውራ ትግራይ ዝሕግዙ'ውን ብጾት ሰዲድናሎም፡ ከም በዓል ሙሴ (መሓሪ) ተኽለ ዝመሰሉ። ብኡ መሰረት ዝምድናና ርኡይ ለውጢ ኣምጺኡ ነይሩ፡" ድሕሪ ምባል፡

"እዚ ብበዓል ኣባይ ጸሃየ፡ ስብሓት ነጋ፡ ስዩም መስፍን፡ መለስ፡ ስየ፡ ሙሴ፡ በርሀ፡ ተወልደ ወልደማርያም ካልኦትን ዝተመስረተ ውድብ፡ ኣብ መጀመርታ ንጹር ዝኾነ ራእይ ኣይነበሮን። ኮይኑ ኸኣ፡ ኣብ 1976 ንዕላማ ቓልሲ ህዝቢ ትግራይ ዘነጽር *ማኒፌስቶ ትግራይ 68* ኣውጺኡ። ነቲ ዝወጸ ማኒፌስቶ ህዝባዊ ሓይልታት ሓርነት ኤርትራ ኣይተቐበሎን ጥራይ ዘይኮነስ፡ ንዕላማ እቲ ኣብ ኢትዮጵያ ኽግበር ዝግብኦ ቓልሲ ዝስሕት ብምንባሩ፡ ርእይቶኡ ሂቡሉ እዩ። ምምስራት ረፑብሊክ ትግራይ ንዝብልን እታ ትግራይ ዶባታ ካበይ ናበይ እዩ ኢሎም ዘውጽእዋ ካርታን፡ ብወገንና ጸወታ ቈልዑት ጌርና ኢና ወሲድናዮ። መሬት ጎንደርን ወሎን ጥራይ ዘይኮነስ ገለ ክፋል ኤርትራ'ውን ኣብ'ታ ናይ ሕልሚ ዓባይ ትግራይ ኣእትዮሞ ኣለዉ፡" ብምባል፡ ነታ ማኒፌስቶ ኣቐበሎ። ሓጐስ ነቲ ዘንበቦ ኽኣምኖ ኣይከኣለን፡ ከመይሲ፡ ብኢዱ ዋኒንካ መሬት እንዳማትካ ወሲድካ ዝመሰለካ ዶብ ትሕንጽጽ ዲኻ? "እዞም ሰባት እምበርዶ ኣእምሮኦም ብልክዕ ይሰርሕ ነይሩ እዩ ወይሲ ናብ ዘመነ ቴድሮስን ዮሃንስን'ዮም ክምለሱ ዝሓስቡ ዘለዉ፡" ብምባል ብውሽጡ ሓሰበ። ዑስማን ብምቕጻል፡

"እዚ፡ ዘሰክፍ ኣይኮነን። ምኽንያቱ፡ ዝኾነ ሰውራ ኽብገስ ከሎ ንጹር ራእይ ሒዙ ስለ ዘይብገስ። ተጋድሎ ሓርነት ኤርትራ'ውን'ኮ ናብ'ዚ ክትበጽሕ ዝኸኣለትን ህ.ሓ ኽምስረት ዝኸኣለን ንጹር ራእይ ስለ ዘይነበረ እዩ። ስለ'ዚ፡ ተ.ሓ.ህ.ት ከኣ ኸምኡ። ብወገንና ምስ ጊዜን ንቕሓትን ክእረም ዝኽእል ጉዳይ ጌርና ስለ እንርእዮ፡ ዝምድናና ኣብ ምምሕያሽ ብትግሃት ኢና ንሰርሕ ዘለና። ብፍላይ

ኣብ ቀዳማይ ውድባዊ ጉባኤና ብንጹር ኣስፊርናዮ ኸም ዘለና፣ ንኹለን ተቓወምቲ ውድባት ኢትዮጵያ ብመትከል ንሕግዝ ዝብል መትከልና፣ ብግብሪ ክንሰርሓሉ ስለ ዝግብኣና፣ ሽሕ'ኳ ተ.ሓ.ህ.ት ሕጉስ እንተ ዘይኮነ፣ ንኢ.ፒ.ኣር.ፒ ይኹን ካልኦት ውድባት ሓገዝና ኣይከላእናየንን። ኣብ'ዚ እዋን'ዚ ግና፣ እተን ውድባት ህላዌአን ምእን ቲ ከይጠፍእ፣ ብመጀመርታ ንዕኡ ማለት ንተ.ሓ.ህ.ት ዝኣክል ሓገዝ ክንህቦ ይግብኣና። ምኽንያቱ፣ ትግራይ ብቐጥታ ስለ ዝጸልወና። ስ ለዚ፣ ደርግ መዋፈሪ ኢሉ መስሪቱዎ ዘሎ ቦታታት ከም በዓል ሽረ፣ ራማን ዛላምበሳን ዝመሰላ ቦታታት ክነጥቅዐን ይግባእ፣" ብምባል ሰፊሕ መብርሂ ሃቦ። ሓጐስ፣ ብወገኑ እቲ ዝብሃል ዝነበረ ብዕ ምቈት ስለ ዝተረድኦ፣ ርእይቶ ክህበሉ ብዙሕ ኣየድለዮን። ምሕያል ተ.ሓ.ህ.ት ማለት፣ ንደርግ ቅሳነት ምኽላእ ጥራይ ዘይኮነ፣ ህዝብታት ኤርትራን ኢትዮጵያን ሰላምን ቅሳነትን ምእንቲ ክረኽቡ፣ ክልቲአን ውድባት ክተሓጋገዛ ኸም ዘለወን ኣይሰሓቶን። ስለ ዝኾነ ኸኣ እዩ፣ ንስትራተጂ ህ.ግ ዘድነቐ።

"እሞ ብጻይ ሓጐስ፣ ሕጂ ኺድ ኣዕርፍ'ሞ፣ ኣብ ዘድሊ እዋን ክሕብረካ እየ፣" ኢሉ ኣፋንዩዎ ኸደ።

* * *

ምዕራፍ 22

በረኸት፡ ካብ'ታ ካብ ሽዕብን ከባቢ ሕርጊጎን እሱራት ኣምጺእና ኣለና ትብል ሓበሬታ ዝሰምዓላ እዋን ኣትሒዙ ብዛዕባኡ ኸሓስብ ፈጺሙ ኽድቅስ ኣይከኣለን። ብኸመይን ብመንን ሃለዋት እዞም እሱራት ክፈልጥ ከም ዝከኣል እናስተንተነ ኸሎ፡ ኣልማዝ ኣብ ሓሳቡ መጸቶ። ንሳ ኣብ ጅማ ተወሊዳ ዝዓበየት ኤርትራዊት ክነሳ፡ ብዛዕባ ኤርትራ ትፈልጦ ነገር ኣይነበራን። ታሽዓይ ክፍሊ ምስ በጽሐት ምስ ሓደ መንእሰይ ፍቕሪ ሒዙዋ ናብ ኣዲስ ኣበባ ኹብለለት። ድቂ ምስ ሓዘት ድማ እቲ መንእሰይ ረጥሪጡዋ ጠፍአ። ኣማራጺ ዝሰኣነት ኣልማዝ፡ ኣብ ቤት መስተ ስራሕ ጀመረት። ብሓሳባ ነቲ ጥንሲ ኸመይ ገይራ ክትንጽሎ ሽም እትኽእል ለይትን መዓልትን ተስተንትነሉ ኣብ ዝነበረት እዋን፡ ብዙሕ እዋን ኣብ'ቲ ቤት መስ ተ መጺኡ ዘዕልላ ዝነበረ ማዩ ዝሰተየ ሰብ ምስኡ ንኽትሓድር ሓተታ'ሞ ርእሳ ኣድኒና ክትፍቕፈቕ ጀመረት።

"እንታይ ደኣ ኼንኪ? ምሳይ ክትሓድሪ ትኽእሊ ዲኺ ኢለ እንተ ሓተትኩኺ እንታይ ነውሪ ኣለዎ ድዩ? ተጋግየ እንተ ኾይነ ሽኣ ይቕሬታ ግበርለይ፡" ምስ በላ፡

"ብሽግረይ እየ ዝነብዕ ዘለኹ።"

"እንታይ ሽግር ኣጋጢሙኪ፡ ደሓን ዲኺ?"

"እንታይ ክድሕን ደኣ። ዝሕግዘኒ ሰብ ስኢነ'ምበር፡" ብምባል፡ መሊሳ ክትፍቕፈቕ ጀመረት።

"ደሓን ኣይትንብዒ፡ ክሕግዘኪ ዝኽእል እንተ ኾይነ ዝከኣለኒ ምእንቲ ክገብር ንገርኒ፡ እንታይ እዩ ኣጋጢሙኪ?" ምስ በላ፡ ከይሓብአት ኣዕለለቶ። እቲ ሰብ ካብ ልቢ ደንገጸላን ክሕግዛ ምዃኑ ተመጻቢዑላን ከደ። ንጽባሒቱ ናብ ኣልማዝ መጸ'ሞ ሓንቲ ጥን ሲ እትንጽል ሰበይቲ ሽም ዘላን ዓሰርተ ብር ከም ተኸፍላን ነገራ። ፍቃደኛ እንተ ኾይና መጺኡ ናብ'ታ ሰበይቲ ክወስዳ ምዃኑ ነገራ'ሞ ተሰማሚዖም ተፈላለዩ። እቲ ጥንሲ ነጸለቶ፣ ብውሽጣ ግና ነብሲ ሽም ዘጥፍአት ተሰወጣ'ሞ ቅሳነት ሰኣነት። እንተ'ቲ ስራሕ ቤት መስተ ግና ስራሐይ ኢላ ተተሓሒዘቶ።

ሓደ መዓልቲ፡ መሓሪ ምስ ኣዕሩኽቱ ኣብ'ቲ ንሳ ትሰርሓሉ

ቤት መስተ ኣተዉ'ሞ፡ ከም ቅርብ ኢላ፡

"እንታይ ክእዘዘኩም፡" ብምባል፡ ፍሽኽ ኢላ ሓተተቶም። ነንሓድሕዶም እንታይ ንስተ? እንታይ ንስተ? ክበሃሃሉ ምስ ሰምዓቶም እቲ ዝዛረቡዎ ዝነበሩ ቋንቋ ኣይረድኣያ'ምበር፡ ትግርኛ ምዃኖስ ኣይሰሓተቶን።

"ቢራ ኣምጽእልና'ሞ ምሳና ኾኣ ኮፍ በሊ፡" በላ ሓደ ካብ ሰለስቲኦም። ኣልማዝ ቢራ ሒዛትሎም ድሕሪ ምምጻእ ምስኦም ዕላል ጀመረት።

"ኣነ'ኮ ኤርትራዊት'የ። ኣቦይን ኣደይን ካብ ኣስመራ እዮም መጺኦም፡" ምስ በለቶም፡ ኣብቲ እዋን'ቲ ኤርትራዊት ኣብ ቤት መስተ ክትሰርሕ ጽዩፍ ዝነበረሉ እዋን ስለ ዝነበረ፡

"ኣብ ባር ትሰርሕ ኤርትራዊት የላን። ትግራወይቲ እንተ ኼን ኺ፡ እንታይ ዘነውር ኣለዎ ትግራወይቲ እየ እንተ በልኪ፡" ብምባል፡ ኩሎም በብተራ ሸደዱዋ። እቲ ኾይኑ እቲ ግና፡ መሓሪ ኣብ ዝተፈላለየ እዋናት ናብ'ቲ ቤት መስተ ስለ ዝተመላለሰ፡ ክፈልጣን ክቐርባን ጀመረ። ሌላኦም እናዓመቘን ካብ'ቲ ስራሕ ትወጸሉ መገዲ ሃሰው እናበለ ኸሎን'ዩ እምበኣር፡ ኣልማዝ ብመገዲ መሓሪ ምስ ሻምበል ታምራት ዝተፋለጡ። ሻምበል፡ ብቐጻሊ ናብ'ቲ ቦታ ኽመላለሳን ሒዙዋ ኽሓድርን ጀመረ፣ እቲ ምልምማድ ከኣ ናብ ፍቕሪ ተቐየረ። ታምራት ብዘይ ኣልማዝ ክነብረሉ ኣብ ዘይክእል ደረጃ በጽሐ። ካብ'ቲ ሆቴል ኣውጺኡ ገዛ ተኻርዩ ኣንበራ። ኣብ ከም'ዚ ኹነታት እናሃለዉ ኸለዉ እዩ እምበኣር፡ ሻምበል፡ ብስራሕ ናብ ኣስመራ ኣብ ዝኸደሉ እዋን ንዓኣ ሒዙዋ ዝኸደ። ኣልማዝ፡ ንመጀመርታ ጊዜ መበቈል ዓዳ ርእያ፣ ሓጐሳ ኸኣ ወሰን ኣይነበሮን። በረኸት፡ እዝን ወዲ ኽምዝን ስለ ዝፈልጥ እዩ ነቲ ዝምድና ክጥቀመሉ ዝተበገሰ። ስለዚ ኸኣ እዩ፡ ንኣዜብ ንምርካብ ናብ ገዝኣ ዝኸደ። ናብ ገዛ ኽይኣቱ ስድራ ቤት ክርእዩዎ ኣይደለየን። ስለዚ፡ ዝነበሮ ኣማራጺ ኣብ መኪና ኾይኑ ኣብ ደገ ኽጽበያ ጥራይ እዩ ነይሩ፡ ተጸበያ ኸኣ። መኪና ኣዜብ ብማዕዶ ዝረኣየ በረኸት ካብ መኪናኡ ወሪዱ እናተጸበያ ኸሎ ንሳ'ውን ኣማዕድያ ርእያቶ ስለ ዝነበረት፡ መኪና ጠጠው ኣቢላ ሰላምታ ተለዋወጡ'ሞ፡ ንህጹጽ ጉዳይ ይደልያ ኸም ዘሎ ገለጸላ።

"በል ገዛ ክኣቱ'ሞ ቄጸራ ኣለኒ ኢለዮም ክመጽእ፡" ብምባል ገዛ ኣትያ ወጸት። ተተሓሒዞም ከኣ ናብ ሂልቶን ሆቴል ብምኻድ ኣብ ሓደ ጽምው ዝበለ ቦታ ኾፍ ኢሎም ንሱ ቢራ ንሳ ኸኣ ኮካኮላ

ኣዚዞም ናብ ጉዳዮም ኣተዉ።

"ቅድሚ ኽልተ ሰሙን ኣቢሉ ዝመጸና ሓበሬታ ትዝክርዮዶ? ሓደ ተጋዳላይ ዝርከቦም እሱራት ካብ ሕርጊጎ መጺኦም ኣለዉ። መንነት'ዞም እሱራት ክንፈልጥ ብኹሉ ወገን ፈቲሽና ክሰልጠና ኣይከኣለን። ሻምበል ኣብ ጥርጣረ ኸየእትወና ብምባል ንዕኡ'ውን ዝኾነ ይኹን ሕቶ ኣይሓተትናዮን። ሕጂ ግና፡ ኣነ ሓደ ሓሳብ ከካፍለኪ ኢለ እየ ጸዊዐኪ፡" ድሕሪ ምባል፡ ዝን በለ።

"እወ እዝክሮ! እንታይ ክግበር ኣለዎ ትብል?"

"ኣልማዝ፡" በለ ኻልእ ከይወሰኸ።

"ኢሂ'ሞ ኣልማዝ?"

"ንኣልማዝ ክንቀርባ ኣለና። ምኽንያቱ፡ ሓበሬታ ብኣኣ ገይርና ጥራይ ኢና ኽንረክብ እንኽእል።"

"ምቕራባ ኣዝዩ ሓደገኛ ክኸውን'ዩ። እዛ ሰብ'ዚኣ ካብ ኣመንዝራነት ኣውጺኡ ጥጡሕ ገዛን ፍቕርን እናሃባ ኸመይ ኢላ እያ ኣብ ጐድንና ክትከውን?"

"ሓቅኺ ኢኺ ኣዜብ፡ ግና ምፍታን ዝመስሉዎ ነገር የለን። ከይፈተንና እዝን እትን ክንብል ኣይንኽእልን ኢና። በዚ ኾይኑ በቲ ኤርትራዊት ምዃና'ኮ ኣይተርፋን'ዩ።"

"ንሱስ ሓቅኻ ኢኻ። ግና እዛ ሰብ'ዚኣ ኤርትራውነት እንታይ ምዃኑ ጥራይ ዘይኮነት ዘይትፈልጥሲ፡ ገና ጓል ዓሰርተ ትሽዓተ ዓመት እያ ዘላ። እስከ ሕራይ ንፈትን እንተ ተባህለ'ውን፡ ብኸመይን መንን ክቐርባ ኣለዎ ኢልካ ትሓስብ?

"ንስኺ፡" ምስ በላ፡ ስምብድ በለት። ኣዜብ፡ ሓያል ወዳቢትን ውፍይትን'ኳ እንተ ኾነት ኣብ'ዚኣ በጺሓ ግና ሰጋእ በለት።

"ኣነን ንሳን ብዘይካ ሓንቲ መዓልቲ እሞ በጋጣሚ ምስ መሓሪ ረኺበዮም ኣዕሊልና'ምበር፡ ናይ ቀረባ ፍልጠት የብልናን።"

"ስለ ዝኾነ እንድየ ደኣ ክትቀርብያ ዝሓሸ ኾይኑ ዝስምዓኒ። ንመሓሪ ሎሚ ምሸት ክረኽቦ እየ'ሞ ጽባሕ ምሸት ከም ትረኽባ ክገብር'የ፡" ኢሉ ክብገሱ ሓበራ'ሞ፡ ገዝኣ ኣብጺሑዋ ናብ መሓሪ ኸደ። መሓሪ፡ ብወገኑ ሓበሬታ ኽእክብ ውዒሉ ኣብ'ታ ናይ ቈጸራ ቦታ ተራኽቡ።

"ሰሚዕካ በረኽት፡ እዞም ካብ ሕርጊጎ ዝመጹ እሱራት ኣብ *ኣራተኛ ክፍለ ጦር'ዮም* ዘለዉ።"

"ኣብኡ ምዃኖም ጽቡቕ'ዩ!" በለ ብምግራም። ምስ ኣዜብ ብዛዕባ እዚ ጉዳይ'ዚ ክንዘራረብ ጸኒሕና እየ ዝመጸኻ ዘለኹ። ብወገነይ ኣዜብ ንኣልማዝ ዓርኪ ሻምበል ክትረኽባ ደልየ'ለኹ።

ስለዚ፡ ንጽባሕ ምሸት ከም ዝረኽባ ግበር ኢኻ፡” ድሕሪ ምባሉ፡ ናብ ካልእ ጉዳዮም ኣተዉ።

መሓሪ፡ ሻምባል ካብ ስራሕ ውጽእ ኢሉ ናብ ኣልማዝ ከም ዝኸይድ ይፈልጥ ስለ ዝነበረ፡ ናብ እንዳ ኣልማዝ ብምኻድ ኳሕኵሐ። ኣልማዝ ማዕጾ ኸፊታ “እውይ መሓሪ፡” ብምባል ስዒማ ንኽኣቱ ዓደመቶ።

“ናብ’ዚ ቦታ፡ ሰብ ከብጽሕ መጺኣስ፡ መኪና ሻምበል ርእየ’ኳ እየ ኳሕኵሐ፡” ኢሉዋ ኣተወ።

“ከመይ ቀኒኻ መሓሪ? ዝገርመካ! ንኣልማዝ ሕጂ ናብ መሓሪ ክኸይድ’የ ክብላ እየ ጸኒሐ፡ ዕድሜኻ ነዊሕ’ዩ!” ብምባል ምዉቕ ሰላምታ ሃቦ። ኣልማዝ ዝብላዕ ክትቀራርብ ምስውስው ክትብል ዝረኣያ መሓሪ፡

“ኣልማዝ ዋላ ሓደ ነገር ኣይትግበሪ ኢኺ፡ ኣብ ስራሕ’የ ዘለኹ፡ ተሃዊኸ እየ፡” ብምባል፡ ብደዉ ንሻምበልን ኣልማዝን ሰዓት ሸሞንተ ድራር ከም ዝዕድሞምን ምስ ጓል ሓትኖኡ’ውን ከላልዮም ከም ዝደልን ነጊሩዎም ናብ ስራሑ ኸደ። ንምሸቱ ኣዜብ፡ ኣዝዩ ማራኺ ኣከዳድና ተኸዲና ናብ *ፍል ውሃ* ምስ መሓሪ ኸደት።

“እዚ ሻምበል *ታምራት*፡ እዚኣ ኸኣ ቅድሚ ሕጂ’ኳ ርኢኹማ ኔርኩም ኢኹም ኣዜብ ትብሃል፡ ጓል ሓትኖይ ኢያ፡” ኢሉ መሓሪ ነንሓድሕዶም ኣፋለጦም። ሻምባል፡ ድሕሪ ድራር ናብ ካልእ ቦታ ክኸዱ ሓሳብ ኣቕረበ’ሞ ናብ ሓደ *ሓዝማሪ ቤት* ከዱ። ንሰም ብሓደ ወገን፡ ንሳተን ከኣ በቲ ኻልእ ድሙቕ ዕላል ስለ ዝሓዛ፡

“ወ/ሮ ኣዜብ ኣጸሚኽናና ጥራይ ዘይኮንክንሲ፡ ብዕላልክን’ውን ቀኒእና። ቍሩብ ደኣ ዘይተካፍላና፡” ብምባል ሻምበል ንኣልማዝ ፍሽኽ በላ።

“ኣየ ሻምበል፡ እዛ ዕላልናስ ናይ ደቀንስትዮ ስለ ዝኾነት፡ እዝንኻ ናብ መሓሪ ደኣ ግበሮ፡ እቲ ጥዑም ዕላሉ ኸየምልጠካ፡” ብምባል ብፍሽኽታ መለሰትሉ። ከምዚ’ሎም ከዕልሉ ኣምስዮም ኣዜብን ኣልማዝን ተቛጺረን ተፈላለዩ።

ኣዜብ፡ ቀዳም ንግሆ ናብ ኣልማዝ ብምኻድ ተተሓሒዘን ናብ ግዮን ሆቴል ከዳ። ንሳ፡ ኩሉ ጊዜ ቀዳም ናብ’ቲ ሆቴል ከይዳ ኽልተ ሰለስተ ሰዓት’ያ ትሕምብስን ትዘናጋዕን ነይራ። ኣልማዝ ግና፡ ንፋልማያ እያ ኣብ’ቲ ሆቴል ኣትያን መሕንበሲ ቦታ እንታይ ምዄኑ ዝረኣየትን።

“ኣልማዝ ሓምቢስኪ ትኽእሊ ዲኺ?”

"ኣብ ሩባ ኬድና ጨብረቕረቕስ'ባ ንብል ኔርና፣ ከም'ዚ ግሩም ቦታ ግና ርእየ'ኳ ኣይፈልጥን።"

"ምሕንባስ ኣዝዩ ቀሊል'ዩ፣ ኣይትሸገሪ ኣነ ቀስ ገይረ ኽላምደኪ እየ። ናተይ መሐንበሲ ሒዘልኪ መጺአ ኣለኹ'ሞ ንዕናይ ክንቅይር፣" ኢላ ናብ'ቲ መቐየሪ ኽዳን ሒዛታ ኸደት። ኣልማዝ፣ ኣዜብ እንተ ዘይተደፋፍራ ብሕፍረት ዝኣክል ካብ'ታ መቐየሪ ክዳውን ቲ ኣይምወጸትን ነይራ። ቅርጺ ሰብነት ኣልማዝ ኣሽንኳይዶ ንወዲ ተባዕታይ፣ ንጓል ኣንስተይቲ'ውን ሃነን'ዩ ዘብል። ኣብ'ቲ ማይ ምስ ኣተዋ፣ ኣብ ካልእ ዓለም ዘላ ኾይኑ እዩ ተሰሚዕዋ። ኣዜብ ኣጆኺ ክትብል፣ ንሳ ጠለቕኹ ክትብልን ክስሕቃን ከይተፈለጠን ክልተ ሰዓት ገበራ'ሞ ገለ ነገር ክሰትያ ካብ'ቲ መሐምበሲ ወጺአን ኣብ'ቲ ብቕርጺ ኣጕዶ ዝተሰርሐ ጽላል ከይደን ኮፍ በላ። ዝብላዕን ዝስ ተን ኣዚዘን ከኣ ናብ ዕላለን ኣተዋ።

"ኣዜብ ሓፍተይ! እዚ ዘርኣኽኒ ብልቢ እየ ዘመስግነኪ። ከመይ ዝበሉዎ ግሩም ቦታ እዩ? ንታምራት ምስ ነገርኩዎ መቸም፣ መሓዛ ረኺብኪ ኢሉ ክሕጎስ'ዩ።"

"መሓዙት የብልክን ድዩ?"

"ርኢኺ ኣዜብ! ኣነ ኣብ ባር'የ ዝሰርሕ ነይረ። ናይ ባር መሓዙት ከኣ ትፈልጥየን ኢኺ። ንታምራት ምስ ተላለኹዎ፣ ካብኡ ኣውጺኡ ሰብ ገይሩኒ። ብኡ ምኽንያት ከኣ፣ ንታምራት ኣዝየ እየ ዘፍቅሮ። ብዘይካኡ ኻልእ ሰብ ዘሎ ኾይኑ ኣይስምዓንን'ዩ። ንሱ ሰብኣየይ፣ ንሱ መሓዛይ፣ ንሱ ሓወይ፣ ኩሉ ነገረይ ንሱ እዩ፣" ኢላ ንኣዜብ ፍሽኽ በለታ።

"ንስኺ'ውን'ኮ ተፈታዊትን ምልክዕትን ኢኺ፣ ዕድለኛ እዩ ንዓኺ ዝረኸበ። ንምዃኑ ስድራኺ ትበጽሕዮምዶ?"

"እንታይ ስድራ ኣለኒ ኢልክኒ። ካብ ገዛ ጠፊአ ምስ ወጻእኩ፣ ስድራይ ሓደ ክልተ እግሪ ዝኸውን ኣጣይቐም መጺኦምኒ ነይሮም፣ ኣነ ግና ስራሕ ባር መሲጡኒ ምኻድ ኣብየዮም። ብድሕሪኡ ሃለዋተይ ክረኽቡ ኣይከኣሉን፣ ምኽንያቱ፣ ሎሚ ኣብ'ዚ እሰርሕ፣ ጽባሕ ኣብ'ቲ ስለ ዝኾንኩ። ሕጂ ግና ታምራት ንስድራኺ ክላለዮም ስለ ዝበለኒ፣ ብሓንሳብ ክንከይድ ኢና። ምሳይ እንተ ትኸዲ ከመይ ደስ ምስ በለኒ ነይሩ!" ምስ በለታ፣ ኣዜብ ነዛ ዕድል ክትጥቀመላ ወሰነት'ሞ፣

"ሕራይ ከካይደኪ እየ፣" ክትብላን፣ ኣልማዝ ካብ'ቲ ኾፍ ኢላቶ ዝነበረት ብምትሳእ ሓቚፋ ክትስዕማን ሓደ ኾነ።

"ስድራይ ዝመጽእ ዘሎ ሰሙን ናብ ኣስመራ ክኸዱ እዮም'ሞ ሸፁ ናጻ እየ፡" በለታ ኣዜብ፡ ጊዜ ኸም ዘለዋ ምእንቲ ኸተፍልጣ።

"ኣዜብ! ኣስመራ ምስ ታምራት ከይደ ነይረ። ክትጽብቐ ጉዳም'ያ። እሞ ስድራይ እንተ ርእዮምኺ ኣዝዮም ክሕጐሱ እዮም።"

"ታምራት ደኣ ስራሕ ነይሩዎ ድዩ ናብ ኣስመራ ኸይዱ ነይሩ?"

"ብቐጻሊ እዩ ዝኸይድ። ኣብ'ዚ ቐረባ ጊዜ'ውን ከይዱ ነይሩ። ከም ዝበለኒ ወንበዴታት ሒዙ እዩ መጺኡ፡" ምስ በለታ፡ ኣዜብ እቲ ትደልዮ ብምርካባ ፍሽኽ በለት።

"እዞም ኣብ መገዲ ዝኸትሩ ድዮም። ይገርመኪ እዩ፡ ንስድራይ'ውን ሓደ መዓልቲ ኣብ መገዲ ኸቲሮም ንብረቶም ወሲዶሙሎም'ኳ እዮም።"

"ታምራት ከም ዝበለኒ እንተ ኾይኑ፡ እዚኦም ምስ ወተሃደራት ዝዋግኡ እዮም። ከም ዝመስለኒ፡ ካብ ባጽዕ'ዮም ኣምጺኦሞም፡" ምስ በለታ፡ ካልእ ሕቶ ክትሓታ ስለ ዘይደለየት ነቲ ዕላል ናብ ካልእ ቀየረቶ። ከምዚ ኢለን ከዕልላ ውዒለን ንኣልማዝ ገዝኣ ኣብጺሓታ ኸደት። ኣማስያኡ ኸኣ ምስ በረኸት ተራኺባ እቲ ምስ ኣልማዝ ከዕልላኦ ዝወዓላ ነገረቶ'ሞ፡ ናብ ጅማ ክትከይድን ምስ ሻምበል ጥቡቐ ዝምድና ክትምስርትን መዓዳ።

"መዓልትን ከልብን ከይጸዋዕካዮም ይመጹ ኸም ዝብሃል፡" ኣልማዝን ኣዜብን ምስ ሻምበል ታምራት ንጅማ ተበገሳ። ኣዜብ፡ ቅድሚኡ ጅማ ርእያቶ ኣይትፈልጥን'ያ። ታምራት፡ ኣዝዩ ዕላሉን ተዋዛያይን ስለ ዝነበረ ኸይተፈለጠን ኣብታ ኸተማ ክኣትዋ ምስ ቀረባ፡

"ኣልማዘይ ሕጂ ስድራኺ ንዓይ ርእዮም እዚ ኣረጊት ሰብኣይ እንታዋይ እዩ እንተ በሉኺ፡ እንታይ ክትብልዮም ኢኺ?" ብምባል ፍሽኽ እናበለ ሓተታ።

"ርኢኹም ስድራይ፡ ኣነ ንግስቲ እንድየ፡ እዚ ትርእዩዎ ዘለኹም ዓሸከረይ፡ እዛ ትርእዩዋ ዘለኹም ኸኣ ልብሲ እትኸድነኒ ኣገልጋሊተይ እያ፡" እብሎም ምስ በለቶም፡ ብሰሓቕ ዝኣክል ምዝዋር መኪና ክሳዕ ዝስእኑ ኾኑ።

"በሊ፡ ኣነ ኸኣ ናይ ቀረባ መጻኢ በዓል ቤታ እየ ክብሎም'የ።"

"እንታይ! ታምራት ሓቕኻ ዲኻ ኸምኡ ክትብሎም?"

"እወ! ክምርዓወኪ ኸም ዝሓሰብኩ'ምበኣር ኣይነገርኩኽን'የ፡" ኢሉ መኪና ደው ኣበላ። ኣልማዝ ትብሎ ጠፊኡዋ ንኣዜብ

ጠመተታ'ሞ፥

"ኣዜብ ሓቂ ድዩ?" ብምባል ኣዒንታ ንብዓት ቋጸራ።

"ኣልማዝ፥ ኣዜብ ምስክረይ እያ ናይ ብሓቀይ ከኣ እየ። ሕጂ ብዛዕባኡ ኣይንዛረብ፥ ምስ ተመለስና ኣዜብን መሓርን ኣብ ዘለዉዎ ቃል ኪዳን ክንኣስር ኢና፥" ኢሉ ናብ ነብሱ ኣልግብ ኣቢሉ ሓቘፋ። ሻምበል፥ ንኣልማዝ ምስ ተላለያ፥ ሓዳሩ ረሲዑ ዳርጋ ምስኣ እዩ ተኸቲቱ ነይሩ። ምስታ ኣደ ሰለስተ ደቁ ኸኣ፥ ስኒት ስለ ዝሰኣነ፥ ክፋታሕ ወዲኡዎ ነበረ። እዚ ኹሉ ኸኸውን ንኣልማዝ ብዛዕባ ሓዳሩ ዝኾነ ነገር ነጊሩዋ ኣይፈልጥን'ዩ ነይሩ። ኣልማዝ'ውን ፈጺማ ኣይትሓቶን'ያ ነይራ። በዚ ምኽንያት'ዚ ኸኣ እዩ፥ ሻምበል ዘድንቓን ዝፈትዋን ዝነበረ። "ሽማግለ ኢልኪ ግና ከይትኣብይኒ እፈርህ ኣለኹ፥" ኢሉ፥ ኣብ ግንባራ ስዒሙ ናብ ምዝዋር መኪናኡ ኣተወ። ኣልማዝ ትብሎ ጠፊኡዋ ንብዓታ እናደረዘት ጅማ ኣተዉ። ትኽ ኢሎም ከኣ ናብ'ታ ስድራኣ ዝቕመጡላ ገዛ ብምኻድ ኳሕኰሑ። ኣልማዝ ነብሳ ረዝረዝ ኢሉዋ ክትወድቕ ደለየት። መን ኢላ ማዕጾ ዝኸፈተት ኣደ፥ ነልማዝ ምስ ረኣየት "ጓለይ! ጓለይ!" ብምባል ኣእወየት። ኣዜብ ኣብ መንጎ ኣትያ ክሳዕ ትፈላልየን ኣደን ጓልን ተሓቛቝፈን ምፍልላይ ኣበያ። ኣዲኣ ጓለይ፥ ኣልማዝ ከኣ ኣደይ ክብላ ንሻምበልን ንኣዜብን ረስዓኦም። እተን ጐረባብቲ ንኣልማዝ "እንቋዕ ብደሓን መጻእኪ፥" እናበላ ስዒመን ናብ ምድሪ ቤት ኣእተዋኣ። ኣልማዝ፥ ኣዲኣ ጸሊም ጌረን ስለ ዝረኣየተን፥

"ኣደይ እንታይ ደኣልኪ ጸሊም ጌርኪ፥ ደሓን ዲኺ? ኣቦይከ ደሓን ድዩ?" ብምባል፥ እናፈርሀት ሓተተታ።

"ኣቦኺ ቅድሚ ሽዱሽተ ወርሒ ዓሪፉ፥" ምስ በላኣ፥ ኣልማዝ ብኣውያት ነታ ገዛ ክትነቕላ ደለየት። ኩለን ከኣ ተተሓሒዘን ነብዓ። ሻምበል እዩ እምበኣር፥ ይኣኽለክን ይኣኽለክን ኢሉ ትም ዘበለን። ድሕሪ'ዚ እንጀራ ተቐረበ'ሞ ናብ ካልእ ዕላሎም ኣተዉ።

"ኣንቲ ኣልማዝ ጓለይ! ካን ከምዚ ጌርኪ ደሃይ ተጥፍኢ፥ ወለድኺ ክትጠልሚ? ንምኳኑ ኣበይ ኢኺ ትነብሪ ዘለኺ?"

"ኣነ፥ ኣዲስ ኣበባ እየ ዘለኹ፥ እዚ ትርእይዮ ዘለኺ ሻምበል ታምራት ይብሃል፥ ሕጹየይ እዩ። ሕጂ ኣብ'ዚ ቐረባ እዋን ክንምርዖ ኢና። እዚኣ ኸኣ ኣዜብ ትብሃል፥ መሓዛይ እያ፥ ኣስመራ እዩ ዓዳ፥" ብምባል ኣፋለጠቶም። ኣደ ኣልማዝ ጓለን ክትምርዖ ምዃና ምስ ሰምዓ ብታሕጓስ ዝብላኦ ጠፍኣን። ከይተፈለጠን ከኣ

ብትግርኛ ገይረን፡

"ከመለኺ እዛ ሓፍተይ? ስድራኺ ኣዲስ ኣበባ ድዮም ዘለዉ?"

"እወ! ስድራይ ኣብ ኣዲስ ኣበባ እዮም ዝቕመጡ። እንቋዕ እግዚኣብሄር ምስ ጓልክን ኣራኸበክን፡" በለተን። ከምኡ እናበሉ ኸዕልሉ ኣምሰዩ'ሞ፡ ኣማስዮኡም ኣዜብን ሻምበልን ኣብ ሆቴል ሓዲሮም ብንግሆኡ ምስ ኣልማዝ ናብ ኣዲስ ኣበባ ተበገሱ።

* * *

ሽሕ'ኳ ኣዜብን ኣልማዝን ብዕድመ ዘይራኸባ እንተ ነበራ፡ ምስ ጊዜ ኸም ዓባይን ንእሽቶ ሓፍትን ደኣ ኾና። ብቐጻሊ ካብ ምርኻብ ዝተላዕለ፡ ኣልማዝ፡ ንኣዜብ ናይ ውሽጣ ኸተዕልላ ጀመረት። ስለ ዝኾነ እያ፡ ኣዜብ፡ ድሕሪ ነዊሕ ትዕዝብቲ፡

"በረኸት፡ ንሻምበል ታምራት እንተ ንቐርቦ ምሓሸ ነይሩ። ምኽንያቱ፡ ንሳ ኣዝያ ንእሽቶ ምዃና ጥራይ ዘይኮነ፡ በቲ ምስ ሻምበል ዘለዋ ፍቕሪ ኸተግድዓና ትኽእል ኾይኑ እዩ ዝስምዓኒ። ስለዚ፡ ንዕኡ ኣዚና ንቕረቦ፡ ካብኡ ዘድልየና ሓበሬታ ከም እንረክብ ከኣ ፈጺመ ኣይጠራጠርን'የ፡" ብምባል፡ ሓሳባ ኣካፊላቶ ስለ ዝነበረት'ያ ኸኣ፡ ብቐጻሊ ምስ ሻምበልን ኣልማዝን ትራኸብን ብቐጻሊ ሓቢራቶም ትወጽእን ዝነበረት። ሻምበል ሓደ መዓልቲ ንኽልቲኤን ድራር ዓዲሙወን ከብቅዕ ካብ'ቲ ዝበለን ሰዓት ደንጕዩ መጸን'ሞ፡

"እንታይ ደኣ ስራሕ በዚሑካ ድዩ ክንድ'ዚ ደንጒኻ?"

"እወ! ኣሸጋሪ ዝኾነ ስራሕ'ዩ ኣጋጢሙኒ ውዒሉ፡ ኮፍ ምስ በልና ክነግረኪ እየ፡" ኢሉ መኪና መሪሑ ኣብ ከባቢ ስታድዮም እትርከብ ጽብቕቲ ቤት ብልዒ ሒዙወን ኣተወ። ዝብላዕን ዝሰተን ኣዘዙ'ሞ ሻምበል ሕቖኡ ብምሓዝ "ኡፍ!" በለ።

"ኢሂ ታምራተይከ ደሓን ዲኻ?"

"ይገርመክን'ዩ፡ ኣብ ክፍለ ሃገር ኤርትራ፡ ወንበዴ ኣመና ኣሸጊሮምና እዮም ዘለዉ። ቅድሚ ኽልተ ወርሒ ኣቢሉ ዝሓዝናዮ ወንበዴ ዝገበርና እንተ ገበርና፡ ፈጺሙ ሓበሬታ ክህበና ኣይከኣለን። ሕጂ ኸኣ፡ ካልእ ናይ ጀብሃ ዝብሃል ወንበዴ ሒዝና ክንምርምሮ እንተ ፈተንና ብዘይካ "ኣእዱግ!" ካልእ ቋንቋ ዘይፈልጥ። ቋንቋ ትግርኛ ፈጺሙ ኣይክእልን'ዩ። ካብ ኣስመራ ኣተርጓሚ ኣምጺእና ኢና ነዛርቦ ዘለና፡" ብምባል፡ ኣስፈሑ ገለጻለን።

"እቶም ናይ ቅድምከ፡ ኣለዉዶ?"

“እቶም ካብ ሕርጊጎ ዘምጻእናዮም እንትርፎ ሽዱሽተ ሰባት፡ ካልኦት ናብ ኣስመራ ሰዲድናዮም ኢና። ካብ'ዞም ሰባት ምስጢር ክትረክብ ጋዶ እዩ፡” ብምባል፡ ንኣዜብ ጠመታ።

“እንታይ እዩ እቲ ኣብ'ቲ ኽፍለ ሃገር ዘሎ ሽግር?”

“ካብ ኢትዮጵያ ክንፍለ ኢና ንደሊ እዮም ዝብሉ፡ ማለት ኢትዮጵያውያን ኣይኮንናን በሃልቲ እዮም። ገሊኦም ብገንዘብና ኣ ብ'ዚ ተማሂሮም ዝሽፈቱ እዮም። ኣዛዚኦም ከኣ፡ ተመሃራይ ዩኒቨርሲቲ ኣዲስ ኣበባ ዝነበረ እዩ፡” ብምባል፡ ዘሎዎ ኣፍልጦ ገለጸለን።

“እሞ ሓቂ እዩ'ምበኣር፡ ሓደ ዝፈልጦ ሰብ ካብ ባጽዕ ሓደ ዘመደይ ተኣሲሩ መጺኡስ፡ ኣበይ ከምዘሎ ስኢነዮ፡ ኢሉ ዝነገረኒ። ዝገብሮ ጠፊኡዎ እዩ ተሸጊሩ ዘሎ። በጃኻ ታምራት ንዓይ ክትብል ንኽርእዮ ጥራይ ዘይትሕግዞ፡” ምስ በለቶ፡ ኣልማዝ'ውን ብጊደኣ በጃኻ ታምራተይ ንኣዜብ ክትብል ብምባል ለሚነን ለማሚነን “ሕራይ፡” ኣበላአ። ኣዜብ፡ ዝተሰምዓ ሓጐስ ወሰን ኣይነበሮን። ምእንቲ ዘረባ ኽይናዋሕ ብምባል ብዛዕባ መርዓኦም እናልዓለት እዝን እትን ክብሉ ዳርጋ ፍርቂ ለይቲ ምስ ኮነ፡ ንኣዜብ ገዝኣ ኣብጺሖም ተቛጺሮም ተፈላለዩ።

ንጽባሒቱ ኣዜብ፡ ብመሓሪ ገይራ ብህጹጽ ከም ዝመጻ ንበረኽት መልእኽቲ ሰደደትሉ፡ ጠበቕ ከኣ በለ። እቲ ዝነበረ ዕላል ኣስፊሓ ድሕሪ ምንጋራ፡

“ሕጂ ናብ ታምራት ሒዘዮ ዝኸይድ ሓደ ሰብ ቀልጢፍካ ርኸበለይ። ኣፍልጦ ባጽዕ ዘሎዎን እንተ ተኻኢሉ ትግረ ዝዛረብን፡” ብምባል፡ ሓሳባ ሃበቶ። በረኸት፡ ብኡ ንብኡ ብዛዕባ ኢብራሂም ሓሰበ። ኢብራሂም፡ ኣብ ሕርጊጎ ተወሊዱ ዝዓበየ ኣብ ንግዲ ዓለም ተዋፊሩ ዝሰርሕ ርኹብ ኤርትራዊ እዩ። ምስ በረኸት ጽቡቕ ሌላ ጥራይ ዘይኮነ ነይሩዎ ንጡፍ ኣባል ምስጢራዊ ምንቅስቓስ ኤርትራውያን'ውን'ዩ ነይሩ።

“እሞ ሓደ ዝፈልጦ ኢብራሂም ዝብሃል ሰብ ኣሎ'ሞ፡ ጽባሕ ሒዘልኪ ክመጽእ'የ።”

“ኣይፋልካን፡ ዝገበርካ ጌርካ ሎሚ ኣምጽኣዮ። ጽባሕ ሰንበት ስለ ዝኾነ ንሻምበል ኣብ ገዝኡ ክኸዶ እየ፡ ለሚነ ለማሚነ ኸኣ ናብ መዓስከር *ሓራተኛ ክፍለ ጦር* ከም ዝወስደና ክገብሮ እየ። ነቲ ሰብ ግና ኣጕርሓዮ ኢኻ፡ ምኽንያቱ፡ ሻምበል ቀሊል ሰብ ኣይኮነን፡” ኢላ ኣፋነወቶ'ሞ፡ በረኸት ከይደንጐየ ናብ ኢብራሂም ከይዱ እቲ ኹነታት ሓደ ብሓደ ሓበሮ። ብኣንክሮ ኸሰምዖ ዝጸንሐ

ኢብራሂም፡ በረኸት፡ እዚ ደኣ ጽባሕ ዘብል ጉዳይ ዘይኮነ። ናብ'ታ ትብላ ዘለኻ ሰብ ንኺድ'ሞ እንታይ ከም ዝግበር ክንዘራረብ፡" ተበሃሂሎም፡ በረኸት ናብ ኣዜብ ብምድዋል ብህጹጽ ንኽራኸቡ ተቛጸሩ። ንኽልቲኦም ኣፋለጦም'ሞ፡ ኣዜብ፡ ባህሪ ሻምበል ኣስፊሓ ድሕሪ ምግላጽ እንታይ ክብል ከም ዘሎዎ ንኢብራሂም መዓደቶ። ኢብራሂም ሓያል ነጋዳይን ሃገራውን ጥራይ ዘይኮነ፡ ምስ ሰባት ቀልጢፍካ ናይ ምፍላጥን ዘሎዎ ምውህሃድን ኣዝዩ ዘገርም'ዩ ነይሩ። ኣዜብ፡ ንጽባሒቱ ጸብሒ ደርሆ ሰሪሓ ኣብ ኣገልግል ገይራ ምስ ኢብራሂም ተተሓሒዞም ናብ እንዳ ሻምበል ከዱ። ሻምበልን ኣልማዝን ብፍሸሑው ገጽ ተቐበሉዎም፣ ነንሓድሕዶም ድሕሪ ምፍላጥ ነታ ኣዜብ ዘምጽኣታ ቑርሲ ብሓባር እናበልዕዋ ኸለዉ ኣብ መንጎ ዕላሎም፡ ኣዜብ ንሻምበል እቲ ዝበለቶ ሰብ ኢብራሂም ምዃኑን እንተ ተኻኢሉ ሎሚ ነቲ ዘመዱ ክርእዮ ዝኽእል እንተ ኾይኑ ሓተተቶ።

"መን'ዩ ዝብሃል እቲ ዘመድካ?"

"ወላሂ ሻምበል፡ ኣነ እዚ ሰብ'ዚ ብመልክዑ እየ ዝፈልጦ'ምበር ሽሙ ኣይዝክሮን'የ። ትፈልጥ እንዲኻ እዞም ከምዚኦም ሰባት ናይ ብሓቂ ሽሞም ከም ዘይነግሩኻ ማለተይ ወንበዴ ስለ ዝኾኑ ሰብ ክፈልጦም ኣይደልዩን'ዮም፣ ከም ዝዝክሮ እንተ ኾይኑ መስዑድ'ዩ ዝብሃል?" በሎ'ሞ ድሕሪ ቑርስን ቡንን ሰለስቲኦም ተተሓሒዞም ናብ መዓስከር *ሓራ ተኛ ክፍለ ጦር* ከዱ።

ኣብ'ቲ መዓስከር ምስ ኣተዉ፡ ሻምበል ነቲ ኣብ ሽዕብ ማሪኸናዮ ዝበሎ ተጋዳላይ ኣጸውዩ'ሞ ምስ ኢብራሂም ኣራኺቡ እልይ በለሎም።

"ከመ'ለኻ? ኢብራሂም'ዩ ስመይ፡ ንሻምበል ኣነ ሽም ዝፈልጠካ ኾይነ እየ ሓቢረዮ'ሞ፡ ተሓባበረኒ። ንስኻ ንዓይ ከም ትፈልጠኒ ኹን፡ ምእንቲ ኣነ ብቐጻሊ ደሃይካ ንምርካብ ክመጽእ፡" በሎ ብትግረ።

"ንምንታይ ደሃየይ ክትፈልጥ ደሊኻ?"

"ንሱ ኣብ ዝቕጽል ርክብና ክነግረካ እየ። ሕጂ ግና፡ በጃኻ ብድድ ኢልካ ሰዓመኒ፡ ምእንቲ ረብሓ ኹላትና፡" ምስ በሎ፡ እቲ ተጋዳላይ ንኢብራሂም ኣትሪሩ እናጠመተ፡

"እንታዋይ ምዃንካ፡ ብምንታይ ክኣምነካ እኽእል?"

"ኣነ ካብ እንዳ ሓጂ ኣልኣሚን ሕርጊጎ እየ፡ ንጊዜኡ ንሱ ይኣኽለካ'መስለኒ፡" ብምባል፡ ኣትሪሩ ምስ ጠመቶ፡ እቲ ተጋዳላይ

ተሲኡ ኸም'ቲ ኢብራሂም ዝበሎ ሓቖፉ ሰዓም'ሞ፣ መሊሶም ደሓንዶ ኣለኻ ደሓንዶ ኣለኻ ተበሃሃሉ። እቲ ተጋዳላይ ብናይ ኣጋጣሚ ኾይኑ ሓቀኛ ሽሙ ዓሊ ኢብራሂም ኮይኑ፣ እቲ ንሻምበል ዝሃቦ ሽም ግና ሮመዳን'ዩ ነይሩ። ስሙ ሮመዳን ከም ዝብሃልን ተጋዳላይ ሀ.ሓ ምኽኑን ንኢብራሂም ሓበሮ። ንዓሰርተ ሓሙሽተ ደቓይቕ ድሕሪ ምዕላሎም ዋርድያ መጺኡ ንሮመዳን ወሰዶ። ኢብራሂም ከኣ፣ ናብ ሻምበል ተመሊሱ ብልቢ ኸም ዘመስግኖን ዝገበረሉ ኸም ዘይርስዖን ድሕሪ ምግላጹ፣ ኣብ ኣብዮት ኣደባባይ ናብ ዘላ *ረንደዝቡ ካፌ* ኸዱ።

"ኣቶ ኢብራሂም፣ እቲ ትደልዮ ዝነበርካ ሰብ ንሱ ኾይኑዶ ጸኒሑካ?"

"ሻምበል *ታምራት*፣ እቲ ሰብ ንሱ ኣይኮነን፣ ግና ናይ ኣጋጣሚ ኾይኑ ሮመዳን ወዲ ኽባቢና እዩ። ምስ ሓተትኩዎ ንስድራይ ከይተረፈ ዝፈልጦም ኮይኑ ጸኒሑ፣" ብምባል፣ ጕርሒ ዝተሓወሶ መልሲ ሃቦ።

"እሞ ምስቶም ካልኦት ከይሀሉ ጽባሕ ድሕሪ ጽባሕ ኣቢልካ ናብ ቤት ጽሕፈተይ ምጻእ'ሞ ፍቓድ ክህበካ እየ፣" በለ ሻምበል፣ ኢብራሂም ገለ እንተ ሓገዞ ኢሉ። ዝኣዘዙዎ ሻሂ ሰተዮም ሻምበል ምስ ኣዜብ፣ ኢብራሂም ከኣ መኪናኡ ኣልዒሉ ነናብ ውራዮም ከዱ።

"ሻምበል *ታምራት*፣ ብኸመይ ከም ዘመስግነካ ኣይፈልጥን'የ፣ የቐንየለይ ክብረት ይሃበለይ።"

"ኣዜብ፣ ካልኣይ ጊዜ ኸምኡ ኸይትብልኒ፣ ኣነ እዚ ደልየ በልኒ ካብ ምግባር ከኣ ድሕር ኣይክብልን'የ። ሓደ ሓደ ጊዜ ንነብሰይ ..." ኢሉ ትም በለ። ኣዜብ ከኣ፣ እንታይ ክብል እዩ ደልዩ ብምባል ዓይኒ ዓይኑ ጠመተቶ። "ኣነ፣ ብሰንኪ ፍቕሪ ናይ ኣልማዝ ምስ በዓልቲ ቤተይ ተፋቲሐ ክምርዓዋ ወሲነ'ለኹ። ይኹን'ምበር፣ ንስኻትክን ኤርትራውያን፣ ኣምሓራይ ክትምርዓዋ ስድራኽን ፈጺሞም ኣይቅበሉዎን'ዮም። ስለዚ፣ ሽሕ'ኳ ብኣልማዝ ዝተኣማመን እንተ ኾንኩ፣ ብስድራኣ ግና እጠራጠር'የ፣" ምስ በላ፣

"ዝኾነ ጸገም እንተ'ሎ ኾይኑ ኣነ ኣብ ጐድንኻ ኣለኹ፣ ነዲኣ ኸኣ ብኣካል ከይደ ኸእምና እየ፣ ንምኳኑ፣ ንመዓስ ኢኹም ክትምርዓዉ ሓሲብኩም ዘለኹም?"

"የቐንየለይ ኣዜብ፣ ኣነ'ውን ንሱ እየ ኽማኽረኪ ሓሲበ ነይረ። ከምኡ እንተ ኾይኑ ኣብዚ ቐረባ እዋን ምገበርናዮ ኔርና።"

"ባህልና ምእንቲ ክትፈልጠ፡ ጓል ትም ኢላ ኣይኮነትን ትምርየ። ንስኻ ናብ ስድራኣ ኼድካ ጓልኩም ሃቡና ኢኻ ትብል። ምኽንያቱ፡ ጓል ኣዝያ ክብርቲ ስለ ዝኾነት። ክልተ ሰለስተ ኣዕሩኽ ሒዝካ ናብ ስድራኣ ኺድ፡" ድሕሪ ምባል፡ "ምናልባት ስቱር ክትገብሮ እንተ ደሊኻ ግና መሓሪ፡ ኣማንኤልን እዚ ዝረኣኻዮ ኢብራሂምን ኣዕሩኽ ኮይኖም ከካይዱኻ ክሓባብሎም'የ፡" ምስ በለቶ፡ ምስ ሓፍቲ'ምበር፡ ምስ ጓና ዝዛረብ ዘሎ ኾይኑ ኣይተሰምዖን። በዚ ተሰማሚዖም ካብ መኪና ወረደት'ሞ ንታምራት ኣብ ኢዶም ከም ዘእተዉዎ እናተኣማመነት ገዝኣ ኣተወት።

በረኸት፡ ሰዓት ኣርባዕተ ኣቢሉ ንኣዜብ ስልኪ ደዊሉ ተቐጺሮም ተራኸቡ'ሞ፡ ኩሉ'ቲ ምስ ሻምበል ዝተዘራረበትሉ ጉዳይ ብሰፊሑ ምስ ገለጸትሉ፡ "ከም ዝመስለኒ፡" በለት ብርእሰ ተኣማማንነት፡ "ንሱ ምሳና ጥቡቕ ዕርክነት ክምስርት ድልየት ኣለዎ፡ ስለዚ፡ ሰለስቴኹም ምስኡ ኬንኩም ንጀማ ኺዱ። እዛ ወርቃዊት ዕድል እዚኣ፡ ንኹሉ ሽግራትና ክትፈትሖ ምኻና ኣይጠራጠርን'የ። ኣነ ጽባሕ ከይደ ሕራይ ከም ዝበልኩም ክነግሮ እየ፡" ምስ በለቶ፡ ሎሚ መዓልቲ ምስ በዓል መሓሪ ክዘራረብን ንዕኦም ኩሉ ነገር ከብርሃሎም ምኳኑን ገሊጹ፡ ተፋንዩዋ ኸደ። ብመጀመርታ ናብ ኢብራሂም ብምኻድ ብዛዕባ እቲ ምሩኽ ተዘራረቡ።

"ርኢኻ ኣማንኤል፡ እዚ ተጋዳላይ ናይ ህ.ሓ እዩ። ሽሙ ሮመዳን'የ ይብለኒ'ምበር፡ ካልእ ሽም ክህልዎ ግድን'ዩ። ምእንቲ ኩሉ ነገር ክሕብረና፡ ብኹሉ መዳዩ ናባና እምነት ከም ዝሓድሮ ክንገብር ኣለና፣ ኣዝዩ ጥንቁቕ ኣካይዳ ኸኣ ኸድልየና እዩ። ሓንቲ ሓሳብ ዝመጸትኒ'ላ። ዝኾነ ናቱ ቤተ ሰብ ክሕብረኒ'ሞ ብዝገበርና ጌርና ናብ'ዚ ኸነምጽኦም ክንፍትን። እዚኣ እንተ ጌርና፡ ምናልባት ሽዑ ክኣምነና ይኽእል ይኸውን።"

"ቤተ ሰቡ ትም ኢሎዶ ክነግረና ይኽእል ትብል?"

"ኣነ፡ ጽባሕ ንሻምበል ክኸዶ እየ። ደጊመ ክርእዮ ኸኣ ክሓቶ እየ። ንሮመዳን'ውን ኣግሂደ ጉዳይና ክነግሮ እየ፡ ዝመጸ ይምጻእ። ምኽንያቱ፡ ካልእ ኣማራጺ የብልናን።" ድሕሪ ምባሉ፡ በረኸት ንቑሩብ ደቓይቕ ሓሲቡ፡

"ሓቕኻ ኢኻ፡ ግና ዓቢ ጥንቃቐ ኸድልየና እዩ። እንተ ሮመዳን ግና፡ ብዘይካ ንዓኻ ንኻልእ ክፈልጥ የብሉን፡ ክሳዕ ዝኾነ ዝኸውን። ካልእ ሓበሬታ ኸኣ ኣለኒ። ሻምበል ነታ ዝረኣ ኻያ፡ ኣልማዝ ትብሃል ኤርትራዊት፡ ኣብ'ዚ ቐረባ እዋን ክምርዓዋ

ደልዩ'ሎ። ኣነ፡ ንስኻን መሓሪ ዝብሃል ዓርክናን ሽማግለታት ኴንና ጓል ሃቡና፡ ክንብል ናብ ስድራኣ ናብ ጅማ ክንከይድ ሓሲብና ኣለና። እዚ ሓሳብ'ዚ ኣዜብ ዘዋደደቶ እዩ። ብወገነይ ዓቢ ዕድል'ዩ እየ ዝብል፡ ንስኻኸ እንታይ ትብል?"

"ወላሂ! ካብ'ዚ ዝዓቢ ዕድል ደኣ እንታይ ኣሎ፡ ጽባሕ ዘይኮነስ ትማል ክንገብሮ ነይሩና'ምበር፡" ብምባል፡ ፍሽኽታ ብዝተሓወሶ ናይ ዓወት መልሲ ሃቦ'ሞ ናይ ተጋዳላይ ዓሊ ኢብራሂምን ናይ'ቶም ካልኦት እሱራትን ጉዳይ ንሱ ጥራይ ክከታተሎን ጸብጻቡ መዓልታዊ ንዕኡ ኽሕብሮን ተሰማሚዖም ምስ ተፈላለዩ፡ ኣማስያኡ ናብ መሓሪ ብምኻድ ብዛዕባ ናብ ጅማ ምኻድ ሓበሮ። እዚ ኽምዚ እናኾነ ኸሎ፡ በረኸት ንኢብራሂም ናብታ በዓል ኣዜብ ዘለዉዋ ዋህዮ ኽጥርንፎ ኽም ዘሎዎ ብሓሳቡ ወድአ።

* * *

ሻምበል ታምራት ናብ ገዝኡ ተመሊሱ ምስ ኣዜብ ዝተዘራረቡዎ ንኣልማዝ ምስ ነገራ ብታሕጓስ ትብሎ ጠፍኣ'ሞ፡

"መዓስ ደኣ ክትከዱ ወሲንኩም?" ብምባል ኣቦኣ ተራእዩዋ ዝን በለት።

"ኣነ'ኳ ስራሕ ይጽዕቀኒ ስለ ዘሎ፡ ዋላ ዝመጽእ ዘሎ ሰሙን እንተ ንኽይድ ደስ ምበለኒ ነይሩ።"

"እሞ ኣዜብ ምስ መጸት ከምኡ በላ'ሞ፡ ንበዓል መሓሪ ክትነግሮም። መቸም ኣደይ ትሕጉሶ ይርኣየኒ'ሎ። በዲለያ እንድየ በዚ ይቕረ ክትገብረለይ ከኣ ተስፋ እገብር፡" ኢላ መሊሳ ዝን በለት።

"ኣልማዝ፡ ከምኡ ኣይትበሊ በጃኺ፡ ሰብ ኣብ ህይወት ዐዕድሉ ኣለዎ። ብሕጂ'ውን እንታይ ይጽበየና ከም ዘሎ ኣይንፈልጥን ኢና። ኣዴኺ ኽኣ ክትሕጉስ'ያ፡ ኣይትጠራጠሪ፡" ኢሉ ኣብ ደረቱ ኣልጊቡ ሓቘፋ። ንሱ ግና ምጥርጣር ኣይገደፎን።

ኢብራሂም፡ ንጽባሒቱ ሰዓት ዓሰርተ ናይ ንግሆ ኣቢሉ ናብ ቤት ጽሕፈት ሻምበል ብምኻድ፡

"ከመይ ሓዲርኪ፡ ኢብራሂም እብሃል፡ ናብ ሻምበል ታምራት ደልየ ነይረ?"

"ሻምበል፡ ስራሕ ሒዞም ኣለዉ፡ ሓንሳብዶ ክትጽበዩዎም? ኮፍ በሉ፡" ድሕሪ ምባል፡ ናብ ሻምበል እትው ኢላ ኢብራሂም ዝብሃል

ሰብ መጺኡዎ ኸም ዘሎ ሓቢራቶ ወጸት። "ሻምበል ታምራት፣ ድሕሪ ቍሩብ ጊዜ ክቐበለኩም'ዩ፣" ኢላ ፍሽኽ በለቶ።

"ኣቶ ኢብራሂም ከመይ ሓዲርኩም? ንዑ እተዉ፣" ብምባል፣ ካብ ቤት ጽሕፈቱ ወጺኡ ብፍሽሑው ገጽ ተቐበሎ።

"የቐንየለይ ሻምበል። ከይደወልኩ ብምምጻአይ ይቕሬታ ግበሩለይ፣" እናበለ ናብ'ቲ ኽፍሊ ኣተወ።

"ኣቶ ኢብራሂም ንበሩ። ዝስተ እንታይ ከምጽኣልኩም ሻሂ ወይ ቡን?"

"ወላሂ! ወልፊ ቡን ኣላትኒ'ሞ ቡን ምመረጽኩ፣" ድሕሪ ምባሉ፣ ሻምበል ንጸሓፊቱ ክልተ ቡን ከተምጽኣሎም ተላብዩ ናብ መንበሩ ተመሊሱ ኾፍ በለ። ቤት ጽሕፈት ሻምበል፣ ብጽቡቕ ኣቑሑት ዘጌጸን ብብዝሒ ስራሕ ዝኣክል ኣብ ጠረጴዛኡ ብዙሕ ፋይላት ምስ ተደርደረን'ዩ። ኢብራሂም ጻዕቂ ስራሕ ናይ ሻምበል ክግምቶ ኣይጸገሞን። ስለ ዝኾነ ኸኣ እዩ ተቐዳዲሙ፣

"ሻምበል ታምራት፣ ኣብ ጽዑቕ ስራሕ ከለኹም ምምጻአይ መቸም ይቕረ ኣይብሃለለይን'ዩ።"

"ኣቶ ኢብራሂም ተቐራሪብና ስለ ዝኾንና ኣታ እንተ ተበሃሂልና ምመረጽኩ።" ቡን መጺኡዎም እናሰተዩ፣ "መቸም፣ ዘምጽኣካ ጉዳይ ነዚ እሱር ክትርእዮ ዝደለኻ'መስለኒ?"

"እወ ሓቅኻ ኣለኻ! ትማሊ ብዙሕ ከዕልሎ ኣይከኣልኩን፣ ብዘይ ብኡ ኸኣ፣ ሰብ ካብ ዘይብሉ ገለ ደኾን ኣብ ሰሙን ሓንሳእ ወይ ክልተ ሳዕ ስልጣንያ ኽብጽሓሉ እንተ ፈቐድካለይ ኢለ እየ መጺኣካ ዘለኹ።"

"ብዓይኒ ሓቂ፣ ንኽምዚኦም ዝበሉ እሱራት፣ ሰብ ክበጽሖም ኣይነፍቅድን ኢና። የግዳስ እዚ ሰብ'ዚ ብዅለንትናኡ ማለት ብጠባዩ፣ በዘራርባኡን ብርግኣቱን ዘገርም ሰብ'ዩ፣" ኢሉ ኣዕሚቑ ኣስተንፈሰ። "ብወገነይ ክትበጽሖ ጸገም ኣይርኣየንን'ዩ። ተስፋ እገብር ከኣ ይቕሬታ ሓቲቱ ናብ ሰላማዊ ህይወት ክምለስ።"

"ሻምበል፣ ንሱ'ሞ ናይ ኩላትና ተስፋ እዩ። ነቲ ርህሩህ ልቦናኻ ኸኣ የመስግን። ብዝኾነ ስራሕ ሒዝካ ስለ ዘለኻ፣ ኣነ ክኸይድ'ሞ ብኡ ገይረ ኸኣ፣ ገለ ዝብላዕ ከብጽሓሉ ፍቓድካ እንተ ኾይኑ ..." ኢሉ ኽይወድእ፣

"ዘጸግም ኣይኮነን ኣቶ ኢብራሂም፣ ሰዓት ዓሰርተው ሓደ እዮም ዘእትዉ። ስለዚ፣ ሎሚ ኣነ ኽብጽሓካ'ሞ ትእዛዝ ሂበዮም ክመጽእ፣" ብምባል ካብ ቤት ጽሕፈት ወጺኦም ናብ ራብዓይ ክፍለ ጦር ከዱ።

ተጋዳላይ ዓሊ ተጸዊዑ ናብ ኢብራሂም ቀረበ'ሞ ብትግረ ገይሩ ሰላም በሎ።

"ሮመዳን፡ ኣነ ምስ ሻምበል ተዘራሪበ ኣለኹ፡ ኣብ ሰሙን ሓደ ኽልተ ጊዜ ኽኣ ክበጽሓካን ስልጣንያ ኽእትወልካን ተሰማሚዕና ኣለና፡" ድሕሪ ምባል፡ ናብ የማን ጸጋም ቍሊሕ ምሊሕ ኢሉ፡ "ደሃይካ ክንፈልጥ ስለ ዝተገደድና ኢና መጺአካ ዘለኹ፡ ምስ ጊዜ ኽኣ እንታይነተይ ክትፈልጥ ኢኻ። ኣብ'ዚ ካብ ሕርጊጎ ዝመጹ ካልኦት እሱራትን ሓደ ናይ ጀብሃ ዝተማረኸ ተጋዳላይን ኣለዉ። ዕላማና ኽኣ በዓል መን ምዃኖም ንምፍላጥ'ዩ። ስለዚ፡ ክትተሓባበረና ተስፋ'ገብር"

"እንታይ ክተሓባበረካ ትደሊ?" ሓተቶ ዕትብ ኢሉ።

"እንተ ተኻኢሉ ኽነውጽኣኩም፡ እንተ ዘይኮነ ግና፡ ተፈሪድኩም ናብ *ሓለም በቃኝ* ክትዛወሩ'ሞ፡ ቤተ ሰብ መጺኡ ኽበጽሓኩም፡" ምስ በሎ፡ ተጋዳላይ ዓሊ ልስልስ ኢሉ፡

"ኣነ ዝብሎ የብለይን፡ እንትርፎ ተጋዳላይ ምዃነይ። ካብኡ ብዝተረፈ ግና፡ ነዞም ትብሎም ዘለኻ ኤርትራውያን ክብል ክተሓባበረኩም ቅሩብ'የ፡" ምስ በሎ፡ ኢብራሂም ዓቢ ጾር ዘራገፈ ኾይኑ ተሰምዖ።

"በል! ኣነ ኸም ዝበልኩኻ ደሃይካ ክገብር'የ መጺአ፡ ብቐጻሊ ኽኣ ክመጸካ እየ፡" ኢሉዎ ብድድ በለ። ኣብ መንጎ ግና፡ ሓደ ሓሳብ መጾ'ሞ ዋርድያ ጸዊዑ ነቶም ካብ ሕርጊጎ ዝመጹ እሱራት ከርእዮ ነገሮ። ዋርድያ ንኢብራሂም ምስ ሻምበል ስለ ዝረኣዮ ኽይተጠራጠረ ናብ'ቶም ደቂ ሕርጊጎ ሒዙዎ ኸደ። ኩሎም ኣብ ሓደ ክፍሊ ተዳጒኖም'ዮም ነይሮም። ነቲ ማዕጾ ኸፊቱ ኽኣ፡ ኩሎም ናብ ደገ ክወጹ ኣዘዞም። ክወጹ ኸለዉ፡ ኢብራሂም፡ ንኹሎም በብሓደ ጠመቶም። ካብኣቶም እቶም ኽልተ ብቐረባ ዝፈልጦም ኮይኖም ጸንሑዎ'ሞ፡ ሰምቢዱ "ሸኽ ስዒድ!" ብምባል ተዳህዮም። መንነቱ ምስ ነገሮ፡ ሸኽ ስዒድ ሓቝፉ ሰዓሞ፣ ነቲ ኻልኣይ ዝፈልጠ'ውን ከምኡ። ሸኽ ስዒድ፡ ኢብራሂም ወዲ ሕርጊጎ ምዃኑን ስድራኡ መን ምዃኖም ነቶም እሱራት ምስ ነገሮም፡ ደጊሞም ኩሉም በብሓደ ሰላም በሉዎ።

"በሉ ኣጆኹም፡ እቲ ዝግበር ክንገብር ኢና፡" ኢሉ ብዙሕ ከይተዛረበ ንሸኽ ስዒድን ነቲ ዝፈልጦ ሰብን ብ'ቕልጽሞም ስሒብ ኣቢሉ "እንታይ ክትገብሩን ክትብሉን ከም ዘለኩም ክነግረኩም'የ'ሞ ተሓባበሩኒ ኢኹም፡" ኢሉ ተፋንዩዎም ከደ። እግረ መገዱ ናብ

ሓደ ባር ኣትዩ ንሻምበል ስልኪ ደወለሉ። ጸሓፊት ብምልዓል፥

"ሃለው! መን ክብል?"

"ከመይ ውዒልኪ? ኢ.ብራሂም እብሃል፥ ንሻምበል *ታምራት* ከዘራርቦምዶ ምኽኣልኩ?"

"ሓንሳብ ጽንሕኒ፥" ድሕሪ ምባላ፥ ሻምበል ለዓት ተሌፎን ኣልዒሉ፥ "ኣቶ ኢ.ብራሂም ከመይ ውዒልካ?"

"ሻምበል *ታምራት* ከመይ ውዒልካ? እቲ ዝደልዮ ዝነበርኩ ሰብ ረኺበዮ ኣለኹ የቐንየለይ።"

"መን ይብሃል?"

"ሸኽ ስዒድ'ዩ ዝብሃል። ብኣጋጣሚ'ውን ሓደ መተዓብይተይ ምስኦም ኣሎ'ሞ፥ ከዛራርበካ ዝክኣል እንተ ኾይኑ ጽቡቕ ነይሩ።"

"ሽግር የለን።"

"ሎሚ ምሸት፥ ሰዓት ሸውዓተ ብሓንሳብ ኣብ *ሓምባሰል* ዘይንድረር፥" በሎ'ሞ ተሰማሚዖም ተሌፎን ዓጸዉ።

ድሕሪ ቐትሪ ናብ'ቲ ምስ በረኸት ዝተቛጸሩሉ ቦታ ብምኻድ፥ ኩሉ በብሓደ ጸወዮ። "እምበኣር፥" በለ ኢ.ብራሂም፥ "ካብ ሕጂ ንንዮ እዞም እሱራት'ዚኦም፥ ከመይ ጌርና ከም እነውጽኦም ወይ ከኣ ብኸመይ ናብ ፍርዲ ከም ዝቐርቡ ምግባር'ዩ። ሻምበል ከም ዝርእዮ ዘለኹ፥ ምሳና ኽም ዝተሓባበር ፈጺመ ኣይጠራጠርን'የ፥" ብምባል፥ ሓሳብ በረኸት ንምስማዕ ዓይኒ ዓይኑ ጠመቶ።

"ኣነ'ውን ካብኡ ዝተፈልየ ሓሳብ የብለይን። ካብ ኩሉ ድሕሪ መርዓ ኣብ ልዕሌና እምነት ኽሕድር ስለ ዝኾነ፥ ኣብ ነዊሕ እዋን ካብኡ ብዙሕ ሓበሬታ ኽንረክብ ንኽእል ኢና። እሞ ናይ'ዞም እሱራት ጉዳይ ናባኻ፥ እቲ ናይ መርዓ ኸኣ፥ ናብ ኣዜብ ገዲፈዮ ኣለኹ። ምሸት ኣበይ ክትራኸቡ ኢኹም?"

"ኣብ *ሓምባሰል*።"

"እሞ ኣዜብ ምሳኻ እንተ ኸደት እንታይ ይመስለካ?"

"ወላሂ ኣማንኤል! ጽቡቕ ሓሳብ። ንገራ'ሞ ንሰዓት ሸውዓተ ርብዒ ጐደል ኣብ'ታ ትማሊ ንግሆ ዝተራኸብናላ ትጽንሓኒ፥" ኢሉዎ ብድድ ኢሉ ኸደ።

ንምሸቱ ኣዜብን ኢ.ብራሂምን ናብ *ሓምባሰል* ብምኻድ ንሻምበል ረኸቡዎ። ንሱ ንኣዜብ ምስ ረኣየ ገጹ ብርህ በለ፥ ሓቐኑ ኸኣ ሰዓማ። ንኢ.ብራሂም ናይ ኢድ ሰላምታ ሂቡ ብሓባር ኮፍ በሉ።

"ይቕሬታ ሻምበል፥ ቍሩብ ደንጕናካ'መስለኒ፥" በለ ኢ.ብራሂም።

"ዝገርመካ፥ ኣስመራ ምስ ከድኩ እታ ሓንቲ ዝገረመትንን

ዘስተውዓልኩላን ጉዳይ፣ ናይ ቈጸራ ጉዳይ እያ። ደቀስመራ ብጣዕሚ እዮም ሰዓት ዘኽብሩ ምናልባት ካብ ጣልያንን እንግሊዝን ዝወረሱዎ ኸይኮነ ኣይተርፍን'ዩ።"

"ሓቅኻ ኢኻ ሻምበል፣ ኤርትራ ናብ ወላዲት ሃገራ ኢትዮጵያ ቅድሚ ምምላሳ፣ ጣልያን ንሓምሳ ዓመት፣ እንግሊዝ ንዓሰርተ ዓመት፣ ገዚኦማ እዮም። ስለዚ፣ እቲ ህዝቢ ደኣ እንታይ ክወርስ ሰዓት ምኽባር'ምበር፣" ብምባል፣ ኣስሓቖም።

"ኣቶ ኢብራሂም ንምዃኑ ..." ኢሉ ዘረባ ጀምር ምስ ኣበለ፣ ኢብራሂም ኣቋርጽ ኣቢሉ፣

"ካብ ሕጂ ንንየ ኣቶ ኣይትበለኒ፣ ምኽንያቱ ኣቶ ናይ ምርሓቕ ስለ ዝኾነት፣" ምስ በለ፣ ኣዜብ ትቕብል ኣቢላ፣

"ሻምበል፣ ኣነ ተቐይመልካ እየ ዘለኹ፣ ኣነኸ እንታይ ምስ ኮንኩ እየ ወይዘሪት ኣዜብ ዘይብሃል፣" ምስ በለቶም፣ ሻምበል ኣፉ ምኽዳን ክሳዕ ዝኣብዮ ሰሓቐ።

"ኣየ ኣዜብ፣ ንዓኺ'ሞ እመቤት ኣዜብ ክብለኪ እዩ ዝግብኣኒ፣" ኢሉ ዘረባኡ ኸይወድአ፣ ኣሳሳይት መጺኣ እንታይ ክትሰምየም ኸም ዝደልዩ ሓተተቶም። ዝብላዕን ዝስተን ኣዚዞም ናብ ብልያም ኣተዉ። ሓፈሻዊ ዕላላት ድሕሪ ምዕላል፣

"ሻምበል ሎም መዓልቲ ንመሓሪ ረኺበዮ ነይረ፣ ብዛዕባ'ቲ ዝተዘራረብናሉ ነገረዮ ሓጐሱ ክጻወሮ ኣይከኣለን። ንኣማንኤል'ውን ረኺቡ ኸነግሮ ምዃኑ ተመባጺዑለይ ኣሎ። ስለዚ፣ መዓልቲ ፈሊኻ ዲኻ?"

"ትማሊ ምስ ኣልማዝ ተዘራሪብናሉ ነይርና፣ ቀዳመ ሰንበት እንተ ገበርናዮ እንታይ ይመስለኪ? ንበዓል መሓሪ ይጥዕሞምዶ ይኸውን?"

"ካብ'ዚ ዝዓቢ ጉዳይ እንታይ ኣለዎም፣ ዝገደፉ ገዲፎም ክኸዱ ኣለዎም'ምበር፣" ብምባል፣ ንሻምበል ከም ወትሩ ልቡ ሰለበቶ። ኣስዕ ብ ኣቢላ "ክልተስ ተረኺቦም ኣለዉ፣ ሓደ ሰብ ጥራይ እዩ ተሪፉካ ዘሎ፣ ምኽንያቱ፣ ሽማግለታት ሰለስተ ክኾኑ ስለ ዘሎዎም።"

"ኣነ ንመሳርሕተይ ይኹን ኣዕሩኽተይ ክነግሮም ኣይደለኹን ዘለኹ። ብዘይ ብኡ ኸኣ፣ ነቲ ባህልን ወግዕን ዝፈልጥ ሰብ እንተ ኾነ ይሓይሽ። ሳልሳይ ከኣ፣ እንታይ ሽግር ኣለዎ ኢብራሂም ኣሎ፣" ምስ በለ፣ ኢብራሂም፣

"ሻምበል፣ እንታይ እዩ ተረኺቡ ሽማግለታት ሽማግለታት ትብሉ ዘለኹም?" ብምባል ከምዛ ዘይፈለጠ፣ ላዛ ብዘሎዎ ኣዘራርባ

ሓተተ። ኣዜብ፡ ሻምበልን ኣልማዝን ክምርዓዉ ኸም ዝሓሰቡ ምስ ነገረቶ፡ ንሱ'ውን ብወገኑ ሓደ ካብ'ቶም ሽማግለታት ክኸውን ፍቓደኛ ኸም ዝኾነን ዝኣኽላ መካይን ክቕርበሎም ከም ዝኽእልን ድሕሪ ምምብጻዕ፡ ናብ'ቲ ቐንዲ ጉዳይ ኣተዉ።

"እቲ ሸኽ ስዒድ ዝብሃል ዘመድካ ድዩ?"።

"እወ! ደቂ ሓወቦታት ኢና። እቲ ሓደ ግና፡ ሽሙ ረሲዐዮ ወዲ ገዛውትና እዩ። ንምንታይ ሰላማዊ ህይወት ዘይመርሑ? እንታይ ኣእተዎም'ስከ ኣብ ዘይስራሖም ዝኣትዉ?" ብምባል ኣስቈርቈረ።

"ንሕና ናብ ሰላማዊ ህይወት ክንመልሶ ዝከኣለና ፈቲንና፡ ንሱ ግና ብዘይካ ኣነ ተጋዳላይ እየ፡ ድልየትኩም ከኣ ግበሩ፡ ምባል፡ ዝኾነ ይኹን ሓበሬታ ክህበና ኣይደለየን። ስለዚ፡ ንሕና ኸኣ ክንተሓባበሮ ኣይከኣልናን።"

"መርመራኸ ወዲእኩምዶ?"

"ከም ዝበልኩኻ ዳርጋ ትም ኢልና ኢና ሒዝናዮም ዘለና።"

"እሞ ሻምበል፡ ከምኡ እንተ ኾይኑ ናብ ፍርዲ ዘይተሰግሮ፡ ንስኻ ኸኣ መዕረፍካ።"

"ሕጂ'ሞ ኻልእ ኣማራጺ ዘሎ ኣይመስለንን፡" ድሕሪ ምባል፡ ሰዓቱ ርእዩ "ኣዜብ ሎሚ ምስ ኣልማዝ ክንዘራረብ ኢና'ሞ፡ ጽባሕ ደውልለይ ኢኺ እንታይ ከም ንገብር ክነግረኪ፡" ኢሉዋ ኸሰናበቶም ብድድ በለ። ኣዜብን ኢብራሂምን በቲ ሻምበል ዝሃቦም ተስፋ ፍርዲ ተጋዳላይ ዓሊ ኣመና ተሓጒሶም ተፈላለዩ።

ሻምበል፡ ምስ በዓል መሓሪ ኾይኑ ክልተ መኪና ኣምሪሖም ናብ ጅማ ኣተዉ። ኣደ ኣልማዝ ዘይሓሰበቶ ኣጋይሽ መጺኦማ፡ ዝብላዕን ዝስተን ክትቀራርብን ጕረባብቲ ኽሕግዛኣን ዳርጋ ሓደ ኽልተ ሰዓት ሓለፈ። መግቢ ተበሊዑ ቡን ምቕላው ኾነ'ሞ፡ ኣዜብ ንመሓሪ ጥቕስ ኣበለትሉ፡ ናይ ተዛረብ ምልክት።

"እሞ ወ/ሮ ኣምለሰት በዚ ዝገበርክናልና ኣቀባብላ ኣመና ኢና ነመስግን። ልክዕ'ዩ፡ ሃንደበት ኢና መጺእናክን'ሞ ኣይትሓዛልና። ጉዳይ መምጺእና ኸኣ፡ ጓልክን ሃባና ክንብለክን ኢና መጺእና። ምስ ሻምበል ታምራት ድሮ ተፋሊጥክን ስለ ዘለኽን ከኣ፡ ጓልክን መሪቕክን ክትህባና ንትስፎ፡" ብምባል፡ መሓሪ ደው በለ'ሞ እቶም ካልኦት ከኣ፡ ንዕኡ ተኸቲሎም ኩሎም ብድድ በሉ።

"እዋእ! ኣነ'ሞ እንታይ ክብል ኢልኩሙኒ፤ ኣቦኣ ነይሩ እንተ ዝኸውን ክንደይ ክብረት ምሃለዎ ነይሩ። ኣነ ኸኣ ሓው የብለይ፡ ቤተ ሰብ የብለይ፡ እንታይ ኣልዩኒ ኾይኑ፡ ጓለይ ዝፈተወቶ ሰብኣይ

ጓለይ ኢ.ለ እኞበሎ። ሕራይ ፍታውኩም ይኹን፡” ብምባል ድንን በለት። ኩሎም ከኣ ብሓባር የቐንየልና ብምባል ኣብ ዝነበሩዎ ኾፍ በሉ። ኣዜብ ከኣ፡ ነቲ ብትግርኛ ዝዝረብ ዝነበረ ዘረባ ንሻምበል ብኣምሓርኛ ነገረቶ'ሞ ታሕጓሱ ኽጻወሮ ኣይከኣለን። መርዓ ንቐዳም 19 ጥሪ 1974 ተቘጽረ። ሻምበል፡ ንወ/ሮ ኣምለሰት ናብ ኣዲስ ኣ በባ እተምጽእ መኪና ኽሰድድ ምኳኑን እቲ መርዓ ብጸቢብ ኣብ ሓደ ሆቴል ክኸውን ተሰማሚያም ናብ ኣዲስ ኣበባ ተበገሱ።

* * *

ምዕራፍ 23

ምብራቕ በርሊን 1979

ደርግ፡ በቲ ካብ ሕብረት ሶቭየት ዝረኸቦ ገዚፍ ሓገዝ፡ ንሶማልያ ካብቲ ሒዛቶ ዝነበረት ቦታታት ኣልቂቑ ምስ ደፍኣ፡ እቲ ውግእ ብቐጽበት ናብ ኤርትራ እዩ ኣቕኒዑዎ። ብኹሉ መኣዝናት ኤርትራ ኸኣ ሰራዊቱ ኣዋፈረ። ጀብሃ ይኹን ህ.ግ ነብሶም እናተኸላኸሉን ኣብ ዝጥዕም ቦታ እናጥቅዑን ጀብሃ ናብ ባርካ ህ.ግ. ከኣ ስትራተጂያዊ ምዝላቕ ብምግባር ናብ ሳሕል ኣተዉ። ሕብረት ሶቭየት ትኹን መሓዙታ እቲ ኣብ ሜዳ ኤርትራ ንደርግ ብፖለቲካዊ መዳይ ቀንዲ ኸብድሆ ይኽእል'ዩ ዝበሉዎ ሓይሊ፡ ሓይሊ ህ.ግ ምዃኑ ብምግምጋም፡ ብመገዲ ምብራቕ ጀርመን ንሰውራ ኤርትራ ምስ ደርግ ክዛተ ኣብ ዋና ኸተማ ምብራቕ ጀርመን ዓደሙዎ። ህ.ግ ይኹኑ ተ.ሓ.ኤ ነቲ ተበግሶ ተቐቢሎም ልኡኻቶም ሰደዱ። እቲ ዘተ ግና፡ ምጉብዕባዕን ገድሊ ኤርትራ ርእሰ ምምሕዳር ንኽቕበል ዘገድድን'ምበር፡ ናይ ዘተ ሰላም ከይኮነ ብምትራፉ፡ ሰውራ ኤርትራ ነቲ ዝቐረበ መዛተዪ ሓሳብ ነጸጎ።

እዚ ኾይኑ ኸብቅዕ፡ መሪሕነት ተ.ሓ.ህ.ት፡ ነቲ ብወገን ገድሊ ኤርትራ ንዘተ ሰላም ምብራቕ በርሊን ኣመልኪቱ ዝተወሰደ ስጉምቲ ንኽዝቲ ስብሓት ነጋ ዝመርሖ ኣኼባ ኣብ ደደቢት ተገብረ። ኣብ መኽፈቲ እቲ ኣኼባ፡

“ከምቲ እንፈልጦ፡ ጀብሃ ካብ ኩሉ ቦታታት ተደፊኣ ንባርካ ተመሊሳ ኣላ። ህ.ግ ከኣ ሳሕል ኣትዩ'ሎ። እቲ ኹናት ብዓቢኡ ኣብ ሳሕል'ዩ ዘሎ። ስለዚ፡ ህ.ግ ብዘሎዎ ዓቕሚ ንደርግ ክምክት ስለ ዘይክእል፡ ኣብ በርሊን ምስኡ ኽዛተ ቐንዩ ኣሎ። ብወገንና ነዚ ንምግምጋም ኢና ተኣኪብና ዘለና። ብመጀመርታ ብጻይ ኣባይ ኣብ በርሊን እንታይ ተኻይዱ? ኣረኣእያ ውድብና እንታይ እዩ? እንታይ ስጉምቲ ክውሰድ ኣለዎ? ንዝብሉ ሕቶታት መግለጺ ክህበና እዩ፡” ድሕሪ ምባል፡ ናብ ኣባይ ጸሃየ ጠመተ።

“እወ ብጾት! ከምቲ ብጻይ ስብሓት ኣብ መእተዊ ዝገለጾ፡

ሻዕብያ ንዘተ ሰላም ሕጂ ጥራይ ዘይኮነ ብሕጂ'ውን ክቕበል'ዩ። እቲ ምኽንያት ከኣ፣ ካብ'ቲ ኹሉ ቦታታት ኤርትራ ተደፊኡ ኸስሕብ ከሎ፣ ኣብ ሓይሊ ሰቡ ዓቢ ክሳራ እዩ ኣጋጢሙዎ ዘሎ። ስለ ዝኾነ ኸኣ፣ ከም'ቲ ብጻይ ስብሓት ኩሉ ጊዜ 'ሻዕብያ ንናጽነት ዘይኮነስ ሓደ መዓልቲ ፌደረሽን እንተ ዘይኮነ ግና፣ ርእሰ ምምሕዳር ክቕበል'ዩ' ዝብሎ፣ እነሆ ኸኣ ብግብሪ ምስ ደርግ ኣብ ሓደ ጠረጴዛ ኾፍ ኢሉ ቀንዩ'ሎ። እቶም ሓይልታት ይኹኑ ደርግ፣ ድኽመት ሻዕብያ ስለ ዝገምገሙ ኸኣ 'ካብ ርእሰ ምምሕዳር ሓሊፍካ ኻልእ ኣየድልየካን'ዩ' ኢሎ'ሞ ኣለዉ። ሕጂ ሻዕብያ ምእንቲ ነብሱ ኸድሕን ንማለቱ ኣብ ሳሕል ውግእ ክገብር'ዩ፣ እዚ ግና ነዊሕ ኣይከሰጕሞን'ዩ። ስለዚ፣ ብወገን ውድብና እንታይ ክግበር ኣለዎ? ነቲ ኣብ ሳሕል ዝግበር ውግእ፣ ሻዕብያ ክሳዕ ዝዳኸም ትም ኢሉ ኸርእዮ ድዩ? ምስ ተዳኸመ ውድብና ናብ መሬት ኤርትራ ብምእታው ነቲ ቓልሲ ኸቕጽሎ ድዩ? ነዝን ከምኡ ዝመሰሉ ሕቶትታ መልሲ እንተ ተረኺቡዎም፣ *ማኒፌስቶ ትግራይ 68* ኣብ ባይታ ኸረጋገጽ ምኳኑ፣ ዘጠራጥር የለን፣" ብምባል፣ ነዊሕ መግለጺ ገበረ። ብድሕሪ'ዚ ናብ ሕቶን ርእይቶን ተሰጋገረ'ሞ እቲ ሓድሽ ኣባል ማእከላይ ሽማግለ ኾይኑ ዝተመርጸ መለስ ኢዱ ምስ ዊጥ ኣበለ፣ ዕድል ተዋህቦ።

"ከም'ዚ ኽብሃል ዝጸንሐ፣ ሻዕብያ፣ ርእሰ ምምሕዳር'ውን ክረክብ ኣይከኣለን። ደርግ ከኣ፣ ክጭፍልቖ ይጕዩ'ሎ። ስለዚ፣ እቲ ስብሓት 'ተ.ሓ.ህ.ት እዩ'ምበር፣ ውድባት ኤርትራ ንናጽነት ኤርትራ ኣይቃለሳን'የን ዘለዋ' ዝበሎ፣ ኣብ'ዚ እዋን'ዚ ብግብሪ ኣብ በርሊን ርኢናዮ ኣለና ማለት'ዩ። ከምዚ እንተ ደኣ ኾይኑ፣ እቲ ጽልዋ ኣብ ተ.ሓ.ህ.ት ከቢድ ክኸውን'ዩ። እዚ ማለት፣ ሻዕብያ፣ ንደርግ ኣብ ምድኻምን ንተ.ሓ.ህ.ት ሓገዝ ኣብ ምሃብን ዓቢ ተራ እዩ ተጻዊቱን ዝጻወት ዘሎን። ንሱ ኣብ ሜዳ ኤርትራ እንተ ዘየልዩ፣ ንዓና ክፈጥረልና ዝኽእል ነውጺ፣ ብቐሊሉ ክንግምቶ ኣይግባእን። ብወገነይ፣ ምድኻሙ ዘይኮነስ፣ ኣብ ዝተናውሐ መስርሕ ንሻዕብያ ከመይ ጌርና ናብ ረብሓና ንቕይሮ ክሕሰበሉ ኣለዎ እየ ዝብል፣" ብምባል ርእይቶኡ ሃበ።

"ቃላት ጥራይ እዩ ተቐያይሩ'ምበር፣ እቲ ንብሎ ዘለና ንሱ እዩ፣ ኣብ ሓደ ኢና ዘለና። ምጥፋእ ሻዕብያ ዘይኮነ ዘዛርበና ዘሎ፣ ምድኻሙ እዩ። ኣብ ምድኻም ረብሓ ኸም ዘለና ኣይንስሕቶን ኢና'መስለኒ፣ ብድሕሪኡ ነቲ ጉዳይ ብኸመይ ንሕዞ፣ ከምቲ መለስ

ዝበሎ ውድብና ካብ ሕጂ ክሓስበሉ ዘሎዎ ጉዳይ እዩ፡” ብምባል ስዩም መስፍን ርእይቶኡ ምስ ሃበ እቲ ኣኼባ ተዛዘመ።

* * *

ምዕራፍ 24

ናይ ሰለሙን ሓይሊ ተመቓቒላ፡ ገሊኣ ብወገን ራማ ገሊኣ ኸኣ ብወገን ዛላምበሳ ሰሊኺ ናብ ትግራይ ኣተወት። እታ ብወገን ራማ ዝኣተወት ኣብ ከባቢ ኣድያቦ ንዝጸንሐታ ሓንቲ ሓይሊ ሰራዊት ደርግ ውግእ ከፈተትላ። ኣብ'ቲ ውግእ እቲ ሰራዊት ዛሕዛሕ ኣትዩዎ ብረቱ ገዲፉ ተበታተነ። ኣብ'ቲ ኸባቢ ዝጸንሐት ሓንቲ ጋንታ ናይ ተ.ሓ.ህ.ት፡ ገለ ብረት ዝሓዘት ዝበዝሐ ኸኣ ብዘይ ብረት ስለ ዝነበረት፡ ሰራዊት ደርግ መጸና ብምባል ካብ'ቲ ቦታ ኣዝለቐት። ሰለሙን ነቲ ኸበጽሖ ዝነበሮ ቦታ ኣብ ዝተቓረበሉ ጊዜ ንኦፐሬተሩ ጸዊዑ ናይ ርክብ ኮድ ሃቦ። ኦፐሬተር፡

"ሃለው ጐፋር፡ ሃለው ጐፋር ትሰምዓኒዶ'ለኻ?" እንተ በለ፡ ብዘይካ ሹሽ ካልእ ዝሰማዕ ድምጺ ኣይነበሮን። ድሕሪ ኸንደይ ምድግጋም ግና፡

"ሃለው ሳሊና፡ እሰምዓካ ኣለኹ ቀጽል፡" ዝብል መልሲ ረኸበ።

"ሃለው ጐፋር፡ ኣብ'ታ እሾኽ በጺሐ'ለኹ።"

"ሃለው ሳሊና፡ ኣብ'ታ ኣብ ቅድሜኻ ዘላ ገረብ ኣለኹ፡ እተን ኣጋይሽ ኣብ ጥቓኻ እየን ዘለዋ'ሞ ተጠንቀቐለን ኢኻ። ኣነ ክቐርበካ እየ፡ ኣብ ዘለኻዮ ጽናሕ።"

"ተረዲኣካ ኣለኹ፡" ብምባል፡ ሰለሙን ብድኻም ተሰኒፎም ንዝነበሩ ብጾቱ ኸብርኹን ገለ መለ ክለኽፉን ኣዘዞም። ዋርድያ ብምውጻእ ከኣ፡ ነቲ ኸባቢ ኽጸናጸኖ ጀመረ። ድሕሪ ኽልተ ሰዓት ኣቢሉ ሬድዮ ርክብ ናይ ሰለሙን ሃለው በለት።

"ሃለው ሳሊና፡ ትሰምዓንዶ'ለኻ?" እቲ መቓልሕ ሬድዮ ርክብ ኣብ ቀረባ ኾይኑ ዝዛረብ ዘሎ ሰብ መሰለ።

"እወ! ብንጹር እሰምዓካ ኣለኹ፡ ቀጽል ጐፋር።"

"ኣብ ጥቓኻ እየ ዘለኹ፡ ኣማዕድየ እርእየካ ኣለኹ'ሞ ናብ'ታ ኣብ ቅድሜኻ ዘላ ጠላዕ ኦም ቅረበኒ።"

"ተረዲኣካ ኣለኹ፡" ድሕሪ ምባል፡ ሰለሙን ሬድዮ ኦፐሬተር ሒዙ ናብ'ታ ኣስታት ሓደ ኪሎ ሜተር ርሒቓ እትርኣ ዝነበረት ጠላዕ ኦም ከደ። ነታ ኅቦ ደይቡ ኣብኣ ምስ በጽሐ፡ "ደው በል!" ዝብል ድምጺ ሰምዐ'ሞ ኣብ ዝነበሮ ደው በለ።

"መን ኢኻ?" በለ ዋርድያ።

"ዓድዋ።"

"ኣኸሱም፡" እየ ቅረበኒ በሎ'ሞ፡ ሰለሙን ናብ'ቲ ዋርድያ ቐሪቡ ሰላምታ ድሕሪ ምልውዋጥ፡ ሒዙዎ ናብ'ታ እግሪ ኦም ከዱ። ኣብኡ ወዲ ኣብርሃ ዝብልዎ መራሕ ቦጦሎኒ ጸንሖ'ሞ፡ ከም'ቲ ተጋደልቲ ህዝባዊ ግንባር ዝብሉዎ፡

"መርሓባ ብጻይ ኪዳነ፡" ብምባል፡ ተቐቢሉ መንኩብ ንመንኩብ ተወሃሃቡ። "ከመይ ነይሩ መገዲ? ካብ ሳሕል ናብ'ዚስ መገዲ ዓመት'ዩ፡ ደሓንዶ መጺእኩም?" ብምባል፡ ወዲ ኣብርሃ ምዉቕ ኣ ቀባብላ ገበረሉ።

"መገዲ ደኣ በሎ እዩ፡ ግዳስ ዝኾነ ዘጋጠመና መሰናኽል ኣይነበረን። ቅሩብ ኣብ ኣድያቦ ቶግ ቶግ ምስ ኣበልናለን ተበታቲንና'ምበር፡ ፈጺመን ጕፍ ዘይብላኻ!" ብምባል ምንም ከም ዘየጋጠሞም ብምግራም ገለጸሉ። ድሕሪ ኹነታት ሳሕልን ትግራይን ብሕጽር ዝበለ ምዝርራቦም ናብ'ቲ ቐንዲ ጉዳይ ኣተዉ።

"ከም'ቲ ተሓቢሩኒ ዘሎ፡ ካባኻትኩም ሓንቲ መስርዕ ምሳና ክትብገስ'ያ። ናብ ክፍሊ ታዕሊም ብምኻድ ከኣ ንሰራዊትና ክትዕ ልም'ያ። እተን ዝተረፋ ናብ ሰለስተ ሓይሊ ፋሕ ክብላ እየን። እዘን ናትና ሓይልታት ካብ ታዕሊም ዝወጻ ሓደስትን ገና መራሕተን'ውን ኣይተረቐሑን'ዮም ዘለዉ። ስለዚ፡ ብሓንሳብ ኬንና ተኸሊጥ ዲኹም ትብሉዎ፡ ክንገብር ኢና። ናይ ነፍሲ ወከፍ ጋንታ ይኹን ሓይሊ መራሕተን ካባኻትኩም ክኾኑ እዮም፡ ኣነን ንስኻን ከኣ፡ ከም መራሕቲ ቦጦሎኒ ኬንና ክንእዝዞም ኢና፡" ብምባል፡ ንሰለሙን ኣብርሃሉ። ሰለሙን፡ ካብ'ቲ ኽልቲኦም ኮፍ ኢሎሙሉ ዝነበሩ ቦታ ቐሩብ ፍንትት ኢሎም፡ ብረት ዝሓዙ ሰለስተ ተጋደልቲ ተ.ሓ.ህ.ት ዓይኒ ዓይኖም ይጥምቱዎም ከም ዝነበሩ ተዓዘበ። ኣብ ተ.ሓ.ህ.ት ሓለፍቲ ብዘይ ሓለውቲ ኣይከዱን'ዮም ዝብል ሓበሬታ ስለ ዝነበሮ፡ ሓለውቲ ወዲ ኣብርሃ ምዃኖም ገመተ። ብዝተዋህቦ መምርሒ መሰረት፡ ብዘይካ ንውግእ ዝምልከትን ውሽጣዊ ጉዳያት እቲ ውድብ ምዕዛብን'ምበር፡ ሕቶ ክሓትት ከም ዘይብሉ ዝዘከረ ሰለሙን፡

"ስለዚ፡ ቅድሚ ሕጂ እዘን ሓይልታት ኣብ ውግእ ኣትየን ኣይፈልጣን'የን?"

"እወ!። እዚ ዝተገብረሉ ምኽንያት ከኣ። እተን ነባራት ሓይልታት ይፈልጣኹም ስለ ዝኾና እዩ። እዚ ማለት ግና፡ ኣብ ሓደ ሓደ መጥቃዕቲ ፈጺመን ኣይተሳተፋን ማለት ኣይኮነን።

እቲ ትእዛዝ ብወገን መሪሕነት ስለ ዝመጸ እዩ ኸምኡ ገይርና። ብወገንና እቲ ክጥቃዕ ዘሎዎ ቦታታት ተጸኒዑ'ሎ። ብመጀመርታ ኣብ ክልተ ቦታ ማለት ዓድዋን ሽረን ሰሊኹና ብምእታው ነቲ መዓስከር ናይ'ቲ መንግስቲ ኸነጥቕየ ኢና።"

"ኣብ'ቲ ቦታ ዘሎ ብዝሒ ሰራዊትን ኣተሓሕዛ ቦታኡን ተጸኒዑ ድዩ?" ምስ በሎ፣ ወዲ ኣብርሃ ነቲ ኸባቢ ሓደ ብሓደ ገለጸሉ። ቅድሚ መጥቃዕቲ ግና፣ ኣብ'ቲ ኸባቢ ብምኻድ ብሓባር ነቲ ቅርጺ መሬት ክርእዩዎን ኣብ'ቲ መጽናዕቲ ዝምላእ እንተ ኣለዎ ኾይኑ ብሓባር ክዝትዩሉን ተሰማምዑ። ሰለሙን ኣብ መንጎ ሓደ ሓሳብ መጸ፣

"ብወገነይ፣ መጀመርታ ኵነታት ናይ'ዞም ተጋደልቲ ንምግምጋም ቍሩብ ታዕሊም እንተ ገበርናሎም ዝሓሸ ኾይኑ ይስምዓኒ። ካልኣይ ከኣ፣ እቶም መራሕቲ ጋንታታት ይኹኑ ሓይሊ ምስ'ቶም ተጋደልትኹም ክፋለጡ'ለዎም፣" ምስ በሎ፣ ወዲ ኣብርሃ'ውን ኣይተቓወሞን። ንጽባሒቱ ተኸሊጥ ተገብረ'ሞ ብቐጥታ ኣብ ታዕሊም ኣተዉ። ድሕሪ ናይ ሓደ ሰሙን ታዕሊም ንውግእ ድሉዋት ኮኑ። ኣብ ታዕሊም ተጋደልቲ ተ.ሓ.ህ.ት ካብ ተጋደልቲ ህ.ግ ዝፈልዮም እንተ ነበረ፣ ኣብ ጊዜ ተኹሲ ታህዋኽ የዘውትሩ ምንባሮም'ዩ ነይሩ። ንሓደ ነገር ክትሃጅም ምስ ትደሊ፣ ጠኒንካ ምእታው ክእረም ዘይተኻእለ መንቅብ'ዩ ነይሩ፣ ኣብ ተ.ሓ.ህ.ት። እቶም ዓለምቲ ክእረም ከም ዘሎዎ ኣትሪሮም ነቐፉዎም። ብድሕሪ'ዚ እተን ክጥቀዓ ዝተባህላ ቦታታት ሰለሙንን ወዲ ኣብርሃን ምስ መራሕቲ ሓይልታት ኮይኖም ናብ'ቲ ቦታ ብምኻድ፣ መጀመርታ ሽረን ከባቢኣን ተዓዘቡ'ሞ ፈለማ እታ ኣብቲ ኸባቢ ዝነበረት ቦጠሎኒ ክትጥቃዕ ወሰኑ።

ህ.ግ፣ ካብ ተመኩሮኡ ንኸምዚ ዓይነት ስርሒት ማለት ሰራዊት ንምሽባር ካብ ክልተ መስርዕ ንላዕልን ብዙሕ ጊዜን ኣየጥፍእን'ዩ ነይሩ። ኣጥቂዑ፣ ቀልጢፉ እዩ ዝወጽእ። ብወገን ተ.ሓ.ህ.ት ግና ልዕሊ ብዝሒ ሰራዊት ጸላኢ ኣሰሊፍካ ወተሃደራዊ ዓወት ተመዝግብ ኮይኑ ስለ ዝስምዖም፣ ኣብ'ቲ ዘውጽኡዎ መደብ መጥቃዕቲ፣ ሰለስ ቲኣን ሓይልታት ክሳተፋ እዩ ነይሩ ሓሳቦም። እንተ ኾነ፣ ሰለሙን ምስ ወዲ ኣብርሃ ብምርድዳእ፣ ክልተ ጋንታ ኸጥቅዓ ወሰኑ። ሰራዊት ደርግ ኣብ ትግራይ ኣዝዩ ተዛንዩ እዩ ነይሩ፣ ምኽንያቱ፣ ኣብ ዝሓለፈ ዓመታት ተ.ሓ.ህ.ት ኣብ ልዕሊኡ ዘጠቅም መጥቃዕቲ ስለ ዘየካየዱ።

ወዲ ኣብርሃ ክልተ ጋንታ ሒዙ፣ ልክዕ ፍርቂ መዓልቲ ኣብ

ከባቢ ሽረ ንዝነበረት ሓንቲ ቦጦሎኒ ሰራዊት ኢትዮጵያ ጽዕጹዕ መጥቃዕቲ ኸፈተላ። እቶም ተዛንዮም ዝጸንሑ ሰራዊት ብረቶም ካብ ዘቐመጥዎ ሓፍ ክሳዕ ዘብሉ ፋሕፋሕ ከም ዝብሉ ገበራኦም። እታ ጋንታ ኣብ ውሽጦም ኣትያ ሕንፍሽፍሽ ኣእትያ ዝቐተል ቀቲላ ዝተዋህባ ናይ መጥቃዕቲ ጊዜ ኣኺሉ ብረት ሰሊባ ወጸት'ሞ ሓገዝ ካብ ሽረ ኸይመጸ ኸሎ፣ ኣብ ቦታኣ በጽሐት። ወዲ ኣብርሃ፣ በቲ ዓወት ኣዝዩ ተሓጒሰን ነቲ ሰለሙን ዘውጽኦ ስትራተጂ ኸኣ ብግብሪ ረአዮን። ካብ'ዚ ዝተበገሰ'ምበኣር'ዩ ኣብ መንጎ ኽልቲኦም መራሕቲ ቦጦሎኒ ምትእምማን ዝተፈጥረ። ወዲ ኣብርሃ ንሰለሙን ድኽመታት ተ.ሓ.ህ.ት ብግልጺ እዩ ዘውግዮ ዝነበረ፣ ብሕልፊ'ኳ ደኣ ገለ መራሕቲ እቲ ውድብ ኣብ ልዕሊ ህ.ግ ዝነበሮም ኣረኣእያ ጽቡቕ ከም ዘይኮነን ርእሰ ምትሓት ከም ዝስምዮምን ከይሓብአ ይነግሮ ነበረ።

ወዲ ኣብርሃ፣ ካብ ከባቢ ኣኽሱም ከም ምኻኑ መጠን፣ እቲ ኣብ'ቲ ውድብ ዝነበረ ድሑር ኣተሓሳስባን ኣብ መንጎ ተወለድቲ ኣውራጃ እንደርታ፣ ዓጋመ፣ መቐለ፣ ተንቤንን ዓድዋን ዝነበረ ምትፍናን ብምስክሕካሕ'ዩ ንሰለሙን ዘውግዮ ዝነበረ። "ስየ፣" በለ፣ ገጹ ናብ ጸጋም ኣቢሉ፣ "ኣብ ልዕሊ ኤርትራውያን ዘይወጽእ ጽልኢ እዩ ዘሎዎ። እንታይ ዲኹም ጌርኩሞ? እንተ ናይ መለስ ግና ምስታ ሳልሳይ ዙርያ ሰልጠንቲ ኣብ ወርሒ ሕዳር 1975 ንሰላሳ ተጋደልትና መሪሑ ንታዕሊም ኢሉ ናባኹም (ህ.ግ) ንዓላ ወሪዱ ኸይዓለምኩም ስለ ዝመለስኩሞ፣ ኣብዛ ኵርምቱ እዩ ቀርቂሩ ሕኒን ዝብለልኩም ዘሎ፣" ብምባል፣ ገጹ ናብ ሰለሙን ብምምላስ ዓይኒ ዓይኑ እናጠመተ፣ ኣባላት መሪሕነት'ቲ ውድብ ዝነበሮም ቅርሕንቲ ኸይሓብአ ገለጸሉ። ሰለሙንን ወዲ ኣብርሃን ብቕዲ ደባይ ኵናት ዘወስዱዎ ዝነበሩ መጥቃዕቲ ባዕሎም ኣጽኒዖም ንላዕለዋይ ኣካል ብምሕባር ኮይኑ፣ ንዘወስዱዎ መጥቃዕቲ ኸኣ፣ ዕዉታት ነበሩ። ደርግ፣ ኣብ መገዲ ዓድዋ - ጎንደር ቅድሚኡ ኣጋጢሙዎ ዘይፈልጥ ነታጒ ኽጋጥሞ ምስ ጀመረ፣ ኣብ ስግኣት ወደቐ። ሓደ መዓልቲ ኣብ ወርሒ ጥሪ 1980 ሰራዊትን ስንቅን ዝጸዓና መካይን ካብ ጎንደር ናብ ኤርትራ እናተጓዕዛ ኸለዋ፣ ዓድዋ ኸኣትዋ ሰብዓ ኪ.ሜ ክተርፈን ከሎ፣ ቦጦሎኒ በዓል ሰለሙን ዘጻወደቶ ነታጒ ረጊጸን ሰለስተ መካይን ተሓምሸሻ፣ እተን ዝተረፋ ኸኣ ኣሰረን ከይስዕባ ብምባል ናብ ድሕሪት ተመልሳ። እዚ ወረ'ዚ ክሳዕ መሪሕነት በጽሐ'ሞ፣ ኵነታት ንምፍላጥ ሬድዮ ርክብ ተገብረ።

"ሃለው ጕፋር፣ ሃለው ጕፋር፣" ዝብል ሬድዮ ርክብ ምስ ኣድመጸት፣

"ሃለው ነብሮ፣ ሃለው ነብሮ፣ እሰምዓካ'ለኹ ጕፋር'የ ቀጽል።"

"እተን እኽሊ ዝጸዓና ኣእዱግ ጽዕነት ኣኽቢደን ድየን።"

"እዋእ እወ ተረኺሚሽን።"

"ጽቡቕ ገበርካ፣ ነቲ ሓድሽ ብሓለዋ ጌርካ በቲ መስመር ናባና ስደዶ፣ ሕጂ፣" በለ፣ ስየ ኣብርሃ ኣብ መአዘዚ ቦታኡ ኾይኑ።

"ተረዲኣካ'ለኹ፣" ምስ በለ፣ ሬድዮ ርክብ ተዓጽወ። ሰለሙን፣ ናብ ላዕለዋይ መሪሕነት ከም ዝተጸውዐ ቀልጢፉ ቆብ ኣበሎ። ስየ ንሰለሙን ናብኡ ክመጽእ ትእዛዝ ምሃቡ፣ ወዲ ኣብርሃ ፈጺሙ ደስ ኣይበሎን። ትእዛዝ ስለ ዝኾና ግና፣ ንጽባሒቱ ኽልተ መራሕቲ መገዲ ገይሩ ንሰለሙን ኣፋነዎ። በዓል ስየ ብሃንቀውታ ክጽበዩዎ ዝጸንሑ ሰለሙን፣ ድሕሪ ናይ ሰለስተ ሰዓት ጕዕዞ ኣብ ፍርቂ መገዲ ብዝተቐበሉዎ ኻልኣት ናይ ተ.ሓ.ህ.ት ተጋደልቲ ተመሪሑ ኣብ'ቲ ቦታ በጽሐ።

"ብጻይ ኪዳነ፣ እንቋዕ ብደሓን መጻእካ፣" ብምባል፣ ስየ ንሰለሙን ብምዉቕ ሰላምታ ተቐበሎ። ሓደ ተጋዳላይ ዝስተን መሕጸብ ገጹን ማይ ሒዙሉ መጸ'ሞ ተሓጻጺቡ ዝብላዕ ተቐረበሉ። ሰለሙን ከምቲ ዓይነት ኣቀባብላ ካብ ዘይርኢ ዓመታት'ዩ ሓሊፉዎ። እንተ እቲ ዝተቐረበሉ ዓይነት መግቢ፣ ብፍላይ ንሽዓ መዓልቲ ንዕኡ ጥራይ ተባሂላ ዝተቐረበት'ምበር፣ ኣብ ሜዳ ትግራይ ከምኡ ኣሎ ኢልካ ኣይትሓስቦን ኢኻ፣ ብስርዓት ዝተኸሸነ ስጋ በጊዕ ምስ እንጀራ። "ኣንታ ንጀብሃ እንሓሚ ደኣ ምቾት ብህይወታ ኣብ'ዚኦም እንድያ ዘላ፣" ብውሽጡ እናበለ፣ ብዘይ ንሕስያ ነቲ ምግቢ ሓመድ ገበሮ። ስየ፣ ክሓትት ሰለሙን እናበልዐ ኽምልስ ከይተፈለጠ ነቲ ተቐሪቡሉ ዝነበረ መኣዲ ወድኦ። ኢዱ እናተሓጽበ፣

"እወ ብጻይ ስየ! ምናልባት ህ.ግ ስትራተጂያዊ ምዝላቕ እንተ ዘይገብር ነይሩ፣ መልክዕ ናይ'ቲ ውግእ ፈጺሙ ምተቐየረ ነይሩ። ምናልባት ንስኻትኩም ንኽትርድኡዎ ይኸብደኩም ይኸውን'ዩ። ምኽንያቱ፣ ኣብ ከምኡ ኾነታት ስለ ዘይኣተኹም፣" በለ ሰለሙን፣ ነቲ ስየ ህ.ግ ስትራተጂያዊ ምዝላቕ ምግባሩ ጌጋ ስጕምቲ እዩ ኢሉ ዝነቐፎ። ኮይኑ ኸኣ፣ ድሕሪ ብዛዕባ ሜዳ ኤርትራ ነዊሕ ምዕላሎም፣

"እዚ ኣብ ከባቢ ሽረን ብድሕሪኡ'ውን ንዓድዋን ኣኽሱምን ንምጥቃዕ ዝተጠቐምኩሙሉ ስልቲ ውግእ ኣብ ነዊሕ ንጸላኢ ኸሰናብዶ ይኽእል'ዩ ኢለ ኣይኣምንን'የ። ርኢኻ፣ ንጸላኢ ብብዝሒ

እንተ ኣቲኻዮ ይርዕድ'ዩ። ኣብ'ዚ ክንድ'ዚ ዝኣክል ሰራዊት ካብ ኣሰለፉ ደኣ፡ ክንደይ ዝኣክል ዓቕሚ ሰብ ኣለዎም ማለት'ዩ ብምባል፡ ጸላኢ ጌጋ ገምጋም'ዩ ዝወሰድ። ስለዚ፡ ዋላ እቲ መጥቃዕቲ ዕዉት እንተ ነበረ፡ ብኸምዚ ዝበልኩኻ እንተ ዝተሓዝ ምተመርጸ፡” በለ ስየ፡ ነቲ ሰለሙን ዝተኣታተዎ ቕዲ መጥቃዕቲ ንምንቃፍ።

“ርኢኻ ብጻይ ስየ፡ ኣብ'ዚ ሰዓት'ዚ ንጸላኢ ብህጁም ምእታዉ ዘዋጽእ ኣይኮነን። ምኽንያቱ፡ ቀዳማይ ብዝሒ ኣለዎ፡ ካልኣይ ሒዙዎ ዘሎ ዓይነት ብረት፡ ሳልሳይ ከኣ፡ ዘሎዎ ሞራል ኣብ ግምት ምስ ዝኣቱ ጸላኢ ጸብለልታ ኣለዎ። ስለዚ፡ ብመልክዕ ደባይ ውግእ እሞ ብውሑዳት ጋንታታት ምጥቃዑ ዝሓሸ ዝኸውን፡” ምስ በለ፡ እቲ ክሳዕ ሕጂ ፈጺሙ ርእይቶኡ ዘይሃበ ዝጸንሐ ሓጐስ፡

“ከምዚ ብጻይ ኪዳን ዝበሎ ዘሎ፡ ኣብ ውግእ ዝዕወት ዓቕሚ ሰቡ ዝዕቅብ'ዩ፡ ዝብል ኣብ ሚሊታሪ ሳይንስ ኣዝዩ ኣገዳሲ ትምህርቲ ኣሎ፡ ንሱ ከኣ ብውሑዳት ኣጥቂዕካ ዓቢ ዓወት ምሕፋስ እዩ። ስለዚ፡ እዚ ብጻይ ዝበሎ ዘሎ ብርኡይ የዐውት እንተ ደኣ ኣሎ ኾይኑ፡ ንኣብነት፡ ከም'ቲ ሰለስተ መካይን ነታጒ ረጊጸን ምስ ሰራዊተን ዝተሓምሸሻ፡ ንጊዚኡ ብኸምኡ እንተ ዝኸይድ ምሓሸ እብል፡” ኢሉ ርእይቶኡ ምስ ሃበ፡ ስየ፡

“ብጻይ ኪዳን፡ ምስ'ዚ ብጻይ ከየፋለጥናካ፡ ብጻይ ሓጐስ ይብሃል። ኣብ ሻዕብያ ነዊሕ ዓመታት ተጋዲሉ እዩ ናባና መጺኡ። ንሕና ኣብ'ዚ፡ ንስኹም ኣብ'ቲ ኣይመድለየን ነይሩ፡ ኩልና ትግራይ ንኹን ኤርትራ፡ ሓደ ህዝቢ ስለ ዝኾንና፡” ብምባል፡ ፍሽኽ እናበለ ንኽልቲኦም ኣፋለጦም፡

“ኣብ ህ.ግ ኣበየናይ ብርጌድ ኔርካ?” ሓተቶ ሰለሙን ከምዛ ዘይፋለጡ። ሓጐስ፡ ናብ ተ.ሓ.ህ.ት ኣብ ዝተመደበሉ እዋን ዝተዋህቦ መምርሒ ንተጋደልቲ ህ.ግ ምስ ዝረክብ እፈልጠካ እየን ባዕሉ ኸኣ ተጋዳላይ ህ.ግ ነይረ ዘይምባልን ስለ ዝነበረ፡ ከምዛ ፈለማ ዝፋለጡ ብምኟን ዝነበሮ ብርጌድ ይኹን ቦጦሎኒ ኣዕለሎ።

“ሻዕብያ ኣብ'ዚ እዋን'ዚ ኣብ ከመይ ኵነታት ኣሎ፡” ብምባል፡ ስየ ነቲ ተቛሪጹ ዝነበረ ዕላል መሊሱ ኣበራበሮ። ክልቲኦም ነቲ ብዛዕባ ሻዕብያ ዝለዓል ዝነበረ ዕላላት ባህ ኣይበሎምን። ስለዚ፡ ሰለሙን ኣንፈት ናይ'ቲ ዕላል ብምቕያር፡

“ብጻይ ስየ፡ ብዛዕባ ሻዕብያ ይጽንሓልና'ሞ፡ ናብ'ዚ መምጽእየይ ምኽንያት እንታይ እዩ?”

“ኣብ ሻዕብያ ኹሉ ብምስጢር'ዩ ዝካየድ፡ ኣባና ብዲሞክራስን

ግሉጽነትን ኢና ነገራት ንኣልዮም። ብመጀመርታ ምሳኻ ብቐረባ ክንፋለጥ። ብኻልኣይ ከኣ፡ ናብ'ዚ ናብ እንዳ ብርጌድ እንተ'ምጻእናካ ዝሓሸ ኣበርክቶ ክትገብር ትኽእል ኮይኑ ይስምዓኒ። ናትና ተጋዳላይ እንተ ትኸውን ትእዛዝ'ምበር፡ ሕቶ ኣይምቐረበልካን ነይሩ፡" ብምባል፡ ብፍላጥ ናይ ጓናነት ስምዒት ንኸስምዖ ብምባል መለሰሉ። ሓጐስ፡ ብዘረባ ስዩ ነብሰ ስግኡ ቅንጥጥ ክብል ተፈለጠ፡ እቲ ኣብ ህ.ግ ዘሕለፎ እዋን ከኣ፡ ኣብ ዓይኑ ተቐጀሎ። ሓጐስ፡ ሽሕ'ኳ ትግርኛኡ ምስ ትግርኛ ኸበሳታት ኤርትራ ኣዝዩ ዝመሳሰል እንተ ኾነ፡ ላህጃ ትግራይ ግና ኣየጥፍኣን ነበረ። እዚ ኾይኑ ኸብቅዕ፡ ኣብ ህ.ግ ንማለቱ'ውን ትግራዋይ ዲኻ ኢሉዎ ዝፈልጥ ተጋዳላይ ኣይነበረን፡ እንትርፎ ኣብ ትግራይ ዲኻ ተወሊድካ። ነዚ ዝዘከረ ሓጐስ፡ በዘራርባ ስዩ ሓነኸ። ሓጐስ፡ ድሕሪ'ቲ ምስ ዑስማን ብቐጻሊ ተራኺቦም ብዛዕባ ተ.ሓ.ህ.ት ካብ ዝረኸቦ ሓበሬታ ኣዝያ ዘስደመመቶ፡ እታ ንዓባይ ትግራይ ንምፍጣር ክፋል መሬት ኤርትራ ኣብ ትግራይ ብምእታው ዝወጸት ካርታ ማኒፌስቶ 1968 እያ። ነዚ ካብ ኢትዮጵያ ምንጻል ዝብል ሓሳብ ህ.ግ ብትሪ ኸም ዝነጸጎ ምስ ሰምዐ፡ መሪሕነት'ቲ ውድብ ማዕረ ኸንደይ ንሓድነት ኢትዮጵያ ደው ከም ዝብል በርሃሉ። እምበኣር፡ ዑስማን ንሓጐስ ብዛዕባ ሜዳ ትግራይን ተ.ሓ.ህ.ትን ዝኣክል ሓበሬታ ምስ ሃቦ፡ ኣብ ወርሒ ትሸዓተ 1979 እዩ ናብ ተ.ሓ.ህ.ት ንኽጽምበር ካብ ህ.ግ ተፋንዩ ዝኸደ።

"ኣብ ገድሊ፡ ህይወትካ ንመስዋእቲ እናወፈኻያ ኸለኻ፡ ብኻልኣይ ደረጃ ኽሰርዓካ ዝኽእል መሰል ዘሎዎ ኣካል የለን። ምኽንያቱ፡ ኽልቴኻ በጃ ህዝቢ ክትከውን ኢልካ ንበረኻ ስለ ዝወጻእካ። ስለዚ፡ ከም ካልኣይ ዜጋ ክትቍጸር ነውሪ እዩ። ብዝኾነ ግና፡ ኣነ ኣብ'ታ ቦጠሎኒ እንተ ጸናሕኩ ዝሓሸ እዩ፡" ብምባል ሰለሙን፡ ንልቢ ሓጐስ ዘለስለሰ መልሲ ሃቦ'ሞ ምስ ስዩ ዝገበሮ ዝርርብ ወዲኡ ናብ ቦታኡ ተበገሰ። ሓጐስ ከኣ ከፋንዎ ኢሉ ምስ ኡ ተስአ።

ሰለሙንን ሓጐስን ብዙሕ ከዕልሉዎ ዝኽእሉ ዕላል'ኳ እንተ ነበሮም፡ ብሰንኪ እቶም ንሰለሙን መገዲ ዝመርሑ ዝነበሩ ሓለውቲ ስዩ፡ ሓፈሻዊ ዕላላት እናዕለሉ ናይ ሓደ ፍርቂ ሰዓት መገዲ ኣፋንዩዎ ተመልሰ። ሰለሙን፡ ነቲ ስዩ ብዛዕባ ሻዕቢያ ዝህቦ ዝነበረ ርእይቶን ነቲ ንሱን ወደ ኣብርሃ ዝመርሑዎ ቦጠሎኒ ዘካየዶ መጥቃዕቲ ኣመልኪቱ ዝሃቦ ነቐፌታን እናስተንተነ፡ ከይመሰየ ኸሎ ቦታኡ

ኽበጽሕ ቅልጥፍ ቅልጥፍ እናበለ ጕዕዞኡ ተተሓሓዞ። "ኩላትና ሓደ ህዝቢ ስለ ዝኾንና፣ ንሕና ኣብዚ ንስኹም ኣብቲ ኣይመድለየን ነይሩ፣" ትብል ሰራም ዘረባ፣ ምስ'ቲ ኣብ ነዊሕ ዓመታት ገድላዊ ህይወቱ ዝሰምዖን ብፍላይ እታ ናይ 1976 ማኒፌስቶ ብምዝካርን "እዚኦምሲ ብጥንቃቐን ንቕሓትን እንተ ዘይሒዝካዮም ገና ድጉል ዕላማ ዘለዎምን ኣብ ዝተናውሐ እዋን'ውን ጸገም ክኾኑ ዝኽእሉ እዮም" እናበለ ክሓስብ፣ ከይተፈለጠ ኣማስያኡ ኣብ ቦታኡ በጽሐ።

"ብጻይ ኪዳነ እንቋዕ ብደሓን መጻእካ፣ ከመይ ነይሩ መገዲ?" ብምባል፣ ወዲ ኣብርሃ ብምዉቕ ሰላምታ ተቐበሎ።

"መገዲ ጽቡቕ ነይሩ፣ በዓል ስየ ኸኣ ጽቡቕ ተቐቢሎምኒ።"

"እሞ መልእኽቲ መጺኡና ኣሎ፣ ጽባሕ ብህጹጹ ክንብገስ ኢና።"

"ናበይ ደኣሉ እቲ ተበግሶ?" ኢሉ ምስ ሓተቶ፣ እቲ ዝመጾ መልእኽቲ "ኣይትንገሮ!" ዝብል ትእዛዝ ስለ ዝነበሮ፣ ርእሱ ኣድንን ኣቢሉ፣

"ተበገሱ ጥራይ ዝብል ሓበሬታ'ዩ ካብ እንዳ ብርጌድ መጺኡና፣" ኢሉ ትም በለ። ሰለሙን፣ ንሱ ኣብ እንዳ ብርጌድ ከሎ፣ እሞ ካብ'ቲ ብርጌድ ትእዛዝ ምምጽኡ ኣይማእምኦን። በዚ ምኽንያት'ዚ እዩ ክሓትት ዘይደለየን "ሕራይ፣" ጥራይ ኢሉ ናብ መዳቕሶኡ ዝኸደን። እቲ ጉዳይ፣ ንወዲ ኣብርሃ'ውን ኣይማእምኦን። ሰለሙን ኣብ'ቲ ኣርባዕተ ወርሒ ኣብ ሜዳ ትግራይ ዝተጋደለሉ እዋን፣ ብዙሕ ሰሚዑን ርእዩን'ዩ፣ ግና ኣይ ከም ሎምን። ኣብ'ቲ ተራ ኣባል'ቲ ውድብ ብዛዕባ ሻዕብያ ይኹን ኤርትራ ዝዝረብ ዘረባታት፣ ካብ ትሑት ንቕሓት ዝተበገሰ እዩ ኢሉ ንኹሉ ሸለል እናበለ እዩ ዝሓልፎ ነይሩ። ኣብ መደቀሲኡ ነጸላኡ ተኸዲኑ ጎቦ ብምዃን ከኣ፣ ሓጐስ ኣብ ተ.ሓ.ህ.ት እንታይ ተልእኾ ተዋሂቡዎ ይኸውን? ንሱኸ ብበዓል ስየ ኣተሓሳስባኡ ተጸልዩዶ ይኸውን? ንምንታይ ሓጐስ ኮድ ዘይተገብረሉ ብስሙ ዝጽዋዕ? ዝብሉ ሕቶታት እናሰላሰለ ኸሎ፣ ወዲ ኣብርሃ፣

"ኪዳነ ኣይደቀስካን ዲኻ?" ብምባል ቀረቦ።

"ወዲ ኣብርሃ! ንዓ ኾፍ በል!" ብምባል፣ ብድድ ኢሉ ኾፍ በለ።

"ኣብ እንዳ ብርጌድ እንታይ ኣሎ ሓድሽ ኵነታት?"

"ምስ ስየ ክሳዕ ሕጂ ብወረ እንተ ዘይኮይኑ ብመልክዕ ኣይንፋለጥን ስለ ዝኾንና እዩ ኣጸዊዑኒ።"

“እንታይ’መስለካ ኪዳነ፡ ስየ ኣዛዚ ብርጌድና ካብ ዝኸውን ወርሒ’ኳ እንተ ዘይመልአ፡ ነዚ እንኽተሎ ደባይ ቅዲ ኩናት ብዙሕ ጊዜ እዩ ነቒፉዎ። ኣኼባ ኣብ ዝተገብረሉ እዋን ካብ ትእዛዝ ወጺእኩም ትሰርሑ ኣለኹም፡ ንብርጌድ ከየፍለጥኩም መጥቃዕቲ ተካይዱ ኣለኹም፡ ኣብ ተጋደልቲ ትገብሩዎ ዘለኹም ፖለቲካዊ ጐስጓስ መኣዝኑ ዝሰሓተ እዩ፡ ብምባል ከይነቐፈኒ ኣይሓልፍን’ዩ። ብወገነይ ብጭብጢ ኽዛረብ፡ ሰራዊት ደርግ፡ በቲ ንገብሮ ዘለና ደባይ ውግእ ተሰናቢዱ ንቦጦሎኒና ኽሃድን ደድሕረና ይኸይድ ምህላዉ ምስክር ናይ’ቲ ዘእተናሉ ራዕዲ ምዃኑ ብምግላጽ፡ ነቲ ነቐፌታ ኸም ዘይቅበሎን ካብ’ቲ ንገብሮ ዘለና ዝተፈልየ ቅዲ እንተለዎ ከቕርብን ኣብ ዝሓተትኩዎ እዋን ከኣ፡ ዝኾነ ሓድሽ ነገር ከምጽእ ኣይከኣለን። ከም ዝመስለኒ፡ ናተይን ናትካን ምውህሃድ ብዙሕ ኣየሐጕሶን፡” ብምባል፡ ኣብ’ቲ ብቐጻሊ ንሱ’ምበር ሰለሙን ዘይካፈለሉ ኣኼባ ዝብሃል ዘበለ ሓደ ብሓደ ነገሮ። ሰለሙን፡ ወዲ ኣብርሃ ንበይኑ ኣኼባ ኽካፈል ከሎ ደስ’ኳ ዘይብሎ እንተ ነበረ፡ እታ እንኮ ምስ ሜዳ ኤርትራ ብሬድዮ ርክብ ዝራኽበላን ሓበሬታ ዝህበላን ዝነበረት እዋን ንሳ ብምንባራ፡ ብዘይ ምክፋሉ ኣይተጨነቐን። ይኹን’ምበር፡ ንመጀመርታ ጊዜ ካብ ወዲ ኣብርሃ ኸምኡ ዘረባ ብምስማዑ ኸይገረሞ ኣይተረፈን።

“መራሒ ብርጌድ ብምዃኑ፡ ከምኡ ኽብልን ትእዛዝ ክህብን ስለ ዝኽእል፡ እቲ ክግበር ዘሎዎ እንተ ኣዘዘ’ሞ እንታይ ኣለዎ?” ብምባል፡ ሰለሙን ኣብ’ቲ ጉዳይ ንኸይኣቱ ተጠንቂቑ መለሰሉ።

“ተ.ሓ.ህ.ት ገና ውልዶ ስለ ዘሎ ኸምቲ ህ.ግ ዝሓለፎ ተመኩሮ ገና ኣይሓለፎን እዩ ዘሎ። ምውህሃድ ብዙሕ ኣይተኻእለን፡ ኣብ’ቲ መሪሕነት ገና ኣነ ኣነ ኣይተረፈን፡ ድሑር ኣተሓሳስባ ናይ ኣውራጃ ይኹን ቀቢላ ኣይሃሰሰን፡ ኮታስ ብዙሕ ነገር ዘተሓሳስበካ ነገራት ኣሎ። እዚ ናይ ስየ ነገር’ውን ካብኡ ዝፍለ ኣይመስለንን።”

“ወዲ ኣብርሃ፡ እዚ ደኣ’ሞ ደይ ብነቐፌታን ርእሰ ነቐፌታን እዩ ኽእረም ዘሎዎ።”

“እወ! ከምኡ’ኮ ይግበር’ዩ። ንኣብነት፡ ቅድሚ ቍሩብ እዋን ኣብቲ ናይ’ቲ ውድብ ዝተገብረ ኣኼባ ተኻፊለ ኸም ዝነበርኩ ትዝክሮ እንዲኻ። ስየ፡ ተወልደን ገብሩ ኣስራትን ብሓደ ወገን፡ ኣረጋዊ በርህን በዓል ግደይን ዝርከቡዎም ተጋደልቲ ኸኣ በቲ ኻልእ፡ ዳርጋ ኣብ ሸጉጥ ምምዛዝ’ዮም በጺሖም ነይሮም። በዓል ኣባይ ጸሃየን ኣርከበን ነቲ ጉዳይ እንተ ዘየዘሓሕሉዎ ናብ ዘይተደልየ

ኣንፈት ምኸደ ነይሩ። ኮይኑ ኸኣ፡ ንይምሰል ነቐፌታን ነብሰ ነቐፌታን ተገይሩ ኣኼባ ተዛዚሙ። እዚ ዘርእየካ ገና ስጡማት ዘይምዃንና እዩ። ብዝኾነ ኾይኑ፡ ተ.ሓ.ህ.ት ናበይ ከም ዘምርሕ ጊዜ ባዕሉ ኸርእየና እዩ፡” ብምባል፡ ነዊሕ ተዛሪቡ ኸብቅዕ ካብ ሰለሙን ዝኾነ ይኹን ግብረ መልሲ ኽረክብ ኣይከኣለን። ብኣንጻሩ፡

“ናይ ጽባሕ ተበገሱ እንታይ ይመስለካ?” ብምባል፡ ወዲ ኣብርሃ ዘይተጸበዮ ሕቶ ሓተቶ።

“ጽባሕ ክሕበረና እዩ፡” ኢሉ፡ ብድድ ኢሉ ኸደ።

ንጽባሒቱ ሰዓት ኣርባዕተ ወጋሕታ እታ ቦጠሎኒ ካብ'ቲ ፋሕ ኢላትሉ ዝነበረት ቦታታት ናብ ሓደ ቦታ ተኣከበት'ሞ፡ ንጉዕዞ ድልውቲ ኾነት። “ተበገስ” ምስ ተባህለ ካብ'ቲ ዝነበረቶ ቦታ ንምዕራብ ገጻ መረሸት። እቲ ጉዕዞ ኣዝዩ ቅልጡፍ'ዩ ነይሩ፡ ዳርጋ ሰለስተ ሰዓት ምስ ተጓዕዘት ኣብሩኽ ተባህለ። እቲ ቦታ ኣብ ዶብ ኤርትራን ትግራይን'ዩ ዝነበረ። ድሕሪ ናይ ቍሩብ ደቓይቕ ዕረፍቲ ኣኼባ ቦጠሎኒ ጀመረ'ሞ፡

“ከመይ ሓዲርኩም?” በለ እቲ ነቲ ኣኼባ ዝኸፈተ ስየ ኣብርሃ። “እዚ ሕጂ እንወፍሮ ወፍሪ፡ ንሰራዊት ደርግ ጥራይ ዘይኮነ ንጀብሃ'ውን ካብ'ቲ ቦታ ኽነልቅቓ ኢና። እቲ ቦታ ቅድሚ ሕጂ ተጋደልትና ብኡ ኽሓልፉ ኸለዉ፡ ጀብሃ ኣብ ከባቢ ዶባቶም ባድመ፡ ዴዳን ሸላሎን ብምጽናሕ ዶብና ሰጊርኩም ብምባል ክልተ ሓይሊ ዝኣኽሉ ተጋደልትና ግዳይ መስዋእትን መቑሰልትን ገይራቶም ከተብቅዕ፡ ነቶም ዝማረኸቶም'ውን ረሺናቶም'ያ። ስለዚ፡ ሕነና እንፈድየሉ ሰዓት ሕጂ እዩ፡” ምስ በለ፡ ሰለሙን እቲ ዝሰምዖ ዝነበረ ክኣምኖ ኣጸገሞ። ሕልናኡ ኣብ ክልተ ተመቕለ። እቲ ጀብሃ ኣብ ልዕሊ ህ.ግ እተካይዶ እኩይ ተግባራት በቲ ሓደ ወገን፡ ሸሕ'ኳ ብመትከል እንተ ተፈላለዩ ኣሕዋቱ ጥራይ ዘይኮኑስ እቶም ሓፋሽ ተጋደልቲ ንናጽነት ኤርትራ ኢሎም ዝወጹ ብምዃኖም በቲ ኻልእ፡ ከመይ ገይሩ ክወግኦም፡ እሞ ኸኣ እቲ መጥቃዕቲ ብምስጢር ንዕኡ ኽይተነግሮ ተዓቂቡ ምጽንሑ ኣዝዩ ኣተሓሳሰቦ። ስለ ዝኾነ ኸኣ እዩ፡ ነቲ ኣብ ልዕሊ ጀብሃ ዝተወጠነ መጥቃዕቲ ብሕልና ኽቕበሎ ዘይከኣለ። “ስለዚ፡” በለ'ሞ፡ ቀጺሉ ስየ፡ “ሕጂ ምትሕንፋጽ ሰራዊት ክንገብር ኢና፡” ስየ ምስ በለ፡ ካብ ተጋደልቲ'ቲ ውድብ ድሙቕ ጣቕዒት ተለገሰሉ። ኣብ'ቲ ሕቶን ርእይቶን ሰለሙን ኢዱ ሓፍ ኣበለ፡ ስየ ኸኣ “ብጻይ ኪዳነ ናትካ ኣብ መወዳእታ ኽኾነልና ሓንሳብዶ ክትጸንሕ?” ምስ በሎ “ዝሓለፍካዮ ግና ኣገዳሲ ነጥቢ

ስለ ዘሎ፣ ከዛረብ ፍቐደለይ፣” በለ'ሞ ርእይቶኡ ክህብ ተፈቒደሉ።

“እምበኣር፣ ሓደስቲ መራሕቲ መሳርዕ፣ ጋንታን ሓይልን ምምራጽ ቅቡል'ኳ እንተ ኾነ፣ እቶም ዘለዉ ናብ ዝለዓለ ደረጃ ተዕብዮም'ምበር ብመሰረቱ ክትኣልዮም ልክዕ ኣይመስለንን። ምኽንያቱ፣ ሓያል ተመኲሮ ምምራሕ ውግእ ደሊቦም ስለ ዘለዉ፣” ምስ በለ፣ ብኡ ንብኡ ወዲ ኣብርሃ ደገፉ ብምግላጽ፣

“እዚ ብጻይ ዝብሎ ዘሎ ሓቁ እዩ። ኣብ'ዚ ኸኣ ነቲ መጥቃዕቲ ዝመርሑ ምኩራት ብጾት ስለ ዘጥረና፣ ብእኦም እንተ ተተክኡ ዝበለጸ እዩ፣” ምስ በለ፣ ኩሎም ተጋደልቲ ነቲ ጉዳይ ከይፈለጡ ደገፎም ብሓደ ድምጺ ሃቡ። ስየ ነቲ ዋዕዋዕታ ኽኣልዮ'ኳ እንተ ፈተነ፣ ስለ ዘይከኣለ ግና ወዲ ኣብርሃ ኢዱ ጠቓዕ ጠቓዕ ኣቢሉ ዝግ ከም ዝብሉ ገበሮም። ስየ ብምቕጻል፣

“እምበኣር፣ መራሕቲ ቦጠሎኒ ዝርዝር ሽም ጸውዑ፣” ኢሉዎ፣ እልይ በለ'ሞ፣ ሰለሙን ናብኡ ብምቕራብ ኣብ'ቲ መጥቃዕቲ ንሱን ብጾቱን ከም ዘይሳተፉ ሓበሮ። ስየ፣ ካብ ትጽቢቱ ወጻኢ ኾኖ። ህ.ግ ኣንጻር ጀብሃ መጥቃዕቲ ካብ ምኽፋት ድሕር ኣይክትብልን'ያ ዝብል ዝነበረ ሓሳቡ በርዒኑ ብምትራፉን እቲ ምስኡ ዝነበረ ሓየሎም'ውን ንውሳኔ ሰለሙን ስለ ዝተቐበሎን፣ ገጹ ኸሰል መሰለ። ንሱ፣ ኣማራጺ ስለ ዘይነበሮ እዩ'ምበር፣ ንህላዌ ህ.ግ ኣብ ትግራይ ኣይተቐበሎን። ስለዚ፣ ንውሳኔ ሰለሙን ክጥቀመሉ ወሰነ። እቲ ዝተባህለ ምትሕንፋጽ ሰራዊት ተገይሩ እተን ክልተ ቦጠሎኒ ናይታ ብርጌድ ድሕሪ ሰሙን ናብ መጥቃዕቲ ተበገሳ። በዓል ሰለሙን ድማ፣ ምስታ ዝተረፈት ቦጠሎኒ ተተ'ኸሊጦም ኣብ ድሕሪት ተረፉ። ስየ፣ ኣብ መአዘዚ ቦታኡ ኾፍ ኢሉ ነቲ መጥቃዕቲ ብሬድዮ ይከታተሎን ትእዛዝ ይህብን ነበረ። እቲ መጥቃዕቲ ንጀብሃ ሃንደበት ስለ ዝነበረን እሞ ካብ ተ.ሓ.ህ.ት ይመጸና እዩ ኢላ ስለ ዘይሓሰበትን ኣዝያ ተገድዐትን ካብቲ ዝነበረቶ ቦታታት'ውን ንድሕሪት ክትምለስ ተገደደትን። ድሕሪ ዳግመ ምውድዳብ ግና፣ መጥቃዕቲ ጀብሃ እናሓየለ ስለ ዝመጸ ተ.ሓ.ህ.ት ክጻወሮ ኣብ ዘይክእለሉ ደረጃ በጺሑ ፋሕፋሕ ስለ ዝበለን፣ ጀብሃ፣ ባድመን ከባቢኣን ጥራይ ዘይኮነስ ክሳዕ እንዳ ሊሎ ዝጽዋዕ ቦታታት ትግራይ ተቘጻጸረቶ። ተ.ሓ.ህ.ት፣ ኣብቲ ንኸባቢ ሸሞንተ ሰዓታት ዝተ'ኻየደ መጥቃዕቲ፣ ኣ ደዳ ሞት፣ መቚሰልትን ምምራ'ኽን ኮነት። ወዲ ኣብርሃ'ውን ኣብቲ መጥቃዕቲ መውጋእቲ ኣጋጠሞ። ውጽኢቱ ዝኸታተል ዝነበረ ስየ፣ በቲ ዝወረዶም ስዕረት ዝሕዞን ዝጭብጦን ሰኣነ። ነቲ መጥቃዕቲ

ክግምግሙ ኣብ ዝተኣከቡሉ እዋን፡ ካብ ሓየሎም ተሪር ነቐፌታ ወረዶ። ይኹን'ምበር፡ ስየ፡ ነቲ ፍሽለት ናብ በዓል ሰለሙን ከላግቦ ፈተነ።

ስየ "ጀብሃ፡ ብገለ መገዲ ሓበሬታ ረኺቦም ክኾኑ ኣለዎም'ምበር፡ ንሕና ዓቕሚ ሰቦምን ኣብ ናይ ምውጋእ ዓቕሞምን ኣዝዩ ብዙሕ ሃንፍ ከም ዝነበሮም ኣጸጺና ኢና ኣጽኒዕናዮ ኔርና። ካባና ሓበሬታ ልሒኹ ኽይዱዎም ክኸውን ይኽእል'ዩ፡" ምስ በለ፡ ወዲ ኣብርሃ፡

"ኣነ እዚ ኣበሃህላ ግጉይ ጥራይ ዘይኮነስ፡ ኣንፈቱ ናበይ ይኸይድ ከም ዘሎ ንዘስተብሃለ ኣዝዩ ሓደገኛ ሳዕቤን ክህልዎ ይኽእል'ዩ፡ ብጻይ ስየ! ስለ ዝኾነ ኸኣ፡ ብወገንና ነቶም ንልዕሊ ዓመት ኣብ'ዚ ምሳና ኾይኖም ከም ዓለምቲ፡ ኣዋጋእትን ተዋጋእትን ኮይኖም ዝተጋደሉ ተጋደልቲ ህ.ግ፡ ዝኾነ ይኹን ኣበር ክነውጽኣሎም ኣይንፈትን፡" ብምባል፡ እቶም ተጋደልቲ ህ.ግ ኣብ ቦታኦም ክምለሱን ተራኦም ከበርክቱን ንስየ ኣትሪሩ ብምጥማት ርእይቶኡ ሃበ። ሓጐስ፡ ከም ማእከልነት'ቲ ብርጌድ መጠን ኣተሓሳስባን ኣንፈትን ስየ፡ ኣዝዩ ገረሞ።

እዚ ኾይኑ ኸብቕዕ፡ ህ.ወ.ሓ.ት ነቲ ሓሸኸት ሰራዊቱ ኽዕልምን ከዕጥቕን ዓቕሚ ስለ ዝሰኣነ፡ ምስ ህዝባዊ ግንባር ብምርድዳእ ዝዕለሙ ሰራዊት ናብ ሳሕል ሰደደ። እቶም 3000 ዝኣኽሉ ተዓላሞ ካብ መሬት ትግራይ ብሃዘሞ - ዓላ ኣቢሎም ሰሜናዊ ባሕሪ ቈሪጾም ናቕፋ ብምእታው፡ ንታዕሊም ናብ ዋጀባ ወረዱ። ታዕሊም ተወዲኡ ዝኣክል ዕጥቅን ካልእ ንብረትን ተዋሂቡዎም ናብ ትግራይ ምንቃል ኮነ'ሞ፡ ኣብ ሕዳይ ንዝተወሰነ መዓልታት ኣብ ዘዕርፉሉ ዝነበሩ እዋን ነታ ኣብቲ ቦታ ክትበጽሖም ዝመጸት ጕጅለ ኣባላት መሪሕነት ተ.ሓ.ህ.ት ኣማእኪሉ ዝመጸ ስዩም መስፍን፡ ነቶም ታዕሊም ወዲኦም ዝብገሱ ዝነበሩ ተጋደልቶም ምስ ርኣየ

"ወዲ በርሀ፡ እንታይ ኢልካዮ ኢኻ! ደርግ፡ ነዚኦም ምስ ረኣየ ካን ከንፈጥፍጥ'ዩ፡" ብምውዛይ ንወዲ በርሀ ሓላፊ እቲ ታዕሊም ምስ በሎ፡

"ኣንታ ንሱስ ኩሉ ጊዜ ምስ ኣንፈጥፈጠ እዩ። እቲ ጸገም ኣብ ሓደ እዋን እዞም ኩሎም ሰራዊት ብኸመይ ናብ ትግራይ ክሰግሩ እዮም?"

"እንታይ'መስለካ ወዲ በርሀ ኽነበግሶም ዝገደደና ህጹጽ ኵነታት ስለ ዘሎ እዩ፡" ኢሉ'ኳ እንተ መለሰሉ፡ እቲ ኣዝዩ ዘጨንቕ ዝነበረ

ግና ንሱ ባዕሉ በየን ገይሩ ናብ ትግራይ ከም ዝምለስ'ዩ ነይሩ። ብዝኾነ፣ ንሱ ብሱዳን ኣቢሉ ክኸይድ ከሎ፣ እቶም 3000 ዝኣኽሉ ተዓላሞ ድማ፣ ገለ ኣሃዱታት ህ.ግ መገዲ መሪሐን ሩባ ዓንሰባ ኣስገራኦም። እዚ ይኹን'ምበር ኣብ ዓላ ምስ በጽሑ ሰራዊት ደርግ መጥቃዕቲ ፈነወሎም'ሞ ሓያሎ ዓቕሚ ሰቦም ተጐዲኡዎም። ዝተረፉ ኸኣ ኣብ መወዳእታ ሓምለ 1980 ኣብ ትግራይ በጽሑ። ደርግ፣ በታ ልሳን ህዝባዊ ግንባር ዝኾነት ድምጺ ሓፋሽ እቶም ኣብ ሳሕል ዝተዓለሙ ተጋደልቲ ተ.ሓ.ህ.ት ትግራይ ከም ዝበጽሑ ምስ ተቓልሐ መርድእ'ምበር ካልእ ክብሎ ኣይከኣለን። ክንድ'ዚ ዝኣክል ሰራዊት ኣብ ሳሕል ክስልጥን ምኽኣሉን ካብኡ ተበጊሱ ትግራይ ምብጽሑን ከምቲ ስዩም መስፍን ዝበሎ፣ ከየንፈጥፈጠ ኣይተረፈን።

ሰለሙን ግና፣ ክልተ ዓመት ኣብ ተ.ሓ.ህ.ት ድሕሪ ምጽናሕ፣ ነቶም ዝተረፉ ብጾቱ ሒዙ ናብ ሳሕል ተበገሰ። ሰለስተ ሰሙን ተጓዒዞም ግንቦት 1981 ናቕፋ ኣተወ። ንሱ፣ እቲ ዝነበሮ ናይ መን ኩብን ምንጋጋን መውጋእቲ ኣብ ጒዕዞ ሓያል ቃንዛ ስለ ዝገበረሉ፣ ናብ ሕክምና ጻብራ ብምኻድ ንዶክተር ከሰተ ፍጹም ኵነታቱ ሓበሮ'ሞ፣ ድሕሪ እኹል መርመራ፣ ራጂ ኽገብር ምኻኑ ነጊሩ፣ ምስ'ቶም ተርታ ዝጽበዩ ዝነበሩ ተጋደልቲ ኽጸንሕን ሓበሮ። ኣብ'ቲ ቦታ'ቲ እዩ እምበኣር ክኣምኖ ዘይከኣለን ኣብ ኣእምሮኡ ኽኸውን ይኽእል'ዩ ኢሉ ኣስተንቲኑዎ ዘይፈልጥን ነገር ዘጋጠሞ፣ ተጋዳሊት ሓኪም ለምለም ገረዝግሄር።

* * *

ምዕራፍ 25

1980

ደርግ፡ ልዕሊ ሰለስተ ሚእቲ ሽሕ ሰራዊት ዓሊሙ ኣብ ዘካየዶ ሓሙሽተ ወራራት፡ ህ.ግ ንናቕፋን ከባቢኣን ነቕ ብዘይብል ድፋዓት ሓጺሩዎ ብምንባሩን ካብ ሳሕል ነቕ ክብል ብዘይ ምኽኣሉን፡ ሰራዊት ደርግ ኣሎ ዝብሃል ኣጽዋር ተጠቒሙ ንናቕፋ ኣብ ምድብዳብ ኣተወ። ስለ ዝኾነ ኸኣ፡ ውጽኢት ናይቲ ዝሓለፈ ሓሙሽተ ወራራት ንምግምጋም ብሓደ ወገን፡ ንዓለም ከኣ ሓደ መልእኽቲ ንኸሕልፍ በቲ ኻልእ፡ ኣኼባ ማእከላይ ሽማግለ ህ.ግ ተጸውዐ። ዋና ጸሓፊ ህ.ግ ነቲ ኣኼባ ምስ ከፈቶ፡

"እዚ ተጸዊዑ ዘሎ ህጹጹ ኣኼባ ህ.ግ ኣብ ምንታይ ደረጃ'ሎ፡ ተኸፊቱልና ዘሎ ወራራት እንታይ ኣምጺኡ? ምስ ጀብሃ ኣጋጢሙ ዘሎ ኩናትን ኣድላይነት ናብ ሱዳን ዘእቱ ዝሰፍሐ ኮሪዶርን፡ ከምኡ'ውን፡ እማመ ሰላም ህ.ግ ዝብሉ ኣርእስቲ ክንዝትየሎም ኢና፡" ድሕሪ ምባል፡ እቲ መድረኽ ንምኽትል ዋና ጸሓፊ ሃቦ'ሞ፡

"ከምዚ ንርእዮ ዘለና፡ ሕብረት ሶቭየት ትኹን መሓዙታ ንሰውራ ኤርትራ ብፍላይ ንህ.ግ ከጥፍኣ ኣብ ጐድኒ ደርግ ካብ ዝሰለፉ ክልተ ዓመት ኣሕሊፈን ኣለዋ። ኣብ'ዚ ናይ ርብርብ እዋን፡ ህ.ግ ስትራተጂያዊ ምዝላቕ ብምግባር ኣብ ሳሕል መኪቱዎ ኣሎ፡" ድሕሪ ምባል፡ ህ.ግ ኣብ ምንታይ ደረጃ ኸም ዘሎ፡ ወራራት ብኸመይ ተመኪቶም፡ ብወገን ተ.ሓ.ኤ ዘጋጥም ዝነበረ መሰናኽላትን ተወሊዑ ዘሎ ኩናት ሓድሕድን ብሰፊሕ ድሕሪ ምዝርዛር፡ "ህ.ግ ኣብ ኩናት ጥራይ ዘይኮነስ ኣብ ፖለቲካ'ውን ዓቢ ተመኩሮ ስለ ዝደለበ እነሆ ብወገኑ እማመ ሰላም ኣቕሪቡ'ሎ። ንሱ ኸኣ፡ ህዝቢ ኤርትራ ነቲ ተነፊጉዎ ዘሎ ናጽነት ብረፈረንደም ማለት ብድምጺ ህዝቢ ክውሰን፡ ህ.ግ፡ ሰለስተ ኣማራጺታት ኣቕሪቡ'ሎ። ናጽነት፡ ፌደረሽን ምስ ኢትዮጵያ ወይ ርእሰ ምምሕዳር፡" ምስ በለ፡ ኣኼበኛታት ነንሓድሕዶም ተጠማመቱ። ድሕሪ ነዊሕ ክትዕን ርእይቶታትን ነቲ ብወገን ምኽትል ዋና ጸሓፊ ዝቐረበ እማመ ብምሉእ ድምጺ ኣሕለፎ። ብኡ ንብኡ ኸኣ እታ ኣብ ወርሒ

ጥሪ 1979 ዝቖመት ሬድዮ ድምጺ ሓፋሽ ኤርትራ ነቲ ብ23 ሕዳር 1980 ዝተኣመመ እማመ ረፈረንደም ብፈነዋአ ኣቃልሐቶ። ሓፋሽ ተጋዳላይ ህ.ግ እምበኣር ነቲ ብሬድዮ ዝሰምዮ እማመ ሰላም ብሰንኪ ድሩትነት ንቕሓት ንጊዚኡ ተደናገረን ዓውታ ፈጠረን። ይኹን'ምበር ካድረታት እቲ ግንባር ናብ ኩሉ ሰራዊት ብምኻድ መብርህታት ምስ ሃቡሉ፣ ኣብ ልዕሊ መሪሕነቱ ዝነበሮ ምትእምማን መሊሱ በረኸ። ተጋድሎ ሓርነት ህዝቢ ትግራይ ግና በቲ እማመ ሰላም ስለ ዝተሰናበደ፣ ህጹጽ ኣኼባ ጸውዐ።

ኣኼባ ማእከላይ ሽማግለ ህ.ው.ሓ.ት

መሪሕነት ተ.ሓ.ህ.ት፣ ነቲ ብድምጺ ሓፋሽ ዝሰምዮ ወረ ካብ ትጽቢቱ ወጻኢ ስለ ዝኾነ፣ ህጹጽ ኣኼባ ማእከላይ ሽማግለ ብምጽዋዕ፣ ኣቦ መንበር ስብሓት ነጋ፣

"ናይ ሎሚ መአከቢና ምኽንያት፣ ነቲ ብሻዕብያ ቐሪቡ ዘሎ ንናጽነት ኤርትራ ኣብ ዋጋ ዕዳጋ ዘእቱ *ሶ ኮልድ ረፈረንደም* ንምዝታይ እዩ። ስለዚ፣ ነቲ ዝቐርበልና መግለጺ ብሕቶን ርእይቶን ከነሀብትሞ ሓደራ እብል፣" ብምባል፣ ነቲ መድረኽ ንመለስ ዜናዊ ሃቦ።

"እቲ እማመ ሰላም፣ ብቐንዱ ኣብ ረፈረንደም ጸቒጡ እዩ ተኣሚሙ ዘሎ። ይኹን'ምበር፣ ከምቲ ብቐጻሊ እንርእዮ ዘለና፣ ሻዕብያ፣ ካብ መትከሉ ደልሃጽ ኢሉ ወዲቑ ኸም ዘሎ እዩ። ደርግ፣ ድሕሪ'ቲ ብሕብረት ሶቭየት ዝተገብረሉ ገዚፍ ሓገዝ፣ ሻዕብያ ካብ ኩሉ ቦታታት ተደፊኡ ኣብ ሳሕል ጐዳጕዲ ሰሪሑ ኣብ ዝዋግኣሉን ኣዝዩ ተዳኺሙ ኣብ ዘለወሉ እዋንን'ዩ እዚ እማመ ቐሪቡ ዘሎ። እዚ እንታይ የርእየና ቕድሚ ምባልና፣ ሻዕብያ ኣብ ከመይ ዝበለ ኾነታት ይርከብ፣ ምርኣዩ ኣገዳሲ እዩ፣" ድሕሪ ምባል፣ ሻዕብያ ንኡስ ቡርጁዋ ምኳኑ፣ ንሶቭየት ክኹንና ዘይምኽኣሉ፣ ንደርግ ኣብ ክንዲ ፊተፊት ዝገጥም ኣብ ድፋዓት ኮይኑ ምውጋኡ፣ እዚ ኸአ ጌጋ ስልቲ ውግእ ምኳኑ ኣንዊሑ ምስ ገለጸ፣ "እምበኣር፣ ሻዕብያ ነዚ ናይ ሰላም እማመ ኣቕሪቡዎ ዘሎ፣ ካብ ክቱር ድኻምን ፍርህን ዝተላዕለ ምኳኑ ክንግንዘብ ንኽእል። ብመሰረቱኸ ናጽነት ይደሊ ድዩ? ዝብል ሕቶ ክለዓል ይግባእ። ብገምጋምና፣ ኣይፋልን'ዩ። ሻዕብያ፣ ንናጽነት ኤርትራ ኣብ ምልክት ሕቶ ኣእትዩዎ ኣሎ። ምኽንያቱ፣ እቲ ረፈረንደም ፌደረሽንን ርእሰ

ምምሕዳርን ዝብሉ ምርጫታት ስለ ዘለዉዎ። እቲ ጉዳይ እንተ ደኣ ብረፈረንደም ዝውዳእ ነይሩ ኾይኑ፣ ብቐደሙ ንምንታይ ህዝቢ ኤርትራ ብረት ኣልዓለን ክንድ'ዚ መስዋእቲ ኸፊለን? ስለዚ፣ ተ.ሓ.ህ.ት ንናጽነት ኤርትራ ኣብ ዋጋ ዕዳጋ ዘእቱ ዝኾነ ይኹን እማመ ብትሪ ይነጽጎ፡" ምስ በለ፣ ነጐድጓዳዊ ጣቕዒት ተሰምዐን እቲ ኣኼባ ተዛዘመን።

* * *

ምዕራፍ 26

ሰራዊት ሃይለስላሴ ኣብ ሳሕል ንህዝባዊ ሓይልታት ንምጥፋእ ካብ ታሕሳስ ክሳብ ጥሪ 1974 ንልዕሊ ዓሰርተ ኣርባዕተ መዓልቲ ኵናት ኣካይዱ ብዝወረዶ ሰፍ ዘይብል ስዕረት ብሓደ ወገን፥ ሰራዊቱ ብቐጻሊ ዘልዕሎም ዝነበረ ሕቶ ደሞዝን ምምሕያሽ መነባብሮን ምላሽ ብዘይ ምርካቡ ብኻልእ ወገን፥ ኣብ ኣስመራ ዓስኪሩ ዝነበረ ሰራዊት ካልኣይ ክፍለ ጦር ንብ/ጀነራል ደበበ ሃይለማርያም ኣብ ትሕቲ ቍጽጽሩ ብምእታው ዝተላዕለ ናዕቢ ናብ ካልእ ክልሕም ጊዜ ኣይወሰደን። ብሰንኪ ወሰኽ ነዳዲ መራሕቲ ታክሲ ስራሕ ደው ብምባል፥ ናብ መምህራን፥ ሰራሕተኛታትን ተመሃሮን እናተላብዐ ዝኸደ ኣድማ ዝተሰናበደ መንግስቲ ሃጼይ ሃይለስላሴ ጽገናታት ክገብር'ኳ እንተ ፈተነ፥ ካብ ውድቀት ግና ኽድሕን ኣይከኣለን። ኣብ መወዳእታ ድማ ለተናል ጀነራል ኣማን ዓንዶም ዝመርሖ ጊዝያዊ ወተሃደራዊ መንግስቲ ደርግ ነቲ ስልጣን ተረከቦ።

ክንፈ፥ ድሕሪ'ቲ ምስ ተስፋይን ሓጐስን ኣብ ቤት ብልዒ ምርኻቡ፥ "ብስራሕ ምኽንያት ናብ ደቡብ ኢትዮጵያ ተቐይርካ ኣለኻ፥ ኣብ ውሽጢ ኽልተ መዓልቲ ኽአ ተበገስ!" ስለ ዝተባህለ፥ ንተስፋይ'ውን ከይነገሮ እዩ ኸይዱ። ንሓደ ዓመት መመላእታ ኽአ ደሃይ ከይገበረ ድሕሪ ምጽናሕ፥ ናብ መለይ ከይዱ ንተስፋይ ረኸቦ'ሞ፥

"ኣታ ኽንፈ! ኣበይ ደአ ጠፊእካ፥ ብደሓንካ ዲኻ?" ብምባል መንኩቦም ብምሃብ ተሰዓዒሞም፥ ኮፍ ክብል መንበር ሃቦ።

"ሃንደበት ናብ ደቡብ ኢትዮጵያ እንድየ ብስራሕ ተቐይረ ምስ ከድኩ፥ ትማሊ ምሸት'የ መጺአ። ንምዃኑ ከመይ ኣለኻ?"

"ጽቡቕ። መገሻ'ሞ ከመይ ነይሩ?"

"ደሓን'ዩ። ሓድሽ ናይ ተሌፎን መስመር ከነእቱ ኢና ኼድና ኔርና፥ ግና ኽም'ዚ ንርእዮ ዘለና ይግበርዶ ይኸውን ኢልካዮ? እንታይ ደኣሉ ዝብሃል ዘሎ? ሃይለስላሴ ተገልቢጡ። ኣብ'ቲ ዘለናዮ ቦታ ብዘይካ ካብ'ታ ሬድዮ እትሰምዖ እንተ ዘይኮይኑ፥ ዝኾነ ሓበሬታ ኣይርከብን'ዩ።"

"እቶም ወተሃደራት ነቲ ስልጣን ሒዞሞ ኣለዉ። ከምዚ ዝርአ

ዘሎ፣ ደገፍ ናይ ህዝቢ ረኺቦም ኣለዉ፡" ብምባል ብዛዕባኡ ነዊሕ ምሰ'ዕለሉ፣

"በዓል ሰለሙን ሓጐስከ ከመይ ኣለዉ?" ኢሉ ሓተቶ። ተስፋይ ከምዛ ገለ ነገር ዝሰረቐ መንኩቡ ሰገጥ ብምባል ርእሱ ኣድነነ። ክንፈ፣ ናይ ተስፋይ ስምባደ ኸኸወሎ ኣይከኣለን "ደሓን ዲኻ ተስፋይ?" ብምባል ድማ ሓተቶ።

"ዩኒቨርሲቲ ምስ ተዓጽወ እቲ ሓደ ናብ ኣስመራ፣ እቲ ኸኣ ናብ ዓድዋ ኢሎም ተፋንዮምና ኸይዶም፣ ግና ብኡ ገይሮም ኣይተመልሱን፡" ብምባል ንቑሩብ ካልኢት ትም ድሕሪ ምባል፣ "ክልቲኦም ናብ ህ.ሓ ኣትዮም፡" ምስ በሎ፣

"እንታይ ትብል! ሓጐስን ሰለሙንንሲ ናብ ህዝባዊ ሓይልታት ከይዶም? መዓስ?"

"ኣብ ክረምቲ። ለምለም ንበይና እያ ናብ ኣዲስ ኣበባ ተመሊሳ፡" ብምባል፣ ንኽንፈ ዓይኒ ዓይኑ ጠመቶ። ክንፈ ዝብሎን ዝዛረቦን ጠፍኦ። ናይ ሰለሙን ምእታው ከም ርዱእ እንተ ወሰዶ'ኳ፣ ናይ ሓጐስ ግና፣ ፈጺሙ ክርድኦ ኣይከኣለን። ስለ ዝኾነ ኸኣ፣ ብውሽጡ ሕርር በለ'ሞ ሃንደበት ተንሲኡ ንተስፋይ ተፋንዩዎ ኸደ። ብውሽጡ ኸኣ፣ ኣብ ልዕሊ ተስፋይ ክፍኣት ሓሰበ።

ደርግ፣ ኣብ ስልጣን ምምጽኡ፣ ጉዳይ ኤርትራ ይኹን ብሄራት ኢትዮጵያ መዕለቢ ኽረክብ'ዩ ብምባል ብዙሓት ምሁራት ተስፋ ኣንቢሮሙሉ'ኳ እንተ ነበሩ፣ ንሱ ግና ነቲ ጉዳይ ንጊዚኡ ብሜላ ኽሕዞ መረጸ። ስለ ዝኾነ ኸኣ፣ ንለተናል ጀነራል ኣማን ዓንዶም ኣዛዚ ሳልሳይ ክፍለ ጦር ኣብ ስልጣን ኣምጺኡ ጉዳይ ኤርትራ ከተሃዳድኣለይ እዩ ዝብል ግጉይ ግምት ሓዘ። በዚ ምኽንያት እዩ እምበኣር ኣብ ነሓሰ 1974 ነቲ ጀነራል ናብ ኤርትራ ብምስዳድ፣ ዘይዕዉት ፈተነ ዘካየደ። ብ'ኻልእ ወገን ከኣ፣ ኣብ ኤርትራ ኣብ መንጎ ህዝባዊ ሓይልታትን ጀብሃን ዝነበረ ንሓድሕድ ውግእ ብሽማግለታት ዓዲ ንጊዚኡ'ኳ እንተ ዓረፈ፣ ኣብ ኣዲስ ኣበባ ንዝነበሩ ውድባት ህ.ሓ ግና ኣይነሓፎምን። ኣብ'ቲ እዋን በዓል ሰመረ፣ የሴፍን ተኸለን ውዱባት ስለ ዝነበሩ፣ ብዛዕባ ዝናፈስ ዝነበረ ወረ ኸዕልሉ ኣብ *በቅሎ ቤት* እትርከብ ቤት ቍርሲ ተራኸቡ'ሞ፣

"ሰሚዕኩምዶ! ሓደ ናይ ህ.ሓ ውዱብ ብፖሊስ ተታሒዙ ናብ *ተኽለሃይማኖት ሰፈር* ምራሕ ኢሎም ሒዞሞ እና'ኸዱ ኸለዉ፣ ከይረኣዩዎ ኣብ ኳሌታኡ ዝነበረት ከኒና ውሒጡ ሞይቱ፡" ብምባል፣ ሰመረ ዝጀመሮ ዘረባ፣

"ገለ ናይ ተ.ሓ.ኤ ስሩዓት'ዮም ኣሕሊፎም ሂቦሞም ዝብሃል ዘሎ፡" በለ ዮሴፍ ነገራት ከየጻረየ፡

"እሞ ናይ ህ.ሓ እንተ ኾነ፡ ንሓዎም ንምንታይ ናብ ኢድ ጸላኢ ኣሕሊፎም ይህቡዎ? ዘሕዝን'ዩ፡" ብምባል፡ ተኸለ ብልቢ ሓዘነ።

"ምስ ሓዙዎ ሕራይ ንዑናይ ዝርዝር ኣስማት ክህበኩም ኢሉ እዩ መሪሑ ዝወሰዶም ነይሩ። ምእንቲ ሰብ ከይልክም ኢሉ ኸኣ እዩ ኣዘንጊዑ ነታ ኸኒና ወሲዱዋ። ባእ! እዚ እዩ ሰብኣይ ዝብሃል!" በለ ዮሴፍ ርእሱ ብምንቕናቕ።

"እሞ ሓንቲ ነገር ኣይረኸቡን ማለት ድዩ?"

"እንታይ ክረኽቡ ደኣ። ኣይ ከይረኸቡ እንድዩ ነብሱ ቐቲሉ፡ ንስኻ ኸኣ፡" በለ ዮሴፍ። ከምኡ እናበሉ ንዝተናፈሰ ወረታት ክደጋግሙን ባዕላዊ ትንተና ክህቡን ሰዓት ሸሞንተ ኾነ'ሞ ተፈላለዩ።

እዚ ምስ ኮነ፡ ኣብ ኣዲስ ኣበባ ንዝነበሩ ውድባትን ፋይናንስያዊ ሓገዝ ዝህቡ ዝነበሩ ኤርትራውያንን ንጊዚኡ ሻቕሎት ፈጠረ'ሞ፡ በረኸትን ወልደንክኤልን ካብ ኩሉ ወገን ሓበሬታ ኽእክቡ ዝተጓየዩ።

* * *

ሻምበል *ታምራት*፡ ሰበይቱ ፈቲሑ ነልማዝ ካብ ዝምርያ ቐሩብ ኣዋርሕ ጥራይ እዩ ጌሩ ነይሩ። መንግስቲ ሃጸይ ሃይለስላሴ ብምውዳቑ፡ ኣዲስ ኣበባ ጸጥታ ብምስኣና ለይትን መዓልትን ኣብ ስራሕ ብምቕራኑ፡ ካብ ኣብ ገዝኡ ዝድቅስ፡ ኣብ ቤት ጽሕፈቱ ዝድቅሰሉ እዋን ይበዝሕ ነበረ። ኣብ'ቲ እዋን'ቲ፡ ንሱ ካብ ሚኒስትሪ ምክልኻል ተመሪጹ ኣባል'ቲ ጊዝያዊ ወተሃደራዊ መንግስቲ ደርግ ኮይኑ። ኾይኑ ከኣ ዓቢ ፍናን ረኸበ። ስለዚ፡ ነቶም ናይ ልቢ ኣዕሩኽተይ ዝብሎም ኣዜብ፡ መሓሪ፡ በረኸትን ኢብራሂምን ኣብ ገዝኡ ከመይ ዝበለ ድግስ ገበረሎም። ድሕሪ መርዓኦም፡ ኣብ መንጎኦም ኣዝዩ ድልዱል ዕርክነት ተመስረተ። *ታምራት*፡ ንበረኸት ብኹለንትናኡ ዝፈትዎን ዘድንቖን እንተ ነበረ'ኳ፡ ንኣዜብ ግና ከም ሓማቱ፡ ኣማኻሪቱን ሓፍቱን'ዩ ዝርእያን ዝፈትዋን ዝነበረ። ከምኡ ስለ ዝኾነ እዩ፡ ተጋዳላይ ዓሊ ይኹን እቶም ካልኦት፡ ገሊኦም ንሰለስተ ዓመት ገሊኦም ከኣ ንሓደ ዓመት ተፈሪዶም፡ ኣብ ሓጺር ጊዜ ናብ *ዓለም በቃኝ* ከም ዝኣትዉ ዝተገብረ። እዚ ኾይኑ ኸብቅዕ፡ ነቲ ኣብ *ተኸለሃይማኖት ሰፈር* ዘጋጠመ ፍጻሜን ሳዕቤኑን ንምጽራይ ካብ ሻምበል ብዝኾነ ይኹን መገዲ ሓበሬታ

ኽርከብ ስለ ዝነበሮ፡

"ኣነ፡ ንሻምበል ኣብ'ዚ ሰዓት'ዚ እንተ ሓቲተዮ ዘይተደልየ ጥርጣረ ኽሕድር ስለ ዝኽእል፡ እንታይ እንተ ገበርና ይሓይሽ፡" ብምባል በረኸት ንኣዜብ ሓተታ።

"ኣነ'ውን ኣብ ስራሕ ኮይነ ብዛዕባ'ቲ ትማሊ ዘጋጠመ ክሓስብ፡ ፈጺመ ክሰርሕ ኣይኽኣልኩን። ስለዚ፡ እታ ሓንቲ መፍትሒ ክትኸውን እትኽእል፡ ኣነ ናብ ኣልማዝ ምሕዳረይ ክኸይድ። ኣጋጣሚ ኾይኑ ንገዝኡ እንተ መጸ ክረኽቦ'ሞ ኣብ ገዛና ድራር ክዕድሞ፡" ኢላ ሓሳባ ምስ ሃበቶ፡ በረኸት በቲ ሓሳብ ተሰማሚዑ ህጹጽ ስራሕ ስለ ዝነበሮ ተፋንዩዋ ኸደ። ሻምበል፡ ድሕሪ'ቲ ኣባል ደርግ ምዃኑ ዝተዋህቦ ዓቢ ቪላ ገዛ ብወተሃደራት'ዩ ዝሕሎ ዝነበረ። ኣልማዝ ኣስቴዛ ክትገብር'ውን እንተ ኾነ ብዓጀብቲ ወተሃደራት ተሰንያ እያ ትኸይድ ነይራ። ንምሸቱ ኣዜብ ናብ እንዳ ሻምበል ምስ ከደት፡

"እምበይተይ ኣዜብ፡" ብምባል፡ ሰራሕተኛ ገዛ ወጺኣ ማዕጾ ኸፈተታ'ሞ ኣመስጊና ኣተወት።

"እምበይተይ ኣልማዝ፡ እምበይተይ ኣዜብ መጺኣን።" ኣልማዝ ብጒያ ብምምጻእ "ኣዜበይ፡" ብምባል ከም ቈልዓ ኣብ ሕቝፋ ኣተወት። "ከመይ ናፊቐኪ'መስለኪ፡ ሎሚ እንተ ዘይትመጺ ንታምራት ነጊረ ጽባሕ ባዕለይ ክመጸኪ እየ ሓሲበ ነይረ፡" ብምባል ደጊማ ሰዓ መ.ታ'ሞ ተተሓሒዘን ናብ ሳሎን ኣተዋ። ሻምበል ታምራት ከባቢ ሰዓት ሸውዓተን ፈረቓን ኣቢሉ እንተ'ምሰኹ ኣይትሻቐሊ ኽብል ደወለ'ሞ

"ታምራተይ፡ ኣዜብ መጺኣ ኣላ'ሞ ርኸባ፡" ብምባል ለዓት ተሌፎን ንኣዜብ ኣረከበታ።

"ሻምበል ታምራት ከመይ ቀኒኻ?"

"እግዚኣብሄር ይመስገን፡ ንስኺኸ ከመይ ቀኒኺ?። ኣጋጣሚ ኾይኑ ስራሕ ስለ ዝበዝሓኒ'ምበር ክርእየኪ ክመጽእ ደስ ምበለኒ ነይሩ፡" ምስ በላ፡

"ኣነ'ውን ክርእየኩም ተሃንጥየ እየ መጺአ፡" ናብ ኣልማዝ እናጠመተት ዓይና ብምጽቃጥ፡ "ኣልማዝ'ኳ እንተ ዘይሓደርኪ እያ ክትብለኒ ጸኒሓ፡ ስድራ ስለ ዘይነገርኩዎም ግና..." ኢላ ኽይወድኣት፡

"በጃኺ ኣዜብ ሕደሪ፡ እንተ ናይ ስድራኺ ግና፡ ኣነ ሰብ ሰዲደ ኽነግሮም'የ ኣይትሻቐሊ፡" ብምባል ኲለፉ።

"በል ደሓን! ሰብ ኣይትስደድ፡ ባዕለይ ተሌፎን ገይረ ገዛኹም

ከም ዝሓድር ክነግሮም'የ፣ እንተ'ምሲኻ ግና ወይለኻ!" ምስ በለቶ፡ በቲ ምኡዝ ኣዘራርባኣ እናሰሓቐ፡

"እምበይተይ፡ ሕራይ ኣየምስን'የ፡" ኢሉ፡ ተሌፎን ዓጸዋ። ኣልማዝን ኣዜብን ከኣ ናብ ዕላለን ኣተዋ።

ሻምበል ታምራት፡ ኣብ'ቲ እዋን'ቲ ነቲ ብብሪጋደር ጀነራል ወንድምኣገኘሁ ዝምራሕ ዝነበረ ክፍሊ ስለያ፡ ጸብጻብ ዝቕበልን ንኣባላት ደርግ ኵነታት ሃገር ብመንጽር ጸጥታ መግለጺ ዝህብን ብምንባሩ፡ ኣዝዩ ተፈራህን ክቡርን ኮይኑ ነበረ። ደርግ ንቤተ ሰብ ሃጸይ ሃይለስላሴን ሰበ ስልጣናቱን ኣብ ትሕቲ ቀይዲ ምስ ኣእተዎም፡ ኵነታቶም ዝከታተል ዝነበረ ንሱ እዩ ነይሩ። ይኹን ደኣ'ምበር ብሻለቃ መንግስቱ ሃይለማርያም ዝምራሕ ጕጅለ ብሓደ ወገን፡ ብኣጥናፉ ኸኣ በቲ ኻልእ፡ "ንረሽኖምዶ ንእሰሮም?" ኣብ ዝብል ክትዕ፡ ንሱ፡ ምስ በዓል ኣጥናፉ እዩ ወጊኑ ነይሩ። እንተ ኾነ፡ ጕጅለ ሻለቃ መንግስቱ ሃይለማርያም ብዝወሰዶ ውሳኔ፡ ሌ/ጀነራል ኣማን ዓንዶም ዝርከቦም፡ ልዕሊ ሱሳ ቤተ ሰብ ሃጸይ ሃይለስላሴን ሰበ ስልጣናቱን ተረሸኑ። ካብ'ዛ ዕለት'ዚኣ ንንየው ንጕጅለ መንግስቱ ሃይለማርያም ክኣምኖ ኣይከኣለን፡ ዝኸፍኣ ኸም ዝመጽእ'ውን ክስቆሮ ጀመረ። ኣብ ከምዚ ውጡር ኵነታት ከሎ እዩ እምበኣር ኣዜብ ምሕዳራ ናብ ገዝኦም ዝኸደት። ንሱ፡ ስርሑ ወዲኡ ሰዓት ትሽዓተን ፈረቓን ኣቢሉ ብወተሃደራት ተዓጅቡ ገዝኡ በጽሐ።

"ከመይ ኣምሲኽን?" ብምባል፡ ብቐጥታ ናብ ሳሎን ኣተወ'ሞ ኣልማዝ ብድድ ኢላ ሰዓመቶ። ከምኡ'ውን ኣዜብ። ገዝኡ ምእታዉ ሩፍታ ተሰምዖ። ኣልማዝ ከኣ ብድድ ኢላ ካብ መደቀሲኦም ሸበጥ ኣምጺኣ ሳእኑ ኣምሊቓ በዓል ቤታ ድራር ክትቀርብ ናብ'ዝን ናብ'ትን ክትብል ጀመረት።

"ኣዜብ፡ ከመይ ቀኒኺ? እነሀልኪ ምስ ፈተውትኻን ቤተ ሰብካን ዘየራኽብ ጊዜ መጺኡና፡" ብምባል ፍሽኽ በላ።

"ታምራት ኣይተማርር፡ ናይ ሃገር ጉዳይ'ኮ እዩ። ንስኻ ዘይሰራሕካ ደኣ መን ክሰርሕ፡ ሓደ መዓልቲ፡ ኩሉ ነገር መስርዑ ምስ ሓዘ ኸኣ ከቢርካ ተዕርፍ፡" በለቶ፡ ፍሽኽታ እናርኣየት። ኣብ ምዉቕ ዕላል እናዕለሉ ኸለዉ፡ ኣልማዝ ድራር ሒዛ መጸት'ሞ ብሓንሳብ ተደረሩ። ድሕሪ ድራር ኣብ ሳሎን ኮፍ ኢሎም ብዛዕባ ዘሎ ኹነታት እናዕለሉ ኸለዉ፡

"እንታይ ደኣሉ ኣብ ተክለሃይማኖት ሰፈር ፖሊስ ሓደ ሰብ

ቀቲሎም ዝብሃል ዘሎ። ካብ'ዞም ዝቃወሙ ዘለዉ ተመሃሮ ድዩ?"

"ኣይኮነን። ምስ'ዞም ኣብ ክፍሊ ሃገር ኤርትራ ዘለዉ እዩ ዝሰርሕ ነይሩ። ከም ዝሰማዕኩዎ፡ ፖሊስ ገዝኡ ክፍትሹ እናወሰዱዎ ኸለዉ እዩ ኸኒና ወሲዱ ነብሱ ኣጥፊኡዋ።"

"እንታይ ትብል፡ ዘሕዝን'ዩ። ሰብዶ ትም ኢሉ ነብሱ የጥፍእ እዩ?" ብምባል ርእሳ ነቕነቐት።

"እንታይ ይመስለኪ? ጉዳይ ኤርትራ ተጠንቂቕና እንተ ዘይሒዝናዮ ሓደ መዓልቲ መንሽሮ ኾይኑ በብቑሩብ ክቐትለና እዩ። ርአዪ፡ ዝፈትዎ ዓርከይ ሻምበል ሚኪኤል ናብ ሻዕብያ ኸይዱ፡ ጸኒሖም'ውን ካልኦት ክኸዱ እዮም። እዚ ሰብ'ውን ንዕላማ እዩ ነብሱ ኣጥፊኡ። ፖሊስ ግና ዋላ ሓደ ዝጭበጥ ነገር ካብኡ ኸይረኸቡ፡ ጥራይ ኢዶም ተሪፎም።"

"ወይለይ! ንሱ ጥራይዶ ኣይኮነን? ዝተሓባበሩዎ ነይሮሞ ድዮም?"

"ኣብ ከምዚ ኹነታት፡ ግድን'ዩ ምውድዳብ ክህሉ። ብወገን ፖሊስ ግና ዝተረኽበ ነገር የልቦን፡ ምኽንያቱ እዚ ሰብ'ዚ ኹሉ ምስጢር ሒዙዎ እዩ ኸይዱ፡" ብምባል ርእሱ ነቕነቐ።

"ንምኻኑ መዓስ ኢና ምልሶት ንኸይድ?" ብምባል፡ ሃንደበት ዕላል ቀየረት። ኣልማዝ'ውን እቲ ዕላል ተመንዩዋ ስለ ዝነበረ፡ "ታምራተይ፡ ኣዜብ ሓቃ እያ መዓስ ኢና ንኸይድ?"

"ኣነ'ኳ ክንደየናይ፡ ስራሕን ሓላፍነትን ተወዚ ዘብለኒ ኣይመስለንን። ክልቴ'ኽን ግና ኣነ መኪና ክሰደልክን'ሞ በጺሕክን ክትመጻ፡" ምስ በለን፡ ኣዜብ መዋጽኦ ዘይብላ ጉዳይ ኮነታ።

"ብዘይ ብኣኻ ክንከይድ ዘይሕሰብ'ዩ፣ ካብ ከምኡ ንወ/ሮ ኣምለሰት ናብ'ዚ ምምጻእ ይሓይሽ፡" በለት ኣዜብ። ንሱ፡ ንሳ ብእተምጽኦም ፍታሕ ኩሉ ጊዜ ምስ ተደነቐ እዩ። ኣብ ልክዕ ሰዓት ልክዕ ፍታሕ። ከምዚ'ሎም ከዕልሉ ድሕሪ ምምሳይ ሻምበል ንወ/ሮ ኣምለሰት መኪና ሰዲዱ ኸምጽኣን ምኳኑ ተመባጺዑ፡ ገዲፉወን ናብ ዓራቱ ኸደ። ንጽባሒቱ፡ ኣዜብ ንበረኸት ብምርካብ፡ እቲ ሻምበል ዝሃባ ሓበሬታ ገለጸትሉ'ሞ ነገር ደሓን ምኳኑ ቐሰነ።

ኵነታት ኣዲስ ኣበባ ካብ ዝኸፍአ ናብ ዝኸፍአ ካብ ዝኸይድ፡ ኣዋርሕ ኣሕለፈ። መስከረም ኮይኑ ትምህርቲ ተኸፍተ፣ ተመሃሮ ዩኒቨርሲትን ካልኣይ ደረጃን "ወተሃደር ናብ መዓስከር ስልጣን ናብ ርሂጸ በላዕ!" ዝብል ጭርሖ ብምሓዝ፡ ጐደናታት ኣዲስ ኣበባ መልኡዎ። ደርግ፡ ንሚኪኤል እምሩ ይኹን ደጃዝማች ዘውዴ

ቀዳማይ ሚኒስተር ብምሻም “ሀሁ ኣብ ሽዱሽተ ወርሒ፣” ዝብል ጭርሖ ኣውጺኦም ህዝቢ ኽተሃዳድኡ እንተ ፈተኑ'ኳ፣ ክቐንየም ግና ኣይከኣለን። ብኣንጻሩ እቲ ፖለቲካዊ ቀዅርቋስ ኣብ ዋና ኸተማ ኢትዮጵያ እናሓየለ ኸደ።

* * *

ምዕራፍ 27

ወልደንክኤልን ተስፋይን ነቲ ቅድሚ ሽዱሽተ ወርሒ ኣቢሉ ዘጋጠመ መስዋእቲ ብጻዮም ምርኩስ ብምግባር፡ ተጠመትን ተጠርጠርትን ዝብሃሉ ኣባላት'ቲ ሚ.ም.ኤ እንተ ኸኢሎም፡ ተኸዊሎም ክጸንሑ፡ እንተ ዘይኮነ ግና ናብ ሜዳ ክኣትዉ ህጹጽ ሓበሬታ ኣመሓላሊፎም ነይሮም እዮም። ስለ ዝኾነ ኸኣ፡ ባዕሉ ወልደንክኤል ካብ'ቶም ክወጹ ዝግብኦም ዝነበሩ ወደብቲ ኣካል ስለ ዝነበረ፡ ካብ ኣዲስ ኣበባ ብሮማ (ዓዲ ጣልያን) ኣቢሉ ንሜዳ ኣተወ። ኵነታት ውድባት ኤርትራውያን ከምዚ ኢሉ ክሕቈን ድሕሪ ምጽናሕ ኣብ መወዳእታ 1974 ዝግ በለ። ተስፋይ'ውን ነቲ ውዳበን ፋይናንስያዊ ሓገዝ ኤርትራውያን ኣብ ምእካብን ብመስመሩ ገይሩ ናብ ሜዳ ምብጻሕን ብንጥፈት ተተሓዘ። እዚ እናኾነ ኸሎ፡ ደርግ፡ ዘይተጸበዮ ኣዝዩ ኣሻቓሊ ጉዳይ ገጠሞ፡ መጥቃዕቲ ኣስመራ 31 ጥሪ 1975። መጥቃዕቲ ኣስመራ ኣብ ኤርትራውያን ተቐማጠ ኢትዮጵያ ብፍላይ ከተማ ኣዲስ ኣበባ ዝፈጠሮ ፍናንን ተስፋን ዓቢ እዩ ነይሩ። ብዙሓት ሰራሕተኛታትን ተመሃሮን ናብ ሜዳ ወሓዙ። ሻምበል፡ ብሻህን ብብሽኮትን ካብ ዝምርያ ዓመቱ'ኳ እንተ ገበረ፡ ብጻዕቂ ስራሕ ዝኣክል፡ ገዝኡ ዳርጋ ኣብ ሰሙን ክልተ ሰለስተ መዓልቲ ጥራይ እዩ ዝኸይድ ነይሩ። ኣብታ ለይቲ'ቲኣ ብድኻም ዘግ ኢሉ ኣይርኢ ኣይሰምዕ ደቂሱ ኸሎ፡ ወጋሕታ ሰዓት ሰለስ ተ ስልኪ "ጭር!" በለት'ሞ ኣልማዝ ብብዕግግታ "ሃለው፧" በለት።

"ካብ ቤት ጽሕፈት ሻለቃ ዳንኤል ኣሰፋ ኢና፡ ብኽብረትክን ንሻምበል ታምራት ከነዛርቦም ምኽኣልናዶ?" ኣልማዝ ነገሩ ደንጽዩዋ፡

"ታምራተይ! ታምራተይ!" ብምባል፡ ነቕኒቓ ኣተሲኣ ለዓት ተሌፎን ኣቐበለቶ።

"መን ክብል?"

"ካብ ቤት ጽሕፈት ሻለቃ ዳንኤል ኣሰፋ ኢና፡ ጐይታይ፡ ሓንሳብ ጽንሑ፡" ብምባል፡ ናብ ሻለቃ ኣተሓላለፉዎ።

"ታምራት፡ ዳንኤል እየ። ይቕሬታ፡ ከም ዘተሳእኩኻ ይርድኣኒ እዩ፡ ህጹጽ ኣኼባ ስለ ዘለና ድሕሪ ሰዓት ኣብ *ሳራተኛ ክፍለ ጦር* ተረኸብ፡" ድሕሪ ምባል፡ ተሌፎን ዓጸዋ። ሻምበል ተበራቢሩ

ዓይኑ እናሓሰየ ናብ ዓይኒ ምድሪ ኸደ። ነገሩ ደንጽዩዎ ኣብ ሓሳብ ተሸመ። ንምንታይ ዳንኤል ደዊሉ? እንታይከ ስለ ዝተረኽበ? ኢሉ ካብ ሓደ ሕቶ ናብ ካልእ ሕቶ እናነጠረ ኸሎ፣ ሰብኣያ ኣብ ዓይኒ ምድሪ ዝደንጐያ ኣልማዝ ተሻቒላ ማዕጾ ኳሕኵሐት። ታምራት ልቡ ብኣፉ ክትነጥር ደለየት። ማዕጾ ብምኽፋት ከኣ ቅድሚኡ ገይሩዎ ዘይፈልጥ፣

"ኣንቲ እንታይ ወሪዱኪ? ኣብ ዘይእዋኑ ከምዚ ጌርኪ ትኹሕኹሒ?" ብምባል ብነድሪ ተዛረባ። ኣልማዝ ትብሎ ጠፊኡዋ ዓይና ኣፍጢጣ ተረፈት። ምልስ ኢሉ ግና "ኣይትሓዝለይ ባዕጊገ ስለ ዘለኹ እየ፣" ብምባል ሓቝፉ ናብ መደቀሲ ወሰዳ'ሞ፣ ቊርሲ ኽተዳልወሉ ነገራ።

ሻምበል፣ ካብ ቤቱ በታ ፖጆት 505 መኪናኡ ገይሩ ካብ ሓጹር ውጽእ ምስ በለ፣ ቅድሚኡ ርእዩዎም ዘይፈልጥ ጂፕ ዝሓዙ ወተሃደራት ምስ'ቶም ኣብ ደገ ዝነበሩ ሓለውቱ ኽዘራረቡ ረኣየ'ሞ ሰገጥ በለ። ክልተ ካብ'ቶም ወተሃደራት ናብኡ ክቐርቡ ብዝረኣየ ብየማናይ ጐድኑ ዓጢቑዋ ዝነበረት ሽጉጡ ኣትሪሩ ሓዛ። እቶም ወተሃደራት ናብኡ ብምቕራብ ሰላምታ ሂቦም ሓንቲ መልእኽቲ ዝሓዘት ደብዳበ ሃቡዎ።

"ምስ'ዞም ወተሃደራት ከም ትመጽእ ግበር። ሻለቃ መንግስቱ ሃይለማርያምን ሻለቃ ዳንኤልን፣" ጥራይ ትብል መልእኽቲ። ነገሩ ምርዳእ ዝኣበዮ ሻምበል፣ እንታይ ከም ዝውስን ጠፍኦ። ኣብ'ቲ ጊዜ'ቲ ኣብ ውሽጢ ደርግ ዓቢ ምክፍፋል ዝተፈጥረሉ እዋን እዩ ነይሩ። ነቲ ኣብ ልዕሊ ሰበ ስልጣን ሃጸይ ሃይለስላሴ ይኹን ኣባላት ደርግ ዝተወስደ ስጕምቲ ዝቃወሙ ብሓደ ወገን፣ ኣብ መንጎ'ተን ኣብ'ቲ እዋን'ቲ ብምሁራን ዝቖማ ሰልፍታት ወዝሊግ፣ መ.ኢ.ሶ.ንን ኢ.ፒ.ኣር.ፒን ዝነበረ "ንመንግስቱ ሃይለማርያም መን ወነኖ፣" ክርፍስ በቲ ኻልእ፣ ኣብ'ዚ ክርፍስ'ዚ ወዝሊግን መኢሶንን ላዕለዋይ ኢድ ሒዘን'ኳ እንተ ወጻ፣ መንግስቱ ግና፣ ንሃይለ ፊዳን ዶ/ር ነገደ ጐበዜን ክኣምኖም ኣይከኣለን። እዚ እናኾነ ኸሎ ግና፣ ጉዳይ ኤርትራ ካብ'ቲ ዝዓበየ ስክፍታ ዝፈጠረሎም ኵነታት ብምን ባሩ፣ ታምራት ኣብቲ ዝተባህሎ ሰዓትን ቦታን ምስ ኣተወ፣

"ታምራት፣ ብለይቲ ኣኼባ ክንጽውዓካ ዝተገደድና፣ ኵነታት ኤርትራ ካብ ቊጽጽርና ወጺኢ እናኾነ ይኸይድ ስለ ዘሎ፣ እንታይ ክንገብር ከም ዘለና ክንመኻኸር'ዩ፣" ብምባል፣ መንግስቱ ንኹሎም በብሓደ ጠመቶም። ኣብ'ቲ ኣኼባ ዝተጸውዐ ሻምበል ሙሉጌታ ካብ

ፖሊስ፡ ሓለቓ ሓምሳ ለገሰ ኣሰፋ፡ ሻምበል ኣሰፋ ካብ ካልኣይ ክፍለ ጦር፡ ሻለቃ ዳንኤል ካብ ራብዓይ ክፍለ ጦርን ሻምበል ታምራት ካብ ሚኒስትሪ ምክልኻልን ነበሩ። ብምቕጻል "ንስኻ ንውሕ ዝበለ ጊዜ ናብ ኤርትራ እናተመላለስካ ስለ ዝሰራሕካን ኣብኡ'ውን ስለ ዝነበርካን ክትህበና እትኽእል ሓበሬታ እንተሎ ብመጀመርታ ብኣኻ ክንጅምር፡" ብምባል፡ እቶም ካልኦት ኣቓልቦኦም ናብ ሻምበል ታምራት ገበሩ። ታምራት ክሓስ ቦ ዝጸንሐ ኻልእ፡ ዘጋጠሞ ኻልእ ኮይኑ ስለ ዝጸንሖ ናብ ቀልቡ'ኳ እንተ ተመልሰ፡ እቲ ጉዳይ ዘይተቐረበሉን ቀዲሙ ንኽሓስበሉ ጊዜ ዘይተዋህቦን ብምዃኑ፡

"እዚ ትብሉዎ ዘለኹም ጉዳይ ኣተሓሳስቢ እናኾነ ካብ ዝመጽእ ነዊሕ እዋን ዝገበረን ሓድጊ ናይ'ቲ ዝነበረ መንግስቲ ብምዃኑን፡ እነሆ ሎሚ ኣጸቢቑ ገንፊሉ ንርእዮ ኣለና። ይኹን ደኣ'ምበር፡ እዚ ጉዳይ'ዚ ኣብ'ቲ ናይ ደርግ መጋባእያ እንተ ዝወርድ'ሞ ኩሉ ሓሓሳ ቡ ሂቡ እንተ ዝውሰን ዝሓሸ ምኾነ ነይሩ፡" ብምባል፡ ንቕድም ን መንግስቱ ደሓር ንኹሎም በብሓደ ጠመቶም።

"ንሕና'ውን ስጉምቲ ንምውሳድ ዘይኮነ፡ እንታይ ደኣ፡ ኣብ'ቲ መጋባእያ ናይ ሓባር ኣረኣእያ ንኽህልወና ብምባል'ዩ፡" በለ፡ ሓለቓ ሓምሳ ለገሰ ኣሰፋው።

"ኣብ ደርግ፡ ከም እትፈልጦ፡ ገለ ወገናት ነዚ ናይ ኤርትራ ጉዳይ ምስ ኢ.ፒ.ኣር.ፒ ብምምሻጣር፡ ብዲሞክራሲ.ዶ ብዘተ ክፍታሕ ኣለዎ ዝብሉ ወገናት ኣለዉ። ስለዚ፡ ብወገንና እቲ ኣብ ኤርትራ ዘሎ ሰራዊት ኣዝዩ ተዳኺሙ ስለ ዘሎ፡ *"ራዛ ኦፐረሽን፡"* ዝሰመናዮ ካብ ሓረስቶትን ካልኦት ኣካላት ህዝብን ዝተዋጽአ ሓደ ሚእቲ ሽሕ ዝበጽሕ ሚሊሻያ ብህጹጽ ናብ ኤርትራ ከነዋፍር ሓሳብ ከነቕርብ ኢና፡" ሻምበል ሙሉጌታ ምስ በለ፡ መንግስቱ ኣመን ግው ኣቢሉ፡

"መ.ኢ.ሶ.ን ይኹን ኢ.ፒ.ኣር.ፒ ኣብ መንጎና ኣትዮም ኣብ ክልተ ሰለስተ ገማሚያምና ኣለዉ። ከም ዝመስለኒ ንሕና እዞም ኣብ'ዚኣ ዘለና ኢና ብኦም ዘይተጸለና። እዚ ጉዳይ ማለት እቲ ወፍሪ፡ ነቲ ኣብ ውሽጥና ንዘሎ ቍርቍስ ንጊዚኡ ኸተሃዳድኣልናን ንሕና ኸኣ መን'ዩ ነዚ ኣብዮት ብልቡ ዝሰርሕን ዘይሰርሕን ንኽንመሚ ጊዜ ክህበና እዩ፡" በለ'ሞ፡ ሻምበል ታምራት ኣብ ውዱእ ነገር ከም ዝመጸን ኣብ'ዛ ሰዓት'ዚኣ ኸኣ ምስኦም ዘይምውጋን ከምጽኦ ዝኽእል ሳዕቤን ድሕሪ ምስትብሃል፡

"ብወገነይ ቀዲሙ ተሓቢሩኒ ነይሩ እንተ ዝኸውን ምናልባት ዝሓሸ ኣማራጺታት መናደኹ ነይረ። ካብ ኮነ ግና፡ ኣብ ውሳኔኹም ምሳኹም ኣለኹ፡" ምስ በለ፡ ኩላቶም ከካብ መንበሮም ተንሲኦም ናይ እንቋዕ ሓጎሰና ምልክት ብኢዶም ጨበጡዎ'ሞ፡ ናብቲ ብብረጋድር ጀነራል ተፈሪ በንቲ ንሰዓት ሽዱሽተ ወጋሕታ ዝተጸውዐ ህጹጽ ኣኼባ ንኽኸዱ ተበገሱ።

ብሪጋደር ጀነራል ተፈረ በንቲ ኣዛዚ ኻልኣይ ክፍለ ጦር ዝነበረን ኣብ ኤርትራ ነዊሕ ተመኩሮ ዝነበሮን ኮይኑ፡ ድሕሪ ጀነራል ኣማን ዓንዶም ኣብ ስልጣን ዝመጸ ምኩር ወተሃደር'ዩ። ኮይኑ ኸኣ፡ ንጉዳይ ኤርትራ ብዝምልከት ምስ'ቶም ከም በዓል ሌ/ኮሎኔል ኣጥናፉ ኣባተ ዝመሰሉ ብዘተ ንፍትሓዮ ዝብሉ ዝነበሩ እዩ። ይኹን ደኣ'ምበር እቲ ኣኼባ ድሮ በዓል መንግስቱ ሃይለማርያም ተወዳዲቦሙሉ ዝመጹ ስለ ዝነበረ፡ *ራዛ ኦፐረሽን* ንኽትግበር ውሳኔ ሓለፈ።

ሻምበል *ታምራት*፡ ሽሕ'ኳ ኣብ ኤርትራ ዝነበረ ውግእ ከም ሓደ ናይ ሽፋቱ ተግባራት ገይሩ ይርእዮ እንተ ነበረ፡ ነቲ ሓሳብ ናይ በዓል መንግስቱ ግና ብውሽጡስ ኣይኣመነሉን። ከይተፈለጠ ኸኣ ብዛዕባ'ቲ ኣብ ከብዲ ኣልማዝ ዝነበረ ቈልዓ ኽሓስብ ጀመረ። ንኣዜብ ይኹን ነቶም ካልኦት ተዓራሪኹዎም ዝነበረ ኤርትራውያን፡ ከም ኢትዮጵያውያን'ምበር፡ ካብ ኢትዮጵያውነት ወጻኢ ይሓስቡ እዮም ኢሉ ፈጺሙ ሓሲቡ ኣይፈልጥን'ዩ ነይሩ። ስለ ዝኾነ ኸኣ እዩ፡ ንኣዜብ ክረኽባን ክዘራርባን ዝደለየ። ፍርቂ መዓልቲ ንምሳሕ ናብ ገዝኡ ምስ ከደ፡ ንኣዜብ ስልኪ ደወለላ'ሞ፡ ምሸት ኣብ *ፍንፍኔ ሆቴል* ድራር ክዕድማ ዝኽእል እንተ ኾይኑ ሓተታ።

"ኣነ'ኳ ደስ ምስ በለኒ፡ ግና ምስ ኣማኑኤል ብሓንሳብ ንድራር ክንወጽእ ተበሃሂልና ስለ ዘለናስ ኣይክትጥዕመንን'ያ፡" ብምባል፡ ሻምበል ሽም ኣማኑኤል ምስ ዝጽዋዕ ደስ ከም ዝብሎ ስለ እትፈልጥ እንታይ ከም ዝብል ተጸበየቶ።

"ኣማኑኤል ናተይ ምምጻእ ደስ ዘይብሎ እንተ ኾይኑ ሕራይ፡" በላ እናሰሓቐ።

"ሻምበል፡ ከምኡ ማለተይ ኣይኮንኩን። ንሱ'ውን ምሳና ብሓባር ከምሲ ኣመና ደስ ከም ዝብሎ እፈልጥ እየ'ሞ፡ ዝገበርኩ ገይረ ባዕለይ ብመኪናይ ሒዘዮ ክመጽእ እየ፡" ምስ በለቶ፡ ብወገኑ'ውን ኣማኑኤል ክጽምበሮም ምኳኑ ኣዝዩ ባህ በሎ።

ኣዜብ ብኡ ንብኡ ናብ ኢብራሂም ደዊላ ብዝኾነ ይኹን መገዲ

ንበረኸት ረኺቡ ኽድውለላ ተማሕጸነቶ። ኢብራሂም ንበረኸት ኣብ ህጹጽ እዋን ብኸመይን ኣበይን ከም ዝረኽቦ ሓበሬታ ስለ ዝነበሮ፣ መልእኽቲ ኣዜብ ኣብጽሓሉ። በረኸት እንትርፎ ኣብ ህጹጽ ኵነታት እንተ ዘይኮይኑ ንኣዜብ ኣብ ስራሓ ደዊሉላ ኣይፈልጥን'ዩ። ክረኽባ እንተ ኾይኑ ኣብ ኣፍ ደገ ገዝኣ ብምጽባይ ካብኡ ሓሊፉ ብቑጸራ እዩ ዝረኽባ ነይሩ። ሕጂ ግና ኣማራጺ ስለ ዘይነበሮ ኣብ ስራሓ ስልኪ ደወለላ።

"ሃለው፣ መን ክብል?"

"ኣማኑኤል'የ።"

"ስራሕ ሒዘ ኣለኹ'ሞ ኣብ ገዛ ንራኸብ፣" በለቶ ኣሕጺራ። ድሕሪ ስራሕ ሰዓት ሸዱሽተን ዓሰርተን ኣብ ኣፍ ደገ ገዝኣም ተራኺቡ'ሞ ኣሕጽር ኣቢላ ሓቢራ፣ ሰዓት ሸውዓተን ርብዕን ናብ ገዝኣም ክመጽእ ነገረቶ። በረኸት ኣብ ሰዓቱ መጸ፣ ተተሓሒዞም ናብ *ፍንፍኔ ሆቴል* ኣምርሑ።

"እንታይ ተረኺቡ ደኣሉ ድራር ዓዲሙኒ?"

"ኣነ'ውን ኣይፈለጥኩን። ግና ሎሚ ቕነ ዳርጋ ብጻዕቂ ስራሕ ዝኣክል፣ ናብ ገዝኡ ኽመጽእ ኣይቀነየን ብምባል ኣልማዝ ተማርር ነይራ። ስለዚ። ኣነ ንበይነይ ካብ ዝረኽቦ ንስኻ እንተ ሃለኻ ዝሓሸ ኾይኑ ስለ ዝተሰምዓኒ እየ ምሳና ክትድረረን ክትሰምዖን ደልየካ፣" ብምባል፣ መኪና እናዘወረት ቷሕ ኢላ ጠመተቶ።

"ግርም እምበር ጌርኪ። ምስኡ ምዕላል ማለት'ኮ፣ ዳርጋ ንደርግ ኣብ ውሽጡ ኣቲኻ ምስማዕ ማለት'ዩ፣" ብምባል ኣድናቖቱ ገለጸላ። ከምኡ እናበሉ ኽይተፈለጠም ኣብ'ቲ ሆቴል በጽሑ። ሓደ ካብ'ቶም ንኣዜብ ዝፈልጡዋ ሓለውቱ ቐርብ ኢሉ፣ "ከመይ ኣምሲኽን ወ/ሮ ኣዜብ? ሻምበል ይጽበዩኽን ኣለዉ፣" ብምባል፣ መሪሑ ናብቲ ኽፍሊ ወሰዳ'ሞ፣ ከፊቱ ኣእትዩዎም ማዕጾ ዓጽዩ ተመልሰ። ሻምበል ኣብ ህዝቢ ዘሎዎ ቤት ብልዒ ይኹን ቤት መስተ ካብ ዘይኣቱ ነዊሕ'ዩ ገይሩ። እንተ ወጸ ምስ ኣባላት ደርግ ስለ ዝኾነ፣ ንዕኦም ተባሂሉ ኣብ ዝተዳለወ ክፍሊ እሞ ብሓለዋ እንተ ዘይኮይኑ፣ ሽዑ እዩ ድሕሪ ነዊሕ እዋን ምስ በዓል ኣዜብ ኣብ ከምዚ ቦታ ዝራኸብ ዘሎ።

"ኣዜብ፣" ብምባል፣ ካብ'ቲ ኾፍ ኢሉዎ ዝነበረ ብድድ ኢሉ ኣብ ክልተ ምዕጕርታ ደጋጊሙ ሰዓማ፣ ምስ በረኸት'ውን ተሓቝቑፉ'ሞ፣ ኮፍ ክብሉ ብኢዱ ኣመልከተሎም።

"ሻምበል፣ እዚ ስራሕ ከመይ ገይሩ ድዩ ኣጥፊኡካ ክሳዕ

ኣልማዝ ተማርር። ኣነ እንተ ዝኸውን ምፈታሕኩኻ ነይረ፡” ምስ በለቶ፡ ከም'ቲ ወትሩ ኣዜብ ምስ ተዛረበቶ ገይሩ ዝስሕቆ ካዕካዕ ኢሉ ሰሓቐ። በረኸት'ውን ነቲ ሰሓቕ ኣራጉዶሉ።

“ዝገርመኪ እዩ፡ ከም'ዚ ናትኪ ልብኻ ዘለስልስ ዘረባ ካብ ዘይሰምዕ ነዊሕ'የ ገይረ። ኩሎም እቶም ምኡዛት ቃላት ዳርጋ ኸጠፍኡኒ ጀሚሮም ኣለዉ፡” ብምባል፡ ንበረኸት ፍሽኽ ኢሉ ጠመቶ።

“ሻምበል፡ ህዝቢ መሪጹ ኸፍ ስለ ዘበለካ ብዙሕ ኣይተማርር። ካብኡ ብዝተረፈ ግና ሓደ ሓደ ጊዜ ...” ኢሉ ንኣዜብ ጠሚቱ ሰሓቐ'ሞ፡

“ኣየ ሰብኡት፡ መቸም ስራሕ እንተ በዚሒኩም መዘናግዒኹም ...” ኢላ ብወገና ንኽልቲኦም ጠመተቶም'ሞ፡ ኵሎም ብሓባር ብሰሓቕ ክርትም በሉ። ከምኡ ኢሎም ዝተቐረበሎም መግቢ ምስ በልዑ፡ ሻምበልን በረኸትን ዊስኪ፡ ኣዜብ ከኣ ልስሉስ መስተ ኣዘዙ።

“ንምኳኑ እዚ ኾነታት ከመይ ኣሎ? ተረጋጊኡዶ?” ብምባል፡ ንሻምበል ሓተቶ።

“ከም ሓድሽ መንግስቲ መጠን፡ መቸም ብዙሕ ዝጐድል ነገር ኣሎ'ንድዩ፡ እቲ ዝኸፍአ ግና ምብትታን ሃገር ከይመጽእ'ዩ ስግኣት ተፈጢሩ ዘሎ። ምኽንያቱ፡ ኣብ ክፍለ ሃገር ኤርትራ ኽም'ቲ ትሰምዑዎ ዘለኹም፡ ለይትን መዓልትን'ዩ ውግእ ዝገጥመና ዘሎ። ስለ ዝኾነ ኸኣ፡ ንዕኡ ንምግታእ *ብራዛ ኦፐረሽን* ዝተሰምየ ካብ ሓረስቶትን ካልኦት ክፋል እቲ ህዝቢ ዝቖመ ሓደ ሚእቲ ሽሕ ዝኸውን ሚሊሽያ ኣብ ሓጺር ጊዜ ኽነውፍር ኢና ይብሉ ኣለዉ፡ በዓል መንግስቱ። መሳርያ ኻበይ ኣምጺእና ኢና ኽነዕጥቖም እንተ በልካ ደሓን ስደዱዎም'ምበር፡ ብገመድ ኣሲሮም ከምጽኡዎም'ዮም እንተ ዘይኮይኑ ...” ኢሉ ዓይኒ ዓይኖም እናጠመተ ትም በለ'ሞ፡

“እዋእ! እንታይ ገመዱ ኣንታ ሻምበል፡” ብምባል፡ ኣዜብ ነቲ ዘረባ ኽም ዝቐጽሎ ገበረቶ።

“ኣነ፡ ከም ወተሃደርን ናይ'ቲ ኽፍለ ሃገር ታሪኽ ከም ዝፈልጠ መጠንን፡ ነቲ መደብ ኣይደገፍኩዎን። ግና፡ ተፈሪ በንቲ ይኹኑ ኣጥናፉ በረኣእያ ምስኦም ስለ ዘይሰማምዑ፡ ገለ ለውጢ እንተ መጸ ኣይፍለጥን'ዩ'ሞ ...” ምስ በለ፡

“መዓስ እዮምከ ክሰዱዎም ዝሓስቡ ዘለዉ?” ሓተተ በረኸት፡ ጭቡጥ ነገር ምእንቲ ኽረክብ።

“እንተ ደኣ በትርን ገመድን ሒዞም ዝኸዱ ኾይኖም፡ ኣብ'ዚ

ሓደ ወርሒ ዘይመልእ ጊዜ ከይኮነ ኣይተርፍንዩ ...” ኢሉ ክርትም ኢሉ ሰሓቐ። ኣዜብን በረኸትን እዝኖም ጸልዮም ክሰምዑዎ ስለ ዝጸንሑ ገሪሙዎም ነንሓድሕዶም ፍሽኽ በሉ። “ማለተይሲ ወተሃደራዊ ስልጠና ኣየድልዮምንዩ ክብል እየ ደልየ፡” ምስ በለ፡ ኣዜብ ትቕብል ኣቢላ፡ “ደቀንስትዮ እንታይ ዕላል ንፈቱ ይመስለካ ሻምበል?”

“እየ ኣዜብ፡ ንሱ ደኣ ካብ ሕጂ ንንዮ ኣበይ ከይንረኽቦ፡” ብምባል ደጊሙ ሰሓቐ’ሞ፡ ናብ ካልእ ዲቕ ዝበለ ዕላል ኣተዉ። ከባቢ ሰዓት ዓሰርተ ሓደ ምስ ኮነ፡ ሻምበል ኩሉ ሕሳብ ከፊሉ ኣቐዲሙ ንኣዜብ ናብ መኪናኣ ብምፍናው፡ ንበረኸት ናብ ታክሲ ዝረኽበሉ ቦታ ኣብጺሑ ናብ ገዝኡ ኸደ።

በረኸት፡ ነቲ ካብ ሻምበል ታምራት ዝረኸቦ ሓበሬታ *ራዛ ኦፐረሽን* ምርኩስ ብምግባር ዘድሊ ሓበሬታ ካብ ኩሉ ሸነኽ ምስ ኣከበ፡ ምስ’ታ ናብ ኣስመራ በረራ እትገብር ዲሲ ዝዓይነታ መገዲ ኣየር ኢትዮጵያ ናብ ሜዳ መልእኽቲ ሰደደ። ህ.ሓ እቲ መልእኽቲ ምስ በጽሖምን ነቲ ብኻልእ መስመር ዝመጾም ሓበሬታ ድሕሪ ምጽጻይን፡ ህጹጽ ኣኼባ ተጸውዐ። ኣብ’ቲ ኣኼባ፡

“እዚ ናይ ሎሚ መአከቢና ኸይኑ ዘሎ፡ ከም’ቲ ነቲ ወተሃደራዊ ስታፍ ተሓቢሩዎ ዝነበረ፡ ደርግ፡ ኣብ ዝሓጸረ እዋን ሓደሽቲ ሰራዊት ኣኽቲቱ ነዚ ገጢሙዎ ዘሎ ስዕረት ናብ ረብሓኡ ክቕይሮ ይሓስብ ኣሎ። ስለ ዝኾነ ኸኣ፡ ብወገንና እንታይ ምቅርራባት ክግበር ከም ዘሎዎ ንምዝታይ ምእንቲ ክጥዕመና፡ ወዲ ሓጂ መብርሂ ክህበና እዩ፡” ብምባል መንሱር ነቲ ኣኼባ ኸፈቶ።

“እወ! ከምዚ ብጻይ መንሱር ዝበሎ፡ ደርግ ልዕሊ ሓደ ሚእቲ ሽሕ ዝኾኑ ሚሊሽያ ብምኽታት ናብ ኤርትራ ከዋፍር ይሓስብ ኣሎ። በጺሑና ዘሎ ሓበሬታ ኸም ዘነጽሮ፡ እዚ ሚሊሽያ ካብ ኩሉ ኣውራጃታት ዝተዋጽኡ ሓረስቶትን ባጋሚንዶታት ኣዲስ ኣበባ ከም ዝኾኑን ግቡእ ወተሃደራዊ ታዕሊም ዘይወሰዱ ኣብ ርእሲ ምኳኖም፡ ደርግ፡ ንዓና ካብዚ ዘለናዮ ብገመድ ኣሲሮም ብበትሪ እናኈብኰቡ ናብኡ ኸረክቡና ...” ምስ በለ ኹሎም ፍሽኽ ፍሽኽ በሉ፣ ወዲ ሓጂ’ውን ኽቕጽል እንተ ደለየ ኣስናኑ ምእካብ ኣብየናኦ ኸይፈተወ ብናይ ገዛእ ርእሱ ኣዘራርባ ሰሓቐ መለቖ። መንሱር፡ ሓንሳብ ብጾት ምስ በለ ኩሎም ናብ ቀልቦም ተመልሱ’ሞ ወዲ ሓጂ፡ “እዚ ሚሊሽያ ብመካይን ተጻይሩ ብትግራይ ኣቢሉ ናብ ኤርትራ ኽኣትወ፡ ኣብኡ ማለት ኣብ ዶብ ኤርትራ ኣዕሪፉ ሆ! እናበለ

ብኣጋር ናብ ማእከል ኸኣቱን እዩ እቲ መደብ። ስለዚ፡ ብወገንና እኹላት ሓይልታት ናብ ዶባት ኤርትራ ብምስዳድ ቀዲምና ቦታ ሒዝና ብምጽናሕ፡ ትንፋስ ዘይህብ መጥቃዕቲ ክንከፍተሉ ኢና። ኣብ'ዚ ክንዝክሮ ዝግብኣና ጀብሃ'ውን ከማና እቲ ሓበሬታ በጺሑዋ ክህሉ ስለ ዝኽእልን ምስኡም ከይንጋጮ ክንጥንቀቕ ኣለና። እተን ተመዲበን ዘለዋ ሓይልታት ኣብ'ዚ ኽልተ መዓልቲ ክሕበረኩም'ዩ። ስለዚ፡ ንሳተን ኣቐዲመን ክብገሳ እየን፣ ናይ ዜሮ ሰዓት ከኣ ክሕበረን'ዩ። እዚ ወደሓንኩም፡" ብምባል፡ ናብ ሕቶን ርእይቶን ተሰጋገረ።

"ናይ ዜሮ ሰዓት ክትብል ከለኻ እቶም ሚሊሽያ ሽዑ ኣብ'ቲ ቦታ ኽበጽሑ ምኳኖም ተረጋጊጹ ድዩ፡" ብምባል ወዲ መስፍን ሓተተ።

"እወ! እቶም ሚሊሽያ ካብ ኣዲስ ኣበባ ድሮ ተበጊሶም ኣለዉ። ዝበጽሑሉ ዕለት ከኣ ተፈሊጡ ኣሎ። ስለዚ፡ ብድቁሶም ኽለዉ እዩ እቲ መጥቃዕቲ ክፍኖ፡" ምስ በለ፡ ብዝኽረ ሰማእታት እቲ ኣኼባ ተዛዘመ።

ደርግ፡ ነቶም እንታይ ክገጥሞም ምኳኑ እንዶ ዘይነበሮም ሚሊሽያ፡ ካብ ዘበግሶም ኣርባዕተ መዓልቱ ገይሩ ነበረ። ህዝቢ ኣዲስ ኣበባ ኣብ ጐደናታት ብምውጻእ ሆ! እናበለ ኽፋንዎም ከሎ፡ ኣብ ፈቐዶ ክፍለ ሃገራት ዝነብር ህዝቢ ኸኣ ናብ ግዳም ብምውጻእ፡ ቅጫ፡ እንጀራ ይኹን ማይ እናሃበን ዘራፍ እናበለን ብሓደ ወገን፡ እቶም ዕሉማት ካድረታት ከኣ *"ወንበዴ ይወድማል"* (ሽፋቱ ክድምሰሱ እዮም) እናበሉ ሞራል ከስንቑን፡ በቲ ሃዋህው ዝተጸልዉ ገርሂ ሓረስቶት "ኣብ መኪና እንተ ዘይደየብኩ፡ ኣብ ናይ ወንበዴታት ሓመድ ድበ እንተ ዘይተኻፈልኩ፡" ብምባል ፊንጨራዕ ክብሉን ንዝተዓዘበ ሰብ ብኻልእ ወገን፡ ንተጋደልቲ ድሕሪ ኽልተ ሰለስተ መዓልቲ ብገመድ ኣሲሮም ሒዞሞም ዝምለሱ እዩ ዝመስሎም ነይሩ። ኾይኑ ኸኣ *"ኣይፈራም ጐበዝ ኣይፈራም"* (ጐበዝ ኣይፈርህን'ዩ፡ ጐበዝ) እናበሉን ካብ ሓንቲ ክፍሊ ሃገር ናብ ሓንቲ ክፍሊ ሃገር እናሰገሩን ኣብ ትግራይ ኣተዉ'ሞ ገለ ክፋሎም ዶብ ኤርትራ ብምስጋር ኣብ መስሓል ወደከለ ማለት ኣብ ዥብሕሎን ከባቢኣን ኣስፈሖም ሰፈሩ። ኣብቲ ኸባቢ ንዝነብር ህዝቢ ክራስዩን ከበሳብሱን ቀንዩ፡ ክሃድም ንዘይከኣለ ሽማግለን ስንኩልን ብዘይ ንሕስያ ቐተሉ። ሰማይ ደም ሰረበ፡ መሬት ብደም ክትጭቁ ምኳና ስለ ዝፈለጠ። ሓይልታት ህ.ሓ ብሓደ ወገን ተጋድሎ ሓርነት ኤርትራ

ኸኣ በቲ ኻልእ ኣብ ናይ መጥቃዕቲ ቦታኦን በጽሓ። ሚሊሽያታት መንግስቲ ደርግ ብድኻም ተሰኒፎም ኣብ መሬት ለም ኢሎም ነበሩ። ናይ ዜሮ ሰዓት እናተቓረበ መጸ። መራሕቲ ቦጦሎኒታት ወጋሕታ ሰዓት ሓሙሽተ ሬድዮ ርክቦም ከፈቱ።

"ሃለው በርቂ።"

"እሰምዓካ ኣለኹ ማሕታ።"

"ሃለው ፍጻሜ።"

"እሰምዓካ ኣለኹ በርቂ፥" ብምባል፥ ናይ ርክብ ሬድዮኦም ኣዋደዱ። ድሕሪ ናይ ቍሩብ ደቓይቕ ናይ ተኵስ ምልክት ተዋህበ። ተጋዳለይ ካላሽኑ ብምዕማር ብመጀሙዕ ተኲሰ፣ ወዮ ኣብ ድቃስ ዝነበሩ ሚሊሽያ እንታይ መጸና ኢሎም ነንሓድሕዶም እናተጓናነጹ ናይ ነብሰይ ኣውጽእኒ! ቅልስ ጀመሩ። ጠያይቲ ኸም ኣይሂ ዘነበ፥ ሞርታራት ወደቐ፥ ሰብ ናብ ዝሓረረ ስጋ ተቐየረ፥ ምድሪ ሰማይ ከኣ ኣውያት ብኣውያት ኮነት። ተጋዳላይ ህ.ሓ ኮነ ተ.ሓ.ኤ ቃዕታ ክሳዕ ምስሓብ ዝስእን ተኲሰ። ንጽባሒቱ፥ መሬት ብዝወደቑ ሚሊሽያ ተኸድነት፣ ደሞም ኸም ውሕጅ ዛረየ፣ ሰማይ ከኣ ብጸሊም ደመና ተሸፈነት። ካብ ሞት ዝወጸ እግረይ ኣውጽእኒ ኢሉ ናብ ዝቐንየ ኣንፈት ሃደመ፥ ወዮ በትርን ገመድን ሒዙ ዝመጸ ምሊሽያ ሓዊ ጸንሖ'ሞ፥ መላሲ ኣውያት ዘይብሉ ተበታተነ። *ራዛ ኦፐረሽን* ከኣ ነበረያ ነበረ ኾነ። ኣዲስ ኣበባ ጸሊም ኽዳን ተኸድነት፥ ሚሊሺየ ደቂ ስለ ዘጥፍኣት።

ራዛ ኦፐረሽን ከም ዝፈሸለ ምስ ተሰምዐ፥ በረኸትን ኣዜብን እፎይታ ተሰምየም። ድሕሪ ቍሩብ መዓልቲ ኣልማዝ ንኣዜብ ስልኪ ደዊላ፥

"ኣዜበይ ሰንበት'ባ ቡን ክትሰትዪ ናብ ገዛና ምጺ፥" በለታ'ሞ ኣዜብ ከደት። ቡነን ኣፍሊሐን እናሰተያ ኸለዋ ሻምበል ብደገ ጸኒሑ ገዝኡ ኣተወ። ንኣዜብ ምስ ረኣየ፥

"ኣዜብ ከመይ ቀኒኺ?" ብምባል፥ ሓቝፉ ስዒሙ ምስኣተን ኮፍ በለ። ደኺሙ ስለ ዝነበረ ቍሩብ ኣዕሊሉ ኣብ ዓራት ጎቦ ክኸውን ነቐለ።

"ታምራት፥ እንታይ ደኣልካ ኸየዕለልካና ትኸይድ?" በለቶ ኣዜብ ፍሽኽ ብምባል።

"ኣዜብ፥ ደኺመ ስለ ዘለኹ ቍሩብ ከዕርፍ፥" ብምባል፥ ገጹ ኣጸልምት ኣበሎ።

"ስራሕ በዚሑካ ኾይኑ እዩ እምበኣር፥ ክድውለልኪ እየ ኢልካ

ዘይደወልካለይ?” ምስ በለቶ፣

“ዝገርመኪ እዩ ኣዜብ፣ እዚ ባርያ'ምበር፣ ሰብ ብኸንቱ ኣጥፊኡዎ። ሰብኣየይ፣ ወደይ፣ ሓወይ ኣበይ ኣሎ ዝብላ ጸሊም ዝተኸድና ኣንስቲ ፈቐዶ መዓስከራት እየን መሊኣናኦ ዘለዋ። ንምልሶ እዩ ጠፊኡና ዘሎ፣” ብምባል፣ ርእሱ እናነቕነቐ ተፋንዩወን ከደ። ንጽባሒቱ ኣዜብ ንበረኸት ረኸበቶ'ሞ፣ ኵነታት ሻምበል ምስ ኣዕለለቶ ንጊዚኡ ካብኡ ክትክወል ከም ዘለዋ ምዒዱ ኣፋነዋ።

* * *

ምዕራፍ 28

ደርግ፡ ድሕሪ ፍሽለት *ራዛ ኦፐረሽን፡ ብሄራዊ ዘመቻ* ብምእዋጅ ተመሃሮ ናብ ገጠራት ኢትዮጵያ ኣዋፊሩ ኣብ ህዝቢ መሃይምነት ኽጥፍኡ ለኣኾም። ነቲ ወፍሪ ምጥፋእ መሃይምነት እተን ኣብ'ቲ እዋን'ቲ ብተመሃሮን ሰራሕተኛታትን ዓቢ ደገፍ ረኺበን ዝነበራ ሰልፍታት መኢሶንን ኢ.ፒ.ኣር.ፒን ደገፈን'ኳ እንተ'ስምዓ፡ እቲ ናይ ክልቲአን ቍሩቍስ ግና ናብ ገጠራት ኢትዮጵያ ልሒኹ ኣብ መንጎኦም ምፍሕፋሕ ፈጠረ። ኢ.ፒ.ኣር.ፒ እቲ ሰፊሕ ደጋፍ ናይ ካልኣይ ደረጃ፡ ዩኒቨርሲቲ ተመሃሮን ሰራሕተኛታትን ዝነበሮ ኾይኑ፡ ኣብ ከተማታት ሓያል ጕስጓስ ዝገብር ዝነበረ ዓቢ ሰልፊ እዩ ነይሩ። እተን ክልተ ሰልፍታት ኣብ ከተማ ኣዲስ ኣበባ ነናተን ናይ ጕስጓስ ዞባታት ፈጢረን ከኣ፡ ይንቀሳቐሳ ነበራ። ብሕልፊ ኣብ *ራስ ሙሉጌታ ሰፈርን ካዛንችስን* ጭርሖታት ኢ.ፒ.ኣር.ፒ ብብዝሒ ኽዝርጋሕ እንከሎ፡ መኢሶን'ውን ኣብ ዞባኡ ብተመሳሳሊ ቐይሕ ጨርቂ ዘርግሐ። ሰደድ፡ ብበዓል መንግስቱ ሃይለማርያም ዝቘመን ብመስራቲ ሰልፊ ወዝሊግ ዶ/ር ሰናይ ልኬ ዝእለን ብዙሕ ተፈላጥነት ዘይነበሮ ኮይኑ፡ ዘገም እናበለ ዝዓቢ ዝነበረ ሰልፊ እዩ። ሰልፊ ሰደድ፡ ካብ ሰልፊ ክትብሎ ናይ ቅንጸላን ስለያን ጕጅለ ክትብሎ ይቐርብ ነበረ። ምኽንያቱ፡ ዝኾነ ስነ ሓሳብ ዘይነበሮን ናይ ግዳም ሓደርን ዓዋሉን እኽብካብ ስለ ዝነበረ። ወዝሊግ ምስ'ዚ ጕጅለ'ዚ ጥቡቕ ዝምድና መስሪቱ ነበረ። ስለ ዝኾነ፡ ኹነታት ንምግምጋምን እንታይ ክግበር ከም ዘለዎን ንምዝታይ፡ መንግስቱ ሃይለማርያም ዝርከቦም ላዕለዎት ሓለፍቲ ናይዘን ሰልፍታት ሰደድ፡ ወዝሊግ፡ መኢሶንን ኣኼባ ተገብረ።

"ጓደች፡ ኣብዮትና ኽም'ቲ ዝድለ ናይ ህዝቢ ደገፍ ክረክብ ኣይከኣለን ዘሎ። ምኽንያቱ ኸኣ፡ እኹል ጕስጓስ ስለ ዘይግበር ዘሎ። ንኹለን ከተማታት ዜርከዑም እንተ ተዓዚብኩምወን ብዘይካ ኣብ ቀይሕ ጨርቂ ዝተጻሕፈ ናይ ኢ.ፒ.ኣር.ፒ ጭርሖታት ካልእ ዝርአ ኣይርከብን'ዩ። ስለዚ፡ ንሕናኸ እንታይ እንተ ገበርና እዩ ዕላማና ኣብ ህዝቢ ብትኽክል ክበጽሕ ዝኽእል? ዝብል ነጥቢ

ክንመያየጠሉ ዘለና ጉዳይ እዩ፡” መንግስቱ፡ ነቲ ኣኼባ ኣብ ምኽፋቱ ምስ በለ፡

“ጓዶች፡” በለ ዶ/ር ሰናይ ልኬ፡ ንኹሎም በብሓደ እናጠመተ፡ “ንኣብዮትና ድሕሪት ንምምላስ ብናይ ኢ.ፒ.ኣር.ፒን ሻዕብያን ሃሱሳት ዝግበር ዘሎ ጐስጓስ ክግታእ ኣለዎ። ንሻዕብያ ብፍላይ፡ ኣብ ኣዲስ ኣበባ ይኹን ካልኦት ከተማታት ሰፊሕ ውዳበ ብምግባር፡ ብዙሓት ሃብታማትን ሰብ ትካላትን ኤርትራውያን ናይ ገንዘብን ንዋትን ሓገዝ ከም ዝገብሩሉ ዘለዉ ፈሊጥናዮ ኣለና። ስለ ዝኾነ ኸኣ፡ ኣብ ልዕሊኦም ቀይሕ ኲናት ምእዋጅ ጥራይ እዩ መፍትሒኡ። መኢሶን፡ ነቲ ኹናት ድሮ ኣብ ልዕሊ ኢ.ፒ.ኣር.ፒ ጀሚሩዎ ኣሎ፣ ከም መርኣያ ናቱ ድማ ትማሊ ነቲ ናይ ዞባ ራስ ሙሉጌታ ሰፈርን ካዛንቺስን ካድር ቀንጺሉዎ ኣሎ፡” ምስ በለ፡ ኩሎም ሰምበዱ፡ መንግስቱ ሃይለማርያም ግና ፍሽኽ ብምባል ንዶ/ር ዘረባኡ ኽቅጽል ርእሱ ነቕነቐሉ። ብምቕጻል፡ “ስለ ዝኾነ ኸኣ፡ ኣብ'ዚ ቐረባ ሰዓታት ንሳቶም'ውን ከምኡ ስጉምቲ ክወስዱ ምኺኖም ክንግምት ንኽእል። ስለዚ ነብስናን ኣብዮትናን ክንከላኸል እኹል ዕጥቂ ስለ ዘድልየና፡ ብወገንኩም እንታይ ክግበር ይከኣል?” ብምባል፡ ናብ መንግስቱ እናጠመተ ሕቶ ኣቕረበ።

“ዶ/ር ሰናይ፡ ብወገንና ነቲ ኹናት ጀባእ ኢና ንብሎ። ካባና ዕጥቂ ዝድለ እንተ ኾይኑ፡ ሓለቓ ሓምሳ ለገሰ ኣሰፋው ክህበኩም'ዩ፣ ኣብ'ቲ ኹናት ንሕና'ውን ደገፍና ክንህብ ቅሩባት ኢና፡” ብምባል ነዊሕ ዘተ ኣካየዱ'ሞ፡ ደጊሞም ኲናት ኣብ ልዕሊ ኢ.ፒ.ኣር.ፒን ሻዕብያን ብምእዋጅ ኣኼባኦም ዛዘሙ።

ኣራት ኪሎ ሰፈር

ንምሸቱ፡ ኣብ ከባቢ *ኣራት ኪሎ* ሓያል ነታጒ፡ ድምጺ ሸንጉጥ፡ ካላሽንን በብዓይነቱ ብረትን ኣብ ፋሕ ዝበለ ቦታታት ተሰምዐ። እቲ ኸባቢ ካድረታት መኢሶን ኣስተምህሮታት ዝህብሉን ከም ደጀን ዝጥቀሙሉን ዝነበረ እዩ። ኣሸናፌ መሳይ፡ የማናይ ኢድ መንግስቱን ኣባል ሰልፊ ሰደድን፡ ሻዕብያን ኢ.ፒ.ኣር.ፒን ክጠፍኡ ኣለዎም ብምባል ኣብ ኣባላቱ ሰፊሕ ጐስጓስ ዝገብር ዝነበረ ካድር ናይ'ቲ ሰልፊ እዩ። ኣብ ከባቢ *ሰድስት ኪሎ* ተወሊዱ ዝዓበየ ኸም ምኳኑ መጠን፡ ምስ ተስፋይ፡ ምጽላልን ኣዜብን ብቐረባ እዮም ዝፋለጡ ነይሮም። ተስፋይን ንሱን ኣብ'ታ *ሰድስት ኪሎ* ዝብል ሽም ዝተዋህባ ናይ ቈልዑ ጋንታ ኹዕሶ እግሪ እዮም

ዝጻወቱ ነይሮም። ከም ደቂ ገዛውቲ ክሳዕ ጊዜ ዕብየቶም ጽቡቕ ናይ ቍልዕነት እዋን'ዮም ኣሕሊፎም። ተስፋይ፣ ኮመርስ ተማሂሩ *ንመለይ* ከካይዳ ኸሎ፣ ኣሸናፊ መሳይ ከኣ ዓሰርተ ኸልተ ክፍሊ ወዲኡ ኣብ ብሄራዊ ኢንሹራንስ ይሰርሕ ነበረ። ንሱ ብዙሕ እዋን ናብ *መለይ* እናመጸ ናይ እዋን ንእስነቶም ዕላል ከዕልሉ ብኸፎም እዩ ዘወግሖም ነይሩ። ተስፋይ ብነብሱ ትሑትን ስነ ስርዓት ዘለዎ'ኢ እንተ ነበረ፣ ምስ በዓል ኣሸናፊ ናብ ፒያሳ ኣብ ዝኸደሉ ዝነበረ እዋን ግና ዝወጸሉ ዕሉል ጸይቂ እዩ ነይሩ። እዚ ጊዜ ንእስነቶም ተወዲኡ ኣብ ስራሕ ዓለም ምስ ኣተዉ ጠባዮም ፈጺሙ ተቐየረ። ኣሸናፊ፣ ኣብ ልዕሊ ተስፋይ ዝነበሮ ፍቕሪ መግለጺ ኣይነበሮን። ሓደ እዋን፣

"ተስፋይ፣ ኣብ ቢቢሲ ይኹን ዶቸ ቨለ ናይ ኣምሓርኛ ፕሮግራም እንታይ ሓድሽ ዜና ሰሚዕካ? ኤርትራውያን መገዲ ኣየር ኢትዮጵያ ጠሊፎም ናብ ሊብያ ኣእትዮማ!?" ብምባል፣ ብናይ ሕርቕርቕት መንፈስ ሓተቶ።

"እንታይ ትብል! ክገርመካ፣ ሎሚ ቕነ ፈጺመ ንዜና ዝኸውን ጊዜ ኣይረኸብኩን። ንምኳኑ ጨውዮምከ ናበይ ወሲዶማ ይብሃል?"

"ስምዓኒ'ንዶ ተስፋይ፣ ኣነ ክሳዕ ሕጂ ከማና ኢትዮጵያውያን ትመስሉኒ ኔርኩም፣ ንስኹም ግና ልብኹም ዘይርከብ ምስጢራውያን ኢኹም። ንምስጢራዊ ሰብ ኸተጥፍኦ እንተ ኼንካ፣ ሓዊ ኸተንድዶ ጥራይ እዩ ዘለካ፣" ምስ በሎ፣ ተስፋይ ኣብ'ታ ዝነበራ ተዓኒዱ ተረፈ። ከምኡ ኽብሎ ዝኸኣለ ምኽንያት፣ ኣማኑኤል ዮሃንስ፣ ሙሴ ተስፋሚካኤልን ዮሃንስ ስብሃቱን ካብ ኣዲስ ኣበባ ዝተበገሰት ነፋሪት መገዲ ኣየር ኢትዮጵያ ብ23 ጥሪ 1971 ጨውዮም ናብ ሊብያ ኣብ ዝኣተዉሉ እዋን'ዩ። እምበኣርከስ፣ እቲ ኣብ ልቢ ኣሸናፊ መሳይ ዝተፈጥረ ውሽጣዊ ቅርሕንቲ፣ ካብ ሽዑ እዩ ጀሚሩ። ዝምድናኦም ከኣ ኣዝዩ ሓርፈፈ። ኾይኑ ኸኣ፣ ተስፋይ ብኣሸናፊ ቅሱን ኣይነበረን።

ኣሸናፊ መሳይ፣ ሃጸይ ሃይለስላሴ ወዲቖ ደርግ ኣብ ስልጣን ምስ መጸ፣ ንሰልፊ ሰደድ ብምውካል ምስ ሃይለ ፊዳን ዶ/ር ሰናይ ልኬን ዝመርሑወን ሰልፊታት መኢሶንን ወዝሊግን ዝምድናኡ ኸደልድል ጀመረ። ንሱ፣ ቀንዲ ጕስጓስን ወዳብን ናይ ሰልፊ ሰደድ ብምኳን ክሳዕ መሪሕነት በጽሐ። ኣብ መወዳእታ 1976 ከኣ፣ ንመለይ ብኽፉእ ዓይኑን ብጥርጣረን ኸጥምታ፣ ብውሽጢ ውሽጢ ኽከታተላን ኣብኡ ዝኣትዉ ሰባት ክዕዘብን ጀመረ።

ስለ ዝኾነ ኸኣ፡ ሓደ መዓልቲ ናብ መለይ ብምኻድ ንተስፋይ ምዉቕ ሰላምታ ሂቡ ኾፍ በለ። ተስፋይ፡ ምስኡ ኾፍ ኢሎም ካብ ዘይዘራረቡ ዓመታት ስለ ዝሓለፈ፡ ብናይ ኣሸናፌ ምምጻእ ኣዝዩ ተገረመን ናይ ነገር ጽቡቕ ከም ዘይኮነ ጠርጠረን፣ ከመይሲ፡ ሓደ ካብ መሪሕነት ሰደድ ምኳኑ ይፈልጥ ስለ ዝነበረ። ናብ መለይ ምምጽኡ ናይ ነገር ጥዕና ኸም ዘይኮነ ድሮ ተረዲኡዎ'ኳ እንተ ነበረ፡

"እዋእ! ኣሸናፌ መሳይ እምበርዶ ኣብ'ዚ ሃገር ኣለኻ ኢኻ? ካብ ዘይንረአአ ነዊሕ ዓመታት ኮይኑና። ከመለኻ?" ብምባል፡ ዓጸፋ ናይ'ቲ ኣሸናፌ ዝለገሰሉ ሰላምታ ሃቦ።

"ይገርመካ እዩ፡ እቶም ንጉሳውያን ቤተ ሰብ ከዊሎምኒ ስለ ዝነበሩ፡ ንነዊሕ ዓመታት ክርእ ኣይከኣልኩን ነይረ። ሎሚ ግና ..." ኢሉ ነቶም መማጽእተቱ ፍሽኽ በሎም። ተስፋይ ነገር ኣይማእመአን። ኮይኑ ግና መልሲ ኽህቦ ስለ ዘይደለየ ብስራሕ ኣመኽንዩ ተሰናበቶ። ተስፋይ፡ ኣሸናፌ ንምንቅስቓሱ ብደቂቕ ይከታተሎ ኸም ዘሎ ስ ለ ዘስተብሃለ፡ ዳርጋ ካብ'ታ ካሳ ኣይተኣልየን። ነታ ንዓኣቶም ዘሳሰየት ጓለንስተይቲ ጸዊዑ እቲ ሕሳብ ተኸፊሉ ኸም ዘሎ ነገራ'ሞ፡ ንሳ ኸኣ ብጊደኣ ንበዓል ኣሸናፌ ነገረቶም። ሓደ ካብ'ቶም ምስ ኣሸናፌ ዝነበሩ ናብ ካሳ ብምቕራብ፡ ሓደ ሚእቲ ብር ኣውጺኡ ነታ ተሓዚት ገንዘብ ሃባ።

"የቕንየልና፡ ንማልስ ካልእ መዓልቲ ኽነርክበሉ ኢና፡" ብምባል፡ ንተስፋይ ኩሎም ኣትሪሮም ጠሚቶሞ ወጹ።

ተስፋይ ናብ ኩሎም ኣባላቱ መልእኽቲ ብምስዳድ ኣብ መለይ ዝግበር ምንቅስቓሳት ብህጹጽ ደው ከም ዝብል ገበሮ። ዝኾነ ኣባል ንጊዚኡ ናብኡ ንኸይመጽእ ትእዛዝ ኣመሓላለፈ። እዚ ዝገበረሉ ምኽንያት፡ ቅድሚ ቑሩብ መዓልቲ ሻምበል ታምራት ምስ ኣዜብ ኣብ ዝተራኸቡሉ እዋን ብዝሃባ ሓበሬታ መሰረት'ዩ። እቲ ሓበሬታ ኸኣ፡ ኩሉ ንጥፈታት ኤርትራውያን ኣብ መለይ ከም ዝፍጸምን ሓያል ውዳበ ኸም ዘሎን ዝሕብር ነበረ። በረኸት ነቲ ሓበሬታ'ቲ ካብ ኣዜብ ምስ በጽሖ፡ ንተስፋይ ብስቱር መገዲ ኸም ዝበጽሖ ገበረ። ተስፋይ ግና ዝኾነ ምንቅስቓስ ወይ ኣብ'ቲ ትካል ሓድሽ ገጽ ስለ ዘይረኣየ፡ ስጉምቲ ቕድሚ ምውሳዱ፡ ነቲ ነገር ብደቂቕ ከጽንዕን ከባቢኡ ኽዕዘብን'ዩ ጸኒሑ። ስለ ዝኾነ ኸኣ እዩ፡ ናይ ኣሸናፌ ምምጻእ ነቲ ብስቱር ዝተዋህቦ ሓበሬታ ሓቕነቱ ዘረጋገጸን ስጉምቲ ኽወስድ ዝተገደደን። ብድሕሪ'ዚ ስጉምቲ'ዚ፡

መለይ ጽምዋ በልዓ። እቶም ንስለ ናጽነት ኩሉ ነገሮም ኣወፍዮም ዝሰርሑ ዝነበሩ ደቃ ኸኣ ካብኣ ረሓቑ።

ርክብ ሰበ ስልጣን ደርግ፡ ሰደድን መኢሶንን ካብ ፖለቲካዊ መዳይ ሓሊፉ፡ ስለያዊ ሓበሬታት'ውን ክለዋወጡ ጀሚሮም ስለ ዝነበሩ፡ ክልተ ሰሙን ቅድሚ ኣሸናፊ መሳይ ናብ መለይ ምኻዱን ምስ ተስፋይ ገጽ ንገጽ ምርኻቦምን ጸሓፊት ሻምበል ታምራት ናይ ውሽጢ መርበብ ቴለፎን ብምጥቃም፡ "ሻምበል፡ ኣቶ ኣሸናፊ መሳይ መጺኦምኹም ኣሎዉ፡" በለቶ'ሞ ንኽተእትዎ ነገራ።

"ጓድ ኣሸናፊ፡ ብንግሆኡ ደኣ እንታይ ኣምጽኣካ? ንበር፡" ብምባል፡ ኮፍ ክብል ናብ'ቲ ኾፍ ክትብሎ ዘብህገካ ሳሎን ኣመልከተሉ።

"ሻለቃ ታምራት፡ ጓድ መንግስቱ ሃይለማርያምን ዶ/ር ሰናይ ልኬን ኣብ ዝሓለፈ ኣኼባ ዘሕለፉዎ ውሳኔ መሰረት ብምግባር፡ ሰልፊ ሰደድ፡ እዚ ኸተማ ካብ ኣድሓርሓርቲ ዝጸርየሉ መገዲ፡ ኣገዳሲ ዝበሎ ሓበሬታን ክውሰዱ ዘሎዎም ስጒምትታትን ብዝርዝር ኣቕሪቡ'ሎ። ብወገንኩም ነዚ ሰነድ ኣጻሪኹም ኣብ ዝሓጸረ እዋን መምርሒ ክትህቡሉ ንትስፎ፡" በሎ፡ ነቲ ሰነድ እናቐበሎ። ሻምበል ታምራት፡ ናይ ሻለቃ መዓርግ ካብ ዝወሃብ ሰሙናት'ዩ ገይሩ ነይሩ። ስለ ዝኾነ ኸኣ፡ ሻለቃ ኽብሃል ባህታ እዩ ዝፈጥረሉ ነይሩ። ዘይከም ትጽቢት ኣሸናፊ መሳይ፡ የቐንየለይ ብምባል ጥራይ ነታ ሰነድ ኣብ'ቲ ጠረጴዛ ደርቢያ'ሞ ዓይኒ ዓይኑ ብምጥማት፡

"ኣቶ ኣሸናፊ፡ ኣብዮት ብዘይ ደም ምፍሳስ ክካየድ ዝከኣል እንተ ዝኸውን ነይሩ፡ ሰባት ናይ ለውጢ ፍርሂ ኣይምተሰምዖምን ነይሩ። ከም'ዚ እንርእዮ ዘለና ግና፡ ዝከኣል ኣይመስልን'ዩ ዘሎ። ናተይ ፍርሂ፡ እዚ ኣብዮት፡ ሰባት ቅርሕንቶምን ቂምታኦምን ዘውጽኡሉ መድረኽ ከይከውን'ዩ።"

"ሻለቃ፡ ኣብዮት ናይ ግድን'ያ ደቃ ክትበልዕ፡ እንተ ዘይኮነ፡ ሕቕኣ ክድልድል ኣይክእልን'ዩ፡" ብምባል ፍሽኽ በሎ'ሞ፡ ሻለቃ ታምራት ብድድ ኢሉ ኣትሪሩ እናጠመተ ንኣሸናፊ መሳይ ኣሰናበቶ። ነታ ካብኡ ዝተረከባ ሰነድ ከፊቱ ምስ ኣንበባ ግና፡ ስምብድ በለ። እቲ ሰነድ፡ ብኤርትራውያን ዝውንና ትካላትን ምስ ሻዕብያ ይሰርሑ እዮም ዝተባህሉ ውልቀ ሰባትን ዝርዝር ኣስማት ዝሓዘ ኾይኑ ረኸቦ። ካብ ምግራም ዝተላዕለ ኸኣ ንኹሉ ኣስማት ብትኽክል ክርእዮ ኣይከኣለን። ካብ'ዚ ተበጊሱ እዩ እምበኣር፡ ሰደድ፡ ሰነድ ከም ዝሃቦን ኵነታት ሕማቕ ከም ዘሎን፡ ሓንቲ ካብ'ተን ብቐይሕ

ቀለም ዝተሰመረለን ትካላት *መለይ* ትብሃል ምኳና ንኣዜብ ብዕላል መልክዕ ከም ትፈልጥ ዝገበረ።

ነበርቲ *ኣራት ኪሎ፣* እቲ ዝሓደረ ተኹሲ ሰበ ስልጣን ደርግ ነንሕድሕዶም ክታኹሱ ዝሓደሩ መሲሉዎም ነበረ። ኮይኑ ግና፣ *ኣራት ኪሎን ሰድስት ኪሎን* "ኣሸናፊ መሳይ ተቐንጺሉ!" ዝብል ዓቢ ብስራት ሰምዓ'ሞ ሩፍታ ተሰምዐን፣ ጊዝያዊ ሩፍታ ደኣ ኾይኑወን'ምበር፣ ምቕንጻል ኣሸናፊ መሳይ፣ ናብ ሕነ ምፍዳይ ገጹ ብምኻዱ፣ እቶም ናይ ቀረባ መሳርሕቱ ዝነበሩ ኣባላት ሰልፊ ሰደድ ከበደ ኣበበን ሙሉጌታ ይናድን፣ "ሻዕብያን ኢ.ፒ.ኣር.ፒን እዮም ቀንጺሎሞ" ብምባል፣ *ንመለይ* ኣብ ዕላማ ኣእተዉዋ። ንተስፋይ ደልዮም ኣብ ከባቢ *መለይ* እናዘንበዩ ኸለዉ፣ መሓሪ ካብ ታክሱ ክወርድ ረአዩዎ'ሞ ብመኪና ናብኡ ብምቕራብ ጠያይቲ በድራጋ ተኲሶሙሉ ተመርቀፉ። መሓሪ፣ ብሸዱሽተ ጥይት ተወቒዑ ኣብ ጽርግያ ጻሕ በለ። ኣውያትን ጫውጫውታን ዝሰምዐ ዘበለ ናብ'ቲ ቦታ ጐየየ። ተስፋይ ግና ካብ *መለይ* ኣይወጸን። ድሕሪ ቑሩብ ደቓይቕ፣ ካብ'ቶም ካብ *መለይ* ብምውጻእ ነቲ ፍጻሜ ክርእዩ ዝኸዱ ተመልሱ'ሞ፣ እቲ ብጥይት ዝተቐትለ ሰብ መሓሪ ምኳኑ ንተስፋይ ነገሩዎ። ተስፋይ ኣዝዩ ሰምበደ። እናጐየየ ናብቲ ዓርኩ፣ መተዓብይቱን መቓልስቱን ዝወደቐሉ ቦታ ኸደ፤ ደም መሓሪ ኸኣ ኣብ ጽርግያ ክዛሪ ጸንሖ። ተስፋይ ኣብ ጐድኒ መሓሪ ብምምብርካኽ ክሓቑፎ ፈተነ። ግና ሓደ ሰብ ብኽልተ ቀላጽሙ ሒዙ ብሓይሊ ኣተሲኡ ኣብ እዝኑ ገለ ነገር ሕሽኹ በሎ'ሞ፣ ካብ'ቲ እኩብ ሰብ ቀስ ኢሉ ተሰወረ። ሞት መሓሪ ዝሰምዑ ሰብ ታክሲ ብኡ ንብኡ ናብ'ቲ መሓሪ ዝወደቐሉ ቦታ መጹ፣ መሓሪ ግና ድሮ ተላዒሉን ናብ *ጥቁር ኣንበሳ* ሆስፒታል ተወሲዱን ጸንሖም። ብዙሓት ኤርትራውያን ዝርከቡዎም ኣሽሓት ሰባት ንጽባሒቱ ኣብ መካነ መቓብር *ተክለሃይማኖት ሰፈር* ሓመድ ኣዳም ኣልበሱዎ።

ሻለቃ *ታምራት፣* በቲ ኣብ ልዕሊ መሓሪ ዘጋጠመ መቕተልቲ ብልቡ ጐሃየ። ካብ ቀብሪ ናብ ቤት ጽሕፈቱ ኣብ ዝኣተወሉ እዋን እታ ቕድሚ ቑሩብ መዓልቲ ኣሸናፊ መሳይ ዘረከቦ ሰነድ ትዝ በለቶ'ሞ፣ ካብ ተሰሓቢ ጠረጴዛኡ ኣውጺኡ መሊሱ ብጽሞና ረኣያ። *የሻዕብያ ቅጥረኞች* (ዕሱባት ሻዕብያ) ኣብ ትሕቲ ዝብል ኣርእስቲ ቀዲሙ ዘየስተብሃለሉ ኣብ ካልኣይ ተርታ ሽም መሓሪ ረኸበ። ገጹ ብኽልተ ኣእዳዉ ብምሽፋን ከይተፈለጠ ነብዐ። "ንምንታይ

ኣቐዲመ ዘይረኣኹዎ! ምንገርኩዎ ነይረ እንድየ!" ብምባል፡ ኢዱ ዓሚኹ ንጠረጴዛኡ ብሓይሊ ሃረሞ። ጸሓፊቱ ሰምቢዳ ብዘይ ልባ ማዕጾ ኸፊታ ናብቲ ኸፍሊ ብምእታው፡

"ሻለቃ ደሓን ዲኹም?" ኢላ ነቲ ብንብዓት ዝተሓጽበ ገጹ ምስ ረኣየት፡ ቀዚዛ ተረፈት።

"እዚ ሎሚ ዝተቐብረ ሰብ፡ ዝፈትዎ ዓርከይ እዩ ነይሩ። ህይወተይ ጥዑይ መኣዝን ከም ዝሕዝ ዝገበረ ንሱ እዩ ነይሩ፡ ቀቲሎሞ፡" ብምባል፡ ደንነን ፈከረን። ብኡ ንብኡ ኸኣ ሓደ ነገር ትዝ በሎ፡ ኣዜብ። መሊሱ ነቲ ሰነድ ገላበጦ፡ ሽም ኣዜብን ኣማኑኤልን ረኸበ'ሞ፡ ካብ ኮፍ ዝበሎ ብምትሳእ ማዕጾ ኸፊቱ ንደገ ወጺኡ ናብ እንዳ ኣዝማች በራኺ ከደ። ኣዜብ ግና ኣይነበረትን፡ ድሮ ተሰዊራ። ኣዜብን በረኸትን ኣብቲ ስነ ስርዓት ቀብሪ ምን ባሮምን ዘይምንባሮምን ክዝክር ፈተነ። ብዝኾነ ኸም ዘይረኣዮም ዘከረ። ኩሉ ነገር ዝብርቕርቕ በሎ። ብዓንተቦኡ'ውን ንሰልፊ ሰደድ ብዓይኒ ጥርጣረ እዩ ዝርእዮ ነይሩ። ስለ ዝኾነ እዩ ኸኣ፡ ኣብ'ዛ ህሞት'ዚኣ ኣብ ልዕል'ቲ ሰልፍን መራሕቱን ዘይወጽእ ጽልኣት ዘሕደረ።

በረኸት፡ ኣዜብን እቶም ኣዝዮም ክጥርጠሩ ይኽእሉ እዮም ዝተባህሉ ኣባላት ዋህዮ ህ.ግን ንጊዚኡ ኣብ ውሑስ ቦታ ክጸንሑ ብዝሓበሮም መሰረት እንተ ተኣለዩ'ውን፡ እታ ሻለቃ ንኣዜብ ብዕላል መልክዕ ዘተምበሃላ ሰነድ ግና ኸተቕስኖ ኣይከኣለትን።

"ኣዜብ፡ እዚ ሕጂ ዝነግረክን ክግበር ኣለዎ ዝብለክን ዕማም፡ ሓያል መስዋእቲ ክንከፍል ከገድደና እዩ። እቲ ነዚ ስራሕ ዝቐረብኪ ሰብ ከኣ ንስኺ ኢኺ፡" በላ ዓይኒ ዓይና እናጠመተ። "ንሱ ኸኣ፡ እታ ኣብ ኢድ ሻለቃ ዘላ ዝርዝር ኣስማት ዝሓዘት ሰነድ፡ ዝተኸፍለ ተኸፊሉ ክትርከብ ኣለዋ። እዚኣ ኸኣ ንስኺ ጥራይ ኢኺ ክትገብርያ ትኽእሊ። ስለ ዝኾነ ኸኣ፡ ሕጂ ናብ እንዳ ሻለቃ ክትከዲ ኢኺ። ኣብኡ ተዓቚብኪ ብኸመይ ንሻለቃ ትረዳድእዮ ኸም ብልሕኺ። እታ ሰነድ ግና ብዝኾነ ይኹን መገዲ ክትመጽእ ኣለዋ!" ኣትሪሩ ምስ በላ፡ ኣዜብ፡ ትርግታ ልባ ካብ ንቡር ንላዕሊ ትሃርም ከም ዝነበረት ተፈለጣ። ድሕሪ ቑሩብ ስቕታ፡

"ስማዕንዶ በረኸት፡ ንስኻ ካበይ ዲኻ መጺእካ? እንታይ ከፊልካ ናብ'ዚ መጺእካ? ስለዚ፡ እቲ ትብሎ ዘለኻ ዘይገብሮ ምኽንያት እንተሎ ኾይኑ፡ ነዚ ተሰሊፊሉ ዘለኹ ዕላማ ዘይኣምነሉ እንተ ኾይነ ጥራይ እየ። እቶም ካልኦት ብጾትና'ኮ ንድሕነት ሰውራን ብጾትናን

ክብሉ እዮም ዝተሰውኡን ዝስውኡ ዘለዉን። ስለዚ፡ ኣነኸ ነዚ መስዋእቲ ዘይከፍለሉ ዝኾነ ይኹን ምኽንያት ኣሎ ድዩ?" ብምባል፡ ከም ወትሩ ሰላሳን ክልተን ኣስናና ክሳዕ ዝርአ ፍሽኽ በለቶ። በረኸት ከብዱ ሓቦጭቦጭ እናበሎን ቃላቱ ቊርጽርጽ እናበለን፡

"እሞ ክትብገሲ ኢኺ! ኣነ'ውን ምሳኺ ክወጽእ'የ፡" ብምባል፡ ካብ ኮፍ ዝበሎ ተስአ'ሞ ብኸመይ ክትረኽቦ ኸም ትኽእልን ሓበሬታ ኣበይ ክትገድፈሉ ኸም ዘለዋን ሓቢሩ በብመገዱም ከዱ።

ኣዜብ፡ ንግሆ ሰዓት ሸውዓተ ኣቢላ እያ ንበረኸት ተሰናቢታቶ ኸይዳ። ድሕሪ ናይ ቊሩብ ደቓይቕ መገዲ ታክሲ ረኺበት'ሞ ኣብ እንዳ ሻለቓ ታምራት ወረደት። ሓላዊ፡ ማዕጾ ከፊቱ ምስ ኣእተዋ ማዕጾ ኳሕኵሐት'ሞ ሰራሕተኛ ኸፈተታ። ከምቲ ልሙድ "ማሚት፡" ኢላ ስዒማታ ናብ ውሽጢ ኣተወት። ኣልማዝ፡ ንወዳ ነብሱ ክትሓጽቦ ጸኒሓ ንማሚት ምስ ተዳህየታ፡ "እምበይተይ ኣዜብ መጺኣን ኣለዋ፡" በለታ'ሞ ብስምባደ ዝኣክል ነቲ ቈልዓ ካብ ኢዳ ፈንያቶ ነበረት። ንማሚት ኣሕቊፋ ኸኣ ናብ ኣዜብ ብምኻድ ሓቝፋ እናሰዓመታ ብብኽያት ተነኽነኸት። ኣዜብ'ውን ኩሉ ነገር ተራእዩዋ ኣባዲ ዘይብላ ተነኽኒኻ ክትመውት ደለየት። ማሚት መጺኣ በጃኽን ትም በላ ጕረቤት ከይሰምዕ ኢላ ኣህዲኣ፡ ነቲ ቈልዓ ኣቐቢላታ ናብ ክሽነ ብምኻድ፡ እታ ኣዜብ ትፈትዋ ሻሂ ገይራ ኣምጽአትለን። እንተ ንሳተን ግና፡ ካብ ምንባዕን ምቝዛምን ኣየዕረፋን። "እምበይተይ ኣልማዝ፡ በጃኽን ትም በላ'ሞ ሻሂኽን ስተያ፡" ብምባል፡ ንሳ'ውን ብመንዲላ ገይራ ዓይናን ኣፍንጫአን እናደረዘት ንኽልቲአን ቀድሓትለን'ሞ ቈልዓ ተቐቢላተን ወጸት።

"እንቲ ኣዜበይ! እዚ መሓርስ ከምዚአ ኢሉ ጠፊኡ። ታምራት መቸም ክጽለል'ዩ ደልዩ ዘሎ፡ ምሉእ ለይቲ ምስ'ዛ መስተ ክቃለስ እዩ ሓዲሩ፡ ዘገርም'ዩ!" ብምባል፡ መንዲላ ገይራ ኣፍንጫአ ደረዘት።

"እወ! ይገርም'ዩ። ኣነ'ኳ ኣብ ቀብሩ ኣይነበርኩን፡ ድሒረ እየ ሰሚዐ። ብኡ ምኽንያት'የ ኸኣ ተተሓሒዝና ክንከይድ ኢለ ናባኺ መጺአ፡" ምስ በለታ፡

"በሊ ጽንሒ ንታምራት ክድውለሉ'ሞ መኪና ኽሰደልና፡" ብምባል ለዓት ስልኪ ብምልዓል ደወለት።

"እንታይ ኢኺ ትብሊ ዘለኺ? ኣዜብሲ ኣብ ገዛና'ላ? በሊ ሕጂ መጻእኩ!" ብምባል መኪናኡ ኣልዒሉ ብዘይ ልቡ ናብ ገዝኡ ኸደ። ናብ ውሽጢ ገዛ ምስ ኣተወ ብቐጥታ ናብ ኣዜብ ብምኻድ ሓቝፉ ሰዓማ'ሞ ንብዓት ኣብ ኣዒንቱ ቿጸረ።

"ኣዜብ፡ ሕጂ ጊዜ ዝብሃል የብልናን፡ ንስኺ ካብ'ዛ ገዛይ ክትወጺ የብልክን፡ ኣብ ሓደጋ ኢኺ ዘለኺ። ኣብ ገዛይ መጺኡ ኸፍትሽ ዝኽእል ሰብ ስለ ዘየለ ውሑስቲ ኢኺ፡" በላ ህድእ ኢሉ።

"ኢሂ ታምራት፡ ንምንታይ ኣነ ዝሕባእ? ምስ ሞት መሓሪኽ እንታይ ዘራኽብ ኣሎኒ? እዋእ! መሓሪ ብጌጋዱ ኣይኮነን ተቐቲሉ?" ብምባል ሕቶታት ደርደረትሉ። ጽን ኢሉ ክሰምዓ ዝጸንሐ ሻለቃ፡ ንበይና ናብ ካልእ ክፍሊ ኣእተዩ።

"ስምዒ ኣዜብ!" ኢሉ፡ ዓይኒ ዓይና ጠመታ'ሞ ኣዕሚቑ ኣየር ብምስሓብ ኣስተንፈሰ። "ከምቲ ብኣምሆይ ዝነገርኩኺ ንስኺ ይኹን መሓሪ ኣብ'ቲ ዝተዋህበኒ ዝርዝር ኣስማት ኣለኹም። እግዚኣብሄር ኣይፈቐዶን ኮይኑ'ምበር፡ ኣነ ቐዲመ ርእየዮ ነይረ እንተ ዝኸውን፡ መሓሪ ኣይምተቐትለን ነይሩ፡" ብምባል፡ ናብ መሬት ደነነ። ኣዜብ ከኣ መንዲላ ብምውጻእ ንብዓታ እናደረዘት ፊቕ እናበለት፡

"እሞ እዞም ሰባት እንታይ ማለቶም'ዮም? ኣነን መሓርን ንፈልጦ ነገር ዘይብልናስ ኤርትራውያን ስለ ዝኾንና ጥራይ ንሞት ፈሪዶምና? ካልኡት ንዓና ንሞት ክፈርዱና ኸለዉኸ ንስኻትኩም ትም ኢልኩም ዲኹም ትርእዩዎም?" ብምባል፡ ፊቕ እናበለት፡ "ታምራት፡ ዋላ ንስኻ እንተ በልካኒ ፈጺመ ክኣምን ኣይክእልን'የ፡ ናይ ሽም ጌጋ ክኸውን ኣለዎ'ምበር ኣነ ክኸውን ኣይኽእልን'የ፡" ብምባል ንኽትከይድ ብድድ በለት'ሞ፡ ሻለቃ ብመንኩባ ብምሓዝ፡

"ኣዜብ፡ በጃኺ ንዓይ እመንኒ። ኣነ ሓስየ ኸምኡ ክብለኪ ኣይክእልን'የ፣ እቲ ዝፈልጦ እየ ዝነግረኪ ዘለኹ፡" ምስ በላ፡ እቲ ጉዳይ ኣዝዩ ተሰሚዑዎ ኸም ዘሎ ስለ ዘስተብሃለትሉ፡

"ሻለቃ፡" በለቶ፡ ኣብ ክንዲ ታምራት፡ "ኣነ ብዘይ ገበርኩዎ ክጸብኡኒ እንተ ደልዮም፡ ካባይ ንሶም ይሕይሉ፡ ዝገብሮ ነገር የብለይን! ስለዚ፡ ዝገበሩ ይግበሩኒ'ምበር ናብ እንዳ መሓሪ ክኸይድ'የ! እግዚኣብሄር ኣሎ!" ብምባል፡ ነተን ፍሩያትን ኾሑላትን ኣዒንታ ናብ ኣዒንቱ ተኸለተን።

"ኣዜብ፡ ክትኣምንኒ ኣይከኣልክን'መስለኒ፡ ንመሓሪ ኸድሕኖ ዘይከኣልኩ'ኮ ንኣሸናፊ መሳይ ኣትሒተ ስለ ዝገመትኩዎ እየ። ስለ ዝኾነ ኸኣ፡ ነቲ ሰነድ ኣይረኣኹዎን፡" ኢሉ ኸይወድአ፡

"ታምራት፡ ሕጂ'ውን ኣስማትና ብጌጋ ርኢኻዮ ኸይትኸውን። ንምኳኑ ንዓይ ማዕረ ክንደይ ትኣምነኒ? ትኣምነኒ ዲኻ?" ብምባል፡ ንድር ኢላ ሓተተቶ።

"ኣዜብ፡ እንታይ ሕቶኡ ኢኺ ትሓትኒ ዘለኺ?" ብምባል፡

ደጊሙ ኣብ ክልተ መንኮባ ብምሓዝ ልዝብ ኢሉ፡ "ኣዝየ እኣምነኪ እምበር፡" በላ።

"ርኢኺ ታምራት፡" እናነብዐት፡ "ኣነ ብዙሓት ሰብ ትካላትን ሰራሕተኛታትን ኣዝማድ ኣለዉኒ። እንድሕር እዞም ሰባት ኣብ ቅድሚ ዓይነይ ክቐተሉን ክእሰሩን ከለዉ ኽድሕኖም ዓቕሚ ዘይብለይ ኮይነ፡ ናተይ ብህይወት ምንባር ..." ኢላ ትም በለት። ታምራት እንታይ ትብል ከም ዘላ ክርድኦ ጊዜ ኣይወሰደሉን፡

"ኣዜብ፡ እቲ ዝርዝር ኣስማት፡ ቤተ ሰብኪ ኣብኡ እንተ'ለዉ ኮይኖም ምእንቲ ክትርእይዮ ክሰደልኪ እየ፣ ካብ ክልቴና ሓሊፉ ግና ክፈልጦ ዝግብኦ ሰብ ክህሉ የብሉን፡" ብምባል ምስጢር ክትዕቅብ ኣጥቢቑ ተላበዋ።

"ታምራት፡" ብምባል፡ ኣብ ሕቑፉ ኣትያ ኣጥቢቓ ሓቝፈቶ'ሞ፡ ግልብጥ ኢላ ዓይኒ ዓይኑ እናጠመተት "ንዓኻ ኣብ ሓደጋ ዘእቱ ስለ ዝኾነ ኣይፋልካን፡" በለቶ፡ ንቓል ዓለም።

"ኣዜብ፡ ኣነ ሕጂ ኽም'ዚ ትርእይዮ ዘለኹ ብስራሕ ኣዝየ ተወጢረ እየ ዘለኹ። እዛ ስልኪ'ውን ዓሰርተ ጊዜ እያ ጭር ጭር ትብል ዘላ። ስለዚ፡ ኣነ ካብ ቤት ጽሕፈተይ ሓንቲ ደብዳበ ክሰደልኪ እየ፡ ንኣልማዝ'ውን እንተ ኾነ ብዛዕባኡ ኸይትነግርያ ሓደራ፡" ብምባል ብታህዋኽ ንኣልማዝን ጌታሁን ወዱን ስዒሙ ናብ ቤት ጽሕፈቱ ተመርቀፈ።

ድሕሪ ዕስራን ሓሙሽተ ደቓይቕ ኣቢሉ እታ ኣዜብ ትጽበያ ዝነበረት ደብዳበ ዝሓዘ ሰብ ብዋርድያ ገይሩ ናብ ደገ ኣጸዊዑ ኣረኪቡዋ ኸደ። ኣዜብ ብሓሳባ ኹሉ ኣዋዲዳ ስለ ዝጸንሐት፡

"ኣልማዘይ፡ ሞዴስ ክገዝእ፡" ብምባል መልሲ ኸይተጸበየት ንደገ ወጸት'ሞ፡ ኣብ'ቲ ኸባቢ እትርከብ ፎቶ ኮፒ ትገብር ስተሽነሪ ብምኻድ፡ ነታ ሰነድ ፎቶ ኮፒ ገይራ ብኡ ንብኡ ናብ ገዛ ተመልሰት፡ ሞዴሳ ሒዛ። ኣልማዝ ዝኾነ ይኹን ነገር ትፈልጦ ስለ ዘይነበራ፡ ኣዜብ ቀልጢፉ ብምምላሳ ተሓጐሰት።

"ኣዜበይ፡ ጥዕምቲ ቡንዶ ክገብር?

"ሕራይ ኣልማዘይ፡" ብምባል ናውቲ ቡን ክሳዕ ዝቐረብ፡ ብርዕን ወረቐትን ኣውጺኣ ጸሓፈት'ሞ፡ ኣብ ደብዳቤ ዓሸገታ። ኣልማዝ፡ ናውቲ ቡን ቀራሪባ ኾፍ በለት።

"ኣልማዘይ፡ ሓደ ነገር እንድየ ደኣ ረሲዐ። በጃኺ ባ ይቕሬታ ግበርለይ፡ ድሕሪ ፍርቂ ሰዓት ክምለስ'የ'ሞ እዛ ቡን ኣጽንሒያ። እንተ ደንጕኹ ግና፡ ታምራት ምእንቲ ኸይሻቐል እዛ ደብዳበ ሃብለይ፡" ኢላ ካብ ዝነበረቶ ብድድ ብምባል ርግእ ኢላ ተፋንያታ

ወጸት።

ታምራት፡ ብድኻም ተሰኒፉ ኸባቢ ሰዓት ትሽዓተ ምሸት ኣቢሉ ናብ ገዝኡ መጸ። ኣልማዝ ከም ወትሩ "ታምራተይ፡" ብምባል ሓቝፉ ስዒማ ተተሓሒዞም ናብ ሳሎን ኣተዉ።

"ኣዜብ ኣበይ ኣላ?" ብምባል፡ ልቡ ቶረግ ቶረግ እናበለቶ ሓተታ።

"ንግሆ ምስ ከደት ..." ኢላ ኸይወድኣት፡ ርእሱ ሒዙ ኣብ ሳሎን ኮፍ በለ።

"ታምራተይ ደሓን ዲኻ? እዛ ደብዳበ ገዲፋትልካ ኣላ፡" ኢላ እናተሻቐለት ነታ ደብዳበ ኣቐበለቶ። ካብ'ቲ ርእሱ ሒዙ ናብ መሬት ኣድኒኑዎ ዝነበረ ቅንዕ ብምባል፡ ነታ ደብዳበ ተቐበላ'ሞ ናብ መደቀሲኡ ኣምርሐ።

"ዝኸበርካ ታምራት፡ እታ ሰነድ ርእየያ ኣዝየ ጕህየ። ስለ ዝኾነ ኸኣ፡ ከምቲ ኣይሁዳውያን ኣይሁድ ጥራይ ብምኳኖም መንግስቲ ናዚ ሽዱሽተ ሚልዮን ብሳይክሎን ቢ መርዛም ጋዝ ከይተረፈ ዘህለቖም፡ ንሕና ኸኣ፡ ኤርትራውያን ብምኳንና ጥራይ ንህልቂት ዝፈረዱና ምኽንያት ክርድኣኒ ኣይከኣለን። ኣሽናፊ መሳይ፡ መተዓብይተይን ንመሓሪ ኸኣ ዓርኩን'ዩ ነይሩ። ካብ'ታ መገዲ ኣየር ኢትዮጵያ ኣብ ወርሒ ጥሪ 1971 ብበዓል ኣማኑኤል ዮሃንስ፡ ዮሃንስ ስብሃቱን ሙሴ ተስፋሚካኤልን እትጭወ ኣትሒዙ፡ ኣብ ልዕሊ ኤርትራውያን ክቱር ጽልኢ ዘሕደረ ሰብ'ዩ ነይሩ። ብሉ ምኽንያት ከኣ፡ እዩ ንጥፍኣት ኤርትራውያን ዝተበገሰ። ኣነ ኤርትራዊት'የ፡ ስለ ዝኾነ ኸኣ፡ ንህዝበይ ኣሕሊፈ ኣይህበን'የ። እዛ ሰነድ ሒዘያ ኸይደ ኣለኹ። ስለዚ፡ ንስ ኻ ትም በል፡ ንሕና ኸኣ ኸምኡ። ንሕና ክሳድና ትሰየፍ'ምበር ኣሕሊፍና ኣይክንህበካን ኢና።"

ብልቢ ትፈትወካ ኣዜብ በራኺ!

ዝብል ምስ ኣንበበ፡ ቀዚዙ ተረፈ። ዝብሎን ዝጭብጦን ጠፍኦ። ከምኡ ኢሉ ኣብ ኮፍ ኢሉዎ ዝነበረ ነቒጹ ኸሎ፡ ኣልማዝ ናብ'ቲ ኸፍሊ ኣተወት'ሞ፡

"ታምራተይ፡ እንታይዶ ተረኺቡ እዩ። ኣዜብ ኣይ ናይ ደሓናን ድያ?" ምስ በለቶ እዩ ናብ ቀልቡ ዝተመልሰ።

"ደሓን'ያ፡" ብምባል፡ ሓጺር መልሲ ሂቡ ሓቚፉዋ ናብ ሳሎን ከዱ።

ሻለቃ ታምራት፡ ክገብሮ ዝኽእል ዋላ ሓደ ነገር ኣይነበሮን። ዝነበሮ ምርጫ ነቲ ነገር ዓቢጡዎ ትም ምባል ጥራይ እዩ ነይሩ። እታ ኣሸናፊ መሳይ ዝሃቦ ሰነድ ካብ መሳርሕቱ ይኹን ኣባላት ደርግ ንዋላ ሓደ ሰብ ብዘይ ምንጋሩ እፎይታ ተሰምዖ። ንሱ ነታ ሰነድ ምቕባሉ፡ ብጀክኡን ብጀካ እቲ ምስ ኣሸናፊ ዝመጸ ከበደ ኣበበ ዝተባህለ ሰብን ዝፈልጥ ካልእ ከይህሉ ኽረጋግጽ ደለየ። ታምራት ነዚ ኹሉ ነገራት ከሰላስል ሓደረ'ሞ ሓደ ሓሳብ መጾ፡ ን ኸበደ ኣበበ ኣብ ዝሃለወ ሃልዩ ካብ ዘሎዎ ቦታ ብወተሃደራት ገይሩ ናብ ቤት ጽሕፈቱ ኸምጽኦ መደበ። ከበደ ኣበበ ተረኽበ'ሞ፡

"ኣቶ ከበደ፡ እንቋዕ ብደሓን መጻእካ፡ ንበር።" ብምባል ብፍሽሑው ገጽ ተቐበሎ።

"የቐንየለይ ሻለቃ።"

"ኣቶ ከበደ፡" በለ፡ ዓይኒ ዓይኑ ኣትሪሩ እናጠመተ። ከበደ ብተሪር ኣጠማምታ ሻለቃ ገለ ፍርሃት ክስምዖ ጀመረ። "ቅድሚ ኽልተ መዓልቲ ኣብ ሲድስት ኪሎ ሓደ በዓል ታክሲ ተቐቲሉ፡ ቀተልቱ ክትሕብረና ምኽኣልካዶ?" ምስ በሎ፡ ከበደ ዘይሓሰቦ ሕቶ ኾይኑዎ ተደናገረ።

"ሻለቃ፡ ከም ትፈልጡዎ፡ ኣሸናፊ ብሻዕብያን ኢ.ፒ.ኣር.ፒን እዩ ተቐቲሉ። ቀተልቱ ኸኣ ..." ኢሉ ንሻለቃ ጠመቶ። ሕጂ'ውን ሻለቃ ታምራት ዓይኒ ዓይኑ ተኲሩ እናጠመተ፡ ኵነታቱ የጽንዖ እንተ ነበረ፡ "ብናትና ግምት፡" ኢሉ ሕጂ'ውን ኣጽቀጠ።

"ኣቶ ከበደ፡ ንስኹም ኢኹም ቀቲልኩሞ፡" በለ፡ ታምራት ንኽምስል ወረቓቕቲ እናገናጸለ። ድሕሪ ቍሩብ ካልኢታት ካብ'ቲ ወረቓቕቲ ርእሱ ኣቕንዕ ብምባል፡ ፍሽኽ በሎ። "ኣብ'ቲ ቅትለት ናትካ ኢድ ነይሩዎ፡ ሓቀይ ድየ?" ሕጂ'ውን ፍሽኽ እናበለ። ከበደ ኣበበ ብመሰረቱ እዩ ተደናጊሩ፣ በዚ ፍሽኽታ፡ በቲ ኸኣ ኣትሪረን ዝጥምታ ኣዒንቲ ሻለቃ። "ንምኳኑ፡ ነታ ብኣምሆይ ዘምጻእኩሙለይ ሰነድ ካብ'ዚ ቤት ጽሓፈት ወጻኢ ንኻልእ ዝሃብኩሞ ኣሎዶ?"

"ፈጺሙ የለን፡ እቲ ሓሳብ ብኣሸናፊ መሳይ እዩ መጺኡ። ኣነ'ውን እንተ ኾንኩ ብዛዕባኡ ኣፍልጦ የብለይን፡ ማለተይ እቲ ዝርዝር ኣስማት ንሱ ንበይኑ እዩ ኣዳልዩዎ። በዓል መን ኣብኡ ኣለዉን የለዉን ዝፈልጦ የብለይን፡" በሎ፡ ህውኽ ህውኽ እናበለ። ሻለቃ ነገር ከጣልል ስለ ዝደለየ ግና፡

"ዶ/ር ሰናይ ልኬ ይኹን ኣቶ ሃይለ ፊዳ'ውን ኣይፈልጡን'ዮም?"

"ብትኽክል ንምዝራብ፡ እቲ ነገር ካብ'ቲ ሰልፊ ዝተበገሰ'ኳ

እንተ ኾነ፡ ኣብ'ዚ ቐረባ እዋን ኣብ ዝተገብረ ኣኼባ ግና፡ ናይ ጸጥታ ጉዳይ ንኣሸናፊ እዩ ሓላፍነት ተዋሂቡዎ ነይሩ። ስለ ዝኾነ ኸኣ፡ ኣሸናፊ እዚ ክግበር ኣለዎ እዩ ዝብለኒ ነይሩ እምበር፡ ኣብ'ቲ ዝቐረበ ሰነድ ኢድ የብለይን።"

"ኣቶ ከበደ፡ ቅድሚ ናብ ሰደድ ምምጻእካ እንታይ ትሰርሕ ኔርካ?" ኢሉ ምስ ሓተቶ፡ ረሃጽ ኰረር ኰረር ክብሎ ጀመረ።

"ሻለቃ፡" ኢሉ ዘረባ ጅምር ምስ ኣበለ፡

"ኣቶ ከበደ፡ ኣብዮት ንኹሉ እዩ ዘጽርዮ። ንስኻ'ውን ኣብዮተኛ ዘይትኾነሉ ምኽንያት የለን። ስለዚ ክደግመልካ እየ፡ ብዛዕባ እቲ ንዓይ ዝሃብኩምኒ ሰነድ ብዘይካይን ብጀካ ኣሸናፊን ዋላ ሓደ ሰብ ዝፈልጥ የለን ዲኻ ዝበልካኒ?" ብምባል፡ ሕጂ'ውን ዓይኒ ዓይኑ ጠመቶ።

"እወ! ሻለቃ፡" እቲ ነገር ስለ ዘፍርሆ ደጊሙ፡ "ዝርዝር ኣስማት ናይቶም ሰባት ኣሸናፊ ንበይኑ እዩ ኣዳልዩዎ፡" ብምባል ኣረጋገጸሉ።

"ኣቶ ከበደ፡ ብልቢ እየ ዘመስግን፡ የቐንየለይ፡" ብምባል፡ ሓንሳብ ኣብ ደገ ጽናሕ ብምባል ኣፋነዎ። ናብ ጸሓፊቱ ብምድዋል ኸኣ ንኣሻግሬ ናብ ቤት ጽሕፈቱ ክትጽውዓሉ ኣዘዛ። ንሱ ብቕጽበት መጸ'ሞ ንከበደ ከብጽሖ ትእዛዝ ሃቦ። ብድሕሪኡ፡ ከበደ ኣብ ዝኣተዎ ኸይተፈልጠ ጠፊኡ ተረፈ።

እቲ ምትህልላኽን ምቕንጻልን መዓልቲ ብዝወሰደ፡ ደርግ፡ ናይ ቀበሌ ሓለውቲ ብዝብል ምስምስ ንብዙሓት ግዳም ሓደር ብረት ኣዕጠቖም። እቲ ኩናት ኣብ መንጎ መኢሶንን ኢ.ፒ.ኣር.ፒን ምኳኑ ተሪፉ፡ ናብ *ቀይ ሽብር* ገጹ እናተቐየረ ስለ ዝኸደ፡ ኣባላት ዋህዮታት ህዝባዊ ግንባር ክቱር ጥንቃቐ ክወስዱ ተነግሮም። ኩነታት ክሳዕ ዝረጋጋእ ከኣ፡ ተስፋይን ብጾቱን ካብ ቤቶም ብምውጻእ ተሰወሩ። ተስፋይ ወደን ብምስዋሩ ዝተሻቐላ ኣደይ ዙፋን፡ ለይትን መዓልትን "ዋይ ወደይ!" ክብላ፡ ኣቦይ ክብረኣብ ድማ፡ "ዙፋን፡ ካብ ሞት ንስክላ'ኮ እዩ ወጺኡ ንዝግሄር እንዶ ግዳ ኣመስግኒ፡" ክብሉ ድቃስ ሰኣኑ። ብዝኾነ ኣቦይ ክብረኣብ *ንመሰይ* ተረከቡዋ፡ ግና ኣይከም ቀደማን።

* * *

ለካቲት / መጋቢት 1977

ሰዓት ሸሞንተ ምሸት፡ ኣብ ከባቢ ናይ ቀደም ቤተ መንግስቲ ዘይንቡር ምንቅስቓስ ወተሃደራት፡ መካይን፡ ታንክታትን ረሻሻትን ክርአ ጀመረ። ንብ/ጀነራል ተፈሪ በንቲ እታ ምሸት'ቲኣ ኽምተን ካልኦት ዝሓለፉ ምሸታት ኣይነበረትን። ነቲ ናይ ምሉእ መዓልቲ ዝተገብረ ስራሓት ዘመልክት ጸብጻባት ኣብ ጠረጴዛኡ ተደርዲሩ ን ፌርማ ይጽበ'ኳ እንተ ነበረ፡ ንሱ ግና ኣይቀሰነን። ዘየቕስኖ ዝነበረ ነገር ብልክዕ እንተ ዘይተረድአ'ኳ ነብሱ ገለ ነገርሲ ይነግሮ ደኣ ነበረ። ስለ ዝኾነ ኸኣ እዩ፡ ኵነታት ጸጥታ ኽፈልጥ ስለ ዝደለየ ናብ ሻለቃ ታምራት ዝደወለ።

"ታምራት ከመይ ኣምሲ'ኻ? ተፈሪ እየ።"

"ጀነራል ከመይ ኣምሲ'ኹም?"

"ከም ዝረኣኻዮ፡ ሎሚ ዳርጋ ምሉእ መዓልቲ ኣብ ኣኼባታት ኢና ውዒልና። ከም ናትካ ጸብጻብ እንተ ኾይኑ፡ ኣብዘን ሰለስ ተ ኣርባዕተ መዓልቲ ዘይንቡር ምንቅስቓስ ወተሃደራት ይርአ ኣሎ ኢልካ ኔርካ። ንምንታይን ብመን ዝእዘዝን ምዃኑ ግና ዝሓበርካዮ ነገር ኣይነበረን። ሕጂ'ውን ..." ኢሉ ዘረባኡ ኸይወድአ ተሌፎን ተቛረጸ። ታምራት "ሃለው፡ ሃለው ጀነራል፡" እንተ በለ፡ መልሲ ኣይረኸበን። ተሌፎን ዓጸዋ'ሞ እንተ ተደወለት ኢሉ ተጸበየ፡ ተሌፎን ግና ኣጽቀጠት። ነገሩ ዝደንጸዎ ታምራት፡ ለዓት ተሌፎን ብምልዓል ደጊሙ ደጋጊሙ ናብ ተፈሪ በንቲ ደወለ፡ ዘልዕል ግና ኣይተረኽበን። ታምራት ተረበሸ። ለዓት ተሌፎን ብምልዓል ናብ ክልተ ሰባት ደወለ፡ ናብ ሻለቃ መንግስቱ ሃይለማርያምን ሻለቓ ዳንኤልን፣ ዘልዕል ግና ኣይነበረን። ሕቖኡ ናብ መንበሩ ብምጽጋዕ ናብ ድሕሪት ደፊኡ ሓውሲ ጎቦ ኾይኑ እናሓሰበ ኸሎ፡ ስልኪ ጭር በለት'ሞ ሰምቢዱ ብዘይ ልቡ ናብ ጠረጴዛኡ ቀንዐ። ስልኪ ደዊላ ወድኣት። ኣይጸንሐትን መሊሳ ደወለት'ሞ ተቐበላ። ብትሑት ድምጺ፡

"ሃለው፡" በለ።

"ታምራት ከመይ ኣምሲ'ኻ? መንግስቱ እየ። ጀነራልን ኣጥናፉ ዝርከቡዎም ላዕለዎት ሓለፍቲ ህጹጽ ኣኼባ ስለ ዘለና፡ ድሕሪ ዓሰርተ ደቒቕ መጺኦም ዝወስዱኻ ወተሃደራት ስለ ዘለዉ፡ ተቐሪብካ ጽናሕ፡" ብምባል፡ መልሲ ኸይተጸበየ ተሌፎን ዓጸዋ። ታምራት ፍርሂ ተሰምዖ። ንሓደ ካብቶም ሓለውቱ ጸውዑ'ሞ ኵነታት ኣብ

ደገ ከመይ ከም ዘሎ ሓተቶ።

"ጐይታይ፣ ኣብዚ ደገ ቐድሚ ቑሩብ ደቓይቕ ንሕና ዘይንፈልጠም ወተሃደራት መጺኦም ኣለዉ። እንታዎት ምዃኖም ምስ ሓተትናዮም፣ ሓለዋ ናይዚ ኸባቢ ኢና ስለ ዝበሉና ብዙሕ ኣይተገደስናሎምን።"

"እንታይ ዕጥቂ'ኸ ሒዞም ኣለዉ።"

"ክልተ ጂፕ ሓንቲ ረሻሽ ዝጸዓነት መኪና።"

"የቐንየለይ፣" ብምባል፣ ነቲ ወተሃደር ምስ ኣፋነዎ ብረቱ ኣውጺኡ ኣብ ጠረጴዛኡ ኣንቢሩ ተኩሩ ጠመታ'ሞ፣ "እዞም ሰባት ኣይ ናይ ደሓኖምን'ዮም፣" በለ ብልቡ። እንታይ ክገብር ከም ዘሎዎ ግና ፈጺሙ ኣይፈልጥን'ዩ ነይሩ። ሓሳቡ መዕለቢ ኽይገበረሉ ኸሎ ሃንደበት ማዕጾ ተኳሕኵሐ፣ ሽጉጡ ኣልዒሉ "እቶ፣" በለ፣ ርግእ ኢሉ።

"ጐይታይ፣ ክልተ ወተሃደራት ካብ ቤት ጽሕፈት ደርግ መጺኦምኹም ኣለዉ።"

"እተዉ በሎም'ሞ ንስኻን ማሞን ከኣ ምስኦም ንዑ፣" ምስ በሎም፣ ኣርባዕቲኦም ተመራሪሖም ናብ ክፍሊ ሻለቃ ታምራት ኣተዉ። ኣርባዕቲኦም ሰላምታ ድሕሪ ምሃብ፣

"ጐይታይ፣ ክንወስደኩም መጺና ኣለና፣" በለ፣ ሓደ ካብ'ቶም ክልተ ልኡኻት።

"ናበይ?"

"ጐይታይ፣ ትእዝዛ ጥራይ እዩ ተዋሂቡና፣ ናበይ ኣይተሓበረናን።"

"ትእዛዝ ካብ መን እዩ ተዋሂቡኩም?"

"ካብ ሓለቓ ሚእቲ በሪሁ፣ ኣብ መኪና ኣሎ።"

"ማሞ፣ ንሓለቓ ሚእቲ ጸውዓለይ፣" ሓለቓ ሚእቲ በሪሁ ናብ ታምራት ብምቕራብ ወተሃደራዊ ሰላምታ ሃበ'ሞ፣

"ሓለቓ ሚእቲ በሪሁ፣ ናበይ ኢኹም ክትወስዱኒ መጺእኩም? ካብ መንከ እዩ ትእዛዝ ተዋሂቡኩም?"

"ጐይታይ፣ ትእዛዝ ካብ መን ከም ዝተዋህበኒ ክሕብር ትእዛዝ ኣይተዋህበንን፣" ምስ በሎ፣ ሻለቃ እቲ ነገር ስለ ዝተረድኦ ብድድ ብምባል ካብቲ ክፍሊ ቅልጥፍ ቅልጥፍ እናበለ ወጺኡ ናብታ ንዕኡ ተባሂላ ተዳልያ ዝነበረት መኪና ደየበ፣ መኪና ብቕጽበት ነፊራ ኸደት፣ ናብ ናይ ቀደም ቤተ መንግስቲ። ኩሉ እቲ ምንቅስቓስ ቅልጡፍ ብምንባሩ፣ ሻለቓ ኣብ ከባቢኡ እንታይ ከም ዘሎ ኸስተብህል ኣይከኣለን ዝነበረ። ክልተ ወተሃደራት ናብኡ ቀረቡ'ሞ ወተሃደራዊ

ሰላምታ ድሕሪ ምሃብ፡ ሕቖኦም ግልብጥ ኣቢሎም ናብ ቤተ መንግስቲ መርሑዎ፣ ማዕጾ ቤተ መንግስቲ ብኽልተ ወተሃደራት ተኸፍተ፡ ሻለቃ ኣተወ። ብድሕሪ'ዚ ካልኦት ክልተ ወተሃደራት መሪሖም ናብ ሓደ ኣብ ትሕቲ ባይታ ዝርከብ ክፍሊ ኺሕኩሖም ኣእተዉዎ። ኣብ ቐድሚኡ፡ መንግስቱ ሃይለማርያም፡ ሓለቓ ሚእቲ ለገሰ ኣስፋውን ሻለቓ ዳንኤል ኣስፋን ረኣየ'ሞ እንታይ ኣጋጢሙ ኸም ዘሎ ኽስሕቶ ኣይከኣለን። ሰለስቲኦም ከካብ ዘለዉዎ ብምትሳእ ንሻለቃ ምዉቕ ሰላምታ ለገሱሉ'ሞ መንግስቱ ንሻለቃ ኾፍ ክብል ናብ መንበር ኣመልከተሉ። ኣብ ገጾም ናይ ተዓዋትነት ክምስ ታ ይርአ ስለ ዝነበረ፡ እቲ ዓሲሉዎ ዝነበረ ስግኣት ብመጠኑ ተቖንጠጠሉ።

"ሻለቃ፡" በለ ሓለቓ ሚእቲ ለገሰ ኣስፋው፡ "ኣብዘይ እዋኑን ብዘይ ንቡር መገድን ስለ ዝጸዋዕናካ ቅር ኣይበልካ፡ ንናትካ ድሕነት ብምኺኑ ኸኣ ኣቕሊልካ ርኣዮ፡" ብምባል፡ ናብ መንግስቱን ሻለቃ ዳኒኤልን ጠመተ።

"ታምራት፡ እዚ ኣብ ውሽጥና ዘሎ ምፍሕፋሕ ብኸመይ ትግምግሞ?" ሓተተ መንግስቱ። ሻለቃ ታምራት ሎሚ ዘይኮነስ ኣብ እዋን ጀነራል ኣማን ዓንዶም'ውን እንተ ኾነ፡ ንመንግስቱ ሃይለማርያም ኣይኣምኖን'ዩ ነይሩ። ሓደ መዓልቲ ምስ ሓደ ኣባል ደርግ ዘዕለሉዎ ትዝ በሎ፡ "እዚ ባርያ ንኹሉ በብሓደ ቐቲሉ፡ ስልጣን ክሕዞ እዩ፡" ዝብል ትንቢቱ። ስለ ዝኾነ እዩ ኸኣ፡ ኣብዛ ደቒቕ ንኹሎም በብሓደ ብምጥማት ብፍሽሑው ገጽ፡

"መን ምኺኑ'ኺ ኣይፈለጥኩን፡ ኣብዮት ደቃ ናይ ግድን'ያ ክትበልዕ፡ እንተ ዘይኮነ፡ ሕቖኣ ክድልድል ኣይክእልን'ዩ፡ ዝበላ ኣዘራርባ፡ ንኽሰማምዓላ ብዙሕ እዋን'ዩ ወሲዱለይ። ይኹን'ምበር፡ ኣብ ቃልሲ እቲ ኣብዮታዊ እዩ ዝዕወት፡ በየናይ መገዲ ብዘየገድስ። እቲ ኣብ መንጎና ዝነበረ ምፍሕፋሕ ከኣ ኣብ መወዳእታ እቲ ኣብዮታዊ ኸም ዝዕወት ተጠራጢረ ኣይፈልጥን'የ፡" ብምባል፡ *ብማኪያቨላዊ* ኣዘራርባን ንኹሎም ፈሊጠኩም ኣለኹ ብዘስምዕ ፍሽኽታን በብሓደ ጠመቶም።

"እሞ ንዝወሰድናዮ ስጉምቲ ትሰማምዓሉ ኢኻ፡" ብምባል፡ ሓለቓ ሚእቲ ለገሰ ኣስፋው ምስ ሓተተ፡ መንግስቱ ኣብ ርእሲ ምጽላሙ ገጹ መሊሳ ጸልመተት። ምኽንያቱ፡ ርእሰ ብሄር ብ/ጀነራል ተፈሪ በንቲ ይኹን ሻምበል ኣለማዮህ ሃይሌን ሰዓብቶምን ኣብ ትሕቲ ቀይዲ እዮም ኣትዮም ነይሮም'ምበር

ዝተወስደሎም ስጉምቲ ስለ ዘይነበረ። ኮይኑ ግና፣

"ሻለቃ ታምራት፣" ብምባል፣ ንመጀመርታ እዋን መንግስቱ ንታምራት ሻለቃ ኢሉ ጸውዮ። መንግስቱ ሃይለማርያምን ሻለቃ ታምራትን ኣብ ሃረርዮም ዝፋለጡ። ታምራት፣ ኣብቲ ዝነበሮ ሚኒስትሪ ምስ መሳርሕቱ ኽሰማማዕ ብዘይ ምኽኣሉ፣ ከም መቕጻዕቲ ናብ ሃረር ተሰዲዱሉ ኣብ ዝነበረ እዋንዩ ፍልጠቶም ዝደልደለ። ብኣካል ካብ ዝፋለጡ ኣትሒዞም ሻለቃ ሻምበል ተበሃሂሎም ኣይፈልጡንዮም። ሎሚ ሻለቃ ምስ በሎ ግና፣ ንስ'ውን ሻለቃ ኽብሃል ከም ዝደለየ ኣይሰሓቶን። "ከምቲ ክትብሎ ዝጸናሕካ፣" በለ መንግስቱ ርግእ ኢሉ፣ "ኢትዮጵያ፣ ንኽትህሉን ንኽይትህሉን ኣብ ከቢድ ፈተነ ኢና ጸኒሕናን ዘለናን። ስለዚ፣ ሎሚ ምሸት ዓቢ ዕማም ይጽበየና ስለ ዘሎ፣ ናብ ገዛውትና ኣይክንከይድን ኢና ..." ኢሉ ዘረባኡ ኽይወድአ ሻምበል ሙሉጌታ ተጸንበሮም። መንግስቱ ዘረባኡ ገዲፉ ንሻምበል ዓይኒ ዓይኑ ጠመቶ።

"ስጉምቲ ተወሲዱዎም ኣሎ፣" ብምባል፣ ናይ ኣስማት ዝርዝር ዝሓዘ ወረቐት ኣቐበሎ። መንግስቱ፣ ነቲ ዝተዋህቦ ወረቐት በብሓደን ብርግኣትን ኣንበቦ'ሞ ናብ መንበሩ ጥልዕ ብምባል፣ ኣዕሚቑ ኣስ ተንፈሰ።

"እሞ ጓዶች፣ ንሕና ብሰላማዊ መገዲ ኢዶም ክህቡ ሓቲትናዮም፣ እዞም ሰባት ግና ካብቲ ናይ ዝሓለፈ ክመሃሩ ኣይከኣሉን። ስለዚ፣ ኣብዮታዊ ስጉምቲ ተወሲድዎምዩ ዝብል ዘሎ ሙሉጌታ፣" ምስ በለ፣ ኩሎም ናይ ዓወት ፍሽኽታ ኣርኣዩ፣ ታምራት'ውን ከይፈተወ። ብድሕሪ'ዚ፣ ኣብ ልዕሊ ተፈሪ በንቲን ሻምበል ኣለማየሁ ሃይለን ዝተወስደ ስጉምቲ ብሚኒስትሪ ዜና ዝፍኖ ጽሑፍ ክዳሎ፣ ጸጥታ ኣዲስ ኣበባ ክሕሎን መንግስቱ ርእሰ ብሄር ምዃኑ ክእወጅን ተሰማምዑ።

ሰዓት ሸውዓተ ንግሆ፣ ህዝቢ ኣዲስ ኣበባን ካልኦት ኣውራጃታትን ናይ ዕለት እንጀራኡ ክምእርር ኣብ ዝተበገሰሉ እዋን፣ ሬድዮ ኢትዮጵያ ኸምቲ ወትሩ ትገብሮ *ብ"የፍየል ወጠጤ ልቡ ያበጠበት ትኸሻው ያበጠበት፣ እንዋጋ ብሎ ለነብር ላከበት። የማትረባ ፍየል ዘጠኝ ትወልዳለች፣ ልጆችዋ ያልቃሉ እሰዋም ትሞታለች፣* (ደረቱን ሕቘኡ ዝነፍሐ ዘይረብሕ ምክት፣ ንነብሪ ንዋጋእ ኢሉ ለኣኸሉ። ዘይትረብሕ ጤል ትሽዓተ ትወልድ፣ ዕያውታ ይውድኡ 'ንሳ ኸኣ ትመውት፣)" ብምባል፣ ፈነዋኣ ጀመረት። ነታ ሬድዮ ዝኸፈተ ህዝቢ ኹሉ ኸም ዓንዲ ነቐጸ። ከመይሲ? ሃጸይ ሃይለስላሴ ምስ ወደቐ

ህዝቢ ኢትዮጵያ ንዝወረዶ ግፍዒ ዝትክእ ፍትሒ'ምበር፡ መቕዘፍቲ ናይ'ቶም ሰበ ስልጣን ክሰምዕ ኣብ ኣእምሮኡ ኣይነበረን። ስለ ዝኾነ ኸኣ፡ እዛ ናይ ቅትለት ምልክት ዝኾነት ደርፊ መጀመርታ እዋን ዝሰምዓ፡ ኣብታ ሰበ ስልጣን እቲ ዝነበረ መንግስቲ ዝተረሸኑላ እዋን ስለ ዝነበረት፡ ንሳ እንክሰምዕ፡ መን ተቐትለ ብምባል ኣእዛኑ ኹር እዩ ዘብል ዝነበረ። ብዝኾነ እዛ ምልክት ቅንጸላ ዝኾነት ደርፊ ምስ ሰምዐ እዩ ኣብ ዘዘሎዎ ኾይኑ ናብኣ ዘድሃበ።

"ዎ! ህዝቢ ኢትዮጵያ፡ እቶም ምስ ሻዕብያ፡ ኢ.ህ.ኣ.ፓን ትርፍራፍ መሳፍንትን ዝኾኑ ጸላእትኻ ብምምሽጣር ኣብዮትካ ንድሕሪት ክጐቱ ዝጸንሑ ጸረ ኣብዮት፡ ሎም መዓልቲ 05 የካቲት 1977 ኣብዮታዊ ስጉምቲ ተወሲዱዎም ኣሎ። ንሳቶም ከኣ፡ ቀዳማይ፡ ብ/ጀነራል ተፈሪ በንቲ፡ ካልኣይ ሻምበል ኣለማየሁ ሃይሌ፡ ..." ኢሉ ነዊሕ ዝርዝር ሽም ምስ ኣቕረበ፡ "ስለ ዝኾነ ኸኣ፡ ካብ ሎም መዓልቲ ሻለቃ መንግስቱ ሃይለማርያም ርእሰ ብሄር ኢትዮጵያ ኾይኖም ብምሉእ ድምጺ ተሸይሞም ኣለዉ፡" ድሕሪ ምባል፡ "ኢትዮጵያ ትቕደም ኣድሓርሓሪ ይውደም!" ኢላ እታ ሬድዮ መልእኽታ ዛዘመት። እቲ ንሰለስተ ዓመት መመላእታ ዝተኻየደ ቊርቊስ ስልጣን መን ሓዘ ኸኣ "ንምሳሕ ዝሓሰቡና ንቑርሲ ጌርናዮም፡" ብምባል መንግስቱ ሃይለማርያም ዓወቱ ኣረጋገጸ።

እዚ ኾይኑ ከብቅዕ፡ ወጥሪ ኣባላት ደርግ ስለ ዘይሃድኣ እዩ እምበኣር ሻለቃ ዮሃንስ ምትኩ ዝተባህለ መኰንንን ተደናጋጺ በዓል ጀነራል ተፈሪ በንቲ ዝነበረ ኣብ ቤት ጽሕፈት ደርግ (ቤተ መንግስቲ) ተኹሲ ብምኽፋት፡ የማናይ ኢድ መንግስቱ ሃይለማርያም ንዝኾኑ ሻለቃ ዳንኤል ኣሰፋን ንመስራቲ ሰልፊ ወዝሊግ ዶ/ር ሰናይ ልኬን ቀቲሉ ኣብኡ ህይወቱ ሓለፈት።

* * *

ድሕሪ ቅንጸላ ጀነራል ተፈሪ በንቲ፡ ኣዲስ ኣበባ ትኹን ዓበይቲ ኸተማታት ኢትዮጵያ *ብቀይ ሽብር* ክናወጻ ጀመራ። ዝተቐትሉ ሰባት ኣብ ፈቖዶ ጐደናታት ምርኣይ ከም ንቡር ዝውሰድ ተርእዮ እዩ ዝነበረ። እቲ ኣብ መንጎ መኢሶንን ኢ.ፐ.ኣር.ፒን ኣብ ኣዲስ ኣበባ ዝጀመረ ውግእ፡ በብቑሩብ ናብ ካልኦት ከተማታት ጥራይ ዘይኮነ፡ ኣብ መንጎ'ቶም መሃይምነት ንምጥፋእ ዝወፈሩ ተመሃሮ'ውን ለሓመ። እቲ ኹነታት ንኤርትራውያን'ውን ኣይነሓፎምን። ብዙሓት

ኤርትራውያን ተኣስሩን ተረሸኑን። በዓል ተስፋይን በረኸትን ዝርከቡዎም ላዕለዎት ሓለፍቲ ብህጹጽ ካብ ኣዲስ ኣበባ ወጺ፣ ኣዜብ'ውን ምስኦም። ንህጹጽ ሓደጋ ተባሂሉ ተዳልዩ ዝነበረ መስመር ኣዲስ ኣበባ፣ ደሴ፣ መቐለን ዓዲ ግራትን'ዩ ነይሩ። ኣብ'ዘን ከተማታት ኣብ ትሕቲ 06 ዝነጥፉ ዋህዮ ሀ.ግ ዝተፈላለየ ትካላት ኣቑሞም፣ ምስጢራዊ ስራሓት የካይዱ ነበሩ። ስለ ዝኾነ ኸኣ፣ ልዕሊ ሰላሳ ዝኾኑ ኣዝዮም ኣገደስቲ ኣባላት ዋህዮ ሀ.ግ ካብ ዝተፈላለያ ኸተማታት ኢትዮጵያ በዚ መስመር ክሓልፉ ስለ ዝተወደበ፣ እቶም ኣባላት ናይ'ተን ከተማታት ኣጋይሾም ክቕበሉ ላዕልን ታሕትን ይብሉ ነበሩ። ኣብ ዝተፈላለየ ኾርናዕ ምጽንጻንን ሓበሬታ ምእካብን ከም ቀንዲ ስራሖም ገይሮም ወሰዱዎ።

26 መጋቢት 1977 ሰዓት ሓሙሽተን ፈረቓን ድ.ቐ ኣቢሉ ካብ *ኣውቶቡስ ኣንበሳ* ኽልተ ሰባት ኣብ ከተማ ደሴ ወረዱ'ሞ፣ ሓንቲ ዓባይ ሰበይቲ "ዕልልል" እናበላ ነታ ኣቐዲማ ዝወረደት ጓለንስተይቲ ብኽልተ መንኩባ ሒዛን ደጋጊመን ሰዓማኣ። ንሳ'ውን ኣይሓመቐትን "ኣሞይ" እናበለት ክትነብዕ ጀመረት። ነቲ ድሒሩ ዝወረደ ጽቡቕ ቁመና ዝነበሮ ለይለይ መንእሰይ ከኣ ሓደ ኸምኡ መንእሰይ ተቐቢሉ ናብ መዕረፊኡ ክወስዶ ብግስ ክብል ከሎ፣ ክልተ ሲቪል ዝተኸድኑ ሰባት ብምቕራብ ነቲ ጋሻ፣ መንነትን ካበይ ናበይ ይኸይድ ከም ዘሎን ሓተቱዎ።

"ካብ ኣዲስ ኣበባ ናብ ኣስመራ ብስራሕ መንግስቲ እየ ዝኸይድ ዘለኹ። ዝተዋህበኒ ይሕለፍ እነሆልኩም፣" ብምባል፣ ናይ ስራሕ ወረቐቱን ካልእ ሰነዳትን ምስ ኣርእዮም "የቐንየልና፣" ብምባል ኣፋነዉዎ፣ ንበረኸት።

"ዝገርመካ እዩ፣ ንመን ይደልዩ ኸም ዘለዉ'ኺ እንተ ዘይፈለጥና፣ ምሉእ መዓልቲ እዮም ኣብ'ዚኣ ውዒሎም፣" በለ ተቐባሊ ጋሻ። ኣዜብ በተን ዓባይ ሰበይቲ፣ በረኸት ከኣ በቲ መንእሰይ ተመሪሖም ነናብ መደቀሲኦም ከዱ፣ ከምዛ ዘይፋለጡ። ንጽባሒቱ ንግሆ ጕዕዞ ናብ መቐለ ኾነ። መቐለ፣ ኣዝዩ ተኣፋፊ ኸተማ ስለ ዝነበረ ሓያል ጥንቃቐ ክግበር ግድን'ዩ ነይሩ። ናይ ስለያ ሰባት ብብዝሒ ዝተዋፈሩላ ኸተማ ትኹን'ምበር፣ ካብ ኣዲስ ኣበባ ናብ ሜዳ ናይ ዝወርዱ ኤርትራውያን መናሃርያ እያ ነይራ። ኣባላት ዋህዮ ናይ'ቲ ኸተማ ድማ፣ ሰብ ኣብ ምቕባል'ን ምፍናውን ልዑል ጥንቃቐ እዮም ዝገብሩ። *ኣውቶቡስ ኣንበሳ*፣ መቐለ ኣትያ ደው ክሳዕ ትብል፣ ናይ መዓርግ ክዳውንቱ ዝወደየ ሓለቓ ሚእቲ

ተስፋሚካኤል ኣባይ፣ ሰዓቱ ብምርኣይ ብኣንክሮ ይጥምታ ነበረ። ንሱ፣ ኣብ መቐለ ሓላፊ ጸጥታዊ ጉዳያት'ዩ። ሽሙ ክጽዋዕ ከሎ ዘየንቀጥቅጥ ሰብ ኣይነበረን። ኣዝዩ ተሪርን በትሩ ኣብ እንግድዓ ሰባት ከንብር ድሕር ዘይብልን ወተሃደር'ዩ ነይሩ።

በረኸትን ኣዜብን ኢድ ንኢድ ተተሓሒዞም ካብታ ደው ክትብል ዝረኣያ *ኣውቶቡስ ኣንበሳ* ወረዱ። ሓለቓ ሚእቲ ተስፋሚካኤል ኣባይ ናብኦም ብምቕራብ "ኣማኑኤል፣ ኣንታ ወዲ ሓወይ ከመይ ኣለኻ?" ብምባል ኣጥቢቑ ደጋጊሙ ሰዓሞ'ሞ፣ ነታ ምስኡ ዝነበረት ከኣ፣ "ሳራ፣" ብምባል ሰዓማ። ጥዕና ስድራ ቤት እናሓተተ ንኽልቲኦም ብቐልጽሞም ብምሓዝ፣ ካብ'ቶም እኩባት ሰባት ኣልዩ ወሰዶም። ውሑስ ቦታ ተባሂሉ ንበረኸትን ኣዜብን ዝተታሕዘሎም ቦታ ገዛ እንዳ ሓለቓ ሚእቲ ተስፋሚካኤል ኣባይ እዩ ነይሩ። ንሱ፣ ኣብ መወዳእታ 1973 ኣብ ህ.ሓ ዝተወደበን ኣዝዩ ንጡፍ ኣባልን'ዩ ነይሩ። ካብ ደቀምሓረ ናብ መቐለ ብስራሕ ምስ ተቐየረ፣ ኣብ መቐለን ከባቢኣን ቀንዲ ወዳባይን ሓላፊ ናይ'ቲ ኣብ ትግራይ ዝካየድ ምስጢራዊ ምንቅስቓስን'ዩ ነይሩ። በዚ ምኽንያት'ዚ ኸኣ እዩ፣ ነዞም ዓቢ ምስጢር ሒዞም ዝመጹ ኣባላት ህዝባዊ ግንባር፣ ባዕሉ ተቐቢሉ ናብ ዓዲ ግራት ከብጽሖም ካብ ሓለፍቲ 06 መምርሒ ዝተዋህቦ። ብመሰረት ዝተዋህቦ ሓበሬታ ነቶም ኣጋይሽ መሪሑዎም ናብ'ታ ንዕኦም ተባሂላ ዝተዳለወት መኪና ኣደይቡ፣ ንመራሕ ኣውቶቡስ ክልተ ባልጃ ኸውርደሎም ዝነገሮ።

"ኢሂ እንታይ ተረኺበ?" ብምባል፣ መራሕ ኣውቶቡስ ብፍርሒ ሓተቶ።

"እዋእ! ኣውርዶ ኢኻ ተባሂልካ'ምበር፣ እንታይ ዘሕትት ኣለካ!" ምስ በሎ ግና፣ ብዘይ ልቡ ናብ ልዕሊ ኣውቶቡስ ተሰቒሉ ኣውሪዱ ኣረከቦ፡ እታ ቐጽሪ ሰሌዳኣ ናይ ፖሊስ ዝነበረት መኪና ወደ'ባይ ከኣ ነቶም ክልተ ኣጋይሽ ኣወጢሓ ተበገሰት። ቅድሚ ሰለስተ መዓልቲ ኣቢሉ ሓለቓ ሚእቲ ተስፋሚካኤል ኣባይ (ወደ'ባይ) ናብ ኣዛዚ ፖሊስ ትግራይ መቐለ ሻምበል ኣይናለም ብምእታው፣ ዝመጽእ ዘሎ ቀዳመ ሰንበት፣ መርዓ ወዲ ሓዉ ኣብ ዓዲ ግራት ከም ዘሎዎን፣ እቶም መርዑት ካብ ኣዲስ ኣበባ ኸም ዝመጹን ንሱ ባዕሉ ናብ ዓዲ ግራት ክወስዶም ምዃኑን፣ የግዳስ፣ መኪና ስለ ዘይብሉ ገለ ካብተን ዘለዋ ክረኽበሉ ዝክኣል እንተ ኾነ ሓተቶ። ሻምበል ኣይናለም ዓይኑ ኸይሓሰየ ሓንቲ ላንድሮቨር መኪና ኽወስድ ስለ ዘፍቀደሉ እዩ'ምበኣር ንበረኸትን ኣዜብን ብኣኣ

ዘተቐበሎም።

መኪና ሓለቓ ሚእቲ ተስፋሚካኤል (ወደ'ባይ)፣ ንጽባሒቱ ካብ መቐለ ተበጊሳ ጕዕዞኣ ናብ ዓዲ ግራት ተተሓሓዘቶ። ኣብ መገዶም ብዛዕባ ኣብ ኣዲስ ኣበባ ተኸሲቱ ዘሎ ቅንጸላ፣ ምርሻንን ማእሰርትን ኤርትራውያን፣ ኣብ ኩሉ ኸተማታት ኢትዮጵያ ብሕጂ ኸጋጥም ዝኽእል ተመሳሰሊ ስጕምትን ብዛዕባ ቐይሕ ራዕድን እናዘተዩ ዓዲ ግራት በጽሑ'ሞ፣ ኣብ ሓንቲ ቤት ብልዒ ኣተዉ። ምግቢ ኣዚዞም እናበልዑ ከለዉ ዋና ቤት ብልዒ ወ/ሮ የሻረግ፣ "ተለንተ ተስፋንክኤል፣" ኢላ ሰላም ድሕሪ ምባላ፣ ከመይ ኣለኻ ከመይ ኣለኺ ተበሃሃሉ'ሞ፣ "መርዓ ወዲ ሓውኻ መዓስ ድዩ?" በለቶ። ነገራት ዝተረድኦ ወደ'ባይ ብድድ ኢሉ ካብ ክልቲኦም እልይ ብምባል፣ መገዲ ክቕጽሉ ምዃኖም ምስ ነገራ፣ "ዛላምበሳ ቕድሚ ምብጻሕኩም ሓደ ሰብ ተማልኡኒ ክብለኩም'ዩ፣ ሽሙ ፋሕ እዩ፣ ንስኻ ኸኣ ደጎሊ፣ መሊሱ ኸኣ መርዓ ወዲ ሓውኻ መዓስ እዩ ክብለካ እዩ፣" ብምባል፣ ኣብ መገዲ ዝቕበሎም ሰብ ሓበረቶ። ተመሳጊኖም መገዶም ክቕጽሉ ብድድ በሉ። ወደ'ባይ፣ ቅድሚ ካብ ዓዲ ግራት ምውጽኦም ኵነታት ምእንቲ ክፈልጥ መኪና ኣብ ሓደ ኸውሊ ገዲፉ ናብ'ታ ኣብ እግሪ መገዶም እትርከብ መደበር ፖሊስ ተኣልየ'ሞ፣ ነቲ ሓላፊ ረኸቦ። ምስ'ቲ ሓላፊ ብቐረባ ዝፋለጡ ስለ ዝነበሩ ኸኣ፣ እግረ መገዱ ክርእዮ ኸም ዝመጸን ዛላምበሳ በጺሑ ክምለስ ምዃኑን ሓቢሩ ተፋንዩዎ ኸደ። ድሕሪ ናይ ቍሩብ ሰዓታት ጕዕዞ፣ እቲ ዝተባህሎም ሰብ ኣብ መገዲ ተማልኡኒ ክብል ደው ኣበሎም። ሕቶን መልስን ድሕሪ ምግባር ኣብ መኪና ኣወጢሖም ካብ ናይ ካትራመ ጽርግያ ተኣልዮም መገዶም ቀጸሉ። ሰዓቱ ኣጋ ዓራርቦ ብምንባሩ ኣብ'ቲ ኸባቢ ተወዝ ዝብል ሰብ ይኹን እንስሳ ኣይርአን ነበረ። መገዶም ብምቕጻል ኣብ ሓደ ዕሙር ኣግራብ ዝርከቦ ቦታ በጽሑ'ሞ ሓባሪ መገዲ መኪና ክዕሽጉዋን ካብ ዘለዉዎ ኸይንቀሳቐሱን ነጊሩዎም ከደ። ድሕሪ ቍሩብ ደቓይቕ እቲ ሰብ ምስ ክልተ ካላሽን ዝሓዙ ተጋደልቲ ተመልሰ'ሞ ክብገሱ ምዃኖም ሓቢሩ ተሰናቢቱዎም ከደ።

ጕዕዞ ቀጸለ፣ መራሕ መኪና ግና ሓለቓ ሚእቲ ተስፋሚካኤል ኣባይ ዘይኮነስ፣ ሓደ ካብቶም ተጋደልቲ ደኣ ኾነ። ብጸልማት እሞ ኸምኡ ናህሪ ኣብ ህይወቶም ርእዮሞ ዘይፈልጡ መሳኪን፣ ብሓርጎጽጎጽን ሸለውለውን መዓንጣኦም ቈሰሉ። ድሕሪ ነዊሕ ጕዕዞ ዶብ ኤርትራ ሰጊሮም ኣብ ሓደ ስንጭሮ በጽሑ፣ ካብ

መኪና ክወርዱን ኣብ ዘለዉዎ ኽዕርፉን ከአ ተሓበሮም። እቶም ክልተ ተጋደልቲ መኪና ክዕሽጉ ገዲፎሞም ከዱ። ኣዜብ፡ ብድኻም ኣዝያ ተሰኒፋ ብምንባራ፡ ኣብ መሬት ኮፍ ክትብልን ድቃስ ክጠልማን ሓደ ኾነ። ወጋሕታ ሰዓት ኣርባዕተ ተበራበሩ'ሞ፡ ጉዕዞ ብድቕድቕ ጸልማት ተተሓሓዙዎ። መሬት ቍሩብ ብርህ ምስ በለ ነቲ መራሕ መኪና እንተ ረአዩዎ፡ ካብ'ቶም ናብ'ቲ ቦታ ዘምጽኡዎም ተጋደልቲ ዘይኮኑስ፡ ሰለስተ ኻልኦት ተጋደልቲ እዮም ነይሮም። ወጋሕታ ሰዓት ሽዱሽተን ፈረቓን ኣብ ሓደ ቦታ በጽሑ። ኣብኡ ሓሙሽተ ተጋደልቲ ተቐበሉዎም። ድሕሪ ሰላምታ ምልውዋጥ፡ እቲ ሒዞሞ ዝመጹ ንብረት ከረክቡዎምን ምስ'ዞም ሰለስተ ተጋደልቲ ብእግሮም መገዲ ክቕጽሉ ምዃኖምን ሓቢሮም ተፋንዮሞም ነታ ላንድሮቨር መኪና ኣልዒሎም ካብ ኣዒንቶም ተሸርቡ። ኣዜብ፡ ኩሉ እቲ ኾነታት ደንጽዩዋ ንዝገብሩዎ ምንቅስቓስ ተዓኒዳ እያ ትዕዘቦም ነይራ። እታ ላንድሮቨር መኪና ተላዒላ ምስ ከደት ግና፡ እቲ በረኽት ዝበሎ ተዘከራ፡ ኣብ ሜዳ ርግአ ዘሎዎ ገዓት ክቐረበላ ዘይምዃኑ። እቲ ዕረፍቲ ዘይህብ ጉዕዞ ናብ ሳሕል ተጀመረ። ኣዜብ፡ ምኻድ ክሳዕ ትስእን ኣእጋራ ማይ መዓጕ፣ ገድሊ፡ ገደል ምዃኑ ዘረባ በረኽት ዘከረት'ሞ ቋሕ ኢላ ጠመተቶ፡

"ሳራ ንዒ ክንሓዝለኪ፡" ምስ በላ፡

"ገድሊ፡ ገደል እዩ እንዶ ኣይበልካን። ስለዚ፡ ነቲ ገደል ክወጾ ኣለኒ፡ ንስኻ እንተ ደኺምካ ግና ንዓ ክሓዝለካ፡" ምስ በለቶ፡ ኩሎም ብሰሓቕ ምኻድ ክሳዕ ዝስእኑ ኾኑ።

"ኣየ ሳራ፡ እዘን ኣእጋርኪ'ኳ ተሪር ጫማ ገይረን ኣይፈልጣን'የን' መስለኒ" በለ ወደ'ባይ፡

"ደርግ እንድዩ ተጋግዩ። እግሪ ጕዕዞ ክለማመድ፡ ጊዜ ክህበኒ ነይሩዎ። እንታይ ይግበር ኮይኑ፡ ስራሑም ዘበለ ኹሉ ግሪምቢጥ ኮይኑ'ምበር፡" ምስ በለት፡ ዕረፍቲ ኽም ዝደለየት ተረድኡ'ሞ ኣብ ትሕቲ ሓደ ጎቦ ዝርከብ ንእሽቶ መጽለሊ ኾፍ በሉ። ኣእጋሮም ሓቢጡ ምኻድ ምስኣኖም ጥራይ ከይኣክል፡ ከብዶም'ውን ብጥምየት ተወዝ ምባል ከልኣቶም። ጸሓይ'ውን ጊደኣ ገበረት፡ ጸላዕላዕ ኣበለቶም። ኩሎም ምኻድ ክሳዕ ዝስእኑ፡ ብድኻም ተሰነፉ። በረኽት፡ ካብ ገድሊ ካብ ዝፍለ ዳርጋ ሸውዓተ ዓመቱ እዩ ገይሩ። ኮይኑ ኸኣ፡ ምረት ናይ ገድሊ ይፈልጥ'ኳ እንተ ነበረ፡ ንሱ'ውን እቲ ጕዕዞ እግሪ ሓድሽ ደኣ ኾኖ።

"ሃእ! ኣንታ እንታይ ደኣሉ፡ ሀ.ግ ኣብ ከም'ዚ ቦታ ክንድ'ዚ

ኣብ ከም'ቲ ቦታ ክንድ'ቲ መካይን ሰሊቡ ተባሂሉ ዝንገረና ዝነበረስ፡ ንማለቱ'ኳ ሓንቲ ጥር ትብል ዘይረአና፡" ወደ'ባይ ብጥዑም ላህጃ ዓንሰባ ገይሩ ምስ በሎም፡

"እዛ ሓፍትና'ምበር፡ ንስኻ'ኳ እቲ ውትህድርና ዝለመድካዮ ኢኻ ትመስል፡ ታህ ኣይበልካን?" በለ እቲ ዘሰንዮም ዝነበረ ተጋዳላይ መንነት ወደ'ባይ ስለ ዘይፈለጠ።

"ስምዓኒንዶ!" በለት ኣዜብ ነታ "ዓ" ትብል ፊደል ኣፍኲሳ ብምድማጽ፡ "ኣነ'ውን'ኮ ኣይሰነፍኩን፡ ቊሩብ ደኣ እዘን ኣእጋረይ፡" ኢላ ትንክፍ ትንክፍ ከተብለን ዝረአየ በረኸት፡ ነብሱ ምግባር ኣብዩዎ ገጹ ናብ ካልእ ጠወየ። ነዚ ዘስተብሃለት ኣዜብ፡ "ኢሂ ኣማኑኤል፡ ሓቀይዶ ኣይኮንኩን?" ፍሽኽ ብምባል ዓይኒ ዓይኑ ጠመተቶ። ንሱ ነብሰ ስጋኡ ተገፈ። ከመይ ገይሩ'ሞ ነታ ብኸንደይ ክንክንን ምሾትን ዝዓበየት ኣዜብ ክጥምታ። ስጋ ለበስ ሰብዶ'ይኮነን ገድሊ ገድሊ እዩ ብምባል ሕልናኡን ስምዒቱን ክሓብእ ኣይከኣለን። ሽሕ'ኳ ምእንቲ ናጽነት ካብ'ዚ ዝኸፍአን ዘስካሕክሕን ህይወት እንተ ረአየ፡ ንኣዜብ ግና ብኸምዝን ኣብ ከም'ዚ ቦታን ክርእያ ሓሊሙ ኣይፈልጥን'ዩ። ስለ ዝኾነ እዩ ነቲ ማይ ምዒጉ ፈጨቕጨቕ ክብል ዝጀመረ እግሪ ኣዜብ ከይርኢ፡ ሓፍ ኢሉ እልይ ዝበለ። ናብ ሳሕል ምብጻሕ ብኣሳጕማ ተጋደልቲ ሰለስተ ሰሙን'ዩ ዝወስድ። ኮይኑ ኸኣ፡ ካብኡ ሓሙሽተ መዓልቲ እየን ተላዒለናአን ዘለዋ። ኣብ ገድሊ ቀራብና'ምበር ክንድ'ዚ ክወስድ'ዩ ኣይብሃልን'ዩ እዩ። ጕዕዞ ተወዲኡ ኣቲና ክሳዕ ትብሃል ትም ኢልካ ኢኻ ትጕዓዝ። ኣረ ሓደ ሓደ እዋንሲ ምእታውካ'ውን ትጠራጠር ኢኻ። ንበጺሕናዶ? ኩሉ ጊዜ ቐሪብና ስለ ኾነት መልሳ።

ድሕሪ ቑሩብ ዕረፍቲ ተበገስ ኮነ፣ ኣዜብ፡ ስና ነኺሳ ተበገሰት። ኣብ'ቲ ክበጽሑዎ ዝነበሮም ቦታ ክበጽሑ ስለ ዝነበሮም፡ እናተበራረዩ ክሓዝሉዋ ግድነት ኮኖም። ካብቲ ኣዕሪፎሙሉ ዝነበሩ ቦታ ጕዕዞ ኣርባዕተ ሰዓት ምስ ከዱ፡ ምሕዳሮም ኣብ ህድሞ እንዳ ቀሺ መድሃኔ ኣተዉ። እንዳባይ ቀሺ፡ ሰበይቶም ይኹና ደቆም ኩሎም ውዱባት'የም ነይሮም። እታ ስድራ ንባዕላ ርእሳ ዝኸኣለት ሓንቲ ዋህዮ እያ ነይራ። ንዝወሃባ ውድባዊ ዕማም ብምልእታ እታ ስድራ እያ ትዓማ ዝነበረት። መልእኽቲ ካብ ናብ ብኣኣ ገይሩ እዩ ዝሓልፍ። ንፍሉይ ስርሒት ዝተደልዩ ተጋደልቲ መሕደሪቶም ኣብኣ እያ ነይራ። ፈዳይን ቤት መግቦምን ሆቴሎምን ንሳ እታ

ህድሞ እያ ዝነበረት። ኮታስ፡ ህድሞ ቀሺ መድሃኔ ኹሉ እያ። ኣዜብ፡ በረኽትን ወደባይን ብድኻም ተሰኒፎም ኣብ'ቲ ህድሞ ኣተዉ። ኣደይ እዝግሃርያ ሰይተ'ቦይ ቀሺ፡ መሶበን ቀሊዐን ንማንም ሰብ ዝህባ ለዋህ፡ ተባዕን ውፍይትን ሰበይቲ እየን ነይረን። ኣእጋር ኣዜብ ምስ ረኣያ፡

"ዋይ ጓለይ! ቅድሜኺ ይስጥሓኒ፡" ብምባል፡ ንእግራ ዝኸውን ጨው ዝተሓወሶ ልብጥ ዝበለ ማይ ኣምጽኣላ። ኣዜብ፡ እቲ ጨው ማር ማር ስለ ዘበላ ከመይ ገይራ ነተን ኣእጋራ ኣብኡ ኸተእትወን። ንሰን ግና ምኩርቲ ሰበይቲ ስለ ዝነበራን ብዙሕ ከምኡን ካብኡ ዝኸፍኣን ስለ ዝረኣያ ኣብ ቅድሚኣ ብርክኽ ኢለን፡

"ንዒ'ሞ'ዛ ጓለይ፡ እዘን ኣእጋርኪ ሃብኒ፡" ምስ በላኣ፡ ኣዜብ ከም ቈልዓ፡

"ደሓን ደሓን ኣደ፡ ባዕለይ ክሓጽቦ እየ፡" ኢላ፡ ንኽልቲአን ኣእጋራ ክትሓብአን ፈተነት። እንተ ኾነ፡ ኣደይ እዝግሃርያ ንቕድም ነታ ሓንቲ እግራ ሓፍ ኣቢለን ቀስ ገይረን በብቑሩብ ካብ'ቲ ጨዋም ልቡጥ ማይ ኣፍሰሳላ። ኣዜብ "ሃይ" እኳ እንተ በለት፡ "ኣጆኺ እዛ ጓለይ፡" እናበላ ደጋጊመን ማይ ኣፍሰሳላ'ሞ እቲ ቀጭ ቀጭ ዘብላ ዝነበረ ገደፉ። ከምኡ ገይረን ነታ ኻልኣይቲ ምስ ሓጸባኣ እቲ ቓንዛ ዘፍ በለላ። ድራር ተቐሪቡ እታ ዝርካባ በሊያም ኣይርእዩ ኣይሰምዑ ኣብ ንእዲ በጥ በሉ።

እቲ እዋን'ቲ፡ ህ.ግ ቀዳማይ ውድባዊ ጉባኤ ኣቃኒዑ ናቕፋ ካብ ሰራዊት መግዛእቲ ሓራ ኣውጺኡ ናብ ዝቕጽል መጥቃዕቲ ዝተሰጋገረሉ እዩ ዝነበረ። ስለ ዝኾነ፡ ገጠራት ኤርትራ ብምሉኡ ዳርጋ ሓራ ወጺኡ ነይሩ እንተ ተባህለ፡ ዝተጋነነ ኣይኮነን። ከመይሲ? ደርግ፡ በቲ ብሶማል በዚ ኸኣ ብሰውራ ኤርትራ ተዋጢሩሉ ዝነበረ ብሓደ ሸነኽ፡ ኣብ ኣዲስ ኣበባ መን ንመን ይቕንጽል ዘይፍለጠሉን ደርግ ኣብ ውሽጡ ምግምማዕ ዝተራእየሉን ህሞት በቲ ኻልእ፡ እዩ ነይሩ። ኣብ ገጠራት ኤርትራ ብተዛማዲ ምንቅስቓስ ተጋደልቲ ብዘይ ዝኾነ ተጻብኦ ሰራዊት ደርግ'ዩ ዝካየድ ነይሩ። ወጋሕታ ሰዓት ሓሙሽተ፡ ቀሺ መድሃኔ ተበራቢሮም ማዕጾ ልዳቶም ከፊቶም ብምውጻእ፡ ናብ'ታ ናይ ቈጸራ ቦታኦም ከዱ'ሞ ኽልተ ተጋደልቲ ጸንሑዎም፡

"ቀሺ ከመይ ሓዲርካ፡ እቶም ኣጋይሽ መጺኦምዶ?" ብምባል ሓደ ካብ'ቶም ክልተ ተጋደልቲ ሓተተ።

"እወ! ደቂሶም ኣለዉ።"

“በል ኣተስኣዮም’ሞ ገለ ዝልከፍ እንተሎ ሂብካ ናብ’ዛ ቦታና ድሕሪ ሓደ ሰዓት ኣምጽኣዮም፡” ኢሎሞ ኸዱ።

ኣቦይ ቀሺ መድሃኔ ናብ ምድሪ ቤቶም ብምምላስ ነቶም ኣጋይሽ ኣበራበሩዎም። በዓልቲ ቤቶም ኣደይ እዝግሃርያ ድሮ ተሲኣን ሓዊ ኣጕደን ሻሂ ኣፍልሓ’ሞ ነቶም ኣጋይሽ ምስ ቅጫ ገይረን ቀረባሎም። እታ ዝርካባ ምስ ለኻኸፉ፡ ኣቦይ ቀሺ፡ “በሉ ንበገስ፡” በሉዎም። ኣዜብ ነዘን ኣእጋራ ኣብ መሬት ክትረግጸለን ብዘይ ምኽኣላ፡ በረኽትን ተለንተ ተስፋንክኤልን ርእዮማ ሽቕርር በሉ። በረኸት ነቦይ ቀሺ ናብ ግዳም ሒዙዎም ብምውጻእ ናበይ ከም ዝኸዱ ሓተቶም። መልሲ’ኳ እንተ ዘይሃቡዎ፡ ንሶም’ውን ብኹነታታ ስለ ዝደንገጹ፡

“ኣንታ ወደይ ትእዛዝ ኮይኑኒ’ምበር እርእያንዶ የለኹን፡ በልስኪ ሓንሳብ ጽንሓኒ’ሞ ክምለሰካ እየ፡” ኢሎ’ሞ በቲ ጸላም ተኸዊሎም ከዱ።

“እሂ ቀሺ፡ እቶም ኣጋይሽካ ኣበይ ገዲፍካዮም መጺእካ?” ሓተተ ሓላፊ ኽፍሊ ህዝቢ ናይቲ ኸባቢ።

“እዋእ! ንሳቶምሲ ተቐሪቦም ኣለዉ፡ የግዳስ እታ ምስኣም ዘላ ጓለንስተይቲ ግና፡ እዘን ኣእጋራ ተተብቲበን ተወዝ ከብላኣ ኣይከኣላን። እንታይ ከም ዝግበር ምሳኹም ክመክር ኢለ እየ መጺአ፡” ምስ በሎም፡ እቶም ተጋደልቲ ነንሓድሕዶም ተጠማመቱ’ሞ፡

“ሓቃ እያ! ጕዕዞ ነዊሑዋ። በል ኣብ ኣድግኻ ኣወጢሕካ ኣምጽኣያ’ሞ እንታይ ከም ዝግበር ክንርእዮ ኢና፡” ብምባል ኣፋነዉዎ። ኣቦይ ቀሺ ናብ ገዝኦም ተመሊሶም ኣድጎም ቀረቡ፡

“ዋይ ጓለይ በዓል ንስኽንዶ ካብ ገዛ ምወጻእክን፡ እንታይ ይግበር ኮይኑ ጊዜ ሸሊሑ። በሊ ኣድጊ ቀሪበልኪ ኣለኹ’ሞ ንበገስ፡” ብምባል፡ ሻምቦ ሻምቦ ኢሎም ኣብ’ቲ ኣድጊ ኣወጥሑዋ። ኣዜብ’ሞ ኣስናና መዓስ ይእከባ ኾይነን፡ እቲ ነገር ኣስደሚሙዋ ብሰሓቕ ፍልሕ በለት።

“ኣንቲ ጓለይ! ለይቲ ምድሪ ኣይዝረብን’ዩ! ዘይሰማዒና ኸይሰምዓና!” ብምባል ኣቦይ ቀሺ ምስ ተዛረቡዋ፡ ብኢዳ ነዛ ኣፉ ኣትሪራ ሒዛ ናብ’ቶም ተጋደልቲ ክሳዕ ትበጽሕ ዓቕሊ ገበረት።

“ከመይ ሓዲርኩም?” ብምባል እቲ ብዋዛኡ ፍሉጥ ዝኾነ ተጋዳላይ ፍጹም ተቐበሎም’ሞ፡ ጊዜ ኸይከዶም ብምባል፡ “ነዊሕ’ን ኣድካምን ጕዕዞ ኸም ዝመጻእኩም ይርድኣና እዩ፡ የግዳስ ካብ’ዚ ክትእለዩ ትእዛዝ ስለ ዝመጸና እዩ’ምበር፡ ንዓኹም ደኣ ዓራትን

ፍርናሽን ጌርና ክንከናኽነኩም እንድዩ ዝግብኣና፡” ድሕሪ ምባል ኩሎም ብሓባር ተበገሱ፡ ኣድጊ ኣቦይ ቀሺ'ውን ምስኦም። ነዊሕ ከይኸዱ ግና፡ እታ ካብ መቐለ ሒዞማ ዝመጹ ላንድሮቨር ኣብ ሓደ ጽላል ደው ኢላ ምስ ረኣዩዋ፡ በቲ ሓደ ወገን ተገረሙ፡ በቲ ኻልእ ከኣ ትንፋስ መለሱ። ኣድጊ ኣቦይ ቀሺ ንኣዜብ ናብ'ታ ላንድሮቨር ኣረኪቡ ናብራ ቀደሙ ኽገብር ምስ ኣቦይ ቀሺ ናብ ገዝኡ ተመልሰ።

ኣዜብ ኣብ'ቲ እዋን'ቲ ዕድሜኣ ጓል 31 ዓመት ትኹን'ምበር፡ ሕሰም ናይ ናብራ ርእያ ስለ ዘይትፈልጥ ገና ኣብ ዕስራታት ዘላ እያ ትመስል ዝነበረት። ስለ ዝኾነ፡ እቲ ተዋዛያይ ፍጹም፡

“ሳራ መገዲ ከመይ ረኺብክዮ? መቸም ነዚ ዘርኣየኪ ህ.ግ፡ ኣመስጊንክዮ ክትኮኒ ተስፋ እገብር፡” ምስ በላ፡ ኩሎም ሰሓቁ። ኣዜብ ግና ኣብ ዋዛ ሰናፍ ስለ ዘይነበረት፡

“ንዓና ትብሉና ኻልእ ኣብ'ዚ ዝረኣናዮ ኽኣ መቸም ካብ ምዝራብ ትም ምባል ይሓይሽ። ናይ'ዚኣም ኣይፈልጥን'የ፡ እንተ ንዓይ'ሞ ከምታ ዘምጻእኩሙኒ ምለሱኒ፡” ምስ በለቶም፡ ሰሓቕም ምእርናብ ክሳዕ ዝስእኑ ሰሓቑ።

“እታ ገዓት ምስ ርግኣ፡ ስፓጌትን ...” ኢሉ ጅምር ምስ ኣበለ'ሞ፡ ኣዜብ፡ ምሉእ ለይቲ ሃይ ክትብል ከም ዘይሓደረት ነታ መኪና ብሰሓቕ ክትንቕላ ደለየት። ከምኡ እናበሉን ነን ሓድሕዶም እናተጫረቑን ድሕሪ ነዊሕ ጉዕዞ ከይተፈለጠም ናብቲ መብዛሕትኡ ክፍልታት ህ.ግ ዝርከቦ ሓራ ቦታ ኣተዉ። ምምጻኦም ዝሰምዑ ዋና ጸሓፊ ዝርከቦም ገዳይም ተጋደልቲ ክበጽሑዎም በብሓደ መጹ። ኣዜብ፡ ንምኽትል ዋና ጸሓፊ ምስ ረኣየቶ እታ ኣብ ኣዲስ ኣበባ ብዛዕባኡ ንበረኽት ዝበለቶ ዘኪራ ኽይነግረላ ተሸቖረረት፡ በረኽት'ውን ምስኡ እናዕለለ ኽሎ ቊሊሕ በላ'ሞ ፍሽኽ በለቶ። “ኢሂ ኣዜብ ዘሰክፈኪ ነገር ኣሎ ድዩ?” ምስ በላ ዘይሓሰበቶ ሕቶ ስለ ዝኾና “ኖኖእ!” በለቶ ስምብድ ኢላ።

“ኣነሲ፡ ምናልባት ይነግረለይ ኣሎ ኢልኪ፡ ተሰኪፍኪ ኽይትኾኒ ኢለ እየ።”

“እዋእ! ጽሉል ዲኻ፡ እዚ ናይ እግሪ ጉዕዞ ብዙሕ ኣይተሰማማዓካን ዘሎ'መስለኒ?” ኢላ ገጻ ናብ ወልደንክኤል ኣዞረት። ናይ ክልቲኦም ጭርቃን ኣቓልቦ ናይ ኩሎም ስለ ዝሰሓበ፡ ብዙርያኦ ናብኦም ጠመተት።

“እንታይ ደኣላ እዛ ናይ ክልቴኹም?” ሓደ ካብዉቶም ብጾቶም ምስ በለ፡ ኣዜብ ብኡ ንብኡ ገጻ ናብ መሬት ኣድነነታ። በረኸት እናሰሓቐ፡

“ካብ ሜዳ ናብ ኣዲስ ኣበባ ምስ ኣተኹ መጀመርያ ንኣዜብ እየ ረኺበያ። ንግሆ ኸይቁረሰት ኢና ኣርኪብናያ። ቍርሲ ቀሪባትልና እናበላዕና ኸለና፡ ድሕሪ'ዛ ሕጂ፡ ቅድሚ ቝርሲ ኸይትመጹኒ! ንዓይ ቍርሲ፡ ኩሉ ነገር'ዩ ምስ በለትኒ፡” ኢሉ ንኣዜብ ቍሊሑ በላ፡ ብሕፍረት ዝኣክል በታ ዝተዋህበታ ኣንሶላ ገይራ ነዛ ገጻ ዳርጋ ጠምጢማታ። “ኣብ ሳሕል ደኣ'ሞ እታ ትፈትውያ ስፓጌቲ፡ ፍርፍር፡ ርግኦ ዘሎዎ ገዓት መን ክቕርበልኪ እዩ? ምስ በልኩዋ፡ ወይለየኸ! ባዕሉ ወዲ ኣፈ'ምበር መን ደኣ ክቕርበለይ ምስ በለትኒ ...” ኢሉ ኸይወድኣ ኩሎም ብሰሓቕ ክሞቱ ደለዩ። ኣዜብ ከኣ መቐረት ሜዳ ገና ሀ ኢላ ጀመረቶ፡ በቲ ዝረኣየቶ ኸኣ ተሓበነት።

* * *

ምዕራፍ 29

ብኣዋጅ *ቀይ ሽብር* ኣብ ኢትዮጵያ ማለት ኣብ ኣዲስ ኣበባ፣ ባህርዳር፣ ጐንደር፣ መቐለ፣ ጅማ፣ ሃረር፣ ማእለያ ዘይብሉ ሰብ ሃለቐ። ኤርትራውያን ከኣ ኣብ ዝሃለዉ ሃልዮም ናብ ሜዳ ኤርትራ ወረዱ። ተስፉይን ብጾቱን ካብ ህ.ግ ብዝመጾም ትእዛዝ መሰረት እቲ ቕትለት ክሳዕ ዝሃድእ ተሰዊሮም ድሕሪ ምጽናሕ፣ ኣብ መወዳእታ 1977 ናብ ኣዲስ ኣበባ ተመልሱ። ኵነታት ኤርትራውያን ነበርቲ ኣዲስ ኣበባ ግና ተቐይሩ ጸንሖም። መብዛሕትኦም ዝፈልጡዎም ሰባት ገሊኦም ናብ ሜዳ ወሪዶም ገሊኦም ከኣ ተቐቲሎምን ተኣሲሮምን ጸንሑዎም። ዋህዮታት ብትንትን ኣትዩወን ዳርጋ ሃለዋተን ኣጥፊአን ነበራ። በዓል ተስፉይ እቲ ዳግም ንዕአን ናብ ህይወት ንምምላስ ዝካየድ መስርሕ ኣዝዩ በዳሂ ከም ዝኸውን ኣይዘንግዑዎን። መለይ መራኸቢት ተቓለስቲ ኤርትራውያን ምኳና ተሪፉ፣ ናብ ጽምውቲ ቤት ሻሂ ተቐየረት። ገዛ እንዳቦይ ክብረኣብ ጽምዋ ዓሲሉዋ ጥራይ ዘይኮነስ ኣደይ ዙፋን ብዝወረደን ሓዘን ኣእምሮኣን ብኸፊል ስሒተንን ግርማአን ተደዊኑን ሰብ መን ምኳኑ ኣብ ዘየለልያሉ ኹነታት በጽሓ። ኮታስ ኩሉ ካብ ንቡር ዝወጸን ተስፉይ ክጻወሮ ዘይክእል ሃዋህውን ኮይኑ ጸንሖ። ብፍላይ ነዲኡ እንክርኢ፣ ጓሂኡ ወሰን ይስእነሉ ነበረ። ገዛ ኣብ ዝኣትወሉ ህሞት “ማማ ኣነ'ኮ ተስፉይ ወድኺ እየ፣” እናበለ፣ ሓቝፉወን እዩ ኾፍ ዝብል ዝነበረ። ኣብቲ ኹሉ ናይ ሽግርን ጸበባን እዋን፣ እታ እምንቲ ትግራወይቲ ሰራሕተኛኦም ካብ ጐድነን ኣይተፈለየትን። ንሳ ኵለንትናአን እያ ነይራ። “ኣንታ ተስፉይ ሓወይ፣ እንቋዕ ደኣ ንስኻ ሃለኻ'ምበር፣ ካብ እዝግሄር ዝወረደና ደኣ ክንቅበሎ ኣለና። ንዓስኪ ነደይ ገዲፍካ ሓንሳብ ኣዕርፍ፣” ከይበለቶ ኣይትውዕልን'ያ ነይራ።

ተስፉይ፣ ሓደ መዓልቲ ኹነታት ገዝኦም ክፈልጥ ስለ ዝደለየ፣ ቅድሚኡ ገይሩዎ ዘይፈልጥ ነታ ሰራሕተኛ ገዝኦም ለተኣብ፣ ቡን ከተፍልሐ ሓተታ። ኣብ ገዛ ኾፍ ብምባሉ ዝተሓጐሰት ለተኣብ፣ ተቐላጢፋ ናውቲ ቡን ቀራሪባ ቡን ኣፍልሐት። ድሕሪ ነዊሕ ዕላል፣

“ኣንቲ ለተኣብ፣ ንምኳኑ ነበይ ኣብ ገዛ መጺኦም ድዮም

ወሲዶሞስ፡ ዋላ ካብ ስራሕ?"

"እንታ ተስፋይ ሓወይ፡ ኣነስ ኣብ ዘይደምካ ክትኣቱ ስለ ዘይደለኹኻ እየ'ምበር ..." ኢላ ደኒና ዝርንዝሕ ነብዐት።

"ኣቲ ለተኣብ፡ በጃኺ'ባ ምንባዕ ግደፍዮ፡ ነዘን ኣዒንትኺ ሕለይለን። ትፈልጢ እንዲኺ ሓኪም እንታይ ከም ዝበለኪ፡ ድሕሪ'ዛ ሕጂ እንተ ነቢዕኪ ክትዓውሪ ኢኺ ኣይበለክን ድዩ?"

"እወ ሓቅኻ ተስፋይ ሓወይ፡ እንታይ'ሞ ክገብር፡ ኣይ ዘሚቶምና እንድዮም፡" ኢላ ናብኡ ቍሊሕ በለት'ሞ፡ "ንስኻ ምስ ጠፋእካ፡ ኣቦይ ነቲ ስራሕ ባዕሎም'ዮም ሒዞሞ። ኣደይ ከኣ ክመጹ ክመጹ ወደይ ኣጥፊእኩምለይ ካብ ምባል ኣይዓረፈትን፡ ንሶም ከኣ "ዙፉን፡ ወድና እንቋዕ ደኣ ካብ ሞት ወጸ'ምበር፡ ክመጽእ'ዩ፡" ብምባል ከጸናንዑዋ እዮም ዝውዕሉ ነይሮም። ንሸሙ እዮም ናብ ስራሕ ዝወፍሩ ነይሮም'ምበር፡ ዳርጋ ካብ ገዛ ኣይወጹን እዮም ነይሮም። ሓደ መዓልቲ፡ ማለት ኣብ ሰሙንካ ሓደ ኸይልለ ገጹ ዝተሸፈነን ምስኡ ኽልተ መንእሰያትን ሒዙ ናብ ገዛና መጺኦም፡ ነደይ ናበይ ከም ዝኸድካ ሓተቱዋ'ሞ፡ ንሳ ኸኣ፡ "ኣንታ ወደይ፡ ኣብ ዘሎዎ እንተ ዝፈልጥ ደኣ እንታይ ዘሻቕል ኣለኒ" ምስ በለቶ፡ ኩልኽን ኣዴታት ከምኡ ኢኽን ትብላ፡ ብምባል ብኽፉእ ዓይኑ ጠሚቱዋ ኸደ። ኣጠማምትኡ ክሳዕ ሎሚ ይርኣየኒ። ንምሸቱ፡ ኣነ ኣቦይን ኣደይን ተለቢዝየን እናረአና ከለና፡ ማዕጾ ተኳሕኵሐ'ሞ፡ ኩላትና ሰምበድና። ምስ ኣቦይ፡ ኣነ እየ ዝኸይድ ኣነ'ባ እናተበሃሃልና ከለና፡ ደጊሙ ማዕጾ ብሓይሊ ተኳሕኵሐ። ኣነ ብድድ ኢለ ማዕጾ ክኸፍትን ጸል ኣቢሎም ከውድቑንን ሓደ ኾነ። ብረት ዝሓዙ ሰባት፡ ናብ ውሽጢ ገዛ ብምእታው ነቦይ እናጐተቱ ናብ ደገ ኣውጺኦም ጸሕ ኣቢሎም ኣውደቒዎ። ኣነ ኸኣ ኸይቀትልዎ ፈሪሀ ኣብ ልዕ ሊኡ ወደቕኩ። ኣደይ ከኣ ደድሕሬና። ተስፋይ ኣበይ ኣሎ? ብምባል እቲ ገጹ ተሸፊኑ ኣብ ልዕሌና ደው ኢሉ ዝነበረ ሰብ፡ ነቦይ ሓተቶ። ኣነ ብኡ ንብኡ እቲ ድምጺ ኣለለኹዎ። ኣታ ክንፈ ..." ኢላ ዘረባኣ ከይወድኣት ተስፋይ ካብቲ ዝነበሮ ብዘይ ልቡ ሓፍ ብምባል፡

"ክንፈ፡ እቲ ኣነ ዝፈልጦ ክንፈ፡" ብምባል ርእሱ ሓዘ።

"እወ ተስፋይ ሓወይ፡ ክንፈ እቲ ካብ መሶብና ዝበልዐን ካብ ዕትሮና ዝሰተየን ክንፈ፡" ብምባል ኣይ ኣይ በለት። ንሱ ኣእምሮኡ ኽስሕት ቍሩብ ተረፎ። ኣብቲ ኮሪደዮ ናብ'ትን ናብ'ዝን እናበለ ሽም ክንፈ ይጽውዕ። ለተኣብ ደኒና ድሕሪ ምጽናሕ ናብ ተስፋይ ብምኻድ በዘን ጁባኡ ሒዛ፡

"ተስፋይ ሓወይ በጃኻ ኾፍ በል፣ በጃኻ'ንዶ ኾፍ በል፣" ብምባል ለሚና ለማሚና ኾፍ ኣበለቶ። ዓይኒ ዓይኑ እናጠመተት ከኣ፣ ነዘን ኣዒንታ ብጫፍ ቀሚሻ ገይራ እናሓበሰት፣ ኣታ ክንፈ፣ ምስ በልኩዎ፣ ኣደይ'ውን ናብ እግሩ ብምውዳቕ ኣንታ ኽንፈ ወደይ በጃኻ በጃካ ምእንቲ ወላዲት ሓደ፣ እናበለት ተደፊኣ ለመነቶ። ንሱ ግና ንኽልቴና ጸል ኣቢሉ ነቦይ ኣብ መኪና ብምስቃል ሒዙዎ ኸደ። ንሕና ንገብሮ ጨነቐና። ኣደይ ብለይቱ "ክደልዮ እንተ ዘይከድኩ፣" ክትብል፣ ኣነ ኣቲ'ደ ይውግሓልና ክብል፣ ምሉእ ለይቲ ብኾፍና ሓደርና። ንጽባሒቱ፣ ኣሎ ዝብሃል እንዳ ፖሊስ በጺሕና ቐበጽና። ድሕሪ ኽልተ ወርሒ ኣቢሉ ይኸውን፣ ማዕጸ ኳሕኳሕ በለ'ሞ፣ ኣነ ኸይደ ምስ ከፈትኩዎ፣ ሓደ ሰብ፣ ኣቶ ኽብረኣብ *ሓ ራተኛ* ኣሎ፣ ኢሉኒ ግልብጥ ኢሉ ኸደ። ናብ ራብዓይ መደበር ፖሊስ እንተ ኸድና ኣቶ ኽብረኣብ ዝብሃሉ የብልናን ኢሎም ኣ ቕበጹና። ብኣጋጣሚ ሓደ ካብ'ቶም ፖሊስ፣ ምናልባት *ሓራተኛ ክፍለ ጦር* ከይከውን ምስ በለና፣ ናብኡ ኸድና'ሞ ኣብኡ ጸንሓና" ምስ በለት፣

"ብህይወት?"

"ብህይወት ካብ ትብሎስ ሞይቱ ክትብሎ ይሓይሽ ነይሩ፣ ኣደይ ኣእወየት። ወተሃደራት ገለ እንተ ገበሩ ዝሕዛ ተሳእኑ፣ ንዝሓዛ ሰብ ክትነኽሶ ትደሊ፣ ኣነ ዝገብሮ ጨነቐኒ። ከምኡ ኢላ ኣብ መሬት እናንገርገረት ከላ፣ ሓደ ብመካይን ዝተዓጀበ ሓላፊ ክኸውን ኣለዎ ነደይ ረኣያ'ሞ፣ ካብ'ቶም ወተሃደራት ጸዊዑ፣ 'እንታይ ዝኾነት እያ?' ብምባል ሓተተ። እቲ ወተሃደር ከኣ፣ 'ሰብኣያ ተኣሲሩዋ፣' ብምባል መለሰሉ'ሞ፣ ንዓይ ጸዊዑ። 'እቲ ተኣሲሩ ዘሎ ሰብኣይ መን ይብሃል?' 'ኣቶ ኽብረኣብ ገብረክርስቶስ ዋና ቤት ምቁር ሕብስቲ መለይ፣' ምስ በልኩዎ፣ ስምብድ በለ'ሞ፣ ጽባሕ በታ እዋን'ቲኣ ንበይነይ ክመጽእ ነጊሩኒ ተመርቀፈ። ንጽባሒቱ፣ መቸም ኣደይ ትዛረቦ ኣይትፈልጥ ትም ኢላ እያ ሃለውለው ትብል፣ ነደይ ምስ ከምኣ ደቀን ዝተቐትሉወን ጐረባብቲ ገዲፈ፣ ሃጽ እናበልኩ ኣብ *መሻሎኪያ* ዝርከብ *ራብዓይ ክፍለ ጦር* ከይደ ነቶም ዋርድያ፣ 'ትማሊ ሓደ ሓላፊ ንሎሚ ምጺ ኢሉኒ ነይሩ፣' በልኩዎ። 'ተኣለዪ ካብዚ፣ እንታዋይ ሓላፊ እዩ ኸምኡ ዝበለኪ፣ ሕለፊ እየ ዝበለኪ ዘለኹ፣' ብምባል፣ በቲ ሒዙዎ ዝነበረ በትሪ ወስ በለኒ'ሞ፣ ቍሩብ ፍንትት ኢለ ተኹርሚየ ኾፍ በልኩ፣ ምናልባት ክወጽእ ከሎ እንተ ረኸብኩዎ ኢለ። ኣይጸንሐን ንሱ'ውን መጸ'ሞ ኣማዕድየ ስለ

ዝረኣኹዎ ናብቲ ሓጹር ቀረብኩ። መኪና ደው ኣቢሉን በቶም ዓጀብቱ ኣጸዊዑን 'ናብ *ዋቁር ኣንበሳ* ኽሕከም ሰዲድናዮ ኣለና፣ እንኪ እዛ መእተዊት ወረቐት፣' ኢሉ ሂቡኒ ኸደ። ኣነ ኣንቢበ ስለ ዘይክእል ነታ ወረቐት ሒዘ ኸድኩ'ሞ፣ ነቲ ዋርድያ ኣርኣኹዎ፣ ናብ ኣቦይ ከኣ ኣእተወኒ። ኩሉ ነገሩ ተጀኒኑ እዘን ኣዒንቱ ጥራይ እየን ውሪሕሪሕ ዝብላ ዝነበራ። 'ኣቦ ኣቦ ኣነ ለተኣብ እየ፣ ኣለሊኻኒዶ?' ምስ በልኩዎ፣ ርእሱ ነቕነቐለይ። 'በል ነደይ ሒዘያ ክመጽእ'የ፣' ኢለ ናብ ገዛና እንተ መጻእኩ፣ እንታይ'ሞ ኽዓብስ፣ ኣደይ ምስ ኣእምሮኣ ኣይጸንሐትንን፣" ምስ በለቶ፣ ገጹ ብንብዓት ተሓጽበ፣ ንሳ'ውን ምስኡ።

"ተስፋይ ሓወይ፣ ኣብታ እዋን'ቲኣ ኣነ'ውን ንርእሰይ ኣእምሮይ ከይስሕት ፈራሕኩ። በዚ በደይ፣ በቲ በቦይ። እግዚኣብሄር ይሃበን እተን ከምዚ ኸማና ዘጋጠመን ጐረባብትና ከም በዓል ኣለሚቱ ሰይቲ መብራህቱ ወዳን ጓላን ተመራሪሑም ዝተቐትሉዋ፣ እንዳ ጋሻው በዥሪ ወዱም፣ ጓል ሓለቓ ሚእቲ ስንቴነህን እታ ጥዕምቲ ወርቅነሽ ሰብኣያን ጓላን ኣብ ቅድሚ ዓይና ዝተቐትሉዋን 'ንስኺ ንኣቶ ኽብረኣብ ተኸናኸኒ፣ ንማማ ዙፋን ንሕና ኣለናኪ' ስለ ዝበላኒ፣ ነቦይ መዓልታዊ ኽልተ ጊዜ እናኸድኩ ክርእዮ ጀመርኩ፣" ኢላ ደኒና ብቐሚሻ ገይራ ኣፍንጫኣን ኣዒንታን ሓበሰት።

"ኣቦይኪ፣ ግቡእ ሕክምና ተገይሩሉዶ? ንምዃኑ እቲ ፍቓድ ዝሃበኪ ሰብ ስሙ ትፈልጥዮዶ?"

"ኣይፈልጦን፣ ግና ነቦይ ክርእዮ እንተ ኸይደ፣ ብዘይ እታ ወረቐት ዋላ እንተ ፈለጡኒ'ውን፣ ፈጺሞም ኣየእትዉንን'ዮም ነይሮም፣" ምስ በለቶ፣

"እታ መእተዊት ወረቐት ኣይምረኽብክያን?"

"ኣላ!" ብምባል፣ ነታ ወረቐት ካብ ዘቐመጠታ ኣውጺኣ ሃበቶ። ተስፋይ ነታ መእተዊት ወረቐት ብመን ከም ዝተፈረመት ኣገላቢጡ ረኣያ'ሞ፣ ሻለቃ ታምራት ውብነህ *የጸጥታ ሃላፊ* (ሓላፊ ጸጥታ) ዝብል ምስ ኣንበበ፣ ኣብ ጁባኡ ብምእታው ንለተኣብ ክትቅጽለሉ ነገራ።

"ብድሕሪኡ ኣቦይ፣ ወርሒ ጸኒሑ ነደይ ከይረኣያ ዓረፈ። ቤተ ዘመድ፣ ሬሳ ክወስዱ ካብ ኣስመራ መጺኦም፣ ግና ስለ ዘይተፈቐደልና፣ ኣብዚ ኣብ ቤተ ክርስትያን ቅዱስ ዮሴፍ ቀበርናዮ፣" ብምባል፣ ጐረባብቲ ክሳዕ ዝሰምዓኣ ደጊማ አይ አይ ኢላ በኸየት። ኣትን እንታይ ተረኺበ ኢለን ዝመጻ ጐረባብቲ ንዓኣ እናረኣያን ከም

ሓድሽ መርድእ፡ ኩለን ዝተቐትለወን ደቀን ይኹኑ ሰብኡተን ዘኪረን ድግድጊት ተዓጢቐን ኣልቀሳ። ድሕሪ ቍሩብ ግና፡ ነንሕድሕደን ተኣባበዳሞ፡ ካብ ብኽያት ብምዕራፍ፡ ናብ ቡነን ምቕላው ኣተዋ።

* * *

ምዕራፍ 30

ሻለቃ ታምራት፣ ድሕሪ'ቲ ኣዜብ ዝገደፈትሉ ደብዳቤ፣ ህይወቱ ኣዝዩ ተቐየረ። ብሓደ ወገን ፍርሂ ተሰምዖ፣ ብኻልእ ወገን ከኣ፣ ብዛዕባ ኤርትራውያን ዘሎዎም ቈራጽነትን ንስለ ናጽነት ሃገሮም ዝኸፍሉዎ መስዋእትን ተደነቐ። እንተ ኾነ፣ ድሕሪ በዓል መሓርን በረኸትን ጽምዋ ተሰምዖ። እንተ ኣዜብ ግና ናይ ህይወት ባዶሽ ገደፈትሉ። ምዉቕ ሓዳር ከለዎ ክንሱ፣ ብሕታውነት ተሰምዖ።

ኣብ ኤርትራ ውግእ እናሓየለን ከተማታት ኣፍዓበት፣ መንደፈራ ዓዲ ኳላ፣ ከረንን ደቀምሓረን ካብ ኢድ ጸላኢ ሓራ ቕድሚ ምኳንን፣ ኲናት ዓዲ ሓውሻ ንደርግ ናብ ምብትታን ኣብጺሖሞ ካብ ዝነበሩ ፍጻሜታት ሓደ ክኸውን ከሎ፣ ኣብቲ እዋን'ቲ ኮሎኔል ኣጥናፉ ኣባተ ዝርከቡዎም ኣባላት ደርግ "ጉዳይ ኤርትራ ብኹናት ክፍታሕ ኣይክእልን'ዩ፣ ብሰላማዊ መገዲ ኽፍታሕ ኣለዎ፣" ንዝብል ርእይቶኦም፣ መንግስቱ ሃይለማርያምን ለገሰ ኣሰፋውን ዝርከቡዎም ጉጅለ፣ "እዚ ካብ ኮነ እምበኣር፣ ሓደ ብኣጥናፉ ኣባተ ዝምራሕ ልኡኽ ናብ ኤርትራ ኸይዱ ነቲ ውግእ ክዕዘብን፣ ብድሕሪኡ ሓደ ፍታሕ ክናደ፣" ኣብ ዝብል ስምምዕ ተበጽሐ'ሞ፣ ኮሎኔል ኣጥናፉ ኣባተ ዝመርሖ ጉጅለ ልኡኽ ናብ ኤርትራ ኣተወ። ድሕሪ ቕትለት ብ/ጀነራል ጌታቸው ናደው 23 ሓምለ 1976፣ ኣዛዚ ካልኣይ ኣብዮታዊ ሰራዊት ኮይኑ ዝተሾመ ብ/ጀነራል ገብረሚካኤል ነቶም ልኡኻት ተቐቢሉ፣

"ጉዳይ ኤርትራ፣ ካብቲ ኻልእ ክፍለ ሃገር ዘሎ ሕቶ ፍልይ ዘብሎ፣ ጀብሃን ሻዕብያን ካብ ኢትዮጵያ ክንጸሉን ናቶም ናይ ገዛእ ርእሶም ሃገር ንምምስራትን'ዮም ዝዋግኡ ዘለዉ። ስለ ዝኾነ፣ ህዝቢ ኣብ ምውዳብን ምዕጣቕን ሓያል ጒድኒ ኣሎዎም። ዝገብሩዎ ውግእ ዝተጸንዐን ሰራዊቶም ከኣ ንመስዋእቲ ድሕር ዘይብሉ ካብ ምዃኖም ዝተላዕለ፣ ንዓና ዓቢ ብድሆ ኾይኖምና ኣሎዉ። ስለዚ፣ ነዚ ኹነታትና ብዓይንኹም ክትዕዘቡ ብምምጻእኩም ከየመስገንና ኣይንተርፍን ኢና።" ብምባል፣ ስፍሕ ዝበለ መግለጺ ሃቦም።

"ንምንታይ እዩ ሰራዊትና ናይ ምውጋእ ዓቕሙ መንሚኑ ኢልካ ትሓስብ?" ሓተተ ኣጥናፉ ኣባተ።

"ብዙሕ ምኽንያታት ክህልዎ ይኽእል'ዩ። ንኣብነት፡ ኣብ ናቕፋ ዝተራእየ ጕድለት ክግለጽ ይከኣል'ዩ። ሰራዊትና፡ ብሻዕብያ ንሽዱሽተ ወርሒ ተኸቢቡሉ ኣብ ዝነበረሉ እዋን፡ መሕለፊ መገዲ ስለ ዝቘረጹዎ፡ ነቲ ብጋንጽላ ዝድርበ ዝነበረ ኣጽዋር ይኹን ቀለብ ምስኦም ፍርቂ ፍርቂ እዩ ዝማቐሎ ነይሩ። ስለ ዝኾነ ኸኣ ሕጽረት ቀለብን ተተኳስን የሳቕዮ ነይሩ። ብሓጺሩስ፡ ንሻዕብያ ንሕና ንቕልቦም ኤርና። እዚ ኾይኑ ኸብቅዕ፡ ናቕፋ ኣብ ኢድ ሻዕብያ ምውዳቓ ሞራል ሰራዊትና ባይታ ኸም ዝዘብጥ ካብ ዝገበሩዎ ምኽንያት ሓደ እዩ። ካልእ ካብኡ ዝኸፍአ ግና፡ ንስኹም ማለተይ ደርግ ኣብ ውሽጡ ክሰምር ስለ ዘይከኣለ መን ይእዝዘካ ትፈልጦ ነገር የለን። ዘዘርከበ ኸምዚ ግበር ከምቲ ግበር'ዩ ዝብል። ንሕና ከም ወተሃደራት ርእሰ ብሄር ክእዝዝ ንፈልጥ።" ብምባል ንኹሎም ብናይ ቍጥዐ ዓይኒ በብሓደ ጠሚቱ፡ "እዚ ኾይኑ እቲ፡ ኣነ መፍትሒ ዝብሎ፡ ጉዳይ ኤርትራ ብሰላማዊ መገዲ ክዓርፍ ኣለዎ፡" ብምባል ወረቐቱ ዓጸፈ። ኣጥናፉ ብመግለጺ ኮሎኔል ገብረሚካኤል ዝሰማማዕ ርእይቶ'ኳ እንተ ነበሮ፡

"የቐንየልና ኮሎኔል፡ ነቲ ውግእ ክንዕዘቦ ምእንቲ እንታይ መሳለጥያታት ተቐሪቡልና ኣሎ?" ብምባል ኣጥናፉ ሓተተ'ሞ መሳለጥያታትን ንዕኦም ዝዕጅቡ ወተሃደራትን ሂቡ ናብ መገዲ ደቀምሓረ ሰደዶም። ኣብቲ እዋን'ቲ ኸባቢ ደቀምሓረ ብኸቢድ ውግእ ዝናወጸሉን ኣብ ዓዲ ሓወሻ ግና ኣዝዩ ጽዑዕ ውግእ ዝካየደሉ ዝነበረን'ዩ ነይሩ። ሰራዊት ደርግ ኣብ ዓዲ ሓወሻ፡ ሞት ዘይኮነስ መቕዘፍቲ ወሪዱዎም ምባል ይሓይሽ፡ መሬት ብልዕሊ ሰለስተ ሽሕ ዝተቀትሉ ሰራዊት ናብ ሓምላይ ደሴት ዝተቐየረት ትመስል ነበረት። ኣብቲ ውግእ ክልቲኣን ሓይልታት ሰውራ እየን ተኻፊለን ነይረን። ሰውራ ኤርትራ፡ ፋልማዩ ብካላሽን ታንክ ዝማረኸሉ ተርእዮ እዩ ነይሩ። ታንክ መን ወሰደ ዘምጽኦ ምስሕሓብ ህ.ግን ተ.ሓ.ኤን ናብ ሕድሕድ ኲናት ዳርጋ ሰጊሩ ነበረ። ኮይኑ ኸኣ ኮሎኔል ኣጥናፉ ዝመርሖ ጕጅለ ኣብቲ ዓውደ ውግእ ምስ በጽሐ፡ ነቲ ብዕስለ ሬሳታት ሰራዊቶም ዝተሸፈነ መሬት ምስ ረኣየ ኸኣምን ኣይከኣለን። ንባዕላ እታ ጕጅለ ንስክላ እያ ካብቲ ውግእ ሃዲማ ኣስመራ ኣትያ። ብድሕሪ'ዚ ተርእዮ'ዚ እዩ እምበኣር ንቕሓት ኮሎኔል ኣጥናፉ ዝበረኸ፡ ምስ ቍንጣሮ ሽፋቱ ዘይኮነስ ብዲስፕሊን ምስ ዝተሃንጸ ውዱብ ሰራዊት ሓርነት ኤርትራ ይዋጋእ ከም ዘሎ ዝተሰወጦ። እታ ጕጅለ ናብ ኣዲስ ኣበባ ተመልሰት'ሞ፡ ጸብጻባ ብዋና ሊቀ መንበርነት መንግስቱ ሃይለማርያም ዝምራሕ ዝነበረ ጊዝያዊ

ወተሃደራዊ መንግስቲ ኣቕረበት።

"ኣብቲ ኽፍለ ሃገር፡" በለ ኣጥናፉ፡ "ዝሰፍሐ ቦታታት ብጕጅለ ጀብሃን ሻዕብያን ተታሒዙ ኣሎ። ምንቅስቓስ መካይን ኣዝዩ ኣጸጋሚ ካብ ምዃኑ ዝተላዕለ፡ ንሰራዊት ዝድሊ ሎጂስቲክስ'ውን ክቐርበሉ ኣይተኻእለን ኣሎ። ኣብቲ ተዘዋዊርና ዝረኣናዮ ኸባቢ.ታት፡ ሬሳታት ሰራዊትና ብብዝሒ እዩ ዝርአ። ብሓጺሩ፡ ገጢሙና ዘሎ ሰራዊት ናይ ውሑዳት ጕጅለ ሸፋቱ ዘይኮነስ ብዲስፕሊን ዝተሃንጸ ሓያል ሰራዊት'ዩ። ንሱ ኽይኣክል እቲ ህዝቢ'ውን ኣብ ጐድኒ'ቶም ዝዋግኡ ዘለዉ ወንበዴታት ንበሎም ሰራዊት ደው ኢሉ እዩ ዘሎ። ስለ ዝኾነ ኸኣ፡ ምፍሳስ ደም ምእንቲ ኽይቅጽል፡ እዛ ጕጅለ ልኡኽ፡ እቲ ሽግር ብሰላማዊ መገዲ እንተ ተፈትሐ ይሓይሽ ዝብል ርእይቶ ኣለዋ፡" ብምባል፡ ንጕጅለ መንግስቱ ሃይለማርያም ባህ ዘየበለ ጸብጻብ ሃበት። ድሕሪ'ዚ ጸብጻብ'ዩ እምበኣር፡ ጕጅለ መንግስቱ ናይ በይና ኣኼባ ገበረት'ሞ፡

"*ጓዶች*፡ ከምዚ ትርእዩዎ ዘለኹም ካብቲ *ምኽትል ሊቀ መንበር* ጀሚርካ ኣብ ውሽጦም ፍርሒ እዩ ኣትዩዎም ዘሎ። ፈሪህካ ኸኣ ኣብዮት ኣብ ዕላማኡ ኽተብጽሖ ኣይትኽእልን ኢኻ። ንሕና ኸኣ ኢትዮጵያ እናተመቓቐለት ከላ ትም ኢልና ክንርኢ፡ ተሰኪምናዮ ዘለና ረዚን ሃገራዊ ሓላፍነት ኣየፍቅደልናን'ዩ። ስለዚ፡ ነዚ ምስ ኢህኣፓን ወንበዴታትን ተመሻጢርካ ኢትዮጵያ ንምጥፋእ ዝግበር ዘሎ ውዲት መግትኢ ክንገብረሉ ኣለና፡" ድሕሪ ምባል፡ ንኹሎም ተረዲእኩምኒ ኣለኹምዶ ብዘስምዕ ኣጠማምታ በብሓደ ጠመቶም። እቲ ክውሰድ ዝተደልየ ስጕምቲ ርዱእ'ዩ ነይሩ፡ ድሕሪ ሓጺር ዘተ ድማ፡ ኣብ ሓባራዊ መደምደምታ ብምብጻሕ ኣኼባኦም ዛዘሙ።

ኮይኑ ኸኣ ኮሎኔል ኣጥናፉ ኣባተ ብመቕተልቲ ብ/ጀነራል ተፈሪ በንቲ ዝተሰምየ ቅሬታ ካብ ምግላጽ ስለ ዘይተቘጠበን ነቲ ኣብ ልዕሊ ማሕበርነታዊ ስርዓት ዝነበሮ ኣሉታዊ ኣረኣእያ ጉዳይ ኤርትራ ተደማሚሩዎን ምስ መንግስቱ ዘይምቅዳው ስለ ዝተፈጠረ ንሱዉውን ከም'ቶም ቅድሚኡ ዝሓለፉ ሰበ ስልጣን ደርግ ኣብ ወርሒ ሓምለ 1977 ተረሸነ።

* * *

ምዕራፍ 31

ሰለሙን፣ ንለምለም ምስ ረአያ ክኣምን ኣይከኣለን። ድሕሪ ታዕሊም ለምለም ናብ ሕክምና እያ ተወዚዓ። ሕክምና ሀ.ግ ሕጽረት ክኢላዊ ዓቕሚ ካብ ዝነበሮም ክፍልታት ሓደ ኾይኑ፣ እቶም ሓካይም ምሉእ መዓልቲ ዕረፍቲ ኣብ ዘይህብ ስራሕ ምስ ተጸምዱ እዮም ነይሮም። ተጋደልቲ ሓካይም ሀ.ሓ ግና "ብዘለካ ዝከኣለካ ግበር፣" ካብ ዝብል ንቕሓት ተበጊሶም፣ ኣብታ ዝርካባ ንእሽቶ ጊዜኦም ኣጋርን ተሓጋገዝትን ሓካይም ኣብ ምስ ልጣንን ኣስተምህሮታት ኣብ ምሃብን'ዮም ተዋፊሮም ዝውዕሉ ነይሮም። በዚ ኣገባብ'ዚ ኸኣ፣ ካብ ሓኪም ጋንታ ጀሚርካ ክሳዕ ቦጠሎኒ ጥራይ ዘይኮነ ኣሰልጢኖም፣ ከም በዓል ለምለም ዝመሰላ ትምህርቲ ሕክምና ኣቋሪጸን ዝመጻ ክሳዕ ናብ ምሉእ ሓኪም ዘብጽሖም ኣብ ግብራዊ ተመኩሮ ዝተመርኰሰ ኣስተምህሮታት'ውን ይህቡ ብምንባሮም፣ ኣብ 1981 ብዝሕ ዝበሉ ምኩራት ሓካይምን ዓበይቲ ሆስፒታላትን ኣብ ምምስራት በጺሖም ነበሩ። ስለ ዝኾነ እዩ ኸኣ፣ ለምለም ሓንቲ ካብ'ቶም ብዙሓት ውፉያት ሓካይም ክትከውን ዝበቕዐት። ኣብ ውጉኣትን ሕሙማትን ዝነበራ ኣቀራርባ ብጠባያን ተወፋይነታን ብተጋደልቲ ብኣብነት'ያ ትጥቀስ ነይራ። "ብመውጋእትን ሕማምን እትጠፍእ ህይወት ክትህሉ የብላን፣" ኣብ ዝብል መትከል ዝተሰረተ ሕክምና ሀ.ግ፣ ኣሽንኳይዶ ኣብ ውግእ ንዝቈሰሉ ተጋደልቲ፣ ናይ ጸላኢ ወተሃደራት እንተ ኾኑ'ውን ሰብኣዊ ርህራሄ ብዝመልአ መንፈስ'ዩ ዝሕክም ነይሩ። ሰለሙን፣ ለምለም ኣብ ንጡፍ ስራሕ ተጸሚዳ ኸላ እዩ ርእይዋ። ንሳ ምኳና ኸጣልል ስለ ዝደለየ ኸኣ፣

"እዞም ሓካይምናስ ዕረፍቲ ዝብሃልዶ'ለዎም? መዓስ'ዮም ነዚ ኹሉ ውጉእን ሕሙምን ዘርክቡሉ?" ኢሉ፣ ነቲ ኣብ ንእሽቶ ጽላል ጎቦ ኾይኑ ዝነበረ ስንኩል ብጻዩ ሓተቶ፣

"እዛ ትርእያ ዘለኻን እቲ ምስኣ ዘሎ ዶክተርን ፍሉያት'ዮም። ዋላ ነዛ ቀላል መርፍእ ክወግኡኻ እንተ ኾይኖም፣ ቀዲሞም ከምዚ ክትገብረካ እያ ኺይበሉ፣ ኣይወግኡ'ኻን እዮም።"

"ወይለይ! እዚኣ ድያ ሓረጉ ትብሃል?" ብምባል፣ ብፍላጥ ሽማ

ምእንቲ ክፈልጥ ሓተቶ።

"ኣይኮነትን! ለምለም ጓል ገሬ እዮም ዝብልዋ፡" ብምባል፡ ንሰለሙን ልቡ ዘርወየ መልሲ ሃቦ። ንሱ ንለምለም ካብ ዓይኑ ኣይፈለያን፡ ከመይ ገይሩ ኣብ ዝምችእ ጊዜን ቦታን ከም ዝረኽባን ከም ዘዘራርባን ጥራይ እዩ ዝሓስብ ነይሩ። ለምለም እዋን ቍርሲ ኣኺሉ ንቍሩብ ዕረፍቲ ናብታ ካብኦም ቍሩብ ፍንትት ኢላ ዝነበረት ምግብና ኸይዳ ምስ ብጾታ ኾፍ ክትብል ዝረኣያ ሰለሙን ብድድ ብምባል ናብታ ምግብና ምስ ቀረበ፡ ልቡ ቶሮግ ቶሮግ ካብ ምባል ዝተላዕለ ብኣፉ ክትወጽእ ደለየት።

"ሰላማት፡" በለ ሰለሙን፡ ንዶ/ር ከሰተ ፍጹም እናጠመተ።

"ኢሂ ብጻይ፡ እዛ ቀመም ዘለዋ ሻሂና ኣማዕዲኻ ዲኻ ኣጫኒኻያ፡" ክትዋዘ ኢላ ንሰለሙን ጠመተቶ'ሞ፡ ኣብኡ ኸላ ነቐጸት። "እ! ሰለሙን ተወልደ" ብምባል ከኣ ብኽልተ ኣእዳዋ ነዛ ገጻ ሸፈነታ። ብሕልሚ'ምበር ብጋህዲ ንሰለሙን ትርእዮ ዘላ ኾይኑ ስለ ዘይተሰምዓ፡ መሊሳ ኣፋ ኽፊታ ተኲራ ጠመተቶ። ካብታ ኾፍ ኢላታ ዝነበረት ከይተስአት ብኡ ንብኡ ንብዓት ሰዓራ። ሰለሙን'ውን ካብታ ዝነበራ ኣይተንቀሳቐሰን። ነዚ ዝረኣየ ዶ/ር ከሰተ ፍጹም፡ "ጓል ገሬ ኢሂ ደኣ ደሓን ዲኺ?" ምስ በላ እያ፡ ናብ ውኖኣ ብምምላስ ተንሲኣ ንሰለሙን ኣብ ሕቝፉ ዝተጠምጠመት። ዶ/ር ከሰተ ይኹን ኩላ ኣማዕድያ ትርኢ ዝነበረት ጨጓር ዳንጋ፡ በቲ ተግባሮም፡ ኣዒንታ ኣንጕልሒጣ ትዕዘብ ነበረት። ለምለምን ሰለሙንን ተጠማጢሞም ተረፉ። ኣብ ንቡር ኵነታት ነይሩ እንተ ዝኸውን'ሞ ከይተፈለጠም ከንፈር ንኸንፈር ምተወሃሃቡ ነይሮም፡ ገድሊ ግና ...። ዶ/ር ከሰተ ነገራት ዝተረድኦ ኽመስል፡ ብፍሽኽታ ይዕዘቦም ነበረ። ክልቲኦም ግና ኣብ ከባቢኦም ሰብ ዘሎ ኾይኑ ኣይተሰምዖምን። ሰለሙን'ዩ እምበኣር ንለምለም ብኽልተ መንኩባ ብምሓዝ ካብ ነብሱ ቑሩብ ኣፈንትት ኣቢሉ ዓይኒ ዓይና እናጠመተ፡

"ለማልም ከመይ ኣለኺ? ካን ሰውራ ኤርትራ ናይ ኩላትና መዕቈቢ ኾይኑ?" ድሕሪ ምባል፡ ዘረባ ጠፍኦ።

"እዋይ ኣታ ሰሌ! ኣነስ ንዘይሓተትኩልካ ሰብ የለን። ግና፡ እዚ ሜዳና ገፌሕ ጥራይ ዘይኮነስ፡ መዓልታዊ ብሉጻት ብጾትና እንኸፍለሉ ስለ ዝኾነ ..." ብምባል፡ ዘረባኣ ኣቋሪጻ ናብ ንብዓታ ኣተወት። ነዚ ዝተዓዘበ ዶ/ር ከሰተ ካብ ዝነበሮ ብድድ ብምባል፡

"ጓል ገሬ፡ ናይ ቀደም ላቨርኪ ኢኺ ረኺብኪ'መስለኒ። በሊ እንቋዕ ሓጐሰኪ'ሞ ቀስ ኢልኪ ምጺ፡" ኢሉዋ እናስሓቐ ኸደ።

ንኸንታት ክልቲኦም ዝረኣየ ሰብ ካብኡ ሓሊፉ ኻልእ ዝብሎ ኣይምረኸበን።

"ለማልም መዓስ ደኣ ተሰሊፍኪ?" ብኣንክሮ ሓተታ።

"ኣብ ጥሪ 1976፡" ብምባል ናብቲ ምስ ብጾታ ኾፍ ኢላትሉ ዝነበረት ቦታ ብኢዱ ስሒባ ኾፍ ኣበለቶ'ሞ፡ ንጓል ኣደም ኣፍቂዳ ካብታ ተሰኺቲታ ዝነበረት በራድ፡ ሻሂ ኣቐበለቶ።

"እሞ እዚ ሜዳስ ከኢልክዮ?"

"ኣዲስ ኣበባ'ኳ ተኻኢሉ ነይሩ። ናይ ሜዳ ህይወት ደኣ ምስ ኩሉ ቃንዛኡ ኣበይ ክርከብ።"

"ኣነ ካብ ሓሳባይ ጠርሸ ኣውጺኣኪ ኣይፈልጥን'የ። ኣረ ሓደ ሓደ ጊዜስ፡ ዶክተር ኬንኪ ኣብ ሆስፒታል ክትሰርሕን ሓዳር ..." ኢሉ ናይ ገዛእ ርእሱ ዘረባ ኣስደሚሙዎ ብሰሓቕ ክርትም በለ። ለምለም፡

"ኣንታ እንታይ ኢኻ ትብል ዘለኻ?" ኢላ ብሰሓቕ ሞተት። ከምዚ'ሎም ከዕልሉ ለምለም ሕሙማታ ገዲፋ ኸይተፈለጣ ምስ ሰለሙን ነዊሕ ኮፍ በለት።

"ሰሌ፡ በል ነዞም ብጾትና ኣግዲዐዮም'የ ዘለኹ'ሞ ሕጅስ ክኸዶም። ስራሕ ወዲኣ ንመራሕ መስርዕና ኣፍቂደ ክመጸካ እየ፡ ኣበይ ኢኻ ዘለኻ፡" ብምባል፡ ዘለወሉ ቦታ ብማዕዶ ርእያ ናብ ሕክምና ኸደት።

"ኣንቲ ጓል ገሬ እንታይ ኣሰከፊኪ! ትም ኢልኪ ምስ ጋሻኺ ዘይተዕልሊ ዝነበርኪ?" ብምባል፡ ዶ/ር ከሰተ ንበዓል ጅሮም እናጠመተ ፍሽኽ በለ።

"ኣየ ብጾት! መቸም ንሕና ንፈልጠ እንተ ረኺብና *ላሽርኪ ላሽርኺ* ኢኹም ትብሉ፡ ካልእ ኮይኑ ስለ ዘይስምዓኩም፡" ምስ በለቶ፡ እቲ ተዓፊኑ ዝነበረ ሰሓቕ ናይ በዓል ጅሮም ኣብ ማዕዶ ዘሎ ሰብ ክሳዕ ዝሰምዐን ትዋሕ በላ።

"ኣየ በዓል ኣድመቐት! ንስኻትክንን እዚ ረኺብክንን ደኣ'ሞ ኣስናንክን ከመይ ገይረን ክእርነባ፡" ብምባል ንሳ'ውን ከይፈተወት ሰሓቐት። ዶ/ር ከሰተ ናብ ለምለም ቅርብ ኢሉ፡

"ጓል ገሬ ንዒ'ሞ፡" ብምባል፡ ካብቲ ቴንዳ እልይ ኣቢሉ፡ "መቸም ንስኺ ዕረፍቲ ኣይትፈልጥን ኢኺ። ሕጂ እንታይ ግበሪ መስለኪ፡ ነዚ ጋሻኺ እተዕልልዮ ብዙሕ ነገራት ስለ ዘለኪ፡ ከይተሰከፍኪ ሒዝኪዮ ናብቲ ንሕና እንጓድረሉ በዓቲ ኺዲ። እንተ ኣድሊኹና ባዕልና ክንጽውዓኪ ኢና።"

"እዋእ ከሰተ፡ ነዞም ውጉኣት ገዲፈስ ክኸይድ? ዘይከውን'ዩ።"

"ትእዛዝ እዩ ጓል ገሬ፡ ትእዛዝ፡" በላ ዕትብ ኢሉ። ለምለም ንዶ/ር ከሰተ ብዅለንትናኡ እያ ትፈልጦ፡ ከመይሲ ነዊሕ ዓመታት ብሓባር ስለ ዝሰርሑ። ስለ ዝኾነ እያ ኸኣ፡ "በል ሕራይ፡" ብምባል ብጎቦ ዓይና እንተ ጠመተት፡ ነጃትን ጅሮምን ምእንቲ ንዓኣ ኸርእያ ተሓቛቑፉ። ተግባረን ማሲያ ምኺኑ ኣይሰሓተቶን። ካብ ጭርቃን ክትድሕን ግና ቀልጢፋ ናብ ሰለሙን ከደት። ሰለሙን ናብ ቦታኡ ምስ ተመልሰ፡

"ኢሂ ብጻይ፡ ዘመድ ዲኻ ደኣ ረኺብካ?" እቲ ኣብ ጥቓኡ ዝነበረ ስንኩል ምስ ሓተቶ፡ ሰለሙን ነገር ከግፍሕ ስለ ዘይደለየ "እወ፡" ጥራይ ብምባል ኮፍ በለ። ለምለም እግሪ እግሩ ብምስዓብ፡

"ሰሌ፡" ድሕሪ ምባል ንዑማሮ ጠመተቶ'ሞ፡ "ኢሂ ዑማሮ ኣይሓሸካን ድዩ? እስኪ እዛ ስረኻ ንላዕሊ ሓፍ ኣብላ?"

"ወላሂ ጓል ገሬ! ጽቡቕ ኣለኹ ኣይትሸገሪ፡ ዶ/ር ምጻእ ኢሉኒ ስለ ዝነበረ እየ መጺአ፡ ትም ኢልኪ ናብ ጉዳይኪ ኺዲ፡" በላ ብፍሽሑው ገጽ።

"ኣየ ዑማሮ፡ ኩሉ ጊዜ ጽቡቕ ኣለኹ ክትብል እዛ ኻልኣይቲ እግርኻ ኸይትስእና። ንስኻ'ኮ ንዓና ተድልየና ኢኻ፡" ብምባል ዓይኒ ዓይኑ እናጠመተት ፍሽኽ በለቶ። ነቲ ስሪኡ ባዕላ ናብ ላዕሊ ሰብሲባ እንተ ረኣየት፡

"ኣንታ ዑማሮ! እንታይ ኬንካ ክሳዕ ሎሚ እዚ ሓቢእካዮ!" ብምባል ርእሳ ነቕነቐት'ሞ፡ "ሰሌ፡ ሓንሳብ ጽንሓኒ ክመጸካ እየ፡" ኢላ ናብ ሕክምና ተመሊሳ ምስ ዶ/ር ከሰተ ድሕሪ ምዝርራብ፡ ንዑማሮ ኣጸውዐቶ። ዑማሮ ኣብ 1969 ዝተሰለፈ ገዲም ተጋዳላይ እዩ። ኣብ ውግእ ተባዕ፡ ሓያል ተዋግኣይን ኣዋግኣይን እዩ ነይሩ። ድሕሪ ስትራተጂያዊ ምዝላቕ ሃንደሳ ተማህረ'ሞ፡ ሓደ መዓልቲ ሓንቲ ጋንታ ኣብ ልዕሊ ጸላኢ መጥቃዕቲ ክትገብር ስለ ዝተደልየ፡ በዓል ዑማሮ መገዲ ምእንቲ ክኸፍቱላ ነቲ ባዕሎም ዝቐበሩዎ ነታጕ እና'ውጽኡ ኸለዉ፡ ሓደ ብጻዮም ናብታ ኣብ ጥቓኡ ዝነበረት ንሱ ዘይረኣያ ነታጕ ጽግዕ ክብልን፡ "ብጻይ ተጠንቀቕ፡" ብምባል ዑማሮ ተዳህዩ ኸይወድኣን ተፈንጀረት። እቲ ብጻዩ ንስክላ ካብ ሞት ክወጽእ ከሎ፡ ዑማሮ ግና ሓንቲ እግሩ ተሓምሸሸት። እታ እግሪ ክትሓዊ ስለ ዘይትኽእል ብሕክምና ተቘርጸት። እንተ እታ ኻልኣይቲ ግና ብስ ኵጆታት ስለ ዝተወግአትን ብቐጻሊ ሕክምና ኸግበረላ ስለ ዝነበራን'ያ ለምለም ኵነታት ካልኣይቲ እግሩ ደስ ዘይበላ።

ዶክተር ከሰተ "ብጻይ ዑማሮ እዛ እግርኻ ጽቡቕ የላን። ሕጂ መጥባሕቲ ክንገብረልካ ኢና። ዕድል እንተ ጌርና ነዘን ጸሊመን ትርእየን ዘለኻ ኣጻብዕቲ እግርኻ ኽነድሕነን ክንፍትን ኢና፡ ካብኡ ብዝተረፈ ግና ክንኣልየን ኢና፡" ምስ በሎ፡

"ዶ/ር ክሳዕ ሕጂ'ውን ክጸንሓ እየን ኢለ ሓሲበ ኣይፈልጥን'የ። እቲ ዝግበር ኩሉ ጌርኩም ኢኹም፡ ግና በኻኹም ዑማሮ ካልኣይቲ እግሩ ተቖሪጻ ኢልኩም ንደርግ ኣይትንገሩዎ ኢኹም ምእንቲ ኽይሕጐስ፡" ምስ በሎም፡ ኩሎም ኣፎም ምኽዳን ክሳዕ ዝኣብዮም ሰሓቑ። ናይ መጥባሕቲ ቦታ ተዳለወ'ሞ በዓል ነጃት ንዑማሮ ንመጥባሕቲ ድሉው ገበራኦ። እዚ ኹሉ ክኸውን፡ ሰለሙን ብትዕግስቲ ንለምለም ይጽበያ ነበረ። ኮይኑ ኸኣ፡ ለምለም ካብቲ ክምለሰካ እየ ዝበለቶ ሰለስተ ሰዓት ደንጒያ መጸቶ።

"ኣንታ ሰሌ ደንጒየካዶ፡ እዚ ዝረኣኻዮ ብጻይና እተን ኣጻብዕቲ ኣእጋሩ እንድየን ..." ኢላ መሬት መሬት ጠመተት፡ ጸኒሓ ግና፡ "ንደርግ ኣይትንገረሉ ደኣ'ምበር፡ መሸሚሽን ስለ ዝነበራ ሓሙሽተአን እንዲና ሰዲድናየን፡" ምስ በለቶ፡ በዚ ሓደ ወገን ሰምበደን ሓዘነን፡ በቲ ኻልእ ከኣ 'ንደርግ ኣይትንገረሉ፡' ዝብል ዘረባ ስለ ዝደንጸዎ፡

"ደርግኸ መን'ዩ?" ሳጓ ናይ ገሊኦም ከይከውን ብምባል ሓተታ።

"ደርግ ደኣ ደርግ'ምበር፡ ካልእ ደርግ ኣሎ ድዩ?" ምስ በለቶ፡ ነገር ጭርቃን ምኳኑ ስለ ዝተረድኦ ብሓባር ሰሓቑን ሓዘኑን።

"ዝገርመካ እዩ! እዚ ብጻይ'ዚ ከመይ ዝበለ ጽኑዕን ጅግናን ይመስለካ፡" እናበለት ኣጻብዕቲ ኣእጋሩ ብምስኣኑ ብልቢ ሓዘነት።

"ይገርም'ዩ፡" በለ ሰለሙን ርእሱ እናንቕንቐ፡ "ኣየ'ዚ ገድሊ፡ እግርና እንተ ተቖርጸ ንስሕቕ፡ መዓንጣና ካብ ሰፈሩ ወጺኡ ኸሎ ንስሕቕ፡ ምንጋጋና ተሓምሺሹ ኸሎ ብውሽጥና ንስሕቕ፡ ኣረ እንታይ እዩ ናይዚ ኹሉ ምስጢር?" ብኸምዚ ዝጀመረ ዕላሎም ናብ ኣዲስ ኣበባ፡ ኣስመራ፡ ዓዲ ሞንጎንትን ወኪ ዛግርን እናተናጠሩ ድሕሪ ምዕላል፡

"ንኣብርሀት ኣዝማዳ ጳውሎስን ግርማይን ዝተባህሉ ፃፉኝ ምስ ቀተሉዎም ኢና ናብ ሀ.ግ ክንስለፍ ወጺእና፡" በለቶ፡ መቕተልቲ ዛይድ ሓፍቱ እናተራእያ። "ነቲ ሓሳብ ኣብርሀት'ያ ኣምጺኣቶ። ስለዚ፡ ኽልቴና ብሓንሳብ ተሰሊፍና።"

"እሞ ምስ ኣብርሀት ተራኺብክንዶ ትፈልጣ?"

"ኣብርሀት ክሳዕ ስትራተጂያዊ ምዝላቕ ኣብ ሓይልታት'ያ

ነይሩ፡ ሕጂ ግና ኣብ ቤት ጽሕፈት ሰክረታሪያት ተወዚዓ ኣላ። ብጻዕቂ ስራሕ ተወዝ ክትብል ኣይትኽእልን'ያ፡” ብምባል ኩሉ ዝሓለፈ ኣዕለለቶ። ሰዓታት ምግብና ስለ ዝኣኸለ ኸኣ፡ ተተሓዚዞም ናብቲ ናይቲ ሕክምና ምግብና ኸዱ'ሞ፡ ኩሎም ኣብኡ ጸንሑዎም። ነገራት ድሮ ኣብ ኩሉ ተባጺሑ ስለ ዝጸንሐ፡ ኩሎም፡ “ጓል ገሬ፡ እንቋዕ ደሓን መጻእኪ፡” ብምባል፡ ፍሽኽ ፍሽኽ ኣብዝሑ'ሞ፡ ንበዓል ነጃት ብጎቦ ዓይና ጥምት ኣቢላ መልሲ ኸይሃበት ሓቢራተን ኮፍ በለት። ሰለሙን'ውን ምስ በዓል ዶ/ር ከሰተ ተቐረበ'ሞ ብሓባር ምብላዕ ጀመሩ። ዶ/ር ከሰተ፡ ሰለሙን ጋሻ ብምዃኑ፡

“ብላዕ ብጻይ፡” ምስ በሎ፡

“ዶክተር እንታይ ደኣላ እዛ ናትኩም ቦጅ ቦጅ ካብታ ናትና ዝተፈልየት፡ ቊሩብ ጠስሚ ሕውስ ኣቢልኩምላ ኢኹም'መስለኒ፡” ብምባል፡ ኣፎም ኣኽፈቶም። ሰለሙን ምስ ዝፈልጠ ይኹን ምስ ዘይፈልጠ ተሓዊሱ ምዕላል ዘይእገም ሰብ ስለ ዝነበረ፡ ከምዛ ቐደም ዝፈልጦም ክሳዕ ተመጊቦም ሻሂ ሰትዮም ናናብ ስራሖም ዝዋፈሩ፡ ኣፎም ኣየኽደኖምን። በሊዖም ኩሎም ብድድ ብድድ ድሕሪ ምባል ኸኣ ዶ/ር ከሰተ፡

“በሊ ጓል ገሬ እታ ምድሪ ቤትና ኣይትሕመቒ ...” ኢሉ ብኢዱ ናይ ምኹስታር ምልክት ገይሩ ፍሽኽ ኢሉዋ ኸደ።

ክልቲኦም ናይ ሸውዓተ ዓመት ዕላሎም ከዕልሉ ኣምሰዩ'ሞ፡ ሰለሙን ናብ መደቀሲኡ ኸደ። ኣብቲ ዝነበሮ ግምብው ብምባል ተዘክሮታቱ ኺሐድስ ጀመረ። ኣብ መንጎ ግና ሓንቲ ሓሳብ ብልጭ በለቶ።

* * *

ምዕራፍ 32

ሓጐስ፡ ወትሩ ብዛዕባ'ቲ ኣብ ህ.ግ ዘሕለፎ ጥዑም እዋን ከይዘከሮ ሓሊፉ ኣይፈልጥን'ዩ። እቲ ጭርቃን፡ ዳእላ፡ ቅልስ፡ ነቐፌታን ርእሰ ነቐፌታን ኮታስ ኩሉ እቲ ህይወት። ንሱ፡ ሻድሻይ ወራር ካብ ጀምር እንከሎ፡ ካብ ምቲ ዑስማን ዝተተንበየ ማእከልነት ናይታ ብስየ ኣብርሃ እትምራሕ ብርጌድ ካብ ዝኸውን ዳርጋ ዓመቱ ጌሩ ነይሩ። ህ.ግ ነቲ ካብ መወዳእታ 1978 ክሳብ ነሓሰ 1979 ዝተኻየደ ሓሙሽተ ወራራት ዘፍ ኣቢሉ ብተዛማዲ ኣብ ምዝናይ ኣብ ዝነበረሉ እዋን እዩ እምበኣር፡ ነቲ ንተጋድሎ ሓርነት ኤርትራ ካብቲ ኣብ ሳሕል ዓስኪራትሉ ዝነበረት ቦታታት ጸሪጉ ንምውጻእ ዘሕለፎ ውሳኔ ኸተግብር ዝተበገሰ። ኮይኑ ኸኣ፡ ተ.ሓ.ኤ ነቲ ካብ ህ.ግ ዝተኻየደላ መጥቃዕቲ ክትምክቶ ስለ ዘይከኣለት ካብ ኩሉ ቦታታት ኤርትራ ተሳዒራ ወጸት። ህ.ግ ከኣ፡ ሓደ ጐድኑ ኣዕረፈ፡ ካብ ተጻብኦ ጀብሃ። እዚ ኾይኑ ኸብቅዕ፡ እቲ ግንባር ናብ ምቅርራብ ሻድሻይ ወራሩ ኣድሃበ። ተ.ሓ.ህ.ት፡ ኣድህቦ ህዝባዊ ግንባር ኣብ ምምካት ሻድሻይ ወራር ምህላዉ ብምግንዛብ ናብ ዶብ ኤርትራ እናሰገሩ ክንቀሳቐሱ ጀመሩ። እዚ እናኾነ ኸሎ፡ ሓጐስ፡ ነቲ ብሰራዊት ተ.ሓ.ህ.ት ኣብ ልዕሊ ህዝቢ ባድመን ከባቢኡን ፍሕሹ እናናበለ ዝጀምር ዝነበረ ምትንኻላትን ምግፋዕን ኣብቲ ዝግበር ዝነበረ ናይ ብርጌድ ኣኼባታት ከየልዓሎ ኣይተርፍን'ዩ ነይሩ። ስየ ኣብርሃ ወትሩ ብዓይኒ ጥርጣረ ይምልከቶ ስለ ዝነበረ፡

"ብጻይ ሓጐስ፡ እዚ ናይ ሻዕብያ ኹነታት ከመይ ትግምግሞ፡" ብምባል፡ ብዕላል መልክዕ ኣምሲሉ ዝሓተቶ።

"ህ.ግ ካብ'ቶም ዓበይትን ኣደነቕትን ስጉምትታ ዘወሰዶም፡ ስትራተጂያዊ ምዝላቕ'ዩ። ስለ ዝኾነ ኸኣ፡ ነቲ በዳሂ ዝኾነ ወራራት ከፍሽሎ ኽኢሉስ፡ እንሆ ደርግ፡ ናቕፋ ምሓዝ ኣብያቶ ልዕሊ ኽልተ ሚእቲ ሽሕ ሰራዊት ብምስላፍን ዝተራቐቐ ኣጽዋር ብምዕጣቕን ንወፍሪ ቀይሕ ኮኾብ ይዳሎ'ሎ።"

"ሻዕብያ ደኣ'ሞ ኣብዚ ዝሓለፈ ኽልተ ዓመት ብዓቕሚ ሰቡ ኣዝዩ ተዳኺሙ ሓደስቲ ኣባላት'ውን ክረክብ ኣይከኣለን ዘሎ። ከም እንርእዮ ዘለና ኸኣ ደርግ ጥራይ ዘይኮነስ ሶቭየት፡ ምብራቕ

ጀርመን፡ ደቡብ የመንን ሊብያ'ውን ከይተረፉ ኣብ ጐድኑ ኾይኖም ኣብ ናቕፋ መቓብር ክሰርሑሉ ይሸባሸቡ ኣለዉ።"

"ናቕፋ፡ መቓብር ደርግ'ምበር፡ መቓብር ሻዕብያ ክትከውን'ያ ዝብል እምነት የብለይን። ምኽንያቱ፡ ሻዕብያ ሓያል መትከልን ብድስፕሊን ዝተሃንጸ ውፉይ ሰራዊትን ስለ ዘለዎ፡ ነቲ ወራር ብዘይ ጥርጥር ክምክቶ እዩ፡" በለ በዘራርባ ስየ ዘይተሓጐሰ ሓጐስ።

"መቸም ሻዕብያ እንተ ተላዒሉ ወንኻ እዩ ዝለዓለካ። ብወገነይ መሪሕነት ውድብና፡ ሻዕብያ ካብ 12 ክሳዕ 15 ሽሕ ዝኣክል ሰራዊት ክህልዎም ከም ዝኽእል፡ እዚኦም ከኣ ናብ ሰፊሕ ቦታ ከም ላስቲክ ተመጢጦም ስለ ዘለዉ ግድነት ሓገዝና ኸድልዮም ምዃኑ እዩ ዘሎ ገምጋሙ። ንሕና ኸኣ፡ ብመሰረት ናይ ነዊሕ ዕላማና ህላዌኦም ምእንቲ ኽረጋግጹ፡ ኽልተ ብርጌድ ዝኾኑ ሰራዊት ክንሰደሎም ተኽእሎ ኣለና። እዚ ኾይኑ እቲ፡ እቲ ውድብ ኣዝዩ ካብ ህዝቢ ርሒቑን ዓንዲ ሕቖ ዘይብሉ ኾይኑ ተሪፉን ስለ ዘሎ፡ ኣብ መወዳእታ ምድኻሙ ኣይተርፎምን'ዩ፡" ብምባል ፍሽኽ በለ፡ ስየ።

"ኣነስ ብኽምኡ ኣይምረኣኹዎን። ምናልባት ዘንጊዕና ኸይንህሉ'ምበር፡ ኣብ ምዕራብ ኤርትራ ብምምጻእ ነዚ ኸባቢና ካብ ጀብሃ ይኹን ሰራዊት ደርግ ሓራ ገይሮሞ ኸም ዘለዉ ንስሕቶ ኣይመስለንን። ስለዚ ..." ኢሉ ዘረባኡ ኸይቀጸለ፡

"ብጻይ ሓጐስ፡ ታሪኽ ምውካስ ከየድለየካ ኣይክተርፍን'ዩ'መስለኒ። እዚ ትብሎ ዘለኻ ኸባቢ ብሱሩ ናይ መን ድዩ?" ብምባል ስየ ንሓጐስ ዓይኒ ዓይኑ ጠመቶ። ሓጐስ፡ ኣብ 1976 ዝወጸት ማኒፌስቶ ትግራይ ዘከረ'ሞ፡ ስየ ናበይ ገጹ የብል ከም ዘሎ፡ ኣይሰሓቶን።

"ዶባት ኤርትራን ትግራይን'ኳ ዘጋጊ ኣይመስለንን።"

"ከመይ ማለትካ እዩ?" በለ ትርር ኢሉ እቲ ክሳዕ'ታ ደቒቕ'ቲኣ ኣብ መንጎ ኸይኣተወ ዝጸንሐ ገብሩ ኣስራት።

"እቲ ብጊዜ ሚኒሊክ ዝተሓንጸጸ ዶባት፡ ብሃይለስላሴ ይኹን ብደርግ ..." ምስ በለ፡

"እቲ ውዕል ብጊዜ ጣልያን 1935 ኣብቂዑ እዩ። ስለዚ ኸኣ፡ ናይ ትግራይ ዶብ ክሳዕ እዚ ሕጂ ብምዕራብ ኤርትራ ዝጽዋዕ ዘሎ ኸባቢ ምዃኑ ናይ ካርታ ምስክርነት ኣሎ፡" ኢሉ ገብሩ ኣስ ራት ከይወድአ ኸሎ፡ ሓየሎም ተሓወሶም'ሞ ነቲ ዕላል ናብ ካልእ ጠወዩዎ።

* * *

ምዕራፍ 33

መንግስቱ፡ ኣብ ስልጣን ድሕሪ ምድያቡ፡ ሻለቃ ታምራት ቀሲኑ ኸሰርሕ ኣይከኣለን። ብምብራኽ፡ ኵነታት ኢትዮጵያ ኣዝዩ እናኸፍአ ኸመጽእ ድሕሪ ምጽናሕን መንግስቲ ጂሚ ካርተር ኣጽዋር ምስ ከልአን፡ ድሕሪ ናይ ሰለስተ ዓመት ሸንኰለል ኣጽዋር ምእንቲ ክምጠወሉ ናብ ሕብረት ሶቬት ኣምርሐ። ኣብቲ ጊዜ'ቲ ሕብረት ሶቭየት ንስለ ጂኦ ፖለቲካዊ ረብሓኣ ክትብል፡ ነታ ንነዊሕ እዋን መሓዛኣ ዝነበረት ሶማልን ነቲ ኣብ ሓምሳታት ናጽነቱ ይግብኦ እዩ ብምባል ዝተጣበቐትሉን ኣብ መግዛእቲ ዝተቘረነ ህዝቢ ኤርትራ ራሕሪሓ፡ ንኢትዮጵያ ኣብ ሓጺር ጊዜ ሓደ ሽሕ ታንክታት፡ ሓደ ሽሕን ሓሙሽተ ሚእትን ተሰከምቲ ኣጽዋር መካይን፡ ተስዓ ነፈርቲ ውግእን ነቲ ውግእ ዝመርሑ ሰለስተ ሽሕ ሶቭየታውያን ወተሃደራውያን ኣማኸርትን መጠወትላ። ኣብ ኲናት ኢትዮ - ሶማሊያ መሓዙት ደምበ ምብራኽ ዝብሃላ ምብራኽ ጀርመን፡ ኩባ፡ ደቡብ የመንን ሊብያን ኣብ ጐድኒ ኢትዮጵያ ብምስላፍ፡ ንሶማል ካብቲ ሒዝቶ ዝነበረት ቦታታት ደፊአን ኣውጽኣኣ። ደርግ፡ ብዝረኸቦ ፍናን "ናይ ምብራኽ ዓወት ኣብ ሰሜን ክድገም'ዩ!" ኢሉ ኣብ ልዕሊ ሰውራ ኤርትራ ወራር ካብ ዝጀምር ሰለስተ ዓመቱ ገይሩ'ኳ እንተ ነበረ፣ ህ.ግ ግና ካብ ሳሕል ክድፋእ ኣይተኻእለን። በዚ ምኽንያት'ዚ፡ ደርግ፡ "ናይ መወዳእታን ዘየዳግምን ስጕምቲ ኣብ ልዕሊ ወንበዴታት ክወስድ'የ!" ብምባል፡ ኣብ ወርሒ ጥሪ 1982 *የኤርትራ ሁለገብ ኣብዮታዊ የቀይ ኮከብ ዘመቻ፡* (ናይ ኤርትራ ኹሉ መደያዊ ኣብዮታዊ ወፍሪ ቐይሕ ኮኾብ) ክእውጅን ኩሉ መሳለጥያታት ቀሪቡ ዋና ኸተማኡ ናብ ኣስመራ ኣግዓዞ።

ኣስመራ፡ ብኵለንትናኣ መናሃርያ ኣምሓሩ ኾነት። ቋንቋ ትግርኛ ብቛንቋ ኣምሓርኛ ተተክአ። ምእዛት ደርፍታት ኤርትራ ብናይ በዓል ጥላሁን ገሰሰን ማሕሙድ ኣሕመድን ተወርሰ። ነበርቲ ኣስመራ፡ እንትርፎ ኣብ ኣዲስ ኣበባ'ምበር ኣብ ገዛእ መሬቶም ዘለዉ ኾይኑ ኣይስምዖምን ነበረ። ውቁባት ሲነማታታ ወግሐ ጸብሐ

ባህላዊ ኪነት ብምቕራብ መንእሰያት ኣእምሮኦም ናብ ዳንኬራን መስ ተን ከም ዘድህብ ክገብራኦ ፈተና። ጐደናታታን ሆቴላታን ብሰበ ስልጣን ደርግ ተጎብአ። ሻለቃ ዳዊት ወልደጊዮርጊስ ዝርከቦም ሰበ ስልጣን ንህዝቢ "ጉዳይ ሰውራ ኤርትራ ተወዲኡ እዩ፣ ደቅኹም እተዉ በልዎም፣ እንተ ዘይኮነ ኣብ ናቕፋ ክንቀብሮም ኢና፣" ብምባል፣ ንህዝቢ ወግሐ ጸብሐ ኣብ ምርዓድ ተዋፈሩ።

ህ.ግ ግና፣ "ኣብ ወተሃደራዊ ግጥማት ዝግበረሉ ጊዜ፣ እቲ ሓደ ክደፍእ እቲ ካልእ ክድፋእ ይኽእል ይኸውን፣ ... ኣብ መወዳእታ ግን ሓጺር ናይ ምርብራብ ጊዜ ምስ ሓለፈ፣ እቲ ኹነታት ናብ ረብሓ ሰውራ ኤርትራ ከም ዝቕየር ኣየጠራጥርን፣" ካብ ዝብል ርእሰ ምትእምማን ብምብጋስ፣ ወራር ንምምካት ኣብ ሰራዊቱ ሓያል ውዳበን ፖለቲካዊ ጕስጓስን እናካየደ፣ ፍናን ሰራዊቱ ኣብ ጥርዚ ኣብጽሖ። እንተ ብወገን መሪሕነት ተ.ሓ.ህ.ት ግና፣ ደርግ ንህ.ግ እንተ ኣዳኺመለይ ካብ ዝብል እኩይ ኣተሓሳስባ ኣብ ትግራይ ኩሉ መጥቃዕትታቱ ደው ኣበሎ።

* * *

ምዕራፍ 34

ተስፋይ፡ ነቲ ብሰንኪ *ቀይ ሽብር* ኣብ ስድራኡ ዝወረደ ኣደራዕ ከም ሓደ ኣብ ሰውራ ዝኸፈል መስዋእቲ ገይሩ'ኳ እንተ ረኣዩ፡ ካብቲ መቓልስቱ ዝነበረ ክንፈ ኸምዚ ክመጾ ኢሉ ግና ሓሊምዎን ሓሲቡዎን ኣይፈልጥን'ዩ። ብሰንኪ ማእሰርትን መቕተልትን ኤርትራውያን፡ ኵነታት ሓፋሽ ውድባት ከምቲ ኽኾኖ ዝግብኦ ኸኸውን ኣይከኣለን። እዚ ኾይኑ ኸብቅዕ፡ ተስፋይ ዝርከቦም ውፉያት ኣባላት ሓፋሽ ውድባት ብዝተራቐቐ መገዲ ቃልሶም ቀጸሉዎ። ድሕሪ ሞት ኣዲኡ ኣብ መፋርቕ 1980 ሓደ መዓልቲ ኣብ ገዛ ኾፍ ኢሉ ብዛዕባ ኤርትራውያን ኣብ ቤት ማእሰርቲ ዘሕልፉዎ ዝነበሩ ስቓይ እናሓሰበ ኸሎ፡ ሓደ ነገር ትዝ በሎ፡ ሻለቃ *ታምራት* ሓላፊ ጸጥታ ኢትዮጵያ። ነታ ዓጺፉ ዘቐመጣ ወረቐት ካብቲ ዝነበረቶ ኸብሒ ብምውጻእ፡ ደጊሙ ኣንበባ። ንምንታይ ነቦይ ሓጊዙዎ? ይፈልጦዶ ነይሩ ይኸውን? ብኸመይን ኣበይንከ ይፋለጡ ይኾኑ? ዝብሉ ሕቶታት ኣልዒሉ እናሰላሰለ ኸሎ፡ እታ ብተዘዋዋሪ መገዲ ካብ በረኸት ዝመጸቶ፡ *"መለይ ኣብ ዓይኒ ቤት ጽሕፈት ጸጥታ ኣትያ'ላ። ንጥፈታትኩም ንጊዚኡ ኣዛሕትሉ፡"* ትብል ሓበሬታ ትዝ በለቶ'ሞ ደጋጊሙ ሓሰበላ። እዚ ሻለቃ ብዛዕባ *መለይን* ምንቅስቓሳት ኤርትራውያንን ይፈልጥ ነይሩ ኸኸውን ኣለዎ፡ ኣብ ዝብል መደምደምታ ኸአ በጽሐ። ስለ ዝኾነ ድማ እዩ፡ ነቲ ንወልደንክኤል ተኪኡ ካብ ሜዳ ዝተላእከ ጠርናፊ ሓፋሽ ውድባት፡ ምስጢራዊ ሽሙ ሚኪኤል ዝተባህለ ተጋዳላይ ክረኽቦ'ሞ፡ ብዛዕባ'ዚ ጉዳይ'ዚ ኸዘራርቦ ዝተበገሰ። ኣብ ርክቦም ብዛዕባ ሓፈሻዊ ኹነታት ድሕሪ ምዝታይ፡ ዋላ'ኳ እቲ ሓበሬታ ካብ መንን ብመንን ከም ዝመጽእ እንተ ዘይፈለጠ፡

"ስማዕንዶ ሚኪኤል፡ ነቲ ካብ ደርግ ሓበሬታ ዘመሓላልፈልና ሓደ ሓድሽ ዕማም እንተ ሃብናዮ እንታይ ይመስለካ?" ብምባል ብዛዕባ ሻለቃ *ታምራት* ብሰፊሑ ኣዘንተወሉ። ሚኪኤል ነቲ ሓሳብ ምስ ሰምዖ፡ "በልስከ ኣዳቒቕና ክንሓስበሉ ኢና፡" ኢሉ ተፋንዩዎ ኸደ። ኾይኑ ኸኣ፡ ነቲ ሓበሬታ ብህጹጽ ናብ ሜዳ ለኣኾ'ሞ ብቕጽበት "እንተ ተኻኢሉ ብጥንቃቐ ርኸቡዎ፡" ዝብል መልሲ

ምስ መጾ፣ ምሉእ ቈላሕታኡ ናብኡ ገበሮ።

ሻምበል ብርሃነ፣ ኣብ ናዝሬት ተወሊዱ ዝዓበየ፣ በቦኡ ኤርትራዊ በዲኡ ሽኣ ኦሮሞ እዩ። ኣብ ኣሜሪካን እስራኤልን ብዛዕባ ወተሃደራዊ ሎጂስቲክስ ተማሂሩ ኣብ ትሕቲ ብ/ጀነራል ባልቻ ኣሰፋ ሓላፊ ወተሃደራዊ መጐዓዝያን ሎጂስቲክን ብምዃን'ዩ ዝሰርሕ ነይሩ። ንሱ ኣቦኡ ገና ብህጻንነቱ ሽሎ ኣብ መንጎ ኤርትራውያንን ኦሮሞን ኣብ ሓደ እንዳ መስተ ብዝተላዕለ እምባጓሮ ብጎዞሞ ተቐቲሉ ዝሞተ፣ ኣዲኡ ንዕኡን ምንኣሱ ሓፍቱን እንዳ ሰብ እንጀራ እናሰንከተትን ክዳውንቲ እናሓጸበትን ዘዕበየቶምን ካብ ናብ ኤርትራውነት ናብ ኦሮሞነት ዝቐርብ ስምዒት ዝነበሮን'ዩ ነይሩ። ደርግ፣ ኣብ ስልጣን ምስ መጸ እዩ እምበኣር ኣብዚ ዘሎዎ ሓላፍነት ዝተመደበ። ስለ ዝኾነ እዩ፣ ደርግ፣ ኣብ 1977 ኣጽዋር ክትሽምት ንሓንቲ ጕጅለ ልኡኽ ናብ ሕብረት ሶቭየት ኣብ ዝለኣኸሉ እዋን ንሱ'ውን ኣባላ ኾይኑ ዝኸደ። ኣብቲ ንኽልተ ሰሙን ዝኸዱዎ መገሻ፣ ምስ ኣባል ሓይሊ ባሕሪ ዝነበረ ካፒተን ሃይለመለኮት፣ ምስጢራዊ ሽሙ ጥላሁን ተቐራረቡ ልቢ ንልቢ ክወሃሃቡ ምስ ጀመሩ፣

"ደቂ ሓደ ባህልን ቋንቋን ክነስና፣ ንምንታይ እዩ ክፍሊ ሃገር ኤርትራ ንምንጻል እዚ ኹሉ ውግእ ዝካየድ ዘሎ?" ብምባል፣ ብእምነትን ብዘይ ዝኾነ ይኹን ተጕላባን ንካፒተን ሃይለመለኮት ሓተቶ።

"ንሰም፣ እቶም ወንበዴታት፣ ኢትዮጵያውያን ኣይኮንናን፣ ብሓይሊ ተዓምጺጽና ኢና ኣካላ ኴንና እዮም ዝብሉ።"

"ከምዚ ኦሮሞ ዝብሉዎ ማለት ድዩ?"

"ከምኡ'ኳ ኣይኮነን፣ ግና ንሰም ፌደረሽን ብድልየትና ዘይኮነስ ሃጸይ ሃይለስላሴ እዩ ብጐነጽ ኣፍሪሱዎ። ስለዚ፣ እቲ *ስታትስኮ ኣንተ* ክምለስ ኣለዎ፣" እዮም ዝብሉ፣ ብምባል እቲ ናይ ኤርትራ ጉዳይ ብጫፈጫፍ ገለጸሉ'ሞ፣ ንሱ'ውን ገለ እታ ናይ ኤርትራውነት ደም ስሒባቶ ግዲ ኾይና ንካፕቴን ሃይለመለኮት ብፍሉይ ክቐርቦ ጀመረ። ስራሕ ወዲኦም ክዘናግዑ ኣብ ዝወጹሉ እዋን፣ *ሸድካ* እናሰተዩ ብዛዕባ ሃይለመለኮት ተወሊዱ ዝዓበየሉ፣ ቀይሕ ባሕርን ባህርያዊ ሃብቱን ኣብ ዓለም ዘሎዎ ስትራተጂያዊ ኣቀማምጣኡን ከዕልሉ ኾፍ ኢሎም እዮም ዝሓድሩ ነይሮም። ተልእኾኦም ወዲኦም ናብ ኢትዮጵያ ምስ ተመልሱ፣ ሃይለመለኮት ናብ ምጽዋዕ፣ ሻምበል ከኣ ናብ ኣብ ኣዲስ ኣበባ ዝርከብ ቤት

ጽሕፈቱ ተፈላለዩ። ካፕቴን ሃይለመለኮት ናብ ምጽዋዕ ምስ ተመልሰ ብዛዕባ ሻምበል ብርሃነ ንወደብቲ ኣካል ዝርዝር ሓበሬታ ኣመሓላለፈ'ሞ፣ "ብዝኾነ ይኹን ዋጋ ክትረኽቦ ኣለካ፣" ትብል ሓጻር መልእኽቲ መጸቶ። ንሱ ኣብ ዕድጊ መራኽብ ሓደ ካብ'ቶም ክኢላታት ከም ምኳኑ መጠን ኣብቲ ናይ ውትህድርና ዓለም ፍሉይ ክብረት'ዩ ነይሩዎ፣። ስለ ዝኾነ እዩ፣ ካብ ኣስመራ ናብ ኣዲስ ኣበባ ብስራሕ ብቐጻሊ ዝመላለስ ዝነበረ። ኾይኑ ኸኣ ናብ ኣዲስ ኣበባ ኣብ ዝኸደሉ እዋን ንሻምበል ብርሃነ ክፍለየሉስ ኣብ ቤት ጽሕፈቱ ኸይዱ ዝረኽቦ ዝነበረ። ከምዚ እናበሉ ብቐጻሊ ክራኸቡ ምስ ጀመሩ፣ ሓደ እዋን ኣብ መፋርቕ 1978፣ ሻምበል ብርሃነ ብስራሕ ምኽንያት ፋልማዩ ናብ ኣስመራ ኸደ'ሞ ንሃይለመለኮት ክረኽቦ ፈተነ። እንተ ኾነ፣ ምጽዋዕ፣ ኣብ ኣፍ ሻምብቆ ብረት ህ.ግ ዝወደቐትሉን ሰራዊት ኢትዮጵያ ተኸርዲኑ ሎሚዶ ጽባሕ ይወድቕ ዝብሃለሉ ዝነበረ እዋን ስለ ዝነበረ ብሓደ ወገን፣ ካፕቴን ሃይለመለኮት ካብ ባጽዕ ብመርከብ ገይሩ ክወጽእ ከም ዘሎዎ ክንደይ ጊዜ ተሓቲቱ "ወንበዴታት ንሬሳይ ሰጊሮም ንባጽዕ ክሕዝዋ ኣለዎም እምበር፣ ኣይወጽእን'የ፣" ብምባል፣ ንሪር ኣድሚራል ሕሩይ ብርሃነ ስለ ዘቕበጾ ብኻልእ ወገን፣ ክራኸቡ ኣይከኣሉን። ይኹን'ምበር፣ ሻምበል ብርሃነ ኣብ ኤርትራ ተዘዋዊሩ ኣብ ዝተዓዘበሉ እዋን፣ ኣብ ልዕሊ ሰራዊቶም ዝወረደ ዕንወት ምእማኑ ኣጸገሞ። ናብ ኣዲስ ኣበባ ምስ ተመልሰ ናብ ማእከላይ ቤት ጽሕፈት ሓይሊ ባሕሪ ኢትዮጵያ ኸደ'ሞ፣ ኵነታት ካፕቴን ሃይለመለኮት ሓተተ፣ ዝናኡ ኸኣ ሰማይ ዓሪጉ ጸንሖ። ህ.ግ ኣብ ሕዳር 1978 ስትራተጂያዊ ምዝላቕ ክገብር ኣብ ዝወሰነሉ ጊዜ ካብ ኩሉ ኸባቢታት ሰምሃር ኣዝለቐ፣ ካፕቴን ሃይለመለኮት ከኣ፣ ምስ ዓቢ ዝናኡ ናብ ኣዲስ ኣበባ ምስ ኣተወ ካብ ሪር ኣድሚራል ሕሩይ ብርሃነ ኒሻን ተሸለመ። ኣብ ልዕሊኡ ኸኣ ፍጹም እምነት ተነብረ።

ሻምበል ብርሃነ፣ ምምጻእ ሃይለመለኮት ሰሚዑ ብኡ ንብኡ ረኺቦ'ሞ ንድራር ኣብ ገዝኡ ዓደሞ። ካፕቴን ሃይለመለኮት ዝጽበያ ዝነበረ ህሞት መጸት። ምውዳብ ንሻምበል ብርሃነ፣ ምስጢራዊ ሽሙ ተመስገን። ብዛዕባ ሻምበል ብርሃነ ዝፈልጡ ኸልተ ሰባት ጥራይ እዮም ነይሮም ሚኪኤልን ሃይለመለኮትን። ይኹን'ምበር ሚኪኤል ንሻምበል ብኣካል ርእዩዎ ኣይፈልጥን'ዩ፣ መልእኽቲ ካብን ናብን ዝመሓላለፍ ብካፕቴን ሃይለመለኮት'ዩ። ስለ ዝኾነ ኸኣ እዩ፣

"ሃይለመለኮት፡ ሓንቲ ሓዳሽ ዕማም ተዋሂባትና ኣላ። እዛ ዕማም ከኣ፡ ብኣኻ ጥራይ እያ ክትትግበር ካብ ሜዳ መምርሒ ተዋሂቡና፡" ብምባል ነቲ ካብ ሜዳ ዝመጸ ተልእኾ ዘእንፈተሉ።

"እንታይ እዩ እቲ ዕማም።"

"ሻምበል ታምራት ወንድነህ ሓላፊ ጸጥታ ኢትዮጵያ፡" ምስ በሎ፡ ካፕቴን ንቕሩብ ደቓይቕ ትም ኢሉ ድሕሪ ምጽናሕ፡ ህ.ግ ማዕረ ክንደይ ሓያል ሱር ከም ዘሎዎ ብምስትብሃል ፍሽኽ በለ።

"ምስ ተመስገን ናይ ቀረባ ናይ ስራሕ ርክብ ኣለዎም።"

"እሞ ቐለለ፡" ብምባል፡ ሓንቲ ደብዳበ ሃቦ። ሃይለመለኮት ከፊቱ ምስ ኣንበባ፡

"እዋእ!" ብምባል፡ ብሓደ ኢዱ ነቲ ዝተኸፍተ ኣፉ ሒዙ ኣዒንቱ ኣንጎልሒጡ ናብታ ወረቐት ተኸለን።

"እዛ ሰነድ'ዚኣ፡ ቅድሚ ሰለስተ ዓመት ብኣባላት ሓፋሽ ውድባትና ካብ ቤት ጽሕፈቱ እያ ወጺኣ። ብቐጥታ ካብ ኢዱ ኢና ረኺብናያ። ክሳዕ ሕጂ ኣይተጠቐምናላን ሕጂ ግና ክንጥቀመላ ሓሲብና ኣለና፡" በለ ሚኪኤል።

"ብኸመይ?"

"ኣብ ኢድና ኸም ዘላ መልእኽቲ ክንሰደሉ ኢና፡" ምስ በሎ፡ ክልቲኦም ዝን በሉ።

"እዚ ደኣ ህልቂት እዩ ነይሩ በሎ'ምበር፡" ብምባል፡ ሕጂ'ውን ዝን በለ'ሞ፡ "ተመስገን ኣዝዩ እሙን ሰብ ጥራይ ዘይኮነስ ተባዕ እውን'ዩ። እዛ ሰነድ እንተ ፈለጣ እንታይ ይመስለካ?"

"ካልእ ኣማራጺ የብልናን፡" ድሕሪ ምባል፡ "እዛ ሰነድ ካብ ሰለስቴና ሓሊፉ ኽፈልጣ ዝግብኦ ዝኾነ ይኹን ኣካል የለን'ሞ ምስጢራውነታ ክትዕቀብ ንተመስገን ኣትሪርካ ሓብሮ፡" ኢሉ ተፋንዩዎ ኽኸይድ ሓፍ በለ'ሞ ሓሳቡ ቐይሩ፡ "ሃይለመለኮት፡ ንኹሉ እንተታት ህላዌ ናይዛ ሰነድ ተመስገን እንተ ዘይፈለጠ ዝሓሸ እዩ፡" ኢሉዎ ኸደ።

ሻለቃ ታምራት ከም ወትሩ ንግሆ ንደቁ ጌታነህን ወሰንሰገድን ከሰራስር ድሕሪ ምጽናሕ፡

"ታምራተይ ቍርሲ ቀሪበልካ ኣለኹ። መቸም ንስኻ ነዞም ቈልዑ እንተ ረኺብካ፡ መግቢ ዝብላዕ ኾይኑ ኣይስምዓካን'ዩ፡" እናበለት ብድሕሪኡ ሸምጡ ሒዛ ኣጥቢቓ ሓቚፈቶ።

"ቀኒኣ ምባል'ኮ ነውሪ ኣይኮነን ወ/ሮ ኣልማዝ።"

"ዋላ ምስኣም'ውን እንተ ኾነ ክማቐለካ ፍቓደኛ ኣይኮንኩን፡"

ብምባል፡ ብፍቕሪ ዓይኒ ዓይኑ ጠመተቶ'ሞ "ዝገርመካ፡ ኣዜብ ካብ ትጠፍእ ኣርባዕተ ዓመት ገይራ ማለት'ኮ እዩ። ንወሰንሰገድ ጠኒሰ ምስ በልኩዋ ገይራ ዝሓቘፈትኒ ወላዲትካ'ውን ከምኡ ገይራ ኣይትሓቝፈካን'ያ፡" ብምባል ንብዓት ቋጸረት።

"ኣልማዝ፡" ኢሉ ኣእዳዋ እናደረዘ፡ "ኣዜብ'ኮ ብህይወት'ያ ዘላ ከምኡ ጌርኪ ኣይተስቈርቍሪ'ባ፡" ኢሉዋ ቀኍርሶም ብሓባር በልዑ'ሞ ናብ ቤት ጽሕፈቱ ኸደ። ኣብ ቤት ጽሕፈቱ ምስ ኣተወ ግና ሓንቲ ንህይወቱ እትቕይር *"ምብቅ ምስጢር፡"* ዝተጻሕፋ ደብዳበ ጸንሐቶ።

* * *

ምዕራፍ 35

ሻለቃ፣ ብ22 ጥሪ 1981 ካብ ኬንያ ምስ ተመልሰ ኣብ ናይሮብን ሞምባሳን ዘሕለፎ ጥዑም ጊዜ ንበዓልቲ ቤቱ ኣዘንተወላ'ሞ፣ ብኣጋጣሚ ምጽላል እትብሃል ንኣዜብ ጓል ሓው'ቦኣ ኣብኡ ኸም ዝተላለያ፣ ኣብ ሓደ ሆቴል ከም ዝነበሩን ኣብዚ ኣብ ኣዲስ ኣበባ ኸም ትነብርን ኣዕለላ። ኣልማዝ በቲ ትሰምዖ ዝነበረት ኣዝያ ተመሰጠት፣ ጓል ሓው'ቦኣ ንኣዜብ ንኽትላለያ ኸኣ ተሃንጠየት።

"ታምራተይ፣ ሓደ መዓልቲ ግዳ ምሳሕ ዘይንዕድማ?"

"እንታይ ጸብሒ ሰሪሕኪ ትኽእሊ ኬንኪ እየ'ሞ ክዕድማ፣" ብምባል ካር ካር በለ።

"ግዲ'ብልካን፣ እታ ደርሆ እንተ ኾነት ኣለሚቱ እያ ትሰርሓ፣ እንተ በርበረን ጨውን ግና ኣነ እየ ዝዕቅነላ፣" ብምባል፣ ንሳ'ውን ካዕ ካዕ ኢላ ሰሓቀት። ሻለቃ ኸኣ ነቲ ምስ ምጽላል ኣብ ኬንያ ኾይኖም ዘውጽኡዎ ውጥን፣ ድሮ መንጸፍ ኣንጸፈሉ።

ምጽላልን ሻለቃ ታምራትን ካብ ኬንያ ካብ ዝምለሱ ሰሙኖም ኣሕሊፎም'ኳ እንተ ነበሩ፣ ንሱ ጽዑቕ ስራሕ ይጽበዮ ስለ ዝነበረ ኣድህቦኡ ብዛዕባ ዝጸንሑዎ ሓበሬታታትን ጸብጻባትን ክርእን ኣ ኼባታት ክካይድን ክኸይድን ትንፋስ ክረክብ ስለ ዘይከኣለ ኣይተራኸቡን። ኮይኑ ኸኣ፣ ለዓት ስልኪ ብምልዓል፣

"ሃለው።"

"ብኽብረትክን ንወ/ሮ ምጽላል ክረኽበን ምኽኣልኹዶ ነይረ?"

"ወ/ሮ ምጽላል የለዋን እንታይ ክሰምዓኩም ሻለቃ ታምራት፣" ምስ በለቶ፣ ከይፈተወ ሰሓቐ።

"ከመይ ቀኒኺ፣ ምሳሕ ብሓንሳብ ክንበልዕ ይከኣል ድዩ?"

"እወ ይከኣል፣ መዓስ?"

"ጽባሕ ሰዓት ሓደ ኣብ ሂልቶን ሆቴል።"

"ሕራይ፣ ኣቐዲመ ኣብኡ ክጸንሓካ እየ፣" ብምባል ስልኪ ዓጸወታ።

ምጽላል፣ ድሕሪቲ ምስ ታምራት ዝገበረቶ ናይ ተሌፎን ዝርርብ ንሚኪኤል ረኺበቶ'ሞ፣ ብዛዕባ ናይ ጽባሕ ቈጸራኣ ሓበረቶ። ብወገን ሚኪኤል ዝኾነ ይኹን መምርሒ ኽይተዋህባ፣ ካብኡ እንታይ

ክርከብ ከም ዝከኣል ክትሰምዕን ኣድላዪ ጥንቃቐ ክትገብርን ምዒዱ ተፋነዋ።

ንሳ፡ ከም ወትሩ ተጸባቢቻ ኣብ ሂልቶን ሆቴል ኣቐዲማ ብምእታው፡ ሻለቃ ክርእያ ኣብ ዝኽእል ቦታ መሪጻ ኾፍ በለት። ድሕሪ ቑሩብ ደቓይቕ ታምራት ምስ ክልተ ዓጀብቱ ናብቲ ሆቴል ድሕሪ ምእታው፡ ንምጽላል ረኢያ'ሞ ናብኣ ብምኻድ ተሰዓዒሞም ናብቲ ንዕኡ ዝተሓዝአ ቦታ ተተሓሒዞም ብምኻድ፡

"ዝገርመካ እዩ፡ ሎሚ ክድውል'ዩ ጽባሕ ክድውል'ዩ፡ ብምባል ክጽበየካ እየ ቐንየ።"

"ኣብ ስራሕ ብዙሕ ጸብጻባትን ሓበሬታታትን ስለ ዝጸንሓኒ ንዕኡ ንምርኣይን ኣኼባታት ኣብ ምግባርን ምኻድን ተጸሚደ ስለ ዝነበርኩ፡ ገዛ ለይቲ'ምበር፡ ቀትሪ ዳርጋ ኣይኣቱን'የ ዘለኹ። ሕጂ ግና ቑሩብ ትንፋስ ረኺበ ኣለኹ።"

"ኣልማዝ፡ ጌቱ፡ ወሰን ከመይ ጸኒሖምኻ? ኣዝዮም ናፊቖምኻ ኸም ዝነበሩ መቸም ፍሉጥ'ዩ!"

"ናይ ቈልዓ ነገር ይገርም'ዩ፡ እቲ ሓደ ኣብ ልዕለይ ክሕንገር እቲ ሓደ ኣብ ሕቝፈይ ኮፍ ክብል ክትርእዮም ከለኻ፡ ህይወት ብዘይ ብእኦም ትርጉም ከም ዘይብሉ ይፍለጠካ። ንስኺኸ ኸመይ ቀኒኺ?"

"ንዓይ'ውን ዝጸንሓኒ ስራሕ ካብ ናትካ ዝሓይሽ ኣይኮነን ነይሩ። ረፖርት ከተቕርብ፡ ኣኼባ ኽተካይድ ኮታ እቲ ልሙድ ስራሕ፡" ኢሎም እናዕለሉ ኸለዉ፡ ኣሳሳይት ኣተወት'ሞ ትእዛዝ ሰሚዓ ድሕሪ ዓሰርተ ሓሙሽተ ደቓይቕ ዝብላዕን ዝስተን ሒዛትሎም መጸት።

"ዝገርመኪ፡ ኣልማዝ ክትርእየኪ ብጣዕሚ እያ ተሃንጥያ ዘላ። ኣዜብ ካብ ትኸይድ ፈጺማ ተቐይራ እያ። ምስኣ ክትሕምብስ ትኸይድ፡ ድራር ትወጽእን ዘይረኣየቶ ቦታታት ትርእን ነይራ። ሕጂ ግና፡ ኣነ ንድራር ሒዘያ እንተ ዘይወጺአ ካብ ገዛ ፈጺማ ኣይትወጽእን'ያ። ስለ ዝኾነ ኸኣ እያ ሒዘኪ ክመጽእ ዝተላበወትኒ'ሞ፡ ፍቓድኪ እንተ ኾይኑ ድሕሪ ምሳሕ ተተሓሒዝና ክንከይድ።" ምጽላል ብመሰረቱ ንኣልማዝ ክትፋለጣን ኣብቲ ገዛ ኣታዊትን ወጻኢትን ክትከውንን ምስኣ ድልዱል ምሕዝነት ክትምስ ርትን ተረዳዲኣሙሉ'ኳ እንተ ነበሩ፡ ኣብታ ሰዓት'ቲኣ ግና ኣይተጸበየቶን። ስለ ዝኾነ ኸኣ፡

"ታምራት ሎሚ ደኣ ..." ኢላ ዘረባኣ ኽይወድኣት፡

"ርኢኺ፡ ከምቲ ኣብ ናይሮቢ ዝነገርኩኺ፡ ኣነ ናብ ኣስመራ

ኣብ'ዚ ቐረባ መዓልቲ ክኸይድ'የ። ኣብኡ ኸኣ ዘጋጥም ኣይፍለጥን'ዩ፣ ወንበዴታት ኣብ ቤት ጽሕፈተይ ሞርታራት ከይድርብዩለይ፡" ምስ በላ፡ ሰሓቕ መጸ። "ስለዚ፡ ዋሕሰይ ንስኺ ኢኺ፡" ብምባል ብገዛእ ዘረባኡ ሰሓቐ።

"መዓስ ኢኻ ዋዛን ቁም ነገርን ትፈላልዮ?" ብምባል፡ ንሳ'ውን ናብ ሰሓቓ ኣተወት'ሞ፡ እታ "ብዙሕ ኣይትሕተቲ" ትብል ናይ ሚኪኤል ምዕዶ ትዝ ስለ ዝበለታ፡ ዘረባኡ ኽቐጽል ገደፈቶ።

"ደርግ፡ ኩሉ ነገር ናብ ኣስመራ ኽግዕዞ ይዳሎ ስለ ዘሎ፡ ኵነታት ጸጥታ ኤርትራ ንኽከታተልን ዘድሊ ውዳብ ክገብርን ክኸይድ ምኽንያይ መንግስቱ ነጊሩኒ ስለ ዝነበረ፡ ምድላዋት'የ ዝገብር ዘለኹ።"

"ኣበይከ ክትኣቱ ኢኻ? ማለተይ ዝተዳለወልካ መንበሪ ገዛ ኣሎ ድዩ ዋላ ኣብ መዓስከር ኢኻ ክትኣቱ?"

"ትማሊ ዳዊት ወልደጊዮርጊስ ደዊሉለይ ነይሩ፡ ኩሉ ነገር ተዳልዩ ይጽበየኒ ኸም ዘሎ ሓቢሩኒ ኣሎ።"

"ኣልማዝከ ፈሊጣ ድያ?"

"እወ!"

"እሞ ስድራ ሒዝካ ኢኻ ክትከይድ?"

"ኣልማዝ፡ ኣስመራ ኸምቲ ቕድሚ ቍሩብ ዓመታት ዝረኣየታ እዩ ዝመስላ ዘሎ፡ እቲ ኹነታት ስለ ዘይትፈልጦ። ስለዚ፡ ምሳይ ክትኸይድ'ያ ትሓስብ ነይራ። ብወገነይ ኣብዚ ክትጸንሕን ኣብ ሰሙን ሓደ ጊዜ ክመጽእ ምኽንያይን ምስ ነገርኩዋ ግና ተቐቢላቶ'ላ። ስለዚ፡ ናይ ውትህድርና ነገር ኩሉ ሃንደበት ክኸውን ስለ ዝኽእል፡ ምስ ኣልማዝ ተፋሊጥክን እንተ ጸናሕክን ዝሓሸ እዩ፡" ብምባል፡ ካልኣት ዘለዉዎ ስክፍታታትን ኣልማዝ ዝኾነ ቤተ ሰብ ኣብ ኣዲስ ኣበባ ኸም ዘይብላ ስድራኣ ኣብ ጂማ ኸም ዘለዉን ኣስፊሑ ገለጸላ።

"ታምራት፡ እዞም ክልተ ዓጀብትኻ እቶም ኣብ ኬንያ ምሳኻ ዝነበሩ ድዮም?"

"እወ።"

"ማዕረ ኽንደይ ኢካ ትኣምኖም?"

"ተረዲኣኪ ኣለኹ። ግና ብዙሕ ዘሰክፍ ነገር የብሉን ናባይ ግደፍዮ፡" ድሕሪ ምባል ምሳሕ በሊዖም ምስ ኣብቀዑ፡ መኪናኣ ኣብቲ ሆቴል ገዲፋ ናብ እንዳ ታምራት ብሓባር ከዱ።

ኣልማዝ ንምጽላል ምስ ረኣየታ፡ ሓቑፋ ሰዓመታ'ሞ፡ ኢዳ

ብምሓዝ ናብ ሳሎን መሪሓ ኣእተወታ።

“ታምራት መቸም ብኣኺ ተዛሪቡ ኣይውድኣንዩ። ኣዜብ፣ ንዓይ ኣጸምያትኒ እያ። ኣብ ህይወት ከምኣ ዓይነት ሰብ ክትስእን ኣዝዩ ኸቢድ'ዩ፣” ኢላ፣ ንብዓት ቋጸረት “ከመይ ኣላኺ? ገለ ደሃይ ኣለኪዶ?”

“እንታይ ደሃይ ክህሉ ደኣ፣” ብምባል፣ ነቲ ዘረባ ናብ ከመይ ኣለኺ ኸመይ ኣለኺ ቀየረቶ። ቡን ፈሊሓ ብሓባር ኣወል ምስ ሰተዩ፣ ታምራት፣ ቍሩብ ጎቦ ክኸውን'የ ብምባል ንኽልቲኣን ገዲፉወን ናብ መደቀሲኡ ኸደ። ኣልማዝን ምጽላልን ብባህረን ተዋዘይቲ ብምንባረን ድሮ ተለማሚደን ንሱ ክሳዕ ዝትስእ ነዊሕ ኣዕለላ። ካብዛ ዕለት'ዚኣ ጀሚራ ኸኣ እያ ምጽላል እንተ ወሓደ ኣብ ሰሙን ሓደ ጊዜ ናብ ኣልማዝ ብምኻድ ከተዕልልን ብሓባር ቈልዑ ሒዘን ክወጻን ዝጀመራ። ምሕዝነተን ከኣ ደልደለ።

* * *

ታምራት፣ ካብ ኬንያ ካብ ዝምለስ ድሮ ኣርባዕተ ሰሙን'ኳ እንተ ገበረ፣ ምድላው ንወፍሪ ቀይሕ ኮኾብ ይጽበዮ ስለ ዝነበረ፣ ዕረፍቲ ዝብሃል ፈጺሙ ኣይረኸበን። ዝብገሰሉ ዕለት 25 መጋቢት 1981 እዩ ተመዲቡ። ስለ ዝኾነ ኸኣ እዩ፣ ጊዜ ካብ ትጽቢቱ ወጻኢ ዝቕልጥፎ ዝነበረ። ሚኪኤል፣ ምጽላል ምድላዋት ሻለቃ ታምራት ካብ ትሕብሮ ኣትሒዙ፣ ይንኣስ ይዕበ ካብ ኩሉ መኣዝናት ዝረኽቦ ዝነበረ ሓበሬታ ብኡ ንብኡ እዩ ናብ ሜዳ ዘመሓላልፎ ነይሩ። ብወገን ሜዳ'ውን ብኡ መጠን ዓቢ ምድላዋት'ዩ ዝግበር ነይሩ። መሪሕነት ህ.ግ፣ ብዛዕባ ሻለቃ ታምራት መጽናዕትታቱን ክውሰዱ ኣ ለዎም ዝበሎም ስጕምትታትን ኣጻፊፉ፣ ሓደ ፍሉይ ናይ ሓበሬታ መስመር ኣዳለወሉ። ጉዳይ ታምራት ኣዝዩ ምስጢራውን ተኣፋፍን ስለ ዝነበረ፣ ነቲ መስመር'ቲ ብዘይካ ምኽትል ዋና ጸሓፍን ሓላፊ ስለያዊ ጉዳያትን (እንዳ ስለያ) ካልእ ዝፈልጦ ኣካል ኣይነበረን። ብወገን ኣዲስ ኣበባ ኸኣ፣ ብዘይካ ሚኪኤልን ምጽላልን ተልእኮ ሻለቃ ዝፈልጥ ኣካል ኣይነበረን። ኮይኑ ኸኣ፣ ካብ ሜዳ ኣብ ኣዲስ ኣበባ ንዝርከብ ጠርናፌ ሓፋሽ ውድባት ሚኪኤል እቶም ኣገደስቲ ዝኾኑ ሓበሬታታት ብህጹጽ ተላእከሉ'ሞ ንምጽላል ስልኪ ብምድዋል ተራኸቡ። ድሕሪ ሓፈሻዊ ዕላል፣

“ከም ዝመስለኒ፣ ሻለቃ ታምራት ድሕሪ ኣርባዕተ መዓልቲ እዩ

ነስመራ ዝብገስ።"

"እወ! መደቡ ኸምዚ ዝበልካዮ እዩ። ግና ብወገንናኸ እንታይ ዝተገብረ ነገር ኣሎ?"

"ንሱ ብወገን ሜዳ ዝግበር ስለ ዝኾነ፣ ንዓና ብዙሕ ዘሻቕል ኣይኮነን፣" ብምባል፣ እቲ ካብ ሜዳ ዝመጾ ዕሹግ መልእኽቲ ንሱ'ውን ዘይፈልጦ ብምዃኑ፣ ክህባ ዝኽእል ዝኾነ ይኹን ሓበሬታ ኣይነበሮን። "ግና ንዕኡ እትወሃብ ደብዳበ ስለ ዘላ ሎሚ ክትህብየ ዝክኣል እንተ ኾይኑ ጽቡቕ ነይሩ፣" ምስ በላ፣ ድሕሪ ቑሩብ ምሕሳብ፣

"ጽባሕ ክንራኸብ ኢና።"

"እምበኣር ዝተቛጸርኩሙሉ ሰዓት ንገርኒ'ሞ ኣቐዲምና ምሳኺ ክንራኸብ፣" ተበሃሂሎም ተፈላለዩ'ሞ፣ ቊሩብ ስጉም ኣቢሉ ደው ብምባል፣ ቅድሚ ናብ መኪናኣ ምድያባ ተዳህያ። "ስድራኡ ምስኡ ክኸዱ ድዮም?" ብምባል ሓተታ። ከም ዘይከዱ ኸኣ ነገረቶ።

ንጽባሒቱ ቀዳም ምጽላል ንኣልማዝ ብምድዋል፣ "ኣልማዝ፣ ንበዓል ጌቱ ናፊቐዮም ስለ ዘለኹ ጽባሕ ንግዮን ሆቴል ክንሕምብስ ሒዝናዮም ዘይንኸይድ?"

"ምጽላለይ ብጣዕሚ ጽቡቕ፣ እሞ ትመጽኒ እንተ ኼንኪ ሰዓት ዓሰርተ ቐሪበዮም ክጸንሓኪ እየ።"

"እወ! ባዕለይ ክመጸኪ እየ፣" ተበሃሃላ።

ምጽላል ናብ ኣልማዝ ብምኻድ ናብ ምሕምባስን ከዳ'ሞ ኣብ ምልሶተን ታምራት ቀዲሙወን ገዛ ኣትዩ ጸንሐን። ቈልዑ፣ መኪና ናይ ኣቦኦም ምስ ረኣዩ፣ "ባባ መጺኡ! ባባ መጺኡ!" ኢሎም ካብዛ መኪና ክነጥሩ ደለዩ። ናብ ገዛ ብጕያ ብምእታው፣ ሓዲኦም ኣብ ሰለፉ ሓዲኦም ኣብ ክሳዱ ተጠምጠሙዎ።

"ኣበይ ደኣ ጸኒሕኩም!?"

"ምስ ማማ ምጽላል ክንሕምብስ ጸኒሕና?" ኢሎም ዘረባኦም ከይወድኡ፣ ኣልማዝን ምጽላልን ናብ ገዛ ኣተዋ'ሞ፣

"ታምራተይ እንታይ እዋን ደኣ መጺኻ፣" ኢላ ኣልማዝ ሓቚፋ ሰዓመቶ።

"ምጽላል መቸም ነዞም ቈልዑ ትገብርሎም'ዩ ዝጨንቀኪ፣" እናበለ ንምጽላል ብምስዓም ኮፍ ክትብል ዓደማ። ኣልማዝ ቈልዑ ናብ መደቀሲኦም ወሲዳ ክዳውንቶም ቀያይራ ክሳዕ ትውድእ፣ ታምራትን ምጽላልን ከኣ ናብ ዕላሎም ኣተዉ።

"ዝጥዕመካ እንተ ኾይኑ ሰዓት ሸውዓተ ኣብ ሂልቶን ሆቴል ንራኸብ።"

"ጽቡቕ፣" ምስ በላ፣ ምጽላል ክትከይድ ብድድ በለት። "ምጽላል፣ ምሳሕ'ኮ ተቐሪቡ እዩ፣ ናበይ ትኸዲ?" ኢሉ፣ ብቐልጽማ ሒዙ ምስኦም ክትምሳሕ እናለመና ኽሎ ኣልማዝ ናብ ሳሎን ኣተወት።

"ምጽላል፣ ምሳና ኽይተመሳሕኪ ኣይትኸድን ኢኺ!" ብምባል፣ ወጠጥ በለታ። ይኹን'ምበር ምጽላል ካልእ ስራሓት ከም ዘለዋን እንተ ኸኢላ ንጽባሒቱ ምስኦም ክትምሳሕ ክትመጽእ ምኳና ቃል ኣትያ ተፋንያቶም ብግስ ምስ በለት፣ ጌታነህን ወሰንን "ማማ ምጽላል፣ ጽባሕከ ክንሕምብስ ክትወስድና ዲኺ፣" ብምባል፣ ኣብ ሰለፋ ጥምጥም በሉዋ።

"ጽባሕ'ኧ ኣይወስደኩምን'የ፣ ግና ቀዳመ ሰንበት ክመጽእ'የ'ሞ ሽው ክንርእዮ ኢና፣ ግና ..." ምስ በለቶም፣ "ብትምህርቲ ንፋዓትን ስነ ስርዓት ዘለናን ክንከውን ኣለና፣" ብምባል ብሓባር መለሱላ'ሞ፣ ኣብ ምዕጉርቶም ስዒማ ተፋንያቶም ከደት። ካብ እንዳ ታምራት ምስ ወጸት ብቐጥታ ናብ ሚኪኤል ብምድዋል ንኽራኽቡ ሓበረቶ፣ ኣብ ከባቢ ሰዓት ሸውዓተ ዕስራ ጒደል ኣብ ጥቓ ሂልተን ሆቴል ብምርኻብ ክግበር ዘሎዎም ነገራት ድሕሪ ምዝርራብ፣

"ታምራት፣ ናብ ኣስመራ ረቡዕ ክብገስ ምኳኑ ኣልማዝ ነጊራትኒ ኣላ፣"

"እወ! ብኻልእ መስመር'ውን ምብጋሱ ኣረጋጊጽና ኣለና። ስለዚ፣ ሕጂ ምስ ተራኸብኩም እዛ ደብዳበ ሃብዮ። ኣንቢቡ ኸኣ ከቃጽላ ኣተሓሳስብዮ፣" ብምባል እታ ደብዳበ ሂቡ ተፋንዩዋ ኸደ። ምጽላል ከኣ መኪናኣ ኣልዒላ ናብ ቄጸራ ኸደት።

ከምቲ ልሙድ ምጽላል ንታምራት ኣብ ሳሎን ኮፍ ኢላ እናተጸበየቶ ኸላ፣ ምስ ክልተ ዓጀብቱ ናብቲ ሆቴል ብምእታው ንምጽላል ሰላም ድሕሪ ምባል፣ ተተሓሒዞም ናብቲ ዝተዳለወ ክፍሊ ኣተዉ።

"ይቕሬታ ምጽላል፣ ስራሕ ምውጻእ ከሊኡኒ'ኮ እየ ቑሩብ ደንጕየኪ።"

"ምድንጓይ ደኣ ኣመልካ እንድዩ፣" ብምባል ፍሽኽ በለቶ።

"መገሻይ ረቡዕ ስለ ዝኾነ ነቲ ናተይ ቦታ ዝትክእ ኮሎኔል ኣየለ፣ ቤት ጽሕፈት ከረክቦን ኣድለይቲ ዝብሃሉ ወረቓቕቲ ክህቦን ዕረፍቲ ኣይረኸብኩን።"

"ኮይኑካ ድዩ ኣስመራ ክትከውን?"

"እወ! እቲ ምድላዋት ነዊሕ ክወስድ'ዩ።"

"ከመይ ማለት?"

"እቲ ካብ ሕዳር 1978 ኣንጻር'ቶም ወንበዴታት ዝጀመረ ውግእ ..." ምስ በለ፡ ርእሱ ነቕኒቑ ፍሽኽ በለ። "ምጽላል፡ ወንበዴ እንተ በልኩ ኣይትሓዝለይ ኢኺ ናይ ልምዲ ጉዳይ እዩ።"

"ካልእ ሽም ደኣ'ሞ ካበይ ከተምጽኣልና፡" ብምባል፡ ካር ካር በለት'ሞ ንሱ'ውን ብግብሩ ሰሓቐ።

"ሰራዊትና፡ ከምቲ ዝሓሰቦ ኽዕወት ኣይከኣለን፡ ብዙሕ መጉዳእቲ እዩ በጺሑዎ። ሻዕብያ ኸኣ ካብ ዝሰርሖ ዕርዲ ነቕ ክብል ኣይከኣለን። እንታይ ዝበለ ሓይሊ ኸም ዘሎዎ ዘገርም'ዩ! ንዕላማ ዝዋጋእን ንምንታይ ከም ዝዋጋእ ዘይፈልጥ ሰራዊትን፡ ኣብ ሳሕል ፍልልዮም ብንጹር ኢኻ ትርእዮ። ሕጂ'ውን እዚ ክግበር ተመዲቡ ዘሎ ወፍሪ ብወገነይ ፍረ ኸምጽእ'ዩ ዝብል ግምት የብለይን።"

"እሞ ንዘይትኣምነሉ ጉዳይ እንታይ ክትገብር ናብ ኣስመራ ትኸይድ ኣለኻ?"

"ትእዛዝ፡" ብምባል ፍሽኽ ኢሉ፡ "ሻለቃ ዳዊት ወልደጊዮርጊስ ካብ ኣስመራ መጺኡ ኣሎ፣ ብኣካል'ውን ተራኺብና ኔርና። ንሱ ነቲ ህዝቢ ክንቅይሮ፡ ነቲ ብኹናት ዝዓነወ ትሕተ ቕርጺ ክንጽግኖን ቊጠባ ኽነበራብሮን ምእንቲ ክንኽእል እቲ ወፍሪ ካብ ናብ ኹናት ናብኡ እንተ'ድሃብና ዝሓሸን ውጽኢታውን ምኾነ ነይሩ እዩ ዝብል ዘሎ። ካብቲ ሰብኣይ ጀሚርካ ኣብ ውሽጢ ደርግ ግና ኣእምሮኣም ኩናት ጥራይ እዩ ዝብሎም ዘሎ፣ ዳዊት'ውን እንተ ኾነ ንኣፉ ደኣሉ ዝብል ዘሎ'ምበር ልዕሊ ዕስራ ዓመት ዝገበረ ሽግርሲ ያኢ ኣብ ሓደ መዓልቲ ኽቅይሮ ይሓስብ ኣሎ? ኣይመስለንን፣ ንሱ'ውን እንተ ኾነ ኣብ ፈቐዶ ባራት 'ንሻዕብያ፡ ሓንሳብን ንሓዋሩን ክንድምስሶ ኢልና' ብምባልዶ'ይኮነን ዓንገረር ክብል ዝስማዕ ዘሎ። ጉዳይ ኤርትራ፡ ካብኡ ጀሚርካ ክሳዕ ጀነራል ዲሚትሮቭ ሶቭየታዊ ወተሃደራዊ ኣማኻሪ ብሓደ ወገን፡ ነቲ ሰብኣይ ዝቐርቡዎ ጀነራላትና ኸኣ ብኻልእ ወገን፡ ብኹናት ዝፍታሕ ስለ ዝመስሎም ዘሎ፡ ከምኡ እናበሉ እዮም ዝመኽሩዎ ዘለዉ። መንግስቱ እንተ ኾነ ካብ ንዓና ነቶም ሶቭየታውያን'ዩ ዝኣምን። ስለዚ፡ እቲ ውግእ ኣዝዩ ደማዊ ውግእ ከም ዝኸውን ገና ብኣግኡ እዩ ዝርኣየካ።"

"መዓስ እዮምከ ክጅምሩዎ ዝሓስቡ ዘለዉ?"

"ከምቲ ክብለኪ ዝጸናሕኩ፡ እቲ ክፍለ ጦር ብዓቕሚ ሰቡ ይኹን ኣጽዋራቱ ኣዝዩ ተሃስዩ እዩ ዘሎ። ንኣብነት፡ ሻዕብያ ኣብ ታሕሳስ 1979 ከምኡ'ውን ኣብ ጥሪ 1980 ኣብ ክልተ ግንባራት

ማለት ግንባር ናቕፋን ሰሜናዊ ምብራቕ ሳሕልን ኣብ ዝገበሮ መጥቃዕቲ ጸብጻባትና ኸም ዝሕብሮ፡ ልዕሊ 30 ታንክታት፡ 10 ድሩዓት መካይን፡ 80 በብዓይነቱ መዳፍዕን ረሻሻትን ከምኡ'ውን ልዕሊ ኽልተ ሚእቲ ዝኾና ወተሃደራውያን መካይን ክንከስር ከለና፡ ልዕሊ ዓሰርተ ሽሕ ሰብኣዊ ክሳራ ወሪዱና። ስለዚ፡ መጀመርታ ስነ ኣእምሮኣዊ ውድቀት ሰራዊት ክጽገን ኣለዎ፡ ብድሕሪኡ ኸኣ ሓደስቲ ወተሃደራት ክምልመሉን ኣጽዋር ክግዛእን ግድነት'ዩ። እዚ ኹሉ ክትገብር ከኣ ጊዜ ኸድሊ እዩ። ከምቲ በዓል ለገሰ ኣሰፋውን ካልኦትን ቅመማዊ ኣጽዋር ክንገዝእ ኣለና እናበሉ ንመንግስቱ ዝህውኹዎ ዘለዉ እንተ ኾይኑ፡ እቲ ውግእ ብኣግኡ ክጅመር ይኽእል'ዩ ኢለ ኣይሓስብን'የ። በዚ ኾይኑ በቲ፡ እቲ ዝብሉዎ ዘለዉ ጽላለ እዩ።"

"ቅመማዊ ኣጽዋርከ እንታይ ማለት እዩ?" ምጽላል ብምግራም ሓተተቶ።

"እንታይ ምኻኑ ብሕጂ ክንርእዮ ኢና። እንተ እቶም ኣድለይቲ ዝብሃሉ ኣጽዋራት ዝርዝራቶም ይዳሎ'ሎ" ኢሉ እንጀራ ዕዅልል ኣቢሉ ኣኹለሳ። ምጽላል'ውን ከምኡ ብሞተይ እናበለት ኣኹለሰቶ'ሞ፡

"ንምኻኑ ንስኻኸ ኣብ ምንታይ ኢኻ ተመዲብካ?"

"ኣነ ነቲ ወተሃደራዊ ስለያ እየ ኸመሓድሮ። ኣዝዩ ኸቢድ ስራሕ'ዩ። ውግእ ክትገብር እንተ ኼንካ፡ ስለያ ኣዝዩ ወሳኒ እዩ። ጸላኢ ዓቕሚ ሰቡ፡ ኣጽዋሩ፡ ኣተሓሕዛ ቦታኡን በየን ይንቀሳቐስን ኮታስ ኩሉ ነገሩ ብስለያ እዩ ዝጽናዕ። ሓንጎል ናይ ሓደ ውግእ ኣብ ስለያ እዩ ዝምርኰስ። ዝገርመኪ፡ ሻዕብያ ኣብ ስለያ ኣዝዮም ሓያላት'ዮም፡ ብሕልፊ ኣብ ኤለክትሮኒካዊ ስለያ፡" ብምባል ዝተዋህቦ ሓላፍነት ገለጸላ።

"ንምኻኑ ንስኻ ጥራይ ዲኻ ናብ ኣስመራ ተቐይርካስ ካልኦት'ውን ኣለዉ እዮም?"

"ሓድሽ ሽመት ተዋሂቡዎም ዝተቐየሩ ኣለዉ። ናይ ቀረባ ዓርከይን መተዓብይተይን ዝነበረ ሌ/ኮሎኔል መዓርግ ተዋሂቡዎ ብሓንሳብ ረቡዕ ክንብገስ ኢና። ንሱ ብትውልዱ ኦሮሞ ኾይኑ ናይ መኸዘን ኣጽዋር ሓላፊ ኽሽውን'ዩ ተሸይሙ ዘሎ፡ ኢቢሳ ገመቹ ኸኣ ይብሃል። ንሱ ነዚ ዝግበር ዘሎ ውግእ ብመሰረቱ ኣይድግፎን ጥራይ ዘይኮነስ፡ ብሰላማዊ መገዲ ክፍታሕ ኣለዎ ብምባል'ዩ ኣብ ኣኼባ ኣንዳዕዲዩ ዝዛረብ። ካብኡ ዝተበገሰ ኸይከውን መንግስቱ

ካብ ጥቓኡ ኸልግሶ ኢሉ ቀይሩዎ ዘሎ። ዝገርመኪ፡ ኣዝዩ ቈራጽን ርእይቶኡ ዘይሓብእን ወተሃደር'ዩ።" ምስ በላ፡ ምትእምማኖም ማዕረ ኸንደይ ምዃኑን ኣብ ጉዳይ ኤርትራን ኢትዮጵያን ዘሎዎ ኣረኣእያ ሓተተቶ'ሞ፡ ኣስፊሑ ገለጸላ። ከምኡ እናበሉ ኸዕልሉ ድሕሪ ምምሳይ፡ ኣብ ኣጋ ምብጋሶም፡

"ታምራት፡ ኣነ ሓደ መልእኽቲ ሒዘልካ እየ መጺአ ዘሎኹ፡" ኢላ፡ ነታ ካብ ሚኪኤል ዝተዋህበታ ደብዳበ ሃበቶ። "ኣነ ትሕዝቶኣ ኣይፈልጣን'የ። ምስ ኣንበብካያ ግና ቀልጢፍካ ኣቃጽላ ኢኻ፡" በለቶ፡ ታምራት ንቊሩብ ደቓይቕ ትም ኢሉ ድሕሪ ምጽናሕ፡

"እዚ ህዝቢ ሰላም ይደሊ ኣሎ፡ ሰላም ከኣ ዋጋ ኣለዋ፣ ክቡር ዋጋ ኸፊልካ ድማ እያ እትርከብ። ህዝቢ ኤርትራን ኢትዮጵያን ሰላም ኣዝያ ተነፊጋቶ እያ ዘላ። እዚ መንግስቲ ክሳዕ ዘሎ ተኾብኲብካ ናብ ውግእ ምእታው ክህሉ እዩ። ስለዚ፡ በዚ ኾይኑ በቲ፡ መንግስቱ ክእለ ኣለዎ። ናተይ ምሳኹም ምትሕብባር ማለት ንኢትዮጵያ ንምብትታን ኣይኮነን፣ የግዳስ፡ ህዝቢ ኢትዮጵያ ብሰንኪ ጉዳይ ኤርትራ ዕስራ ዓመት ደምዩ ኣሎ፡ ብሕጂ'ውን ክደሚ እዩ። ስለ ዝኾነ ኸኣ፡ እዚ ውግእ መወዳእታ ክርከበሉ ኣለዎ፣ ንሱ ድማ መንግስቱ ሃይለማርያም ምስ ዝእለ ጥራይ እዩ ክኸውን ዝኽእል፡" ብምባል፡ ነታ ዝተዋህበቶ ደብዳበ ደጊሙ ብምርኣይ ኣብ ጁባኡ ኣእተዋ። ክልተ ሰለስተ ሰዓታት ከይተፈለጠም ተመርቀፉ'ሞ ንኸኸዱ ብድድ በሉ። ታምራት፡ ንምጽላል ብኽልተ መንኩባ ብምሓዝ፡ "ኣብ ህይወተይ እንታይ የፍርሓኒ ይመስለኪ፡ ሓደ መዓልቲ ምሳኺ ይኹን ምስ ኣዜብ ኣብ ውግእ ገጽ ንገጽ ከይን ራኸብ ጥራይ እዩ፡" ብምባል፡ ንምጽላል ዓይኒ ዓይና ድሕሪ ምጥማት ኣብ ምዕጉርታ ስዒሙ ተፋንዩዋ ኸደ። ምጽላል'ውን ብዘይ ትፈልጦ ምኽንያት ተደናፊቖትን ኣዒንታ ንብዓት ቋጸራን።

ምጽላል፡ ንጽባሒቱ ንሚኪኤል ብምርካብ ብዛዕባ ምስ ታምራት ዝገበረቶ ዝርርብ ሓበረቶ'ሞ ብፍላይ እታ ቅመማዊ ኣጽዋር ትብል፡ ሓላፊ መኽዘን ኣጽዋር ኮይኑ ተሸይሙ ዘሎ ሌ/ኮሎኔል ኢቢሳ ገመቹን ምስ ሻለቃ ታምራት ዘሎዎ ጥቡቕ ዕርክነትን ደጊማ ደጋጊማ ንሜዳ ኸሕብሮም ከም ዘሎዎ ኣተሓሳሰበቶ።

"ምጽላል ልክዕ ኣለኺ፡ እቲ ክግበር ዘለዎ ክንገብር ኢና፡" ኢሉ ነታ ካብ ላዕለዎት ኣካል ዝመጸታ መልእኽቲ ሃባ'ሞ፡ ንጽባሒቱ ኸራኸቡ ተቛጺሮም ተፈናነዉ።

ናይ ሻለቃ ታምራት ጉዳይ፡ ኣዝዩ ዓቢ ጥንቃቐ ዝሓትት

ብምንባሩ እዩ እምበኣር፡ “ኣብ'ዘን ክልተ መዓልቲ ጠቕሊልኪ ኣስመራ እተዊ፡ ህዝባዊ ግንባር ሓርነት ኤርትራ፡” ዝብልን መንን ኣበይን ከም ዝቐበላ እትሕብር ትሕዝቶ ዘለዋ መልእኽቲ ምስ ኣንበበት፡ ምጽላል ንብረታ ኸተመሓድር ዕድል ከይረኸበት ተበገሰት። እቲ ተዳልዩላ ዝነበረ ወረቓቕትን ተዋሂቡዋ ዝነበረ ሓበሬታን ሚኪኤል ኣብ ድሮ ምብጋሳ ሂቡዋ ስለ ዝነበረ ኸኣ፡ ጸሊም ናይ ሓዘን ክዳውንቲ ወድያ መዓርፎ ነፈርቲ ኣስመራ ኣተወት። እቲ ዝተቐበላ ውፉይ ብቐጥታ ናብ መዕረፊ ቦታኣ ወሲዱ ንጽባሒቱ ወጋሕታ ናብ ሜዳ ብምብጋስ ናብ ህዝባዊ ግንባር ሓርነት ኤርትራ ተጸምበረት፣ ሚኪኤል ድማ እግሪ እግራ ሰዓበ።

* * *

ምዕራፍ 36

ሻለቃ ታምራት፣ ገዛ ኣትዩ ነታ ካብ ምጽላል ዝተቐበላ ደብዳበ ምስ ከፈታ፣ "ኣብ ኣስመራ ሓደ ሰብ ክረኽበካ እዩ። መዓስን ብኸመይን ኣይትገደሰሉ፣" ትብል መልእኽትን እቲ ዝረኽቦ ሰብ ሽሙን ድራር ለይትን ብምሕባር፣ ንዕኡ ዝተዋህቦ ምስጢራዊ ሽም ድሕሪ ምግላጽ፣ "እዛ ወረቐት ምስ ተነበት ትቃጸል። ህዝባዊ ግንባር ሓርነት ኤርትራ፣" ዝብል ትሕዝቶ ዝነበራ ኣንቢቡ ኣቃጸላ። ታምራት፣ ንሱ'ውን ክፈልጦ ዘይከኣለ ስምዒት ነብሱ ወረሮ። ተስፋን ዕግበትን ተሰምዖ። ህዝብታት ኤርትራን ኢትዮጵያን ሰላም ወሪዱዎም ኣብ ምዕባለ ኢድ ንኢድ ተተሓሒዞም ክምርሹ፣ ኣብ ኣዒንቱ ቅጅል በሎ። ደቂ ናብ ዓዲ ኣዲኦም ብምምጻእ ዜግነታዊ ሓላፍነቶም ክገብሩን ክሕበኑን ተራእዮ'ሞ ፍናኑን ተስፋኡን ሰማይ ዓረገ። ከምዚ እናበለ ኸኣ እዩ ብውሽጡን ንውሽጡን እናተዛረበ ረቡዕ 25 መጋቢት 1981 ሰዓት 11፡45 ኣህጉራዊ መዓርፎ ነፈርቲ ኣስመራ ዝኣተወ።

ኣብ መዓርፎ ነፈርቲ ኣስመራ፣ ኣዛዚ ካልኣይ ኣብዮታዊ ሰራዊት ሜ/ጀነራል ኣስራት ብሩ ዝርከቦም ሓለፍቲ ኢሰፓ፣ ላዕለዎት መኰንናትን መራሕቲ ክፍለ ጦራትን ብወተሃደራዊ ሰላምታ ተቐበሉዎም። ካብ መዓርፎ ነፈርቲ ብቐጥታ ናብቲ ምሳሕ ዝተዳለወሉ ኢምፐርያል ሆቴል ብምምራሕ ዝተዳወሎም ምሳሕ ድሕሪ ምብላዕ፣ ምስ ክልተ ኣባላት ወተሃደራዊ ስለያን ብኽልተ ብረይን ዝጸዓና መካይንን ተዓጂቡ ናብቲ ንዕኡ ተባሂሉ ኣብ ከባቢ ሲነማ ኦድዮን ዝተዳለወ መንበሪ ገዛ ኣምርሐ። እታ ገዛ ንሲነማ ኦድዮን ሓሊፍካ ብጸጋም ሸነኽ ምስ ጉምሩክ እትዳወብ ኮይና፣ ዋናኣ ፍሉጥ ሃብታም ዝነበሩ ሰብ ክኾኑ ኸለዉ፣ ኣብቲ ናይ 31 ጥሪ 1975 ዝተኸፍተ ውግእ ኣስመራ፣ ኢድ ኣለካ ተባሂሎም ዝተኣሰሩ፣ ብኽንደይ ጉቦ ካብ ማእሰርቲ ኣይ ምዉት ኣይ ስሩር ኮይኖም ዝወጹ፣ ንሕክምና ብዝብል ምኽንያት ቤት ንብረቶም ገዲፎምን ስድራ ቤቶም ሒዞምን ናብ ዓዲ ጣልያን ዝተሰዱ ኤርትራዊ እዮም። ሻለቃ ታምራት'ውን ከም'ቶም ኹሎም መዘናኡ፣ ኣብቲ ብግፍዒ መግዛእቲ ቤት ንብረቶም ገዲፎም ዝተደሰዱ ኤርትራውያን

ዝገደፍዎ ገዛ እዩ ኣትዩ። እቲ መንበሪ ገዛ ኣርባዕተ መደቀሲ፡ ዓቢ ሳሎን፡ ክልተ ዓይኒ ምድሪ፡ ሰርቪስን ኣዝዩ ዓቢ መካበብያን ዘሎዎ ኾይኑ፡ ንኽትነብረሉ ኣዝዩ ዘብህግ'ዩ ዝነበረ። ውሽጡ ንኽትርእዮ ባህ ብዘብል ኣቑሑት ገዛ ዝወቀበ ካብ ምኻኑ ዝተላዕለ፡ ታምራት፡ ከምዚ ባዕሉ ዘጥረዮ ንብረት ንኽነብረሉ ባህታ ተሰምዖ። ኮይኑ ኸኣ፡ ነቲ ገዛ ኲሊሉ ምስ ተዓዘቦ፡ ነቶም ዓጃቦም ዘምጽኡዎ ብጾቱ፡ "ከመይ ዝበለ ግሩም ገዛ እዩ። ዋናታት ኣለዎ ድዩምሲ ዋላ ካብቲ ዝተወርሰ ኣባይቲ እዩ?" ብምባል ሓተቶም። ዋናታቱ "ተሓባበርቲ ወንበዴ" ዝነበሩን ሃገር ገዲፎም ዝኾብለሉ ምኻኖምን ገለጹሉ'ሞ፡ እቲ ባህታ ብኡ ንብኡ ካብ ነብሱ ኽግፈፍ ተሰምዖ።

ሓለቃ ሚእቲ መርእድ፡ ንጽባሒቱ ንግሆ ናብ ታምራት ከይዱ ናብቲ ኣብ ቃኘው ዝርከብ ቤት ጽሕፈት ወተሃደራዊ ስለያ ብምውሳድ ቤት ጽሕፈቱ ኣረከቦ'ሞ፡ "ሻምበል በዛብህ ብዛዕባ ተዓሚሞምን ተወጢኖምን ዘለዉ መደባት ስራሕ መብርሂ ኽህበኩም ክመጽእ'ዩ፡" ብምባልን ወተሃደራዊ ሰላምታ ብምሃብን ተፋነዎ። ሻምበል በዛብህ፡ ድሕሪ ቑሩብ ደቓይቕ ናብ ቤት ጽሕፈት ታምራት ኳሕኲሑ ብምእታው፡ ወተሃደራዊ ሰላምታ ገይሩ፡

"ጐይታይ፡ ሻምበል በዛብህ ንጋቱ ናይ ወተሃደራዊ ስለያ ኣወሃሃድን ጸሓፍን'የ። እንቋዕ ብደሓን መጻእኩም፡" ብምባል ሰጥ ኢሉ መልሲ ታምራት ተጸበየ። ታምራት'ውን ወተሃደራዊ ሰላምታ ድሕሪ ምሃብ፡

"ሻለቃ ታምራት እብሃል፡ ሻምበል ንበር፡" ብምባል ኮፍ ክብል ምልክት ሃቦ። "ሻምበል በዛብህ፡ ኣብ ኤርትራ ክንደይ ዓመት ጌርካ?"

"ሓሙሽተ ዓመት።"

"ዘለናዮ ኹነታት ከመይ ትግምግሞ፡" ምስ በሎ፡ እቲ ሕቶ ንጹር ስለ ዘይነበረ፡

"ከመይ ማለትኩም'ዩ ሻለቃ?"

"ካብ መወዳእታ 1978 ጀሚሩ ዝካየድ ዘሎ ውግእን ናይ'ዚ ቤት ጽሕፈት ኣስተዋጽኦን ማዕረ ኽንደይ ነይሩን ኣሎን?"

"ሓቂ ንምዝራብ፡ ዝጐድለና ብዙሕ ነገራት ኣሎ።"

"ማለት?"

"ዝመጸና ሓበሬታ ሓቅነት ዘይብሉን ቤት ጽሕፈታትና ነንሕድሕደን ምውህሃድ ዘሸግረን እዋናት'ውን ኣሎ፡" ብምባል፡ ሓፈሻዊ መልሲ ሃቦ።

"ብወገን ጸላኢ'ኸ?"

"ወንበዴታት መብዛሕትኡ እዋን ዝገብሩዎ ምንቅስቓስ ቀዲሞም ናትና ሓበሬታ ዝረኽቡ ኾይኖም እዮም ዝስምዓካ። ክንወስዶ ዝወጠንናዮ ስጉምቲ ገና ኣብ ዕላማኡ ኸይበጽሐ ኸሎ እዮም ዘፍሽሉዎ። ብወገነይ ሓያል ስለያዊ መርበብ ኣለዎም ዝብል ግምት እዩ ዘለኒ።"

"ምስጢራት ካብ ውሽጥና ይዘርቑ ኣሎ ማለትካ ድዩ?"

"ሻለቃ፣ ልክዕ ኣለኹም።"

"እንታይ ክግበር ኣለዎ ትብል?"

"ሻለቃ ታምራት፣ እዚ ብሓባር ክንፈትሖ ዘለና ዓቢ ዕማም ኮይኑ ይስምዓኒ፣" ኢሉ ምስ መለሰሉ፣ ታምራት፣ ንመልሱ ኣመስጊኑ ናብ ካልእ ዕማም ስራሖም ኣተዉ። ስራሖም ፍርቂ መዓልቲ ወድኡ'ሞ፣

"ንምኽኑ ኣበይ ኬድኩም ኢኹም ትዘናግዑ?" ብምባል ንበዛብህ ሓተቶ።

"ኣብዚ ውሽጢ ቃኘው ዝርኸብ ቶፕ ፋይፍ ዝብሃል ክለብ መኰንናት።"

"ካብኡ ወጻኢ'ኸ?"

"ንሕና ሰብ መዓርግ እንኣትዎ ቦታታት ብዙሕ'ኳ እንተ ዘየለ፣ ብወገነይ ባር ባኞ ትብሃል ባር እያ ዝኣቱ።"

"እሞ ሻምበል ከም ትፈልጦ እዚ ስራሕ ኣድካምን ዕረፍቲ ዘይህብን ብምኽኑ ..." ብምባል፣ ፍሽኽ በለ'ሞ፣

"ሻለቃ፣ ግዲ የብልኩምን፣" ብምባል፣ ወተሃደራዊ ሰላምታ ሂቡ ተፋንዩዎ ኸደ።

ባር ባኞ፣ ከም ሽማ ብዙሓት ስፖርታውያን ነብሶም ክሕጸቡ ዝኣትዉዋ ዝነበረት ባር ኮይና፣ ኣብ ከባቢ ኣልበርጎ ቓው እትርከብ ዕምርቲ ባር እያ ነይራ። ንሳ ብቤተ መንግስቲ ኣቢልካ ናብ ፎርቶ ዝወስድ ጽርግያ ሒዝካ ኣብ እንዳ ዓይኒ ሆስፒታል ምስ በጻሕካ፣ ንጸጋም ተጠዊኻ ሚእትን ሓሙሳን ሜትሮ ምስ ከድካ ኣብ ቀዳመይቲ ኲርናዕ ንጸጋም ሸነኽ እትርከብ ባር'ያ። ኣብ ጥቓኣ ቤት ጽሕፈት *ህብረት እዝ* እትርከብ ባር ብምንባራ ድሕሪ ውግእ ኣስመራ ግና መዋፈሪት፣ መዘናግዒት *ዓፋኞ ጓድን* ናይቲ መንግስቲ ሰለይትን'ያ ኮይና ነይራ። ሰዓት እቶ እቶ፣ ሰዓት ሸውዓተ እኳ እንተ ነበረ፣ ንባር ባኞ ግና ኣይምልከታን'ዩ ነይሩ። ዕዳጋኣ ኸኣ ሸው እዩ ዝዕምር ነይሩ። እቶም ቀተልቲ ነብሲ *ዓፋኞ ጓድ* ወጋሕ ትበል ለይቲ ዘሕልፉ ኣብኡ እዮም ነይሮም። እቶም ነበርቲ ናይቲ ኸባቢ ኣብቲ ባር ክኣትዉ

ይትረፍ፡ ቀትሪ'ውን እንተ ኾነ ብጥቓኡ ክሓልፉ እናተሸቝረሩ እዮም ዝሓልፉ ነይሮም። ዋና ባር ባኞ ጥዕና ዘይነበረን ዓባይ ሰበይቲ ብምዃነን ነቲ ባር ክካይዳአ ኣይክእላን'የን ነይረን። ስለ ዝኾነ ኸኣ እየን፡ ቅድሚ ቍሩብ ሰሙናት ኣቢለን ነቲ ባር ንሓንቲ ካብ ጎጃም ዝመጸት ኢትዮጵያ ደረስ ዝተባህለት ምዕርግቲ ሰበይቲ ዘካረያኦ። ኣደይ ለተኺዳን፡ ተባዕን ሃገራዊትን ጥራይ ዘይኮና ነይረንሲ፡ ነቶም ኣብኡ ዝኣትዉ ወተሃደራትን ቀተልቲ ሰብን፡ ሓደ ብሓደ እየን ዝፈልጣኦም ዝነበራ። ብመስተ ተሰኒፎም ዝሩብን ዘይዝሩብን ክዛረቡ ኣብ ዝሰምዐኦም ዝነበራ እዋን፡ ኣፈን ዝሃበን'የን ዝምልሳሎም ነይረን።

ሻለቃ ታምራት፡ ኣስመራ ካብ ዝኣቱ ኣትሒዙ ካብ ስራሕ ፈጺሙ ኣየዕረፈን። ብመጀመርታ ነቶም ኣባላት ቤት ጽሕፈቱ በብጽፍሖም ኣኼባታት ክገብር፡ ነቲ ስራሕ ብሓድሽ ቅርጽን ኣሰራርሓን ክውድብ፡ መርበባብት ስለያ ብኸመይ ነንሓድሕዶም እናተመላልኡ ክሰርሑ ኽም ዘሎዎም መግለጽታት ክህብ፡ ኩለን ግንባራት ስለያዊ ሓበሬታ ኸመይ ገይረን ብምእኩል ኣገባብ ናብ ዋና ቤት ጽሕፈት ወተሃደራዊ ስለያ ኽም ዘመሓላልፋ፡ ካብ'ቲ ቤት ጽሕፈት ከኣ ዝተመመየ ሓበሬታ ንኹሎም ዝምልከቶም መራሕቲ ኮራት፡ ክፍለ ጦርን ብርጌድን ከም ዘመሓላለፍ ሓድሽ ውጥን ኣብ ምሕንጻጽን'ዩ ኣሕሊፉዎ። ስለ ዝኾነ ኸኣ፡ ቀዳም ምሸት ካብ ቤት ጽሕፈቱ ወጺኡ ክዘናጋዕ መደበ'ሞ፡ ነታ ሻምበል በዛብህ ዝሓበሮ ባር ዘኪሩ ናብኣ ኽኸይድ ተበገሰ።

"ሻምበል በዛብህ ከመይ ኣምሲኻ? ታምራት'የ።"

"ሻለቃ ታምራት ከመይ ኣምሲኹም?"

"በዛብህ፡ ስራሕ በዚሑካ ኽም ዝቕነየ'ኺ እንተ ዘይዘንጋዕኩ፡ ቍሩብ ውጽእ ኢልና እንተ መጻእና እንታይ ይመስለካ?"

"ሻለቃ ታምራት፡ ብወገነይ ደስ ምበለኒ ነይሩ፡ ግና ኣዝዩ ኣገዳሲ ሓበሬታ ይጽበ ስለ ዘለኹ ድሒረ እንተ መጻእኩ ኣይትቀየሙኒ።"

"ንምዃኑ እታ ባር ሽማ መን ኢልካያ?"

"ንስንታየሁ ክሕብሮ እየ'ሞ ናብኡ ኽብጽሓኩም'ዩ። ኣነ ግና ሕጂ እመጽኩም ኣለኹ?" ብምባል፡ ተሌፎን ዓጽዩ ናብ ታምራት ከደ። ኳሕኩሑ ወተሃደራዊ ሰላምታ ብምሃብ ኮፍ ክብል ትእዛዝ ተጸበየ'ሞ ፍቓድ ምስ ረኸበ፡

"ሻለቃ፡ ቅድሚ ናብቲ ባር ምኻድኩም ክትገብሩዎ ዘለኩም ጥንቃቐ ኣድላዪ ሓበሬታ ክወሃበኩም ግቡእ ስለ ዝኾነ እየ መጺአ። ቀንዲ ዋና'ታ ባር፡ ወ/ሮ ለተኺዳን ዝተባህላ ብዕድመ ድፍእ ዘበላ

ሰበይቲ እየን ነይረን። ቅድሚ ዓሰርተ መዓልቲ ኣቢለን ግና፡ እቲ ባር ንሓንቲ ኣብ ባህርዳር ዝነበረት ወ/ሮ ኢትዮጵያ ደረስ ዝተባህለት ኣካርየናአ ኣለዋ። ወ/ሮ ኢትዮጵያ፡ ጓል ባህርዳር ምኳና ኣረጋጊጽና ኣለና። ከምኡ ዝገበርናሉ ምኽንያት ከኣ፡ ብዙሓት ሰብ መዓርግ ዝኣትዉዎ ከም ምኳኑ መጠን፡ ንስለ ውሕስነቶም ብምባል ኢና። ስለዚ፡ ቅድሚ ምኻድኩም ሓደ ክፍሊ ናጻ ኽግበረልኩምን ክልተ ሓለውቲ ነታ ትኣትዉዋ ኽፍሊ ብደገ ክሕልዉዋ ስለ ዝግባእ፡ ንወ/ሮ ኢትዮጵያ ሓቢረየን ኣለኹ፡” ብምባል፡ እቲ ባር ብፍላይ ከም ሻለቃ ታምራት ዝመሰሉ ተጠመትቲ ዝኾኑ ሰብ መዓርግን ሓለፍትን ዝኣትዉዎን፡ ድሕሪ ሰዓት እቶ እቶ ብቐጻሊ ዘማስዩሉ ብምኳኑ፡ ማዕረ ክንደይ ጥንቁቕ ሓለዋ ኸም ዝገብረሉን ነገሮ። ብድሕሪ'ዚ፡ ቅንጸላ ኮሎኔል ብሽኡ ገብረተኽለ ብኸመይ ከም ዝተወደበ ኣስፊሑ ድሕሪ ምግላጽ፡ ብፍላይ ንዕኡ ዝኸውን ፍሉይ ክፍሊ ከም ዝሓዘሉ ደጊሙ ሓበሮ።

እቲ ካብ ከባቢ ደቀምሓረ ንፋብሪካ ጥርሙዝ ዝኸውን ጥረ ነገራት፡ ካብ ባጽዕ ከኣ ኣጽዋርን ስንቅን ዘመላልሳ ቃፍላይ መካይን ዝዕጅብ ዝነበረ ሰራዊት፡ ኣዛዚኡ ብትምክሕቱ ሰብ ዘዛረበ ኮሎኔል ብሽኡ እዩ ነይሩ። ኣብ ወፍሪ ውዒሉ ምስ ተመልሰ፡ ወትሩ ናብ ባር ነብያት ብምኻድ እዩ ዝዘናጋዕ ነይሩ። ባር ነብያት፡ ሲነማ ኣስመራ ሓሊፍካ ንየማን ናብ ካዘርሞ ሙሶሉኒ ተጠዊኻ፡ ለይታዊ ትልሂት ኩዋ ሓሊፍካ፡ ብሸነኽ ጸጋም ናብታ ኣብ ማእከላ ነዋሕ ስየ ዝርከባ ናብ ሓሙሽተ መኣዝን እተእቱ ጽርግያ እያ ትርከብ። ኣብዛ ስየ ምስ በጻሕካ፡ ብየማን ናብ ቤት ምቁር ሕብስቲ ጆርዲኖ (ፓስቲቸርያ)፡ እትቕጽል ናብ መንበሪ ገዛ ኣምባሳደር ጣልያን፡ እታ ማእከለይቲ ናብ ፖርቸፊሊያ፡ እታ ሓንቲ ኸኣ ናብ ቤት ጽሕፈት ኮመሳርያቶ ሓማሴን ዘእትዋ ጽርግያታት ኣለዋ። ባር ነብያት እምበኣር፡ ናብ ኮሚሳርያቶ ሓማሴን ቅድሚ ምጥዋይካ ኣብ ጐድኒ እታ ዓባይ ሱፐር ማርኬት እትርከብ ዕምርቲ ባር እያ ነይራ። ንሱ ናብታ ባር ኣብ ዝኣትወሉ እዋን፡ እቲ ኸባቢ ብኽልተ ብረይን ዝጸዓና ጂፕን ወተሃደራውያን መኻይንን እዩ ዝሕሎ ነይሩ። ኮሎኔል ብሽኡ፡ ወትሩ ኣብታ ንዕኡ ተባሂላ ዝተፈልየት ክፍሊ እዩ ኽፍ ዝብል ዝነበረ። ፈዳይን ኣስመራ ንዋና ባር ቀዲሞም'ዮም ወዲቦማ ጸኒሖም። ስለ ዝኾነ ኸኣ እዮም ነቲ ስርሒት ኣብታ ባር ክፍጽምዎ መደባት ዘውጽኡ።

ኣብታ መዓልቲ'ቲኣ ኣብ ባር ነብያት ዝኾነ ይኹን ሓድሽ

ተርእዮ ኣይነበረን፣ ኩሉ ኸም ቀደሙ እዩ ነይሩ። እቲ ሓያል ቓንዛ ኩርምቲ ዝነበሮን ካልኦትን ፈዳይን ኣብታ ባር ኣትዮም ተሓብኡ። ኮሎኔል ብሽኡ ኣብ ወፍሪ ውዒሉ ናብኡ ብምምጻእ ከባቢኡ በዒን ቱ ኲሊሉ ኸጥርጥሮ ዝኽእል ዋላ ሓደ ነገር ኣይተዓዘበን። ኮይኑ ኸኣ፡ ምስ ዓጀብቱ ብዳሕረዋይ ካንቸሎ ኣተው'ሞ፡ ሰላምታ ገይሮም ተፋነውዎ። ኮሎኔል፡ መስተ ተቐሪቡሉ ተዛንዩ ኮፍ በለ። ምድረ ሰማይ ደሓን ምዃኑ ዘረጋገጹ ዓጀብቱ ኸኣ ኣብቲ ደገ ኾይኖም ከምዚ እንተ ገበርና ኸምቲ እንተ ደገምና ብምባል እናዕለሉ እን ከለዉ፡ ኣድራጋ ጠያይቲ ቶሮግሮግ በለ። በቲ ተኹሲ ዝተዳህሉ ወተሃደራት ብዘይ ልቦም ናብቲ እቲ ኮሎኔል ዝነበሮ ክፍሊ ኣተዉ'ሞ፡ ኮሎኔል ብሽኡ ኣብታ ዝነበራ ጻሕ ኢሉ ወዲቑ ደሙ እናዛረየ ረኸቡዎ። ኮሚሳርያቶ ሓማሴን፡ ነቲ ብኸቱር ትምክሕቲ ሰኺሩ ዝነበረ ወተሃደር፡ መወዳእታ ወርሒ መጋቢት 1976 ተደሪራቶ ሓደረት።

ሻለቃ፡ ኣመስጊኑ ምስ ዓጀብቱ ናብ ባር ባኞ ኸደ። ሰዓት ዓ ሰርተ ኣቢሉ እዩ ነይሩ። እቲ ባርን ከባቢኡን ከምቲ ሻምበል በዛብህ ዝበሎ ጽኑዕ ሓለዋ ዝነበሮ ኾይኑ ብወተሃደራውያን መኰንናት መርኣዩ ኣይነበሮን። ንሻለቃ ታምራት ግና ዝፈልጠ ሰብ ዳርጋ ኣይነበረን። ንሱ ናብቲ ባር ምስ ኣተወ ሓንቲ ኣሳሳይት ናብኡ ገጻ መጸት'ሞ፡ ወተሃደር ስንታዮህ ናብ እዝና ቐሪቡ ሕሽኹ ብምባል ናብቲ ሕዙእ ክፍሊ መሪሓ ኣእተወቶ። ናብ ወ/ሮ ኢትዮጵያ ብምኻድ "እምበይተይ ኣብ'ቲ ክፍሊ ጋሻ ይጽበዩኹን ኣለዉ፡" ኢላታ ናብ ስራሓ ኣድሃበት። ወ/ሮ ኢትዮጵያ ተዋዛይትን ክብረታ እትሕሉን ወይዘሮ ብምንባራ፡ ብዓማዊላ ኣዝያ እተኸበረትን እተናእደትን ሰበይቲ እያ ነይራ። ብፍላይ በቶም ላዕለዎት ሓለፍቲ ክብረት ዝወሃባን ምስኦ ኸዕልሉ ዝብህጉዋን'ያ ዝነበረት። ብዝኾነ፡ ካብ'ቲ ኾፍ ኢላትሉ ዝነበረት ካሳ ብምትንሳእ ናብ'ቲ ታምራት ዘሎዎ ክፍሊ ኸደት'ሞ ማዕጾ ደፊኣ ብምእታው፡

"ሻለቃ ታምራት፡ ከመይ ኣምሲኹም "ወርቅነሽ" እብሃል፡" ብምባል፡ ሰላም በለቶ። ሻለቃ ካብ'ቲ ኾፍ ኢሉዎ ዝነበረ መንበር ብምትንሳእ ዓይኒ ዓይና እናጠመተን ዘረባኡ ኰልተፍተፍ እናበለን፡

"ብሓቂ ድየ ዝርእየኪ ዘለኹ?" ምስ በላ፡

"ወርቅነሽ እብሃል ሻለቃ ታምራት፡" በለቶ ደጊማ፡

"መ ... መንግስቱ፡" በላ፡ ሰጋእጋእ እናበለ።

"ጅማ።"

"ራስ ባልቻ፣" በላ'ሞ፣ ነጢራ ኣብ ሕቍፉ ኣተወት። ታምራት ኢዱ ኣንፈጥፊጡ ኸሓቝፉ ኣይከኣለን፣ ብውሽጡ ፍርሂ ተሰምዖ። ካብ ሕቝፉ ብምፍንታት ዓይኒ ዓይኑ እናጠመተት ብትሑት ድምጺ፣

"ከመይ ኣለካ ታምራተይ? ሕጂ እታ ትፈትዋ መስተን ዝብላዕ ባዕለይ ገይረን ኽምጽኣልካ እየ፣" ብምባል፣ ኣብ'ቲ ኽፍሊ ንበይኑ ገዲፋቶ ወጸት።

ታምራት፣ ኩሉ ነገር ተሓዋወሶ። ብልክዕ ምሕሳብ ተሸገረ። ነቲ ዝነበሮ ኽፍሊ ብኹሉ ሸነኹ ብዓይኑ ኰለሎ። ኣእምሮኡ ኽማእዝኖ ፈተነ፣ ግና ክኾነሉ ኣይከኣለን። ከይተፈለጦ፣ "እንታይ እየ ዝርኢ ዘለኹ፣" ዝብል ድምጺ ኣድመጸ። ኣእምሮኡ፣ እምበርዶ ናይ ብሓቂ ንሳ እያ በሎ። እወ፣ ታምራት ንሳ ምዃና ተጠራጠረ። ኣጸቢቑ ኽይረኣያ ስለ ዝተሰወረቶ፣ የህተፍትፍ ከይህሉ ፈርሀ። ቀልጢፉ ክትመጾ'ሞ ንሳ ምዃና ኽረጋግጽ ተሃንጠየ። ኣብ ከምዚ ህሞት ከሎ እዩ እምበኣር ነተን ኣሳሰይቲ "ጋሻ ሒዘ ስለ ዘለኹ ኣይትጸውዓኒ፣" ብምባል፣ ምግብን መስተን ሒዛ ናብ'ቲ ክፍሊ ዝኣተወት። ታምራት ቀው ኢሉ ጠመታ፣ ንሳ ግና እቲ ናይ ቀደም ፍሽኽታኣ ብምርኣይ ነቲ ሒዛቶ ዝመጸት ምግብን መስተን ኣብ ጠረጴዛ እና'ቐመጠት፣

"ታምራተይ፣ ደንጽዩካ ኽም ዘሎ ኣይጠፍኣንን'ዩ፣ ግና ብህይወት ክሳዕ ዘለና ሓደ መዓልቲ ክንራኸብ ምዃንና እምንቶይ እዩ ነይሩ። እንሆ ኸኣ፣ መልክዑ ብዘየገድስ ተራኺብና።"

"እወ! መልክዑ ብዘየገድስ፣" ኢሉ፣ ርእሱ ብምንቕናቕ ድንን በለ። ንሳ ኣብዚ ዝሓለፈ ኣርባዕተ ዓመት ንታምራትን ኣልማዝን ከይዘከረት ዝሓለፈታ መዓልቲ ኣይነበረትን። ከም ሰብ ብልቢ እያ ትፈትዎም ነይራ።

* * *

ህ.ግ፣ ንደቂቕ ነገር'ውን እንተ ኾነ ሸለል ዘይብል፣ ንዝመጸ ሓበሬታ ብግቡእ ዝሰንድን ዝምስርሕን ውድብ ብምንባሩ፣ ነቲ ካብ ሚኪኤል ዝመጾ ሓበሬታን ጸብጻብን ብደቂቕ ድሕሪ ምጽናዕ፣ ሓደ ሰብ ናብ ኣስመራ ኽሰልኾን መስመር ናይ ሻለቃ ታምራት ክኸውን ዝኽእልን ብኣንክሮ ኣብ ምንዳይ ተጸሚዶም ኣብ ዝነበሩሉ እዋን፣ ዑስማን ወዲ ያሲን፣ ኳል ኣዝማች ኣብ ኣእምሮኡ መጸቶ። ንሳ፣ ታዕሊም ወዲኣ ኣብ ቤት ጽሕፈት ሰክረታርያት ህ.ግ ኣብ ክፍሊ ወጻኢ ጉዳያት ኽም ጸሓፊት'ያ ተወዚዓ ነይራ። ተፈታዊትን

ተዋዛይትን ጥራይ ዘይኮነት ኣዝያ በላሕ፡ ሰሪሓ ደኺመ ዘይትብል ትግህትን ውፍይትን ተጋዳሊት'ያ ነይራ። ሓደ ንግሆ ናብ ቤት ጽሕፈት ስለያ ተጸውዐት። ከባቢ ዓሰርተ ሓሙሽተ ደቒቕ ብእግራ ተጓዒዛ ኣብኡ በጽሐት'ሞ፡ ካብ ማዕዶ ዝረኣያ ሓላፊ፡

"መርሓባ ጓል ኣዝማች፡" ኢሉ፡ መንኩብ ንመንኩብ ተወሃሂቦም ኣብ ሓንቲ ጸፋሕ እምኒ ንደቡብ ገጾም ገይሮም ኮፍ በሉ።

"ወዲ ያሲን ከመለኻ?"

"ወርቂ'ምበር፡" ዑስማን ምስ በላ፡ ብሰሓቕ ክርትም በለት።

"ካን ምልጋጽ ኣመል ኮይኑካ እዩ፡" ብምባል፡ ሰሓቓ ምቊራጽ ኣበያ። እዛ ወርቂ ትብል ኣዘራርባ፡ ጓል ኣዝማች ሜዳ ምስ ተሰለፈት ኩሉ ጨጓር ዳንጋ ኸምኡ ክብል ትሰምዮ ስለ ዝነበረት፡ ቊንቊኘኡ ምርዳእ ምስ ኣበያን "ኣንቲም ስምዑስኪ፡ እንታይ እያ እዛ ወርቂ ኣለና ወርቂ'ምበር ዝብልዋ እዞም ብጾትና። ካበይ ዝመጸ ወርቂ እዩ? እንትርፎ ወዲ ዓከር፡ ወርቂ ዝቐረብኩም ትመስሉ፡" ምስ በለቶም፡ ኩሉም ኣብኡ ዝነበሩ ተጋደልቲ ብሰሓቕ መዓንጣኦም ክሳዕ ዝቌስሉ ዝሰሓቑሉ እዋን'ዩ ነይሩ። ኮይኑ ኸኣ፡ ሓደ መዓልቲ ሓላፊ ወጻኢ ጉዳያት ዝርከቡዎም ተጋደልቲ እቲ ኽፍሊ ኣኼባ ናብ ዋና ጸሓፊ ተጸውዑ'ሞ፡ ጓል ኣዝማች ድሕሪ ኹሎም ናብቲ ኣኼባ ኣተወት፡ "ጓል ኣዝማች ከመለኺ፡" ምስ በላ፡ ክኢለ ኢላ "ወርቂ እምበር፡" በለቶ'ሞ፡ ኩሎም ብሰሓቕ ትዋሕ በሉ። ነዚ ዘኪሩ እዩ እምበኣር ወዲ ያሲን ክጨርቐላ ኢሉ ኸምኡ ዝበላ። ዓን በርበብ እቶም ኣገደስቲ ዝብሃሉ ክፍልታት ህ.ግ ዝርከቡሉ ቦታ እዩ ዝርከብ። ፖለቲካዊ ቤት ጽሕፈት፡ ወተሃደራዊ ስታፍ፡ እንዳ ስለያ ይኹን ኣዳራሽ መእከቢ ማእከላይ ሽማግለ ህ.ግ ኣብኡ እዩ ነይሩ። ስለ ዝኾነ ኸኣ፡ ኣብ'ቲ ቦታ ካብ ታሕተዋይ ጀሚርካ ክሳዕ ላዕለዎት ሓለፍቲ ንጓል ኣዝማች ዘይፈልጥ ኣይነበረን።

"እሞ ጓለ'ዝማች፡ ሓደ ኣገዳሲ ሓበሬታ ስለ ዝደለኹ እየ ጸዊዐኪ ዘለኹ። ሕጂ ብዛዕባኡ ኣይክንዘራረብን ኢና። ብመጀመርታ፡ እቲ ክትስለፊ ኸለኺ ዝሃብክና ሓበሬታ መሊስና ኣድቂቕና ሓደ ብሓደ ክንደግሞ ኢና።"

"እቲ ናይ ቅድሚ ኣርባዕተ ዓመት!" ብምባል ተገሪማ ንዑስማን ወዲ ያሲን ጠመተቶ።

"እወ፡ ብፍላይ ግና ብዛዕባ ሻለቃ ታምራት ፊተውራሪ ውብነህ፡" ምስ በላ፡ ተማሪኹ ድዩ ደኣ ሎሚ ድሕሪ ክንደይ ዓመታት ዘልዕሉዎ ብምባል፡ ነብሰ ስጋኣ ግፍፍ በላ።

“ኣንታ ወዲ ያሲን ተማሪኹ ጥራይ ከይትብለኒ?” በለቶ፣ መሬት መሬት እናጠመተት።

“ኣይኮነን ጓል ኣዝማች! ኣዝዩ ስለ ዘገድሰና ጥራይ እዩ!” በለ ወዲ ያሲን፣ ኩነታታ ብምግምጋም። “ኣብቲ መንግስቲ ዘሎዉ ሰበ ስልጣናት ኩሉ ነገሮም ማለት ባህሪኦም፣ ዝፈትዉዎ፣ ዝጸልኡዎ፣ ዘዘውትሩዎ ቦታን መስተን ኮታስ ኩሉ ነገሮም ከነጽንዮ ግድነት ስለ ዝኾነ'ምበር ካልእ ኣይኮነን፣” ብምባል ምስ ኣተሃዳድኣ፣ “እምበኣር፣ ናብቲ ዘምጽኣና ጉዳይ ክንኣቱስ ንዕናይ ናብ ቤት ጽሕፈተይ፣” ብምባል፣ ተተሓሒዞም ኣተዉ። ወዲ ያሲን ሓንቲ ፋይል ብምግን ጸል ጓል ኣዝማች በብሓደ ብዛዕባ ታምራት ዝበለቶ ንኽትደግሞ ብሕቶ መልክዕ ሓተታ። ብወገና ነቲ ዝሃበቶ ሓበሬታ ኸየጕደለት ደገመትሉ'ሞ፣

“በሊ ጓል ኣዝማች ኣእኪልና፣” ብምባል፣ ክሳዕ ፍርቂ መገዲ ኣፋንዩዋ ተመልሰ። ንሳ ኣብ መገዲ “እንታይ ስለ ዝተረኽበ ደኣሉ ኣብ ሎሚ በጺሖም ብዛዕባ ታምራት ተገዲሶም?” እናበለት ክዉንን ዘይክዉንን እናሓሰበት ናብ ቦታኣ ኣተወት።

ህ.ግ፣ ብዛዕባ ሻለቃ ታምራት ዝበጽሖ ጸብጻብ ብምግምጋም፣ ዝብገሰሉ እዋን ምጽራይን ንዕኡ ዝኸውን መስመር ንምኽፋትን ጽዑይ መጽናዕቲ ኣካየደ። እምበኣርከስ፣ መስመሩ ብመንን ብኸመይን ይኹን ንዝብል ሕቶ ኣብ ጸቢብ ዓንኬል ዝተገብረ ዘተ፣ መን ክኸውን ከም ዘሎዎ ኣብ ውሳኔ ተበጽሐ። የግዳስ፣ ብኸመይን ኣበይን ንዝብል ኣዋጣሪ ሕቶ ኽምልሶ ዝግብኦ ዓቢ ግድል ነበረ። እቲ ኹነታት ጊዜ ዘይህብ ብምንባሩ ኸኣ እዩ ንወዲ ያሲን ሕማም ርእሲ ኾይኑዎ ዝነበረ። ብዝኾነ፣ ብዛዕባ'ዚ ጉዳይ ምስ ምክትል ዋና ጸሓፊ ምስ ተዘራረበ ሓደ ትካል ኣብ ኣስመራ ክኽፈትን ብኡ ኣቢሉ ኸኣ፣ እቲ ናይ መስመር ሰብ ብዝፈጥሮ ሜላ ሻለቃ ታምራት ክርከብን ተረዳድኡ።

ወዲ ያሲን፣ ሓደ እዋን ሓላፊ ክፍሊ ህዝቢ 06 ዝሰደደሉ መልእኽቲ ብልጭ በለቶ፣ ባር ባኞ። ኣብ መወዳእታ 1977 ብዛዕባ ባር ባኞ ዝመጸ ጸብጻብ ኣገላቢጡ ደጊሙ ኣንበቦ'ሞ፣ ኣብ'ቲ ጊዜ'ቲ ኣብ ልዕሊኣ ብፈዳይን ክውሰድ ዝተሓሰበ ስርሒት ደጊሙ ኣሰላሰሎ። ካብኡ ብምብጋስ ከኣ፣ ሓደ ሓሳብ መጾ፣ ባር ባኞ ብሽም ናይቲ መስመር ክካረይዋ። ንሱ'ኸ ብኸመይ ናብኡ ሰሊኹ ይእቶ ዝብል ካልእ ግድል ከኣ ተቐጀሎ። ስለ ዝኾነ ኸኣ፣ ነቶም ጠርነፍቲ ሓፋሽ ውድባት ዝነበሩ ተጋደልቲ ሓደ ብሓደ እናጸውዐ

ኽዘራርቦምን ብዛዕባ እቲ ጉዳይ ኽየልዓለን ብኅቦ ኅቦ ድሕሪ ምሕታቱ፡ ሓደ ጥርኑፍ ሓሳብ ረኸበ። ካብ ባህርዳር ብሽም ሓንቲ ኢትዮጵያዊት መንነት ወረቐት ክወጽእ። ነዚ ዝገብር ከኣ፡ ኣብ ባህርዳር ኣባል *ኢሰፓን* ኣመሓዳሪ *ክፍተኛ ሁለት ቀበሌን* ዝኾነ ኤርትራዊ ደበሳይ ዘርእጋብር ኣብ ሓሳብ መጸ።

ደበሳይ ዘርእጋብር፡ ኣብታ ኸተማ ሓላፊ ቤት ጽሕፈት *ኢሰፓ* ጥራይ ዘይኮነስ፡ ኣብ ምሉእ ኣውራጃ ኅጃም ፍሉጥን ተፈራሃይን ዝነበረ ሰብ'ዩ ነይሩ። ካብ ወርሒ ትሸዓተ 1977 ኣትሒዙ ኣብ ሓፋሽ ውድባት ህ.ግ ዝተወደበ ውፉይን ተባዕን ኣባል'ዩ ነይሩ። ስለ ዝኾነ እዩ ኸኣ ወዲ ያሲን ንዕኡ ዝሓጸየ። ውሳኔኡ ኸኣ ብጽሑፍ ንምኽትል ዋና ጸሓፊ ኣቕረበሉ። ንሱ ነቲ ዝቐረበ መጽናዕቲ ብጽሞና ምስ ኣንበበ፡ ንትግባሪኡ ትእዛዝ ሃበ። ወዲ ያሲን እፎይታ ረኸበ። ናብ ወዲ ባሻይ ሓበሬታ ተሰደ'ሞ፡ ኦርኒክ ብምርኣይ መልእኽቲ ሒዙ ናብ ደበሳይ ዘርእጋብር ዝኸይድ ተጋዳላይ መምዩ ብምርካብ እቲ ሓበሬታ ናብ ወዲ ያሲን ሰደዶ።

ወዲ ኣርኣያ፡ ካብ መቕዘፍቲ *ቀይ ሽብር* ኣምሊጡ ኣብ መወዳእታ 1977 ካብ ባህርዳር ዝተሰለፈ ተጋዳላይ እዩ። ቋንቋ ትግርኛ ኣጸቢቑ ዘይመለኽ ተባዕን ኣብ ዓውደ ውግእ ኣርባዕተ ጊዜ ተወጊኡ ክምህ ዘይበለ ጅግናን'ዩ። ምስ እንዳ ብርጌድ 70 ኣብ ድፋዕ ኣብ ዝነበረሉ እዋን'ዩ እምበኣር፡ መራሕ ቦጦሎኒ ጸዊዑ ናብ ዓንበርበብ ክብገስ ዝሓበሮ። ድሕሪ ነዊሕን ኣድካምን ጉዕዞ ኣብኡ በጽሐ'ሞ ንወዲ ያሲን ኣጣይቑ ረኸቦ።

"ኅጃሜ! እንቋዕ ብደሓን መጻእካ። መገዲ መቸም በሎ እዩ። ናብ ምግብና ንዓናይ'ሞ ገለ ዝልከፍ እንተ ረኸብና ክንደሊ፡" ብምባል፡ ሒዙዎ ኸደ። እቲ ዝርካቡ በላሊያምን ኅጃሜ ዝፈትዎ ሻሂ ድሕሪ ምስታይን ተተሓሒዞም ናብ ሓንቲ ጽላል ብምኻድ ብዛዕባ ድፋዕን ተረኺቡ ዘሎ ተዛማዲ ሰላምን ምስ ኣዕለሉ፡ ወዲ ያሲን፡

"እሞ ናብዚ ጸዊዕናካ ዘለና ምኽንያት፡ ናብ ርሒቕ ዝበለ ቦታ ንሓደ ስርሒት ክትብገስ ኢኻ፡ እቲ ቦታ ተወሊድካ ዝዓበኻሉ ኸተማ ባህርዳር'ዩ፡" ምስ በሎ፡ እያሱ ኣርኣያ እምበርዶ ናይ ብሓቁ እዩ ብምባል፡

"ባህርዳር!" ብምባል መሊሱ ነታ ሽም ኣቃልሓ።

"እወ ባህርዳር፣ ምብጋስካ ጽባሕ መዓልቲ ክኸውን'ዩ፡" ድሕሪ ምባል፡ ኩሉ ነገር ተዳልዩሉ ኸም ዘሎ፡ ነታ ትወሃቦ ሓዳሽ

መንነት ወረቐት ብግቡእ ከጽንዓ፡ ካብ'ቶም ወሃብቲ ሓበሬታ ዝወሃቦ መምርሒ ብዘይ "ግን" ከተግብርን ብዘይካ ምስ'ቶም መምርሒ ዝህቡዎ ኣካላት ምስ ዝኾነ ይኹን ሰብ ብዛዕባ ተልእኾኡ ኸይዘራረብን ድሕሪ ምሕባር፡ ከጽንዑ ዝግብኦም ናይ ጽሑፍ ሓበሬታ ሂቡ ተፋንዩዎ ኸደ። እያሱ ጎጃሜ፡ ወዲ ያሲን መን ምዃኑ ዝኾነ ይኹን እንዶ ኣይነበሮን። ስለ ዝኾነ ኸኣ፡ ገሪሙዎ ናብ ዝተዳለወሉ መዕረፊኡ ቦታ ኸደ። ንጽባሒቱ ምሸት ካብ ዓንበርበብ ምስ ሓንቲ ናይ ስለያ ኣሃዱ ብምብጋስ ብመንገ ታባታት ጸላኢ ሰንጢቖም ብምሕላፍ ድሕሪ ናይ ኣርባዕተ መዓልቲ ጕዕዞ ዓንሰባ በጽሑ። ካብኡ ኻልእ ናይ ስለያ ኣሃዱ ተቐቢላ ናብ ከበሳ ዓዲ ንፋስ እንዳ'ቦይ ባሻይ ንጉሰ ኣእትያቶ ተመልሰት። እንዳ'ቦይ ባሻይ ንጉሰ፡ መልእኽቲ ካብን ናብን ሳሕል ዘመሓላለፈላ ስትርቲ ገዛ እያ። እያሱ ጎጃሜ ኣብኡ ሓዲሩ ወጋሕታ ባዕሎም ባሻይ ንጉሰ፡ ኣድጊ እናኹብኩቡ ናብ ኣስመራ ሒዞሞ ኣተዉ። ጽጌረዳ ኣብ ዕዳጋ እኽሊ ጥረ ምረ እትሸይጥ ውፍይቲ ኣባል ሓፋሽ ውድባት'ያ። ንሳን ኣቦይ ባሻይን ብሓደ መስመር ዝሰርሑ ኸም ምዃኖም መጠን፡ ከመጹዋ ኸለዉ መልእኽቲ ኸም ዘሎ ፈጺማ ኣይትዝንግዕን'ያ ነይራ። ኣብዛ መዓልቲ'ዚኣ ግና ፍልይቲ መልእኽቲ እዮም ሒዞሙላ መጺኦም።

"ኣያ፡ ከመይ ቀኒ'ኻ?" ብምባል ምስ ሰዓመቶም፡ ነቲ ኣብ ዝባን ኣድጊ ዝነበረ ሾኸም ብምውራድ ክትመዝኖ ጀመረት። መዚና ምስ ወድኣት ገንዘብ ቈጺራ ሃቢቶም'ሞ በል ንዓናይ ገዛ፡ ቡን ክገብረልካ፡ ብምባል ተተሓሒዞም ናብ ዕዳጋ ዓርቢ ተበገሱ። እዚ ኹሉ ክኸውን እያሱ ጎጃሜ ዋላ ሓንቲ ቃል እውን ትኹን ኣየምለቘን። ኣብ መገዶም እቲ ንኹሎም ዝከታተል ዝነበረ ውፉይ "ጽጌረዳ፡" ብምባል ቀረበ'ሞ፡ "በርሀ ኸመይ ቀኒ'ኻ?" ብምባል ድሕሪ ምስዕዓ ሞም፡ "እዚ ጋሻ ናባና እዩ፡ ኣማሲና ገዛ ክንመጸኪ ኢና፡" ዝብል መልእኽቲ ሂቡዋ ተመርቀፈ። ኣጋ ምሸት ሰዓት ሸውዓተ እቲ ኣብ መገዲ ዝረኸባ ውፉይ መጺ'ሞ ነቲ ጋሻ ኣረከበቶ። እያሱ ጎጃሜ፡ ክልተ መዓልቲ ኣብ ሓደ ዕጹው ገዛ ድሕሪ ምዕራፍ፡ ሓደ ጽሙእ ዝነብሱ ሰብ ናብቲ ንሱ ዝነበሮ ገዛ ብምእታው፡ ሰላምታ ድሕሪ ምልውዋጥ "እዚ ናትካ ናይ ይሕለፍ ወረቓቕቲ እዩ፡ ሽምካ ብስነ ስርዓት ኣጽንዓዮ። ካብ ባህርዳር ንሓውኻ ክትርኢ ኢልካ ዝመጻእካ ጋሻ ምዃንካ፡ ሓውኻ ወተሃደር ምዃኑን ከይረኸብካዮ ትምለስ ከም ዘለኻን፡ ኣብ ኣስመራ ሰሙን ኣብ ወደብ ሆቴል ኣዕሪፍካ ኸም

ዝነበርካ፡ ብትውልድኻ ኣምሓራይ ከም ዝኾንካ፡" ብምባል፡ ኩሉ ንጕዕዞኡ ዘድልዮ ሓበሬታ ሂቡ፡ ንጽባሒቱ ናብ እንዳ ኣውቶቡስ ብምኻድ ኣውቶቡስ ኣስቂሉዎ ናብ ጉዳዩ ኸደ። እያሱ ካብ ኣስመራ ተበጊሱ ጎንደር ሓዲሩ ንጽባሒቱ ፍርቂ መዓልቲ ባህርዳር ኣተወ። ከይወዓለ ኸይሓደረ ናብ *ከፍተኛ ሁለት ቀበሌ* ብምኻድ ንደበሳይ ዘርእጋብር ረኸቦ። ሰላምታ ድሕሪ ምሃብ፡

"መትከል እብሃል፡ መልእኽቲ ሒዘልካ መጺአ'ለኹ።"

"ካብ መን?"

"ካብ ብሩኽ።"

"ፍጻሜኽ ኣበይ ኣሎ?"

"ፋሕ፡" ድሕሪ ምባል፡ ኣቶ ደበሳይ ጊዜ ኸይወሰደ ነታ መልእኽቲ ተቐቢሉ ንእያሱ ጎኛሚ ሒዙዎ ናብ ገዝኡ ኸደ። እታ መልእኽቲ ምስ ኣንበባ ብኡ ንብኡ ንእያሱ ኣብ ገዛ ገዲፉ ናብ ቤት ጽሕፈቱ ብምምላስ ነቲ ዝተባህለ ዕማም ኣሳለጠ'ሞ ኣማስዩ ናብ እያሱ ተመልሰ።

"ድሕሪ ጽባሕ ክትምለስ ኢኻ። ዘድልየካ ነገራት ማለት በርበረ፡ ቡንን ጠስምን ሒዝካ ናብ ኣስመራ ክትብገስ ኢኻ። ኣብ መገዲ ምእንቲ ኸይትሕተት ካብ *ከፍተኛ ሁለት ቀበሌ* ነጋዳይ ምኻንካን ናብ ኣስመራ ኣእትዩ ዘምልስ ወረቐትን ኣዳልየልካ'ለኹ። ምስጢራዊ ሽምካ "ጥበቡ፡" እዩ። ዝቕበለካ ሰብ ከኣ "ብርሃን፡" ይብሃል፡ ድራር ለይትኹም ከኣ "ቆቦ - ወልድያ እዩ፡" ብምባል፡ ዘድልዮ ሓበሬታ ድሕሪ ምሃብ፡ "እዚኣ ንብሩኽ ኣብ ኢዱ ትህቦ፡" ኢሉ ሓንቲ ዝተዓሸገት ደብዳበ ሃቦ'ሞ ክሳዕ ዝኸይድ ካብዛ ገዛ ተንከስ ኢሉ ኸይወጽእ ኣጠንቀቐ። እያሱ ጎኛሚ ሽምታ ዝመጸ ካብ ባህርዳር ሰተት ኢሉ ወጺኡ ድሕሪ ዕስራን ሰለስተን መዓልቲ ተልእኾኡ ብምፍጻም ዓንበርበብ ኣተወ።

ወዲ ያሲን፡ ምስጢራዊ ሽም ብሩኽ ነቲ መልእኽቲ ምስ ተቐበለ፡ ኣይደንጐየን ነቲ ኣብ ኣስመራ ዝካየድ ዝነበረ ንጥፈታት ብህጹጽ ክትግበር ትእዛዛ ሃበ። ንባር ባኞ ዝከታተል ዝነበረ ውፉይ ከኣ፡ ነደይ ለተኺዳን ብምርካብ፡ እቲ ባር ሓንቲ ሰብ ብጽቡቕ ዋጋ ክትካረዮ ሽም ዝደለየት ዘድሊ ክፍሊት ብኡ ንብኡ ኸህበን ከም ዝኾነ ኣእሚኑ፡ ብሽም ኢትዮጵያ ደረስ ተኻረዮ። ነዚ ዕማም ምስ ፈጸመ እቲ ሓበሬታ ናብ ወዲ ያሲን ሰደዶ'ሞ፡ ወዲ ያሲን በቶም ንዕኡ ዘተግበሩ ውፍያት ተሓበነ።

እምበኣርከስ ነቲ ስርሒት ውሑስ ዝገብሮ ቅድመ ኹነት ብጽፈት

ምስ ተዋደደ፣ ጓል ኣዝማች "ጠቕሊልኪ ተበገሲ፣" ተባህለት'ሞ፣ እታ ዝርካባ ኩሹኻን ኣንሶላኣን ኣልዒላ ናብ ወዲ ያሲን ከደት።

"ጓለ'ዝማች መጺእኪ፣" ብምባል ብፍሽሑውን ብጻያዊ መንፈስን ተቐበላ። "እሞ ካብቲ ብኣምሆይ ዘቋረጽናዮ ክንጅምር። ሻለቃ ታምራት ረኺብናዮ ኣለና። ምሳና ኸተሓባበር ድልዊ ምዃኑ ኣረጋጊጹልና'ሎ። ነዚ ኹሉ ክንገብር ክሳዕ ናይሮቢ ኼድና ኢና ብሓንቲ ውፍይቲ ኣባልና ኣብ መስርዕና ኸም ዝኣተ ጌርናዮ። ጸብጻባት ከም ዝሕብሮ፣ ሻለቃ ታምራት ብደርግ ሕጉስ ኣይኮነን። ስለ ዝኾነ ኸኣ እዩ፣ ንመንግስቱ ሃይለማርያም ካብ ስልጣን ክእለ ዝደሊ ዘሎ። ሓደ መርበብ ናይ ተቓውሞ መስሪቶም ከም ዘለዉ ሓበሬታ በጺሑና'ሎ። ግና ዘይተረጋገጸ ሓበሬታ ብምዃኑ ንጊዚኡ ብዛዕባ'ዚ ጉዳይ ክነልዕሎ ኣይግባእን'ዩ። ሻለቃ፣ ሓላፊ ወተሃደራዊ ስለያ ኣብ ኤርትራ ኾይኑ፣ ነዚ ደርግ ዝቀራረበሉ ዘሎ ወራር *ቀይሕ ኮኾብ* ወይ ሻድሻይ ወራር ስለያዊ ንጥፈታት ከወሃህድን ክመርሕን'ዩ ሓላፍነት ተዋሂቡዎ ዘሎ። ሓንቲ ኣዝያ ዘተሓሳሰበትና ጉዳይ እንተላ፣ ባዕሉ ሻለቃ ዝበሎ፣ "ደርግ ቅመማዊ ኣጽዋር ማለት *ኮሚካል ወፖንስ* ንምግዛእ ብሓሳብ የሰላስል ከም ዘሎ፣" እዩ። ካልእ ሓደ ኣዝዩ ዝቐርቦ ዓርኩ መበቈሉ ኦሮሞ ዝኾነ ኮሎኔል ኢቢሳ ገመቹ ኣባል ደርግ ኾይኑ ሓላፊ መኽዘን ኣጽዋር ብምዃን ናብ ኣሱመራ ተቐይሩ ኣሎ። ዕርክነቶም ኣዝዩ ድልዱል ብምዃኑ፣ ካብኡ እንደልዮ ሓበሬታ ክንስእኖ ንኽእል ኢና ዝብል ግምት የብልናን። ደርግ፣ ዘይተኣደነ ኣጽዋር ክሽምት ድሮ ዝርዝሩ ኣዳልዩ ካብ ሶቭየት ክገዝእ ላዕለዎት ሓለፍቲ ሰዲዱ'ሎ። እዚ ሓበሬታ ኸኣ፣ ካብ ሻለቃ እዩ ተረኺቡ ዘሎ። ሻለቃ ታምራት መንበሪ ገዛኡ ኣብ ከባቢ ሲነማ ኦደዮን ጥቓ ቤት ጽሕፈት ጉምሩክ እንዳ ኣቶ ዘርኣይ ዝነበረት'ያ። ኣቶ ዘርኣይ ኣብዚ እዋን'ዚ ምስ ስድራ ቤቶም ተሰዲዶም ኣብ ሚላኖ ይነብሩ ኣለዉ። ካልእ፣ ኣብ ትሕቲ ሻለቃ ኾይኑ ዝሰርሕ ሻምባል በዛብህ ንጋቱ ዝተባህለ ኣዝዩ ሓደገኛን የማናይ ኢድ ናይ መንግስቱ ሃይለማርያምን ሰብ ኣሎ። እዚ ሰብ'ዚ ብጥንቃቐ ክተሓዝ ዘሎዎ እዩ። ኣብዚ ዝሓለፈ ኽልተ ዓመት ክንቅንጽሎ ዘይፈተንናዮ ነገር ኣይነበረን፣ ግና ክሰልጠና ኣይከኣለን። ስለዚ፣ ቀዳማይ ዕማምና ክኸውን ዘሎዎ ንሻለቓ መስመር ምኽፋት ኮይኑ፣ እቲ ኻልእ ግና ነዚ ሰብዚ ብኸመይ ክንኣልዮ ኸም ዘለና፣" ድሕሪ ምባል፣ ጓል ኣዝማች ትከታተሎ ኸም ዘላ ንምርግጋጽ "ጓል ኣዝማች እቕልጥፈኪ እንተለኹ ወይ ዘይተረድኣኪ ወይ ክደግመልኪ ዘለኒ

ነገር እንተሎ ካብ ምሕታት ኣይትቈጠበ።"

"እዚ ትብሎ ዘለኻ ሰብ ንምቕንጻሉ ካብ ዘይተኻእለን ሻለቃ ኸኣ ምሳና ክሰርሕ ቀሩብ ካብ ኮነን እቲ ጉዳይ ናብ ሻለቃ ታምራት ዘይንገድፎ፣ ምኽንያቱ፡ ኣብ ሕጂ በጺሕና ንዕኡ ምቕንጻል ዘይተደልየ ሳዕቤን ክህልዎ ስለ ዝኽእል፡" ምስ በለቶ፡ ወዲ ያሲን ቍሩብ ዝን ድሕሪ ምባል፡

"ሓቅኺ ኢኺ። ምቕንጻሉ ዘይተደልየ ሳዕቤን ክህልዎ እዩ። ደሓን እቲ ጉዳይ ደው ከብልዎ ንኣባላትና ብህጹጽ መመርሒ ክንህቦም ኢና።"

"ሻለቃ ምስ ስድራኡ ድዩ ክመጽእሲ ዋላ ንበይኑ?"

"ንበይኑ።"

"ቀጽል በል፡" በለት ኣዜብ።

"ንሻለቃ መስመር ክኽፈተሉ ኣለዎ። እዚ መስመር'ዚ ብቐጥታ ምሳና ዝራኸብ ኮይኑ እታ ዝደቐቐት ትብሃል ሓበሬታ'ውን ትኹን ክትመሓላለፈልና ኣለዋ። ካልእ ይትረፍሲ ሰዓል'ውን እንተ ሓመመ፡ ሰዓል ሓሚሙ ትብል ሓበሬታ ንዓና ኣዝያ ኣገዳሲት'ያ። እዛ ንኽፍተሉ ዘለና መስመር ካብ ፖለቲካዊ ቤት ጽሕፈት ክልተ ሰባት ጥራይ እዮም ዝፈልጡዋ። ስለዚ፡ እቲ ርክብ ብቐጥታ ምስኣቶም'ዩ ዝግበር፡ ናይ ስራሕ መምርሒ ኸኣ ካብኦም ይወሃብ። ብዛዕባ ሻለቃ ታምራት ይኹን ካልእ ዝርከብ ሓበሬታ ንማንም ሰብ፡ ክደግሞ እየ፡ ንማንም ሰብ ክወሃብ የብሉን። ተረዳዲእና።" ብምባል፡ ዓይኒ ዓይና ጠመታ።

"እወ ወዲ ያሲን ተረዳዲእና ኣለና፡" ብምባል ዝን በለት'ሞ፡ ወዲ ያሲን ቍሩብ ዕረፍቲ ምእንቲ ኽገብሩ ናብ ደገ ወጺኡ ተመልሰ። ንሳ ኣብተን ወዲ ያሲን ንበይና ዝገደፉ እዋን ብዙሕ ሕቶታት ናብ ሓሳባ መጻ። "ንምንታይ ይነግረኒ ኣሎ። እቲ መስመርከ ኣነ ድየ ክኸውን?" ብምባል ኣብ ሓሳብ ተሸመመት። ወዲ ያሲን፡

"ጓለ'ዝማች በሊ እዚ ሻሂና ጥዓምዮ፡" ክሳዕ ዝብላ ኣየስተብሃለትሉን።

"ወይለይ ሻሂ ኸተምጽእ ዲኻ ኼድካ ጸኒሕካ። ንዓይ ዘይትነግረኒ ዝነበርካ ባዕለይ መምጻእኩ ነይረ እንድየ፡" ምስ በለቶ፡

"ኣንቲ ኣብቲ ምግብና ካበይ ከም ዘምጽኡዋ እንድዒ፡ ሓንቲ ጨቛኒት ሰብ'ዮም ጌሮምልና ዘለዉ። ዋላ እንተ ሓሚምካ ይብላዕ ዝብል ወረቐት ካብ ሓኪም ከየምጻእካ ቍራስ ወዲ ዓከር

ኣይትህበካን'ያ፡" ምስ በላ፡ ብስሓቕ ክትመውት ደለየት። "ሓደ መዓልቲ ሓደ ብጻይና ክበጽሓና መጸ'ሞ ገለ እንተ በለትና ብምባል ሒዝናዮ ኸድና። ይገርመኪ እዩ፡ ኣቕብጽ ኣቢላትና። እቲ ብጻይና ገሪሙዎ ክንከይድ ምስ ተበገስና ናብኣ ቐርብ ኢሉ፡ 'ብጸይቲ እዚኣም'ኮ ካብ መሪሕነት'ዮም!' ምስ በላ፡ 'እሞ ሻዕብያ ብፍላይ ንመሪሕነት ኢላ ዝቐረበቶ ሽኮር ኣለዋ ድዩ?' ብምባል፡ ካር ካር ኢላ እናስሓቐት ጥራይ ኢዱ ምስ ኣፋነወቶ፡ 'ኣንታ ወዲ ያሲን! ከመይ ዝበለት ሰውራዊት መጋቢት ደኣሎም ኣምጺኦምልኩም!' ብምባል ሰሓቕ ቀተለና።"

"ኣየ ወዲ ያሲን፡ ስራሕካ እናሰራሕካ መቸም ምውዛይ ኣይትገድፍን ኢኻ፡" ብምባል፡ ደጊማ ካርካር በለት።

"በሊ ናብ ጉዳይና። ሻለቃ *ታምራት* ምሳና ክተሓባበር ድልዊ ካብ ኮነ መስመር'ውን ክዳለወሉ ካብ ተደልየ፡ መስመሩ ደኣ መን ይኹን ዝብል ብድሆ ክፍታሕ ነይሩዎ፡" ኣብ መንጎ ኣቋርጽ ኣቢላ፡

"ተጋዳሊት ኣዜብ ኣዝማች በራኺ፡" ብምባል፡ ካርካር በለት።

"እወ! እታ ልክዕ ሰብ ድሕሪ ክንደይ ምንዳይ እያ ተረኺባ። ጓለ'ዝማች፡" ብምባል ዓይኒ ዓይና ጠመታ'ሞ "ኣዝዩ በዳሂ ዕማም'ዩ ዝወሃበኪ ዘሎ። ብሓጺሩ፡ ንመስዋእቲ ኢኺ ትኸዲ ዘለኺ። ደርግ፡ ነዚ ወራር ቅድሚ ሓደ ዓመት ክጅምሮ ይኽእል'ዩ ዝብል ግምት የብልናን። ሻለቃ *ታምራት*'ውን ከምኡ ዝብል ገምጋም'ዩ ዘለዎ። ምኽንያቱ፡ ኣብዚ ዝሓለፈ ሓሙሽተ ወራራት ብዓቕሚ ሰቡ ይኹን ብኣጽዋሩ ኣዝዩ ተሃስዩ እዩ ዘሎ። ሓደስቲ ሰራዊት ክሳዕ ዘሰልጥን፡ ኣጽዋር ክሳዕ ዝሽምትን ተኽሊጥ ክሳዕ ዝገብርን ጊዜ ኸድልዮ እዩ። ንሕናውን ከምኡ። እቲ ወራር ኣዝዩ ሓያልን ንህላዌና ዝፈታተንን ክኸውን'ዩ። ነዚ ምስ እንፍሽል ግና፡ ርግጸኛ ኸኣ እየ ኸንፍሽሎ ምኳንና፡ ደርግ ካብኡ ንንየ ብህይወት ኣይክሰርርን'ዩ። ስለ ዝኾነ ኸኣ እዩ እዚ ናትኪ ዕማም ተልእኾ ፍጹም መስዋእቲ ንብሎ። መስዋእቲ ክትከፍሊ ኢኺ ሓያል መስዋእቲ። ስለዚ፡ እዘን ክልተ መዓልቲ ንኽትቀራረብን ዘይበርህ ነገር እንተሎ ኸነብርሆን ኣብዚ ምሳና ክትኮኒ ኢኺ። እዛ ጽሑፍ እነህለትልኪ ኣንብብያ ኢኺ፡ ኩሉ ብዝርዝር ኣብኡ ኣለኪ ወ/ሮ ኢትዮጵያ ደረስ፡" ብምባል ካርካር በለ።

"መን እያ'ሽ ኢትዮጵያ ደረስ፡" ብምባል ቀው ኢላ ጠመተቶ።

"ካብ ሕጂ ንንየ ሓድሽ ሽም ኣጠሚቕናኪ ኣለና። ወ/ሮ ኢትዮጵያ ደረስ፡ ዝተወለድክሉ ቦታ ባህርዳር *ክፍተኛ ሁለት ቀበሌ፡*

ስራሕ ወናኒት ባር፣ ዕድመ 30፣" ምስ በላ፣ ርእሳ ነቕነቐት፣

"በልስከ ኻልእ ሽም ስኢንኩም ዲኹም ኢትዮጵያ ኢልኩምኒ፣" ብምባል፣ ሰሓቓ ምእርናብ ክሳዕ ትስእን ትዋሕ በለት።

"ካልእ ተወሳኺ መስመር ከአ ኣላትኪ። ትርከብሉ ቦታ ጐደና ሓሸንጌ ሓይቅ ቍጽሪ ገዛ 3 ኾይኑ፣ እዛ መስመር'ዚአ ንዓኺ ብሽም ይኹን ካበይ ኸም ዝመጻእክን ኣበይ ከም ትሰርሕን ኣይትፈልጠክን'ያ። ክትፈልጠኪ'ውን የብላን። እትፈልጦ ነገር እንተለዋ፣ ሽምኺ "ምስጋና" ንሳ ኸአ "ሄዋን"፣ ድራር ለይቲ "ዓዲ ቐይሕ" "ዓዲ ኳላ" ምኳኑን ጥራይ እዩ። ምስአ ዘለኪ ርክብ ብወገንኪ ኽወጽእ ዘሎዎ ሰነድ፣ ወረቓቕቲ ይኹን ተመሳሰልቲ ነገራት ምስ ዝህልወኪ "እዚአ ንጠዊል፣" ሃብለይ ጥራይ ትብልያ፣ ተወሳኺ ዘረባን ሓበሬታን ኣወግዲ ኢኺ፣ ንሳ'ውን ከምኡ ዝብል መምርሒ እዩ ተዋሂቡዋ ዘሎ። ዝኾነ ለውጢ ምስ ዘጋጥመኪ ብቕልጡፍ ትሕብርና፣ ብወገንና'ውን ከምኡ ለውጢ እንተሎ ኽነፍልጠኪ ኢና።"

"እዛ ትብላ ዘለኻ ሰብ ብገለ ምኽንያት እንተ ተሰወረትከ እንታይ ክግበር'ዩ?"

"ኣይትሰከፊ፣ ክልቴኽን ኣብ ሓደ መሳልል ኢኽን ዘለኽን ማለተይ ንሳ'ውን ካብተን ንመስዋእቲ ዝተሓርያ ውፍያቲ እያ። እዚአ ወደሓንኪ፣" ብምባል፣ ዘድሊ ሓበሬታ ዝሓዘ ወረቓቕቲ ሂቡ፣ ተፋንዩዋ ኸደ።

* * *

ምዕራፍ 37

ኣዜብ፡ ኣብ ካልኣይ መዓልታ ካብ ዓንበርበብ ተበጊሳ ድሕሪ ናይ ሸሞንተ መዓልቲ ጉዕዞ ብኸልተ ናይ ስለያ ኣባላት ተሰንያ ዓዲ ንፋስ እንዳቦይ ባሻይ ንጉሰ ኣተወት። ባሻይ ንጉሰ ክርእዩዋ ስለ ዘይተደልየ፡ ንበይና ሓደ ኽፍሊ ተፈልዩላ እኽለ ማይ ተዋሂቡዋ ሓደረት። ወጋሕታ ሓደ ውፉይ ናብ እንዳቦይ ባሻይ መጺሞ ንኣዜብ ሒዙዋ ተበገሰ። ብኣኽርያ ኣቢሉ ኸኣ ኣብ ቲራቮሎ ዝርከብ ናብ ሓደ ቪላ ገዛ ኣእተዋ። ኣብኡ ኸተዕርፍ ነጊሩዋ ናብ ስራሑ ኸደ። ንሳ ኣብቲ ሃገርገር ዝብል ቪላ ምስ ኣተወት፡ ኩሉ ነገር ሓድሽ ኮይኑዋ ነቲ ገዛ ክትርእዮ ዕንድ በለት። እወ! ኣዜብ ካብቲ ጣዕሚ ዝመልእ መነባብሮኣ ካብ ትወጽእ ኣርባዕተ ዓመታ እያ ገይራ። ኣዒንታ ብዘይካ ጎቦን ቈጽለ መጽልን ካልእ ካብ ዘይርእያ ዓመታት'ዩ ኾይኑወን። ንዓኣ ኣብ ዝተነጸፈ ዓራት ምድቃስ ሓድሽ ነገር'ዩ ነይሩ። ብድኻም ተሰኒፋ ስለ ዝነበረት ኣብ ዓራት ግምብው በለት'ሞ ኽይተፈለጣ ሓሙሽተ ሰዓት ደቀሰት። ምናልባት ማዕጾ ኽርማሕማሕ እንተ ዘይብል፡ ኣይምተሰአትን ነይራ።

"ኢትዮጵያ ኣዕሪፍኪዶ?" እቲ ውፉይ ምስ በላ፡ እታ ሽም ስለ ዘስሓቐታ ፍሽኽ ብምባል፡

"ክንደይ ሰዓት ድየ ደቂሰ?" ብምባል፡ እቲ ዓራት ሕቖኣ ስለ ዝጉዘዛ መጥላዕላዕ እናበለት ወረደት።

"እሞ ዝብላዕ ሒዘልኪ መጺአ ኣለኹ'ሞ፡ ሃየ ተሓጻጺብኪ ምሳሕ ብልዒ ኢኺ። ዘድልየኪ ክዳውንቲ ኸኣ ኣብዚ ኣርማድዮ ኣለኪ። መሕጸብ ነብስን ቤት ሽንትን ከኣ ኣብዛ ጉድንኺ ኣላ፡" ኢሉዋ ካብቲ መደቀሲ ወጸ። ኣዜብ፡ ናብ መሕጸብ ነብሲ ብምኻድ ነብሳ ብሳምናን መፋሕፍሕን ገይራ ተሓጺባ፡ ሽጎማኖ ተጠቕሊላ ናብ መደቀሲ ብምእታው ኣርማድዮ እንተ ኸፈተት፡ እዚ ዘይበሃል ክዳውንቲ ጸንሓ። ሓደ ጀለብያ መሰል ነገር ኣውጺኣ ለበሰት'ሞ፣ ኣብ ሜዳ ስረ ስለ ዝለመደት ግና፡ ከምዛ ጥራሓ ዘላ ኾይኑ ተሰምዓ፣ ስረ ብስሪኣ ምስኣ ትውዕል ምስኣ ትሓድር ምስኣ ትቕበር። ካብቲ ኣርማድዮ ስረ ኣውጺኣ ኸኣ ብትሕቲ ቀሚሻ ወድያ፡ ናብቲ ውፉይ ከደት። ዝብላዕ ኣወዓዕዩ ዝኾነ ይኹን ዘረባ ኽየተንፈሱ፡ ብሓንሳብ ተመገቡ።

"ሻሂ ክገብረልኪዶ?" ብምባል ብድድ ምስ በለ እዩ እምበኣር፣ ኣፎም ክኽፈት ዝጀመረ።

"ኣይፋልካን፣ ኣነ ባዕለይ ዘይገብር፣" ኢላ፣ ናብታ ምድጃ ናይ ጋዝ ብምኻድ በራድ ሰኽተተት። ሽኮርን ቈጽሊ ሻህን ባዕላ ደላሊያ ኸኣ፣ ሻሂ ኣፍሊሓ ቀረበትሉ'ሞ እናሰተዩ፣

"መገዲ ኸመይ ኔሩ'ሞ። ደኺምኪ ትኾኒ ኢኺ'ምበር?"

"መገዲ ሓያል'ዩ ነይሩ፣ ግና እቶም ብጾትና ዳርጋ ካብ ንብገስ ክሳዕ ከበሳ ንበጽሕ ኣብ ገመል ሰቂሎም'ዮም ኣምጺኣምኒ፣ ይዋኣዮም።"

"እሞ ናብ ጉዳይና ክኣቱ። ካብ ባህርዳር ትማሊ ኢኺ ብኣውቶቡስ ኣንበሳ ኣቲኺ። እቲ ኻልእ ምስ ትሕተቲ ባዕልኺ ትምልስዮ። ኣነ፣ ጽባሕ ናብቲ ዝተመደበልኪ ስራሕ ክወስደኪ እየ፣ ኩሉ ነገር ተዳልዩልኪ ኣሎ። ዋና እታ ባር ኣደይ ለተኺዳን ይብሃላ፣ ዕድሚኤን 56 ዓመት ኣቢለን ይገብራ እየን። ንሰን፣ ካብቲ ባር ጠቕሊለን እየን ወጺኣን። ንስኺ ምሕዳርኪ ኣብኡ እዩ። ኵነታት እቲ ባር ተሓቢሩኪ ኽኸውን ተስፋ እገብር። ብሓጺሩ፣ ሰበ ስልጣን ደርግ ዝኣትውዎ ኽም ምኧኑ መጠን ኣዝዩ ተኣፋፊ ናይ ጸጥታ ኾነታት'ዩ ዘሎዎ፣ ማለት ተሪር ሓለዋ እዩ ዝግበረሉ። መብዛሕትኦም ድሕሪ ፍርቂ ለይቲ እዮም ዝመጹ።" ምስ በላ፣

"እቲ ሓበሬታ በጺሑኒ ኣሎ።"

"ግርም እምበኣር። ከምቲ ዝበልኩኺ ዘድልየኪ ክዳውንቲ ኽይተሰከፍኪ ካብቲ ኦርማድዮ ኣብ ሓደ ባልጃ ጠርንፊ ኢኺ'ሞ፣ ጽባሕ ናብቲ ቦታ ክንከይድ ኢና። ስለዚ፣ ንስኺ ሕጂ ነብስኺ እለዪ፣" ምስ በላ፣

"እዘን ትብለን ዘለኻ ዋና እንተ መጻ ..." ኢላ ኽይወድኣት፣

"ብዝኾነ ይኹን ተኣምር ኣይመጻኽን'የን።"

"እሞ ንዓኻ ትወሃብ ሓንቲ መልእኽቲ ኣላትኒ፣" ብምባል፣ ዝተዓሸገት ወረቐት ምስ ሃበቶ፣ ብድድ ብምባል ኣብቲ ሓደ ኽፍሊ ኾይኑ ኣንቢቡዋ ተመልሰ። ትሕዝቶ'ታ ወረቐት "ኣብዘን ክልተ መዓልቲ ጠቕሊልካ ንሜዳ ውጻእ፣" እያ ትብል ነይራ።

"በሊ ኣማስየ እየ ዝመጽእ'ሞ፣ ንዝኾነ ይኹን ሰብ ማዕጾ ኣይትኽፈቲ ኢኺ።" ብምባል ተፋንዩዋ ኸደ። ንግሆ ሰዓት ዓሰርተ ገጹ ምስ ኮነ "ኢትዮጵያ እዛ ናይ ርክብ ሬድዮ እነሆትልኪ፣ ብጥንቃቐ ሓዝያ ኢኺ፣" ብምባል፣ ነታ ሬድዮ ኣረከባ። ብኽምዚ ጽፉፍ ኣወዳድባ እያ እምበኣር ኣዜብ፣ ዘድሊ ናይ ርክብ ኮዳት ሒዛ ካብ ዓንበርበብ ተበጊሳ ኣብ ባር ባኞ ዝዓለበት።

* * *

ኣዜብ፡ ድሮ ስራሕ ተለማማዲዳቶስ ዝመጸ በዓል ስልጣን ምስኣ ኸዕልል፡ ባዕላ መግቢ ክትገብረሉን ኣብ ብሕታዊ ክፍሊ ንበይና ኸተዋግዖን ዘይምነ ዓሚል ኣይነበረን። ንሳ ግና ኣዝያ ኽኢላን ምስ ኩሉ ሰሓቒትን ብምንባራ ንኹሎም ከከም ገጾም ትቕበሎም ነበረት።

ታምራት፡ ኣዜብ ዝቐረበትሉ መግቢ እናኰማስዐ ነብሱ ብምቍጽጻር "ንምዃኑ ከመይ ኣለኺ? እዚ ኹሉ ዓመታት ኣበይ ኣሕሊፍክዮ?" በላ።

"ኣበይ ከም ዝነበረኩን ንምንታይ ከም ዝመጸእኩን ትስሕቶ ኢኻ ኢለ ኣይኣምንን'የ። ካብታ ካብ ኣዲስ ኣበባ ዝወጻእኩላ መዓልቲ፡ ትኽ ኢለ ናብ ህ.ግ እየ ተጸምቢረ። ኣብኡ ኸኣ ኣርባዕተ ዓመት ገይረ። እነሆ ሎሚ ድማ ምሳኻ ኣብዚ ኣለኹ፡" ብምባል፡ ፍሽኽ በለቶ'ሞ ካብቲ እንጀራ ጸብሒ ገይራ፡ "ታምራተይ ብሞተይ!" ብምባል፡ ኣኹለሰቶ። ንሱ'ውን ከምቲ ቀደም ዝገብሮ ዝነበረ እዚኣ ኸኣ ናተይ ብምባል ኣኹለሳ። ከምኡ ኢሎም ሓደ ሰዓት ምስ ኣዕለሉ፡

"በል እዞም ኣጋይሸይ ቍሊሕ ክብሎም። በዓልቲ ባር ምዃነይ ኣይትዘንግዕ!" ኢላ ኣብ ምዕጕርቱ ስዒማ፡ "ሓንቲ ኽፍሊ ንበይንኻ ክፈልየልካ እየ። ቅድሚ ምምጻእካ ኣቐዲምካ ደውለለይ ኢኻ፡" ብምባል፡ ቍጽሪ ተሌፎና ሂባ ኸም ትምለሶ ነጊራቶ ወጸት። እቲ ባር፡ ብሰብ መርኣዩ ኣይነበሮን። ወ/ሮ ኢትዮጵያ የለዋን ድዮን? ጸውዕየን ዝብል በዓል ስልጣን ነተን ኣሳሰይቲ ኾፍ ምባል ከልኡወን። እተን ኣሳሰይቲ ሰለስተ ኣምሓሩ ክኾና ኸለዋ እታ ራብዓይቲ ግና ትግራወይቲ እያ ነይራ።

"ወ/ሮ ኢትዮጵያ፡ ሎሚሲ እንታይ ዝበለ ጋሻ ድዩ መጺኡክን ኣጸሚኽናና፡" በለ ሓደ ብቐጻሊ ኣብቲ ባር ዝመላለስ በዓል ሻምበል መዓርግ።

"ዝገርመካ እዩ፡ ሻለቃ ታምራት እንድዩ ምስዳድ ከሊኡኒ፣ ከመይ ኣምሲኻ ሻምበል?" በለቶ ብፍላጥ ምስ መን ከም ዝነበረት ከተፍልጦ ኢላ። ሻምበል፡ ሽም ታምራት ምስ ሰምዐ ሰኸኽ በለ። ንሳ ኸኣ ናብ ካልኦት ኣጋይሻ ኸይዳ ሰላም ሰላም በለቶም'ሞ ናብ ካሳኣ ብምኻድ ኮፍ በለት።

ሻለቃ ታምራት ንበይኑ ኣብ ሓሳብ እንክሎ እዩ እምበኣር፡ ሻምበል በዛብህ ማዕጾ ኳሕኲሑ ሰላምታ ገይሩ ዝኣተወ።

"ሻምበል በዛብህ፡ ስራሕ ወዲእካ መጺኻ?"

"እወ! ሓደ መልእኽቲ ካብ ጀነራል ውብቱ ጸጋየ እጽበ ስለ ዝነበርኩ እየ ደንጕየኩም።"

"ጀነራል ውበቱ ጸጋየ ኣበይ ኣሎ?"

"ኣብ ኣፍዓበት ምስ ሻዕብያ ተፋጢጡ ኾፍ ኢሉ'ሎ።"

"ኵነታት እቲ ኸባቢ ኸመይ ኣሎ?"

"ኣዝዩ ህዱእ እዩ ዘሎ። ሻዕብያ ግና መጥቃዕቲ ኽኸፍት መደብ ከም ዘሎዎ ገለ ገለ ሓበሬታ ዝመጸና ኣሎ፣" ብምባል እናዕለሉ ኸለዉ፣ ኣዜብ ናብቲ ኽፍሊ ኣተወት።

"ወ/ሮ ኢትዮጵያ ኸመለኸን?" ብምባል፣ ካብቲ ኾፍ ኢሉዎ ዝነበረ ተንሲኡ ሰላም በላ።

"ኣረ ብሞተይ ኮፍ በሉ ሻምበል በዛብህ፣" ኢላ ኮፍ ከይበለት ብርጭቆ ኽተምጽእ ካብቲ ኽፍሊ ወጸት።

"ወ/ሮ ኢትዮጵያ ኣዝዩ ጽቡቕ ኣቀባብላ ዘለዋ ግርምቲ ወይዘሮ እያ፣" በለ ሻምበል በዛብህ።

"ሓቂ እዩ፣" ኢሉ ዘረብኡ ኽይወድእ ኣዜብ ተሓወሰቶም'ሞ ብሓባር ከዕልሉ ኣምሰዩ። ሰዓት ሓደ ኣቢሉ ምስ ኮነ በዓል ሻለቃ ክፋነዉዋ ተበገሱ'ሞ፣

"ሻምበል፣ እዞም ጋሻ ንኣስመራ ሓድሽ'ዮም እሞ፣ ኣይተጸምዎም ኢኻ፣" ብምባል፣ ኢድ ነሲኣን ኣመስጊናን ተፋነወቶም።

* * *

ሻለቃ ታምራት፣ ድሕሪ'ታ ኣብ ባር ባኞ ዘምሰየላ ምሸት፣ ህ.ግ ማዕረ ኽንደይ ሓያል ውድብ ምዃኑን ስለያዊ ንጥፈታቱ ኸምቲ ሻምበል በዛብህ ዝበሎ ረቂቕን ጽፉፍን ከም ዝኾነ ብግብሪ ረኣዩ። ስኑይ ሰዓት ሸውዓተ ስራሕ ምስ ኣተወ ለዓት ተሌፎን ብምልዓል፣

"በዛብህ ታምራት'የ፣ ሓንሳብ ክትመጽኒ ምኽኣልካዶ ኔርካ?"

"እሺ ሻለቃ ታምራት፣" ብምባል ናብ ታምራት ብምኻድ ወተሃደራዊ ሰላምታ ሂቡ ኾፍ በል ክብሃል ተጸበየ። ታምራት ንሻምበል "ንበር፣" ንምባል ብኢዱ ኣመልከተሉ።

"ሻዕብያ፣ ብወገን ናቕፋ ምንቅስቓስ የርእዩ ኣለዉ ትብል ሓበሬታ ኣብ ጸብጻብካ ኣንቢበ ነይረ። ዝተረጋገጸ ሓበሬታ ድዩ?"

"እወ። ኣብ ዝሓለፈ እዋናት ነቲ ኣብ ከባቢ ናቕፋ ዘሎ ናይ ጀነራል ውበቱ ጸጋየ ክፍለ ሰራዊት ከዳህልሉ ብኻልእ ቦታታት ብዙሕ መናውራታት ገይሮም ስለ ዝነበሩ፣ ብወገንና ኣብ ከባቢ ናቕፋ ምንቅስቓሳቶም ክንፈልጥ ሓንቲ ናይ ስለያ ኣሃዱ ኣዋፊርና ኔርና። እዚ ሓበሬታ ካብኣ እዩ መጺኡና።"

"ግምትካ እንታይ እዩ?"

"ሻዕብያ፣ ቅድሚ ወፍሪ ቐይሕ ኮኾብ ኣብዚ ኸባቢ ሚዛን ሓይሊ ናይቲ ኽፍለ ሰራዊት ንምግምጋም መጥቃዕቲ ክፍንዉ እዮም ዝብል ግምት ኣለኒ።"

"እሞ እዚ ካብ ኮነ ግምትካ፣ ንምንታይ እቲ መጥቃዕቲ ቐዲምና ብወገንና ዘይግበር?"

"እቲ መጥቃዕቲ ብወገንና እንተ ተገይሩ፣ ነቲ ዝሕሰብ ዘሎ ወፍሪ *ቀይሕ ኮኾብ* ከተዓናቕፎ ይኽእል'ዩ ዝብል መረዳእታ እዩ ዘለኒ። ምኽንያቱ፣ ባዕልና ውግእ እንተ ኸፈትና ምናልባት ሻዕብያ ብኹሉ መኣዝን ውግእ ክኸፍተልና ይኽእል'ዩ። ብኡ መጠን ከኣ፣ ዓቕሚ ሰብና ይኹን ኣጽዋርና ኽነጉድል ኢና። ስለዚ፣ ነቲ ሻዕብያ ዝኸፍተልና መጥቃዕቲ እናተኸላኸልና እንተ ጸናሕና ይምረጽ።" ምስ በሎ፣

"ጽቡቕ ወተሃደራዊ ትንተና እዩ ሻምበል፣" ብምባል ኣድናቖቱ ገለጸሉ። "ንምዃኑ ብቐዳም ደሓንዶ ኣቲኻ?።

"እወ፣ ሻለቃ።"

"ጸጥታ ናይቲ ኸባቢ መቸም ዝድንቕ'ዩ።"

"ሻዕብያ፣ ብዙሕ ጊዜ እዮም ኣብቲ ኸባቢ ስርሒት ክካይዱ ፈቲኖም፣ ግና ክሰልጦም ኣይከኣለን። ብሕልፊ እቲ ክሳዕ ሰዓት ሸውዓተ ዝነበረ እቶ እቶ ምስ ተላዕለ እቲ ሓደጋ ክርኣየና ጀመረ'ሞ ብኡ መጠን ኢና ክትትልና ኣዛይድናዮ።"

"እታ ዋና ባር፣ ጓል ጎኛም'ያ።"

"እወ። ሓደ ካብቲ ዘቕስነና ንሱ እዩ። ምኽንያቱ፣ ደቂ'ዚ ሃገር'ዚ ክእመኑ ኣይከኣልን'ዩ፣ ኣዝዮም ምስጢራውያን'ዮም፣ ውሽጦም ፈጺሙ ኣይርከብን'ዩ።" ምስ በሎ፣ ኣዜብ ብዝኾነ ይኹን መገዲ ክትጥርጠር ከም ዘይትኽእል ኣረጋገጸሉ'ሞ፣

"እሞ ካብ ናይ ወንበዴ ሞርታርሲ ውሑሳት ኢና። ስለዚስ፣ ካብ ናብ ካልእ ንጊዚኡ ናብኡ ምኻድ ይሓይሸ'መስለኒ።"

"ሻለቃ፣ ኣብ ናትኩም ቦታ ኣነ'ውን ናብ ካልእ ቦታ ኣይምኸድኩን ነይረ።" ምስ በሎ፣ ታምራት ብድድ ብምባል፣ ንሻምበል በዛብህ ኣፋነዎ። ድሕሪ ቑሩብ መዓልታት ናብ ኮሎኔል ኢቢሳ ስልኪ ደወለ'ሞ፣ ቀዳም ምሸት ብሓንሳብ ከምስዩ ተቛጺሮም ተራኸቡ፣ ናብ ኢምፐርያል ሆቴል ብምኻድ ድራር እናበልዑ ናብ ዕላሎም ኣተዉ።

"ታምራት፣ መንግስቱ ለገሰ ኣስፋው ዝበሎ ካብ ምስማዕ ፈጺሙ ኽቕጠብ ኣይከኣለን ዘሎ። ንሱ ዝበላ ኻልእ ሰብ ክፍርሳ ኣይክእልን'ዩ። ኣነ ብቐጻሊ ብዛዕባ'ቲ ካብ ሩስያ ኽንገዝኦ

ዝመደብናዮ ኣጽዋር፣ ብፍላይ ነቲ ቅመማዊ ኣጽዋር ዝምልከት ርእይቶ እንተ ሂበ 'ኣየ! ኢቢሳ፣ ብዛዕብኡ ብዙሕ ኣይትገደስ፣ ለገሰ ንስለ ርእይቶ ኢሉ እዩ ተዛሪቡዎ'ምበር ካልእ ኣይኮነን፣' ይብለኒ ኸም ዘይነበረ፣ እነሀለካ ብፍልይቲ ነፋሪት ኣዚዙ ኣምጺኡዎ ኣሎ፣" ብምባል፣ ኢቢሳ ርእሱ ነቕነቐ።

"ንምዃኑ እቶም ሩስያኸ ኸምኡ ዝመሰለ ውጉዝ ኣጽዋር ክህቡዎ ዘገደዶም ምኽንያት እንታይ እዩ?"

"ንሳቶም ደኣ እንታይ ኣእትዩዎም፣ ኣጽዋሮም ክሸጡ ደልዮም'ምበር። እቲ ክመጸና ዝኽእል ዓለማዊ ዅነኔ ንዓና'ምበር ንዕኦም ኣይንታዮምን'ዩ፡ ኣሜሪካ ኸም ዘይትገድፈና ግና በዓል መንግስቱ ኸስተብህሉሉ ኣይከኣሉን ዘለዉ፣" ብምባል፣ ዘሎዎ ስክፍታታት ብሰፊሑ ገለጸሉ። ከምኡ እናበሉ ኸዕልሉ ድሕሪ ምምሳይ ቍሩብ ክጠዓዕሙ ብምባል ናብ ባር ባኞ ተተሓሒዞም ከዱ'ሞ፣ ኣዜብ፣ ኣብታ ንታምራት ኢላ ዘዳለወትሉ ኽፍሊ መሪሓ ኣእተወቶም።

"ሻለቃ ከመይ ኣምሲኹም? እንታይ ክእዘዙ ኩም?"

"ወ/ሮ ኢትዮጵያ ኸመይ ኣምሲኽን? ሓንቲ ጥርሙስ ብላክ ለበል እንተ ትህባና መመስገንና ኔርና፣" ምስ በላ፣ ኢድ ነሲኣ ብምኻድ ከይደንጐየት ሒዛትሎም መጸት። ንኽልቲኦም ኣብ ብርጭቆኦም ብምቕዳሕ፣

"በረድ ክገብረልኩምዶ?" ብምባል፣ በረድን ማይ ጋዝን ቀሪባትሎም ክትወጽእ ምስ በለት፣

"ወ/ሮ ኢትዮጵያ መተዓልልቲ ዘይብሉ ንበይንና ዲና ደኣ ኽንሰቲ" በለ ሻለቃ ታምራት'ሞ፣ "መጸእኩ" ኢላቶም ከደት።

"ከመይ ዝበሉዋ ግርምቲ ሰበይቲ ደኣላ። መቸም፣ ንዓኻ ጸጽቡቓተን ኣይጋደፋኻን'የን። ትዝክሮዶ ኣብ ሃረር፣" ምስ በሎ፣ ክልቲኦም ብሰሓቕ ካርካር በሉ። ኣዜብ ንኸዕልሉ ቑሩብ ጊዜ ምስ ሃበቶም ኳሕኲሓ ኣተወት'ሞ፣ ምስኦም ኮፍ በለት።

"ወ/ሮ ኢትዮጵያ እንታይ ክንእዘዝ?" በለ፣ ኮሎኔል ኢቢሳ።

"ኣብዚ ገዛ፣ ኣነ ዝሰትዮ መስተ የለን፣" ብምባል ፍሽኽ በለቶ።

"እሞ ካብ ደገ ዘይንእዝዘልክን፣" ምስ በላ፣ ካብቲ ንዓኣ ኢላ ሒዛቶ ዝመጸት ነቢት ቀድሐት'ሞ "ንጥዕና፣" ብምባል ሓደ ምዕጉ ሰተየት።

"ወ/ሮ ኢትዮጵያ፣ እዚኣም ትርእዮኦም ዘለኽን ከኣ፣ ኮለኔል ኢቢሳ ገመቹ ይብሃሉ። ኣብዚ ቐረባ መዓልቲ ብሓንሳብ ኢና ናብ

ኣስመራ መጺእና።"

"እንቋዕ ብደሓን መጻእኩም ኮሎኔል፣" ኢላ፣ ፍሽኽ በለቶ'ሞ፣ እቲ ወዲ ያሲን ዝነገራ ዓርኪ ታምራት ምኳኑ ተዘኪራ።

"ንስን ከኣ ጓል ባህርዳር'የን። ከም ዝመስለኒ ሽማና ኣብዚ ቐረባ እዋናት'የን ናብ ኣስመራ መጺኣን።"

"እሞ ኣስመራ ሽመይ ተቐባቢሉክን።"

"ኮሎኔል፣ ኣትን እንተ ዘይትብሉኒ ኣዝየ ምተሓጕስኩ ነይረ። ዝገርመካ፣ ጽባቐ ናይዛ ሽተማ መግለጺ የብሉን።" ብምባል ካዕካዕ በለት። ኣዜብ፣ እናመጸት እናኸደት ምስኦም እናዕለለት ከላ፣ ሃንደበት ኮሎኔል ናይ ሬድዮ መልእኽቲ መጸቶ'ሞ ተፋንዩዎም ከደ።

"ታምራት እዚ ዓርክኻ ዕላሉ ደስ ዝብል ሰብ'ዩ።"

"ኢቢሳ፣ እቲ ናይ መኸዘን ኣጽዋር ሓላፊ ዝበልኩኺ እዩ። ክገርመኪ፣ በዓል መንግስቱ ብፍልይቲ ነፋሪት ገይሮም ቅመማዊ ኣጽዋር ኣምጺኦም ከም ዘለዉ ምስ ነገረኒ፣ ኣዝዩ ገሪሙኒ። ክገብሩዎ ደልዮም ዘለዉ መቸም፣ ኣዝዩ እዩ ዘተሓሳስበካ፣" ብምባል ብተዘዋዋሪ መገዲ ሓበሬታ ሃባ።

"ርግጸኛ ድዩ?"

"ኣጽዋር ዝቐበሎ ባዕሉ እዩ። ካልእ ይትረፍሲ ክሕዞ ኣይከኣልኩን'ምበር ሽሙን ቍጽሩ'ውን ነጊሩኒ ነይሩ።"

"እቲ ኣጽዋር ዝርከበሉ ቦታኸ ኣበይ ምኳኑ ነጊሩካዶ?"

"ክሓቶ ኣይደለኹን። ምኽንያቱ፣ ምስጢር ከም ምኳኑ መጠን፣ ሻዕብያ ብገለ መገዲ ዘሎዎ ቦታ እንተ ፈሊጦም መን ነጊሩዎም ኢሉ ኽሓስብ ስለ ዝኽእል ምሕታቱ ኣድላዩ ኣይኮነን። እቲ ኣገዳሲ ዝብሎ፣ ከምኡ ዓይነት ኣጽዋር ኣብ ኢድ ደርግ ኣትዩ ሽም ዘሎ እዩ።"

"ካልእ ኣገዳሲ ትብሎ ሓበሬታ እንተሎ?"

"ሻዕብያ፣ ኣብ ግንባር ናቕፋ ኣፍዓበት መጥቃዕቲ ክገብሩ ወጢኖም ከም ዘለዉ ሓበሬታ በጺሑና ኣሎ። ምናልባት ኣብዘን ክልተ ሰለስተ መዓልቲ።" ምስ በላ፣ ዘረባ ንምቕያር፣

"ኣልማዝን በዓል ጌቱን ከመይ ኣለዉ?"

"ቈልዑ፣ ናፊቖም ኣለዉ። ኣልማዝ ምስ ምጽላል ኣዝየን'የን ተመሓዝየን ዘለዋ። ምጽላል ብኹሉ ነገራ ልክዕ ንዓኺ እያ ትመስል።"

"ናብዚ ኽተምጽኦም ዲኻ?" ብምባል፣ ነታ ምጽላል ትብል ዘረባ ብፍላጥ ጕስያታ ሓለፈት።

"ኣይፋለይን!" ብምባል ርእሱ ነቕነቐ። ብድሕር'ዚ ብዛዕባ

ናይ ቀደም ዕላላት እናዋግዑ ዳርጋ ሰዓት ዓሰርተው ሓደ ኾነ'ሞ፣ ታምራት ሰዓቱ ርእዩ፣

"ጽባሕ ንጀነራል ውበቱ ጸጋየ ክረኽቦ ናብ ኣፍዓበት ክገይሽ'የ። ድሕሪ ቐትሪ ክምለስ'የ። ነቶም ወንበዴታት ከኣ ተጠንቀቑ ናብ ሄሊኮፕተር ገጽኩም ከይትትኮሱ በልዮም፣" ብምባል፣ ካር ካር ኢሉ ሰሓቐ'ሞ፣ ኣዜብ ናብኡ ብምቕራብ ሓቑፋ ስዒማ ተፋነወቶ። ክወጽእ ማዕጾ ኽፈተ'ሞ ሓደ ነገር ዘኪሩ ግልብጥ ኢሉ ማዕጾ ዓጽዩ፣ "ኣሻግሬ እቲ ዓጃብየይ ትዝክርዮ እንዲኺ፣ ጽባሕ ኣስመራ ኽኣቱ እዩ። ምስ ረኣኽዮ ብዛዕባኡ ኣይትሸገሪ ኢኺ ኣነ ባዕለይ ኣለኹዎ፣" ምስ በላ፣ መልሲ ኽይሃበቶ ኸላ ተፋንዩዋ ኸደ።

ኣዜብ፣ ወጋሕታ ሰዓት ኣርባዕተ ነቲ ሻለቃ ታምራት ዝሃባ ሓበሬታ ብፍላይ ንኣሻግሬ ዝምልከት ናብ ወዲ ያሲን መልእኽቲ ሰደደት። ንሱ ነቲ ካብ ኣዜብ ዝመጸ መልእኽቲ ድሕሪ ምፍታሕ፣ ነታ ሚኪኤል ካብ ኣዲስ ኣበባ ዝሰደደሉ ተመሳሳሊት መልእኽቲ ዘኪሩ ርእሱ ነቕነቐ። ህ.ግ ብባህሪኡ ነገራት ሸለል ስለ ዘይብል ብዛዕባ እቲ መልእኽቲ ንምኽትል ዋና ጸሓፊ ጸብጻብ ምስ ኣቕረበሉ ብኡ ንብኡ ሓደ መምርሒ ሃበ፣ መከላኸሊ ቅመማዊ ኣጽዋር *ማስክ* ክስራሕን ድምጺ ሓፋሽ ከኣ ነዚ ጉዳይ ከይተቃልሖን ተወሳኺ ጥብቂ መምርሒ ተመሓላለፈ። እቲ ናይ ኣሻግሬ ጉዳይ ከኣ ናብ ታምራት ዝግደፍ ምኳኑ ተረዳድኡሉ። መሪሕነት ኣብ ወጻኢ ንዝርከብ ቤት ጽሕፈት ህ.ግ መከላኸሊ ቅመማዊ ኣጽዋር *ማስክን* ናይ ክታበት መድሃኒትን ናብ ሜዳ ኽሰደድ ተላበወ። ኣብ ሜዳ ግና እቲ *ማስክ* ብኸመይን ካብ ምንታይን ክስራሕ ከም ዘሎዎ ሕርብት በሎም። እንተ ኾነ፣ "ብዘለካ ዝከኣለካ ግበር" ካብ ዝብል ፍልስፍና ህ.ግ ብምብጋስ፣ ኩሉ በብወገኑ ናብዚ ዕማም ተዋፈረ። ንገጽ መሸፈኒ ጨርቂ ኣቡ ጀዲድ ተሰፍዩ፣ ነቲ ፈሓም ወይ ከሰል ዝሕዝ ሓን ቲ ብመልክዕ ኩባያ መሰል መተንፈሲት ለጊቡ ይስፈያ'ሞ፣ ንዓይኒ መርኣዪ ዝኸውን መነጸር ካብ ቊራጽ ፊልም ኤክስረይ ተሰሪሑ ይልገቦ። እቲ ዝተደቐሰ ፈሓም ኣብታ ኹባያ መሰል መተንፈሲት ኣትዩ ይሕተም። በዚ መስተንክራዊ ጥበብ ሓደ ንረኣይኡ ዘደን ጹ *ማስክ* መከላኸሊ ነርቭ ጋዝ ተዳለወ'ሞ፣ ናብ'ቶም ኣብ ድፋዕን ካልእ ቦታታትን ዝነበሩ ተጋደልቲ ተዓደለ። ፈጠራውነት ተጋደልቲ ህ.ግ፣ ንሰራሒኡ ቀሊል ንረኣይኡ ግና ዘደንጹ ብምንባሩ፣ እቶም ተጋደልቲ ነቲ *ማስክ* ምስ ወደዩዎ፣ ነንሕድሕዶም ብምጥምማት ሰሓቑም ምእርናብ ክሳዕ ዝስእኑዎ ኾኑ። ገሊኦም "ወዓግ፣" ክብሉ

ገሊኦም "ህበይ፣" ገሊኣቶም ከኣ "ጋውና፣" ብምባል ክጫረቑ ወዓሉን ኣምሰዩን። እዚ ኾይኑ ከብቅዕ፡ ምድላዋት መከላኸሊ ነርቭ ጋዝ ብውሽጣዊ ዓቕሚ ህ.ግ ሓደ ውጽኢት ምስ ኣምጽአ፡ ነቲ ደርግ ኣእትዩዎ ዝብሃል ዝነበረ ቅመማዊ ኣጽዋር ብድምጺ ሓፋሽ ከቃላሕ መምርሒ ተዋህበ። ደርግ፡ ኣብ ኩሉ ግንባራት ፍሽለት፡ ኣደዳ ሞትን መቑሰልትን ኣጋጢሙዎ ዘፍ ምስ በለ ንሰውራ ኤርትራ ንምጥፋእ እነሆ መርዛም ጋዛት ክጥቀም ከም መወዳእታ መፍትሒ ወሲዱዎ ይርከብ። ነዚ ኸኣ ተጋዳላይ ህ.ግ ክምክቶ ምኳኑ ዘጠራጥር ኣይኮነን፡ ብምባል፡ ሬድዮ ድምጺ ሓፋሽ ፈነዋኣ ናብ ኣየር ክትሰድድ ከላ፡ መጽሄት ህ.ግ ከኣ ኣብ ድፋዕ ብስእሊ ኣሰንያ መከላኸሊ ነርቭ ጋዝ ዝወደዩ ተጋደልቲ ኣውጽኣት። ነዚ ዝሰምዐ ሓፋሽ፡ "ደርግ፡ ሎምስ ዝገብሮ እዩ ጨኒቑዎ፡ ካን ብነርቭ ጋዝ ገይሩ ኽጥፍእና ተበጊሱ፣" ብምባል፡ ሻድሻይ ወራር ማዕረ ኽንደይ በዳሂ ክኸውን ከም ዝኽእል ክግምግም ኣኽኣሎ። ነዚ ፈነወ ኣመልኪቱ ብወገን መንግስቲ ኢትዮጵያ ኣብ ኣስመራ ህጹጽ ኣኼባ ተገብረ። ሻለቃ ታምራት ዝመርሖ ኣኼባ ኣብ ቤት ጽሕፈት ህብረት እዝ ተኸፍተ'ሞ፡

"ሻምበል በዛብህ፡ እዚ ትማሊ ብናይ ወንበዴ ሬድዮ ዝተፈነወ ዜና ሰሚዕናዮ ኣለና። ጸብጻብካ'ውን ንዕኡ እዩ ዘመልክት። ብኸመይ መገዲ እዩ ንሕና ኽይሰማዕናዮ ብፈነዋኦም ገይሮም ንዓና'ውን ከይተረፈ ኣበሲሮምና ዘለዉ፡ ክተብርሃልና ምኽኣልካዶ?"

"ሻለቃ ታምራት፡ እዚ ዝብሃል ዘሎ ንዓይ'ውን በቑሪ እዝነይ እዩ። ከምኡ ዝብሃል ኣጽዋር ኣብ ኢድና ኸም ዘሎ ብወገነይ ኣፍልጦ የብለይን። ስለ ዝኾነ ኸኣ፡ እቲ ዝብሃል ዘሎ ብመጀመርታ ኮሎኔል ኢቢሳ መኽዘን ኣጽዋር ሓላፊ ምሳና ስለ ዘለዉ፡ ንሶም እንተ ዝምልሱዎ ምሓሸ'መስለኒ፣" ብምባል፡ በዛብህ ነቲ ሕቶ ናብ ኮሎኔል ኢቢሳ ኣመሓላለፎ።

"ኮሎኔል ክትብለና ትኽእል ነገር ኣለካዶ?" በለ ታምራት።

"እዚ ዝብሃል ዘሎ፡ ሻዕብያ ንፕሮፓጋንዳ ኢሉ ዝመሃዞ'ምበር፡ ብወገንና ኸምኡ ዝመሰለ ውጉዝ ኣጽዋር የብልናን። ከም ዝመስለኒ፡ ሻዕብያ ኣቓልቦ ዓለም ንምስሓብን ወፍሪ ቀይሕ ኮኾብ ኣርዒዱዎ በጃኹም ሓግዙኒ ንምባልን እንተ ዘይኮነ፡ ብወገነይ ብዛዕባ'ዚ ዝብሃል ዘሎ ዝኾነ ይኹን ኣፍልጦ የብለይን፣" ብምባል፡ ኮሎኔል ኢቢሳ መልሲ ሃበ።

"ሻለቃ ሙሉጌታ'ኸ እንታይ ትብል?" ሻለቃ ሙሉጌታ ናይ

ገበን መርመራ ሓላፊ ኸም ምኧኑ መጠን፣ ነቲ ሕቶ ዝኾነ ይኹን መልሲ ኣይነበሮን። ስለ ዝኾነ ኸኣ እዩ፣

"ሻዕብያ ኸምኡ ዝበለ ፈነወ ብምግባሩ እንትርፎ ንሰራዊቱ፣ ንመን'ሞ ኣርዓደ? ኣነ ኣለኒ እንተ ዝብለና፣ ምናልባት መዛረቢ ጉዳይ ረኺብና በብወገንና ሓቅነቱ ኸነጻሪ ምተጓየና ኔርና ጓደኛ፣" ኢሉ ንኹሎም በብሓደ ጠመቶም'ሞ፣ "ካብኡ ብዝተረፈ ሻዕብያ ይለፍልፍ ንግደፎ፣" ብምባል፣ ናብ መንበሩ ጽግዕ ኢሉ ኣእዳዉ ኣጣሚሩ ንሻለቃ ታምራት ጠመቶ። እቲ ኣኼበኛ ኣፍልጦ ከም ዘይብሉ በብተራ እናገለጸን እናዘተየን ከሎ፣ ዋርድያ ማዕጾ ብምኽፋት ንኮሎኔል ኢቢሳ ሓደ መልእኽቲ ሃቦ'ሞ፣ ንሻለቃ ታምራት ሕሹኹ ኢሉዎ ወጸ።

"ጓድ መንግስቱ፣ ኮሎኔል ኣብ መስመር ኣለዉ።"

"ኢቢሳ ኸመይ ቀኒኻ?"

"ጓድ መንግስቱ ኸመይ ቀኒኻ?"

"ሎሚ ንግሆ ዝበጽሓኒ ሓበሬታ እንታይ እዩ ነገሩ? ብኸመይ ክልሕኹ ክኢሉ? እቶም ነዚ እንፈልጥ ሰባት ውሱናትዶ ኣይኮንናን? ብኸመይ ክግለጽ ይክኣል፣ ሻዕብያ ኸምዚ ዝመሰለ ምስጢራዊ ሓበሬታ ክረክብ ምኽኣሉ?" በለ ርግእ ኢሉ።

"ጓድ መንግስቱ፣ ኣነ ብወገነይ ሻዕብያ ሓበሬታ በጺሑዎ ዘይኮነስ ብግምትን ንፕሮፖጋንዳዊ ሃልክን ኮይኑ እዩ ዝስምዓኒ።"

"እቲ ዝገርም ኣስመራ በጺሑ እንተ ዝኸውን ምናልባት ኣብቲ መኸዘን ዝሰርሑ ኣናፈሶሞ ይኾኑ ምተባህለ ነይሩ። እዚ ግና ምሳና ኣብዚ እዩ ዘሎ፣ ንሓይሊ ኣየር'ውን ገና ኣይተዋህቦምን እዩ ዘሎ። ንስኻኸ እንታይ ትብል?" ምስ በሎ፣ እታ ዕድል ክጥቀመላ ሓሰበ። ኮሎኔል፣ ካብቶም ንመንግስቱ ኸቢቦሞ ዘለዉ ሩስያውያን ኣ ማኸርቲ፣ ብልሹው ስነ ምግባር ዝነበሮን ምስ ኩሉ ዘይቃዶን ዝነበረ ኮሎኔል ሰርገይ ሰኾሎቪች፣ ካብ ጕድኑ ክኣልዮ ብዙሕ እዋን መኺሩዎ ኸብቅዕ፣ መንግስቱ ግና ክሰምዖ ኣይክኣለን። ስለ ዝኾነ ኸኣ፣ እዛ ዕድል ተጠቒሙ ነቲ ሩስያዊ ኮሎኔል ከጥቅዖ ብምውሳን፣

"ጓድ መንግስቱ፣ ሕጂ'ውን ዝኣረገ ጉዳይ ኣይተልዕል ኣይትበለኒ'ምበር፣ ኣነ ንኮሎኔል ሰርገይ ኣይኣምኖን'የ። ከም እትፈልጦ እቲ ኣጽዋር ከም ዝመጸ ኣርባዕቴና ጥራይ ኢና ንፈልጥ። በዓል ለገሰ ኣሰፋው'ውን እንተ ኾኑ ክመጽእ ኣለዎ ደኣሎም ኢሎም'ምበር፣ ከም ዝመጸ ኣፍልጦ የብሎምን። ስለዚ፣ ኣነ ኣይጠራጠርን'የ እቲ ምስጢር ካብኡ ኸም ዝሰለኾ፣" ብምባል፣ ንመንግስቱ ኣእመኖ።

“እንታይ ክግበር ኣለዎ ትብል?”

“ቀዳማይ፡ ሻዕብያ ዓንገረር ክብል ንግደፎ፡ ካልኣይ ካብቲ ናይ ዲፕሎማሲ ሕብረተ ሰብ ንዝመጸና ሕቶ ኸኣ ኣሉ ንብል፡ ሳልሳይ፡ ንሰርገይ ካብ ጥቓኻ ኣርሕቆ፡” ብምባል፡ ድሕሪ ነዊሕ ዝርርብ ተረዳዲኦም ለዓት ተሌፎን ኣንበሩ።

መንግስቱ፡ ኣብ ልዕሊ ኮሎነል ኢቢሳ ልዑል እምነት’ዩ ነይሩዎ። ምኽንያቱ፡ ዝምድናኦም ኣብ ዕርክነት ዝተመስረተ ኾይኑ፡ ካብ ቤት ትምህርቲ ካደት ኣትሒዞም ዝፋለጡ፡ ኣብ ሳልሳይ *ክፍለ ጦር* ካብ ዝውዝዑን ተመሪጾም ኣባላት ደርግ ዝኾኑን ንነዊሕ ዓመታት ስለ ዘይተፈላለዩን’ዩ። መንግስቱ፡ ኣብ ኮረሻ ስልጣን ድሕሪ ምድያቡ’ውን እንተ ኾነ፡ ኣብ ዝተፈላለየ እዋናት ብብሕቲ እናተራኸቡ ብሓንሳብ ዘምስዩሉ እዋን ነይሩ እዩ። ኮይኑ ኸኣ፡ ነቲ ምስጢር ኢቢሳ የውጽኦ እዩ ዝብል ግምት ፍጹም ዘይነበሮን። ኮሎኔል ኢቢሳ’ውን እንተ ኾነ ንታምራት ኣቐሪቡ ደኣ’ምበር፡ ብፍላጥ ምስጢር ከውጽእ ብምባል ኣይነበረን ዝነገሮ። ኾይኑ ኸኣ፡ ኮሎኔል ናብቲ ኣኼባ ምስ ተመልሰ፡

“ጓድ ኢቢሳ፡ ብወገንና ሻዕብያ ንፕሮፓጋንዳ ኢሉ ዘጋውሖ ዘሎ ወረ’ምበር ብሓቂ ኽምኡ ዝብሃል ኣጽዋር ከም ዘየለ ድሕሪ ምግምጋም፡ ናይ’ዚ ኣኼባ ጸብጻብ ናብ ጠቕላሊ ሓላፊ ወተሃደራዊ ስታፍ ክሰድድ’የ። ብወገንካ፡ ተወሳኺ ትብሎ ኽይህሉ ብምባል ኢና ክንጽበየካ ጸኒሕና፡” በለ፡ ነቲ ኣኼባ ዝመርሕ ዝነበረ ሻለቃ ታምራት።

“ጓድ ታምራት፡ ብወገነይ ንፖለቲካዊ ሃልኪ እዩ’ምበር ጭብጢ ዘሎዎ ኣይኮነን፡” ድሕሪ ምባሉ፡ እቲ ኣኼባ ተበተነ።

ታምራት፡ ቤት ጽሕፈቱ ምስ ኣተወ ንሻምበል በዛብህ ብምጽዋዕ፡

“ሻምበል፡ ሬድዮ ሻዕብያ ዘመሓላልፎ ዝኾነ ይኹን ፈነወ ብምሉኡ፡ ከደግመልካ እየ ብምሉኡ መዓልታዊ ኽም ተቕርበለይ። ነዚ ንምግባር ከኣ ብፍላይ ንዕኡ ዝከታተል ሓደ ቛንቛ ትግርኛ ናብ ኣምሓርኛ ተርጉሙ ከቕርብ ዝኽእል ሰብ መድብ ኢኻ፡” ብምባል፡ ትእዛዝ ሂቡ ኣፋነዎ። ናብ ኣዜብ ስልኪ ብምድዋል ከኣ ምሸት ክመጽእ ምኳኑ ሓበራ።

ኮሎኔል ኢቢሳ፡ ፍርቂ መዓልቲ ናብ ታምራት ስልኪ ብምድዋል ብሓንሳብ ክምስሑ ዝኽእሉ እንተ ኾኑ ሓተቶ’ሞ፡ ኣብ እንዳ ታምራት ክራኸቡ ተሰማምዑ። ኮሎኔል ኢቢሳ እንዳ ታምራት ምስ ኣተወ፡ ድሮ ምሳሕ ተቐሪቡ ጸንሖ፣ ናብ መእዲ ኸኣ ኣምርሐ።

ታምራት ምስ ኣዜብን ምጽላልን ብቐጻሊ ናይ ፈረንጂ መግቢ ካብኡ ናብኡ ኸአ ዝተፈላለየ ናይ ፓስታ ዓይነት ይበልዕ ስለ ዝነበረ፡ እታ ናይ ገዛ ሰራሕተኛ ነዚ እተማልእ ክትከውን ከም ዘለዋ ብዝሃቦ ሓበሬታ እያ ጽገወይኒ ኣብ ገዝኡ ተቘጺራ። ጾም ስለ ዝነበረ እምበኣር፡ ጦቕ ዝበለት ሽሮ፡ ሕልበት ምስ ስልሱ፡ ኣልጫ፡ ብሽጉርቲ ጻዕዳ ዝተቐልወት ሓምሊ፡ ውሽጣ ብፐረሰሜሎ፡ ሰዴኖን ዘይቲ ኦሊቭን ዝተቓመመት ጉዕ በርበረ ቀረበትሎም'ሞ፡

"ዓንተቦይ ካብ ኣኼባ ወጺአ ዝኸድኩ'ኮ፡ መንግስቱ ደዊሉ ኣራኺቡኒ ስለ ዝበለ እየ፡" በለ ኮሎኔል ኢቢሳ።

"ደሓን ድዩ?"

"ብዛዕባ እቲ ሻዕብያ ንነርቢ ጋዝ ኣመልኪቱ ዝፈነዎ ዜና ኸዘራርበኒ ኢሉ እዩ ደዊሉ። እቲ ምስጢር ከመይ ኢሉ ኸም ዝለሓኾ ንዕኡ'ውን ኣመና ገሪሙዎ ኸም ዘሎን ኣነ እንታይ ከም ዝጥርጥርን ሓቲቱኒ። ብወገነይ ኮሎነል ሰርገይ እንተ ዘይኮይኑ፡ ካልእ ማንም ካባና ነቲ ምስጢር ዝፈልጦን ከውጽእ ዝኽእልን ሰብ ከም ዘየለ፡ ንዕኡ ግና ካብ ጥቕኡ ኽኣልዮ ኸም ዘሎዎ ተረዳዲእና ኣለና፡" ምስ በሎ፡ ሻለቃ ታምራት ብዛዕባ'ቲ ጉዳይ ብዙሕ ክዛረብ ስለ ዘይደለየ እቲ ዕላል ናብ ካልእ ብምውሳድ ተመጊቦምን ቡን ምስ ሰተዩን፡ ፍርቂ ሰዓት ድቃስ ቀም ኣቢሎም ብምትሳእ ናብ ስራሖም ከዱ።

ሻለቃ ታምራት፡ ንምሸቱ ሰዓት ዓሰርተ ኣቢሉ ናብ ኣዜብ ከደ። ንሳ ኸም ወትሩ ዝፈትዎ መግቢ ናይ ጾም ላዛኛ ገይራ ጸንሒቶ'ሞ ብሓንሳብ እናተመገቡ፡

"እንታይ ደኣልካ ሰለስተ መዓልቲ ጌርካ ካብ ዘይትመጽእ። ብደሓንካ ዲካ?"

"ኣኼባታትን ዕረፍቲ ዘይህብ ጸብጻባትን ተወዚ ምባል ከሊኡኒ። ብፍላይ ሎሚ ቕነ ሻዕብያ ዝገደፈልና የብሉን።"

"እንታይ ተረኺቡ?" ኢላ፡ "ብሞተይ፡" እናበለት ኣኹለሰቶ'ሞ፡

"ኢትዮጵያ፡ ኣብ ልዕሊ ህ.ግ ነርቢ ጋዝ ክትጥቀም ድሮ ቀመማዊ ኣጽዋር ገዚኣ ኣላ። ማሕበረ ሰብ ዓለም ነዚ ውጉዝ ዝኾነ ኣጽዋር ክዅንኖ ህ.ግ ይጽውዕ፡ ብምባል ሬድዮ ሻዕብያ ዘመሓላለፈቶ ፈነወ፡ ንደርግ ኣዝዩ ኣሰንቢዱዎ'ሎ። ምኽንያቱ፡ ነቲ ምስጢር ኣርባዕተ ሰባት ጥራይ እዮም ዝፈልጡዎ፣ ብኸመይን ብመንን ክልሕዅ ክኢሉ ብምባል ኣዝዩ ተጨኒቑ እዩ ዘሎ። መንግስቱ፡ ካብኡ ብምብጋስ ንኮሎኔል ኢቢሳ ብስልኪ ረኺቡ ሻዕብያ ኣብ ውሽጥና ኣትዮም ከም ዘሎዉን እቲ ጉዳይ ክጻረን

ብምንጽርጻር ኣዘራሪቡዎ ነይሩ።"

"እሞ ኮሎኔል ደኣ እንታይ በሎ?"

"እቲ ምስጢር ካብ'ቶም ሩስያውያን ብፍላይ ካብ ኮሎኔል ሰርገይ ጥራይ ክወጽእ ከም ዝኽእልን ንዕኡ ካብ ጥቓኡ ኽኣልዮን ከም ዘሎዎ ተረዳዲኡዎም ኣለዉ። ኢ.ቢ.ሳ ኸም ዝበለኒ እንተ ኾይኑ ማለት'ዩ።"

"እዚ ትብሎ ዘለኻ ሩስያዊ እንታይ ድዩ ስርሑ?"

"ኣማኻሪ ናይ መንግስቱ እዩ። ንሱ፣ ምስቶም ኣብ ዙርያ መንግስቱ ዘለዉ ሰባት ዳርጋ ምስ ኩሎም ኣይረዳዳእን'ዩ።" ብምባል ኣስፊሑ ገለጸላ'ሞ፣

"ታምራተይ ብላዕ'ባ?" ብምባል፣ መሊሳ ካብቲ ዝቐረበቶ መግቢ ናብ ቢያቱ ገበረትሉ።

"ምቅርራብ ወፍሪ *ቀይሕ ኮኾብ* ከመይ ይገብር ኣሎ?"

"ከምቲ ብኣምሆይ ዝበልኩኺ፣ ጀነራል ውበቱ ጸጋየ መቸም ክንዕወት ኢና እዩ ዝብል ዘሎ። ዓወት ናይዚ ወፍሪ ግና፣ ጥፍኣት ናይ ህዝቢ ኢትዮጵያ ምዃኑ ዝተገንዘበ ኣይመስለንን። ምኽንያቱ፣ ኣብዚ ውግእ፣ መንግስቱ ተዓዊቱ እንተ ወጺኡ፣ ብትዕቢት ተሰርኒቑ ነዛ ሃገር ናብ ጥፍኣት ከምርሓ ምዃኑ ዘጠራጥር ኣይኮነን።"

"እሞ ንኸይዕወት ደኣ እንታይ ክግበር ኣለዎ?"

"ሻዕብያ፣ ነዚ ወፍሪ'ዚ ኸፍሽሎ ኣለዎ። ንኸፍሽሎ ኸኣ ጽኑዕ ሓበሬታ ኽረክብ ኣለዎ። ከምቲ ቕድሚ ሕጂ ዝበልኩኺ፣ ኮሎኔል ኢ.ቢ.ሳ'ውን ካብዚ ናተይ ዝተፈልየ ኣተሓሳስባ ዘሎዎ ኾይኑ ኣይስምዓንን'ዩ። ስለዚ፣ ንዕኡ ናብ ናይ ሓበሬታ ምንጪ ክንቅይሮ ኣለና። ብኸመይ ክሓስበሉ እየ። ሕጂ ግና ደኺመ እየ ዘለኹ'ሞ ክኸይድ፣" ብምባል ብድድ በለ።

* * *

ሻምበል በዛብህ፣ ብዛዕባ ነርቭ ጋዝ ዝፈልጦ ነገር ስለ ዘይነበሮ፣ ነቲ ዝብሃል ዝነበረ ብዙሕ ኣይተገደሰሉን'ዩ ነይሩ። ስለ ዝኾነ ኸኣ እዩ ከም ልሙድ "ናይ ሻዕብያ ፕሮፖጋንዳ" ብምባል፣ ቈላሕታኡ ናብቲ ካብ ከባቢ ግንባር ናቕፋ ኣፍዓበት ዝመጾ ሓበሬታ እንተ'ድሃበ'ኳ እንተ'ድሃበ'ኳ፣ ነታ ነርቭ ጋዝ ትብል ሓሳብ ግና ኣይጸለልኣን። "ንሻዕብያ ደኣ ብምንታይ ከተጥፍኦ፣ ብነርቭ ጋዝ'ምበር፣" በለ ብውሽጡ። በቲ ኻልእ ወገን ከኣ፣ መንግስቱ በቲ ጉዳይ ክቐስን ኣይከኣለን፣ ሽሕ'ኳ እቲ ኮሎኔል ኢ.ቢ.ሳ ንኮሎኔል

ሰርገይ ኣመልኪቱ ዝሃቦ ሓሳብ ክኣምኖ እንተ ዘይደለየ፡ ኣብ ሕምብርቱ ናይ ሻዕብያ ሰለይቲ ኣለዉ ኢሉ ካብ ምሕሳብ ግና ዓዲ ኣይወዓለን። በዚ ምኽንያት'ዚ ኸኣ እዩ፡ ነቲ ኣብ ኣስመራ ኸም የማናይ ኢዱ ዝርአ ዝነበረ ሻምበል በዛብህ ብምስጢር ክረኽቦ ዝሓሰበ።

"ታምራት ከመይ ቀኒኻ?፡ እሸቴ እየ ካብ ኣዲስ ኣበባ።"

"እሸቴ ኸመይ ኣለኻ።"

"ሎሚ ቕነ ናብ ኣስመራ ክመጽእ እሓስብ ስለ ዘለኹ፡ ካብ በዛብህ ዝመጸና ጸብጻብ ኣሎ'ሞ ብኣካል ምእንቲ ክዘራረቦ በታ ትቕጽል ነፋሪት ጌርካ'ባ ናብዚ ስደዶ።"

"ኣነ ዘይፈልጦ ጸብጻብ?"

"ኣይኮነን። ቅድሚ ንስኻ ናብኡ ምቕያርካ እዩ እቲ ጸብጻብ ተዋሂቡ፣ ኣብ ተሌፎን ዝዝረብ ጉዳይ ስለ ዘይኮነ ምስ ተመልሰ ኽነግረካ እዩ።" ብምባል፡ ካልእ ከይወሰኸ ነታ ለዓት ተሌፎን ኣንበራ። ታምራት፡ በዛብህ ናብ ኣዲስ ኣበባ ምጽውዑ ናይ ነገር ደሓን ከም ዘይኮነ ነብሱ ስለ ዝነገሮ፡

"ሻምባል በዛብህ፡ ታምራት'የ፣ ሓንሳብዶ ክትመጸኒ።"

"ከመይ ሓዲርካ በዛብህ? ኮፍ በል፡" ድሕሪ ምባል፡ ርእሱ ካብቲ ኣብ ጠረጴዛ ዝነበረ ወረቓቕቲ ብምቕናዕ፡ "እቲ ኣብ ግንባራት ብወገን ሻዕብያ ዝግበር ዘሎ ምንቅስቓሳት ኣመልኪትካ ዝሃብካዮ ጸብጻባት ዘደንቕ'ዩ። ናይ ሰለያ ኣባላትና ዘርእዮዎ ዘለዉ ተወፋይነት ከኣ ብኡ መጠን ዘሐብን'ዩ። ቅድሚ ናብዚ ምምጽአይ ዝነበረ ጸብጻባት ክርኢ እየ ጸኒሐ። ዝገርመካ፡ ንዕኡ እናረኣኹ ኸለኹ፡ ኢጋጣሚ ጓድ እሸቴ ስልኪ ደዊሉ ብዛዕባኻ ኽዘራረበኒ ጸኒሑ፡" ብምባል ትም በለ።

"ኢሂ፡ ብደሓን ደኣ ደዊሎም?"

"ኣነ ናብዚ ተቐይረ ቕድሚ ምምጽኣይ ዝሃብካዮ ጸብጻብ ነይሩ'መስለኒ። ከምቲ ንሱ ዝበሎ እንተ ኾይኑ፡ ዝሓተካ ሓደ ሓደ ሕቶታት ኣለዎ'ሞ ናብኡ ኽሰደካ እዩ ተላብዩኒ።"

"ንስኹም ዘይትፈልጡዎ ጸብጻብ ኣሎ ኢለ ኣይኣምንን'የ። ከምኡ እንተ ኢሎም ግና እንታይ ጸገም ኣለዎ፡ ፍቓድኩም እንተ ኾይኑ ክኸዶም እኽእል'የ።"

"እሞ በል ምስታ ድሕሪ ኽልተ ሰዓት እትበርር ነፋሪት ተበገስ ኢኻ፡" ብምባል ትእዛዝ ምስ ሃቦ፡

"ሻለቃ ታምራት፡ ኣብዚ ኣዝዮም ኣገደስቲ ሓበሬታታት ስለ

ዝመጹና ንዕኦም ኢና ንትንትኖም ዘለና። ከመይ ገይረ እየ'ሞ ሕጂ ክብገስ? እቲ ጉዳይ ቀሩብ ክጸንሕ ኣይክእልን ድዩ?"

"ናብ ኣስመራ ክመጽእ ይሓስብ ኣሎ'ሞ ኪዶ ኢኻ፡" ብምባል ኣፉነዎ። ታምራት፡ ካብቲ ኮሎኔል ኢቢሳ ዝሃቦ ሓበሬታ ብምብጋስ፡ ኣብ ዙርያ መንግስቱ ገለ ነገር ይእለም ከም ዘሎ ሓደ ግምት ገበረ። ስለ ዝኾነ እዩ ኸኣ፡ ናብ ኮሎኔል ኢቢሳ ስልኪ ብምድዋል ንምሳሕ ዝተቛጸሩ። ኣብ ምሳሕ ሓደ ሓደ ሓፈሻዊ ዕላላት ምስ ኣዕለሉ፡

"ስማዕስከ ኢቢሳ፡ መንግስቱ ደዊሉልካዶ ነይሩ?"

"ኢሂ! ደንሓዶ?"

"ንበዛብህ ስደደለይ ዘዘራርቦ ኣለኒ ብምባል እሸቴ ደዊሉለይ ነይሩ።"

"እሞ፡ ናይ መንግስቱ ምድዋል ምስ ናተይ እንታይ ኣራኸቦ?"

"ንመንግስቱ ኽልቴና ጽቡቕ ጌርና ንፈልጦ ኢና'መስለኒ። ብውሽጡ ገለ ነገር እንተ ጠርጢሩ ደዊሉ ብጽቡቕ ቃላት ገይሩ እዛ ኽምዚኣ ደኣ እንታይ እያ? ብምባል'ዩ ዝሓትት። እዚ ማለት ብድሕሪት ገለ ነገር ኣሎ ማለት'ዩ። ስለዚ፡ ንበዛብህ ኣነ ብወገነይ እሸቴ ጸዊዑዎ ኣይብልን'የ፣ ምኽንያቱ ..." ብምባል ንኢቢሳ ዓይኒ ዓይኑ ጠመቶ።

"እሞ ኣብ ምንታይ መደምደምታ ሓሳብ ኢኻ በጺሕካ?"

"በዛብህ፡ የማናይ ኢድ ናይ መንግስቱ እዩ እናተባህለ እዩ ዝውረየሉ። ስለዚ፡ መንግስቱ ኸይኮነ ኣይተርፍን'ዩ ጸዊዑዎ ዘሎ፡ ብዛዕባና ሓበሬታ ምእንቲ ኽወስድ፡" ምስ በሎ፡ ኮ/ል ኢቢሳ ርእሱ ብምንቕናቕ፡

"እዞም ናይ ስለያ ሰባት መቸም ሕሱብን ዘይሕሱብን ኢኹም ክትሓስቡ ትውዕሉ። እምበርዶ እቲ ሓንጎልኩም ኣብ እዋን ድቃስ ጽቡቕ ሕልሚ ይሓልም ይኸውን'ዩ? ኣዝየ እየ ዝጠራጠር።" ብምባል ፍሽኽ በለ'ሞ፡ ጸኒሑ ግና ገጹ ናብ የማን ሸነኽ ጠውዩን ኣጸውግ ኣቢሉን "ስማዕ'ስከ!" ብምባል ንታምራት ዓይኒ ዓይኑ እናጠመተ፡ "እታ ናብ ሻዕብያ ዝለሓኹት ምስጢር ዶኾን ኣተሓሳሲባቶ ኾይና እሞ ምናልባት ንዓይ ጠርጢሩ ይኸውን?" ብምባል ነታ ኽኹልሳ ኣብ ኢዱ ሒዙዋ ዝነበረ እንጀራ ኣብቲ ሸሓኒ ብምንባር፡ ንታምራት ቀው ኢሉ ጠመቶ። ታምራት ብእወታ ርእሱ ነቕነቐ።

"እሞ ..."

"እሞ ኣይኮነን ኢቢሳ፡ ምጥንቃቕ ዝመስሉዎ ነገር የለን።

በዛብህ ይምጻእ'ሞ እንታይ ለውጢ ከም ዝገብር ክንርእዮ ኢና ማለተይ ኣብ ኣካይድኡ። እንተ ንስኻ ግና፡ ከም ቀደምካ ኹን፣ ኣብ ገጽካ ይኹን ምንቅስቓስካ ዝኾነ ምልክት ኣይትሃብ ኢኻ፣ ብሰልኪ ኣገዳሲ ትብሎ ነገር ኣይትዛረብ ኢኻ፣ እቲ ኻልእ ናባይ ግደፎ።"

"ከም ዝመስለኒ ምስ እሸቴ ጽቡቕ ምቅርራብ እዩ ዘለካ።"

"እወ፡ ብኡ ምኽንያት ከይኮነ ኣይተርፍን'ዩ፡ ምስ ደወለለይ ኣብ ተሌፎን ክዛረብ ዘይደለየ። ኣነ ብስራሕ ናብ ኣዲስ ኣበባ ምስ ከድኩ ክረኽቦ እየ፡ ዝብሎ ኸኣ ክሰምዕ'የ። ብናተይ ግምት ሓደ ነገር እንተሎ ኾይኑ፡ ካባይ ይሓብእ እዩ ዝብል እምነት የብለይን፡" ድሕሪ ምባል፡ "ንምኳኑ ምቅርራባት ከመይ ይኸይድ ኣሎ?" ብምባል ብዛዕባ ካብ ሩስያ፡ ዩክረይንን ቾኮዝላቫክያን ይኣቱ ኣሎ ዝብሃል ኣጽዋር ሓተቶ፡

"ሃብቲ ኢትዮጵያ ተበዝቢዙ እዚ ዘይብሃል ኣጽዋር ተገዚኡ ኣሎ፣ ጽላለ እዩ። ኣብ ኣፍሪቃ ብጀካ ግብጽን ደቡብ ኣፍሪቃን ክንዲ ናትና ምብዝሓን ታንክታት፡ ነፈርቲ ውግእ፡ ወተሃደራውያን መካይን፡ ቢኤም 21 ወንጨፍቲ ሮኬት፡ ወዘተ. ዘለዋ ሃገር የላን። ኣብ ትሕተ ሰሃራ እቲ ዝዓበየ ሰራዊት ሃኒጽና ኣለና። እቲ ወፍሪ እንተ ፈሺሉ እንታይ ክመጽእ'ዩ?። እዚ ጽሉል ንኹላትና ክውድኣና እዩ። እንተ ተዓዊቱ ኸኣ፡ ብጃህራ ክቕትለና እዩ፡" ብምባል ካር ካር ኢሉ ሰሓቐ። ከምዚ እናበሉ ነዊሕ ምስ ኣዕለሉ ንኽኸዱ ተበገሱ'ሞ፡

"ኢቢሳ፡ ንዝኾነ ይኹን ሓላፊ እትህቦ ሓበሬታ ጥንቅቕ ኢልካ እንተ ሃብካ፡ ዝሓሸ እዩ። ንዓይ ከኣ ዘጋጥመካ ነገራት ከይተጠራጠርካ ሓብረኒ ኢኻ፡ ኣነ'ውን ከምኡ፡" ብምባል፡ ካብ ሆቴል ከረን ብሓባር ወጹ።

ሻምበል በዛብህ፡ ድሕሪ ኽልተ መዓልቲ ካብ ኣዲስ ኣበባ ናብ ኣስመራ ተመልሰ'ሞ፡ ብቐጥታ ናብ ሻለቃ ታምራት ብምኻድ ምምጽኡ ሓበረ። ሻለቃ ታምራት ዝተፈላለዩ *ሰናርዮታት* ኣብ ኣእምሮኡ ቀሪጹ ስለ ዝነበረ፡ ነየናይ ሓቲቱ ነየናይ ክገድፍ ከም ዘሎዎ ኸደይብን ከውርድን ድሕሪ ምጽናሕ፡

"ኻድ እሸቴ ጥዕና ይረክብዶ ኣሎ? ሽኮር ኣዝያ እያ ትሕይሎ።"

"ብደገ ክትርእዮም ኸለኻ ጽቡቕ እዮም ዘለዉ።"

"እንታይ ደኣ ቀሪቡልካ ጸኒሑ፡" ምስ በሎ፡ ንሱ'ውን ነዚ ሕቶ ተቐሪቡሉ ዝጸንሖ ብምኳኑ፡

"ጓድ መንግስቱ ሃይለማርያም እዮም ኸዘራሩቡኒ ጸዊያምኒ፣" ምስ በሎ፣ እቲ ንሱ ዝገመቶን ንኮሎኔል ኢ.ቢ.ሳ ዝነገሮን ስለ ዝተጋጠመሉ ፍሽኽ በለ'ሞ፣ ምስ መንግስቱ ዝገበሮ ዝርርብ ክነግሮ ኸም ዘይክእል ይፈልጥ'ኳ እንተ ነበረ፣ ካብ ዘይምሕታት ምሕታት ይሓይሽ ብምባል፣

"ጓድ መንግስቱ ሃይለማርያም ብደሓን ደልዩካ?"

"ቅድሚ ናብዚ ምምጻእኩም ናይ ዝተዋህበ ጸብጻብ ሓደ ሓደ መብርሂ ብኣካል ካባይ ስለ ዝደለዩ እዮም ኣጸዊያምኒ፣" ታምራት ካብ'ዚ ንንዮ ምሕታት ዘይተደልየ መልሲ ክመጾ ኸም ዝኽእል ስለ ዘስተብሃለ፣

"ጓድ በዛብህ፣ እሞ ሕጂ ኢኻ ኣቲኻ፣ ዕረፍቲ እንተ ደሊኻ ኣዕሪፍካ፣ ጽባሕ ክትኣቱ ትኽእል ኢኻ፣" ብምባል ኣፋነዎ።

* * *

ታምራት፣ ኣብ ስለያዊ ስራሓት ናይ ነዊሕ ዓመታት ተመኩሮ ዝነበሮ ኸም ምዃኑ መጠን፣ እቶም ብመንግስቱ ክሕተቱን ክግበሩን ዝኽእሉ ነገራት ክጠፍኦ ዝኽእል ኣይነበረን። ስለ ዝኾነ ኸኣ፣ ንበዛብህ ምቕራብ ሓደ ካብቲ ውጥኑ ኾይኑ፣ ነቲ በዛብህ ጥራይ ብሒቱዎ ዝነበረ ስራሓት ኣብ ክልተ ሰለስተ ሰባት ፋሕ ከም ዝብል ክገብሮ ዝወሰነ። ስለዚ፣ ሻምበል በዛብህ ጊዜ ኸረክብ እሞ፣ ኣድላዪ ምስ ዝኸውን ምስኡ ኸምስን ክተዓራረኾን ብምባል'ዩ ነቲ ሓሳብ ኣንቂሉዎ። ታምራት ዘውጽኦ ውጥን ብልክዕ ክሰርሕ ጀመረ። ኣብ መፋርቕ ወርሒ ሓምለ ድምጺ ሓፋሽ፣ ደርግ ካብ ሩስያ ቢኤም 21፣ ቢኤም 23፣ 130 መድፍዕ፣ ረሻሻት፣ ዝተፈላለየ ኣጽዋርን ተሽከርከርትን፣ ካብ ዩክረይን ተወሰኽቲ ሚግ 21፣ 23፣ ካብ ቸኮዝሎቫክያ ኸኣ ታንክታትን ድሩዓት መካይንን ከም ዝሸመተ፣ መዓልቱን ዕለቱን ከይተረፈ ብዝርዝር ፈነወ ድሕሪ ምዝርጋሓ፣ ታምራት፣ ንሻምበል በዛብህ ሰዓት ሸሞንተ ምሸት ኣብ ባር ባኞ ብሓንሳብ ክምስዩ ዓደሞ። ኣዜብ፣ ጥዑም ናይ ዓደ'ምሓራ ጸብሒ ደርሆ ብምስራሕ ክትጽበዮም ጸንሐት'ሞ፣ ምስ መጹ፣

"ሻለቃ ታምራት፣ ኩሉ ጊዜ ቅር ዝብለኒ ነገር እንተሎ፣ ሓደ መዓልቲ ድራር ከጋብዘኩም ክትፈቕዱለይ ዘይምኽኣልኩም'ዩ። ካብ ንዓኹም ዝሓትት ንሻምበል እንተ ሓተትኩ ቅር ኣይበልኩም፣" ምስ በለቶ፣ ኣበሃህላኣ ስለ ዝተረድኦ፣

"ወ/ሮ ኢትዮጵያ፣ ሎሚሲ ኣነ'ውን ካብ ጥሜት ዝተላዕለ፣ ስጋ ኣድጊ'ውን እንተ ትቕርብለይ ኣይምገደፍኩዎን ነይረ። እንተ እቲ ኻልእ እዋን ግና ስራሕ ስራሕ ስለ ዝኾነ፣ ከይከፈልካ ምብላዕ ነውሪ እዩ ኢለ'ምበር፣ ቃል ዓለም ገይረ ኣይኮንኩን።"

"ርኢኹም ሻምበል ባዕሎም ተለፋሊፎም፣" ብምባል ከምዛ ዘይትፈልጥ፣ እንታይ ከም ዝሰትዩ ብምሕታት ካብቲ ክፍሊ ወጸት'ሞ ነቲ ዘዳለወቶ ምግብን መስተን ብምሓዝ ተመልሰቶም። ሻለቃ ታምራት፣ ዝኾነ መልእኽቲ ኽሰድድ እንተ ኾይኑ ነቲ እሙን ዓጃቢኡ ኣሻግሬ እዩ ዝልእኮ። ኣሻግሬ፣ ነዊሕ እዋን ከም ዓጃብን መራሕ መኪናን ሻለቃ ኾይኑ ስለ ዝሰርሐ፣ ንሻለቃ ካብ ህይወቱ ንላዕሊ እዩ ዝፈትዎ ዝነበረ። ሻለቃን ኣልማዝን ኣዝዮም ለጋሳትን ርህሩሃትን ስለ ዝነበሩ፣ ኣውደ ኣመት መጸ፣ ኣልማዝ ንደቁ ክዳውንቲ ገዚኣ ክትህቦ ኸላ፣ ሻለቃ ኸኣ ንበጊዕካ ብምባል ገንዘብ ካብ ምሃብ ኣቋሪጹ ኣይፈልንዎ'ዩ ነይሩ። ታምራት፣ በዛብህ ካብ ኣዲስ ኣበባ ድሕሪ ምምላሱ ዝኾነ ሓበሬታ ብተሌፎን ምሃብ ፈጺሙ ስለ ዝገደፎ፣ ናብ ኣዜብ ይኹን ናብ ኢቢሳ ኽኸይድ እንተ ኾይኑ ንዕኡ ብምስዳድ'ዩ ዝሕብሮም ነይሩ።

"በሉ ሻለቃ ውርዝነተይ ብዙሕ ኣይተስተናዕቑዎ ኢኹም፣" ብምባል እንጀራ ዝሓዘ መሶብ ኣምጺኣ ጸብሒትሎም'ሞ ምስኦም ብሓባር ተመጊባ ምስ ወድኣት፣ ንበይኖም ገዲፋቶም ወጸት። በዛብህ ምስቲ ብዛዕባ ሻለቃን ኣዜብን ዝሰምዮ ዝነበረ ወረ፣ እቲ ኣ ዜብ ትብሎ ዝነበረት ተገራጨዎ። ከመይሲ ዝምድናኦም ዳርጋ ብጋህዲ ይዝረበሉ ስለ ዝነበረ።

"ዝገርም'ዩ፣ ኢድና ክንቁርጥም ቊሩብ ተሪፉና ጸኒሑ፣" ብምባል፣ ሻለቃ ዕላል ከፈተ'ሞ ድምጺ ሓፋሽ ቅድሚኡ ምሸት ዝፈነወቶ ዜና ኣመልኪቶም ድሕሪ ምዝርራብ፣

"ሻለቃ፣ ከምቲ ቕድሚ ሕጂ ዝበልኩኹም ሻዕብያ ኣብ ስለያ ኣዝዩ ሓያል'ዩ፣ ብፍላይ ኣብ ኤሌክትሮኒካዊ ስለያ ኣይንወዳደሮን ኢና። ብወገንና ውሽጥና ኽነጽርዮ ብዙሕ'ኳ እንተ ፈተንና መመሊሱ ይገድድ ኣሎ'ምበር፣ ዝተመሓየሸ ዋላ ሓደ ነገር የልቦን። ብፍላይ ኣብ'ዚ እዋን'ዚ፣ ኣብ ኣዘዝቲ ሰራዊት ብገለ መዳዩ *ሳቦታይጅ* ዘሎ ኾይኑ ይስምዓካ።" ብምባል ንሕቶ ታምራት መለሰሉ።

"እቲ *ሳቦታይጅ፣* ካብ ምንታይን ኣበየናይ ጽፍሕን ዘሎ ኾይኑ ይስምዓካ?"

"ብሓደ ወገን እቲ ሰራዊት እቲ ውግእ ነዊሑዎ ኽኸውን ይኽእል'ዩ። በቲ ኻልእ ከኣ ..." ብምባል፣ ንሻለቃ ዓይኒ ዓይኑ

ብምጥማት፣ ቅድሚ ሕጂ ንማንም ሰብ ኢሉዎ ዘይፈልጥ "ኣብቲ ላዕለዋይ ጽፍሒ ዘለዉ ጀነራላትና፣ ብሰንኪ'ቶም ሶቭየታውያን ሓንጸጽቲ ውግእ ምስ ጓድ መንግስቱ ዝፍጠር ዘሎ ዘይምርድዳእ ኮይኑ ይስምዓኒ፣" ብምባል ንሻለቃ ታምራት ቀው ኢሉ ጠመቶ።

"እሞ ናብ ሻዕብያ ምስጢር የመሓላልፉ ኣለዉ ማለትካ ድዩ?"

"ከምኡ ዓይነት ስክፍታታት ክህሉ ይኽእል'ዩ። እዚ ኸኣ ኣባና ጥራይ ዘሎ ዘይኮነስ ዓለም ለኻዊ እዩ።"

"እንታይ እንተ ተገብረ ደኣ ይሓይሽ?"

"ውሽጥና ኽነጽሪ እንተ ደኣ ኼንና፣ መጀመርታ ሻዕብያ ኽጠፍእ'ኳ እንተ ዘይከኣለ ኣዝዩ ክዳኸም ክኽእል ኣለዎ። ምኽንያቱ፣ ኩሉ ዓቕምና ኣብዚ ውግእ ይጠፍእ ስለ ዘሎ።" ምስ በሎ፣ ታምራት ነቲ ምስ ኮሎኔል ኢቢሳ ዝተዘራረቡሉ ጉዳይ ዘኪሩ ርእሱ ነቕነቐ። "ጓድ መንግስቱ'ውን ነዚ ወፍሪ ከበግሱ ዘገደዶም ቀንዲ ምኽንያት፣ ንሱ ኽይኮነ ኣይተርፍን'ዩ ዝብል ግምት ኣለኒ። ስለዚ፣ ሻለቃ ታምራት፣ ነዚ ጉዳይ ማለት ምዝራቑ ምስጢር ብዕቱብ እንተ ሓዝናዮ ዝሓሸ ኾይኑ ይስምዓኒ።"

"ስለዚ፣ ድሕሪ ወፍሪ ቀይሕ ኮኾብ ውሽጥና ኽነጽርዮ ኣለና ማለትካ እዩ።" ኢሉ ሓተቶ'ሞ በዛብህ ብዘይ ምጥርጣር እወታዊ መልሲ ሃቦ። ከምዚ'ሎም ከዕልሉ ኣምሰዩ'ሞ ነናብ ቤቶም ከዱ። ሻለቃ ታምራት ከምቲ ቐዲሙ ዝገመቶ ርክብ መንግስቱን ሻምበል በዛብህን ካብዚ ባዕሉ ሻምበል ዝበሎ ወጻኢ ኽም ዘይኮነ ከረጋግጽ ክኢሉ ጥራይ ዘይኮነስ፣ ጀነራል እሸቴ'ውን ብወገኑ ርክብ መንግስቱን በዛብህን ኣረጋጊጹሉ ስለ ዝነበረ፣ ንኹሉ ነገር ክዳሎ ኽም ዘሎዎ ኣይዘንግዐን።

ንጽባሒቱ ናብ ኣዜብ ብምኻድ፣ ብዛዕባ ዘሎ ኾነታት ነዊሕ ድሕሪ ምዕላል፣ ንሱ፣ ምስ ሻዕብያ ብምትሕብባሩ፣ መንግስቱ ኣብ ልዕሊኡን ሌ/ኮሎኔል ኢቢሳን ኣሕዲሩዎ ዘሎ ጥርጣረ ሻቕሎት ፈጢሩሉ ኽም ዘሎ ኽይሓብእ ገለጸላ።

"ብወገንና ኣብ ዝኾነ ሰዓት ከነውጽኣካ ዝኾነ ዘጸግም ነገር የብልናን። እንተ ናይ ስድራ'ኻ ግና፣ ባዕል'ኻ ንወጻኢ እንተ ትሰዶም ምሓሸ ነይሩ።"

"ዳርጋ መብዛሕትኦም ኣባላት ደርግ ስድራኦም ኣብ ኣሜሪካን ዓዲ እንግሊዝን ስለ ዘለዉ ኽሸግረኒ ይኽእል'ዩ ኢለ ኣይኣምንን'የ። እንኮ ደኣ ብወገን ሻዕብያ ቐሩብነት ይሃሉ'ምበር።"

"ኮሎኔል ኢቢሳኸ ኽምዚ ንስ'ኻ ትሓስቦ ድዩ ዝሓስብ ማለተይ

ኣብ ስራሑ ውሕስነት ይስምዖ ድዩ?"

"ብዛዕባ ሻምበል በዛብህ ናብ ኣዲስ ኣበባ ምኻድን ዝነበረኒ ጥርጣረን ምስ ገለጽኩሉ፣ ንሱ'ውን ነቲ ነገር በቲ ኣነ ዝርእዮ ኵርናዕ ከም ዝርእዮን እንታይ ክግበር ከም ዝክኣል ብሓባር ክን ከታተሎ ኸም ዘለናን ኢና ተረዳዲእና ዘለና። ኣብ ልዕለይ ዘሎዎ እምነት ዓቢ ስለ ዝኾነ፣ እዚ ንግበር እንተ ኢለዮ ድሕር ኣይክብልን'ዩ። ስለዚ፣ ብዛዕብኡ ብዙሕ ዘሸግር ነገር የልቦን።"

"ኣዲስ ኣበባ መዓስ ክትከይድ ኢኻ?"

"ድሕሪ ጽባሕ፣ ሰለስተ መዓልቲ ገይረ ክምለስ'የ፣" ምስ በላ ደኺሙ ኸም ዝነበረ ስለ ዘስተብሃለትሉ ገዛ ኸኸይድ መዓደቶ'ሞ ብድድ ኢሉ ናብ ገዝኡ ኸደ።

ሻለቃ፣ ብመሰረት መደቡ ናብ ኣዲስ ኣበባ ኸደ'ሞ ስድራኡ ኣብ መዓርፎ ነፈርቲ ብምጽባይ ዕምባባ ሒዞም ተቐበሉዎ። ታምራት፣ ንስድራኡ ኣብ ሰሙን ሓደ ጊዜ ኸይዱ ኽርእዮም ዝተለሞ ክኸውን ኣይከኣለን፣ ብጻዕቒ ስራሕ። ናብ ኣስመራ ካብ ዝመጽእ ድሮ ኣርባዕተ ወርሑ ገይሩ ስድራኡ ንሳልሳይ ጊዜ እዩ ዝርእዮም ዘሎ። ሎሚ'ውን እንተ ኾነ ናፍቖቶም ዘውጽኡሉ ብዙሕ ጊዜ የብሎምን ሰለስተ መዓልቲ ጥራይ እየን። ንሰን ብንሰን'ውን ምስቲ ኣብ ኣዲስ ኣበባ ዝህልዎ ኣኼባታት ብምጭራት'ዩ። ገዛ ምስ ኣተዉ ቈልዑ ብጕያ ናብ ክፍሎም ብምኻድ መጻወቲታት ናብ ሳሎን ኣምጺኦም፣

"ባባ ትርኢ ኣለኻ ማማ ዝገዝአትልና። ክንሕንብስ ከኣ፣ ኩሉ ጊዜ እያ ትወስደና። ንሕና ክንፈትዋ መዓት ኢና።" ምስ በሉዎ፣ ናብ ኣልማዝ ቍሊሕ ብምባል ፍሽኽ በለ'ሞ፣

"እሞ ንስኹምከ ብስነ ስርዓት ትሕምብሱዶ? ኣይትርብሹን ኢኹም ከኣ ሓቀይ?"

"ዎ! እንድሕር ስነ ስርዓት ዘይገበርና ማማ እንታይ ከም ትገብር ክነግረካ። ኣኺሉካ ኾፍ በል፣ ምሕንባስ የለ፣ ኮካ የለ፣ ዝብላዕ የለ ኹሉ የለን ማለት'ዩ። ዋላ ተጋግየ እየ ኢልካ እንተ ለመንካያ ኣይትሰምዓካን'ያ፣" ምስ በሎ ወሰንሰገድ፣

"ሓቃ እያ። ስነ ስርዓት ዘይብሉ ቈልዓ፣ ከምኣ እያ!" ብምባል ንኣልማዝ ጠሚቱ፣

"እምበይተይከ ኸመይ ኣለኽን?"

"ታምራተይ ናፊቕናካ፣" ብምባል ናብ ሕቍፉ ኣተወት'ሞ ንቈልዑ ሓንሳብ ኣብ ክፍሎም ክጻወቱ ነጊራቶም ናብ መደቀሲኣ ኸደት፣ ታምራት'ውን ኣይጸንሐን ተኸቲሉዋ ኸደ።

ካብ መደቀሲ ምስ ተመልሱ ቡን ኣፍሊሓ እናዕለሉ ኸለዉ፣

"ምጽላል ንስኻ ካብ ትኸይድ ኣትሒዝካ መጺኣትና ኣይትፈልጥን'ያ። ምናልባት ብስራሕ ናብ ወጻኢ ሃገር ተቐይራ ግዲ ኸይና። ገለ ደዊላትልካ ኣይትፈልጥን?"

"ኣይደወለትለይን!" ብምባል ነገሩ ገሪሙዎ ኑቲ ዕላል ናብ ካልእ'ኳ እንተ ጠወዮ ብዛዕባኣ ካብ ምሕሳብ ግና ኣየቋረጸን።

ሰዓት ሓሙሽተ ድሕሪ ቐትሪ ኣቢሉ *ታምራት* ናብ ጀነራል እሸቴ ስልኪ ደወለ፣

"እሸቴ፣ *ታምራት*'የ። ከመይ ቀኒካ?"

"*ታምራት* ከመይ ኣለኻ?"

"ኣብዚ ኣብ ኣዲስ ኣበባ እየ ዘለኹ'ሞ፣ ሎሚ ክንራኸብ ምኽኣልናዶ?"

"ጽቡቕ፣ ሰዓት ሸዱሽተን ርብዕን ኣብ *ንፋስ ስልክ፣*" ኢሉ ለዓት ተሌፎን ኣንበረ።

ብ/ጀነራል እሸቴ ሓጺር፣ ፈጣጣት ኣዒንትን ከሳዕ ከብዲ ዘለዎ ኾይኑ፣ ሓደ ካብቲ ኣዝዩ ዝፍለጠሉ ጠባይ ብዘይካ ህርኹትናኡን ቅንዕናኡን ኣብ ጊዜ ዝነበሮ ኣረኣእያ እዩ። ምስኡ ምቍጻር ማለት፣ ቀሊል ከም ዘይኮነ ኩሉ እዩ ዝፈልጥ፣ ስለ ዝኾነ ኸኣ፣ ምስኡ እንተ ተቛጺርካ ኣብ ቈጸራ ሰዓትካ ክትርከብ ከም ዘለካ ሓደን ሓደን ዝብሃለሉ ጉዳይ ኣይኮነን ነይሩ። *ታምራት* ኣብ ሰዓቱ መጺ'ሞ፣ ንእሸቴ ምዉቕ ብጸያፍዊ ሰላምታ ለጊሱ፣ ኢድ ንኢድ ተተሓሒዞም ናብ ሓደ ኽፍሊ ኣተዉ። *ታምራት* ኣብ ገዛ በሊዑ ስለ ዝመጸ ዝስተ ጥራይ ብምእዛዝ፣

"ኣስመራ ኸመይ ይገብር ኣሎ?"

"ኣስመራ ኽትነብረላ ኣዝያ ጥዕምቲ እያ። ንእሸቶን ምጭውትን'ያ፣ መሕብኢ ግና የብላን፣" ምስ በሎ እናሰሓቐ፣

"ይገርመካ እዩ፣ ኣነ'ውን ሰለስተ ዓመት ኣብኣ ተቐሚጠ እየ። እቲ ጽርየታ፣ ቤት ብልዓ፣ እንዳ ካፈኣ፣ ሲነማታታ ኮታ ኹሉ ነገራ እትፍቶ ኸተማ እያ። ምቅርራባት ንወፍሪ *ቓይሕ ኮኾብሽ* ኸመይ ይገብር ኣሎ?"

"ሓንጸጽቲ ኣብዚ ኸለኹም ደኣ ..."

"*ታምራት፣ ለት ሚ ቢ ፍራንክ።* ሰብኣይ ፈጺሙ ክሰምዓና ኣይደልን'ዩ ዘሎ፣ ብትዕቢት ክትኰስ እዩ ደልዩ ዘሎ። ነዚ ወፍሪ ኣበጊሱ ካን ንሻዕብያ ሕምትል ሕምትል ኣቢሉ ኣብ ሓደ ለይቲ ኹሉ ነገር ከም ዘይነበረ ዝኸውን'ዩ ዝመስሎ ዘሎ። ህዝቢ ኤርትራ፣

ኩሉ ሻዕብያ እዩ። ብዘይ ብኡ ኸኣ፡ ሰራዊት ሻዕብያ ሓያል ድስ ፕሊንን ተወፋይነትን ዘሎዎ ሰራዊት ከም ምዃኑ መጠን፡ ብቐሊሉ ካብ ናቕፋ ኽነውጽኦም ንኽእል ኢና ዝብል ኣረኣእያ የብለይን።"

"ውቡቴ ጸጋየ ግና፡ ካብዚ ናትካ ዝተፈልየ ኣረኣእያ እዩ ዘሎዎ፡ ናቕፋ መቓብር ሻዕብያ ክትከውን ምዃና እዩ ኣረጋጊጹ ዝዛረብ።"

"ብወገንካኸ ኸመይ ትግምግሞ?"

"ኣስመራ ካብ ዝኸይድ ሓደ ሓደ እዋን ንጽላሎተይ'ውን እንተ ኾነ ክኣምኖ የጸግመኒ እዩ። ኩሉ ነገር ምስ ተዓዘብካ፡ እምበርዶ ናይ ብሓቂ ክንሰርሕ ተደሊና ኣለና ኢና፡ ዋላ ካብዚ ኸርሕቑና ዝደልዩ ሰባት ኣለዉ እዮም፡ ዘየብል ኣይኮነን። ገምጋመይ፡ ንዓወትን ውድቀትን ውሽጥና እዩ ዝውስኖ። እሸቴ! ነንሕድሕድና ተኣማሚንና ንሰርሕ ኣለና ዲና?" ብምባል ንእሸቴ ርእሱ ክሳዕ ዘድንን ዓይኒ ዓይኑ ኣትሪሩ ጠመቶ።

"ሰሚዕካ ታምራት፡ ዝሓለፈ ጊዜ መጺእካ ኸለኻ ክነግረካ ኣይደለኹን'ምበር፡ ንሻምበል በዛብህ ተጠንቀቐሉ ኢኻ። ድሕር'ቲ ሻዕብያ ንነርብ ጋዝ ኣመልኪቱ ዝፈነዎ ዜናን ኣብ መጽሄቱ ኣውጺኡዎ ዘሎ ስእሊ ማስከ ዝወደዩ ሰራዊቱን ብሓደ ወገን፡ ኣብዚ ቐረባ እዋን ነቶም ካብ ሩስያን ካልኦት ሃገራትን ዝሸመትናዮም ኣጽዋር ኣመልኪቱ ብዝርዝር ዘውጽኦ ዜና ብኻልእ ወገን፡ ንመንግስቱ ኣዝዩ እዩ ኣቘጢዑዎ ዘሎ። ስለ ዝኾነ እዩ ኸኣ ኣቐዲሙ ንበዛብህ ጸዊዑ ኣዘራሪቡዎ ዝነበረ። እንታይ ምስጢራዊ ስራሕ ሂቡዎ ኣሎ፡ ኣነ ዝፈልጦ ነገር የብለይን፣ ምኽንያቱ፡ በዛብህ ንዓይ ከይረኸበ እዩ ናብ ኣስመራ ተመሊሱ። እዚ ዝብለካ ዘለኹ ግና ተጠንቂቕካ ሓዞ ኢኻ። ከም ዝመስለኒ ቀንዲ ተጠርጣሪ ዘሎ፡ ኮሌኔል ኢቢሳ እዩ።"

"ንስኻ እንታይ ክግበር ኣለዎ ትብል?"

"ኣብ ውግእ ሃንደበትነት ፍርቂ ዓወት'ዩ፡ ምኽንያቱ፡ መሳርዕ ሰራዊት ይበታተን'ሞ፡ ክሳዕ ዳግማይ ዝወዳደብ ..." ኢሉ ኸይወድኦ፡ እሸቴ እንታይ ማለቱ ምዃኑ ዝተረድኦ ታምራት፡

"እዚ፡ ጊዜ ዝወስድ'ዩ። ምኽንያቱ፡ ብሃንደበት ዝግበር ጉዳይ ስለ ዘይኮነ። ከምቲ ሓደ እዋን ዝበልካዮ፡ እቶም ብቐረባ እንፋለጥ ክንቀራረብ ኣድላዩ እዩ'መስለኒ። ሓደ ኣገዳሲ ጉዳይ ግና ኸይሓበርኩኻ ክኸይድ ኣይደልን'የ። በዛብህ፡ ናብ ኣስመራ ምስ ተመልሰ ኣጋውሉ ብዙሕ ደስ ኣይበለንን። ቅድሚ ናብዚ ምምጽኣይ ተራኺብና ብዛዕባ ዘሎ ኹነታት ኣብ ዘዕለልናሉ እዋን፡ ኣብ

ሰራዊት *ሳቦታይጅ* ምግባር ከም ዘሎን፡ እዚ ኸኣ ድሕሪ ወፍሪ *ቐይሕ ኮኾብ* ክጸሪ ኸም ዘሎዎን ምኽኑን ብርእሰ ተኣማንነት'ዩ ኣዕሊሉኒ። ስለ ዝኾነ ኸኣ እዩ እዚ ትብሎ ዘለኻ ጊዜ ዝወስድ ጥራይ ዘይኮነስ፡ ድሕሪ'ቲ ወፍሪ፡ እቲ ኹነታት ከመይ ከም ዝኸውን ብዕቱብ ክንከታተሎ ዝግብኣና'መስለኒ፡" ብምባል፡ ኣብ ልዕሊ መንግስቱ ዘሎዎም ተቓውሞ ነዊሕ ምስ ኣዕለሉ፡ እንታይ ክግበር ከም ዘሎዎ ሓደ መደብ ኣውጽኡ። ታምራት ኣብ ኤርትራ ዝርከቡ ንኣዛዚ *ውቃው እዝ* ንብ/ጀነራል ኣበራ ኣበበን ንኣዛዚ *መንጥር እዝ* ሜ/ጀነራል ቁምላቸው ደጀኔን፡ ብ/ጀነራል እሸቴ ኸኣ ንሜ/ጀነራል ፋንታ በላይን ንሜ/ጀነራል ኣምሃ ደስታን ብስቱር ክረኽቡዎም ተሰማምዑ።

* * *

ሻለቃ ታምራት ስድራኡ ርእዩን ኣኼባታቱ ወዲኡን ናብ ኣስመራ ምስ ተመልሰ፡ ንኮሎኔል ኢቢሳ ብምርካብ፡ ብዛዕባ ምስ ጀነራል እሸቴ ዝገበሮ ዝርርብ ብሰፊሑ ኣዕለሎ። ኩሎም ኣብ ሓደጋ ኸም ዘለዉን፡ መንግስቱ፡ ኣብዚ ኣብ ልዕሊ ሻዕብያ ዝካየድ ውግእ እንተ ተዓዊቱ፡ ውሽጣዊ ምጽራይ ከካይድ መዲቡ ኸም ዘሎ፡ ሻምበል በዛብህ ብዘይ ሕብእብእ ከም ዝነገሮን ብወገኖም እንታይ ክገብሩ ኸም ዘሎዎምን ብኽፉት ልቢ ኣስፊሑም ተመያየጡ።

"ታምራት፡ ከም ትፈልጠ ጉዳይ ሃገር ኮይኑና'ምበር፡ ከምቲ ሃገር ገዲፉ ዝስደድ ዘሎ ምግባር ኣይጠፍኣናን። ትፈልጥ ኢኻ፡ ኣነ ዘይከማ'ኻ ስድራይ ናብ ኣሜሪካ ኣቐዲመ እየ ኣውጺኣዮም፣ ስለዚ፡ ብወገነይ ነዛ ነብሰይ እንተ ዘይኮይኑ፡ ስግኣት ዝብሃል የብለይን። ከመ'ኽረካ፡ ቀሲንካ ምእንቲ ክትሰርሕ ስድራ'ኻ ኣውጽኣዮም፡" ምስ በሎ፡ ታምራት መሬት መሬት እናጠመተ፡

"ካልእ ኣማራጺ የብለይን።"

"ወስን'ሞ ኣብኡ ማለት ኣብ ኣሜሪካ ዝተሓባበረካ ሰብ ኣይክስእነልካን'የ።"

"በል ኣጸቢቐ ክሓስበሉ'ሞ ኣብዚ ቐረባ መዓልቲ እንታይ ከም ዝወሰንኩ ኸፍልጠካ እየ።" ብምባል፡ ምሸት ኣብ ባር ባኞ ክራኸቡ ተቛጺሮም ተፈላለዩ።

ወጋሕታ ሰዓት ሽዱሽተ ተሌፎን ጭር በለት። ሻለቃ ታምራት ተበራቢሩ ስለ ዝጸንሐ ሰዓቱ ርእዩ ናብ ተሌፎን ብምኻድ "ሃለው፡" በለ፡

“ሻለቃ ታምራት፣ ከመይ ሓዲርኩም? በዛብህ'የ።”

“ከመይ ሓዲርካ በዛብህ?” በለ ታምራት ሰዓቱ እናረአየ።

“ሻለቃ፣ ሻዕብያ ሎሚ ወጋሕታ ሰዓት ሓሙሽተ ኣቢሉ ብወገን ናቕፋ ኣፍዓበት መጥቃዕቲ ኸፊቱ'ሎ። እቲ መጥቃዕቲ ሃንደበትን ቅልጡፍን ስለ ዝነበረ በጺሑና ዘሎ ሓበሬታ ሰራዊትና ካብቲ ሒዙዎ ዝነበረ ቦታ ቊሩብ ተደፊኡ'ሎ።”

“በዛብህ፣ ናብ ቤት ጽሕፈት እመጸካ ኣለኹ፣ ኣብኡ ጽንሓኒ፣” ብምባል፣ ለዓት ተሌፎን ኣንቢሩ ኸይቈረሰ ናብ ቤት ጽሕፈቱ ኸደ።

ታምራት፣ ቤት ጽሕፈቱ ኣብ ዝኣተወሉ ጊዜ ኣዛዚ ካልኣይ ኣብዮታዊ ሰራዊት ሜ/ጀነራል ኣስራት ብሩ ስልኪ ደወለሉ'ሞ፣ እቲ ዝተዋህበ ሓበሬታ ብገለ ናይ ሬድዮ ርክብ ሰሊኹ ዝመጸምን ሓቅነት ከም ዘይብሉን ንታምራት ኣረጋገጸሉ። ይኹን ደኣ'ምበር፣ ታምራት ናብ ቤት ጽሕፈቱ ኽመጸ ምኻኑ ሓቢሩ ተሌፎን ዓጸዋ።

ድሕሪ ዓሰርተ ደቒቕ ናብ ጀነራል ኣስራት ከደ'ሞ ወተሃደራዊ ሰላምታ ብምሃብ ናይ ኢድ ሰላምታ ተለዋወጡ።

“ሻለቃ ታምራት፣ ከምዚ ዓይነት ዝተጋገየ ሓበሬታ ብቐጻሊ ይመጸና እንተ ኾነ'ኳ ናይ ሎሚ ግና ፍሉይን ዝእመንን'ዩ ነይሩ። ኣነ ንውብቱ ሬድዮ ገይረ ምስ ረኸብኩዎ ንርእሱ ገሪሙዎ። ከም ዝገለጸለይ እንተ ኾይኑ ኣብቲ ግንባር ተኹሲ ዝብሃል ከም ዘይነበረ እዩ ገሊጹለይ። ስለዚ፣ ዘሸግር ጉዳይ ኣይኮነን።”

“ከምኡ ዓይነት ሓበሬታ ካብ መንን ብኸመይን ይመጽእ ኣሎ ጀነራል?”

“ካብቲ ሻዕብያ ኣብ ግንባር ናቕፋ መጥቃዕቲ ክፍኑ ይዳሎ ኣሎ ዝብል ቤት ጽሕፈትካ ዝሃቦ ሓበሬታ ዝተበገሰ ክኸውን ይኽእል'ዩ። ኣነ፣ ኣብ ወርሒ ታሕሳስ 1979 ዘጋጠመና ናይ ሻዕብያ መጥቃዕቲ ንኹልና ትምህርቲ ኾይኑና'ሎ እየ ዝብል። ኣብ'ቲ እዋን'ቲ ልክዕ ንምኳን 2 ታሕሳስ 1979 ሻዕብያ ኸይሓሰብናዮ ኣብ ግንባር ናቕፋ ኣብ ልዕሊ ናደው እዝ ዘይተጸበናዮ ሓያል መጥቃዕቲ ኸፊቱልና። እቲ መጥቃዕቲ ኣብ ልዕሊ'ቲ ብዓወት ተዛንዩ ዝነበረ ሰራዊት ሃንደበትን ቅልጡፍን ስለ ዝነበረ፣ ሰራዊትና ኽትክል ኣይከኣለን። ስለ ዝኾነ ኸኣ፣ ሓንሳብ ካብ'ቲ ዝነበሮ ቦታታት ንድሕሪት ምስ ተደፍአ፣ ሻዕብያ እግሪ እግሩ እናሰዓበ ክሳዕ ዓሸሩም ኮብኲቡ ኣ ብጺሑዎ። እዚ ዝብለካ ዘለኹ ሰራዊትና ንኸባቢ 30 ኪ.ሜ ተደፊኡ ማለት'ዩ። ሻዕብያ፣ ተኸቢቡ ስለ ዝነበረ መተንፈሲ ይደሊ ነይሩ፣

ብወገና ግና ኣብ ግንባር ናቕፋ መጥቃዕቲ ኽገብር'ዩ ዝብል እምነት ኣይነበረናን። ምኽንያቱ፡ ብስነ ኣእምሮ ላዕለዋይ ኢድ ኣለና ዝብል እምነት ስለ ዝነበረና። ኣይጸንሖን ሻዕብያ ንድሕሪት ብምስሓብ ኣብ'ቲ ንሕና ዝገደፍናዮ ቦታታት ዓሪዱ'ሎ። ክሳዕ ሕጂ'ውን ኣብኡ እዩ ዘሎ፡" ብምባል፡ ነቲ ኣዛዚ ናይ መበል 608 *ግብረ ሃይል* ኮሎኔል ይልማ ግዛው፡ ኣዛዚ ብርጌድ ሌ/ኮሎኔል መርሻን ሻለቃ ጌታቸውን ዝተቐትሉሉ ውግእ ኣስፊሑ ገለጸሉ።

"እዚ ካብ ኮነ እምበኣር፡ ብወገነይ ናብተን ሰለስተ ግንባራት ብምኻድ ሓደ ሓደ ሓበሬታታት ክእክብ እሞ፡ ክውሰዱ ዘለዎም ስጉምትታት ክንሕንጽጽ፡" ብምባል፡ ንጽባሒቱ ኽሽይድ ምኽኑን ጸብጻብ ኽም ዘቕርበሉን ኣፍሊጡ ንጀነራል ኣስራት ብሩ ተፋንዩዎ ኸደ። ኣማስይኡ ናብ ኣዜብ ብምኻድ ዘሎ ሓበሬታን ናብ *ናደው እዝ* ግንባራት ናቕፋ፡ *ውቃው እዝ* ስሜናዊ ምብራቕ ሳሕልን *መንጥር እዝ* ግንባር ባርካ ብምኻድ ነቶም ጀነራላት ክረኽቦም ምኽኑ ሓቢሩዋ ኸደ። ሻለቃ *ታምራት*፡ *መጀመርታ* ናብ ግንባር ባርካ ብሓንቲ ወተሃደራዊ ሄሊኮፕተር ገይሩ ብምኻድ ምስ ሜ/ጀነራል ቁሙላቸው ደጀኔ ተራኸበ። ካብታ ወተሃደራዊ ሄሊኮፕተር ምስ ወረደ ድሙቕ ወተሃደራዊ ሰላምታ ብምግባር ተቐቢሉ ናብ መአዘዚ ቦታኡ ወሰዶ። ኣብቲ ኽልቲኦም ጥራይ ብዛዕባ ዘጋጥም ዘሎ ምልሓኽ ሓበሬታ ናብ ጸላኢ፡ ካብተን ግንባራት ዝመሓላለፉ ዘለዉ ግጉያትን ዘይተጻረዩ ሓበሬታታትን ኣተሓሕዛ ቦታን ብሰፊሕ ድሕሪ ምዝታይ፡

"*ታምራት*፡ ከምዚ ዝበልካዮ ማለተይ ካብ'ዚ ናይ ስለያ ኣሃዱና ዝመጸና ዘሎ ሓበሬታታት ሓደ ሓደ እዋን መኣዝኖም ዝሰሓቱን ኣጋገይትን ክኾኑ ብወገነይ ንቡር ኮይኑ እዩ ዝስምዓኒ። ምኽንያቱ፡ እቲ ናይ ስለያ ስራሕ ገዛነም'ዩ፣ ብሓጺሩ ነቲ ወተሃደር፡ ኪድ ሙት ኢኻ ትብሎ ዘለኻ። ትእዛዝ ኮይኑዎ'ምበር፡ ክመውት ዝደሊ ማንም የለን፡ ንምንታይ ዕላማኺ?" በለ፡ ንታምራት ዓይኒ ዓይኑ እናጠመተ። "ርኢኻ ናይ ሻዕብያ ሰራዊት ንዕላማ ዝዋጋእን ፍሉይ ተወፋይነት ዘተዓደለን'ዩ፡ እዞም ናትናኸ?" ብምባል ዓይኑ ካብ *ታምራት* ኸይኣለየ ብሓውሲ ምንዳር ሓተቶ።

"ናይ ሃገር ጉዳይ ኮይኑ'ምበር ሓቅኻ ኣለኻ። ኩሉ ውፉይ ክኸውን ኣይክእልን'ዩ፣ እቶም ንሃገር ዝውፈዩ ኸምዚ ኸማኻ ፈተውቲ ሃገር ዝኾኑ ጥራይ እዮም፡" ምስ በሎ፡ ሜ/ጀነራል ቁሙላቸው ደጀኔ ካዕ ካዕ ኢሉ ሰሓቐ'ሞ፡

"ታምራት፣ እምበርዶ ናይ ልብና ኢና ኸምኡ ንብል ዘለና ወይ ንቓል ዓለም። እዚ ኹሉ ዝግበር ዘሎ ንስኻ ብውልቅኻ ብልቢ ትኣምነሉ ኢኻ ኢለ ኣይኣምንንየ፣" ብምባል ክሳዕ ታምራት ርእሱ ናብ የማነ ጸጋም ዘወዛውዝ ኣትሪሩ ጠመቶ። ድሕሪ ቝሩብ ስቕታ፣

"ጀነራል፣ ሓቅኻ ኢኻ። እቲ ኸገድሰና ዘሎዎ ቐንዲ ጉዳይ ግና፣ ካብዚ ወፍሪ'ዚ ተዓዊትና ክንወጽእ ዲና ኣይንወጽእን? ከምዚ ዘለናዮ ኣካይዳ ንቐጽልዶ ኣይንቐጽሎ እዩ? ኣዲስ ኣበባ ኸይደ ንእሸቴ ምስ ረኺብኩዎ፣" ኢሉ፣ ናብ ቁሙላቸው ቋሕ በለ'ሞ፣ ሽም ብ/ጀ እሸቴ ዝሰምዐ ቁሙላቸው ኣብ መንበሩ ፍንሕኒሕ በለ። ነዚ ዝተዓዘበ ታምራት "ነዚ ኣነን ንስኻን ንዛረበሉ ዘለና፣ ኩላትና ብሓባር ክንምልሶ ዝግብኣና ጉዳይ ምዃኑ ኢና ተረዳዲእና ዘለና፣" ብሽፋኑ ድሕሪ ምባል፣ "ንስኻኸ እንታይ እዩ ርእይቶኻ?"

"ምትእምማን ኣሎ ድዩ?" ብምባል ተኹሩ ጠመቶ።

"ሞት ኣብዚ ኣሎ፣ ሞት ኣብኡ ኣሎ?" በለ ታምራት፣ ንገዚኡ ኸኣ ስቕታ ሰፈነ።

"ሓቅኻ ኢኻ። ካብዚ ዝኸፍእ ገሃነመ እሳት ኣበይ ከይህሉ። ብወገነይ ምርድዳእ ዘመስሉዎ ነገር የለን'የ ዝብል፣" በለ'ሞ፣ ኣብ ምሕሡው እዋን ተራኺቦም ኣዕሚቖም ክዝትዩ ምዃኖም ተረዳዲኦም፣ ታምራት ናብ ግንባር ናቕፋ ተበገሰ። ኣብ ግንባር ናቕፋ ንኣዛዚ ናደው እዝ ብ/ጀ ውብቱ ጸጋየ ረኺቡ ሓፈሻዊ ኹነታት እቲ ግንባር ተመያየጡ ናብ ብ/ጀ ኣበራ ኣበበ ግንባር ሰሜናዊ ምብራቕ ሳሕል ብምኻድ፣ ከምቲ ምስ ሚ/ጀ ቁሙላቸው ደጀኔ ዝተዘራረበሉ ምስ ኡ'ውን ንውሕ ዝበለ ሰዓታት ተዘራሪቡ ድሕሪ ቐትሪ ናብ ኣስመራ ነቐለ።

* * *

ምዕራፍ 38

ህ.ግ፡ ንተጻብኦ ጀብሃ ንምግታእን ናብ ሱዳን ዘእቱ ኮሪዶር ንምኽፋትን ኣብ መጀመርታ ወርሒ ሕዳር 1980 ኣብ ኩሉ ቦታታት መጥቃዕቲ ኸፈተላ። ሓይሊ ጀብሃ ብቐሊል ዝብዳህ ስለ ዘይነበረ ግና፡ ህ.ግ ኣብ ሰሜናዊ ምብራቕ ሳሕል፡ ደንከል፡ ሰራየን ባርካን ዘሎ ዓቕሙ ኣኻኺቡ ኣዋፈሮ። እቲ እንክትርእዮ ኸትኣ ምኖ ዘጸግም ኣዝዩ ጸቢብ ኮሪዶር ጐላጒል ዓራግ፡ ሳንቡእን ደም እትጭንጉዕ ልብን ህ.ግ ኣብኡ ስለ ዝርከብ፡ እቲ ብኹሉ ወገን ከቢቡዎ ዘሎ ሓይሊ ሰራዊት ኢትዮጵያ ብሓደ ወገን፡ ጀብሃ ኸኣ በቲ ኻልእ ምስ ተስተብህል፡ እምበርዶ ህ.ግ ክሰርር'ዩ ዝብል ፍርሂ ይወረካ። ስለ ዝኾነ እዩ ድማ ህዝባዊ ግንባር ቀጻልነት ሰውራ ኤርትራ ንኸውሕስ ንጀብሃ ካብቲ ኸባቢ ኸኣልያ ዝነበሮ። እቲ ጽዕጹዕ መጥቃዕቲ ህ.ግ፡ ንጀብሃ ካብቲ ቦታ ደፊኡ ሩባ ዓንሰባ ኣስጊሩ ናብ ሩባ ባርካን ሃዋሻይትን ኣእተዋ፡ ብደንከል ዝነበረ ሰራዊታ ኸኣ ተበታቲኑ ብበዓል ዓዲ ቐይሕ ኣቢሉ ብደቡብ ሰራየ ኸም ዝሃትፍ ገይሩ ኣብ ጋሽን ባርካን ከም ዝእከብ ገበሮ። ኣብ ባርካ ዝተኣኻኸበ ሓይሊ ጀብሃ ማእሊያ ዘይነበሮ ኸም ምኳኑ መጠን፡ እቲ ውግእ ኣዝዩ በዳሂ ኾነ። ኮይኑ ግና፡ ጀብሃ፡ ምስቲ ኣብ ውሽጣ ዝነበራ ሃለኽለኽን ዝተፈነወላ መጥቃዕቲ ክትጻወሮ ብዘይ ምኽኣላን ክራማት 1981 ተበታቲና ናብ ሱዳን ኣተወት። ህ.ግ ከኣ መላእ ኤርትራ ኣብ ትሕቲ ጽላል ሓደ ውድብ ከንብሮ ምኽኣሉ ጥራይ ዘይኮነስ፡ ካብቲ ጸቢብ ኮሪዶር ጐላጒል ዓራግ ብምውጻእ ናብ ዝሰፍሐ ኸባቢታት ከበሳ ብዘይ ዝኾነ ቍሊሕ ምሊሕ ክንቀሳቐስ ከኣለ።

ተ.ሓ.ህ.ት፡ ድሕሪ'ዚ እዋን'ዚ እዩ እምበኣር፡ ብመሰረት ምስ ህ.ግ ዝገበሮ ምርድዳእ ኣብ ኣጋ መወዳእታ 1981 ክልተ ብርጌድ ክሰድድ ዝወሰነ። እዘን ክልተ ብርጌድ እ'ታ ሓንቲ ብርጌድ 43 ብስብሓት ነጋን ኣርከበን፡ ብርጌድ 60 ኸኣ ብመለስ ዜናዊ ኸ'ነታት ህ.ግን ሳሕልን ብሓደ ሸነኽ፡ ተ.ሓ.ህ.ት ካብዚ ውግእ ክኸስቦ ዝኽእል ተመኵሮን ጽባሕ ኣብ ልዕሊ ህ.ግ ክህልዎ ዝኽእል ተሰማዕነትን ብኻልእ ሸነኽ፡ ኣብ ግምት ብምእታው ይሰዱዎም

ከም ዘለዉ መግለጽታት በብወገኖም ሃቡወን። ሓጐስ ከኣ ምስ ታ እንዳ ብርጌድ 43 ከም መራሕ ቦጠሎኒ ተወዚዑ ናብ ሳሕል ተበገሰ። ድሕሪ ናይ ሰሙናት ዝወሰደ ጉዕዞ ብምዕራባዊ ቆላታት ኤርትራ ገይሩ ሳሕል ኣተወ።

ሓጐስ፡ እቲ ዝናፍቖ ዝነበረ መሬት ኤርትራ ምስ ረገጸ፡ ዝተሰምዖ ደስታ ወሰን ኣይነበሮን፡ ብፍላይ እቲ ብኣኽራናትን በላሕቲ ኀቦታትን ዝማዕረገ ሳሕል ምስ ረኣየ። ክልቲኦን በራጊድ ኣብ ሳሕል ንሓደ ሰሙን ዝኣክል ጊዜ ምስ ኣዕረፋ፡ ኣባል ፖለቲካዊ ቤት ጽሕፈት ህ.ግ ዑስማን ኣኼባ ገበረለን። "እንቋዕ ብደሓን መጻእኩም፡" ድሕሪ ምባል፡ "ዝምድና ህ.ግን ተ.ሓ.ህ.ትን ብደም ዝተኣሳሰረ ኸም ምዃኑ መጠን፡ ንስኹም ሎሚ ኣብዚ ወሳኒ ውግእ ክትካፈሉ ምምጻእኩም ታሪኽ ብቐይሕ ቀለም ክጽሕፎ እዩ። ዝምድና ህዝብታት ኤርትራን ትግራይን ከኣ፡ ከም ዓረ ኸድልድል'ዩ፡" ብምባል፡ መደረኡ ምስ ዛዘመ፡ ተጋደልቲ ተ.ሓ.ህ.ት ነጐድጓዳዊ ጣቕዒት ኣስምዑ። ዑስማንን መንሱርን ድሕሪ ቐትሪ መራሕቲ በራጊድን ቦጠሎኒታትን ጥራይ ዝርከቡዎ ኣኼባ ገበሩ'ሞ ሓጐስ'ውን ኣብኡ ተሳተፈ። ኣብቲ ኣኼባ፡ ኽልቲኤን ብርጌድ ብሓለፍቲ ግንባራት ህ.ግ ከም ዝእዘዛ፡ ንኣተሓሕዛን ዝርግሐን ድፋዓ ት ህዝባዊ ግንባርን ሰራዊት ኢትዮጵያ ዓሪዶሙሉ ዘለዉ ቦታታትን መግለጺ ድሕሪ ምሃብ፡ ኣየኖት *ክፋለ ጠራት* ኣብቲ ቦታ ከም ዘለዋ፡ ዓጢቐናኦ ዘለዋ ኣጽዋርን ዓቕሚ ሰበንን ብዝምልከት ሰፊሕ መግለጺ ተገብረሎም። ብድሕሪኡ ዑስማን ንመራሕቲ ብርጌድ 43፡ መንሱር ከኣ ንናይ ብርጌድ 60 ንዝተዋህበን መግለጺ ኣብ ባይታ ንኸርእዩዎም ናብ ድፋዕ ወሰዱዎም። መራሕቲ በራጊድ ተ.ሓ.ህ.ት ንመጀመርታ እዋን ህ.ግ ድፋዓት ሰሪሑ ዝዋግኣሉ ዘሎ ቐንዲ ምኽንያት ክበርሃሎም ከኣለ። ብፍላይ ሓጐስ ከምዚ ኹሉ ድፋዓት ባዕሉ ኸዒቱ ዝሰርሖ ብሓበን ክትኲስ ደለየ። ከምዚ'ሎም ድፋዓት ክኹሉን ክዕዘቡን ውዒሎም ድሕሪ ቐትሪ ነናብ ቦታኦም ከዱ።

ንጽባሒቱ መራሕቲ በራጊድ ተ.ሓ.ህ.ት ምስ መራሕቲ በራጊድ ህ.ግ ብምርኻብ ብርጌድ 43 ትኹን ብርጌድ 60 ኣበይን ብኸመይን ድፋዓት ከም ዝሕዛ ድሕሪ ምዝታይ፡ እተን ክልተ ብርጌድ ነናብ ቦታአን ኣምርሓ። በዚ መሰረት'ዚ ናይ በዓል ሓጐስ ቦጠሎኒ ናብ'ቲ ቦጠሎኒ ኽቢድ ብረት፡ እንዳ 51፡ 58፡ 77 ከምኡ'ውን ምስ ካልኦት ወሃብቲ ደገፍ ዝርከበኦ ግንባር ናቕፋ ኣፍዓበት ክትኸይድ ተነግረት። ከምዚ ኾይኑ ኸብቅዕ፡ ሓጐስ ቅድሚ ምብጋሱ፡ ገለ

ብጾት ክረክብ ብምባል ንመራሕ ብርጌድ ኣፍቂዶ ናብ ዑስማን ከደ።

"መርሓባ ሓጐስ፡" ብምባል ምስ ዑስማን መንኩብ ንመንኩብ ምስ ተወሃሃቡ ናብ ሓንቲ ጽላል ዘለዋ ገረብ ብምኻድ፡ ኮፍ በሉ'ሞ ብዛዕባ ኣብ ተ.ሓ.ህ.ት ዘሕለፎ ተመኵሮታታን መስገደላትን ብሕጽር ዝበለ ኣገባብ ምስ ዘተዩ፡

"እወ! እቲ ኽትብሎ ዝጸናሕካ ሽግራት ካብ ተ.ሓ.ህ.ት ገና ኣይተኣልየን ኣሎ። እቲ ካብኡ ዝኸፍአ ግና፡ እቲ ኣብ 1976 ዝሰኣሉዎ ካርታ ትግራይ፡ ገና ካብ ሓንጎል ብዙሓት መሪሕነት እቲ ውድብ ክወጽእ ዘይምኽኣሉ እዩ። ነዚ ዘረጋግጹ ጭብጥታት ከኣ፡ እቲ ስየ፡ ገብሩ ኣስራትን ስብሓት ነጋን ዝበሉዎ ዘስደምም ዘረባታት'ዩ። ንሱ ኸኣ፡ ንዶባት ኤርትራን ትግራይን ብዝምልከት፡ ዶባት ትግራይ ክሳዕ ጐላጕል ምዕራባዊ ቆላታት ኤርትራ ምዃኑ፡ ኣብ 1935 ጣልያን ንኢትዮጵያ ስለ ዝወረረታ፡ እቲ ምስ ሚኒሊክ ዝተገብረ ናይ 1900፡ 1902 ይኹን ናይ 1908 ውዕል ፍሩስ ከም ዝኾነን ዶባት ከም ብሓድሽ ክሕንጸጽ ከም ዘሎዎ እዮም ዝዛረቡ። ስለ ዝኾነ ኸኣ፡ ባድመን ከባቢኣን ናትና እዩ ዝብል ኣረኣእያ እዩ ዘሎዎም። እዚ ኸኣ ንመጻኢ ዝምድና ኽልቲኤን ውድባት ብኣሉታ ክጸልዎ ምዃኑ ዘይተርፍ'ዩ። ስለዚ፡ ህ.ግ ብኣግኡ መዕለቢ ኽገብረሉ ዘሎዎ ኾይኑ ይስምዓኒ፡" ብምባል፡ ሓጐስ ርእይቶኡ ሃበ።

"ሓቂ እዩ፡ እዚ ጸገማት'ዚ ክመጽእ ይኽእል ይኸውን። ግና ዘለናዮ መድረኽ ብዛዕባ ዶባት ኣልዒልካ ክትዛረብ ዘፍቅድ ኣይኮነን። ቅድም ቀዳድም ኣብ'ዚ እዋን'ዚ ነዚ ናይ ሓባር ጸላኢና ብሓባር ክንገጥሞ ኣለና፡ ነቲ ኻልእ ግና ምስ ጊዜ ኽንርክበሉ ኢና፣ ምኽንያቱ፡ ንሱ እቲ ዝቐለለ ጉዳይ ስለ ዝኾነ። ኣነ የሰክፍ'ዩ ዝብሎ፡ እዚ ኣብ ልዕሊ ሶቭየት ዝወሰዱዎ መርገጺ ብኡ ሰበብ ከጋጥሞም ዝኽእል ተነጽሎ እዩ ከተሓሳስበና ዝግብኦ።"

"ብወገነይ ከም ዝተዓዘብኩዎ፡ ቃልሲ ህዝቢ ትግራይ፡ ካብ ናብ ቀዳማይ ጸላኢ ተኵሩ ዝቃለስን ንደርግ ኣብ ዝሃለወ ሃልዩ ቅሳነት ዝኸልእን፡ ኣብ ናይ ስነ ሓሳብ ክትዓት ጊዜኡ ምሕላፉን ካብኡ ሓሊፉ ሶቭየት ኣግላሲትዶ ኢምፐሪያሊስትዶ ኢሉ ነቲ ብረታዊ ቓልሲ ኽበግስ ዘገደዶ ቀንዲ ጉዳይ ዝረስዐን ኮይኑ እዩ ዝስምዓኒ። እዚ ስለ ዝኾነ ኸኣ እዩ፡ ክንድ'ዚ ዘይብሃል ሰራዊት ኣብ ትግራይ ዓስኪሩ እንከሎ፡ እቲ ውድብ፡ ዝኾነ ይኹን መጥቃዕቲ ክኸፍት ቍሩብነት ዘየርኢ ዘሎ።"

"ህ.ግ ቀዳማይ ጸላኢኡን ዕላምኡን ኣነጺሩ እዩ ዝፈልጥ። ኮይኑ ኸኣ፡ ብረት ሒዙ ንዝመጸ ጸላኢ፡ ብጥይቱ ብብረቱ ጥራይ እዩ ኸሃርሞ ዘለዎ። ነዛ ጭርሖ ኣብ ግብሪ ምርግጋጽና ሻዕብያ ትዕቢተኛ እዩ እዮም ዝብልዎ። ንምዃኑ እቲ ሓፋሽ ተጋዳላይከ ብዛዕባ ህ.ግ ከመይ እዩ ኣረኣእያኡ"

"ብጻይ ዑስማን፡ መሪሕነት'ኳ ኣዝዩ ዓቢ ተራ እዩ ዝጻወት። ናይ ሓደ መሪሕነት መግለጺ ንጹር ራእይ፡ መትከልን ተወፋይነትን'ዩ። ኣብ ተ.ሓ.ህ.ት ተቐያያሪ መርገጺ ወይ መትከል ኢኻ ትዕዘብ። ከምዚ ዝበልኩኻ፡ ብዛዕባ ኤርትራ ክትዛረብ ከለኻ ንገለ መራሕቲ ዝመልቆም ዘረባታት ኣሎ። ካብኡ ተበጊስካ እዞም ሰባት'ዚኦም ነቲ ጉዳይ ኤርትራ መግዛእታዊ ሕቶ እዩ ኢሎም ኣብ 1976 ዝሕለፉዎ ውሳኔ፡ እምበርዶ ብልቦም ይኣምኑሉ እዮም ዝብለካ ተርእዮታት ትዕዘብ ኢኻ፡" ምስ በለ ሓጐስ፡ ዑስማን ኣብ መንጎ ኣቋርጽ ኣቢሉ፡

"ኣብ ቀዳማይ ጉባኤኦም ኣይደገምዎንዶ? እንታይ ዘጠራጥር ተረኺቡ?"

"ኣነ ኣቐዲመ'ኳ ክንበ እንተ ዘይከኣልኩ፡ ንህ.ግ ብዓይኒ ረብሓ ይጥምቱዎ ኸይህልዉ እስከፍ'የ። ምኽንያቱ፡ እታ ምምስራት ዓባይ ትግራይ ትብል ሓሳቦም ንጊዚኡ እዮም ደጒሎማ ዘለዉ እምበር፡ ሓደ መዓልቲ ባዕላ ክትቅልቀል'ያ፡" ኢሉ ሰዓቱ ረኣየ'ሞ ክብገስ ብድድ በለ።

"ሓጐስ ኣይትሕመቕ፡ ኣብ ዓወት የራኽበና፡" ብምባል፡ ዑስማን ተፋነዎ'ሞ፡ ሓጐስ ከኣ "ኣብ ዓወት የራኽበና፡" ኢሉ ናብ ቦታኡ ኸደ።

* * *

ምዕራፍ 39

ሰለሙን፡ እታ ምሉእ ለይቲ ድቃስ ከሊኣቶ ዝሓደረት ሓሳብ፡ ንግሆ ተንሲኡ'ውን ካብ ኣእምሮኡ ኽውጽኣ ኣይከኣለን። ብዝኾነ፡ ናብቲ ሕክምና ኽኸይድ ተሃወኸ። ተራኡ ኣኺሉ ናብ ዶ/ር ከሰተ ምስ ቀረበ "ኢሂ ብጻይ ከመይ ሓዲርካ። እዚ ካምቻኻ ኣውጽኣ ዮ'ሞ፡" ብምባል፡ ናብ መርመራኡ ኣተወ። ብኢዱ ትንክፍ ትንክፍ ኣቢሉ ኽኣ፡ ናብ እንዳ ራጂ ሰደዶሞ፡ ድሕሪ ቍሩብ ደቓይቕ ስእሊ ራጂ ሒዙ ተመልሰ። ዶ/ር ከሰተ ንውጽኢት ራጂ ተዓዘበ'ሞ፡

"ብጻይ፡ እዛ ትርእያ ዘለኻ ጻዕዳ ነገር ስኹጆ እያ። ኣቀማምጣኣ ኣዝዩ ሓደገኛ እዩ ዘሎ፣ መጥባሕቲ ክንገብረልካ ዝከኣል ኣይኮነን።" ብምባል፡ ማዕዳ ሂቡ ኣፋነዎ። ካብ ዶ/ር ከሰተ ምስ ተፋነወ ብቐጥታ ናብ ለምለም ጓል ገሬ ብምኻድ፡

"መርሓባ ለምለም!"

"መርሓባ ሰሌ! ዶክተር እንታይ ኢሉካ።"

"ትኽ ኢልካ ጥራይ ድፋዕካ እቶ! ኣይትጃጃ! ኢሉኒ፡" ምስ በላ፡ ኣፋ ምኽዳን ክሳዕ ዝኣብያን ኩሉ ሰብ ክሳዕ ጓል ገሬ እንታይ ረኺቡዋ ዝብልን ዓው ኢላ ሰሓቐት። ወረ ዘይሓልፈን በዓል ነጃት "ኣንቲ እንታይ ረኺቡኪ?" ብምባል፡ ናብኣ ቐረባ'ሞ ንሰለሙን ርእየን ነንሕድሕደን ተጠማመታ።

"እሞ እንታይ ደኣ ኢልካዮ፡" በለቶ ኣፋ ብኢዳ ብምሓዝ።

"ጓል ገሬ ኣብ ጐድነይ ክሳዕ ዘላ ደኣ'ሞ እንታይ ኮይነ ክጃጃ፡" ብምባል ፍሽኽ በላ'ሞ ንሳ'ውን ከምኡ ፍሽኽ በለቶ።

"እሞ ንቦታኻ ሕጂ ክትከይድ ማለት ድዩ?" በለቶ፡ ከብዳ ሓቦጭቦጭ እናበላ።

"ለማልም፡ ቍሩብ ደኣ መገዲ ድፍእ ዘይተባህልኒ፡" በላ'ሞ ንመራሕ መስርዓ ነጊራ ናብ ሰለሙን ብምምላስ ጕጅም እናበሉ መገዲ ተተሓሓዙዎ። ኣብ መንጎ ዕላሎም ሰለሙን ደው ብምባል፡

"ለማልም፡ መቸም ኩላትና ንመስዋእቲ እንዲና ወጺእና፡" ኢሉ ገጹ ጠውዩ ናብ ምብራቕ ገጹ ኣማዕደወ።

"ኢሂ'ሞ ሰሌ?"

"ኣነስ ኣነስ፡" ኢሉ ሕጂ'ውን ኰልተፍተፍ በለ። "ኣነስ ክልቴና

እንተ ንዛመድ ጽቡቕ ነይሩ እየ ዝብል፣" ምስ በላ፣ ለምለም ዘይተጸበየቶ፣ ግና ፈጺማ ዘይጸልኣቶ ሓሳብ ኮና።

"በልስኪ ክሓስበሉ ..." ኢላ ዘረባኣ ኸይወድኣት፣

"ብዙሕ ጊዜ ኣይትውሰዲ፣ ድሕሪ ሰለስተ መዓልቲ ኣፍቂደ ክመጸኪ እየ። ከምዚ ትርእይዮ ዘለኺ፣ ሻድሻይ ወራር ኣብ ድርኩኹት ገዛና በጺሑ'ሎ፣" ኢሉ፣ ቻው ከይበላ ዕዝር በለ። ለምለም ኣብቲ ዝነበረቶ ቀዚዛ ተረፈት። ኣብ ምልሶታ ብዛዕባ ምስ ሰለሙን ምዝማድ ዝብል ሓሳብ እናደየበትን እናውረደትን ከይተፈለጣ ቦታኣ ኣተወት።

ድሕሪ ሰለስተ መዓልቲ፣ ሰለሙን ከም ሰብ ቈጸራ ናብ'ቲ ሕክምና ኸደ'ሞ ብቐጥታ ናብ ለምለም ብምኻድ ረኸባ።

"ኣንታ ሰሌ! ሰለስተ መዓልቲ ደኣ እንታይ እዋኑ ኣኺሉ?" ብምባል፣ ካዕካዕ በለት'ሞ ምስ'ቶም ሕሙማት ክጽበያ ነጊራ ናብ ስራሓ ኣድሃበት። ኣማዕድዩ ዝረኣያ ዶ/ር ብኢዱ ገይሩ ንዒ በላ።

"ስምዒ ጓል ገሬ፣ እዚ ኹነታት ትርእዩዮ ኣለኺ፣ ድብንብን ከኣ እዩ ዝብል ዘሎ'ሞ ነዚ ብጻይ ኣይተሕፍርዮ ኢኺ፣" ምስ በላ፣ ከመይ ገይሩ ፈሊጡ ብምባል ተገሪማ ጠመተቶ። "ስለዚ፣ ሕጂ ብተዛማዲ ብዙሓት ሕሙማት ስለ ዘይብልና ኺዲ'ሞ ቍሩብ ኣዕልልዮ። እቲ ዝተረፈ ግና ናባና ግደፍዮ፣" ብምባል፣ ፍሽኽ በላ። ለምለም'ውን ኣብ ቀረባ ግዲ ጸኒሓ ኾይና ንመራሕ መስርዓ ኣፍቂዳ ግልብጥ ኢላ ናብ ሰለሙን ከደት፣ ቀስ ኢሎም እናሰጐሙ ኸኣ፣ ዕላል ጀሚሮም ናብቲ ኣግራብ በጽሑ።

"እሞ ብጻይ ሰለሙን፣ ከም ዝመስለኒ ጓልኩም ሃቡኒ ..." ምስ በለት፣ ሰለሙን ብሰሓቕ እቲ ኣብ ኢዱ ሒዙዎ ዝነበረ ማይ ተኻዕዩ ንስሪኡ ኣጠልቀዮ፣ ለምለም'ውን ምስኡ ናብ ሰሓቓ ኣተወት።

"እወ! ንህዝባዊ ግንባር ጓልኩም ሃቡና ክብሎ እየ መጺአ፣" ብምባል ተተሓሒዞም መሊሶም ካር ካር በሉ። "ርኢኺ፣ ኣብቲ ንቡር ኵነታት ነይርና እንተ ንኸውን ሽማግለዶ ገለዶ ምበልና፣ ኣብ'ዚኣ ግና 'ጓል ኩስቶ ዘይንዛመድ ግዳ' ምስ በላ፣ 'ብምንታይ ደኣ ንዓይ መሪጽካኒ?' ኢላ ትሓቶ'ሞ፣ 'ብተወፋይነትኪ፣ ጅግንነትኪ፣ መትከልኪ ...'" ምስ በላ፣ ብሰሓቕ ዝኣክል ናብ ባይታ ኸትወድቕ ደለየት።

"እሞ ምስ ተሓተትካ ደኣ እንታይ ክትብሎም ኢኻ?"

"ቍልቁል ዝኣፋ ፍቕሪ ሒዙኒ፣" ኢሉ ካር ካር በለ። ከምዚ'ሎም ንኽልተ ሰዓት ዝኣክል ምስ ኣዕለሉ፣ ዝምድናኦም ኣብ ዝሓጸረ ጊዜ ኽማእከሉዎ ተረዳዲኦም ተፈላለዩ።

ሰለሙንን ለምለምን ነቲ ካብ 1972 ኣትሒዞም በብወገኖም

ከይተፈለጠም ኣብ ውሽጦም ዘስረጹዎ ፍቕሪ ኣብ መወዳእታ ሓምለ 1981 ብመርዓ መዛዘሚ ገበሩሉ። እዋኑ፡ ሻድሻይ ወራር ንምምካት ምቅርራባት ዝግበረሉ ዝነበረ ስለ ዝነበረ፡ ሓደ ወርሒ ናይ ሕጽኖት ጊዜኦም ብኣዝዩ ምቁር ዝኾነ ዕላላትን ዋዛታትን ምስ ኣሕለፉዎ፡ ነናብ ቦታኦም ተመልሱ።

"ጓል ገሬ ሕጽኖት ከመይ ነይሩ? ንሕና'ሞ፡ ከምዛ ትርእይና ኽይንመጸኪ ጸዕቂ ስራሕ ተወዝ ከብለና ኣይከኣለን፡" በለት'ሞ ጅሮም፡ ነጃት ትቕብል ኣቢላ፡

"ቀጨጭ ከመይ ነይራ?" ኢላ ካብቲ ዝነበራኦ ቦታ ሃዲማ ኸደት። እተን ካልኦት ግና፡ ብተግባራ ብሰሓቕ ትዋሕ በላ። ከምኡ እናበላ ኸኣ ንለምለም ከጨርቃላ ወዓላ።

ለምለም፡ ነቲ ካብ ዶ/ር ከሰተን ካልኦት ሓኻይም ህ.ግን ዝቐሰመቶ ተመኩሮ ሕክምና፡ ናብ ሓኪም ደረጃ ኽተደይቦ ንሰለስተ ወርሒ ዝኣክል ጊዜ ትምህርቲ ክትመሃር ከም ዘለዋ ምስ ተሓበራ፡ በዚ ግብራዊ በቲ ኸኣ ክልሰ ሓሳባዊ ትምህርቲ ተማሂራ ብዘደንቕ ውጽኢት ትምህርታ ዛዚማ ኣብ'ቲ ንምቅርራባት ሻድሻይ ወራር ተባሂሉ ዝተዳለወ ንድፊ ስራሓትን ናይ ሕክምና ቦታታትን ተወዝዐት። ሰለሙን ከኣ ኣብ ጽዑቕ ናይ ከቢድ ብረት ልምምድ ድሕሪ ምጽናሕ፡ ኣብ ታሕሳስ 1981 መራሒ ቦጦሎኒ ናይ ከቢድ ብረት ኮይኑ ምስተን ብርጌድ 51፡ 58፡ 77 ከምኡ'ውን ናይ ተ.ሓ.ህ.ት ብርጌድ 43 ኣብ ግንባር ናቕፋ ተመደበ።

ሻድሻይ ወራር ሎሚዶ ጽባሕ ይጅመር ይብሃለሉ ኣብ ዝነበረ እዋን፡ ኣብ ወርሒ ጥሪ፡ ኩሎም መራሕቲ በራጊድን ቦጦሎንታትን ዝርከቡዎም፡ ኣዛዚ ናይቲ ግንባር ኣብ ናቕፋ ኣኼባ ጸውዐ'ሞ ሰለሙንን ሓጐስን ኣብኡ ተራኸቡ።

"ኣንታ *ቃኘው* ዲኻ?"

"ወይለይ ሓጐስ፡ በየን ደኣ መጺእካ?" ብምባል፡ መንኩብ ንመንኩብ ተወሃሃቡ።

"እንህናልካ ማይ ሳሕል ምስዳድ ከሊኡና ተመሊስና።"

"መዓስ ደኣ መጺእኩም?" ብምግራም ሓተቶ። ሰለሙን ሽሕ'ኳ ኽልተ በራጊድ ተ.ሓ.ህ.ት ከም ዝኣተዋ ይፈልጥ እንተ ነበረ፡ ሓጐስ ናብ ሳሕል ከመጽእ'ዩ ኢሉ ግና ሓሲቡ ኣይፈልጥን'ዩ። ስለ ዝኾነ ኸኣ፡ ዳግም ኣብ ሜዳ ኤርትራ ብምርኻቦም ሓጐሶም ወሰን ኣይነበሮን።

"መጺና ቐኒና።"

"ንስኻኸ ካብ ትግራይ መዓስ ደአ መጺእካ?"

"ኣብ ወርሒ ግንቦት ዳርጋ ሽዱሽተ ወርሐይ ኣሕሊፈ።"

"ሰብሲ እንተ ዘይተሰዊኡ መዓስን ኣበይን ብዘየገድስ ይራኸብ'ዩ።"

"ይገርም'ዩ። በልስኪ ንዓናይ ኣብ ሓደ ቦታ ብጕያ በጺሕና ክንመጽእ፣" ብምባል ተተሓሒዞም ወጃዕ እናበሉ ጕዕዞኦም ጀመሩ። ኣብቲ ቦታ ምስ በጽሑ፣

"ሰላማት፣ ንጓል ገሬ ኣበይ እረኽባ እኸውን፣" ኢሉ ንሓንቲ ተጋዳሊት ሓተታ'ሞ ብኢዳ ገይራ ኣብቲ በለቶም። ስጕም ስጕም ኣቢሎም ከዱ'ሞ፣

"ሰላማት ጓል ገሬ፣" ምስ በለ፣

"መርሓባ፣" ኢላ፣ ካብቲ ሒዛቶ ዝነበረት ስራሕ ግልብጥ ኢላ ምስ ረኣየት፣ "ሰሌ፣" ኢላ ኽይተፈለጣ ሓቘፈቶ'ሞ ብተግባራ ሓነኸት።

"እዚኸ ትፈልጥዮዶ?"

"እንድዒ፣" በለቶ ቀው ኢላ ጠሚታ።

"እስከ ኣጸቢ'ቕኪ ጠምትዮ፣ ቍሩብ ወቓሕ ኣይበለክን፣" ለምለም ርእሳ ብኣሉታ ነቕነቐት'ሞ፣ ሓጐስ፣ ለምለም ምዃና ኣለልዩ፣

"ሓጐስ ዝብልዎ ኣብ ዩኒቨ ..." ኢሉ ኽይወድአ ለምለም ርእሳ ብምሓዝ፣

"እውይ ሓጐስ!" ብምባል ሰዓመቶ። በዓል ዕላሉ ኽኣ ስራሐን ገዲፈን ይዕዘቦኦም ነበራ።

"ኣንታ ሓጐስ በየን ደአ መጻእካ? ሜዳ ኽም ዘለኻ'ኳ ኣብ ኣዲስ ኣበባ ኸለኹ እየ ፈሊጠ። ሕጂ ኣበይ ኣለኻ?"

"ሕጂ'ሞ ኣብ ግንባር ናቕፋ ምስ ሰሌ ብሓንሳብ ኣለና።"

"እሞ ኽምዛ ትርእዩዋ ዘለኹም ንዕላል ዝኸውን ጊዜ የብልናን፣" ብምባል፣ ንሰለሙን ቋሕ ኢላ ጠመተቶ፣ ንሱ'ውን ርእሱ ነቕነቐ'ሞ፣ "ጓል ገሬ፣" ዝብል ጻውዒት ምስ ሰምዑ፣ ኩሎም ግልብጥ በሉ። ለምለም፣

"ሓንሳብ መጻእኩ" ኢላ ናብ ዶ/ር ከደት።

"ኢሂ ጓል ገሬ፣ መን ደኣሉ መጺኡ?"

"ሰሌ ኣብ ዩኒቨርሲቲ መማህርትና ምስ ዝነበረ ዓርኩ፣" ብምባል ድንን በለት።

"እሞ ትፈልጢ ኢኺ ነዚ ብጻይ ዝንገር ነገር ከም ዘለኪ፣" ምስ በላ፣ እዛ ገጻ ድውን በለት።

"እዋእ! ሎምስ ኣይነግሮን'የ፣" በለት፣ ቍጥዕ ኢላ።

"እሞ ደሓን፡ እዚ ዘለናዮ ኹነታት ከምዛ ትርእያ ዘለኺ እያ፡ ጽባሕ ከይትጠዓሲ። እንተ ዘየሎ ኣነ ባዕለይ ክነግሮ እየ፡" ምስ በላ ግና ሓቂ ምኽኑ ተገንዘበት'ሞ፡

"ሕራይ፡ ክነግሮ እየ፡" ብምባል ድንን ድንን እናበለት ናብ በዓል ሰለሙን ተመልሰት።

"ኢሂ ጓል ገሬ ስራሕ ኣባኹርና ዲና?"

"ኣይፋልኩምን። ሰሌ፡ ሓንሳብ ንእሽቶ ዘረባ ኣላትና'ሞ ናብቲድ እልይ ኢልና ክንዛረብ፡" ኢላቶ፡ ንሓጐስ ኣብቲ ዝነበሮ ሓዲጎሞ ካብ ብጾታ ክውል ኢሎም ኮፍ በሉ።

"ሰሌ፡" በለት ኢዳ እናሓሳሰየት።

"ኢሂ ለማልም ደሓንዶ ኣይኮንናን ኢና?"

"ደሓን ደኣ ደሓን፡ ግና ኣነ ..." ምስ በለት፡

"ቄልዓ ኣምጽእ ኣለኹ ጥራይ ኣይትበልኒ፡" ኢሉ፡ ናብ ቅድሚ ገጻ ተጠውዩ ዓይኒ ዓይና ጠመታ፡ ለምለም ከኣ ርእሳ ነቕነቐት። ሰለሙን ብታሕጓስ ዝብሎ ጠፊኡዎ ዓይኒ ዓይና ጥራይ ጠሚቱ ኾፍ በለ።

"ለማልም፡ ካብ'ዚ ዝዓቢ ብስራት ደኣ እንታይ ኣሎ። ኣዝየ እየ ተሓጒሰ ዘለኹ፡ ንስኺኸ?"

"ኣነ'ውን ተሓጒሰ ኣለኹ፡ ግና ኣብ'ዚ ሕጂ እዋን ..." ኢላ ዘረባኣ ኸይወድኣት፡

"ንኹሉ ነናቱ እዋን ኣለዎ። ኩሉ ኸኣ ክሓልፍ'ዩ። ምውጻእ ሽም ናባኺ፡" ኢሉ ፍሽኽ በላ።

"ጓል እንተ ኾይና፡" ኢላ ዛይድ ክትብል ዝሓሰበቶ ቀልጢፋ ቅይር ኣቢላ፡ "ወዲ እንተ ኾይኑ ተወልደ፡" ምስ በለቶ፡ "ግርማይ ደኣ፡" በላ'ሞ ፍሽኽ ብምባል ኣዒንታ ንብዓት ቋጺረን ብኽልተ ምዕ ጕርታ ኵረር ኵረር በላ። እወ! ሰለሙን ቅትለት ናይታ ዝፈትዋ ዛይድ ሓፍቱ ክሳዕ ሽው ዝፈልጦ ነገር ስለ ዘይነበሮ፡ ናይ ናፍቖት ንብዓት ገይሩ እዩ ተረዲኡዎ።

"በሊ ለማልም ንኺድ፡ ጊዜ በሊዕና ኣለና። ነብስኺ ኣይትጕድኢ ኢኺ፡" ብምባል፡ ናብ ሓጐስ ብምኻድ ተፋንዮማ ናብ ድፋዖም እናተመልሱ ኸለዉ፡

"ሰሌ፡ እንታይ ደኣላ ሕፍስፍስ ኢላ፡" በለ'ሞ ሓጐስ፡ ተተሓሒዞም ብሰሓቕ ትዋሕ በሉ።

* * *

ታምራት፡ ብመሰረት ምስ ኮሎኔል ኢ.ቢ.ሳ ዝገበሮ ምርድዳእ፡ ስድራ ቤቱ ናብ ኣሜሪካ ድሕሪ ምስዳድ፡ ቀ'ሩብ ቅሳነት ክስምዖ ጀመረ። በዚ ምኽንያት'ዚ ኸኣ እዩ ምሉእ ኣድህቦኡ ናብቲ ዝተበገሰሉ ዕላማ ብምትኳር ብዘይ ዕረፍቲ ዝሰርሕ ዝነበረ። ምሸት ምስ ኮነ ናብ ባር ባኞ ብምኻድ ውዕሎኡ ኸመይ ከም ዝነበረ ንኣዜብ ከይሓባብእ ይነግራ ጥራይ ዘይኮነ ነይሩ፡ ብዛዕባ ወፍሪ *ቐይሕ ኮኾብ* ኣድለይቲ ዝብሃሉ ሰነዳትን ሓበሬታትን ይህባ ነበረ። ንሳ'ውን ናብ ሜዳ ክትሰድድ ኣብ ንጡፍ ስራሕ ተዋፈረት። ታምራት ኣብ መወዳእታ 1981 ከም ወትሩ ኣብ ባር ባኞ ምስ ሓደ ናብ ኣስመራ ዝተቐየረ ናይ ሻለቃ መዓርግ ዘሎዎ ዓርኩ እናዕለለ ኸሎ፡ ሻምበል በዛብህ ናብቲ ዝነበሩዎ ኽፍሊ ኳሕኲሑ ኣተው'ሞ፡ ወተሃደራዊ ሰላምታ ድሕሪ ምሃብ፡

"ሻለቃ፡ ብህጹጽ ስራሕ ትድለዩ'ለኹም።"

"ኢሂ ብደሓን? መን'ዩኸ ደልዩኒ?"

"ጀነራል'ዮም ደልዮሙኹም፡" ምስ በሎ፡ ንዓርኩ ተፋንዩ ናብ ቤት ጽሕፈት ካልኣይ ኣብዮታዊ ሰራዊት ከደ።

"ጀነራል፡" ኢሉ ግቡእ ወተሃደራዊ ሰላምታ ሂቡ ደው ብምባል፡ ኮፍ በል ክብሃል ትእዛዝ ተጸበየ።

"ሻለቃ ታምራት፡" ብምባል ሜ/ጀነራል ኣስራት ብሩ፡ ኮፍ በል ከይበሎ ንቐ'ሩብ ካልኢታት ስቕታ ሰፈነ'ሞ "ቅድሚ ቐ'ሩብ ደቓይቕ ጓድ መንግስቱ ስልኪ ደዊሉለይ ነይሩ። ብሕርቕርቓት ዝኣክል ዝዛረቦ'ውን ኣይፈልጥን'ዩ ነይሩ፡" ኢሉ፡ ትም ብምባል ንታምራት ዓይኒ ዓይኑ ጠመቶ፡

"እንታይ ተረኺቡ ጀነራል፡" ብምባል ንሱ'ውን ዓይኒ ዓይኑ ጠመቶ።

"ታምራት ኮፍ በል፡" ኢሉ ንሱ ግና ካብ መንበሩ ተሲኡ ናብ መስኮት ገጹ ብምኻድ፡ "ኣብ ሓንቲ *ኣፍሪካን ኮንፊደንሺያል* ዝተባህለት ናይ ወጻኢ ጋዜጣ ንወፍሪ *ቐይሕ ኮኾብ* ዝምልከት ዝወጸ ጽሑፍ ኣመልኪቱ እዩ ኸዘራርበኒ ጸኒሑ።" ኢሉ ሕቖኡ ናብቲ መስኮት ብምጽጋዕ ኣዕሚቑ ኣስተንፈሰ'ሞ፡ "እታ ጋዜጣ መን ሓበሬታ ኸም ዝሃባ ዝተፈልጠ ነገር የሎን፣ ኮይኑ ግና፡ ናይ'ቲ ወፍሪ ወተሃደራዊ ውጥንን ንዕኡ ዝመርሑን ጥራይ ዘይኮነ፡ ነቲ ግንባራት ዝመርሐ በዓል መን ምዃኖም'ውን ከይተረፈ ብዝርዝር ኣውጺኡዎ ኣሎ። ጓድ መንግስቱ፡ ከም ዝብሎ ዘሎ እንተ ኾይኑ ማለት'ዩ። እቲ ኣዝዩ ኣሰንቢዱዎ ዘሎ ጉዳይ ከኣ፡ ገና እዚ ኣብ ወረቐት ሰፊሩ ዘሎ ምስጢራዊ ወተሃደራዊ ውጥንን መራሕቱን

ንውሑዳት ሰባት ጥራይ ተዋሂቡዎም ከብቅዕ፡ እሞ ገና ብወግዒ ንመራሕቲ ግንባራት ይኹን ካልኦት ከይተነግሮም ከሎ ናብ ደገ፡ እሞ ኣብ ናይ ወጻኢ ጋዜጣ ምውጽኡ እዩ።" ብምባል ደጊሙ ኣዕሚቑ ኣስተንፈሰ። ታምራት ግና ኣዒንቱ ካብ ጀነራል ኣስራት ኣይኣለየንን። "ሻለቃ ታምራት፡" በለ፡ ናብ መንበሩ ተመሊሱ ኮፍ ኢሉ ኣእዳዉ ኣብ ጠረጴዛ ብምንባር፡ "ብወገንካ ካብ'ዞም ኣብዚ ዘለና ኽወጽእ ይኽእል'ዩ ኢልካ ትሓስብዶ?" ብምባል ሓተቶ።

"ጀነራል፡ እዛ ኣስመራ፡ ኣስመራ እያ'መስለኒ። እቶም ነዚ ትብሉዎ ዘለኹም ሰነዳት እንፈልጥ ከኣ ውሑዳት ሓለፍቲ ጥራይ ኢና። ንሕና ብንሕና ኽኣ ነንሓድሕድና ካብ ነዊሕ እዋን እንፋለጥ ሰባት ኢና። ስለዚ፡ እቲ ሰነድ ካብዚ ክወጽእ ዘሎ ተኽእሎ ኣዝዩ ጸቢብ ጥራይ ዘይኮነስ፡ ዳርጋ ዘይሕሰብ'ዩ።" ምስ በሎ፡ ጀነራል ኣስራት ብሩ ርእሱ እናነቕነቐ፡

"ኣነ'ውን ንመንግስቱ ካብዚ ናትካ ዝተፈልየ ነገር ኣይበልኩዎን። ንሱ ግና ቤት ጽሕፈታትኩም ፈትሽ፡ ምስ ወንበዴታት ዝሰርሑ ኽይህልውኹም ብምባል'ዩ ነቲ ጉዳይ ናባና ክድርብዮ ፈቲኑ።"

"ብወገነይ ነቲ ሰነድ ኣነ ጥራይ እየ ዝፈልጦ። ሰባት ክንፍትሽ እንተ ኄንና፡ ቀዳማይ፡ ጊዜ ዝብሃል'ውን የብልናን። ምኽንያቱ፡ እቲ ወፍሪ ዳርጋ ቐሩብ መዓልታት ጥራይ እዩ ተሪፉዎ ዘሎ። ካልኣይ፡ እተን ነቲ ሰነድ ዝተዋህበን ቤት ጽሕፈታት ሰለስተ እየን። ንሰን ከኣ፡ ክልቴና ንፈልጠን ኢና'መስለኒ። ስለዚ፡ ጊዜ እንተ ዘየባኽንና ዝተመርጸ ኾይኑ ይስምዓኒ።"

"ሻለቃ፡ ልክዕ ኣለኻ። ኣብ'ዚ ጊዜ'ዚ ኽምኡ ምግባርን ነቲ ነገር ምውዕዋዑን ምናልባት ነቲ ወፍሪ ኽሃስዮ ይኽእል'ዩ፡" የቐንየለይ ብምባል፡ ካብ መንበሩ ተንሲኡ ንታምራት ኣፋነዎ። ታምራት፡ ካብቲ ናይ እዚ ቤት ጽሕፈት ወጺኡ ናብ ገዝኡ ኸደ። ጀነራል ኣስራት ንጽባሒቱ ነዚ ጉዳይ ኣመልኪቱ ኣኼባ ኽገብር'ኳ ሓሲቡ እንተ ነበረ፡ በቲ ታምራት ዝሃቦ ሓሳብ ስለ ዝዓገበ ግና ነቲ መደብ ኣቋረጾ።

ታምራት ገዛ ክኣቱን ሻምበል በዛብህ ስልኪ ክድውልን ሓደ ኾነ።

"ሻለቃ፡ ሻዕብያ ሎሚ መዓልቲ ሰለስተ ሽሕ ምሩኻት ለቒቑ ከም ዘሎ ብሬድዮኡ ገይሩ ገሊጹ ኣሎ።"

"ሰለስተ ሽሕ!" ብምባል ተገሪሙ መሊሱ ሓተቶ።

"እወ ሻለቃ።"

"እሞ ኣብዚ ወፍሪ ቐይሕ ኮኾብ ሎሚዶ ጽባሕ ኣብ ንብለሉ ዘለና

እዋን፣ ክንድዚኦም ዝኣኽሉ ምሩኻት ምልቃቑ ዘገርም'ዩ።"

"ሓቒ'ዩ ሻለቃ፣ ደሓን ሕደሩ፣" ኢሉ ተሌፎን ዓጸዋ። እዚ ዝኸውን ዘሎ ብ22 ታሕሳስ 1981 ሀ.ግ ምሩኻት ኲናት ከም ዝለቐቐ ብወግዒ ኣብ ዘፍለጠሉ ምሸት እዩ።

* * *

ምዕራፍ 40

ኣስመራ፣ ጥሪ 1982

ኣስመራ፣ ጉደናታታ ሓደ ዓቢ ጋሻ ንኽቕበሉ፣ ባንዴራ ኢትዮጵያ፣ ቀይሕ ጨርቅን “ወንበዴን ተሓባበርቶምን፣ ሓንሳብን ንሓዋሩን ክጠፍኡ እዮም፣” ዝብሉን ዝተፈላለዩ ጭርሖታት ንኽሕዙ ነባሮኣ ከካብ ቤቶም ብቐበሌ ተገዲዶም ብምውጻእ፣ ካብ መዓርፎ ነፈርቲ ክሳዕ ቤተ መንግስቲ ዕልቕልቕ ኢሎም ይርኣዩ ነበሩ። ነዋሕቲ ህንጻታታ ዝተፈላለየ ኣጽዋር ተተኺሉዎም፣ ኣብ ፈቖዶ ጉደናታት ብረት ዝሓዙ ወተሃደራት፣ ብረይን ዝጸዓና ወተሃደራውያን መካይንን ታንክታትን ክትርኢ ኸለኻ፣ እምበርዶ ኣስመራ ነዛ መዓልቲ'ዚኣ ብደሓና ክትወጻ እያ ዘየብል ኣይነበረን።

ፍርቂ መዓልቲ ኣቢሉ ኣብ ሰማያት ኣስመራ ሓንቲ ቦይንግ 707 ዝዓይነታ መገዲ ኣየር ኢትዮጵያ ኸተንሳፍፍ ዝረኣየ ህዝቢ፣ በቶም ኣብ ነፍሲ ወከፍ ኵርናዕ ኮይኖም ኣብ ሓለዋ ዝነበሩ ሓለፍቲ ቀበሌታትን ካድረታትን ጣቕዒትን ዕልልታን ንኽሰምዕ ተኣዘዘ። መዓርፎ ነፈርቲ ኣስመራ ነቶም ኣጋይሽ ዝቕበላ ብእልቢ ዝቝጸራ መካይን መርኣዪ ኣይነበሮን። ኮይኑ ኸኣ፣ ነፋሪት ኣብ ባይታ ክትዓልብ ዝረኣያ ኣዴታት ኣስመራ ብውሽጠን “ኤህ! ኣንቲ ኺዳነ ምህረተይ፣ ሕምሽሽ ደኾን ኣይተብልያን፣” ብምባል ተራገማ። ዓበይቲ ዓዲ፣ ሰበ ስልጣናት፣ መራሕቲ ሃይማኖታት፣ ኣመሓደርቲ ኣውራጃታት፣ ሓለፍቲ ዝተፈላለያ መንግስታዊ ትካላትን ቆንስላትን ኣብ ውሽጢ መዓርፎ ነፈርቲ እቲ ሓደ ገጹ ጸዊጉ እቲ ኻልእ ከኣ ፍሽኽሽኽ እናበለ ነታ ነፋሪት ይዕዘባ ነበረ። ነፋሪት፣ ቀስ ኢላ ብምዕላብ ቦታኣ ሓዘት፣ ማዕጾኣ ኸኣ ተኸፍተ። ሻለቃ መንግስቱ ሃይለማርያም ኣቦ መንበር ጊዝያዊ ወተሃደራዊ መንግስቲ፣ ኣቦ መንበር ኢሰፓን ላዕ ለዋይ ኣዛዚ ሰራዊትን ካብታ ነፋሪት ናብ ደገ ቅልቅል ብምባል፣ ኣብ ኣፍ ደገ እታ ነፋሪት ደው ኢሉ ናብ'ቶም ክቕበሉዎ ተኣ ኪቦም ዝነበሩ ሸማምንቲ ኢዱ እናወዛወዘ ብቐስታ ካብታ ነፋሪት ወረደ። ናብቲ ንዕኡ ዝተዳለወ ሰገነት ብምኻድ ብማርሽን ባንድ ዝተሰነየ ናይ ኢትዮጵያ ሃገራዊ መዝሙር ተሰምዐ'ሞ፣ ነቶም ናይ

ክብሪ ሰልፊ ወተሃደራት ብምዛር ወተሃደራዊ ሰላምታ ኣቕረበ። ናብቶም ላዕለዎት መራሕቲ ሰራዊት፡ ፖለቲኸኛታት፡ ዓበይቲ ዓድን ብምኻድ ከኣ፡ ንኹሎም ፍሽኽታ ዝተሓወሶ ናይ ኢድ ሰላምታ ድሕሪ ምሃቡ፡ ናብታ ስርሓት ሶቬት ዝኾነት ድርዕቲ መኪና ኣትዩ ናብ ቤተ መንግስቲ ኣምርሐ። እታ ነፋሪት ንኣዲስ ኣበባ ጥራሓ ዝትረፈታ ክትመስል፡ ብዓሰርተታት ዝቝጸሩ ናይ ቀንጠባ ኸኢላታት፡ መሃንድሳት፡ ፖለቲከኛታት፡ ኣካየድቲ ኢንዱስትሪ፡ ስ ነ ጥበበኛታት፡ ላዕለዎት ሓለፍቲ ትካላትን ኣባላት እቲ ሰልፍን ጽዒና ብምምጻእ፡ ናብተን ንመንግስቱ ሃይለማርያም ከሰንያ ዝመጻ መካይን ተወጢሖም ነናብ ዝተመደበሎም ስፍራ ኸዱ። ነዚ ዝተዓዘበ ታምራት "ርእሰ ኸተማ ኢትዮጵያ፡ ኣስመራ ተቐይራ'መስለኒ፡" በለ ብውሽጡ።

መንግስቱ፡ ኣሎ ዝብሃል ሰብ ሒዙ ናብታ ጊዝያዊ ዋና ኸተማ ኢትዮጵያ ዝሰመያ ኣስመራ ብምምጽኡ፡ ሆቴላት፡ ቤት መግብን መስተን፡ መዘናዒ ቦታታት ንደቀ'ስመራ ዝተሓረመ ክመስል በቶም መዳምቕቲ ወፍሪ ቀይሕ ኮኾብ መልአ። ቤት መስተ ድሕሪ'ዛ ሕጂ ሙዚቃ ኣይክህሉን'ዩ ዝተባህላ ክመስላ፡ ቴፕ ዓው ኣቢለን ናይ ኣምሓርኛ ደርፍታት ከስምዓ ንዘስተብሃለ ሰብ፡ እቲ ምኡዝ ደርፍታት ትግርኛ፡ ትግረ፡ ብሌን ይኹን ካልኦት ባህላዊ ደርፍታትና ናበይ ደኣ ኸደ ዘየብል ኣይነበረን። ሲነማታት፡ ነቲ ካብ ኣዲስ ኣበባ ዝመጹ ስነ ጥበበኛታት ዘቕርቡዎ ዝነበሩ ደርፍታትን ናይ ተዋስኦታት ምርኢትን ህዝቢ ስለ ዝተሓረሞ ገረውረው በላ። ጐደናታት፡ ንሰበ ስልጣን ይኹን ካብ መላእ ኢትዮጵያ ዝመጹ ልዕሊ ኣርባዕተ ሚእቲ ዝኾኑ ዓበይቲ ዓዲ። መራሕቲ ሃይማኖትን ወከልቲ ዝተፈላለያ ብሄርን ብዘመላልሳ መካይን ካብ ሓደ ጽርግያ ናብቲ ኻልእ ጽርግያ ክትሰግር ጋዶ ክሳዕ ዝኸውን መልኣኦ። ኣስመራ፡ ካብ'ቲ ንቡር ብዝሒ ህዝባ ኣመና ወሰኸት፡ ንጊዚኡ ኸኣ ዕዳጋታታ ፉሕ ፉሕ በለ። ከም በዓል በኣሉ ግርማ ዝመሰሉ ጋዜጠኛታት ፈቐዶኡ ካሜራታት ብምትካል ንውቃቤኣ ዝገልጽ፡ ቀንጠባኣ ዳግማይ ትንሳኤ የርኢ ኸም ዘሎ፡ ክስርሑን ክህነጹን ተሓሲቦም ዘለዉ ትሕተ ቅርጽታት ይኹን ህንጻታት ዘውስኡ ፊልምታት ከልዕሉ፡ ብወንበዴ ዝተጐድኡ ስድራቤታት እናበሉ ዝተፈላለዩ ቃለ መሕትት ክገብሩ፡ ህዝቢ ኣስመራ ኣብዮታዊ መንግስቲ ብዝገብረሉ ዘሎ ስራሓት ናይ ታሕጓስ ፈንጠዝያ የርኢ ኣሎ እናበሉ፡ ኮታስ ኹሉ መዳያዊ ወፍሪ

ቓይሕ ኮኾብ ዝገብሮ ዘሎን ክገብሮ ዝመደቦን ዝበሉዎ መደባት ናብ መስኮት ተለብዥንን ሬድዮን ከቕርቡ፣ ነታ ኸተማ ዝርእ ኢሎማ ይውዕሉ ነበሩ። በቲ ኻልእ ወገን ከኣ ናቕፋ መቓብር ደቕኻ ክንገብራ ኢና እናበሉ ክፍክፉን ህዝቢ ኣስመራ ኸኣ፣ ኲናትን ህልቂትን መጸና ብምባል ዘድልዮ እኽሊ፣ ጥረምረ፣ በርበረ፣ ሽኮርን ካልእ ማልእን ክሸማምት ዕዳጋ ኣዕለቕለቐ። ዋጋታት ሰማይ ደየበ፣ ኣብ ሓጺር ጊዜ ካብ ኣሎ፣ የለን እናበርከተ መጸ። ስለ ዝኾነ እዩ ኸኣ፣ ህዝቢ ኣስመራ፣ ብሓፈሻ ህዝቢ ኤርትራ "ኣንታ እንታይ መጸና፣ ኣንታ እዝግሄር፣ ከምታ ዘምጻእካዮም፣ ጸሪግካ ኣውጽኣዮም፣" ክብል ፈቐዶ ኣብያተ ክርስ ትያናትን መሳጊድን ክውዕል ከሎ፣ በዓል በዓሉ ግርማ ኸኣ፣

"ዎ! ህዝቢ ኤርትራ፣ ንዝሓለፈ ዕስራ ዓመት ሰላም ስኢንካ ዝነበርካ፣ ንስኻ ኸም ካልኦት ኣህዛብ ደላዪ ሰላም ምዃንካ፣ ኣብዮታዊት ወላዲት ሃገርካ ኢትዮጵያ ትፈልጥ'ያ። ድልየት ሓፋሽ ህዝቢ፣ ኩሉ ጊዜ ሰላም'ዩ። ደላይ ሰላም ኢኻ። ግና፣ ሰላም ክህቡኻ ዘይደልዩ ናይ ኢምፔሪያሊስት ኮራኹር ዝኾኑ፣ ዘይሽምካ ሽም፣ ዘይታሪኽካ ታሪኽ፣ ዘይዕላማኻ ዕላማ እናሃቡ፣ ንስኻ ብዘይ ትኣምነሉን ዘይትቕበሎን ናይ ታሪኽ ጽውጽዋይ ዝነግዱ ተነጸልቲ ወንበዴታት ኣለዉ። ሎሚ'ውን እንተ ኾነ፣ ከጋግዩኻ ይፍትኑ ኣለዉ። ህልቂትን ኲናትን ይመጸካ ኣሎ እናበሉ የሸብሩኻ ኣለዉ። ሰላም'ምበር፣ ውግእ ደልዩ ዝመጸ የለን። ተነጸልቲ ወንበዴታት ብዝነዝሕዎን ሓደ ሓደ ስሱዓት ነጋዶ ብዘናፍሱዎ ወረታትን ኣይትሸበር፣" እናበሉ፣ ወግሐ ጸብሐ ዓንገረር ክብሉ ይውዕሉ ነበሩ።

ከምዚ ክነሱ ግዳ፣ መንግስቲ፣ ቤት ጽሕፈቱ ኣብ ቤተ መንግስቲ ኣስመራ ብምግባር ምስ ወጠንቲ ኲናትን ሓንጸጽቲ ቍጠባን ክመያየጥ፣ መምርሒታት ክህብ፣ ናብ ማእከላይ ወተሃደራዊ *እዚ* ብምኻድ ምስ ሓንጸጽቲ ወተሃደራዊ ውጥን ኲናት ክዝቲ፣ ምስ ሓለፍቲ ፖለቲካዊ ጉዳያት እዚ ክግበር ኣለዎ እዚ ክግበር የብሉን ክብል፣ 24 ጥሪ 1982 ጉባኤ *ሁለገብ ኣብዮታዊ ዘመቻ* ዝእውጀላ ዕለት ተቓረበት። ንዕኡ፣ ዝዓበየ ሕማም ርእሲ ኾይኑዎ ዝነበረ ግና ፈነወ ድምጺ ሓፋሽ ኤርትራ እዩ። ስለ ዝኾነ፣ ኣቐዲሙ ንሓላፊ ፕሮፖጋዳ በዓሉ ግርማ ብምጽዋዕ፣ "ናይ ወንበዴ ሬድዮ ብዝኾነ ይኹን መገዲ ክዕጾ ኣለዎ፣" ኢሉ ዘጠንቀቐ። ካብ'ዚ ብምብጋስ'ዩ እምበኣር፣ በዓሉ ግርማ፣ ንሓላፊ መደበር ሬድዮ ናብ ቤት ጽሕፈቱ ኣጸዊዑ፣

"ጓድ፥ ካብ ሎሚ ድሕሪ ቐትሪ ጀሚርና፡ ሬድዮ ሻዕብያ ኸም ዘይስማዕ ጌርና ክንዓጽዎ ኣለና ማለት *ጃም* ክንገብሮ ኣለና። እዚ ኸኣ ናትካ ሓላፍነት'ዩ፡" ብምባል፡ ንሓላፊ መደበር ሬድዮ ኣስመራ ዓይኑ ኣፍጢጡ ኣጠንቀቖ። እቲ ሓላፊ ነገሩ ደንጽዩዎ፡

"ከመይ ጌርና ..."

"ከም ዝግበር ጌርካ።"

"ፍሪኬንሲኦም ብምቅይያር እዮም'ኮ ፈነወኦም ዝሰዱ፡" ምስ በሎ፡ ነቲ ካብ ቤት ጽሕፈት ናይ ኤርትራ ክፍለ ሃገር ኩሉ መዳያዊ *ኣብዮታዊ ዘመቻ* ዝተዋህቦ ምስጢራዊ ሰነድ ብምውጻእ፡ ድምጺ ሓፋሽ ትርከበሉን ትጥቀመሉን'ያ ዝተባህለ ፍሪኬንሲን ባንድንን ዝሓዘ ወረቓቕቲ ኣቐበሎ'ሞ፡

"ኩሉ ብዝርዝር ኣብኡ ኣለካ፡" ብምባል፡ ካልእ ጸገማት እንተሎ ሓቲቱ መልሲ ኽይተጸበየ ናብቲ ካልኣይ ነጥቢ ብምሕላፍ "ስለዚ፡ ካባኻ ዝደልዮ ነገር እንተሎ፡ ነቲ ኣብ ቤተ መንግስቲ ዝርከብ ኣዳራሽ ትንሳኤ ዝጋባእ ዓቢ ኣኼባ፡ ኣብ ስተድዮም ኣስመራን *ሓብዮት ሓደባባይን* ንህዝቢ ዝግበር ናይ *ጓድ* መንግስቱ መደረ፡ ብቐጥታ ናብ መላእ ኢትዮጵያ ኸም ዝፍኖ ግበር ኢኻ። ግልጺ ድዩ?" መልሲ ኽሰምዕ ዓይኒ ዓይኑ ጠመቶ።

"እዚ ኹሉ መዓስ'ዩ ክግበር ትሓስቡ ዘለኹም?"

"ኣብ ውሽጢ ክልተ ሰለስተ መዓልቲ።"

"ዝክኣል ኣይኮነን።"

"ከም ዝክኣል ግበር፡" ኢሉ፡ ካብ መንበሩ ተንስኣ'ሞ በጻብዕቱ እናመልከተ "ኣብ ሰለስተ መዓልቲ፡" ብምባል ኣፋነዎ።

መንግስቱ ሃይለማርያም፡ ድሕሪ ቑሩብ መዓልቲ ንቕድመ ምድላዋት ወፍሪ *ቐይሕ ኮኾብ* ዝምልከት ኣብ ቤተ መንግስቲ ዝርከብ ኣዳራሽ ትንሳኤ ኣኼባ ብምክያድ፡ ዕላማን ስትራተጂን ናይቲ ወፍሪ ብሰፊሑ ብምግላጽ፡ ኣብ ቀረባ መዓልቲ ኸኣ፡ ዓቢ ዋዕላ ክግበር ምዃኑ ንኣኼበኛታት ኣበሰረ'ሞ፡ ርእይቶኦም ንኽህቡ እቲ መድረኽ ገደፈሎም። ኣብቲ ኣኼባ እቲ ካብ ኮሎኔል መኩንን ወልዱ ኣዛዚ መበል 17 *ተራራ ክፍለ ጦር* ዝተዋህበ ርእይቶ እዩ ኣቓልቦ ብዙሓት ኣኼበኛታት ስሒቡ ዝነበረ። እቲ ኮሎኔል "... ናጽነት ሒዝና ክንምለስ ኢና ካብ ዝብል ኣተሓሳስባ ተበጊሶም ብዙሓት መንእሰያት ኣብ 1975 ንበረኻ ወጺኦም'ዮም። ሎሚ ግና እዞም መንእሰያት እቲ ናይ በረኻ መነባብሮ ዒቕ ኢሉዎም ተስፋ ስለ ዝቑረጹ፡ ናብ ኣባይቶም ክምለሱ ደልዮም ኣለዉ። እዚ እንተ

ኾይኑ ሻዕብያ ኣኽቲሙ ማለት'ዩ። የቐንየለይ" ብምባል ርእይቶኡ ምስ ሃበ፡ ካብቲ ኣቦ መንበር ጀሚርካ፡ ኩሉ ኣኼበኛ ድሙቕ ጣቕዒት ለገሰሉ።

ሻምበል በዛብህ ከኣ *"ጓዶች፡* እዚ ወፍሪ'ዚ ዕላማኡ ክሃርም ዘይደልዩ ውልቀ ሰባትን ሓይልታትን ኣብ ቱሽቱሽና ሓቍፍናዮም ኣለና። ሻዕብያ፡ ኣብ ስለያ ረቂቕ ብልሓት'ዩ ዝጥቀም። ነዚ ንምግባር ከኣ፡ ነቲ ኣብ ዕላማ ዘእተዎ ሰብ፡ ሰበይቲ ዝፈቱ እንተ ኾይኑ ሰበይቲ ይቕርበሉ፣ ሽውሃት መግብን መስተን ንዘሎዎ መስተን መግብን፣ ስስዐ ገንዘብ ንዘሎዎ ገንዘብ፣ እዚ ገይሩ ምቕናዕ ምስ ዝኣብዮ ኸኣ ነቲ ሰብ ከኽስስ ዝኽእል ሰነዳት ካብ ቤት ጽሕፈቱ ኣምሊቑ ብምውጻእ ኣፈራሪሁ ናብ ናይ ሓበሬታ መሳርሒ እዩ ዝቕይሮ፡" ብምባል ርእይቶኡ ድሕሪ ምሃብ፡ ንሻለቃ ታምራት ብጎቦ ዓይኑ ጠሚቱ ኣብ መንበሩ ኾፍ በለ። ከምዚ እናበሉ ኣኼበኛታት ርእይቶኦም ድሕሪ ምሃብ፡ መንግስቱ፡ ኣኼባ ዛዚሙ ተሰናቢቱዎም ከደ።

ደርግ፡ ክልተ ዓበይቲ ምድላዋት ሓንጺጹ እዩ ናብ ኣስመራ መጺኡ። ብመጀመርታ፡ ካብ መላእ ኢትዮጵያ ዝመጹ ልዕሊ ኽልተ ሽሕ ዝኾኑ ተወከልቲ ዝሳተፉዎ ዓቢ ዋዕላ ኣብ ኣስመራ ንምግባር ክኸውን ከሎ፡ እቲ ኻልኣይ ከኣ፡ ፌስቲቫል ባጽዕን ኣብ ሓይሊ ባሕሪ ምጽዋዕ ንዝሰልጠኑ ኣባላት'ቲ ሓይሊ ባሕሪ ምምራቕን'ዩ ዝነበረ። ሻለቃ ዳዊት ወልደጊዮርጊስ ናይ ኤርትራ ናይ ኢሰፓኣኮ ተጸዋዒ ናይታ ኣዳላዊት ኮሚቴ ቀንዲ ተዋስኣይ ክኸውን ከሎ፡ ኣብ'ቲ ቕንያት'ቲ ስራሕ ኣዝዩ ጽዑቒዎ ነበረ። ንሱ ንኤርትራን ንኤርትራውያንን ካብ እዋን ፌደረሽን ኣትሒዙ እዩ ዝፈልጦም። ሰውራ ኤርትራ ብዘይካ ኣስመራ፡ ባረንቱን ዓዲ ቐይሕን ዝተረፉ ኸተማታት ሓራ ኣውጺኡወን ኣብ ዝነበረሉ እዋን'ዩ ኣብ መፋርቕ 1977 ከም ኮምሽነር ኮይኑ ናብ ኤርትራ ዝመጸ። ቤት ጽሕፈቱ ኣብ ሆቴል ቻው (ኣልበርጎ ቻው) ዝነበረ ኾይኑ፡ ድሕሪ ምምስ ራት *ኢሰፓኣኮ* ኸኣ ኣብ ኤርትራ ላዕለዋይ ተጸዋዒ'ቲ ሰልፊ ብምዃን ንነዊሕ ዓመታት ኣብ ኤርትራ ዝተቐመጠ ላዕለዋይ በዓል ስልጣን ደርግ'ዩ ዝነበረ። ኣብ እዋን ወፍሪ *ቐይሕ ኮኾብ* ኸኣ፡ ኣወሃሃዲ በዓላት ብምዃን ተመዚዙ ነበረ። *ታምራት፡* ምስ ሻለቃ ዳዊት ወልደጊዮርጊስ ናይ ቀረባ ፍልጠት'ኳ እንተ ዘይነበሮ፡ ድሕሪ ውድቀት ሃጸይ ሃይለስላሴ ግና፡ ብስራሕ ምኽንያት ክቀራረቡ ጀመሩ። ስለ ዝኾነ እዮም ኸኣ፡ ድሕሪ'ቲ ዋዕላ ገለ ነገር ክለኻኸፉ

ኢሎም ተተሓሒዞም ናብ ሆቴል ከረን ብምኻድ መግቢ ኣዚዞም ብዛዕባ እቲ ዋዕላን ተሓንጺጹ ዝነበረ ኣተገባብራ ናይቲ ወፍርን ኣመልኪቱ፣

"ነዚ ወፍሪ ዕዉት ንምግባሩ ዝተዳለና ኾይኑዶ ይስምዓካ?" ብምባል ታምራት ዝሓተቶ።

"ዝጐድሉናን ዘፍርሁናን ነገራት ብዙሓት ኣለዉ። ብኣመለኻኽታይ፣ ሻዕብያ ድሮ እንታይ ክንገብር ተዳሊና ኸም ዘለና ደቂቕ ሓበሬታ በጺሑዎም ኣሎ እየ ዝብል። እቲ ውግእ መዓስን በየንን ከም እንጅምሮ'ውን ጽጹይ ሓበሬታ ዘሎዎም ኮይኑ ይስምዓኒ። ስለዚ፣ ምድላዋቶም ወዲኦም ኣብ ዕርዶም ኮይኖም መዓስ ይመጹ እናበሉ እዮም ዝጽበዩና ዘለዉ፣" ምስ በለ፣ ዳዊት ክዛረበሉ ዘይደለየ ነገር ከም ዘሎዎ ታምራት ከንብቦ ስለ ዝኸኣለ፣

"ዳዊት፣ እዚ ወፍሪ ኸይፈሽል ዓቢ ስግኣት ዘለካ ኢኻ ትመስል ዘለኻ፣" ብምባል ዓይኒ ዓይኑ ጠመቶ።

"እወ!" በለ ዳዊት፣ ዝበልዓሉ ዝነበረ ፋርኬታን ማንካን ኣብ ጠረጴዛ ኣቐሚጡ ገጹ ናብ የማነ ጸጋም ብምውዝዋዝ፣ "ጓድ መንግስቱ እዩ'ኮ ነቲ ውግእ ክመርሖ። ከም መራሕ ሃገር መጠን ክንቅበሎ ዘለና'ኳ እንተ ኾነ፣ ግና ብሓቂ ..." ኢሉ ትም በለ።

"ብቕዓት ኣለዎም ድዩ፣ ማለትካ'መስለኒ!"

"ምኩራት መራሕቲ ውግእ፣ ከም በዓል ሌ/ጀነራል ተስፋየ ገብረኺዳን፣ ሌ/ጀነራል ሃይለጊዮርጊስን ሜ/ጀነራል መስፍን ገብረቃል ኣብ ጐድኑ'ኳ እንተ ሃለዉ፣ እቶም ናይ ሶቭየት ጀነራላት ላዕለዋይ ኢድ ስለ ዘሎዎም፣ እሞ ንሱ ኸኣ ብዝበለጸ ንዕኦም ስለ ዝሰምዕ፣ ምናልባት እቲ ክንበጽሖ ዝተለምናዮ ዕላማ ኸይበጻሕና ኸይንቕጻ እዩ ስግኣተይ። ታምራት! ሻዕብያ ሓያላት መራሕቲ ውግእ፣ ብሓያል ዲስፕሊን ዝተሃንጸ ተዋጋኢ ሰራዊትን ሓያል ናይ ስለያ መርበብ ዘሎዎን ሓይሊ እዩ። ስለዚ፣ ኣነኣኢስካ ክርእ ዘሎዎ ኾይኑ ኣይስምዓንን። ከም እትፈልጦ፣ ናይ ስለያ መርበቡ ክሳዕ ውሽጥና ኣትዩ ምስጢራትና ዝብርብር ሓይሊ እዩ። ስለ ዝኾነ እዩ ኸኣ፣ ድሮ እቲ ወፍሪ ኸይጀመረ እንከሎ ነርቭ ጋዝ ከም ዘምጻእናን እንታይ ዓይነት ኣጽዋራት ከም ዝሸመትናን ኣብ ፈነዋኡ ኸቓልሖ ዝወርሐ። ካልእስ ይትረፍ፣ ካብ ፈረንሳ ብምምጻእን ባዕሉ ዝመሃዞን መከላኸሊ ነርቭ ጋዝ ንሰራዊቱ ኣዕጢቑዎም ዘሎ። ብሓጺሩ፣ ሓደ መንግስቲ እየ ዝብል ሓይሊ ዘይገብሮ እዩ ዝገብር ዘሎ። ስለዚ፣ ድሕሪ ኀቦታት ሳሕል እንታይ ይጽበየና ኸም ዘሎ

ክንፈልጥ ዝግባእ'መስለኒ፣" ብምባል፣ ኣዕሚቑ ኣስተንፈሰ። ድሕሪ ናይ ከባቢ ሰዓትን ፈረቓን ዕላሎም ካብቲ ሆቴል ብምውጻእ ነናብ ቤት ጽሕፈቶም ከዱ።

* * *

ምዕራፍ 41

ታምራት፣ ካብ ስራሕ ኣምስዩ ስለ ዝወጸን ደኺሙ'ውን ስለ ዝነበረን፣ ንእግሪ መገዱ ናብ ኣዜብ ተኣልየ። ኣዜብ ክመጽእ ተጸብያቶ ስለ ዝነበረት፣

"ሻለቃ፣ ከመይ ኣምሲኹም?" ብምባል፣ ኢድ ነስኣትሉ'ሞ ናብቲ ወትሩ ዝኣትዎ ክፍሊ ኣሰነየቶ።

"ኢትዮጵያ ኸመይ ኣምሲኺ? ገለ ዝብላዕ እንተ ዝህልወኪ ኸመይ ደስ ምበለኒ መስለኪ።"

"ታምራተይ፣ ከይበላዕካ ዲኻ ውዒልካ?" ብምባል፣ ብድድ ኢላ ኸይዳ ሒዛትሉ መጸት። ኣዜብን ሻለቃን ካብ ዝሕመዩ ነዊሕ ገይሮም'ኳ እንተ ነበሩ፣ ንሳ ግና ብዘይ ስክፍታ እያ ብቕድሚ ዓይኖም ብምሕላፍ ዘድልዮ ነገራት ሒዛትሉ ትኸይድ ዝነበረት። ኮይኑ ኸኣ፣ ማንም ሰብ ቊሊሕ ኢሉ ኣይርእያን'ዩ ዝነበረ፣ ምኽንያቱ፣ ውሽማ ሻለቃ ታምራት ስለ ዝኾነት። ንሱ ኸኣ ንእትገብሮ ምንቅስቓሳት ዓቢ ከውሊ ኾይኑዋ ነበረ።

"ሎሚ ብዙሕ ኣኼባታት'ዩ ውዒሉኩም!?"

"ከም ወትሩ ዝጠቅም ነገር ኣይነበሮን። ግና ምስ ሻለቃ ዳዊት ወልደጊዮርጊስ ኣብ ምሳሕ ተራኺብና ነዊሕ ኣዕሊልና ኔርና። ሓደ ካብ'ቲ ዘተሓሳስበ ዘሎ ጉዳይ፣ መንግስቱ ሃይለማርያም ነዚ ውግእ ከመርሖ ምኳኑን ብሰንኩ ኸኣ እዚ ወፍሪ'ዚ ኸይፈሽልን ስግኣቱ ኸይሓብእ ገሊጹለይ። ብኻልእ ወገን ከኣ፣ ፍሽለት እንተ'ጋጢሙ ብዙሓት ሰባት ክልከሙ ምኳኖምን ንሱ ባዕሉ ነዛ ነፍሱ ይኣምና ኸም ዘየለን ኣውሲኡለይ። እዚ ኸኣ፣ እቲ ወፍሪ ገና ኸይተበገሰ ኸም ዝፈሸለ እዩ ዘርእየካ፣" ምስ በለ፣

"ታምራተይ እዚኣ፣" እናበለት ክሳዕ ዝጸግብ ኣኹለሰቶ።

"ባጽዕ ክትወርድ ዲኻ?"

"እወ፣ ኣብቲ ፌስቲቫል ክትካፈሊ ደሊኺ ዲኺ?"

"እወ! ምኽንያቱ፣ ኩሎም መምስ ወሻሽሞም ክኸዱ ኸለዉ ታምራተይ ንበይኑ ኸይከውን ኢለ እየ፣" ምስ በለቶ፣ ሰሓቑ ምእርናብ ኣበዮ።

"ምኳን'ኮ ሓቕኺ ኢኺ ኢትዮጵያ፣ ግን ናይ ብልብኺ ዲኺ?"

ታምራት፡ ኣዜብ፡ ዝብል ሽም ካብ ዘየድምጸ ነዊሕ'ኳ እንተ ገበረ፡ ነታ ኢትዮጵያ ትብል ሽም ክለምዳ ግና ዓቐበት'ያ ኾይናቶ ነይራ።

"እወ ታምራት! ናይ ልበይ እየ፡ ፍቓደኛ እንተ ኼንካ?" ኢላ፡ ዓይኒ ዓይኑ ጠመተቶ'ሞ ብኡ ተሰማሚያም ተፈናነዉ። ኣዜብ፡ ምስ ታምራት ኣብ ፈስቲቫል ባጽዕ ክትርአ ካብ ሜዳ እዩ ትእዛዝ መጺኡዋ። ከመይሲ? ዝምድና ታምራትን ኣዜብን ወግዓዊ ክኸውን'ሞ ኣብ ኩሉ ዕድመታት ምስኡ ኣታዊትን ወጻኢትን ክትከውንን ሰበ ስልጣን ደርግ ከኣ ብቐረባ ምእንቲ ክላለዩዋን'ዩ እቲ ሓሳብ ዝነበረ። ታምራት ኣብ ኣስመራ ዓሰርተ ወርሒ ኣብ ዝገበረለን እዋን፡ ብጌጋ'ውን ይኹን ናብ ካልእ ባር ኣትዩ ኣይፈልጥን'ዩ። ስለ ዝኾነ ኸኣ፡ በዚ ኾይኑ በቲ ዝምድና ኽልቲኦም ዘይፈልጥ በዓል ስልጣን ነይሩ ክብሃል ኣይከኣልን እዩ። ስለዚ፡ ምስ ኡ ናብ ባጽዕ ክትከይድ ምብጋሳ ኣመና እዩ ኣሐጒሱዎ። ኾይኑ ኸኣ፡ ናብቲ ናይ ፕሮቶኮል ሓላፊ ኣዲሱ ይልማ ብምድዋል ካብታ ቕድሚኡ ሒዙሉ ዝነበረ ክፍሊ፡ ናብ ድርብ ዓራት ዘለዋ ክፍሊ ክቕይረሉ ብምምሕጻን ወ/ሮ ኢትዮጵያ ደረስ ትብሃል ጋሻ ሽም ዘላቶ ነገሮ። ኣዲሱ ይልማ ንኣዜብ ይፈልጣ ስለ ዝነበረ ኸየማትአ ሕራይ ብምባል ተሌፎኑ ኣንቢሩ ድሕሪ ቑሩብ ደቓይቕ ንታምራት ዓራት ከም ዝሓዘሉ ነገሮ። ታምራት፡ ብነፋሪት ገይሩ ኽኸይድ ዝነበሮ መደብ ብምቁራጽ፡ ንጽባሒቱ መኪናኡ ኣልዒሉ ኣንጊሁ ናብ ኣዜብ ከደ'ሞ ንሳ ኸኣ ከም ወትሩ ማዕሪጋ ጸንሐቶ። እግረ መገዶም ብዛዕባ ጽባቐ መሬታዊ ስነ ቕርጺ፡ ኀቦታት ኤርትራን ሓፈሻዊ ዕላላትን ከዕልሉ ከይተፈለጦም ድሕሪ ኽባቢ ሰለስተ ሰዓት ባጽዕ ኣተዉ።

ኣብ ባጽዕ፡ ኣብ ሆቴል ቀይሕ ባሕሪ ናብ ዝተታሕዘሎም ክፍሊ ብምኻድ ነብሶም ተሓጻጺቦምን ክዳውንቲ ቀይሮምን ናብ ርእሲ ምድሪ ክኸዱ ተበገሱ። ኣዜብ፡ ንባጽዕ ብሽም'ምበር ርእያታ ኣይትፈልጥን'ያ። ንሜዳ ኤርትራ ምስ ወጸት'ያ ብወረ ተላልያታ እንተ ተባህለ ምግናን ኣይኮነን። ምናልባት ምስ ስድራኣ ሓደ ወይ ክልተ እዋን ናብ ኤርትራ መጺኣ ክትከውን ትኽእል'ያ፡ ንሱ'ውን ናብ ኣስመራ። ናብ ባጽዕ ክትወርድ ከላ ኣብ እግረ መገዳ ዝረኣየተን ከተማታት ነፋሲት፡ እምባትካላ፡ ጊንዳዕ፡ ላዕላይን ታሕታይን ደንጎሎ፡ ጋሕተላይ ብወረ'ምበር ብኣካል ሽው እያ ርእያተን።

"ታምራተይ!" በለት ኣዜብ፡ "ኣነስ ምእንቲ ባጽዕ ኽስተማቕራ ብእግርና ቀስ እናበልና እንተ ንኸይድ ደስ ምበለኒ ነይሩ።"

"ደስ እናበለኒ፡" ብምባል፡ መኪና ኣብ ውሽጢ ባጽዕ ክትጸንሖ

ሓቢሩ ካብ ሆቴል ቀይሕ ባሕሪ ብእግሮም ተበገሱ። ሰምሃር ኣብ እዋን ሰነ፡ ሓምለ፡ ነሓሰን መስከረምን ሙቐቱ ዘይጽወር ካብ ምዃኑ ዝተላዕለ ደቂ'ቲ መሬት እንተ ዘይኮይኖም ኣጋይሽ ብእግሮም ተወዚ ክብሉ ኣይክእሉን'ዮም። ብፍላይ ካብ ፍርቂ መዓልቲ ጀሚሩ ነባሮእ ኣብ ኣኣባይቶም'ዮም ኮፍ ዝብሉ፣ ክሳዕ ሰዓት ኣርባዕተ ሰዓት ሓሙሽተ ናይ ድሕሪ ቐትሪ ኸኣ ናይ ድቃሶም እዋን'ዩ። ጸሓይ ምስ ዓረበት ግና እምበርዶ ክንድ'ዚ ህዝቢ ኣለዋ ክሳዕ ዘብል፡ እታ ኸተማ ብሰብ ዕልቕልቕ'ያ ትብል። ካብ ወርሒ ጥቅምቲ ክሳዕ ሚያዝያ ዘሎ እዋን እቲ ክሊማ ስለ ዝዝሕል ምኡዝ ኣየራ እናስ ተማቖርካ ነቲ ሓደ ኪሎ ሜተር ዝንውሓቱ ስጋለት ቀጣን ይኹን ነታ ካብ ቤተ መንግስቲ ክሳዕ ተሌኮሙኒከሽን ተዘርጊሓ እትርከብ ድልድል ክትሰግር ከለኻ፡ ብጸጋም ሸነኽ መራኽብ መብራህተን ወሊዐን ኣብ ወደብ ከራግፋን ክጽዕናንን ዝተረፋ ኸኣ ካብ'ቲ ወደብ ፍንትት ኢለን መልሕቐን ደርብየን ተራእን ክጽበያ ምስ ትርኢ፡ ኣብ ውሽጢ ባሕሪ ዝተሰርሑ ነወሕቲ ህንጻታት ዘለዋ ኸተማ'ምበር፡ መራኽብ ኣይመስላኻን'የን። ኣብ ሆቴል ሰንትራል ኮፍ ኢልካ ናብ'ቲ ኣብ ቅድሜኻ ዘሎ ጠሚትካ ዘይውዳእ ባሕሪ ምስ ትዕዘብ፡ ብሸነኽ ጸጋም ካብ ዝነበራ ባራት ዝስማዕ ዝተፈላለየ ድርፌ እንክትሰምዕ ዝፌጥረልካ ባህታ መወዳእታ የብሉን። ኣዜብ፡ የማነ ጸጋም ንዘለዉ ህንጻታት እናድነቐት ኣብ ከባቢ ቤተ መንግስ ቲ ምስ በጽሐት፡ ደው በለት'ሞ ነቲ ኣብ ታሪኽ ትሰምዖ ዝነበረት መግዛእቲ ቱርኩ ዝሃነጾ ቤተ መንግስቲ እናቋመተት፡

"እዚ ትርእዮ ዘለኻ ቤተ መንግስቲ፡ ቱርኩ ቅድሚ ኣርባዕተ ሚእቲ ዓመት ዝሰርሕዎ እዩ ክብሃል እሰምዕ ነይረ። ክንድ'ዚ ዓመታት ክገብር ምኽኣሉ ዝገርም'ዩ፡" ብምባል፡ ንታምራት ጠመተቶ።

"ንሕና'ውን'ኮ ቤተ መንግስቲ ፋሲለደስ ኣለና እዩ፡" ብምባል፡ ካር ካር ኢሉ ሰሓቐ'ሞ፡ ኣዜብ'ውን ብመልሲ ታምራት ተገሪማ ሰሓቐት። ታምራት፡ ታሪኽ ኤርትራ ኸዕልላ ምስ ጀመረ፡ ልዕል'ቲ ትግምቶ ዝነበረት ኮይኑ ረኸበቶ። ከምኡ ኢሎም እናዕለሉ ናብ ወሽጢ ርእሲ ምድሪ ብምእታው ፊት ሆቴል ቶሪኖ እትርከብ ቤት ቊርሲ ምጽዋዕ ብምኻድ ሻህን ማይን ኣዚዞም ኮፍ በሉ። ንሱ ኣብ ግንቦት 1957 ናብ ባጽዕ ምስ ከደ ምስ'ቲ ዳዊት ዝተባህለ ምስጢራዊ ሰብ ዘዕለለሉ እዋንን ንባጽዕ ብምርኣዩ ዝተሰምዖ ስምዒትን ትዝ በሎ።

“ኢትዮጵያ፣ እዛ ዘለናያ ቤት ቊርሲ ፋልማየይ ባጽዕ ምስ መጻእኩ ምስ ሓደ ሰብ ብምምጻእ ማኪያቶን ማይ ጋዝን ዘሰተኹላ ቦታ እያ። ዝገርመኪ! እቲ ዳዊት ዝሽሙ ሰብ ሽዓ ምስ ረኣኹዎ ክሳዕ እዛ እዋን'ዚኣ ርእየዮ ኣይፈልጥን'የ።”

“እንታይ ረኺቡዎ?”

“ብግምተይ ኣብዚ ናቫል በይዝ ዝሰርሕ ዝነበረ ሰብ ክኸውን ኣለዎ። ተወላዲ እዚ ክፍለ ሃገር ኮይኑ ምስጢራዊ ሰብ'ዩ ነይሩ። መን ይፈልጥ ንሱ'ውን ናብ ወንበዴታት ከይዱ ይኸውን።” ብምባል፣ ንሱ'ውን ንባዕሉ ኸፈልጠ ዘይከኣለ ገለ ነገር ኣብ ውሽጡ ተሰምዖ።

“እንታይ ማለትካ እዩ ምስጢራዊ ሰብ ክትብል ከለኻ?” ምስ በለቶ፣ ኩሉ ነገር በብሓደ ኣዘንተወላ'ሞ እዋን ምሳሕ ስለ ዝኣኸለ መኪና ኣልዒሎም ናብ ሆቴሎም ተመልሱ።

ታምራት ሰዓት ሓሙሽተ ኣብ ናቫል በይዝ ኣኼባ ስለ ዝነበሮ፣ ኣዜብ ነብሳ ተሓጻጺባ ርቕቕ ዝበለ ክዳውንትን ሸበጥን ወድያ ናብ ርእሲ ምድሪ ንምኻድ ካብ ሆቴላ ወጸት። ምጽዋዕ ብመብራህትታት ተኹሊዓ፣ ጉደናታታ ባንዴራ ኢትዮጵያ ተሰቒሎምን ፈቓዶኡ ኣብ ቀይሕ ጨርቂ ዝተጻሕፈ ጭርሖታት ተዘርጊሑዋን ንዝረኣየ ሰብ፣ ኣብ ውግእ ሳሊና፣ ንስለ ናጽነታ ጨው በሊዑዎም ዝተረፉ ደቁ ኣብ ቅድሚ ኣዒንቱ መጺኦም ቅጀል ስለ ዝበሉዎ፣ 'ንቐብርኹም ይግበሮ!' ብምባል ብውሽጡ ተራገመ። እወ! ኣብ 1977 ንባጽዕ ሓራ ንምውጻእን ሓራ ንዝወጹ ኸባቢታት ንምዕቃብን ዝተገብረ ምርብራብን ዝተኸፍለ መስዋእትን ንዝረኣየ ህዝቢ ባጽዕ ግና፣ እቲ ፈስቲቫል ኣይንታዩን'ዩ ዝነበረ፣ ንኣዜብ'ውን ከምኡ። ኣብ'ታ እዋን'ቲኣ የማነ ጸጋማ እናረኣየት ናብ ርእሲ ምድሪ ኣብ ትወርደሉ ዝነበረት ህሞት ኣብ ሓሳብ ተሸሚማ እቲ ዘብለጭልጭ ዝነበረ ስልማት ኣይተራእያን፣ እንትርፎ ብጾታ። ብጾታ፣ ኣብ ኣፍ ደገ ኣዝዩ ወሳኒ ዝኾነ ውግእን መኸተ ንሻድሻይ ወራርን ከም ዘለዉ ምስ ዘከረት'ሞ ናብ ሆቴልኪ ተመለሲ'ምበር፣ ከልእ ኣብ ኣእምሮኣ ዝመጸ ሓሳብ ኣይነበረን፣ ተልእኾ ኾይኑዋ'ምበር። እወ! ሓያል መስ ዋእቲ ዝሓተት ውድባዊ ተልእኾ።

ርእሲ ምድሪ፣ ብሰበ ስልጣንን ወተሃደራትን ኣዕለቕሊቓ፣ ካብ ፈቓዶ ባራት ብዝስማዕ ናይ ኣምሓርኛ ደርፍታት ተናዊጻ፣ ጣዋሉን መናብርን ኣብ ኣፍ ደገ ባራት ወጺኡ ማእለያ ዘይብሉ መስተታት ተኣዚዙ፣ ቤት ምግቢ ብሰብ ኣዕለቕሊቑን ተራኡ ዝጽበ ኸኣ ኣብ ፈቓዶ ቑርናዓት ደው ኢሉ ኸጽበን ምስ ኣስተብሃለት፣

"ሓደ መዓልቲ ኸአ ዋናታትኪ እቲ ናይ ሓቂ ስልማትን ዓቢ ንግደትን ክገብሩልኪ እዮም፡" በለት፡ ኣዜብ ብውሽጣ። ነቶም ብመግዛእቲ ቱርኩን ጣልያንን ዝተሃንጹ ጥንታውያንን ኣዝዮም ውቁባትን ህንጻታት እንክትርኢ፡ ከመይ ዝበለት ከተማ ነይራ ኾን ትኸውን? እናበለት ትሓስብ ደኣ ነበረት። እዚኣስ ክትጽብቕ ኢላ ንሓንቲ ህንጻ ደው ኢላ ትርእያ'ሞ ነታ ጥቓአ ዘላ ምስ ረአየት ድሮ ነቲኣ ገዲፋ ነቲኣ ኸተድንቕ ኸይተፈለጣ ኣብ ሓደ መሸጐራጕር ኣተወት።

"ከመይ ኣምሲኽን?" በለተን፡ ነተን ኣብ'ቲ መሸጐራጕር ቡን ከሽ ከሽ ዘብላ ዝነበራ ሰለስተ ደቀንስትዮ።

"መዓረይ ከመይ ኣምሲኺ? ንዒ ምሳና ቡን ስተዪ ገና ሕጂ እያ ትቘሉ ዘላ፡" በላኣ ሰለስቲኤን እናተበራረያ። ኣዜብ'ውን ቡን ክትሰቲ ኣዝዩ ደስ ኢሉዋ ስለ ዝነበረን በቲ ኻልእ ከኣ፡ ባህሊ ተጋዳላይ ኮይኑዋን ዕጥይጥይ ከይበለት፡

"ንቡንሲ ቃል ዓለም ኣይተድልያን'ያ፡ ግና ንዓኽን ኢልክን ዘፍላሕክናኣ ደኣ ..." ኢላ ኸይወድአት፡

"ቡን ንኹሉ እያ ትኣክል!" ኢላ፡ እታ ካብተን ሰለስተ ንእስ ዝበለት ተንሲኣ ኾፍ ኣበለታ። እቲ ምልልስ ብኣምሓርኛ እዩ ነይሩ፣ ምኽንያቱ፡ ኣዜብ ኣስመራ ካብ ትመጽእ ኣትሒዛ ትግርኛ ኣምሊቓ ኣይትፈልጥን'ያ፡ ብጌጋ'ኳ። እተን ዓደምታ፡ ኣምሓረይቲ መሲሉወን ብኣምሓርኛ እየን ዘዋግዓኣ ዝነበራ። ባጽዕ ዓዲ ኹሉ እያ ነይራ፡ ብፍላይ ንተጋሩ። ስለ ዝኾነ ኸአ እዩ ካብ ወነንቲ ጀሚርካ ክሳዕ ኣሳሰይቲ ባራት ብብዝሒ ተጋሩ ዝነበራ። ኣብ'ቲ እዋን'ቲ ግና ወፍሪ *ቐይሕ ኮኾብ* ክእወጅን ፈስቲቫል ባጽዕ ክኽፈትን ምኽኑ ምስ ተነግረ፡ ካብ ማእከል ኢትዮጵያ'ውን ከይተረፉ ኣብ ስራሕ ቤት መስተ ዝዋፈራ ደቂ ኣንስትዮ ብብዝሒ እየን ናብ ባጽዕ መጺአን። ኣብ ባጽዕን ከባቢኣን ጥራይ ልዕሊ ዓሰርተ ኣርባዕተ ሽሕ ሰራዊት ኢትዮጵያ ዓስኪሮም ብምንባሮም፡ ተደላይነት ናይተን ደቀ'ንስትዮ'ውን ብኣኡ መጠን ዓቢ እዩ ነይሩ።

"ኣብዚ ዓዲ ጋሻ ዲኺ?"

"እወ፡ ንመጀመርያ እዋን'የ ዝመጽእ ዘለኹ።"

"ካበይ ደኣ መጺእኪ?"

"ካብ ኣስመራ። ምቕማጠይ ኣስመራ እዩ።"

"ንስኽንኽ ኣብዚ ዲኽን ትቕመጣ?"

“ሰለስቴና ካብ መቐለን ዓዲ ግራትን ኢና መጺእና፡ ኣብ'ዚ ዳርጋ ኽልተ ዓመትና ጌርና ኣለና። ባጽዕ ጥዑም'ዩ፡ ኹሉ ሰብካ!” በለት፡ እታ ካብ'ተን ክልተ ቐኑብ ዕብይ ዝበለት።

“ኣብዚ ደኣ እንታይ ትሰርሓ?”

“ኣብ ባር ኢና ንሰርሕ፡” ብምባል፡ ምቁር ዕላል እናዕለላ ክሳዕ ራብዓይ ሰተያ'ሞ፡ ኣዜብ ሓምሳ ብር ኣውጺኣ ገዲፋትለን ኣመስጊና ኸደት። እግረ መገዳ ናብ ሆቴል ሰንትራል ተኣልያ ማይ ጋዝ ኣዚዛ ነቲ ንኽትርእዮ ዝማርኸን ናይ መንፈስ ባህታ ዝህብ ባሕሪ እናማዕደወትን ነቲ ምኡዝ ኣየር ለካቲት ኣስተማቐረቶን። ኣጋ ፍርቂ ለይቲ ኣቢላ ናብ ሆቴላ ተመልሰት'ሞ ታምራት ምስ ክልተ ሰበ ስልጣን ደርግ ኣብኡ ኾፍ ኢሉ ረኸበቶ። ርእይ ምስ ኣበላ ካብ ዝነበሮ ብድድ ብምባል ከይዱ ተቐበላ'ሞ ምስ'ቶም ሰባት በብሓደ ኣፋለጣ።

“ኢትዮጵያ፡ ሓንቲ ቢራ እንታይ ከይትብለኪ፡ ክእዝዘልኪዶ?”

“ምኳን ደኺመ እየ ዘለኹ፡ ካብ በልካ ግና ሕራይ፡” ብምባል፡ ምስኦቶም ኮፍ በለት። ነቲ ሓደ ደኣላ ዘይትፈልጦ'ምበር ንሻለቃ ዳዊት ወልደጊዮርጊስ ግና ብቐረባ'ኳ እንተ ዘይፈለጠቶ ቕድሚ ሕጂ ግና ተረኣእዮም ነይሮም'ዮም።

“ወ/ሮ ኢትዮጵያ፡ ባጽዕ ፈቲኺዮዶ?” ብምባል፡ ዳዊት ሓተታ'ሞ፡

“ምዕርግቲ ኸተማ እያ! ብፍላይ እዚ ባሕሪ ናይ መንፈስ ደስታ እዩ ዝፈጥረልካ፡” ኢላ ፍሽኽ በለቶ። ኣብ ኣእምሮኣ ግና ነቲ ምስኦም ዝነበረ ሰብ ካበይ እየ ኸምጽኦ ብምባል ካብ ምሕሳብሲ ኣየቋረጸትን። ስለ ዝኾነ ኸኣ እያ ነታ ዝተቐድሐትላ ቢራ ምስ ኣፋረቐታ ክትከይድ ዝተበገሰት።

ታምራት፡ “ኢትዮጵያ ሓንሳብ ዘይተዕልሊ! ኣብ ባጽዕ'ኮ ምሸት'ዩ እቲ ቐትሪ፡” ምስ በላ ደኺማ ኸም ዘላ ብምግላጽ ተፋንያቶም ናብ መደቀሲኣ ኸደት። እቲ ምስ ታምራት ዝነበረ በዓል ስልጣን'ውን ከምቲ ኣዜብ ኣበይ እየ ዝፈልጦ ብምባል ትሓስብ ዝነበረት ክሓስብ ግዲ ጸኒሑ ኾይኑ፡

“ወ/ሮ ኢትዮጵያ ካብ ኣዲስ ኣበባ ድያ መጺኣ?” ብምባል ሓተተ።

“ኣይኮነትን፡ ካብ ባህርዳር እያ መጺኣ። ኣብ ኣስመራ ዋና ባር'ያ፡” ብምባል፡ ታምራት ናብቲ ኢትዮጵያ ቕድሚ ምምጻኣ ጀሚሮሞ ዝነበሩ ዕላል ብምምላስ፡

“ዘለቀ፡ ናይ ኣምባሳደርነት ሽመት ዝጸላእካዮ ኣይትመስለን ኢኻ ዘለኻ?”

"እንታይ ይመስለካ ታምራት፡ ገሌና ብሓቂ ዕረፍቲ የድልየና እዩ። ኣምባሳደር ምኳን ማለት ዕረፍቲ ማለት'ዩ። ስለዚ፡ ኣይጸላእኩዎን።"

"መዓስ ክትከይድ መደብ ተገይሩልካ ኣሎ?" ሓተተ ዳዊት።

"ነዚ ወፍሪ ምስ ኣዐወትኩ፡" ብምባል ካር ካር ኢሉ ሰሓቐ'ሞ፡ ንሶም'ውን እንታይ ማለቱ ኽም ዝኾነ ስለ ዝተረድኡዎ ናብ ሰሓቖም ኣተዉ። ድሕሪ ቕሩብ ደቓይቕ ግና፡ ዕላሎም ወዲኦም ናብ መዳቕሶኦም ከዱ።

ኣዜብ፡ ንዘለቀ ኣበይ ከም እትፈልጦን ኣበየናይ ጽፍሒ ናይ'ቲ ስልጣን ክህሉ ኸም ዝኽእልን ክትሓስብ ንታምራት ሰለም ከየበለት ጸንሓቶ።

"ኢትዮጵያ ኣይደቀስክን ዲኺ!" ብምባል፡ ኣብ'ቲ ጫፍ ናይቲ ዓራት ኮፍ በለ'ሞ፡ "ኣድካሚ መዓልቲ እዩ ውዒሉና፡" ኢሉ፡ ኣዕሚቑ ኣስተንፈሰ።

"ታምራተይ፡ ድኻምካ ምእንቲ ክዝርዝረልካ ነብስኻ ተሓጸብ'ምበር" ምስ በለቶ፡ ናብ መሕጸብ ነብሲ ብምኻድ ተሓጸጺቡ ክዳን ለይቲ ወድዩ መጸ።

"ታምራተይ፡ እዚ ሽታ ናይ ነብስኻ ክጥዕም" ብምባል፡ ኣብ ነብሱ ጥምጥም በለቶ'ሞ "ዕላልኩም መቸም ብዛዕባ'ዘን ቈናጃ ደቂ'ዚ ኸተማ እዩ ነይሩ ዝኸውን፡ ሓቀይ ድየ?" ምስ በለቶ ብሰሓቕ ክርትም በለ። ምኽንያቱ፡ ብሓቂ ኸኣ ዘለቀ፡ ብዛዕባ ኣብ ኣስመራ ዝረኣየን ደቀንስትዮ እዩ ብምድናቕ ዘዕልሎም ዝነበረ። ዘለቀ ፍቕሪ ደቀንስትዮ የጥቅዖ ተባሂሉ ብሰፊሑ እዩ ዝዕለለሉ። ስለ ዝኾነ ኸኣ እዩ ታምራት፡ ኣዜብ ከመይ ገይራ ክትግምት ከም ዝኸኣለት ገሪሙዎ ዝሰሓቐ።

"ይገርመኪ እዩ ልክዕ ገሚትኪ! ዘለቀ ድሕሪ ስራሕ ብዝኾነ ይኹን ተኣምር ብዛዕባ ስራሕ ኣይተዛረቡኒ እዩ ዝብል፡ ኣይዛረብን ከኣ እዩ፡" ምስ በላ፡ ነታ ዝረኸበታ ጽብቕቲ ዕድል ብምጥቃም፡

"ኣብ ምንታይ ድዩ ዝሰርሕ?"

"ናይ ወጻኢ ጉዳያት ኣማኻሪ እዩ። ኣብ ዓዲ እንግሊዝ ተማሂሩ ኣብ እዋን ኣብዮት'ዩ ናብ ኢትዮጵያ ኣትዩ። ንሓጺር እዋን ኣብ ዩኒቨርሲቲ ድሕሪ ምስትምሃሩ፡ ናይ መንግስቱ ሃይለማርያም ናይ ወጻኢ ፖሊሲ ኣማኻሪ ኾይኑ እዩ ዝሰርሕ ዘሎ፡" ምስ በላ፡ ልባ ቶሮግ ቶሮግ ክትብል ተፈለጣ። ኣዜብ ንዘለቀ ኣብ ኤምባሲ ኣሜሪካ ኽመላለስ'ያ ትፈልጦ፡ ንሱ'ውን ዝገገያ ኣይመስልን ነይሩ።

ኮይኑ ግና ታምራት፡ ኣዜብ ካብ ባህርዳር ከም ዝመጸት ምስ ነገሮ፡ ተኹሩ ዝጥምታ ዝነበረ መልክዓን ግርማኣን ማሪኹዎ'ምበር ኣበይ ከም ዝፈልጣ ምሕሳብሲ ብኡ ንብኡ እዩ ኣቋሪጹዎ ነይሩ። ከምኡ ኾይኑ ኸብቅዕ ግና፡ ታምራት ሓቝፉ እናደራረዛ ኸሎ፡

"ታምራተይ፡ ብክሬም ጌርካ ሕቖይ ዘይትደርዘኒ። ናይ'ዚ ኸተማ ክዞሮ ዝወዓልኩ ግዲ ኾይኑስ፡ ሕቖይ ቍርጽ ክትብል'ያ ደልያ ዘላ፡" ብምባል፡ ካብ ሕቝፉ ብምውጻእ ክሬም ኣቐበለቶ'ሞ ግርም ገይሩ ሕቖኣ ደረዛ። ክልቲኦም፡ ኣልማዝ ምስ ደቃ ናብ ኣሜሪካ ካብ ትኸይድ ኣትሒዛ እዮም ፍቕራዊ ህይወት ጀሚሮም። ስለ ዝኾነ ኸኣ፡ ብዘይ ዝኾነ ሕብእብእ እዮም ፍቕሮም ዘርእዩዎ ዝነበሩ። እወ፡ ኣዜብ ንስለ ዕላማ ክትብል ብዘይ ምርጫኣ እያ ኣትያቶ፡ ግና ሰብ እያ'ሞ ለሚዳቶ።

"ምስ ዘለቀ ጽቡቕ ኢኹም ትፋለጡ'መስለኒ?"

"ዓሚቝ ፍልጠት የብልናን፡ ግና ናብ'ዚ ዘሎዎ ቦታ ቕድሚ ምምጽኡ ብኹለንተናኡ ሓበሬታ ክህልወና ስለ ዝነበሮ፡ ለይትን መዓልትን ኢና ንከታተሎ ኔርና፡" ምስ በለ ሓደ ነገር ተሰወጦ'ሞ፡ ንኣዜብ ሕቖኣ ምድራዝ ኣቋሪጹ "ኣዜብ!" በላ ኸይተፈለጠ።

"ኢሂ ታምራተይ!"

"ዘለቀ ብዙሕ ጊዜ ናብ ኤምባሲ ኣሜሪካ ኸም ዝመላለስ ዝነበረ ብቐጻሊ እዩ ሓበሬታ ዝመጸና ነይሩ። ኣብ'ቲ ጊዜ'ቲ ኸኣ፡ ንስኺ ኣብኡ ኢኺ ኔርኪ ..."

"ኣነ ፈጺመ ኣይዝክሮን'የ፡" ምስ በለቶ፡ ካብ'ቲ ዝነበሮ ብድድ ብምባል ደው በለ'ሞ፡

"ትፈልጢ ዲኺ ኣዜብ፡ ከፋልጠኩም ከለኹ ቀው ኢሉ ጠሚቱኪ ኸብቅዕ፡ ከምዚ ኣበይ እየ ዝፈልጣ ብዘምስል ገጹ ጽውግ ኣቢሉዎ ነይሩ። ዘለቀ፡ ኣዝዩ በሊሕን ምስጢራውን ሰብ'ዩ። ዝሓስቦ ዘይኮነ ዝነግረካ እትሓስቦ እዩ ካብ ውሽጥኻ በርቢሩ ዘውጽእ፡" ኢሉ ሕጅ'ውን ዝን በለ። ኣዜብ'ውን እንተ ኾነት፡ ነቲ ነገር ሸፋፊናቶ ክትሓልፍ ከም ዘይትኽእል ስለ ዝተረድኣት ኣብቲ ዓራት ኮፍ ብምባል ብርካ ዓጺፋ ብኽልተ ኣእዳዋ ገይራ ሓቘፈተን። ኣዜብ፡ ብጽቡቕ ቅርጺ ዝተሰርሓ ንኽትሕዘን ዘወናውና ምሉኣት ኣጥባት፡ ተፈጥሮ ዝዓደለን ጽባቐን'ዩ ነይሩወን። ስለ ዝኾነ ኸኣ እዩ፡ ታምራት፡ ክስዕመንን ብኢዱ ክድህሰሰን ባህታ ዝፈጥራሉ ዝነበራ።

"ይገርመካ እዩ ታምራተይ፡ ክትሻቐል ስለ ዘይደለኹኻ እየ'ምበር ኣነ'ውን ምስ ረኣኹዎ ቀዝዝ'የ ኢለ፡ ብኡ ምኽንያት

ከአ እየ ዕላልኩም እናመቀረኒ ኸሎ ቀልጢፈ ገዲፈኩም ዝኸድኩ፣" ብምባል፣ ዓይኒ ዓይኑ ጠመተቶ። ንጊዚኡ ስቕታ ሰፈነ'ሞ ኣብ ሓሳብ ብ ጠሓሉ። ድሕሪ ቑሩብ ስቕታ፣

"ከእለ ትደልዮ ዲኻ?" ዝብል ሕቶ ኣዜብ ካብቲ ጥሒሉዎ ዝነበረ ሓሳብ ኣበራበሮ'ሞ ቀው ኢሉ ጠመታ።

"ግድን፣ ካልእ ኣማራጺ የለን፣" ኢሉ ናብ ዓራት ብምድያብ ንኣዜብ ሓቝፉዋ ደቀሰ።

ኣዜብ፣ ኣብቲ ዝተዳለወ በዓል ይኹን ድግሳት ንኸይትካፈል ወሰነት'ሞ፣ ንግሆ ተሲኣ ናብ ግርግሱም ብምኻድ ክትሕምብስ ወዓለት። ከምኡ ኾይኑ ግና፣ ብዛዕባ ዘለቀ ካብ ምሕሳብ ፈጺማ ኣየቛረጸትን። "ኣስመራ ምስ ተመለስና ንላዕለዋይ ኣካል ሓቢረ ካብ ኣስመራ ኸይወጽ ኸሎ ኸም ዝእለ ኸገብሮ ኣለኒ፣" ብምባል፣ ሓሳባ ደምደመት። ኣጋ ሰዓት ክልተ ኣቢላ ናብ ሆቴላ ተመልሰት'ሞ ኣብኡ መልእኽቲ ዝሓዘት ንእሽቶ ወረቐት ረኸበት፣ "ሰዓት ሓሙሽተ መጺአ ክወስደኪ እየ ብሓንሳብ ኣብ ግርግሱም ክነምሲ ኢና፣" ዝብል መልእኽቲ ኣንበበት። ታምራት፣ በቲ ዝበላ ሰዓት ናብ ሆቴል ከደ'ሞ፣

"ከመይ ነይሩ ምሕምባስ፣" ኢሉ፣ ኣብ ምዕጉርታ ሰዓማ።

"ከምዚ ገይረ ተሓጒሰ ኣይፈልጥን'የ። እቲ ባሕሪ ክትሕምብሰሉ ክጥዕም ጉዳም'ዩ ታምራተይ!" ብምባል፣ ሽምጡ ሒዛ ጥምጥም በለቶ።

"እሞ ተቐሪብኺ ዲኺ ክንከይድ?"

"ንበይንና ዲና ወይ ካብ ኣዕሩኽትኻ ኣለዉ እዮም?" ብምባል፣ ስክፍታአ ሓቢአ ሓተተቶ።

"ካልኦት'ውን ኣለዉ። ኣብኡ ሓዊ ኣጕድና ዝጥበስ ነገራት ክንገብር ሓሲብና ኣለና፣ ድሮ'ውን ናይ ፕሮቶኮል ሹም ኣዲሱ ይልማ ኣዳልዩዎ ክኸውን ተስፋ እገብር።"

"ታምራተይ ኣነ እንተ ዘይከድኩ ዝሓሸ እዩ። ምኽንያቱ፣ ከም ዝበልካዮ ዘለቀ እንተልዩ ኾይኑ ምናልባት ክለልየኒ ይኽእል ይኸውን። ስለዚ ..."

"ሓቅኺ ኢኺ፣ ግና ዝኾነ ይኹን ዘሰክፍ ነገር የለን፣" ምስ በላ፣ ስኽፍክፍ እናበላ ክትከይድ ተበገሰት።

ኮሎኔል ኢቢሳን ዘለቀን ኣብ ግርግሱም ሓሊፎም ብምጽናሕ ንኣዜብ ምዉቕ ኣቀባብላ ገበሩላ'ሞ፣ ታምራት መንበር ስሒቡ ኾፍ ኣበላ።

"ኢትዮጵያ፣ ታምራት ከም ዝነገረኒ እንተ ኾይኑ፣ ቀይሕ ባሕሪ

ንመጀመርታ ጊዜኺ ኢኺ ትርእይዮ ዘለኺ?" ብምባል ዘለቀ ዕላል ጀመረ።

"ባሕሪስ'ባ ርእየ እፈልጥ'የ፡ ጣናኽ ናበይ ከይዱ?" ብምባል ኣስሓቐቶም። ኣዜብ፡ ኣፎም ም'ክዳን ክሳዕ ዝስእኑ ኽተስሕቖምን ክትዋዘዮምን ከይተፈለጠም ምድሪ ጽልምትምት በለ።

"ታምራት፡ እታ ዝበልካያ ደኣ መዓስ ኢና ንገብራ?" በለ ዘለቀ።

"እሞ ኣጸቢቑ ኽይመስየ ንዓናይ፡ ናይ'ዚ ዝቐነናዮ ትንፋስ ዘይህብ ስራሕ ድኻማት ከይሃለወኒ ኣይተርፍን እዩ'ሞ ኣሻግሬ'ውን ሓያል ሓምባሳይ ስለ ዝኾነ፡ ምናልባት ኣነ ኽየግድዓካ ክንማልእ፡" ኢሉዎ ክዳውንቶም ቀይሮም ሰለስቲኦም ናብ ባሕሪ ኣተዉ። ታምራት ሓያል ሓምባሳይ ጥራይ ዘይኮነስ ነዊሕ ሓምቢስካ ናይ ምምላስ ክእለት ዝነበሮ ንፉዕ ሓምባሳይ እዩ ዝነበረ። ዘለቀ'ውን ብኣበሃህላኡ ኽምኡ ስለ ዝኾነ እዩ ብሓባር ክሕምብሱ ዝተረዳድኡ።

ግርግሉም ነቲ ፈስቲቫል ክሕልፉ ብዝመጹ ነጋድያን ኣዕለቕሊቓን እታ ሓንቲ ሆቴል ነቲ ኹሉ ሰብ ከተእንግድ ተጸጊማን ነበረት። መብዛሕትኦም "ቀይሕ ባሕርና መግለጺ መንነትና እዩ፡" ዝብል ፕሮፖጋንዳ ስርዓታት ኢትዮጵያ እንተ ዘይኮነ፡ ቀይሕ ባሕሪ ርእዮሞ ዘፈልጡ እንትርፎ ቍንጣሮ ካልኦት ኣይፈልጡዎን'ዮም። ስለ ዝኾነ ኽኣ፡ ኣብቲ ባሕሪ ጨብረቕረቕ ዝብልን ሓምቢሱ ዝኽእል ኽሕምብስን ዳርጋ ንመሐምበሲ ዝኸውን ቦታ ኣይነበረን። ታምራት፡ ዘለቀን ኣሻግሬን ግና ናብ'ቲ የማናይ ሸነኽ ናይ'ቲ ሆቴል ኣቢሎም ብምኻድ፡ ክሕምብሱ ጀመሩ። ታምራት ድሕሪ ናይ ዓሰርተ ደቓይቕ ምሕምባስ ደኺመ ብምባል ናብ በዓል ኣዜብ ተመልሰ።

"እዋእ! እዚ ኹሉ ፈኸራ ደኣ እንታይ እዋንካ ተመሊስካ!" ብምባል ኮሎኔል ኢቢሳን ኣዜብን ካዕ ካዕ ኢሎም ሰሓቑ።

"ኣነ ደኣ ሰብ መሲሉኒ'ምበር ምስ ሻርክ መዓስ ተወዓዒለ!" ምስ በሎም መሊሶም ብሰሓቕ ትዋሕ በሉ።

"ኣየ ታምራተይ! እሞ ቍሩብ'ኳ ..."

"ምንም ኣይኮነን! እንተ ሒሽዎስ ኣሻግሬ ዝብሃል ዶልፊን ገዲፈሉ ኣለኹ። እንተ ንዓይ'ሞ ስለ ነብሲ ኢልኩም ዝሑል ማይ ኣዝዙለይ፡" ብምባል ከብዶም ቈሲሎም ምስሓቕ ክሳዕ ዝስእኑ ኣስሓቖም'ሞ ክዳውንቱ ክቕያይር ብድድ በለ። ኣዜብን ኢቢሳን "እዚ ጃህራም፡" እናበሉ ክሳዕ ዝነብዑ እዮም ስሒቖም፡ ተሓጻጺቡ ክሳዕ ዝምለስ ኣብ ዲቕ ዝበለ ዕላል ኣትዮም ጸንሑዎ።

ዘለቀ፣ 43 ዝዕድሚኡ፣ ቆማትን ነብሰ ጽሙእን ካብ ምዃኑ ዝተላዕለ እኸሊ በሊዑ ዝሓድር ኣይመስልን'ዩ ነይሩ። ክብደቱ ብሰንኪ ዘየቋርጽ ሽጋራን መስተን ካብ 53 ኪሎ ግራም ሓሊፉ ኣይፈልጥን'ዩ። ኣዕሩኽቱ ሽጋራን መስተን ክንኪ ካብ ምምዓድ ዓዲ ውዒሎም ኣይፈልጡን'ዮም፣ ንሱ ግና ወይከ። በዕሩኽቱ ኣዝዩ ዝተናእደ ዘለቀ፣ ጽፈት ስራሕ መን ኢሉዎ። ስድራኡ ካብ'ቶም መሳፍንቲ ኢትዮጵያ ኮይኖም፣ ንሱ ግና ንግስነት ከይኣለኻ ነቲ መንግስቲ ቅዋማውን ብቐዳማይ ሚኒስተር ክምራሕ ኣለዎን ዝብል ዝነበረ ምሁር'ዩ ነይሩ። ኣብ ዓዲ እንግሊዝ ዝርከብ ናይ ኦክስፎርድ ዩኒቨርሲቲ ምሩቕ ኮይኑ፣ ፍሉጥ ኣርቃቒ ፖሊሲ ወጻኢ ጉዳያት ጥራይ ዘይኮነ ሓያል ስታትሽያን'ውን'ዩ ነይሩ። ኮይኑ ኸኣ፣ ድሕሪ ውድቀት ሃጸይ ሃይለስላሴ ናብ ሃገሩ ተመሊሱ ክሳዕ ኣብ ወጻኢ ጉዳያት ኣማኻሪ መንግስቱ ሃይለማርያም ኮይኑ ዝሸየም ኣብ ዩኒቨርሲቲ ኣዲስ ኣበባ ምምህርና እዩ ዝሰርሕ ዝነበረ። ዝተዋህቦ ጸብጻባት ስታስቲክስ ናይ ምትንታን ዓቕሙ ዝድነቕ ካብ ምዃኑ ዝተላዕለ፣ ብተወሳኺ ንመንግስቱ ኣብ ኣድለይቲ ጉዳያት ኣማኻሪኡ እዩ ነይሩ። ካብዚ ዝተላዕለ ምስ መንግስቱ ሃይለማርያም ጥቡቕ ናይ ስራሕ ዝምድናን መሳትይቲ'ውን'ዮም ነይሮም እንተ ተባህለ ዝተጋነነ ኣይኮነን። ብውጥን ዝሰርሕ፣ ፍሉጥ ናይ ስራሕ ጊዜ ዝነበሮ፣ ናይ ስራሕ ሰዓቱ ምስ ኣኸለ ንሓንቲ ደቒቕ'ውን ትኹን እንትርፎ ብኣድላዪ ናይ ስራሕ ቈጸራ፣ ኣብ ቤት ጽሕፈቱ ኾፍ ኣይብልን'ዩ። ምርሳዕ ዝብሉዋ ኣብ ጥቓኡ ኣይትቐርብን'ያ ነይራ፣ ዝተሓተቶ ነገር ሰዓቱ፣ መዓልቱ፣ ወርሑ፣ ዓመተ ምህረቱ፣ ቦታኡን መልክዕ ሰብን ናይ ምዝካር ክእለቱ ፍሉይ ተውህቦኡ እዩ ነይሩ። ስለ ዝኾነ ኸኣ እዩ፣ ምስ ታምራት ምስ ተራኸቡ፣ "ይገርመካ እዩ ታምራት! እታ ትማሊ ምሳኻ ዝነበረት ኢትዮጵያ እንተ ዘይተጋግየ ኣብ ኣዲስ ኣበባ እፈልጣ እየ!" ብምባል፣ ዝፈልጦ ዘበለ ነገራት ብምግራም ኣውሲኡሉ ዝነበረ። ታምራት ቅድሚኡ ለይቲ፣ ኩሉ ነገራት ክሓስበሉ ስለ ዝሓደረ እምበኣር እዩ፣ ናይ በይኖም ድራር ዘዳለወን ብሓባር ክሕንብሱ ዝተረዳድኡን።

"ታምራተይ፣ ዝሕልቲ ማይ ኣዚዘልካ ኣለኹ፣" ብምባል፣ ክዳውንቱ ቐያይሩ ምስ መጸ፣ በረድ ገይሩ ማይ ኣቐበለቶ። ናብ ዕላሎም ብምእታው ብዛዕባ ህይወትን መቐረታን እናዕለሉ ኸለዉ፣ በዓል ሻምበል በዛብህ ዝርከቡዎም ሰበ ስልጣን መጹ'ሞ፣ ሰላምታ ድሕሪ ምልውዋጥ ኣብ'ቲ ንዕኦም ተባሂሉ ተዳልዩ ዝነበረ ጠዋሉ

ኾፍ በሉ። ኮሎኔል ኢ.ቢ.ሳ ሰዓቱ ድሕሪ ምርኣይ፣

"እዞም ሰባት ኣይደንጉዩን ደኣ? ልዕሊ ኣርብዓ ደቒቕ'ኮ እዮም ገይሮም። በዚ ጸልማት'ዚ እንታይ ክሕንብሱሉ እዮም፣" ብምባል፣ ሽገርገር በለ። ኢ.ቢ.ሳን ማይን ኣይሰማምዑን'ዮም፣ ከም ቀላይን ባሕሪ ምእታውን ጌሩ ዘፍርሖ ነገር የብሉን። ኣሽንኳይዶ ንሱ ባዕሉ ኽኣቱ፣ ሰባት ክሕምብሱ ክኣትዉ ከለዉ'ውን እንተ ኾነ፣ ነብሰ ስጋኡ'ዩ ግፍፍ ዝብሎ። ኣብ መንጎ ዘረባኦም'ዩ እምበኣር፣ ኣሳሳዩ መጺኡ ናብቲ ዝተዳለወ ድራር ንኽመጹ ዝዓደሞም። ታምራት ሰዓቱ ርእዩ ልክዕ ሰዓት ሸውዓተ ብምኳኑ፣

"ዘለቀ ደንጕዩ'ምበር፣" ብምባል፣ ነቶም ክልተ ሲቪል ዝተኸድኑ ዓጀብቱ ብምጽዋዕ ናብቲ ባሕሪ ኺይዶም ንበዓል ዘለቀ ክደሃዩዎም ሓበሮም። ይኹን'ምበር ሃንደበት ኣብቲ ባሕሪ ዋጭዋጭታን ኣውያትን ተሰምዐ'ሞ፣ ኩሉ ሰብ እንታይ ተረኺበ ብምባል ናብኡ ገጹ ጐየየ። ናይ ህይወት ኣድሕን ሰባትን ከኣ ናይ ጸጥታ ኣባላትን ናብቲ ቦታ ይከዱ'ሞ፣ ነቲ ካብ ባሕሪ ተጸይሩ ዝወጸ ሰብ ናብ ሕክምና ክወስዱዎ ተጓየዩ።

"ሻለቃ ኣሻግሬ እዩ!" በለ ሓደ ካብ'ቶም ናብቲ ቦታ ኺይዶም ዝተመልሱ ዓጀብቱ።

"እንታይ ተረኺቡ?" ኢሎም ሰለስቲኦም ብድድ ብምባል፣ ናብ'ቲ እቶም ናይ ህይወት ኣድሕን ሰባት ዝነበሩዎ ቦታ ቅልጥፍ ቅልጥፍ እናበሉ ኸዱ'ሞ፣ እቶም ናይ ጸጥታ ኣባላት ነቲ ኣብኡ ተኣኪቡ ዝዕዘብ ዝነበረ ሰብ ካብ'ቲ ቦታ ኽእለን ንበዓል ታምራት ቦታ ክገድፉሎምን ብምባል፣ ነቶም ሰባት በባትር ወስወስ እናበሉ ካብቲ ቦታ ኣርሓቑዎም።

"እንታይ እዩ ተረኺቡ?" ብምባል ታምራትን ኢ.ቢ.ሳን ነቶም ናይ ህይወት ኣድሕን ሰባት ሓተቱዎም።

"ኣብ ማይ ነዊሕ ስለ ዝጸንሐ ብዙሕ ማይ እዩ ሰትዩ፣ ግና እዝግሄር ኣውጺእዎ ድሒኑ'ሎ።"

"እቲ ኻልኣዩኸ ኣበይ ኣሎ!?" ኮሎኔል ኢ.ቢ.ሳ ህውኽ ኢሉ ሓተቶም።

"ካልኣይ ነይሩዎ ድዩ?" ብምባል፣ እቶም ናይ ህይወት ኣድሕን ሰባት ብምግራም ንኢ.ቢ.ሳ ጠመቱዎ'ሞ፣

"ኣበየናይ ወገን እዮምከ ዝሕንብሱ ነይሮም?"

"ብሸነኽ የማን'ዮም ክሕምብሱ ኸይዶም ነይሮም፣" ብምባል፣ እቶም ዓጀብቲ እናመልከቱሎም ከለዉ እዩ እምበኣር ኣሻግሬ ፍኒሕኒሕ ክብል ዝጀመረ።

"ኣሻግሬ፣ ዘለቀ ኣበይ ኣሎ? ትሰምዓኒ ኣለኻዶ!?" ኣሻግሬ ርእሱ እናነቕነቐን እንቅዓ እናስተንፈሰን፣

"ጐይታይ፣ ክረኽቦም ኣይከኣልኩን። በኛኹም ንውጻእ እንተ በልኩዎም ምስማዕ ኣብዮምኒ!" ድሕሪ ምባል ትም በለ።

"እንታይ ማለት'ዩ ስኢነዮም? ብሓንሳብዶ ኣይኮንኩምን ኔርኩም?" ብምባል ኢቢሳ እናሓተቶ ኸሎ፣ እቶም ናይ ህይወት ኣድሕን ሰባት፣ ነቲ ሓኪም ምስ ኣሻግሬ ገዲፎሞ ናብቲ ዝተሓበሮም ቦታ ኸዱ፣ ንዘለቀ ክደልዩ። እቲ ሓኪም ንኣሻግሬ ሕቖኡ ብምድጋፍ ኮፍ ከም ዝብል ገበሮ'ሞ ኣሻግሬ ኸኣ ብግቡእ ከስተንፍስ ጀመረ።

"ጐይታይ፣ ርሑቕ ኢና ኼድና። ኣነ ኣብ መንጎ፣ ትንፋስ ክሓጽረኒ ስለ ዝጀመረ ክንወጽእ ለሚነዮም። ካባይ ተፈንቲቶም ምስ ከዱ ግና፣ ንሶም'ውን ትንፋስ ክሓጽሮም ስለ ዝተዓዘብኩዎም፣" ብምባል፣ ኣዕሚቑ ኣስተንፈሰ። "ጐይታይ ናብ'ዚ ንዑ ናብ'ዚ ኢለ ኣእዳወይ ኣመልኪተሎም፣ ንሶም ግና እትው ውጽእ ይብሉ ስለ ዝነበሩ፣ እንታይ ደኣሎም ኮይኖም ብምባል፣ ብዘለኒ ዓቕሚ ናብኦም ከድኩ፣ ንሶም ግና ድሮ ናብ ውሽጢ ኣትዮም ጸንሑኒ፣" ሕጂ'ውን ደጊሙ ኣዕሚቑ ኣስተንፈሰ'ሞ፣ "ናብ ውሽጢ እናኣተኹ እናወጻእኩ ብተደጋጋሚ ደልየ ቀቢጸዮም። ኣነ'ውን እናተዳኸምኩ መጺአ። ኣብ መወዳእታ ሃለዋተይ ከጥፍእ ጀመርኩ፣" ምስ በለ፣ ካብ'ቶም ኣብኡ ዝነበሩ ሰለስተ ሰባት ናብ በዓል ታምራት ብምቕራብ፣ ኢጋጣሚ ኾይኑ ሃለዋቱ ኣጥፊኡን ከብዱ ማይ መሊኡ ኽም ዝረኸቡዎን ተሓጋጊዞም ከም ዘውጽኡዎን ነገሩዎም። ዘለቀ ግና፣ ቀለብ ዓሳ ኾይኑ ኣብ ቀይሕ ባሕሪ ተረፈ። ሞት ዘለቀ ብወግዒ ንመንግስቱ ሃይለማርያም ተነግሮ'ሞ ኣብ ኩሎም ሰበ ስልጣንን ዝፈልጡዎን ስ ምባደ ፈጠረ። ሰዓታት ዝወሰደ ናይ መራኸብ ዳህሳስ ምስ ተገብረ እዩ እምበኣር፣ ዘለቀ፣ ኣብ ባሕሪ ቀምበይበይ ክብል ብኣባላት ሓይሊ ባሕሪ ዝተረኽበ። ንጽባሒቱ ሬሳኡ ብሄሊኮፕተር ተጸይሩ ናብ ኣስመራ ተወሰደ'ሞ፣ ንቐብሪ ናብ ኣዲስ ኣበባ ተላእከ።

ኣዜብ፣ ትራጀድያዊ ኣማውታ ዘለቀ ኣዝዩ ገረማ። ድንገት ድዩ ወይ ቅትለት? ኢላ'ኳ እንተ ሓሰበት እፎይታ ግና ኸይተሰምዓ ኣይተረፈን። እቲ ኣዝዩ ዝገረማ ግና ንዘለቀ ኣብ ሳልስቱ፣ ሃንደበታዊ ሞት ኣሻግሬ ደኣ ነበረ።

* * *

ምዕራፍ 42

ደርግ፡ ኣዋጅ ወፍሪ *ቐይሕ ኮኾብን* ፌስቲቫል ምጽዋዕን ወዲኡ ኣብ ኣስመራ ንውግእ ምድላዋት ይገብር ኣብ ዝነበረሉ እዋን፡ ህ.ግ ከኣ ሰራዊቱ ኣብ ናይ ተጠንቀቕ ሰዓት ኣዳልዩዎም ነበረ። በቲ ኻልእ ወገን ከኣ፡ እቶም ናብ ህ.ግ ዝተላእኩ ናይ ተ.ሓ.ህ.ት ሰራዊት ድሮ ኣብ ድፋዕ ኣትዮምሲ ምስ ተጋደልቲ ህ.ግ ጽቡቕ ምርድዳእ ፈጢሮም ነበሩ። ተጋደልቲ ህ.ግ ኣብዚ ዝሓለፈ ሓሙሽተ ወራራት ዘካየዱዎ ውግእን ዝቐሰሙዎ ተመኩሮን ብኽፉት ልቢ ኣዘንተዉሎም። እንተ ብወገን ናይ ተጋደልቲ ተ.ሓ.ህ.ት ግና፡ እቲ ውድብ፡ ኣብ'ቶም ዝሓለፉ ኣርባዕተ ዓመታት ናእሽቱ ናይ ኣጥቂዕካ ምህዳም እንተ ዘይኮይኑ፡ ከምቲ ህ.ግ ከተማታት ሓራ ንምውጻእ፡ ተሃንዲዱ ንዝመጸ ሰራዊት ኣብ ዝጥዕሞ ቦታን ጊዜን እናጥቀዐን እናተኸላኸለን ዘዝለቐ፡ ድሕሪ ምዝላቕ ከኣ፡ ኣብ ቀዋሚ ዕርድታት ኮይኑ ንሰራዊት ደርግ ዝመከቶ፡ ተመሳሳሊ ተመኩሮ ስለ ዘይነበሮም፡ ከዘንትዉሉ ዝኽእሉ ታሪኽ ናይ ዘካየዱዎም ውግኣት ኣይነበሮምን። ስለ ዝኾነ ኸኣ እዮም፡ ኣፎም ከፊቶም ነቲ ጽዋ ዝሰምዑዎ ዝነበሩ። ስለሙንን ሓጐስን ቀጻሊ ብምርኻብ ዝሓለፉዎ ተመኩሮ ገድሊ ይኹን ኣብ ኣዲስ ኣበባ ዘሕለፉዎ ሰሓቕን ጸወታን እናልዓሉን ብዛዕባ ሻድሻይ ወራር ትንታነታት ብምግባር ጊዜኦም የሕልፉዎ ነበሩ።

መንግስቱ፡ ከም መራሒ ሃገርን ላዕለዋይ ኣዛዚ ሰራዊትን መጠን ሻድሻይ ወራር መዓስ ከም ዝጅመር፡ ኣባላት ጠቕላላ ወተሃደራዊ ውጥን ሌ/ጀነራል ተስፋየ ገብረኺዳን፡ ሌ/ጀነራል ሃይለጊዮርጊስ ሃይለማርያም፡ ሜ/ጀነራል መስፍን ገብረቃል፡ ሜ/ጀነራል ኣስራት ብሩን ጀነራላት ሶቭየትን ዝርከቡዎም ኣዘዝቲ እዝታት *ናደው እዝ* ብ/ጀነራል ውበቱ ጸጋየ፡ *መብረቅ እዝ* ሜ/ጀነራል ቁሙላቸው ደጀኔ፡ *ውቃው እዝ* ሜ/ጀነራል ኣበራ ኣበበ፡ *መንጥር እዝ* ሜ/ጀነራል ረጋሳ ጅማን መክት እዝ ሜ/ጀነራል ዓብዱላሂ ዑመርን ትእዛዝ ንምሃብ ኣብ ቤት ጽሕፈት ወተሃደራዊ ውጥን ኣብ ዝጸውዖም እዋን፡ "ድሕሪ *ወፍሪ ቐይሕ ኮኾብ፡* ሓንቲ ጥይት'ውን ትኹን ተኹሲ ክሰምዕ ኣይደልን'የ!" ብምባል'ዩ ሻዕብያን ጉዳይ ኤርትራን

ዝብሃል ክህሉ ኸም ዘይኮነ ብርእሰ ተአማንነት ቃል ዝኣተወሎም። ኮይኑ ኸኣ፣ ደርግ፣ ብግንባር ሰሜናዊ ምብራቕ ሳሕል ንI5 ለካቲት 1982 ክጅምሮ ምድላዋቱ ኣብ ዝወድኣሉ እዋን'ዩ እምበኣር፣ ህ.ግ፣ ደርግ ኣብ ዘይተጸበዮ ሰዓትን ግንባርን ብ12 ለካቲት 1982 ኣብ ልዕሊ እቲ ኣብ ግንባር ሰሜናዊ ምብራቕ ሳሕል ዓሪዱ ዝነበረ ብሜ/ጀነራል ኣበራ ኣበበን ብ/ጀነራል ሑሴን ኣሕመድ ዝእዘዝ *ውቃው እዝ* ሃንደበታዊ መጥቃዕቲ ብምኽፋት፣ ሻድሻይ ወራር ከም ዝውላዕ ዝገበሮ። እቲ ብልዕሊ ዕስራን ሓደን ሽሕ ሰራዊት፣ ልዕሊ 55 ታንክታት፣ 12 ቢኤም፣ ልዕሊ 60 መዳፍዕ፣ ልዕሊ 150 ሞርታራትን ካልእ ዘመናዊ ኣጽዋርን ዝቐመ *ውቃው እዝ* በቲ ዝተኸፍቶ መጥቃዕቲ ተሰናቢዱ እቲ ዝወጠኖ ውግእ ከይፈሸሎ ንየው ነጀው ክብል ጀመረ።

"ጀነራል፣ ወንበዴ ልክዕ ቅድሚ ኽልተ ደቒቕ መጥቃዕቲ ኸፊቱ ኣሎ!" ዝብል መልእኽቲ ሬድዮ ንሜ/ጀ ኣበራ ኣበበ ኣ ብ መአዘዚ ቦታኡ ኣልጊን በጽሖ'ሞ፣ ኣብኡ ኾይኑ ኹስቶ ኸምዚ ግበር፣ ኩስቶ ኸኣ በቲ ኺድ ብምባል ነቲ ውግእ ከወሃህድ ጀመረ። ሰራዊት ደርግ፣ ነቲ ብተበግሶ ህ.ግ ዝተወሰደ መጥቃዕቲ ኣብ መደብ ህ.ግ ብምእታው ክኸላኸል ፈተነ። መጥቃዕቲ ህዝባዊ ሰራዊት ግና፣ ቅልጡፍን ሃንደበትን ስለ ዝነበረ፣ እቲ ኅቦ ክሓዅር ይኽእል እዩ ተባሂሉ ንነዊሕ እዋን ፍሉይ ታዕሊም ዝቐሰመ መበል 19 *ተራራ ክፍለ ጦር* ዛሕዛሕ እናበለ ቀዳማይ መከላኸሊ ዕርዱ ገዲፉ ንድሕሪት ኣዝለቐ። ድሕሪ ዳግማይ ምውድዳብን ብኮሎኔል ግርማ ተሰማ ዝእዘዝ መበል 15 *ክፍለ ጦር* ከም ተደራቢ ሓይሊ ኣምጺኣ ሉ'ሞ ሓያል ጸረ መጥቃዕቲ ፈነወ። ኣብ'ዚ እዋን'ዚ እዩ እምበኣር፣ ነተን ኣብ'ቲ ቦታ ዓሪደን ዝነበራ ኽልተ *ጋንታ* ናይ ተ.ሓ.ህ.ት እቲ *ክፍለ ጦር* መከላኸሊ ዕርደን ስለ ዝሰበሮ ነቲ ድፋዕ ገዲፈናእ ብምውጽኣን፣ እታ ኣብ'ቲ ኸባቢ ዝነበረት ሓይሊ ህ.ግ ከም ሕሱም ዝተጠቕዐት። እቲ መጥቃዕቲ ስለ ዝጻዕጽዐን እተን ኣብኡ ዝተሳተፋ ሓይልታት ህ.ግ ነቲ እተን ናይ ተ.ሓ.ህ.ት ክልተ *ጋንታ* ዝገደፋኦ ድፋዕ ንምሽፋን ብዝወረደን መጥቃዕቲ ስለ ዝተሃስያን፣ ድሕሪ ናይ ሓደ መዓልቲ መፈተሺ ሓይሊ ሚዛን ናብ ቦታኣን ተመልሳ። እተን ናይ ተ.ሓ.ህ.ት *ጋንታታት* ተመዂሮን ኒሕን ስለ ዝጐድለን ብሓደ ወገን፣ ከም *ጋንታ* ተጠርኒፈን ኣብ ሓደ ድፋዕ ስለ ዝነበራን በቲ ኻልእ፣ ነቲ መጥቃዕቲ ኸምቲ ሰራዊት ህ.ግ ብምትዕጽጻፍን ድሕሪ ምዝላቕ ቀልጢፍካ ተወዳዲብካ ጸረ መጥቃዕቲ ምፍናውን

መራሕተን ክእለት ይጉድሎም ስለ ዝነበረ፡ ኣብ ኩለን መሳርዕ ህ.ግ ፋሕ ክብላ ተወሰነ'ሞ ንነፍሲ ወከፍ መስርዕ ሓደ ኽልተ ተጋደልቲ ተ.ሓ.ህ.ት በጽሐን።

ኮይኑ ከኣ፡ ጸላኢ፡ ብ15 ለካቲት 1982 ብወግዒ ብኹሉ ግንባራት መጥቃዕቲ ብምኽፋት ንሻድሻይ ወራር ልዕሊ 120 ሽሕ ዝግመት ሰራዊት ብምስላፍ ብብ/ጀነራል ውበቱ ጸጋየ ዝእዘዝ *ናደው እዝ* ብግንባር ናቕፋ፡ ብሜ/ጀነራል ቁሙላቸው ደጀኔ ዝእዘዝ *መብረቕ እዝ* ብግንባር ባርካ፡ ብሜ/ጀነራል ዓብዱላሂ ዑመር ዝእዘዝ *መንጠር እዝ* ብግንባር ሓልሓልን ብሜ/ጀነራል ኣበራ ኣበበ ዝእዘዝ *ውቃው እዝ* ብግንባር ሰሜናዊ ምብራቕ ሳሕልን ኣ ብ ሓደ እዋን ጀመሮ። ካብ'ተን ብቐዳምነት ኣብ ድብያ ህዝባዊ ሰራዊት ኣትየን ህላዌአን ዘብቅዓ እዝታት ሓደ ኣብ ግንባር ባርካ ብሜ/ጀነራል ቁሙላቸው ደጀኔ ዝምራሕ ዝነበረ *መብረቅ እዝ* እዩ። *መብረቅ እዝ* ብግስ ከይበለ ኽሎ እዩ ተደምሲሱ፣ ህዝባዊ ሰራዊት ከኣ ተልእኾኡ ፈጺሙ ናብ'ተን መጥቃዕቲ ዝጻዕጽዐን ግንባራት ብምኻድ ተደራቢ ሓይሊ ኾነን። ንኽልተ ሰሙን ዝተኻየደ ውግእ ትንፋስ ዘይህብ ጥራይ ዘይኮነ፡ ነንዝተበስዐ ድፋዓት ክትሽፍን ዝነበረ ጉያጉያ ዕረፍቲ ኣይህብን'ዩ ነይሩ። ተጋዳላይ ህ.ግ ግና፡ ንኹሉ ተጻዊሩ ስለ ዝመከተ፡ ውግእ ሻድሻይ ወራር ኣብ ክልተ ሰሙኑ ዕላምኡ ኽሃርም ዓቕሚ ኽም ዘይብሉ ድምጺ ሓፋሽ ኤርትራ ንህዝቢ ኣበሰረት። እቲ ብድሕሪኡ ንሰለስተ ወርሒ ዝኣክል ዝተኻየደ ውግእ፡ ሰራዊት ደርግ ልዕሊ 55 ሽሕ ሰራዊት ምዉታት፡ ቍሱላትን ምሩኻትን ገዲፉ ኽም'ቲ ምኽትል ዋና ጸሓፊ፡ "... ኣብ መወዳእታ ግን ሓጺር ናይ ምርብራብ ጊዜ ምስ ሓለፈ፡ እቲ ኹነታት ናብ ረብሓ ሰውራ ኤርትራ ኽም ዝቕየር ኣየጠራጥርን፡" ዝበሎ፡ ሻድሻይ ወራር ብ20 ሰነ 1982 ቅሂሙ ተረፈ። ድሕሪ'ዚ ፍሽለት'ዚ እዮም እምበኣር፡ በዓል ታምራትን ካልኦት ጀነራላትን ዝርከቡዎም ላዕለዎት መኰንናት ምውድዳብ ዝጀመሩ። እቲ ምውድዳብ ኣብ ኣስመራን ኣዲስ ኣበባን ኮይኑ፡ ኣዝዩ ምስጢራዊ ኸኣ ነበረ።

ኮይኑ ኸኣ ህ.ወ.ሓ.ት፡ ነቲ ኣብ ልዕሊ ህ.ግ ዝተኸፍተ ሻድሻይ ወራርን ፍሽለቱን ንምግምጋም ኣኼባ ፖለቲካዊ ቤት ጽሕፈት ብመሪሕነት ስብሓት ነጋ ተኸፍተ'ሞ፡

"ከም ትፈልጡዎ፡ ህላዌ ሰውራ ኤርትራ ብፍላይ ከኣ ህ.ግ ምስ ህላዌ ተ.ሓ.ህ.ት ዝተኣሳሰር ብምዃኑ፡ ውድብና ኽልተ በራጊድ ናብ ሳሕል ሰዲዱ ነይሩ እዩ። ኮይኑ ኸኣ፡ እዘን በራጊድ ዘርኣያኦ

ጅግንነት ቅድሚኡ ኣብ ሜዳ ኤርትራ ብጥራሽ ተራእዩ ዘይፈልጥ'ዩ። እዚ ኸኣ ነቲ ናጽነት ኤርትራ ብምሉእ ልቡ ዘይተቐበለ ሻዕብያ ልቢ ኸም ዝሰኾዕ ገይረናኦ ጥራይ ዘይኮነ፡ ቀጻልነቱ'ውን ኣውሒሰን ወጺኦን ኣለዋ። ስለ ዝኾነ ኸኣ፡ ተ.ሓ.ህ.ት፡ ኣብ ሳሕል ነቲ ናይ መጻኢ ስትራተጂኡ ድልዱል ምንጻፍ ኣንቢሩ'ሎ፡" ብምባል ፍሽኽ ምስ በለ፡ ኩሎም ድሙቕ ጣቕዒት ለገሱሉ። ብምቕጻል፡ "ዕላማና ንጹር'ዩ፡ ነዚ ኸኣ ናይ ቀረባ፡ ማእከላይን ርሑቕን ስትራተጂ ኢልና በብመድረኹ ኽንተግብሮ ጀሚርና ኣለና። ኣብ'ዚ እዋን'ዚ እቲ ናይ ቀረባ ስትራተጂና ኣፋሪቕናዮ ኣለና። ንሱ ኸኣ፡ ነቲ ተዳኺሙ ዝጸንሐ ሻዕብያ ህይወት ምምላስ ስለ ዝነበረ፡ ትንፋስ መሊስናሉ ኣለና፡" ምስ በለ፡ ዳግማይ ድሙቕ ጣቕዒት ተለገሰሉ። "ስለዚ፡ ውድብና ነዚ ኣብ ሳሕል ረኺቡዎ ዘሎ ዓወት፡ ዓወት ህዝብታት ትግራይን ኤርትራን ስለ ዝኾነ፡ እንቋዕ መጐሰና!" ብምባል፡ ጣቕዒት ብዘሰነዮ ወኻዕኻዕ ኣኼባኡ ዛዘመ።

* * *

ሓጐስ፡ ናብ ሜዳ ኤርትራ ካብ ዝመጽእ ኣትሒዙ፡ መንፈሱ ተቐይሩን ነቶም ዝፈትዎም ብጾቱ ረኺቡ ንህይወት ሜዳ ኤርትራ ኣብ ዘስተማቕረሉ ዝነበረ እዋን'ዩ ሻድሻይ ወራር ጀሚሩ። በቲ ንሱ ዝነበሮ ግንባር፡ ግንባር ናቕፋ ዝወፈረ *ናደው እዝ፡* ብኮሎኔል መኰንን ወልዱ ዝምራሕ መበል 17 *ክፍለ ጦር* ዝወፈሩሉ ቦታ ስለ ዝነበረ፡ ኣዝዩ መሪር ውግእ'ዩ ተኻይዱ። ሰራዊት *ናደው እዝ* ነቲ ኸም ዕላማ ዝሓዞ ምሓዝ ነጥቢ ጎቦ 1702 ንምትግባር ብኹሉ ሸነኽ ትንፋስ ዘይህብ መጥቃዕቲ ኣካይዱ ኣደዳ ምዉትን ቍሱልን ድሕሪ ምኳኑ እዩ ነታ ጎቦ ንሓጺር እዋን ተቘጻጺሩዋ ዝነበረ። እዛ ጎቦ ኣብ ከባቢ ሸውዓተ ኪሎ ሜተር ካብ መዓርፎ ነፈርቲ ናቕፋ ትርከብ ኮይና፡ ኣዝያ ስትራተጂያዊትን ናቕፋ ንምሓዝ ኣብ ዝግበር ውግእ ወሳኒትን'ያ ነይራ። ናይ ፕሮፖጋን ዳ ሓላፊ በኣሉ ግርማ ዝርከቦም "ታሪኻዊ ኹናት ናቕፋ" ኢሎም ዝሰመዩዎ ተልእኾ ንምስናድ'ዮም ጋዜጠኛታትን ቀረጽቲ ፊልምን ክይተረፉ ናብ'ቲ ግንባር ዝኸዱ። በኣሉ ግርማ፡ ነዚ ታሪኻዊ ተልእኾ ብኣካል ክሳተፎ ብዝሓደሮ ጥሙሕ'ዩ እምበኣር፡ ናብቲ ኣፍዓበት ዓስኪሩ ዝነበረ ኮሎኔል መኰንን ወልዱ ብምኻድ፡ ምስ መበል 17 ክፍለ ጦር ናብ ግንባር ናቕፋ ዝተበገሰ።

እንተ ኾነ፡ ኣብ'ቲ ውግእ'ቲ በኣሉ ግርማ መስተንክራዊ ጅግንነት ህዝባዊ ግንባር ሓርነት ኤርትራ፡ ፍሽለት ሻድሻይ ወራርን ሞት ኣዛዚ መበል 17 ክፍለ ጦር ኮሎኔል መኰንን ወልዱን ሰራዊቱን ሰኒዱ ናብ ኣስመራ ዝተመልሰ። ንሱ ጥራይ ዘይኮነ፡ ኣዛዚ መበል ሳልሳይ ክፍለ ጦር ኮሎኔል ተሻገር ይማም ምስ ክልተ መራሕቲ ብርጌድ ኣብቲ ውግእ ተቐትሉ። ፍሽለት *ቀይሕ ኮኾብ* ዘንቀሎ ቍጥዐ፡ መንግስቱ፡ ብሰንክኻ ኢና ፈሺልና ብዝብል ምስምስ ንመበል 21 ክፍለ ጦር ኣዛዚ ኮሎኔል ውበቱ ማሞ ኣብ ኣፍዓበት ኣብ ቅድሚ ሰራዊት ረሸኖ።

እቲ ንናቕፋ ንምትሓዝ ኣብ ግንባር ናቕፋ ዝተገብረ ምርብራብ ኣዝዩ ሓያልን ናይ ኢድ ብኢድ ውግእን ጥራይ ዘይኮነ ነይሩ፡ ኣሎ ዝብሃል ኣጽዋር ዝተተኰሰሉን ዕረፍቲ ዘይነበሮ ደብዳብ ነፈርቲ ዝተኻየደሉን ደማዊ ዓውደ ውግእ'ዩ ነይሩ። እምበኣርከስ፡ ሓጐስ ኣብ'ዚ ቦታ'ዚ እዩ ስኹጆ የማናይ ኣፍ ልቡ በሲዓ ናብ ሳምቡኡ ምስ ኣተወት ዘግ ኢሉ ናብ መሬት ዝወደቐ። ትንፋስ ሓጸርን ሳምቡኡ ፈሮቕሮቕታ ኽስምዕ ጀመረን። ኾይኑ ኸኣ፡ ብጾቱ ተሰኪሞም ናብ ሕክምና ኣብጽሑዎ'ሞ መውጋእቲ ኽቢድ ስለ ዝነበረ፡ ናብ ማእከላይ ሕክምና እቲ ግን ባር ወሰዱዎ። እንተ'ቲ ኣብኡ ዘርኣዮ ጅግንነት ግና፡ መስካሪ ዘድልዮ ኣይነበረን። ኣብ ሕክምና ንነውሕ ዝበለ እዋን ተሓኪሙ ናብ'ቲ ተወዚዑዎ ዝነበረ ብርጌድ ህ.ግ ተመልሰ። ሻድሻይ ወራር ካብ ዘኸትምን ድምጺ ጥይት ካብ ዘይስማዕን ድሮ ክልተ ወርሒ ገይሩ ስለ ዝነበረ፡ ሓጐስ፡ ዝበዝሑ ብጾቱ ተሰዊኦምን ተወጊኦምን ጸንሑዎ። "መርሓባ ሓጐስ፡ ድሮ ሓዊኻስ መጺእካ፡" ብምባል፡ ምስ መራሕ ብርጌድ መንኩብ ንመንኩብ ተወሃሃቡ'ሞ ነቶም ዝተረፉ ብጾቱ'ውን ከምኡ።

"ኣንታ ካን ኣግዲዕናኩም?" ብምባል፡ ብፍሽሑው ብጻያዊ ፍሽኽታ ንኹሎም በብሓደ እናጠመተ ናብ ብጾቱ ተጋደልቲ ህ.ግ ምስ ተሓወሰ፡ ንዓ በዚ ኾፍ በል በዚ'ባ ብምባል ኣማእኪሎሞ ኾፍ በሉ። ሓጐስ፡ እዚ ብጻያዊ ኣቀባብላ ንውሽጡ ስለ ዝተንከፎ ክሳዕ ምዝራብ ዝስእን ንብዓት ሕንቕንቕ በሎ። እወ! ካብ'ቶም ምስኡ ዝነበሩ ተጋደልቲ ህ.ግ ልዕሊ ፍርቆም እንተስ ብመስዋእቲ እንተስ ብመውጋእቲ ኣይነበሩን፣ እተን ናይ ተ.ሓ.ህ.ት በራጊድ'ውን ኣይጸንሐኣን። ንሱ፡ ባህሊ ህ.ግ ዝወረሰን ንነብሱ ኣካሉ'ምበር ኣካል ተ.ሓ.ህ.ት ገይሩዋ ስለ ዘይፈልጥ ዝነበረ፡ ብዛዕባ'ቶም ምስኡ ዝመጹ

ተጋደልቲ ክሓትት ኣይተተባብዐን። ድሕሪ ሓፈሻዊ ዕላላት'ዩ እምበኣር፣ መራሕ ብርጌድ ንሓጐስ ናብ ዑስማን ክኸይድ ዝሓበሮ።

ሓጐስ፣ ናብ'ቲ ንዑስማን ክረኽበሉ ዝኽእል ቦታ ኸይዱ ምስ ረኸቦ፣

"ያ ሓጐስ! ከመለኻ? ጊዜ ተሳኢኑ በስ መጺእና ኸይበጻሕናካ!"

"ማዕለሽ ዑስማን፣ ዝነበርኩሞ ሃለዋት ሃለዋትዶ ነይሩ ኾይኑ ከመይ ኢልካ ክትበጽሓኒ!" ብምባል፣ እታ መጺና ዘይረአናካ ትብል ካብ ብጻያዊ መንፈስ ዝተበገሰት ኣዘራርባ ዑስማን መሰጠቶ።

"ዶ/ር ከሰተ ፍጹም ከም ዝነገረኒ እንተ ኾይኑ፣ መውጋእትኻ ኸቢድ'ዩ ነይሩ። በስ ሕጂ ኸመይ ኣለኻ?"

"እዚኣ ሓንቲ ሳንቡእ ስኮጀ ሃሪሙዋ ነይሩ፣ ሕጂ ግና ሓውየ ናብ ኣሃዱና'ውን በጺሐ መጺአ፣" ብምባል፣ ሻድሻይ ወራር ክሳዕ ዝውዳእ ዘይተዋግአ ብውሽጡ ሕርቕ ሕርቕ እናበለ መለሰሉ። ብዛዕባ ዝነበረ ውግእን ዝነበረ ሃለኽለኽን ዝተጨበጠ ዓወትን ምስ ኣዕለሉ፣

"ከምቲ ዝበልኩኻ ኣብ'ቲ መጀመርታ ኽልቲኦም ተጋደልቲ ንኽወሃሃዱ ቐኑብ ጸገማት ፈጢሩ'ኳ እንተ ነበረ፣ ድሕር'ቲ ኣብ ግንባር ሰሜናዊ ምብራቕ ሳሕል ዘጋጠመ ተርእዮ እተን ጋንታታት ናይ ተ.ሓ.ህ.ት ናብ ኩለን ሓይልታት ምስ ጸምበርናየን ጽቡቕ ምውህሃድ'ዩ ተፈጢሩ፣" ብምባል፣ ዑስማን ነቲ ዝነበረን ዘሎን ኵነታት ብኸፉት ልቢ ገለጸሉ።

"እንታይ ደኣሉ ዝውረ ዘሎ? እቶም ካብዚ ዝኸዱ ተጋደልቲ ኣብ ትግራይ ምስ ኣተዉ ምስ ካልኦት ከይራኸቡ መሪሕነት ከርዲኑ ኣጥፊኡዎም ዝብሃል። እንታይ ስለ ዝተረኽበ እዩ?" ሓተተ ሓጐስ ርእሱ እናንቕንቐ።

"ኩሎም ኣይኮኑን ኣዝዮም ውሑዳት'ዮም ከይዶም። ንሕና'ውን ከምኡ ዝብል ተባራሪ ወረ ሰሚዕና ግና ሓቅነቱ ገና ኣየረጋገጽናዮን።"

"ብጻይ ዑስማን፣ እዚ'ኮ ትም ኢልካ ዝዝረብ ወረ ኣይኮነን። ከም ዝብሃል ዘሎ ብሻዕብያ ዝተጸልዉን ናይ ሻዕብያ ኣረኣእያ ዝሓዙን ብዝብል ምስምስ'ዮም ምስ'ቲ ዝተረፈ ተጋዳላይ ክሕወሱ ዘይደለዩዎም። ምኽንያቱ፣ ንባዕሉ ኣረኣእያ'ቲ መሪሕነት ኣብ ልዕሊ ህ.ግ ዝንቡዕን ኣብ ነቐፌታ ጥራይ ዘድሃበ ዝነበረን ዘሎን ብምዃኑ፣ እሞ እዞም ተጋደልቲ ኸኣ ነቲ ኽዉንነት ብዓይኖም ኣብ ባይታ ስለ ዝረኣዩዎ፣ ከይፈሽሉ ብምፍራህ'ዮም ናብ ከምኡ ዓይነት ስጕምቲ ክኸዱ ዝተገደዱ።"

"ከመይ ማለትካ እዩ?"

"ማለትሲ! ከምቲ ትፈልጦ፡ መሪሕነት ተ.ሓ.ህ.ት እንተስ ብግርህና እንተስ ብተንኰል ንስልቲ ኹናት ህ.ግ ብመሰረቱ እዩ ዘይቅበሎ ነይሩን ዘሎን። ንጸላኢ ኣትኪልካን ብብዝሒ ሰራዊት ዓብሊልካን ምውጋእ'ምበር፡ ከምዚ ህ.ግ ዝገበሮ ድፋዓት ሰሪሕካ ንጸላኢ ምክልኻል ኣይኣምኑሉን ጥራይ ዘይኮነስ፡ ኣብ ውሽጢ'ቶም ተጋደልቲ'ውን'ኮ ሻዕብያ ጌጋ ናይ ኲናት ስልቲ እዩም ዝጥቀሙ ዘለዉ ብምባል፡ ኣይተሓዘለይ ደኣ'ምበር፡ ርእሲ ሰብ ክሳብ ዝድንቊር ሓያል ጐስጓስ'ዩም ኣካይዶም። እቲ ሓፋሽ ተጋዳላይ'ውን ነዚ ኣበሃህላ'ዚ ኣይረዓሞን ነይሩ ክብሃል ኣይከኣልን'ዩ። እንሆ ኸኣ ህ.ግ ንሻድሻይ ወራር ብዘደንቕ ናይ ኲናት ስልቲ መኪቱስ፡ ነታ ሰውራ ኤርትራ ኣብቂዑ'ዩ፡ ድሕሪ ደጊም ህ.ግን ጉዳይ ኤርትራን ዝብሃል ኣይክህሉን'ዩ ብምባል ኢዱ ኣጣሚሩ ያዕ ዘይበለት ዓለም፡ መልሓሳ ኸም ትሕይኽን ሰራዊት ኢትዮጵያ ኸኣ ጭራኡ ደጕሉ ሕፍረት ተሰኪሙ ኸም ዝተርፍን ገይሩዎ ኣሎ። ብኡ መጠን ከኣ መሪሕነት ተ.ሓ.ህ.ት'ውን'ኮ ሕፍረት'ዩ ተሰኪሙ። ምኽንያቱ፡ ኣብ ክንዲ ኻልእ ኣድማዒ ስራሓት ዝሰርሕ፡ ልዕሊ ዓቕሙ ተመጢጡ ክነቅፍን ሻዕብያ ክትሓቅቕ'ያ ኽብል ይውዕልን ስለ ዝነበረ፡" ብምባል፡ ንዑስማን ቀው ኢሉ ጠመቶ።

"እቲ ውድብ'ኮ ገና ውልዶ እዩ ዘሎ፡ ተመኵሮ ክጕድሎ ኸኣ ባህርያዊ እዩ። መቸም ምስ ጊዜ እቲ ብስለት ክመጽእ ስለ ዝኾነ፡ ናብ ነዊሕ ምጥማት ዝሓሸ እዩ፡" በለ ዑስማን፡ ነቲ ነገር ከየጋፍሐ ብምባል።

"ኣነኸ መዓስ'የ ክብገስ?" ብምባል፡ ሓጐስ ሃንደበታዊ ሕቶ ሓተቶ።

"ከም ዝበልካዮ፡ እቲ ጉዳይ ቊሩብ ይረጋጋእ እሞ፡ ምስ'ቲ መሪሕነት ተረዳዲእና ክንውስን ዝሓሸ ኾይኑ ይስምዓኒ።"

"ብጻይ ዑስማን! ጊዜ ምውሳድ ኣድላዪ ኾይኑ ኣይስምዓንን'ዩ። ብወገነይ ጽባሕ'ውን ክብገስ ቅሩብ'የ፡ እንኮ ደኣ እዚ ውድብ ማለተይ ህ.ግ ቅሩብ ይኹን'ምበር፡" ብምባል፡ ሓጐስ ናብ'ቲ ኣብ ማዕዶ ዝነበረ ደንደንን ነቶም ኣብ ዙርያኡ ዝነበሩ ጎቦታታን በብሓደ ጠመቶም። እወ፡ እቶም መስተንክራዊ ጅግንነት ዝተገብረሎም ኣኽራናትን ጎቦታትን ናቕፋ።

"በስ ክንርእዮ ኢና። ብመጀመርታ ግና ውሕስነትካ ኽነረጋግጽ'ሞ፡ ሓዲኡ ክንገብር ኢና፡" ብምባል፡ ንሓጐስ ኣፋነዎ።

ሓጐስ፡ ክብገስ ምዃኑ ተነግሮ። ናብ ሜዳ ትግራይ ምምላሱ

ብንቕሓት ዝተቐበሎ ጉዳይ እንተ ነበረ'ኳ፡ ከም ሰብ ግና ካብ'ቶም ብልቢ ዘፍቅሮም ብጾቱ ተጋደልቲ ህ.ግ ክፍለ ውሽጡ ሓቦጭቦጭ በሎ። ኮይኑ ኸኣ፡ ምብጋሱ ኣኽለ'ሞ ናብ ዑስማን ብምኻድ ብዛዕባ ህልዊ ኹነታት ተ.ሓ.ህ.ትን ኣብ ልዕሊ ህ.ግ ዘሎዎም ኣረኣእያን መጸኢ ኣመቱን ኣድለይቲ ዝኾኑ መግለጽታትን ሓበሬታን ድሕሪ ምርካቡ፡ ክልተ ዘሰንዩዎ ተጋደልቲ ተዋሂቡዎ ብምዕራብ ኤርትራ ኣቢሉ ናብ ተ.ሓ.ህ.ት ኣተወ።

* * *

ምዕራፍ 43

ደርግ፡ ድሕሪ ፍሽለት ሻድሻይ ወራር ንስኹም ኢኹም ኣፍሺልኩሞ ብዝብል ምስምስ ንኣዛዚ መበል 21 *ክፍለ ጦር* ኮሎኔል ውበቱ ማሞን ካልኦት ሰብ መዓርግን ኣብ ኣፍዓበት ኣብ ቅድሚ ሰራዊት ብምርሻን፡ ንኻልኦት መራሕቲ ክፍለ ጦራት ሓላፍነት ከስክም ተጓየየ። በዚ ዝኣክል ሰራዊቱ ነንሕድሕዱ ብዝገደደ መልክዑ ምትእምማን ሰኣነ። ስለ ዝኾነ ኸኣ እዩም፡ እቶም *ታምራት* ዝርከቦም ክጠራነፉ ዝጀመሩ ላዕለዎት ሓለፍቲ፡ ኣብ ኤርትራ ዘሎ ውግእን ደርግን ኣመልኪቶም ብምስጢር እናተራኸቡ ክመያየጡሉ ድሮ ጀሚሮም ዝነበሩ ዝጀመሩ። ኣብ መንጎ *ታምራት*ን ኮሎኔል ኢቢሳን ዝነበረ ዝምድና እናሓየለን ምትእምማኖም እናተረረን ክኸይድ ካብ ዝጅምር ሓያሎ እዋን ገይሩ ኣብ ዝነበረሉ እዩ እምበኣር፡

"እቲ ዝገርም! ንወፍሪ *ቐይሕ ኮኾብ* ኢሉ ናብዚ ዝሰደደና እነህልካ ናብ ኣዲስ ኣበባ ክምለስ ደጊመ ደጋጊመ እንተ ሓተትኩ፡ ብዘይካ ትእዛዝ ኣይመጸናን ካልእ መልሲ ኣይረኸብኩን።" በለ ኮሎኔል ኢቢሳ ምስ *ታምራት* ኣብ ገዝኡ ድራር እናበልዑ ኸለዉ።

"ኣነ ብወገነይ ኣብ ከምዚ ዝበለ ኹነታት ንኣዲስ ኣበባ ምኻድ ካብ ረብሓኡ ጉድኣቱ ይዛይድ'የ ዝብል። ስለዚ፡ ክሳዕ ዝኾነ ዝኸውን ኣብ'ዚ ምጽናሕ ዝሓይሽ'መስለኒ።" በለ *ታምራት*፡

"ምኽንያቱ እንተ ሓሰብካዮ ሓቅኻ ኢኻ! ኣብኡ እንታይ ኣለኒ እዩ። ስድራ እንተ ኾነ የብልናን ..."

"ከም ዝመስለኒ ንሱ ኣይኮነን እቲ ቐንዲ ምኽንያት ክኸውን ዘሎዎ፡ እንታይ ደኣ፡ ካብ መንግስቱ ምእላይ እዩ እቲ ቑም ነገር። ንምኽኑ፡ እቲ ብዘይ ዝኾነ ይኹን ወረ ብባርካ ኽበግሶ ሓሲቡ ዘሎ ውግእ እንታይ እዩ ዕላማኡ።"

"መንግስቱ፡ ወፍሪ *ቐይሕ ኮኾብ* ምስ ፈሸለ ካብ'ቲ ዝነበሮ ናህሪ ዝሒሉ ኸም ዘሎ እቶም ናይ ቀረባ ፈለጥቱ ኸም በዓል ሜ/ጀነራል መርእድ ንጉሰ ብትሒም ትሒም ይዛረቡሉ እዮም። እዚ ይኹን'ምበር፡ ነቲ ኣብ'ቲ ወፍሪ ዝተበላሸወ መልክዑ ንምምላስ ሕጂ'ውን ብስቱር ማለት ብዘይ ኣዋጅ ከምዚ ዝበልካዮ ብባርካ መጥቃዕቲ ኽኸፍት ምኽኑን ዘድሊ ሎጂስቲክስ ክንቅርብ ከም

ዘሎናን ተነጊሩና ኣሎ። ኣነ ብወገነይ፡ ንዓና ኽዘናግዕን ኣድህቦና ናብኡ ክንገብርን'ምበር፡ ክልተ ዓመት ምሉእ ናቕፋ ናቕፋ ኽብል ኣብ ጵላለ በጺሑ ዝነበረ ሰብኣይሲ፡ ኣብዚ ሰዓት ብኻልእ ቦታ ውግእ ኣይክኽፍትን'ዩ። ኣብ ባርካ ጀነራል ቁሙላቸው ደጀኔ ዘጋጠሞ ስዕረት ኣይትዝክሮን ዲኻ፡ ብግስ ከይበለ ኽሎዶ ኣይኮነን ኣብ ድብያ ሻዕብያ ኣትዩ ዝተደምሰሰ። ከምቲ ግቡእ ወፍሪ *ቐይሕ ኮኾብ'ኮ* ኸው እዩ ኣብቂዑ ነይሩ። ስለዚ፡ እዚ ሕጂ ኽበግሶ ሓሲቡ ዘሎ መጥቃዕቲ ብሰሜናዊ ምብራቕ ሳሕል'ዩ ክኸውን ዝኽእል፡" ብምባል፡ ነንሓድሕዶም ሓበሬታ ተለዋወጡ'ሞ ታምራት ተፋንዩዎ ናብ ገዝኡ ኸደ።

ታምራት፡ ንጽባሒቱ ናብ ኣዜብ ከደ'ሞ፡ ነቲ ምስ ኢቢሳ ዝተዘራረቡሉን ከምኡ'ውን ብዛዕባ ኣብ ግንባራት ዘለዉ ሰራዊትን ኣዘዝቱን ኣድላዪ ዝበሎ ሓበሬታ ሃባ። እዚ ኾይኑ ኽብቅዕ፡ ድሕሪ ቑሩብ እዋን ኣብ መጋቢት 1983 ደርግ ኽይተሰምዐን ብኣዋጅ ንዓለም ከይነገረን ንሰላሕታ ወራር ብግንባር ባርካን ሓልሓልን ኣበገሶ። እቲ ወራር ከም ሽሙ ሰላሕ እናበለን ንተጋዳላይ ህ.ግ ኣዘንጊዑን ናብ ውሽጡ ብምስላኹ ኣደዳ መስዋእትን መቑሰልትን ገበሮ። ነዚ ወራር ንምምካት ህ.ግ ዘሎዎ ሰራዊት ናብ ግንባር ባርካን ሓልሓልን ብምስዳድ ንኽባቢ ሽዱሽተ ወርሒ ዝኣክል ጊዜ ተኸላኸሎ። ኣብ'ቲ ዝተገብረ ውግእ ልዕሊ ዓሰርተ ሽውዓተ ሽሕ ሰራዊት ኢትዮጵያ ምዉታት፡ ቊስላትን ምሩኻትን ክኾኑ ከለዉ፡ ህ.ግ ጠያይቲ ይኹን ተተኰስቲ ክሳዕ ዝጽንቀቕን ካብ ክፍልታት ከይተረፈ ጠያይቲ ብምውጻእን'ዩ ነቲ ወራር መኪቱዎ። ሽሕ'ኳ እቲ ወራር ከም ኩሉ ወራራት ኣደዳ ምዉት፡ ውጉእን ምሩኽን ብምግዳፍ ፈሺሉ እንተ ተረፈ፡ ኣብ ህ.ግ ግና ናይ ተተኰስትን ጠያይትን ቀረብ ዓቢ ሃጓፍ ገደፈ። ስለ ዝኾነ ኸኣ እዩ መሪሕነት ህ.ግ ነቲ ኣጋጢሙዎ ዝነበረ ሕጽረት ንምምላእን ካበይ ይምጻእ ንዝብል ሕቶ ንምምላስን ነቲ ካብ ኩሉ መኣዝናት ንዝመጽእ ሓበሬታ ደቂቕ ብደቂቕ ክምርምሮ ዝጀመረ። ኮይኑ ኸኣ፡ ሓደ ኣዝዩ ወሳኒ ዝኾነ ሓበሬታ ረኸበ፡ ከተማ ተሰነይን ዓሊግድርን።

15 ጥሪ 1984

ሰራዊት ደርግ፡ ኣብ መወዳእታ 1978 ብዘበገሶ ወራር ከተማ ተሰነይ ኣብ ኢዱ ካብ ትወድቕ ኣትሒዙ ንነዊሕ ዓመታት ድምጺ

ጠያይቲ ዳርጋ ኣይሰምዐትን። ጸላኢ ነቲ ኣብ'ቲ ግንባር ዝነበረ ሰራዊት ዘድሊ ኣጽዋር፡ ተተኳሲን ጠያይትን ብብዝሒ ኣብታ ከተማ ኸዚኑዎ ነበረ። ኮይኑ ኸኣ፡ እቲ ሰራዊት ካብ ውግእ ወረ ውግእ ንንውሕ ዝበለ እዋን ርሒቑ ስለ ዝነበረ፡ ኣዝዩ ተዛንዩ ኣብ ንግድን ምንዝርናን ዓለም ተዋፊሩ ደኣ ይርከብ ነበረ። ካብዚ ብምብጋስ መሪሕነት ህ.ግ ደቂቕ መጽናዕቲ ኣሰላሰለ'ሞ፡ ከተማ ተሰነይ 15 ጥሪ 1984 ክትጥቃዕ ወሰነ። ነቲ ተልእኾ'ቲ እተተግብር ሓንቲ ብርጌድ ነዊሕን ኣድካምን ጕዕዞ ኣካይዳ ብስቱር ኣብ ተሰነይ ተጸግዐት። ንሳ ነቲ ኣብ እዋን ሰላሕታ ወራር ኣብ ባርካ ዝተኻየደ መጥቃዕቲ ክትከላኸል ዓቕሚ ሰባን ተተኳሲኣን ኣዝዩ ኣንቈልቍሉ ካብ ምንባሩ ዝተላዕለ፡ ነዚ ናይ ሞትን ህይወትን ተልእኾ ንምዕዋት ተሰኪማቶ ዝነበረት ዕማም ንህላዌ ህ.ግ ኣዝዩ ወሳኒ እዩ ነይሩ። ስለ ዝኾነ ኸኣ እዮም፡ ሓንጸጽትን ተግበርትን ኣካላት፡ መጥቃዕቲ ተሰነይ፡ ትንሳኤ ህ.ግ ከበስር ዝኽእል ተልእኾ ብምዃኑ፡ ብዝኾነ ይኹን ዋጋ ኽዕወት ከም ዘለዎ ኣብ ርክቦም ዝተረዳድኡ። ኣዛዚ ናይ'ዚ መስተንክራዊ ዝኾነ ተልእኾ'ዚ ንኽትፍጽም ዝተሓርየት ብርጌድ፡ ዓወት ናይ'ዚ መጥቃዕቲ ኣብ ህ.ግ ከምጽኦ ዝኽእል ናይ ምትግባር ዓቕሙ ኣብ ቅድሚኡ ቕጀል በሎ'ሞ፡ "ቀጻልነት ሰውራና ኽነረጋግጽ እንተ ኼንና፡ ኣብ'ዛ መጥቃዕቲ'ዚኣ ብዘይ ጥርጥር ክንዕወት ኣለና፡" በለ፡ ኣስናኑ እናሓርቀመ።

ህዝባዊ ሰራዊት፡ ናይ ዜሮ ሰዓት ክሳዕ ዝኣክል ትንፋሱ ሓቢኡ ኣብ በቦታኡ ኾይኑ ንኸተማ ተሰነይ የቛምት ነበረ። መራሒ ብርጌድ ሰዓቱ ረኣየ፡ ናይ መጥቃዕቲ ሰዓት ምእካሉ ኣረጋገጸ'ሞ ናይ ተዂስ ትእዛዝ ሃበ። ከተማ ተሰነይ ነዊሕ እዋን ዘይሰምዐቶ ተዂሲ ምስ ሰምዐት፡ ሰራዊት ኢትዮጵያ ብብዕንዊግ ኣእምሮኡ ናብ ዘብሎ ጠፊኡዎ ሸበድበድ በለ። እቲ መጥቃዕቲ'ቲ ዝተጸንዐን ሃንደበታውን ብምንባሩ፡ ጸላኢ ንኽትዂስ'ውን ይኹን ዕድል ክረክብ ኣይከኣለን። ኣብ ዓሊግድር ዝነበረ ሰራዊት ጸላኢ'ውን ከምኡ። እቲ መጥቃዕቲ ኣብ ዝተዋህበ ናይ ጊዜ መቓን ክውዳእ ስለ ዝነበሮ፡ ተጋዳላይ ህ.ግ ናብ ዕላማኡ ክበጽሕ ጕየ ጕየ ኾነ። ስለ ዝኾነ ኸኣ፡ ጸላኢ እንታይ መጺኡኒ ብምባል ኣብ ሰዓታት ዘይመልእ እዋን ተበታቲኑ ነብሱ ኸውጽእ እግሩ ናብ ዝመርሖ ሃደመ። ከተማ ተሰነይን ዓሊግድርን ከኣ ኣብ ኢድ ህዝባዊ ሰራዊት ኣተዋ። ጸላኢ፡ ኣብ ተሰነይ ከዚኑዎ ዝጸንሐ ኣጽዋር፡ ተተኳሲን ጠያይትን ከም'ቲ መሪሕነት ህ.ግ ብስለያዊ መገዲ ዝበጽሖ ሓበሬታ፡ ማእለያ ኣይነበሮን። እዚ ኾይኑ

ኽብቅዕ፡ ተጋደልቲ ህ.ግ ትንፋስ ብዘይህብ ጕያ ጕያ ነቲ ኣብ መኽዘን ጸላኢ ዝተረኽበ ንብረት ካብ ተሰነይን ዓሊ ግድርን ናብ ስቱር ቦታ ኣግዓዙዎ። ድሕሪ'ዚ ዕዉት ተልእኾ'ዩ፡ ኣዛዚ ብርጌድ ንኣዛዚ'ቲ ግንባርን ኣባል ፖለቲካዊ ቤት ጽሕፈትን ሬድዮ ርክብ ገበረ'ሞ፡

"ሃሎው እሰምዓካ'ለኹ፡ ቀጽል፡" በለ፡ ኣዛዚ ግንባር።

"ተልእኾ ብዓወት ተዛዚሙ! እተን ቆፎታት ከኣ ኣብ ኢድና ኣትየን ኣለዋ፡" በለ፡ ኣዛዚ ብርጌድ።

"እቲ ዳርባታትን ሓጺነ መጺንንከ ኣብኡ ጸኒሑካዶ?"

"ከም ዘሎዎ!" በለ፡ ታሕጓሱ ምቍጽጻር ዝሰኣነ ኣዛዚ ብርጌድ።

"ትንሳኤ ህዝባዊ ግንባር ኣበሲርካና፡ ዓወት ንሓፋሽ!" ድሕሪ ምባል፡ "ካብ'ቶም ደቀቕትን ፍሩያትንከ ረኺብካዶ?" ደጊሙ ሓተተ ኣዛዚ'ቲ ግምባር፡ ምእንቲ መሊሱ ኽረጋግጽን ዘድሊ መምርሒ ኽህብን።

"ጥራይ ካብ'ዘን ዘንበይቲ የድሕነና'ምበር፡ ማእለያ የብሉን!"

"እቲ ኣብ ቅድሚኻ ዘሎ ቕዱስ ሚኪኤልከ ናበይ ምስ ከደ!" ብምባል፡ ኣዛዚ ግንባር ሬድዮ ርክቡ ዓጸወ።

ልዕሊ ኣርባዕተ ሚእቲ ዝኾና ናይ ጽዕነት መካይን ብምቕራብ ነቲ ዝተሰልበ ንብረት ኽገዓዕዙዎ ኣብ ዝጀመሩሉ እዋን፡ ከምቲ መራሕ ብርጌድ ዝፈርሆ ነፈርቲ ኹናት ኢትዮጵያ ደበኽ በላ። ተፈጥሮ ግና ስራሑ ኣይገደፈን። ህይወትን ንብረትን ደቂ ክዕቅብ ዝሓለነ ኽመስል፡ ሰማያት ተሰነይ ብግብ ዝበለ ደመና ተሸፈነ። መራሕቲ ነፈርቲ ኹናት ኢትዮጵያ ኽኣ ማይ ዓሚኾም ናብ ቦታኦም ተመልሱ። ኣዛዚ'ቲ ግንባር ዝነበረ ሜ/ጀነራል ቁሙላቸው፡ ነታ ካብ'ቲ ግንባራት ኣዝያ ርሒቓ ትርከብ ዝነበረት ከተማ ተሰነይ ከድሕን ሰራዊቱ ብህጹጽ ኣንቀሳቐሰ። ይኹን'ምበር ህዝባዊ ሰራዊት ሓርነት ኤርትራ ተልእኾኡ ፈጺሙ "ተሰነይ ክንምለሰኪ ኢና ሽዑ ግና ንዘለኣለም ሓራ ክትኮኒ ኢኺ!" ብምባል፡ ገዲፉዋ ወጺ'ሞ፡ ሰራዊት ደርግ ኽኣ ጅግንነት ዝፈጸመ ኾይኑ እናተሰምዖን እናፈከረን ሰተት ኢሉ ኣብ ጥራሕ ጐልጐል ኣተወ። እቲ ዝኣተወ ኣዛዚ ክፍለ ጦር፡

"ሃሎው ደሴ፡ ትሰምዓኒዶ ኣለኻ? ሃረር'የ።"

"እወ ሃረር! እሰምዓካ'ለኹ።"

"ኣብ'ቲ ቦታ ብዘይ ተጻብኦ ኣቲና ኣለና፡" ምስ በሎ፡ *ኣዛዚ መንጥር እዝ ሜ/ጀነራል ቁሙላቸው ነገሩ ገሪሙዎ፡*

"እቶም ኣብኡ ዝነበሩኸ ናበይ ኣቢሎም?"

"ጭራኦም ደጕሎም ናብ መዕቈቢኦም ከይዶም፣" ብምባል ካርካር በለ። ጀነራል ግና ህዝባዊ ሰራዊት ብዘይ ዝኾነ ይኹን ተቓውሞ ንተሰነይ ገዲፉ ምውጽኡ ናይ ነገር ጣቋ ኸም ዘይኮነ ተገንዘበ'ሞ፣

"ዘሎ ኹነታት ብህጹጽ ጸብጻብ ስደደለይ፣" ብምባል፣ ሬድዮ ርክቡ ብምዕጻው ኣዕሚቑ ኣስተንፈሰ። እቲ ኣብ እዋን ሻድሻይ ወራር ኣብ ግንባር ባርካን ሰላሕታ ወራርን (ሻውዓይ ወራር) ዘጋጠሞ ስዕረት ከም ሕልሚ ኾይኑ ተቀጀሎ'ሞ፣ ብልቡ ንኣመራርሓን ስልቲ ኹናት ህ.ግን ኣድነቐ። እቲ ዝጽበዮ ዝነበረ ጸብጻብ ንጽባሒቱ ምስ መጸ፣ ርእሱ ሒዙ ናብ መሬት ደነነ። ኣይደንጐየን እቲ ጸብጻብ ናብ'ቲ ኣብ መወዳእታ 1983 ንጀ/ ኣስራት ብሩ ዝተክኦ ሜ/ ጀነራል መርእድ ንጉሰ ኣዛዚ ካልኣይ ኣብዮታዊ ሰራዊት ሰደዶ'ሞ፣ ብህ.ግ ተሰሊቡ ተባሂሉ ንዝቐረበሉ ጸብጻብ ምስ ረኣዮ ርእሱ ብምሓዝ ናብ ጠረጴዛኡ ደነነ። ድሕሪ ቑሩብ ደቓይቕ፣

"ኢቢሳ ኸመይ ውዒልካ? ሓንሳብዶ ናብ ቤት ጽሕፈተይ ክትመጸኒ?"

"ጀነራል ከመይ ውዒልኩም? ድሕሪ ዓሰርተ ደቒቕ ክመጸኩም'የ፣" ብምባል፣ ኢቢሳ ተሌፎን ዓጸዎ'ሞ ናብ ቤት ጽሕፈት እዚ ካልኣይ ኣብዮታዊ ሰራዊት ኣምርሐ።

"ሻምበል፣ ጀነራል ይጽበዩኒ ኣለዉ፣" በለ፣ ኮሎኔል ኢቢሳ ንጸሓፊ ጀነራል መርእድ።

"ኮሎኔል ሓንሳብ ጽንሑኒ፣" ኢሉ፣ ምምጻእ ኢቢሳ ንጀነራል መርእድ ነገሮ'ሞ ተመሊሱ፣

"ኮሎኔል እተዉ፣" በሎ። ኢቢሳ ግቡእ ወተሃደራዊ ሰላምታ ድሕሪ ምግባር፣ ኮፍ በል ዝብል ትእዛዝ ክወሃቦ ተጸበየ። ጀነራል መርእድ ግና ኣብ ኣዝዩ ኣዋጣሪ ሓሳብ ስለ ዝነበረ፣ ኮፍ በል ከይበሎ ካብ መንበሩ ተንሲኡ ናብኡ ብምቕራብ ብደዉ ነቲ ኣብ ኢዱ ሒዙዎ ዝነበረ ወረቓቕቲ ሂቡ ናብ መስኮት ናይ'ቲ ቤት ጽሕፈቱ ብምኻድ ደው በለ።

"ኮሎኔል ኢቢሳ፣ ኮፍ በል'ሞ ነቲ ካብ ቁሙላቸው ዝመጸኒ ጸብጻብ ርእዮ፣" በለ፣ ድምጹ ኣትሒቱ ኣቢሉ። ኢቢሳ ነቲ ጸብጻባት ብዝሒ ኣጸዋር፣ ተተኲሰን ጠያይትን እንተ ረኣዮ'ኳ ነገሩ ስለ ዘይተረደኦ ነቲ ጀነራል ቋሕ ኢሉ ጠመቶ፣ ገለ ነገር እንተ በሎ ኢሉ። ጀነራል'ውን ስለ ዘስተብሃለሉ "ኢቢሳ፣ እዚ

ትርእዮ ዘለኻ፡ ሻዕብያ ተሰነይን ዓሊ ግድርን ምስ ተቈጻጸራ ኣብ መኸዘንና ቀሪብናሉ ዝጸናሕና ንብረትዩ። ሓርጭ ፊኖ፡ ዘይትን ዝብላዕን ከይመስለካ!" በሎ፡ ሕርቃን ብውሽጡ ከቃጽሎ እናደለየን ነታ ብቐጻሊ እተሸግሮ ብርትዕቲ ጋስትራይት እንተ ሓሸቶ ብምባል ኣፍ ልቡ እናደራረዘን ናብ ኢቢሳ ቀሪቡ ኾፍ በለ። "ክንድ'ዚ ዝኣክል ንብረት ኣብኡ ኸዚንና እንታይ ኢና ንገብር ኔርና። እዚ ኽመጽእ ይኽእል እዩ ኢልና ክንግምት ኣይከኣልናን!" ብምባል፡ ኣዕሚቑ ኣስተንፈሰ። "ንምኳኑ ሻዕብያ ኸመይ ገይሩ ክንድ'ዚ ዝኣክል ንብረት ኣብ ተሰነይ ከም ዘለና ፈሊጡ? ብወገንካ ትፈልጦ ነገር ኣሎካዶ?" ብምባል ሓተቶ። ኮሎኔል ኢቢሳ ንጀነራል መርእድ ብተመስጦ ይሰምዖ ነበረ። ይኹን ደኣ'ምበር እታ "ሻዕብያ ኸመይ ገይሩ ፈሊጡ?" እትብል ሕቶ ግና ኣይተጸበያን ግዲ ነይሩ፡

"ብቐዳምነት እቲ ኣጽዋር፡ ኣነ ቕድሚ ናብዚ ምምጽአይ እዩ ኣብቲ ቦታ ተኸዚኑ ጸኒሑ። እዚ ኸኣ ነቲ ግንባር ናይ ሎጂስቲክስ ቀረብ ብቐረባ ንምምላእ ተባሂሉ ዝተገብረ እዩ ነይሩ።" ብምባል እታ ሻዕብያ ኸመይ ገይሩ ፈሊጡ ትብል ሕቶ ግና ብፍላጥ ከም ዘይሰምዐ ኸይደገማ ሓለፈ።

"ክንድኡ ዝኣክል ኣጽዋር! እሞ ብዘይ ጽኑዕ ሓለዋ ብምንታይ ክግለጽ ይክኣል?" ብምባል ርእሱ ነቕነቐ። "ትፈልጥ ዲኻ ኮሎኔል? ንሻዕብያ እንታይ ከም ዝሸለምናዮ!" ኢሉ ርእሱ እናነቕነቐ ካብ'ቲ ኾፍ ኢሉዎ ዝነበረ ብድድ ብምባል ኣእዳዉ ንድሕሪት ጠሚሩ ኣብ ጥቓ መስኮት ደው በለ'ሞ፡ "ሻዕብያ ኹሉ ነገሩ ወዲኡ እዩ ነይሩ። ቅድሚ እዚ ስርሒት'ዚ ብኻልእ ቦታ መጥቃዕቲ ኽፈትናሉ ኔርና እንተ ንኸውን ክብድሃና ኣይምኸኣለን ነይሩ። ሕጂ ግና ..." ብምባል ንቕሩብ ደቓይቕ ትም ድሕሪ ምባል፡ "ሕጂ ግና ባዕሉ ተበግሶ ወሲዱ ኽጥቕዓና ምኳኑ ዘጠራጥር ኣይኮነን፡ እቲ ሕቶ መዓስ፡ ኣበይን በየንን ጥራይ እዩ። እቲ ኾይኑ እቲ፡ ጓድ መንግስቱ ነዚ ጉዳይ መልሲ ክደሊ ምኳኑ ኣይትዘንግዕ!" ብምባል፡ መልሲ ኽቕርብ ከም ዘሎዎ ኣዚዙ ንኮሎኔል ኢብሳ ኣፋነዎ።

ኮሎኔል ኢቢሳ፡ ጀ/ መርእድ፡ እቲ ሓላፍነት ናባኻ እዩ ዘሎ ይብሎ ኸም ዘሎ ስለ ዝተረድኦ፡ ክህቦ ዝኽእል መልሲ ሕርብት በሎ። ቤት ጽሕፈቱ ምስ ኣተወ ለዓት ተሌፎን ኣልዒሉ፡

"ታምራት ኢቢሳ እየ፡ ከመይ ውዒልካ?"

"ከመይ ውዒልካ ኢቢሳ?"

"ሎሚ ምሸት ክንራኸብ ጊዜ ይህልወካዶ ይኸውን?" ሓተቶ

ድምጹ ኣትሒቱ።

"ሎሚ ኣይክትጥዕመንን'ያ፣ ምስ ሻለቃ ዳዊት ቈጸራ ኣላትኒ፣ ደሓን ዲኻ?"

"ኣብ'ዚ ሲኦል ዝኾነ መሬት'ዚ እንታይ ደሓን ክህሉ! ናይ ዳዊት ቈጸራ ንኻልእ መዓልቲ ኽተሰግራ እንተ ትኽእል ደስ ምበለኒ ነይሩ ..." ኢሉ ዘረብኡ ኽይወድአ፣

"ኢቢሳ፣ ካብ ቤት ጽሕፈት እዚ፣ ተሌፎን ኣላትኒ'ሞ ክድውለልካ እየ ተጸበየኒ፣" ኢሉ፣ ነታ በቲ ሓደ መስመር ዝመጸቶ ተሌፎን ተቐበላ፣

"ሻለቃ ታምራት፣ ጀነራል መርእድ ሕጂ ኣብ ቤት ጽሕፈቶም ይጽበዩኹም ኣለዉ፣" ዝብል መልእኽቲ ተቐበለ'ሞ ንኢቢሳ ደዊሉ፣

"ኢቢሳ፣ ታምራት'የ። ካብ ቤት ጽሕፈት ጀ/ መርእድ'ዩ ተደዊሉኒ ጸኒሑ፣ ካብኡ ምስ ተመለስኩ ክድውለልካ እየ።"

"ኣነ'ውን ኣብኡ እየ ጸኒሐ'ሞ፣ ከም ትድውለለይ ግበር፣" ኢሉ፣ ተሌፎን ኣንበራ።

ታምራት፣ ኣብ ቃንው ናብ ዝርከብ ቤት ጽሕፈት ዋና እዚ ምስ ከደ፣ እቲ ጀነራል ከምቲ ምስ ኢቢሳ ዝተዘራረቦ ምስኡ'ውን ተዘራረቡሉ። "ስለዚ፣ ሻለቃ ታምራት እዚ ጉዳይ'ዚ ኣዝዩ ተኣፋፊ ስለ ዝኾነ፣ ሻዕብያ ብኽመይ ነዚ ሓበሬታ ኽረክብ ከም ዝኸኣለ ጽዑይ መጽናዕቲ ጌርካ ኣቕርበለይ ኢኻ፣ ጽባሕ!" በሎ፣ ዓይኑ ኣንጕልሒጡ ዓይኒ ዓይኑ እናጠመቶ።

"ሕራይ ጀነራል፣ ጽባሕ ናብ ተሰነይ ከይደ ነዚ ነገር'ዚ ኽጻርዮ እየ፣" ብምባል፣ ተፋንዩዎ ወጸ።

ታምራት፣ ድሕሪ ሰላሕታ ወራር ንኽልተ መዓልቲ ኽዕርፉ ኢሎም ምስ ኢቢሳ ናብ ባጽዕ ኣብ ወርሒ ጥቅምቲ ምስ ከዱ ኢቢሳ ዝነገሮ ዘኪሩ ፍሽኽ በለ። ኣብ'ቲ እዋን'ቲ ኢቢሳ ብዛዕባ ኣብ ዝተፈላለየ ቦታታት ተኸዚኑ ዘሎ ኣጽዋርን ተተኳስን ኣብ ዘዕልለሉ ዝነበረ እዩ እምበኣር፣ ታምራት፣ ኣብ ፈቐዶኡ ዝነበረ ብዝሕን ዓይነትን ኣጽዋርን ተተኳስን ክፈልጥ ዝኸኣለ። ድሕሪ'ቲ ምስ ጀ/ መርእድ ምዝርራቦም ኣብ ባር ባኞ ተራኺቡ'ሞ፣ ኣዜብ ከመይ ዝበለ ጸብሒ ደርሆ ዓደ'ምሓራ ኣዳልያ ብምጽናሕ ንሳ'ውን ምስኣቶም ኮፍ ኢላ እናተመገበት ከላ፣

"ወ/ሮ ኢትዮጵያ እዛ ጸብሕኽንሲ ጸዋማይ'ውን እንተ ኾነ፣ ካብ እዝግሄር ተሓቢኡ ኣይምገደፋን ነይሩ።"

"ኮሎኔል ኢቢሳ፣ ኣነ ሰብ ከሕጥእ ኣይኮንኩን! ድሕር'ዛ ሕጂ

ጸብሒ ደርሆ ዝብልዋ ኣይሰርሕን'የ፣" ኢላ ካር ካር በለት፣ ንሶም'ውን ምስኣ ሰሓቑ። በሊያም ምስ ወድኡ ኣዜብ ዝሰተ ቐረባትሎም ወጺኣ ናብ ኣጋይሻ ኸደት።

"ግርም ዝኾነት ጭዋ ሰበይቲ ኢኻ ረኺብካ ዘለኻ፣ ኣልማዝ ጥራይ ኣይትስማዕ!" ኢሉ ኢቢሳ ፍሽኽ በለ።

"ሰበይቱ ዘርሓቐ ሰብኣይ ደኣ'ሞ፣" ብምባል ንሱ'ውን ፍሽኽ በለ። ከምኡ እናበሉ ብዛዕባ ደቆምን ናፍቖቶም እናዕለሉ ኸለዉ፣

"ናብ ካልእ ኣርእስትና እስከ ንእቶ። ጀ/ መርእድ እንታይ እዩ ሽግሩ እቲ ሓላፍነት ናባና ዘጸግዖ ዘሎ? ዓንተቦይ ምስ ጸውዓኒ፣ ሻዕብያ ኣብ ተሰነይ መጥቃዕቲ ገይሮም ኣብ መኸዘን ብዙሕ ንብረት ከም ዝረኸቡን ዝሕብር ጸብጻብ ካብ ሜ/ጀነራል ቁሙላቸው መጺኡኒ ኢሉ ሂቡኒ። ብወገንካኸ እንታይ እዩ ኣዘራሪቡኩም?" ሓተተ ኢቢሳ ርእሱ እናነቕነቐ።

"ንዓይ'ውን ካብኡ ወጻኢ ዝበለኒ ነገር ኣይነበሮን፣ ግና ሻዕብያ እዚ ኹሉ ኣጽዋር ክሰልቦ ኸሎ፣ ወተሃደራዊ ስለያ እንታይ ትገብሩ ኔርኩም? ንምኳኑ ኸመይ ገይሩ ሻዕብያ ብዛዕባ'ቲ መኸዘን ፈሊጡ? ዝብሉ ሕቶታት እዩ ሓቲቱኒ።"

"ዝገርም'ዩ፣ ሻዕብያ ሓያል ናይ ስለያ መርበብ ኣለዎ ማለት'ዩ፣" ብምባል፣ ተገሪሙ ሓተቶ።

"ኣነ ኸም ዝመስለኒ፣ መርእድ እቲ ካብ መንግስቱ ዝመጾ ሕቶ እዩ ኸቢዱዎ ዘሎ። ስለ ዝኾነ እዩ ኸኣ፣ ካብ ዓቕሊ ጽበት ዝተላዕለን ንዓና ብምቕራብን ጸዊዑና። ስለዚ፣ ኣኸቢድካ ኣይትርኣዮ። ኣነ ጽባሕ ንግሆ ናብ ተሰነይ ብምኻድ ነቶም ዝምልከቶምን ንቁምላቸውን ከዘራርቦም'የ። ውጽኢቱ ኸኣ፣ ብሓንሳብ ክንርእዮ ኢና፣" ብምባል፣ ነቲ ነገር ከየከባበደ መለሰሉ።

"እሞ ንምንታይ ደኣሉ፣ ንመንግስቱ ዝኸውን ጸብጻብ ከዓሉ ኣዚዙኒ?"

"እንታይ ጸገም ኣሎም'ሞ ንዓናይ ምሳይ'ሞ ካብ ኣፎም ክንሰምዖ፣" ምስ በሎ፣ ኢቢሳ ፈኹሱዎ ናብ ካልእ ዕላሎም ኣትዮም ነዊሕ ምስ ኣዕለሉ፣ ንጽባሒቱ ናብ ተሰነይ ብሓንሳብ ክበገሱ ተቛጺሮም ንሱ ናብ ገዝኡ፣ ኣዜብን ታምራትን ከኣ ተተሓሒዞም ከዱ።

ታምራትን ኣዜብን ፍቕራዊ ዝምድናኦም እናዓመቔ ይኸይድ ብምንባሩን ኩሉ'ውን ይፈልጥ ስለ ዝነበረን፣ ኣብ መንበሪ ገዝኡ ኣታዊትን ወጻኢትን'ያ ኾይና ነይራ። ሓደ ሓደ እዋንሲ ከም ሓደ

ዋና ኣብ ቤቱ መፍትሕ ከፊቱ ዝኣቱ፡ ንሳ'ውን እንዳ ታምራት ክትኣቱ ዝኾነ ይኹን ዘሰክፉ ነገር ኣይነበራን። እታ ሓንቲ ብውሽጣ ትሓቕያ ዝነበረት፡ ምስ ታምራት ፍቕራዊ ዝምድና ምምስራታ እያ ነይራ። ሓደ መዓልቲ ኣብ ዓራት ሓቑፉዋ እናዕለሉ ኸለዉ፡ ታምራት፡

"ኢትዮጵያ፡ ንምኳኑ ኣብ ህይወትኪ ሕጉስቲ ዲኺ?" ኢሉ ሓተታ።

"ኢሂ ታምራተይ፡ እንታይ ኮይነ ደኣ ሕጉስቲ ዘይከውን?"

"ኣነ ኣዝየ እየ ዘፍቅረኪ ግና ሓደ ሓደ ጊዜ ..." ኢሉ ዘረባኡ ኸይወድአ፡ ኣዜብ በጸብዕታ ገይራ ኸናፍሩ ብምዕባስ፡

"ታምራተይ፡ ካልኣይቲ መዓልቲ በጃኻ ኸምኡ ኢልካ ኸይትሓተኒ፡" ብምባል፡ ከብዳ ሓቦጭቦጭ በላ'ሞ፡ ኣፍ ልቡ ስዒማ ሸጉጥ በለቶ።

ዝምታ ሰፈነ።

ድሕሪ ቑሩብ ደቓይቕ ግና "ታምራተይ ትጠዓሰሉ ዲኻ?" ብምባል ንሳ'ውን ሓተተቶ።

"ፈጺመ! ሓደ ሓደ እዋን ግና፡ ከመይ ይስምዓ ኾን ይኸውን እናበልኩ እሓስብ'የ።"

"ምስ ኣምሓራይ ክድቅስ ኢለ ሓሲበ'ኳ ኣይፈልጥን!" ብምባል፡ ካርካር ኢላ ሰሓቐት። ታምራት ብሰሓቓ ፍሹስ በሎ'ሞ ሓቑፉ ብምስዓም፡

"እንታይ'ሞ ክትገብሪ ዕጫኺ ኾይኑ?" ብምባል፡ መሊሶም ናብ ሰሓቕም ኣተዉ። ንሳቶም ብዛዕባ ዘሎዎም ፍቕራዊ ህይወት ኣልዒሎም ኣይዛረቡን'ዮም ነይሮም፡ ከመይሲ ንኽልቲኦም ዘራኽቦም ዝዓበየ ጉዳይ ስለ ዝነበሮም። ስለ ዝኾነ ኸኣ፡ ከይተረኣኣዩ ኣይውዕሉን'ዮም ነይሮም።

ድሕሪ ስርሒት ተሰነይ፡ ኣዛዚ ካልኣይ ኣብዮታዊ ሰራዊት ሜ/ጀነራል መርእድ ንጉሰ ይኹን ደርግ፡ መሪሕነት ህ.ግ እንታይ ክገብር ከም ዝኽእል ክግምቱ እንተ ዘይጠፍኦም'ኳ፡ ነቲ ናብ ዕለት 22 ለካቲት 1984 ዘውግሐ ለይቲ ኣብ ልዕሊ ኣብ ሰሜናዊ ምብራቕ ሳሕል ዓሪዱ ዝነበረ *ውቃው እዝ* ዝተፈነወ መጥቃዕቲ ግና፡ ክመጽእ'ዩ ኢሎም ኣይሓሰቡን ነይሮም። ህ.ግ፡ እቲ ካብ ተሰነይ ዝሰለቦ ኣጽዋርን ተተኳስን ነቲ ተዳኺሙ ዝጸንሐ ዓቕሚ ተተኩስቱ ስለ ዘጕልበቶ፡ ንጸላኢ ኣብ ዘይሓሰቦ ሰዓትን ቦታን'ዩ ኣጥቂዑዎ፡ ሽሕ'ኳ ዘይዕዉት ፈተነ እንተ ነበረ። ኮይኑ ኸኣ፡ መሪሕነት ህ.ግ

ነቲ ዘጋጠመ ድኽመታት ብግቡእ ድሕሪ ምግምጋምን ነቶም ዘጋጠሙ ሃጓፋት ምምላእን፡ ብ19 መጋቢት 1984 ፍርቂ መዓልትን ፈረቓን ሓያል መጥቃዕቲ ኣብ ልዕሊ *ውቃው እዝ* ፈነወ። ድሕሪ ናይ ሰለስተ መዓልቲ ኸቢድ ውግእ፡ ልዕሊ ሽዱሽተ ሽሕ ዓቕሚ ሰብን 50 ታንክታትን ዝተፈላለየ ኣጽዋርን ዓጢቑ ሓሙሽተ ዓመት መመላእታ ኣብ ግንባር ሰሜናዊ ምብራቕ ሳሕል መአዘዚ ቦትኡ ኣብ ኣውገት ገይሩ ዝነበረን ብብ/ጀ ሑሴን መሓመድ ዝእዘዝን *ውቃው እዝ* ብ22 መጋቢት 1984 ፈጺሙ ተደምሰሰ። እቲ ጀነራል ከኣ ኣብ'ቲ ውግእ ካብ ምምራኽ ንስክላ ብምምላጥ ብሄሊኮፕተር ገይሩ ናብ ምጽዋዕ ሃደመ። እዚ ውድቀት'ዚ ከኣ ንሜ/ጀነራል መርእድ ንጉሰ ዘይጽወር ኮኖ።

* * *

21 ግንቦት 1984

መንግስቲ ኢትዮጵያ፡ በቲ ህ.ግ ኣብ ልዕሊ ኣብ ሰሜናዊ ምብራቕ ሳሕል ዓሪዱ ዝነበረ *ውቃው እዝ* ዘውረዶ ደምሳሲ መጥቃዕቲ ተሰናቢዱ፡ ንሱን መራሕቲ ሰራዊቱን ነንሓድሕዶም ኣብ ምክሳስ ኣተዉ። ብ/ጀነራል ሑሴን ካብ ባጽዕ ተጸዊዑ ናብ ቤት ጽሕፈት እዚ ብምምጻእ እቲ ዘጋጠሞም ስዕረት ብሰፊሑ መብርሂ ድሕሪ ምሃብ፡

"ጓድ መርእድ፡ ከምቲ ክብለሎ ዝጸናሕኩ እቲ ክንሰደልካ ኢና ዝበልካኒ ተወሳኺ ሰራዊት ኣብ ጊዚኡ ብዘይ ምምጽኡ ሽሕ'ኳ ኣብ'ቲ ውድቀት ዝዓበየ ተራ ነይሩዎ ክብሃል ዝከኣል እንተ ዘይኮነ፡ ኣብ ሰዓቱ መጺኡ እንተ ዝኸውን ግና፡ ገለ ውጽኢት ክህልዎ ይኽእል ከም ዝነበረ ዘይከሓድ'ዩ። ብሓፈሻ ግና፡ እቲ መጥቃዕቲ ሃንደበታውን ቅልጡፍን ስለ ዝነበረ ሰራዊትና ኽትክል ኣይከኣለን፡" ብምባል፡ ብጎቦ ጎቦ ገይሩ ነቲ ተሓታትነት ናብ ኣዛዚ ካልኣይ ኣብዮታዊ ሰራዊት ሜ/ጀ መርእድ ንጉሰ ኽጸግዖ ፈተነ። እቲ ጀነራል ብወገኑ ነቲ ዝብሃል ዘሎ ኽም ዘይቅበሎ፡ እቲ ተወሳኺ ሰራዊት እንተስ ካብ ማእከል ሃገር እንተስ ካብ ገሊኡ ግንባራት ኤርትራ ተሳሒቡ ክመጽእ ስለ ዝነበሮ፡ እቲ ዝተዋህበ ጊዜ ኽኣ ነዚ ክትወዳድብ ዝኣክል ስለ ዘይነበረን ከም ዘይተኻእለን ብምብራህ፡

"ሕጂ እንታይ ክግበር ኣለዎ? ጓድ መንግስቱ፡ ዝገበርኩም

ጌርኩም ነቲ ቦታ ናብ ኢድኩም ምለሱዎ እዩ ዝብል ዘሎ። ስለዚ፡ ብወገንካ ጓድ ሑሴን እንታይ እንተ ተተገብረ ይሓይሽ ትብል?"

"ሰራዊት ካብ ማእከል ሃገርን ካልእ ቦታን ይምጻእ'ሞ፡ ሓደ ውጥን ኣውጺእና ንሻዕብያ መጥቃዕቲ ክንከፍተሉ፡" ብምባል፡ ሜ/ጀነራል መርእድ ንጉሰ ዘይኣምነሉ ጸረ መጥቃዕቲ ንኽግበር ጀ/ሑሴን ሓሳቡ ሃበ። ጀ/ መርእድ "ሓሙሽተ ዓመት ኣብኡ ኤርካ ዘይከኣልካዮስ" ብምባል ብውሽጡ እናሰሓቐ፡

"ግርም እምበኣር! ጽባሕ ንግሆ ሰዓት ሸውዓተ ኹላትና ኣብ'ዚ ንረኸብ፡" ብምባል ንኹሎም ሓንጸጽቲ ውግእ ኣፋነዎም።

ጀነራል ሑሴን ብመሰረት ዘቕረቦ ውጥን፡ ኣዛዚ ኻልኣይ ኣብዮታዊ ሰራዊት ሜ/ጀነራል መርእድ ንጉሰ ኣጽደቐሉ'ሞ፡ ካብ ወርሒ ሚያዝያ ጀሚሩ ክሳዕ መወዳእታ ግንቦት ታንክታትን ነፈርቲ ውግእን ዝተሓወሶ ጸረ መጥቃዕቲ ገይሩ ተስፋ ቑሪጹ ኣላሽ ኣብ ዝብለሉ ዝነበረ እዋን እዩ'ምበኣር፡ ኮማንዶ ህዝባዊ ሰራዊት ሓርነት ኤርትራ ካብ ሳሕል ዝተበገሱ። ነዊሕን ኣዝዩ ጥንቃቐ ዝሓትት ምስጢራዊ ጕዕዞ ፈጺሞም፡ ታሕታይ ጸሎት እንዳ ኣቶ ጊላዝጊ ወልደስላሴ ኣትዮም ሓደሩ።

ወርሒ ግንቦት፡ ሰማያት ኣስመራ ዘይኣመሎም ድብንብን ክብሉ ካብ ዝጀምሩ መዓልታት እዮም ኣቑጺሮም ነይሮም። ኣስመራ፡ ኣብ'ታ መዓልቲ'ቲኣ ኸም ልሙድ እቲ መዓልታዊ ህይወታ እያ ተካይድ ነይራ። ሰንበት ተተኺሎም ዝወዓሉ ናይ መርዓ ዳሳት ከፈራርሱ፣ ዕዳጋታት ሸጉርቲ ኮሚደረ ብዝሸምት ሰብ መሊኡ፡ ቀዳመ ሰንበት ኣዕሪፎም ዝወዓሉ ሰራሕተኛታት ስራሕ ውዒሎም ተፈዲሶም ዘብዘብ እናበሉ ገሊኦም ናብ ገዛኦም ዝኸዱ፡ ገሊኦም ከኣ እግረ መገዶም ኣብ ውሽጥን ኣብ ደገን ኮፍ ብምባል ሻሂ፡ ቡን፡ ማኪያቶን ካፑቺኖን እናሰተዩ ኣብ እንዳ ካፌ ኸዕልሉ ዘማስዩ፡ ተመሃሮ ተፈዲሶም ኣብ መገዲ እናተጻወቱ ኸኸዱ ንዝረኣየ ሰብ፡ ኣስመራ፡ ሓያል መጥቃዕቲ ዘንጸላሉዋ ዘሎ ኣይትመስልን ነበረት። ድሕሪ መወዳእታ 1978 ኣብ ኣስመራ ዳርጋ ተኹሲ ጥይት ኣይተሰምዐን እንተ ተባህለ ዝተጋነነ ኣይኮነን። እታ ምሸት'ቲኣ ግና፡ ቤት መስተ ኣስመራ ዘይልማደን ናይ ቀደም ደርፍታት ትግርኛ ኸስምዓን ተኣንገድተን ከኣ ሆ! ክብሉን'ዮም ኣምስዮም። ጎዳይፍ ግና ጸጥታ ሰፌኑዋ ኣምሰየት'ሞ፡ ነበርታ'ውን ብእዋኑ እዮም ናብ ዓዓራቶም ኣትዮም።

መራሕ እታ ኣብ ጸሎት ዝሓደረትን ዝወዓለትን ጋንታ ኮማንዶ ህ.ሰ ናይ ተበገስ ትእዛዝ ሃበ። በቲ ተበገስ ዝብል ትእዛዝ

ሓጐሶም ንምግላጽ ነንሓድሕዶም ፍሽኽ ፍሽኽ ዝብሉ ዝነበሩ ምልሙላት መንእሰያት፣ እንትርፎ ናብ ወራድ መርዓ'ምበር፣ ንስለ ህዝቢ ኤርትራ ነብሶም ንመስዋእቲ ክብጀዉ ዝኸዱ ዝነበሩ ኣይመስሉን'ዮም ነይሮም። ጕዕዞ ድምጽ'ኻ ሓቢእካ ብሰላሕታ እዩ ነይሩ። ድሕሪ ቍሩብ ሰዓት ኣብ ቀጽሪ ሓይሊ ኣየር በጽሑ'ሞ፣ ኩሎም ኣብ መመእተዊ ቦታኦም ተገዲሞም ናይ ዜሮ ሰዓት ብሃንቀውታ ተጸበዩ። ኣብቲ መዓርፎ ነፈርቲ ንሓለዋ ዝወጹ ወተሃደራት ኣብ መሐለዊ *ታወሮም* ኮይኖም ከምቲ ልሙድ ዛሕሊ እናሕቀብቀቦም፣ ገሊኦም "ከምዚ'ልካስ ክሳዕ መዓስ'ዩ?" እናበሉ ብውሽጦም ምስ ውሽጦም እናተዛረቡ፣ ገሊኦም ስድራ ቤቶምን ደቆምን ናብ ፊቶም እናመጹ ቅጅል ቅጅል ክብሉዎምን "ከመይ ኮን ይህልዉ?" እናበሉ ክሓስቡን እቶም ካልኦት ከኣ "ካብ'ዚ ውትህድርናʼዚ ምስ ወጻእኩ፣ ከምዚ ክገብርʼየ ከምቲ'ባ፣" እናበሉ ኣብ ሕልሚ ዓለም እናሃውተቱ ኸለዉ እዩ፣ እታ ናይ መጀመርታ ብቡምባ ኣርበጅ ተሃሪማ ቃልቃል ዝበለት ናይ ውግእ ነፋሪት ካብ'ቲ ዘህውትቶም ዝነበረ ሓሳብ ዘበራበረቶም። ኣይጸንሓን ሓንቲ ብድሕሪ እታ ሓንቲ ብርቱዕ ነትጕ እናስምዓ ኹለን ቃል ቃል ክብላ ጀመራ። ኣስመራ ከኣ ናይ ሓድሽ ዓመት ትሩሺ ትትኵስ ዘላ'ምበር፣ እተን ንህዝቢ ኤርትራ ዘድመያ፣ ኣባይቱ ዘቃጸላን ንብረቱ ዘዕነዋን ነፈርቲ እየን ኢሉ ኽሓስብ ዝኽእል ሰብ ዋላ ሓደ'ውን ይኹን ኣይነበረን። ኣብ ልዋም ድቃስ ዝነበሩ ነበርቲ ጎዳይፍ፣ "እንታይ መጸና?" ብምባል፣ ነቲ እሳተ ጎመራ'ምበር፣ ባርዕ ክብሃል ዘይከኣል ሃልሃልታን ጸጸኒሑ ዝነትጕ ድምጺ ተዂስን ክርእዩ ከካብ ዓራቶም ብምትንሳእ፣ ናብ ደገ ወጹ። ኣስመራ፣ ብነትጕ ተናወጸት፣ ሃልሃልታ ኣብ ኩሉ ቦታታት ቈንካ ክርኣ ጀመረ። ኮይኑ ግና፣ ኣሽንኳይዶ ኣብ ማዕዶ ኾይኑ ነቲ ሃልሃልታ ዝርኢ ነቲ ጸጸኒሑ ዝነትጕ ዝነበረ ባርዕ እንታይነቱ ኽግምትሲ ይትረፍ፣ እቲ ኣብ ኣፍ ደገ ሓይሊ ኣየር ዝነብር ነባሪ'ውን እንተ ኾነ፣ መኸዘኒ ነዳዲ'ምበር፣ እተን ብጭካኔኣን ዝተፈልጣ ናይ ውግእ ነፈርትን ሄሊኮፕተራትን ዝህመኻ ዘለዋ ኣይመሰሎን። ከመይ ኢሉኸ ኽመስ ሎ? እንተ'ቶም ወተሃደራት ናይ'ቲ መዓስከር ግና፣ እተን ነፈርቲ ውግእ ኣብ ቅድሚ ዓይኖም ሓንቲ ድሕሪ እታ ሓንቲ ቃል ቃል ክብላ ኸለዋን እቶም ንዕኣን ብኣርበጂ ይኹን ናብኣተን እናኸዱ ቡምባ ዝርኵዑለን ዝነበሩ ምዑታት ተጋደልቲ ናብ'ዝን ናብ'ትን ክጕዩ ኣብ ዝርእዩዎም ዝነበሩ ህሞት፣ እንትርፎ ፊልም ዝርእዩ

ዘለዉ'ምበር፡ ሰብ፡ ፍጥረት ሰብ ኮይኑ ንዕኡ ይገብር ኣሎ ኢሎም ክኣምኑዎ ስለ ዘይከኣሉ፡ ናብ መን ከም ዝትኾሱ ጨኒቑዎም ነቲ ብትርኢቱ ዘሰምብድ ምርኢት ፊዚዞም ይዕዘብዎ ደኣ ነበሩ። ኮማን ዶ ህ.ግ ግና ኣብ ውሽጢ ዕስራ ደቒቕ ዘይመልእ ግዜ ተልእኾኦም ፈጺሞም ካብ'ቲ መዓስከር ሓይሊ ኣየር በብዝጥዕሞም መገዲ ፋሕ ኢሎም ወጹ። እታ ዝወለደትን ዘዕበየትን መሬት ግና ካብ ኩሎም ደቃ ሓርያ ሓደ ጅግና ኣብ ዝባና ጸይራ ወግሐት፡ ንመብራህቱ ገብረህይወት (እምባየ)።

መሬት ወግሐ፣ ነበርቲ ጎዳይፍ እንታይ ተረኺበ ክብሉ ናብ'ቲ መዓስከር ሓይሊ ኣየር ኣማዕደዉ'ሞ ብዝረኣዩዎ ክኣምኑ ኣይከኣሉን፣ 33 ነፈርቲ ውግእ ሓይሊ ኣየር ኢትዮጵያ ብ21 ግን ቦት 1984 ናብ ሓምዂሽቲ ተቐይረን ደኣ ረኣዩወን። በቶም ምዑታት ደቁ ኸኣ ተሓበነ። ኣብ ደቓይቕ ዘይመልእ ጊዜ ኣስመራ ብኣስመራኡ ሰምዐ። ንሱ ካብ ታሕጓስ ዝተላዕለ ኣብ ፈቐዶኡ ብዛዕባ ጅግንነት ደቁን ኣሕዋቱን ከዕልል ከሎ፡ መንግስቲ ኢትዮጵያ ኸኣ ዝሕዞን ዝጭብጦን ስኢኑ ኣዕለበጠ።

* * *

ምዕራፍ 44

ህ.ግ፡ ኣብ ሜዳ ኤርትራ ወተሃደራዊ መጥቃዕትታቱ ብምሕያል ንሰራዊት ደርግ ሰለሎ ኣብ ዘእትወሉ ዝነበረ እዋን፡ ኣብ ሜዳ ትግራይ ዝርከብ ተ.ሓ.ህ.ት ግና፡ ገና ካብ ናይ ተመሃሮ ፖለቲካ ኣይወጸን'ዩ ነይሩ። ተ.ሓ.ህ.ት፡ ግንቦት 1983 ካልኣይ ጉባኤኡ ኣቃኒዑ ተጋድሎ ሓርነት ህዝቢ ትግራይ (ተ.ሓ.ህ.ት) ዝብል ሽም ናብ ህዝባዊ ወያነ ሓርነት ትግራይ (ህ.ወ.ሓ.ት) ቀይሩ፡ ስብሓት ነጋ ዳግማይ ኣቦ መንበር፡ መለስ ዜናዊ ኣባል ፖለቲካዊ ቤት ጽሕፈትን ሓጐስ ገብረኣነንያ ኸኣ ኣባል ማእከላይ ሽማግለ ኾይኖም ምስ ተመርጹን፡ እቲ መሪሕነት ናይቲ ውድብ፡ ካብ ኣብ ቀዳማይ ጸላኢ ተኩሩ ዝሰርሕ፡ ኣብ ሕብረት ሶቭየት ይኹን ኣልባንያ ዘሎ ስነ ሓሳብ ክትንትንን ንህ.ግ ከኹንን ይኽእል'ዩ ዝብሃል ናይ ፖለቲካ ሓሸውየ ኸምህዝን'ዩ ጊዚኡ ዘሕልፎ ነይሩ። ስለ ዝኾነ ኸኣ እዩ፡ ደርግ፡ ኣብ ትግራይ መሸፉዎ ኾፍ ኢሉ ዝነበረ። እዚ ኾይኑ ኸብቅዕ፡ ህ.ግ ብ15 ጥሪ 1984 ኣብ ልዕሊ'ቲ ኣብ ተሰነይን ዓሊግድርን ዝነበረ ሰራዊት ደርግ ዝተጐናጸፎ ወሳኒ ዓወት፡ ካብኡ ብምብጋስ ከኣ ብ19 መጋቢት 1984 ኣብ ልዕሊ *"ውቃው እዝ"* ዝወሰዶ ደምሳሲ መጥቃዕቲ፡ ከምኡ'ውን፡ ብ21 ግንቦት 1984 ኣብ ልዕሊ ሓይሊ ኣየር ኣስመራ 33 ነፈርቲ ውግእ ከም ዝተሓምሸሻ ድምጺ ሓፋሽ ምስ ኣቃልሓቶ፡ መሪሕነት ህ.ወ.ሓ.ት፡ ውሽጣዊ ፖለቲካኡ ኸናውጾን ሕቶታት ከለዓዕለሉን ስለ ዝጀመረ፡ ብምስ ምስ ሶቭየት ሕብረት ንህዝባዊ ግንባር ሓርነት ኤርትራ ንምዃናን ኣኼባ ኸገብር ተጓየየ። ኣብ'ቲ ስየ ኣብርሃ፡ መለስ ዜናዊ፡ ገብሩ ኣስራት፡ ስዩም መስፍንን ኣባይ ጸሃየን ዝተሳተፉዎ ኣኼባ ፖለቲካዊ ቤት ጽሕፈት ኣቦ መንበር'ቲ ውድብ፡

"ብጾት፡ ከም እንርእዮ ዘለና ኣብ ሜዳ ኤርትራ ዝርአ ዘሎ ለውጥታት ካብ ግምትና ወጻኢ ኾይኑ ኣሎ። እዚ ኸኣ፡ ውሽጣዊ ፖለቲካዊ ኹነታትና ብሓደ ወገን፡ ምሕያል ሻዕብያ ብኻልእ ወገን፡ ነቲ ናይ መጻኢ ራእይና ብኣሉታ ክጸልዎ ምኽኑ ዘጠራጥር

ኣይኮነን። ድሮ'ኳ ኣብ ገለ ገለ ተጋደልትና ፈጢሩዎ ዘሎ ጽልዋ ቀሊል ኣይኮነን። ከም ንዝከሮ፡ እቶም ኣብ መወዳእታ 1983 ካብ ሳሕል ዝተመልሱ ተጋደልትና ዝንቡዕ ኣመለኻኽታ ሒዞም መጺኦም ከብቅዑ፡ ክንእርሞም ብዙሕ ኢና ተቓሊስና፡" ብምባል፡ ኣብ ልዕሊ'ቶም ካብ ሳሕል ናብ ትግራይ ዝተመልሱ ተጋደልቲ፡ መሪሕነት ዝንቡዕ ኣረኣእያ ኣለኩም! ብዝብል ምስምስ ንዝወሰዶ ስጉምቲ ምኽንያታዊ ኽገብሮ እናፈተነ፡ "ሕጂ ኸኣ፡" በለ ኣቦ መንበር ስብሃት ነጋ፡ "እዚ ጊዝያዊ ዓወት ሻዕብያ ዘደናገሮም ገለ ገለ ባእታታት ኣይተሳእኑን ኣለዉ። ገለ ካብ'ቲ ዘልዕሉዎ ዘለዉ ሕቶታት፡ ሻዕብያ ዝተረፎ የብሉን ተዳኺሙ እዩ፣ ንሕና ኢና ትንፋስ መሊስናሉ ትብሉና ኽም ዘይነበርኩም፡ እዚ ኹሉ ዓወት ደኣ ብኸመይ ኣምጺኡዎ? እምበርዶ ገምጋምኩም ልክዕ'ዩ ነይሩ? ሻዕብያ ግቡእ ናይ ውግእ ስትራተጂ እንተ ዘይክተል ነይሩ ኸመይ ኢሉ እዩ እዚ ኹሉ ዓወታት ተጓናጺፉ? ኣብ ሻዕብያ ዘለና ኣረኣእያ ዳግመ ግምት ይገበረሉ፡" ዝብሉን ዝመሰሉን'ዮም። ስለዚ፡ ነዞም ኣብ'ዚ እዋን'ዚ ዝለዓሉ ዘለዉ ሕቶታት ክንምልሶም ክንብል ናብ ዘይተደልየ ሕቶታት ምእንቲ ከይንኣቱ፡ ብመሰረት እቲ ኣብ ካልኣይ ጉባኤና ንኣግላስነት ሕብረት ሶቭየትን ባህሪ ሻዕብያን ኣመልኪትና ኣሕሊፍናዮ ዘለና ውሳኔ፡ ተግባራዊ ክንገብሮ እዋኑ ሕጂ እዩ፡" ብምባል፡ ንኹሎም በዒንቱ ብምዅላል ጠመቶም'ሞ፡ ርእይቶኣም ክህቡ ዓደሞም። ስየ ኣብርሃን ገብሩ ኣስራትን ከምቲ ኹሉ ጊዜ "ሻዕብያ፡" ዝብል ሽም እንክለዓል ዝገብሩዎ፡ ህዉኽ ርእይቶ ንምሃብ ኣእዳዎም ኣልዓሉ።

"ሕራይ ብጻይ ገብሩ፡" በለ ኣቦ መንበር።

"ልክዕ'ዩ፡ ሻዕብያ ጊዝያዊ ዓወት ተጐናጺፉ'ሎ። ይኹን'ምበር፡ ኣብ ታሪኽ'ውን ከም ዝረኣናዮ፡ ሓደ ብርጁዋዊ ጠባይን ንጹር መትከልን ዘይብሉ ውድብ፡ ዓወቱ ጊዝያዊ ምዃኑ ኽይዘንጋዕና፡ ህ.ወ.ሓ.ት ንሻዕብያ ብትሪ ኽም ዝዂነኖን ዝምድናኡ ኽም ዘቋረጾን ብህጹጽን ብዘየሻሙ መገዲ ክንገሮ ኣለዎ፡" ብምባል፡ ቍጠዐ ብዝተሓወሶን ነታ ኣብ ውሽጢ መረጸን ዝነበረት ሓንቲ ዓይኑ ብምፍጣጥን ርእይቶኡ ሃበ።

"ጽቡቕ ሓሳብ'ዩ ብጻይ ገብሩ፡" ድሕሪ ምባል፡ ኣቦ መንበር ንስየ ክዛረብ ኣመልከተሉ።

"ኣነ'ውን ካብ'ዚ ብጻይ ገብሩ ዝበሎ ዝተፈልየ ርእይቶ የብለይን። ንመጻኢ ግና ኽነስተብህለሎም ዝግብኣና ኣዋጠርቲ ሕቶታት ስለ

ዘለዉ፡ ብቐዳምነት ማለተይ ጕድኒ ጕድኒ'ቲ ኸነኔ፡ ጉዳይ ዶባትና ኸመይ ክኸውን ከም ዘሎዎ ንጹር መርገጺ ክህልወና ኣለዎ እየ ዝብል። እዚ ኸኣ ልኡኽ ብምስዳድ ምስኣቶም ተራኺብና ዶባትና ኸነነጽር ኣለና፡" ምስ በለ፡ ብዙሓት ኣኼበኛታት ሓቂ እዩ ብዘስምዕ ኣራእሶም ነቕነቑ።

"ከምዚ ብጻይ ስዩ ዝበሎ ውድብና'ውን ንጉዳይ ዶብ ኣብ ኣጀንዳኡ ኣስፈሩዎ ዘሎ ዓቢ ጉዳይ ከም ምዃኑ መጠን፡ ክራማት እዚ እዋን'ዚ ኸኣ ኣይግድን ስለ ዝኾነ፡ ጽባሕ ንግሆ ብሱዳን ገይሩ ንዝመጸና ረድኤት ብወገን ባድመን ከባቢኣን ኣቢልና ናብ ትግራይ ከነእትዎ ጸገማት ክፈጥረልና ስለ ዝኽእል፡ ጉዳይ ዶብ መዕለቢ ኽረክብ ኣገዳስን እዋናውን'ዩ። ስለ ዝኾነ ኸኣ፡ ውድብና፡ ነዚ ዝተባህለ ውሳኔ ንሻዕብያ ምእንቲ ኸነጽረሉ ሓደ ልኡኽ ኣብ'ዚ ቐረባ መዓልቲ ናብ ካርቱም ክብገስ'ዩ፡" ብምባል፡ ካልኣት'ውን ዝተፈላለየ፡ ግና ሓደ ዝትሕዝቶኡ ርእይቶ ብምሃብ እቲ ኣኼባ ተዛዘመ።

ህ.ወ.ሓ.ት፡ ኣቐዲሙ ንኣረጋዊ በርሀ፡ ግደይ ዘርኣጽዮን ኣባይ ጸሃየን ናብ ሳሕል ሰዲዱዎም'ኳ እንተ ነበረ፡ ከም መቐጸልታ ናይቲ ንስየ፡ ስዩም መስፍንን ገብሩ ኣስራትን ናብ ሱዳን ብምስዳድ ምስ ህዝባዊ ግንባር ሓርነት ኤርትራ ተራኺቡ ዝነበሮ ዝምድና ኣብ ሓምለ 1984 ኣቋረጸ። እንተ ህ.ግ ግና፡ "ትም ዝበልና ንብሎ ስለ ዘይብልና ዘይኮነስ ትም ስለ ዝመረጽና እዩ" ካብ ዝብል ልቦናዊ ኣተሓሕዛ ነቲ ዕሽላዊ ምርጫ መሪሕነት ህ.ወ.ሓ.ት መልሲ ክህበሉ ኣይመረጸን። ምቍራጽ ዝምድና ኽልቲኡ ውድባት ንህዝቢ ትግራይ ኣዝዩ ኣሰንበዶ፣ ኣብ ውሽጢ ተጋደልቲ "ንምንታይ?" ዝብል ሕቶታት ኣለዓዓለ። ነዚ ዝተዓዘበ መሪሕነት ህ.ወ.ሓ.ት፡ ኣኼባ ማእከላይ ሽማግለ ብምጽዋዕ ነቲ ምቍራጽ ዝምድና ዘምጽኦ ኾነታት ድሕሪ ምዝርዛር፡

"ወያኔና፡ ንሻዕብያ ፖለቲካዊ መስመሩ ኸተዓራሪ ብተደጋጋሚ እዋን'ኳ እንተ ሓተቶ፡" ዝበለ ኣቦ መንበር እቲ ውድብ፡ "ካብ'ቲ ቡርጅዋዊ መስመሩ ግና ፈልከት ክብል ኣይደለየን። እዚ ዘርእየና፡ ነቲ ንኽተሎን ንመጻኢ ክንሃንጾን ተሊምናዮ ዘሎና ማሕበርነታዊ ስርዓት ዝጻረርን ብምዃኑ፡ ብቐዳምነት ዝምድናና ካብ ናይ ስትራተጂያዊ ናብ ስልታዊ ኣውሪድና ምስኦም ክንሰርሕ ጸኒሕና። እዚ'ውን ብግዲኡ ኽሰርሕ ብዘይ ምኽኣሉ፡ ፖለቲካዊ ቤት ጽሕፈት ምስ'ቲ ውድብ ዝምድናኡ ኽቋርጽ ወሲኑ። ሻዕብያ ግና ኣብዚ

ነጥቢ'ዚ ጥራይ ኣይኮነን ሓንጊዱ፣ ንጉዳይ ዶባትና ኣመልኪትና ንዘቕረብናሉ ተደጋጋሚ እማመታት'ውን ብትዕቢት ነጺጉዎ ኣሎ። ወያኔና ዶቡ ክሳዕ ኣበይ ምዃኑ ኣነጺሩ ዝፈልጥ'ኳ እንተ ኾነ፣ ኣብ'ዚ እዋን'ዚ ብወግዒ ኽሕንጸጸሉ ኸም ዘሎዎ ካብ'ቶም ናይ ቀዳምነት ቀዳምነታቱ እዩ፣" ብምባል፣ ሰፊሕን ንብዙሓት ኣባላት ማእከላይ ሽማግለ ዘገረመን መግለጺ ሃበ። ካብ'ቶም ረዘን ቲ ሕቶታት ዘለዓዓሉ ተጋደልቲ ሓደ ሓጐስ'ዩ ነይሩ። ሓጐስ ብመግለጺ ኣቦ መንበር ብዙሕ ኣይሰምበደን፣ ከመይሲ? መወዳእታ 1979 ካብ ህ.ግ ናብ'ቲ ውድብ ኣብ ዝተበገሰሉ እዋን መጸኢ ኣመታትን ኣተሓሳስባን ህ.ወ.ሓ.ት ብዕምቈት ተረዲኡዎ ስለ ዝነበረ እዩ። ኣብ መፋርቕ 1982 ካብ ህዝባዊ ግንባር ዳግም ናብ ህ.ወ.ሓ.ት ክምለስ ከሎ፣ ዑስማን "ህ.ወ.ሓ.ት ዝምድናኡ ምሳና ሓደ መዓልቲ ክበትኮ እዩ፣" ኢሉዎ ዝነበረ ብምዝካር፣ ሻዕብያ ነቲ ውድብ ማዕረ ኽንደይ ከም ዝፈልጦን ክሳዕ ሕጂ ኸምዛ እንቋቑሖ ኽይሰበሮ ኽከናኸኖ ኸም ዝጸንሐን ክበርሃሉ ኽኣለ። ሓጐስ፣ ገለ ኣባላት'ቲ ማእከላይ ሽማግለ፣ ውድቦም ምስ ሻዕብያ ድልዱል ዝምድና ንኽህልዎ ኣበርቲዖም ዝሰርሑ ኸም ዝነበሩ ይፈልጥ ስለ ዝነበረ፣ ነቲ ዝተዋህበ መግለጺ ርእይቶኡ ኽህብ ኢዱ ኣልዓለ።

"ብጻይ ሓጐስ፣" በለ ኣቦ መንበር።

"መሪሕነት፣ ነዚ ወሲዱዎ ዘሎ ህዉኽ ስጉምቲ ክወስድ ከሎ ዓቕሙን ዘኽትሎ ሳዕቤንን ኣብ ግምት ዘእተወ ኣይመስለንን። ምኽንያቱ፣ ህ.ግ ኣብ'ዚ እዋን'ዚ ካብ'ቲ ኣብ ሳሕል ኬንካ ንጸላኢ ምክልኻል ዝብል ስትራተጂ ወጺኡ፣ እነሆ ነቲ ኸባቢ ሸሞንተ ሽሕ ትርብዒት ኪ.ሜ ዝቈጻጸር ዝነበረን ብሓይሉ ድሕሪ *ናደው እዝ* ኣብ ካልኣይ ቦታ ዝስራዕን *ውቃው እዝ፣* ነበረያ ነበረ ገይሩ ንብምሉኡ ሰሜናዊ ምብራቕ ሳሕል ተቘጻጺሩዎ ኣሎ። ካልእሲ ይትረፍ፣ ኣብ'ዚ ቐረባ እዋን'ውን ካብ ሳሕል ተበጊሱ ንዓለም ዘደነቐን ንደርግ ዘባህረረን ኣብ ሓይሊ ኣየር ኣስመራ ልዕሊ 33 ነፈርቲ ውግእ ብስርሒት ኮማንዶ ሓምሺሹወን ኣሎ። ንሕና'ውን ነታ ንስርሒት ኮማንዶ እትገልጽ "ንዓ ኮማንዶ ኮማንዶ ኮማንዶ፣ ብሒም ዝበለ ..." ትብል ደርፊ ልዕሊ ዓቕምና ስለ እንፈትዋ፣ ቴፕ ወሊዕና ጐረሮና ክሳዕ ዝልሕትት እንዲና ንደርፋ ዘለና፣" ምስ በለ፣ ኩሎም ከይፈተዉ ትዋሕ ኢሎም ሰሓቑ። "ስለዚ ብጾት፣ ምስ ከምዚ ዝበለ ሓይሊ ዘሎዎ ውድብ ዝምድናኻ ምብታኽ፣ ረብሓኡ

ንህዝቢ ትግራይ ድዩ? ኣይኮነን፡ ንፋሺሽታዊ ደርግ'ምበር። ንምኳኑ ህዝባዊ ግንባር ንፈልጦ ዲና? ክንፈልጦኸ ፈቲንናዶ? እቲ ብዛዕባኡ እንህቦ ዘለና ርእይቶ፡ ዓቕምና ፈቲሽና ዲና ዋላስ ብስምዒትን ካብ ስነ ሓሳብ ተበጊስናን ኢና ንህቦ ዘለና? ሻዕብያ፡ ንኹነታቱ ዝሰማማዕ መስመር እናተኸተለ፡ ንቐዳማይ ጸላኢኡ ብገዛእ ጥይቱን ብረቱን ኣብ ኩሉ ሸነኻት ኤርትራ ስምብራት ዝገድፍ ስዕረት ኣውሪዱሉ ኣሎ። ብወገንናኸ እንታይ ዝገበርናዮ ኣሎ?" ምስ በለ፡ ገብሩ ኣስራት ኣብ መንጎ ብምእታው፡

"ኣቦ መንበር ንሕና ፕሮፓጋንዳ ሻዕብያ ክንሰምዕ ኣይኮናን ተኣኪብና ዘለና። ብጻይ ሓጐስ ካብ መስመር ይወጽእ ስለ ዘሎ ይተኣረመልና!" ቍጥዓ ብዝተሓወሶ ኣዘራርባ ንኣቦ መንበር ስብሓት ነጋ ተላበዎ። ሓጐስ ግና ሓሳቡ ኣይወድኣን ስለ ዝነበረ፡

"ብጻይ ገብሩ፡ ዲሞክራስያዊ መሰል ሰባት እንተ ተሓለወ ዝሓሸ እዩ፡" ብምባል፡ "እቲ ኻልእ ዘስደምም ጉዳይ ከኣ፡ ጉዳይ ዶብ'ዩ። ህ.ግ ይኹን ህ.ወ.ሓ.ት መንግስቲ ኣይኮኑን ኣብ'ዚ እዋን ብዛዕባ'ዚ ጉዳይ'ዚ ክዘራረቡ። ንምኳኑ እቲ ሓሳብ ካበይ እዩ መበገሲኡ? ንምንታይ ዕላማ እዩኸ ኣብ'ዚ ሰዓት'ዚ እዚ ሕቶ'ዚ ዝለዓል ዘሎ? ብዛዕባ ኣየናይ ዶብ ኢናኸ ምስ ሻዕብያ ክንዘራረብ ደሊና ዘለና? ዘይንፈልጦ ..." ኢሉ፡ ዘረባኡ ኸይወድአ ኸሎ ልዕሊ'ቶም ፍርቂ ኣባላት ማእከላይ ሽማግለ ካብ ኮፍ መበሊኦም ብምትሳእ፡ ብመሪሕነት ስየ ኣብርሃ፡

"ብጻይ ስብሓት፡ ብጻይ ሓጐስ ዝብሎ ዘሎ ምስ መትከል ውድብና ጨሪሱ ዘይሰማማዕ ዝንቡዕ ኣረኣእያ ስለ ዝኾነ፡ ብሉሩ ጠጠው ክብል ኣለዎ!" ብምባል፡ "ኮፍ በል! ኮፍ በል!" እናበሉ ዋዕ ዋዕ ምስ በሉ፡ ኣቦ መንበር ነቲ ዋዕዋዕታ ኸተሃዳድእ ኢሉ፡

"ብጾት፡ ኣብ ኣኼባ ኢና'ኮ ዘለና፡ ሓንሳብ'ባ፡" ብምባል ኢዱ ጠቓዕ ጠቓዕ ኣበለ'ሞ "ብጻይ ሓጐስ ዘረባ ኣንዊሕካዮ ኣለኻ'ሞ ብዝከኣል መጠን መዛዘሚ ግበረሉ፡" ብምባል፡ ተላበዎ።

"የቐንየለይ ብጻይ ስብሓት። ጉዳይ ዶብ ንምንታይ ዕላማ እዩ ኣብ'ዚ ሰዓት'ዚ ዝለዓል ዘሎ? ህዝቢ ዘይፈልጦ ዶብ ኣሎ ድዩ? ብጾት! ሻዕብያ፡ በዚ ዝድልቦ ዘሎ ሓይሊ ንመጻኢ ብዘይ ጥርጥር ከድልየና እዩ። እቲ ምድላይ'ውን ካባና እዩ ኽብገስ፡" ብምባል፡ ንስየን ገብሩ ኣስራትን እናጠመተ "ስለ ዝኾነ ኸኣ፡ ዝምድናና ዳግመ ግምት እንተ ንገብረሉ ይሓሸይ ዝብል ርእይቶ ኣለኒ፡" ብምባል፡ ሓጐስ ርእይቶኡ ሃበ። ንሱ ዝሃቦ ርእይቶ ንስለ ህ.ግ

ኢሉ ዘይኮነስ፣ ዝምድና ህዝብታት ኤርትራን ትግራይን ደልዲሉ፣ ንጸላኢ ብናይ ሓባር ወተሃደራዊ ስትራተጂ ክድህኩዎ ካብ ዝብል ቅኑዕ መትከል ብምብጋስ'ዩ ዝነበረ። ድሕሪ'ቲ ኣኼባ፣ ከም'ቲ ወትሩ ዝገብሩዎ ጐጕጅለኦም ብምፍላይ እቲ ክትዕ ቀጸሉዎ። መብዛሕትኡ ኣባል መሪሕነት ህ.ወ.ሓ.ት ኣቃልቦኡ ኣብ ሓጐስ ስለ ዝነበረ፣ ድሕሪ ምዝዛም ኣኼባ፣

"ስማዕንዶ ብጻይ ሓጐስ፣" በለ፣ ተወልደ ወልደማርያም፣ "እቲ ኣብ'ቲ ኣኼባ ትብሎ ዝነበርካ ሻዕብያ'ምበር ሓደ ወያናይ ዝብሎ ዝነበረ ኾይኑ ኣይተሰምዓንን፣" ብምባል፣ ከምቲ ወትሩ ዝገብሮ እናሓጨጨ ወስ ኣበለሉ።

"እንታይ ድዩ መሲሉኩም? ብጻይ ሓጐስ ነዊሕ ጊዜ ኣብ ሻዕብያ ብምንባሩ ገለ ተረፍ መረፍ ናቶም ክህልዎ ግድን'ዩ፣" በለ ኣርከበ፣ ናብ ስየ እናጠመተ። ሓጐስ ግና ነቲ ነገር ናብ ጭርቃን ገጹ ብምውሳድ፣

"ሓቅኻ ኢኻ ብጻይ ኣርከበ፣ እወታዊ ጽልዋስ ክህልዎ ናይ ግድን'ዩ። ንቑሩብ ጊዜ ግዳ ደጊምካ ናብኦም ዘይትኸይድ?" ብምባል፣ ንሱ'ውን ብግዲኡ ኣብ ሜዳ ኤርትራ ከም ዝተዓለመ ብምዝኽኻር ፍሽኽ በሎ። ኣርከበን ሓጐስን ኣብ ብዙሕ ነገራት ኣይሰማምዑን'ዮም ነይሮም። ንሱ ካብ ኣርከበ ክሃድም ወትሩ እዩ ዝፍትን፣ ነገር ምጽሕታር ስለ ዘይፈቱ።

"መቸም፣ ውድብና ዲሞክራስያዊ ውድብ ስለ ዝኾነ'ምበር ኣብ ሻዕብያ ኔርካ እንተ ትኸውን ሓለዋ ሰውራ ኣይምገደፈኻን ነይሩ፣" በለ ስየ፣ ንሓጐስ ዓይኒ ዓይኑ እናጠመተ።

"ስማዕንዶ ብጻይ ስየ፣ ምናልባት ንሻዕብያ ዝተሓለኽኩ ኾይኑ ክስምዓካ ግድን'ዩ። ምኽንያቱ፣ ደቂ ሰባት ዝተፈላለየ ኣተሓሳስባ ኽም ዘሎዎም ክንኣምን ስለ ዘይንደሊ። ኣብ ዝተፈላለየ ኣረኣእያና ግና፣ ጥሙር ዝኾነ ናይ ሓባር ኣረኣእያ ስለ እነማዕብል፣ ብኡ ክን ቅየድ ንግደድ ኢና። ግና፣ እዚ ናይ ሻዕብያ እቲ ናይ ኩስቶ ምባል ትሕቲ ሚዛንና ኽስርዓና ስለ ዝኽእል፣ ኣብ ንቕሓት ተመርኲስና እንተ ተዛረብና ዝሓሸ'መስለኒ፣" ምስ በለ፣

"እሞ ንቕሓት ወያነና ይጐድለካ ኣሎ ማለት'ዩ። ሻዕብያ፣ ምናልባት ጊዝያዊ ዓወት ኣስኪሩዎ ኽኸውን ይኽእል'ዩ። ብኣንጻሩ ወያነና ካብ መዓልቲ ናብ መዓልቲ ዝጽንበሩዎ ተጋሩ እናበዝሑ ይኸዱ ኽም ዘሎዉ፣ ሻዕብያ ዘስተብሃለሉ ኣይመስለንን፣" ገብሩ ኣስራት ምስ በለ፣ ሓጐስ ነብሰ ስግኡ ግፍፍ ክብሎ ተሰምዖ።

ምኽንያቱ፣ ታሪኽ ህ.ወ.ሓ.ት፣ ካብ ታሪኽ መሳፍንቲ ኢትዮጵያ ዘይፍለየሉ መገዲ እንተሎ፣ ንመቐናቕንትኻ "ንዕርቂ ኢልካ፣" ኣዘንጊዕካ ምጥቃዕ'ምበር፣ ንጹር መትከልን ራእይን ሃልዩዎ ምስ'ቶም መቐናቕንቱ ዝነበሩ ውድባት ትግራይ ፊተፊት ብምዝታይ ኣይኮነን ነቲ ዘጋጠመ ፖለቲካዊ ሽግራት ፈቲሑዎ። ሽሕ'ኳ ከምኡ ዓይነት ጥልመት ኣብ ዘመነ መሳፍንቲ ኢትዮጵያ ሓድሽ እንተ ዘይነበረ፣ ኣብ ገድሊ ትግራይ ግና ጸሊም ነጥቢ ሓዲጉ እዩ ሓሊፉ። ስለ ዝኾነ ኸኣ እዩ ሓጐስ፣ ንኣበሃህላ ገብሩ ኣስራት "ኣብ ልዕሊ ሻዕብያ ውግእ ክንከፍት ንኽእል ኢና፣" ብምባል፣ ዝተርጐሞ። ንሱ፣ ህ.ወ.ሓ.ት ከምቲ ህ.ግ ዘሎዎ ሓይልን ውዳበ ሰራዊትን ነይሩዎ እንተ ዝኾውን፣ ኣብ ልዕሊ ህ.ግ መጥቃዕቲ ንምኽፋት ድሕር ኸም ዘይብል፣ ካብ'ቲ ገለ ኣባላት መሪሕነት'ቲ ውድብ በጨቕ ዘብልዎ ዝነበሩ ዘረባታት ክርዳእ ክኢሉ ነይሩ እዩ። ብኡ ምኽንያት እምበኣር'ዩ፣

"ብጻይ ገብሩ፣ ንህ.ግ ከፍርሕ ዝኽእል ዓቕሚ ኣለና ማለትካ ድዩ?" ብምባል ኣትሪሩ እናጠመተ ዝሓተቶ።

"ጊዚኡ ኣብ ዘይኣኸለ እዋን ምዝራብ፣ ዓቢ ናይ ፖለቲካ ጌጋ ኸም ዘምጽእ ብጻይ ሓጐስ ኣይትግንዘቦን ኢኻ ኣይብልን'የ። የግዳስ፣ ከምዚ ትርእዮ ዘለኻ፣ ሻዕብያ ዓቕሚ ሰቡ ስለ ዝጸንቀቐ ..." ብምባል ናብ ስየ ጠሚቱ ፍሽኽ በለ'ሞ፣ ጸኒሑ ናብ ሓጐስ ብምዛር፣ "ስለ ዝኾነ ኸኣ፣ ሻዕብያ ሓገዝና ኽሓትት ክግደድ'ዩ፣" ምስ በለ፣ ተወልደ ትቕብል ኣቢሉ፣

"ሓቂ እዩ! ሻዕብያ፣ ኣብ'ዚ እዋን'ዚ ዓወታት ኣምጺኡ ኣሎ፣ ግና ክንደይ ከፊሉ እዩ ኣምጺኡዎ! ክዕቅቦ'ሽ ይኽእል ድዩ? ንኽንደይ እዋን? ዝብሉ እዋናውያን ሕቶታት ክምለሱ ዘሎዎም እዮም። ንብድሕሪ ሕጂ'ሽ ክንድ'ቲ ዝነበሮ ብዝሒ ተዋግኣይ ሰራዊት ክረክብ ድዩ? እቲ ውግእ'ኮ ገና ኣይተዛዘመን!" ብምባል፣ ካር ካር ኢሉ ሰሓቐ።

"ኣነ ኣብ ክንዲ ህ.ግ ኮይነ ክዛረብ'ኳ እንተ ዘይከኣልኩ፣ ምናልባት'ውን ከምኡ ዝመስሎም እንተ ሃለዉ፣ ናይ ንቕሓት ጕድለትን ራእይ ዘይብሎምን እንተ ዘይኮይኖም፣ ኣነ፣ ነቲ ተሰሊፈሉ ዘለኹ ዕላማ ብመትከል ስለ ዝኣመንኩሉ እየ ዝጋደል ዘለኹ። ኮይኑ ኸኣ፣ ክልቴና ውድባት ተመላላእቲ ብምዃንና፣ ምናልባት ተወሃሂድና'ምበር፣ ተነጻጺልና ንደርግ ከነዳኽሞ ንኽእል ንኸውን ኢና፣ ክንስዕሮ ግና ኸሸግረና እዩ። ብጾት፣ እስኪ ክሓተኩም? ንምንታይ ኢና ኣብ'ዚ ዝሓለፈ ሓሙሽተ ዓመት

ከምቲ ዝግባእ ኣብ ልዕሊ ሰራዊት ደርግ ዝጠቅም መጥቃዕቲ ክንከፍት ዘይከኣልና? ደርግ፡ ነቲ ኣብ ኤርትራ ብቐጻሊ ዝገጥሞ ዘሎ ወተሃደራዊ ስዕረት ንምግጣም፡ ካብ ብዙሕ ክፋላት ትግራይ ሰራዊቱ ብምጉዳል ናብ ኤርትራ ኣግዒዙዎም ኣብ ዘለወሉ እዋን፡ ንዓና ምሹው ሃዋህው ፈጢሩልና ስለ ዘሎ ክንሃርሞ ...”

“ርኢኻ ብጻይ ሓጐስ! ወያነና ኣብ'ዚ እዋን'ዚ ናይ ሻዕብያ ምድኻም ኣይደልዮን'ዩ፣ በቲ ኻልእ ሸነኽ ግና ናይ ደርግ ምድኻም፡ እዝን እትን ዘየበሃህል ጉዳይ እዩ። ኣቈጻጽራ ሰዓትናን ናይ ሻዕብያን ነንበይኑ ምዃኑ ግና ኣይትዘንግዕ፡” በለ፡ ትም ኢሉ ክሰምዕ ዝጸንሐ ስየ ኣብርሃ። ኣበሃህላ ገብሩ ኣስራትን ስየ ኣብርሃን ንመጻኢ ዝኣመተ ምዃኑ ብሩህ'ኳ እንተ ነበረ፡ ኣይከም ሎምን። ስለዚ፡ ዝምድና ህዝብታት ኤርትራን ኢትዮጵያን ብፍላይ ትግራይን፡ ኣብ መጻኢ በዳህቲ ጸገማት ከጓንፉዎ ኸም ዝኽእሉ ዓቢ ግንዛበ ረኺቡ ስለ ዝነበረ፡ ድልዱልን ቀዋምን ዝምድና እቶም ህዝብታት ንምርግጋጽ ከይተሓለለ ኽሰርሕ ምዃኑ፡ ሓጐስ ምስ ነብሱ ቓል ኣተወ።

ተጋድሎ ሓርነት ህዝቢ ትግራይ ዝምድናኡ ምስ ህዝባዊ ግንባር ክበተኽ ቀንዲ ምኽንያ ዝኾና ግና እቲ ካብ ግብጽን ስዑዲ ዓረብን ዝረኸቦ ረድኤት ድኣ ነበረ።

እቲ ጕዳይ ከምዚ ዝስዕብ ነበረ።

ህወሓት፡ ብዛዕባ ዝምድና ወጻኢ ኣፍልጦኡ ኣዝዩ ትሑትን እንታይ ከም ዝበሃልን ዝግበርን ኣይፈልጥን ነበረ። እቲ ወቕቲ'ቲ፡ ኣብ ትግራይ ከቢድ ዓጸቦ ዝወረደሉ'ዩ ነይሩ። ህወሓት፡ ካብ ለገስቲ ሃገራትን ትካላትን ረድኤትን ህጹጽ ሓገዝ ንምንዳይ ተጓየየ፡ ካብ ክልተ ሃገራት ዓረብ ተስፋ ረኸበ። ካብ መሪሕነት ክልተ ሰባት ንህወሓት ወኪሎም ናብ ሱዳን ኣምርሑ። ናብተን ሃገራት ከይዶም እንታይ ከም ዝብሉን ነቲ ዘጋጠመ ዓጸቦ ብኸመይ ክገልጽዎ ከም ዝኽእሉን ተሞክሮ ዲፕሎማሲ ስለ ዘይነበሮም ተረበጹ። ስለ ዝኾነ ኸኣ'ዩ፡ ናብ ቤ/ጽ ህዝባዊ ግንባር ሓርነት ኤርትራ ኣብ ካርቱም ዘምረሑ፡ ምኽሪ ንምንዳይ። ወኪል ህዝባዊ ግንባር ኣብ ሱዳንን ሓላፊ ቤ/ጽ ካርቱምን ብጻያዊ ሰላምታ ምውኻቕ ኣቀባብልላ ገበሩሎም። ህሉዊ ኩነታት ሜዳ ኤርትራ፡ ምድምሳስ ኣብ ሰሜናዊ ምብራቕ ሳሕል ዓሪዱ ዝነበረ እ'ዚ ውቃው ብሓደ ወገን፡ ኣብ ልዕሊ ሰራዊት ኢትዮጵያ ዘኸተሎ ናይ ሞራል ውድቀት በቲ ካልእ ኣመልኪቶም ኣስፊሖም ኣዕለሉ። እቲ

እዋንቲ'ቲ፡ ኣብ ሓይሊ ኣየር ኣስመራ ኮማንዶ ህዝባዊ ግንባር 33 ነፈርቲ ዘቃጸሉሉን ወተሃደራዊ መንግስቲ ኢትዮጵያ ናልኡ ዘይሩዎ ዝነበረሉ'ዩ፡ 21 ግንቦት 1984.

ህወሓት ግና፡ ኣብ ዝሓለፈ ትሸዓተ ዓመታት ክጥቀስ ዝኽኣል ውግእ ስለ ዘየካየደ፡ ተወከልቲ ህወሓት ብዛዕባ ንጥፈታት ውድቦም ክብልዎ ዝኽእሉ ምንም ነገር ኣይነበሮምን። ስለ ዝኾነ ድማ፡

"ብጾት፡ ናብ ሃገራት ዓረብ ዑደት ከነካይድ ንእግረ መገድና ምሳኻትኩም ክንዛተ ኢና መጺእና። ከም እትፈልጥዎ፡ እዚ ንመጀመርታ እዋን ናይ ወጻኢ ዝምድና ነካይደሉ ኣጋጣሚ'ዩ። ንዓና ሓድሽን ቅድሚ ሕጂ ዘይተሞከርናሉን ስለ ዝኾነ፡ ንስኹም ኣብዚ መዳይ ሓያል ተሞኩሮ ስለ ዘለኩም ምኽሪ ክትህቡና ኢና ተኣሊናኩም፡" በለ ሓደ ካብቶም ክልተ ተወከልቲ።

"እዘን ዝጠቐስኩመን ሃገራት፡ 'ኵሉ ዘድልየኩም ነገር ክንህበኩም ድሉዋት ኢና። ህዝባዊ ግንባር ኣብ ሜዳ ኣቐሚሙዎ ዘሎ ናይ ሕክምና፡ ትምህርቲ፡ ጋራጅ፡ ጥሕኖ፡ ጽገናን ካልኦት ትካላትን ንሕና ካብኡ ብዝበለጸ ንኸተቚሙ ዘድልየኩም ሓገዝ ከነማላኣልኩም ኢና፡ ረድኤት እኽሊ'ውን ብብዝሒ ክንህበኩም ኢና። እዚ ኵሉ ክንገብረልኩም ከለና ግና፡ ብወገንኩም ከተማልእዎ ዝግባእ ቅድመ - ኵነት ኣሎ። እሱ ድማ፡ ምስ ህዝባዊ ግንባር ዘለኩም ዝምድና ከተቛርጽዎ ይግባእ፡' ክም ዝብልኹም ርግጸኛታት ኢና። ኵነታት ብዕምቆት ገምጊምኩም ነቲ ካብዘን ሃገራት ዝቐርበልኩም ቅድመ-ኵነት እትህብዎ መልሲ ግብረ እንታይ ክኸውን ከም ዘለዎ ንዓኻትኩም ይምልከት፡" ብምባል ወኪል ህዝባዊ ግንባር ኣብ ሱዳን እንተ ኣእንፈተሎም'ኳ፡ ንጽባሒቱ ናብተን ዝጸወዐኦም ሃገራት ብነፋሪት ተበገሱ። ካብ ሓንቲ ሃገር ናብታ ካልእ ኣምርሑ። ከምቲ ዝተባህሎም ሓገዝን ረድኤትን ረኸቡ።

ዓበይቲ መርሰደስ ናይ ጽዕነት መካይን ዝርከበኦ ረድኤት ዝጸዓነት መርከብ ወደብ ፖርት ሱዳን ኣተወት። እተን ናይ ጽዕነት መካይን ካብታ መርከብ ተመራሪሐን ወሪደን ብተርታ ደው በላ። ዝራገፍ እኽሊ ተጻዒነን ጉዕዘአን ጀመራ።

እተን መካይን ካብ ወደብ ፖርት ሱዳን ብከሰላ ኣቢለን ናብ ግርማይካ - ኤርትራ ኣተዋ። እተ ዝቐጽል ጉዕዘአን ብዴዳን ባድመን

ተጓዒዘን ዶብ ኤርትራ ሰጊረን ናብ ትግራይ ምእታው ነበረ። እዋኑ ሰነ - ነሓሰ 1984 ነበረ።

ናብ ክልቲአን ሃገራት ዓረብ ዑደት ዝገበረ መሪሕነት ህወሓት፡ ንግዚኡ ሓሰኻ ከብዲ ዝቐትል ሑሩጭ ብም29 ሰርካቡ ምስ ህዝባዊ ግንባር ዝምድናኡ ምስ ዝበትኽ ዘድልዮ ሓገዝ ብዘይ ገደብ ዝረክብ ኮይኑ ተሰሚዕዎ፡ “ምስ ሻዕብያ ናይ ስነ - ሓሳብን ስልቲ ኲናትን ፍልልይ ኣለና፡” ብምባል ተሓህት ንምቁራጽ ዝምድና ዝሃቦ መመኽነይታ ልዕሊ ዓቕሙ ተመጢጡ ከም ዝነበረ ይበርሃልካ።

* * *

ምዕራፍ 45

ኣዜብን ታምራትን ሰንበት ኣብ መርዓ ሓደ ዓርኮም ኣማስዮም እዮም ገዛ ኣትዮም። ኣዜብ ከኣ ንግሆ ካብ ዓራታ ተሲኣ፡ ቍርሲ ገዓት ብምድላው ንታምራት ኣተስአቶ'ሞ፡ እናቬረሱ ኸለዉ፡

"ኢትዮጵያ፡ ሎሚ ኣብዚ ገዛ እንተ ትውዕሊ ኸመይ ደስ ምበለኒ ነይሩ።"

"ታምራተይ፡ እንታይ ኣለዎ'ሞ ኣብዚ ዘይውዕል። ስራሕ እንተ ኾነ ዘነቡ ኣላ።"

"ክገርመኪ! ቅድሚ ቍሩብ መዓልቲ ሓደ ሓበሬታ መጺኡኒ ነይሩ፡ ግና ብዙሕ ክኣምኖ ኣይከኣልኩን።" ኢሉ፡ ርእሱ ናብ መስኮት ብምዛር ናብቲ ንኽትርእዮ ዘብህገካ ብዝተፈላለየ ዕምባባታትን ቈጽለ መጽልን ዘጌጸ ሓጹር ብምምዕዳው፡ "እቲ ሓበሬታ 'ምንቅስቓስ ተጋደልቲ ኣብ ኸባቢ ሰሓርቲ ተራእዩ፡ ታርጌት ሓይሊ ኣየር ከይኾነ ኣይተርፍን'ዩ፡' ዝብል'ዩ ነይሩ።" ብምባል እቲ ምሉእ ለይቲ ድቃስ ከሊኡዎ ዝሓደረ ሓሳብ ኣንፈተላ።

"እሞ ተጠቒምኩምሉዶ?"

"ልክዕ'ዩ፡ ቍሩብ ዳህሳስ ኣካይድና ኔርና፡ ግና ዝተረኽበ ኣሰር ኣይነበረን። ብኻልእ ወገን ከኣ እቲ ተኸእሎ ኣዝዩ ጸቢብ ዳርጋ 95% ዘይከኣል ስለ ዝኾነ፡ ብዙሕ ኣቓልቦ ኣይተገብረሉን።"

"እንታይ ማለትካ እዩ?"

"ማለተይሲ ሻዕብያ ካብ ሳሕል ተበጊሶም ናብ'ዚ መጺኦም ሓደ ስርሒት ክገብሩ! እሞ ሓያል ሓለዋ ዘሎዎ መዓስከር!" ብምባል፡ ንደቓይቕ ትም በለ'ሞ፡ "ኣብ ውትህድርና ዓለም ኣይከኣልን ዝብሃል'ኳ እንተ ዘየለ፡ እዚ ግና በቲ ዘለና ሓለዋ ተኸእሎኡ ኣዝዩ ጸቢብ'ዩ፡" ድሕሪ ምባል፡ ናብ ካልእ ዕላሎም ኣተዉ። ቍርሲ በሊዖ ኸኣ ተፋንዩዋ ኸደ። ንሳ ድማ ነቲ መልእኽቲ ንምሽቱ ናብ ሜዳ ክትሰድድ ሓሰበት። ኮይኑ ኸኣ ናብ ስራሓ ስልኪ ብምድዋል ከም ዘይትመጽእ ንዘነበሽ ነጊራ፡ ዘድሊ ነገራት ክትገዛዝእ ናብ ዕዳጋ ተበገሰት። ንሳ ኣብ ኣዲስ ኣበባ ዝዓበየት ከም ምኳና መጠን፡ "ዝፈልጠኒ ሰብ ከይረኽበኒ፡" ዝብል ስግኣት ፈጺሙ ስለ ዘይነበራ፡ መብዛሕትኡ እዋን ብእግራ እያ ናብ ዕዳጋ ትወርድ ነይራ። ስለ

ዝኾነ ኸኣ እያ፡ ምስ ትብለጽ ንምሳሕ ዝኸውን ሸጉርቲ ኮሚደረን ክትገዛገዝእ ዝወጸት።

ታምራት፡ ኣብ ስራሕ ዝጸንሑዎ ጸብጻባትን ሓበሬታን ኣንቢቡ ምስ ወድኣ፡ ናብ'ታ ምስ ሜ/ጀነራል መርእድ ንጉሰ ኣዛዚ ካልኣይ ኣብዮታዊ ሰራዊት፡ ብ/ጀነራል ወርቁ ቸርነት ናይ እዚ ፖለቲካዊ ሓላፍን ም/ኣዛዝን፡ ብ/ጀነራል ንጉሰ ዘረጋው ናይ ካልኣይ ሓይሊ ኣየር ኣዛዝን ብ/ጀነራል ታየ ባለኬር ናይ ኤርትራ ፖሊስ ኣዛዚ ዝተቛጸሩላ ቦታ ንምኻድ ተበገሰ። እግረ መገዱ ብዛዕባ'ቲ ቅድሚኡ መዓልቲ ዝተዘራረቡሉ ጉዳይ እናሰላሰለ ኣብ'ቲ ቦታ በጽሐ'ሞ፡ ኣርባዕቲኦም ቀዲሞም ኣትዮም ጸንሑዎ።

"ታምራት እንታይ ደኣ ዘይኣመልካ ደንጒኻ?" ብምባል፡ ጀነራል መርእድ ንጉሰ ይኹን እቶም ካልኦት ብድድ ብድድ ኢሎም ሰላምታ ሃቡዎ።

"ይቕሬታ! ካብ ኣዲስ ኣበባ ዝመጸኒ መልእኽቲ ስለ ዝነበረ መልሲ ክሰድድ'የ ደንጒየ፡" ኢሉ መሊሱ ይቕሬታ ሓቲቱ ኾፍ በለ፡

"ብዙሕ ጊዜ ስለ ዘይብልና ናብ'ቲ ጉዳይና ክንኣቱ፡" ኢሉ ዘረባ ዝጀመረ ጀ/ መርእድ ኣዛዚ ካልኣይ ኣብዮታዊ ሰራዊት፡ "ከም ትፈልጡዎ ኣብ ግንባር ኣልጌን ዘጋጠመ ስዕረት፡ ሻዕብያ ቐዲሙ ሓበሬታ እንተ ዘይረከበ ነይሩ፡ እዚ ውድቀት'ዚ ኸጋጥመና ኣይምኽኣለን ነይሩ ብምባል'ዩ ሑሴን ወተሃደራዊ ጸብጻቡ ናብ መንግስቱ ኣቕሪቡ ዘሎ። በዚ ዝተላዕለ ኣብ መንጎይን ኣብ መንጎ ዋና ሊቀ መንበርን ናይ ሓሳብ ፍልልይ ተኸሲቱ'ሎ። ነዚ ዘምጽኦ ቐንዲ ጉዳይ ከኣ ሑሴን ስዕረቱ ክቕበል ስለ ዘይከኣለ እዩ። ካብ'ዚ ብምብጋስ፡ ካብ ፈቐዶኡ ሰራዊት ኣኻኺብና ክንህቦን ጸረ መጥቃዕቲ ክገብርን ሓሳብ ስለ ዘቕረበ፡ መንግስቱ፡ ቀጠልያ መብራህቲ ሂቡዎ'ሎ። ከም ትርእዩዎ ዘለኹም፡ እቲ ኣብ ግንባር ሰሜናዊ ምብራቕ ሳሕል እነካይዶ ዘለና ውግእ፡ ውግእ ዘይኮነስ፡ ህልቂት ምባሉ ይቐልል። እቶም ኣብ ምዕሩግ ቤት ጽሕፈታት ኮፍ ኢሎም ናይ ውግእ ውጥን ዘውጽኡ ዘለዉ፡ ካብ'ቲ ሊቀ መንበር ጀሚርካ ክሳዕ'ቶም ምስኡ ዘለዉ ጀነራላት፡ ሰራዊት ኣብ ምንታይ ኵነታት ከም ዘሎ ዘይፈልጡ፡ ንሱ ኣብ ሓዊ እናተጠብሰ ንሶም ብውድቀቱ ኽሽካዕልሉ ክትርእዮም ከለኻ የሕዝን'ዩ። ክሳዕ መዓስ'ዩ ኸምዚ ኢልካ ክኸየድ?" ብምባል ንኹሎም በብተራ ጠሚቶም'ሞ "ስለዚ፡ ከምቲ ምስ ኣበራ ዝተዘራረብናሉ ሓደ ነገር ክግበር ኣለዎ፡" ብምባል፡ ኣዕሚቑ ኣስተንፈሰ።

“እዚ ውግእ'ዚ ኽዓርፍ ወይ ሰላማዊ ፍታሕ ክናደየሉ እንተ ኾይኑ፣ መንግስቱ ክእለ ጥራይ እዩ ዘሎዎ። እዚ ኽኣ፣ ብሰላማዊ መገዲ ኽኸውን ኢልካ ዘይሕሰብ'ዩ። ከም ዝበልካዮ፣ ጀነራል ኣበራ ንዓይ'ውን ነቲ ምስ በዓል ፋንታ በላይ ዝገብሩዎ ዘለዉ ምትእኽኻብ ገሊጹለይ ነይሩ እዩ። ግና፣ ጊዜ ኣብ ግምት ኣእቲኻ ክስርሓሉ ዘሎዎ ጉዳይ ኮይኑ እዩ ዝስምዓኒ። ክሳዕ ሽዑ እቲ ሰራዊት ዋጋ ኽኸፍለሉ እዩ፣ ማለተይ ሃታ ሃታ ኢልካ ኣብ ሓጺር ጊዜ ኽግበር ስለ ዘይኮነ፣” ብምባል፣ ጀነራል ወርቁ ቸርነት ም/ኣዛዚ ካልኣይ ካልኣይ ኣብዮታዊ ሰራዊት ምስ ተዛረበ፣ ብ/ጀነራል ንጉሰ ዘረጋው፣

“ወርቁ ኽም ዝበልካዮ፣ ነዚ ዓሰርተ ዓመት ሰረትን ኣዝዩ ሓያል ዝኾነ ስለያዊ መሓውርን ዘሎዎ መንግስቲ ምእላዩ ቀሊል ኣይክኸውንን'ዩ። ምኽንያቱ፣ ከምቲ ታምራት ኣብ ዝሓለፈ ኣኼባና ዝበሎ፣ ነዚ ትካል ማለት ስለያዊ መሓውሩ ናብ ጐድንና ኽነምጽእ ኣዚና ክንጽገም ስለ ዝኾነና እዩ፣” ብምባል፣ ዘሎዎም ስክፍታታትን ርእይቶታትን ነዊሕ ድሕሪ ምዝታይ፣ ኣብታ “እቲ መንግስቲ ክእለ ኣለዎ፣” ትብል ሓባራዊ ኣረኣእያኦም ግና፣ ብምሉኦም ተሰማሚዖም ወጹ።

ታምራት፣ ካብ'ቲ ኣኼባ ወጺኡ ናብ ገዝኡ ኽደ'ሞ ኣብ ሳሎን ዘርጋሕ ኢሉ ኾፍ በለ። ኣዜብ ምምጽኡ ሰሚዓ ካብ'ቲ ትኽሻሸነሉ ዝነበረት ክሽነ ኢዳ ሓጻጺባን ጸብሒ ጸብሒ እናጨነወትን ናብኡ ኽደት'ሞ፣ ኣብ ሳሎን ጎቦ ኾይኑ ረኸበቶ። ከም'ዛ ኣብ'ታ ኽፍሊ ዘይኣተወት ከኣ፣ ገዲፋቶ ወጸት። ንሱ ኽይተፈለጦ፣ ሓደ ፍርቂ ሰዓት ኣቢሉ ቀም ድሕሪ ምባል፣ ሰምቢዱ ተበራበረ። በእዳዉ ገይሩ ኣዒንቱን ገጹን ደራሪዙ ናብ መሕጸብ ገጽ ብምኻድ ገጹ ተሓጺቡ ናብ ሳሎን ተመሊሱ ኾፍ በለ'ሞ፣ ኣዜብ'ውን ወዳዲኣ ስለ ዝነበረት ደሃዩ ሰሚዓ ኽደቶ።

“ታምራተይ ከመይ ውዒልካ?” ብምባል ኣብ ምዕጉርቱ ሰዓመቶ።

“ክይተፈለጠኒ እንድዩ ድቃስ ወሲዱኒ።”

“ኣነ'ውን ከየተስኣካ ተሰኪፈ'ምበር፣ ናብ ሳሎን መጺኣ ነይረ እንድየ። ናይ ትማሊ ድኻም ንዓይ'ውን ኣረኻኺቡለይ እዩ። በል! ተሓጻጺብ ክመጽካ እየ፣” ኢላ፣ ትብለጽ ምሳሕ ክሳዕ ትቐራርብ ነብሳ ተሓጻጺባን ክዳውንታ ቀያይራን መጸት'ሞ እናሰሓቑን እናዕለሉን ተመገቡ። ታምራት፣ ብመሰረቱ ድኻም ጥራይ ዘይኮነስ፣ ጕንፋዕ'ውን ጀሚራቶ ስለ ዝነበረት ንስራሕ ከይከይድ ወሲኑ ኣብ ገዛ ወዓለ።

ጕንፋዕ ንታምራት ኣይመባልዕቱን'ያ፣ እንተ ጀሚራቶ ኽልተ ሰለስተ መዓልቲ እያ ተንፈፍዎ። ኮይኑ ኸአ፣ ክልተ ሰዓት ኣቢሉ ደቂሱ ምስ ተንስአ፣ ኣዜብ ቡን ቀራሪባ ተምሪ ገይራ ኣስተየቶ፣ ንሳ ስለ ዝኾነት እንኮ መድሃኒቱ።

ታምራት፣ ድሕሪ ቐትሪ ንቐኑብ ሰዓታት ናብ ስራሑ ኸደ'ሞ ምስ ኢቢሳ ተተሓሒዞም ናብ ገዛ መጹ፣ ኣዜብ ከአ ከም ወትሩ ብፍሽሑው ገጽ ተቐበለቶም።

"ወ/ሮ ኢትዮጵያ፣ ሎሚ ደኣ በዓል ምኳኑ ኣይፈለጥኩን'ምበር፣ ነታ ዘይትምኖ ቡንክን ክሰቲ ምመጻእኩ ነይረ እንድየ፣" እናበለ ሰዓማ።

"ስልክኻ እንተ ዝነብረኒ ኣነ'ውን ምደወልኩልካ ነይረ፣" ምስ በለቶ፣ በቲ ጥዑም ዋዛኣ እናሰሓቑ ኮፍ በሉ። ኣዜብ፣ ኢቢሳ ደስ ዝብሎ ምግቢ ስለ እትፈልጥ ብጠስሚ ዝተቐልወ ስጋ ኣዳልያ ብምምጻእ ቀረበትሉ፣ ታምራት'ውን እቲ ጨና ስሒቡዎ ግዲ ኾይኑ፣ ሚጥሚጣ ገይሮም ሓመድ ገበሩዎ'ሞ ክሳዕ ሰዓት ሸሞንተ ምሸት፣ መስተ እናሰተዩ ኽዕልሉ ኣምስዮም፣ ኢቢሳ ናብ ገዝኡ ንሶም ከአ ተሓቛቚፎም ተለቪዥን እናረአዩ ኣብ ሳሎን ኣማስዮም ናብ ዓራቶም ከዱ።

ኣይጸንሐን፣ ሓደ ሓያል ነትጒ ተሰምዐ። ታምራት ናይ ኮሞ መብራህቲ ብምወላዕ ምስ ኣዜብ ነንሓድሕዶም ተጠማመቱ። ነትጒታት ሓደ ድሕሪ ሓደ ቐጸለ። ዝነበሩዎ ክፍሊ ማሕታ ናይ ዝነድድ ነገር ኰልዩ።

"እንታይ ደኣ ተረኺቡ?" ብምባል፣ ኣዜብ ያኢ መልሲ ክትህቦ ተጸበየ። ንሳ ቐዲማቶ ካብ ዓራት ወረደት፣ ታምራት ከአ ተኸቲሉዋ ናብ ደገ ወጹ። እቲ ዝርእዩዎ ዝነበሩ ዒግታ ትኪ ካብ ገዝኦም ብሸነኽ ደቡባዊ ምዕራብ ስለ ዝነበረን እቲ ነትጒታት ስለ ዝቐጸለ ጋን ተሰሪሖም ነንሓድሓዶም እናተጠማመቱ ደው በሉ። ድሕሪ ቑሩብ ካልኢት ታምራት ናብ ስልኪ ጐየየ።

"ታምራት'የ፣ እንታይ እዩ ተረኺቡ?"

"ሻለቃ፣ ኣነ'ውን ኣይፈለጥኩን። ጸኒሐዶ ክድውለልኩም፣" ብምባል ሻምበል በዛብህ ተሌፎን ዓጽዩ ናብ ሓይሊ ኣየር ስልኪ ደወለ። ጸኒሑ፣

"ሻለቃ ታምራት፣ በዛብህ'የ! ሻለቃ፣ ኣብ ሓይሊ ኣየር መጥቃዕቲ ይፍጸም ኣሎ'ሞ ኣነ ናብኡ እኸይድ ኣለኹ፣" ኢሉዎ ጥራይ ስልኪ ዓጸወ። ታምራት'ውን ክዳውንቱ ተኸዳዲኑ ናብቲ ቦታ ኣምርሐ።

ሓይሊ ኣየር ክትቃጸልን ነፈርቲ ክህመኳን ኣርከበ'ሞ ምስቶም ኣብኡ ዝረኸቦም መዛንኡ ሰብ መዓርግ ነታ ለይቲ'ቲኣ ብኾፎም ኣውግሑዋ።

መንግስቱ ሃይለማርያም፣ ሰዓት ሸውዓተ ንግሆ ብፍልይቲ ነፋሪት ናብ ኣስመራ ብብምጻእ፣ ኣዛዚ ካልኣይ ኣብዮታዊ ሰራዊት ሜ/ጀነራል መርእድ ንጉስ፣ ኣዛዚ ካልኣይ ሓይሊ ኣየር ብ/ጀነራል ንጉሰ ዘርጋው ዝርከቡዎም ላዕለዎት መራሕቲ ተቐበሉዎ። ነቲ ዘጋጠመ መጥቃዕትን ዝወረደ ዕንወትን በዒንቱ ተዓዘቦ፣ ነፈርቲ ውግእ ካልኣይ ሓይሊ ኣየር ኣስመራ ኹኣ ሓምኹሽቲ ኾይነን ረኸበን።

"ኣብ ሕምብርትኹም ኣትዮም ነዚ ክሳዕ ዝፍጽሙ ኣበይ ኔርኩም። ንሕና ጉዳይ ሃገር ኮይኑና ዘድሊ ኣጽዋር ንቕርብ፣ ንስኹም ከኣ ዝሃብናኩም ንሻዕብያ ተረክብዎም። ኣረ ገና! ኣብ ቱሽቱሽኩም ኣትዮም ሕንቲኽቲኽ ምስ በሉኹም፣ ክንርእየኩም ኢና እንታይ ከም ትገብሩ፣" ብምባል፣ ንኹሎም ኣፍጢጡ ድሕሪ ምጥማት፣ "ነዚ ትርእዩዎ ዘለኹም ጅግና፣ ግቡእ ወተሃደራዊ ቐብሪ ጌርኩም ቅበሩዎ!" ኢሉ፣ መንግስቱ ሃይለማርያም በታ ዝመጸ ነፋሪት ገይሩ ገዲፋዎም ዕዝር በለ። ጅግና ኹኣ፣ ሓመድ ኣዳም ለበሰ።

ታምራት ዝርከቦም ጀነራላት ነንሓድሕዶም ብምጥምማት ዝብሉዎ ጨኒቖዎም ደድሕሪ መንግስቱ ዘብዘብ እናበሉ ነናብ ቤት ጽሕፈቶም ከዱ። ታምራት ግና ካብ ሓይሊ ኣየር ኣስመራ ናብ ገዛ ኸደ'ሞ፣

"ታምራት፣ እንታይ እዩ ተረኺቡ?" ብምባል ኣብ ኣፍ ደገ ተቐበለቶ።

"ኣንቲ እዞም ወንበዴታት ጸኒሖም ኣብ ገዛና ኣትዮም ከካብ ዓራትና ምስ ሙታንትናን ብዘይ ዕጥቅን ክወስዱና እዮም፣" ምስ በላ፣ በቲ ኣዘራርባኡን ኣጠማምታኡን ሰሓቕ ከይመልቃ፣ ኣፋ በእዳዋ ሓቲማ ካልኣይ ሕቶ ኸይወሰኸት ትም በለት። ንሱ ትኽ ኢሉ ናብ መደቀሲኡ ምስ ከደ፣ ንሳ ኸኣ ናብ ክሽነ ብምኻድ ቍርሲ ኣዳልያ ቀረበትሉ። ኮይኑ ግና ካብ መደቀሲ ስለ ዘይወጸ፣ ተሻቒላ ማዕጾ ቀስ ገይራ ኽፈታ እንተ ረኣየት፣ ምስ ክዳውንቱ ኣብ ዓራት ድቃስ ጠሊሙዎ ረኣየቶ'ሞ ተመሊሳ ናብ ትብለጽ ብምኻድ ቡን ከተፍልሕ ነገረታ።

ትብለጽ፣ ንኣዜብ ኢትዮጵያዊት'ምበር ትግርኛ እትዛረብ ኤርትራዊት ወይ ትግራወይቲ ኢላ ሓሲባታን ገሚታታን

ኣይትፈልጥን'ያ። ስለ ዝኾነ ኸኣ፡ ኩሉ ጊዜ ኣብ ኣዘራርባኣ ኣዝያ ጥንቅቕቲ እያ ነይራ። ብዘይካ ስራሓ ሰሪሓ ኣብ ክሽነ ኾፍ ኢላ ጨርቂ ሒዛ ስፍየት ምክያድ፡ እዚ ኹሉ ዓመታት ከም ሰብ'ውን ምስ ኣዜብ ኮፍ ኢላ ኣዕሊላ ኣይትፈልጥን'ያ። ትብለጽ ቀጣን፡ ከደረይቲ፡ ሕጽር ዝበለትን ተፈታዊትን'ያ ነይራ። ኣብ ገጠር ተወሊዳ ዝዓበየት ከም ምኽና መጠን፡ ስድራኣ ኣብ መበል 16 ዓመታ ኣመርዕዉዋ'ሞ ሓዳር ክኾነላ ስለ ዘይከኣለ፡ ሓደ ቈልዓ ወሊዳ ተፋትሐት። ድሕሪ ፍትሕ፡ ወዳ ምስ ኣቦኡ ገዲፋ ናብ ኣስመራ ብምምጻእ ከም ሰራሕተኛ ገዛ ኾይና እንዳ ጋይታኖ ላቲላ ተቘጽረት። ኣስመራ ውግእ ኮይኑ እቶም ዘስርሑዋ ዝነበሩ ጣልያናውያን ናብ ዓዶም ክሳዕ ዝኸዱ፡ ምስኦም ሰርሐት። ብድሕሪኡ ኣብ ዝተፈላለየ ቦታታት ክትሰርሕ ጸኒሓ እያ እምበኣር፡ እንዳ ታምራት ዝተቘጽረት። ሰውራ ኤርትራ፡ ዳርጋ ንኹለን ከተማታት ኤርትራ ኣብ ትሕቲ ቍጽጽሩ ምስ ኣእተወንን መንግስቲ ኢትዮጵያ ኣብ ሕዳር 1978 ጸረ መጥቃዕቲ ብምኽፋት ንሰውራ ኤርትራ ምስ ደፍኣን፡ ህ.ግ፡ ነተን ኣብ ትሕቲኡ ዝነበራ ኸተማታት ገዲፉ ኣብ ዘዝለቐሉ ዝነበረ እዋንን'ዩ እምበኣር፡ ንትብለጽ በዓል ቤታ ዝነበረ ርእሶም፡ ስድራኡ ሒዙ ናብ ሜዳ ዝወጸ። ትብለጽ፡ እቲ እን ኮ ውላዳ ሜዳ ምውጽኡ ምስ ሰምዐት ከም ኣደ ሓደ መጠን ነብዐትን ሓዘነትን። ንሳ ፊደል ዘይቈጸረትን ቋንቋ ኣምሓርኛ ዘይትኽእልን ብምኻና፡ ምስ ኣዜብ ዳርጋ ብምልክት እየን ዝረዳድኣ ነይረን። ኣብ'ታ መዓልቲ'ቲኣ ግና ሽሕ'ኳ ዝሰምዐቶ ነገር እንተ ዘይነበራ፡ ከብዲ ወላዲት ኮይኑዋ ወደይ ብምባል ፍርሂ ተሰምዓ። ምንቅስቓሳታ ይኹን ኣዘራርባኣ ህዉኽ ነበረ። ናውቲ ቡንን ፈሓም ዝመልአ ፈርኔሎን ቀራረበት'ሞ ኣቑሑት ክትሓጻጽብ ብድድ በለት። ኣዜብ፡ ኩሉ ምንቅስቓስን ምርባሽን ትብለጽ ስለ ዘስተብሃለት፡ ቡን ኣፍሊሓ ኣብ ክልተ ፊናጅል ቀድሐት።

"ትብለጽ፡ ንዒንዶ ኾፍ ኢልኪ ቡንኪ ስተዩ፡ ንዕኡ ኸነርክበሉ ኢና፡" በለታ።

"ደሓን እምበይተይ! ከርክበሉ እየ! ንስኸን ጥራይ ትም ኢልክን ስተያ!"

"ኣነ'ሞ ቡን ብዘይ መሳትይቲ ዘይወርደለይ፡ ንዒ ደኣ ኾፍ በሊ። እንተ ዘይኮነ ደሓን ኣወል ክስቲ'ሞ ክገድፎ።"

"በላ ሕራይ! ደይ ኣነስ እዚ ክሽነ ኸይትጸልኣኣ ኢለ እየ፡" ብምባል፡ ድኳኣ ሒዛ ኾፍ በለት'ሞ ኣብ ዕላለን ኣተዋ።

"ትብለጽ፣ ስድራኺ ኸመይ ኣለዉ። ከም ዝመስለኒ ነዊሕ ጌርኪ ኣለኺ ካብ ዘይትርእይዮም?"

"እወ፣ ነዊሕ ገይረ!" በለት ብምስትንታን።

"ወድኺ ክንደይ ዓመት'ዩ ገይሩ?" ምስ በለታ፣ እዘን ኣዒንታ ብሉ ንብሉ ዘርባዕባዕ በላ'ሞ ብድድ ኢላ ናብ መደቀሲኣ ኸደት። ኣዜብ'ውን ደድሕሪኣ ብምኻድ ምስኣ ኣብ ዓራታ ኾፍ ብምባል መንኩባ ሒዛ፣

"እሂ ትብለጽ፣ እንታይ ዲኺ ኼንኪ!? ኣነ'ኮ ታምራት ዕረፍቲ ምእንቲ ክህበኪ ኢለ እየ ሓቲተኪ'ምበር፣ ካልእ ኣይኮነን፣" ብምባል፣ ሕቍፍ ኣበለታ ነታ ትንኽንኽ ዝነበረት ትብለጽ። ትብለጽ ከመይ ኢላ'ሞ ክትዛረብ፣ ዘየዛርብ ጉዳይ ኮይኑዋ። ኣዜብ እንተ ዘይትኸውን ነይራ ኣብ ውሽጣ ኾይኑ ዘሳጽያ ዝነበረ ምዳሕድሖቶ ነይራ፣ ግና ምስ ሓደ በዓል ስልጣንን ምስ ሓንቲ ኢትዮጵያዊት እንዶ ኾይና ትሰርሕ ዘላ። "ንዕናይ'ሞ ሕጂ ቡንኪ ስተዪ፣ ኣነ ንታምራት ተዛሪበ ሓደ ሰሙን ዝኸውን ዕረፍቲ ኸም ትወስድን ስድራኺ ርኢኺ ኸም ትምለስን ክገብር'የ፣" ኢላ፣ ሓቢላ ሓባቢላ ናብ ክሽነ ወሰደታ። ድሕሪ ቍሩብ ስቕታ፣

"እምበይተይ፣ ኣነ ዕረፍቲ ኣይኮንኩን ደልየ፣ ደኺመ ስለ ዘለኹ ስራሕ ክገድፎ ፍቓዳለይ'ሞ ናብ ስድራይ ክኸይድ።"

"ንምዃኑ ካበይ ዓዲ ኢኺ መጺእኪ?"

"ካብ ከባቢ ዓዲ ቐይሕ።"

"እዚ ኾነታት እናረአኺ ኣብ'ዚ ሰዓት'ዚ ክትከዲ ልክዕ ኣይኮነን። ሰሪሕኪ ስድራኽን ወድኽን ከተዕብዪዶ ኣይሕሸክን ካብ ተመሊስኪ ናብ ገጠር ትኸዲ። ኣነ ኸኣ ደሞዝ ክውስኸኪ እየ፣ ጥራይ ንቍሩብ እዋን ተዓገሲ፣" ብምባል፣ መኺራ መኻኺራ ሕራይ ኣበለታ። ኣብ መንጎ፣ ታምራት ተሲኡ ተዳህየ'ሞ ኣዜብ ናብኡ ኸደት።

"ታምራተይ፣ ደቂስካ ምስ ረኣኹኻ እንድየ ምስ ትብለጽ ቡን ክሰቲ ጸኒሐ። ቍርሲ ኸምጽኣልካ እምበኣር፣" ኢላ ናብ ክሽነ ብምኻድ ኣወዓዕያ ኣምጽኣትሉ። ታምራት ዘይኣመሉ ዘረባ ኸየምለቼ ቍርሱ በላሊዑ ተሲኡ ናብ ዓይኒ ምድሪ ኸይዱ ገጹ ተሓጻጺቡ ተመልሰ'ሞ፣

"ኢትዮጵያ፣ ንምሳሕ ኣይመጽእን'የ ኣይትጸበይኒ ኢኺ። ስራሕ ትኸዲ እንተ ኼንኪ ግና ኸብጽሓኪ ንዕናይ፣" በላ። ኣዜብ ኵነታቱ ርእያ ዝኾነ ይኹን ሕቶ ኸየቕረበት "ሕራይ፣" ብምባል ናብ ስራሓ ተበገሰት'ሞ ካብ መኪና ክትወርድ ከላ፣

“ታምራተይ ምሸት ክትመጽእ ዲኻ?”

“ኣማስየ መጺአ ክወስደኪ እየ፡” ኢሉ ኣብ ምዕጕርታ ብምስዓም ዓይኒ ዓይና ጠሚቱ “ቻው” በላ።

ኣዜብ ናብ ገዝኣ እትው ምስ በለት፡ ዘነቡ ብጕያ ብምምጻእ ኣጻብዕታ ቈራዕራዕ እናበለት፡

“እምበይተይ፡ ሻለቃ ታምራት ደሓን ድዮም?” ብምባል ህውኽ ህውኽ እናበለት ሓተተታ።

“ደሓን'ዩ። ኢሂ ደሓን ዲኺ?”

“ኣነስ ተሻቒለ እየ እምበር፡ ካልእ ኣይኮንኩን፡ እምበይተይ። ሎሚ ንግሆ ወንበዴታት ኣብ ሓይሊ ኣየር ኣትዮም ንኹለን ነፈርቲ ኣቃጺሎመን ብምባል ኣብዚ ዝነበሩ ኣጋይሽ ክዛረቡን ጸርጸር ክብሉን ምስ ሰማዕኩዎም፡ ከረጋግጽ ኢለ ነዚ ዋርድያ ሓቲተዮ። ንሱ ኸኣ ኣጣይቑ ሓቒ ምዃኑ ነጊሩኒ። ክንደይ ይሓስሙ ኣትን እምበይተይ!” ብምባል፡ ኣእዳዋ ኣብ ምዕጕርታ ኣደጊፋ ጠጠው ኢላ ተረፈት።

“ዘነቡ፡ ታምራት ደሓን'ዩ። ጥራይ ኪዲ ስራሕኪ ስርሒ፡” ኢላ ኣፋንያታ ናብ መደቀሲኣ ኣትያ ኣብ ዓራታ ኾፍ በለት። ኣዜብ፡ ንታምራት እንታይ ዝን ኣቢሉዎ ኸም ዝነበረ ፈለጠት'ሞ ሓቀነት ናይ'ቲ ነገር ከተጻሪ ተሃወኸት። ንሳ ትፈሽቦ፡ ተዕልሎን ትሓቶን ሰብ እንተልዩዋ ታምራት ጥራይ እዩ ነይሩ። ቀልጢፉ መስዩ፡ ታምራት ክመጸ ተሃንጠየት።

ታምራት፡ ምእንቲ ቝሩብ ከተንፍስ ብምባል፡ ንስራሕ ዘይኮነስ ናብ ኢቢሳ እዩ ኸይዱ። ኮሎኔል ኢቢሳ'ውን ክብድብድ ኢሉዎ ካብ ቤት ጽሕፈቱ ኽይወጸ እዩ ጸኒሑዎ።

“ኢቢሳ ኸመይ ኣርፊድካ?” ብምባል ኮፍ በለ።

“ዝገርም'ዩ ታምራት! ኣነስ ክሳዕ ሕጂ ፊልም'ምበር ናይ ብሓቂ ኾይኑ ኣይስምዓንን እዩ ዘሎ!”

“ሓቅኻ ኢኻ ኢቢሳ! ንዓይ'ውን ምእማኑ እዩ ጸጊሙኒ ዘሎ፡” ብምባል፡ ርእሱ ነቕነቐ። ክልቲኦም ብውሽጦም ዘተሓሳስቦም ዝነበረ ጉዳይ እንተ ነበረ፡ ስርሒት ኮማንዶ ኸምጽእ ዝኽእል መዘዝ'ዩ ነይሩ። ምኽንያቱ፡ ስርሒት ተሰነይ ኣብ ሕቖ ኢቢሳ ተንጠልጢሉ ኸሎ፡ ኮማንዶ ህዝባዊ ሰራዊት ከኣ ካብ ሳሕል ተበጊሶም ነዚ ስርሒት'ዚ ክፍጽሙ ምኽኣሎም፡ ክፍሊ ወተሃደራዊ ስለያ ኣበይ ነይሩ ዝብል ኣዋጣሪ ሕቶ ንታምራት ክመጾ ምዃኑ ኽልቲኦም ሰበ ስልጣን ተሰዊጡዎም ስለ ዝነበረ እዩ።

"ንምንታይ፡ ዝኾነ ይኹን ሓበሬታ ኣይነበረኩምን ድዩ?"

"ኣብዚ ቐረባ እዋን ክምኡ ዝመሰለ ሓበሬታ መጺኡናስ ዘድሊ ዳህሳስ ኣካይድና ነይርና። ግና፡ ዝኾነ ይኹን ዝተጨበጠ ነገር ኣይረኸብናን። ስለ ዝኾነ ኸኣ፡ ክምቲ ኹሉ ጊዜ ዘይተጨበጠ ሓበሬታ ዝመጸና እዩ ብምባልን ዘሎ ተኽእሎ ኣብ ግምት ኣእቲናን ሓለዋ ክድልድል ትእዛዝ ሂብና'ምበር፡ ኣይተኸታተልናዮን፡" ብምባል፡ ታምራት ዝን በለ።

"ታምራት፡ ንዓናይ'ስኪ ካብዚ ንውጻእ!" ብምባል፡ ኢቢሳ ብድድ በለ'ሞ ተተሓሒዞም ናብ ቤት ብልዒ ካስቴሎ ኸዱ።

ታምራት፡ ድሕሪ ቐትሪ ናብ ቤት ጽሕፈቱ ምስ ተመልሰ፡ ንሻምበል በዛብህ ተዳህዮ'ሞ፡

"በዛብህ፡ ሓድሽ ነገር እንታይ ኣሎ?"

"ሻለቃ፡ ኣብ'ቲ ዝገበርናዮ ተፍትሽ ብዙሓት ተጠርጠርቲ ስለ ዝረኸብና ክንሓቶም ኢልና ሒዝናዮም ኣለና።"

"ኣየ በዛብህ! እቲ ዝገበርኩሞ ጽቡቕ'ኳ እንተ ኾነ፡ ነተን ነፈርቲ ግና መሊሶም ኣይክጽግንወንን'ዮም። ስለዚ፡ ብዙሕ እንተ ዘይደኸምና ዝሓሸ እዩ፡" ብምባል ናብ መስኮት ገጹ እናጠመተ፡ "ንምንታይ ኣብ'ቲ ሰራዊትክ እንታይ ይብሃል ኣሎ?" ኢሉ፡ ናብ በዛብህ ጠመተ።

"ሻለቃ፡ ሓቂ ክንዛረብ እንተ ኼንና ካብቲ ብኸንኔ እቲ ብኣድናቖት ዝዛረብ ይበዝሕ። እዚ ኸኣ ስነ ኣእምሮኣዊ ውድቀት ኸኸትል ኸም ዝኾነ ክስሓት የብሉን። እዚ ማለት፡ ኣብ'ቲ ሰራዊት ናይ ሻዕብያ ፍርሂ ወይ *ፎብያ* ኸሕድር ምኳኑ ዘጠራጥር ኣይኮነን፡" ምስ በሎ፡ ታምራት ሰሓቕ መለኾ።

"ኣሽንኳይዶ ንሶምሲ፡ ንሕና'ኳ ኣብ መደቀሲና ኸይኣትዉና ..." ኢሉ ኸይወድኣ ኸሎ ብሓባር ካር ካር በሉ'ሞ "በልስኪ ብሓባር ክንርእዮ ኢና፡" ብምባል፡ ንበዛብህ ኣፋነዎ።

ምምጻእ ታምራት ክትጽበ ዝወዓለት ኣዜብ ተጸባቢ.ቓን ምስ ኣጋይሻ ፍሽኽሽኽ ክትብልን ጸንሐቶ'ሞ ነቶም መዛኑኡ ሰብ መዓርግ ሰላም ሰላም ድሕሪ ምባል ናብቲ ኽፍሊ ኣተወ። ኣዜብ ዘይከም ወትሩ ቆኍሩብ ድንጉይ ኢላ ስለ ዝኸደቶ፡

"ወይዘሮ፡ ኣጋይሽ በዚሖምኽን ድዮም ደኣ ደንጕኽን፡" ብምባል፡ ብድድ ኢሉ ሰዓማ።

"ኣይኮነን! ነቲ ዝጀመሩዎ ዘረባ ምቍራጾም ጽቡቕ ኣይኮነን ኢለ'ምበር፡" ብምባል፡ ኣብ ኣጥባታ ኣጥቢቓ ሕቝፍ ኣበለቶ'ሞ ኣብ ሳሎን ብሓባር ኮፍ በሉ።

"ታምራተይ ከመይ ውዒልካ?"

"ከም ዘይይወዓል የለን ተዋዒሉ'ሎ!" ኢሉ፡ ፍሽኽ በላ።

"እቲ ናይ ሓይሊ ኣየር መጥቃዕቲ ሰሚዐዮ፡ ኣነ'ኳ ዝብሎ የብለይን ግና ንዓኻ ..." ኢላ ኸይወድአት፡

"ዝገርመኪ፡ ንመጀመርታ እዋን ሎሚ ክሳዕ ውሽጠይ ተሰሚዑኒ። ዋላ'ኳ ነዚ መንግስቲ ብኹሉ መዳዩ ኽእለ ኣለዎ ዝብል መርገጺ እንተ ሃለወንን ውድቀቱ እንተ ተመነኹን፡ ናይ ኢትዮጵያዊነት ስምዒተይ ግና ክሓብአ ኣይክእልን'የ፡ ኢትዮጵያ!" ብምባል፡ ትም ኢሉ ዓይኒ ዓይና ጠመታ። ኣዜብ ኣብ ከምዚ ኹነታት ዘረባ ኸተንውሕ ስለ ዘይትደሊ ዝብላዕ ከተምጽኣሉ ኸደት'ሞ ቀይሕ ቅልዋ ዓሳን ዝተቓመመ ሰላጣን ብምቕራብ ብሓባር ዳርጋ ኸይተዘራረቡ ተመገቡ። ክልተ ብርጭቆ ዊስኪ ምስ ሰተየ ክኸይድ ተበገሰ። ኣዜብ ንቓል ዓለም፡

"ታምራተይ፡ ጽናሕ ምሳኻ ክኸይድ፡"

"ደሓን ስራሕኪ ደኣ ስርሒ፡" ኢሉዋ ኸደ።

ኣዜብ፡ ብስርሒት መጥቃዕቲ ሓይሊ ኣየር ኣስመራ ዝተሰምዓ ሓጐስ ወሰን ኣይነበሮን፣ እንታይ'ሞ ይግበር ኮይኑ፡ ሓጐስን ሓዘንን ንበይና ኾይኑዋ። ብኻልእ ወገን ግና ኣብ ዝሓለፉ ኣዋርሕ ብህዝባዊ ግንባር ዝተወሰዱ መጥቃዕትታትን ስርሒት ኮማንዶን ኣመልኪቱ ኣብ'ቲ ባር ዝሰለል ዕላላት እንክትሰምዕ፡ ብብጾታ ትኹርዕን ኣብ መትከላ መሊሳ ትጸንዕን ነበረት።

* * *

ምዕራፍ 46

መንግስቱ፡ ድሕሪ ኣብ ተሰነይ ዝተገብረ መጥቃዕቲ፡ ኣብ ሰሜናዊ ምብራቕ ሳሕል ዘጋጠሞ ምድምሳስ "ውቃው እዝ"ን ስርሒት ኮማንዶ ኣብ ሓይሊ ኣየር ኣስመራን ብመራሕቲ ሰራዊቱ ፈጺሙ ኽተኣማመን ኣይከኣለን። ስለ ዝኾነ ኸኣ፡ ሻለቃ ታምራትን ኮሎኔል ኢ.ቢ.ሳ ዝርከቡዎም ላዕለዎት ወተሃደራውያን ሓለፍትን ኣብ ወርሒ ሕዳር 1984 መዓርግ ወሲኹ ናብ ካልእ ሓላፍነት ቀየሮም። በዚ መሰረት'ዚ ታምራት ብሌ/ኮሎኔልነት መዓርግ ሓላፊ ወተሃደራዊ ሎጂስቲክስ ናይ ካልኣይ ኣብዮታዊ ሰራዊት ክኸውን መዘዞ። ስለ ዝኾነ እዩ ኸኣ፡ ብህጹጽ ናብ ኣዲስ ኣበባ ንኣኼባ ተጸዊዑ ዝኸደ። ኣብቲ ሌ/ጀነራል ተስፋየ ገብረኺዳን፡ ሌ/ጀነራል ሃይለጊዮርጊስ ሃብተማርያም፡ ሜ/ጀነራል መስፍን ገብረቃል፡ ሜ/ጀነራል መርእድ ንጉሰ፡ ክልተ ጀነራላት ሕብረት ሶቭየት፡ ሓለፍቲ ወተሃደራዊ ስለያን ሎጂስቲክን ዝተረኽቡዎ ኣኼባ፡ መንግስቱ፡

"ኣብ ዝሓለፈ ኣዋርሕ ኣብ ሰሜን ክፍሊ ሃገር ብተኸታታሊ ዘጋጠመና ስዕረት ንህዝቢ ኢትዮጵያ እንታይ ኢልና መግለጺ ክንህቦ ኽም እንኽእል ፈጺሙ እዩ ሓርቢቱና ዘሎ!" ብምባል፡ ንኹሎም ብዓይኑ ኹሊሉ ጠመቶም'ሞ፡ "ነቲ ወንበዴታት ካብ ኢድና ብዝበለጸ ካብ ኢድኩም መንጢሎሞ ዘለዉ ቦታታት ናይ ምምላስ ሓላፍነት ብቐዳምነት ናባኻ ጓድ መርእድ'ዩ ዝወድቕ። እዚ ክብል ኸለኹ ግና፡ ንሕና'ውን ሓላፍነት ኣይንስከምን ማለተይ ኣይኮነን፡ ነፍሲ ወከፍና ሓላፍነት ክንስከም ግቡእና እዩ። ስለዚ፡ ግንባር ሰሜናዊ ምብራቕ ሳሕል ዝኾነ ይኹን ዋጋ ኸፊልና ክንመልሶ ኣለና። ብወገንና ኣብ'ዚ ቐረባ እዋን ተወሳኺ ኣጽዋር፡ ነፈርቲ ውግእን ሄሊኮፕተራትን ክንቅርብ ኢና። ብወገንኩም ከኣ፡ እቲ ዝግባእ መስዋእቲ ክትከፍሉ ኣለኩም!" ብምባል፡ ነዊሕ መደረ ገይሩ ተሰናቢቱዎም ከደ።

ኣብ'ቲ እዋን'ቲ ሽሕ'ኳ ኣብ ዝተፈላለየ ቦታታት መጥቃዕቲ ይግበር እንተ ነበረ፡ መሪሕነት ህ.ግ ግና ወተሃደራዊ ውጥን ኣብ ምድላው ተጸሚዱ ነበረ።

ወርሒ ሓምለ እዩ። ተጋዳላይ ህ.ግ ንሓደ ወሳኒ ውግእ ኣብ

ምሸብሻብ ይርከብ ነበረ። ዝተፈላለየ ታዕሊም ወሲደን ኣብ እልፊ ስንጭሮታት ተኣኪበን ዝነበራ በራጊድ ብመገዲ ኣዘዝተን ንጽባሒቱ 06 ሓምለ 1985 ባረንቱ ክትጥቃዕ ምኳና ምስ ተሓበረን፡ "ዓሽ!" ብምባል፡ ነጐድጓዳዊ ዝኾነ ጣቕዒት ኣስምዓ። ኾይኑ ኸኣ፡ መጥቃዕቲ ባረንቱ ተኸፍተ። ጸላኢ፡ ነቲ ዝተፈነወሉ መጥቃዕቲ ኽምክት ብዘይ ምኽኣሉ ህ.ሰ ኣብ ሓጺር እዋን ንባረንቱን ከባቢኣን ተቘጻጸሮ። ኾይኑ ግና፡ ሰራዊት ደርግ እታ ኣብ 1977 ካብ'ተን ኣብ'ቲ እዋን'ቲ ሓራ ዘይወጻ ኸተማታት ሓንቲ ዝነበረትን ከም መርኣያ ዘይተምበርካኽነቱን ዝቘጽራ ዝነበረ ኸተማ ባረንቱ ካብ ኢዱ ምምላቓ ኣብ ከቢድ ነውጺ ወደቖ። ስለ ዝኾነ ኸኣ እዩ፡ ካብ ኩሉ ቦታታት ኤርትራን ኢትዮጵያን ተደራቢ ሰራዊት ብምምጻእን ሓያል ጸረ መጥቃዕቲ ብምክያድን ድሕሪ ሓሙሳን ክልተን መዓልቲ ዳግማይ ኣብ ትሕቲ ቍጽጽሩ ዘእተዋ። እቲ መጥቃዕቲ ብኹሉ ሸነኽ ብምንባሩ፡ ከም ውጽኢቱ ኸኣ፡ ሓያሎ ሓይልታት ህ.ግ ኣ ብ ትሕቲ ኸበባ ብምእታወን በብዘለዋኦ ፈናጢሰን ንኽወጻ ትእዛዝ ዝተዋህበን። እዚ ኸምዚ'ሉ እንከሎ፡ ሰራዊት ደርግ፡ ህ.ግ ዝበዝሐ ሰራዊቱ ናብ ባረንቱ ኣሰሊፉ ኸም ዝነበረ ስለ ዝተገንዘበ፡ ነቲ ስሕዩ ኣሎ ኢሉ ዝገመቶ ግንባር ሰሜናዊ ምብራቕ ሳሕል ብ10 ጥቅምቲ 1985 ሻሙናይ ወራር ብናቱ ኣጸዋውዓ *ወፍሪ ባሕሪ ነጋሽ* ዝሰመዮ ወራር ብትእዛዝ ብ/ጀ ሑሴን ኣሕመድ ከፈተ። እቲ ግንባር፡ ካብ ክፍልታትን ክትኮሱ ይኽእሉ እዮም ዝተባህሉ ስንኩላንን ተጋደልቲ ዝተዋጽኣ ሓይልታት ተዓሪዱ ስለ ዝነበረ፡ ሰራዊት ደርግ፡ ብገለ ሸነኻት እቲ ግንባር በሲዑ ኣትዩ'ኳ እንተ ነበረ፡ እተን ካብ ባረን ቱ ብዘብዘብ ዝመጻ በራጊድ ግና ከርክባኦ ኸኣላ። ንኽልተ ወርሒ መመላእታ ድሕሪ ዝተገብረ ናይ ትንፋስ ዘይህብ ምክልኻልን ምጥቃዕን ውግእ፡ ሰራዊት ደርግ ኣላሽ በለ'ሞ ብ10 ታሕሳስ 1985 እቲ ውግእ ብዓወት ህዝባዊ ሰራዊት ተዛዘመ።

ህዝባዊ ሰራዊት፡ ብድሕሪ ሻሙናይ ወራር ሽሕ'ኳ ኣብ'ዝን ኣብ'ትን መጥቃዕቲ የካይድ እንተ ነበረ፡ መሪሕነት ህ.ግ ግና ንኻልኣይን ሓድነታውን ጉባኤ ዓቢ ምድላዋት ይገብር ነበረ። ጀብሃ፡ ኣብ 1981 ተደፊኣ ካብ ሜዳ ኤርትራ ምስ ወጸት ገለ ሓይልታታ ዳግማይ ምውድዳብ። ብምግባር፡ "ሳግም፡" ዝበል ውድብ ኣቖሞም ኣብ 1984 ናብ ሜዳ ኤርትራ ብምእታው ናብ ህ.ግ ተጸንቢሮም ስለ ዝነበሩ፡ እቲ ክግበር ዝተሓሰበ ውድባዊ ጉባኤ ነዚ ኣብ ግምት ዘእተወ እዩ ዝነበረ። ካልኣይን ሓድነታውን ጉባኤ ኸኣ፡ ኣብ ወርሒ

ሰነ 1987 ብዙሓት ዓበይትን ጀመርቲ ሰውራን ናብ ሜዳ ኤርትራ ብምእታው ተሳተፉዎ። ህዝባዊ ግንባር፡ ድሕሪ'ቲ ጉባኤ'ቲ እዩ እምበኣር ናብ ዝሰፍሐ መጥቃዕቲ ኽሰጋገሩዎ ዝኽእሉ ዓበይቲ ወተሃደራዊ ውጥናት ብምሕንጻጽ፡ ኣብ ታሪኽ ገድሊ ኤርትራ ነጥበ መቐይሮ ዘምጽእ መጥቃዕቲ ኣብ ምድላው ዝተጸምደ።

ተጋድሎ ሓርነት ህዝቢ ትግራይ ዝምድናኡ ምስ ህዝባዊ ግንባር ክበተኽ ቀንዲ ምኽንያ ዝኾኖ ግና እቲ ካብ ግብጽን ስዑዲ ዓረብን ዝረኽቦ ረድኤት ድኣ ነበረ።

እቲ ጕዳይ ከምዚ ዝስዕብ ነበረ።

ህወሓት፡ ብዛዕባ ዝምድና ወጻኢ ኣፍልጦኡ ኣዝዩ ትሑትን እንታይ ከም ዝበሃልን ዝግበርን ኣይፈልጥን ነበረ። እቲ ወቕቲ'ቲ፡ ኣብ ትግራይ ከቢድ ዓጸቦ ዝወረደሉ'ዩ ነይሩ። ህወሓት፡ ካብ ለገስቲ ሃገራትን ትካላት ረድኤትን ህጹጽ ሓገዝ ንምንዳይ ተጓየየ፡ ካብ ክልተ ሃገራት ዓረብ ተስፋ ረኸበ። ካብ መሪሕነት ክልተ ሰባት ንህወሓት ወኪሎም ናብ ሱዳን ኣምርሑ። ናብተን ሃገራት ከይዶም እንታይ ከም ዝብሉን ነቲ ዘጋጠመ ዓጸቦ ብኸመይ ክገልጽዎ ከም ዝኽእሉን ተሞክሮ ዲፕሎማሲ ስለ ዘይነበሮም ተረበጹ። ስለ ዝኾነ ኸኣ'ዩ፡ ናብ ቤ/ጽ ህዝባዊ ግንባር ሓርነት ኤርትራ ኣብ ካርቱም ዘምረሑ፡ ምኽሪ ንምንዳይ። ወኪል ህዝባዊ ግንባር ኣብ ሱዳንን ሓላፊ ቤ/ጽ ካርቱምን ብጸያዊ ሰላምታ ምዉቕ ኣቀባብልላ ገበሩሎም። ህሉዊ ኵነታት ሜዳ ኤርትራ፡ ምድምሳስ ኣብ ሰሜናዊ ምብራቕ ሳሕል ዓሪዱ ዝነበረ እ'ዚ ውቃው ብሓደ ወገን፡ ኣብ ልዕሊ ሰራዊት ኢትዮጵያ ዘኸተሎ ናይ ሞራል ውድቀት በቲ ካልእ ኣመልኪቶም ኣስፈሒሖም ኣዕለሉ። እቲ እዋንቲ'ቲ፡ ኣብ ሓይሊ ኣየር ኣስመራ ኮማንዶ ህዝባዊ ግንባር 33 ነፈርቲ ዘቃጸሉሉን ወተሃደራዊ መንግስቲ ኢትዮጵያ ናልኡ ዘይሩዎ ዝነበረሉ'ዩ፡ 21 ግንቦት 1984.

ህወሓት ግና፡ ኣብ ዝሓለፈ ትሸዓተ ዓመታት ክጥቀስ ዝከኣል ውግእ ስለ ዘየካየደ፡ ተወከልቲ ህወሓት ብዛዕባ ንጥፈታት ውድቦም ክብልዎ ዝኽእሉ ምንም ነገር ኣይነበሮምን። ስለ ዝኾነ ድማ፡

"ብጾት፡ ናብ ሃገራት ዓረብ ዑደት ክነካይድ ንእግረ መገድና ምሳኻትኩም ክንዛተ ኢና መጺእና። ከም እትፈልጥዎ፡ እዚ ንመጀመርታ እዋን ናይ ወጻኢ ዝምድና ነካይደሉ ኣጋጣሚ'ዩ። ንዓና ሓድሽን

ቅድሚ ሕጂ ዘይተሞከርናሉን ስለ ዝኾነ፡ ንስኹም ኣብዚ መዳይ ሓያል ተሞኩሮ ስለ ዘለኩም ምኽሪ ክነናዲ ኢና ተኣሊናኩም፡" በለ ሓደ ካብቶም ክልተ ተወከልቲ።

"እዘን ዝጠቐስኩመን ሃገራት፡ 'ኵሉ ዘድልየኩም ነገር ክንህበኩም ድሉዋት ኢና። ህዝባዊ ግንባር ኣብ ሜዳ ኣቝሙዎ ዘሎ ናይ ሕክምና፡ ትምህርቲ፡ ጋራጅ፡ ጥሕኖ፡ ጽገናን ካልኦት ትካላትን ንሕና ካብኡ ብዝበለጸ ንኽተቐሙ ዘድልየኩም ሓገዝ ክንማላኣልኩም ኢና፡ ረድኤት እኽሊ'ውን ብብዝሒ ክንህበኩም ኢና። እዚ ኵሉ ክንገብረልኩም ከለና ግና፡ ብወገንኩም ክተማልእዎ ዝግባእ ቅድመ - ኵነት ኣሎ። እሱ ድማ፡ ምስ ህዝባዊ ግንባር ዘለኩም ዝምድና ክተቛርጽዎ ይግባእ፡' ክም ዝብልኹም ርግጸኛታት ኢና። ኵነታት ብዕምቈት ገምጊምኩም ነቲ ካብዘን ሃገራት ዝቐርበልኩም ቅድመ-ኵነት እትህብዎ መልሲ ግብረ እንታይ ክኸውን ከም ዘለዎ ንዓኻትኩም ይምልከት፡" ብምባል ወኪል ህዝባዊ ግንባር ኣብ ሱዳን እንተ ኣእንፈተሎም'ኳ፡ ንጽባሒቱ ናብተን ዝጸወዐኦም ሃገራት ብነፋሪት ተበገሱ። ካብ ሓንቲ ሃገር ናብታ ካልእ ኣምርሑ። ከምቲ ዝተባህሎም ሓገዝን ረድኤትን ረኸቡ።

ዓበይቲ መርሰደስ ናይ ጽዕነት መካይን ዝርከበኦ ረድኤት ዝጸዓነት መርከብ ወደብ ፖርት ሱዳን ኣተወት። እተን ናይ ጽዕነት መካይን ካብታ መርከብ ተመራሪሐን ወሪደን ብተርታ ደው በላ። ዝራገፍ እኽሊ ተጻዒነን ጕዕዘአን ጀመራ።

እተን መካይን ካብ ወደብ ፖርት ሱዳን ብከሰላ ኣቢለን ናብ ግርማይካ - ኤርትራ ኣተዋ። እቲ ዝቐጽል ጕዕዘአን ብጼዳን ባድመን ተጓዒዘን ዶብ ኤርትራ ሰጊረን ናብ ትግራይ ምእታው ነበረ። እዋኑ ሰነ - ነሓሰ 1984 ነበረ።

ናብ ክልቲአን ሃገራት ዓረብ ዑደት ዝገበረ መሪሕነት ህወሓት፡ ንግዚኡ ሓሰኻ ከብዲ ዝቐትል ሑሩጭ ብም29 ሰርካቡ ምስ ህዝባዊ ግንባር ዝምድናኡ ምስ ዝበትኽ ዘድልዮ ሓገዝ ብዘይ ገደብ ዝረክብ ኮይኑ ተሰሚዕዎ፡ "ምስ ሻዕብያ ናይ ስነ - ሓሳብን ስልቲ ኵናትን ፍልልይ ኣለና፡" ብምባል ተሓህት ንምቁራጽ ዝምድና ዝሃቦ መመኽነይታ ልዕሊ ዓቕሙ ተመጢጡ ከም ዝነበረ ይበርሃልካ።

* * *

መጋቢት 1988

ሓይልታት ህዝባዊ ግንባር፡ ድሕሪ መጥቃዕቲ ሰሜናዊ ምብራቕ ሳሕልን ባረንቱን ንሰራዊት ኢትዮጵያ ኣብ ኩሉ ቦታታት ኤርትራ ኮፍ ምባል ከሊኣናኦ ኣብ ዝነበራሉ እዋን ብሓደ ወገን፡ ካልኣይን ሓድነታውን ጉባኤ ህዝባዊ ግንባር ኣብ ዝተቓንዓሉ በቲ ኻልእ፡ መንሰር ኣባል ላዕለዋይ መሪሕነት ንመራሕቲ ግንባራት ብምጽዋዕ ኣኼባ ኣካየደ። ኣብ'ቲ ኣኼባ'ቲ ላዕለዋይ ኢድ ናይ'ቲ ኣጀንዳ ህልዊ ወተሃደራዊ ኹነታት ክኸውን ከሎ፡ ህ.ግ ሕጂ'ኸ ናበይ ንዝብል ሕቶ'ውን ንምምላስ ነበረ። ዋና ጸሓፊ ነቲ ኣኼባ ምስ ከፈቶ ብቐጥታ ንዑስማን'ዩ እቲ መድረኽ ገዲፉሉ።

"ኣብ ወተሃደራዊ ኹነታትና ዘሎ ምዕባለ፡ ኩሉኹም ስለ እትፈልጡዎ፡ ኣብኡ ብዙሕ ጊዜ ክቐትል ኣይደልን'የ፡ ግና እቲ ምስሊ ኸመይ ከም ዝመስል ንምግላጽ ዝኣክል፡" ድሕሪ ምባል፡ "እቲ ምርብራብ ኣብ ጥርዙ በጺሑስ፡ ደርግ ንመጥቃዕትታትና ኸጻወሮ ኣይከኣለን ዘሎ። ውግእ ባረንቱ ሃስያ እንተ'ውረደልና'ኳ እቲ ብድሕሪኡ ንግንባር ሰሜናዊ ምብራቕ ሳሕል ንምዕቃብ ዝተኻየደ ናይ ክልተ ወርሒ ትንፋስ ዘይህብ ውግእ፡ መግለጺ ናይ ምክልኻልን ምጥቃዕን ዓቅምና ዘጕልሐ እዩ ነይሩ። ኣብዚ እዋን'ዚ ብተዛማዲ ኣብ ምዝናይ ንርከብ'ኳ እንተለና፡ እቲ እንኣትዎ ሓድሽ መድረኽ ከመይ ከም ዝመስል ንምግማቱ ዘጸግም ኣይኮነን። ደርግ፡ ካብ ሕጂ ንንየ ናትና መጥቃዕቲ ፈጺሙ ኣይክጻወሮን'ዩ።" ብምባል ሓጺር መግለጺ ሂቡ ናብ ሓላፊ ወተሃደራዊ ስታፍ ቍሊሕ በለ። "እሞ ኸምዚ ብጻይ ዑስማን ዝበሎ፡ ኣነ'ውን ነቲ ጉዳይ ከሕጽሮ። ኣብ'ዚ ቐረባ እዋን ኣብ ኩሉ ሸነክ ኤርትራ ምንቅስቓስ ክህሉ እዩ። ወሰንቲ መጥቃዕትታት'ውን ክህሉ እዩ። ስለዚ፡ ዕጥቅና ሸጥ ነብል፡" ብምባል ንኹሎም ፍሽኽ በሎም። እቲ ዝቕጽል ኣኼባ ላዕለዋይ ወተሃደራዊ ስታፍ ህ.ግ እዩ ተገይሩ። ኣብቲ ኣኼባ መንሰርን ዑስማንን ዝርከቡዎም ኣባላት እቲ ስታፍ'ዮም ተኻፊሎም። ኣኼባ ብሓላፊ ወተሃደራዊ ስታፍ ተኸፍተ'ሞ፡ "ከምቲ ዝፍለጥ፡ እቲ ክውሰድ ተወጢኑ ዘሎ መጥቃዕቲ ቅልጡፍን ንጸላኢ ሃንደበት ክኾኖ ክኽእልን ኣለዎ። ስለዚ፡ መራሕቲ ክፍለ ሰራዊታት ኣብ'ዘን ዝቕጽላ ኽልተ መዓልቲ ናይ ኣተሓሕዛ ቦታታት መብርሂ ክወሃቦም'ዩ። እቲ ናይ ዜሮ ሰዓት ከኣ ወጋሕታ 17 መጋቢት

1988 ክኸውን'ዩ። እቶም ነቲ መጥቃዕቲ ዝመርሑን ዘተግብራን ክፍላተ ሰራዊት ከኣ፡ ብዝርዝር ኣብ'ቲ ወረቐት ተገሊጾን ኣለዋ፡" ድሕሪ ምባል፡ ዘድሊ መምርሒ ሂቡ ተፋነዎም። እቲ ውጥን ኣዝዩ ምስጢራዊ ኸም ምዃኑ መጠን ንጽባሒቱ ኣዛዚ ግንባር ንኣዘዝቲ ክፍለ ሰራዊት ኣኼባ ገበረሎም'ሞ፡ "ኣፍዓበት ጽባሕ ወጋሕታ ኽንጥቅዓ ኢና። እቲ መጥቃዕቲ ኣብ ውሽጢ 48 ሰዓት ክዛዘም ክክኣል ኣለዎ። ከም ትፈልጥዎ ኣብ ዝተፈላለየ ቦታታት መጥቃዕትታት ክንገብር ጸኒሕና ኢና። ደርግ ኸኣ ምሉእ ዓቕሙ ናብ ምክልኻልን፡ ሎሚ ነዚዶ ይሃርሙ ይኾኑ፡ ጽባሕኸ ንመን የጥቅዑ እናበለ ይርበጽን'ዩ ዘሎ። ስለዚ፡ እዚ ዝውሰድ መጥቃዕቲ ጊዜ ዘይህብን ንምውድዳብ ዕድል ዝኸልእን ክኸውን ኣለዎ። እዚ ወደሓንኩም" ድሕሪ ምባል፡ ነናብ ቦታኦም ተመልሱ'ሞ ናብ መጥቃዕቲ ምሽብሻብ ኮነ። ሰራዊት ናብ መጥቃዕቲ ቕድሚ ምብጋሱ ብፍላይ እታ ክፍለ ሰራዊት 85 ኣብ ዝገበረቶ ኣኼባ፡ ኣዛዚ ብርጌድ፡ "ጽባሕ ሓመድ ድበ ናደው ስለ ዝኾነ፡ ሰራዊትና ኸኣ፡ ኣብ ስነ ስርዓት ቀብሩ ክሳተፍ'ዩ!" ምስ በለ፡ ዝነበረ ጣቕዒት ሰብ ናብ ሞት ዘይኮነስ ናብ ጓይላ ዝኸይድ ዝነበረ መሰለ። ወጋሕታ ኸኣ መጥቃዕቲ ተጀመረ። ሰራዊት ሓርነት ኤርትራ *ንናደው እዝ* ትንፋስ ብዝኸልእ መገዲ ጨፍጨፎ። እቲ መጥቃዕቲ ቅልጡፍን ሃንደበታውን ስለ ዝነበረ እቲ ኣንፈቱ ዝሰሓተ ሰራዊት ደርግ ክበታተን ጊዜ ኣወሰደሉን። ኣፍዓበት ኣብ'ቲ ዝተወሰነላ ጊዜ ሓራ ወጸት። እቲ ልዕሊ 20 ሽሕ ሰራዊትን ሶቭየታውያን ኣማኸርቲ ውግእን ዝነበሮ *ናደው እዝ* ኸኣ፡ ክልተ ኮሎኔላትን ሓደ ሓለቓ ሚእትን ምሩኻት ሶቭየታውያን ወተሃደራት ገዲፉ፡ ሃደሽደሽ ብምባል ናብ ከረን ገጹ ክሃድም ጀመረ። እቲ ዝሃድም ዝነበረ ሰራዊት ከኣ ኣብ ዓሽሩም ናይ መወዳእታ ሐመድ ድበኡ ተፈጸመ። ኣፍዓበት ከኣ 19 መጋቢት 1988 ካብ መግዛእቲ ኢትዮጵያ ሓራ ወጸት። ከምቲ ሬድዮ ድምጺ ኣሜሪካ *ናደው ተንዩ* ዝበሎ፡ ድምጺ ሓፋሽ ኤርትራ ኸኣ "ናደው እዝ መላሲ ኣውያት ከም ዘይህልዎ ኮይኑ ፍጹም ተደምሲሱ፡" ብምባል፡ ንህዝቢ ኤርትራ ኣበሰረቶ። ደርግ ናብ ምርሻንን ሽመት ምቕንጣጥን ክጓየ ኸሎ፡ ኣእዛን ህ.ወ.ሓ.ት ከኣ ዓወታት ህ.ግ ኣብ ምስማዕ የድህባ ነበራ።

* * *

ደደቢት፡ ሚያዝያ 1988

ኣብ ሜዳ ትግራይ ዝነበረ ናይ ጽልግልግ ደመና፡ ብዓወት ህዝባዊ ግንባር እናተገልሀ ኸኸይድ ኣብ ዝጀመረሉ እዋን'ዩ፡ ኣኼባ ላዕለዋይ መሪሕነት ህ.ወ.ሓ.ት ዝተጸውዐ። ቀንዲ ኣርእስቲ ናይ'ቲ ኣኼባ፡ ዓወት ህ.ግ ንምግምጋም ክኸውን እንከሎ፡ ነቲ ኣቐዲሞም ስልታዊ ዝምድና ዝብሉዎ ዝነበሩ ኸኣ ግብራዊ ንምግባሩ ነበረ። እቲ ኣኼባ ኸም ወትሩ ኣብ ክሊ ውሱናት ሰባት ናይ'ቲ መሪሕነት ኮይኑ፡ ስብሓት ነጋ፡

"ከም'ቲ ኹሉኹም ሰሚዕኩሞ ዘለኹም፡ ሻዕብያ ንኣፍዓበት ተቘጻጺሩዋ ኣሎ። ስለዚ፡ ብወገን ህ.ወ.ሓ.ት እንታይ ክግበር ከም ዘለዎ ንምዝታይ ኢና ተኣኪብና ዘለና። እቲ ብወገን ብጻይ መለስ ዝቐርበልና ሓሳባት ንስማዕ'ሞ ብሓባር ዘቲና ውሳኔ ኸነሕልፍ፡" ድሕሪ ምባል፡ ኣቦ መንበር ስብሓት ነጋ ክብድብድ እናበሎ ነቲ መድረኽ ንመለስ ሃቦ። "ከምቲ ዝፍለጥ ህ.ግ ኣፍዓበት ጥራይ ዘይኮነ ተቘጻጺሩ ዘሎ፡ ኣዝዮም ስትራተጂያውያን ዝብሃሉ ኣጽዋር'ውን ማሪኹ'ሎ። ንሱ ድማ ቢኤም 21 ማለት ስታሊን ኦርጋን፡ ናይ 130 ሚ.ሜ. መዳፍዕ፡ ብዝሕ ዝበላ ታንክታት ወዘተ. እዩ። እዚ ኣሕጽር ኣቢለ እየ ዝሕብረኩም ዘለኹ፣ ዝርዝር ሓበሬታ ካብ ብጻይ ስየ ክወሃበኩም'ዩ። ስለዚ፡ ሻዕብያ በዚ ረኺቡዎ ዘሎ ኣጽዋር እቲ ውግእ ኣብ ዝሓጸረ እዋን መልክዑ ኸቅይር ምኳኑ ዘጠራጥር የልቦን። ስለ ዝኾነ ኸኣ፡ ውድብና ሎሚ ሓደ መግለጺ ኣውጺኡ'ሎ፣ ብፍላይ ነቲ ሰራዊት ዘመጉስ ኮይኑ እዩ ቐሪቡ ዘሎ፡ ብርዱእ ምኽንያት። ካብ'ዚ መግለጺ ብምብጋስ ከኣ ዝምድናና ምስቲ ግንባር ከነመሓይሾ ኸም እንደሊ ጽባሕ ሓደ ጕጅለ ልኡኽ ናብ ሳሕል ክለኣኽ'ዩ። ምኽንያቱ፡ ጉዳይ ምምሕያሽ ዝምድናና ወዓል ሕደር ዘብል ስለ ዘይኮነ። ህዝባዊ ግንባር'ውን ንስለ ስትራተጂያዊ ረብሓኡ ኽብል ኣብ ዝቐልጠፈ እዋን እወታዊ ምላሽ ክህበሉ ምኳኑ ዘጠራጥር ኣይኮነን፡" ድሕሪ ምባል፡ ስየ ኣመንግው ኣቢሉ፡

"እቶም ዝኸዱ ብጾት ተረቑሖም ድዮም" በለ፡ ብዓይኒ ጥርጣረ።

"እወ! ኣባይ ጸሃየን ሓጐስን ዝርከቡዎም ልኡኻት ክኸዱ እዮም"

በለ መለስ፡ ስየ እንታይ ይሓስብ ከም ዘሎ ስለ ዝተረድአ። ኣኼባ ተዓጽወ፣ ልኡኻት ከኣ፡ ኣብ መፋርቕ ወርሒ ሚያዝያ 1988 ናብ ሳሕል ኣተዉ'ሞ፡ ኣባል ፖለቲካዊ ቤት ጽሕፈት ወዲ ሃይለ ተቐበሎም። ድሕሪ ናይ ክልተ መዓልቲ ዑደት ኣብ ዝተፈላለየ ድፋዓትን ትካላትን መንሱር ዝመርሖ ኣኼባ ተጀመረ። መንሱር፡ “ህዝባዊ ግንባር፡ ነዚ ብወገንኩም ተወሲዱ ዘሎ ሰናይ ስጕምቲ፡ ብኣድናቖት እዩ ዝቕበሎ፣ ስለ ዝኾነ እዩ ኸኣ፡ ንዝምድና ህዝብታት ኤርትራን ትግራይን ኣበርቲዑ ኽሰርሕ ምኽኑ በዚ ኣጋጣሚ ኽስምረሉ እደሊ፡” ድሕሪ ምባሉ፡ እቲ መድረኽ ንልኡኽ ህ.ወ.ሓ.ት ኣማእኪሉዎ ዝመጸ ኣባይ ጸሃየ ሃቦ።

“ብመጀመርታ ንዝተገበረልና ብጻያዊ ኣቀባብላ ነመስግን። ኣብ ድፋዓት፡ ትካላት ሕክምና፡ ጋራጃት፡ ምስናዕ ብረት፡ መፍረ ዝተፈላለዩ ነገራት ወዘተ. ዝገበርናዮ ዑደት፡ ህዝባዊ ግንባር ኣበየናይ ደረጃ በጺሑ ኽም ዘሎ ዘነጽር'ዩ። በዚ ምኽንያት'ዚ ኸኣ እዩ ኣንጸባራቒ ዓወት ኣብ ልዕሊ ሰራዊት ደርግ ክጐናጸፍ በቒዑ ዘሎ። እዚ ዓወት'ዚ፡ ዓወት ህዝብታት ኤርትራን ትግራይን ከም ምኻኑ መጠን፡ ህ.ወ.ሓ.ት ይኹን ህዝቢ ትግራይ ኣብ ጐድኒ ፍትሓዊ ቓልሲ ህዝቢ ኤርትራ ንድሕሪ ሕጂ'ውን ደው ከም ዝብል፡ በዚ ኣጋጣሚ ኽረጋግጽ እፈቱ። ኣብ'ዚ ኣምጺኡና ዘሎ ጉዳይ፡ ነቲ ደስኪሉ ዝጸንሐ ዝምድና ክልቲኡ ውድባት ዳግም ንምድልዳልን ናይ ሓባር ስትራተጂ ንምቕያስን'ዩ። ኾይኑ ኸኣ፡ ኽልቲኣ'ን ውድባት ኣብ ወተሃደራዊ ስርሒታት ብሓባር ክሰርሓ ልዑል ድልየትና እዩ፡” ብምባል፡ ነቲ ንኣርባዕተ ዓመት መመላእታ ተቛሪጹ ዝጸንሐ ዝምድና ኣብ ሓደ ለይቲ ኣብ ንቡር ንኽምለስ ተስፋኡ ገለጸ።

ህ.ግ፡ ነቲ ብህ.ወ.ሓ.ት ዘጋጥም ዝነበረ ተጻብኦታት “ትም ዝበልና እንብሎ ስለ ዘይብልና ኣይኮነን” ብምባል ነቲ ተበግሶ ሓንጎፋይ ኢሉ ተቐበሎ፣ ከመይሲ? ብመትከልን ስትራተጅን ዝኣምነሉ ጉዳይ ስለ ዝነበረ። ነቲ ብወገን ህ.ወ.ሓ.ት ሰራዊቶም ኣብ ሳሕል ክስልጥነሎም ዝሓተቱዎ፡ ህ.ግ ኽይወዓሉ ኽይሓደሩ ሰራዊቶም ክሰዱን ብወገኑ እቲ ዝድለ ስልጠና ኽህቦም ድልዊ ምኻኑን ኣረጋገጸሎም። ልኡኻት ናብ ደደቢት ምስ ተመልሱ፡ ኣብ ሰሙኖም ልዕሊ ኽልተ ቦጦሎኒ ዝኾኑ ተጋደልቲ ናብ ሳሕል ኣተዉ። ናይ'ታ ልዕሊ ኽልተ ቦጦሎኒ መሪሑ ዝመጸ መራሒ ብርጌድ ነቲ ዝርእዮ ዝነበረ ኣጽዋር ፈጺሙ ኽኣምኖ ኣይከኣለን።

ምኽንያቱ፣ እቲ ብህዝባዊ ግንባር ዝተሰልበ ቢኤም፣ ታንክታት፣ መዳፍዕን ሞርታራትን ሓደ ደባይ ተዋጋኢ ዝሕዞ ዘይኮነስ፣ ኣብ'ቲ እዋን'ቲ ሓደ መንግስቲ'ውን እንተ ኾነ ብቐሊሉ ኽውንኖ ዘይክእል ስለ ዝነበረ።

* * *

መንግስቱ ሃይለማርያም፣ ድሕሪ ፍሽለት ውቃው እዝ መጋቢት 1984 ይኹን *መጥቃዕቲ ባረንቱ* ሓምለ 1985፣ ጀነራላቱ ካብ ቦታ ናብ ቦታ ቀያየሮም። ንሜ/ጀነራል መርእድ ንጉስ *የጦር ሃይሎች ጠቅላይ ኤታ ማጆር ሹም፣* ንብ/ጀነራል ዓብዱላሂ ዑመር ከኣ *የመከላከያ ሚኒስተር ኣስተዳደር መምሪያ ሓላፊ* ገይሩ ሸይሙ ናብ ኣዲስ ኣበባ ወሲዱ ንጀነራል ረጋሶ ጅማ ኣዛዚ ካልኣይ ኣብዮታዊ ሰራዊት ገበሮ። ብኻልእ ወገን ከኣ፣ ነቲ ብጅግንነቱ ዝምክሓሉ ዝነበረ ብ/ጀነራል ታሪኹ ያይኔ ኣብ ታሕሳስ 1987 ኣብ ግንባር ናቕፋ ኣብ ልዕሊ መበል 15ን 22ን ክፍለ ጦራት ዝወረደ ሰፍ ዘይብል ክሳራ ናትካ ጉድለት እዩ ተባሂሉ ብሌ/ጀነራል ተስፋየ ገብረኪዳን፣ ሌ/ኮሎኔል ሃይለጊዮርጊስ፣ ሜ/ጀነራል መርእድ ንጉስን ሜ/ጀነራል ረጋሶ ጂማን ዝቖመ ወተሃደራዊ መጋባእያ ብዝሃቦ ናይ ሞት ፍርዲ ውሳኔ መሰረት፣ ኣብ ወርሒ ለካቲት 1988 ኣብ ቅድሚ ሰራዊት ረሺኑ፣ ንኣዛዚ *መክት እዝ* ብ/ጀነራል ከበደ ጋሼ ኸኣ መዓርጉ ቀንጠጦ። ንሜ/ጀነራል መርእድ ንጉሰ ዝተክአ ሜ/ጀነራል ረጋሳ ጅማ'ውን ካብ ቦታኡ ኣልዩ ንሜ/ጀነራል ደምሴ ቡልቱ ኣብ ወርሒ ለካቲት 1988 ኣዛዚ ካልኣይ ኣብዮታዊ ሰራዊት ገይሩ እንተ መዘዞ'ኳ፣ ነቲ ብ/ጀነራል ውብቱ ጸጋየ ዝእዘዝ *ናደው እዝ* ግና ካብ ፍጹም ውድቀት ከድሕኖ ኣይከኣለን። እቲ ኣሎ ዝብሃል ኣጽዋር ዓጢቑ ኣብ ኣፍዓበት ዓሰርተ ዓመት ምሉእ ዓሪዱ ዝነበረ *ናደው እዝ፣* ኣዛዚኡ ብ/ጀ ውብቱ ጸጋየ ነቶም ካብ ሞትን ምምራኽን ዝተረፉ ቆ'ንጣሮ ሰራዊቱ ሒዙ ኣብ በ'ቕሊ ተወጢሑ ናብ ከረን ኣተወ። ማዕከናት ዓለም ከኣ *"ናደው ተነዳ"* ብምባል፣ ናጽነት ኤርትራ ኽዉን ከም ዝኸውን ኣብ ምቅላሕ ተጓየያ። እቲ ዝዓበየ ዜና ናይቲ ውግእ ኮይኑ ዝነበረ ግና፣ ህ.ግ፣ ኮሎኔል ቸራየቭ የቭንግንዩ ኒኮሊያቪች፣ ኮሎኔል ካልስትራቶቭ ዩሪ ፐትሮቪችን ከምኡ'ውን ሓለቓ ሚእቲ ኮቫልዲን ኣለክሳንደር ቪክትሮቪችን ዝተባህሉ ወተሃደራት ሕብረት ሶቭየት ምምራኹን ነቲ እታ ሃገር ኣብ'ቲ ውግእ ኢድ የብለይን ትብሎ ዝነበረት ምቅልዑን'ዩ። ደርግ

ኣብ ኣዲስ ኣበባ፡ ናይ ሕብረት ሶቭየት ጎርባቾቭ ኣብ ክረምሊን ቤተ መንግስቲ ክናወጹ ኸለዉ፡ ኣብ ኣስመራ ኸኣ ጀነራል ደምሴ ቡልቱ ንኹሎም ጀነራላትን ላዕለዎት መኰንናትን ህጹጽ ኣኼባ ብምጽዋዕ፡

"ከምʼዚ ትርእዩዎ ዘለኹም፡ ሓደ ግንባር ድሕሪʼቲ ሓደ ኣብ ምፍራስ ይርከብ ኣሎ፡" ብምባል፡ ድሕሪ ነዊሕ ፈኸራን ምጕብዕባዕን፡ "ሕጂ ኸኣ እቲ ብናይ ምውጋእ ዓቕሚ ሰቡን ዓጢቑዎ ዝነበረ ዘመናዊ ኣጽዋርን ንምክሓሉ ዝነበርና *ናደው እዝ፡* ዘሎ ኣጽዋሩ ንሻዕብያ ኣረኪቡ ሃደሽደሽ ብምባል ንኸረን ኣትዩ ኣሎ!። ኣብʼዚ ፍሽለትʼዚ፡ ኩልኹም መራሕቲ ተሓተቲ ኢኹም! እቲ ምንታይሲ፡ ውግእ ብምውህሃድ ናይ ኩሉ ግንባራትʼምበር፡ ንሓደ ንበይኑ ዝግደፍ ጉዳይ ስለ ዘይኮነ! ጓድ ውበቱ ኸኣ፡ ሓቂ እዩ ዝረድኦ ስኢኑ! እቲ ዝኸፍአ ኸኣ፡ እቶም ሃገርና ምእንቲ ኸይትበታተን ኢሎም ክሕግዙና ዝመጹ መሓዙትና ሶቭየታውያን ኮሎኔላት፡ ኣብ ኢድ ወንበዴ ምውዳቖምʼዩ!" ብምባል፡ እቲ ሓላፍነት ካብ ነብሱ ኸውርድ ፈተነ። ኣስዒቡ፡ "ስለ ዝኾነ ኸኣ፡ ጓድ መንግስ ቱ ስልኪ ብምድዋል ነዞም ሶቭየታውያን ካብ ኢድ ወንበዴታት ከነምጽኦም ከም ዘለና ኣትሪሮም ትእዛዝ ሂቦምና ኣለዉ። ስለዚ፡ እቲ ኽግበር ዝክኣል ኩሉ ክግበር ኣለዎ። እዚ ወደሓንኩም!" ኢሉ እናንጸርጸረ ብድድ ኢሉ ኸደ።

ጀነራል ደምሴ ቡልቱ፡ ሜ/ጀነራል ቁሙላቸው ደጀኔ ብ/ጀነራል ንጉሰ ዘረጋው ሌ/ኮሎኔል ታምራት ዝርከቡዎም ላዕለዎት ወተሃደራውያን መኰንናት፡ ውድቀት *ናደው እዝ* ከምጽኦ ዝኽእል ሳዕቤን ንምዝታይ፡ ናብʼታ ብስቱር ዝራኸቡላ ቦታ ኸዱ። ነቲ ስቱር ኣኼባ ዝመርሖ ባዕሉ ጀነራል ደምሴ ናብቲ ቦታ ቐንሩብ ደን ጕዩ ብምምጽኡ ይቕሬታ ሓቲቱ ኾፍ በለʼሞ፡

"ቅድሚ ናብʼቲ ናይ ሎሚ መዓልቲ ኣጀንዳ ምእታውና፡ ምዕባለ ኣዲስ ኣበባ እንታይ ከም ዘሎ ታምራት ክትገልጸልና ምኽኣልካዶ?" በለ።

"ኣብ ኣዲስ ኣበባ በዓል ጀነራል ፋንታ፡ መርእድ፡ ዓብዱላሂ ከምኡʼውን ካልኦት ከምዚ ንሕና ብስቱር ተራኺብና እንዝትየ ዘለና፡ ንሶምʼውን ብወገኖም እንታይ ክግበር ከም ዘለዎን ንፕረዚደንት መንግስቱኸ ብኸመይ ከንኣልዮ ኣለናን ንዝብል ሕቶ ንምምላስን ብሓደ ወገን፡ በዓል መን እዮም ምሳና ዘለዉን ዘየለዉን በቲ ኻልእ፡ ኣብ ምምማይን ምውድዳብንʼዮም ዘለዉ፡" ብምባል፡ ነዊሕ ሓበሬታ ምስ ሃበ፡ ጀነራል ደምሴ ኣመስጊኑ ናብ ዘረባኡ ኣተወ።

"ጓዶች፡ ኵነታትና ኣነ ክገልጸልኩም ኣድላዪ ኣይመስለንን፡ ባዕሉ *ናደው እዝ* ናይ ሃገርና ዘይተርፍ ውድቀት ዘመልክት ስለ ዝኾነ። ናብ ከምዚ ዝበለ ኹነታት ዘብጽሓና ዘሎ እንታይ እዩ እንተ በልና፡ እቲ ፕረዚደንት ኩሉ ነገር ብትእዛዙ ክኸይድ'ምበር፡ ካባና ዝወሃቦ ምኽሪ ክሰምዕ ድልየት ስለ ዘይብሉ እዩ። ሕጂ ኸኣ፡ ካብ ጉዳይ ሃገር ንላዕሊ እቶም ኣብ ኢድ ሻዕብያ ወዲቖም ዘለዉ ሶቭየታውያን ያኢ ኣገዲሶሞስ፡ ካብ ኢዶም መንዚዕና ኽነምጽኣሉ ኽም ዘለና የጕባዕብዓልና ኣሎ። ዝገርም'ዩ!" ብምባል፡ ርእሱ ነቕነቐ። "መጺኡ እንታይ ኽም ዝገበረ ርኢኹሞ ኢኹም፡ ጽባሕ ከኣ ናባና ኢዱ ኸወጣውጥ ምኻኑ ክንዝንግዕ የብልናን። ስለዚ፡ ሃገር ከይተበታተነት ከላ ሓደ ስጕምቲ ክውሰድ ከም ዘሎዎ ምስ በዓል ጀነራል ፋንታ ኣብ ምርድዳእ ክብጻሕ ኣለዎ፡" ብምባል፡ ተወሳኺ ሓበሬታ ምእንቲ ኽረክብ ኢሉ ናብ ታምራት ጠመተ።

"እወ ጀነራል! እቲ ቐንዲ ስራሕ ኣብ ኣዲስ ኣበባ ስለ ዝኾነ፡ በዓል ጀነራል ፋንታን መርእድን ጊዜን ኵነታትን ከመቻችዉ ኽም ዘሎዎም ኣብ ምርድዳእ ተበጺሑ'ሎ። ሓደ ሓቂ ግና ኣሎ፣ እቲ ፕረዚደንት ኣብ ሃገር ከሎ እቲ ኹዴታ ኽግበር ዘሎ ተኽእሎ ጸቢብ ምኻኑ እዩ፡" ብምባል፡ እንታይ ክግበር ከም ዘሎዎ ሰፊሕ መግለጺ ድሕሪ ምሃብ፡ ኣኼባኦም ዛዚሞም ከዱ።

በቲ ሓደ፡ ንመንግስቱ ንምግምጣል ዝግበር ዝነበረ ምትእኽኻብ እናሓየለ ክኸይድ ከሎ፡ በቲ ኻልእ ከኣ ሜ/ጀነራል ደምሴ ቡልቱ ሰራዊቱ ብሽዕብ ገይሩ ኣፍዓበት ንምሓዝ ብስቱር ክወፍር ከም ዘሎዎ፡ ጀነራል መርእድ ንጉሰን ክልተ ናይ ሶቭየት ጀነራላትን ብ11 ግንቦት 1988 ትእዛዝ ሃቡዎ። ብመሰረት ትእዛዝ ጀነራል ደምሴ ቡልቱ ኸኣ፡ እታ ብብ/ጀነራል ተመስገን ገመቹ እትእዘዝ መበል 102 ኣየር ወለድ ክፍለ ጦርን ብብ/ጀነራል ካሳየ ጨመዳ እትእዘዝ መበል ካልኣይ ታንከኛ ብርጌድን ኣፍዓበት ንምሓዝ ተንቀሳቐሳ። ኣፍዓበት ሓራ ብምውጻኣ፡ ነበርቲ ሽዕብ ሓጐሶም ኣጸቢቖም ከየስ ተማቐሩ ኸለዉ እዮም እምበኣር፡ ሓደ ንግሆ ምንቅጥቃጥ ምድሪ ዝጥዕም ዱድ ዝብል ድምጺ ሰሚዖም እንታይ መጸና ብምባል ከካብ ኣባይቶም ዝወጹ። እቲ ዝሰምዑዎ ድምጺ ግና ናይተን እልቢ ዘይብለን ታንከታትን ድሩዓት መካይንን'ምበር ምንቅጥቃጥ መሬት ኮይኑ ኣይረኸቡዎን። እተን ዝርእዩወን ዝነበሩ ታንከታት ከም ወትሩ ተጸጊዐናኦም ዝሓልፉ'ምበር፡ ንመልኣከ ሞት ኣወጢሖን ከም ዝመጻ ኣይገመቱወንን ነበሩ። ስለ ዝኾነ ኸኣ፡ ገሊኦም ተመሊሶም ናብ ኣባይቶም እንተ ኣተዉ'ኳ፡ እቶም ዝተረፉ ግና እንታይ ክንርኢ

ኢና ኢሎም ኣብ ድርኵኹት ገዝኦም ብምዃን ተዛንዮም እናተዓዘቡ ኸሎዉ፡ ወተሃደራት ካብ መካይን ዘዘሊሎም ብምውራድ ኣድራጋ ጠያይቲ ኽትኵሱሎም ዝጀመሩ። ተሰናቢዱ ክሃድም ዝፈተነ ህዝቢ ተመልከተለይ እናበልካ ክቕተል፡ እቲ ኣብ ቤቱ ዝነበረ ኸኣ ገና ብድድ ከይበለ ታንክታት ኣኣርኪበን ክጥሕራኦን ነታ ዓዲ ብሓዊ ኽቃጽሉዋን ኣርፈዱ። ነበርቲ ሽዕብ መላስ ኣውያት ዘይብሎም ብታንክታት ተጨፍሊቖም፡ ብሓዊ ተቓጺሎምን ብጥይት ተመንጢሎምን ብኣማኢት ዝቝጸሩ ሰባት ጸነቱ። እቶም ካብቲ ሓዊ ዝወጹ ቝሩብ ቀ‌ራቦ ኣንፈቶም ብዘየገድስ እግሮም ናብ ዝመርሖም ኣምለጡ። ካብ'ቶም ንወገን ኣፍዓበት ዘምለጡ እዮም እምበኣር፡ "ሰራዊት ደርግ ሽዕብ ኣንዲዱ ናብ'ዚ ይግስግስ ኣሎ፡" ዝብል ሓበሬታ ዝሃቡ። ጀ/ ደምሴ ቡልቱ፡ መበል 102 ኣየር ወለድ *ክፍለ ጦር* ካብ ሽዕብ ብ13 ግንቦት 1988 ክትንቀሳቀስ ትእዛዝ ሃበ። ኮይኑ ኸኣ፡ እዚ ብ'ኽልተ እብረ ዝተበገሰ ሰራዊትን መበል ካልኣይ ታንከኛ ብርጌድን ንማዕሚደ ሒዙ ናብ ኣፍዓበት ክግስግስ፡ ኣየር ወለድ ከኣ፡ 20 ኪ.ሜ ካብ ማዕሚደ ርሒቑ ብምኻድ ብድሕሪት ንኣፍዓበት ክኣትዋ መደብ ተሓንጸጸ። እቲ ውግእ ደማውን ኢድ ብኢድን እኳ እንተ ነበረ፡ ህ.ሰ ግና ክሳድ ብምሓዝ ነቲ ተሃንዲዱ ዝመጽእ ዝነበረ ሰራዊት ገጠሞ። ኮይኑ ኸኣ እቲ መበል 102 ኣየር ወለድ *ክፍለ ጦር* ካብ ማይ ርሒቑ ኸይዱ ብምንባሩ፡ ማይ ካብ ባጽዕ ብሄሊኮፕተራት እንተ ተገረተለ'ኳ ብማይ ጽምኢ ካብ ምኹስታር ግና ኣየምለጠን። ጀነራል ተመስገን ገመቹ ተሰፋ ካብ ምቝራጽ ዝተላዕለ ብሬድዮ ርክብ ገይሩ፡

"ሃሎው! በጃኻትኩም ብማይ ጽምኢ ንመውት ኣለና፡ ማይን ሓገዝን ስደዱልና!" ክብል ከሎ ተጠልፈ'ሞ፡ ህ.ሰ፡ ብዘሎዎ ሓይሊ ናብኡ ብምባል መላስ ኣውያት ዘይብሉ ሓቚቚ ኽም ዝተርፍ ገበሮ። 23 ግንቦት 1988 ከኣ ጀነራል ተመስገን ገመቹ ሓመድ ኤርትራ በልዩ፣ ፈተነ ምትሓዝ ኣፍዓበት ከኣ ሓንሳብን ንሓዋሩን ኣብቀዐ። እቲ ፍጻሜ ነቲ ኣብ ሓሙሻይ ወራር ወርሒ ሓምለ 1979 ናቕፋ ንምሓዝ ዝተገብረ ፈተነ ዘዘ'ኻኽር ኮይኑ፡ ነቲ ናይ እዚ ቦትኡ ኣብ ስትራተጂካዊት ኀቦ መእደነ ዝነበረ ብኮሎኔል ካሳ ገብረማርያም ዝእዘዝ ሰራዊት ንምድምሳስ ኣዛዚ ብርጌድ 23 ምስ ብጾቱ ብምምይያጥ ሓንቲ ጋንታ ኣስሊኾም ኣብ ኀ‌ቦ መእደነ ናብ ዝርከብ ብዓቲ ከም ትኣቱ ገበሩ። ድሕሪ ቝሩብ እዋን ናይ ኣጥዒ ትእዛዝ ተዋሃባ። ኀቦ መእደነ ሓዊ ተወለዓ፡ ናይ ኮሎኔል ካሳ ገብረማርያም ናይ እዚ ቦታ ሰዓት ኣብ ዘይመልእ እዋን ኣብ ትሕቲ ቑጽጽር እታ ጋንታ ኣተወ። ኮሎኔል

ካሳ ገብረማርያም፡ ኮሎኔል ሰይፈ፡ ኮሎኔል ሽበባውን ኮሎኔል ኣይተጋውን ከኣ ኣብ ኀቦ መእደኒ ሂወቶም ሓለፈት፡ ተቐተሉ።

* * *

ኣዲስ ኣበባ፡ መጋቢት 1988

ደርግ፡ ፈለማ ኣብ ስልጣን ዝደየበሉ እዋን ዝኾነ ይኹን ስነ ሓሳብ ስለ ዘይነበሮ፡ ካብ'ቲ ዝቃላሕ ዝነበረ “መሬት ንሓራሲኡ፡” ዝብሉ ጭርሖ ብምብጋስ፡ መሬት፡ ኣባይቲ ይኹን ኢንዱስትሪታት ኣብ ምውራስ ክቀዳደም ከሎ ብሓደ ወገን፡ ምሁራት ኢትዮጵያውያን ከም በዓል ሃይለ ፊዳን ዶ/ር ልኬን ዶ/ር ነገደ ጎበዜን ብዘስነቑዎ ማሕበርነታዊ ስነ ሓሳብ ምስ ምዕራባውያን ሃገራት ዝነበሮ ዝምድና ብፍላይ ምስታ ንነዊሕ ዓመታት ናይ'ቲ ሃገር ሰራዊት ዘዕጠቐት ኣሜሪካ ስለ ዝበተኸን ብኤርትራን ብሶማልን ዘጋጥሞ ዝነበረ ስዕረት ከኣ ኽጻወሮ ስለ ዘይከኣለን በቲ ኻልእ፡ ገጹ ናብ ሕብረት ሶቭየት ኣዞረ። ሕብረት ሶቭየት፡ ካብ'ቲ ጂኦፖለቲካዊ ስትራተጂኣ ብምብጋስ ነታ ንነዊሕ ዓመታት መሓዛኣ ዝነበረት ሶማል ራሕሪሓ፡ ንኢትዮጵያ ሓቑፈት። ስለ ዝኾነ ኸኣ፡ ኣብ ሓጺር እዋን ኣብ ኣ ፍሪቃ ተራእዩ ዘይፈልጥ ኣጽዋርን ናይ ኲናት ኣማኸርቲ ጀነራላትን ነታ ሃገር መጠወትላ። ኢትዮጵያ ኸኣ ካብ ሰሃራ ንታሕቲ ካብ ዝርከባ ሃገራት ዝሓየለ ሰራዊት ክትሃንጽ ከኣለት። ሕቶ ህዝቢ ኤርትራ ግና ህዝባውን ፍትሓውን ብምንባሩ፡ መንግስቲ ኢትዮጵያ፡ ምዕራባውያን ገዚፍ ፋይናንስያዊ ሓገዝ፡ ምብራቓውያን ከኣ ኣጽዋር፡ መራሕትን ኣማኸርትን ውግእ እንተ መጠዉሉ'ኳ፡ ንሰውራ ኤርትራ ግና ክዕምጽጹዎ ኣይከኣሉን። ስለ ዝኾነ እዩ፡ ሶቬታውያን ድሕሪ ናይ ዓሰርተ ዓመት ምርብራብ፡ ኣብ ኣፍዓበት ጽዋእ መሪር ስዕረት ዝጨለጡ። እታ ሃገር፡ ድሕር'ቲ ኣብ ኣፍጋኒስታን ዘጋጠማ ፍጹም ስዕረት ኣብ ኤርትራ ንዘጋጠማ ፍሽለት ክትጻወሮ ኣይከኣለትን። እዚ ኾይኑ ኸብቅዕ፡ ኣምባሳደር እቲ ሃገር ኣብ ኢትዮጵያ ናብ ፕረዚደንት መንግስቱ ብምኻድ፡

“ክቡር ፕረሲደንት፡ ከምዚ ትሰምዑዎ ዘለኹም ማዕከናት ዜና ዓለም ምፍራስ *ናደው እዝ* ጥራይ ዘይኮነስ፡ ሰለስተ ወተሃደራውያን መኹንናትና ኸም ዝተማረኹ'ውን የቃልሓ ኣለዋ። ሓቅነቱ ማዕረ

ኸንደይ ምዃኑ ንምጥላል'የ መጺአ።"

"ወንበዴታት ጊዝያዊ ዓወት ከም ዝተጓናጸፉ'ኳ ዘይከሓድ እንተ ኾነ፡ ነቲ ቦታ ኸነምልሶ ትእዛዝ ሂብና ኣለና። እንተ እቲ ናይቶም መኰንናት ጉዳይ ግና፡ ኢምፐሪያሊስት ዘውርዩዎ ዘለዉ እንተ ዘይኮይኑ ሓቅነት ዘሎዎ ኣይመስለንን፡" በለ መንግስቱ፡ ነቲ ምርኮ ክሸፋፍን።

"መንግስትና በዚ ጉዳይ'ዚ ኣዝዩ ተሻቒሉ እዩ ዘሎ፡ ሓቅነት ምስ ዝህልዎ ኸኣ ኸምጽኦ ዝኽእል ሳዕቤን ንስኹም ኣይትርድኡዎን ኢኹም ኢለ ኣይሓስብን'የ። ስለዚ፡ ሃለዋቶም ተጻርዩ ኣብ ዝሓጸረ ጊዜ ክንገረና ዘለና ተስፋ ዓቢ እዩ፡" ብምባል፡ ሓጺር ርክብ ብምግባር ተሰናበቶ። እቲ ርክብ ግና ካብ ዲፕሎማስያዊ ሃልኪ ሓሊፉ ኻልእ ፋይዳ ኣይነበሮን።

* * *

ሞስኮ

"ጀነራል ፐትሮቭ፡ ቅድሚ ቑሩብ ደቓይቕ ካብ ኣዲስ ኣበባ ሓደ ዘሰምብድ መልእኽቲ ሰዲዱ ኣሎ፡" ዝበለ ሓላፊ ስለያዊ ትካል ከይ.ጂ.ቢ፡ "ትሕዝቶኡ ኸኣ፡" በለ ናብ'ቲ ኣብ ኢዱ ሒዙዎ ዝነበረ ወረቓቕቲ እናጠመተ፡ "እዚ ብማዕከናት ዜና ምዕራብ ንሰምዖ ዘለና ምምራኽ ሰለስተ መኰንናትና ኣብ ኤርትራ እዩ። መኰንናትና ተማሪኾም ኣለዉ!" ብምባል፡ ንኹሎም በብሓደ ጠመቶም። "እዚ ጉዳይ፡ ምስቲ ኣብ ኣፍጋኒስታን ኣጋጢሙና ዘሎ ስዕረት ተደሚሩ፡ ምስልና ክድውኖ ምዃኑ ዘዛርብ ኣይኮነን። ስለዚ፡ እንታይ ክግበር ከም ዝክኣል ዲሚትሪቭ ብቕልጡፍ ሓደ እማመ ኣቕርበለይ ኢኻ፡" ኢሉዎ፡ ብድድ ኢሉ ኸደ።

ዲሚትሪቭ፡ ኣብ ቤት ጽሕፈት ከይ.ጂ.ቢ ሞስኮ ሓላፊ ስለያዊ ጉዳያት ጠረጴዛ ቀርኒ ኣፍሪቃ ኾይኑ ብዙሕ እዋን ናብ ኢትዮጵያ ዝተመላለሰን ነታ ሃገር ከም ኣጻብዕቱ ኣእዳዉ ዝፈልጣን በዓል ስልጣን'ዩ ነይሩ። ምስ ፕረዚደንት መንግስቱ ሃይለማርያም ዝነበሮ ቅርበት ጥቡቕ ጥራይ ዘይኮነ፡ ንዓጀብቱን ነቲ ናይ ኢትዮጵያ ናይ ስለያ ትካልን ምስ ናይ ምብራቕ ጀርመን ስታዚ ዝተባህለ ትካል ስለያ ብምትሕብባር ንነዊሕ ዓመታት ዘሰልጠነ ምኩር ሰላይ እዩ ነይሩ። ከይ.ጂ.ቢ፡ ህቡብ

ናይ ስለያ ትካል ከም ምዃኑ መጠን፡ ንሲ.ኣይ.ኤ ዝወዳደር ኣብ ምሉእ ዓለም ሓያል ናይ ስለያ መርበብ ዝነበሮ እዩ። ስለ ዝኾነ ኸኣ እዩ፡ ዲሚትሪቭ፡ ኣብ ከባቢ ቀርኒ ኣፍሪቃ ምስ ዘለዋ መርበባቱ ሓደ ብሓደ ብስልኪ ብምርኻብ፡ ህልውና ናይቶም መኰንናት ንምጽራይ ትእዛዛት ዝሃበ። ግና ኣይ ከም ኣብ ሱዳን ዝነበሩን።

"ኒኮላይ፡ ዲሚትሪቭ እየ። እንታይ ኢና ንሰምዕ ዘለና!? ናይ'ዞም መኰንናትና ጉዳይ ሓቅነት ኣለዎ ድዩ?" ብምባል፡ ናብ ኤምባሲ ሩስያ ኣብ ሱዳን ስልኪ ደዊሉ ንኒኮላይ ሓላፊ ስለያዊ ጉዳያት ኣብ ሱዳን ሓተቶ።

"ዝገርመካ እዩ ዲሚትሪቭ! ንሕና'ውን ካብ'ቲ ህ.ግ ዝፈነዎን ማዕከናት ምዕራብ ዝዘርግሕኦን ወረ'ምበር፡ ክሳብ ሕጂ ብጭብጢ ዝረኸብናዮ ሓበሬታ የለን።"

"መንግሲቲ ሱዳንከ ገለ ሓበሬታ ኣይህልዎን?"

"ብወገንና ናብ'ቲ ቤት ጽሕፈቶም ክንረኽቦም ኢልና ኼድና ኔርና፡ ግና ኸእትዉናን ምስ'ቲ ሓላፊ ኽራኽቡናን ኣይደለዩን።"

"ናይ መን ቤት ጽሕፈት ማለትካ እዩ?"

"ናይ ህ.ግ ቤት ጽሕፈት ማለተይ እዩ፡" በለ፡ ኒኮላይ።

"ንዓና'ሞ ገጽና ክርእዩና ኣይደልዩን'ዮም። እንተ ተኻኢሉ ብፈተውቶም ውድባት ጌርካ እንተ ዝፍተኑ ምሓሸ ነይሩ ምበልኩ።"

"ልክዕ ኣለኻ ዲሚትሪቭ ግና እቲ ዜና ትማሊ እንድዩ ተዘርጊሑ፡ ነዚ ትብሎ ዘለኻ ተኽእሎታት ብዝከኣለና መጠን ክንጥቀመሉ ክንፍትን ኢና።"

"በዚ ኾይኑ በቲ፡ ኣብ ዝሓጸረ እዋን ሓደ ንጹር ዝኾነ ስእሊ ካባኻ እጽበ ኣለኹ። ክትፈልጦ ዘለካ፡ ጊዜ እንተ በሊዕና ኹሉ ነገር ኣንጻር ረብሓና ኸኸይድ ይኽእል እዩ'ሞ፡ ዘለካ ዓቕሚ ኣዋፍር ኢኻ፡" ብምባል፡ ዲሚትሪቭ ስልኪ ዓጸወ።

ስልኪ ቤት ጽሕፈት ህ.ግ ኣብ ካርቱም ጭር በለት፡

"ሃለው! ካብ ኤምባሲ ሕብረት ሶቭየት ካርቱም'የ ዝድውል ዘለኹ።"

"እንታይ ክሰምዓኩም?"

"ንሓላፊ ቤት ጽሕፈት ክረኽቦዶ ምኽኣልኩ?"

"ብምንታይ ምኽንያት ክብለልኩም?"

"ብቐጥታ ምስኡ ክዘራረብ ዝከኣል እንተ ኾነ ፈትንለይ፡ እንተ ዘይኮነ ኒኮላይ እዩ ሽመይ ቈጸራ ክትሕዝለይ ምኽኣልኪዶ?"

"ሓንሳብ ኣብ መስመር ጽንሑኒ፣" ጸሓፊት ናይ'ቲ ቤት ጽሕፈት በለት'ሞ፣ ድሕሪ ቍሩብ ደቓይቕ "ሚስተር ኒኮላይ፣ ሓላፊ የለን፣ ምስ መጸ ደዊሉ ኽፍልጠኩም'የ፣" ብምባል፣ ስልኪ ቀጥጸሩ ወሲዳ ኣፋነወቶ።

ዋሺንግቶን ዲሲ

ስተይት ደፓርትመንት ዓወት ህዝባዊ ግንባርን ውድቀት መንግስቲ ኢትዮጵያን ንምግምጋም ህጹጽ ኣኼባ ብሓላፊ ጠረጴዛ ጉዳያት ቀርኒ ኣፍሪቃ ጸውዐ'ሞ፣

"ኣብ ቀርኒ ኣፍሪቃ፣ ብፍላይ ከኣ ኣብ ኤርትራን ኢትዮጵያን ዝካየድ ዘሎ ውግእ መልክዑ እናቐየረ ይመጽእ ኣሎ። እዚ ንነዊሕ ዓመታት ኤርትራ ካብ ኢትዮጵያ ንምንጻል ዝዋጋእ ዘሎ ብህ.ግ ዝፍለጥ ውድብ፣ ትማሊ ተጐናጺፈዮ ኢሉ ዝዘርግሖ ዜና፣ ኣብ'ታ ሃገር ማለት ኢትዮጵያን ቀርኒ ኣፍሪቃን ሓያል ጽልዋ ኽሕድር ምዃኑ ዘማትእ ኣይመስለንን። ከም ትፈልጡዎን ኣብ ጠረጴዛኹም ተዘርጊሑ ዘሎ ሓጺር ጸብጻብ ከም ዘመልክቶን፣ ህ.ግ ኣብ'ዘን ዝሓለፋ ኣርባዕተ ዓመታት ኣዝዩ ሓይሉ እዩ ወጺኡ ዘሎ። ስለ ዝኾነ ኸኣ፣ ኣብ'ቲ ትማሊ ዝዘርግሖን ናጻ ዝኾና ማዕከናት ዜና ዘረጋገጻእን፣ እቲ ውድብ ኣብ ልዕሊ ኢትዮጵያ መስተንክራዊ ዝኾነ ዓወት ረኺቡ'ሎ። ብፍላይ ንዓና ዘገድሰና ጉዳይ እንተ'ሎ ግና፣ ነቲ ሶቭየት ኣብ'ቲ ጉዳይ ብወተሃደራዊ መዳይ ኢድና ኣየእተናን እናበሉ ንነዊሕ ዓመታት ኣሉ ክብሉዎ ዝጸንሑ፣ እቲ ውድብ ብዘየዳግም መገዲ ኣፍሺሉዎ ዘሎ እዩ። ብሓጺሩ፣ ህ.ግ ሰለስተ ላዕለዎት መኰንናት መራሕቲ ውግእ ሒዙ ኽም ዘሎ ሓቢሩ'ሎ። ስለዚ፣ ብወገንና ነቲ ዝብሃል ዘሎ ሓቅነቱ ኽነረጋግጽ ስለ ዘለና፣ ኣብ ቀርኒ ኣፍሪቃ ዘሎ ወኪልና ሓቢርናዮ ኣለና። ተስፋ እገብር ኣብ ዝሓጸረ እዋን ጽጹይ ሓበሬታ ኽሰደልና፣" ብምባል፣ ነቲ ኣብ ዝሓለፈ ዓሰርተ ዓመት ኣብ መንጎ ህ.ግን መንግስቲ ኢትዮጵያን ዝተኻየደ ውግእ፣ ዝዓነወ ንብረት፣ ኢትዮጵያ ኣጋጢምዋ ዘሎ ውድቀትን ታሪኽ ህዝባዊ ግንባር ሓርነት ኤርትራን ብሰፊሑ መግለጺ ድሕሪ ምሃብ፣ እቲ ኣኼባ ተዛዘመ።

ሓላፊ ጉዳያት ቀርኒ ኣፍሪቃ ኣብ ስተይት ደፓርትመንት ድሕሪ ኽልተ መዓልቲ ናብ ካርቱም ብምእታው ምስ ኣምባሳደር ኣሜሪካ ኣብ ሱዳን ተራኸበ፣

"ነቲ ዝሰደድካልና ሓበሬታ ድሕሪ ምምልካት፣ ብዛዕባ ኣብ

ቀርኒ ኣፍሪቃ ዘሎ ውግእ ኣመልኪቱ ሓጺር እማመ ንፕረዚደንት ኣቐሪበሉ ኣለኹ። ንጊዚኡ ብዛዕብኡ እንተ ዘይተዘራረብና ዝሓሸ እዩ። ምኽንያቱ፡ ፕረዚደንት ፊርማኡ ኸንብረሉ ስለ ዘሎዎ። ብወገነይ ግና ክፈልጦ ዝደለኹ ነገር እንተሎ፡ እቲ ህ.ግ ሒዘዮም ኣለኹ ዝብሎም ዘሎ ናይ ሶቭየት ወተሃደራውያን መኰንናት እዮም።"

"እወ፡ እቲ ዜና ምስ ተጋውሐ ብወገንና ናብ ሚኒስትሪ ሃገራዊ ጸጥታ ሱዳን ብምኻድ ገለ ሓበሬታ እንተ ረኸብና ብምባል ነቲ ሚኒስተር ኣዘራሪብናዮ ኔርና። ከም ትፈልጦ ሱዳን ምስ'ዞም ኣብ ኤርትራ ዝዋግኡ ዘለዉ ውድባት ጥቡቕ ዝምድና እዩ ዘለዋ። ኮይኑ ግና፡ ንሱ'ውን ከማና ብማዕከናት ዜና እዩ ሰሚዑዎ ዘሎ። ናይ'ዚ ነገር ኣገዳሲ ጉዳይ ግና፡ ኣምባሳደር ሶቭየት ንመንግስቲ ሱዳን ምስ ወከልቲ ህ.ግ ከራኽቦ ሓቲቱዎ ምህላዉ እዩ። ስለዚ፡ ንሕና ነዞም ምሩኻት ላዕለዎት መኰንናት ሶቭየት ሕብረት ዕቑባ ክንህቦም ድሉዋት ከም ዘለና ንመንግስቲ ሱዳን ሓቢርናዮ ኣለና፡" በለ፡ ኣምባሳደር ኣሜሪካ ኣብ ሱዳን።

"ህዝባዊ ግንባርከ እንታይ ይብል?"

"ንዕኦም ኣይረኸብናዮምን ኢና ዘለና፣ ምኽንያቱ፡ ምስኦም ዝኾነ ይኹን ዝምድና ኣይጸንሓናን። ድልዱል ዝምድና ኣለና ንብሎ እንተ'ሎ፡ ምስ'ቲ ኣብ ኢትዮጵያ ኣንጻር ፕረዚደንት መንግስቱ ዝቃለስን ኣብ'ዚ እዋን'ዚ ምስ ህ.ግ ጥቡቕ ዝምድና መስሪቱ ዘሎ ውድብ ናይ ትግራይ ህ.ወ.ሓ.ት'ዩ። ድሮ ናብ ቤት ጽሕፈቱ ኬድና ነቲ መስፍን ዝተባህለ ሓላፊ ኣዘራሪብናዮ ነይርና፡ ግና 'ዝከኣለና ክንገብር ኢና፡' ካብ ምባል ሓሊፉ፡ ዝሃበና ብዙሕ ተስፋ የለን።"

"ኣነ ብወገነይ፡ ገይል ስሚዝ ይኹን ፓወል ሄንዝ ምስ ህ.ወ.ሓ.ት ድልዱል ዝምድና መስሪቶም ስለ ዘለዉ፡ ብእኦም ጌርና ምስ ህ.ግ ገለ ዝምድና እንተ መስረትና ዝሓሸ ኾይኑ ይስምዓኒ፡" በለ፡ ሓላፊ ጉዳያት ቀርኒ ኣፍሪቃ ኣብ ስተይት ደፓርትመንት።

"ዘለና ኣማራጺታት ኩሉ ክንጥቀመሉ ክንፍትን ኢና፣ ግና ክንፈልጦ ዘለና፡ ህ.ግ ኣዝዩ ረቂቕን ምስጢራዊ ውድብን ብምዃኑ ሓለፍቱ ብቐሊል ዝርከቡ ኣይመስለንን። ስለዚ፡ እዞም ትብሎም ዘለኻ ሰባት ብተዘዋዋሪ መገዲ ኸም ዝረኽቡዎም ክንገብር ክንፍትን ኢና፣ ብወገነይ ግና እቲ ተስፋ ኣዝዩ ምህሙን'ዩ። በዚ ኾይኑ በቲ፡ ምስ ቤት ጽሕፈት ህ.ግ ብቐጥታ ክንራኽብ ክንፍትን ኢና፡"

በለ ኣምባሳደር ኣሜሪካ ኣብ ሱዳን።

"ንምዃኑ እዚ ህ.ወ.ሓ.ት ዝብሃል ኣንጻር መንግስቱ ዝዋጋእ ዘሎ ሓይሊ፡ ኣብ ከመይ ኩነታት'ዩ ዘሎ?"

"ኣብ ኢትዮጵያ ብረት ዓጢቑም ካብ ዝቃለሱ ዘለዉ ውድባት ንሱ ዝሓሸ እዩ። ዝሕሸሉ ምኽንያት ከኣ፡ ካብ ዝምስረት ኣትሒዙ ካብ ህ.ግ ወተሃደራዊ ስልጠናን ኣጽዋርን ስለ ዝረክብ'ዩ። ብዘይ ናቱ ደገፍ ግና ኣንጻር መንግስቱ ኽዋጋእ ዝኽእል ሓይሊ ኽኸውን ኣይክእልን'ዩ። ንሕና፡ ካብ 1984 ኣትሒዝና ብዩ.ኤስ.ኤይድ ጌርና ሓገዝ ንምጥወሉ ኣለና። ብኡ መጠን ከኣ ዝምድና መስሪትና ኣለና። ብወገነይ ግና ቈላሕታና ኣብ ልዕሊ ህዝባዊ ግንባር ክንገብር ኣለና በሃላይ እየ።"

"ንምንታይ?"

"እዚ ውድብ'ዚ ኣዝዩ ጥንቁቕ፡ ሓያል መሪሕነትን ብሓያል ዲስፕሊን ዝተሃንጸ ሰራዊት ዘለዎን ኮይኑ፡ ዝኾነ ይኹን ናይ ወጻኢ ምትእትታው ዘየፍቅድ ደረቕ ውድብ'ዩ። ኣብ ኣፍሪቃ፡ ንሃገሮም ካብ መግዛእቲ ሓራ ኽውጽኡ ካብ ዝተቓለሱን ዝቃለሱ ዘለዉን ደባይ ተዋጋእቲ፡ ብኹለንትናኡ ዝተፈልየን ኣብ ነዊሕ መጻኢ ንዓና ኣብዚ ኽባቢ'ዚ ዓቢ ብድሆ ክኾነና ዝኽእል ሓይሊ ስለ ዝኾነ።"

"ሶቭየትከ እንታይ ይገብሩ ኣለዉ? ንጉዳይ ምሩኻቶም መቸም ትም ኢሎም ይርእዩዎ ኣለዉ ኢለ ኣይሓስብን'የ!"

"ከመይ ኢሎም ትም ኢሎም ክርእዩዎ። ብልክዕ እንተ ተገንዚቦሞ ንዕኦም ዓቢ ፍሽለት'ዩ። ስለዚ፡ ነዞም ምሩኻት ክረኽቡ ዝከኣሎም ክገብሩ እዮም፡ ብሓይሊ ኽይተረፈ ክፍትኑ እዮም።"

"እንታይ ማለትካ እዩ ሓይሊ?"

"ምናልባት ብናይ ኮማንዶ ስርሒት ወይ ስለያ ኣስሊኾም ብምእታው ከውጽኡዎም ይፍትኑ ይኾኑ፡" በለ እቲ ኣምባሳደር። ድሕሪ ናይ ክልተ ሰዓት ምይይጥ፡ ቈጸራኦም ስለ ዝኣኸለ ተተሓሒዞም ናብ ኣዛዚ ሃገረ ሱዳን ከዱ።

መንግስቲ ሕብረት ሶቭየት ምስ ህ.ግ ዝምድና ክህልወን ይኽእል'ዩ ኢሎም ንዝሓስብወን፡ ግና ዝኾነ ይኹን ዝምድና ዘይነበረን ሃገራት ስርያ፡ ዒራቕ ይኹና ማሕበርነታውያን ሰልፍታት ጣልያን ብምርኻብ፡ ነቶም ምሩኻት ወተሃደራውያን መኰንናት ከፍትሑ ላዕል ታሕትን በሉ። እንተ ኾነ፡ እቲ ጉዳይ፡ ጉዳይ ምሩኻት ኲናት ስለ ዝኾነ፡ ህ.ግ ብሕጊ ጀነቫ ክትሓዝ ከም ዘሎዋ ኣትሪሩ

ካብ ምግላጽ ኣይተቖጠበን። ስለዚ፡ ህ.ግ፡ ድሕሪ ነዊሕን ሃናጺ ዘተን ነቶም ምሩኻት ናብ'ታ ብፕረዚደንት ጎርባቾብ ትምራሕ ዝነበረት ሕብረት ሶቭየት ኣረከቦም። ፈተነ መንግስቲ ኣሜሪካ ኸኣ ፈሺሉ ተረፈ።

* * *

ዘተ ሰላም

ኣሜሪካ፡ ነቲ ኣብ ቀርኒ ኣፍሪቃ ዝርአ ዝነበረ ፖለቲካዊ ምቅይያራት ኢዳ ኣጣሚራ ክትርእዮ ዘየኽኣላ ቀንዲ ምኽንያት፡ ምድምሳስ *ናደው እዝ* ነቲ ዝነበረ ሚዛን ሓይሊ ስለ ዝቐየሮ ደኣ ነበረ። ስለ ዝኾነ ኸኣ፡ ነቲ ንልዕሊ ኣርብዓ ዓመት ብፍላጥ ጕስያቶ ዝሓለፈት ጉዳይ ኤርትራ ኣቓልቦ ክትገብረሉ ስለ ዝተገደደት፡ ዝተፈላለየ ፖለቲካዊ ቅማረታት ብምኽያድ ንጉዳይ ኤርትራን ኢትዮጵያን ናብ ኢዳ ኸተእትዎ ዘተ ሰላም ኣበገሰት። ናይ ሰላም ልኡኻ ፕረዚደንት ነበር ጂሚ ካርተር ኽኸውን ሓጸየቶ። ይኹን'ምበር፡ ፖለቲካዊ ቅማረ ሰላም መንግስቲ ኣሜሪካ፡ ነታ መሓዛኣ ዝነበረት ኢትዮጵያ ንምኽሳብ'ምበር፡ ጉዳይ ህዝቢ ኤርትራ፡ ፍትሓዊ ምዃኑ ኣሚናትሉ ኣይኮነትን ዘተበገሰት። ህ.ግ ግና ነቲ እማመ ሰላም ከም መንጠሪ ባይታ ንሰላማዊ ፍታሕ ገይሩ ይምልከቶ ስለ ዝነበረ፡ ብዘይ ወዓል ሕደር ተቐበሎ። ደርግ'ውን እንተ ኾነ፡ ካብ'ቲ ዝወርዶ ዝነበረ ፍሽለት ኮን ደኾን ትንፋስ እረክብ ብምባል'ዩ፡ ንዝቐረበሉ እማመን ንህዝባዊ ግንባር ሓርነት ኤርትራ ከም እንኮ ወኪል ህዝቢ ኤርትራ ኣፍልጦ ብምሃብን ዝተቐበሎ። ምዕራብ ይኹና ምብራቕ ዲፕሎማስያዊ ደገፍ ሂበን፡ ገዚፍ ፋይናንስያዊ ሓገዝን ወተሃደራዊ ምትእትታው ኣካይደን ከብቕዓ፡ ኢትዮጵያ፡ ንቓልሲ ህዝቢ ኤርትራ ክትጭፍልቆ ዝገበረቶ ፈተነታት ምብርዓኑ ምስ ኣረጋገጸ፡ ነቲ ዝተበገሰ ዘተ ሰላም ብማዕከናት ዜናኦን ክዝርግሓኦ ጀመረ።

ደደቢት መወዳእታ 1988

ህዝባዊ ወያነ ሓርነት ትግራይ፡ ነቲ ብተበግሶ ኣሜሪካ ክካየድ ዝተሓሰበ ዘተ ሰላም ህዝባዊ ግንባርን ደርግን ንምዝታይ ኣኼባ ማእከላይ ሽማግለ ብምጽዋዕ፡

"ኣብ'ዚ ዝሓለፈ ቕንያት ኣብ ከባቢና ሓድሽ ቃና ክንሰምዕ

ቀኒና ኣለና። ንሱ ኸኣ፡ ሻዕብያ፡ ብተበግሶ ጂሚ ካርተር ምስ ፋሺሽታዊ ደርግ ዘተ ሰላም ከካይድ ቅሩብነቱ ኣረጋጊጹ'ሎ። ንሕና፡ ብተደጋጋሚ ምስ ደርግ ዝግበር ዘተ ሰላም፡ ሀ.ግ ክነጽጎ ኸም ዘሎዎ ካብ ምሕባር ኣይተቼጠብናን። ግና ሻዕብያ ክሰምዓና ኣይደለየን። እቲ ምኽንያት ከኣ፡ ከምቲ ኹሉ ጊዜ ንገልጾ፡ እዚ ውድብ'ዚ ናይ ብሓቂ ንምሉእ ናጽነት ኤርትራ ስለ ዘይቃለስ ዘሎ፡" ብምባል ነታ፡ ንምሉእ ናጽነት፡ ትብል ሓረግ ግና ካብ ኣፉ ጋእጋእ እናበለ እዩ ኣውጺኡዋ፡ ኣቦ መንበር ሀ.ወ.ሓ.ት ስብሓት ነጋ። "ስለዚ፡" በለ ብምቕጻል፡ "እዚ ንሰምዖ ዘለና ሶ ኮልድ ዘተ ሰላም መቐጸልታ ናይ'ቲ ኣብ በርሊን 1979 ዝተኻየደ ርክብ'ምበር፡ ሓድሽ ኣይኮነን። ይኹን ደኣ'ምበር፡ ንዓና ብኸመይ ክጸልወና እዩ? እንታይከ ክንገብር ኣለና? ዝብሉ ሕቶታት ንኽንምልስ ኢና ተኣኪብና ዘለና፡" ብምባል ነቲ መድረኽ ንመለስ ንምሃብ ኢዱ ኣመልከተሉ።

"እወ! ከም'ዚ ብጻይ ስብሓት ክብሎ ዝጸንሐ፡ ሀ.ወ.ሓ.ት ነዚ ዝብሃል ዘሎ ዘተ ሰላም ብትሪ ዝቃወሞ ምኽንያት፡ ብመጀመርታ ንህዝቢ ኤርትራ እንታይ እዩ ኸምጽኣሉ? ካብ ዝብል ብጻያዊ መን ፈስ'ዩ ዝብገስ። እዚ ኸኣ ኣብቲ ኣብ 1986 'ቃልሲ ህዝቢ ኤርትራ ካበይ ናበይ' ዝብል ዘውጻእናዮ መጽሓፍ ብሰፊሑ ተገሊጹ'ሎ። ህዝቢ ኤርትራ፡ ብመሰረቱ ንናጽነት'ዩ ዝቃለስ ዘሎ፣ ሀ.ወ.ሓ.ትና ኸኣ ምሉእ ናጽነት ኤርትራ'ምበር ዝተሸራረፈ ናጽነት ኣይከቕበልን'ዩ፡ ብርዱእ ምኽንያታት። ሻዕብያ ግና፡ ህዝቢ ረፈረንደም ክገብር እምበር፡ ብዘልዓሎ ብረት ንጸላኢኡ ስዒሩ ብቕልጽሙ ናጽነት ከምጽእ ኣይደልዮን'ዩ። ብጾት፡ ሀ.ወ.ሓ.ት ኣብ ጐድኒ ህዝቢ ኤርትራ ብምስላፍ ንምሉእ ናጽነት ኤርትራ ዘድሊ መስዋእቲ ኽኸፍል ምዃኑ ደጊሙ የረጋግጽ። ነቲ ብጻይ ስብሓት፡ እዚ ዘተ ሰላም ን ሀ.ወ.ሓ.ት ብኸመይ ክጸልዎ እዩ? ዝብል ኣልዒሉዎ ዘሎ ኣገዳሲ ሕቶ ክንምልሶ እንተ ኼንና፡ ደርግ፡ ንሻዕብያ ዘቕርበሉ ቅድመ ኹነት ክህሉ ግድን'ዩ። ንሱ ኸኣ፡ ንሀ.ወ.ሓ.ት ዝገብሮ ዘሎ ሓገዝ ደው ክብልን ካብ ሜዳ ኤርትራ ኽሰጎን ዝብሉ ክኾኑ እዮም። ሻዕብያ ኸኣ ንምቕባሉ ድሕር ኣይክብልን'ዩ፡" ብምባል፡ እቲ ውድብ ዘሰክፎ ዝነበረ ነገራት ብዘይ ሕብእብእ ኣስፊሑ ተንተኖ። "ሀ.ወ.ሓ.ት ግና ነዚ እንተታት ተዳልዩሉ ኣሎ ጥራይ ዘይኮነ፡ ኣብ ዝኾነ ይኹን እዋን ክምክቶ ምዃኑ ዘጠራጥር ኣይኮነን፡" ብምባል ዘረባኡ ምስ ደምደመ፡ ኩሎም ኣራእሶም ብምንቕናቕ ምዉቕ

ጣቕዒት ለገሱሉ። ነቲ ብመለስ ዝቐረበ ትንተና ርእይቶ ወይ ተወሳኺ ሓሳብ እንተሎ፡ ስብሓት ነጋ ሓተተ'ሞ፡ ህ.ወ.ሓ.ት፡ ብመሰረቱ ጽግዕተኛ ብምንባሩን ህ.ግ ዝወሰዶም ስጕምትታት ንዕኡ ናይ ህላዌ ስግኣት ይፈጥረሉ ኸም ዝነበረ ዘስተብሃለ ሓጐስ ኢዱ ሓፍ ምስ ኣበለ፡

"ሕራይ ብጻይ ሓጐስ።"

"ብጻይ መለስ ዝሃበና ነዊሕ ትንተና፡ ኣብ ሰለስተ ነጥብታት ክጸምቖን ክፍትን'የ። ንሰን ከኣ፡ እታ ቐዳመይቲ፡ 'ህ.ግ ንናጽነት ኤርትራ ኣይቃለስን'ዩ፡' እታ ኻልኣይቲ፡ 'ምስ ደርግ ዝግበር ዘተ ሰላም፡ ህ.ግ ክነጽጎ ኸም ዘሎዎ ካብ ምሕባር ኣይተቈጠብናን፡' እታ ሳልሰይቲ ኸኣ ዘለና ስክፍታ እተስምዕ፡ 'ደርግ፡ ንህ.ግ ንህ.ወ.ሓ.ት ካብ ምሕጋዝ ተቈጠብ ዝብል ቅድመ ኹነት ኽቕርበሉ እዩ፡ ንሱ (ህ.ግ) ከኣ ካብ ምቕባል ድሕር ኣይክብልን'ዩ፡' ዝብላ እየን። ቅድሚ ዝኣገረ፡ ናጽነት፡ ሕቶ ህዝቢ ኤርትራ'ምበር፡ ዝኾነ ይኹን ኣካል ነቲ ህዝቢ ኣመንጊጉ ዘውህቦ ጉዳይ ኣይኮነን። እቲ ምንታይሲ፡ ህዝቢ ኤርትራ ነቲ ዝተነፍጎ መሰል ንምምላስ ብረት ኣልዒሉ ቃልሲ ካብ ዝጀምር 27 ዓመት ጌሩ'ሎ። ኣብ'ዚ ዓመታት ዝሓላለፎን ገና ዝሓልፎ ዘሎ መስገደላትን ከኣ፡ መስክሩለይ ዘድልዮ ኣይኮነን። ብቐደሙ'ውን እንተ ኾነ፡ እቲ ህዝቢ'ቲ ተገዲዱ'ምበር ብረት ክልዕል'ውን ድልየት ኣይነበሮን። ኮይኑ ኸኣ፡ ኣሽሓት ብሉጻት ደቁ መስዋእቲ ብምኽፋል እንሆ ሎሚ ኣብ'ዚ በጺሑዎ ዘሎ ጥርዚ ናይ መስተንክራዊ ዓወት በጺሑ ይርከብ ኣሎ። ውጽኢቱ ኸኣ፡ ደርግ ኣፍልጦ ሂቡዎ ጥራይ ዘይኮነስ፡ እታ ትማሊ ንስለ ጂኦፖለቲካዊ ረብሓኣ ክትብል ንህዝቢ ኤርትራ ኣብ ደማዊ ኲናት ዝሸመመቶ ኣሜሪካ'ውን እንተ ኾነት፡ ዓቢ ቈላሕታ ክትገብረሉ ተገዲዳ'ላ። እዚ ኸኣ፡ ውጽኢት ሓያል ቃልሲ ህዝቢ ኤርትራን ህዝባዊ ግንባርን'ዩ ኣምጺኡዎ። ስለዚ፡ ንሕና ወይ ህ.ወ.ሓ.ት፡ ሻዕብያ ንምሉእ ናጽነት ኣይቃለስን'ዩ ዘሎ ክንብል ከለና፡ ብመጀመርታ፡ ንሕና ኸም ንሕና ንምንታይ ንቃለስ ኣለና ዝብል ሕቶ ኣልዒልና እንተ ንምልሶ፡ ሻዕብያ ተቐቢሉዎ ዘሎ ዘተ ሰላም ክንርድኦ ኣይምጸገመናን ነይሩ። ምኽንያቱ፡ እቲ ውድብ፡ ፈትዩ ኣይኮነን መስዋእቲ ዝኸፍል ዘሎ። ስለ ዝኾነ ኸኣ፡ እታ ሻዕብያ ወይ ሰውራ ኤርትራ ንምሉእ ናጽነት ኣይኮነን ዝቃለስ ዘሎ ትብል ኣዘራርባ ሰሪ ዘለዋን ጽባሕ ንግሆ ምስ'ዚ ዓርሞሸሽ ውድብ ኩተረሓሕቀና ስለ እትኽእል፡ ብትሪ ክንእርማ ይግብኣና።" ድሕሪ ምባል፡ ንስብሓት ነጋ ጠመቶ። ስብሓት ነጋ፡

"ብጻይ ሓጐስ፣ ወዲእካ ዲኻ?" በሎ'ሞ

"ኣይፋለይን ብጻይ ስብሓት። ነተን ክልተ ነጥብታት ኣሕጽር ኣቢለ ርእይቶ ክህበለን። እታ ቫልኣይቲ ሽኣ፣ ምስ ደርግ ዝግበር ዘተ ሰላም፣ ህ.ግ ክነጽጎ ሽም ዘሎዎ ካብ ምሕባር ኣይተቘጠብናን ትብል ሓረግ'ያ። ንምኳኑ ንሕና፣ ኣብ ጉዳይ ሰውራ ኤርትራ ኣቲና ክንዛረብን ክንውስንን ይግብኣና ድዩ? መሰልከ ኣለና ድዩ? ህ.ግ፣ ነዚ ዘተ ሰላም'ኮ ብሓያል መስዋእቲ እዩ ረኺቡዎ ዘሎ! ደርግ እንተ ኾነ ሽኣ፣ ካብ ስግኣት ዝተላዕለ'ምበር ፈትዩ ኣይኮነን ተቐቢሉ ንህዝባዊ ግንባር ኣፍልጠ ሂቡዎ ዘሎ። ጉዳይ ኤርትራ፣ ብሰላማዊ መገዲ ፍታሕ ክረክብ እንድሕር ዝክኣል ኮይኑ፣ ካብኡ ወጻኢ እንታይ ዝድለ ፍታሕ ኣሎ? ጅባእ ክብሃል ኣለዎ'ምበር፣ ብጾት። ንሕና'ውን'ኮ፣ ህዝቢ ትግራይ ነቲ ተነፊጉዎ ዘሎ መሰል ኣብ'ዚ እዋን'ዚ እንተ ዝረጋገጸሉ እዚ ተሓንጊጥናዮ ዘለና ብረት ኣይመድለየናን ነይሩ። ስለዚ፣ ህ.ግ ነቲ ወሲዱዎ ዘሎ ስጉምቲ ኽነመጉሶ እዩ ዝግብኣና። ምኽንያቱ፣ ነቲ ኣብ ሕዳር 1980 ዝኣመሞ ረፈረንደም፣ እታ ንጥፍኣቱ ደው ዝበለት ዓለም ተገዲዳ ኽትቕበሎ ምኳና ዘጠራጥር ነገር ስለ ዘየልቦ። እታ ሳልሰይቲ ነጥቢ ሽኣ፣ ደርግ፣ ንህዝባዊ ግንባር፣ ንህ.ወ.ሓ.ት ካብ ምሕጋዝ ተቘጠብ ዝብል ቅድመ ኹነት ኽቕርበሉ እዩ፣ ሻዕብያ ሽኣ ንምቕባሉ ድሕር ኣይክብልን'ዩ ዝብል ኣተሓሳስባ፣ ባህርን መትከልን ህ.ግ ካብ ዘይምፍላጥ ዝተላዕለት ኮይኑ እዩ ዝስምዓኒ። ስለ ዝኾነ ሽኣ ኢና፣ ነቲ ብውሽጥና ዝስምዓና ዘሎ ስክፍታ፣ በጨቕ ነብሎ ዘለና። ብጾት፣ ኣነ እዚ ባዕላዊ ስግኣት ዘምጽኦ ኣበሃህላ እምበር፣ ዋላ'ውን ብርዱእ ምኽንያት ደርግ ከምኡ ዝብል ቅድመ ኹነት እንተ'ቕሪቡ፣ ሻዕብያ፣ ኣብ ትሕቲ ዝኾነ ይኹን ኵነት ኣይክቕበሎን'ዩ። ምኽንያቱ፣ ጉዳይ ኢትዮጵያ ንኢትዮጵያውያን'ምበር፣ ንሻዕብያ ዝምልከት ስለ ዘይኮነ፣" ብምባል፣ ንኹሎም ኣባላት ማእከላይ ሽማግለ ዘደንጸወን ንዝቕጽል ክትዓት ማዕጾ ዝዓጸወን ርእይቶ ሂቡ ኾፍ በለ'ሞ፣ ገለ ኣባላት'ቲ ማእከላይ ሽማግለ ምዉቕ ጣቕዒት ምስ ኣስምዑ ካልኦት'ውን ስኖም ነኺሶም ኣጣቕዑ።

"ኵነታት ሻዕብያ ኸምዚ ብጻይ ሓጐስ ዝሃቦ ርእይቶ ክኸውን እናተተስፎና፣ ኣብ ቀጻሊ ብሓባር ክንከታተሎ ኢና። ስለዚ፣ ርእይቶ ዘለና ኣይመስለን'ዩ ዘሎ'ሞ ኣኼባ ኣብዚ ወዲእና ኣለና፣" ብምባል፣ ኣቦ መንበር ስብሓት ነጋ ኣኼባ ዓጸዎ።

እዚ ኸምዚ ኢሉ እንከሎ፣ እቶም ሽም ሻዕብያ ክጽዋዕ

ከሎ ኣስናኖም ሓርቀምቀም ዘብሉ ኣባላት መሪሕነት፣ ንሻዕብያን ሓጐስን ከጸልሙዎም ላዕልን ታሕትን ካብ ምባል ኣይተቘጠቡን። “ሻዕብያ ብቐደሙ’ውን’ኮ ብርጅዋዊ ባህሪ ስለ ዘሎዎ ኣትኪሉ ኣይክቃለስን’ዩ። ዘተ ሰላም ዝብል ዘሎ’ኮ በቿራጭ ጌሩ ምስ ደርግ ስልጣን ብምምቕራሕ ኣብ ስልጣን ክድይብ ስለ ዝደለየ እዩ፣” ብምባል ከኣ፣ ባዕላዊ ወረታት ኣብ ምንዛሕ ተዋፈሩ።

* * *

ምዕራፍ 47

መንግስቱ፡ ነቶም ኣብ ኤርትራ ኸቢድ ፍሽለት ዘጋጠሞም ሜ/ጀነራል መርእድ ንጉሰ፡ ብ/ጀነራል ዓብዱላሂ ዑመር፡ ሜ/ጀነራል ኣበራ ኣበበን ካልኦትን ናብ ኣዲስ ኣበባ ብምቕያሩ፡ ነቲ ዕልዋ ዝህንድስ ዝነበረ ሚኒስተር ንግዲ ሜ/ጀነራል ፋንታ በላይ ተወሳኺ ሓይሊ ኾኑዎ። ናይ'ቲ ዝጥጃእ ዝነበረ ዕልዋ ቀንዲ ሃንደስቲ ብምዃን ከኣ፡ ንልዕሊ 18 ጀነራላት ዝርከቡዎም ላዕለዎት መኰንናት ኣብ ጐድኖም ከውድቡ ኸኣሉ። ስለ ዝኾነ ኸኣ፡ እቲ ዕልዋ፡ ፕረዚደንት መንግስቱ ሃይለማርያም ናይ ወጻኢ ሃገር ዑደት ኣብ ዝገብረሉ እዋን ክኸውን ከም ዘሎዎ ኣብ ኣዲስ ኣበባ ብኸልሰ ሓሳብ ደረጃ ኸረዳድኡ ኸለዉ፡ ኣብ ኣስመራ ኸኣ፡ ካልኣይ ኣብዮታዊ ሰራዊት ነስመራ ክቈጻጸር፡ ምስ ህ.ግ ጊዝያዊ ተዅሲ ደው ምባል ክሰማማዕ ን ዘድሊ ወተሃደራዊ ሓገዝ ናብ ናዝሬት ብምስዳድ ሓይሊ ኣየር ኢትዮጵያ ኸቈጻጸርን ተሰማምዑ።

እዚ ኾይኑ ኸብቅዕ፡ ኮሎኔል ታምራት፡ ነቲ ኣብ ኣስመራ ብኣላይነት ደምሴ በልቱ ዝግበር ዝነበረ ምውድዳብ ገለ ሃንፍ ከም ዘሎዎ ካብ ምሕባር ኣይተቘጠበን። ከመይሲ? ኣብ'ቲ ኣብ ወርሒ ግንቦት 1988 ብሽዕብ ኣቢሉ ንኣፍዓበት ካብ ኢድ ህ.ግ ንምምንዛዕ ብመሪሕነት ብ/ጀነራል ተመስገን ገመቹን ብ/ጀነራል ካሳየ ጨመዳን ዝተፈተነ መጥቃዕቲ፡ 'ኣብ ኣወሃህባ ትእዛዝ ዝተፈጸመ ጌጋታት ነይሩ፡' ብምባል ኣብ'ቲ ሰራዊት ምዕዝምዛማት ጥራይ ዘይኮነ፡ እቲ ብኣየር ወለድ ዝፍለጥ ሰራዊት ንጀነራል ደምሴ ቡልቱ ሓያል ቂምታ ሒዙሉ ኸም ዝነበረ ታምራት ይፈልጥ ነይሩ እዩ። ኮይኑ ኸኣ እቲ ጀነራል ኣብ ኣኼባ፡

"ከም ትፈልጡዎ በዓል መርእድ ናብ ኣዲስ ኣበባ ካብ ዝቕየሩ ኣትሒዙ እቲ ምውድዳብ ብስሉጥ ይካየድ ኣሎ። ዳርጋ መብዛሕትኦ መኰንን'ውን ይሳተፎ ኣሎ። ስለዚ፡ ብወገንና እቲ ምድላዋት ከመይ ይኸይድ ኸም ዘሎ ታምራት ክገልጸልና እዩ፡" ብምባል፡ እቲ መድረኽ ንታምራት ሃቦ።

"ልክዕ'ዩ! ብወገን ክልቴና ዘሎ ምውህሃድ ብጽቡቕ ይቕጽል ኣሎ፡" ብምባል፡ ኣብ ኣዲስ ኣበባን ኣብ ኣስመራን ንዝካየድ

ዘሎ ምቅርራባት ሰፊሕ መግለጺ ድሕሪ ምግባር፣ “ኣብ ኣስመራ ግና ብወገን *ሳየር ወለድ ክፍለ ጦር* ዝስምዑን ስክፍታ ዝፈጥሩ ተርእዮታትን ከም ዘለዉ ክንግንዘብ ይግብኣና። ስለዚ፣ ጓድ ሰለሙን ብዛዕባ *ሳየር ወለድ ክፍለ ጦር* መብርሂ እንተ ዝህበና ጽቡቕ ነይሩ፣” ብምባል፣ ነቲ ቕድሚ ኽልተ መዓልቲ ምስ'ቲ ጀነራል ዝተመያየጥሉ ኣርእስቲ ባዕሉ ነቲ ገዛ ኽደግመሉ ዓደሞ። ብ/ጀነራል ሰለሙን ደሳለኝ ናይ መበል 202 *ሳየር ወለድ ክፍለ ጦር* ኣዛዚ እዩ። ንሱ ኣብ'ቲ *ክፍለ ጦር* ብዙሕ ዘይፍቶ ጥራይ ዘይኮነ፣ ኣብ'ቲ ብዕለት 23 ግንቦት 1988 ኣብ ልዕሊ ናይቲ ብብ/ጀነራል ተመስገን ገመቹ ዝእዘዝ ዝነበረ መበል 102 *ሳየር ወለድን* ብብ/ጀነራል ካሳየ ጨመዳ ዝእዘዝ ዝነበረ ሜካይዝድ ክፍለ ጦርን ዝወረደ ፍጹም ስዕረትን ሞት ናይ ብ/ጀነራል ተመስገን ገመቹ ዘኸተሎ ውግእ፣ ተሓታቲ እዩ ተባሂሉ ይሕመ ነይሩ እዩ። እቲ *ክፍለ ጦር* ድሕሪ ስዕረቱ፣ ዝተረፈ ሰቡን ውጉኡን ሒዙ ድሕሪ ኽንደይ ድኻምን ስቓይን ብመርሳ ጉልቡብ ኣቢሉ፣ ብባጽዕ ገይሩ ናብ ኣስመራ እዩ ኣትዩ። ኮይኑ ኸኣ፣ ጀነራል ደምሴ ቡልቱ፣ ነቲ ካብ ሞትን መውጋእትን ተሪፉ ናብ ኣስመራ ዝኣተወ ሰራዊት፣ ካብ ኣስመራ ብዘይ ወዓል ሕደር ናብ ቦታኡ ክብገስ ከም ዘሎዎ ህጹጽ ትእዛዝ ብምሃቡ፣ ካብቲ *ሳየር ወለድ ክፍለ ጦር* ሓያል ተቓውሞ ኣጋጢሙዎ ነይሩ እዩ። ስለ ዝኾነ ኸኣ፣ ጀነራል ወርቁ ቸርነትን ጀ/ ሑሴን መሓመድን ዝርከቡዎም ኣዘዝቲ እዚ ብምምጻእ ነቲ *ክፍለ ጦር* ኣዘራሪቦምን ኣረጋጊኦምን ናብ ቦታኦም እንተ ኣንቀሳቐሱዎም'ኳ፣ ኣብ ልዕሊ ሜ/ጀነራል ደምሴ ቡልቱን ብ/ጀነራል ሰለሙን ደሳለኝ ግና ዘይወጽእ ቂምታ ደኣ ሒዞም ነበሩ። ስለ ዝኾነ እዩ እምበኣር፣ ጀነራል ሰለሙን ደሳለኝ፣

“ኣብ'ዚ ክፍለ ሃገር ዘጋጥመና ዘሎ ተኸታታሊ ስዕረት ብሓደ ወገን፣ ኣብ'ቲ ሰራዊት ዝወርድ ዘሎ ሞት፣ መውጋእትን ካብ መዓልቲ ናብ መዓልቲ እናኸፍአ ዝኸይድ ዘሎ ምረት መነባብሮኡን በቲ ኻልእ'ዩ ነዚ ምትእኽኻብና መበገሲ ኾይኑና ዘሎ። ኣብ'ዚ ግና፣ ኢድና ናብ ካልኦት ቕድሚ ምምልካትና፣ ናትና ናይ'ቶም ኣብዚ ዘለና ኣዘዝቲ'ውን ተራ ኽህልዎ ስለ ዝኽእል፣ ብመጀመርታ ነብስና ክንፍትሽ ክንክእል ኣሎና። ሓደ ኣብነት ክጠቕስ፣ እቲ ብወገን ሽዕብ ወፊሩ ኣፍዓበት ንኽሕዝ ትእዛዝ ዝተዋህበ ብ/ጀነራል ተመስገን ገመቹን ብ/ጀነራል ካሳየ ጨመዳን ዝተመርሐ ሰራዊት ዝወረዶ ፍጹምን ዘስካሕክሕን ውድቀት፣ ኣብ ልዕሊ ነቲ ትእዛዝ

ዝሃብና መራሕቲ ውግእ ሓያል ተቓውሞ ተላዒሉ ኸም ዝነበረ ዝዝከር'ዩ። እዚ ኸኣ፣ ደምሴን ወርቁን ብኣካል ዝተዓዘብኩሞ ጉዳይ እዩ። ስለዚ፣ እዚ ተቓውሞ'ዚ ነዚ እንሓስቦ ዘለና ዕልዋ ብኣሉታ ክጸልዎ ይኽእል'ዩ ዝብል ግምት ኣለኒ። ስለ ዝኾነ ኸኣ፣ ሓደ ሓሳብ ከቕርብ ፍቐዱለይ፣" ብምባል፣ ንኹሎም ብዓይኑ ኈለሎም። "ኣብ ኣስመራ ነዚ ምውድዳብ ትመርሖ ዘለኻ ደምሴ ኢኻ፣ ኣብ ኣዲስ ኣበባ ኸኣ ጀነራል መርእድ'ዩ። እቲ ክብሎ ዝጸናሕኩ ማለት ብኣይ ዝእዘዝ መበል 202 *ሓየር ወለድ ክፍለ ጦር* ኣብ ልዕሌኹም ይኹን ኣባይ ዘሎዎ ኣረኣእያ ኣዝዩ ኣሉታዊ ስለ ዝኾነ፣ ነዚ ኣብ ልዕሊ ኮሎኔል መንግስቱ ዝበጋገስ ዘሎ ተቓውሞ ካልኦት ጀነራላት እንተ ዝመርሑዎ ምሓሸ ነይሩ ምበልኩ፣ እንተ ዘይኮነ ሓደገኛ ሳዕቤን ክህልዎ ይኽእል'ዩ፣" ብምባል፣ ደምሴን ካልኦትን ዘይሓሰቡዎን ዘሰምብድን ርእይቶ ሃበ። ደምሴ ቡልቱ ነቲ ብብ/ጀነራል ሰለሙን ደሳለኝ ዝቐረበ ርእይቶ፣

"ሰለሙን እቲ ትብሎ ዘለኻ ተቓውሞ ኸም ዘጋጠመ ኣይከሓድን'ዩ። ግና ኣብ'ዚ እዋን'ዚ ተረጋጊኡስ ምስቲ ም/ኣዛዚ ጽቡቕ ዝምድና ተመስሪቱ ኣሎ። ስለዚ፣ ብዙሕ ዘሰክፍ ነገር ዘሎ ኣይመስለንን፣" ብምባል'ኳ እንተ መለሰሉ፣ ብውሽጡስ ነቲ ሓቂ ክሰግሮ ኣይከኣለን።

"ጀነራል!" በለ ታምራት፣ "ኣነ'ውን እዚ ጉዳይ ካብ ሰለሙን ሰሚዐዮ ስለ ዝነበርኩ እየ ባዕሉ ንኽገልጾ ዝሓበርኩዎ። እቲ 'ነሱ ዝብሎ ዘሎ ግና ንኹላትና ኸተሓሳስበና ዘሎዎ ጉዳይ ኾይኑ እዩ ዝስምዓኒ፣ ንስለ ረብሓ ህዝቢ ኢትዮጵያ። ስለዚ፣ ኣብ'ቲ ዝቕጽል ርክብና ሓሲብናሉ እንተ መጻእና ጽቡቕ ይመስለኒ፣" ብምባል፣ ብዲፕሎማስያዊ ኣዘራርባ ካብ'ቲ ቦታ ተኣለ ብምባል ኣኼባ ዛዚሞም ወጹ።

ታምራት፣ በቲ ጀነራል ሰለሙን ዝሃቦ ዘሰክፍ ርእይቶ ክቐስን ስለ ዘይከኣለ፣ ናብ ደምሴ ብምኻድ ብዛዕባ'ቲ ኣተሓሳሳቢ ጉዳይ ከእምኖ ፈተነ፣ ክኾነሉ ግና ኣይከኣለን። ኮይኑ ኸኣ፣ ካብ'ቲ ዝነበሮ ዘጨንቕ ኵነታት ክዘናጋዕ ኢሉ ኣማስያኡ ናብ ባር ባኞ ኸደ።

"*ታምራተይ*! ከመይ ውዒልካ?" ብምባል፣ ኣዜብ ብፍሽሑው ገጽ ተቐቢላ ምስኡ ኾፍ በለት።

"እምበይተይ፣ ገለ ዝብላዕ ነገር እንተ ዝህልወክን ከመይ ደስ ምበለኒ ነይሩ፣" በላ፣ ከምቲ ኹሉ ጊዜ ጸቕጢ ክስምዖ ኸሎ ዘርእዮ ናይ ቀጨውጨው ጠባይ እናኣርኣያ።

“በል መጻእኩ፡” ኢላ፡ ገለ ዝልከፍ ከተምጽኣሉ ብድድ በለት።

ኣዜብ ኽም ወትሩ መግብን መስተን ሒዛ መጸት'ሞ ኣብ ዕላላ ኣተወት። ንሳ ታምራት ከም ዘይተበርሆ ስለ ዘስተብሃለት “ታምራት ደኺምካ ስለ ዘለኻ መስተ ይትረፍካ'ሞ፡ ንዓናይ ንገዛ ንኺድ፡” በለቶ።

“ሓቅኺ ኢኺ። ትፈልጢ ዲኺ! ኵነታትና ኣመና እዩ ዘተሓሳስበኒ ዘሎ። ሎሚ ምስ በዓል ደምሴ ኣብ ዝተኣከብናሉ እዋን፡ ንበዓል መርእድ ኣመልኪቱ ሰለሙን ደሳለኝ ዝሃቦ ርእይቶ ደስ ኣይበለንን። ንሱ እዩ ኸኣ ዘተሓሳስበኒ ዘሎ፡” ብምባል፡ ኣብቲ ኣኼባ ዝተዘተየሉ ጉዳይ ሓደ ብሓደ ነገራ።

“እሞ ጀነራል ደምሴ ኸመይ ተቐቢሉዎ?”

“ክቕበሎ ኣይደለየን። ምናልባት ብጌጋ ተረዲኡዎ ኸይህሉ ብምባል ኣነ ብኣካል ከይደ ኣዘራሪበዮ ነይረ። ንሱ ግና ኹሉ ነገር ኣብ ትሕቲ ቍጽጽርና እዩ ዘሎ ኣይትሰከፍ፡ ብምባል፡ ነቲ ናይ ሰለሙን ርእይቶ ክቕበሎ ኣይደለየን።”

“እንተ ደኣ ርግጸኛ ኾይኑ እንታይ'ሞ ዘሰክፍ ኣለካ?”

“ሰራዊት ሓንሳብ እምቢ እንተ ኢሉን ኣብ ልዕሊ ኣዛዚኡ ቂምታ ሒዙን፡ መዓልቲ ተጸብዩ ኸጥፍኦ ምኻኑ ኣይትዘንግዒ፡” ብምባል፡ እቲ ዘሰክፎ ነገር ኣብርሃላ'ሞ ኣብ ብርጭቆኡ ዝነበረት ዊስኪ ጨብ ኣቢሉ ንኽኸይድ ተበገሰ፡ ኣዜብ ከኣ ምስኡ።

* * *

ምዕራፍ 48

ሓጐስ፡ ንዘተ ሰላም ህዝባዊ ግንባርን መንግስቲ ኢትዮጵያን ኣመልኪቱ ኣብ ኣኼባ ንዘሃቦ ርእይቶ ብዙሕ ተቓውሞ እዩ ገጢሙዎ። ብወገን ጉጅለ ስየ'ሞ 'ዝንቡዕ ኣረኣእያ ኣሎዎ፡' ብዝብል ምስምስ ካብ'ቲ ማእከላይ ሽማግለ ክእለ ብዙሕ ጐስጓስ እዩ ተኻይዱ። ንሱ ግና ካብ መርገጺኡ ፈልከት ክብል ብዘይ ምኽኣሉን ተመሳሳሊ ርእይቶ ብዘሎዎም ተጋደልቲ ደገፍ ብምርካቡን ነገራት ተደጒሎም ተረፉ። እዚ ኸምዚ ኢሉ እንከሎ እዩ እምበኣር፡ ብስራሕ ምኽንያት ናብ ቤት ጽሕፈት ህ.ወ.ሓ.ት ካርቱም ዝገሸ። ኣብ'ቲ እዋን'ቲ ዝምድና ኽልቲኦን ውድባት ምሉእ ብምሉእ ናብ ንቡር ተመሊሱ ነይሩ'ኳ እንተ ዘይተባህለ፡ ህ.ግ ግና ብመትከል ምስ ኩለን ተቓወምቲ ውድባት ኢትዮጵያ ብዝነበሮ ስትራተጂያዊ ዝምድና፡ ንተጻብኦታት ህ.ወ.ሓ.ት ሸለል ብምባል'ዩ፡ ነቲ ልኡኽ ንምርካብ ናብ ካርቱም ወከልቱ ዝሰደደ።

ሓጐስ፡ ንመጀመርታ እዋን ካብ ሜዳ ትግራይ ወጺኡ ንህ.ግ ክረኽቦ ምኽኣሉ ኸም ዓቢ ሰድል ቈጸሮ። ሓላፊ እቲ ቤት ጽሕፈት ስዩም መስፍን ነቶም ናይ ህ.ወ.ሓ.ት ልኡኻት ተቐበሎም'ሞ፡ እቲ ኣኼባ ድሕሪ ኽልተ መዓልቲ ኽግበር ምዃኑ ሓቢሩ፡ ከተማ ካርቱም ከርእዮም ሒዙዎም ክወጽእ ብግስ ምስ በለ፡ ወኪል ህ.ወ.ሓ.ት ኣብ ከሰላ ሃንደበት ሸዑ ኣተወ። ድሕሪ ሰላምታ፡

"ብጻይ ስሑል፡ እዚኦም ካብ ሜዳ ዝመጹ ብጾትና እዮም፡" ብምባል፡ እቶም ዝፈልጡዎ ሰላም በሉዎ'ሞ፡ ነቶም ዝተረፉ ኸኣ "ብጻይ ሓጐስ ኣባል ማእከላይ ሽማግለ፡ እዚ ኸኣ ብጻይ እያሱ፡" ብምባል ስዩም መስፍን ኣፋለጦም። ሓጐስ፡ ንስሑል ምስ ረኣዮ ሃንደፍ ኢሉ "ክንፈ" ብምባል ሰላም ኣይበሎን፡ ግና ኣዝዩ ተገረመ። ክንፈ፡ ሓጐስ፡ ብወረ ኣብ ህ.ወ.ሓ.ት ከም ዘሎ ይፈልጥ'ኳ እንተ ነበረ፡ ክለልዮ ግና ኣይከኣለን። ምኽንያቱ፡ ድሕሪ ዓሰርተው ሓሙሽተ ዓመት ኣቢሉ እዩ ዝርእዮ ዘሎ። እቶም ኣጋይሽ ምስ ወጹ እታ 'ሓጐስ' ትብል ሽምን እተን ኣብ ገጹ ዝነበራ መትከስትን ናብ ኣእምሮኡ መጸእ'ሞ፡ 'ሓጐስ ገብረኣነንያ' ኢሉ ናብ ድሕሪት ጠመተ፡ ኮይኑ ግና ድሮ ወጺኦም ደኣ ነበሩ።

ብኡ ንብኡ ኸኣ ንተስፋይ ብምዝካር መላእ ሰብነቱ ብረሃጽ ተሓጽበ። ክንፈ፡ ንሓጐስ እንታይ ክብሎ ኸም ዘሎዎ ከዕጠጠ ኣምሰየ'ሞ እቶም ኣጋይሽ ካብ ዙሮቶም ምስ ተመልሱ፡

"ኣንታ ሓጐስ! ዓንተቦ ናይ'ቲ መገዲ ደኺምና ስለ ዝነበርና ግዲ ኾይኑ፡ ብጸይ ሰዩም ከፋልጠና ኸሎ ሓጐስ ምዃንካ ፈጺመ ኣየቃለብኩልካን፡" ብምባል፡ ደጊሞም ተሰዓዓሙ። "ከመለኻ?" በለ ክንፈ።

"ጭሕሚ ገዲፍካ፡ ከምዛ ትርእየኒ ጽቡቕ ኣለኹ። ንስኻ'ውን ጽቡቕ ኣለኻ!"

"ብጾት፡ ምስ ሓጐስ ብ1972 ኣብ ኣዲስ ኣበባ ተመሃራይ ዩኒቨርሲቲ ኸሎ ኢና ንፋለጥ። መንእሰይን ትጉህን ከኣ እዩ ነይሩ። ተቐራሪብና ኣጸቢቕና ኸይተፋለጥና ኸኣ እዩ ናብ ሻዕብያ ተሰሊፉ። መን እዩኸ ስሙ እቲ ዓርክኻ?"

"ሰለሙን።"

"እወ ሰለሙን! እታ ጓልከ ለምለም ድያ ሸማ ሓቀይ፡ ከመይ ኣለዉ?"

"ምስ ሰለሙን ብሓንሳብ ኢና ተሰሊፍና፡ እንተ ለምለም ግና 1976 እያ ተሰሊፋ። ሓንሳብ ክልተ ሳዕ ተራኺብና ኔርና። ክልቲኦም ተዛሚዶምሲ ግርማይ ዝብሃል ቈልዓ ወሊዶም ኣለዉ።"

"ዝገርም'ዩ! እሞ ነታ ዩኒቨርሲቲ ጥራሓ ገዲፍኩማ ኢኹም ወጺእኩም በለኒ'ምበር። ምስ መለስ ኣብ ሓደ ፋካሊቲ እዮም ነይሮም'መስለኒ፡"

"እወ።" ብምባል፡ ዕላል ናብ ካልእ ንምጥዋይ፡

"መዓስ ደኣ ተሰሊፍካ?"

"*ቀይ ሽብር* ምስ ኮነ፡ ኩልና ኣባላት ማ.ገ.ብ.ት ዝነበርና ገሌና ተኣሲርና፡ ገሌና ኸኣ ናብ ሜዳ ወጺእና።"

"ተስፋይከ?" ምስ በሎ፡ ብኽልተ መታልሕ ረሃጽ ኵረር ኵረር በሎ።

"ይገርመካ እዩ! ኣነ ናብ ደቡብ ኢትዮጵያ ብስራሕ ተቐይረ ምስ ከድኩ ርክብና ፈጺሙ እዩ ተቛሪጹ። ኣጋጣሚ ኣይተራኸብኩምን'ምበር ንሱ'ውን'ኮ ሜዳ እዩ ዝህሉ፡" እናበለ፡ ነቲ ኵረር እናበለ ዘሸግሮ ዝነበረ ረሃጽ መንዲሉ ገይሩ ድርዝ ድርዝ ኣበሎ። ከምኡ ኢሎም ከዕልሉ ኣምሰዩ'ሞ በዓል ሓጐስ ተኻኢሎም ስለ ዝነበሩ ናብ መዋድቖኦም ከዱ። ሓጐስ፡ እታ "ስሑል" ትብል ሽም፡ ከምቲ ልሙድ ምቕያር ሽም ተጋደልቲ ህ.ወ.ሓ.ት ገይሩ

ወሲዱዎ'ኳ እንተ ነበረ፡ በየናይ ሽም ከም ዝጽውዖ ግና ሓርበቶ። ስለ ዝኾነ እዩ ኸኣ ነታ ክንፊ ትብል ሽም ካብ ኣፉ ኽየምልቓ ክቃለስ ዘምሰየ።

ክንፊ፡ ናብ ሜዳ ትግራይ ክወጽእ ከሎ ወዲ 39 ዓመት'ዩ ነይሩ። ታዕሊም ወዲኡ ናብ ተዋግኣይ ሰራዊት'ኳ እንተ ተወዘዐ፡ ብዝነበሮ ናይ ጥዕና ጸገማት ኣብ ደደቢት'ዩ ነይሩ። እቲ ውድብ ቤት ጽሕፈት ኣብ ሱዳን ምስ ከፈተ ኸኣ፡ ኣብ ከሰላ ወኪል ኮይኑ ተወዘዐ። እዚ ኹሉ ዓመታት ብዛዕባ ተስፋይን ካልኦትን ፈጺሙ ሓሲቡ ኣይፈልጥን ነይሩ ከመይ ኢሉ'ኸ ኺሓስብ።

ርክብ ካርቱም ብጽቡቕ ሃዋህው ተኻየደ'ሞ፡ ናይ ሓባር ወተሃደራዊ ስትራተጂ ኣውጺኦም ንጸላኢ ክሃርሙዎ ኣብ ስምምዕ በጽሑ። በዚ ኸኣ እቲ ልኡኽ ናብ ሜዳ ትግራይ ተመልሰ። ሓጐስ፡ ድሕሪ ሻድሻይ ወራር ናብ ሜዳ ትግራይ ካብ ዝምለስ ኣትሒዙ ምስ ዑስማን ንኻልኣይ እዋን'ዩም ኣብ'ቲ ኣኼባ ተራኺቦም። ኮይኑ ግና ብውልቂ ኽዘራረቡ ዕድል ኣይረኸቡን፣ ምኽንያቱ፡ በቶም መማጽእቱ ተጠማቲ ስለ ዝነበረ።

ልኡኽ ህ.ወ.ሓ.ት ናብ ሜዳ ትግራይ ምስ ተመልሰ፡ መሪሕነት፡ ብሰንኪ'ቲ ህ.ግ ዝተኻናጸፎም ዓወታት፡ ብፍላይ ምፍራስ ናደው እዝ ኣብ ውሽጡ ሓያል ጸቕጢ ስለ ዝተላዕሎ ብሓደ ወገን፡ ነብሰ ምትሓት ዘንቀሎ ስምዒት በቲ ኻልእ እዩ እምበኣር፡ ውጥን መጥቃዕቲ ሽረ እንዳ ሰላሴ ብሃታ ሃታ ዝሃንደሰ።

* * *

ትግራይ፡ ለካቲት 1989

ኣብ ሜዳ ኤርትራ ዝተቐልቀለ ለውጥን ምሕያል ህዝባዊ ግንባር ብዝፈጠሮ ጸቕጥን፡ ብኡ መሰረት ከኣ መሪሕነት ህ.ወ.ሓ.ት ካብ ሰራዊቱ ንዝመጾ ዝነበረ ጸቕጢ ንምፍኳስ ወተሃደራዊ ኣዘዝቲ እቲ ውድብ ኣብ ልዕሊ ሰራዊት ደርግ መጥቃዕቲ ንምግባር ወጠኑ። ኣብቲ ወተሃደራዊ ስታፍ ዝጸውዖ ኣኼባ ሓላፊ ስታፍ ንኣዛዚ ግንባር ስዩ ኣብርሃ እቲ መድረኽ ሃቦ'ሞ

"ከምቲ ዝፍለጥ፡ ውድብና መሳርዑ ንምድልዳልን፡ ንጹር ስነ ሓሳብ ንምህናጽን ከሰላስሎ ዝጸንሐ ስራሓት፡ ብሓፈሻዊ ጉባኤ ተዛዚሙስ እነሆ ሎሚ ኣብ ዝለዓለ ደረጃ ብምብራኽ ንደርግ ካብ ትግራይና ሓግሒግና ኽንጸርጎ ሓደ ወተሃደራዊ ውጥን ሓንጺጽና

ኣለና። እዚ ወተሃደራዊ ውጥን'ዚ ብጽፉፍ መገድን ብዘይ ብዙሕ ክሳራን ምእንቲ ኽፍጸም ኩልኻትኩም መራሕቲ ብርጌድ ርእይቶኹም ክትህቡሉ እዩ እዚ ኣኼባ'ዚ ተጸዊዑ ዘሎ። እታ መጥቃዕቲ ኽካየደላ ተሓሲባ ዘላ ኸተማ፡ ከተማ ሽረ እንዳ ስላሴ እያ። ኣብ ሽረ (ትግራይ) እቲ ዝበዝሐ ሰራዊት ደርግ ዓስኪሩላ ዘሎ ኸተማ ኾይና፡ ብገምጋምና ልዕሊ 25 ሽሕ ኣቢሉ ይኸውን። ድልዱል ኣጽዋር ዝዓጠቐን ሓያል ተመኩሮ ዘሎዎ ኸም ምኳኑ መጠን ብወገንና ሽመይ ጌርና ከም ነጥቅዖ ሓደ ወተሃደራዊ ውጥን ተሓንጺጹ'ሎ። ንሱ ኸኣ፡ ከምዚ ዝስዕብ ኣሕጺረ ኽገልጾ እየ። ውድብና ምስ ሰራዊት ደርግ ብዝዳረግ ብዝሒ ሰራዊት ከሰልፍ'ዩ። ብሬን፡ ዶሽካን ኣርበጅን ዝዓጠቑ ናይ ከቢድ ብረት ቦጦሎኒታት'ውን ኣብቲ መጥቃዕቲ ኽካፈላ እየን። ኣብ ውግእ፡ ብዝሒ ሰራዊት ኣዝዩ ወሳኒ ጥራይ ዘይኮነስ፡ ንሰራዊት ጸላኢ ራዕዲ ኣእትዩ ኸም ዝበታተን'ዩ ዝገብር። ምኽንያቱ፡ ሓንቲ ድሕሪ እታ ሓንቲ ብርጌድ ብዘይ ዕረፍቲ ተኸታቲለን ምስ ዝሃጅማእ ኣብ መወዳእታ ኣላሽ ኢሉ ኢዱ እዩ ዝህብ። ስለዚ እዩ ኸኣ፡ ዝኣክል ሰራዊት ተዳልዩ ዘሎ፡" ብምባል ነቲ ናይ ቀዳማይ ውግእ ዓለም ዝመሳሰል ስልቲ ውግእ ኣስፊሑ ገለጸሎም። ናይ መጥቃዕቲ ካርታታት ተዘርግሐ። ውግእ፡ በየንን ብመንን ከም ዝጅመር ተነግረ። እቲ መጥቃዕቲ'ውን ኣብ ክንደይ ሰዓታት ክዛዘም ከም ዘሎዎ ተሓንጸጸ። ዕለትን ናይ ዜሮ ሰዓትን ተመደበ። ኣኼባ ቅድሚ ምዕጻዉ ርእይቶን ሕቶን ቀረበ። ሓጐስ ዕድል ተዋህቦ'ሞ፡

"ብጻይ ስየ፡ እቲ ዝርዝራት ኩሉ በብሓደ ትገልጸልና ጸኒሕካ። ብወገነይ ንሰራዊት ደርግ ምጥቃዕ፡ ከምቲ ኣብ ኣኼባ ማእከላይ ሽማግለ ኣልዒለዮ ዝነበርኩ፡ ለሚ ጽባሕ ዝብሃለሉ ጉዳይ ኣይኮነን። የግዳስ፡ ነዚ ኣብ ሽረ ዘሎ፡ እሞ ከምዚ ዝበልካዮ ክሳዕ ኣፍንጫኡ ዘመናዊ ኣጽዋር ዓጢቑ ዘሎ ሰራዊት ከመይ ገይርና ነጥቅዓዮ ዝብል ሕቶ ርእይቶ ኽህበሉ ይፈቐደለይ። ኣነ፡ ንጸላኢ ብብዝሒ ሰራዊት ምዕብላል ዝብል ናይ ኵናት ስትራተጂ ጊዚኡ ዘሕለፈ ቅዲ ኹናት'ዩ ዝብል ርእይቶ እዩ ዘለኒ። ብሕልፊ ንኸምዚ ከማና፡ኣብ ደባይ ውግእ ዝጸንሐን ከታማታት ሓራ ኣብ ምውጻእ ብዙሕ ተመኵሮ ዘይብሉ ውድብን። ሰራዊት ደርግ፡ ከቢድ ብረት ብብዝሒ ከም ዘሎዎ ዓይነቱ ኽይተረፈ ተገሊጹ'ሎ። ብወገንና፡ እቲ ዝዓበየ ኣጽዋርና ኣርበጅን ብረይንን እዩ። የግዳስ፡

ካልኦት ኣማራጽታትከ ዳህሲስናዮም ዲና? ምስ ህዝባዊ ግንባር ዝተበጽሐ ስምምዕ ኣብ መጥቃዕቲ ሽረ ብኸመይ መገዲ ኢና ንጥቀመሉ? ተሓቢሩዎም ድዩ? እንተ ኾይኑ ኸኣ ብኸመይ መልክዕ እዩ ህ.ግ ኣብቲ መጥቃዕቲ ክካፈል? ዝብል ሕቶታት ግና ዝኾነ ይኹን መብርሂ ኣይተዋህበሉን። ስለዚ፣ ኣብዚ መዳይ'ዚ ዝተገብረ ነገር እንታይ ኣሎ?" ብምባል ንኣዛዚ ግንባር ሓተቶ።

"ብወገንና ብዛዕባ እዚ ጉዳይ'ዚ ምስ ሻዕብያ ተዘራሪብና ኔርና። ንሳቶም ብኸቢድ ብረት ክተሓጋገዙና ሓሳብ ኣቕሪቦም ኣለዉ። ኮይኑ ግና፣ ውድብና ነቲ መጥቃዕቲ ንበይኑ ኽገብሮ ይኽእል'ዩ ዝብል ምሉእ እምነት ስለ ዘሎዎ፣ ነቲ ሓገዝ ክሳዕ ሕጂ ኣይተቐበሎን ኣሎ። ውድብና ነቲ መጥቃዕቲ ንምፍጻም ዝኣክል ዓቕሚ ኣሎዎ፣" ክም ሓውሲ ነድሪ ገይሩ መግለጺ ኣብ ዝህበሉ ዝነበረ ህሞት፣ ኣርከበ ዕቍባይ ኢዱ ወስ ኣበለ'ሞ ስየ ንኽዛረብ ፈቐደሉ።

"ብጻይ ሓጐስ! ኣብ ብዙሕ ኣጋጣሚታት፣ ካብ'ቲ ብዛዕባ ዓቕሚ ውድብና እትዛረብ፣ ብዛዕባ ህዝባዊ ግንባር እትህቦ ርእይቶ እዩ ዝበዝሕ። ሻዕብያ ንነገራት ብትምክሕታዊ ዓይኒ ኽም ዝርእዩዎ፣ ውድብና ዓቢ ተመኩሮ እዩ ዘሎዎ፣" ብምባል፣ ነዊሕ ትንተና ድሕሪ ምሃብ፣ "ስለዚ፣ ንሕና፣ ትዕቢቶም ክንሰብሮ እንተ ኼንና፣ ኣብ'ዚ መጥቃዕቲ'ዚ ተዓዊትና ኽንወጽእ ጥራይ እዩ ዘለና፣ ክንዕወት ከኣ ኢና፣ ብዘይ ጥርጥር፣" ምስ በለ፣ ኩሎም ኣጣቕዑሉ'ሞ ኣኼባ ወተሃደራውያን ኣዘዝቲ ተዛዘመ።

ወርሒ ለካቲት 1989 ሽረ ክትጥቃዕ ተወሰነ። በራጊድ ህ.ወ.ሓ.ት ነናብ እቲ ዝተመደበለን ቦታታት በጽሓ። መራሕቲ ብራጊድ ኣብ መአዘዚ ቦታአም ናይ ርክብ ሬድዮታቶም ከፈቶም፣ ናይ ዜሮ ሰዓት ኣብ ምጽባይ ኣተዉ። እቲ ኣዛዚ ግንባር ካርታታቱ ዘርግሐ። ድሕሪ ቍሩብ ደቓይቕ ናይ ዜሮ ሰዓት ዝሕብር ተኹሲ ተሰምዐ። ሽረ ብኹሉ ሸነኽ ሓዊ ተወልዓ። ሓዞ ትሰዶ ኾነ። ተጋደልቲ ህ.ወ.ሓ.ት ናብቲ ውግእ ጠጠኒኖም ክኣትዉ ጀመሩ። ኮይኑ ግና ዝወድቕ'ምበር ኣብቲ ዝዓለሞ ቦታ ዝበጽሕ ኣይነበሮምን። ሬድዮታት፣ ነዛ ታባ'ዚኣ ነታ ጎቦ'ቲኣ ህረም ክብላ ጀመራ። ብወገን ሰራዊት ደርግ፣ ኣሎ ዝብሃል ተተኲሲ ክፍና ጀመረ። ጎቦታት ሽረ ቃልቃል በለ። ቢኤም ተኾምበበ፣ መዳፍዕን ታንክታትን ኣጕረምረሙ። ዝወድቑ ሰራዊት እናበርከቱ ኸዱ። ሽረ ኽይትድፈር ሓንገደት። ዝተፈተነ ተፈቲኑ

ሰራዊት ደርግ ምንቕ'ውን ኣይበለን። ሓደሽቲ ሜላታት ተፈተኑ፣ ካብ ምምካን ግና ኣየምለጡን። ብወገን ህ.ወ.ሓ.ት ሃንፍ ተፈጥረ። ሰራዊት ደርግ ንዕኡ መዝሚዙ ንህ.ወ.ሓ.ት ኣኪሊሙ ኸበቦ። ውግእ ናብ ምውድኡ ገጹ ኸደ፣ ልዕሊ 12 ሽሕ ሰራዊት ህ.ወ.ሓ.ት ተኸርደነ፣ ደመና ጥፍኣት ከኣ ኣንጸላለዎ። ሃንደበት ግና ብሸነክ ሽላሎን ባድመን ከቢድ ብረት ተሰምዐ። በየን መጺኡ ኸይተባህለ፣ ሮኬታት ቢኤም፣ ቦምባ ታንክታትን መዳፍዕን ንሽረ እንዳ ስላሴ ኸወድቃ ጀመረ። ሰራዊት ደርግ ተናወጸ፣ ኣብ ውሽጢ'ታ ኸተማ መዕቈቢ ኸናዲ ፈቐዶኡ ተበታተነ። ማእከላይ እዚ ብ/ጀነራል ኣርኣያ፣ ቡምባ መድፍዕ 130 ወደቐ። ከቢድ ብረት ሻዕብያ ምዃኑ ተገመተ። እቲ ውግእ ናብ ናይ ከቢድ ብረት ተኸኢሲ ስለ ዝተቐየረ ምድሪ ሰማይ ተናወጸ። ሰራዊት ደርግ፣ ሻዕብያ መጸና ብምባል ኣብ ጐዳጒዲ ተሸኹዐ፣ ካብ ኣደዳ ሞትን መውጋእትን ምዃን ግና ኣየድሓነን። ጀነራል ኣርኣያ፣ ኣዛዚ ኮር 604 ኣብ ወጥሪ ኣተወ፣ ረድኤት ደልዩ መልእኽቲ ብሬድዮ ናብ ልዕሊኡ ዝነበረ ኣዛዚ ኣመሓላለፈ፣

"ሻምበል ለገሰ፣ ሻዕብያ ብኸቢድ ብረት ካብ ርሑቕ ይድብድበና ኣሎ። ሰራዊተይ ከትክል ኣይከኣለን። ከነድሓርሕር ንግደድ ኣለና፣" በለ፣

"ጓድ ኣርኣያ፣ እዛ ሓንቲ እንዳ ጠሓኒት'ኳ ዘይብላ ዓዲ፣ እንታይ ኣለዋ ኢና'ሞ ክንድ'ዚ መስዋእቲ ንኸፍለላ? ሰራዊትካ ሒዝካ ጠቕሊልካ ውጻእ፣" በለ ሻምበል ለገሰ ኣስፋው ላዕለዋይ ኣዛዚ ሳልሳይ ኣብዮታዊ ሰራዊት፣ ኣባል ኢሰፓን ኣመሓዳሪ ትግራይን።

ጀነራል ኣርኣያ፣ ንርእሱ ካብ ሞትን መቑሰልትን ኣምሊጡ፣ ንብ/ጀነራል ክንፈን ብ/ጀነራል በረታ ጎሞራውን ኣብ ኢድ ህ.ግ/ ህ.ወ.ሓ.ት ኣረኪቡ ዝተረፉ ሰራዊቱ ሒዙ ንሽረ እንዳ ስላሴ ገዲፉ ናብ ጎንደር ገጹ ሃተፈ። ሽረ ኸኣ ኣብ መፋርቕ ለካቲት 1989 ሓራ ወጸት። ተጋዳላይ ህ.ወ.ሓ.ት ናብታ ኸተማ ኣተወ፣ ናይ ዓወት ፈኸራ ተሰምዐ፣ ዳንኬራ'ውን ተገብረ። ክፍለ ሰራዊት 52ን 16ን፣ ከቢድ ብረትን ሜካናይዝድ ሰራዊትን ህ.ግ ስርሑ ብጽፉፍ ዛዘመ። ታንክታቱ፣ ረሻሻቱን ዝተረፈ ኸቢድ ብረቱን ሒዙ ኸኣ ኣብ ኸተማ ሽረ ተራእየ። ህዝቢ ሽረ ዓሰሎ፣ እንቋዕ ብደሓን መጻእካ ኸብሎ። ርእሰ ምትሓት ዘናወጾም መራሕቲ ህ.ወ.ሓ.ት ነቲ ታሪኽ ከጠውዩዎ ኸም ወትሩ ናብ ንሕና ገበርቱ ንምባል ተጓየዩ። ህዝባዊ ሰራዊት ሓርነት ኤርትራ ግና፣ ዕዉት መጥቃዕቲ ሽረ እንዳ ስላሴ ዛዚሙ

ናብ ቦታኡ ተመልሰ። ብሻምበል ለገሰ ኣሰፋው ዝምራሕ ሳልሳይ ኣብዮታዊ ሰራዊት ከኣ ብ25 ለካቲት 1989 ካብ ትግራይ ጠቕሊሉ ወጸ። ድሕሪ ዓወት ሽረ፡ ትግራይ፡ ብዘይ ዝኾነ ይኹን ውግእ ሓራ ወጸት፡ ህ.ወ.ሓ.ት ከኣ ምምሕዳሩ ተኸለ። ህዝባዊ ሰራዊት ሓርነት ኤርትራ ኸኣ ናብ ዝቕጽል መጥቃዕቲ ተበገሰ።

* * *

ኣኼባ ማእከላይ ሽማግለ ህ.ወ.ሓ.ት

መጥቃዕቲ ሽረ እንዳ ስላሴ፡ ከም'ቲ መሪሕነት ህ.ወ.ሓ.ት ዘውጽኦ ወተሃደራዊ ውጥን ክዕወት ዝነበሮ ዕድል ምህሙን'ኳ እንተ ነበረ፡ ህ.ግ ኣብ'ቲ ውግእ ብምስታፉን ላዕለዋይ ኢድ ብምጭባጡን፡ ብስዕረት ሰራዊት ኢትዮጵያ ኽዛዘም ከኣለ። እምበኣር፡ ነዚ ዓወት'ዚ ንምግምጋም'ዩ ኣኼባ ማእከላይ ሽማግለ ህ.ወ.ሓ.ት ዝተጸውዐ።

"ብጾት፡ እዚ ኣብ ሽረ ዝተመዝገበ ዓወት፡ ንመንግስቲ ደርግ ናይ መጀመርታን ናይ መወዳእታን ስዕረቱ ምዃኑ ዘጠራጥር ኣይኮነን። ሰራዊትና ዘርኣዮ ጅግንነት መዳርግቲ የብሉን፡" በለ ኣቦ መንበር ስብሓት ነጋ። "ኮይኑ ኸኣ፡ እቲ ኩናት ከመይ ይመስል ከም ዝነበረ፡ ካብኡ እንታይ ትምህርቲ ኸም ዝተደለበን ንመጸኢ እንታይ ከም ዝተወጠነን ብጻይ ስየ መብርሂ ክህበና እዩ፡" ብምባል፡ እቲ መድረኽ ንስየ ገደፈሉ።

"ብመጀመርታ እንቋዕ ሓጐሰና። እቲ ውጥን ኣቐዲሙ ተገሊጹልኩም ከም ዝነበረ፡ ሰራዊትና ብኹሉ ሸነኽ ከተማ ሽረ ኣብ ሓደ እዋን'ዩ ነቲ ውግእ ከፊቱዎ። እዚ መጥቃዕቲ'ዚ ቕድሚ ምስልሳሉ ግና እቲ ናብ ሽረ ዝወስድ ዓበይቲ መራኸቢ መገድታት፡ ኣብ ትሕቲ ሰራዊትና እዩ ኣትዩ ጸኒሑ። ሰራዊት ደርግ ካብ ሽረ ኽንቀሳቐስ ኣብ ዝፈተነሉ እዋን፡ እቲ ብጀነራል ኣርኣያ ዝምራሕ ዝነበረ *ክፍለ ጦር* ኣብ ሰለኽለኻ ምስ በጽሐ ተጸፊዑ፡ ከተማ ሰለኽለኻ ኸኣ ኣብ ኢድና ኣተወት። እምበኣር፡ እቲ ዝነበረ መጥቃዕቲ ናይ'ዚ መቐጸልታ ኾይኑ፡ ቅልጡፍን ሃንደበትን ስለ ዝነበረ፡ ሰራዊት ደርግ ኽጻወሮ ኣይከኣለን። በዚ ምኽንያት'ዚ ኣብ ሓጺር እዋን ፋሕ ብትን ኣትዩዎ። ከምዚ ኸኸውን ከሎ ግና፡ ኣብ ገለ ኣሃዱታትና ዘይምውህሃድ ስለ ዝተራእየ፡ ሰራዊት ደርግ ነዚ መዝሚዙ ሓያል መጥቃዕቲ ስለ ዝኸፈተልና ካብ'ቲ ሒዝናዮ ዝነበረና ታባታት ክንድፋእ ግድን ኮነ።" ኢሉ ድሕሪ ምግላጽ፡

ግደ ህ.ግ ኣብ'ቲ ውግእ ንምግላጹ ስለ ዝተሰከፈ፣ "ይኹን'ምበር፥ ገለ ሓይልታት ሻዕብያ፥ ኣብ'ዚ ጥቓና ስለ ዝነበሩ፥ ምስኣተን ተሓጋጊዝናን ብወገንና ዳግም ተወዳዲብናን ናብ'ዚ ዓወት'ዚ ክንበጽሕ ክኢልና። ከምዚ ይኹን'ምበር፥ እቲ ወሳኒ ዓወት ዘምጽአ ግና ሰራዊትና እዩ!" ብምባል፥ ንግደ ህ.ግ ኣረማሚሱ ጥራይ ሓለፎ። ኣዛዚ ግንባር ስየ ኣብርሃ፥ ነዊሕ ጸብጻብ ድሕሪ ምቕራብ፥ ናብ ርእይቶን ሕቶን ተኣትወ። ኣዛዚ ብርጌድ ወደ'ብርሃ ኢዱ ሓፍ ኣበለ'ሞ፥

"ብጾት፥ ኣብ ውግእ ሓቀኛ ገምጋም ምግባር ኣገዳሲ እዩ። ምኽንያቱ፥ ሓያልን ድኹምን ጐድንና ንኽንፍትሽ ስለ ዝጠቕመና። ስለዚ፥ እቲ ሓያል ጐድንና ንጊዚኡ ንግደፎ'ሞ፥ እቲ ሓቂ ግና ብግልጺ ኽንዘራረበሉ ኣገዳሲ እዩ፣ እቲ ምንታይሲ፥ ነቲ ብድሕሪ ሕጂ እንገብሮ መጥቃዕቲ ኽሕግዘና ስለ ዝኽእል። ኣብ ዝሓለፈ ኣኼባ ማእከላይ ሽማግለ፥ ብጻይ ሓጐስ ዘቕረቦ ሕቶታት ብጻይ ስየ መልሲ ሂቡሎም ከም ዝነበረ ዝዝከር'ዩ። ንሱ ኸኣ፥ ሻዕብያ፥ ኣብ'ቲ ውግእ ሓገዝ ክህብ ዘቕረቦ ሕቶ፥ ውድብና ኽም ዘይተቐበሎ ኣብሪሁ ነይሩ። ዘለና ሰራዊትን ኣጽዋርን'ውን እንተ ኾነ፥ ብቑዕን እኹልን ምዃኑ ብርእሰ ተኣማንነት ገሊጹዎ ነይሩ። ኣብ'ቲ ውግእ ዘጋጠመና ብድሆ ግና፥ ኩላትና ርኢናዮ ኢለና። ብዘይ ቃል ዓለም ንምዝራብ፥ ሻዕብያ ናይ ከቢድ ብረት ደገፍ እንተ ዘይገብረልናን ሓይልታቱን ኮማንዶ ሰራዊቱን ብቐጥታ ኣብ'ቲ ውግእ እንተ ዘይኣቱ፥ ከምቲ ሰራዊት ደርግ ኣኽቢቡና ዝነበረን ምስ'ቲ ድሮ ኽፊልናዮ ዝነበርና ብዝሒ መስዋእትን ንኽንብድሆ ኣይምተኻእለን ነይሩ፥" ምስ በለ፥ ብገለ ወገናት ምጉርምራም ተሰምዐ። "እወ ብጾት! ክንድኡ ዝኣክል መስዋእቲ ኽንከፍል ዝኸኣልና፥ እቲ ዝተጠቐምናሉ ስልቲ ውግእ'ዩ። ንጸላኢ ብብዝሒ ዓብሊልና ብቐጻልን ብዘይ ዕረፍትን ኣብ ኩሉ ቦታታት ስለ ዝሃጀምናዮ ብሓደ ወገን፥ ዝነበረና ኸቢድ ብረት ኣድማዒ ስለ ዘይነበረ በቲ ኻልእ፥ ዝፈጠሮ ሃጓፍ እዩ ንመስዋእቲ ኣብዚሑዎ። ስለዚ ኸኣ እዩ፥ እቲ ካብ ከባቢ ባድመ ዝትኰስ ዝነበረ ናይ መዳፍዕ 130፥ 122 ይኹን ታንክታት ንሰራዊት ደርግ ኣብ ራዕዲ ኣእትዩ ዝበታተኖን ነቲ ውግእ መደምደምታ ዝገበረሉን፥" ብምባል፥ ነቲ ዝተራእየ ድኽመታት ብግልጽን ኣስፊሑን ኣብርሆ። ኣቦ መንበር ስብሓት ነጋ፥

"በዚ ክወሃበና ዝጸንሐ ርእይቶ፥ ኣብ እንገብሮ ውግእ ሓዱልና ክንወጽእ ምዃንና ዘጠራጥር'ኳ እንተ ዘይኮነ፥" ብምባል፥ ነቲ በቲ

ኣዛዚ ብርጌድ ወዲ ኣብርሃ ዝተዋህበ ርእይቶ ጕስዩዎ ብምሕላፍ፡ “ደርግ፡ ካብ ትግራይ ጠቕሊሉ ወጺኡ'ሎ። ስለ ዝኾነ፡ ብሕጂ ክውሰዱ ዘለዎም ስጉምትታ ከመይ ይመስሉ? መጥቃዕትታትና ስግር ዶብ ትግራይ ክኸይድ እንተ ኾይኑ፡ ሰራዊትና እንታይ ከማልእ ኣለዎ? ሓድሽ ስልጠና ኽወሃቦን ካብ'ቲ ሰሊብናዮ ዘለና ኣጽዋር ክዓጥቕን እንተ ኾይኑኸ፡ ንስልጠናኡ ብዝምልከት ምስ ሻዕብያ ብኸመይ መገዲ ክንረዳዳእ ኣለና? ዝብሉን ከምኡቶም ዝመስሉን ሕቶታት ክንምልሶም ዝግባእ'ዩ። ስለ ዝኾነ፡ ፖለቲካዊ ቤት ጽሕፈት ነዚ ሕቶታት እትምልስ ሓንቲ ኮሚቴ መዚዙ ኣብ ዝሓጸረ እዋን ናብ ሳሕል ከም ትብገስ ክገብር'ዩ። ቅድሚ ምብጋሳ ግና፡ ምስ ሻዕብያ ክግበሩ ኣለዎም ትብሎም ስምምዓት ኣርቂቓ ኣብ ዝቕጽል ሰለስተ መዓልቲ፡ ንፖለቲካዊ ቤት ጽሕፈት ኸተቕርብ'ያ።” ድሕሪ ምባል፡ ኣኼባ ተዛዘመ።

* * *

ምዕራፍ 49

ህዝባዊ ግንባር፡ ነቲ ንዓሰርተ ዓመት ዝኣክል ኣብ ኣፍዓበት ዓሪዱ መን ከማይ ዝብል ዝነበረ *ናደው እዝ* ኣብ ውሽጢ 48 ሰዓታት ነበረያ ነበረ ምስ ገበሮ ኣብ ዓመቱ፡ ነቲ ካብኡ ዝሰለቦ ኣዝዩ ስትራተጂያዊ ኣጽዋር፡ ቢኤም፡ መዳፍዕ 130 ሚ.ሜ ይኹን 122 ሚ.ሜ፡ ሞርታራት፡ ኣብ ሓጺር ጊዜ መሊኹ፡ ኣብ መዓላኡ ኣውዒሉን ንኻልኦት ክምህረሉ ኣብ ዝኽእለሉ ደረጃ በጺሑን ነበረ። ንሱ፡ ኣብ ከምኡ ደረጃ በጺሑ ኣብ ዝነበረ እዋን፡ መሪሕነት ህ.ወ.ሓ.ት ገና ካብ'ቲ ንዓሰርተው ኣርባዕተ ዓመት ዝኸተሎ ዝነበረ ናይ ተመሃሮ ፖለቲካ ኣይወጸን ነበረ። እቲ ኣብ ለካቲት 1987 ክካይዶ ዝግብኦ ዝነበረ ሓፈሻዊ ጉባኤ እቲ ውድብ እንተ ኾነ'ውን፡ ብሰንኪ እቲ ማርክሲስት ሌኒንስት ሊግ ትግራይ (ማለሊት) ንምቛም ዝህቀን ዝነበረ ጕስጓስ፡ ክትግበር ኣይተኻእለን። ምኽንያቱ፡ መሪሕነት ህ.ወ.ሓ.ት ብግስ ካብ ዝብል ኣትሒዙ ንጹር መርገጺ ስለ ዘይነበሮ፡ ነቲ ኽምርሓሉ ዝደልዮ ዝነበረ ስነ ሓሳብ ክሳዕ ኸው መዕለቢ ክረኽበሉ ኣይከኣለን ስለ ዝነበረ እዩ። በዚ ምኽንያት'ዚ ኸኣ እዩ፡ እቲ ብኣባይ ጸሃየን መለስ ዜናውን ዝተመርሐ ልኡኽ፡ ናብ ሰጻኖን ኣልባንያን ብምኻድ፡ ምስተን ማሕበርነታውያን ሰልፍታት ዝተራኸበ። ሽው ኸኣ እዩ መለስ ዜናዊ፡ ኣልባንያዊ ስነ ሓሳብ፡ ዝወጾ ዘይብሉ ውርጹጽ ምዃኑን ንባዕሉ'ውን ኣብኡ ኸም ዝርዕም ነቲ ውድብ ብወግዒ ዝተነግሮ። እቲ ውጽኢት ከኣ ማለሊት ኮነ። ማለሊት ውላድ ናይ'ቶም መሰል ህዝቢ ትግራይ ንምርግጋጽ ብረት ዘልዓሉ ሓፋሽ ተጋደልቲ ዘይኮነስ፡ ናይ'ቶም ንዓሰርተው ኣርባዕተ ዓመት ኣብ ስነ ሓሳብ ማርክሰ ለኒንነትን ዝተቔራቘሱ መራሕቱ እዩ ዝነበረ። ብኡ ምኽንያት ከኣ እዩ፡ ውላድ መለስ ዜናዊ ዝብል ሽም ዝተጠመቐ። እምበኣር፡ መሪሕነት ህ.ወ.ሓ.ት ንህዝባዊ ግንባር፡ "ክሳዕ ሕጂ ውድባዊ ጉባኤ ዘይገበርኩም" ብምባል ለይትን መዓልትን "ዘይደሞክራስያዊ ውድብ" እናበለ ይነቕፎ ኸም ዝነበረ ረሲዑ፡ ማርክሲስት ለኒኒስት ሊግ ትግራይ (ማለሊት) ብ12 ሓምለ 1985 ኣብ ወርዒ ዝተባህለ ቦታ ድሕሪ ምቛሙ፡ ወርሒ መጋቢት 1989 ሓፈሻዊ ጉባኤ ደኣ ገበረ፡ ፈጣሪኡ መለስ ዜናዊ

ኸኣ ኣቦ መንበር ማለሊትን ህ.ወ.ሓ.ትን ብምዃን ተመርጸ። ኮይኑ ኸኣ፡ እቲ ሓድሽ ዝተመርጸ ፖለቲካዊ ቤት ጽሕፈት ነቲ ውሱናት ኣባላት መሪሕነት ህ.ወ.ሓ.ት ዝዘተዩሉ ጻውዒት ዘተ ሰላም፡ መለስ ዜናዊ፡ "ህዝባዊ ግንባር ብመገዲ ጂሚ ካርተር ንዘተ ሰላም ጻውዒት ቀሪቡሉ ከም ዘሎ ብመገዲ ገይል ስሚዝ ሓበሬታ በጺሑና'ኳ እንተ ነበረ፡ ብወገንና ዝኾነ ርእይቶ ከይሃብና ኢና ጸኒሕና። እንተ ኾነ፡ ሕጂ ምሉእ ትግራይ ካብ ተቘጻጸርናዮ፡ እሞ ሻዕብያ ዘተ ሰላም ካብ ተቐበለ ንሕና'ውን፡ ኣብኡ ንሳተፈሉ እንኮ መገዲ፡ ንደርግ ጻውዒት ዘተ ምስ እነቕርበሉ ጥራይ እዩ። እንተ ዘይኮነ፡ ክልቲኦም ወገናት እንተ ተሰማሚዖምን ደርግ ረፈረንደም ኤርትራ እንተ ተቐቢሉን፡ ህ.ወ.ሓ.ት ንህላዌኡ ዓቢ ስግኣት ክኾና እዩ። ስለዚ፡ ወያነና ነዚ ዝስዕብ ጻውዒት ሰላም የቕርብ" ብምባል ነቲ ንሱ ዘርቀቖ ወረቐት ኣቕረበሎም'ሞ፡ ኣኼባ ማእከላይ ሽማግለ ክግበር ተሰማሚዖም ተፈላለዩ። ብኡ ንብኡ ብ28 መጋቢት 1989 ህ.ወ.ሓ.ት ንመንግስቲ ደርግ ጻውዒት ዘተ ሰላም ኣቕረበሉ። ኣብዚ ብሓድሽ ኣቦ መንበር መለስ ዜናዊ ዝተጸውዐ ጉባኤ ማእከላይ ሽማግለ፡ ሓጐስ ነቲ ዝተዋህቦ ዕድል ብምጥቃም፡

"ከም ዝፍለጥ፡ ውድብና ካብ ዝምስረት ዓሰርተው ኣርባዕተ ዓመት ኣብ ዘብዕለሉ ዘሎ እዋን፡ ንድሕሪት ተመሊስና እንታይ ከም ዝገበርና ክንግምግሞ ኣገዳሲ ይመስለኒ። መደምደምታና ኸኣ፡ ብመንጽር ኣብ'ዚ ሰዓት'ዚ ኽንበጽሖ ዝግብኣና ዝነበረ ደረጃ እንተ ተራእየ፡ ንመጻኢ ኽንገብሮ ዝግብኣና ዕማማት ከነጽረልና ይኽእል። ብሓጺሩ፡ ኣበይ በጺሕና ኣለና? ነዚ ሕቶ'ዚ ብሓጺሩ ክንምልሶ ንኽእል ኢና። ውድብና፡ ጊዜኡ ስነ ሓሳብ ኣብ ምርቃቕ ተጸሚዱ ኽካታዕን ካብቲ ናይ ሶቭየትዶ፡ ኣልባንያ፡ ቻይና ኣየናይ ከም ዝሓይሽ ምምራጽ ሽጊሩዎ ሽንኰለል ክብል ድሕሪ ምጽናሕ፡ ኣብ መወዳእታ ግና፡ እነሆ እቲ ናይ ኣልባንያ ስነ ሓሳብ ውርጹጽ ኮይኑ ተረኺቡስ፡ ድሮ ውድብና ርዒሙዎ'ሎ። ኣብ ወተሃደራዊ መዳይከ እንታይ ዝተበጽሐ ነገር ኣሎ? እዚ'ውን ብዙሕ ዘፈላስፍ ጉዳይ የብሉን። ብጾት፡ ካብቲ ዘለናዮ ፍሕኾ ኣይበልናን፣ እንተ ደኣ ብመንጽር እቲ ሻዕብያ ኣብ ልዕሊ ደርግ ተጐናጺፋዎ ዘሎ ዓወት ንነብስና ኽንግምግማ ኽኢልና፡" ምስ በለ፡ እቲ ኣኼበኛ ድምጺ ስለ ዘስምዐ እቲ ኣቦ መንበር፡ ህድኣት ክሰፍን ኣተሓሳሰቡ፡ ሓጐስ ንኽቕጽል ኣመተሉ።

"ብጾት፡ ልክዕ'ዩ፡ ነብስና ምስ ሻዕብያ ኣወዳዲርና ክብል ከለኹ፡ ንጽቡቕና ደኣ'ምበር፡ ሽም ህ.ግ ንምዀላዕ ሓሲበ ኣይኮንኩን። ሓደ ርዱእ ዝኾነ ጉዳይ ግና ኣሎ። ንሱ ኸኣ፡ ድሕሪ ሽረ እንዳ

ስላሴ ንሕና ምስ ህ.ግ ብሓባር ወተሃደራዊ ስትራተጂ ብምሕንጻጽ ንደርግ ስግር ዶብ ትግራይ ብምኻድ ክንሃርሞ ካብ ወጠንናን ካብ ተሰማማዕናን፣ ንሕና ንባዕልና ኣብ ወተሃደራዊ መዳይ፣ ኣብ ምንታይ ደረጃ ኣለና? ንሳቶምከ? ዝብል ሕቶታት ብግቡእ ምእንቲ ኽንምልሶ እየ ኣብ ገዛእ ርእስና ገምጋም ነካይድ ዝብል ዘለኹ። ነዚ ንምግባር ዝሕግዘና ኸኣ፣ ወተሃደራዊ ዓቕምና ኣብ ምንታይ ደረጃ ኣሎ? በዚ ዘለና ዓቕሚ፣ ማለት፣ ብዝሒ ሰራዊት ዘይኮነስ፣ መጠን፣ ዓይነትን ምልከትን ዘለና ኣጽዋር፣ ንሰራዊት ደርግ ስምብራት ዝገድፍ መጥቃዕቲ ኽነካይደሉ ንኽእል ዲና? ህ.ግ ኣብ'ዚ ሰዓት'ዚ፣ ቢኤም፣ ናይ 130 ሚ.ሜ መዳፍዕን ታንክታትን ብብዝሒ ሰሊቡስ በቶም ዝማረኾም መኹንናትን መራሕቲ ኸቢድ ብረትን ገይሩ ሰራዊቱ ኣሰልጢኑ ድሮ ንሰራዊት ደርግ ከምቲ ኣብ ሽረ ዝረኣናዮ ብገዛእ ኣጽዋሩ ኽጥቅዖ ጀሚሩ'ሎ። ንሕናኸ?" ምስ በለ ብምሉኦም ማእከላይ ሽማግለ ትሒምሒም በሉ። "እቲ ኻልእ ጉዳይ ከኣ፣ ምስ ደርግ ዘተ ሰላም ክንገብር ዝብል ውሳኔ ብሃታሃታ ኣሕሊፍና ኣለና። ይቕሬታ ግበሩለይ፣ ብሃታሃታ እንተ በልኩ። ንምኳኑ ናብኡ ዘብጽሓና እንታይ እዩ? ኣብ ዘተ ሰላም፣ ላዕለዋይ ኢድ ምውናን ዓቢ ግደ እዩ ዘሎዎ። ንኣብነት፣ ኣብ መንጎ ህዝባዊ ግንባርን ደርግን ብመሪሕነት ጂሚ ካርተር ዝፍተን ዘሎ ዘተ ሰላም፣ ካብ ባዶ ዝተበገሰ ኣይነበረን። እንታይ ደኣ፣ እቲ ላዕለዋይ ኢድ ብንጹር ኣብ ኢድ ህዝባዊ ግንባር ስለ ዝነበረን ዘሎን'ዩ። ብጾት፣ ንምኳኑ ሰራዊት ደርግ ኣብ'ዚ ሰዓት'ዚ ኣብ ኤርትራ ኣዝዩ ተዳኺሙ ኣብ ዘለወሉ እዋን፣ ምስ ደርግ ዘተ ሰላም ክንገብር ዝተሃወኽናሉ ምኽንያት እንታይ እዩ? ደርግ ካብ ስልጣኑ ኽወርድ'ሞ፣ ንሕና እንሳተፎ መሰጋገሪ መንግስቲ ምእንቲ ኽቐውም ድዩስ፣ ወይ ምስ ደርግ ክንላፈን? ግብራውነቱኸ? ምስ ህዝባዊ ግንባር መኺርናሉ ዲና? ብጾት፣ ንምኳኑ ንምንታይ ኢና ህዝባዊ ግንባር ዘተ ሰላም ኣብ ዝተቐበለሉ እዋን ብትሪ ክንቃወሞ ፈቲንና?" ብምባል ነቶም ሕቶታት ኣንጠልጢሉ ገደፈሎም። ከምዚ ክንሱ ግዳ፣ ደርግ ብቐደሙ'ውን ንህ.ወ.ሓ.ት ብዓይኒ ስግኣት ይጥምቶ ስለ ዘይነበረ፣ ነቲ ዝቐረበሉ ናይ ሰላም ጻውዒት ነጸጎ።

ህዝቢ ትግራይ፣ በቲ ረኺቡዎ ዝነበረ ሰላም ሕጉስ'ኳ እንተ ነበረ፣ ብኣመራርሓ ህ.ወ.ሓ.ት ግና ቅሳነት ክረክብ ኣይከኣለን። እቲ ውድብ ብቑጠባዊ መዳይ ኣዝዩ ድኹም ስለ ዝነበረ፣ ንሰራዊቱ ናይ ምቕላቡ ኣደራዕ ናብ ህዝብን ናብ ገበርቲ ሰናይ ማሕበራትን'ዩ

ወዲቑ ነይሩ። ነብሲ ወከፍ ስድራ ንነብሳ ገዲፋ ነቲ ውድብ ክትዕንግል ትግደድ ስለ ዝነበረት፣ ኣብ ልዕሊ ዝነበራ ስእነት፣ ስእነት ስለ ዝወሰኸት፣ እቲ ምዕዝምዛማት እናበርከተ ይኸይድ ደኣ ነበረ። ብኻልእ መዳይ ከኣ፣ ዕላማ ቃልሲ ህ.ወ.ሓ.ት፣ ብመሰረት ማኒፌስቶ 68 (76) ንትግራይ ሓራ ኣውጺእካ ዓባይ ረፑብሊክ ትግራይ ምምስራት ስለ ዝነበረ፣ እቲ ሓፋሽ ተጋዳላይ፣ ትግራይ ካብ ሰራዊት ደርግ ኣናጊፉ ብምባል፣ ነናብ ቤቱ ኸደ'ሞ፣ መራሕቱ ግና ነቲ ማንታ ሓሳቦም ከተግብሩ ክተት ብምባል ከካብ ቤቱ ጸውዑዎ። ኮይኑ ግና፣ ናይ ምውጋእ ፍናኑ ባይታ ደኣ ዘበጠ። መሪሕነት ህ.ወ.ሓ.ት ከኣ ኣብ ቀራና መገዲ ወደቐ። ስለ ዝኾነ ኸኣ፣ ናብ'ቲ ህዝብን ሰራዊትን ዝቐንዐ ሓያል ፖለቲካዊ ጐስጓስ ኸበግስ ኣመመ። ካብ'ዚ ብምብጋስ ነቲ ዝቐረበ ንድፊ ሓሳብ ንምዝታይ ኣቦ መንበር መለስ ዜናዊ፣ ስብሓት ነጋ፣ ስየ ኣብርሃ፣ ስዩም መስፍን፣ ኣባይ ጸሃየን ገብሩ ኣስራትን ዝርከቡዎም ላዕለዎት መሪሕነት'ቲ ውድብ ኣብ ዝተኣከቡሉ፣

"ከም እንርእዮ ዘለና፣ ደርግ፣ በዚ ገጢሙዎ ዘሎ ውድቀት ናብ ፈርከሽከሽ ገጹ ይኸይድ ኣሎ። ብወገን ኢ.ህ.ዴ.ን'ውን ኣብ ዝተፈላለየ ቦታታት መጥቃዕቲ ይፍነወሉ ኣሎ። እዚ ኸኣ ንውድብና ኣብ ዝተወሰነ እዋን ጸገማት ክፈጥረሉ ምኽኑ ዘጠራጥር ኣይኮነን። ከተሓሳሰበና ዘሎም ግና ኢ.ህ.ዴ.ን ኣይኮነን፣ እንታይ ደኣ ሻዕብያ ምስ'ዚ ውድብ ክህልዎ ዝኽእል ዝምድና እዩ። ክንርስዖ ዘይብልና፣ ሻዕብያ፣ ክሳዕ ወልድያን ደብረታቦርን ሰሊኹ ኣብ ልዕሊ ሰራዊት ደርግ መጥቃዕቲ ኸኸፍት ከሎ፣ ዕላምኡ፣ ንኢ.ህ.ዴ.ን ንምኽሳብን ናይ ሓባር ወተሃደራዊ ስትራተጂ ብምውጻእ ናብ ጎጃምን ሸዋን ምግስጋስን ምኻኑ፣ ንጹር'ዩ። ነዚ ንምትግባር ከኣ፣ ብመጀመርታ ነቲ ውድብ ካብ ኣጽዋራት ኣትሒዝካ ክሳዕ ወተሃደራዊ ስልጠና ኸህቦ ምኻኑ ዘማትእ ኣይመስለንን። እዚ ምስ ዝኸውን፣ ንሱ ማለት ኢ.ህ.ዴ.ን በንጻር እቲ ዝገብሮ ጐስጓስን ዕላማ ቃልሱን ኣብ ዝተረፈ ህዝቢ ኢትዮጵያ ዓቢ ተሰማዕነትን ደገፍን ክረክብ ምኻኑ ክንግንዘብ ይግብኣና። ንሕና፣ ትግራይ ናጻ ኣውጺእና፣ ሓራ ረፑብሊክ ትግራይ ክንምስርት ኣብ ዝብል ዕላማ ብምምርኳስ ኢና ፖለቲካዊ ኣስተምህሮ ክንህብ ጸኒሕና፣ እቲ ተጋዳላይ'ውን ነዚ እዩ ዝኣምንን ንምትግባሩ ኸኣ ዝቃለስን ዝነበረን ዘሎን። ስለ ዝኾነ ኸኣ እዩ፣ ስግር ዶብ ትግራይ መጥቃዕቲ ክንፍኑ ኣብ ንብገስሉ ዘለና እዋን፣ 'ቃልስና፣ ንትግራይ ሓራ ምውጻእ'ዩ ነይሩ' ካብ ዝብል

ኣተሓሳስባ፡ ገለ ተጋደልቲ ነዚ ተበግሶ'ዚ ዝቃወሙዎ ዘለዉ። ስለዚ ብጾት፡ መሪሕነት ዕላምኡ ኣነጺሩ፡ ኣብ ውሽጢ ተጋዳላይን ህዝብን ጉስጓስ ከካይድ ውዓል ሕደር ዘብል ጊዜ የብሉን። ብጾት፡ ብወገነይ ህልዊ ኹነታት ደርግን ገስጋስ ሻዕብያን ኣብ ግምት ብምእታው፡ ሓደ ንድፊ ሓሳብ ፖለቲካዊ ጉስጓስ ኣቕሪበ ኣለኹ። ኮይኑ ኸኣ፡ ብጻይ ስብሓት ከም ኣበጋሲ ናይቲ ሓሳብ መጠን፡ ብቐጻሊ ስለ ዝተመያየጥናሉ፡ መብርሂ ክህበና እዩ፡" ብምባል፡ ነቲ መድረኽ ንስብሓት ነጋ ገደፈሉ፡

"ከምዚ ብጻይ መለስ ክብሎ ዝጸንሐ፡ ሻዕብያ፡ ንኢ.ህ.ዴ.ን ይኹን ኦ.ነ.ግ ብውሽጢ ውሽጢ ዘድሊ ሓገዝ ክገብር ምኻኑ ምግንዛብ ብዙሕ ኣስተምህሮ ዘድልዮ ጉዳይ ኣይመስለንን። ሻዕብያ፡ ንወያነና ዝዳረግ ሓይሊ ማለት *ባላንስ ኦፍ ፓወር* ንምፍጣር ካብ ነዊሕ እዋን ክሰርሓሉ ዝጸንሐ ስትራተጂ ካብ ኮነ፡ መሪሕነትና ብወገኑ እንታይ ክገብር ኣለዎ? ንሕና፡ ዕላማና ኣብ ሓምለ 1976 ኣነጺርና ኢና፣ ንሱ ኸኣ ናጻን ሓራን ዝኾነት ረፑብሊክ ትግራይ ምምስራት ምኻኑ። እዚ ዕላማ'ዚ ግና ብርዱእ ምኽንያት ንነዊሕ ዓመታት ደጒልናዮ ክንከይድ ጸኒሕና ኣለና፡ ሕጂ'ውን ኣካይዳና ኸምኡ እዩ ክኸውን። እዚ ኸምኡ ኢሉ እንከሎ፡ ምስ ብኢ.ህ.ዴ.ን ዝምድናና ብቐዳምነት ኣብ ዝሓጸረ እዋን ብመሪሕነት ደረጃ ርክባት ክግበር ኣለዎ። ዝምድናና ኣብ ክልተ ዓበይቲ ጉዳያት ዝተመርኰሰ ክኸውን ይግባእ። ንሱ ኸኣ፡ ብቐዳምነት ናይ ሓባር ወተሃደራዊ ስትራተጂ ብምውጻእ ንደርግ ምግጣም፡ ብኻልኣይ ደረጃ ኸኣ፡ ድሕሪ ውድቀት መንግስቲ ደርግ ናይ ሓባር መሰጋገሪ መንግስ ቲ ምቛም'ዩ። ነዚ ንምትግባር ግና፡ ሻዕብያ ኣብ ልዕሊ ተቓወምቲ ደርግ ብዘሎዎ ተሰማዕነትን ጽልዋን ምስኦም ከዛትየና ዝኽእል ንሱ ስለ ዝኾነ፡ ብርዱእ ምኽንያት፡" በለ ስብሓት ነጋ፡ ነቲ ህ.ግ ኣብ ልዕሊ ተቓወምቲ ውድባት ኢትዮጵያ ዝነበሮ ጽልዋ ብድፋኡ። ብምቕጻል፡ "ሻዕብያ፡ ኣብ'ዘን ክልተ ዓበይቲ መጥቃዕትታት ማለት ሰሜናዊ ምብራቕ ሳሕልን ኣፍዓበትን ስሊቡዎም ዘሎ ኣጽዋር፡ ውጽኢቱ ኣብ ሽረ እንዳ ስላሴ ርኢናዮ ስለ ዘለና፡ ነቲ ናብ ማእከል ኢትዮጵያ እንገብሮ መጥቃዕቲ ኣዝዩ ወሳኒ ተራ ኽጻወት ዘሎዎ ተኽእሎ ዓቢ ብምኻኑ፡ ከምቲ ብጻይ ሓጐስ ኣብ ዝሓለፈ ናይ ማእከላይ ሽማግለ ኣኼባ ብትኽክል ዝበሎ፡ ዝምድናና ምስቲ ውድብ ኽነሐይል ይግብኣና። ስለዚ፡ ዕላማና ምስ ካልኦት ተቓወምቲ ደርግ ብምሕባር፡ መላእ ኢትዮጵያ ሓራ ኣውጺእና መሰጋገሪ

መንግስቲ ምቛም ምዃኑ፡ ብቐዳምነት ንሻዕብያ ኸነእምኖ ክንክእል ኣለና። ምኽንያቱ፡ ንሱ ምስ ኩለን ውድባት ድልዱል ዝምድና ጥራይ ዘይኮነ ዘሎዎ፡ ኣብ ልዕሊኣን ጸቕጢ ናይ ምግባር ተኽእሎ ስለ ዘሎዎ። ክንፈልጦ ዘለና፡ ሻዕብያ በዚ ደሊቡዎ ዘሎ ሓይሊ ንደርግ ካብ መላእ ኤርትራ ጸሪጉ ኸውጽኦ ብሓደ ወገን፡ ደርግ፡ ካብ ዓቕሊ ጽበት ዝተላዕለ ነቲ ብወገን ሻዕብያ ኣብ 1980 ዝተኣመመ ረፈረንደም ንኽቕበሎ ዘሎ ተኽእሎ እናዓበየ ይመጽእ ስለ ዘሎ በቲ ኻልእ፡ ንህላዌና ስግኣት ኮይኑና ኽም ዘሎ ኽነስተብህለሉ ይግባእ። ዕላማ ሻዕብያ ኸኣ ንሱ እዩ!” ብምባል፡ ንኹሎም በብተራ ጠመቶም። “ንምጥቕላል፡ ዕላማና፡ ኣብ ኣዲስ ኣበባ ንዓና ዘርብሕ መንግስቲ ምቛም ካብ ኾነ፡ ንሻዕብያ ወጊንካ ዝክኣል ከም ዘይኮነ ንጹር'ዩ'መስለኒ። እዚ እንካብ ኮነ፡ ኢ.ህ.ዴ.ን ንዕላማና ዓቢ ሽፋን ክኾነና ስለ ዝኽእል፡ ኣብ ዝሓጸረ መዓልቲ ምስኡ ርክባት ክንገብር ከም ዘለና፡ ከምቲ ብጻይ መለስ ዝበሎ፡ ውዓል ሕደር ክንብል የብልናን” ምስ በለ፡ ርእይቶ ንምሃብ ስዩም መስፍን ኢዱ ኣልዓለ።

“ሕራይ ብጻይ ስዩም፡” በለ ኣቦ መንበር።

“ንሻዕብያ ኣመልኪቱ ብብጻይ ስብሓት ክወሃብ ዝጸንሐ መግለጺ ብዙሓት ሕቶታት ክልዓል ዝከኣል'ዃ እንተ ኾነ፡ ብዛዕባ ኢ.ህ.ዴ.ን ይኹን ኦ.ነ.ግ ግና ኸተሓሳስበና ዝግባእ ነገር ዘሎ ኾይኑ ኣይስምዓኒን። ምኽንያቱ፡ ሻዕብያ ባዕሉ ኸገብሮ ስለ ዝኾነ፡” ብምባል ፍሽኽ በለ። ስየን ገብሩን ብውሽጦም ከምኡ ክሓስቡ ስለ ዝጸንሑ ግዲ ኾይኖም፡ ንሶም'ውን ብጊድኦም ናይ እወታ ርእሶም ነቕነቑ። “ኮይኑ ግና፡ ሻዕብያ ነቲ ወጢንናዮ ዘለና ዕላማ ብኸመይ ክርእዮ እዩ? መቸም ከም እንፈልጦን ኣብ ነዊሕ እዋን ከም ዝተዓዘብናዮን፡ ሻዕብያ ንረብሓኡ ብዝኾነ ይኹን መገዲ ኣብ ዋጋ ዕዳጋ ኽም ዘይየእቱ ንጹር'ዩ። ብሕልፊ'ኳ ደኣ ኣብ'ዚ ሰዓት'ዚ። እዚ ማለት ቅድመ ኹነት ኸቕርብ'ዩ። ንሱ ኸኣ፡ ብቐዳምነት ጉዳይ ኤርትራ ብኸመይ ክንፈትሖ ንሓስብ ኽም ዘለና ንጹር መረጋገጺ ክደሊ እዩ። ነዚ'ኸ፡ ብወገንና ተቐሪብናሉ ኣለና ዲና?” ብምባል፡ ሓተተ'ሞ ስብሓት ነጋ፡

“እወ! ብጻዩ ስዩም ዝሓተቶ ሕቶ፡ ካብ'ቶም እዋናዊ መልሲ ዘድልዮም ዝዓበየ ጉዳይ ብምዃኑ፡ ውድብና ንጹር መልሲ እዩ ዘሎዎ፡ ንስለ ናይ ነዊሕ ዕላምኡ። እቲ መሰጋገሪ መንግስቲ ንናጽነት ኤርትራ ኣፍልጦ ኽህቦ እዩ፡” በለ፡ ብናይ ኣሽካዕላል ፍሽኽታ። “ምኽንያቱ፡” በለ፡ ንኹሎም በብተራ እናጠመተ፡ “ብዘይ ብኡ

ማለት ሻዕብያ፡ ኣብ ኣዲስ ኣበባ ፖለቲካዊ ምርግጋእ ክንፈጥርን ስለ ዘይንኽእል። ህዝቢ ኣምሓራን ኦሮሞን፡ ንሕና ተጋሩ ስልጣን ክንሕዝ ብዝኾነ ይኹን መገዲ ኣይክቕበሉዎን'ዮም። ባህሪኦም ስለ ዘይፈቕደሎም። ስለዚ፡ ነታ እንሓስባ ዘለና "ረፑብሊክ ትግራይ" ክንምስርት እንተ ደኣ ኼንና፡ እንታይ ክግበር ኣለዎ? ቅድሚ ዝኣገረ፡ ሻዕብያ እዩ ኣብ ሕቶ ዝመጽእ፡" ብምባል፡ ንገለ ካልኢታት ትም በለ'ሞ፡ ብምቕጻል፡ "ክምቲ እንፈልጦ፡ ሻዕብያ፡ ኣብ ትሕቲ ዝኾነ ይኹን ቅድመ ኹነት፡ ምምስራት ሪፖብሊክ ትግራይ ኣይክቕበልን'ዩ። ናጽነት ኤርትራ እንተ ፈሊጥናሉ ግና፡ ሓደ መስተርሆት ስለ ዝረክብ፡ ኣብ ዝተናውሐ እዋን ማለት መንግስቲ ሒዝና ምስ ደልደልና ክቕበሎ ምኽኑ ዘጠራጥር ኣይክህሉን'ዩ። ብኸመይ? ሽዑ ክንርእዮ ኢና!" ብምባል፡ ናብ መለስን ኣባይ ጸሃየን ጠመተ ሓግዙኒ ብዘምስል ፍሽኽታ።

"ብጻይ ስብሓት፡ ንናይ መጻኢ ዕላማና ብድፉኑ ኣብሪሁዎም'ኳ እንተ ኾነ፡ ግና ክንግንዘቦ ዝግብኣና ዓቢ ጉዳይ ዘሎ ይመስለኒ። ቀጥባ ማለት ሓይሊ ማለት'ዩ። እዚ ማለት፡ መንግስቲ ኢትዮጵያ እንተ ተቖጻጺርናዮ፡ ቀጥባ ኢትዮጵያ ተቖጻጺርናዮ ማለት'ዩ፡" ብምባል፡ ኣባይ ጸሃየ ብዝቐለለ መገዲ ናይ ነዊሕ ዕላማ ህ.ወ.ሓ.ት ክገልጾ ጀመረ። "ንሕና ምዕብልትን ተፈራሂትን ትግራይ ክንሃንጽ እንተ ኼንና ብዘይ ሓያል ዓንዲ ሕቖ ቑጠባ ዝከኣል ኣይኮነን። እዚ ኸኣ፡ ብዋጋ እተን ዝተረፋ ክፍላተ ሃገር'ዩ ኽኸውን። እዚ ብሓደ ሸነኽ ኽኸውን ከሎ፡ በቲ ኻልእ ከኣ፡ ሻዕብያ ዘለዉዎ ቁጠባዊ መሓውራት እንታይ እዮም? ምባል ከድልየና እዩ። ኤርትራ፡ ብዘይ ቀጠባ ኢትዮጵያ ክትነብር ኣይትኽእልን'ያ! ስለ ዝኾነ ኸኣ፡ ኤርትራ ብኹናት ዝዓነወ ትሕተ ቕርጻ ኸተሕዊ ግድን ስለ ዝኾነ፡ ንወያንና ኽትደልዮ እያ። ክትደልዮ ጥራይ ዘይኮነስ ኣብ ዝተናውሐ ጉዕዞ ምሳና ብዘይ ዝኾነ ቅድመ ኹነት ኽትሰማማዕ ..." ምስ በለ፡ ስብሓት ነጋ ናይ መገዲ ትስሕት ኣለኻ ምልክት ገበረሉ'ሞ፡ "ኣነ ብወገነይ፡ ብዛዕባ ድሕሪ ምውዳቕ ደርግን ናጽነት ኤርትራን ፖለቲካና እንታይ ክኸውን እዩ ኢልና ኣብ ዘይእዋኑ ምዝራብ ፋይዳ ዘለዎ ኾይኑ ኣይስምዓንን'ዩ። ምኽንያቱ፡ ኣብ ልዕሊ ኤርትራ እንታይ ዓይነት ፖለቲካ ክንክተል ኢና ቅድሚ ምባልና፡ እቶም ኣብ'ዚ እዋን'ዚ ምስ ተቓወምቲ ደርግ ኽማልኡ ዝግብኦም ቅድመ ኹነት ክማልኡ ስለ ዘለዎም። ነዚ ኸኣ ብዘይ ሻዕብያ ክኸውን ስለ ዘይክኣል፡ ክምቲ ኣቐዲሙ

ብብጻይ መለስ ዝተባህለ፡ ናብ ሳሕል ሓደ ልኡኽ ብዝቐልጠፈ ይሰደድ፡” ምስ በለ፡ ኩሎም በቲ ሓሳብ ተሰማምዑ’ሞ፡ ነቲ ብመለስ ዜናዊ ዝቐረበ ‘ንድፈ ሓሳብ ፖለቲካዊ ጕስጓስ ኣብ ሓፋሽ ተጋዳላይ’ ድሕሪ ምዝታይ፡ ብምሉእ ድምጺ ደገፎም ሃቡሉ።

እዚ ኾይኑ ኸብቅዕ፡ እቲ ሓፋሽ ተጋዳላይ ናይ’ቲ ውድብ፡ ተልእኾኡ ዝዛዘመ’ምበር ኪኖኡ ዝኸይድ ኣይመስሎን’ዩ ዝነበረ። ምኽንያቱ፡ ባዕሉ እቲ ውድብ ደጋጊሙ ኸም ዘነጸሮ፡ ዕላማኡ፡ ንትግራይ ሓራ ምውጻእ ደኣ’ምበር፡ ንዝተረፉ ኣሕዋቱ ኢትዮጵያውያን ኢሉ ይጋደል ስለ ዘይነበረ። ስለ ዝኾነ ኸኣ እዩ፡ እቲ ሓፋሽ ተጋዳላይ ካብ ትግራይ ሓሊፉ ኸዋጋእ ፍቓደኛ ዘይነበረ። ህዝባዊ ሰራዊት ሓርነት ኤርትራ ብኣንጻሩ፡ መጥቃዕቲ ሸረ ተዛዚሙ ኢሉ ናብ ኤርትራ ኣይተመልሰን። እንታይ ደኣ፡ ናብ ውሽጢ ኢትዮጵያ ብምስጋር ቆቦ፡ ደብረታቦር፡ ወልድያ ወዘተ. ኣጥቅዐ።

* * *

ምዕራፍ 50

ብመንነኝነት ፕረዚደንት ኣሜሪካ ነበር ጂሚ ካርተር ዝፍተን ዝነበረ ጻውዒት ዘተ ሰላም ኣንፈቱ ስሒቱ መገዲ ጠፊኡዎ ኣብ ሽኵሹካ ኣትዩ ደምበርበር ኣብ ዝብለሉ ዝነበረ እዋን፡ ህ.ግ ነቲ ስዉር ዝመስል ግና ዝኣረገ ጸወታ ብንቕሓት እናተኸታተለ ብሓደ ወገን፡ በቲ ኻልእ ከኣ ስግረ ዶብ ዝኸይድ ወተሃደራዊ ውጥናት ኣብ ምሕንጻጽ ኣተወ። ነዚ ንምትግባር ብመጀመርታ ምስ ኩሎም ተቓለስቲ ውድባት ኢትዮጵያ ሓደ ሓባራዊ ስምምዕ ተበጽሐ፡ ንጸላኢ ብሓባር ሃሪምካ ምድኻም። ካብ'ዚ መሪሕ ሓሳብ ብምብጋስ'ዩ እምበኣር፡ ኣሃዱታት ህ.ግ ናብ ጎጃምን ወሎን ብምእታው ወልድያ ደብረታቦርን ካልኦት ዓድታትን ዘጥቅዓ ዝነበራ። እዚ እናኾነ ኸሎ፡ ብወገን ላዕለዎት መኰንናት ሰራዊት ኢትዮጵያ ኣብ ኣስመራ ይኹን ኣብ ኣዲስ ኣበባ ምድላዋት ዕልዋ ፕረዚደንት መንግስቱ ሃይለማርያም ብዝለዓለ መልክዑ ይህንደስ ነበረ። ኾይኑ ኸኣ፡ ኣብ ኣዲስ ኣበባ ብጀነራል ፋንታ በላይ ዝእለ ዝነበረ ምውድዳብ፡ መዓልቲ ዕልዋ ንምውሳን ኣኼባ ተጸውዐ። ድሕሪ ነዊሕ ክትዕ፡ ፕረዚደንት መንግስቱ ሃይለማርያም 16 ግንቦት 1989 ኣብ ምብራቕ ጀርመን ዑደት ከካይድ ክብገስ ምኺኡን ኣብ'ታ መዓ ልቲ እቲኣ እቲ ዕልዋ ክግበርን ተሰማምዑ። ብኸመይ ንዝብል ሕቶ ግና ጀነራል ፋንታ፡

"ንፕረዚደንት እትወስዶ ነፋሪት ምስ ተበገሰት ብሚሳይል ክትህረም ወይ ጓድ ኣምሃ ንሓይሊ ኣየር ብምሕባር ናይ ውግእ ነፋሪት ኣበጊስካ ምህራማ እዩ እቲ ዝቐለለ መገዲ። እዚ ዘብለኒ ዘሎ ምኽንያት፡ መንግስቱ ብዝኾነ ይኹን መገዲ ብህይወት ክህሉ የብሉን፡ ንዝኾነ ይኹን እንተታት፡" በለ ንኹሎም በብሓደ እናጠመተ።

"ፋንታ፡ እቲ ትብሎ ዘለኻ ልክዕ'ዩ፣ የግዳስ፡ እቶም ምስ ኡ ዝጉዓዙ ልዕሊ ሰብዓ ዝኾኑ ንጹሃን ሰባትከ እንታይ ይኾኑ? ምስኡ ሓቢሮም ይንደዱ! ብወገነይ ካብ ከምኡ ምግባር እቲ ሰብኣይ ብዝወጾ ኸም ዝተርፍ እንተ ገበርናዮ ዝሓሸ ኾይኑ ይስምዓኒ፡" በለ፡ እቲ ካብ ኣዲስ ኣበባ ወጺኡን መቐዘፍቲ ሰራዊት ርእዩ

ዘይፈልጥን ጀነራል ኣምሃ ደስታ ኣዛዚ ሓይሊ ኣየር ኢትዮጵያ ምስ በለ፡ ኩሎም ርእይቶኣም ክህቡ ኣእዳዎም ዊጥ ዊጥ ኣበሉ'ሞ ኣብ ኤርትራ ኣዛዚ *መክት እዝ* ዝነበረ ጀነራል ኣበራ ኣበበ፡

"ኣብ'ዚ ዝሓለፈ ዓሰርተው ሓሙሽተ ዓመታት ብሰንኪ መንግስቱ ኣማኢት ኣሽሓት ንጹሃን ሰባት ጠፊኦም ከም ዘለዉ ንኹላትና ዝተሰወረ ኾይኑ ኣይስምዓንን። ብፍላይ ከኣ፡ ኣብ ክፍለ ሃገር ኤርትራ ንስለ ሓድነትን ልዑላውነትን ኢትዮጵያ ወዲቖም ዘለዉ ቊጽሪ የብሎምን። ስለዚ፡ ነዚ ኣብ ግምት ኣእቲና ክንርእዮ ኸለና፡ ልክዕ'ዩ፡ እቶም ሰባት ክልከሙ ኣይምደለናዮን! የግዳስ፡ ምስ'ቲ ኣቐዲመ ዝበልኩዎ ምስ እነገናዝቦ ግና ንሃገርም መስዋእቲ ይኸፍሉ ኸም ዘለዉ ጌርና እንተ ረኣናዮ ዝሓሸ ኾይኑ ይስምዓኒ። ስለዚ፡ እቲ ፋንታ ዝሃቦ ኣማራጺ ማለት ነታ እቲ ሰብኣይ ዝገሸላ ነፋሪት ብሚሳይል ምህራማ ብወገነይ ዝሓሸን ዝበለጸን ኣማራጺ እየ ዝብሎ፡" ብምባል፡ ኣብ ደገፍትን ተቓወምትን ተኸፋፈሉ'ሞ ኣብ መወዳእታ ፕረዚደንት መንግስቱ ብዝወጸ ክተርፍ ተሰማምዑ።

ኣብ ተመሳሳሊ መዓልቲ ብወገን ኣስመራ ኣኼባ ብምግባር፡

"ከምዚ እንርእዮ ዘለና፡ ኣብ ኣዲስ ኣበባ ዘለዉ ብጾትና እቲ ዕልዋ 16 ግንቦት ክኸውን ሎሚ መዓልቲ ወሲኖም ኣለዉ። ብወገንና ኸኣ እንታይ ክግበር ከም ዘሎዎ ንምዝታይ ኢና ተኣኪብና ዘለና፡" ብምባል ኣኼባ ዝኸፈቶ ጀነራል ደምሴ ቡልቱ ነዊሕ መግለጺ ድሕሪ ምሃብ፡ ንኮሎኔል ታምራት ንኽዛረብ ዕድል ሃቦ።

"ከምዚ ጀነራል ደምሴ ዝበሎ ነገራት ብጽቡቕ ይሳለጥ ከም ዘሎ ቕድም ኢሉ ካብ ጀነራል መርእድ ሓበሬታ መጺኡና ኣሎ። ብወገን ናትና ኮሚቴ ኸኣ፡ ናብ ሻዕብያ ሓደ መልእኽቲ ክትሰድድ ተዳልያ ኣላ። ንሱ ኸኣ፡ ከም'ቲ ቕድሚ ሕጂ ዝተሰማማዕናሉ ጊዝያዊ ናይ ተኹሲ ደው ምባል ንምስምማዕ'ዩ። ብወገን ሻዕብያ እቲ ቅሩቡነት ኣብ ቦታኡ ኾይኑ እቲ ምስ ሻዕብያ ብምትሕብባር ዝሰርሕ ዘሎ መስመርና ምሩኽ ኮሎኔል ግርማ ተሰማ ኣረጋጊጹልና ኣሎ፣" ብምባል፡ እቲ ኣብ ኤርትራ ክግበር ተወጢኑ ዘሎ መደብ በብሓደ ኣብርሃሎም።

"ታምራት፡ ብወገን ሻዕብያስ ቅሩቡነት ከም ዘሎ ገሊጽካልና፡ ብወገን ወያነኸ ከመይ ይመስል እቲ ኹነታት?" በለ ሓደ ካብቶም ጀነራላት።

"ህ.ወ.ሓ.ት ብዙሕ ግምት ዝወሃቦ ኾይኑ ኣይስምዓንን'ዩ፣ ሓይሊ ሚዛን ናይ ኽልቲኦም ማለተይ ሻዕብያን ንሶምን ክንርእዮ ኸለና፡

እቲ ሓይሊ ሚዛን ኣብ ሻዕብያ እዩ ዘሎ። ስለዚ፡ ሻዕብያ እንተ ተቐቢሉዎን እቲ ዕልዋ ዕላማኡ ሃሪሙን ህ.ወ.ሓ.ት ናብ ዘብሎ የብሉን፡ ክቕበሎ ክግደድ'ዩ። ምኽንያቱ፡ ህ.ወ.ሓ.ት ርእሱ ዘይክእል ናይ ሻዕብያ ተለጣፊ ውድብ ስለ ዝኾነ፡" ብምባል፡ ንቑነታት ህ.ወ.ሓ.ት ንኹሎም ብዘእምን መገዲ ኣስፊሑ ገለጸሎም።

መንግስቱ ሃይለማርያም፡ ድሕሪ ተደጋጋሚ ስዕረት ኣብ ነውጺ ኣትዩሉ ኣብ ዝነበረ እዋን ዓለማዊ ፖለቲካ ቅልጡፍ ምቅይያራት ይገብር ነበረ። ብ1987 ኣብ ፖላንድ ብለሽ ቫለንዛ ዝምራሕ ሰልፊ ሶሊዳርኖሽ 77 ምዕዋቱ፡ ንኣዛዚ ሕብረት ሶቭየት ኣብ ወጥሪ ኣእትዩዎ ጥራይ ዘይኮነስ፡ ፖለቲካ ምብራቕ ኣውሮጳ ናበይ ገጹ ይኸይድ ከም ዝነበረ ኣንፈት ሂቡዎ ነይሩ እዩ። ኮይኑ ኸኣ፡ ብወገን ጎርባቾቭ ሓደስቲ ናይ ለውጢ ቃናታት ክስማዕ ጀመረ፣ ግላስኖስትን ፐረስቶሪካን ዝብሉ ፖለቲካዊ ኣምራት ከኣ፡ ህቡባትን ተፈተውትን እናኾኑ መጹ። መንግስቲ ሶቭየት ሕብረት ነቲ ኣብ ኤርትራ ዝነበረ ውግእን ዓለማዊ ፖለቲካን ድሕሪ ምግምጋም ንመንግስቱ ሃይለማርያም ሕቖኡ ኸህቦ ስለ ዝጀመረ፡ መንግስቱ ሃይለማርያም ወተሃደራዊ ሓገዝ እንተ ተመጠወለይ ብምባል፡ ናብ'ታ መሓዛይ ዝብላ ዝነበረ ምብራቕ ጀርመን ተበገሰ።

* * *

16 ግንቦት 1989

ፕረዚደንት መንግስቱ ሃይለማርያም፡ መዓርፎ ነፈርቲ ቦሌ ኣብ ዝበጽሓሉ እዋን፡ ኩሎም ሚኒስተራት፡ ኣባላት ፖለቲካዊ ቤት ጽሕፈት ኢሰፓ፣ ኣባላት ቤት ምኽሪ፡ ላዕለዎት መራሕቲ ሰራዊትን ዲፕሎማስኛታትን ተረኺቦም ነበሩ። እታ ንዕኡ ሒዛ ዝመጸት ድርዕቲ ስራሓት ሶቭየት ዝኾነት ላዳ መኪና ማዕጾኣ ተኸፍተ። እቲ ፍሽኽታ ዘይፍለዮ ፕረሲደንት ካብ'ታ መኪና ብምውራድ ን ኹሎም ኢዶም እናጨበጠ ሰላምታ ብምሃብ፡ ናብ'ታ ትጽበዮ ዝነበረት ነፋሪት መገዲ ኣየር ኢትዮጵያ ቦይንግ 707 ብምምራሕ ደረጃታት ደዪቡ ኣብ ኣፍ ደገኣ ደው ብምባል ኢዱ ኣወዛወዘ፡ ደሓን ኩኑ ንምባል። ኣብ'ዛ ደቒቕ'ዚኣ ኸኣ እዩ ኮሎኔል ተስፋየ ወልደስላሴ፡ ሜ/ጀነራል መርእድ ንጉሰ *የጠር ሃይሎች ጠቅላይ ኤታ ማጀር ሹም* ኣብ'ቲ ምፍናው ከም ዘይነበረ ዘስተብሃለ። ኮሎኔል ተስፋየ ወልደስላሴ ጥርጣረ ስለ ዝሓደሮ፡ ንጀነራል መርእድ

ንጉስ ዝደልዩ ወተሃደራት ናብ ኩሉ መአዝን ብምውፋር ኣብ ከባቢ ስታድዮም ቀ`ርሲ እናበልዐ ኸሎ ረኸቡዎ`ሞ፣ ናብ`ቲ ኮሎኔል መልእኽቲ ሰደዱ፣ ክሳዕ መወዳእታ ክኸታተሉዎ ኸኣ ትእዛዝ ሃበ። ጀነራል መርእድ ድሕሪ ቐ`ርሱ ብቐጥታ ናብ ሚኒስትሪ ምክልኻል ብምኻድ ኣብ ቤት ጽሕፈቱ ኣተወ፣ እቶም ካልኦት ጀነራላት ከኣ ካብ መዓርፎ ነፈርቲ ሓደ ድሕሪ ሓደ ሰዓቡዎ። ነቲ ኣኼባ ኽመርሖ ዝግብኦ ሚኒስተር ኢንዱስትርን ነቲ ምውድዳብ ዝጀመረን ጀነራል ፋንታ በላይ ክነሱ ናብቲ ኣኼባ ደንጕዩ ስለ ዝኣተወ ግና፣ ጀነራል መርእድ ንጉስ ኣብ ማእከል፣ ብየማን ጸጋሙ ኸኣ ሜ/ጀ ሃይሉ ገብረሚካኤል *የምድር ጦር ዋና ኣዛዥ*፣ ሜ/ጀነራል ኣለማዮህ ደስታ *የምድር ጦር ምክትል ኣዛዥን*፣ ኮሞደር ሃይሌ ወልደማርያም *የጦር ሃይሎች ዘመቻ መምርያ ባልደረባን* ነበሩ። በዚ ኾይኑ በቲ፣ እቶም ጀነራላት በብሓደ ናብ`ቲ ሚኒስትሪ ምክልኻል ኣብ ዝኣትዉሉ ዝነበሩ እዋን፣ እቶም ንመርእድ ክከታተሉ ዝተመደቡ ወተሃደራት ናብ ኮሎኔል ተስፋየ ወልደስላሴ መልእኽቲ ይሰዱ ነበሩ። ኮሎኔል፣ ብነብሱ ተጠራጣሪ ፍጥረት ካብ ምንባሩ ዝተላዕለ ናብ ሌ/ጀነራል ተስፋየ ገብረኺዳንን ኮሎኔል መንግስቱ ገመቹን ብምድዋል፣ እቲ ኾነታት ሓበሮም`ሞ፣ ሰለስቲኦም ነቲ ኾነታት ብጽሞና ክኸታተልዎ ተሰማምዑ።

ኣብ ኣዲስ ኣበበ ዕልዋ ኸም ዝተገብረ መግለጽታት ክወሃብ ጀመረ፣ ኣብ ኣስመራ ኸኣ መደበር ሬድዮን መዓርፎ ነፈርቲ ኣስመራን ተታሕዘ። ሬድዮ ኣስመራ፣ መንግስቱ ኸም ዝተገልበጠን እቲ ዕልዋ ሰላማዊ ኸም ዝኾነን ክትሕብር ከላ፣ ሜ/ጀ ቁምላቸው ደጀኔን ኮሎኔል ካሳየ ታደሰን ዝመርሑወን ክልተ ሓይሊ ኣየር ወለድ ከኣ ሓይሊ ኣየር ደብረዘይት ንምቍጽጻር ብኣንተኖቭ ተጸይረን ካብ ኣስመራ ናብ ኣዲስ ኣበባ ተላእካ። ኮይኑ ግና ዝኾነ ይኹን ነገር ከየድምዓ ኣብ ትሕቲ ቍጽጽር ሻምበል ገብረወልድ ኣድማሱ ኣተዋ። ብወገን ህ.ግ ነቲ ዕልዋ ዝድግፍ መልእኽቲ ክስደድ ከሎ፣ ብወገን ህ.ወ.ሓ.ት ግና፣ "ከም ትሰምዕዎ ዘለኹም፣ እኽበካባ ጀነራላት ደርግ ዕልዋ ገይርና ይብሉ ኣለዉ። ደገፍና ክንህቦም ከኣ መልእኽቲ ሰዲዶምልና ኣለዉ። ይኹን ደኣ`ምበር፣ ህ.ወ.ሓ.ት ንኸምዚ ዝመሰለ ሰበ ስልጣን ደርግ ዝመርሕዎ ዕልዋ ዘይኮነ ክድግፍ ዝግብኦ፣ ብመሰረቱ ወተሃደራዊ መንግስቲ ተኣልዩ ህዝባዊ መንግስቲ ክቐውም`ዩ ዝቃለስ ዘሎ፣" በለ፣ ኣብ መጋቢት 1989 ሓድሽ ዝተመርጸ ኣቦ መንበር ህ.ወ.ሓ.ት መለስ ዜናዊ።

ብምቕጻል “ሻዕብያ ነቲ ዕልዋ ኸም ወትሩ ተቐቢሉዎስ ደገፍ'ውን ክህቦም ምኳኑ ብድምጺ ሓፋሽ ገይሩ አፍሊጡ'ሎ። እዚ ንህ.ወ.ሓ.ት እንታይ ማለት እዩ? ሻዕብያ፡ ኮንዶኾን ከምዚ ገይረ ናጽነት እንተ ሰለጠኒ ካብ ዝብል አተሓሳስባ ተበጊሱ ምኳኑ ዘጠራጥር አይኮነን። ብወገንና ግና ነጺግናዮ አለና፡” ብምባል፡ ምናልባት እቲ ዕልዋ እንተ ተዓወተ'ሞ ሻዕብያ ምስ'ቲ ዝቐውም ሓድሽ መንግስቲ ተሰማሚዑ ንቓልሲ ህዝቢ ትግራይ ከይጠልሞ ዝነበሮ ስግኣት አብ ገጹ ይርአ ነበረ። ከመይሲ? ህ.ግ ደርማስ ሓይሊ ጥራይ ዘይኮነ፡ ቅድሚ ዝኣገረ፡ ዕላማ ቓልሲ ህዝቢ ኤርትራ፡ ሓራ ኤርትራ ምርግጋጽ ስለ ዝነበረ።

* * *

ታምራትን ኣዜብን ሓደ መዓልቲ ቅድሚ'ቲ ዕልዋ ነቲ ኹነታት ክግምግሙ ኣብ ገዛኦም ኣብ ዝዘትዩሉ ዝነበሩ እዋን፡

“ከምቲ ቕድሚ ቑሩብ መዓልቲ ዝገለጽኩልኪ፡ በዓል ደምሴ ኣብ ልዕሊ'ቲ ብሽዕብ ገይሩ ናብ ኣፍዓበት ዝወፈረ ሰራዊት ብዝፈጸሙዎ ጌጋታት ዝተፈጥረ ቂምታ፡ ገለ ኣባላቱ ብሕልፊ እቲ ብብ/ጀነራል ሰለሙን ደሳለኝ ዝእዘዝ መበል 202 ኣየር ወለድ ክፍለ ጦር ነቲ ዕልዋ ኸም ዘይድግፉዎ ጽንጽንታ ይስማዕ ኣሎ። ስለ ዝኾነ ኸኣ፡ ብወገነይ እቲ ኣቐዲሙ ክግበር ዘሎዎ ነገራት'ኳ እንተ ሓበርኩዎም፡ ንሳቶም ግና ኣቃሊሎም እዮም ርእዮሞ ዘለዉ፡” ብምባል ዘሎዎ ስግኣት ገለጸላ።

“ጀነራል ሰለሙን ደሳለኝ ደኣ ምሳኻትኩምዶ'ይኮነን ዘሎ?”

“ንሱ ደኣ ልክዕ'ዩ፡ ኣብ'ቲ ጉዳይ ኣሎ። ግና ነቲ ዝመርሖ *ክፍለ ጦር* ከእምኖ ዝኽእል ኣይመስለንን ወይ ብውሽጡ ካልእ እናሓሰበ ሕራይ ኢሎሞ ኣለዉ።”

“እንታይ ክስዕብ'ዩ ኢልካ'ሞ ትግምት?”

“እቲ ዕልዋ ኣብ ኣስመራ ዕላማኡ ኣይክሃርምን'ዩ። ምኽንያቱ፡ እቲ ምድላዋት ከም'ቲ ክኾኖ ዝግብኦ ስለ ዘየለ።”

“ብወገንና'ሞ እንታይ ንግበር?”

“ኣነ፡ ጽባሕ ናብ'ቲ በዓል ደምሴ ዝእከቡሉ ቦታ ኣይክኸይድን'የ። ኣብ ቤት ጽሕፈተይ ብምጽናሕ ኣንፈት'ቲ ኹነታት ኣብኡ ኾይነ ክከታተሎ እየ፡” ምስ በላ ኣዜብ ንቑሩብ ደቓይቕ ንበይኑ ኸም ትገድፎን ከይወጸ ኣብ ገዛ ኸጸንሓን ሓቢራቶ ብድድ ኢላ ኸደት።

ኣዜብ፡ እቲ ዕልዋ ካብ ዝጥጃእ ጀሚሩ ንዝመጽእ እንተታት

ሓበሬታ ብምስዳዳ፡ ብወገን ሜዳ'ውን እቲ ኹነታት ብግቡእ ተገምጊሙ ብዝተኸፍተላ ሓድሽ መስመር ኣቢላ እቲ ዘድሊ ምድላዋት ኣቐዲማ ኣጻፊፋ ስለ ዝነበረት፡ ናብ'ቲ ቦታ ኸይዳ ዘድልዩ መሳለጥያታት ኣዋዲዳ ድሕሪ ኽልተ ሰዓት ናብ ታምራት ተመልሰት።

"ታምራተይ ደንጕየካ ኸይከውን ተስፋ እገብር!"

"ናትክስ ደሓን ነይሩ፡ እዛ ስልኪ ግና ዓሰርተ ጊዜ እያ ጭር ጭር ክትብል ጸኒሓ'ሞ እንታይ ከም ዘሎ ንምፍላጥ ቤት ጽሕፈተይ በጺሐ ክመጽእ።"

"ኣነስ እንተ ዘይከድካ ይሓይሽ። ስልኪ ደዊልካ መጀመርታ ኩነታት ዘይትሓትት።" ምስ በለቶ ስልኪ ኣልዒሉ ደወለ'ሞ ምስ ጀነራል ደምሴ ተዛሪቡ ተመልሳ።

"ከምቲ ኣቐዲመ ዝበልኩኺ፡ መንግስቱ ጽባሕ ክገይሽ'ዩ። ስለዚ፡ ንግሆ ኣብ ቃኘው ኣኼባ ኸም ዘሎ ነጊሩኒ ኣሎ። ብወገነይ ግና ኣብ'ቲ ኣኼባ ኣይክሳተፍን'የ፣ ምኽንያቱ፡ ብደገ ኸይነ ናይ ጸጥታ ጉዳይ ክኸታተል ምእኳነይ ተረዳዲእና ኣለና።"

"ታምራት፡" በለት፡ ዓይኒ ዓይኑ እናጠመተት፡ "እዚ ዕልዋ ኸም ዘይዕወት ግምት ካብ ሃለወካን እሞ ርግጸኛ ካብ ኮንካን፡" ብምባል ንገለ ኻልኢታት ትም ምስ በለት፡

"እሞ እንታይ ክግበር ኣለዎ ትብሊ ብወገንኪ፡" ሓተተ ታምራት ብውሽጡ ገለ ፍርሒ እናተሰምዖ።

"ታምራት፡ ብወገንና ኣብ ሓደ ውሳኔ በጺሕና ኣለና፡" ኢላ ዘረባኣ ኸይወድኣት፡ ሓደ መልእኽቲ ዝሓዘ ወተሃደር ናብ ኮሎኔል ታምራት ብምምጻእ ሓንቲ ደብዳበ ሃቦ። ነታ ደብዳበ ኣንቢቡ ንኣዜብ ተፋንዩዋ ኸደ'ሞ ድሕሪ ቐሩብ ሰዓት ተመሊሱ ዘድሊ ሓበሬታ ሂቡዋ ምሕዳሩ ናብ ቤት ጽሕፈቱ ኸደ።

ህዝቢ ኣስመራ፡ ንጽባሒቱ 16 ግንቦት 1989 ኣብ ልዕሊ መንግስቱ ሃይለማርያም ዕልዋ ኸም ዝተገብረ ብሬድዮ ኣስመራ ተነግሮ'ሞ ኣብ ንዝመጽእ ኹነታት ኸብዱ ሓቝፉ ብኣንክሮ ተጸበየ። ኣብ ከተማ ዘይንቡር ምንቅስቓስ ታንክታት፡ ረሻሽ ዝጸዓና መካይንን ብብዝሒ ወተሃደራትን ፋሕ ብምባል ብሎኮታት ኣስመራ ከረን፡ መንደፈራ፡ ደቀምሓረን ባጽዕን ጽዑቕ ተፍትሽ ክገብሩ ወዓሉ።

* * *

ሓጐስ፣ ኣብ'ቲ ብመለስ ዝተጸውዐ ኣኼባ ኣብ ዝተሳተፈሉ እዋን፣ ነቲ ዕልዋን ሻዕብያን ኣመልኪቶም ዝወሃቡ ዝነበሩ ርእይቶታት ብጽሞና ድሕሪ ምክትታል፣ ርእይቶ ኽህብ ተፈቒደሉ'ሞ፣

"ብመጀመርታ ህዝቢ ትግራይ ብረት ከልዕል ዘገደዶ ምኽንያት፣ ንሚእቲ ዓመት ዝኣክል ብዝተፈላለዩ ስርዓታት ብሄራዊ ጭቈና ስለ ዝወረዶ፣ ልምዓት ስለ ዝተሓረሞን ፖለቲካ ሃገሩ ኽም ዘይምልከቶ ተቘጺሩ ተሳትፎ ተነፊጉዎ ስለ ዝጸንሐን ዘሎን'ዩ። ስለ ዝኾነ ኸኣ፣ ከም ካልኦት ከምኡ ድርብ ጭቈና ዝወረዶም ኣሕዋቱ ኢትዮጵያውያን ነዞም መሰላት'ዚኦም ኣብ ባይታ ንምርግጋጽ በብወገኑ ይቃለስ ኣሎ። እምበኣር፣ እዚ ሕቶ'ዚ ብመሰረቱ ናይ ኩላትና ኢትዮጵያውያን ሕቶ እዩ፣" ምስ በለ፣ እታ ናይ ኩላትና ኢትዮጵያውያን ሕቶ ዝብል ኣዘራርባኡ ንገለ ወገናት እቶም ኣኼበኛታት ባህ ስለ ዘየበሎም ምጉርምራም ፈጠረ'ሞ ኣቦ መንበር፣ "ሓንሳብ ኣብዚኣ፣ ብጻይ ሓጐስ ኣይወድአን ኣሎ፣" ኢሉ ጸጥታ ኽም ዝሰፍን ገበረ።

"እወ! ሕቶና ናይ መላእ ኢትዮጵያውያን ሕቶ እዩ!" ድሕሪ ምባል፣ "ስለ ዝኾነ ኸኣ እዩ፣ ደርግ፣ ነቲ ኣብ ኩሉ ሸነኻት'ዚ ሃገር ተወሊዑዎ ዘሎ ባርዕ ከጥፍኦ ዘይከኣለ ዘሎ። ሽሕ'ኳ እቲ ሰራዊት ተገዲዱ ኣንጻር ኣሕዋቱ ኣብ ውግእ ተጠቢሱ እንተ ሃለወ፣ ነቲ ኣብ መንጎ ኣሕዋት ተኸሲቱ ዘሎ ምፍሳስ ደም ግና ይድግፎ ማለት ኣይኮነን። ንሱ'ውን ከም ካልኦት ዜጋታት'ዛ ሃገር ሰላም ክወርደሉን ህዝባዊ መንግስቲ ክቔሞሉን ድልየቱ እዩ። እዚ ካብ ኮነ እምበኣር፣ ብወገነይ፣ ነቶም ዕልዋ ክገብሩ ተለዓዒሎም ዘለዉ ጀነራላት ሞራላዊ ደገፍ ምሃቦም ዜግነታዊ ሓላፍነት ኣለና ዝብል ርእይቶ እዩ ዘለኒ፣" ብምባል፣ ንስየን ገብሩ ኣስራትን ጠመቶም'ሞ፣ "እቲ ብወገን ሻዕብያ ደገፍ ተዋሂቡዎም ተባሂሉ ዝንቀፍ ዘሎ ግና፣ ብጾት፣ ምስ'ቲ ናትና ሕቶ ኣዛሚድና ክንርእዮ ኣይግባእን'ዩ። ምኽንያቱ፣ ከም'ቲ ውድብና ጉዳይ ኤርትራ፣ ጉዳይ መግዛእታዊ ሕቶ እዩ ብምባል ብተደጋጋሚ ኣረጋጊጽዎ ዘሎ፣ ሻዕብያ ንዝወስዶ መርገጺ ንሱ ባዕሉ ዝውስኖ ጉዳይ'ምበር፣ ንሕና ንምንታይ ተቐቢልኩሞ፣ ንምንታይ ከም'ዝን ከም'ትን ዘይትገብሩ ክንብል ብመሰል ክንርእዮ ኸለና ዘይግቡእ ጥራይ ዘይኮነስ፣ መሰል'ውን የብልናን። ሻዕብያ፣ ኣብ 1980 ብን-ጹር መርገጺኡ ኣፍሊጡ እዩ፣ ጉዳይ ኤርትራ ብረፈረንደም ማለት ብድምጺ ህዝቢ ክውዳእ። ደርግ፣ ንህዝቢ ኤርትራ ኣብ ዝኾነ ይኹን እዋን ነዚ መሰል'ዚ እንተ ኣፍቂዱሉ፣ ህ.ወ.ሓ.ት፣ ንህዝቢ ኤርትራን

ህዝባዊ ግንባርን ምስ ደርግ ክትሰማምዑ ኣይግብኣኩምን'ዩ ኽብሎም መሰል ኣለዎ ድዩ? ብወገነይ፡ ውድብና ኸምኡ ኽብል እዩ ኢለ ኣይሓስብን'የ፣ ምኽንያቱ፡ ጉዳይ ኤርትራ፡ ንህዝቢ ኤርትራን መሪሕነቱን ጥራይ ዝምልከት ስለ ዝኾነ። ስለዚ፡ ሻዕብያ ነዚ ዝግበር ዘሎ ዕልዋ ምድጋፉ ብስትራተጂ ክንርእዮ ኸለና፡ ልክዕ'ዩ። ብጾት፡ ሸሕ'ኳ እቲ ተኽእሎ ጸቢብ እንተ ኾነ፣ ዕልዋ ተዓዊቱ፡ ኣብ'ቲ ዝምስረት መሰጋገሪ መንግስቲ፡ ኩላትና ብረት ዓጢቕና ንቃለስ ዘለና ተቓወምቲ ውድባት ክንካፈል ዕድል እንተ ዝወሃበና፡ ነቲ ሻዕብያ ዝብሎ ዘሎ ረፈረንደም ክንቃወሞ ዲና?" ብምባል ንኣቦ መንበር ኣትሪሩ እናጠመተ ንቑሩብ ካልኢታት ትም ድሕሪ ምባል፡ "ስለዚ ብጾት፡ ጉዳይ ኤርትራ ምስ ሕቶ ኢትዮጵያውያን ክጽምበር ዘይብሉ ጉዳይ ስለ ዝኾነ፡ ሻዕብያ ወሲዱዎ ዘሎ መርገጺ፡ ብመንጽር ዘበገሶ ዕላማ ክንርእዮ ስለ ዝግብኣና፡ ኢድና እንተ ዘይመለስናሉ ይምረጽ፡" ብምባል፡ ንገለ ሸነኽ ኣባላት ፖለቲካዊ ቤት ጽሕፈት ይኹን ማእከላይ ሽማግለ ደስ ዘየበለ ርእይቶ'ኳ እንተ ሃበ፡ እቶም ጉዳይ ኤርትራ ብሓቂ ጉዳይ መግዛእታዊ ሕቶ ምዃኑ ዝኣምኑ ግና ኣድናቖት ዝተሓወሶ ጣቕዒት ለገሱሉ።

"ብጻይ ሓጐስ፡ ብወገን ውድብና ንጉዳይ ኤርትራ ብዝምልከት ዝኾነ ይኹን ምጥርጣራት ዘሎ ኾይኑ ኣይስምዓንን፣ ምኽንያቱ፡ ህ.ወ.ሓ.ት መግዛእታዊ ሕቶ ምዃኑ ብንጹር ኣቐሚጡዎ ስለ ዘሎ። ይኹን ደኣ'ምበር ጉዳይ ኤርትራ ክፍታሕ ዝኽእል፡ እዚ ዘሎ መንግስቲ ብዲሞክራስያውን ህዝባዊ መንግስትን ምስ ዝትካእ'ምበር፡ ከምቲ ብዙሓት ብጾት ዝበሉዎ ብናይ ጀነራላት ዕልዋ ዝፍጠር መንግስቲ ኣይኮነን። ህ.ወ.ሓ.ት፡ ንሻዕብያ ኣብ መርገጺኡ ኢዱ ክመልስ ዘይኮነስ፡ ከም መቓልስቲ መጠን ርእይቶኡ ኽህቦ ግቡእ'ዩ፡" ኢሉ ኣቦ መንበር መለስ ዜናዊ ናብ ስብሓት ነጋ ቍሊሕ በለ። ኮይኑ ኸኣ፡ ሓጐስ ኢዱ ወስ ኣበለ'ሞ፡

"ኣብ'ዚ ውድብና ንምንታይ ርእይቶኡ ሂቡ ኣይኮነን እቲ ሕቶ። 'ሻዕብያ ብቐደሙ'ውን ኣብ ናጽነት ኣትኪሉ ኣይኮነን ዝቃለስ ዘሎ፡ ንመርገጺኡ ብትሪ ክንኰንኖ ኣለና፡' ዝብሉ ርእይቶታት መልሲ ንምሃብ'የ ርእይቶይ ሂበ። ብተመሳሳሊ ኻልእ ክንዝክሮ ዝግብኣና ጉዳይ'ውን ኣሎ። ብኣላይነት ጂሚ ካርተር ክግበር ተሓሲቡ ዘሎ ዘተ ሰላም፡ ሸሕ'ኳ ዓው እንተ ዘይበልና ንዕኡ'ውን'ኮ ብትሪ ኢና ነቒፍናዮ። ስለዚ፡ ኣነ ኣብ ጉዳይ ሻዕብያን ስትራተጂኡን ኢድና እን ተ ዘይመለስና ዝሓሸ እዩ እየ ዝብል ዘለኹ። ምኽንያቱ፡ ዘሊልናዮ ክንሓልፍ ዘይግብኣና ሓደ ንጹር ዝኾነ ሓቂ ስለ ዘሎ። ንሱ ኸኣ፡

እዚ ዕልዋ'ዚ ንሕና ብዝፈጠርናዮ ጸቕጢ እዩ ተበጊሱ ኢልና ኽምዚ በዓል ብጻይ ተወልደን ገብሩን ክብሉዎ ዝጸንሑ ክንኣምን እንተ ደለና'ውን፡ እቲ ቐንድን ወሳንን ግደ ዝተጻወተ ግና፡ እዞም ጀነራላት ኣብ ኤርትራ ወሪዱዎም ዘሎ ዘሕፍር ስዕረት'ዩ። እዚ ኸኣ፡ ሻዕቢያ ኣብዘን ዝሓለፋ ኣርባዕተ ዓመታት ንደርግ ኣብ ኩሉ ግንባራት ፍጹም ውድቀት ስለ ዘውረደሉ ምዃኑ ምግንዛብ ከድልየና እዩ። መብዛሕትኦም እዞም ጀነራላት መርእድ፡ ኣበራ፡ ወርቁ፡ ቁሙላቸው፡ ዓብዱላሂን ደምሴን ኣብ ኤርትራ ዝነበሩን ኣብ ውግእ ዝተሳዕሩን እዮም ነዚ ዕልዋ ኣበጊሶሞ ዘለዉ። ስለዚ ብጾት፡ ሓይሊ ሻዕብያ ኽምቲ ኣነ ኹሉ ጊዜ ዝብሎ፡ ኣቃሊልና ክንርእዮ ዘይግብኣና ጥራይ ዘይኮነ፡ ንዓና'ውን ዓቢ ድፍኢት ክህበና ምእንቲ፡ ኣብ'ዚ እዋን'ዚ ምስ'ቲ ውድብ ጀሚርናዮ ዘለና ዝምድና ብጻዕዳ ጓንቲ እንተ ሓዝናዮ ዝተመርጸ ኾይኑ ይስምዓኒ፡" ብምባል፡ ርእይቶኡ ደምደመ። በዚ ናይ መወዳእታ ርእይቶ ሓጐስ ከኣ፡ ኣኼባ 16 ግንቦት ተዛዘመ።

* * *

17 ግንቦት

ኣብ ኣስመራ፡ እቲ ምልዕዓል ብጽቡቕ'ኳ እንተ ጀመረ፡ ፕረዚደንት መንግስቱ ዑደቱ ኣቋሪጹ ካብ ምብራቕ ጀርመን ናብ 17 ግንቦት ዘውግሐ ለይቲ ኣዲስ ኣበባ ኣተወ። ንሱ ኽምቲ ብዓጀባ ዝተፋነወ ኣብ ዝኣተወሉ እዋን ግና ፕሮቶኮላዊ ኣቀባብላ ኽይተገብረሉ ናብ ቤተ መንግስቱ ኸደ። ብቐጥታ ኸኣ ምስ ሌ/ጀነራል ተስፋየ ገብረኪዳንን ሻምበል መንግስቱ ገመቹን ብምርኻብ ትእዛዛት ሃበ።

ኣብ ኣዲስ ኣበባ ዝነበሩ ጀነራላት ካብ ኣበጋግሶኦም ጥዕና ዘይነበሮ ካብ ምዃኑ ዝተላዕለን ኣብ ነንሓድሕዶም'ውን ዝተፈላለየ ቅርሕንቲ ስለ ዝነበሮምን'ዩ እምበኣር፡ ጀነራል ኣበራ ኣበበ ገና እቲ ዕልዋ እናተኻየደ ኸሎ ኸው መዓልቲ ንሌ/ጀነራል ሃይለጊዮርጊስ ሃይለማርያም ሚኒስተር ምክልኻል ኣብ ውሽጢ ሚኒስትሪ ምክልኻል ብጥይት ግንባሩ ሃሪሙ ዝቐተሎ። ቀቲሉዎ ከብቅዕ ነቲ ተዋሂቡዎ ዝነበረ ሓላፍነት ጠንጢኑ ካብ ሚኒስትሪ ምክልኻል ተሰወረ። እዚ ስለ ዝኾነ ኸኣ እዩ፡ ኣስመራ ዝመደበሩ ናይ መበል 202 *ኣየር ወለድ ክፍለ ጦር ኤታ ማጆር ሹም* ሜ/ጀነራል ቁሙላቸው ደጀኔ

ምስቶም ካብ ኣስመራ ብኣንቴናብ ጽዒኑ ሒዝዎም ዝመጸ ኣየር ወለድ ብምዃን ንሓይሊ ኣየር ኢትዮጵያ ኣብ ትሕቲ ቍጽጽሩ ኣትእዩ ተወሳኺ ትእዛዝ ካብ ጀነራል ኣበራ ኣበበ እናተጸበየ ኸሎ ርክብ ዝተቛረጸ። እዚ ኾይኑ ኸብቅዕ፡ ጀነራል ቁሙላቸው ካብ ኣስመራ ዝተሰዱ ወተሃደራት ካብ ሓይሊ ኣየር ከይተንቀሳቐሱ ኸለዉ ሃንደበት ስለ ዝተኸበቡ እቲ ዕልዋ ኸም ዝፈሸለ ጠርጢሩ፡ ካብ ኣዲስ ኣበባ ወጺኡ ኣብ ዝሃድመሉ ዝነበረ እዋን ኣብ ከባቢ ደብረ ዘይቲ ተታሒዘ። ሜ/ጀነራል መርእድ ንጉሰን ሜ/ጀነራል ኣምሃ ደስታን ኣብቲ ውሽጢ ሚኒስትሪ ምክልኻል ነብሰ ቕትለት ፈጸሙ። ሜ/ጀነራል ፋንታ በላይ ከኣ ካብ ኣኼባ ብምውጻእ ተሰዊሩ ኣብ ሓደ ናይ ኣቑሑት ኮንተይነር ሰለስተ መዓልትን ለይትን ተሓቢኡ ድሕሪ ምጽናሕ፡ ተታሒዘ። እቶም ኣብ ከበባ ኣትዮም ዝነበሩ ላዕለዎት መኰንናት ግና፡ ኮሎኔል መንግስቱ ገመቹ ብዝሃቦም ትእዛዝ መሰረት ኢዶም ሃቡ። ኣብ ኣዲስ ኣበባ ዝተፈተነ ዕልዋ ኸኣ ብ17 ግንቦት 1989 በርዒኑ ተረፈ።

ኣብ ኣስመራ ዝነበረ መበል 202 *ኣየር ወለድ ክፍለ ጦር* "ነቲ ዕልዋ ኣይንድግፎን ኢና፡" ብምባል፡ ኣብ ልዕሊ'ቶም ነቲ ምልዕዓል ዘበጋገሱ ብሜ/ጀነራል ደምሴ ብልቶ ዝምርሑ ጀነራላት ስጕምቲ ብምውሳድ ኣብ ትሕቲ ቍጽጽሮም ኣእተዉዎም። ሜ/ጀነራል ደምሴ ቡልቱን ሜ/ጀነራል ወርቁ ቸርነትን ተረሺኖም፡ ሬሳኦም ካብ ቃኘው ብወተሃደራዊት መኪና ተጐቲቱ ኣብ ኣፍ ደገ ቃኘው ምስ ምሉእ ወተሃደራዊ መዓርጎም ተሰጢሑ ወዓለ። ምልዕዓል ኣስመራ ድማ ብዘይ ፍረ ቀሃመ። ኣብ ኣዲስ ኣበባ'ውን ብተመሳሳሊ መገዲ ኮሎኔል መንግስቱ ገመቹ ነቲ ፈተነ ድሮ ኣበርዒኑዎ ስለ ዝነበረ፡ መንግስቱ ሃይለማርያም ስልጣኑ ኣደለደለ'ሞ፡ ነቶም ኣብ ኣስመራን ኣዲስ ኣበባን ኣብ ልዕሊኡ ዕልዋ ክገብሩ ዝፈተኑ 29 ጀነራላት ዝርከቡዎም ልዕሊ 33 ላዕለዎት መኰንናት ረሸኖም፣ ኢትዮጵያ ኸኣ እቲ ዘይተርፍ ውድቀታ ኣወጀት፡

* * *

ምዕራፍ 51

ካብ ሹቕ ብኻልኣይ መደበር ፖሊስ ኣቢልካ ጽርግያ ኣርባዕተ ኣስመራ ሃዳሙ ንየማንካ ገዲፍካ ናብ ዕዳጋ ዓርቢ ዝወስድ ጽርግያ ጅምር ምስ ተብል፣ ንጸጋም ዝወስድ መገዲ ሒዝካ ናብ ሓድሽ ዓዲ ኢኻ ትኣቱ። እታ ናብኡ እተእቱ ሓንቲ ዓባይ ጐደና፣ ናብ የማን ጸጋም ዘእትዋ ጸበብቲ ስሩዕን ዘይስርዑን ጐደናታት ኣለዋኣ። እተን ጐደናታት ካብ ምጽባበን ዝተላዕለ፣ ይትረፍዶ መካይን ኣርማድዮ ገዛ ገዚእካ'ውን እንተ ኾነ ንጋዶ ኢኻ ትሓልፈን። ነበርታ ሕውነት፣ ሓልዮትን ፍቕርን ዝተዓደሉ ደቂ ሓንቲ ስድራ እዮም ዝመስሉኻ። ቈልዑት መን እንዳ መን ይውዕሉ ኣገዳሲ ኣይኮነን፣ ኩሉ ገዝኡም ስለ ዝኾነ። ሓድሕዳዊ ዝምድና ነበርታ ድልዱልን ነብሲ ወከፍ ገዛ ወዳ ጓላ፣ ሓዋ ሓፍታ፣ ወዲ ሓትኖኣ ኣኮኣ፣ ወዶ'ሞኣን ሓወቦኣን ንሜዳ ዘይሰደደት ኣይትርከብን ነበረት። እቲ ገዛውቲ ብጊዜ ጣልያን ብግድግዳ ዝተሰርሐ ኾይኑ፣ መብዛሕትኡን ጸበብትን ቁመተን ሓጸርትን'የን ነይረን። ጐደናታቱ ንሓለዋ ዘይምቹእን ጸልማትን ካብ ምኻኑ ዝተላዕለ፣ ጦር ሰራዊት *"የወንበዴ ሰፈር!"* ብምባል ክኣትዉዎ ኣይመርጽዎን'ዮም ነይሮም። ጐድኒ ሓድሽ ዓዲ እቲ ውሩይ ከባቢ ኣባ ሻውል ክህሉ ኸሎ፣ ብድሕሪኡ ኸኣ ዕዳጋ ሓሙስ ይርከብ። ኣብታ ናብ 17 ግንቦት 1989 ዘውግሐት ለይቲ ሓድሽ ዓዲ ሓደ ዓቢ ጋሻ እያ ኣብ ሕቝፉ ኣሕዲራ።

ስለ ዝኾነ ኸኣ፣ ፈዳይንን ኰማንዶን ህ.ግ ክሳዕ ዝወግሕ ብኹሉ መኣዝና ኣብ ሓለዋ እዮም ኣውጊሖም። ወጋሕታ ሰዓት ኣርባዕተ ምስ ኮነ፣ ሓንቲ ማዕጾ ሓጹር ናይ ሓቖቖታ ድምጺ ኸየስምዐት ብጥንቃቐ ተኸፍተት። ናብ ጥቓኣ ዝነበረት ማዕጾ ሓንቲ ጸጸር ተወርወረት፣ ሰብ ተቐልቀለ። ተበገሰ! በለ ሓደ ፈኲስ ድምጺ። ብኽልተ ሰለስተ ሸነኽ ሰባት ወረር ወረር በሉ። ካብ'ታ ቐዳመይቲ ሓጹር ከኣ፣ ሰለስተ ሰባት ወጹ'ሞ፣ ክልተ ኣብታ ጸባብ ጐደና ተሓወሱዎም። መራሕ መገዲ ክኽተሉዎም ብኢዱ ኣመልከተ፣ እቲ ኣካይዳ ድምጺ ኣይነበሮን። በቲ ሸንሸኮ ኣቢሎም ናብቲ ካብ ዕዳጋ ሓሙስ ናብ ኣኽርያ ዝወስድ ጽርግያ ተቐልቀሉ። መራሕ መገዲ፣ የማን ጸጋም ጠሚቱ ናይ ንሕለፍ ምልክት ሃበ። በብሓደ ሰገሩ'ሞ፣ ናብ እግሪ ሓዝሓዝ ምስ ተጸግዑ ኸብሩኹ ተነግሮም። ሰለስተ

ሓደስቲ ሰባት ተጸንበሩዎም፣ እቶም ቀዳሞት ክልተ መራሕቲ መገዲ ግና ነቲ ኣብቲ ከባቢ ዝነበረ ሓለዋ ክከታተሉ ኣብኡ ተረፉ። ዳግማይ ተበገስ ተባህለ፣ ስጉምቲ ቕልጡፍ'ዩ ነይሩ። እግሪ እግሪ ሓዝሓዝ ብምሓዝ ሸውዓተ ሰባት ብመገዲ ዓዲ ንፋስ ሰተኹ። ድሕሪ ናይ ሰለስተ ሰዓት ናይ ጸልማት ጉዕዞ፥ ጸሓይ ምእንቲ ነብሳ ወገግ ክትብል ጀመረት። እቲ ኽብጻሕ ዝተሓለነ ስንጭሮ ክብጻሕ ስለ ዝነበሮ፥ ጉዕዞ ብዘብዘብ ኮነ። ተጓዓዝቲ ትንፋሶም ብኣፎም ክትወጽእ ደለየት። ልክዕ ፍርቂ መዓልቲ ኣብቲ ካብ ጸላኢ ውሑስ ዝኾነ ቦታ ተበጽሐ'ሞ፥ እፎይታ ተረኽበ። ዝቕጽል ጉዕዞ፥ ፍልፍል ሰለሙና ቼሪጽካ፥ መገዲ ኣፍዓበት ምብጻሕ ስለ ዝነበረ፥ ድሕሪ ናይ ሓደ ሰዓት ዕረፍቲ ኣማስያኦም ናብ'ታ ትጽበዮም ዝነበረት ስራሓት ሩስያ ዝኾነት ጂፕ ዋዝ ወተሃደራዊት መኪና በጽሑ። መኪና፥ ንሰለስቲኦም ኣወጢሓ ብኡ ንብኡ ብናህሪ ተሓምበበት። ወጋሕታ፥ ኸተማ ኣፍዓበት በጽሐት። ድሕሪ ናይ ሰለስተ ሰዓታት ድቃስ፥ ነቶም ክልተ ኣጋይሽ ክብገሱ ተነግሮም'ሞ፥ ዝቕመስ ቀሚሶም ኣብ ሓንቲ ላንድሮቨር መኪና ተወጢሖም ጉዕዞ ተተሓሓዙዎ። እቶም ኣጋይሽ በቲ ሓርኮጽኮጽ ዝበዝሖ ጉዕዞ ብድኻም ተሰኒፎም ስለ ዝነበሩ፥ እንትርፎ መዓስ ንበጽሕ'ምበር፥ ኣበይ ኣለና? መዓስ ክነዕርፍ ኢና? ከይበሉ ብጸልማት ናብ ሓንቲ ኸተማ ኣተዉ። ካብ መኪና ብምውራድ ከኣ፥ ናብ ሓደ ትሕተ ባይታዊ ገዛ ተወሰዱ'ሞ፥ ክዕርፉ ተነግሮም። መደቀሲ ኣይመረጹን፥ ዘምርጽ'ውን ኣይነበሮምን፥ በብዘለዉዎ ምስ ጥሙይ ከብዶም ግምብው ግምብው ኢሎም ንቕጽ በሉ።

ታምራት፥ ድሕሪ ናይ ሓሙሽተ ሰዓት ድቃስ ተበራበረ'ሞ፥ ቊሊሕ ምሊሕ በለ። ብብዕጉግ ኣእምሮኡ ነቲ በዓቲ ኲለሎ፥ ነታ ኣብ ጥቓኡ ተጐምቢያ ዝነበረት ገና ዘይተበራበረት መማጽእቱ ኸኣ ተኲሩ ጠመታ። መሊሱ ነቲ ትሕተ ባይታዊ ገዛ ብዓይኑ ኲለሎ። ኣፍንጫኡ ኸተህንጥሶ ተወናወነት። ከየበራብራ ብምባል ግና ብዝከኣሎ መጠን ተኸላኸሎ፣ ኣብ መወዳእታ ግና ተሰነፈ። ኣዕርዩ ኸኣ ኣህንጠሰ። ኣዜብ ተበራበረት። ንሳ'ውን፥ ካብ ታምራት ብዘይ ተፈልየ ኣገባብ ነታ ዝነበረታ በዓቲ ብዓይና ኹሊላ ንታምራት ጠመተቶ።

"ይቕሬታ ኢትዮጵያ! ኣበራቢረኪዶ?"

"ሰዓት ክንደይ ድዩ ኾይኑ?"

"ሰዓት ዓሰርተ ሓደ፥" በለ፥ ሰዓቱ እናረኣየ። ኣዜብ፥ ናይ'ቲ

ነዊሕ ዓመታት ኣብ ምቕት ዘሎዎ ዓራት ዝደቀሰቶ ምስ ተበራበረት ኩሉ ነብሳ ዝቈሰለ ኾይኑ ተሰምዓ። እንተ ኮሎኔል ግና፡ ተዓኒዱ ኣብ'ቲ ንእዲ ኮፍ ብምባል፡ ንዕኣ ዓይኒ ዓይና ብምጥማት ትም በለ። መራሕ መገዲ ኸኣ ብንግሆኡ ተሲኡ ናብ ኣዛዚ ግንባር ከይዱ ነበረ። ድሕሪ ገለ ደቓይቕ፡ ሓደ ቕድሚኡ ርእዮሞ ዘይፈልጡ ተጋዳላይ፡ "ሰላማት!" ብምባል፡ ንኽልቲኦም ናይ ኢድ ሰላምታ ሃቦም።

"ጓለ'ዝማች እዚ መገዲ ኣድኪሙኩም'ዩ'መስለኒ፡ ከም ቈልዓ ኸይተገልበጥኩም ኢኹም ሓዲርኩም። በሊ ነዞም ምግብና ነጊርናዮም ኣለና'ሞ፡ ነዚ ጋሻ ሒዝክዮ ኺዲ።"

"እንታ! እቲ ምግብና ደኣ ኣበይ ክብሎ ኢልካኒ? ንምንታይ ኣበይ ዲና ዘለና?"

"ኣብታ መዲና ሰውራና።"

"ናቕፋ!" በለቶ፡ ኣስናና ገይጻ።

"እወ ናቕፋ!" ምስ በላ፡ ብዘይ ልባ ካብቲ ዝነበረቶ ብድድ ኢላ ናብ ደገ ወጸት። እወ! ኣዜብ ኣይተጋገየትን፡ ኣብ ናቕፋ እያ ዘላ። ንየማነ ጸጋም ጠመተት፣ መካይን ሰብ ከይረግጻ ቢብ ቢብ ዝብላሉ፡ ሰባት ናብ ስራሕ ንክኸዱ ኣውቶቡስ ይኹን ታክሲ ዝጽበዩሉ፡ ደቀንስትዮ ካብ ሓደ ድኳን ናብ ካልእ ድኳን ንብረት ክገዝኣ ንዮው ነጀው ዝብላላ ኸተማ ኾይና ኣይጸንሐታን፡ ናቕፋ። ተጋደልቲ፡ በብተልእኾኦምን ስራሖምን ናብ'ዝን ናብ'ትን ዝብሉን ኣባይቲ ዘይኮነስ ተረፍ መረፎም መናድቕ ጥራይ ዝረኣየላ ኸተማ ነበረት፡ ናቕፋ። ኣዜብ ግና፡ በቲ ተርእዮ ድምብርጽ ኣይበለትን። ኣብታ ሕምብርቲ ጽንዓት፡ መስዋእቲ፡ ጅግንነትን ኵርዓትን ዝኾነት ታሪኻዊት ከተማ ብምህላዋ፡ ሓበን ደኣ ተሰምዓ። ናብ ውሽጢ ብምእታው፡

"ታምራት! ኣበይ ከም ዘለና ፈሊጥካዶ ኣለኻ?" በለቶ፡ ነቲ ኣብ ንእዲ ተዓንዚዙ ኮፍ ኢሉ ዝነበረ ታምራት።

"ኣይፈለጥኩን፡" ብምባል፡ ጥራይ መለሰላ።

"በል ተንስእ'ሞ ኣዒንትኻ ዓምቶ፡" በለቶ፡ ፍሽኽታ ኣሰንያ። ኮሎኔል፡ ኣብ ኣእምሮኡ ዝመጾ ነገር እንተ ነበረ፡ ሻዕብያ፡ ናብ ሱዳን ኣስጊሮምናዶ ይኾኑ ዝብል ነበረ። ስለዚ፡ ኣዒንቱ ዓሚቱ ሽም ቈልዓ ብድድ ኢሉ ናብ ደገ ወጸ። ኣዒንቱ ምስ ከፈተን ግና ብዝረኣዮ ሰምበደ፡ ናብ ኣዜብ ከኣ ቍሊሕ በለ።

"እዚኣ እያ ናቕፋ!" በለቶ ኣዜብ፡ ኵርዓት ብዝተሓወሶ መንፈስ።

ታምራት፥ ኣብ ቅድሚኡ እንትርፎ ዝፈራረሰ ኣባይትን ንዮው ነጀው ዝብሉ ተጋደልቲ'ምበር፥ ዝኾነ ይኹን መግለጺ ስልጣነ ዘመልክት ነገር ኣይረኣየላን። ንሱ፥ ሽሕ'ኳ ዕድሚኡ ምሉእ ወተሃደር እንተ ነበረን ኣሎን፥ ውግእ ዝፈጥሮ ዕንወት እንትርፎ ብርሑቕ ብቐረባ ርእዩዎ ስለ ዘይፈልጥ፥ "ኢትዮጵያዊ ኢኻ፥ ካብኣ ሽኣ ኣይትፍለን ኢኻ!" እናተባህለ ንዓመታት ግዳይ ውግእን ምዝንባል ዝኾነ ህዝቢ ኤርትራ፥ ዝሓለፎን ዝሓልፎ ዘሎ መስገደልን ብዓይኑ ክርኢ ምኽኣ ሉ፥ እንትርፎ ርእሱ ምንቕናቕ፥ ክብሎ ዝኽእል ነገር ኣይነበሮን። ናቕፋ፥ እወ እታ መንግስቲ ኢትዮጵያ ልዕሊ ሰማንያ ሽሕ ሰራዊት ዝኸፈለላ መዲና ሓበን ኤርትራውያን።

"ኣዜብ፥" በላ፥ ነታ ኢትዮጵያ ትብል ሽም ከየውጽኣ እናተጠንቀቐ። "ብሓቂ ናቕፋ!" ብምባል፥ ኣብታ ኣብ ጥቓኦም ዝነበረት ጸፋሕ እምኒ ኮፍ በለ። ኣዜብ'ውን ኣብ ጐድኑ ብምዃን ነቲ ኣማዕዲኻ ዝርአ ሰንሰለታዊ ጎቦታት ናቕፋ፥ እዚኣስ ደንደንዶ ትኸውን ዋላ ጓል ደንደን እናበለት ኣብ ሓሳብ ተሸሚማ ኸላ እዩ እምበኣር፥ እቲ ካብ ኣስመራ ምስኦም ዝመጸ ተጋዳላይ ብድሕሪኦም ብምምጻእ፥ "ሰላማት፥" ዝበሎም። ታምራት፥ ናብ ድሕሪኡ ቍሊሕ ብምባል ካብቲ ዝነበሮ ተሲኡ ሰላም በሎ።

"እዚ ሆቴልና ብዙሕ ምቾት ዘሎዎ ኣይኮነን፥ ቤት ብልዒ እንተ ደሊኹም ግና ንዑናይ ክወስደኩም፥" ብምባል፥ ናብታ ኣብ ትሕቲ ሓንቲ ገረብ ዝነበረት ምግብና ወሰዶም። ብፍላይ ንታምራት ተባሂሉ ዝተዳለወ ኣብ ጥዕምቲ ስልሲ ዝተፈትፈተ ቅጫ ፊኖን ሻህን ተቐረበሎም'ሞ፥ ብሓባር እናስሓቑ ቍርሲ ኣይትብሎ ምሳሕ በልዑ። ጠምዮም ስለ ዝነበሩ፥ ከምታ ዝለመዱዋ እናተኹላለሱ ነታ ሽሓኒ ጥራሓ ኣትረፉዋ። እቶም ብማዕዶ ዝርእዩዎም ዝነበሩ ተጋደልቲ፥ ጓሎም ትኹን ወዶም ኣርሚሙዎም ነንሓድሕዶም እናተጠማመቱ ክምስምስ በሉ።

"ኣንቲ እንታይ ደኣሎም እዚኦም፥" ብምባል፥ ሓንቲ ተጋዳሊት ብሰሓቕ ክርትም በለት'ሞ እታ ካልኣይታ ትቕብል ኣቢላ፥

"ረጋቢት ዓድና ደኣ መትኮብ ብመትኮብ እናተቐባበላ ይኲላለሳ'ምበር ..." ክትብልን፥ ክሳዕ ኣቓልቦ ኣዜብን ታምራትን ዝስሓብ፥ ኩሎም ዓፊኖም ሒዞሞ ዝጸንሑ ሰሓቕም ፈርሸሑዎ።

"ደሓን፥ ብዙሕ ኣይተቃልቡሎም፥ ደይ ካብ ካልእ ዓለም ዝመጻእኩም ኬንኩም ስለ ትረኣዩዎም ዘለኹም'ዩ። ምኽንያቱ ..." ኢሉ፥ ንሱ'ውን ተግባራት እቶም ተጋደልቲ ገሪሙዎ ፍሽኽ በለ።

"እሞ ካብ ቈረስና፡ ንእሽቶ ዘረባ ኣላትና'ሞ ንኺድ፡" ኢሉ፡ ናብ'ቲ ዝሓደሩሉ ገዛ ተተሓሒዞም ከዱ።

"ኮሎኔል ታምራት ደጊመ እንቋዕ ብደሓን ኣብ ሓራ መሬትና መጻእካ። ድሕሪ ሓደ ሰዓት ክመጽኩም'የ'ሞ፡ ተቐሪብኩም ጽንሑኒ፡" ብምባል፡ ሓንቲ ወተሃደራዊት ቦርሳ ሂቡዎም ከደ። ክልቲኦም ነታ ዝተዋህበቶም ቦርሳ መን ይኽፈታ ብዝዓይነቱ ኣጠማምታ፡

"እንታይ ደኣሉ?"

"ኣይፈልጥኩን፡" ብምባል፡ ኣዜብ ነታ ቦርሳ ኽፈተታ'ሞ ፍሽኽ እናበለት ነቲ ኣብኡ ዝነበረ ወተሃደራዊ ክዳውንቲ በብሓደ ኣውጽኣቶ።

"እንታይ ዝኾነ ዩኒፎርም ደኣሉ!?"

"ታምራት፡ እዚ ትርእዮ ዘለኻ ናትካ ናይ ወተሃደራዊ መዓርግ ዩኒፎምር'ኻ እዩ።" ብምባል፡ ኣቐበለቶ።

ኣዜብ፡ ተልእኾኣ ናብ መፈጸምታኡ ገጹ ይኸይድ ምንባሩ ስለ ዘስተብሃለትን እቲ ዝተወጠነ ዕልዋ ናይ ምዕዋቱ ተኽእሎ ኣጠራጣሪ ምኳኑ ስለ ዝገምገመትን እቲ ናይ ምውጻእ መደባት ንላዕለዋይ ኣካል ሓበረት'ሞ፡ ዘድሊ ቅድመ ምድላዋት ክትገብር መምርሒ ተዋህባ። ስለ ዝኾነ ኸኣ፡ ምስ'ቲ ዝተኽፍተላ ሓድሽ መስመር ብምትሕብባር ኣብ ገዛውቲ ሓድሽ ዓዲ ሓደ ገዛ ክዓሎ ተወሰነ። ፈዳይን ነቲ ቦታ ብደቂቕ ከጽንዑዎ ተሓበሮም። ናይ ምውጻእ ውጥናት ተሓንጸጸ። ኣድለይቲ ዝበሃሉ ናይ ጸጥታ ምድላዋት ተገብረ። ክልተ መዓልቲ ቕድሚ ዕልዋ ሓሙሽተ ኣባላት ኮማንዶ ህ.ግ ናብ ኣስመራ ኣተዉ። ኣዜብ፡ ናይ ታምራት ምሉእ መዓርጉ ዘመልክት ወተሃደራዊ ዩኒፎርም ከተውጽእ ከኣ መምርሒ ተዋህባ።

"ከም'ቲ ወተሃደራዊ ሕጊ ዝእዝዞ፡ ቅድሚ ምውጻእና ኣነ እየ ንፈዳይን ህ.ግ ኣረኪበዮም። ትዝክሮ እንተ ኼንካ፡ ድሮ እታ ዕልዋ ዝተገብረትላ መዓልቲ፡ ደምሴ ቡልቱ ደዊሉልካ ምስ ከድካ፡ ንጽባሒቱ ምሸት ክንወጽእ ከም ዘለና ንላዕለዋይ ኣካል ሓቢረዮም። ምኽንያቱ፡ እቲ ዕልዋ መሰናኸል ከጋጥሞ ምኳኑ ነጊርካኒ ስለ ዝነበርካ፡ ክልቴና ኣብ ሓደጋ ክንወድቕ ኸም እንኽእል ዘጠራጥር ኣይነበረን። ስለ ዝኾነ ኸኣ እዩ፡ ላዕለዋይ ኣካል ብህጹጽ ክንወጽእ ዝወሰነ፡" ምስ በለቶ፡

"ዝገርም'ዩ። እዚ ኹሉ ክትገብሪ ግና ንዓይ ዋላ ሓንቲ ነገር ኣየምለቕክለይን።"

"ታምራት ናትካ ናይ ምውጻእ መደብ ንዓይ ጥራይ እዩ

ዝምልከት ነይሩ። ብምስጢር ከኣ ክተሓዝ ነይሩዎ። ሳላ ኸምኡ ዝኾነ ኸኣ ኢና ኣብዚ በጺሕና ዘለና።”

“ንምኳኑ በዓል ጀነራል ደምሴ እንታይ ኮን ይገብሩ ይህልዉ?” ምስ በላ፡ ኣዜብ ርእሳ ኣድነነት። ታምራት ጠመታ፡ ንሳ ግና ትም መረጸት።

“ታምራት፡ እቲ ብጻይ መጺኡ ክወስደካ ስለ ዝኾነ ወተሃደራዊ ዩኒፎርምኻ ተኸዳደን።”

“ንምንታይ?”

“ትእዛዝ እዩ!፡” ብምባል፡ ገዲፋቶ ንደገ ወጸት። ኮሎኔል ታምራት ካብ ቈቢዑ ጀሚሩ ክሳዕ ካልሱን ሳእኑን በብሓደ ኣውጺኡ፡ ነቲ ዩኒፎርም ብስነ ስርዓት ኣብቲ ንእዲ ኣቐመጦ'ሞ፡ ንገለ ካልኢታት ደው ኢሉ ጠመቶ። ብሓሳብ ናብ ኩሉ ቦታታት ክኸይድ ተበገሰ፡ ግና ሓንሳብ ኣስመራ ጸኒሑ ኣዲስ ኣበባ ብሓደ ወገን፡ ኢቢሳ፡ ደምሴን ካልኦትን በቲ ኻልእ፡ ኣብ ፊቱ ቅጅል ስለ ዝበሉዎ፡ ኩሉ ነገር ዝብርቕርቕ ኢሉዎ ንብዓት ሰዓሮ፡ መንዲሉ ኣውጺኡ ነዒንቱን ኣፍንጫኡን ሓባቢሱ ቀልጢፉ ክዳውንቱ ኣውጺኡ ድማ ወደዮ።

“ኣዜብ ወዲኣ'ለኹ፡” በለ እቶም ቃላት ካብ ኣፉ ምውጻእ ኣብዮሞ ኵልተፍተፍ እናበለ። ንሳ ርእይ ምስ ኣበለቶ ኸም ልማዳ ሰሓቓ ከትእርንቦ ኣይከኣለትን፡ እናሰሓቐት ከኣ ናብኡ ቐረበት።

“ኮሎኔል፡ ኣብ ናቕፋ ምስ መጻእኩም እዚ ዩኒፎርም መሊሱ ኣጸቢቑልኩም፡” ምስ በለቶ፡ ተተሓሒዞም ኣብ ሰሓቕም ኣተዉ። ኣይደንጐየን፡ ተጋዳላይ ኣስመሮም “ሰላማት፡” ብምባል ናብ'ቲ ኽፍሊ ኣተወ'ሞ፡ ንታምራት ምስኡ ኸብገስ ምኳኑን ንኣዜብ ከኣ ከም ዝምለሳ ሓቢሩዋን ተተሓሒዞም ከዱ። ክልቲኦም ዋላ ሓንቲ ቃል ከየምለቑ ናብ'ታ ኸባቢ 50 ሜትሮ ኣቢላ ዝነበረት ትሕተ ባይታዊ ገዛ ኣተዉ። ኸልተ ሰባት “ሰላማት፡” ብምባል ተቐበሉዎም።

“ኮሎኔል ታምራት፡ እንቋዕ ብደሓን መጻእካ። ነዊሕን ኣድካምን ጒዕዞ ኢኹም መጺእኩም። ኣዕሪፍካ ክትከውን ከኣ ተስፋ እገብር፡” በሎ፡ እቲ ኣባል ፖለቲካዊ ቤት ጽሕፈትን ወተሃደራዊ ኣዛዚ ናይቲ ግንባርን፡

“እወ፡ ጽቡቕ ኣዕሪፍና።” ታምራት ሓለፍቲ ምኳኖም'ኳ እንተ ተገንዘቦም፡ እቲ ሓደ ቆማት ቀጢንን ጽሙእ ነብስን፡ እቲ ኻልኣዩ ድማ ሓጺር ትርኢቱ ኣብ ክሊ ዕድመ ዕስራታት ዘሎን ኣብ ሸፋሽፍቲ ኣዒንቱ ዝተገርነበን ኮይኖም ክዳውንቶም ከም ማንም ተራ

ተጋዳላይ ካብ ምኳኑ ዝተላዕለ ብትርኢቶም ከይገረሞ ኣይተረፈን።

“ዘለናዮ ቦታ ናቕፋ እዩ። ንኣድላዪ ሓበሬታ ናብ ዓንበርበብ ክንሰደካ ስለ ዝኾንና፡ ብመጀመርታ ፍቓደኛ ክትከውን ተስፋ ንገብር።”

“ዝድለ ሓበሬታ ክህብ ፍቓደኛ እየ፣ ንምኻድ ድማ ቅሩብ እየ።” ኮሎኔል፡ ዓንበርበብ መሪሕነት ህ.ግ ዝርከበሉ ቦታ ምኳኑ ኣንጻዕዲዑ ይፈልጥ ስለ ዝነበረ፡ ዝኾነ ይኹን ሻቕሎት ኣይነበሮን።

“እምበኣር ድሕሪ ቅሩብ ደቓይቕ ክትብገስ ኢኻ። ኣድለይቲ ቅጥዕታት ኣብኡ ክንመልኣልካ ኢና፡” ብምባል፡ ናይ ኢድ ሰላምታ ሂቡ ኣፋነዎ፡ ኣዛዚ’ቲ ግንባር።

ኣብ ዓንበርበብ ምስ በጽሐ ምስ ዑስማንን መንሱርን ተራኺበ’ሞ፡ እቲ ዕልዋ ኸም ዘይተዓወተ፡ ኣብ ኣስመራ ጀነራል ደምሴ ቡልቱ፡ ሜ/ጀነራል ወርቁ፡ ብ/ጀነራል ሰለሙን ደሳለኝ ዝርከቡዎም ልዕሊ ዓሰርተው ሓሙሽተ፡ ኣብ ኣዲስ ኣበባ ኸኣ ጀነራል ፋንታ በላይ፡ ሜ/ጀነራል መርእድ ንጉሴ፡ ሜ/ጀነራል ኣበራ ኣበበ፡ ሜ/ጀነራል ኣምሃ ደስታን ካልኦት ዓሰርተው ሰለስተ ጀነራላትን ከም ዝተረሸኑ ተነግሮ። ብድሕር’ዚ እዩ እምበኣር፡ ናብቲ ጉዳይ ምሩኻትን ኢዶም ዝሃቡን ወተሃደራት ዝከታተል ኣካል ብምኻድ ኣድላዪ ሓበሬታ ምስ ሃበ፡ ኣብ ሓሙሻይ መዓልቱ ምስ በረኸት ዝተራኸቡ።

ሌ/ኮሎኔል ታምራት ወንድነህ ምስ ተጋደልቲ ህ.ግ ኣብ ሓደ ጽላል ኮፍ ኢሉ ወጃዕ ክብል ንዝረኣዮ ሰብ፡ እምበርዶ ናይ ኢትዮጵያ ላዕለዋይ መኰንን’ዩ ነይሩ ዘየብል ኣይነበረን። ሳሕል ካብ ዝኣቱ ሓሙሽተ መዓልቱ እዩ ገይሩ። ዑስማንን መንሱርን ምስኡ ነዊሕ ፍልጠት ዘለዎም ክመስሉ ኣብ ዲቕ ዝበለ ዕላል ኣትዮም ከለዉ እዩ እምበኣር፡ “ናብ ሓላፊ ስለያዊ ጉዳያት ኪድ፡” እምበር፡ ካልእ ተወሳኺ ትእዛዝ ዘይነበረታ መልእኽቲ ብምሓዝ በረኸት ንበዓል ዑስማን ዝተጸንበሮም። ድሕሪ ምዉቕ ሰላምታ፡ ነቲ ሓቢሩዎም ዝነበረ ጋሻ ሰላም ክብሎ ኢሉ ኢዱ ምስ ሰደደሉ እዩ ታምራት ምኳኑ ብኡ ንብኡ ዘለለዮ። ስለ ዝኾነ ኸኣ ብውሽጡ፡ “እዋእ ሻለቃ ታምራት!” ብምባል፡ ተኲሩ ጠመቶ’ሞ፡ ከምቲ ልሙድ መንኩብ ብመንኩብ ተሰዓዒሞም መሊሱ ቀው ኢሉ ጠመቶ። ታምራት’ውን ከምኡ። ታምራት ግና ነቲ ቆማት፡ ቀጢን፡ ጨሓም፡ ቀጠልያ ወተሃደራዊ ስረን ካምቻን ዝወደየ ተጋዳላይ፡ ከለልዮ ፈጺሙ ዘይሕሰብ’ዩ ነይሩ። በረኸት፡ ታምራት

ከም ዘየለለዮ ይፈልጥ'ዩ፡ ከለልዮ ኸም ዘይክእል ከኣ ርዱእ'ዩ ነይሩ፡ ምኽንያቱ ድሕሪ ዓሰርተ ኽልተ ዓመት'ዮም ዝራኸቡ ዘለዉ። ዑስማንን መንሱርን ኣብቲ ድራማ እንታይ ኮን ክብሉ እዮም ብምባል ን'ኽልቲኦም ተመሲጦም እናጠመቱዎም ከለዉ፡

"ሻለቃ፡ ኣማኑኤል እየ፡" ኢሉ ዓይኒ ዓይኑ መሊሱ ጠመቶ። ታምራት ኣብ'ቲ ዝነበሮ ቐዚዙ ተረፈ፡ ዘይተጸበዮ ስለ ዝኾነ።

"ኣማኑኤል! ከመይ ገይረ ኽለልየካ፡ በቲ ሓደ ጊዜ ነዊሑ፡ በቲ ኻልእ ..." ብምባል፡ ከም ክልተ ሰባት ኣብ ሰላም'ምበር ኣብ ውግእ ከም ዘይነበሩ፡ ደጊሞም ተሓቛቚፎም ተሰዓዓሙ። መንሱርን ዑስ ማንን ከኣ ክልቲኦም ምእንቲ ኽዕልሉ ብምባል ተንሲኦም ተፋንዮሞም ከዱ። ታምራት፡ ልዕል'ቲ ምስ ኣዜብ ኣብ ኣስመራ ኽራኸብ ከሎ ዝተደነቐ፡ ንበረኸት ምርካቡ ሕጂ'ውን ሓይሊ ህ.ግ ማዕረ ኽንደይ ረቂቕ ምዃኑ ተገንዘበ። በረኸት፡ ኣብ ክፍሊ ህዝቢ ተመዲቡ ኣብ ድሕሪ መስመር ጸላኢ እዩ ዝንቀሳቐስ ነይሩ። ድሕሪ ምፍራስ ውቃው እዝ ግና ናብ ደጀን ተሳሒቡ ኣብ ጉዳያት ወጻኢ እዩ ተመዲቡ። ኣብ ሜዳ፡ ብልዙብ ኣዘራርባኡን ብሓልዮቱን ኣዝዩ ተፈታዊ እዩ ነይሩ። እዚ ኹሉ ዓመታት ብዛዕባ ታምራት ሰሚዑ'ኳ ዘይፈለጥ እንተ ነበረ፡ ናብ ሳሕል ምምጽኡ ግና ኣዝዩ ገረሞ።

"ሓቅኻ ኢኻ፣ ንወንበዴ ኽተለልዮ ኣጸጋሚ እዩ፡" ምስ በሎ፡ ታምራት በቲ ሓደ ወገን ዘረባ በረኸት ኣስሓቖ፡ በቲ ኻልእ ከኣ ሕፍረት ተሰምዖ፡ ከመይሲ "ካልእ፡" ኢሉ ኽዛረቦ ዝሓሰበ በረኸት ቀብ ስለ ዘበሎ።

"ኣብ'ዚ ኸም ዘለኻ ኢትዮጵያ ነጊራትኒ ነይራ።"

"ኢትዮጵያ! መን ኢትዮጵያ?" ሓተቶ፡ ኮፍ ንበል ብዘመልክት ኣእዳዉ እና'መልከተሉ። ታምራት ነታ ሸም ንነዊሕ ዓመታት ርዒሙዋ ስለ ዝነበረ፡ ምጽውዓ ኣሰምበዶ።

"እንታይ ይመስለካ? እታ ካብ ኣስመራ ዘውጽኣትኒ ፈዳይን ዲኹም ትብሉዋ፡ ትፈልጠካ ስለ ዝነበረት እያ ነጊራትኒ፡" ብምባል ውጹእ ሓሶት ሓሰወ። በረኸት ግና፡ እቲ ነገር ስለ ዝተረድኦ ተወሳኺ ሕቶ ኣይሓተቶን፡ ጊዚኡ'ውን ስለ ዘይነበረ።

"ስድራ ቤትካ፡ ኣልማዝ ምስ ደቃ ኸመይ ኣለዉ?"

"ኣብ ኣሜሪካ እዮም ዘለዉ።"

"መዓስ ደኣ ኸይዶም!?"

"ሸዱሽተ ዓመት ገይሮም ኣለዉ፡" ብምባል ዝን በለ። ብውሽጡ ኸኣ፡ ስክፍታታትን ናይ ሕልና ወቐሳን ክስምዖ ጀመረ። ከምኡ

ኢሎም ከዕልሉ ወዓሉ'ሞ፣ በረኸት ናብ ቦታኡ ንኽብገስ ክምለስ'የ ኢሉዎ ናብ በዓል ዑስማን ከደ።

"ያ በረኸት! ንዓርከኻ ኽጋደል ኣምጺእናልካ፣" በሎ እቲ ዋዛ ዘይፍለዮ በዓል በሊሕ ኣእምሮ፣ ዑስማን ወዲ ያሲን።

"በየን ደኣ ኣምጻእኩሞ ወደይ?"

"ከም ዘይምጻእ የለን መጺኡ። ዎ! ንስኻ ምሕዳርካ ምሳና ምዃኑ ነጊርናዮም ኣለና፣ ኣይትሸገር ኢኻ። ሓደ ሰብ ከኣ፣ ክረኽበካ ደልዩ ኣሎ'ሞ፣ ክንጽውዓልካ ኢና፣" ኢሉዎ ኸደ።

መንሱር ናብ'ቲ ንታምራት ተባሂሉ ዝተዳለወ ናይ ትሕተ ባይታዊ ገዛ ምስ በረኸት ከዱ'ሞ ኣብኡ ሻህን ዝብላዕን መጺኡዎም እናዕለሉ ተመገቡ። ታምራት፣ ኣብ'ተን ሓሙሽተ መዓልቲ ዝረኣዮ መነባብሮ ይኹን ባህሪ ተጋደልቲ ኣስደሚሙዎ ጥራይ ዘይኮነ፣ ኩሉ ነገራቶም ካብ ካልእ ፕላኔት ዝመጹ'ምበር፣ ከምኡ ደቂ ሰባት ኮይኖም ኣይረኣዩዎን እዮም ነይሮም። ክዳውንቶም፣ መልክዖም፣ ኣዘራርባኦም፣ ኣብ ስራሕ ዝነበሮም ንጥፈትን ኣብ መንጎኦም ዝነበረ ብጻይነትን'ዩ ኸኣ ፍሉያት ፍጥረት ኮይኖም ዝስምዑዎ ዝነበሩ።

ኣዜብ፣ ካብ ናቕፋ ናብ ዓንበርበብ ምስ ከደት ዝናፈቐቶም ብጾታ ክትረክብ ናብ'ቲ ቕድም ዝነበረቶ ቤት ጽሕፈት ሰክረታርያት'ያ ኣምሪሓ። ኣብ ኩሉ ቤት ጽሕፈታት ምምጻኣ ምስ ተሰምዐ፣ ፈላጢኣ ዘበለ ጥራይ ዘይኮነ እቲ ብወረ ዝፈልጣ ኽይተረፈ እዩ ክርእያ መጺኡ። ኣዜብ፣ ኣብ መንጎ'ቶም ምዑታት ተጋደልቲ ብጾታ ብምህላዋ ፍስሃ ተሰምዓ። "ኣንቲ ኣበይ ኤርኪ!?" ዝብሉ ሕቶታት ካብ ኩሉ ተጋዳላይ ትሕተቶ ዝነበረት ሕቶ እንትርፎ፣ "ኣብ ድሕሪ መስመር፣" ካልእ ምላሽ ኣይነበራን፣ ባህሊ ገድሊ ኾይኑዋ። ኣብ ህ.ግ እዚ እገብር ነይረ ኣብ ከምዚ ቦታ ነይረ ምባል ነውሪ ጥራይ ዘይኮነስ፣ ዘሕትት'ውን'ዩ ነይሩ። ስራሕካን ተልእኾኻን ብዘይካ እቲ ዝምልከቶ ኣካል፣ ካልእ ክፈልጥ ኣይግብኦን'ዩ ነይሩ። ንሳ፣ ነቲ ምዉቕ ህይወት ገድሊ ኣስተማቒራ ኽይጸገበቶ ከላ እዩ እምበኣር፣ ዑስማን ኣብ ሓሙሻይ መዓልታ፣

"ሰላማት ጓል'ዝማች!" ብምባል ምስ ብጾታ ደቀንስትዮ እናዕለለት ከላ ሕውስ ዝበለን።

"መርሓባ ወዲ ያሲን! ከመይ ኢሉ ደኣሉ እዚ ሜዳ ተሰማሚዑካ ዘሎ?" ብምባል፣ ብድድ ኢላ መንኩብ ንመንኩብ ተወሃሂቡ'ሞ ምስኣተን ኮፍ ክብል ዓደመቶ።

"በስ ጓል'ዝማች! ወላህላህ እምበር ኢ.ልኪ!"

"ቀለብ ድሕሪ መስመር ደኣ ትፈልጦ እንዲኻ፡ ከመይ ደኣ ዘይሰማምዓኒ። ኣብዚ እንተሎ፡ ወዲ ዓከር፡ እንተ ዘይኮነ ኸኣ ጾምካ ምሕዳርዶ ኣይኮነን፧" ብምባል ክርትም ኢላ ሰሓቐት።

"በስ እንታይ ክንገብር ኢልክና፡ ዕድልና ካብ ምልዓል እንታይ ኣማራጺ ኣለና። ግና ርኢየንዶ በዓል ጓል ስዩም እንታይ ይመስላ ኣለዋ። ንሕና፡ ካብ ሰራዊት ደርግ ኣስቃጥላ ተማዊትና ነምጽእ፡ ንሳተን ከኣ ኣብ'ዚ ተኹይጠን እናበልዓ ነዛ ደምበዛን መሲለን ዘለዋ፧" ምስ በለን፡ በቲ ብቐሊሉ ዘይርከብ ዋዛኡን ጭርቃኑን ክሳዕ ዝልለዋ ሰሓቃ። "በስ ጓለ'ዝማች፡ ስራሕ ይጽበየኪ ኣሎ'ሞ ንዕናይ ተበገሲ፧" ብምባል ብድድ በለ፡ ንሳ'ውን ምስኡ። ዑስማን ብኣካል መጺኡ ዝጸውዓ፡ እንትርፎ ናብ ታምራት ክወስዳ ኢሉ'ምበር ክሳዕ ኣብ'ቲ ትሕተ ባይታዊ ገዛ እትኣቱ ኻልእ ሓሳብ ኣብ ኣእምሮኣ ኣይነበረን፡። ኣብኡ ሰለስተ ሰባት ጸንሑዋ። ንታምራት ናይ ኢድ ሰላምታ ሂባ ነቶም ክልተ ግና "ሰላማት፧" ብምባል መንኩብ ብምሃብ ተሰዓዓሙ። ነቲ ሓደ ፋልማያ ትርእዮ ዘላ ኮይኑ'ኳ እንተ ተሰምዓ፡ ንሱ ግና ቀው ኢሉ ስለ ዝጠመታ፡ መን ደኣ ኾይኑ ብምባል ንሳ'ውን ጠመተቶ'ሞ፡

"ኢሂ ታምራት እዚ ሳሕልና ተሰማሚዑካዶ?" ብምባል፡ ፊተ ፊቶም ኮፍ በለት። በረኸት ናይ ነገር ገድሊ ደኣ ኾይኑዎ'ምበር ዓው ኢሉ "ኣዜብ፧" ክብል ቍሩብ'ዩ ተሪፉዎ ነይሩ፡። ድሕሪ ቍሩብ ደቓይቕ ግና ታምራት'ውን ንኽልቲኦም በብተራ ብምጥማት ፍኒሕኒሕ ክብል ጀመረ፡። ኣዜብ ነቲ ጨሓም ተጋዳላይ ኣብ ዝጠመተትሉ እዋን ነብሳ ኸም ገለ ይገብራ ስለ ዝነበረ፡ ዋላ'ውን ናብ ዑስማን ገጻ እንተ ጠመተት፡ ውሽጣ ግና ነቲ ተጋዳላይ ጠምትዮ ጠምትዮ እዩ ዝብላ ነይሩ።

"ጓለ'ዝማች፡ ነዚ ጨሓም ኣረጊት ሰብኣይ ደኣ ኣየለለኽዮን ዲኺ?" በላ'ሞ ተኵራ ድሕሪ ምጥማት፡

"እንድዒ! እቲ ጭሕሙ ግዳ ቍሩብ ዘየሕጽሮ፧" ምስ በለት በረኸት ፍሽኽ በለ'ሞ፡ ብስምባደ ልባ ብኣፋ መሸኮት ኢላ ክትወጽእ ክሳብ ትደሊ ዲጕ ዲጕ በለታ።

ኮሎኔል ታምራት፡ ኣብ'ታ ሓሙሽቲኦም ዝነበሩዋ ትሕተ ባይታዊ ገዛ ነቲ ዝርእዮን ዝሰምዖን ዝነበረ ምእማኑ ተጸጊሙ፡ ንኣዜብን በረኸትን ተዓኒዱ ይጥምቶም ነበረ። ብውሽጡ ኸኣ እዚኦም'ዶ ካብ ኢትዮጵያ ይፍለዩ ብምባል ርእሱ ነቕነቐ። ኣዜብን በረኸትን ከም ክልተ ፍቑራት ተሓቛቚፎም ንነዊሕ ደቓይቕ ደው

በሉ። ኵነታቶም ንዑስማን ልቡ ተንኪፉ ነታ ኣብ እዋን መጥቃዕቲ ባረንቱ 1985 ዝተሰውኣት መዛምዱ ኣዘከሮ። ክልቲኦም ሻድሻይ ወራር ሓሊፉ ኣብ ሳልሳይ ወርሒ እዮም ብወግዒ ተዛሚዶም። ንግስቲ ጓል ማማ፡ ብጕልበታን ደፋር ኣዘራርባኣን "ንወዲ ተባዕታይ'ምበር ንጓለንስተይቲ ኣይተፈጠርክን" ዝብሉዋ ብጸታ፡ ኣመና እዩ ዘሕርቓ ዝነበረ። ከመይሲ? ጕልበትን ድፍረትን ንወዲ ተባዕታይ ጥራይ ኣይኮነን ተዋሂቡዎ ዝብል ኣተሓሳስባ ስለ ዝነበራ። ኣብ መጥቃዕቲ ባረንቱ መራሒት ጋንታ ብምዃን እናተዋግአትን እናዋግአትን ከላ፡ ብቐጭ ሕርሙ ብዝተተኰሰላ ጥይት ኣብ ግን ባራ ተሃሪማ እያ ተሰዊኣ። ዑስማን ኵነታት ክልቲኦም ምስ ረኣየ፡ ንመንሱር ንዓናይ ብምባል፡ ምስ ኮሎኔል ታምራት ገዲፉዎም ካብ'ቲ ትሕተ ባይታዊ ገዛ ወጹ።

"ኣንታ በረኸት፡" በለት፡ ከይተፈለጣ ናይ ብሓቒ ሽሙ ብምጽዋዕ። "እዋይ እዚ ገድሊ! የጣፍእ'ሞ ኣብ ዘይሓሰብካዮ ሰዓትን መዓልትን ከኣ የራኽብ፡" ብምባል፡ ርእሳ እናንቕንቐት ሕንቕንቕ በለት።

"ኣዜብ ከመለኺ? ቅድምሲ ወረኺ ነይሩኒ፡ ናብ ድሕሪ መስመር ምስ ከድኩ ግና ደሃይኪ ሰሚዐ ኣይፈልጥን'የ፡" ብምባል ዘረባ ምስ ጀመሩ፡ ታምራት ገዲፉዎም ደቀሰ።

* * *

ኮሎኔል ታምራት ክልተ መዓልቲ ምስ በረኸትን ኣዜብን ኣብ ዓንበርበብ ድሕሪ ምጽናሕ፡ ኣብ ሜዳ ዘሎ ምዕባለታት ንምርኣይ ናብ ኩሉ ቦታታትን ክፍልታታን ህዝባዊ ግንባር ብምኻድ ዑደት ገበረ። እቲ ኣብ 1984 ነፋሪት ውግእ ኢትዮጵያ ብጸረ ነፈርቲ ህ.ግ ምስ ተሃርመት ብጃንጥላ ወሪዱ ዝተማረኸ ፓይሎት ሻምበል በዛብህ ጴጥሮስ፡ ሻለቃ ኣለምሸት ደግፌ፡ ኮሎኔል ግርማ ተሰማን ካልኦት ምሩኻትን ዝርከቡዎ ቦታ ብምኻድ፡ ብዛዕባ ኾነታት ኢትዮጵያ ተዘራረበ። ንሓደ ወርሒ ዝኸውን ኣብ ሓራ ሜዳ ኤርትራ ድሕሪ ምጽናሕ ከኣ ናብ ሱዳን ተበገሰ። ኮይኑ ኸኣ፡ ኣዜብ፡ ንኮሎኔል ታምራት ክትፋነዎ ኣብ ዝኸደትሉ እዋን፡ ዑስማንን በረኸትን ኣብኡ ጸንሑዋ'ሞ፡ ምስ ረኣዩዋ ብድድ ብድድ ኢሎም፡ "ጓለ'ዝማች እሞ ..." ኢሉ፡ ዑስማን ዓይኒ ዓይና ጠሚቱ ዘረባኡ ኸይወድአ ገዲፎማ ኸዱ። ዑስማን ከብዱ ኽገብረሉ ኣይከኣለን። እቲ ምንታይሲ፡ እቲ

ኣብ መንጎ ኸልቲኦም ዝነበረ ፍቕራዊ ዝምድና ይፈልጥ ብምንባሩ።

ኣዜብ ምስ ታምራት ሸሞንተ ጥዑማት ናይ ፍቕርን ሓልዮትን ዓመታት'ያ ኣሕሊፋ። ስለ ዝኾነ ኸኣ እያ፡ ናብ ታምራት ምስ ቀረበት ንብዓታ ክትቈጻጸሮ ዘይከኣለት።

"ኣዜብ፡" በላ ታምራት ክሳዳ ኣቕንዕ ኣቢሉ። "ናተይን ናትክን ህይወት ሓደ መዓልቲ መወዳእታ ኽህልዎ ምዃኑ እናፈለጥና ኢና ክንነብር ጸኒሕና። ሕጂ ኸኣ ..." ኢሉ ዘረባኡ ኵልትፍ ኵልትፍ በለ'ሞ፡ ኣዒንቱ ንብዓት ቋጸራ። ኣዜብ ኣብ ሕቝፉ ምስ ኣተወት ቋሕ ኢላ ክትጥምቶ ኣይከኣለትን። ኣብ ነብሱ ተሸጕጣ ኸኣ ደቓይቕ ሓለፈ።

"ታምራት፡" በለት እናተነኽነኸት፡ "ኮይኑና ንመወዳእታ እዋን ኢና ንረአአ ዘለና። ኣነ ኣብ ህይወተይ ፍቕሪ ወዲ ተባዕታይ ኣየስተማቐርኩን፡ ንስኻ ኢኻ ኹሉ ናይ ፍቕሪ ህይወት ሂብካኒ። ፍቕሪ፡ ክብረት፡ ሓልዮትን ሰላምን፡ ግና ንኽውድኦ ኣይተዓደልኩን፡ ደሓን ኩን፡" ብምባል፡ ምዕጕርቱ ስዒማን ንብዓታ እናደረዘትን ኣብቲ ጠጠው ኢሉዎ ዝነበረ ቦታ ገዲፋቶ ካብቲ ትሕተ ባይታዊ ገዛ ወጺኣ ኸደት።

ኣዜብ፡ ንብዓታ ሰብ ከይርእየላ ብምባል ናብ ጽምው ዝበለ ቦታ ከይዳ ኣብ ትሕቲ ሓንቲ ገረብ ኮፍ ኢላ፡ ብግንባራ ኣብ ኣ ብራኻ ተደፊኣ ኣምሪራ ነብዐት፣ እቲ ኸም ውሕጅ ዝፈስስ ዝነበረ ንብዓታ ኸኣ ንስረኣ ኣጠልቀዮ።

ኵነታታ ብማዕዶ ዝከታተል ዝነበረ ዑስማን ንትርሓስ ናብኣ ሰደዳ'ሞ "ጓለ'ዝማች፡ ደሓን ዲኺ?" ኢላ፡ ኣብ ጐድና ኮፍ ብምባል ብመንኩባ ሓቘፈታ። ኣዜብ ግና ትምልሶ መልሲ ኣይነበራን፡ ከመይ ኢሉኸ ክህልዋ። ኣፍቂረ ክትብል፡ እሞ ኸኣ ንሓደ ኮሎኔል። ትርሓስ፡ እንትርፎ ገለ መስዋእቲ ብጻያ ወይ መቕርባ'ምበር፡ ብዛዕባ ፍቕሪ ክኸውን ይኽእል'ዩ ኢላ መዓስ'ሞ ሓሲባ። ክትነግራ ተጸበየታ፡ ኣዜብ ግና መልሲ ኣይነበራን።

"ጓለ'ዝማች፡ ናይ መን መስዋእቲ ኢኺ ሰሚዕኪ ክንድ'ዚ ትነብዒ ዘለኺ? ኩላ ሰብ ንመስዋእቲ'ኳ እያ ወጺኣ፡" ብምባል ኣጸናንዓ;ታ'ሞ ካብቲ ዝነበራኦ ብድድ ብምባል፡

"ጓል መሓሪ ሓቅኺ ኢኺ! ግና ሰባት ኢና'ሞ፡ ምስ ተፈልዩና ንሓዝንን ንነብዕን። እሞ በሊ፡ ስራሕ ገዲፈ እየ መጺአ'ሞ፡ ደሓር ክመጸኪ፡" ኢላታ፡ ገለ መጸናንዒ ጥዑም ቃላት እንተ ረኸበት ኢላ፡ ናብቲ ኹሉ ምስጢር ዝፈልጥን ለዋህን ዑስማን ከደት። ታምራት

ከኣ ካብ ዓንበርበብ ተበጊሱ ኣብቲ ንድሕነቱ ኢሉ ህዝባዊ ግን ባር ኣብ ካርቱም ዘዳለወሉ ምዕሩግ ቪላ ኣተወ። ድሕሪ ሓደ ሰሙን ኣብ ካርቱም ዝርከብ ኤምባሲ ኣሜሪካ ፖለቲካዊ ዕቑባ ብምሕታት፣ መወዳእታ ሓምለ 1989 ህዝባዊ ግንባር ሓርነት ኤርትራ ንመነበባሮኡ ዝኸውን ዝኣክል ውሕስነት ሂቡ ኣብ ዋሽንግተን ዲሲ ምስ ዝርከቡ ሰበይቱን ደቁን ጸምበሮ።

* * *

ምዕራፍ 52

መጥቃዕቲ ሽረ ተፈጺሙ፣ ፈተነ ዕልዋ መንግስቲ ፕረዚደንት መንግስቱ ሃይለማርያም ፈሺሉ ልዕሊ 30 ጀነራላት ምስ ተረሸኑ፣ እቲ ኣብ ናይሮቢ ብመንጎኛነት ጂሚ ካርተር ኣብ መንጎ ህዝባዊ ግንባርን መንግስቲ ኢትዮጵያን ብ24 ሕዳር 1989 ዝተፈረመ ውዕል ዘተ ሰላም ቀለሙ ከይነቐጸ ኸሎን ህ.ወ.ሓ.ት ብዛዕባ መጻኢ ዝምድናኡ ኽዝቲ ልኡኻት ናብ ሳሕል ክሰድድ ኣብ ዝሸባሸበሉ ዝነበረ ህሞትን፣ ህ.ግ፣ ንመንግስቲ ኢትዮጵያ ዘናውጽ ስርሒታት ሓንጺጹ ኣብ ትግባረ ይርከብ ነበረ። ስለ ዝኾነ ኸኣ፣ ድሕሪ'ቲ ኣብ ቆቦ፣ ወልድያን ደብረ ታቦርን ዝተፈጸመ መጥቃዕቲ፣ መራሕቲ ክፍላተ ሰራዊትን ሜካናይዝድ ብርጌድ ህዝባዊ ግንባርን ኣብ ዛራ ኣብ ዝገበሩዎ ርክብ፣ ገለ ሓይልታት ናይ ብርጌድ 52ን 16ን ምስ መዘናኣን ክፍለ ሰራዊት 70 ኣብ ግርማይካ ንምርኻብ ተሰማምዑ'ሞ፣ ህዝቢ ኢትዮጵያ ነቲ ብወረ ጥራይ ዝፈልጦ ዝነበረ ሻዕብያ ብኣ ካል'ውን ምእንቲ ኽርእዮ፣ ናብ ደቡብ ኢትዮጵያ ኣቕንዓ። ኣብ'ቲ ብወተሃደራዊ ስታፍ ህ.ግ መጥቃዕቲ ኽግበረሉ ዝተሓንጸጸ ቦታታት ደቡብ ኢትዮጵያ ኣትዮም ዝነበሩ ስለያ፣ ሃንደሳን ኮማንዶን ነቲ ናብኡ ዘእቱ መገዲ ብደቂቕ ኣጽኒያሞ ስለ ዝጸንሑ፣ እተን ክፍላተ ሰራዊት ንኽሰላ ኽይረገጻ ብፋውን ደባዚን ኣቢለን ነቲ ኣድካምን ጽንኩርን ዝኾነ ጉዕዞ ሰጣሕ ጐላጕል ሱዳን ተተሓሒዛኦ። ኣብ ዝተወሰነለን ዕለት ከኣ ኣብ መጥቃዕቲ ቦታኦን በጽሓ'ሞ ናይ ጸላኢ ብዝሒ ዓቕሚ ሰቡ፣ ዝዓጠቖ ኣጽዋርን ዝጥቅዓ ዓድታትን ጽጹይ መግለጺ ተዋህበን። ኮይኑ ከኣ፣ ህ.ግ፣ ልክዕ ኣብዛ እዋን'ዚኣ 31 ታሕሳስ 1989 ዓሰርተ ሽሕ ዝኣኽሉ ኣብ ኢዱ ዝነበሩ ምሩኻት ወተሃደራት ኢትዮጵያ ናብ ዓዶም ኣፋነዎም። ጽባሕ ናይቲ ምልቃቕ ምሩኻት፣ ኣዘዝቲ ክፍለ ሰራዊት በቶም ኣብቲ ቦታ ኣትዮም ዝነበሩ ኣሃዱታት ህዝባዊ ግንባር ዝርዝር ኣፈጻጽማ ናይቲ መጥቃዕቲ ምስ ተዋህቦም፣ ብ1 ጥሪ 1990 ሓያል መጥቃዕቲ ፈነወ። ሓይልታት ህዝባዊ ሰራዊት ኮተቤ ወርቂ፣ ኩርሙክ፣ ጊዛን ዝርከባኦን ሓሙሽተ መዓስከራት ሰራዊት ደርግ ብምጥቃዕ ኣብ ሓጺር ሰዓታት ነቲ ሰራዊት ምዉትን ምሩኽን ገይረን፣ ነተን ዝተረፉ

መዓስከራት ንምቍጽጻር ገስገሳ። መዓስከራት በጊን ደቡስን ተደምሰሳ። ንኣሶሳን ከባቢኣን ምሉእ ብምሉእ ሓራ ኣውጺኣን፡ እቲ ዝሰለባኦ ኣጽዋር ነቲ ኣብ ሰልሚ ድቃስ ዝርከብ ዝነበረ ግንባር ሓርነት ኦሮሞ ኣረከባኦ። መንግስቲ ኢትዮጵያ ተናወጸ፡ ህ.ወ.ሓ.ት ከኣ ኣብ ስግኣት ወደቐ። ስለ ዝኾነ ኸኣ፡ ልኡኽ ህዝባዊ ወያነ ሓርነት ትግራይ ሳሕል ከይበጽሐ እንከሎ፡ እተን ናብ ደቡብ ኢትዮጵያ ወፊረን ዝነበራ ኣሃዱታት ክፍለ ሰራዊት 16፡ 52፡ 70ን ሜካናይዝድ ህዝባዊ ሰራዊት ሓርነት ኤርትራን ካብ ኣሶሳ ተበጊሰን 1800 ኪ.ሜ ተጓዒዘን ኣብ ኤርትራ ኣብ ዝተወሰነለን ቦታ በጽሓ።

መሪሕነት ህ.ወ.ሓ.ት፡ ድሕሪ ስርሒት ኣሶሳ፡ ሓያል ጸቕጢ ኽስምዖ ጀመረ። ስለ ዝኾነ ኸኣ፡ ህጹጽ ኣኼባ ማእከላይ ሽማግለ ጸውዐ።

"ከምቲ ካብ ሬድዮ ሻዕብያ ሰሚዕናዮ ዘለና፡ እቲ ግንባር ኣብ ደቡብ ኢትዮጵያ ሓደ ክንሓስቦ ዘይከኣልና ስርሒት ኣካይዱ ኣሎ። ንሱ ኸኣ፡ ኣሶሳን ከባቢኣን ሓራ ኣውጺኡ ንግንባር ሓርነት ኦሮሞ ኣረኪቡዎ ኣሎ። ብመሰረት ጸብጻብ እቲ ውድብ፡ እቲ ስርሒት ናብ ማእከላይን ምብራቕ ኢትዮጵያን ዝቕጽሎ እዩ ዝመስል ዘሎ። ከምቲ ዝፍለጥ፡ ኣብ'ዚ ቐረባ መዓልቲ፡ ሓንቲ ናብ ሳሕል እትኸይድ ኮሚቴ ቆይማ'ላ። ናይ መዛተዪ እማመ'ውን ኣቕሪባ'ላ። ብዝኾነ፡ ሓድሽ ኵነታት ተፈጢሩ ስለ ዘሎ፡ ብዛዕባኡ ገምጋምና እንታይ ከም ዝመስል ንምዝታይ እዩ እዚ ማእከላይ ሽማግለ ተኣኪቡ ዘሎ፡" ብምባል፡ ኣቦ መንበር መለስ ዜናዊ ንርእይቶን ሓሳብን ዕድል ሃበ።

"ሕራይ ብጻይ ገብሩ።"

"ኣብ ዝሓለፈ ኣኼባ ኸም ዝዘተናሉ፡ ሻዕብያ ኣብ ልዕሌና ጸቕጢ ንምፍጣር ዝከኣሎ ኽገብር ምኳኑን መርኣያ ናቱ ኸኣ ንኢ.ህዴን ንምሕጋዝ ኣብ ጎንደርን ጎጃምን ስርሒታት ከም ዘካየደ ርኢና ኔርና። እንሆ ኸኣ ሎሚ፡ ብዘይ ተጸበናዮ መገዲ ኣብ ኣሶሳ መጥቃዕቲ ኸፊቱ'ሎ። ጽባሕ ከኣ ኣብ ምዕራብ ኦጋዴን፡" ብምባል፡ ንኣባይ ጸሃየ ጠመቶ። "ጊዜ ኣንጻርና ኽኸይድ ይኽእል'ዩ፡ ስጕምና እንተ ዘየቀላጢፍናዮ። እዚ ማለት፡ ሓይልታትና ማዕረ ማዕረ ሻዕብያ ናብ ማእከል ኢትዮጵያ ክስጕማ ኽኽእላ ኣለወን። ክንዝንግዖ ዘይብልና፡ ሻዕብያ፡ ንግ.ሓ.ኦን ኢ.ህ.ዴ.ንን በቲ ብኣሶሳ፡ በዚ ኸኣ ብጎጃም ኣራኺቡ ኽሕብሮም ስለ ዝኽእል፡ ህ.ወ.ሓ.ት ክህልዎ ዝኽእል ሓይሊ ሚዛን ኣብ ምልክት ሕቶ ክኣቱ ምኳኑ

ርግጸኛ እየ። ስለዚ፡ ብወገንና ንዓና መሲሉ ዝሓድር ሓደ ናይ ህዝቢ ኦሮሞ ዴሞክራስያዊ ግንባር ክንፈጥር ክንክእል ኣለና፡” ምስ በለ፡ ተወልደ ወልደማርያምን ኣርከበ ዕቍባይን ከይተፈለጦም “ልክዕ ኣለኻ ብጻይ ገብሩ!” ብምባል፡ ኣጣቕዕሉ።

“ብጾት፡ ብጻይ ገብሩ ርእይቶኡ ኣይወድኣን ኣሎ፣ ሓንሳብ'ባ ንተዓገስ፡”

“እዚ ማለት፡ ኣብ ውሽጢ ሻዕብያ ብብዝሒ ዝተማረኹን ኢዶም ዝሃቡን ተወላዶ ብሄረ ኦሮሞ ዝኾኑ ወተሃደራት ኣለዉ። እዚ ጥራይ ኣይኮነን፡ ኢ.ህ.ዴ.ን ንመላእ ሕብረተ ሰብ ኢትዮጵያ እውክል'የ ስለ ዝብል፡ ካብ'ቶም ምሩኻት ወተሃደራት ብዙሓት ኣብ ጐድኑ ተሰሊፎም ኣለዉ። ስለዚ፡ ንሕና ነዚ ዝጠቐስኩዎ ውድብ እንተ ኣቑምና፡ ዝተረፉ ኢትዮጵያውያን፡ ህ.ወ.ሓ.ት፡ ንትግራይ ክንጽል ኢሉ እዩ ዝዋጋእ ዘሎ ካብ ዝብል ኣተሓሳስባ፡ ናብ ንኢትዮጵያውያን ካብ ደርግ ሓራ ኣውጺኡ፡ ማዕርነት ብሄራት ክረጋገጽ ኢሉ እዩ ዝዋጋእ ዘሎ ዝብል ኣተሓሳስባ ኽቕየር ስለ ዝኽእል፡ ብወገንና ኣብ ዝሓጸረ እዋን ነቲ ዝበልኩኹም ውድብ ንምምስራት ንጓየ፡” ብምባል፡ ገብሩ ርእይቶ ወድአ።

ተወልደ ወልደማርያም ብግዲኡ “ከምዚ ብጻይ ገብሩ ዝበሎ፡ እዚ ጉዳይ ተግባራዊ ክኸውን ዝኽእል፡ ከምቲ ኣቐዲሙ'ውን ተባሂሉ ዝነበረ፡ ብመጀመርታ ንሻዕብያ ኽነእምን ክንክእል ኣለና። ምኽንያቱ፡ እቶም ምሩኻት ወተሃደራት'ውን'ኮ ካብኣም ኢና ክንረኽቦም እንኽእል። ስለዚ፡ ብወገንና ነዚ ናይ ኦሮሞ ውድብ ንምቛም ማዕረ ማዕረ'ቲ ብመገዲ እዛ ቖይማ ዘላ ኮሚቴ ምስ ሻዕብያ ኽግበር ተሓሲቡ ዘሎ ዘተ፡ እዚ ኣርእስቲ'ዚ'ውን ከተልዕሎ ኣገዳሲ ይመስለኒ፡” ብምባል፡ ሓሳብ ኣቕረበ።

“ብጻይ ሓጐስ፡” ኣቦ መንበር ምስ በለ፡ ካብ ስየ ኣብርሃ ጀሚርካ ኹሎም ኣባላት እንታይ ኮን ክብል'ዩ ብምባል፡ ኣእዛኖም ናብ ሓጐስ ኣበላ።

“ኣነ፡ ከነትኵረለን ይግብኣና ዝበለን ዓበይቲ ነጥብታት ንምብራህ ክፍትን'የ። ሓደ፡ ህ.ግ ኣብ'ዚ እዋን'ዚ ኣብ ወልድያ፡ ደብረታቦርን ኣሶሳን መጥቃዕቲ ኣካይዱ ክብሃል ከሎ፡ ሓያልነቱ ጥራይ ዘይኮነ፡ ስትራተጂኡ'ውን ከነስተብህለሉ ይግብኣና እዩ። ህዝባዊ ግንባር ንተቓወምቲ ደርግ ብመትከል'ዩ ዝድግፈና። እዚ ማለት፡ ኣብ ከባቢና፡ ብፍላይ ኣብ ኢትዮጵያ ዘሎዎ ኣረኣእያ፡ ቀዳማይ፡ ብሓባር ንደርግ ኣውዲቕካ ሰላም ናይ ህዝብታት ኤርትራን ኢትዮጵያን ምርግጋጽ ክኸውን እንከሎ፡ ብኻልኣይ ደረጃ

ኸኣ፡ ኢትዮጵያ፡ ኲለን ብሄራት ብማዕርነት፡ ብሓባርን ብስኒትን ዝነብራላ ጥርንፍቲ ሃገር ክትከውን'ዩ ራእዩ። ነዚ ራእይ ንምትግባር ከኣ፡ እዚ ሕጂ ብወገን ብጸይ ገብሩን ተወልደን ዝተዋህበ ርእይቶ ሓንጎፋይ ኢሉ ኸቕበሎ ምኽኑ ኣየጠራጥርን'ዩ። ስለዚ፡ ሻዕብያ፡ ኣብ ልዕሊ ኻልኦት ብሄራት ዘለና ኣረኣእያን ኣብ'ቲ ክንምስርቶ እንሕልን ዘለና መሰገጋገሪ መንግስትን ዝህልወና መርገጺ ኸገድሶ እዩ። እዚ ማለት፡ ንሕና ኸምቲ ኣብ ዝሓለፈ እዋን ብብጸይ ኣባይ ዝቐረበ ርእይቶ፡ ቀጣባ ኢትዮጵያ ክንቈጻጸርን ብኡ ጌርና ኸኣ ቀጣባ ትግራይ ኸነዕብን ኪኖኡ ሓሊፍና ኸኣ ምናልባት ንትግራይ ካብ ኢትዮጵያ ክንፈልያ ንሓስብ እንተሊና፡ ከምቲ ብጸይ ስብሓት ዝበሎ፡ ብወገን ህዝባዊ ግንባር ሓያል ተቓውሞ ክገጥመና ምኳኑ ክንዝንግዕ የብልናን። ንምኳኑ ብጾት፡ ንምንታይ ኢና መንግስቲ ሃይለስላሴን ደርግን ዝገብሩዎ ክንደግም ህርድግ ንብል ዘለና፡" ምስ በለ፡ እቲ ኣኼበኛ ዋጭዋጭ በለ። ኣመንግው ኣቢሉ፡

"ብጻይ ሓጐስ! ህ.ወ.ሓ.ት ከምኡ ዕላማ ሒዙ ኣይኮነን ዝቃለስ ዘሎ!" በለ ስዩ ኣብርሃ ብናይ ቍጥዐ መንፈስ።

"ብጻይ ስዩ ሓንሳብዶ ሓሳቡ ክንሰምዖ።"

"ካልኣይ፡ ቃልስና ብሄራዊ ጭቈና ንምውጋድን ማዕርነት ንምርግጋጽን ካብ ኮነ፡ ንምንታይ ደኣ ቀጣባ ኢትዮጵያ ክንቈጻጸሮ ኣለና ይብሃል ኣሎ? ነዚ ንምትግባር ሓይሊ ክንጥቀም ክንግደድ ኢና፡ ሓይሊ ኸኣ ተቓውሞ ኸፈጥር'ዩ። ግና፡ እቲ ዝተረፈ ኢትዮጵያዊ ሓውና ኸምቲ ንሕና ዝተመነናዮን ንቃለሰሉ ዘለናን መሰል፡ ናጽነትን ሰላምን ረኺቡ፤ እቲ ተቓውሞ ኸመጽእ ኣይክእልን'ዩ። እንተ ደኣ ኹለን ብሄራት ብመጠን ብዝሐን ኣብ መንግስቲ ተወኪለን፡ ሃብቲ ሃገር ብማዕረ ተመቓሪሐንን ኩሎም ዜጋታት ማዕረ ዕድል ተዋሂቡዎምን፤ እቲ ተቓውሞ ደኣ ካበይ እዩ ኸመጽእ? ብጾት፡ እቲ እንምስርቶ መሰጋገሪ መንግስቲ ብዘይ ሻዕብያ ግብራውነት ክህልዎ ኣይክእልን'ዩ ጥራይ ዘይኮነስ ንኹለን ተቓወምቲ ውድባት ኣብ ሓደ ጠረጴዛ ናይ ምምጻእ ጵልዋኡ ኣነኣኢስና ዘይምርኣይና፡ ልቦና ዝመልአ ኣረኣእያ እዩ እንተ ተባህለ ዝተጋነነ ኣይኮነን። በዚ ምኽንያት'ዚ ኸኣ እየ፡ ሻዕብያ፡ መጻኢ ፖሊሲና ኸገድሶ ምኳኑ ክንዝንግዕ የብልናን ዝበልኩ ዘለኹ። እቲ ሳልሳይን ወሳንን ዝኾነ ጉዳይ ግና፡ ጉዳይ ናጽነት ኤርትራ እዩ። ብጾት፡ ምናልባት መረዳእታይ ጌጋ ኸይህሉ ኣርሙኒ ኢኹም። ህ.ወ.ሓ.ት፡ ናጽነት ኤርትራ ብጊዝያዊ ስልቲ ድዩ ዝርእዮ ወይ ብመትከል'ዩ ኣሚኑሉ ዝቃለሰሉ ዘሎ? ሻዕብያ፡ ምምስራት ረፑብሊክ

ትግራይ ኣይክቕበልን'ዩ ዝብሃል ዘሎ እንታይ ማለት እዩ? ምቕባል ምስ ዝኣቢኽ እንታይ ክስዕብ'ዩ? ቅድሚ ሻዕብያ ምባልና ዝተረፈ ህዝቢ ኢትዮጵያኸ ኽቕበሎ ድዩ? ዝብሉ ሕቶታት ብቐዳምነት ክምለሱ ዘሎዎም ሕቶታት'ዮም። ህዝቢ ኤርትራ ይኹን ህ.ግ፣ ንስለ መሰል ርእሰ ውሳኔ ሃገሮም ይቃለሱ ኽም ዘለዉ መጠን፣ ዲሞክራስያዊ ውድብ ኦሮሞ ክንምስርት ይኹን ምስ ኢህዴን ክንፈጥሮ እንሓስብ ዘለና ስሙር ግንባር ሓንጎፋይ ኢሎም ከም ዝቕበሉዎ ኣየጠራጥርን'ዩ። ግና፣ ኣብ ትሕቲ ሓደን ንጹርን ቅድመ ኹነት! ቅድሚ ዝኣገረ፣ እተን ውድባት ሕቶ ኤርትራ መግዛእታዊ ሕቶ ምዃኑ ብወግዒ ኽኣምናሉን ናጽነት ኤርትራ ኽቕበላን። ስለዚ፣ ውድብና ነዘን ውድባት፣ እዚ ክብሎ ዝጸናሕኩ ቅድመ ኹነት ኽቕርበለን ኣተሓሳስብ፣" ብምባል ኰፍ በለ። እቲ ኣኼበኛ በብሓደ ርእይቶ ድሕሪ ምሃብ፣ ኣባይ ጸሃየ፣

"ብጾት፣ ብመጀመርታ ነዞም እዋናውያን ሕቶታት መልሲ ካብ ረኽብናሎምን እታ ኰሚቴ ንሳሕል ኣብ ዝመጽእ ዘሎ ወርሒ ክትብገስ ካብ ተወሰነን፣ ናብ'ቲ ብብጻይ ሓጐስ ዝቐረበ ርእይቶ ክሰግር። ብጻይ ሓጐስ ዝበሎ ቅኑዕ'ዩ። ኰይኑ ግና፣ ነተን ውድባት ናይ ኤርትራ መሰል ርእሰ ውሳኔ ክሳዕ ናጽነት ከም ቅድመ ኹነት ክቐርበለን ዘተሓታትት ጉዳይ እኳ ኣይኹን'ምበር፣ ምቛም ማርክስ-ለኒንነት ሊግ (ማለሊ) ከኣ ንዓና ኣገዳሲ እዩ። ስለ ዝኾነ ኸኣ፣ ክልቲኤን ውድባት ማለት ኢህዴንን እ.ታ እትቖውም ናይ ኦሮሞ ግንባርን ሰልፊ ማርክሲስት ለኒንስት ኽቑማን ምስ ማለሊት ብሓባር ክሰርሓን ከም ዘለወን ብንጹር ቃላት ክንገረን ኣለዎ። ብወገነይ ከምቲ ብጻይ ሃለቃ ጸጋይ ዝበሎ፣ ብጻይ ክንፈ ነቲ ምቛም ዲሞክራስያዊ ግን ባር ህዝቢ ኦሮሞ ክወዳድብ ብቑዕ'ዩ እየ ዝብሎ። ስለዚ፣ ነዚ ሓሳብ ኣብ ምድጋፍን ምቅዋምን እንተ ኣተና ዝሓሽ ኾይኑ ይስምዓኒ፣" ብምባል፣ ናብ መለስ ጠመተ። መለስ'ውን ኣይተቓወሞን። ኰይኑ ኸኣ፣ እቲ ኣኼባ ንኽንፈ ገብረመድህን ዲሞክራስያዊ ግንባር ህዝቢ ኦሮሞ ኽቕውም ሓላፍነት ሂቡ ተዛዘመ።

* * *

ምዕራፍ 53

መሪሕነት ህ.ግ፡ ድሕሪ መጥቃዕቲ ኣሶሳ፡ ንሓደ ወሳኒ መጥቃዕቲ ይዳሎ ስለ ዝነበረ፡ ናብ ኩሉ ክፍልታት ህጹጽ መምርሒታት ሰደደ። ሓላፊ ሕክምና ተስፋኣለም ናብ ዶ/ር ከሰተ ፍጹም ብምምጻእ፡

"ሰላማት ዶክተር፡ ስራሕ ጽዒቑኩም ኣሎ'መስለኒ?"

"ከም ወትሩ እዩ ዘሎ፡?" ኢሉ፡ ናብ ሓንቲ ጽምው ዝበለት ቦታ እልይ በሉ'ሞ፡

"ሓደ መምርሒ መጺኡና ኣሎ፡ ተዳለዉ ኢኹም።"

"ናይ ምንታይ መምርሒ?"

"ከም ዝመስለኒ ኣብ ገለ ቦታ መጥቃዕቲ ክህሉ እዩ። ስለ ዝኾነ ኸኣ፡ ናይ መጥባሕቲ ኣሃዱኻ ሒዝካ ክትብገስ ምኳንካ ጥራይ እዩ ተሓቢሩና ዘሎ።"

"ናበይከ'መስለካ?"

"እንድዒ ምናልባት ከረን ትኸውን። ምኽንያቱ፡ ኣፍዓበት ሒዝካስ ከረን ትም ኢልካ ክትርእያ ዝክኣል ኣይኮነን። 1977'ውን'ኮ ኸምኡ እዩ ነይሩ፡" ብምባል፡ ናብ ኅቦታት ናቕፋ ኣማዕደወ።

"ንኽንዳሎ ክንደይ ዝኣክል ጊዜ ኣለና?"

"ብዙሕ ኣይኮነን!። ዘድልየካ መሳርሕታትን ዓቕሚ ሰብን ወዳዲብካ ጽናሕ፡ ምናልባት ሃንደበት ተበገስ ከይትብሃል። ኣብ ዓወት የራኽበና፡" ብምባል፡ ኣብ'ቲ ኾፍ ኢሉዎ ዝነበረ ገዲፉዎ ኸደ።

ግርማይ ሰለሙን፡ ነዲኡ ካብ ዘይርእያ ልዕሊ ዓመት ገይሩ ስለ ዝነበረ፡ ለምለም፡ ንኽትርእዮ ካብ ኣሃዱኣ ፍቓድ ተዋሂቡዋ ኸም ዘሎ መልእኽቲ ሰዲዳትሉ ኣብ ዝነበረት እዋን እዩ እምበኣር፡ ዘለዋ ናውቲ ሕክምና ጠርኒፉ ክትብገስ ብዶ/ር ከሰተ ዝተነግራ። ብውሽጣ "እዋይ ወደይ! ክበጽሐ እናበልኩስ!" ብምባል፡ ናብ ምጥርናፉ ኣተወት። እቲ ዝተዋህባ መልእኽቲ ኣዝዩ ህጹጽ ስለ ዝነበረ፡ ዶ/ር ከሰተ ተመሊሱ ንኽብገሱ ሓበራ። ናብ መበገሲ ቦታ ምስ ከዱ ግና፡ ካብ ትጽቢቶም ንላዕሊ መካይንን ናብ'ዝን ናብ'ትን ዝብሉ ተጋደልትን ጸንሑዎም። እታ ንዕኦም ተባሂላ ዘድሊ ናይ ሕክምና መሳርሕታት፡ መድሃኒታትን ቴንዳታትን

ዝጸዓነት ማርቸድስ ዝዓይነታ ዓባይ መኪና (ኣዴታት) ድሮ ራን ራን ትብል ነበረት'ሞ፣ ተስፋኣለም ናብ ዶክተር ብምቕራብ፣ ኩሉ ዝኣዘዞ ነገራት ተጻዒኑሎም ከም ዘሎ ሓቢሩዎ ኸደ። መካይን ተበጊሰን ድሕሪ ናይ ቕሩብ ኪሎ ሜትራት መገዲ፣ ናብ ምብራቕ ገጸን ኣምርሓ። ዶክተር፣ ኣንፈት ናይተን መካይን ምስ ረአየ፣ "ኣብ ምብራቕ ደኣ እንታይ ኣሎ ኸይኑ እዩ። ገለዶ ደኣ ጸላኢ ንምብራቓዊ ግንባር ሳሕል ንምምላስ ተበግሶ ወሲዱ ኸይኑ!" ብምባል፣ ብውሽጡ ሓሰበ።

"ከሰተ፣ እዛ ጕዕዞ ደኣ ናበይ ገጻ እያ!?"

"ጓል ገሬ፣ ኣንፈትና ናብ ምብራቕ'ዩ ዘሎ፣ ግና ምናልባት ንጸላኢ ኸነዳህልሎ ኸይንኸውን'ምበር፣ በዚ ደኣ ቕድሚ ኣርባዕተ ዓመት ዝተወድአ።"

"እሞ ምናልባት ደኣ ናብ ማርሳ ተኽላይ ንዕረፍቲ ይወስዱና ይህልዉ ኸይኮኑ፣" ምስ በለቶ፣ ካርካር ኢሉ ብምስሓቕ፣

"መቸም ጓል ገሬ! ነገራት ኣቃሊልካ ናይ ምርኣይ ተኽእሎኺ ዘደንቕ'ዩ!።"

"ርኢኻ ኸሰተ፣ ንእዝግሄር ዝልምኖ እንተሎ፣ ቀይሕ ባሕሪ ኸይረኣኹ ኸይስዋእ ጥራይ እዩ።"

"ኣንቲ ተጠንቀቒ! ነዞም ከምዚ ኽማይ ሓጥኣን ኣይወስዶምን'ዩ።"

"እንታይ ማለትካ እዩ!?"

"ብሩኻት ከምዚ ኽማኺ እዩ ዝፈቱ።"

"ባጽዕ ከየርኣየ! ኣይውዕሎን ግዲ!" ብምባል፣ ናብ ሰሓቓ ኣተወት። ከምኡ እናበሉ ሰዓት ዓሰርተ ምሸት ኣብ ሓደ ስንጭሮ መሰል ቦታ ደው በሉ። ተስፋኣለም ካብታ ስራሓት ሩስያ ዝኾነት ዋዝ መኪና ወሪዱ ቅልጥፍ ቅልጥፍ እናበለ ናብ ዶክተር ከሰተ ብምኻድ፣ ነቲ ድሮ ብኣዛዚ'ቲ ግንባርን ሓኻይምን ምስጢራዊ መጽናዕቲ ተኻይዱሉ ንሕክምና ዝኸውን ዝተመርጸ ቦታ ብሓባር ከይዶም ረኣይዎ'ሞ፣ እቲ ኽባቢ ማይ ዝርከቦን ንውጉኣት መጽለሊ ዝኸውን እኹል ኣግራብ ዝነበሮን ብምዃኑ፣

"ኩሉ ንብረትኩም ኣብዚ ኣውሪድኩም ቴንዳታት ትኸሉ ኢኹም፣" ብምባል፣ ናብ'ተን ካልኦት መካይን ከደ። ዶክተር ነገሩ ኣርሚሙዎ ክሳዕ ተመሊሱ ዝመጾ ትዕግስቲ ገበረ። ቴንዳታት ወረደ፣ ንምትካሉ ሃታ ሃታ ኾነ። እቲ ሓደ ሰሓብ እቲ ሓደ ኸኣ ገትር እናበሉ ኣብ ደቓይቕ ዘይመልእ ጊዜ ተኺሎም ወድኡ። ናይ መጥባሕቲ ናውትታት፣ ዓራትን ካልኦት ናይ ሕክምና መሳርሒታትን ኣብ ሰዓት ዘይመልእ ጊዜ ተዳለወ።

"ከስተ፧" ብምባል፡ ተስፋኣለም ናብኡ ቐረበ'ሞ፡ ቍሩብ ስጕም ኣቢሎም ደው በሉ። "ዝለና ናይ ድቃስ ጊዜ ሓጺር ስለ ዝኾነ ኼድካ ኣዕርፍ፡ ከቢድ ስራሕ ይጽበየካ ኣሎ፧" ኢሉዎ፡ ናብቲ ምልክት ናይ መብራህቲ ዝርኣየሉ ዝነበረ ቦታ ቕልጥፍ ቅልጥፍ እናበለ ኸደ። ዶክተር ሽሕ'ኳ እተን ናይ ዕረፍቲ ሰዓታት እንተ ዘይፈለጠን ናብ ለምለም ብምኻድ ንሳ'ውን ቍሩብ ቀም ከተብል ሓቢሩዋ ናብታ ቴንዳ ኣተወ። ድቃስ እንተ ጥዒማ፡ እተን ሰዓታት ደቓይቕ፣ እተን ደቓይቕ ከኣ ካልኢታት ኮይነን እየን ዝስምዓኻ። ኣይጸንሐን ከኣ፡ ፍርቂ ለይቲ ተበራበር ኮነ'ሞ፡ ኩሉ ኣብ ተጠንቀቕ ተዳለወ። ድሕሪ ሓደ ሰዓት ኣቢሉ ከበሮ እዝንኻ ዝቐድድ ናይ ከቢድ ብረትን ቢኤም ተወንጫፊ ሮኬትን ድምጺ ተሰምዐ።

* * *

ጥሪ 1990

ፕረዚደንት መንግስቱ ሃይለማርያም፡ ብድሕር'ቲ ዝተፈተኖ ዕልዋ መንግስቲ፡ ሓደስቲ ሚኒስተራትን ወተሃደራውያን ኣዘዝትን'ኳ እንተ ሸመ፡ በቲ ንስርዓቱ ዘንጸላልዎ ዝነበረ ውድቀት ግና ቀሲኑ ኽድቅስ ኣይከኣለን። ስለ ዝኾነ ኸኣ፡ ኣድህቦኡ ካብ ናብ'ቲ ኣብ ኤርትራ፡ ትግራይን ጎንደርን ዘጋጥሞ ዝነበረ ስዕረት፡ ናብቲ ኣብ ውሽጡ ተኣጕዱዎ ዝነበረ ሓዊ ተኲሩ ኣብ ዝነበረሉ እዋን'ዩ እምበኣር፡ ህ.ግ ኣብ ኣሶሳን ከባቢኣን መጥቃዕቲ ብምክያድ ዝተቘጻጸረን። መንግስቱን ምኽትል ፕረዚደንት ሌ/ጀነራል ፍስሃ ደስታን ኣብ ዝተረኸበሉ ኣኼባ ብሌ/ጀ ተስፋየ ገብረኪዳን ናይቲ ስርሒት ምሉእ ጸብጻብ ተዋህበ'ሞ፡

"ተስፋየ፡ እዞም ሰባት እምበርዶ ኸማና ዝርኣዩ ፍጡራን'ዮም፧" ብምባል፡ ፕረዚደንት መንግስቱ ርእሱ ነቕነቐ።

"እቲ ጸብጻብ ካብ ጀነራል እምቢበል ኣየለ እዩ ብቐጥታ ተነጊሩኒ።"

"ንሕና ሰላም እንተ ተረኽበ ኢልና ኣብ ኣትላንታን ናይሮብን ንዛተ፡ ሻዕብያ ኸኣ ነንዝደቀሱ ጸላእትና ኸከይዱ የበራብሮም ኣሎ። ንምኳኑ፡ ማዕረ ክንደይ ሓይሊ ምስ ዝህልዎ እዩ፡ ካብ ናቕፋ ተበጊሱ ኣሽሓት ኪሎ ሜትራት ተጓዒዙ ነቲ ስርሒት ክፍጽም ክኢሉ። እዞም ናትና ኸኣ፡ ክልተ ኪሎ ሜተር ከይዶም፡ ከም ከልቢ ብድኻም መልሓሶም ዘልዘል የብሉ። ዝገርም'ዩ! ንምኳኑ

እዚ ኹሉ ክኸውን ከሎ፡ ብርሃኑ ኣበይ ነይሩ?” ሜ/ጀነራል ብርሃኑ ጀምበሬ፡ ድሕሪ ፈተነ ዕልዋ መንግስቲ ኣዛዚ ቐዳማይ ኣብዮታዊ ሰራዊት ኮይኑ ዝተመዘዘ እዩ ነይሩ። “ንምዃኑ እቲ ምምራቕ መኰንናት ሓይሊ ባሕሪ ኣብ ምንታይ በጺሑ ኣሎ?” ብምባል ነቲ ኣርእስቲ ንምቕያር ንኣዛዚ ሓይሊ ባሕሪ ሪር ኣድሚራል የህዋላሸት ግርማ ጠመቶ።

“እቲ ስነ ስርዓት ምረቓ፡ ከም ወትሩ ዕለት 12 ለካቲት ክግበር ምዃኑን ነቲ በዓል ዘድሊ ምቕርራባት'ውን ብጽቡቕ ይሰላሰል ከም ዘሎ ካፕቴን ጸጋየ መኰንን ገሊጹለይ ኣሎ። ኣብቲ ክፍለ ሃገር ዝርከብ ሰራዊት ከኣ ምምጻእኩም ብሃንቀውታ እዩ ዝጽበ ዘሎ።”

“ፍስሃ፡ ከም ትርእዩዎ ዘለኹም ኣብዚ ሃገር ብኹሉ ሸነኽ ቅሳነት ኣይተረኽበን'ዩ ዘሎ። ስለዚ፡ ንስኻ ንዓይ ወኪልካ ናብ ባጽዕ ኪድ ኢኻ፡” ብምባል፡ ትእዛዝ ሃቦ። እዚ ኾይኑ ኸብቅዕ፡ እቲ ፕረዚደንት፡ ቅድሚ ቍሩብ መዓልቲ ተረፍ መረፍ ናይቶም ዕልዋ መንግስቲ ዝፈተኑ መኰንናት ከይግልብጡዎን ነቶም ኣብ ጥቓኡ ዝነበሩ'ውን እንተ ኾነ ኸም ዘይኣምኖምን ኣተንቢሀሉ ብምንባሩ እዩ እምበኣር፡ ፍስሃ ደስታ በቲ ትእዛዝ ሕጉስ ዘይነበረ።

ፕረዚደንት መንግስቱ፡ ኣብ ኣዲስ ኣበባ ምስ በዓል ሌ/ጀነራል ተስፋየ ገብረኺዳን እናተዛተዩ እንከለው፡ ብተመሳሳሊ ሰዓት ኣብ ኣስመራ ዝርከብ ካልኣይ ኣብዮታዊ ሰራዊት በቲ ዝመጾ ሓድሽ ሓበሬታ ይናወጽ ነበረ። ድሕሪ ፈተነ ዕልዋ መንግስቲ ሓድሽ ዝተመዘዘ ኣዛዚ ካልኣይ ኣብዮታዊ ሰራዊት ሜ/ጀ ውብሸት ደሴ ነቲ ኣብ ግንባር ሰሜናዊ ምብራቕ ሳሕል ተደጋጋሚ ፍሽለት ዘጋጠሞን ምኽትሉ ኾይኑ ዝተሸመን ብ/ጀነራል ሑሴን ኣሕመድ፡

“ጓድ ሑሴን፡ እዚ በጺሑና ዘሎ ሓበሬታ ማዕረ ኸንደይ ዝተረጋገጸ እዩ?”

“ጓድ ውብሸት፡ ሻዕብያ ኣብ'ዚ እዋን'ዚ ሓይሉ ካብ ኣብ ኤርትራ፡ ኣብ ማእከል ሃገር ክገብሮ ምዃኑ ቕድሚ ሕጂ'ውን ግምት ተዋሂቡ ነይሩ እዩ። ይኹን ደኣ'ምበር፡ ናብ ደቡብ ኢትዮጵያ ዘብጽሕ ሓይሊ ኣለዎ ኢልና ግና ክንግምት ፈጺምና ኣይከኣልናን ነይርና። ክፍለ ሰራዊት 70 ተሰዊሩ እናተባህለ፡ ኣብ ወለጋ ኸይዱ እዚ መጥቃዕቲ ክፍጽም ምኽኣሉ፡ ንኹልና ጽውጽዋይ እዩ ኾይኑና ዘሎ። ኩላትና ኸም እንፈልጦ፡ ጓድ ጥላሁን ተሾመን ብተደጋጋሚ ኸም ዘረጋገጹልናን፡ እዚ ክፍለ ሰራዊት'ዚ ተሰዊሩ ድሕሪ ምጽናሕ ሃንደበት ናይ ርክብ ፍሪኴንስኡ ተረኺቡ ዝብል ሓበሬታ ምስ

በጽሓናን ቦታኡ ምስ ተረጋገጸን፡ እቲ ተዋሂቡ ዝነበረ ናይ ቀዳማይ ተጠንቀቕ ትእዛዝ፡ ከም ዝለዓል ጌርናዮ። ብወገንና፡ ክፍለ ሰራዊት 70 ህላዌኡ'ኳ እንተ'ረጋገጸና፡ እተን ካልኦት በራጊድ ግና ድሕሪ'ቲ ናይ ሽረ መጥቃዕቲ ናብ ወልድያ፡ ቆቦን ደብረ ታቦርን ከም ዘበላ ንከታተሎ ስለ ዝነበርና፡ ናብ ማእከል ሃገር ከየስፋሕፍሕ ብምባል ንጓድ ሃይለጊዮርጊስ ብርሃኑ ኣጥቢቕና ሓቢርናዮ ኔርና፡" ብምባል፡ ምስ ኣዛዚ ሳልሳይ ኣብዮታዊ ሰራዊት ብ/ጀነራል ሃይለጊዮርጊስ ብርሃኑ ዝገበሩዎ ዝርርብ ሓደ ብሓደ ገለጸሉ።

"እሞ ሽመይ ኢሉ ደኣ ከይረኣኹሞ መሊቑ?" ብምባል፡ ነገሩ ኣርሚሙዎ ፍሽኽ በለ፡ ጀነራል ውብሸት።

"ከም ዝበልኩዎ፡ ድሕሪ ናይ ሽረ፡ ነተን ኣብኡ ዝተኻፈላ ናይ ሻዕብያ ሜካናይዝድ በራጊድ ብደቂቕ ንከታተለን'ምበር፡ ብወገን ስለያ ዝተዋህበና ሓበሬታ ግና ናብ ባርካ ተመሊሰን ኣሎዋ ዝብል እዩ ነይሩ። ግምትና ኸኣ፡ ሻዕብያ ከረን ከጥቅዕ'ዩ ዝብል'ኳ እንተ ነበረ፡ ከምቲ ዝረኣናዮ ..." ኢሉ ኸይወድአ፡

"ሕራይ፡ እትስ ኮይኑ ኣሎ። ካብኡ ተመሊሱ ከረን ክሃርም ይሸባሸብ ኣሎ፡ ዝብል ኣብ ጠረጴዛና በጺሑና ዘሎ ሓበሬታኸ፡ እንታይ ዝተገብረ ነገር ኣሎ?"

"ጓድ ውብሸት፡" በለ ኣብቲ ኣኼባ በጋጣሚ ተረኺቡ ዝነበረ ጀ/ ውበቱ ጸጋየ። ንሱ፡ ኣብ *ናደው እዝ* ዝወረዶ ስዕረት እንክዝክር ዝብህርር ዝነበረ ጀነራል እዩ። ነዚ ኣኼባ መበገሲ ዝኾነ ምኽንያት'ውን፡ ንሱ ዝሰደዶ ጸብጻብ'ዩ ዝነበረ። "ከምዚ ጓድ ሑሴን ዝበሎ፡ እተን ኣብ ኣሶሳ ተኻፊለን ዝብሃላ ዘለዋ ክፍለ ሰራዊት 70፡ ብርጌድ 52፡ 16 ከምኡ'ውን ሜካናይዝድ ብርጌድ ብቐጥታ ናብ ከባቢ ኸረን መጺአን ኣለዋ። እዚ ዘመልክተልና ኸኣ፡ ወንበዴ ሻዕብያ ንኸረን ከጥቅዕ ምድላዋት ይገብር ከም ዘሎ እዩ። ኣብ ቀረባ መዓልቲ ኽገብሮ ምኳኑ ኸኣ ኣየጠራጥርን'ዩ።"

"ከምዚ ካብ ኮነ ገምጋምና፡ ጓድ ሑሴን ክግበሩ ዘሎዎም ምድላዋት ብዝርዝር ኣቕርበለይ ኢኻ፡" ብምባል፡ ነቶም ጀነራላት ኣሰናበቶም።

ብወገን ህ.ወ.ሓ.ት፡ እቲ ኣብ መጀመርያ ለካቲት ናብ ሳሕል ዝተላእከ ጕጅለ ምስ ላዕለዎት ሓለፍቲ ህ.ግ ብምርኻብ ምዉቕ ዘተ ኣብ ምክያድ ነበረ። ነቲ ዝነበረ ሃዋህው እንክትዕዘብ፡ ኣብ መንጎ ኽልቲኡ ውድባት ንነዊሕ ዓመት ዝምድና ተቛሪጹ ነይሩ ክብሃል ዘድፍር ኣይነበረን። ሓጐስ፡ ነቲ ብዛዕባ ኣብ ኤርትራ ዝተኻየደ

ውግእ ዝወሃብ ዝነበረ መግለጽን መጻኢ ኣመቱን ብተመስጦ እዩ ዝሰምዖ ዝነበረ።

"ደርግ፡" በለ፡ ነቲ መግለጺ ዝህብ ዝነበረ ካብ መሪሕነት ህ.ግ፡ "ኣብ'ዘን ዓመትን ፈረቓን ዘይመልኣ እዋናት፡ ብኹሉ መዳዩ ሞራሉ ኣንቈልቍሉ እዩ ዘሎ። ስለ ዝኾነ ኸኣ፡ እዚ ውግእ ኣብ ማእከል ኢትዮጵያ ክኸውን ምኳኑ ዘተሓታትት ኣይክኸውንን'ዩ። ነዚ ንምትግባር ከኣ እዩ፡ ህ.ግ፡ ድሕሪ ናይ ሽረ መጥቃዕቲ ናብ ደቡብ ኢትዮጵያ ብምኻድ ምስ ግ.ሓ.ኦ ሓቢሩ ኣሶሳ ዘጥቅዐ፣ ውጽኢቱ ኸኣ፡ ከም ዝተዓዘብኩሞ ኣድማዒ ኾይኑ'ሎ።"

"ከምኡ ክሕሰብ ከሎ ግና፡ ንዓና ተሓቢሩና ነይሩ እንተ ዝኸውን ብወገንና እጃምና መበርከትና ነይርና፡" እቲ ነታ ጕጅለ መሪሑ ዝኸደ ኣባይ ጸሃየ በለ'ሞ፡ ብምቕጻል፡ "ብወገንና'ውን ነዚ ትብሎ ዘለኻ ዝድግፍ እማመታት ሒዝና ኢና መጺእና ዘለና፡" ኢሉ፡ ነቲ ተሓሲቡ ዘሎ ምምስራት ሓድሽ ዲሞክራስያዊ ውድብ ኦሮሞ፡ ምስ ኢህዴን ክግበር ዝተሓስበ ስሙር ግንባርን ምቛም ናይ ሓባር ውድብን ኣስፊሑ መግለጺ ድሕሪ ምሃብ፡ "ስለ ዝኾነ ኸኣ፡ ህ.ግ ኣብ ልዕሊ ኢህዴን ብዘሎዎ ጽልዋ ምቕሉል ተራኡ ኸበርክትን ኣብ ዝሓጸረ እዋን ሓደ ውጽኢት ክንርእን ንትስፎ፡" ብምባል፡ ናብ ገብሩ ኣስራት ጠመተ።

"እወ! ከምዚ ብጻይ ኣባይ ዝበሎ፡ እቲ ኽምስረት ተሓሲቡ ዘሎ ናይ ህዝቢ ኦሮሞ ውድብ፡ በቶም ምሳኹም ዘለዉ ምሩኻት ተወለድቲ ኦሮሞ ንኽቐውም'ዩ እቲ እማመ ተዳልዩ ዘሎ። ኮይኑ ግና፡ ናይ ምሩኻት ወተሃደራት ጥራይ ኮይኑ ኸይተርፍ፡ ኣብ ወጻኢ ማለት ኣብ ኤውሮጳን ኣሜሪካን ምስ ዝርከቡ ገለ ምሁራን ተወለድቲ'ቲ ብሄር ዝርርባት ተኻይዱስ ድሮ ጽቡቕ ውጽኢት'ውን ተረኺቡዎ'ሎ። ሓደ ካብቶም ኣዝዩ ጸላዊ እዩ ኢልና ገሚትናዮ ዘለና፡ ኣብ ጀርመን ከተማ ፍራንክፈርት ምስ ዝርከቡ ሓፋሽ ውድባትኩም'ውን ጽቡቕ ዝምድና ኸም ዘሎዎ ዝንገረሉ ዶ/ር ነጋሶ ጊዳዳ እዩ። ዶ/ር ነጋሶ ጊዳዳ ምሳና ንምትሕግጋዝ ቅሩብነቱ ኣረጋጊጹልና ኣሎ፡" ምስ በለ፡

"ህ.ግ፡ ካብ ዓንተቦኡ'ውን ነቲ ስሙር ግንባር ዝድግፍ ሓሳባት የቕርብ'ኳ እንተ ነበረ፡ ሎሚ ጊዜኡ ኣኺሉ 'ክቐውም ቅሩብነት ካብ ሃለወ፡ ካብኡ ዝድለ ምትሕግጋዛት ክገብር ድሉው'ዩ። ነቲ ኽቐውም ዝሕሰብ ዘሎ ናይ ተቓወምቲ ውድባት ስሙር ግንባር ከኣ፡ ሓንጎፋይ ኢሉ ይቕበሎ፣ ክዉን ንምግባሩ ኸኣ፡ ዝከኣሎ

ኸገብር ምኽኑ በዚ ኣጋጣሚ ኣረጋግጽ፡” ድሕሪ ምባል፡ ኣብ ዝቐጽል መዓልቲ ብሰፊሑ ኽዛተይሉ ምኽኖም ብምግላጽ፡ እዘን ኣርባዕተ ሓሙሽተ መዓልቲ ምዕባለታት ከርእዮም ንተጋዳላይ በርሀ መዲቡ ተፋንዩዎም ምስ ብጾቱ ኸደ።

ኣብ ደቡብ ኢትዮጵያ፡ ነበርቲ ኸተማ ኣሶሳን ከባቢኣን ነቶም ሓራ ዘውጽኡዎም ኣባላት ስለያ፡ ሃንደሳን ኮማንዶ ህ.ግን ኣብ'ዛ ኮፍ ዘብሎም'ዩ ዝስእን ነይሩ። ነቲ ዘስተማቐሮ ዝነበረ ሰላም ሳላኦም ዝመጸ ምኽኑ ይፈልጥ ስለ ዝነበረ፡ ምስ ባህሉ፡ ልምዱን ታሪኹን ከላልዮም ህርድግ ይብል ነበረ። ኣብ ዝኣተዉዎ ቦታ ኸኣ፡ ጓይላ ብምትካል የዘናግዮም ነበረ። እዚ እናኾነ ኸሎ፡ ግ.ሓ.ኦ ምስተን ኣሃዱታት ህ.ግ ብምትሕብባር ወተሃደራዊ ስርሒታቱ እናስፍሐ ብምኻዱ፡ ሰራዊት ደርግ፡ መሬት ኦሮሚያ ዘይትርገጽ ረመጽ ኮኖቶ።

* * *

08 ለካቲት 1990 ወጋሕታ ሰዓት 01፡00

ብ/ጀነራል ተሾመ ተሰማ ኣዛዚ ሻድሻይ ነበልባል *ክፍለ ጦር፡* ኣብ መንበሪ ገዝኡ ቤተ መንግስቲ ምጽዋዕ ልዋም ድቃስ ወሲድዎ ኸሎ እዩ፡

“ጐይታይ! ጐይታይ! ናይ ሬድዮ መልእኽቲ ኣለኩም!” ብምባል፡ ህውኽ ህውኽ እናበለ ሬድዮ ኦፐሬተሩ ዘበራብሮ።

“እንታይ ህጹጽ ኵነታት ኣሎ ኾይኑ እዩ ብለይቲ ተበራብረኒ፡ ምስ ተሳእኩ ዘይትነግረኒ!” ብምባል፡ መጥላዕላዕ እናበለን ኣዒንቱ እናሓሰየን፡ “ንምኻኑ ካብ መን'ዩ?” በለ ነቲ ካብ ማዕዶ ዝስማዕ ዝነበረ ናይ ከቢድ ብረት ተዅሲ ኣእዛኑ ኩር ብምባል፡

“ካብ ኮሎኔል ኣፈወርቅ ተኽለ እዩ፡ ጐይታይ!” ምስ በሎ፡ ጀነራል ተሾመ ስምቢዱ ነታ ናይ ኢድ መራኸቢት ሬድዮ መንጠሎ'ሞ፡ “ሃለው” ምስ በለ፡ ነቲ ዝሰምዖ ዝነበረ ኽኣምኖ ኣጸገሞ። ብዘይ ልቡ ካብ ዓራቱ ብድድ ብምባል ከኣ ብብዕጉግ ኣእምሮኡ ኣብታ ስራሓት ሩስያ ዝኾነት ዋዝ መኪና ተወጢሑ ብናህሪ ናብ መአዘዚ ቦታኡ ፎርቶ ተወንጨፈ። ፎርቶ፡ ካብ ጽፍሒ ባሕሪ ኸባቢ 500 ሜትሮ ብራኽ ዘሎዎ ኾይኑ መአዘዚ ነቑጣ ሻድሻይ ነበልባል *ክፍለ ጦር*

ክኸውን ከሎ፡ ኮሎኔል ኣፈወርቅ ዝመርሖ ብርጌድ ከኣ፡ መአዘዚ ቦታኡ ኣብ ዓዲ ዒለ ነበረ።

ቅድሚ'ዚ መጥቃዕቲ'ዚ፡ መሪሕነት ህ.ግ፡ ንሰራዊቱ በቲ ኣብ ኣፍዓበት ዝሰለቦም ስትራተጂያውያን ኣጽዋር ምስልጣን፡ ወተሃደራዊ ውጥናት ምሕንጻጽን ኣድለይቲ ሎጂስቲክ ኣብ ምቕራብን ተጸሚዱ'ኳ እንተ ነበረ፡ ኣብ ልዕሊ ሰራዊት ኢትዮጵያ ኣብ ዝተፈላለየ ቦታታት መጥቃዕቲ ካብ ምግባር ግና ኣይተቘጠበን ነበረ። ካድረታቱ፡ ኣብ ሰራዊት ፖለቲካዊ ምንቅቓሕን ጕስጓስን ክገብሩ ኸለዉ፡ ኣዘዝቲ ክፍለ ሰራዊትን ብርጌድን ከኣ፡ መጽናዕቶምን ወተሃደራዊ ውጥናቶምን ከጻፍፉ፡ ፈቀዶ ጎቦታትን ታባታትን ክወርዱን ክድይቡን'ዩ ድሕሪ ምፍራስ ናደው እዝ ዝነበረ ኽልተ ዓመት ኣሕሊፉወን። ኮይኑ ኸኣ፡ ኣዛዚ ግንባር ንድፊ ወተሃደራዊ ውጥናት ኣብ ካርታ ኣዳልዩ፡ ናይ መጥቃዕቲ ዕለትን ሰዓትን ወሰነ። ነቲ መጥቃዕቲ መን በየን ከም ዝኸፍታ ክፍለ ሰራዊታት ተመዘዛ፡ ወተሃደራዊ ካርታ ተዓደለንን መመርሒ ተዋህበንን። ናይ ዜሮ ሰዓትን ናይ መጥቃዕቲ ቦታን ተወሰነ፡ 08 ለካቲት 1990 ለይቲ ሰዓት 01፡00፡ ቀዳማይ ዕላማ ዓዲ ዒለ።

"ሃለው ነብር፡ ሃለው ነብር!"

"ሃለው ቀጭኔ፡ እሰምዓካ'ለኹ!"

"ጐይታይ! ሻዕብያ ልክዕ ለይቲ ሰዓት 01፡00 ሓያል መጥቃዕቲ ኸፊቱልና'ሎ!"

"ኣጆኻ ኣንበሳ! ጽቡቕ ጌርካ ቀጥቅጦ!" በለ፡ እቲ ብ19 ጥሪ 1989 ኣብ ዓዲ ዒለ ዘጋጠሞ ዘይምሕር መጥቃዕቲ ህዝባዊ ግንባር ኣብ ፊቱ ቅጅል እናበሎ።

"ጐይታይ! እቲ ውግእ ሃንደበትን ቅልጡፍን ስለ ዝኾነ፡ ተደፊእና ኣለና!" ምስ በሎ፡ ብ/ጀነራል ተሾመ ናብ መሬት ድንን በለ። ኵነታት ኣብ ውሽጢ ደቓይቕ ይቀያየር ስለ ዝነበረ፡ እቲ ጀነራል ሃለው እንተ በለ፡ መልሲ ዝብሃል ሰኣነ። ድሕሪ ናይ ክልተ ሰዓት ውግእ ሰራዊት ኢትዮጵያ ምዉትን ቍሱልን ኮይኑ ፋሕ ፋሕ ክብል ከሎ፡ ኣዛዚኡ ኮሎኔል ኣፈወርቅ ተኸለ ተማሪኹ፣ መአዘዚ ነቝጣኡ ዓዲ ዒለ ኸኣ ምስ ምሉእ ሰነዳቱን ንብረቱን ኣብ ኢድ ህዝባዊ ሰራዊት ወደቐ። ውግእ ኣዝዩ ጻዕጻዕ፣ ሰራዊት ኢትዮጵያ እንትርፎ ናብ ድሕሪት ምህዳም ኣትኪሉ ኸዋጋእ ኣይከኣለን። ጀነራል ተሾመ ነቲ ውግእ ከወሃህድ ናብ ጋሕተላይ ተበገሰ። ኣብኡ ምስ በጽሐ ግና ዘሰምብድ ኵነታት

ጸንሒ። ጽርግያ ጋሕተላይ ሽዕብ ካብ ውግእ ዓዲ ዒለን ፍልፍል ሰለሙናን ብዝሃድሙን ተወጊኦም "ምእንተ ጊዮርጊስ ሓግዙኒ!"፡ "በጃኹም'ባ ማይ ሃቡኒ!" ዝብሉ ሰራዊትን ነቲ ጸሊም ጽርግያ መሊኦሞ ብዝረአየ፡ ኣብ ውሽጢ ናይ ሰዓታት ውግእ፡ ሰራዊት ከምዚ'ሉ ፋሕ ፋሕ ክብል ምርኣዩ ነዒንቱ ኽኣምነን ኣይከኣለን። እቲ ጀነራል ጋሕተላይ ምስ በጽሐ፡ ንኣዛዚ *መክት እዝ* ብ/ጀነራል ጥላሁን ብሬድዮ ኽረኽቦ ፈቲኑ ስለ ዘይከኣለ፡ ናብ ም/ኣዛዚ ካልኣይ ኣብዮታዊ ሰራዊት ብ/ጀነራል ሑሴን ኣሕመድ ሬድዮ ርክብ ብምግባር ዘጋጠመ ኹነታት ንምሕባር፡

"ጀነራል ሑሴን፡ ነብር እየ!"

"ነብር፡ ኵነታት ከመይ ኣሎ? ዘርኣይ ደረስ ነቲ ወንበዴ መኪቱዎዶ!?"

"ጓድ ሑሴን! ሰራዊትና ንድሕሪት ተደፊኡ ናብ ጋሕተላይ ገጹ መጺኡ ኣሎ!" በለ እንቅዓ እንቅዓ እናስተንፈሰ። "ኣብኡ ዝነበረ ሰራዊት ከኣ፡ ዓቢ ፍሽለት ኣጋጢሙዎስ፡ ኣዛዚኡ ኮሎኔል ኣፈወርቅ ተኽለ ተማሪኹ፡ መአዘዚ ቦታኡ ኸኣ፡ ወንበዴ ተቘጻጺሩዎ'ሎ! እቲ ዝተረፈ፡ ዳርጋ ተረፍ የብሉን ክብሃል ዝከኣል ሰራዊት ከኣ ኣብ ፈቐዶ ጽርግያ ዛሕ ዛሕ ኢሉ ኣሎ!"

"ነብር፡ ንስኻኸ ኣበይ ኢኻ ዘለኻ? "

"ኣብ ጋሕተላይ እየ ዘለኹ!"

"በል! ኣብኡ ጽናሕ'ሞ፡ ኣነ ነቲ ጅግና 18 *ክፍለ ጦር* ሕጂ ኽሰደልካ እየ! ኣጆኻ ንወንበዴ ጸሪጉ ናብ'ቲ ዝመጽዎ ኽመልሶም'ዩ።"

"ጓድ ሑሴን! ሓገዝ ብቕልጡፍ እንተ ዘይመጺኡና፡ መገዲ ኣስመራ ባጽዕ ኣብ ሓደጋ ክወድቕ'ዩ! ምኽንያቱ ሻዕብያ፡ ቕድሚ ሕጂ'ውን ኣብ ዓዲ ዒለ ዓስኪሩ ዝነበረን ኣዚና ንምክሓሉ ዝነበርናን መበል 29 ብርጌድን ምስ ሜካናይዝድ ብርጌዱ ኣብ ጥሪ 1989 መጥቃዕቲ ኽፊቱ ኣዝዩ ሃስዩዎ ነይሩ እዩ። ከም ዝፍለጥ፡ መአዘዚ ነቑጣ ዓዲ ዒለ ንህላዌና ኣዝዩ ኣገዳሲ እዩ!" ብምባል፡ ሬድዮ ርክቡ ዓጽዩ ናብ ሽዕብ ገጹ ተበገሰ። ኣስታት ሸውዓተ ኪሎ ሜተር ምስ ከደ ግና፡ እዚ ዘይብሃል ናይ ከቢድ ብረት ደብዳብ ኣብ ከባቢኡ ኽወድቕ ጀመረ፣ ካብ ሞት ንስክላ ኸኣ ወጸ። ሳልሳይ ሜካናይዝድ ብርጌድ ምስቲ ኣብ ጋሕተላይ ዝነበረ ብርጌድ ዘርኣይ ደረስ ብምዃን ንገስጋስ ህዝባዊ ሰራዊት ክዓግቱዎ ፈተኑ፡ ግና ኣይቀንዮምን።

"ሃለው ነብር!" በለ፡ ኦፕሬተር ጀነራል ጥላሁን።

"እሰምዓካ ኣለኹ፡ ነብር'የ!" በለ፡ ብዝተቘራረጸ ድምጺ።

"ጥላሁን'የ። ኩነታት ከመይ ኣሎ?" ምስ በለ፡ ጀነራል ተሾመ ብሓውሲ ሕርቃርቓት፡

"ጓድ ጥላሁን! ብዙሕ ጊዜ ክረኽበኩም ፈቲነ፡ ግና ፈጺመ ኣይከኣልኩን! ነገራት ካብ ቍጽጽርና ወጻኢ ይኾኑና ኣለዉ!"

"ሕጂ ኣብ መአዘዚ ቦታኻ፡ ፎርቶ ባጽዕ'የ ዘለኹ!"

"ኩነታት ሕማቕ'ዩ ዘሎ። ዘርኣይ ደረስ ኣዝዩ ተሃሰዩ ናብ ድሕሪት ክምለስ ከሎ፡ ሳልሳይ ሜካናይዝድ ከኣ፡ ኣዝዩ ተጐዲኡ ናብ ጋሕተላይ ይምለስ ኣሎ!"

"እቲ እንፈልጦ ወንበዴ ሻዕብያዶ'ይኮነን?"

"ጓድ ጥላሁን፡ ኣነ ኸም ዝመስለኒ እዚ ናይ ሻዕብያ ሰራዊት ኣይኮነን። ገለ ናይ ወጻኢ ሓይልታት ኣለዉ ኢለ እየ ዝኣምን። ምኽንያቱ፡ ሻዕብያ ኣብ ውሽጢ ናይ ሰዓታት ውግእ ክደፍኣና ኣይምኸኣለን ..." ኢሉ ኸይወድአ፡ ሮኬት ናይ ቢኤም ኣብ ጥቓ መኪናኡ ወደቐ'ሞ ርክብ ኣቋሪጹ ናብ ጋሕተላይ ሃደመ። ኣብ'ዚ እዋን'ዚ ህዝባዊ ሰራዊት ከባቢ ዓሰርተ ኪሎ ሜተር ካብ ጋሕተላይ ርሒቑ ይርከብ ነበረ።

ጀነራል ተሾመ ካብ መገዲ ሽዕብ ሃዲሙ ጋሕተላይ ክበጽሕን እታ ኸተማ ብኸቢድ ብረት ህዝባዊ ሰራዊት ተሃሪማ እሳተ ጎመራ ዝተፍእ ዘሎ ኸተሠስል ብጸሊም ትኪ ዒግ ክትብል ጸንሐቶ። ጀነራል መገዱ ናብ ባጽዕ ተተሓሓዞ። ሻዕብያ ናብ ጋሕተላይ ቀረበ፡ ሰራዊት ደርግ ብረቱ ደርብዩ ፈቐዶኡ ዛሕ ዛሕ በለ። ድሕሪ ናይ ምሉእ መዓልቲ ውግእ 08 ለካቲት 1990 ሰዓት 18፡00 ጋሕተላይ ኣብ ትሕቲ ቍጽጽር ህ.ግ ኣተወት። መገዲ ኣስመራ ባጽዕ ከኣ፡ ተዓጽወ።

ጀነራል ውብሸት ደሴ ኣብ ቃኘው ዝርከብ ቤት ጽሕፈቱ ቕድሚ ዓሰርተ ደቒቕ'ዩ ኣትዩ። ጀነራል ሑሴን ሓፈሻዊ ጸብጻብ እናሃቦ ኸሎ እዩ ካብ ጀነራል ጥላሁን ሬድዮ ዝተገብረሉ።

"ሑሴን በል ጉድ ረኺብና! ሻዕብያ ጋሕተላይ ተቘጻጺሩ መገዲ ኣስመራ - ባጽዕ ዓጽዩዎ ኣሎ!" ምስ በሎ፡ ጀነራል ሑሴን ብስምባደ ዝዛረቦ ጠፍኦ። *መክት እዝ፡* ዕጫ ናይቲ 'ንሱ ዝመርሖ ዝነበረን ዝተሓምሸሸን *ውቃው እዝ* ኮይኑ ኸይተርፍ እናተማህለለ፡ መበል 18 *ክፍለ ጦር* መገዲ ጋሕተላይ ባጽዕ ክኸፍተሉ ተማህለለ። ውግእ ናብ ታሕተዋይን ላዕለዋይን ደንጎሎ ገጹ ዛዘወ። 130 ከቢድ

ብረት ህዝባዊ ሰራዊት ንደንጎሎ ላዕላይ ኣጥቅዩ። መአዘዚ ቦታ መበል 112 ብርጌድ ኣብ ጋሕተላይ ኬንካ ክሳዕ ዝርእ፡ ብሓዊ ተቓጸለ፣ እቲ ኣብኡ ዝነበረ ሃልሃልታ ኸኣ ንጸልማት ቐደደ። እዚ እናኾነ ኸሎ፡ ጀነራል ሑሴን ብቕጽበት ብሄሊኮፕተር ናብ ባጽዕ ኣብ ዝተበገሰሉ እዋን፡ ተሾመ ኸኣ ካብ ጋሕተላይ ኣብ ደጎሊ በጽሐ። ህዝባዊ ሰራዊት ናብ ክልተ መኣዝን ኣቕንዐ፡ ላዕለዋይ ደንጎሎን ደጎሊን። እቲ መጥቃዕቲ፡ ንተግባሪኡ ብዘደንጹ ቕልጣፈ ኸኣ ይካየድ ነበረ።

"እታ ላዕላይ ከይተታሕዘት፡ እቲ ወፊሩ ዘሎ ኣብታ ምሊሕ ምሊሕ ትብል ዘላ ዓዲ ክበጽሕ የብሉን!" ብምባል፡ ኣዛዚ ግንባር ህዝባዊ ሰራዊት ንኣዛዚ ክፍለ ሰራዊት 85 ትእዛዝ ሃቦ።

"ኮይስ፡ ተረዲኣካ'ለኹ!" ብምባል፡ እቲ መልእኽቲ፡ መበል 18 *ክፍለ ጦር* ጊንዳዕ ከይበጽሐ ኸሎ፡ ላዕለዋይ ደንጎሎ ኽትሕዛ ኣለካ፡ ምኺኑ ተረዲኡ እዩ፡ "ኮይስ፡" ዝበሎ። ስለ ዝኾነ ኸኣ፡ ናይ ላዕለዋይ ደንጎሎ ደብዳብ ኣጻዕጽዮ'ሞ፡ ኣጋር ሰራዊት ከኣ ኀቦታት ሰባር ጉማ ደይቡ መታኹሲ ቦታኡ ብምሓዝ ኣብኡ ተጸጊዑ ሓደረ።

ጀነራል ተሾመ፡ ካብ ደጎሊ ተበጊሱ ድሕሪ ሰላሳ ደቒቕ ባጽዕ ኣተወ፡ ጸብጻብ ውግእ ንምሃብ ከኣ፡ ብቐጥታ ናብ ጀነራል ጥላሁን ከደ። ኣኼባ ተጀመረ፡ ናይ *ዘመቻ መምርያ ሓላፊ* ሻምበል ወንድወሰን ናይ ምሉእ መዓልቲ ሓፈሻዊ ጸብጻብ ኣስምዐ።

09 ለካቲት ምጽዋዕ፡ ኣዲስ ኣበባ፡ ባህርዳር

"እዞም ንሃገር ክኸላኸሉ ኢልና ካብ ኮሎኔልነት ናብ ሜ/ጀነራልነት ሓድሽ መዓርግ ሂብና ዝሰደድናዮም፡ እንታይ ድዮም ዝባቕጡ ዘለዉ?" ብምባል፡ ነተን እንተ'ፍጠጠን'ውን ክፈጣ ዘይክእላ ኣዒንቱ ናብ ኩሎም ተኸለን። "ወንበዴ መገዲ ኣስመራ ባጽዕ ተቘጻጺሩ! ደጎሊ በጺሑ ኢልካ ጸብጻብ ካብ ምሃብ ሓሊፎም፡ እንታይ እዮም ገይሮም? ካብ ከምኡ ምባል፡ ወንበዴ ጐረሮና ሓኒቑ ሒዙና ኣሎ! ኣቡኡ ዘፍለጠ ነታ ተሪፋ ዘላ ወደብ ከነረክቦም ኢና እንተ ዝበሉና፡ ንሕና'ውን ኣይምደኸምናን ነይርና! ግና፡ ጉዳይ ሃገር እንድዩ'ሞ ኾይኑና!" ብምባል፡ ሚኒስተር ምክልካል ሌ/ጀነራል ተስፋየ ገብረኺዳን፡ ሌ/ጀነራል ሓዲስ ተድላ *የጦር ሃይሎች ጠቅላይ ኤታ ማጆር ሹም፡* ሜ/ጀነራል ስዩም መኰንን፡ ሜ/ጀነራል መስፍን ገብረቃል፡ ኣዛዚ ሓይሊ ኣየር ሜ/ጀነራል ኣለማየሁ ኣጎናፍር፡ ኣዛዚ ሓይሊ ባሕሪ ሪር ኣድሚራል የህዋላሸት ግርማ፡ ኣባላት *ኢሰፓን*

ካልኦትን ዝተረኽቡሉ ህጹጽ ኣኼባ፡ ዕለት 09 ለካቲት ንግሆ ሰዓት 06፡00 ፕረዚደንት መንግስቱ ሃይለማርያም ብነድሪ ኸፈቶ። ኩሎም ዝብሉዎ ጠፊኡዎም ዓይኒ ዓይኑ ጠሙቱዎ።

"የህዋላሽት፡ እቲ ኾነታት ብቐረባ ርኢኻዮ እንዲኻ። ገለ መብርሂ ምሃብካናዶ!?" ሓተተ መንግስቱ፡ ሕጂ'ውን እናነደረ።

"ፕረዚደንት፡ ናብ ባጽዕ መውረዲና ምኽንያት፡ ከምቲ እትፈልጡዎ ናይ መኰንናት መመረኽታ ዕድመ ስለ ዝመጸና'ሞ፡ ክንካፈል ስለ ዝነበረና እዩ። ኣጋጣሚ ኾይኑ ብ/ጀነራል ገብረየስ ወልደሃና ስለ ዝዓረፈ ግና፡ ኣብ ቀብሩ ውዒልና ክንምለስ'ዩ ነይሩ ሓሳብና። ምኽንያቱ፡ እቲ ተኸፊቱ ዝነበረ ውግእ፡ ወንበዴ ብኸምቲ ቕልጣፈ ናብ ጋሕተላይ ክበጽሕ ይኽእል'ዩ ዝብል ገምጋም ኣይነበረናን። ብዛዕባኡ ኸኣ ምስ ጓድ ጥላሁንን ዓልን ተዘራሪብናሉ ኔርና ኢና። ብዝኾነ፡ ሕጂ'ውን ጸላኢ ሽሕ'ኳ ኣብ ከባቢ ባጽዕ እንተ በጽሐ፡ ካብ'ቲ ኣብ 77 ዝበጽሖ ቦታ ፈጺሙ ክሓልፍ ኣይክእልን'ዩ። ዘለዋና መራኽብ ቢኤም፡ 130፡ 122 ይኹን ዘመናዊ ኣጽዋርን ሩቤጅ ሚሳይልን ዝዓጠቓ ብምዃነን፡ በቲ ካብ ባሕሪ ኽገብራኦ ዝኽእላ ደብዳብ፡ ብወገነይ ኣብ ሓጺር ጊዜ እቲ ኾነታት ከም ዝቕየር ዘጠራጥር ዘሎ ኣይመስለንን፡" ብምባል፡ ነብሱ ኸውጽእ ፈተነ።

"እቲ መጺኡና ዘሎ ሓበሬታ፡ ሻዕብያ ብባሕሪ ኽይተረረፈ እዩ ዝዋጋእ ዘሎዶ'ይኮነን ዝብል ዘሎ?"

"ልክዕ'ዩ፡ ወንበዴ ብናእሽቱ ጀላቡ ገይሩ ተኹሲ ይኸፍት ኣሎ፡" በለ ፍሽኽታ ብዝተሓወሶ ኣዘራርባ። ብምቕጻል፡ "እዚ ግና፡ ነተን መራኽብና ኽድምዓለን ብጥራሽ ኣይክኽእልን'ዩ። ምኽንያቱ፡ መራኽብና ንሓጺር ርሕቀት ተባሂሉ ዝተገጥመለን ካሊበር ኣለወን። ስለዚ፡ ወንበዴ ካብ ርሑቕ'ዩ ክትኵስለን ዝኽእል። ኮይኑ ኸኣ፡ ናይ ምድማዕ ተኽእሎኡ ትሕቲ ዜሮ እዩ፡" ብምባል፡ ንልቢ መንግስቱ ዘረስረሰ ርእይቶ ሃበ።

"ንምጽዋዕ ብመሬት ክንከላኸለላ ብወገንኩምከ እንታይ ዝተወስደ ስጉምቲ ኣሎ?"

"ኣብ መሬት ዘሎ ኾነታት ካብቲ የህዋላሽት ዝብሎ ዘሎ ብሓቒ ዝተፈልየ እዩ፡" ብምባል ዘረብኡ ዝጀመረ *የምድር ጦር* ዋና ኣዛዚ ሜ/ጀነራል እምቢበል ኣየለ፡ በዘራርባኡን ብድፍረቱን ዝተፈልጠ ካብ ምዃኑ ዝተላዕለ፡ እቲ ፕረዚደንት'ውን እንተ ኾነ ካብ'ቶም ኣድነቕቱ ሓደ እዩ ነይሩ። "ክሳብ ሕጂ በጺሑና ዘሎ

ጸብጻብ፡ *መክት እዝ* ከባቢ 6000 ካብ ዓቕሚ ሰቡ ድሮ ምዉት፡ ምሩኽን ውጉኡን ብምኳን ካብ ስራሕ ወጻኢ ኾይኑ'ሎ!" ምስ በለ፡ ኩሎም ኣዒንቶም ኣፍጢጦም ጠመቱዎ። "እዚ ኸኣ ሓደ ስልሲት ናይ'ቲ ልዕሊ 17 ሽሕ ዝብዝሑ ሰራዊት *መክት እዝ* ማለት'ዩ። እሞ ኸኣ ኣብ ናይ 18 ሰዓት ውግእ። ሻዕብያ፡ ነቲ ውግእ ደፊኡ ናብ ጋሕተላይ ምስ ኣምጽኦ፡ እቲ ሰራዊት ኣብ ጸጣሕ ጕልጕል ስለ ዝበጽሖ፡ ነቲ ካብ ዓዲ ዒለ፡ ሰለሙናን ካልእ ቦታታትን ተደፊኡ ዘዝለቐ ሰራዊት ኣብ ክልተ እዩ ገሚዑዎ፤ ገሊኡ ናብ ጊንዳዕ ገሊኡ ኸኣ ናብ ባጽዕ ተመቒሉ ኽም ዝኸይድ'ዩ ገይሩዎ። ስለ ዝኾነ ኸኣ፡ ተሾመ እንተ ኾነ'ውን ነቲ ሰራዊት ከወሃህድን ሞራል ክህብን ካብ ዓቕሙ ንላዕሊ እዩ ኾይኑዎ ዘሎ። ስለዚ ጓዶች፡ ኵነታት ባጽዕ ከምቲ ናይ 1977 ከም ዘይኮነ ፈሊጥና ኢና ነቲ ውግእ ክንገጥሞ ዝግብኣና። ንሻዕብያ ኸኣ ኣቃሊልና ኣይንርኣዮ፡ ዓጢቑዎ ዘሎ ኣጽዋር ኩላትና ንፈልጦ ኢና፡" ብምባል፡ ንኹሎም በብሓደ እናጠመተ፡ "ማዕሬና'ምበር፡ ትሕቴና ኣይኮነን፡" ብምባል፡ ኢድ ነሲኡ ደብተሩ ዓጸፈ። ፕረዚደንት መንግስቱ ሃይለማርያም ኣኼባ ዛዚሙ ንእለቱ ናብ ባህርዳር ተበገሰ።

ህዝባዊ ግንባር፡ ናብታ ዕለት'ቲኣ ዘውግሐ ለይቲ ኣብ ደጎሊን ዓዲ ዒለን ከቢድ ብረት ብምትካል ወጋሕታ መእዘዝ ነቝጣ ሻድሻይ ነበልባል ክፍለ ሰራዊት ብዘይ ዕረፍቲ ኽድብድቦ ጀመረ። ኣብ ሓጺር ጊዜ ኸኣ እቲ መዓስከር ብሓዊ ክቃጸል ጀመረ። ጀነራል ተሾመ መእዘዚ ቦታኡ ገዲፉ ናብ ባጽዕ ብምእታው ነቲ ኣብ ፎሮን ናቝራን ዝነበረ ሜካናይዝድ ብርጌድ ብህጹጽ ናብ ባጽዕ ንኽመጽእ ኣዘዞ። እቲ ሜካናይዝድ ብርጌድ ብጕያ ጕያ ናብ ባጽዕ መጺ'ሞ፡ ኣብ ከባቢ ኣጅፕ ከዕርፍን ምሳሕ ክበልዕን ኣብረኾ። ጀነራል ተሾመ ናብኡ ብምኻድ ነቲ ሰራዊት ሞራል ክስንቖ ፈተነ። ጸላኢ፡ ብንግሆኡ መገዲ ኣስመራ ባጽዕ ንምኽፋት ኣሎ ዝብሃል ሰራዊቱ ካብ ከረንን ሰራየን ኣኻኺቡ ብጊንዳዕን ሰሜናዊ ባሕርን ሓያል መጥቃዕቲ እንተ ኸፈተ'ኳ፡ ኣሳልጦ ኣይረኸበሉን። እቲ ኣብ ከባቢ ሰባርጉማ ተጸጊዑ ዝሓደረ ሰራዊት ህ.ግ ከኣ ንታሕታይ ደንጎሎ ብኣጋኡ ተቖጻጸሮ። እቲ ውግእ ድማ ብወገን ጋሕተላይን ጉርጉሱምን ጽዒቑ ወዓለ።

ስለ ዝኾነ፡ ኵነታት ናይ ዕለት 09 ለካቲት ንምግምጋን መጥቃዕቲ ንምውጣንን ሰዓት 15፡45 ኣብ ፎርቶ ባጽዕ ተኣኪቦም

ዝነበሩ ጀነራላት፡ ኣብ መንጎ ኣኼባኦም ሬድዮ መልእኽቲ መጾም። ሻምበል ወንድወሰን መልእኽቲ ተቐበለ፡ ገጹ ብኡ ንብኡ ትኪ መሰለ።

"ጐይታይ! ቅድሚ ቀ ኍሩብ ደቓይቕ ሰዓት 16፡30 ኣቢሉ ደጎሊን ድግድግታን ኣብ ኢድ ሻዕብያ ወዲቐን! መበል 29 ብርጌድ፡ ሳልሳይ ሜካናይዝድን እቲ ካብ ኹሉ ቦታታት ንድሕሪት ዝሃደመ ሰራዊትን፡ ተበታቲኑ ናብ ባጽዕ ገጹ ይመጽእ ኣሎ!" ብምባል፡ ነቶም ጀነራላት ዘሰምበደ መልእኽቲ ኣመሓላለፈ። ጀነራል ጥላሁንን ተሾመን ርእሶም ኣድነኑ። ብኡ ንብኡ ናብ ኣስመራ ሬድዮ ተመሓላለፈ። ሬድዮ ኦፕሬተር ጀነራል ውብሸት፡

"ጐይታይ! ናይ ሬድዮ መልእኽቲ ኣለኩም፡" ብምባል ኣቐበሎ። ውብሸት ነቲ ዝንገሮ ዝነበረ ኽኣምኖ ስለ ዘይከኣለ ነቲ ኣብ ፊቱ ኮፍ ኢሉ ዝነበረ ጀነራል ሑሴን እናጠመተ ይሰምዖ ስለ ዝነበረ፡ ድምጹ ከፍ ኣቢሉ፡

"ጓድ ጥላሁን! ጓድ መንግስቱ በዚ ጉዳይ'ዚ ካብ መጠን ንላዕሊ እዮም ተቘጢዖም ዘለዉ! ባዕሎም ክመጹ ምኳኖም ሓቢሮምኒ ኣለዉ! ስለዚ፡ ብወገንኩም እቲ ክግበር ዘሎዎ ግበሩ! ንሕና ኽምቲ ሑሴን ዝበለካ፡ ሰራዊት ሰዲድና ኣለና፡ ነቲ መገዲ ኽም ዘኽፍቱዎ ኽኣ ርግጸኛ እየ። ንምኳኑ ወንበዴ ካብ ደጎሊ ይንቀሳቀስ ኣሎ ድዩ?" ብምባል፡ ነድሪ ብዝተሓወሶ ኣዘራርባ፡ ባጽዕ ከይትተሓዞ ዘሎዎ ስግኣት ገለጸሉ።

ኣዛዚ *መክት እዝ* ጀነራል ጥላሁን፡ ኣዛዚ ሳልሳይ ሜካናይዝድ *ክፍለ ጦር* ጀነራል ዓሊ ሓጂ ዓብዱላሂ፡ ኣዛዚ ሻድሻይ ነበልባል *ክፍለ ጦር* ጀነራል ተሾመ ተሰማ፡ እቲ ንመመረቕታ መኰንናት ሓይሊ ባሕሪ ተዓዲሙ ዝመጸ ም/ኣዛዚ ሓይሊ ባሕሪ ኮማንደር ፍሊጶስ ክብረትን ላዕለዎት ኣዘዝቲ በራጊድን ንድፌ ምክልኻል ባጽዕ ንምውጻእ ንምሸቱ ኣብ ባጽዕ ህጹጹ ኣኼባ ጀመሩ። ንድፌ ምክልኻል ባጽዕ ከኣ ኣውጽኡ። ድሕሪ ነዊሕ ዘተ "ስለዚ፡" በለ እቲ ነቲ ኣኼባ ዝመርሖ ዝነበረ ጀነራል ጥላሁን፡ "ኩሉ ኣገዳሲ ሰነዳትን ገንዘብ መንግስትን ብህጹጽ ብመርከብ ናብ ዳህላክ ክም ዝኸይድ ግበሩ፡" ድሕሪ ምባል፡ ኣኼባ ተዓጽወ።

ኣብ ኣዲስ ኣበባ ወጥሪ፡ ኣብ ምጽዋዕ ከኣ ስዕረት እናዛየደ ኸሎ፡ ኣብ ቤገምድር ድማ ኣዛዚ ኮር 603 ብ/ጀነራል ኣበበ ሃይለስላሴ ኹነታት ባጽዕ ኣዝዩ ኽተሓሳስቦ ጀመረ። ካብ ስግኣት ብምብጋስ ከኣ፡ ኣብ ልዕሊ'ቶም ኣብ ከባቢ ደብረታቦር ዝንቀሳቐሱ

ዝነበሩ ኢህዴንን ህ.ወ.ሓ.ትን ሓደ ኽልተ መዓልቲ ዝወስድ መጥቃዕቲ ብምክያድ ክድምስሶም'ሞ፣ ገጹ ናብ ኤርትራ ብምዛር፣ ነቲ ኣብ ወጥሪ ኣትዩ ዝነበረ ኻልኣይ ኣብዮታዊ ሰራዊት ክሕግዞ መደብ ሓንጸጸ። ኮይኑ ግና፣ ፕረዚደንት መንግስቱ ሃይለማርያም ናብ ባህርዳር ብህጹጽ ይመጽእ ከም ዘሎን ኣኼባ ኽገብረሎም ምዃኑን ሃንደበት ተሓበሮ። እቲ ፕረዚደንት ካብ ኣኼባ ብቐጥታ ባህርዳር ምስ ኣተወ፣ ካብ ብ/ጀነራል ኣበበ ብዛዕባ እቲ ወጢኑዎ ዘሎ መጥቃዕቲ መግለጺ ተገብረሉ።

"ጓድ ኣበበ፣ እዚ ኣውጺእኩሞ ዘለኹም ውጥን፣ ብዘይ ጥርጥር ክዕወት ምዃኑ እምንቶና እዩ። ይኹን ደኣ'ምበር፣ ከምዚ ትሰምዑዎ ዘለኹም፣ ኣብ ክፍለ ሃገር ኤርትራ ኣዋጣሪ ኹነታት ገጢሙና'ሎ። ወንበዴ፣ ባጽዕ ብምሓዝ ጐረሮ ሰራዊትና ኽሓንቕ ተበጊሱ ኣሎ። ስለ ዝኾነ ኸኣ፣ ብወገንኩም እቲ መጥቃዕቲ ንቕሩብ እዋን ደው ኣብሉዎ። ሓደ *ክፍለ ጦር* ማለት መበል 15 *ክፍለ ጦርን* መበል ሳልሳይ ኮማንዶ ብርጌድን ናብ ባጽዕ ከነውርዶ ኢና፣" እቲ ፕረዚደንት ምስ በለ፣ ጀነራል ኣበበ፣ ቤገምድር ክንጸላልዎ ዝኽእል ሓደጋ ብኡ ንብኡ ተራእዮ። ኮይኑ ግና፣ ነቲ ትእዛዝ ክቕበሎ ጥራይ እዩ ነይሩዎ። ብኡ መሰረት እቲ ዝተባህለ *ክፍለ ጦር*፣ ካብ ባህርዳር ተላዒሉ ናብ ኣስመራ ኣተወ። ጀነራል ውብሸትን ሑሴንን መበል 15 *ክፍለ ጦር* ምስቲ መበል 18 *ተራራ ክፍለ ጦር* ብሓባር፣ መገዲ ኣስመራ ባጽዕ ኽኽፍቱዎ ተስፋ ገበሩ። ኣብ'ቲ ሰዓት'ቲ፣ ህዝባዊ ሰራዊት ኣሎ ዝብሃል ከቢድ ብረት ኣብ ደንጎሎ ብምትካል፣ ንጊንዳዕ ኣብ ትሕቲ ጽዑቕ ደብዳቡ ኽእትዎ እንከሎ፣ ካብ ዓዲ ዒላ ብዝትኰስ ዝነበረ ተወንጫፊ ቢኤም ከኣ ባጽዕ ክትናወጽ ጀሚራ ነበረት።

* * *

ምጽዋዕ፣ 10 ለካቲት

ጀነራል ሑሴን፣ ካብ ኣስመራ ብሄሊኮፕተር ናብ ባጽዕ ኣተወ። ብቐጥታ ናብ ቤት ጽሕፈት ሻድሻይ *ክፍለ ጦር* ብምኻድ ጀነራል ጥላሁን፣ ተሾመ፣ ናይ *ዘመቻ መምርያ* ሓላፊ ሻምበል ወንድወሰንን ካልኦት ሓለፍትን ኣዘዝትን ኣብ ዝተረኽቡዎ ኣኼባ፣ ምምጻእ መበል 15 *ክፍለ ጦር* ኮነ ሳልሳይ ፍሉይ ኮማንዶ ብርጌድ ካብ ባህርዳር ምምጻእን ኣብ'ቲ ውግእ ክህልዎ ዝኽእል ወሳኒ ግደን

ድሕሪ ምግላጽ፣ “ክልቲኦም *ክፍለ ጦራት* ብወገን ጊንዳዕ ንሻዕብያ ኸሳጕት ኸለዉ፣ ብወገንኩም!” ድሕሪ ምባል፣ ንብ/ጀነራል ጥላሁን፣ ብ/ጀነራል ዓሊ ሓጂን ተሾመን በብተራ እናጠመተ፣ “ብወገንኩም ከኣ ደጎሊ ካብ ኢድ ሻዕብያ ክትምንጥልዋ ኣለኩም። ተገንዚብኩሞ ከም ዘለኹም፣ ነቲ *ክፍለ ጦር* ብኣንቶኖቭ ጌርና ናብዚ ኸነምጽኦ ወይ ከነጕዓዕዞ ፈጺምና ኣይክንክእልን ኢና። ምኽንያቱ፣ ሻዕብያ ብረቱ ናብ መዓርፎ ነፈርቲ ኣቕኒዑዎ ስለ ዘሎ።” ኢሉ፣ እቲ ኸግበር ዝኽኣል ክገብሩ ኣዚዙ ናብ ኣስመራ ተመልሰ። ኮይኑ ኸኣ፣ ህዝባዊ ሰራዊት ወጋሕታ ንሓይሊ ባሕሪ፣ ወደብ፣ ቤተ መንግስትን ፎርቶን ክድብድብ ጀመሩ። ብኻልእ ወገን ከኣ፣ እቲ ብእምበረሚ ዝተኸፍተ መጥቃዕቲ፣ መበል 505 ብርጌድ ምስ ሜካናይዝድ ብርጌዱ ፋሕ ፋሕ ኣትዩዎ ምስቲ ካብ ካልእ ቦታ ተኹብኲቡ ዝመጸ ተረፍ መረፍ ሰራዊት ጉርጉሱም ገዲፉ፣ ናብ ባጽዕ ኣተወ።

ህዝባዊ ሰራዊት፣ ነቲ ብወገን ደጎሊ ዝጀመሮ መጥቃዕቲ 10 ለካቲት ከባቢ ሰዓት 07፡00 ንግሆ ንፎርቶ ተቜጻጺሩ ንኣማተረን ዕዳጋን ኣብ ትሕቲ ሻምብቆ ኸቢድ ብረቱ ኣእተወን። ተሾመን ብጾቱን ኩሉ ነገር ሕውስውስ ኢሉዎም፣ መን ንመን ከም ዝእዝዝን ኣበይን ብኸመይን ክኸላኸሉ ኸም ዘሎዎምን ጠፊኡዎም እናተጨነቑ ኸለዉ፣ ህዝባዊ ሰራዊት፣ ንዕዳጋ ተቜጻጺሩ ኣንፈቱ ናብ ሓይሊ ባሕሪ ኣቕንዐ። ሰዓት 11፡00 ኸኣ ሓይሊ ባሕሪ ብጻዕቒ ኸቢድ ብረት ክድብደብ ጀመረ። እቲ ኣብ ክልተ ዝተገምዐ ሰራዊት ኢትዮጵያ ገሊኡ ናብ ግራር፣ ገሊኡ ኸኣ ናብ ውሽጢ ባጽዕ ኣተወ። እቲ ናብ ግራር ዝኣተወ ሰራዊት፣ ልዕሊ 30 ታንክታትን ሓያሎ መዳፍዕን ዝነበሮ ኾይኑ፣ ብቑጥታ ናብ ሓይሊ ባሕሪ ብምእታው ዕርዱ ኸደልድል ፈተነ። ናቫል በይዝ ከኣ ብሰራዊት እዕለቕለቐት። ኣዛዚ ናይ ሰሜን ሓይሊ ባሕሪ ኮማንደር ፊሊጶስ ክብረት ንሓይሊ ባሕሪ ብሓላፍነት ክመርሖ እንከሎ፣ ኮማንደር በለጠ ኸኣ ነቲ ሞራሉ ሃደሽደሸ ዝበለ ሰራዊት ናይ መከላኸሊ ቦታ ከትሕዞ ናብ'ዝን ናብ'ትን ይብል ነበረ። እቶም ሃዲሞም ናብ መደበር ሓይሊ ባሕሪ ዝኣተዉ ጀነራል ጥላሁንን ዓሊ ሓጂን ንመን ከም ዝእዝዙ ጠፊኡዎም ተዓ-ኒዶም ተረፉ። ህዝባዊ ሰራዊት፣ ከባቢ ሰዓት 8፡00 ምሸት ተሰዓን ሓሙሽተን ሚእታዊት ክፋል ምጽዋዕ ኣብ ትሕቲ ቍጽጽሩ ኣእትዩ ባጽዕ 10 ለካቲት 1990 ሓራ ኣውጽአ። እታ ምሸት'ቲኣ ካብ ሰዓት ትሽዓተ ምሸት ኣቢሉ፣ ኩሉ ደብዳብ ከቢድ ብረት ህዝባዊ ሰራዊት ህጣሙ ኣጥፍአ። ብ/ጀነራል ተሾመን ተረፍ መረፍ ኣዘዝቲ ብርጌድ

27፣ 83፣ 505፣ 21፣ 113ን 29ን ከኣ እንታይ ይገበር ንምባል፣ ኣብ ቤተ መንግስቲ ኣኼባ ኣካየዱ። ይኹን'ምበር፣ ጀነራል ተሾመ ብውሽጡ ሻዕብያ ብወገን ጊንዳዕ ተደፊኡ ክህሉ ተተስፈወ።

* * *

ድሕሪ 11 ለካቲት

ንጽባሒቱ ወጋሕታ 11 ለካቲት፣ ሰዓት 04፡00 ኣቢሉ ደብዳብ ከቢድ ብረት ህዝባዊ ሰራዊት ጀመረ። ባጽዕ ብትኪ ዒግ በለት፣ ንሓሙሽተ ሰዓታት ከኣ፣ ብዘይ ዕረፍቲ ተደብደበት። ጀነራል ተሾመ ኣብ መንበሪ ገዝኡ ቤተ መንግስቲ ምጽዋዕ ኮይኑ ነቲ ውግእ ከወሃህድ'ኳ እንተ ፈተነ፣ እቲ ዝነበሮ ህንጻ ብኸቢድ ብረት ተሃሪሙ ገለ ሸነኹ ዓነወ። ጀነራል ድማ ንስክላ ካብ ሞት ወጺኡ ኣብ ውሽጢ ባጽዕ ናብ ዝነበረ ቤት ጽሕፈት'ቲ *ክፍለ ጦር* ሃዲሙ ተሸኾዐ። ሰራዊት ኢትዮጵያ ኣሎ ዝብሃል ከቢድ ብረቱን ታንክታቱን ናብ ጽርግያ እንዳ ሚኪኤል ከቕንዖ ኣዘዘ፣ ህዝባዊ ሰራዊት ከኣ ናብ ሓይሊ ባሕሪ። በቲ ኻልእ ወገን ከኣ፣ ሓይሊ ባሕሪ ህዝባዊ ግንባር ነተን ኣብ ርሑቕ ኮይነን ብኮማንደር ፊሊጶስ ክብረት ዝእዘዛ ዝነበራ መራኽብ ውግእ ክጓይየን ጀመረ። እታ ብለፍተናንት ኣዲሱ መኰንን እትእዘዝ ኤል.ሲ.ቲ-1035 ዝተባህለት ናይ ውግእ መርከብ፣ ላዕለዎት መኰንናትን ቤተ ሰቦምን ክትወስድ ናብቲ ኣድሚራል ጀቲ ተባሂሉ ዝጽዋዕ መጸግዒ መርከብ ምስ ተጸግዐት፣ ብኸቢድ ብረት ህዝባዊ ሰራዊት ተሃርመት'ሞ፣ እቶም ኣብኣ ዝነበሩ ወተሃደራት ምዉትን ቍሱልን ብምዃን ናይ ሞት ዕጫ ገጠሞም። እቶም ንሰራዊት ገዲፎም በታ መርከብ ክሃድሙ ዝፈተኑ ጀነራል ጥላሁን ክፍሌን ጀነራል ዓሊ ሓጅ ዓብዱላሂን ካብታ መርከብ ንስክላ ካብ ሞት ብምትራፍ ብጕንብሕ ጕንብሕ ናብ ክዕቈቡሉ ዝኽእሉ ቦታ ኸዱ። እታ መርከብ ከኣ ፈጺማ ቃል ቃል በለት። ም/ ኣዛዚ ናይ ሰሜን ሓይሊ ባሕሪ ኮማንደር በለገ በለጠ ኸኣ ምስታ መርከብ ተቓጺሉ ሞተ። ውግእ መዓስከር ሓይሊ ባሕሪ፣ ታንክ ምስ ታንክ መድፍዕ ምስ መድፍዕ ኮነ። ካብ ዕዳጋ ናብ ግራር ዝወስድ ጽርግያ ብጺጋም ቤተ ክርስትያን እንዳ ቕዱስ ሚኪኤል ክህሉ ኸሎ ብሸነኽ የማን ከኣ ሕርሻ ጨው ኣሎ። እቲ ብካናለታት ናብቲ ሕርሻ ዝኣተወ ጨዋም ማይ ነቒጹ ናብ ዝሕፈስ

ምህርቲ ጨው ተቐይሩ ስለ ዝነበረ፣ ዘይከም 1977፣ ብኣጋር ክትሓልፎ ኣጸጋሚ ኣይነበረን። ግናኸ፣ መዳፍዕን ታንክታትን ጸላኢ ተወዚ ኣየብላን ነበሩ። መራሕቲ ክፍለ ሰራዊትን ብርጌድን ህ.ግ፣ ዝተኸፍለ ተኸፊሉ ሓይሊ ባሕሪ ክተሓዝ ኣለዎ ብምባል ጽዑቕ ደብዳብ ብምግባርን ኣጋር ሰራዊት ብምእታውን ድሕሪ ናይ ምሉእ መዓልቲ ውግእ ከባቢ ሰዓት 18፡30 ህዝባዊ ግንባር ንሓይሊ ባሕሪ ምሉእ ብምሉእ ተቘጻጸሮ። ብ/ጀ ጥላሁን ክፍሌ ኣዛዚ *መክት እዝ*፣ ብ/ጀ ዓሊ ሓጂ ዓብዱላሂ ኣዛዚ ሳልሳይ ሜካናይዝድ *ክፍለ ጦር*፣ ኮማንደር ተስፋየ ታደሰ፣ ካፕተን ጸጋየ መኰንን ክማረኹ ከለዉ፣ ኮማንደር ጌታቸው ስዩም፣ ኮማንደር ፍስሃ ጥላሁን፣ ኮማንደር ሃይሉ ይልማ፣ ኮማንደር ኣስቻለው ጀማነህ፣ ካፕተን ከበደ፣ ብርክት ዝበሉ ላዕለዎት ኣዘዝቲ ሓይሊ ምድርን ባሕርን ከኣ ኣብ ውግእ ተቐትሉ።

እቲ ውግእ ግና ገና ዝግ ኣይበለን ነበረ። ኮይኑ ኸኣ፣ ብ12 ለካቲት ህዝባዊ ግንባር ነቲ ኣብ ውሽጢ ባጽዕ ኮይኑ ዝዋጋእ ዝነበረ ብ/ጀነራል ተሾመ ተሰማ ኣብ ውሽጢ 24 ሰዓት ኢዱ ንኽህብ ጻውዒት ኣቕረበሉ'ሞ፣ ነጸጎ። እቲ ዝተዋህበ ገደብ ተጣሕሰ። ብኡ ንብኡ ኸኣ፣ ደብዳብ ከቢድ ብረት ህዝባዊ ሰራዊት ጀመረ። ሰባት መሕብኢ ክሳዕ ዝስእኑ ወደብ ቃል ቃል በለ። ኣጋ ምሸት ግና ኹሉ ነገር ጸጥ በለ።

መሪሕነት ህ.ግ፣ ህዝቢ ባጽዕ ኣብ ውሽጢ ርእሲ ምድሪ ብሰራዊት ኢትዮጵያ ጅሆ ተታሒዙ ኣብ ዝነበረሉ ህሞት፣ ንጀነራል ተሾመ ብሰላም ኢዱ ኽህብ ኣሚሙሉ ኽብቅዕ ፍቓደኛ ስለ ዘይነበረ፣ ኩሉ ኣማራጽታት ምስ ተዓጽዎን ህዝቢ ብዘይ ጕድኣት ክወጽእ ዝገበሮ ጻዕሪ ፍረ ስለ ዘሰኣነሉን'ዩ እምበኣር፣ ርእሲ ምድሪ ሓራ ክትወጽእ ኸም ዘለዋ ዝወሰነ። ስለ ዝኾነ ኸኣ፣ ምሸት 15 ለካቲት ንስጋለት ቀጣን ንምስጋር ዝጀመረ መጥቃዕቲ ብሓደ ወገን፣ ሓይሊ ባሕሪ ህዝባዊ ግንባር ብጀላቡ ገይሮም ብባሕሪ ናብ ባጽዕ ዘስገሩዎም ተጋደልቲ በቲ ኻልእ፣ ነቲ ድሮ ነብሰ ቅትለት ክፍጽም ጀሚሩ ዝነበረ ሰራዊት ጀነራል ተሾመ ተሰማ ብድሕሪቱ መጥቃዕቲ ኸፈቱሉ። እቲ ናይ ገዛ ገዛ ውግእ ከኣ፣ መሬት ናብ ምውጋሕ ገጻ ክሳዕ እትኸይድ ምሉእ ለይቲ ክካየድ ሓደረ።

16 ለካቲት ወጋሕታ ሰዓት 04፡00 ንኽትገልጾ ብዘሸግር ኵነታት ባጽዕ ብደብዳብ 130፣ 122፣ ቢኤም፣ ናይ ታንክ ቦምባታት፣ ሞርታራት ተናወጸት። ኮይኑ ግና፣ ጸላኢ ናይ ምክልኻል ሓይሉ ናብ ስጋለት ቀጣን ምሉእ ብምሉእ ስለ ዘቕንዮ፣ ስጋለት ቀጣን

ብቐሊሉ ክትስገር ኣይተኻእለትን። መሪሕነት ህዝባዊ ግንባር፡ ታንክታት ህዝባዊ ሰራዊት ንስጋለት ቀጣን ብዝኾነ ዋጋ ክሰግራኦ ወሰነ። ኮማንደር፡ ኣብ ዓዲ ሓወሻ 1977 ኣብ ዝተገብረ ውግእ ፋልመይቲ ዝተማረኸት ታንክ ተበገሰት፡ ፍርቂ ምስ በጽሐት ተሃርመት፡ ካልኣይቲ ሰዓበታ፡ ንሳ'ውን ከምኡ ሳልሰይቲ ስጋለት ቀጣን ሰገረት፡ ፍጻሜ ብ/ጀነራል ተሾመ ተሰማ ኸኣ ኣበሰረት። ህዝባዊ ሰራዊት፡ ብዘሎ ዓቕሙ ናብ ስጋለት ቀጣን ጕየየ፣ ውግእ ናብ ናይ ካላሽንን ኢድ ብኢድን ተቐየረ። ባጽዕ ንምትሓዝ ከኣ ኣብ ጥዋለት ናይ ካላሽን ብኻላሽን ውግእ ተኻየደ። ኣጋር ሰራዊቱ ናብ ባጽዕ ብምእታው፡ ነቲ ድሮ ብባሕሪ ኣትዩ ኣብ ርእሲ ምድሪ ናይ ገዛ ገዛ ውግእ ዘካይድ ዝነበረ ተጸምበሮ'ሞ፡ ህዝባዊ ሰራዊት 16 ለካቲት 1990 ባጽዕ ምሉእ ብምሉእ ተቘጻጸራ፣ ብ/ጀነራል ተሾመ ተሰማ ኸኣ፡ ኣብቲ ውግእ ተቐትለ። እቲ ብ1954 ዓ.ም ዝቖመ ብዕብየቱ፡ ዘመናውነቱን ሓይሉን ኣብ ትሕቲ ሰሃራ ኣፍሪቃ መወዳድርቲ ዘይነበሮን ክሳዕ 30 ዘመናውያን መራኽብ ዝውንን ዝነበረ ሓይሊ ባሕሪ ኢትዮጵያ፡ ኣብ'ታ ዕለት'ቲኣ ዳግማይ ክሰርር ከም ዘይክእል ኮይኑ ንሓዋሩ ተሓምሸሸ። ካብ'ቲ ኣብ'ቲ ግንባር ዝተሰለፈ ሰራዊት ኢትዮጵያ 17 ሽሕ ክድምሰስ እንከሎ፡ 80 ታንክታት፡ 5 መራኽብ ኲናት 7 ቢኤም 21፡ 10 ተሰሓቢ ጸረ ታንክን ነፈርትን ሚሳይላት፡ 70 ረሻሻት፡ ብዝሒ ዘሎዎ ሞርታራትን ተተኰስትን ኣብ ኢድ ህዝባዊ ግንባር ሓርነት ኤርትራ ኣተወ። ክልተ ሚግ 23ን ሓንቲ ሚግ 21ን ተወቒዐን ወደቓ 12 መራኽብ ኲናት ጠሓላ። ህዝቢ ኤርትራ ብስራት ሓርነት ባጽዕ ምስ ሰምዐ ናጽነት ናይ ኣዋርሕ ዕድመ ኸም ዝተረፉ ኣመነ።

ኣብ ሳሕል ጓይላ ተተኸለ፡ እቲ ቐድሚ መጥቃዕቲ ሰምሃር ኣብ ሳሕል ኣትዩ ዝነበረ ኣባይ ጸሃየ ዝመርሖም ልኡኻት ህዝባዊ ወያነ ሓርነት ትግራይ'ውን ኣብቲ ጽምብል ናይቲ ዓወት ተኻፊልቲ ኾኑ። ኣብ ሳሕል ኣባይ ጸሃየ፡ ተወልደ ወልደማርያምን ገብሩ ኣስራትን ብሓደ ወገን፡ ኣብ ሓምለ 1984 ስዩም መስፍን፡ ገብሩ ኣስ ራትን ስየ ኣብርሃን ኣብ ሱዳን በቲ ኻልእ፡ ኣብዛ ሎሚ ባዕሉ ኣባይ ጸሃየ ጽምብል ሓርነት ባጽዕ ብድሙቕ ኣገባብ ዘብዕሉላ ዘለዉ ቦታ ዓንበርበብ ብምምጻእ'ዩ እምበኣር፡ ንህዝባዊ ግንባር ሓርነት ኤርትራ ኢደሞክራስያውን ናይ ብርጁዋ ውድብን ብምባል፡ ዝምድናኦም ከም ዝበተኹ ንህዝባዊ ግንባር ሓርነት ኤርትራ ዘፍለጡዎ።

* * *

ሰለሙን ምስታ ናብ መስመር ጊንዳዕ - ላዕለዋይ ደንጎሎ ዝተላእከት ቦጦሎኒ ኸቢድ ብረት ናይ ክፍለ ሰራዊት 85 ኮይኑ ኣብ ውግእ ይረጋረግ ነበረ። እቲ ውግእ፡ ዕረፍቲ ዘይህብን መስዋእትን መቝሰልትን ብብዝሒ ዝርኣየሉ ዝነበረ ርሱን ዓውደ ውግእን'ዩ ነይሩ። ህዝባዊ ሰራዊት፡ ንላዕለዋይ ደንጎሎ ሓሊፉ ኣብ ኣፍ ደገ ጊንዳዕ በጺሑ ምስ ጸላኢ ኣብ ናይ ቀረባ ርሕቀት ኮይኑ ይዋጋእ ስለ ዝነበረ፡ እቲ ካብ ናብ ጸላኢ ዝድርበ ዝነበረ ናይ ኢድ ቡምባ ዳርጋ ናብ ቦሊቦል'ዩ ተቐይሩ ነይሩ እንተ ተባህለ ዝተጋነነ ኣይኮነን። ከቢድ ብረት ናይ በዓል ሰለሙን ከኣ፡ ብቐጻሊ ናብ ጊንዳዕን እምባትካላን ካብ ምድብዳብ ኣየቋረጸን።

በቲ ኻልእ ወገን ከኣ፡ ለምለም ካብቲ ዝነበረቶ ቦታ፡ ሓንቲ ናይ ሕክምና ኣሃዱ ሒዝኪ ተበገሲ ምስ ተባህለት፡ ብኡ ንብኡ ጠራኒፉ ናብ'ታ ትጽበያ ዝነበረት ዓባይ መኪና ደየበት። ጉዕዞ ብናህሪ ጥራይ ዘይኮነስ፡ እቲ ዘረባ'ውን እንተ ኾነ፡ ቅልጡፍ'ዩ ነይሩ። ከመይሲ ዓወታት'ውን፡ ብኡ መጠን ቅልጡፍ ስለ ዝነበረ።

"ጅግና ህዝባዊ ሰራዊት ሓርነት ኤርትራ፡ ሎሚ ዕለት 11 ለካቲት ልክዕ ሰዓት ሽዱሽተ ፈረቓን ድ.ቐ መዓስከር ሓይሊ ባሕሪ ምጽዋዕ ኣብ ትሕቲ ቍጽጽሩ ኣእትዩዎ። ኣብ'ዚ ሓያል ግጥም፡ ልዕሊ 60 ታንክታት፡ ቢኤም፡ መዳፍዕን ካልኦት ኣጽዋርን ተሰሊቦም ኣለዉ፡" ዝብል ፈነወ ሬድዮ ምስ ሰምዑ፡ እቶም ኣብ'ታ መኪና ዝነበሩ ካብ ዝባና ዘሊሎም ብእግሮም ናብ ባጽዕ ክጎዩ ኣይምጸልኡን ነይሮም። ገሊኦም ከኣ፡ "ኣንታ እዚኦም ተጻዊቶምልና'ምበር! ንዓና ኣብ በረኻ ኣኹዮጦም፡ ምስ ጸላኢ ክረጋረጉ ውዒሎም!" ብምባል፡ ኣብ ውግእ ባጽዕ ብዘይ ምስ ታፎም መረረኦም የስምዑ ነበሩ። ለምለም፡ "ሰብሲ ያኢ መርዓ ተረኺቡለይ ናብ ውግእ ዘይኣተኹ ኢሉ የዕዘምዝም!" ብምባል፡ ንሳ'ውን ብውሽጣ ነቲ ተወፋይነታ ተወፋይነት ክትውስኸሉ ኸም ዘለዋ ምስ ነብሳ ተመባጽዐት። እቶም ብጾታ ኸኣ፡ በዚ ታሕጓስ፡ በቲ ኸኣ "ኣሕ!" ዝብል ቃና እናስምዑ ኸይተፈለጦም ኣብ ሓደ ቦታ በጺሖ'ሞ፡ ንኸወርዱ ተነግሮም። እቲ ዝተቐበሎም ተጋዳላይ ወረቐት መልእኽቶም እናተቐበለ፡ ንስኻ በዚ፡ ንስኺ በቲ እናበለ ንኹሎም በቦታኦም ኣትሒዙ፡ ነቶም መገዲ ዝቕጽሉ ኸም ዝቕጽሉ ገይሩ፡ ንበዓል ለምለም ግና ኣብዚ ጽንሓ ኢሉ፡ ገዲፉወን ከደ። ሰዓት ፍርቂ ለይትን ርብዕን ሓንቲ ንእሽቶ መኪና መጺኣ ነታ

ለምለም ሒዛታ ዝመጸት ኣሃዱ ሕክምና ሒዛተን ብዕዳጋ ኣቢላ ናብ ግራር ተጠውያ መዓስከር ሓይሊ ባሕሪ ምጽዋዕ ኣተወት። ወዲ ቐላቲ፡ ንለምለም ተቐቢሉ ዘድሊ ሓበሬታ ድሕሪ ምሃቡ፡ ኩሉ ነናብ ስራሑ ተዋፈረ። ንዓኣ ዝተዋህባ ዕማም ስራሕ፡ ነቶም ኣብ'ቲ ውግእ ዝቈሰሉ "ዋይ ኣነ! ዋይ ኣነ!" ዝብሉ ዝነበሩ ምሩኻት ሰራዊት ኢትዮጵያ ምክንኻን ብምንባሩ፡ ጸጸዊዓ ኣድላዪ ሕክምና ክትገብረሎም ኽይተፈለጣ ጸሓይ ብምብራቕ ተቐልቀለት'ሞ ነቲ ብድምጺ ጥራይ ትሰምዖ ዝነበረት ማዕበል ብቐረባ ምስ ረኣየቶ፡

"ኣንቲ ጓል ሕጃር! ኣበይ ዲና ዘለና?"

"ጓል ገሬ! ካን ኮይኑኪ እዚ ኹሉ ማዕበል እናሰማዕኪሲ ባጽዕ ምእታውና ኣይፈለጥክን!" ምስ በለታ፡ ለምለም፡ እታ ንዶ/ር ከሰተ ዝበለቶ ዘኪራ ኣብ ኣዒንታ ንብዓት ቋጸረት። ሓቅን ሕልምን ተሓዋዊሱዋ ነቲ ስራሕ ኣቋሪጻ ናብ'ቲ ብእልፊ ሬሳታት ወተሃደራት ኢትዮጵያ መሊኡ ዝነበረ ገማግም ባሕርን እታ ገና ትተክኽ ዝነበረት ኤል.ሲ.ቲ - 1035 ናይ ውግእ መርከብ ንምርኣይን፡ ናብኡ ገጻ ተበገሰት። እወ! ሬሳ ኣብ ልዕሊ ሬሳ ዝተኹመረ ዘሰካሕክሕ ትርኢት። ግናኸ፡ ክንዮ'ቶም ትርእዮም ዝነበረት ሬሳታት፡ ቀይሕ ባሕሪ ብምርኣያ፡ ብጅግንነት ብጾታ ኣዝያ ተሓበነት።

"ጓል ገሬ፡ ንዒ'ባ በጃኺ ነዚ ሰብ'ዚ ተረዳድእልና!" ኢላ ጓል ሕጃር እንተ ዘይትጽውዓ፡ ለምለም ነቲ ባሕሪ ክትርኢ ተዓኒዳ ኣብኡ ምተረፈት ነይራ። ግልብጥ ኢላ፡

"ወይለይ ጓል ገሬ ሃላይ!" ብምባል፡ እናሰሓቐት ናብ ሕክምናኣ ተመልሰት። እቲ ስራሕ ዕረፍቲ ኣይነበሮን። ምሉእ ለይትን መዓልትን ክሕከሙ ንዝወዓሉን ካልኦት ኣሸሓት ኣብ'ቲ ቦታ ንዝተማረኹን ወተሃደራት ኢትዮጵያ ናብቲ ንዓኣቶም ተባሂሉ ዝተዳለወ ስፍራ ኽብጽሓኦም ኣጋ ምሸት መካይን ተበገሳ። ንምሸቱ፡ መዓስከር ሓይሊ ባሕሪ ምጽዋዕ፡ ምሉእ ብምሉእ ካብቶም ንሰላሳን ሸውዓተን ዓመት ዝሰፈሩዋ ባዕዳውያን ገዛእቲ ጸረየት'ሞ፡ ነቶም ኣብ ባሕሪ ዘንሳፍፉ ዝነበሩ ተረፍ መረፍ ሬሳታት ከኣ፡ ኩሉ ተጋዳላይ ኣብ ምቕባሮም ተዋፈረ። ወጋሕታ ኸኣ፡ ኩሉ ኽም ዘይነበረ ኾነ።

ለምለም፡ ከየዕረፈት ከምኡ ኢላ ወዓለትን ሓደረትን። ኮይኑ ኸኣ፡ ንሓደ ተጋዳላይ ነቲ ኣብ ቅልጽሙ ተጠምጢሙ ዝነበረ ብደም ዝጨቀወ ፋሻ ኣልያ ሓድሽ እናጠቕለለትሉ ኸላ ዝረኣየት ነጃት፡ ናብኣ ቐርብ ኢላ፡

"ኣንቲ ጓል ገሬ! ሃብስከ ኣነ ክቕበለኪ፡ በጃኺ ኺዲ ቍሩብ

ቀም ኣብሊ፣ ሰብዶ ልዕሊ ዕስራን ኣርባዕተን ሰዓት ብዘይ ድቃስ ይሰርሕ'ዩ!" ብምባል፡ ክትገንሓ'ኪ እንተ ፈተነት እቲ ተጋዳላይ ግና ነታ ስም ቆብ ኣቢሉ፡

"ንስኺ ዲኺ ጓል ገሬ ትብሃሊ? ምስ ቃኘው ደኣ ደጎሊ ብሓንሳብ እንዲና ኣቲና!" ምስ በላ፡ ልባ ዱግ ዱግ በለታ። ምስ ሰለሙን ካብ ዘይረኣኣዩ ዳርጋ ኣርባዕተ ዓመት ኮይኑዋ ክነሳ፡ ኣጥቢቓ ክትሓቶ ኣይደለየትን፡ እሞ ኸኣ ኣብ'ቲ እዋን'ቲ።

"እሞ ሕጂ ደኣ ናበይ ኣበሉ?" ብምባል፡ እታ ባህሪ ጓል ገሬ ጽቡቕ ገይራ እትፈልጥ ነጃት ሓተተቶ።

"ይገርመክን'ዩ! ካብ ኣሶሳ (ደቡብ ኢትዮጵያ) ብሓንሳብ ተበጊስና ኣብዚኣ ኢና ኣቲና። ንሕና ናብ ባጽዕ ገጽና ምስ ኣበልና፡ ንሳቶም ከኣ፡ ነተን ናብ ላዕለዋይ ደንጎሎ ዝድይባ በራጊድ እንዳ 85 ክሕግዙወን ከይዶም ኣለዉ፡" ምስ በለ፡ ለምለም ገለ ደኾን ናብ'ዚ ገጾም ኣይመጹን ብምባል ብውሽጣ ተተስፈወት። ብዛዕባ ዝተገብረ ጅግንነት እናዕለሉን ባንደጅ ተቐይሩሉ ምስ ወድኣን፡

"እሞ ጓል ገሬ! ግርማይከ ኸመይ ኣሎ? እቲ ናተይ'ሞ፡ ካን እኹል ሰብኣይ ኮይኑ ኢሎ'ሞ፡" ብምባል፡ ካዕካዕ በለ። ለምለም ነገሩ ደንጽዩዋን ነቲ ሰብ ገግያቶ ኸይት'ኸውንን እናፈርሀት፡ መን ምኚኑ ሓተተቶ። ንሱ ብወረ ኸም ዝፈልጣ'ምበር ንሳ ኸም ዘይትፈልጦ ምስ ነገራ ቀኈሩብ ፍኹስ ስለ ዝበላ፡

"እሞ ሰሌ ደሓን ድዩ?" ሓተተቶ ሕፍርፍር እናበለት።

"ናቱስ ኣይዝረብን'ዩ! ደኺመ ኸዕርፍ ዘይፈልጥ! ኣገዲድካ ኢኻ ቀም ከም ዘብል ትገብሮ! ጉዳም ሰብ!። በላ ካብ ሓከምክናንስ ክኸይድ፡" ኢሉ፡ ተፋንዩወን ከደ። ለምለም ናብ ነጃት ግልብጥ ኢላ እንተ ጠመተታ፡ ክምስምስ ክትብል ረኣየታ'ሞ፡

"ኣየ ንስኺ! ሕጂ ኸኣ ማይ ዘይጠዓመ ወረ ረኺብኪ ድሮ ኸተኸመስምሲ ጀሚርኪ።"

"ሕጂ ደኣ'ሞ ደርፌ ናይ ዑስማን 'ኣብ ከተማ ምጽዋዕ፡ ኣብቲ ገምገም ባሕሪ፡ ትዝ ኢሉ ተዘኪሩኒ ዘሕለፍኩዎ ፍቕሪ፡' እናደረፍኪ፡ ኣብ'ዛ ገምገም ባሕሪ ምስ ..." በለታ፡ ኣብ ማዕዶ ዝነበሩ ተጋደልቲ ክሳዕ ዝሰምዑወን ብሰሓቕ ካርካር በላ።

"ኣየ ነጃት! መቸም እዚ ሰውራ ኣይፍለጥን እንድዩ፡ ንሕና ዘይብሉስ ከመይ ኮን ክትኮኒ ኢኺ?"

"ከም ጓል ገሬ ገይረ ዝጨርቐላ እንተ ስኢነ ደኣ፡ ኢደይ ንጸላኢ እህብ!" ምስ በለተን መሊሰን ኣቓልቦ ካልኦት ክሳዕ ዝሰሓብ ሰሓቓ።

“ኣንቲ እንታይ ረኺብክን ኢኽን ኣስናንክን ገይጽክን ትስሕቃ ዘለኽን?” ሓተተት፡ እታ ብዙሕ ጭርቃን ዘይትፈቱ ጓል ሕጃር። ንሳ ኣብ ሕርጊጎ ተወሊዳ ዝዓበየት ተጋዳሊት ናይ 1976 እያ።

“ኣንቲ ጓል ሕጃር፡ ነዚ ኢኺ ባጽዕ ባጽዕ እናበልኪ ሞኽ ተብልና ዝነበርኪ! ብዘይካ ማይ እንታይ ዝርአ'ለዎ!” ኢላ፡ ነጃት ንለምለም ብጎቦ ዓይና እናጠመተት ፍሽኽ በለት።

“ኣየ ነጃት! እዛ ኹላ ጅግና ደይ ነዚኣ እያ ተብጅያን ትብጆን ዘላ፡” እናተበሃሃላ ናብቲ ናይ ሕክምና ቴንዳ ኣተዋ። ለምለም ከኣ ኮፍ ክትብልን ድቃስ ክጠልማን ሓደ ኾነ።

*   *   *

ዓወት ህ.ግ፡ ዓወት መላእ ህዝቢ ኤርትራ ኸም ምዃኑ መጠን፡ ኣብ መላእ ዓለም ዝርከብ ኤርትራዊ ጨራ ናጽነት ክርኢ ብምብቅዑ፡ ኣብ ፈቖዶ ኸተማታት ኤውሮጳ፡ ኣሜሪካ፡ ዓዲ ዓረብን ኣፍሪቃን ጓይላን ሳዕስዒትን ተኸለ። ኤርትራውያን ተቐማጠ ሱዳን ከኣ ዓቢ ባህላዊ ምሸት ብምድላው፡ ኣብ ካርቱምን ከሰላን ፈተውቲ ቃልሲ ህዝቢ ኤርትራ ዝኾኑ መሓዙት ሱዳናውያን ዝተረኸቡሉ ጽምብል እቲ ዓወት ተገብረ። ክንፈ፡ ኣብቲ በዓል ንህ.ወ.ሓ.ት ብምውካል ኣብ ከሰላ ዘስምዖ መደረ፡

“ጅግና ህዝቢ ኤርትራ፡ እንቋዕ ሓጐሰካ። ሓጐስካ፡ ሓጐስ ህዝቢ ትግራይ፡ ሓበንካ ኸኣ ሓበን ህዝቢ ትግራይ ምዃኑ ኣብ ቅድሜኻ ደው ኢለ ክገልጽ ኸለኹ ዝስምዓኒ ሓበን፡ ወሰን የብሉን። ህዝቢ ኤርትራን ህዝባዊ ግንባርን፡ እንሆ ሎሚ፡ ንፋሽሽታዊ ደርግን ትምክሕተኛታትን ሓንሳብን ንሓዋሩን ክጸርጎም ምዃኑ፡ ሰምሃር ኣመስኪራ'ላ። ምሕዝነት ህዝብታት ኤርትራን ትግራይን ብደም ዝተጻሕፈን ንሓዋሩ ነባርን'ዩ፡” ብምባል፡ ልቢ ህዝቢ ኤርትራ ዘለስለሰ መደረ ኣስምዐ።

ክንፈ፡ ድሕሪ'ቲ ዝምድና ኽልቲኦን ውድባት ናብ ንቡር ምምላሱ፡ ብቐጻሊ ናብ ቤት ጽሕፈት ካርቱም ይመላለስን ምስ ሓለፍቲ ህዝባዊ ግንባር ይራኸብን ነበረ። ሓደ መዓልቲ ልኡኽ ህዝባዊ ግንባር ዓዲ ጥልያን በጺሑ ናብ ሜዳ ኣብ ዝምለሰሉ ዝነበረ እዋን ኣብ ቤት ጽሕፈት ህ.ግ ኣዕረፈ'ሞ፡ ኣጋጣሚ ኾይኑ ስዩም መስፍን ዝመርሖም ኣባላት ቤት ጽሕፈት ህ.ወ.ሓ.ት ብስራሕ ምኽንያት ናብ'ቲ ቤት ጽሕፈት መጹ። ሓላፊ ቤት ጽሕፈት

ነቶም ኣጋይሽ ነንሓድሕዶም ኣፋለጦም'ሞ ናብ ዕላሎም ኣተዉ። ወልደንኪኤልን ስዩም መስፍንን ግና ቀዲሞም ይፋለጡ ብምንባሮምን ነዊሕ ዓመታት ብዘይ ምርእኣዮምን፣

"ኣንታ ስዩም! እዚ ኹሉ እዋን ኣብ ሱዳን ከለኻስ ናይ ኣጋጣሚ ኾይኑ ኸይተራኸብና። ኣነስ እንታይ እዝክር ይመስለካ። እቲ መጀመርታ ክትዕለሙ ናብ ሳሕል ምስ መጻእኩም ዝበልካዮ ፈጺመ ኣይርስዖን'የ፣" ምስ በሎ፣ ክልቲኦም ብሰሓቕ ትዋሕ በሉ።

"ወዮ ደኣ ወጺእናስ ናብ ድሕሪትዶ ክንምለስ ኢልና'ምበር፣ እቲ ኹሉ ዘይውዳእ ጠላዕ ጎቦታት ድርፎ ምስ ረአኻ ደኣ፣ ኣሽንኳይዶ ..." ኢሉ፣ መሊሶም ናብዛ ሰሓቖም ኣተዉ።

"ዘይትውድኣ ደኣ?"

"ኣንታ ኣሽንኳይዶ ጥራጥሲ፣ ካልእ'ኳ ምገበርና!" ብምባል፣ ስዩም ንኹሎም ብሰሓቕ ቀተሎም። "ሽው፣ ኣነ ኸም ሕፍረት'የ ወሲደዮ፣" በለ እናሰሓቐ። "ምኽንያቱ፣ እቲ ሽግር ገና ስለ ዘይተተሓላዝናዮ። እንተ ሎሚ ግና ካብኡ ዝገደደ ስለ ዝረአና፣ ኩሉ ኸም ንቡርን ቀሊልን ወሲድና ንጨርቀሉ'ኳ ኣለና። እቲ ዘጋጠመኒ ኣብ ንቡር ጊዜ እንተ ዝኸውን ነይሩ ግና፣ እዛ ገመድ ብዘይ ሕቶ ኣብ ክሳደይ መእተኹዋ፣" ብምባል፣ ሰሓቕ ቀተሎም።

"ስሑልከ! ኣብ'ዚ ቤት ጽሕፈት ድዩ መደብካ?" ብምባል፣ ወልደንኪኤል ሰሓቑ ምእርናብ እናኣበየ ነቲ ኣብ ጐድኒ ስዩም ዝነበረ ክንፈ ሓተቶ።

"እወ። ኣነ ኣብ ገድሊ ካብ ዝስለፍ ጀሚረ ዳርጋ ኣብ'ዚ እዩ መደበይ።"

ወልደንኪኤል "መዓስ ደኣ ተሰሊፍካ? እዞም ነባራትሲ ዳርጋ ኹላትና ንፋለጥ ኢና፣" ምስ በለ፣ ስዩም ትቕብል ኣቢሉ፣ ክንፈ፣ ወዲ ወዶም ንኣይተ ዘሪሁን ምኳኑን ሓደ ካብ መስረትቲ ወይን እትብሃል ኣብ እዋን ሃይለስላሴ ንህዝቢ ትግራይ ወኪላ ዝተቓለሰትን ከይተበገሰት ሓቚቓ ዝተረፈትን ውድብ ምንባሮም ኣስፊሑ ገለጸሉ። ወልደንኪኤል፣ ኣብ ኣዲስ ኣበባ ኣብ 1970 ምስ ተስፋይ ዝተዘራረቡዎ ዘኪሩ፣ ካብ ስምባደ ዝተላዕለ ነቲ ዕላል ናብ ካልእ ብምጥዋይ ብሓባር ተመጊቦም ምስ ወድኡ ነናብ ስራሖም ከዱ። ክንፈ፣ ስዩም መስፍን ብዛዕባ እንታይነቱ ኣመልኪቱ ዝሃቦ መግለጺ ደስ ኣይበሎን። ከመይሲ? ምናልባት ተስፋይ ብዛዕባኡ ንህዝባዊ ሓይልታት ሓቢሩዎም ነይሩ ክኸውን ይኽእል'ዩ ዝብል ውሽጣዊ ፍርሒ ስለ ዝነበሮ። ኮይኑ ግና፣ ንወልደንኪኤል

ብኣካል ይፈልጠ ስለ ዘይነበረ፣ ነቲ ጉዳይ ሸለል ኢሉ'ኳ ክሓልፎ እንተ ደለየ፣ ብዛዕባ'ቲ እዋን'ቲ እንክሓስብ ናይ ተስፋይ ነገር ኣብ ቅድሚ ዓይኑ ቅጆል ስለ ዝበሎ፣ ቅሳነት ኣይተሰምዖን።

ተስፋይ፣ ድሕሪ ሞት ስድራኡ *ንመለይ* ከም ቀደማ መአከቢትን መዋፈሪትን ሓፋሽ ውድባትን ፈዳይንን ገበራ። ሓያል ወዳብን ውፉይን ተስፋይ፣ ኣብ መፋርቕ 1981 ገለ ኣባላት ሓፋሽ ውድባት ተኣስሩ'ሞ፣ ንሱ'ውን ዕጫ ማእሰርቲ ገጠሞ። ቈርበቱ ክሳዕ ዝቀላለጥ ተቐጥቂጡ፣ ፍረ ነብሱ ማይ ዝመልአ ጥርሙስ ተንጠልጢሉዎ ሓቢጡ፣ ስጋኡ ብኤለክትሪክ ሓሪሩን ኣሎ ዝብሃል ስቅያት ተጻዊሩን ኣብ መወዳእታ 1981 ንሓሙሽተ ዓመት ተፈሪዱ ናብ *ዓለም በቓኝ* ሰገረ። ደርግ፣ እቲ እዋን'ቲ ሻድሻይ ወራር ከበጋግስ ዝሸባሸበሉ ዝነበረ እዋን'ዩ ነይሩ። ኮይኑ ኸኣ፣ ኣብ'ቲ ወራር ዘሕፍር ፍሽለት ምስ ገጠሞ፣ "ዓንጽ ዓንጸ ንማዕጸ" ከም ዝብሃል፣ ተስፋይ ዝርከቦም ብዙሓት ኤርትራውያን ካብ *ኣለም በቓኝ* ኣውጺኡ ረሸኖም። ይኹን ደኣምበር፣ እታ ብኢድ ተስፋይ ዝተጻሕፈት "ህይወት ኣብ ሓፋሽ ውድብ" እትብል ዲያሪኡ ግና፣ ኣብ ኢድ ህዝባዊ ግንባር ኣተወት። ስለ ዝኾነ ኸኣ እዩ፣ ነታ ናይ ተስፋይ ጽሑፍ ዘንበበ ወልደንኪኤል፣ ንኽንፈ ተወሳኺ ሕቶ ኽይሓተቶ ትም ዝበለ።

* * *

ምዕራፍ 54

ፕረዚደንት መንግስቱ ሃይለማርያም ባጽዕ ተታሒዛ ጐረሮ ሰራዊቱ ላሕሊሑ ኣብ ምብታኽ ገጹ ይኸይድ ምህላዉ ምስ ኣስተብሃለ፡ ንህዝብን ሰራዊትን ኢትዮጵያ ዘርዕድ መደረ ኣብ ማዕከናት ዜና ገበረ። ንሱ ኣብ ኤርትራ ብህዝባዊ ግንባር ሓርነት ኤርትራ ዘጋጠሞም ስዕረት ነዊሕ ምስ መደረ፡ "ፈቲኹም ጸሊእኩም፡ ሻዕብያ ኣቶሚክ ቦምብ ሰሪሑ'ሎ፡" ብምባል ቅስምን ፍናን ሰራዊቱ ዳግማይ ከም ዘይዕረን ገይሩ ሰበሮ። ቅድሚ ኣብ ባይቶ ኢትዮጵያ መደረ ምግባሩ፡ ኣብ ጊንዳዕ ዝካየድ ዝነበረ ሓያል ናይ ምጥቃዕን ምክልኻልን ውግእ ተስፉ ስኢኑሉ ስለ ዝነበረ ብ27 ለካቲት ሰዓት 07፡00 ህጹጽ ኣኼባ ብምጽዋዕ፡

"ጓዶች! ኢትዮጵያ ጐረሮኣ ተበቲኻ ትንፋስ ሓጺሩዋ ትልኽ ትብል ከም ዘላ፡ ንኹላትና ኣይተሰወጠናን ኣሎ ኽብሃል ኣይከኣልን'ዩ! ወንበዴ፡ ካብ ሃገራት ኣዕራብ ብዝረኸቦ ወተሃደራዊ ሓገዝ፡ ኣፍ ደገ ባሕርና ኸሸጠሉም ይሸባሸብ ኣሎ! ነዚ ኽገብር ዝኸኣለ ግና፡ እቶም ኣብ መንኩቦም ክቡር ጽፉራታት ሰሊምናን ኣሚንናን ዝሰደድናዮም ጀነራላት ምስኡ ብምምሻጣር ንሃገርም ኢትዮጵያ ስ ለ ዝኸድዑ ምኳኑ ዘተሓታትት ጉዳይ ኣይኮነን!" ብምባል፡ ነቲ ዝገጠሞ ስዕረት ከመኻኒ ነዊሕ መደረ ኣስምዐ፣ እንታይ ክግበር ከም ዘሎዎ ኸኣ ሓተተ።

"ክቡር ፕረዚደንት፡ ወንበዴ፡ ኣብ ልዕሊ ኢትዮጵያ ኣውሪዶሞ ዘለዉ ዕንወት ሓበሬታ ንምርካብ ትማሊ ንግሆ ኣምባሳደር ኣሜሪካ ናብ ቤት ጽሕፈተይ መጺኡ ነይሩ። እቲ ጉዳይ ጊዝያዊ ምኳኑን ወንበዴታት ከም ልማዶም ናብ ሳሕል ክንመልሶም ምኳንናን ብዘየጠራጥር መገዲ ገሊጸሉ ኣለኹ። ኮይኑ ግና፡ ነቲ ብፕረዚደንት ነበር ጂሚ ካርተር ተጀሚሩ ዝነበረ ዘተ ሰላም እንተ ንችጽሎ ዝሓሸ ምኳኑ ድሕሪ ምግላጹ፡ ሃገሩ ዘድሊ ዘበለ ኸም እትገብርን ኣብ ልዕሊ ወንበዴ ጸቕጢ ኸም እተንብርን ተመባጺዑለይ ኣሎ። ስለዚ፡ ነዚ ብወገኑ ኣምጺኡዎ ዘሎ ሓሳብ ኣብ ግምት እንተ

ነእትዎ'ሞ፡ ሓድሽ ዲፕሎማስያዊ ጕስጓስ እንተ ነካይድ ምተመርጸ ነይሩ እብል፡” ብምባል፡ ዶ/ር ተስፋየ ዲንቃ ቀዳማይ ሚኒስተርን ሚኒስተር ወጻኢ ጉዳያትን ብተዘዋዋሪ መገዲ ምስ ህዝባዊ ግንባር ዘተ ሰላም ምግባር፡ እዝን እትን ከም ዘየበሃህል መግለጺ ሃበ።

“ወንበዴ'ኮ፡ ዘተ ሰላም እናበለ እዩ ብውሽጢ ውሽጢ ኣብ ኩሉ ቦታታት ውግእ ወሊዑልና ዘሎ! እቲ ትማሊ ትማሊ ኣብ ናይሮቢ ምስኡ ዝኸተምናዮ ውዕል ቀለሙ ከይነቐጸ ከሎ፡ ኣብ ደቡብ ኢትዮጵያ ሕጂ ኸኣ ኣብ ኣፍ ደገ ባሕርናን ኣውሪዱልና ዘሎ ዕንወት ትርእዩዎ ኣለኹም። እዚኦም ሰላም ዝደልዩ ኣይኮኑን! ንምኳኑ እቲ ኦሮሞኸ እንታይ ኮይነ ኢሉ እዩ ...” ብምባል ርእሱ እናንቕንቐ፡ “እዚ ኾይኑ እቲ፡ ካልኣይ ኣብዮታዊ ሰራዊትና ብጕረሮኡ እዩ ተሓኒቑ ዘሎ። ስለዚ፡ ኣፍ ደገ ባሕሪ ኽኽፈት ኣለዎ፡ ብዝኾነ ይኹን ዋጋ! ሻዕብያ ነቲ ወደብ ክጥቀመሉ ትም ኢልና ክንርኢ ኣይኮንናን! ሓይሊ ኣየርና ዝከኣሎ ኽገብር ኣለዎ!” ብምባል፡ መንግስቱ፡ ኣብ ልዕሊ ባጽዕ ጽዑቕ ደብዳብ ክግበር፡ ነቲ ድሕሪ ፈተነ ዕልዋ መንግስቲ ናይ ሜ/ጀነራልነት መዓርግ ብምሽላም ኣዛዚ ሓይሊ ኣየር ኢትዮጵያ ዝገበሮ ሜ/ጀነራል ኣለማዮህ ኣጎናፍር ቀጠልያ መብራህቲ ሃቦ።

“ክቡር ፕረዚደንት፡ ከምቲ ትፈልጡዎ፡ ሓይሊ ኣየርና ኣብቲ ውግእ ዝተጻወቶ ተራ ኣዝዩ ዝድንቕ እዩ ነይሩ፡” ብምባል ዘረባኡ ዝጀመረ ጀነራል ኣለማዮህ፡ ነቲ ኣብ ውግእ ሰምሃር ሰለስተ ሚግ 23ን ሓንቲ ሚግ 21 ተወቒዐን ምውዳቐን ዘንጊዑ ነቲ ሓይሊ ኣየር ምምጓሱ፡ ንብዙሓት ዘደንጸወ ዘረባ እዩ ነይሩ። ኮይኑ ኸኣ “ሕጂ'ውን ወንበዴ ኣፍ ደገ ባሕርና ሒዙ ቀሲኑ ኮፍ ክብል ከም ዘይኮነ ኽፈልጥ ክግደድ'ዩ። ድሮ'ውን ኣብ ናዝሬት፡ ባህርዳርን ኣስመራን ዘለዉ ኣዘዝቲ ሓይሊ ኣየር ተነጊሩዎም ኣሎ፡” ብምባል፡ እቲ ደብዳብ ብጻዕቅን ብዘይ ዕረፍትን ክግበር ምኳኑ ኣስፊሑ መግለጺ ሃበ።

እቲ ኣኼባ እናተኻየደ እንከሎ እዩ እምበኣር፡ ካብ ኣዛዚ ኮር 603 ብ/ጀነራል ኣበበ ሃይለማርያም ንጀነራል ሃዲስ ተድላ *የጠር ሃይሎች ጠቅላይ ኤታ ማጆር ሹም* ሓደ መልእኽቲ ዝመጾ። ነታ መልእኽቲ ምስ ኣንበበ፡ ርእሱ ብምንቕናቕ ናብ መንግስቱ ሃይለማርያም ጠመተ'ሞ፡ ትሕዝቶኣ ኽነግሮም ነታ ናይ መዛረቢት ማይክሮፎን እናተሰከፈ ጠወቓ፣ ፍቓድ'ውን ተዋህቦ።

“ጓዶች፡ እዚ ዘንብበልኩም መልእኽቲ ካብ ጀነራል ኣበበ እዩ

ተሰዲዱ። ትሕዝቶኡ ኸኣ፡ ከም ዘሎዎ ኽንብበልኩም'የ። 'ሻዕብያ፡ ሓደ ቦጦሎኒ ኸቢድ ብረትን ሜካናይዝድ ብርጌዱን ብ23 ለካቲት ኣብ ከባቢ ደብረታቦር ኣምጺኡ ኸም ዝነበረ ሓቢረ ነይረ። እንሆ ኸኣ፡ እቲ ውግእ ትማሊ ምሸት ዕለት 26 ለካቲት 1990 ሰዓት 23፡00 ሰለስቲኦም ወንበዴታት ተሓባቢሮም መጥቃዕቲ ኸፈቶምልና ኣለዉ። ክሳዕ'ዛ ሰዓት'ዚኣ ኣብ ዝተገብረ ውግእ ሰራዊትና ደብዳብ ከቢድ ብረት ስለ ዝበርትዖ፡ ካብ ሓደ ሓደ ቦታታት ተደፊኡ ናብ ደብረታቦር ገጹ ይምርሽ ኣሎ፡'" ብምባል፡ ነቲ ብሓገዝ ከቢድ ብረት ህዝባዊ ግንባር ዝተወልዐ ውግእ ዘርዚሩ ብምግላጽ፡ "ናይ ሻዕብያ ታንክታት፡ መዳፍዕን ሞርታራትን ንናይ ወገን ናይ ከቢድ ብረት ቦታታት ሓያል ደብዳብ ስለ ዝገበረሉ፡ ንግብረ መልሲ ዝኸውን ዕድል'ውን ክርከብ ስለ ዘይተኻእለ፡ ንጊዚኡ ስሒብና ኣለና። ስለዚ፡ ከምቲ ቅድሚ ቀሩብ ደቓይቕ ምስ ጓድ ሚ/ጀነራል መስፍን ገብረቃል ብዲኮደር ዝተዘራረብናዮ፡ እቲ ካብ መሬት ናብ ኣየር ዝራኸብ ሬድዮ ብዝቐልጠፈ ጊዜ ክስደደልና ንምሕጽን፡" ኢሉ ኣንቢቡ ምስ ወድአ፡ ኩሎም መ'ኺኽም ተረፉ። ትማሊ ኣብ ወለጋ፡ ሎሚ ኸኣ ኣብ ጎጃም ብዝተኸፍቶም መጥቃዕቲ፡ ስዕረቶም ከም ዝተቓረበ ብኡ ንብኡ ተሰወጦም።

"ኣበበ፡ ነቲ ውግእ ክምክቶ ኣይከኣልኩን ድዩ ዝብል ዘሎ? ንምኳኑ ሻዕብያ እንታይ እዋኑ እዩ ደብረታቦር ክበጽሕ ክኢሉ? እቲ ኹሉ ኣብኡ ተነጺፉ ዘሎ ሰራዊትከ እንታይ ይሕሉ ነይሩ?" ብምባል፡ መንግስቱ ሃይለማርያም ነቲ መበል 15 *ክፍለ ጦርን* ሳልሳይ ኮማንዶ *ክፍለ ጦርን* ካብ ከባቢ ደብረ ታቦር ስሒቡ ናብ ውግእ ባጽዕ ባዕሉ ኸም ዘይሰደዶ፡ ንኹሎም በብሓደ ዓይኑ ኣፍጢጡ ብምጥማት፡ ነቲ ኣኼባ ኣቋሪጹ ናብ ቤት ጽሕፈቱ ኽኸይድ ብድድ በለ።

* * *

ሰሙን ቅድሚ መጥቃዕቲ ደብረታቦር፡ ኣባይ ጸሃየ ዝመርሖ ልኡኽ ካብ ሳሕል ደደቢት ኣተው'ሞ፡ ጸብጻቡ ንኣቦ መንበር ህ.ወ.ሓ.ት ሃበ። እቲ እዋን'ቲ ጊዜ ዝህብ ስለ ዘይነበረ ንጽባሒቱ ኣኼባ ላዕለዋይ መሪሕነት'ቲ ውድብ ተጸውዐ።

"ብጾት፡ ብመጀመርታ እንቋዕ ብደሓን መጻእኩም፡" ብምባል፡ መለስ ዜናዊ ነቲ ጸብጻብ ከም ዘሎዎ ነቶም ኣባላት ኣንበበሎም። "ብወገን ሻዕብያ ተራእዩ ዘሎ ቅሩብነት ዝምስገን'ኳ እንተ ኾነ፡

ብወገንና እቲ ምድላዋት ካብ ሎሚ መዓልቲ ጀሚርና ብዝቐልጠፈ መልክዑ ክትግበር ኣለዎ። ምኽንያቱ፡ እተን ናብ ደብረታቦር ክስደዳ እየን ተባሂለን ዘለዋ ናይ ሻዕብያ ሓይልታት ድሕሪ ኽልተ ሰለስተ መዓልቲ ኣብኡ ክኣትዋ ምዃነን ተፈሊጡ'ሎ። ስለዚ፡ ኢህዴን ነቲ ኹነታት ክምዝምዞ የብሉን፡” ድሕሪ ምባል፡ መለስ ነቲ መድረኽ ንኣባይ ጸሃየ ሃቦ።

“ኩሉኹም ሰሚዕኩሞ ኸም ዘለኹም፡ ሻዕብያ፡ ንወደብ ባጽዕ ተቖጻጺሩዎ ኣሎ። እቲ ናይ ሞትን ሕየትን ውግእ ከኣ፡ ገና ኣብ ጊንዳዕ ይቕጽል'ሎ። ሻዕብያ፡ ዘሎ ሓይሉ ናብኡ እዩ ኣሰሊፉዎ ዘሎ። ስለዚ፡ ደርግ ተወጢሩሉ ኣብ ዘሎ እዋን ብወገንና እቲ ኹነታት ክን ምዝምዞ ኣለና፡” ድሕሪ ምባል፡ ናብ ሓጐስ ቍሊሕ በለ።

“ልክዕ'ዩ፡ እቲ ኹነታት ንውድብና ወርቃዊ ጊዜ እዩ ኸፊቱሉ ዘሎ፡ ክንጥቀመሉ ኸም ዘለና ኸኣ ዘተሓታትት ኣይኮነን። የግዳስ፡ ብመጀመርታ፡ ኵነታት ሜዳ ኤርትራ ኸመይ ይመስል? መጻኢ ጕዕዞኡኽ ናበይ ከብል ምዃኑ ምፍላጡን ንዕኡ ኣብ ግምት ኣእቲኻ ወተሃደራዊ ውጥናት ምውጻእን ከድሊ እዩ፡” ብምባል ዘረባ ዝጀመረ ሓጐስ፡ ንመለስ ጠመቶ። ከመይሲ፡ ክልቲኦም ብዛዕባ ምዕባለታት ሜዳ ኤርትራ ክዘራረቡ ዳርጋ ብኾፎም እዮም ሓዲሮም። “ህ.ግ፡” በለ ብምቕጻል፡ “ኣብዚ ዝሓለፈ ኽልተ ዓመት ክብሃል ይከኣል፡ ደሊቡዎ ዘሎ ሓይሊ ኣብ ዝኾነ ይኹን እዋን ካብ ዝረኣናዮም ሰውራታት፡ እቲ ኣብ ዓለም ግኑን ዝኾነ ሰውራ ቬትናም'ውን እንተ ኾነ፡ ዝዳረጎ ኣይኮነን። ኣብ ኣፍዓበት ዘመስከሮ ዓወት ክኢላታት ውግእ ምስ ድየን ብየንቶ ኸመሳስሉዎ'ኳ እንተ ፈተኑ፡ እዚ ኣብ ሰምሃር ተጓናጺፉዎ ዘሎ ዓወት ግና፡ ኣብ ታሪኽ ንሓርነት ካብ ዝተኻየዱ ብረታዊ ቃልስታት፡ ዝኾነ ይኹን መዳርግቲ የብሉን። ኣብ'ዚ ውግእ'ዚ፡ ልዕሊ 100 ታንክታት፡ ሸውዓተ ቢኤም 21ን፡ ስትራተጂያውያን መዳፍዕን ሚሳይላት ጸረ ነፈርትን ታንክታትን ካብ ሰራዊት ደርግ ሰሊቡ ኣሎ። እዚ ኸኣ፡ ንናይ ምግባር ዓቕሙ ብዝተዓጻጸፈ ኸሐይሎ ምዃኑ ዘጠራጥር ኣይኮነን። ስለዚ፡ ብወገንና ምስ'ዚ ውድብ'ዚ ብቕንዕናን ብኽፉት ልቦናን ክንሰርሕ ከድልየና እዩ። ብጾት፡ ደርግ፡ ኣብ ኤርትራ ኣኺሉዎ ተሳዒሩ እዩ። ከመይሲ፡ ደርግ፡ ንትግራይ ሓንቲ እንዳ ጠሓኒት እኽሊ ዘይብላ ክፍሊ ሃገር ብምባል ገዲፉዋ ምስ ወጸ፡ ኣብዚ ዝነበረ ሰራዊትን ኣብ ምብራቕ ኢትዮጵያ ዘሎ ሓይሉን ኣኻኺቡ ክሳዕ 150 ሽሕ ዝበጽሕ ሰራዊት'ዩ ኣብ ኤርትራ ኣዕስኪሩ ዘሎ። እምበኣር፡ ሻዕብያ ነዚ

ሓይሊ'ዚ እዩ ሃደሽደሽ ዘብሎ ዘሎ። እሞ ደኣ እዚ ሓይሊ'ዚ ማለት ሻዕብያ፣ ንዓና ኣብ መጻኢ ብኸመይ ክጸልወና እዩ? ኣብ ማእከል ሃገር ዘሎ ሰራዊት ደርግ ሞራሉ ማዕረ ኸንደይ ተተንኪፉ ኣሎ? ናይ ምውጋእ ፍናኑኽ ማዕረ ክንደይ ክኸውን እዩ? ኢልና እንተ ሓቲትና፣ መልሱ ፍሉጥ'ዩ። ዜሮ!፣" በለ፣ ንመሪሕነት'ቲ ውድብ በብሓደ እናጠመተ። "ስለዚ ብጾት፣ ብወገንና ክንዮ'ዚ ዘሎ ርኡይ ኩነታት ሓሲብና ምስ ህ.ግ ክህልወና ዝኽእል ዝምድና ኸነነጽርን እንተታት ኸነወግድን ይግብኣና፣" ብምባል፣ ሓጐስ ርእይቶኡ ዛዘመ።

"ብጻይ ሓጐስ፣ እዚ ክትብሎ ዝጸናሕካ ኣብ ቦታኡ ኾይኑ፣ ምስ ሻዕብያ ዘለና ዝምድና ቀደሙ'ውን ንጹር'ዩ፣" ብምባል፣ ነብሰ ምትሓት ዝፈጠሮ ስምዒት ብውሽጡ እናረበሾ፣ "ኣብ'ዚ እዋን'ዚ ኣድቂቕና ክንሓስበሉ ዝግብኣና ጉዳይ እንተሎ፣ ሻዕብያ፣ ምስ ተን ዝተረፉ ተቓወምቲ ውድባት ማለት ኦነግን ኢህዴንን ን መጻኢ ክህልዎ ዝኽእል ዝምድና ኸነንብቦን ንዓና ጕስዩ ምስ'ዘን ውድባት ብምሕባር መጥቃዕቱ ናብ ማእከል ሃገር እንተ ኣስጊሩዎ፣ ናትና መልሰ ተግባር ከመይ ክኸውን ከም ዘሎዎ ብዕምቈት ክን ርእዮ'ን ዘለና ጉዳይ እዩ። ምኽንያቱ፣ ቅድሚ ቀሩብ እዋን'ውን ምስ ግንባር ሓርነት ጎፋር ኮይኑ ብወገን ጁቡቲ ኣብ ልዕሊ ሰራዊት ደርግ መጥቃዕቲ ገይሩ ኸም ዝነበረ ዝፍለጥ'ዩ። ስለዚ ብጾት፣ ሸሕ'ኳ ሻዕብያ ኣብ'ዚ እዋን'ዚ ብሓባር ንደርግ ኸነጥቅዕ እንተ ተሰማምዐ፣ ነቲ ጉዳይ ግና ምስ እንተታቱ ክንርእዮ ይግብኣና፣" በለ፣ እቲ ኣብ ልዕሊ ህ.ግ ዘይወጽእ ጽልኢ ዝነበሮ ስየ ኣብርሃ።

"ሕራይ ወደ'ብርሃ፣" ብምባል፣ መለስ ክዛረብ ዕድል ሃቦ።

"ካብቲ ዝሓለፈ ተኸታታሊ ኣኼባታት ክዕዘቦ ኸም ዝኸኣልኩ፣ ገለ ኣባላት'ዚ መሪሕነት ኣብ ልዕሊ ሻዕብያ ክቱር ጥርጣረታትን ኣሉታዊ ኣረኣእያን ዘሎዎም ኮይኑ ይስምዓኒ። ብኻልእ ወገን ከኣ ነቲ ምስ ህዝባዊ ግንባር ክንፈጥሮ ዘለና ዝምድና ኣብ ቅንዕናን ልቦናን ዝተሞርኰሰ ክኸውን ኣለዎ ብምባል፣ ንሕና ንባዕልና እንጥርጥረሉ ርእይቶታት ይስማዕ ኣሎ። እዚ ኣረኣእያ ካበይ እዩ መሰረቱ? ከም ዝመስለንን ኣብ ነዊሕ እዋን ከም ዝተዓዘብኩዎን፣ ንገሌና እቲ ኣብ ልዕሊ'ቲ ውድብ ክሳዕ ምፍራስ *ናደው እዝ* ዝተኸተልናዮ ፖሊሲ ኸሰክፈና ኸሎ፣ ገሌና ኸኣ ውሳኔ ውድብ ኮይኑና'ምበር ብመሰረቱ ናጽነት ኤርትራ ብውሽጥና ስለ ዘይኣመንናሉ፣ ካብ ኩሉ ላንጋ ላንጋ ኼንና ኸይንተርፍ ካብ ዝብል ስክፍታ ዝተበገሰ ኸይኮነ

ኣይተርፍን'ዩ። ብጾት፡ ሓደ መሰረታዊ ዝኾነ ነገር ኣሎ። ንሱ ኸኣ፡ ነዚ ዘሎ መንግስቲ ዋላ ምስ ሰይጣን ተሓቛቑፍና ክንኣልዮ ኣለና። ነዚ ንምትግባር ከኣ፡ ብቐዳምነት ኣብ ሰሜን ሸዋ ንህዝቢ ኦሮሞ ዝውክል ውድብ ብኣላይነት ብጻይ ክንፈ ዝካየድ ዘሎ ኣኼባ ብጽቡቕ ይሳለጥ ኣሎ። ብወገን ኢህዴን ብዙሕ ዘጠራጥር ዘሎ ኣይመስለንን። እዚ እንካብ ኮነ፡ ሻዕብያ'ውን'ኮ ንስለ ፖለቲካዊ ስትራተጂኡ እዩ ምሳና ክተሓባበር ቅሩብ ዘሎ። የግዳስ፡ ንሱ ካባና ዝጽበዮ ነገር እንተሎ፡ ኣብ ልዕሊ ናጽነት ኤርትራ ዘየወላውል መርገጺ ጥራይ እዩ፡" ብምባል ርእይቶኡ ምስ ሃበ፡ ኣርከበ ዕቑባይ "እሕሕ" ድሕሪ ምባል፡

"ከምዚ ብጻይ ወደ'ብርሃ ዝበሎ፡ ውድብና ኣብ ልዕሊ ናጽነት ኤርትራ ዝኾነ ይኹን እንተታት የብሉን። ንስለ ናጽነት ህዝቢ ኤርትራ'ኮ መስዋእቲ ኸፊልናን ንኸፍልን ኣለና ኢና! ሕጂ ኸነትኩረሉ ዝግብኣና በዳሂ ቁምነገር ኣሎ እንተ ኾይኑ፡ ምስ ሻዕብያ ዘለና ኹሉ ፍልልያት ንጐድኒ ገዲፍና፡ ንቐዳማይ ጸላኢ ብኸመይ ንሃርሞ ኾይኑ ይስምዓኒ? ከምቲ ኣብ ዝሓለፈ ኣኼባ ዝተዘርበሉ፡ ንመሰጋገሪ መንግስቲ ዝኸውን ቅዋም እተውጽእ ኮሚቴ ትመዘዝ'ሞ ንድፈ ሓሳብ ተቕርበልና፡" ብምባል፡ ናይ ቀደም ኣይንዘክር ብዘስምዕ ኣዘራርባን፡ ደርግ፡ ብዘይ ደገፍ ህዝባዊ ግንባር ክሰዓር ከም ዘይክኣል ብምግላጽ፡ ንዓወት ሰምሃር ብኣድናቖት መጐሰ። ድሕሪ ተኸታታሊ እወታዊ ርእይቶታት ኣቦ መንበር ኣኼባ ዓጸወ።

* * *

ኣብ ሰሙኑ

መጥቃዕቲ ደብረታቦር ካብ ሰዓት ናብ ሰዓት እናጸዕጸዐ ኸደ። ደቡባዊ ክፋል ደብረታቦር ብዝወረዶ ሓያል መጥቃዕቲ፡ ሰራዊት ኢትዮጵያ ዛሕዛሕ እናበለ ናብ'ቲ ኸተማ ኽውሕዝ ጀመረ። ኣብቲ ኸባቢ፡ ኣየር ክትዓልብ ኣብ ዘይትኽእለሉ ደረጃ ተበጽሐ። ከቢድ ብረት ህዝባዊ ሰራዊት ሓርነት ኤርትራ ናብ ከተማ እናቐረበ ብምምጽኡ፡ ነቲ ናይቲ ጀነራል ነቑጣ'ውን እንተ ኾነ ኸረኻኽበሉ ጀመረ። ካብ ቦታኡ ኽዝልቕ ስለ ዝተገደደ ኸኣ፡ ነቲ ኣብ ባህርዳር ዝርከብ *ወታደራዊ ዘመቻ መምርያ* ብሬድዮ ርክብ ብምርካብ፡

"ጓድ ጀነራል ክንፈገብርኤል፡ ጸላኢ ብብዙሕ ቦታታት፡

ብፍላይ ብደቡብ ወገን ብኣጋርን ብኸቢድ ብረትን ሓያል መጥቃዕቲ ኸፊቱልና ኣሎ! ቅድሚ ቍሩብ ደቓይቕ ምስ ጓድ ጀነራል መስፍን ገብረቃል ክዘራረብ ጸኒሐ! ብመሰረት ትእዛዞም ከኣ፣ ንገለ ቦታታት ገዲፍና ነቲ ጸላኢ ተቐጺጺሩዎ ዘሎ መገዲ ኽነኽፍት ንብርጌድ 25 ትእዛዝ ሂበዮ ኣለኹ!” በለ ጀነራል ኣበበ። ካብ ድምጹ ሓያል ወጥሪ ኸም ዘሎዎ ዘስተብሃለ ጀነራል ክንፈገብርኤል ድንቁ ናይ ሳልሳይ ኣብዮታዊ ሰራዊት መምርያ ሓላፊ፣

“ጓድ ኣበበ! ኣብ ፈታኒ ኹነታት ከም ዘለኻ ይርድኣኒ እዩ! ካብ ኩሉ ካብ ኹሉ እቲ ኸም ማይ ኣይሂ ዝወርደኩም ዘሎ ደብዳብ ከቢድ ብረት ሻዕብያ፣ ዕረፍቲ ኽም ዘይብሉ ዝመጸና ጸብጻብ'ኳ ዝሕብር እንተ ኾነ፣ ብዝከኣለካ መጠን ሰራዊት ኽይጠልመካ ተጠን ቀቕ ኢኻ!”

“ኣብቲ ምስ ፕረዚደንት ዝገበርናዮ ኣኼባ ኸም ዝበልኩዎ፣ ኣነስ ያኢ ኣብዚ እቲ ጉዳይ ወዲኣ ንኻልኣይ ኣብዮታዊ ሰራዊት ክሕግዞ ክኸይድ'የ ሓሲበ ነይረ። ዝገርመካ እዩ! ለካስ ተሸመ፣ ኸቢድ ብረት ሻዕብያ ኣብ ማእከል ቤት ጽሕፈትካ እዩ ዝኣትወካ ዝበሎ ሓቒ እዩ። እቶም ኣጋር ዘይኮኑስ፣ ደብዳብ ሻዕብያ እዩ ሓይሉና ዘሎ፣” ብምባል፣ ሬድዮ ርክቡ ዓጽዩ ናብ ሌ/ጀነራል ሓዲስ ተድላ *የጦር ሃይሎች ጠቅላይ ኤታ ማጆር ሹም* መልእኽቲ ሰደደ። ድሕሪ ቍሩብ ሰዓታት እቲ ንመገዲ ባህርዳር ጎንደር ክኸፍት ዝወፈረ መበል 25 ብርጌድ ብዝገጠሞ መጥቃዕቲ ኣዛዚኡ ተቐቲለ'ሞ ሰራዊቱ ፋሕ ፋሕ ብምባል ናብ ደብረታቦር ተኣኻኸበ።

ደርግ፣ ውግእ ሰምሃር ኣብ ስግኣት ምስ ኣውደቐ፣ ካብ'ቲ ብ/ ጀነራል ኣበበ ሃይለማርያም ዝእዘዝ ዝነበረ ኮር 603፣ ነቲ መበል 15 *ክፍለ ጦር* ይኹን መበል ሳልሳይ ፍሉይ ኮማንዶ ብርጌድ ናብ ኤርትራ ወሲዱ፣ ከም መተካእታ ብህ.ወ.ሓ.ትን ኢህዴንን ተማሪኾም ዝነበሩ'ሞ ነናብ ዓዶም ዝተፋነዉ ሰራዊት ብምኽታትን ብቑዕ ስልጠና ዘይቀሰሙ ሓደስቲ ወተሃደራት ብምስዳድን'ዩ ዓቕሚ ሰብ እቲ ኮር ኽሐይሎ ፈቲኑ። ስለ ዝኾነ ኽኣ፣ ውግእ ኣብ ዝተወልዓሉ እዋን እቶም ሰራዊት ዛሕ ዛሕ ብምባል፣ ገሊኦም ናብ ኢህዴን ገሊኦም ከኣ ናብ ህ.ወ.ሓ.ት ተጸምበሩ። ከተማ ደብረታቦር ከኣ፣ ኣብ ሓደጋ ወደቐት። ከቢድ ብረት ህዝባዊ ሰራዊት ኣብ *ጉና ተራራ* ኾይኑ ዕለት 27 ለካቲት ንኸተማ ደብረታቦር ብደም ከጨቅዋ ድሕሪ ምውዓል፣ ኣጋ ምሸት ህጣሙ ኣጥፍአ።

ደብረታቦር *ኢየሱስ ተራራ* ዕለት 28 ለካቲት፣ ሰዓት 05፡00

ወጋሕታ ኣቢሉ ኣይሂ ዝኾነ ተወንጫፊ ቢኤም ክወድቃ ጀመረ። መሬት ኣንቀጥቀጠ። ኣኻውሕ ተፈናጨለ። ሰባት፡ ፍጥረት ደቂ ሰብ ከም ዘይነበሩ ደሞም ካብቲ ጎቦታት ክዛሪ ጀመረ። ደብረታቦር ብኹሉ ሸነኻ ተጋደልቲ ሰለስቲኣን ውድባት ወረር ወረር በሉዋ። ጀነራል ኣበበ ዋዝ መኪናኡ ኣልዒሉ ነታ ኸተማ ናብ ሰለስቲኣን ውድባት ኣረኪቡ ናብ ባህርዳር ነቐለ። ኣብ መገዱ፡ ኣካላቶም ብኸቢድ ብረት ዝተቐራረጹ፡ ብጥይት ተሃሪሞም ተበሳሲያም ዝወደቑ ሰራዊት፡ ብኣርበጆን ጸረ ታንክ ሚሳይልን ተሃሪመን ገና ኣብ ጓህሪ ዝነበራ ታንክታትን ድሩዓት መካይንን ነታ ተወጢሑዋ ዝነበረ ስራሓት ሩስያ ዝኾነት ዋዝ መኪና ምሕላፍ ከልኣኣ'ሞ ካብ መኪናኡ ብምውራድ ብእግሩ ናብ ባህርዳር ኣምርሐ። ደብረታቦርን ከባቢኣን ሓራ ወጸ። ተኽሲ ጥይት ደው በለ፡ ነበርቲ ኸካብ መዕቈቢኦም ወጹ፡ ታንክታት ህዝባዊ ሰራዊት ሓርነት ኤርትራ ኸኣ ናብታ ኸተማ ኣተዋ። እቶም ምዑታት ታጋደልቲ ህ.ግ ብነበርቲ እታ ኸተማ ተኸበቡ። እቲ ወረ ብኡ ንብኡ ናብ ኩሉ ተዘርግሐ፡ ሻዕብያ ኸም መውጽኢ ሓራ ተመጒሰ። ደርግ ተናወጸ፣ ሬድዮታት ድምጺ ኣሜሪካን ዶቸ ቨለን ነቲ ዜና ኣጋውሐኦ፣ ምስ ውግእ ሰምሃር ብምትእስሳር ከኣ ሓይሊ ህዝባዊ ሰራዊት ሓርነት ኤርትራ ኣብ ስነ ኣእምሮ ኢትዮጵያውያን ከም ዝሰርጽ ገበራኦ።

* * *

ሚያዝያ 1990

ኣብ ኤርትራ፡ ሰራዊት ኢትዮጵያ መገዲ ኣስመራ - ባጽዕ ንምኽፋት ካብ ጊንዳዕ ተበጊሱ ብማዕበል ዘካይዶ ዝነበረ መጥቃዕቲ፡ ህዝባዊ ግንባር ሓርነት ኤርትራ ብሓያል ወኒ ይምክቶ ኣብ ዝነበረሉ እዋን ብሓደ ወገን፡ ስሙር ግንባር ተቓወምቲ ውድባት ኢትዮጵያ ብሓገዝ ከቢድ ብረት ህዝባዊ ግንባር ንኸተማ ደብረታቦር ኣብ ዝተቘጻጸረሉ እዋን በቲ ኻልእ፡ መለስ ዜናዊ፡ ደርግ እሮማይ ኣብቂዑ ካብ ዝብል ሓሳብ፡ ኣብ ወርሒ ሚያዝያ 1990 ኢትዮጵያውያን ንምጒስጓስ ብዝብል ሸፋን ናብ ኣሜሪካ ኣምርሐ። ንሱ ኣብ'ቲ እዋን'ቲ እዩ እምበኣር፡ ነቲ ድሮ ብሰበብ ረድኤት ኣብ 1984/85 በዓልቲ ቤት ዳን ኮኔል ወ/ሮ ገይል ስሚዝ ኣባል ማእከላይ ወኪል ስለያ ኣሜሪካን ኣብ ቀርኒ ኣፍሪቃ ሓላፊት ትካል ረድኤት ዩኤስ ኣይድን ዝተጀመረ ርክብ ኣብ መፈጸምታኡ ንምብጻሕ፡ ምስቲ ኣብ

እዋን ንጉስ ሻህ ኣብ ልዕሊ መንእሰያት ኢራን ብዝፈጸሞ ግፍዒ "ሓራድ ስጋ" ዝብል ሳጓ ዝተዋህቦ ሓላፊ ራንድ ፋውንደሽንን ኣባል ማእከላይ ወኪል ስለያ ኣሜሪካን ፕሮፌሰር ፓወል ሀንዘ ዝተራኸበ።

ፓወል ሀንዘ፣ ሓደ ካብቶም ኤርትራ ካብ ኢትዮጵያ ኽትፍለ የብላን፣ ግዝኣታዊ ሓድነት ኢትዮጵያ ኽሕሎ ኣለዎ፣ ኤርትራ ብመልክዕ ፈደረሽን ምስ ኢትዮጵያ እዩ ዘዋጽኣ ዝብሉን ዝመስሉን ኣስተምህሮታት ብቐጻሊ ዝህቡ ዝነበሩ ምሁራን'ዩ ነይሩ። ንሱ ኸምቲ ኣብ ዝተፈላለየ ሃገራት ረብሓ ኣሜሪካ ንምሕላው ዘካይዶ ዝነበረ ስዉርን ግሉጽን ምትእትታው፣ ንኤርትራ ብዝምልከት ከኣ ተጣባቒ ኢትዮጵያ እዩ ዝነበረ። ኾይኑ ኸኣ፣ እቲ ርክብ ኣብ ቤት ጽሕፈት ህ.ወ.ሓ.ት ኣብ ዋሽንግተን ዲሲ ክእንገድ እንከሎ፣ ኣብቲ ርክብ፣ ሓላፊ ወጻኢ ዝምድናታት ስዩም መስፍን፣ ወኪል ኣብ ዋሽንግቶን ዲሲ ኣሰፋ ማሞን ወኪል ኣብ ሎንደን ብርሃነ ገብረክርስቶስን ተረኺቦም ነበሩ። እዚ ኾይኑ ኸብቅዕ፣ እቲ ዝርርብ ግና ኣብ መንጎ መለስ ዜናውን ፓወል ሀንዘን ደኣ ዝተሓጽረ ነበረ። ዓለም፣ በቲ ኣብ ውሽጢ ሕብረት ሶቭየት ተፈጢሩ ዝነበረ ፖለቲካዊ ነውጺ፣ ምፍራስ መንደቕ ምብራቕ በርሊንን ብሰንኩ ዝተፈጥረ ውድቀት ማሕበርነታዊ ስርዓት ምብራቕ ኣውሮጳን ኣብ ትናወጸሉ ዝነበረትን፣ ብሰንኩ ድማ ህ.ወ.ሓ.ት፣ ንሰልፊ ማርክሲስት ለኒንስት ሊግ ትግራይ (ማለሊት) ኣበይ ከም ዝሓብኣ ሓርቢቱዎ ኣብ ዝነበረሉ እዋን'ዩ፣

"ንምንታይ ኢኻ ማርክሲስት ኢኹም ትብለና?" ኢሉ ኣብቲ ናይ ክልቲኦም ርክብ ዘረባኡ ዝጀመረ መለስ ዜናዊ። "ንሕና፣" በለ ሽፋሽፍቲ ኣዒንቱ ፈርፈር እናበለ፣ "ፈጺምና ኸምኡ ኣይኮንናን! ምናልባት ኣነ ተመሃራይ ከለኹ ኸምኡ ኣተሓሳስባ ነይሩኒ ይኸውን'ዩ። ኣብ ትግራይ ግና፣ ከምኡ ዓይነት ስርዓት (ማሕበርነታዊ ስርዓት) ክንተክል ፈጺምና ሓሲብና ኣይንፈልጥን ኢና፣" ብምባል፣ ነቲ ፓወል ሀንዘ ማርክሲስት - ለኒንስት ኢና ኢኹም ትብሉ ኢሉ ዝሓተቶ ሕቶ፣ ብዘይ ሕፍረት መለሰሉ።

"ኣልባንያ ኬድካዶ ትፈልጥ?"

"ኣነ! ኸይደ ኣይፈልጥን'የ!።"

"ናይ ኣልባንያ ዓይነት ስርዓት ክትተኽሉ ኸ ኣይትሓስቡን ኢኹም? ምኽንያቱ፣ ንስኻ ኣድናቒ ኣልባንያ ኢኻ እዩ ዝብሃል!"

"ንምንታይ ምኽንያት ኢና'ሞ ኣልባንያ ኣብ ዓዳ ዝገበረቶ ንሕና ኣብ ትግራይ ክንገብር ኢልና እንሓስብ?" ብምባል፣ ንሕና ኢና ብሉጻት ማርክሲስ-ለኒናውያን! ንሶቭየት ኣግላሲት

ዘይበልኩማ! ኣልባንያ፡ እታ ናይ ብሓቂ ማሕበርነታዊት ሃገር እያ! ከም ዘይበሉን፡ “ንሕና፡ ኣብ ዓለም እንታይ ይካይድ ከም ዘሎ እንግንዘብ ውድብ ኢና። ስለ ዝኾነ ኸኣ ኢና፡ ከነዘራርበካ መጺእና ዘለና፡” ብምባል፡ እቲ ንኣስታት ዓሰርተ ኣርባዕተ ዓመት ዝመደረሉ ማሕበርነታዊ ስርዓት ብኡ ንብኡ ናብ ጎዱፍ ደርበዩ። ፓወል ሀንዘ፡ ኣብ ትግራይ፡ ኣብ ዝተፈላለየ እዋንን ኣብ ኩሉ ኸባቢታት ብምዝውዋር ነታ ኣውራጃ ዝምልከት ዝተፈላለየ ጽሑፍ ዘቕረበ ኸም ምዃኑ መጠንን፡ ብዛዕባ መነባብሮ፡ ኣቃውማ ስነ ኣእምሮ፡ ባህልን ልምድን ሕብረተ ሰብ ትግራይ ኣፍልጦኡ ሰፊሕን ንህ.ወ.ሓ.ት ከኣ ብዕምቈት ዝመርመረን ምሁር'ዩ ዝነበረ። ስለ ዝኾነ እዩ ኸኣ፡

“ናይ'ቲ ኣብ'ዚ ቐረባ ጊዜ ብሓባር ከተቑሙዎ ትሓስቡ ዘለኹም ኢህወደግ ዝተባህለ ውድብ መትከሉ ኣንቢበዮ ነይረ። ኮይኑ ኸኣ፡ ካብ'ቲ ንስኻ ትብሎ ዘለኻ ዝተፈልየ እዩ። ብሓጺሩ ማርክስ-ለኒናዊ ስነ ሓሳብ ከም ዝኽተል'ዩ ዝገልጽ።”

“በቲ ጽሑፍ ኣይትፍረደና! በቲ ኣብ'ቲ ሓራ ዘውጻእናዮ ቦታታት እንገብሮ ዘለና ስራሓት ፍረደና! በቲ ኣብ ትግራይ እንገብሮ ዘለና ፍረደና! መጺእካ ርአየና! እቲ ሓድሽ ፖለቲካዊ መምርሒ ኢ.ህ.ወ.ደ.ግ ከኣ ኣንብቦ!” ብምባል፡ እቲ ንምምስራት ኢህወደግ፡ ህ.ወ.ሓ.ት፡ ነተን ካልኦት ተቓወምቲ ውድባት ምቛም ማርክስ-ለኒናዊ ሊግ (ማለሊ) ከም ቅድመ ኾነት ዘቕረቦ ጸቕጢ ንጕድኒ ገዲፉ፡ “ንሕና፡ ሕጂ'ውን ከረጋግጸልካ ዝደሊ፡ ማርክስ - ለኒናዊ ውድብ ኣይኮንናን!” በለ ኣቦ መንበር ማለሊት መለስ ዜናዊ።

“ብዛዕባ ምንጻል ዘለካ ኣረኣእያ'ኸ ኸመይ እዩ?”

“ንሕና ተነጻልቲ ኣይኮንናን። ኣብ ሓንቲ ኢትዮጵያ ኢና ንኣምን። ኣብ'ዚ ቐረባ እዋን ንኤርትራውያን ዝገበርካሎም መደረ ሰሚዐዮ ኣለኹ። ብወገነይ፡ ነቲ ዝበልካዮ ምሉእ ብምሉእ እየ ዝድግፎ። እቲ ኢትዮጵያ ክብርቲ ሃገር'ያ ዝበልካዮ እሰማምዓሉ እየ። ክዕቀብ ዘሎዎ ክብሪ ኸኣ እዩ።”

“ምስ ህ.ግ ዝምድናኹም ከመይ ኣሎ?”

“ኣብ ሰብዓታት ጽቡቕ ዝምድና ነይሩና። ይኹን'ምበር፡ ካብ 1984 - 1988 ዝነበረ እዋን ግና ኣብ ልዕሊ ሕብረት ሶቭየት ዝነበረና ኣረኣእያ ኸቃድወና ስለ ዘይከኣለ፡ ዝምድናና በቲኹና ኔርና። ክሳዕ ሕጂ'ውን እንተ ኾነ፡ ሶቭየት፡ ኣርኣያ ናይ

ማሕበርነታዊ ስርዓት'ያ ዝብል እምነት'ዩ ዘሎዎም። ነዚ ሞዴል ኣብ ኤርትራ ኽተኽሉዎ እዮም ዝሓስቡ። እዚ ግና ዕሽነት'ዩ። ንሕና፡ ኣብ ትግራይ፡ ካብ ኵነታትናን ተመኵሮናን ተማሂርና ናይ ገዛእ ርእስና ሞዴል ከነማዕብልን ከነተግብርን ኢና ንሰርሕ ዘለና። ኮይኑ ግና፡ ሕጂ ንነገራት ከምቲ ንሕና እንርእዮ ክርእዩዎ ስለ ዝጀመሩ፡ ዝምድናና ተመሓይሹስ ድሮ ብሓባር ክንሰርሕ ጀሚርና ኣለና፡" ድሕሪ ምባል፡ ሃንደበት፡ "ሓገዝ'ውን ሂቦምና ኣለዉ። ግና ንሕና ሕጅ'ውን እንተ ኾነ ኣብ ማንም ክንምርኰስ ኣይንደልን ኢና። ንደርግ፡ ኣብ ሽረ እንዳ ስላሴ ብሓይልና ስዒርናዮ ኣለና፣ ምናልባት ንሳቶም (ህ.ግ) እንተ ዘይሕግዙና ነይሮም ንውሕ ዝበለ ጊዜ ምወሰደ'ምበር፡ ምስዓርና ኣይምተረፈን ነይሩ። ክረጋግጸልካ ዝደሊ ግና! ንሕና፡ ኣረኣእያና ኸምቲ ናይ ህዝባዊ ግንባር ከም ዘይኮነ እዩ።"

"እንታይ እዩ ዝፈላልየኩም?"

"ህ.ግ ካብ ናትና ንላዕሊ ጸገማት እዩ ዘለዎም! ኩሉ ፍልልያትና ኸኣ ካብኡ እዩ ዝብገስ! ብወገንና ጸገማቶም ስለ እንርድኣ፡ ምስኦም ንደናገጽ ኢና! ንሕና፡ ካብ 10% ዘይበዝሕ ምስልምና ሃይማኖት ዝኣምን ህዝቢ'ኳ እንተለና፡ ኣብ ትግራይ ሕብረት ዘሎዎ ህዝቢ እዩ ዘለና። ስለ ዝኾነ ኸኣ፡ ህዝብና መጀመርታ ትግራዋይነት፡ ምስልምና ግና ካልኣዊ ምዃኑ እዩ ዝኣምን። እዚ ኣብ ኤርትራ የለን። እቲ ህዝቢ ዝተመቓቐለ እዩ። እቶም ኣብ ምስልምና ዝኣምኑ'ውን እንተ ኾነ ዝተመቓቐሉ እዮም። ህዝባዊ ግንባር፡ ሽሕ'ኳ ናብኡ ክጽምብሮም (ንኣመንቲ ምስልምና) እንተ ፈተነ፡ ኣዝዩ ሓያል ጸገም'ዩ ዘሎዎ። ስለዚ፡ ንሱ ስልጣን ክጭብጥ እናተቓረበ ኣብ ዝመጸሉ እዋን፡ ኵነታቶም ኣዝዩ ተኣፋፊ ኸም ዝኸውን ኣየጠራጥርን'ዩ። ኣብ ምእመናን ክርስትናን ምስልምናን ሓያል ዝኾነ ወጥሪ እዩ ዘሎ። ደርግ ምስ ተወገደ ኸኣ ነጸብራቑ ክርአ እዩ።"

"ምስ ኤርትራ ኣዛሚድካ፡ ምንጻል ከመይ ትርእዮ?"

"ህዝቢ ኤርትራ ንደርግ ስለ ዝጸልአ፡ ክንጸል እዩ ዝደሊ። ንህዝባዊ ግንባር ከኣ፡ እቲ ዝዓበየ ጸገም ኮይኑዎ ዘሎ፡ ንሱ እዩ። ህዝቢ፡ እቲ ግንባር እንተ ስዒሩ ቀልጢፉ ናጽነት ክእወጀሉ እዩ ዝደሊ። እቲ መሪሕነት ግና ክመጽእ ዝኽእል ጸገማት ይፈልጥ'ዩ፣ ምኽንያቱ፡ ነቲ ጉዳይ ኣመልኪቱ ኣብ ዝሓለፈ ዓመታት ብዙሕ'ዩ ሓሲቡ። ይኹን ደኣምበር፡ ካብ'ቲ ህዝቢ ሓያል ጸቕጢ እዩ ዘሎዎ፡" ብምባል፡ መለስ፡ መሪሕነት ህ.ግ ንናጽነት ኤርትራ

ኽም ቅድመ ኾነት ከም ዘይርኢዮ ብዘምስል ኣዘራርባ መለሰሉ።

"ህ.ግ ኣስመራ እንተ ተቈጻጺሩ ናይ ነዓድን ካልኦት ነገራትን ጸገማት ክፍጠር'ዩ።"

"እቲ ዝዓበየ ብድሆ ንሱ ኾይኑ፣ ብሓባር ክንፈትሖ ክንፍትን ኢና።"

"ህ.ግ ኣብ'ቲ ዝቐውም መሰጋገሪ መንግስቲ ዝካፈልዶ ይመስለካ!?"

"ተስፋ እገብር ክካፈል፣ ምኽንያቱ፣ ንሱ ኣብ ምቛም (መሰጋገሪ መንግስቲ ኢትዮጵያ) ዓቢ ተራ ክጻወት ወሳኒ ተኽእሎ ስለ ዘሎዎ፣" ኢሉ ድሕሪ ምምላስ፣ "ንምንታይ ኢኹም ኮሙኒስት ኮሙኒስት ትብሉና?" ብምባል ነቲ ዘተ ናብ ካልእ ጠወዮ፣ መለስ ዜናዊ።

"ምኽንያቱ፣" በለ ፓወል ሀንዘ፣ "እቲ ብሕዳር 1989 ዝወጸን ብ10 መጋቢት 1990 ተመሓይሹ ተባሂሉ ዝተዘርግሐ መትከል ኢ.ህ.ወ.ደ.ግ ንዕኡ ስለ ዘንጸባርቕ።"

"ንሕና ኽምኡ ኣይኮንናን! እቲ ወጺኡ ዘሎ መትከል ኢ.ህ.ወ.ደ.ግ ሓንቲ ዲሞክራስያዊት ኢትዮጵያ ንምምስራት'ዩ ዝብል። ስለ ዝኾነ ኸኣ፣ ንስኹም ማለት ኣሜሪካን ምዕራባውያን ሃገራትን፣ ኣብ ምቛም መንግስቲ ክትሕግዙና ብምባል ኢና ናብ'ዚ መጺእና ዘለና። ብፍላይ ኣሜሪካ፣ በቲ ኣብ ኢትዮጵያን ቀርኒ ኣፍሪቃን ዘለዋ ተፈታውነት (ህቡብነት) ነዚ ዕድል'ዚ ክትጥቀመሉ ይግብኣ። ስለዚ፣ ብወገንካ እንታይ ተማኽረና?"

"ልክዕ'ዩ፣ ኣሜሪካ ሕጂ'ውን እንተ ኾነ፣ ኣብ ሓድነት ኢትዮጵያ እያ ትኣምን። ነዚ መርገጺኣ ኸኣ ኣይክትቕይሮን'ያ። ኮይኑ ግና፣ (ኣብ'ዚ ሰዓት'ዚ) ኣድህቦኣ ኣብ ምብራቕ (ኤውሮጳ) ስለ ዘሎ፣ ብወገን ኩም ከምቲ ሃገረ ሉቴንያ ዝገበረቶ፣ ሓያል ጻዕሪ ክድልየኩም'ዩ። እዚ ማለት፣ ኣብ ኮንግረስስ ጐስጓስ ዝገብሩልኩም ኣባላት እቲ ኮንግረስ ክትሕዙ ኣለኩም። ኢትዮጵያ ጸላኢቲ የብላን፣ ብዙሓት ፈተውቲ ስለ ዘለዉዋ ኸኣ፣ ዘጸግም ኣይመስለንን፣" ብምባል፣ ፓወል ሀንዘ ምኽርታቱ ለገሰሉ።

ዕላማ ዑደት መለስ ዜናዊ ኣብ ኣሜሪካን ዘተ ምስ ፓወል ሀንዘን ንገስጋስ ህዝብን ህዝባዊ ግንባር ሓርነት ኤርትራን ብኣቛራጭ ቀዲምናዮ ኽንጸንሕ ካብ ዝብል ሓሳብ ዝተበገሰ ስለ ዝነበረ፣ ነቲ ኣብ ኤርትራ ውድቀቱ ኣብ ምቅልጣፍ ዝርከብ ዝነበረ መንግስቲ ኢትዮጵያ፣ ድሕሪ ውድቀቱ፣ መንግስቲ ኣሜሪካ ኣብ ምቛም መንግስ

ቲ ሓገዝን ኣፍልጦን ክምጥወሉ እዩ ዝነበረ። ከምዚ ክነሱ ግዳ፡ ነቲ ብዓንተቦ'ውን ንሰውራ ኤርትራ፡ ብፍላይ ከኣ ንህ.ግ ንምኽሳ ብ ኢሎም ኣብ ፈቖዶ ጉባኤኣም ዝደጋግምዎ ዝነበሩ "ጕዳይ ኤርትራ መግዛእታዊ ሕቶ እዩ፡" ዝብል መርገጺኦም ብደገፍ ፓወል ሀንዘ ኣቢሎም፡ መንግስቲ ኣሜሪካ፡ እዚኦም (ህ.ግ) ኮሙኒስ ት እዮም ብምባል ንናጽነት ኤርትራ ምእንቲ ብትሪ ኺቃወሞ'ሞ፡ ጽባሕ ንግሆ መርገጺኦም ንምልዋጥ ምስምስ ክኾኖም ብሓደ ወገን፡ ህዝባዊ ግንባር'ምበር፡ ንሶም ማርክስ ለኒናዊ ስነ ሓሳብ ፈጺሞም ከም ዘይክተሉን ተኸቲሎም'ውን ከም ዘይፈልጡን ንምብራህ በቲ ኻልእ ወገን፡ ዝዓለመ እዩ ነይሩ ዑደት መለስ ዜናዊ። እዚ ይኹን ደኣ'ምበር፡ ብመጀመርታ ምስ'ተን ህ.ግ ከድግፈን ይኽእል'ዩ ዝበሉወን ተቓወምቲ ውድባት ኢትዮጵያ ሓደ ሓባራዊ ውድብ ንምቛም ብቐዳምነት ባርኾት ህ.ግ ምርካብ ኣገዳሲ ስለ ዝነበረ፡ ነዚ ነገራት'ዚ ከማልኡ ኣብ ንጡፍ ዲፕሎማስያዊ ምንቅስ ቓስ ተተኺሎም ወርሑ። መሪሕነት ህ.ግ ብገድኡ ኣብ ማእከል ኢትዮጵያ ኸተግብሮ ሓንጺጹዎ ዝነበረ 'ወፍሪ ንመጥቃዕቲ ስግረ ዶብ' ብቐዳምነት ዓቕሚ ሰብ ህ.ወ.ሓ.ት የድልዮ ስለ ዝነበረ፡ ነቲ ናይ ዲፕሎማሲ ጸወታ ንጕድኒ ገዲፉ፡ ንህ.ወ.ሓ.ት ኣብ ኢ.ህ.ወ.ደ.ግ ከም መሪሕ ውድብ ኣፍልጦ ሃቦ። ስለ ዝኾነ ኸኣ፡ ነቲ ህ.ወ.ሓ.ት ምስ ኣሜሪካ ኸምስርቶ ዝሓለነ ዝምድና ኸም ወትሩ ኣብ ብልሒ ተመርኲሱ፡ ብውሕሉል ኣገባብ ክሕዞ መረጸ።

* * *

ምዕራፍ 55

ህ.ወ.ሓ.ት፡ ድሕር'ቲ ኣብ መፋርቕ ወርሒ ለካቲት 1990 ዝተገብረ ኣኼባ ማእከላይ ሽማግለን ውግእ ደብረታቦርን፡ ዝተፈጥረ ምዕባለታት ንምዝታይን ውሳኔታት ንምሃብን ኣብ ወርሒ ሰነ ኣኼባ ተጀመረ። መለስ "ራእይና እንታይ ክኸውን ኣለዎ?" ኣብ ዝብል ኣርእስቲ ነዊሕ ድሕሪ ምምዳር፡ "ስለ ዝኾነ ኸኣ እዩ ብጾት፡ ስሙር ግንባር ኢ.ህ.ወ.ዴ.ግ ቆይሙ ዘሎ። ከም እንርእዮ ዘለና፡ ሻዕብያ ንኣርባዕተ ወርሒ ዝኣክል ጊዜ ኣብ ጊንዳዕ ንሰራዊት ደርግ መኪቱዎ ኣሎ። ብገምጋምና፡ ካልኣይ ኣብዮታዊ ሰራዊት ኣብ ቀረባ እዋን ፈርከሽከሸ ከም ዝብል ዘጠራጥር የለን ጥራይ ዘይኮነስ፡ መንግስቲ ኢትዮጵያ ውድቀቱ ዘይተርፍ ምዃኑ'ውን ኵነታት ሜዳ ኤርትራ የእንፍተልና ኣሎ። ብኡ መጠን ከኣ፡ ራእይና ንጹር ክኸውን ኣለዎ። ስለዚ ብጾት፡ ዕላማና፡" በለ፡ ንኣባላት መሪሕነት በብሓደ እናጠመተ፡ "ዕላማና፡ ነዚ ድሕሪ 100 ዓመት ረኺብናዮ ዘለና ዕድል ተጠቒምና፡ ኣብ ኣዲስ ኣበባ ስልጣን ምጭባጥ'ዩ!። ነዚ ክዉን ንምግባር ከኣ፡ ምስ ህዝባዊ ግንባር መስረትናዮ ዘለና ዝምድና፡ ብጻይ ሓጐስ ብሕጽር ዝበለ መልክዑ ኸቕርበልና እዩ፡" ብምባል፡ መደረኡ ዛዚሙ ናብ ሓጐስ ኣመልከተ።

"ከም ዝፍለጥ፡ ብመሰረት ኣብ ዝሓለፈ ኣኼባ፡ ማእከላይ ሽማግለ ዝሃበና ናይ ስራሕ ሓላፍነት፡ ናብ ሳሕል ዓንበርበብ ብምኻድ ምስ መሪሕነት ህ.ግ ኣብ ናይ ሓባር ረብሓ ዝተመርኰሰ ስትራተጂ ነዲፍና ኣለና። እዚ ንድፌ'ዚ ኸኣ፡ ንመሪሕነት ቀሪቡሉስ ውሳኔ ፖለቲካዊ ቤት ጽሕፈት ይጽበ'ሎ። ሕመረት ናይቲ ስትራተጂ፡ ህ.ግ ከምቲ ድሮ ጀሚሩዎ ዘሎ ናይ ከቢድ ብረትን ሜካናይዝድን ሓይልታቱ ካብቲ ዘሎዎ ብዝሓየለ መልክዑ ናብ ማእከል ሃገር ብምስዳድን ምስ ኢ.ህ.ወ.ደ.ግ ብምትሕብባርን ንደርግ ካብ ስልጣኑ ክንኣልዮ ብሓደ ወገን፡ ድሕሪ ውድቀቱ ኣብ ኣዲስ ኣበባ ንኹለን ውድባት ዘሳትፍ ናይ መሰጋገሪ መንግስቲ ኸቐውምን ህ.ግ ብጊድኡ ኣብ ልዕሊ ተቓወምቲ ዘሎዎ ሓያል ጽልዋ ተጠቒሙ ነቲ ሃዋህው ከመሻሹ ብኻልእ ወገን፡ ኣብ ምርድዳእ ተበጺሑ'ሎ። ደርግ፡

ውድቀቱ ኸም ዘይተርፍ ስለ ዘስተብሃለ፡ ምክትል ሚኒስተር ወጻኢ ጉዳያት ኣሻግሬ ይግለጡ ዝመርሖ ልኡኽ ኣብ ስቴት ደፓርትመን ት ምስ ተሓጋገዚ ምክትል ሚኒስተር ናይ ወጻኢ ጉዳያት ንጉዳያት ኣፍሪቃ ሄንሪ ኮሊንስ ተራኺቡ፡ ብዛዕባ ተኽእሎ ሓፈሻዊ ዘተ ሰላም ተዘራሪቡ'ሎ። ስለ ዝኾነ ኸኣ፡ ህ.ወ.ሓ.ት ብኣጋኡ መርገጺኡ ኣብ ጉዳይ ኤርትራ ኸነጽርን ኣብ'ቲ ዝግበር ዘተ ኣብ ኢ.ህ.ወ.ደ.ግ ናይ ሓባር መረዳእታ ክህልወና ስለ ዝግባእን፡ ማእከላይ ሽማግለ ጊዜ ኸይወሰደ ውሳኔ ኽህበሉ እንተ ኾይኑ፡ ፖለቲካዊ ቤት ጽሓፈት ካብቲ ተዋሂቡዎ ዘሎ ጸብጻብ ብምብጋስ መዛተዪ ንድፊ ሓሳብ ከቕርብ ይግባእ። ካልእ ከኣ፡ እቲ መንግስቲ ኣብ ዝወድቀሉ እዋን፡ ኣብ ከተማታት፡ ብፍላይ ኣብ ኣዲስ ኣበባ ባዶሽ ከይፍጠር፡ መንግስ ቲ ኣሜሪካ፡ ሓደ ካብቶም ምላሽ ዝጽበየሎም ወሰንቲ ሕቶታት ክሽውን'ዩ። መርኣያ ናይዚ ክብሎ ዝጸናሕኩ ኸኣ፡ ሃገራት ምዕራብ ብፍላይ መንግስቲ ኣሜሪካ ስግኣቱ ድሮ ብተዘዋዋሪ መገዲ ይገልጽ ኣሎ። ስለዚ፡ እቲ ምስ ህ.ግ ተነዲፉ ዘሎ ስትራተጂ፡ ነዞም ስግኣታት ምላሽ ዝህብ'ዩ። ብወገን ህዝባዊ ግንባር፡ ንዘጋጥሙና ብድሆታት ንጹር መረዳእታ ኸም ዘሎ፡ ቅድሚ ቑሩብ መዓልቲ ኣብ ካርቱም ብዝርከብ ቤት ጽሕፈትና ተሓቢሩና'ሎ፡" ብምባል፡ ናብ ሓላፊ ወጻኢ ጉዳያት ስዩም መስፍን ጠመተ'ሞ፡ "ጊዜ ኸምቲ ንሕና ንሓስቦ ዘገም እናበለ ኣይኮነን ዝኸይድ ዘሎ፡ ኣብ ዝኾነ ሰዓትን ንሕና ኣብ ዘይተጸበናዮ እዋንን ክቀያየር ይኽእል'ዩ። ብሓጺሩ፡ ኣብ ኤርትራ ዝመጽእ ለውጢ፡ ከም መለክዒ ፖለቲካዊ ምቅይያራት ኢትዮጵያ ይኹን ቀርኒ ኣፍሪቃ እንተ ወሲድናዮ፡ ምስ ህዝባዊ ግንባር ብደረጃ መሪሕነት ኣብ ዝቐልጠፈ እዋን ርክባት ክካየድ ከም ዝግባእ ከተሓሳስብ እደሊ፡" ብምባል፡ ነቲ ብገለ ኣባላት መሪሕነትን ማእከላይ ሽማግለን ዝስማዕ ንደርግ ንገልብጦ'ሞ ደሓር ከነርክበሉ ኢና ዝብል ትሕምሒም፡ ነቲ ውድብ ከም ዘየዋጽእ ብን ጹርን ዘየሻሙ መገድን መብርሂ ሃበሉ።

"ከምዚ ብብጻይ ሓጐስ ቀሪቡ ዘሎ ሓሳብ፡ መሪሕነት ክዝትየሉን መዛተዪ ንድፊ ሓሳብ ከኣ፡ ኣብ ዝሓጸረ እዋን ከቕርብን'ዩ፡" ብምባል፡ መለስ ነቲ ኣኼባ ዛዘሞ።

* * *

መለስ፡ ካብ ኣሜሪካ ምስ ተመልሰ፡ እቲ ንዓሰርተው ኣርባዕተ

ዓመት ከም *ፖለቲካ* ሰውራ ትግራይ ዝተጐስጐሶሉ ማርክስ - ለኒናዊ ፍልስፍና፣ ብውሽጢ ውሽጢ ኽብቅዕ ጀመረ። ህ.ወ.ሓ.ት፣ እታ ብኸንፈ ገብረመድህን ተጠፍጢፉ ዝቖመት ብኹማ ደመቅሳ ትምራሕ ናይ ህዝቢ ኦሮሞ ደሞክራስያዊ ድርጅትን (ኦህዴድ)፣ ብታምራት ላይነ ትምራሕ ዝነበረት ናይ ህዝቢ ኢትዮጵያ ዴሞክራስያዊ ንቕናቔን (ኢህዴን) ብምቅርራብ ህዝባዊ ግን ባር ኣብ ሓደ ስምምዕ ክብጻሕ ተኻኢሉ'ኳ እንተ ነበረ፣ እቲ ድራማ ምምስራት ናይ ኢትዮጵያ ህዝቢ ወያናይ ደሞክራስያዊ ግንባር (ኢህወደግ) ምሉእ ንኽሽውን ምእንቲ፣ ሓደ ካብ ኣ ብ ኢድ ህ.ግ ዝነበሩ ምሩኻት ሰራዊት ኢትዮጵያ ዝቖመ *የኢትዮጵያ ደሞክራስያዊ መኮንኖች ንቅናቄ* (ኢዴመን) ብዝብል ስም ዝጥመቐ ውድብ ክቐውም ነይሩዎ። ስለዚ፣ ካብቶም ኣብ ኢድ ህዝባዊ ግንባር ሓርነት ኤርትራ ዝነበሩ ምሩኻት መኰንንናት ኢትዮጵያ ነቲ ውድብ ብብቕዓት ክመርሕ ዝኽእል ሻለቃ ኣለምሸት ደግፌ ዝብሃል ላዕላዋይ መኰንን ተረኸበ።

ሻለቃ ኣለምሸት፣ ኣብ ውሽጢ ምሩኻት ሰራዊት ኢትዮጵያ ጐስጓስ ብምግባር ኣብ ዝሓጸረ እዋን ብዙሓት ሰዓብቲ ኽጥሪ ብምኽኣሉ፣ ኣብ ወጻኢ ሃገራት ኣትኵሮ ብዙሓት ግዱሳት ኢትዮጵያውያን ክስሕብ ከኣለ። ካብቶም ቀዳሞት ደገፎም ዝሃቡ፣ ንመንግስቲ ኢትዮጵያ (ደርግ) ራሕሪሖም ኣብ ወጻኢ ሃገር ዝቕመጡ ዝነበሩ ሻለቃታት ክኾኑ ኸለዉ፣ ብመጀመርታ ኣብ ፍቕሮም ዝወደቐ ግና፣ ሻለቃ ዳዊት ወልደጊዮርጊስ እዩ ዝነበረ። እቲ ሻለቃ፣ ብወገኑ ካልኦት ሻለቃታት ክውድብ ብምኽኣሉ፣ ሻለቃ ጌታቸው የሮም፣ ሻለቃ ስለሺ ፍስሃን ሻምበል ጸጋየ ብሩን'ውን ተጸምበሩዎ። እዞም ኣብ ሓንቲ ኢትዮጵያ ዝኣምኑን ሰበ ስልጣን ደርግ ዝነበሩን መኰንናት ነበር፣ ምስ ህ.ግ ዝምድና ንምፍጣር መልእኽቲ ሰደዱ'ሞ፣ ምስ ወከልቲ ህ.ግ ኣብ ሎንደን ክራኸቡ በቕዑ። ካብ'ዚ ዝምድና ብምብጋስ እዮም'እምበኣር፣ እቶም ሰለስተ ሻለቃታትን ሓደ ሻምበልን ዝርከቡዎም ልኡኻት ወጻኢ ምስ'ቶም መዛኑኦም ሰብ መዓርግ ነበር ኣብ ሜዳ ኤርትራ ንምርኻብ ናብ ናቕፋ ዝምርሑ። ሻለቃ ዳዊት ወልደጊዮርጊስ፣ ኣብ እዋን ሻድሻይ ወራር፣ ናቕፋ ኣብ ኢድ ሰራዊት ደርግ ወዲቓ ኽርእያ ዝተመነየ፣ ሓያል ጐስጓስ ዝገበረ በዓል ስልጣን ደርግን ላዕለዋይ ተጸዋዒ *ኢሰፓኣኮ* ኣብ ኤርትራን ዝነበረ ክሽውን ከሎ፣ እነሆ ብመገዲ ህዝባዊ ግንባር ሓርነት ኤርትራ ንኽተማ ናቕፋ ብኣካል ክርእያ

በቕዐ። ምስ ሻለቃ ኣለምሸት ደግፌ፡ ኮሎኔል ግርማ ተሰማ፡ ሻምበል በዛብህ ጴጥሮስን ካልኦትን ተራኺቦም እንታይ ክግበር ከም ዘሎዎ ተመያየጡን ዑደት ኣብ'ቶም ምሩኻት ገበሩን። ምስ ብዙሓት ላዕለዎት ምሩኻት መኰንናት ኢትዮጵያ ብናጻ ዘተዩ። ምዕባለታት ሜዳ'ውን ብምዝውዋር ተዓዘቡ። ሜዳ ኤርትራ ግና ከምቲ ዝሓሰቡዎ ኮይኑ ኣይጸንሐምን፣ ህዝባዊ ግንባር ሓርነት ኤርትራ ኣዝዩ ሓይሉ፡ ትካላቱ ኣስፊሑን ኣብ መንግስታዊ ደረጃ በጺሑን ጸንሖም። ስለ ዝኾነ ኸኣ፡ ምስዚ ውድብ ተጸጊዕካ ኣብ ስልጣን ካብ ምድያብ ሓሊፉ ኻልእ ኣማራጺ ኸም ዘይነበረ ክስወጦም ጊዜ ኣይወሰደሎምን።

በቲ ኻልእ ወገን ከኣ፡ ኢ.ህ.ዴ.ድ፡ ካብ'ቶም ኣብ ኤርትራ ተማሪኾም ኣብ ኢድ ህዝባዊ ግንባር ዝነበሩ ተወላዶ ኦሮሞ ዝኾኑ ላዕለዎት ወተሃደራውያን መኰንናት መራሕቲ ረኺቡ ነበረ። ኩማ ደመቅሳ፡ ኣባዱላ ገመዳ፡ ኢብራሂም መልካን ባጫ ደበሌን ላዕለዎት መሪሕነት ብምኳን ነቲ ውድብ መልክዕ ኣትሓዙዎ። ህ.ወ.ሓ.ት/ ኢ.ህ.ወ.ደ.ግ ተመስረተ፣ ሓፈሻዊ ጉባኤ ዝግበረሉ እዋን ከኣ እናተቓረበ መጸ። መዓልቲ ጉባኤ ንኽውሰን፡ ኵነታት ኤርትራን ህ.ግን ወሳኒ ምኳኑ መሪሕነት ህ.ወ.ሓ.ት ንኣባላት ማእከላይ ሽማግለ ኣነጸረ።

* * *

ብ/ጀነራል ኣበበ ሃይለማርያም፡ ድሕሪ ውድቀት ደብረታቦር 28 ለካቲት 1990 ተኸተልቱ ሒዙ ብእግሩ ናብ ባህርዳር ኣብ ዘምርሓሉ ዝነበረ እዋን፡ ዛሕ ዛሕ ዝበሉ ኣእላፍ ሰራዊቱ ኣብ ፈቓዶኡ ተደርብዮምን ግዳይ ከቢድ ብረት ህዝባዊ ሰራዊት ሓርነት ኤርትራ ኮይኖም ብምርኣዩን እናስቈርቈረ ኣብ ከባቢ ኣባይ ድልድል በጽሐ። ኮይኑ ኸኣ፡ ኣብ ከተማ ባህርዳር ምስ ኣተወ፡ እታ ኸተማ ሰብ ዘይብላ ኽትመስል ጭው ጭው ክትብል ጸንሐቶ። ድሕሪ ቍሩብ ሰዓታት፡ ነቲ ኣብ ፈቖዶ ስንጭሮታት ተበታቲኑ ዝነበረ ሰራዊቱ ናብታ ኸተማ ኽኣቱ ትእዛዝ ሃበ። ፕረዚደንት መንግስቱ ሃይለማርያም፡ ነቲ ኣብ ልዕሊ ኮር 603 ዝወረደ ዕንወትን ከተማ ደብረታቦር ኣብ ኢድ ሜካናይዝድ ሓይልታት ህዝባዊ ግንባርን ኣጋር ሰራዊት ህወሓት/ ኢህወደግን ምውዳቓ ኽጻወሮ ብዘይ ምኽኣሉ፡ ንብ/ጀነራል ኣበበ ሃይለማርያም ካብ መዝነቱ ኣውሪዱ ንብ/ጀነራል ዋስይሁን ንጋቱ ኣብ ቦታኡ መዘዞ።

ኣብ ዓመቱ

ውግእ ጊንዳዕ ብመኽተ ህዝባዊ ሰራዊት ዘፍ ምስ በለ፣ መሪሕነት ህዝባዊ ግንባር ሓርነት ኤርትራ እቲ ውግእ ናብ ማእከል ኢትዮጵያ ንምስግጋሩ ሓንቲ ሜካናይዝድ ብርጌድ ንህወሓት/ኢህወደግ ንምሕጋዝ ኣብ ወርሒ ጥሪ 1991 ናብ ትግራይ ሰደደ። እታ ብርጌድ ሰለስተ ሓይልታት ታንከኛ፣ ሰለስተ ሓይልታት መድፍዓጂ፣ ሰለስ ተ ሓይልታት ረሻሻት፣ ጸረ ታንክን ነፈርትን ሚሳይል ከምኡ'ውን ካልኦት ወሃብቲ ደገፍ ሕክምና፣ ጋራጅ፣ ዕጥቅን ስንቅን ዝሓቑፈት ነበረት። ንሳ ብዓዲ ግራት ኣቢላ መቐለ ድሕሪ ምእታው፣ ካብኡ ኣስታት 280 ኪ.ሜ. ተጓዒዛ ነቲ ኣብ መጥቃዕቲ ደብረታቦር ዝተሰልበ ኣጽዋር ንኽትርከብ ወልድያ ኣተወት። ምስቲ ኣብቲ ቦታ'ቲ ንልዕሊ ዓመት ዓስኪሩ ዝነበረ ኣሃዱ ህዝባዊ ሰራዊት ድማ ተጸንበረት። ወልድያ፣ ኣብቲ ናብ ደሴ፣ ሸዋ፣ ጎንደርን ባህርዳርን ዝወስድ ጽርግያ ዝተደኰነት ኣዝያ ስትራተጂያዊት ከተማ እያ። ከምዚ ኾይኑ ኸብቅዕ፣ ኣዛዚ'ቲ ግንባርን ክፍለ ሰራዊትን ህ.ወ.ሓ.ት/ ኢ.ህ.ወ.ደ.ግ መጥቃዕቲ መዓስን በየንን ከም ዝጅመር ንምውሳን ምስ መራሕቲ ብርጌድን ቦጦሎኒታትን ሜካናይዝድ ብርጌድ ህዝባዊ ግንባር ኣኼባ ኣብ ዝጀመሩሉ እዋን፣

"ካብ ደብረታቦር ተበጊሱ ዝግስግስ ሰራዊት ንኸተማ ባህርዳር ኣብ ዝሓጸረ እዋን ሓራ ኣውጺኡ፣ ከይወዓለ ኸይሓደረ፣ ነቲ ኣብ ጎጃም ዝርከብ ሰራዊትና ደብረ ማርቆስ ሓራ ንምውጻእ ኣብ ዝኸፍቶ መጥቃዕቲ ኽተሓጋገዞ ኽኸይድ'ዩ። እዚ እንኸፍቶ መጥቃዕቲ፣ ንኽፍለ ሃገር ጎጃም፣ በጌምድር፣ ሰሜን ሸዋን ወሎጋን ኣ ብ ዝሓጸረ እዋን ሓራ ዘውጽእ ኮይኑ፣ ዕምሪ ስርዓት ደርግ ኸሕጽሮ እዩ፣" ኣዛዚ ግንባር ምስ በለ፣ ድሙቕ ጣቕዒት ተለገሰሉ። "እዚ ክዉን ንምግባሩ ወሳኒ ተራ ዝህልዎ፣ ሜካናይዝድ ሰራዊት ብምኳኑ፣ እነሆ ሎሚ ኣብ መንጎና ሓደ ሜካናይዝድ ብርጌድ ህዝባዊ ግንባር ሓርነት ኤርትራ ተረኺቡ ኣሎ፣" በለ'ሞ፣ ከም ብሓድሽ ድሙቕ ጣቕዒት ተሰምዐ። ድሕሪ'ቲ ኣኼባ፣ ነቲ ናይ መጥቃዕቲ ቦታ ንምርኣይን ኣተሓሕዛ ቦታ ጸላኢ ንምዕዛብን ኣብ ዝኸዱሉ እዋን፣ ኣዛዚ ብርጌድ ናይ'ቲ ስሙር ግንባር ጽዑይ መግለጺ ሃቦም'ሞ፣ ሰለሙን፣ ኣዛዚ'ታ ሳልሰይቲ ቦጦሎኒ መድፍዓጂ ህዝባዊ ሰራዊት፣

"እዚ ኣብዚ ኸባቢ'ዚ ዓስኪሩ ዘሎ ራብዓይ ክፍለ ሰራዊት፣

ሓደ ካብ'ቶም ስርዓት ደርግ ዝተኣማመነሎም ሓያል ሰራዊት ኮይኑ፡ ዘሎዎ ኣጽዋር'ውን ማእለያ የብሉን። ብፍላይ እተን ሜካናይዝድ ብርጌዳቱ ምስተን ኣብ ኤርትራ ዘለዋ ዝወዳደራ እየን። ከምዚ እዚ ቦታ ተዓዚብናዮ ዘለና፡ ብቑዳምነት ነቲ ሰራዊት ብኸቢድ ብረት ክነዳኽሞ ይግብኣና። ብድሕሪኡ፡ እቲ ውግእ ብመሰረቱ ናይ ታንክ ብታንክ ውግእ'ዩ ክኸውን። ምኽንያቱ፡ ሰራዊት ደርግ ንድልድል ኣባይ ብታንክታት ሓጺሩዎ ስለ ዘሎ፡" ብምባል፡ ነቲ ብወገን ሜካናይዝድ ሓይልታት ህ.ሰ ዝውሰዶ ስጕምትታ በብሓደ ዘርዚሩ ኣብርሀ።

መጥቃዕቲ ባህርዳር 23 ለካቲት 1991 ወጋሕታ ሰዓት 05፡00 ተጀመረ። መዳፍዕን ቢኤም 21 ህ.ሰ ኸጕስዕን ጪው ጪው ክብልን ጀመረ። ኣጋር ሰራዊት ህ.ወ.ሓ.ት/ኢ.ህ.ወ.ደ.ግ ጕየየ፡ ውግእ ናብ እሳተ ጎመራ ተለወጠ። ኣብ ሰዓታት ዘይመልእ እዋን *ኣርብ ገቢያ፡ ወሮታ፡ ኣዲስ ዘመን* ኮነ እተን ኣብ እግረ መገዱ ዝነበራ ዓድታት ሓንቲ ድሕሪ ሓንቲ ኣብ ትሕቲ ቑጽጽር ኣእተወን። መገዲ ጎንደር ባህርዳር ተዓጽወ። ባህርዳር ኣብ ኣፍ ሻምብቆ ኸቢድ ብረት ህዝባዊ ሰራዊት ወደቐት። ኣሎ ዝብሃል ኣጽዋር ተተኰሰ፣ ጀነራል ዋስይሁን ንጋቱ ናብ ላዕለዋይ ሓላፊኡ ኸኑታት መጥቃዕቲ ኸሕብር ሬድዮ ርክብ ከፈተ፡

"ጓድ ክንፈገብርኤል፡ ከምቲ ኣብ ዝሓለፈ ኣኼባና ዝሓበርኩዎ፡ እቲ ኣብ ወልድያ ኣትዩ ዘሎ ሜካናይዝድ ብርጌድ ናይ ሻዕብያ ወንበዴ፡ ምስ ወያነ ኾይኑ ሎሚ ወጋሕታ መጥቃዕቲ ኸፊቱልና ኣሎ። ድሮ *ኣርብ ገቢያ፡ ወሮታ፡ ኣዲስ ዘመንን* ኣብ ከባቢ ባህርዳር ዘለዋ ዓድታትን ተቈጻጺሩወን ኣሎ። ሰራዊትና ናይ ከቢድ ብረት ቦምባታት ኣብ ርእሱ እዩ ዝወድቕ ዘሎ ..."

"ሻዕብያ ነዚ ኹሉ ኣጽዋር በየን ኣሕሊፉዎ?"

"ጀነራል፡ እቲ ብርጌድ፡ ቅድሚ ዓመት ኣብ መጥቃዕቲ ደብረታቦር ዝተሰልበ ኣጽዋር ኣብ ገርገራን ወልድያን ጸኒሑዎስ፡ ንዕኡ ብምጽጋን'ዩ ኣብ ጥቕሚ ኣውዒሉዎ ዘሎ።"

"ምስ ሻዕብያ ኢና ውግእ ገጢምና ዘለና'ምበር፡ ወያነ ዓቕሚ ኸም ዘይብሉ ንፈልጥ ኢና። ሓይሊ ኣጋር ሰራዊትከ ማዕረ ክንደይ እዩ?"

"እወ! ሽፋን ከቢድ ብረት'ዩ ወሳኒ ኾይኑ ዘሎ ጀነራል፡" እናበለ ኸሎ፡ ናይ 122 ሚ.ሜ መድፍዕ ኣብ ከባቢ መአዘዚ ቦታኡ ወደቐ'ሞ፡ ነቲ ርክብ ኣቛሪጹ ናብ ደገ ወጸ። እቲ መጥቃዕቲ

ንምውድዳብ ዕድል ዝኸልእ ስለ ዝነበረ፣ ሰራዊት'ቲ ስሙር ግንባር ብዝተገብረሉ ሽፋን ከቢድ ብረት ህዝባዊ ሰራዊት፣ ናብ ድልድል ኣባይ ተጸግዐ። እቲ ኣብ ማእከል ኢትዮጵያ ዝነበረ ራብዓይ ሜካናይዝድ *ክፍለ ጦር* ከኣ ፋሕ ፋሕ ክብል ጀመረ። ጸላኢ ንድልድል ኣባይ ከየፍርሶ ተሰግአ። ኮይኑ ኸኣ ነቲ ዕድል ንምኽላእ ቢኤም 21 ሮኬት ብዘይ ዕረፍቲ ናብ ጸላኢ ተተኰሰ። ኣጋር ሰራዊት ህ.ወ.ሓ.ት/ኢ.ህ.ወ.ደ.ግ ከኣ ናብቲ ድልድል ብምብጻሕ ናብ ባህርዳር ገጹ ሰገረ። ውግእ፣ ኢድ ብኢድ ኮነ። ሰራዊት ተሓዋወሰ። ድሕሪ ናይ ሰዓታት ውግእ፣ እቲ ራብዓይ ሜካናይዝድ *ክፍለ ጦር* ናብ *"ዛንዘሊማ"* ገጹ *ሃደመ፤* ሜካናይዝድ ሓይልታት ህዝባዊ ሰራዊት ከኣ ኣብ ክሳድ *ዛንዘሊማ* መፈጸምታ ገበራሉ'ሞ ሓንሳብን ንሓዋሩን ሃደሽደሽ ኢሉ ተረፈ። ከተማ ባህርዳር ከኣ 24 ለካቲት 1991 ኣብ ኢድ ሜካናይዝድ ብርጌድ ህዝባዊ ሰራዊት ሓርነት ኤርትራን ኣጋር ሰራዊት ህ.ወ.ሓ.ት/ኢ.ህ.ወ.ደ.ግ ኣተወት።

ኣብ ተመሳሳሊ እዋን፣ ፕረዚደንት መንግስቱ ሃይለማርያም፣ ጀነራል መስፍን ገብረቃል ምክትል *የጦር ሃይሎች ጠቅላይ ኤታ ማጆር ሹም፣* ሌ/ጀነራል ተስፋየ ገብረኺዳን፣ ሌ/ጀነራል ኣዲስ ተድላ፣ ብ/ጀነራል እምቢበል ኣየለ *የምድር ጦር ኣዛዥ'ን* ካልኦትን ኣብ ዝተረኽብሉ ኣኼባ፣ "ክቡር ፕረዚደንት፣ ቅድሚ ቍሩብ ደቓይቕ ከተማ ባህርዳር ኣብ ትሕቲ ኣዝዩ ኣተሓሳሳቢ ኹነታት ወዲቓ'ላ። ራብዓይ ሜካናይዝድ *ክፍለ ጦር* ብዝወረዶ መጥቃዕቲ ኣዝዩ ተሃስዩ'ሎ። እቲ ውግእ ብወገን *ክፍለ ሃገር* በጌምድር ጥራይ ዘይኮነ ተኸፊቱልና ዘሎ፣ ብኽፍሊ ሃገር ጎጃም'ውን ኣብ ተመሳሳሊ ሰዓት መጥቃዕቲ ተኸፊቱልና ኣሎ፣" ብምባል፣ ሓጺር ጸብጻብ ሃበ።

"እዚኦም፣ ሓምሳ ኺሎ ዘይምዘኑ ናይ ወያነ ወንበዴ ማዕረ ክንድ'ዚ ዓወት ኣብ ልዕሌና ኽረኽቡ ዘሕዝን'ዩ፣" ብምባል፣ ርእሱ ነቕነቐ'ሞ፣

"ክቡር ፕረዚደንት፣ እቲ ዓቢ ብድሆ ኾይኑና ዘሎ ሻዕብያ እዩ። እቶም ናብ ጎጃምን በጌምድርን ኣእትዩዎም ዘሎ ሜካናይዝድ በራጊድ እዮም ኣብቲ ውግእ ወሳኒ ተራ ዝጻወቱ ዘለዉ። ብመሰረት በጺሑና ዘሎ ሓበሬታ፣ ነቲ ኣብ ዝሓለፈ ዓመት ኣብ መጥቃዕቲ ደብረታቦር ሰራዊትና ገዲፉዎ ዝወጸ ..." ኢሉ ጀነራል እምቢበል ኣየለ ዘረባኡ ኽይወድእ፣

"ሻዕብያ፣ ዝገደፍናሉ ታንክታትን መዳፍዕን ክጽግንን ወያነ መፋትሕን ካቻቢተን ኽቐብሎ ኸሎ፣ ሰራዊትና ኸኣ ኣብ ባህርዳርን

ጣና ሃይቅን እናተዘናግዐ ዝሰደድናሉ ምሩጽ መግቢ ኣስቃጥላ እናኸፈተ ይበልዕ ነይሩ ዲኻ ክትብለና ደሊኻ፡” ፕረዚደንት መንግስ ቱ ምስ በለ፡ ብውሽጦምሲ ኣዘራርባኡ ኸየስሓቖም ኣይተረፈን። ንሱ ግና ነቲ ጽልሙ ጽልሚ ደኣ ወሰኸሉ።

“እዚ ኸም ዝመጽእ ስለ ዝገመትና፡ ብወገንና ብቐጻሊ ሓይሊ ኣየር ነተን ታንክታት ክድብድበን ንሕብሮ ኤርና ኢና። ኮይኑ ኸኣ፡ ካብቲ ዝፈራህናዮ ኣይወጻእናን። እዚ ሕጂ ገጢሙና ዘሎ ውግእ ኣንፈቱ ኣዝዩ ኣተሓሳሳቢ ስለ ዝኾነ፡ ንዝመጹ እንተታታት ተቐሪብና እንተ ጸናሕና ዝሓሸ ኾይኑ ይስምዓኒ፡” በለ፡ እቲ ዝረኣዮ ካብ ምዝራብ ዘይቀኑጠብ ጀነራል እምቢበል።

“ጓድ ኣዲስከ እንታይ ይገበር ትብል?” ሓተተ ፕረዚደንት።

“ጸብጻባት ከም ዝሕብሩዎ እንተ ኾይኑ፡ እቲ ብወገን ጎጃም ተኸፊቱልና ዘሎ መጥቃዕቲ’ውን ናብ ከተማ ደብረማርቆስ ገጹ ይግስግስ ከም ዘሎ እዩ ዘርእየና። ስትራተጂ ሻዕብያ ነዘን ክልተ ክፍላተ ሃገራት ኣብ ትሕቲ ቊጽጽሩ ኣእትዩ ንሰሜን ሸዋ ምህራም ስለ ዝኾነ፡ ብቐዳምነት ንኸተማታት ባህርዳርን ደብረማርቆስን ንኸይሕዘን ሓያል ምክልኻል ክንገብር ይግብኣና። እቲ ትእዛዝ ከኣ፡ ድሮ ንኽልቲኦም ኣዘዝቲ ኮራት ተዋሂቡዎም ኣሎ፡” ብምባል መግለጺ እናሃበ ኸሎ፡ ጀነራል መስፍን ገብረቃል መዛረቢ ማይክሮፎኑ ጠወቐ።

“ነቡር ፕረዚደንት፡ ራብዓይ ሜካናይዝድ ክፍለ ሰራዊትና ንደብዳብ ሻዕብያ ክጻወሮ ብዘይ ምኽኣሉ ...” ኢሉ ርእሱ ኣድነነ’ሞ፡ ድሕሪ ካልኢታት “ከተማ ባህርዳርን ኣዲስ ዘመንን ሻዕብያ ሒዙወን ኣሎ፡” ብምባል መሊሱ ርእሱ ኣድነነ። ፕረዚደንት መንግስቱ ኸኣ፡ ከምቲ ኣብ ከምዚ ኾነታት ወትሩ ዘርእዮ ጠባይ፡ ካብ መንበሩ ሓፍ ብምባል ንሌ/ጀነራል ተስፋየ ገብረኺዳንን ሌ/ጀነራል ኣዲስ ተድላን ክኸተሉዎ ኣዚዙ ተመርቀፈ።

ህ.ወ.ሓ.ት ዝመርሖ ስሙር ግንባር ኣብ ከተማ ባህርዳር ዝሑል ኣቀባብላ ገጠሞ። ነባሪ እቲ ኸተማ፡ ውግእ ደው ምባሉን ታንክታት ህዝባዊ ሰራዊት ሓርነት ኤርትራ ምእታወን ርእዩ ካብ ኣባይቱ እንተ ወጸ’ኳ፡ ኣብ ልዕሊ ህ.ወ.ሓ.ት ብዝነበሮ ቐጻሊ ተቓውሞ ግና፡ ፍሽሑው ገጽ ኣየርኣየን። እቲ ኣብ ውሽጡ ህዝቢ ኣምሓራ ኣይክቕበለናን እዩ ዝብል ፍርሂ ዝነበሮ መሪሕነት ህ.ወ.ሓ.ት ከኣ፡ ነባሮ’ታ ኸተማ ናብ ኣባይቶም ክኣትዉ መጠንቀቕታ ኣመሓላለፈ።

እቲ ኣብ ምውጻእ ሓርነት ከተማ ባህርዳር ወሳኒ ግደ ዝተጻወተ ሜካናዝይድ ብርጌድ ህዝባዊ ግንባር፡ ነቲ ኣብ ክፍሊ ሃገር ጎጃም

መጥቃዕቲ ብምኽፋት ናብ ደብረማርቆስ ዝግስግስ ዝነበረ ኣጋር ሰራዊት ስሙር ግንባር ኢ.ህ.ወ.ደ.ግ ንምሕጋዝ ንጽባሒቱ ነቲ ኸባቢ 300 ኪ.ሜ ዝንውሓቱ መገዲ ባህርዳር - ደብረማርቆስ ተተሓሓዞ። ኮይኑ ኸኣ፣ ነተን ኣብ እግሪ መገዱ ዝነበራ ዓድታት ዱርቤቴ፣ ዳንግላ፣ ኣዲስ ኪዳንን እንጂባራን ሓራ ኣውጺኡ ነታ ስትራተጂያዊት ዝኾነት ከተማ ቡሬ ኣብ ትሕቲ ቍጽጽር ከቢድ ብረቱ ኣእተዋ። ወጋሕታ ደብዳብ ተጀመረ፣ ሰራዊት ኢትዮጵያ ኸኣ ናብ ክፍለ ሃገር ወለጋ ሃተፈ። እታ ኣብ መንጎ ባህርዳርን ደብረማርቆስን እትርከብ ከተማ ቡሬ ኸኣ፣ ኣጋር ሰራዊት ስሙር ግንባር ሰተት ኢሉ ኣተዋ። ንቕሎ ናብ ከተማ ፍኖተ ሰላም ቀንዐ፣ ምሕራር ከተማታትን ዓድታትን ቀጸለ፣ ከተማ ደብረማርቆስ ድማ ዕጫ ሓርነት ኣንጸላለዋ።

እዚ እናኾነ ኸሎ፣ ፕረዚደንት መንግስቱ ኣማስይኡ ኣኼባ ብምጽዋዕ፣

“ኣዲስ! ደብረማርቆስ፣ ባህርዳር፣ ቡሬ መን ኣላ ዝተረፈት ኣብ ኢድ ሻዕብያ ዘይኣተወት ከተማ!” ብምባል ኣዒንቱ ኣፍጢጡ ንኹሎም ጠመቶም'ሞ፣ “ሃገር ብኾፍና እናተሸጠት ከላ ካብ ምዕዛብ ዝኸፍእ ነገር እንታይ ኣሎ! እዚ ኹሉ ሰራዊት ኣብ ናይ ክልተ ሰለስተ መዓልቲ ውግእ ሃደሽደሽ ክብል ከሎ እንታይ ትገብሩ ኔርኩም!” ብምባል፣ ካብ ጀነራል መስፍን ገብረቃል ገለ መልሲ እንተ ረኸበ ብምባል ኣዒንቱ ኣንጕልሒጡ ጠመቶ። ብዘይካ እቲ ብድፍረቱ ዝተፈልጠ ጀነራል እምቢበል ዝምልስ ኣይተረኸበን።

“ክቡር ፕረዚደንት፣ ከምዚ ትርእዩዎ ዘለኹም፣ ሻዕብያ ንኹሎም ወንበዴታት ኣሕቢሩ እዩ ንሰራዊትና ዝገጥሞ ዘሎ። እዘን ክልተ ክፍላተ ሃገራት ከኣ ካብ ቍጽጽርና ወጻኢ ይኾና ኣለዋ። ህዝቢ'ውን ይጋፋዕ ኣሎ። ብወገነይ ናብቲ ቕድሚ ቍሩብ መዓልቲ ብጓድ ዶክተር ኣሻግሬ ዝቐረበ ሓሳብ እንተ ንምለስ ይሓይሽ፣” ኢሉ፣ ናብ ሚኒስተር ወጻኢ ጉዳያት ዶ/ር ተስፋየ ዲንቃ ጠመተ። ዶ/ር ተስፋየ ዲንቃ ሚኒስተር ወጻኢ ጉዳያትን ቀዳማይ ሚኒስተርን ክኸውን ከሎ፣ ዶ/ር ኣሻግሬ ይግለጡ ኸኣ ምክትሉ እዩ ነይሩ።

“ጓድ ተስፋየ፣ እቲ ብወገን ኣሜሪካ ተበጊሱ ዘሎ ኣማራጺ ሰላም እንታይ እዩ ዕላማኡ?” በለ፣ መንግስቱ ሃይለማርያም ርግእ ኢሉ።

“ጓድ ፕረዚደንት፣ ከምቲ ኣብ ዝሓለፈ እዋን ኣብ ኣትላንታን ናይሮብን ብመንጎኝነት ፕረዚደንት ነበር ጂሚ ካርተር ምስ ሻዕብያ

ክንዛተ ዝተፈተነ'ሞ ዘይተዓወተ ዘተ ሰላም፡ ሕጂ'ውን መንግስቲ ኣሜሪካ ብሄርማን ኮሄን ምክትል ሚኒስተር ወጻኢ ጉዳያት ንጉዳይ ኣፍሪቃ ኣቢሉ ነቲ ዘተ ኽበግሶ ሓደ ሓሳብ ኣቕሪቡ'ሎ። ትማሊ ምስ ኣምባሳደር ኣሜሪካ ኣብ ዝተራኸብናሉ እዋን፡ ብወገነይ ደጊመ ቅሩብነትና ኣረጋጊጸሉ ኣለኹ። ኮይኑ ግና፡ ብወገን ወንበዴታት፡ ብፍላይ ሻዕብያ፡ ምስዚ ዘሎ ናህሩ ንዘተ ቕሩብ ይኾውንዶ? እንተ ዘይኮይኑ እንታይ ክግበር ኣለዎ? ከምቲ ጓድ እምቢበል ቅድም ኢሉ ዝበሎ፡ ኣብ ሰሜን ኢትዮጵያ ዘሎ ሰራዊትና ኣብ ዝሓጸረ እዋን ኢዱ ኽይህብ እዩ እቲ ስግኣት። እዚ እንተ ኾይኑ ኽኣ፡ ኤርትራ ካብ ኢድና መሊቓ ኣላ ማለት'ዩ። ስለዚ፡ ናብ'ቲ ደረጃ'ቲ ኽይበጽሕና ኽለና ናብ ዘተ እንተ ንኸይድ፡ ብሓገዝ መንግስቲ ኣሜሪካ ዓሰብን ሓውሲ ደሴት ሓሌብን ኣብ ኢድና ኽም ዝተርፋ እንተ ንገብር ዝሓሸ ኾይኑ ይስምዓኒ፡" ብምባል፡ ውድቀቶም ከም ዘይተርፍ ብተዘዋዋሪ መገዲ ድሕሪ ምግላጽ፡ ንመንግስቱ ዘተ ሰላም ንኽቕበል ኣእመኖ።

ደርግ፡ ንኣዛዚ ካልኣይ ኣብዮታዊ ሰራዊት ሜ/ጀነራል ውብሸት ደሴ ብሜ/ጀነራል ሑሴን ኣሕመድ ቀይሩ ንባጽዕ ንምሓዝ ተደጋጋሚ መጥቃዕቲ ኣብ ግንባር ጊንዳዕ ኣካይዱ ተስፉኡ ምስ ማህመነ ዓቕሊ ጽበት ዘበገሶ ተርባጽ፡ ኣብ ባጽዕ ካብ ወርሒ ሚያዝያ ክሳዕ ሰነ 1990 ልዕሊ ዓሰርተው ሓደ ጊዜ ደብዳብ ነፈርቲ ኣካየደ። ይኹን'ምበር፡ ብሰንኪ ምሕራር ወደባዊት ከተማ ባጽዕ ህዝቢ ሰሜን ኢትዮጵያ ከቢድ ጥምየት ከንጸላልዎ ምስ ጀመረ፡ ብድፍኢት ዓለማዊ ውድብ መግቢ ውድብ ሕቡራት ሃገራትን ማሕበረ ሰብ ዓለምን፡ ረድኤት ብባጽዕ ክኣቱ ብዝወረዶ ጸቕጢ ነቲ ጻውዒት ከይፈተወ ተቐበሎ'ሞ፡ ማሕበረ ሰብ ዓለም ብ8 ጥሪ 1991 ሚእቲ ሽሕ ኩንታል መግቢ ብፋር ስወዝ ዝተባህለት መርከብ ረድኤት ብወደብ ባጽዕ ኣተወ። እዚ ኾይኑ ኸብቅዕ፡ ኣብ ሰሜን ኢትዮጵያ እቲ ውግእ ካብ በጌምድር ሓሊፉ ናብ ክፍለ ሃገር ጎጃም ብምቕናዕ፡ ንባህርዳር ኣብ ራብዕታ ከተማ ደብረማርቆስን ዝተረፈ ክፋል ጎጃምን ሓራ ወጸ። ኣብ ተመሳሳሊ እዋን ሜካናይዝድ ብርጌድ ህዝባዊ ሰራዊትን ኣጋር ሰራዊት ህ.ወ.ሓ.ት/ኢ.ህ.ወ.ደ.ግን ነቲ ብብ/ጀነራል ዋስይሁን ንጋቱ ዝእዘዝ ኮር 603 ምሉእ ብምሉእ ብምስዓር፡ ንኸተማ ጎንደር ተቈጻጺሩ መላእ በጌምድር ሓራ ኾነት። ደርግ፡ ጸቕጢ ስለ ዝርትዖ፡ ጻውዒት ዘተ ሰላም መንግስቲ ኣሜሪካ ተቐበሎ። እዚ ኾይኑ ኸብቅዕ፡ እቲ ኣብ ክፍሊ ሃገር ወለጋ ዝተኸፍተ

መጥቃዕቲ "ኣዴኻ ኣይ ከም ዝለኣኽትካን ዕዳጋ ከም ዝጸንሓካ እዩ" ከም ዝብሃል፡ እቲ ብሜ/ጀነራል ዘለቀ በየነ ዝእዘዝ ሰራዊት ግና ብቐሊሉ ዝድፋእ ኮይኑ ኣይተረኽበን። ኮይኑ ኸኣ፡ ንኸተማ ጽጌማርያም ንምሓዝ ሓያል መስዋእቲ ተኸፍለ። ሰራዊት ደርግ ግና ነቕ ክብል ኣይከኣለን። ስለ ዝኾነ ኸኣ፡ እታ ኣብ ጎንደር ዝነበረት ሜካናይዝድ ሓይሊ ህ.ግ፡ ካብኡ ተበጊሳ ኣብቲ ንኸተማ ጽጌማርያም ንምትሓዝ ዝተኸፍተ መጥቃዕቲ ኸተርክብ ዘብዘብ ኮነ። ውግእ ጸዕጽዐ፡ ድሕሪ ናይ ሰዓታት መጥቃዕቲ ኸቢድ ብረት፡ ሰራዊት ደርግ ተደፊኡ ኣብ ከበባ ኣተወ። ሜካናይዝድ ሓይልታት ህዝባዊ ግንባር ነቲ ኣብ ከበባ ዝኣተወ ሰራዊት ብዘይ ንሕስያ ጨፍጨፋኦ። ጀነራል ዘለቀ በየነ ነቲ ካብ ከበባን ጭፍጨፋን ዝወጸ ሰራዊት ናብ ከተማ ነቀምቴ ኸዝልቕ ኣዘዞ። ከተማ ጽጌማርያም ከኣ፡ ሓራ ወጸት። ሓያሎ ታንክታት፡ መዳፍዕ፡ ቢኤም ወንጨፍቲ ሮኬታትን ዝተፈላለየ ረሻሻትን ኣብ ኢድ ሜካናይዝድ ሓይልታት ህዝባዊ ግንባር ኣተወ፡። በቲ ዝተሰልበ ኣጽዋር ከኣ፡ ድሕሪ ቍሩብ ሰዓታት፡ ከተማ ነቀምቴ ሓራ ኣውጺኡ፡ ኣጋር ሰራዊት ህ.ወ.ሓ.ት/ ኢ.ህ.ወ.ደ.ግ ብታንክታት ሜካናይዝድ ሓይልታት ህዝባዊ ሰራዊት ሓርነት ኤርትራ ተሰንዩ ናብ ከተማ ነቀምቴ ኣተወ። እቲ ድሮ ኣብ ስርሒት ኣሶሳ ወሪኡ ዝነበሮ ነባሪ ኸተማ ነቀምቴ፡ ንታንክታት ህዝባዊ ግንባር ከበቦ፡ ጓይላን ሳዕስዒትን ከኣ ኾነ። "ወሰደ ህዝባዊ ግንባር በዓል ስረ" ተባህለ፡ መሪሕነት ህ.ወ.ሓ.ት ከኣ እታ ኣብ መዓንጣ ኸብዱ ኮይና ተሳቕዮ ዝነበረት ሕማም ነብሰ ምትሓት ተላዕለቶ።

* * *

ከም መቐጸልታ ናይቲ ኣብ ጥቅምቲ 1990 ብዋና ጸሓፊ ዝተመርሐ ልኡኽ ህዝባዊ ግንባር ኣብ ኣሜሪካ ዝተገብረ ዑደት፡ መንግስቲ ኣሜሪካ፡ ብመገዲ ወኪሉ ምኽትል ሚኒስተር ወጻኢ ጉዳያት ንጉዳይ ኣፍሪቃ ሄርማን ኮሄን ክልተኣዊ ርክብ ህዝባዊ ግንባር ሓርነት ኤርትራን ህዝባዊ ወያነ ሓርነት ትግራይን ኣብ ዋሽንግተን ንኽግበር ጻውዒት ኣቕረበ። መሪሕነት ህ.ወ.ሓ.ት፡ ላዕለዋይ ኢድ ናይቲ ኣጀንዳ ሕቶ ኤርትራ እዩ ክኸውን ካብ ዝብል ቅማረ፡ ሓሙሽተ ኣባላት'ቲ ፖለቲካዊ ቤት ጽሕፈትን ንጉዳይ ኤርትራ እትከታተል ሓጐስ ገብረኣነንያ ዝመርሓ ኮሚቴን ብዛዕባ'ቲ ክቐርብ'ዩ ዝበልዎ ኣጀንዳ ንምዝታይ፡ ሓሙሽተ መዓልቲ ቅድሚ'ቲ ዝተወጠነ ርክብ፡ ኣብ ደደቢት ተኣከቡ። ኮይኑ

ኸኣ፡ ኣብቲ ኣብ ዋሽንግቶን ዲሲ ክእንገድ ተሓሲቡ ዘሎ ክልተኣዊ ርክብ፡ ጉዳይ ኤርትራ ብኸመይ ይተሓዝ ኣብ ዝብል ሕቶ፡

"ሰራዊትና ኣብ ዝገብሮ ዘሎ መጥቃዕቲ፡ ህዝባዊ ግንባር ወሳኒ ተራ ይጻወት ከም ዘሎ ንኹላትና ዝተሰወረ ኣይኮነን። እቲ ናብ ኣዲስ ኣበባ ቀኒዑ ዘሎ መጥቃዕቲ ኸኣ ብዘይ ናቱ ደገፍ ውጽኢት ክርከቦ ዝክኣል ኣይኮነን። ስለ ዝኾነ ኸኣ፡ ንኤርትራ ናጽነታ እንህባ ንሕና ዘይኮንናስ፡ እቲ ኣብ ባይታ ተፈጢሩ ዘሎ ክዉንነትን ሓይሊ ሚዛንን ስለ ዝኾነ፡ መርገጺና ኸነነጽር ይግብኣና። ሰሚዕኩሞ ኸም ዘለኹም፡ መንግስቲ ኣሜሪካ፡ ኣብ ልዕሊ ኤርትራ ዘለና መርገጽን ነቲ ዘሎ ሽግር ኣፈታትሓኡን መብርሂ ክንህቦ ኣብ ዋሽንግቶን ብዘሎ ቤት ጽሕፈትና ገይሩ መልእኽቲ ሰዲዱልና'ሎ። ብወገንና፡ መንግስቲ ኣሜሪካ፡ ኤርትራ ካብ ኢትዮጵያ ክትፍለ ድልየት ከም ዘይብሉ ካብቲ ኣብ ዝተፈላለየ እዋናት ዝተገብረ ርክባትና ክንርዳእ ክኢልና ኣለና። ስለዚ ብጾት፡ ህ.ወ.ሓ.ት ሓደ ጥሙር ሓሳብ ሒዙ ናብ ኣሜሪካ ኸኸይድ ምእንቲ፡ ኣብቲ ቐሪቡ ዘሎ መዛተዪ ወረቐት ርእይቶ ንሃቡሉ?" ብምባል፡ መለስ ዜናዊ ነቲ ኣኼባ ኸፈቶ።

"እቲ ቐሪቡ ዘሎ ወረቐትን ሓቝፉዎ ዘሎ ሓሳብን ብዙሕ ክትዕ ዘድልዮ ኣይኹን'ምበር፡ ጉዳይ ኤርትራ፡ ካብቲ ምቛም መሰጋገሪ መንግስቲ ዝፈጥሮ ምትሕልላኻት ንላዕሊ፡ ተኣፋፊ ሕቶ ኸም ዝኸውን ዘማትእ ኣይኮነን። ምኽንያቱ፡ ምዕራባውያን ንናጽነት ኤርትራ ኣይድግፉን'የን ጥራይ ዘይኮነ፡ ዝተረፈ ህዝቢ ኢትዮጵያ'ውን ሓያል ተቓውሞ ኸርኢ ምዃኑ ዝሰሓት ኣይኮነን። ይኹን'ምበር፡ ህ.ወ.ሓ.ት እቲ ምስ ህዝባዊ ግንባር ፈጢሩዎ ዘሎ ዝምድና ኣብ ዝለዓለ ጥርዙ በጺሑ ኣብ ዘለወሉ እዋን፡ ንናጽነት ኤርትራ ክቃወም ኢልካ ዘይሕሰብ'ዩ። ምኽንያቱ፡ ንባዕሉ እቲ ሓይሊ ሚዛን ዝዛረብ ስለ ዝኾነ፡" ብምባል፡ ስብሓት ነጋ ኣብ ኣዲስ ኣበባ በትረ ስልጣን ክጭብጥ ከሎ ተራእዩዎ ፍሽኽ በለ።

"ናጽነት ኤርትራ፡ ኣብ ታሪኽ ኢትዮጵያ ሓድሽ ክስተትን ተሓታትነትን ከምጽእ ምዃኑ ዘማትእ ኣይኮነን። እዚ ይኹን'ምበር፡ ከምቲ ኣብ ዝሓለፈ እዋን ብጻይ መለስ ንፕሮፌሰር ፓወል ሀንዘ ብንጹር ዝገለጸሉን ኣብ ምርድዳእ ዝተበጽሓሉን፡ ትግራይ፡ ብዘይ ኣፍ ደገ ባሕሪ ኽትተርፍ ስለ ዘይብላ፡ ዓሰብ ከም መዛተዪ ኣርእስቲ ኽቐርብ ንዝብል ሓሳብ ንመንግስቲ ኣሜሪካ ምሕባሩ ኣገዳሲ ይመስለኒ፡" በለ ስየ ኣብርሃ፡ ነቲ ዓሰብ ከም መባደሊ ናጽነት ኤርትራ ኽትቐርብ ኣብ ዕጹው ማዕጾ ብገለ ኣባላት መሪሕነት ህ.ወ.ሓ.ት ቐሪቡ ዝነበረ ሓሳብ ብምድጋም።

“ካብዚ ብጻይ ስዩ ዝበሎ ዝተፈልየ ሓሳብ'ኳ እንተ ዘይሃለወኒ፣ መንግስቲ ኣሜሪካ፣ ኢትዮጵያ ብዘይ ኣፍ ደገ ባሕሪ ክትተርፍ ይቕበሎ እዩ ኽብሃል ዝከኣል ኣይመስለንን፣ ብርዱእ ምኽንያታት። ኣሜሪካ፣ ካብ ቅድም ደጋፊት ኢትዮጵያ ኸም ምዃና መጠን፣ ኣብ ቀይሕ ባሕሪ ዝህልዋ ጽልዋ ዳግም ክትስእኖ ኣይትደንል'ያ፣ ንስለ ጂኦ ፖለቲካዊ ረብሓኣ ክትብል። ነዚ ኸኣ፣ ብኢትዮጵያ ገይራ ኽተረጋግጾ ኸም እትሓስብ ዘጠራጥር ኣይኮነን። ኣብ'ቲ ቅማረ'ቲ ኸኣ ንሕና ረብሓ ኣለና። ኢትዮጵያ፣ ብዘይ ኣፍ ደገ ባሕሪ ኣብ ዞባ ቀርኒ ኣፍሪቃ ዝህልዋ ተሰማዕነትን ጽልዋን ኣብ ኣተሓሳሳቢ ኹነታት ክወድቕ ምዃኑ ዘጠራጥር ኣይመስለንን። ስለዚ፣ ኣብ'ዚ ጉዳይ'ዚ ረብሓ ኣሜሪካን ኢትዮጵያን ዝተኣሳሰር ከም ምዃኑ መጠን፣ ጉዳይ ዓሰብ ሓደ ካብ'ቶም ዘገድሱና መዛተዪ ኣርእስቲ ምዃኑ፣ ንመንግስቲ ኣሜሪካ ብተዘዋዋሪ መገዲ ክንገልጸሉ ይግባእ። በቲ ኻልእ ወገን ከኣ፣ ህዝባዊ ግንባር፣ ብዝኾነ ይኹን ቅድመ ኹነት ነዚ ኽቕበል ስለ ዘይኮነ፣ ን ኤርትራ ምሉእ ብምሉእ ሓራ ቕድሚ ምውጻኡ፣ ጉዳይ ዓሰብ ተወንዚፉ ምእንቲ ኽጸንሕ፣ ንደርግ ክንዓልዎን ንሕና ኣዲስ ኣበባ ቀዲምና ክንኣቱ ኸም ዘለና ኽነእምኖ ይግባእ። ኤርትራ ኸኣ፣ በቲ ዝቐውም መሰጋገሪ መንግስቲ ብረፈረንደም ናጽነታ ክወሃባ ምዃኑ ነረጋግጸሉ፣” ብምባል፣ ስዩም መስፍን ነቲ ብውሽጡ ተቐቢሉዎ ዘይፈልጥ ናጽነት ኤርትራ፣ እንተ ኽኢሉ ክጕዕጽጾ፣ እንተ ዘይኾነ ግና፣ ዓሰብ ኣብ ትሕቲ ምምሕዳር ኢትዮጵያ ትተርፈሉ ሜላ እናሰላሰለ ርእይቶኡ ሃበ። ገብሩ ኣስራት፣ ተወልደ ወልደማርያምን ኣርከበ ዕቍባይን ነቲ ሓሳብ ብኡ ንብኡ ደገፉዎ። መለስ ዜናዊ ኣብ ወርሒ ሚያዝያ 1990 “... ናጽነት (ኤርትራ) ዕድሚኡ ልዕሊ 10 ዓመት ዝኸይድ ኣይኮነን። ... ትግራይ ናይ ግድን ኣፍ ደገ ባሕሪ ስለ ዘድልያ ከኣ፣ ንሕና ከም ህ.ወ.ሓ.ት፣ ቀዳምነትን ልዕሊ ኩሉን ናይ ትግራይ እዩ ዘገድሰና። ስለ ዝኾነ ኸኣ፣ ምንእቲ ኣፍ ደገ ባሕሪ ክንረክብ፣ ንናጽነት ኤርትራ ክንቅበል እንከለና፣ መወዳእታ ዕላማ ሸቶ ቃልስና'ውን ነዚ ኣብ ግብሪ ንምውዓል እዩ፣” ብምባል፣ ምስ ፕሮፌሶር ፓወል ህንዘ ዝገበሮ ቃለ ምልልስ ብምዝካር፣ እታ ኣፍ ደገ ባሕሪ ዘለዋ ዓባይ ትግራይ ከኣ ንእለቱ ኣብ ኣዒንቶም ቅጅል በለቶም።

“ብጾት፣ ወፍሪ ዋለልኝን ቴድሮስን ክሳዕ'ዚ እዋን'ዚ ዕዉት ኮይኑ ኽወጽእ ካብ ዘኽኣሉዎ ረቛሒታት ሸሕ'ኳ ኣጋር ሰራዊትና

ዝተጻወቶን ዘበርክቶ ዘሎ ተራን እንተ ኾነ፡ እጃም ኣንበሳ ግና ንህዝባዊ ግንባር ሓርነት ኤርትራ እዩ ኸወሃብ ዝግባእ። ስለ ዝኾነ ኸኣ፡ ኣብ'ዚ ሰዓት'ዚ ብዛዕባ ዓሰብን ካልእን ምሕሳብ፡ ከም ብሓዊ ምጽዋት ጌርና ክንወስዶ ይግባእ። እቶም ገና በተሓሳስባ ኣብ 1976 ደው ኢሎም ተሪፎም ዘለዉ፡" በለ ሓጐስ፡ ናብ ስዩም መስፍንን ገብሩ ኣስራትን እናጠመተ፡ "ኣብ ባይታ ዘሎ ክዉንነት ክግን ዘቡዎ ይግባእ። እዞም ንኸምዚ ኣተሓሳስባ ኸሳስዩ ዝሓስቡ ብጾት፡ ንረብሓ እቲ ብዝተፈላለዩ ስርዓታት ዝተዳህከ ህዝቢ ኢትዮጵያ ወይ ትግራይ ዘይኮነስ፡ ገና ካብቲ ናይ ዘመነ ቴድሮስን ዮሃንስን ሕልሚ ምስፍሕፋሕ ዘይወጹ ጥራይ እዮም ክኾኑ ዝኽእሉ፡" ምስ በለ፡ ገብሩ ኣስራት ቍጥዐ ብዝተሓወሶ ኣጠማምታ፡ ኣቦ መንበር ነቲ ኣኼባ ኸኣልዮ ኣተሓሳሰቦ። ኮይኑ ግና፡ እቲ ኣቦ መንበር'ውን መደምደምታ ናይቲ ሓሳብ ንኽሰምዕ ስለ ዝተሃወኸ፡ ሓጐስ ንኽቕጽል ብኢዱ ኣመልከተሉ። "ብጾት፡ ሕጂ'ውን ክዉንነት ሜዳ ኤርትራ ብሓደ ወገን፡ ህዝባዊ ግንባር ዘለዎ ሓይሊ ሚዛን በቲ ኻልእ፡ ተገንዚብና፡ ነቲ ድሮ ናይ መዓልታት ዕድመ ተሪፉዎ ዘሎ መንግስቲ ኣዲስ ኣበባ ኣብ ምእላዩ እንተ ኣተኰርና ጥራይ ኢና ውጽኢታዊ ስራሕ ክንሰርሕን ኣብ መጻኢ ምስ ህዝባዊ ግን ባር ድልዱል ዝምድና ክንምስርትን እንኽእል። ስለ ዝኾነ ኸኣ፡ እዛ ኮሚቴ ብመሰረተ ኣቦ መንበር ዝሃባ ናይ ስራሕ ዕማም፡ እዚ ዝስዕብ ሓሳብ ተቕርብ፡" ድሕሪ ምባል፡ "ኢ.ህ.ወ.ደ.ግ፡ ጉዳይ ኤርትራ መግዛእታዊ ሕቶ ምዃኑ ኣትሪሩ ይኣምን። ስለ ዝኾነ ኸኣ፡ ጉዳይ ኤርትራ፡ ብዘይካ ህዝቢ ኤርትራ ዝኾነ ይኹን ኻልእ ኣካል ክውስን መሰል ከም ዘይብሉ ኣተሓሳስብ። ጉዳይ ኤርትራ፡ ብምሉእ ናጽነት ኤርትራ ኽፍታሕ ኸም ዘሎዎ ይኣምን፡" ብምባል፡ ነቲ ብስም ኢ.ህ.ወ.ደ.ግ ን13 መጋቢት ክወጽእ ዝተኣመመ ወግዓዊ መግለጺ ዝሓዘ ወረቐት ኣንበበሎም።

ኣቦ መንበር ህዝባዊ ወያነ ሓርነት ትግራይ፡ ማርክሲስት ለኒኒስ ት ሊግ ትግራይን ኣብቲ ካብ 17 - 23 ጥሪ 1991 ዝተቓንዐ ጉባኤ ዝተመርጸ ናይ ኢትዮጵያ ህዝቢ ወያናይ ደሞክራስያዊ ግንባርን መለስ ዜናዊ፡ ነቲ ቕድሚ ሓደ ዓመት ምስ ፓወል ሀንዘ ዝገበሮ ቃለ ምልልስ ድሮ ብምርሳዕን ህዝባዊ ግንባር ሓርነት ኤርትራ ኣብ ባይታ ፈጢሩዎ ዝነበረ ኵነት ሓይሊ ሚዛን ኣብ ግምት ብምእታውን፡ "ብጾት፡ ኣብ'ዚ እዋን'ዚ እቲ ኣዝዩ ኣገዳሲ ጉዳይ፡ መንግስቲ ደርግን ሰራዊቱን ክእለዩ ኸም ዘለዎም'ዩ። ከምቲ ብቐጻሊ

ዝተመያየጥናሉ፣ ኣብ ኣዲስ ኣበባ ባዶሽ ከይፍጠር'ሞ እታ ኸተማ ናብ ዕግርግር ከይትወድቕ፣ ናይ ክልቴና ውድባት ማለት ህዝባዊ ግንባርን ወያነን ምትሕብባር ከድልየና እዩ። ክንፈልጦ ዘለና፣ ግንባር ሓርነት ኦሮሞ ብወገን ወለጋን ደቡብ ኢትዮጵያን ምስ ሻዕብያ ብምልፉን መጥቃዕቱ የሐይሎ ኣሎ። ስለዚ፣ ናብ ኣዲስ ኣበባ ብምእታው ኣብ ኮረሻ ስልጣን ኮፍ ክብል ከም ዝደሊ ኸኣ ዘጠራጥር ኣይኮነን። እምበኣር፣ ሻዕብያ ኣብ መንጎናን ግንባር ሓርነት ኦሮሞን ዝኾነ ይኹን ግጭት ከይለዓል ናይ ምግታእ ዓቕሚ ስለ ዘሎዎ፣ እቲ ብብጻይ ሓጐስ ቀሪቡ ዘሎ መግለጺ ሰጊርናዮ ክን ሓልፍ ዝከኣል ኣይኮነን። ስለዚ ብጾት፣ ንደርግ ንምስዓር ሻዕብያ ወሳኒ ሓይሊ ስለ ዝኾነ፣ ነቲ ቐሪቡ ዘሎ ሓሳብ ኣብ ዝሓጸረ እዋን ንህዝቢ ብወግዒ ይገለጽ፣" ብምባል፣ ትእዛዝ ሂቡ ኣኼባ ተዓጽወ።

ኣብ ሜዳ ትግራይ ብሓደ ወገን፣ ኣብ ስተይት ደፓርትመንት በቲ ካልእ፣ ንኽልቲኣዊ ርክብ ህ.ግን ህ.ወ.ሓ.ትን ምድላዋት ይካየድ'ኳ እንተ ነበረ፣ ህዝባዊ ግንባር ግና ድሮ ነቲ ጉዳይ ነቒሑሉ ስለ ዝነበረ፣ "ውድባዊ ምትዕርራያት ኣብ ምግባር ስለ እንርከብ፣ ኣብዚ እዋን'ዚ ኣይጥዕመናን'ዩ፣" ብምባል ንጸውዒት ኣምባሳደር ሄርማን ኮሄን መልሲ ሃበሉ።

* * *

ስተይት ደፓርትመንት መጋቢት 1991

ኣብ ስተይት ደፓርትመንት ተሓጋጋዚ ምክትል ሚኒስተር ወጻኢ ጉዳያት ንጉዳይ ኣፍሪቃ ሄንሪ ኮሊንስ ዝመርሖ ኣኼባ፣ ሓላፊ ጠረጴዛ ኤርትራን ኢትዮጵያን ኣብ ዘቕረቦ ወረቐት፣

"ዘተ ሰላም ኣትላንታን ናይሮብን ብዘይ ፍረ ኽተርፉ ካብ ዝገበሮ ቀንዲ ረቛሒ፣ ምዝንባል ሓይሊ ሚዛን ከም ዝኾነ ዝፍለጥ ኮይኑ፣ ህዝባዊ ግንባር ኣብ'ዚ እዋን'ዚ ንኤርትራ ልዕሊ ሰማንያ ሚእታዊት ብምቍጽጻር እቲ ዝገዘፈ ሓይሉ ናብ ማእከል ኢትዮጵያ ኣቕኒዑዎ ይርከብ ኣሎ። እዚ ሓይሊ'ዚ ማለት ህዝባዊ ግንባር፣ ነተን ኣንጻር መንግስቱ ሃይለማርያም ዝዋግኣ ዘለዋ ተቓወምቲ ውድባት ህ.ወ.ሓ.ት፣ ኢ.ህ.ደ.ንን ግ.ሓ.ኦን ብምሕጋዝ ዓበይቲ ኸተማታት ኣብ ትሕቲ ቍጽጽርም ኣእትዮመን ኣለዉ። ኣዲስ ኣበባ ኸኣ ኣብ ክሊ 90 ኪ.ሜ ተኸቢባ ኣላ። ስለ ዝኾነ ኸኣ፣ ስርዓት

መንግስቱ፡ ውድቀቱ ዳርጋ ዝኣመነ ኸመስል፡ ነቲ ዘቕረብናሉ ዘተ ሰላም ተቐቢሉዎ ኣሎ። ምክትል ቀዳማይ ሚኒስተር ዶ/ር ኣሻግሬ ይግለጡ ዝመርሖ ልኡኽ ሎሚ ንግሆ ዋሽንግቶ ኣትዩ ኣሎ። ገጽ ንገጽ ተራኺብና ተዘራሪብና ኣለና። ሎሚ ምሸት ንኽልቲኦም ወገናት ማለት ንዕኡን ወከልቲ ህዝባዊ ግንባርን ናይ ኮክቴል ግብጃ ኣዳሊናሎም ኣለና።"

"ቀንዲ ቁም ነገር ናይ'ቲ ዝርርብ እንታይ እዩ ነይሩ?" ሓተተ ሄንሪ።

"ኣሜሪካ፡ ነቲ ናብ ኣዲስ ኣበባ ዝግስግስ ዘሎ ተቓዋሚ ሓይሊ ኣብ ዘሎዎ ደው ንኽብል ጸቕጢ ክትገብርን ኢትዮጵያ ኽይትገማማዕ ዝከኣላ ክትተሓባበርን ተማሕጺኑኒ ኣሎ።"

"ኮሙኒስት፡ ውድቀቶም ዘይተርፍ ምዃኑ ፈጺሞም ኣይኣምኑን'ዮም ነይሮም፡ ከመይ ገይሮም ደኣ ሎሚ ኣሜሪካ ኸም ተድሕኖም ፈሊጦም፡" ብምባል፡ ካር ካር እናበለ፡ "ብወገንካ እንታይ ሓሳብ ተቕርብ፡" ኢሉ ኸኣ ሓተተ፡ ሄንሪ ኮሊንስ።

"መንግስቲ ኢትዮጵያ ኣኺሉዎ ወዲቑ እዩ። ስለ ዝኾነ ኸኣ፡ ኣሜሪካ ኽልተ ነገራት ከይኽሰት ክትከላኸል ኣለዋ። ቀዳማይ፡ ኤርትራ ኽይትፍለ፡ ካልኣይ ከኣ ኣብ ኣዲስ ኣበባ ስርዓት ኣልቦነት ሰፊኑ ሓድሕድ ውግእ ከይፍጠር። እዚ ካልኣይ ምስ ዝፍጠር፡ ነታ ሃገር ማለት ኢትዮጵያ ናብ ስርዓት ዘሎዎ መንግስቲ ንምምላሳ ኣዝዩ ኣሸጋሪ ክኸውን'ዩ። ምኽንያቱ፡ ኣብ ኢትዮጵያ ፈጺመን ዘይሰማምዓ ሓሙሽተ ዓበይቲ ብሄራት ኣለዋ፣ ኣምሓራ፡ ኦሮሞ፡ ትግራይ፡ ሶማልን ዓፋርን። ሓሙሽቲኣን ብሄራት ከኣ ብረት ዓጢቐን ኣንጻር'ቲ መንግስቲ ማለት፡ ኣንጻር መንግስቱ ይቃለሳ ኣለዋ፣ ህዝባዊ ግንባር ከኣ ምስ ኩለን ኢድ ኣለዎ። ስለዚ፡ ኣነ ኣብ ስልጣን ክድይብ ኣነ'ባ ኣብ ዝብል ህልኽ ናብ ብረት ምልዓል ከይበጽሓ የፍርህ'ዩ። ንሕና ኢድና እንተ ዘየእቲናሉ እዚ ክብሎ ዝጸናሕኩ ዘይተርፍ'ዩ። ካልእ ኣዝዩ ዘተሓሳስብ ጉዳይ'ውን ኣሎ፡ ብወገን ህ.ወ.ሓ.ት ረፑብሊክ ትግራይ ናይ ምቛም ጥሙሕን ናይ ኦሮሞ ግንባር ከኣ ኦሮምያ ካብ ኢትዮጵያ ምፍላይ ዝብል ኣተሓሳስባን ከምጽኦ ዝኽእል ምብትታንን፡" ብምባል ሓላፊ ጠረጴዛ ኤርትራን ኢትዮጵያን ጆን ክሪስቶፈር ስሚዝ ኣስፊሑ መግለጺ ሃበ።

"ጆን፡ እዚ ትብሎ ዘለካ ትኽክል ይኹን'ምበር፡ ኣነ ካባኻ ዝደሊ ዘለኹ መፍትሒ እዩ። ስለዚ፡ ንጽባሕ ሰዓት ሓሙሽተ ድሕሪ

ቐትሪ ሓደ እማመ ኣዳልወለይ፣" ብምባል፣ ካብ ጠረጴዛ ሓፍ ኢሉ ኸደ።

ጆን ክሪስቶፈር ስሚዝ ንጽባሒቱ ንግሆ፣ መሳርሕቲ ፕሮፌሰር ፓወል ሀንዝ ፒተር ዊልያምስ ዝርከቡዎም ክኢላታትን ተንተንቲ ፖለቲካ ቀርኒ ኣፍሪቃን ኣኼባ ብምጽዋዕ፣

"ኣብ ቀርኒ ኣፍሪቃ ኣዝዩ ቕልጡፍ ዝኾነ ፖለቲካዊ ለውጢ ንርኢ ኣለና። ናይ ኤርትራ ምፍላይ ብሓደ ወገን፣ ምውዳቕ ስርዓት ኮሚኒስት ኢትዮጵያ በቲ ኻልእ። ፒተር፣ እንታይ ርእይቶ ኣለካ?"

"እቲ ትብሎ ዘለኻ ትኽክል'ዩ። ሚዛን ሓይሊ ይቀያየር ኣሎ። ብልክዕ ንምዃን፣ ህዝባዊ ግንባር ኣብቲ ዞባ ዝሓየለ ሓይሊ ኾይኑ ይወጽእ ኣሎ። እዚ ሓይሊ'ዚ ንዓና'ውን ማለተይ ንኣሜሪካ ኣብ መጻኢ ብዙሕ ዝምእምኣና ክኸውን'ዩ ኢለ ኣይኣምንን'የ። ምኽንያቱ፣ ናይ ኮሚኒስት ስርዓት ክተክልን ምስ ኣዕራብ ድልዱል ዝምድና ኽምስርትን ድልየት ስለ ዘሎዎ፣" ብምባል፣ ነቲ ቕድሚ ዓ መት መለስ ዜናዊ ምስ ፓወል ሀንዝ ኣብ ዝገበሮ ዝርርብ፣ 'ህዝባዊ ግንባር ማሕበርነታዊ ስርዓት ክተክል'ዩ ዝቃለስ ዘሎ፣' ዝበሎ ጠቒሱ መብርሂ ድሕሪ ምሃብ፣ "ብሓጺሩ፣ ኤርትራ እንተ ተፈልያ ቀይሕ ባሕሪ ኣብ ሓደጋ ክወድቕ'ዩ። እስራኤል ከኣ ኣዝያ ክትጻገም'ያ። ኣጠቓሊልካ ክርአ ኸሎ፣ ረብሓ ኣሜሪካ ኣብ ሓደጋ ክኣቱ እዩ። ስ ለዚ፣ ኣሜሪካ ንህዝባዊ ግንባር ካብ ፌደረሽን ምስ ኢትዮጵያ ሓሊፉ ናጽነት ከይሓትት ከተጠንቅቖ ኣለዋ፣" ምስ በለ፣

"እዚ ፒተር ዝብሎ ዘሎ ብገለ መዳዩ ትኽክል'ኳ እንተ ኾነ፣ እቲ ንሰላሳ ዓመት ዝተኻየደ ውግእ፣ ብወገነይ፣ በዚ ዝብሃል ዘሎ ፍታሕ ክዓርፍ ይኽእል'ዩ ዝብል እምነት የብለይን። ክንፈልጦ ዘለና ሓደ ሓቂ ኣሎ። ንሱ ኸኣ፣ ኣብዚ ሰዓት'ዚ ህዝባዊ ግንባር ልዕሊ ሰማንያን ሓሙሽተን ሚእታዊ ካብቲ ሰራዊት ኢትዮጵያ ሒዙዎ ዝነበረ ኣጽዋር ተቘጻጺሩዎ ኣሎ። ብናተይ ርእይቶ፣ ንኸምዚ ዓይነት ሓይሊ ናተይ ፍታሕ ተቐበል ክትብሎ ኣዝዩ ኣጸጋሚ ክኸውን ከም ዝኽእል ኣይጠራጠርን'የ፣" በለ እቲ ካብ ሃርቫርድ ዩኒቨርሲቲ ዝመጸ ናይ ፖለቲካል ሳይንስ መምህር ፕሮፌሰር ግለን።

"ብተወሳኺ፣ ህዝባዊ ግንባር ነተን ኣንጻር ፕረዚደንት መንግስቱ ዝዋግኣ ዘለዋ ሓይልታት ንብምሉኣን ኣብ ትሕቲ ቊጽጽሩ ኣእትዩወን ኣሎ። ጆን፣ ከም እትፈልጦ፣ ኩለን ውድባት ማለት ህ.ወ.ሓ.ት፣ ኢ.ህ.ደ.ን፣ ከምኡ'ውን እቲ ኣብዚ ቐረባ እዋን ዝቐመ ኦ.ህ.ዴ.ድ ኣብዚ ብስም ኢ.ህ.ወ.ደ.ግ ኣቕሪቦሞ ዘለዉ ወረቐት፣

ጉዳይ ኤርትራ፣ ብናጽነት ክፍታሕ ከም ዘሎዎ ኣረጋጊጸም ኣለዉ። እዚ ካብ ዘየለ ዝመጸ ኣይኮነን፣ ሓይሊ ሚዛን ህዝባዊ ግንባር ዘምጽኦ ክዉንነት'ዩ። ኣሜሪካ፣ እቲ ሃዋህው ካብ ቍጽጽራ ወጻኢ ኸይከውን፣ ንረብሓኣ ብዘይ'ጻረር መገዲ ፍታሕ ኸተናድየሉ ኣ ለዋ፣" በለ፣ እቲ ኣብ ዝተፈላለየ እዋናት ብዛዕባ ሰውራ ኤርትራ መጽናዕታዊ ጽሑፋት ዘቕረበ ፕሮፌሰር ኣዳም።

"ኣዳም፣ መፍትሒ ኢና ነናዲ ዘለና!"

"እቲ ፍታሕ ንሕና ኸነገድዶም ንኽእል ኢና ኢለ ክዛረብ ኣሸጋሪ እዩ፣ ብፍላይ ንህዝባዊ ግንባር። ንሶም ካብ ናጽነት ወጻኢ ዝኾነ ይኹን ፍታሕ ኣይክቕበሉን'ዮም። በቲ ኻልእ ከኣ፣ እቲ ዝተመስረተ ስሙር ግንባር ማለት ኢ.ህ.ወ.ደ.ግ'ኳ ..." ኢሉ ኸይወድኣ፣

"እቲ ኣገዳሲ ጉዳይ ኢ.ህ.ወ.ደ.ግ ንናጽነት ኤርትራ ክቕበል ከም ዘይብሉ፣ እንተ ተቐቢሉ ኸኣ ኣብ ኢትዮጵያ ጸገማት ክመጽእ ምኳኑ፣ ከም ኣብነት፣ ኦሮሞን ምዕራብ ሶማልን ክንፍለ ኢና ክብሉ ምኳኖም ክሕበሮም ኣለዎ። ምኽንያቱ፣ ንዓና ንኣሜሪካ፣ ኢትዮጵያ ምስ ቐይሕ ባሕሪ'ምበር፣ ባሕሪ ዘይብላ ኢትዮጵያ ብዙሕ ረብሓ ዘይብላ ምኻና ኣትሪርና ክንገልጸሎም ይግባእ። መለስ ዜናዊ ኣብቲ ምስ መሳርሕተይ ፓወል ሀንዘ ዝገበሮ ዘተ፣ ብተዘዋዋሪ መገዲ ኣ ብ ጉዳይ ኤርትራ ምስኡ ኸም ዝሰማማዕ፣ ፓወል ገሊጹለይ ነይሩ እዩ። መለስ ደገፍ ኣሜሪካ ከም ዝደሊ ከኣ ንፓወል ብዘይ ሕብእብእ'ዩ ተማሕጺኑዎ። ኪኖኡ ብምኻድ'ውን ኤርትራ ናጽነታ ምስ ረኸበት ኣብ ውሽጢ ዓሰርተ ዓመት ክትርኹመሽ ምኳና ብርእሰ ተኣማንነት እዩ ገሊጹሉ" በለ ፒተር።

"ፒተር፣ ቅድሚ ስጉምቲ ክንወስድ ምሕሳብና፣ እቲ ክብሎ ዝደለኹ ብግቡእ ንረድኣዮ'ሞ፣ ብድሕሪኡ ፍታሕ ከነናዲ። ከምቲ ኣቐዲመ ዝበልኩዎ ወይ ክብሎ ዝደለኹ፣ ኢ.ህ.ወ.ደ.ግ ንናጽነት ኤርትራ ተቐቢሉ ብ13 መጋቢት 1991 ወግዓዊ መግለጺ ካብ ኣውጽኣን - ነቲ 13 መጋቢት 1991 ዝወጸ መግለጺ ኢ.ህ.ወ.ደ.ግ ኣቐበሎ - ኤርትራ'ውን ብሓይላ ናጽነታ ክትረክብ ዘሎ ዕድል ሰፊሕ ካብ ኮነ፣ ንኽልቲኣን ሃገራት ከመይ ገይርና መሓዙትና ክንገብረን ከም እንኽእል፣ እቲ ንሕና ኣብ'ዚ ሰዓት'ዚ እንወስዶ መርገጺ ወሳኒ ተራ ክህልዎ እዩ። ብፍላይ ግና፣ ኣብታ እትቀውም ሓዳስ ሃገረ ኤርትራ። ስለዚ፣ ኣነ ብወገነይ ፍታሕ ዝብሎ፣ እቲ ድሕሪ ውድቀት መንግስቲ ኢትዮጵያ ዝቐውም መሰጋገሪ መንግስቲ

ኣብ ልዕሊ ኤርትራ ዝኸተሎ ፖሊሲ ምቕባል ጥራይ ኮይኑ ይስምዓኒ። ብተወሳኺ፡ ብዘይካ ህዝባዊ ግንባር ንኹሎም ዕጡቓት ኣሕቢሩ መሰጋገሪ መንግስቲ ኽቕውም ዝኽእል ዝኾነ ይኹን ሓይሊ የለን፡ ዋላ ኣሜሪካ። ስለዚ፡ ቀርኒ ኣፍሪቃ ካብ ቍጽጽርና ወጻኢ ኽይከውን እንተ ደሊና፡ ናጽነት ኤርትራ ምቕባል ጥራይ እዩ ምርጫና፡" በለ ፕሮፌሰር ኣዳም። ኮይኑ ኽአ ዳርጋ ሰለስተ ሰዓት ምስ ዘተዩ፡

"ስለዚ፡" በለ ጆን ክሪስቶፈር፡ "ቀዳማይ፡ ንቕድም ኢ.ህ.ወ.ደ.ግ ኣዲስ ኣበባ ኽኣቱን ምርግጋእ ክፈጥርን፡ ካልኣይ፡ ህዝባዊ ግንባር ኣስመራ ኣትዩ ናጽነት ከይእውጅ፡ ሳልሳይ፡ ኢትዮጵያ ናይ ባሕሪ ኣፍ ደገ ክህልዋ፡ ተባሂሉ ክጠቓለል ይክኣል ናይ ሎሚ ዘተና። የቐንየለይ!" ብምባል፡ ነቲ ብፕሮፌሰር ኣዳም ዝቐረበ ሓሳብ ብድፉኑ ነጺጉ ንኹሎም ኣፋነዎም።

* * *

ምዕራፍ 56

ወርሒ መጋቢት ብዓወታት ተሰንያ ቕድሚ ምሕላፋ፣ ህ.ወ.ሓ.ት ኣብ ባህርዳር ዘይተጸበዮ ዓቢ ተቓውሞ ገጠሞ። ሰላማዊ ሰልፍን ኣድማን። ኮይኑ ኸኣ ኣብቲ ኣብ ዝተፈላለያ ሓራ ዝወጻ ኸተማታት፣ ኣቦ መንበር ነፍሲ ወከፍ ውድባት ንህዝቢ መደረ ኸስምዑ ናብተን ከተማታት ተጓየዩ። ኣቦ መንበር ኢ.ህ.ደ.ን ታምራት ላይነ ኣብ ባህርዳር ብምእታው ነቲ ተኣኪቡ ዝነበረ ህዝቢ ኸረጋግእን ድሕሪ ውድቀት ደርግ ንኹለን ብሄራት ብማዕረ ዘሳትፍ መሰጋገሪ መንግስ ቲ ኸቖውምን ምኳኑ መደረ ኣስምዐ። ኮይኑ ግና እታ ትግሬ ወደ መቀሌ (ትግራዋይ ናብ መቐለ) ትብል ተቓውሞ መሊሶም ደኣ ኣቃልሑዋ። ብኻልእ ወገን ከኣ፣ ለንጮ ለታ ኣቦ መንበር ግን ባር ሓርነት ኦሮሞ ብጊዲኡ ኣብ ነቀምቴ ህዝቢ ብምእካብ፣ ዕ ላማ ግ.ሓ.ኦ ንናጽነት ይኹን'ምበር፣ ብመጀመርታ ኣብቲ መሰጋገሪ መንግስቲ ኸም ዝካፈሉ፣ የግዳስ፣ ኣብቲ ተመስሪቱ ዘሎ ኢ.ህ.ወ.ደ.ግ ከም ዘይጽንበሩ ብወግዒ ኣፍለጠ። ብወገን ትግራይ፣ ኣቦ መንበር መለስ ኣብ መቐለ ኣብ ዘስምዖ መደረ፣

"ጅግና ህዝቢ ትግራይ፣ ኣንሀ ሎሚ ትግራይ ሓራ ካብ እተውጽኣ ኸልተ ዓመትካ ኣሕሊፍካ ኣለኻ። ዕላማ ቃልስኻ ግና ትግራይ ዘይኮነ ንፋሽሽታዊ ደርግ ካብ ስልጣኑ ምእላይ ስለ ዝኾነ፣ ኣብ ጎጃም፣ በጌምድር፣ ወሎን ሰሜን ሸዋን ተርእዮ ዘለኻ ጅግንነት ኣርኣያ ንመላእ ህዝቢ ኢትዮጵያ ብምኳኑ ተሓበን። ናይ ኣምሓራ ትምክሕቲ እዋኑ ኣብቂዑ እዩ፣" ብምባል፣ ነቲ ሜካናይዝድ ሓይሊ ህ.ግ ዘበርከቶ ዝነበረ ወሳኒ ደገፍ ካብ ምግላጽ ተቖጢቡ ደኣ ሓለፎ።

እዚ ኾይኑ ኸብቅዕ ወርሒ ሚያዝያን መፋርቕ ግንቦትን 1991 ኣብ ኤርትራ ዝነበረ ካልኣይ ኣብዮታዊ ሰራዊት ኣብ ኣስመራ፣ ከረንን ደቀምሓረን ተወሲኑ ተረፈ። ኣብ ማእከል ኢትዮጵያ ከኣ፣ ሜካናይዝድ ሓይልታት ህዝባዊ ግንባር ኣብ ሰሜን ሸዋ እትርከብ ከተማ ደብረብርሃን ብምሓዝ፣ ንኣዲስ ኣበባ ኣብ ትሕቲ ናይ 60 ኪ.ሜ ኸበባ ኣእተዋ። ፕረዚደንት መንግስቱ፣ በቲ ኣብ ባይቶ ኢትዮጵያ

ዝወረዶ ተነጽሎን ዝተጐልበቦ ሕፍረትን ምርኩስ ብምግባር፣ 21 ግንቦት 1991 ስልጣን ንሌ/ጀነራል ተስፋየ ገብረኺዳን ኣረኪቡ ሃገር ገዲፉ ናብ ዚምባብወ ኽሰደድ ከሎ፣ ሜ/ጀነራል ሑሴን ኣሕመድ ኣዛዚ ካልኣይ ኣብዮታዊ ሰራዊት ካብ ኣስመራ ኣብ ሄሊኮፕተር ተወጢሑ ናብ ስዑዲ ዓረብ ሃደመ። ስለ ዝኾነ ኸኣ፣ ሄርማን ኮሄን እቲ ኣኼባ ኣብ ለንደን ክግበር ጻውዒት ኣቕረበ። ሚኒስ ተር ወጻኢ ጉዳያት ዶ/ር ተስፋየ ዲንቃ ዝመርሖን ናይ ኣትላንታ ተዛታዩ ዝነበረ ዶ/ር ኣሻግሬ ይግለጡ ዝረኸቦ ልኡኽ ኢትዮጵያ፣ ብምኽትል ዋና ጸሓፊ ዝምራሕ ልኡኽ ህዝባዊ ግንባር ሓርነት ኤርትራ፣ ብመለስ ዜናዊ ዝምራሕን ታምራት ላይነ ዝርከቦን ልኡኽ ህ.ወ.ሓ.ት/ኢ.ህ.ወ.ደ.ግን ዶ/ር ለንጮ ለታ ዝመርሖ ልኡኽ ግንባር ሓርነት ኦሮሞን ብመንግስቲ ኣሜሪካ ኣብ ዝተጸውዐ ዘተ ሰላም ንምክፋል ኣብ ለንደን ኣተዉ።

ኣሜሪካ፣ ነቲ ንኤርትራ ኣካል ኢትዮጵያ ዝገበረ ብይን ፌደረሽን ቀንዲ ተዋሳኢት ምንባራ ጥራይ ዘይኮነስ፣ ንህዝቢ ኤርትራ፣ ንሰላሳ ዓመት ግዳይ ሞት፣ ስደት፣ ምምዝባልን ዕንወትን ዝገበረት ሃገር ከም ምዃና መጠን፣ ነቲ ዘተ ሰላም ብኸፊት ልቢ ክትመርሕን ፍትሒ ኽተረጋግጽን ዝነበረ ተስፋ ምምህሙንኳ እንተ ነበረ፣ መሪሕነት ህ.ግ ነቲ ኽመጽእ ዝኽእል እንተታት ብግቡእ ተዳልዩሉን ኣብ ኢትዮጵያ ላዕለዋይ ኢድ ብምሓዝን ደኣ ኣብቲ ዘተ ኣተወ።

ኣሜሪካ፣ ኵነታት ኤርትራ ካብ ኢዳ ኸም ዝወጸ ኣዐርያ ትፈልጥ'ኳ እንተ ነበረት፣ ንስለ ጂኦ ፖለቲካዊ ረብሓኣ ግና ድምጻ ኽተስምዕን ገይራ ንኽትብሃልን ብሓደ ወገን፣ ኣብቲ ዘተ ኣብ ልዕሊ ህ.ግ ጸቕጢ ክትገብር ድማ በቲ ኻልእ ዓለመት።

ብዋና ጽሓፊ ህዝባዊ ግንባር ሓርነት ኤርትራ ዝምራሕ ልኡኽ ናብ ለንደን ንምኻድ ብ 22 ግንቦት 1991 ካርቱም ኣተወ።

ሓሙስ 23 ግንቦት 1991 ኣብ ግንባር ደቀምሓረ ዝነበረ ሰራዊት ደርግ ተሳዕረ፣ ጉዕዞ ህዝባዊ ሰራዊት ሓርነት ኤርትራ ናብ ኣስመራ ቀንዐ።

ልኡኽ መንግስቲ ኣሜሪካ፣ ምኽትል ሚኒስተር ወጻኢ ጉዳያት ንጉዳይ ኣፍሪቃ ሄርማን ኮሄን፣ ህዝባዊ ግንባር ኣስመራ ኽይኣቱ መጠንቀቕታ ብምሃብ፣ ኢ.ህ.ወ.ደ.ግ ቀዲሙ ንኣዲስ ኣበባ ክቈጻጸራ ኸም ዘለዎ ካብ ለንደን ብማዕከናት ዜና ኣተሓሳሰበ።

ይኹን'ምበር፡ ኣብ ኣስመራ ብሸነክ ብሎኮ መንደፈራ - ደቀምሓረ ተጋደልቲ ተራእዩ፣ ነበርቲ ጎዳይፍ ናይ ታሕጓስ ዕልልታ ኣስምዑ፣ ሰብ ከካብ ኣባይቱ ብምውጻእ ደቅና ኣትዮም ደቅና ኣትዮም እናበለ ኸሎ፡ ብብሎኮ ባጽዕ ካልኦት ተጋደልቲ ተራእዩ፣ ህዝቢ ኣስ መራ ማዕጾ ኣፍ ደገ ገዝኡ ኸይዓጸወ ናብ ጎዳይፍን ቤተ ገርጊስን ብምጕያይ ነቶም ንነዊሕ ዓመታት ዝተፈለዩዎ ኣሕዋቱ፡ ኣሓቱን ደቁን ተቐበለ፣ ዓርቢ 24 ግንቦት 1991።

ብዋና ጽሓፊ ህዝባዊ ግንባር ዝምራሕ ልኡኽ ኣብ ካርቱም ንማዕከናት ዜና ዓለም ብምዕዳም ኤርትራ ድሕሪ ናይ 100 ዓመት መግዛእትን 30 ብረታዊ ቃልስን ካብ ጕበጣ ኢትዮጵያ ሓራ ከም ዝወጸት ንህዝቢ ኤርትራን ማሕበረሰብ ዓለምን ኣበሰረ። 25 ግንቦት ድማ ናብቲ ከየተበገሰ ዝበርዓነ ኣኼባ ለንደን ተበገሰ።

ልኡኽ መንግስቲ ኣሜሪካ ሄርማን ኮሄን ኵነታት ሜዳ ኤርትራ ካብ ግምቱ ንላዕሊ ቀልጢፉዎ መጨበጢ ስኢኑሉ ኣብ ለንደን ከዕለብጥ ከሎ፡ ኣብ ኣዲስ ኣበባ ኸኣ ሌ/ጀነራል ተስፋየ ገብረኺዳን ነቲ ኹነታት ክቈጻጸሮ ኣኻእሎ ሰኣነ። ሜካናይዝድ ሓይልታት ህዝባዊ ግንባር ሓርነት ኤርትራ ኣብ ደብረዘይት ናብ ዝርከብ መደበር ሓይሊ ኣየር ኢትዮጵያ ሻምብቆ ብረቱ ኣቕንዐ። ኣብ ተመሳሳሊ እዋን ጀነራል ኣዲስ ተድላ *የጦር ሃይሎች ጠቅላይ ኤታ ማጆር ሹም*፡ ሜ/ጀነራል እምቢበል ኣየለ *የምድር ጦር ዋና ኣዛዥ*፡ ሜ/ጀነራል ግርማ ንዋይ *የፖሊስ ሃይሎች ዋና ኣዛዥ*፡ ሜ/ጀነራል ኣለማየሁ ኣጎናፍር የኣየር ሃይል ዋና ኣዛዥን ካልኦት ጀነራላትን ሰብ መዓርግን ኣብ ዝተረኽቡዎ ኣኼባ፡ ጀነራል ተስፋየ ገብረኺዳን፡

"*ጓዶች*፡ ቅድሚ ቍሩብ ደቓይቕ ጓድ ጀነራል ገዝሙ በዛወርቅ ኣዛዚ ኮር 612 ብሬድዮ ዝሰደደለይ መልእኽቲ ኸም ዘሎዎ ኸንብበልኩም፡" ብምባል፡ ነቲ ኣብ ሰሜን ሸዋ ዝካየድ ዝነበረ ውግእ፡ ሜካናይዝድ ህዝባዊ ግንባርን ኣጋር ሰራዊ ህ.ወ.ሓ.ት/ኢ.ህ.ወ.ደ.ግን በጺሑዎ ዝነበረ ቦታታት ድሕሪ ምግላጽ፡ "ስለዚ *ጓዶች*፡ ኮር 612 ናብ ምፍራስ ገጹ ይኸይድ ኣሎ። ንሱ ጥራይ ዘይኮነ፡ ሻዕብያ ኹሉ ሻምብቆ ብረቱ ናብ ሓይሊ ኣየር ደብረዘይትን ኣዲስ ኣበባን እዩ ኣቕኒዑዎ ዘሎ። ድሮ'ውን ደብረዘይት ክሃርማ ጀሚሩ ኣሎ። ስለዚ፡ ብወገንና እንታይ ክንገብር ይግባእ?" ብምባል፡ ነቲ መድረኽ ንሜ/ጀነራል ኣለማየሁ ኣጎናፍር ሃቦ።

“ጓዶች፥ ኣብ’ዚ ሰዓት’ዚ ሓይሊ ኣየር ምልዓል ማለት ከተማ ኣዲስ ኣበባ ብኸቢድ ብረት ሻዕብያ ኽም ዘይነበረት ምግባራ ማለት ስለ ዝኾነ፥ ዘለና ኣማራጺ እቲ ኣብ ለንደን ዝካየድ ዘሎ ዘተ ሰላም ሓደ ውጽኢት ከምጽእ ምትስፋው ጥራይ እዩ። እንተ’ቲ ኣብዚ ኸተማ ክርአ ጀሚሩ ዘሎ ዕግርግር ግና፥ ሓደ መግትኢ ክግበረሉ ኽክኣል ኣለዎ። እንተ ዘይኮነ ናብ ሓድሓድ ውግእ ከይሰግር ...” ብምባል ርእሱ ኣድነነ። እቶም ጀነራላት ክብሉዎ ዝኽእሉ ነገር ስለ ዘይነበሮም ከኣ፥ እቲ ኣኼባ ብዘይ ቁም ነገር ተበተነ። ይኹን እምበር፥ እቶም ኣብ ለንደን ዝነበሩ ተስፋየ ዲንቃን ሄርማን ኮሄንን ድሕሪ ሓርነት ኣስመራ፥ እቲ ምዝታይ ዋጋ ኽም ዘይብሉ’ኳ እንተ ተሰቌሮም፥ ስሙር ግንባር ተቓወምቲ ውድባት ኢትዮጵያ ኢ.ህ.ወ.ደ.ግ ቀዲሙ ናብ ኣዲስ ኣበባ ኽኣቱ ዝገበሩዎ ፈተነ በርዒኑ ደአ ተረፈ። እዚ ኮይኑ ከብቅዕ፥ መሪሕነት ህዝባዊ ግን ባር ወደብ ዓሰብ ንኽትተሓዝ ትእዛዝ ሃበ።

* * *

ፕረዚደንት መንግስቱ፥ ድሕሪ’ቲ ኣብ ወርሒ ጥቅምቲ 1990 ልኡኽ ህዝባዊ ግንባርን ሚኒስተር ወጻኢ ጉዳያት ኢትዮጵያ ዶ/ር ተስፋየ ዲንቃን ብመንጎኝነት ሄርማን ኮሄን ኣብ ዋሽንግቶን ዝተገብረ ርክብ ፍረ ምስ ሰኣነሉ፥ ህዝባዊ ግንባር ናብ ዓሰብ ንዝገብሮ ገስጋስ ንምግታእ ዘሎ ዓቕሙ ከወሃህድ ኣብ መጀመርታ መጋቢት 1991 ንሚኒስተር ምክልኻል ሌተናንት ጀነራል ተስፋየ ገብረኺዳን፥ ኣዛዚ ሓይሊ ኣየር ሜጀር ጀነራል ኣለማየሁ ኣጎናፍር፥ ኣዛዚ ሓይሊ ባሕሪ ሪር ኣድሚራል የህዋላሸት ግርማ፥ ኣዛዚ ሓይሊ ምድሪ እምቢበል ኣየለ፥ ኣዛዚ ካልኣይ ኣብዮታዊ ሰራዊት ሜጀር ጀነራል ሑሴን ኣሕመድ ኣኸቲሉ ናብ ዓሰብ ኣተወ። ናይ ዓሰብ ፍሉይ እዚ ኣዛዚ ሜጀር ጀነራል ጥላሁን ኣርጋው ተቐበሎም’ሞ፥ ናብቲ ናይ እዚ መኣከቢ ኣዳራሽ ብምኻድ፥

“ዝኸበርኩም ክቡር ፕረዚደንት ጓድ መንግስቱ፥ ናብ ወደባዊት ከተማና ዝኾነት ዓሰብ ምምጻእኩም ብስም ህዝብን ሰራዊትን እንቋዕ ብደሓን መጻእኩም!” ኢሉ ነቲ ኣኼባ ድሕሪ ምኽፋት፥ ናብ ቀንዲ ጉዳይ ንምእታው ነቲ መድረኽ ንሻምበል ሽዋንግዛው ሃቦ።

“ኣጋር ሰራዊትና፥” በለ *የመረጃ መኰንን* ሻምበል ሽዋንግዛው፥ “ንናይ ሻዕብያ ሰራዊት ኣብ በይሉል ገቲኡ ሒዙዎ’ኳ እንተሎ፥ ነቲ

ብባሕሪ ዝመጸና ዘሎ መጥቃዕቲ ግና ናይ ምምካት ዓቕሚ ይንእስና ኣሎ። ንሱ ጥራይ ዘይኮነስ፡ ሓይሊ ኣየርና'ውን ብተመሳሳሊ መገዲ ብዙሕ ኣድማዕነት ዘለዎ ስራሕ ኣይሰርሐን ክብል እደፍር። ስለዚ፡ ሻዕብያ ንዓሰብ ንምሓዝ ዘሎ ሓይሉ ኣካኪቡ ክመጽእ ምኽኑ ዘይተርፍ ካብ ኮነ፡ እዚ ተጀሚሩ ዘሎ ስራሓት መዓርፎ ነፈርቲ ዓሰብ ኣብ ዝቐልጠፈ እዋን ክውዳእ ይግባእ። ምኽንያቱ፡ ንኢጋር ሰራዊትና ዓቢ ደገፍ ክኾና ስለ ዝኽእል፡" ብምባል ነዊሕ መብርሂ ድሕሪ ምሃብ፡ ሪር ኣድሚራል የህዋላሸት በቲ ርጉእ ኣዘራርባኡ፡

"ጓድ መንግስቱ፡ ልክዕ'ዩ ሻዕብያ ብተደጋጋሚ ኣብ ባሕርን ብባሕርን ክጥቅዕ'ኳ እንተ ፈተነ፡ ሓይሊ ባሕርና ግና ንፈተንኡ ብቐጻሊ እዩ ዘፍሽሎ ዘሎ። ስለዚ፡ ጓድ ሸዋንግዛው ዝሃቦ ጸብጻብ ካብ ሓቂ ዝረሓቐ እዩ፡" ብምባል ኣሉታ ክህበሉ'ኳ እንተ ፈተነ፡

"ጓዶች፡" በለ መንግስቱ እቲ ነገር ኣርሚሙዎ፡ "ኣብ ከምዚ ውጡር ኵነታት ከለና ንንሓድሓና ምክሳስ፡ ካብዚ ገጢሙና ዘሎ ናይ ሃገር ምብትታን ሓደጋ ከድሕነና ኣይክእልን'ዩ። የህዋላሸት፡ ሓይሊ ባሕርና ኣብ ባጽዕ እንታይ ከም ዝገጠሞ ኩላትና እንፈልጦ ጉዳይ እዩ። ነቲ ኣብኡ ዝተገብረ ጌጋ ኣብ ዓሰብ ክድገም የብሉን። ናይ ውግእ መራኽብና ካብ ባጽዕ በሪረን ኣብ ዳህላክ'የን ተዓቚበን ዘለዋ። ገሊኣን ድማ ናብ ዓሰብ መጺኣን ኣለዋ። ዘሕዝን'ዩ፡" ብምባል ከምቲ ኩሉ ጊዜ ዝገብሮ ንኹሎም በብተራ ጠመቶም። "ስለ ዝኾነ ኽእ ንሰለስቲኡ ሓይልታት ማለት ኢጋር ሰራዊት፡ ሓይሊ ኣየርን ባሕርን ዘጠቓልል ሓደ *'ህብረተ እዝ'* ክቐውም ኣለዎ። ሓይሊ ኣየርን እቲ ኣብ ባጽዕ ዝፈረሰ ሓይሊ ባሕርናን ኣብ ዓሰብ ማእከላይ እዙ ክገብር፡ እተን ኣብ ዳህላክ ተዓቚበንን ኣብ ፈቐዶኡ ፋሕ ኢለን ዘለዋን ናይ ውግእ መራኽብና ኣብ ትሕቲ እዚ ዝቐውም *'እዚ'* ክጥርነፋ ኣለወን። ስለዚ፡ ኣብ ዝሓጸረ እዋን ኣብ ልዕሊ ሻዕብያ መጥቃዕቲ ብምኽፋት በይሉል ናጻ ምውጻእን ኣፍ ደገ ባሕርና ከም ዘይድፈር ምግባርን ህዝቢ ኢትዮጵያ ካባና ዝጽበዮ ዘሎ ግድነታዊ ዕማም'ዩ፡" ብምባል ነቲ ናይ ዕለት 10 መጋቢት 1991 ኣኼባ ወዲኡ ተሰናቢቱዎም ናብ ኣዲስ ኣበባ ተመልሰ።

ኣዛዚ ሓይሊ ባሕሪ ኢትዮጵያ ሪር ኣድሚራል የህዋላሸት ግርማን ኮማንደር ጥላሁንን ኣብ ዓሰብ ብምትራፍ ነተን መራኽብ ክኣኻኽቡ ላዕልን ታሕትን በሉ። ሓይሊ ባሕሪ ህዝባዊ ግንባር ግና ከምቲ ዝሓሰብዎ ኮይኑ ኣይጸንሖምን። መራኽብ ካብ ዳህላክ ተወዚ ክብላ ኣይከኣላን። እቲ ካብ ውግእ ሰምሃር ሃዲሙ ኣብ ዳህላክን ናኹራን

ንዓሰርተው ሓሙሽተ ኣዋርሕ ሰፊሩ ዝነበረ ሰራዊት ሓይሊ ባሕርን ኣጋርን ናብ ዓሰብ ክንቀሳቐስ ትእዛዝ እንተ ተዋህቦ'ኳ ንሓይሊ ባሕሪ ህዝባዊ ግንባር ፈንጺጉ ክሓልፍ ግና ከቶ ኣይከኣለን።

እዚ ኮይኑ ከብቅዕ፡ ኣብ ግንቦት 24 ሰዓት ሸውዓተ ምሸት ህዝባዊ ግንባር ኣብ ዓሰብ ብባሕርን ብምድርን ሓያል መጥቃዕቲ ከፈተ። ዓሰብ ሕምስምስ በለት፣ እተን ክትርእየን ዘይድፈራ ዝመስላ ዝነበራ መራኽብ ውግእ ኢትዮጵያ ክሃድማ ላዕልን ታሕትን በላ። እታ ዓባይ *"ምድረ ነክ 1041"* ናይ ውግእ መርከብ ብኣርበጅን ባዙቃን ተሃሪማ ተበሳሰዐት፣ *"ኣዋሽ"* ናይ ንግዲ መርከብ'ውን እቲ ዕጫ በጺሑዋ ካብ ስራሕ ወጻኢ ኮነት። እተን ካብ ወደብ ዓሰብ ወጺአን ኣብ ባሕሪ ዝነበራ መራኽብ ናብ የመን ሞካ ዝተባህለ ቦታ ሃደማ። ተሰከምቲ ሚሳይል "ሩቤጅ" መራኽብ ዘድምዕ ነገር ከይገበራ ነተን ኣሕዋተን ተኸቲለን ደድሕሪአን ሰዓባ። ኣዘዝቲ ሰራዊት እንታይ ከም ዝገብሩ ሓርበቶም። ወደብ ዓሰብ፡ ናብ መርከብ ክስቀል ብዝደሊ ህዝብን ሰራዊትን ተጎብአት። መን ኣዛዝን መን ተኣዛዝን ክትፈላሊ ኣብ ዘይከኣለሉ ኵነታት ተበጽሐ። ናይ ዓሰብ ፍሉይ እዚ ኣዛዚ ሜጀር ጀነራል ጥላሁን ኣርጋውን ኣዛዚ ሓይሊ ባሕሪ ሪር ኣድሚራል የህዋላሸት ግርማን ሰራዊት ጠንጢኖም ብመኪና ናብ ጁቡቲ ክሃድሙ ኸለዉ፡ *የባህር ሃይል ዘመቻ የውግያ ትምህርት ሃላፊ* ኮማንደር ጥላሁን መኰንን፡ *የፖለቲካ ሃላፊ ኮማንደር* ታደሰ ንጋቱ፡ *የደቡብ እዝ የባህር ሃይል ኣዛዥ* ካፕቴን ተክለሃይማኖት ገብረሚካኤልን *የደህንነት ሓላፊ* ኮማንደር ሃይለማርያም ጋዬን በታ ብኮማንደር ኣምደቂርቆስ እትእዘዝ "ካራማራ" ዝተባህለት ናይ ንግዲ መርከብ ተሳፊሮም ናብ ወደብ ጁቡቲ ሃደሙ።

ዓሰብ ብዘይ መራሒ ተረፈት።

ንጽባሒቱ ቀዳም 25 ግንቦት 1991 ወደባዊት ከተማ ዓሰብ ኣብ ኢድ ህዝባዊ ሰራዊት ሓርነት ኤርትራ ኣተወት። መላእ ኤርትራ ሓራ ወጸት። ሄርማን ኮሄን፡ ዓሰብ ሓራ ብምውጽኣ እቲ ኣብ ጠረጴዛ ስተይት ደፓርትመንት ዝተወጠነ ውዲት ስለ ዝፈሸለ፡ ቀጨውጨው በሎ። መጻኢ ዕድል ኢትዮጵያ ኸርኣዮ ተሸገረ።

ዶክተር ኣሻግሬ ይግለጡ ዝርከቦ ብቀዳማይ ሚኒስተር ተስፋየ ዲንቃ ዝምራሕ ልኡኽ ኢትዮጵያ፡ መንግስቲ ኣብ ዘይብሉ ልኡኽ መንግስቲ ኮይኑ ዓሰብ ኣብ ኢድ ህዝባዊ ግንባር ምስ ኣተወት ድሕሪ ቍሩብ ሰዓታት 25 ግንቦት ናብ ለንደን ኣተወ፡ ሓርነት ዓሰብ

ተነገሮ፣ ኩሉ ነገር ዝብርቕርቕ በሎ።

ተስፋየ ዲንቃን ኣሸግሬ ይግለጡን ኣብ ሆቴል ብማዕከናት ዜና ዝፍኖ ዝነበረ ዜና እናተኸታተሉ ከለዉ ኮሄን ናብ መቐበሊ ኣጋይሹ ኣጸወዮም፡ ሰኑይ 27 ግንቦት።

ኮሄን፡ እቲ ንሰራዊት ደርግን ህወሓትን ኣላፊኑ ከቑሞ ዝሓሰበ መሰጋገሪ መንግስቲ በርዒንዎ ልኡኽ መንግስቲ ኢትዮጵያ ማለት ተስፋየ ዲንቃን ኣሸግሬ ይግለጡን ፋይዳ ኣልቦ (ኢረለቫንት) ምኳኑ ገሊጹ፡ ኣመሪካ እቲ ንኣስታት 40 ዓመት ዝተኸተለቶ ፖሊሲ ብ 24 ግንቦት ከም ዝሞተ ክነግሮም ግድን ኮኖ። እቲ ሓቂ ድማ ኣርደኦም።

ኮይኑ ድማ፡ ከምቲ ልሙድ ድራማ ኣመሪካ፡ ኮሄን፡ ኣማስዩ ጋዜጠኛታት ብምዕዳም ናጽነት ኤርትራ ኣብ ባይታ ክውን ከም ዝኾነ ገለጸ።

ተስፋየ ዲንቃ፡ ኣሻግሬ ይግለጡ፡ ተፈራ ሃይለስለሴ፡ ጀነራል መስፍን ገብረቃል፡ ሳህለ ወልደግዮርጊስ፡ ማእርጉ በዛብህን ቢሊ ማንደፍሮን ነቲ መግለጺ ኣብ ማዕከናት ዜና ተኸታተሉዎ። ዝብልዎ ጠፊእዎም ንሓድሕዶም ብምግራም ተጠማመቱ፡ ኣብቀዐ በሉ። ከምቲ ዋና ጽሓፊ ህዝባዊ ግንባር ቅድሚ ገለ ኣዋርሕ ኣብ ኣኼባ ዋሽንግቶ ንኣሻግሬ ይግለጡ "ድሕሪ ቍሩብ ኣዋርሓ ኣብ ኤውሮጳ ዑቕባ ትሓትት ትኸውን፡" ዝበሎ፡ ጉዝጓዞም ሒዞም ኣብ ኣመሪካን ኤውሮጳን ፖለቲካዊ ዑቕባ ሓተቱ።

ኣብ ተመሳሳሊ እዋን ሜካናይዝድ ሓይልታት ህዝባዊ ግንባር ብኹሉ ሸነኽ ኣዲስ ኣበባ ናይ ከቢድ ብረት ተኹሲ ኸፈተ። ሌ/ጀነራል ተስፋየ ገብረኺዳን ዝርከቦም ጀነራላት ከኣ ኣብ ዕቑባ ኤምባሲ ጣልያን ኣተዉ፣ ደብረዘይት ዝርከብ መዓስከር ሓይሊ ኣየር ኢትዮጵያ ተታሕዘ፡ ውግእ ከኣ ኣብቀዐ። ወጋሕታ ታንክታት፡ መዳፍዕ፡ ቢኤም ወንጩፍቲ ሮኬታት፡ ሚሳይላትን ረሻሻትን ዝጸዓና ኦራላት ሜካናይዝድ ሓይልታት ህዝባዊ ሰራዊት ሓርነት ኤርትራን ኣጋር ሰራዊት ህ.ወ.ሓ.ት/ኢ.ህ.ወ.ደ.ግን ብመገዲ ደብረዘይት ኣቢሎም ናብ ኣዲስ ኣበባ ተቐልቐሉ። መዓርፎ ነፈርቲ ቦሌ፡ ቤተ መንግስቲ፡ ሚኒስትሪ ምክልኻል፡ መደበር ሬድዮ ኢትዮጵያ፡ መዓስከር ኣራተኛ ክፍለ ጦር፡ መሙንጨዊ ሓይሊ ኢለክትሪክ ቆቃ፡ ብሄራዊ ባንክ ኢትዮጵያ፡ ኣብ ኣራት ኪሎ ዝርከብ ናይ ቀደም ቤተ መንግስቲ፡ ፋብሪካ ጥይትን መኽዘናት ከቢድ ብረት

ዝመሰሉን ኣገደስቲ ቦታታት ኣብ ትሕቲ ቍጽጽር ሚካናይዝድ ሓይልታት ህዝባዊ ግንባር ከእትዎ ኸሎ፣ ኣጋር ሰራዊት ህ.ወ.ሓ.ት./ ኢ.ህ.ወ.ደ.ግ. ከኣ ጐደናታት ኣዲስ ኣበባ ጥራይ ኣብ ምቍጽጻር ኣተወ።

ኮይኑ ኸኣ፣ እቲ ንኽህነጽ ልዕሊ ሓምሳ ዓመት ዝወሰደ ሓይሊ ኣጋር፣ ኣየር፣ ባሕርን ፖሊስ ሰራዊትን ሃገረ ኢትዮጵያ ተበታቲኑ ሓንሳብን ንሓዋሩን ነበረያ ነበረ ኾይኑ ኣዲስ ኣበባ ሰሉስ 28 ግንቦት 1991 ሓራ ወጸት። መጻኢ ዕድል ኢትዮጵያ ኸኣ ኣብ ኢድ ህዝባዊ ግንባር ሓርነት ኤርትራ ወደቐ።

* * *

ምዕራፍ 57

ሓጐስ፣ ካብ ኣኼባ ለንደን ናብ ኣዲስ ኣበባ ካብ ዝኣቱ ሰሙኑ ገይሩ'ኳ እንተ ነበረ፣ ናብ *ቤት ምቁር ሕብስቲ መለይ ንምኻድ ግና፣* ዝነበሮ ናይ ስራሕ ወጥሪ ኽፍቅደሉ ኣይከኣለን። ኮይኑ ኸኣ፣ ንእሽቶ ፈቓቕ ጊዜ ብምርካቡ ንመራሕ መኪናኡ ናብቲ ቦታ ኽብጽሖ ተማሕጸኖ። ሻሂ ኣዚዙ ኮፍ በለ'ሞ ነታ ኣሳሳይት፣

"ይቕሬታ፣ ሰብ ክሓትት ደልየ ነይረ?"

"ንመን ኢኹም ደሊኹም?"

"ዋና እዚ ትካል።"

"ክጽወዓልኩም'የ፣" ብምባል ከደት። ድሕሪ ቑሩብ ደቓይቕ፣

"ሰላም፣ ኣሳምነው እብሃል፣ እንታይ ክሰምዓኩም?" ምስ በሎ፣ ሓጐስ ልቡ ክትሃርም ተፈለጠቶ።

"ሰላም፣ እዚ ትካል ቅድም'የ ዝፈልጠ'ሞ፣ ምናልባት ተጋግየ ኽይከውን ይቕሬታ፣" በሎ።

"ኣብዚ ኸባቢና ብዙሓት ተመሳሰልቲ ትካላት ስለ ዘለዋ ነየነይተን ኢኹም ደሊኹም?" ብምባል ዓይኒ ዓይኑ ጠመቶ።

"ቤት ምቁር ሕብስቲ መለይ፣" ክብሎን እቲ ሰብ ገጹ ክቕየርን ሓደ ኾነ።

"ከምኡ ዝብሃል ትካል ኣብዚ ኸባቢ የለን፣" ብምባል፣ ብኡ ንብኡ ካብ ሓጐስ ተኣልየ። ሓጐስ ንቑሩብ ደቓይቕ ኮፍ ኢሉ ነቲ ትካል ብዓይኑ ኲሊሉ ብምዕዛብ፣ ወጺኡ ኸደ።

* * *

ኣዲስ ኣበባ ብህዝባዊ ግንባርን ኢህወደግን ሓራ ምስ ወጸት ኣብ ክልተ ቅነኣ ቐዳም ምሸት፣ እቲ ዓቢ ኣዳራሽ ናይቲ ሆቴል ብዕዱማት ተጋደልቲ መርገጺ እግሪ ኣይነበሮን። ኩሉ ንሰላምታ ብመንኩብ እናተጓነጸ፣ ወዲ ኹስቶ ኽመ'ለኻ ኽመ'ለኻ ዝበሃሃሉ ብሓደ ወ'ነን፣ ኣብዚ ዲኻ ዘለኻ ዝብል ዋጭዋጭታ ሰብ ኮንጎን ጥላምን እትሰምዓሉ በቲ ኻልእ፣ እዩ ዝነበረ። ሃንደበት፣ 'ሓንሳብ ዝግ ንበል' ዝብል ናይ ኢድ ጣቕዒት ተሰምዐ'ሞ፣ ኩሎም ኣብ

ዘዝነበሩዎ ደው ብምባል ናብቲ ኣፍ ደገ ናይቲ ኣዳራሽ ኣቋመቱ። ተጋዳላይ መለስ ዜናዊ፣ ሓጺር፣ ኣፍሮ ጸጕሩን ጨሓምን ፍሽኽ ብምባል ብጸጋምን የማንን ንዝነበሩ ብጾቱ ኣእዳዉ እናወዛወዘን ኣብ ጥቓኡ ንዝነበሩ ከኣ ናይ ኢድ ሰላምታ እናሃበን ብብጾቱ ታምራት ላይነ፣ ስብሓት ነጋ፣ ስየ ኣብርሃ፣ ኣባይ ጸሃየ፣ ተፈራ ዋልዋ፣ በረኸት ስምኦንን ካልኦትን ተሰንዩ ናብቲ ኣዳራሽ ኣተወ። ኣብቲ ኣዳራሽ ድሙቕ ጣቕዒት ኣጋውሐ፣ ክሳዕ መንበር ዝሕዝ ከኣ ኣየዕረፈን።

"ብጾት ሓንሳብ! ብጾት ሓንሳብ!" በለ፣ እቲ ናይ ፕሮቶኮል ሹም። ኩሉ ኸኣ ኣብ ዝተዋህቦ መንበር ኮፍ በለ። ኩሉ ሕጉስን ፍሽኽታ ዝወረሶ ገጽን የርኢ ነበረ። እወ፣ ናይ ዓወት ፍሽኽታ። እቲ ናይ ፕሮቶኮል ሹም ንሓደ ተጋዳላይ ናብቲ መድረኽ ንኽመጽእ ዓደሞ።

"ብጾት! እንቋዕ ኣብዚ ኣብጽሓና!" እቲ ሓጺር ዝቑመቱ፣ መልክዐኛን ኣብ ክሳዱ ኩሹኽ ዝጠምጠመን ተጋዳላይ ምስ በለ፣ ድሙቕን ዘየቋርጽን ጣቕዒት ተሰምዐ።

"መን ደኣሉ እዚ?" ሓተተቶ ንሰለሙን ገለ ካብቶም ናቶም መሲሉዋ።

"ስየ ኣብርሃ ዝብሃል እዚ እዩ፣" ብምባል፣ ናብቲ መደረ ብምትኳር ኣእዛኑ ጢል ኣበለን። ስየ ኽዛረብ ከሎ ካብ ትግርኛ ክትብሎ ጉራማይለ ኣምሓርኛ ክትብሎ ብዝቐልል ላህጃ ትግርኛ፣ "እዚ ንኽብሪ ተጋደልቲ ህዝባዊ ግንባር ተባሂሉ ዝተዳለወ ናይ ድራር ምሸት ብምዃኑ፣ ሰናይ ምሸት ይግበረልኩም፣" ብምባል ኣ ብ ጐድኒ መለስ ኮፍ በለ። ሰለሙን፣ ንስየ ካብቲ መድረኽ ወሪዱ ናብ ቦታኡ ኽኸይድ ከሎ ብዓይኑ ኣብ ዝከታተለሉ ዝነበረ እዋን'ዩ እምበኣር፣ ንሓጐስ ዝረኣዮ። ከይተፈለጠ ኸኣ "እውይ ሓጐስ እንድዩ ደኣ'ቲ!" በላ፣ ንለምለም ጓል ገሬ።

"ትርእይዮ ኣለኺ! እቲ ምስ ወዲ ጐበዛይ መራሕ ብርጌድና ዘሎ!"

"እንታይ ትብል ሰሌ፣ እሞ ሰላም ኢልካዮ ዘይትመጽእ፣" በለቶ፣ ከምቲ ኣብ ሜዳ ዝለመደቶ መሲሉዋ። ሰብ ኣብ ጠጣውላኡ ኮፍ ኢሉ፣ ብኣሳሰይቲ ምግብን መስተን ከም ዝወሃብ ስለ ዝዘንግዐት።

"ኣየ ጓል ገሬ! ቀኑሩብ'ባ ውርዝይ በሊ!" ምስ በላ፣ ሰሓቕ መጺኡዋ ኣፋ ኽዲና ተፈኽፈኸት። ድራር ተበሊዑ ጓይላ ምስ ተተኽለ፣ ሰለሙንን ለምለምን ናብ ሓጐስ ብምቕራብ ሰላም በሉዎ። ሓጐስ፣ ዓይኑ ኣፍጢጡ ንሰለሙን ካብ ልቢ ብዝነቐለ ፍቕሪ ሓቝፉ ደጋጊሙ ሰዓሞ።

“ኣንታ ሰለሙን! ከመይ ዝበሉዎ ብሩኽ መዓልቲ እዩ፣” ድሕሪ ምባል፣ ንለምለም'ውን ሓቝፉ ሰዓማ።

“ሓጐስ ከመ'ለኻ!?” እናተበሃሃሉ፣ ዓወት ብዘምጽኦ ደስታ መሊሶም ተሓቛቚፉ። ኣብቲ ክስዕሰዑ ዝኸዱ ብጾቱ ኮፍ ኢሎሞ ዝነበሩ መንበር ብሓባር ኮፍ ክብሉ ኸኣ ዓደሞም። እቲ ዝነበረ ሃዋህው ናይ ታሕጓስን ሳዕስዒትን ስለ ዝነበረ፣ ክስዕሰዑን ክሰትዩን ሰዓት ዓሰርተው ሓደ ኾነ። ሰለሙን፣ ለምለምን ሓጐስን ናብ ካልእ ንምኻድ ተተሓሒዞም ካብቲ ኣዳራሽ ወጺኦም እግሪ መገዶም ናብ ሓደ ቤት መስተ ተኣልዩ።

* * *

ገለ ኢትዮጵያውያን ኣብ ወጻእን ውሽጢ ሃገርን ኣብ ልዕሊ ህ.ወ.ሓ.ት ተቓውሞ የርእዩሉ ኣብ ዝነበሩሉ እዋን'ዩ፣ እቲ ንኹሎም ከሳትፍ ዝተሓለነ መሰጋገሪ መንግስቲ ንምቛሙ ንወርሒ ሓምለ ናይ ኮንፈረንስ መደብ ዝወጸ። ሓጐስ፣ ነቲ ኮንፈረንስ ክወዳድብ ነዛ ኸበልዕ'ውን ጊዜ ዝብሃል ኣይነበሮን። እቲ ኮንፈረንስ ኣብ ውሽጢ ሃገር ይሃልዋ ኣብ ወጻኢ፣ ንኹለን ተቓወምቲ ውድባት ዘሳትፍ'ኳ እንተ ነበረ፣ ገለን ዝሓንገዳ ገለን ከኣ ኣነ ተወጊነ ዝብላ ኣብ ፈቖዶ ሃገራት ሰላማዊ ሰልፊ ክገብራ ውራይ በርቲዑወን ደኣ ነበረ። ኣብቲ ዋዕላ፣ እታ ኣቓልቦ ዓለም ስሒባ ዝነበረት ናይቲ ኮን ፈረንስ ዝዓበየት ጋሻ ኤርትራ፣ ኣብ ናይ ተዓዛቢ ቦታኣ ንኽትሕዝ ብኽብሪ ተዓደመት። ህ.ወ.ሓ.ት/ኢ.ህ.ወ.ደ.ግ ነቲ ኣብቲ ኮንፈረንስ ክቐርብ ዝነበሮ ቅዋም ወይ ቻርተር ንምድላው ዓቕምን ንዕኡ ዝበቅዕ ብቕዓትን ስለ ዘይነበሮ፣ ኣብ ሰንዓፈ ኣብ ዝተገብረ ርክብ ብኣላይነት ህዝባዊ ግንባር ሓርነት ኤርትራን ብምትሕብባር ግንባር ሓርነት ኦሮሞን ነቲ ንድፊ ወዲኡ፣ ነቲ ዕለት'ቲ ድልዊ ገበሮ። እቲ ኮንፈረንስ ካብ 1 ክሳዕ 5 ሓምለ 1991 ተኻየደ። እቲ ቻርተር ተዘተየሉ፣ ብምሉእ ድምጺ ኸኣ ሓለፈ። ካብ 21 ሓምለ 1991 ጀሚሩ ግብራዊ ክኸውን ተወሰነ። መለስ (ለገሰ) ዜናዊ ኸኣ ፕረዚደንት እታ ሃገር ኮይኑ ተመርጸ።

* * *

ሓጐስ፣ ብመሰረት ፕረዚደንት መለስ ዜናዊ ዘቐሞ ካቢነ ሚኒስተራት፣ ኣብ ጉዳይ ኤርትራን ኤርትራውያን ነባሮ ኢትዮጵያን ቀንዲ ኣማኻሪኡ ኾይኑ ተመዘዘ። ኮይኑ ኸኣ፣ ኣብቲ ናይ መጀመርታ

ኣኼባ ቤት ጽሕፈት ፕረዚደንት፣ ፕረዚደንት መለስ ንኤርትራ ዝምልከት እማመ ክቐርበሉ ንሓጐስ ሓላፍነት ሃቡ። ሓጐስ፣ ንህዝቢ ኤርትራን ኢትዮጵያን ከቀራርብን ኣብ ነዊሕ እዋን ድልዱል ዝምድና ዝፈጠረሉን ባይታ ንምጥጣሕ ዘኽእሎ መዝነት ብምርካቡ፣ ደስታኡ ወሰን ኣይነበሮን። ነዚ ስራሓት እተሳልጥ ሓንቲ ኮሚቴ ክትቀውም ምኳና ንፕረዚደንት መለስ ሓበሮ'ሞ፣

"ብጻይ ሓጐስ፣ ጽቡቕ ሓሳብ'ዩ። ከምዚ ትርእዮ፣ ምቛም መንግስቲ ኣዝዩ ዝተሓላለኸን ከቢድን'ዩ። ዘሰክመና ሓላፍነት ከኣ ብኡ መጠን ረዚን'ዩ። ስለዚ፣ ኣብ ውሽጢ ሓደ ወርሒ ሓደ እማመ ኣቕርበለይ ኢኻ፣ ኣብቲ ዝመጽእ ዘሎ ኣኼባ ፖለቲካዊ ቤት ጽሕፈት ህ.ወ.ሓ.ት ምእንቲ ክንዝትየሉ።"

"ከም እትፈልጦ፣ ጉዳይ ኤርትራ ብጥንቃቐ ኽተሓዝ ዘሎዎ እዩ። ኣብ ውድብና ገና ዘካትዕ ዘሎ ጉዳይ ምኳኑ ፈሊጥና ኸኣ ትብዓት ዝሓቱ ውሳኔታት ክነሕልፍ ክንግደድ ኢና። ስለዚ፣ እቶም ኣብታ ኮሚቴ ዝኣትዉ ኸኢላታት ኣነ እንተ ረቚሕኩልካ እንታይ ይመስለካ?"

"ብወገነይ ዝኾነ ይኹን ተቓውሞ የብለይን፣ የግዳስ ..." ኢሉ ኸይወድአ፣

"ይርድኣኒ እዩ፣ ካልእ ኣማራጺ ግና የብልናን፣" ብምባል ተሰናቢቱዎ ኸደ።

እታ ኮሚቴ ቆይማ ስራሓ'ውን ጀመረት። እቲ ስራሕ፣ ጊዜ ዝህብ ስለ ዘይነበረ፣ ኮሚቴ ሓጐስ ትንፋስ ሰኣነት። ኮይኑ ግና፣ ኣብ ዝተወሰነላ እዋን ወረቓቕታ ኣሰናዲኣ ናብ ፕረዚደንት መለስ ኣቕረበት። ነቲ እማመ ዘንበበ መለስ፣

"ብጻይ ሓጐስ፣" ኢሉ ፍሽኽ ድሕሪ ምባል፣ "ክሳድካ ንኻራ ሃባ ኢኻ ትብለኒ ዘለኻ፣" ብምባል ዓይኒ ዓይኑ ጠመቶ።

"ካራ፣ በሊሑ ጐዲሙ ካራ ምኳኑ ኣይተርፎን'ዩ። ስለዚ፣ ዘለና ኣማራጺ እንታይ እዩ? ኣብ ኤርትራ መንግስቲ ቖይሙ ካብ ሃለወ፣ እዚ ሕቶ'ዚ ብዘይ ወዓል ሕደር ክንምልሶ ከሓተና ምኳኑ ዘጠራጥር ኣይኮነን። ስለዚ፣ ቀዲምና ሽግራትና ባዕልና ኣሊናዮም እንተ ጸናሕና ዝተመርጸ እዩ። ብኻልእ ወገን ከኣ፣ መጻኢ ኣካይዳና ሓደ ኣንፈት ክሽፍተልና ምኳኑ ኸኣ ኣይጠራጥርን'የ፣" ብምባል፣ እቲ እማመ ኣብቲ ኣኼባ ኽም ዘሎዎ ንኽቐርብ ኣእመኖ። ኣብ መንጎ ኽልቲኦም ካብ ሜዳ ጀሚሩ ጽቡቕ ምቅርራብ እንተ ነበሮም'ኳ፣ ብገለ ኣባላት መሪሕነት ህ.ወ.ሓ.ት ግና ብጥርጣረ ዓይኒ ይርኣዩ ደኣ ነበሩ።

ኣብ መፋርቕ መስከረም 1991 ኣኼባ ፖለቲካዊ ቤት ጽሕፈት ህ.ወ.ሓ.ት ኣብ ኣዲስ ኣበባ ተጀመረ። መካይን ላንድክሩዘር ምስ ዓጀብተን ኣብቲ መእከቢ ቦታ ዝርከብ መዕሸጊ መካይን ክዕሸጋ ጀመራ። እቲ ኸባቢ ብሓለዋ ዝተኸበ ብምንባሩ፣ ሓላፍ መገዲ በቲ ቦታ ኸይሓልፍ ተኸልከለ። ንፋስ ኣዲስ ኣበባ ተሰማሚዑዎም ሰብነቶም ምልቍልቍ ዝበሉ ኣባላት መሪሕነት ፍሽኽሽኽ እናበሉ ናብቲ ኣዳራሽ ኣተዉ። መለስ ድሕሪ ኹሎም ኣተወ'ሞ፣ ኩሎም ካብ መንበሮም ብድድ ኢሎም ተቐበሉዎ።

መለስ፣ "ብጾት ከመይ ቀኒኹም፧" ድሕሪ ምባል፣ ብቐጥታ ናብቲ ዝነበረ ዛዕባታት ንምእታው ዘድሊ ሓበሬታ ሃበ። ሓደ ካብ'ቶም ኣገደስቲ ዛዕባታት ኤርትራን መንግስቲ ኤርትራን ብምንባሩ፣ ነቲ ብቤት ጽሕፈት ፕረዚደንት ቅድሚ ሓደ መዓልቲ ንኣባላት'ቲ መሪሕነት ዝተዓደሎም ወረቓቕቲ መግለጺ ንኽህበሉ፣ እቲ መድረኽ ንሓጐስ ተዋህበ። ንሱ፣ ንታሪኽ ኤርትራ ኣስፊሑ ድሕሪ ምግላጽ፣ ነቲ ኣብ እዋን ብረታዊ ቓልሲ ዘጋጠመ ምቍራጽ ዝምድና ኽልቲኤን ውድባትን ዝነበረ ዘይምቅዳውን መበገሲኡ ኣብርሀ'ሞ፣

"ስለዚ፣ ውድብና ነዚ ናብዚ ዓወት ዘብጽሓና ዝምድና ብጥንቃቐ ኽሕዞ ይግባእ። እዚ ንኽኽውን ግና፣ ህ.ወ.ሓ.ት፣ ኣብ ቅድሚኡ ሓደ ኣገዳሲ ዝኾነ ታሪኻዊ ውሳኔ ይጽበዮ ኣሎ። ንሱ ኸኣ፣ ጉዳይ ዶብ ኤርትራን ኢትዮጵያን'ዩ። ብጾት፣ ኩላትና ኸም እንፈልጦን ብተደጋጋሚ ኸም ዝዘተናሉን፣ ብመገዲ *ማኒፌስቶ ትግራይ 68* ዕላማ ቃልስና ኣብ ዘነጸርናሉ እዋን፣ እታ ክትብልጽግ እንምነያ ትግራይ ዶባታ ካበይ ናበይ እዩ ንዝብል ሕቶ ብወግዒ መልሲ ሂብናሉ ኣለና። ንሱ ኸኣ፣ ምዕራባዊ ቆላታት ኤርትራን ቐይሕ ባሕርን ምዃኑ ኣስሚርናሉ ኣለና። ከም እንዝክሮ፣ ኣብ 1984 እውን ንህዝባዊ ግን ባር ዶባትና ከነነጽር ሓቲትናዮ ነይርና። ኣብ ናይ ቃልሲ እዋን ስለ ዝነበርና ግና፣ እቲ ጉዳይ ተወንዚፉ ጸኒሑ'ሎ፣" ብምባል ወረቓቕቱ እናገላበጠ፣ "ከምቲ ኣብ ካርታ ኤርትራ እንርእዮ ዘለና፣ ሚኒሊክ ምስ መንግስቲ ጣልያን ኣብ 1900፣ 1902 ከምኡ'ውን 1908 ዝገበሮ ስምምዕ፣ ኣብ 1952 ኣብ ሕቡራት ሃገራት ዝተመዝገበ፣ ካርቶግራፈ ማእከል ወኪል ስለያ ኣሜሪካ ዘውጽኦ ካርታ፣ ኣብ 1962 ፈደረሽን ፈሪሱ መንግስቲ ሃጸይ ሃይለስላሴ ንኤርትራ መበል ዓሰርተው ኣርባዕተ ክፍሊ ሃገር ምዃና ምስ ኣወጀን ስርዓት ደርግ'ውን እንተ ኾነ ዶባት ኤርትራ ኸም ዘሎዎ ዝተቐበለን፣ እዚ ቐይሙ ዘሎ ጊዝያዊ መንግስቲ ኤርትራ ሃገራዊ ዶባቱ ንሱ

ምዃኑ እዩ ዝኣምን። ድሕሪ ረፈረንደም'ውን እንተ ኾነ፡ ሕቡራት ሃገራት ወግዓዊ ዶባት ኤርትራ ኢሉ ዝቐበሎ ንዕኡ እዩ፡" ብምባል፡ ንኹሎም በብሓደ ብምጥማት በዒንቱ ኰለሎም። "ብጾት፡ ሃገርና መዓስ'ያ ኣብ ልዕሊ ጐረቤት ሃገራት ውግእ እትእውጅ። ንኣብነት፡ ኣብ 1977 መንግስቲ ሶማል ኣብ ልዕሊ ሃገርና ወራር ብምፍጻም ክሳዕ ጂጅጋ ብምብጽሑ፡ እቲ ዝነበረ መንግስቲ (ደርግ) ንዝተኣወጀሉ ውግእ ሓያል መስዋእቲ ኸፊሉ ግዝኣታዊ መሬቱ ከም ዝምለስ ገይሩዎ እዩ። ንሕና'ውን ከም መንግስቲ ነዚ ዶባት ከነኽብር ግዴታ ተሰኪምና ኣለና። ምኽንያቱ፡ ወግዓዊ ዶብና ንሱ ስለ ዝኾነ። ስለዚ፡ ሓንቲ ሃገር ኣብ ልዕሊ ጐረቤት ሃገር ውግእ እትእውጅ፡ ልዑላውነታ ተደፊሩ መሬታ ምስ ዝጉበጥ'ዩ ካብ ተባህለ፡ ውድብና ኣብ ሓምለ 1976 ብመገዲ *ማኒፌስቶ ትግራይ 68* ዘውጽኦ ካርታ ዓባይ ትግራይ ከም ምእዋጅ ኵናት ኣይቀኑጸርን ድዩ?" ኢሉ፡ ደጊሙ ንኹሎም በብተራ ጠመቶም። "ብጾት፡ ካብዚ መረዳእታ እንተ ተበጊስና፡ ኣብ ልዕሊ ኤርትራ ኲናት ኣዊጅና ኔርናን ኣለናን። ስለዚ፡ እቲ ቐድሚ ዓሰርተው ሓሙሽተ ዓመት ዝኣወጅናዮ ኲናት፡ ክለዓል ኣለዎ!" ምስ በለ፡ ኩሎም ክጉረምርሙ ጀመሩ። ፕረዚደንት መለስ ዜናዊ ነቲ ገዛ ህድኣት ክገብር ተማሕጺኑ፡ ንሓጐስ ክቕጽል ሓበሮ። "እዚ ብፍላጥ ድዩ ወይ ካብቲ ኣብቲ እዋን'ቲ ዝነበረ ንቕሓት ዝብገስ ኣዋጅ ኲናት፡ ጊዜኡ ዘሕለፈን ንዝምድና ክልቲአን መንግስታት ናብ ዘይተደልየ ዘይምትእምማን ከምርሐን ስለ ዝኾነ ኸኣ እዩ፡ ብቕጽበት ክለዓል ዘለዎ፡" ብምባል፡ ነቲ መድረኽ ንዘተ ዓደሞ።

"ብጻይ ሓጐስ፡ ነዚ ቐሪቡልና ዘሎ መዛተዪ ሓሳብ ቅድሚ ሕጂ'ውን ኣብ ዝተፈላለየ እዋን ክለዓል ጸኒሑ እዩ። እቲ ዝነበረ መድረኽ ከፍቅደልና ስለ ዘይከኣለ ግና፡ ኣብ'ዚ እዋን'ዚ ምልዓሉ ኣገዳሲ እዩ። ስለ ዝኾነ ኸኣ፡ ርእይቶታትን ዝተፈልየ ሓሳብን እንተሎ ኾይኑ እንተ'ቐረብና ዝሓሸ እዩ፡" ብምባል ፕረዚደንት ነቲ ኣኼበኛ ምስ ተላበወ፡ ኣብቲ ሓድሽ ዝቖመ ካቢነ ሚኒስተራት ሚኒስተር ምክልኻል ኮይኑ ዝተሸመ ስየ ኣብርሃ፡

"ህዝባዊ ግንባር ኣዝዩ ድልዱል ሰራዊት ሃኒጹ ኣብ ዘለወሉ እዋን፡ ነዚ ኣርእስቲ ኣልዒልካ ምዝታይ፡ ዘይተደልየ ስምዒታት ከልዕል ስለ ዝኽእል፡ ብጥንቃቐ እንተ ሓዝናዮ ዝተመርጸ እዩ። ምኽንያቱ፡ ኣዝዩ ተኣፋፍን ብዙሕ ሕቶታት ዘለዓዕልን ስለ ዝኾነ። ን ሕና፡ ገና ወተሃደራዊ ዓቕምና ኣብቲ ክብጻሕ ዝግብኦ ኸየብጻሕናዮ

ኸለና ብሓደ ወገን፡ ኤርትራውያን ገና ረፈረንደም ከይገበሩ ኸለዉ ብኻልእ፡ ንመንግስቲ ኤርትራ ንዓ ንዛተ ክንብሎ ዝክኣል ኣይኮነን፡” ብምባል፡ ነቲ ነገር ብፍላጥ መኣዝኑ ኽም ዝስሕት ገበሮ። ብውሽጡ ኸኣ፡ ህላዌ ሓጐስ ንመጸኢ ዓቢ ጸገም ክኾኖም ምኻኑ ኣይተጠራጠረን። ይኹን'ምበር፡ ምስ መለስን ካልኦት ኣባላት መሪሕነት ኣብ ዕጹው ማዕጾ ዝተዘራረቡሉን ኣብ ውሳኔ ዝበጽሑሉን ጉዳይ ስለ ዝነበረ ብዙሕ ኣይተሻቐለን።

“ብጻይ ሓጐስ፡ ብቐዳምነት ክነስተብህለሉ'ም ዝግብኣና ኣዝዮም ኣገደስቲ ጉዳያት ከም ዘለዉ ኽዝንጋዕ የብሉን። ቅድም ቀዳድም፡ ንሕና ኣብ ዝመጽእ ዓመት ምርጫ ክንገብር ንቀራረብ ኢና ዘለና። ልክዕ'ዩ፡ እዚ ተላዒሉ ዘሎ ኣርእስቲ ኣገዳስን ንመጸኢና ወሳንን'ኳ እንተ ኾነ፡ ብኽልቴና ወገን ማለት ብኣናን ብመንግስቲ ኤርትራን ዝጽበዩና ዘለዉ ስራሓት ኣዝዮም ብዙሓት ስለ ዝኾኑ፡ ብመጀመርታ ናብኦም ኣድሂብና እንተ ሰራሕና ዝሓሸ እዩ፡” ብምባል፡ ስብሓት ነጋ እቲ ውሳኔ ንዘይተወሰነ እዋን ክሰጋገር ተማሕጸነ። መለስ'ውን ነቲ ሓሳብ ኣይነጸጎን። ምኽንያቱ፡ እቲ ኣርእስቲ'ቲ ምስ ብጾቱ ናብ ዘይተደልየ ረጽሚ ኣእትዩ ንተኣማንነቱ ኣብ ሓደጋ ኸውድቖ ምኻኑ ስለ ዝተገንዘበ፡ ድሕሪ ረፈረንደም፡ ጉዳይ ደባት ምስ መንግስቲ ኤርትራ ክዘራረቡሉ ምኻኖም ብምግላጽ፡ ናብ ካልእ ኣርእስቲ ሰገረ። ሓጐስ፡ በቲ ሓሳብ እንተ ዘይተሰማምዐ'ኳ፡ ኣባል እቲ መሪሕነት ብዘይ ምንባሩ ኣብቲ ጉዳይ ኣትኪሉ ክካታዕ ዕድል ኣይረኸበን። ኮይኑ ኸኣ፡ ንመለስን ነቶም ኣብ እዋን ብረታዊ ቓልሲ ምምስራት ዓባይ ትግራይ ዝቃወሙ ዝነበሩ ኣባላት ማእከላይ ሽማግለን ከእምን ከም ዘሎዎ፡ ካብቲ ዝነበረ ሃዋህው ክግንዘብ ከኣለ።

ሓጐስ፡ ድሕሪ'ቲ ኣብ መፋርቕ መስከረም 1991 ኣብ ኣዲስ ኣበባ ዝተኻየደ ኣኼባ ህ.ወ.ሓ.ት.ን ብመሰረት ዘውጽኦ ውጥንን፡ ኣብ ዝተፈላለየ እዋናት ንጉዳይ ኤርትራን ደባታን እናልዓለ ንዕኡ ምስ ዝመስሉ ብጾቱ ክመያየጥ ጀመረ። እቲ ካብቶም ብጾቱ ዝረኸቦ ዝነበረ ግብረ መልሲ ግና ብፍላይ ድሕሪ'ቲ ኣኼባ ኣዝዩ ዝሑል ካብ ምንባሩ ዝተላዕለ፡ ኣብ ልዕሊ'ቲ መሪሕነትን ገለ ኣባላት ማእከላይ ሽማግለ ህ.ወ.ሓ.ትን ጥርጣረታቱ ካብቲ ዝነበሮ ንላዕሊ ዛየደ። እቲ ካብ ኩሉ ዝኸፍአ ግና፡ እቲ ኣብ ልዕሊ ህዝባዊ ግንባር ዝበጋገስ ዝነበረ ኣሉታዊ ኣረኣእያ ብጾቱ እዩ። ስለ ዝኾነ ኸኣ፡ ምስ ኣባል ማእከላይ ሽማግለን ኮሚቴ ኤርትራን ኤርትራውያን

ነበርቲ ኢትዮጵያን ወዲ ኣብርሃ፣ ዕረፍቲ ቀዳመ ሰንበት ኣብ ሶደሬ ኸሕልፉዎ ኸዱ'ሞ፣

"ንምንታይ ምኽንያት'ዩ መለስ ነቲ ዘቕረብናሉ ወረቐት ዕሽሽ ኢሉ ከም ዝሓለፎ ክርድኣኒ ኣይከኣለን?" ብምባል ወዲ ኣብርሃ፣ መለስ ዘልሓጥ ብምባሉ ዝተሰምየ ስክፍታ ገለጸሉ።

"መለስ ኣብ መዋጥር ዝኣተወ ኮይኑ ይስምዓኒ። ቀዲሙ'ውን ስክፍታኡ ገሊጹልና ነይሩ እዩ። ኣብዚ ሰዓት'ዚ ጉዳይ ኤርትራ ምስ በዓል ስየን ገብሩን ናብ ዘይተደልየ ጉንጺ ኸእትዎ ምኺኑ ብኣጋኡ ኣስተብሂልሉ ዘሎ ይመስል። ግና እቲ ሕቶ'ኮ፣ ናይ ስልጣን ሕቶ ኣይኮነን ክኸውን ዝግብኦ። እንታይ ደኣ፣ ዕላማ ቃልስና መገዱ ስሒቱ ኣብ ህውተታ ኸይኣቱ'ሞ፣ እቶም ዝሓለፉ ስርዓታት ዝገበሩዎ ንሕና ኸይንደግሞ እዩ ክስተውዕለሉ ዝግብኦ። ብኻልእ ወገን ከኣ፣ መለስ፣ ኣብ ሓደ መኣዲ ብኸልተ ማን ካ ኸበልዕ ዝፍትን ዘሎ ይመስል፣" ብምባል፣ ሓጐስ፣ ፕረዚደንት መለስ ኣብ ናይ ስልጣን ኮረሻ ኸህሉ ደገፍ ህዝባዊ ግንባር ሓርነት ኤርትራ ወሳኒ ምኺኑ ብሓደ ወገን፣ በቲ ኻልእ ከኣ፣ ምስ ጒጅለ ስየ ኣብርሃን ተወልደ ወልደማርያምን ሓይሊ ሚዛን ክሕሉ ኸም ዘለዎ ንወደ'ብርሃ ኣስፊሑ ገለጸሉ።

"ኣነ ብዙሕ እዋን ከም ዝተዓዘብኩዎም፣ እዞም ትብሎም ዘለኻ ሰባት፣ ንመለስ ክኣልዩዎ ዝደልዩ ዘለዉ እዮም ዝመስሉ። እታ ሓንቲ መእለይት መገዲ ኸኣ ኤርትራን ህዝባዊ ግንባርን'ያ።"

"ልክዕ ኣለካ። ንሱ ስለ ዝኾነ እንዲና ደኣ እቲ እማመ ኣቕሪብናሉ፣" በለ'ሞ፣ ነዊሕ ድሕሪ ምዝታይ፣

"እዚ ጉዳይ'ዚ ተኣፋፊ ስለ ዝኾነ ኣብ ነዊሕ እዋን ንመለስ ከነእምኖ'ለና። ንምኺኑ እታ ምስ በረኸት ዝገበርናያ ናይ ድራር ቈጸራ ኣብ ቦታኣ ኣላ ድያ?" ወደ'ብርሃ ምስ በለ ክልቲኦም እንታይ ክገብሩ ኸም ዘለዎምን ነዚ ጉዳይ'ዚ ምስ በረኸት ተራኺቦም ክዝትዩሉን ተሰማምዑ።

* * *

ምዕራፍ 58

ቀዳም ምሸት ኣብ ኢዩቤልዩ ቤተ መንግስቲ ኣዲስ ኣበባ ዝተገብረ ናይ ኮክቴል ግብጃ ኣምስዩ ናብቲ መብዛሕትኦም መሪሕነት ህ.ወ.ሓ.ት ዘምስዩሉ ሆቴል ሂልቶን ከደ'ሞ ብኢጋጣሚ ንገብሩ፣ ሳሞራ፣ ጻድቃን፣ ኣርከበ፣ ስየን ተወልደን ረኺቦም።

"ከመይ ኣምሲኹም? ይፍቀድ ድዩ?" በሎም ኮፍ ንኽብል።

"ብጻይ ሓጐስ፣ ኣዲስ ኣበባ ኣዝዩ ተሰማሚዑካ እዩ ዝመስል ዘሎ። ኣነ'ኳ ናብ ክልል ትግራይ ንኽትመጸና ንብጻይ መለስ ካብ ምቕስቃስ ዓዲ ኣይወዓልኩን፣" ብምባል፣ ገብሩ እናሽካዕለለ ንኹሎም ጠመቶም።

"ኢሂ እንታይ ተረኺቡ ደኣ ናብ ትግራይ ዝመጽእ?" በለ፣ ንሱ'ውን ፍሽኽ ብምባል።

"ኣብ ትግራይ ብዙሕ ስራሓት እዩ ዝጽበየና ዘሎ። ቊጠባ ትግራይ ኽህነጽ ኣለዎ፣ ገንዘብ ከኣ ኣይተሳእነን። ንስኻ ድማ ዓቢ ሓገዝ ምኾንካና።"

"ትኽክል ኣለኻ ብጻይ ገብሩ! እዚ ኣብዚ ዘሎ ስራሓት ምስ ተጻፈፈ ናብኡ ምምጻእ ዘይተርፍ'ዩ፣" ምስ በለ፣ ሃንደበት፣

"እዛ ጉዳይ ዶብ መዕለቢ ስኢንካላ ዲኻ!?" በለ ኣርከበ እናሰሓቐ።

"ኣይመስለንን! ንኹሉ ጊዜን ኲነታትን ኽፈቕዶ ክኽእል ኣለዎ፣" በለ ሓጐስ፣ ነገራት ናበይ ገጾም ክኸዱ ምኽኖም ብምግንዛብ።

"ትፈልጥ ዲኻ ሻዕብያ እንታይ ይብሉ ከም ዘለዉ? ትዕቢቶም'ኳ ምጽዋር ስኢናዮ'ለና። ንዓና ምንዓኞ ብመሰረቱ ኣይገደፉዎን ዘለዉ። ኣብዚ ቐረባ ጊዜ እንታይ ከም ዝበሉ ሰሚዕካዮ ትኸውን ኢኻ፣" በለ፣ ገብሩ ኣስራት ኣስናኑ እናሓርቐመን ነቲ ኣብ ብርጭቆኡ ዝነበረ ዊስኪ እናመዓጐን።

"ገብሩ! ዘየድሊ ዘረባ ኣይነልዕል፣ ጊዚኡ ኣይኮነን፣" በለ፣ ጻድቃን ርእሱ እናነቕነቐ።

"እንታይ ዝተፈጥረ ነገር ኣሎ ድዩ?" ሓተተ ሓጐስ ብምዝናይ። ገብሩን ስየን ናይ ሓጐስ ርእሰ ምትእምማን ክጻወሩዎ ዘይክእሉ

ብምንባሮም፡ ምስኡ ኣብ ዝዝትዩሉ እዋን ነድሪ ይስምዖም ደኣ ነበረ። ብፍላይ ኣብ'ዚ እዋን'ዚ ሒዙዎ ዘሎ ስልጣን ነቲ ንመጸኢ ወጢኖሞ ዝነበሩ ሓሳባት ኣብ ምትግባሩ ዕንቅፋት ከኸኖ ምዃኑ ስለ ዝተገንዘቡ፡ ፕረዚደንት መለስ ንሓጐስ ካብቲ ቦታ ኽኣልዮ ብቐጻሊ ይሓቱዎ ነበሩ።

"ኣብ ሓደ ዕላል ዝተባህለ ክነግረካ፡ ምእንቲ ትዕቢት ሻዕብያ ኣጸቢ'ቕካ ክትፈልጦ።" በለ፡ ገብሩ ኣስራት መልሓሱ ብመስተ ዝኣክል ል'ኽት ል'ኽት እናበሎ፣ "ሓደ ኣባልና ምስ ሓደ ካብ'ዞም ናይ ሻዕብያ ሜካናይዝድ እናዕለሉ ኸለዉ፡ እቲ ኣባልና ንጸወታ ኢሉ፡ 'ንደርግ ስዒርናዮ ኣለና፡ ተሪፉና ዘሎ፡ ሻዕብያ ጥራይ እዩ' እንተ በሎ፡ 'ንዓ'ኸን ደኣ እንታይ ክንርእየልክን፡ ሓንቲ ድሙ ንሓሙሳ ኣናጹ ሓንቲ ፍሊት ከኣ ንሽሕ ሃመማ' ብምባል ብትዕቢት ከም ዝመለሰሉ ትፈልጥ ዲ'ኻ! እዚ ዘርእየና፡ ገና ንዓና ኸም ትሑታት፡ ሰራሕተኛ ገዛ ..." ኢሉ ከይወድአ፡ ኣርከበ ዕቑባይ፡

"ለማኖ፡ ኣረይቲ በለስ፡ ክንደይ ኢልካ ክትቌጽሮ። ብሓጺሩ፡ ካብ ኣምሓራ ንዝወረደና ጭቈና፡ ብብረት ስዒርናዮ ኣለና። እንተ ምስ እዚኦም ግና፡ ገና ነዊሕ ቃልሲ ክህልወና እዩ። ሓጐስ ከኣ ገና ዶባትዶ ድልዱል ዝምድናዶ ትብል ኣሎ'ኻ፡" በለ፡ ናብ ስየ እናጠመተ። ሓጐስ፡ ነቲ ካብ'ዞም ሰባት'ዚኦም ብቐጻሊ ብትሒም ትሒም ዝሰምዖ ዝነበረ ካብ ሓቂ ዝሓለፈ ነብሰ ምትሓት ኣብዚ እዋን'ዚ ብእዝኑ ብምስምዑ፡ ኣብ ካልእ እዋንን ንበይኖምን እንታይ ክብሉ ከም ዝኽእሉ ክስሕቶ ኣይከኣለን። እንተ እታ ገብሩ ኣስራት፡ ንድሙን ፍሊትን ኣመልኪቱ ዝተዛረባ ግና ስለ ዘርመመቶ፡

"ብጸይ ገብሩ፡ ነቲ ሻዕብያ ጥራይ እዩ ተሪፉና ዘሎ ዝበለ ብጸይና ንምንታይ ሽዑ ንሽዑ ዘይኣሰርኩሞ?"

"እንታይ ስለ ዝኣበሰ! ሰብ'ኮ ክዛረብን ሓሳቡ ክገልጽን ናጻ እዩ፡" ብምባል፡ ስየ ኲራርምቱ ክሳዕ ዝረኣያ ሰሓቐ፣ እቶም ካልኦት'ውን ከምኡ። መስተ እናበዝሐ ብዝኸደ፡ ሓጐስ ኣንፈት እቲ ዕላል ስለ ዘይማእምኦ ተፋንዩዎም ከደ።

ድሕሪ ዓመት

ሓጐስ፡ ነቲ እንኮ ዓርኩ ሰለሙን ብምርካቡ ሕጉስ'ኳ እንተ ነበረ፡ ብዝነበሮ ሓላፍነት ስራሕ ግና ካብ ምስኡ ብስራሕ ምኽንያት ምስ በረኸትን ኣዜብን ዝራኸቦ ይበዝሕ ነበረ። ኣዲኡ፡ ኣደይ ብርነሽን ክልቲኦም ኣሕዋቱን ካብ ትግራይ ኣምጺኡ ምስ ኡ ኣብቲ መንግስቲ ዝሃቦ ዓቢ ቪላ'ኳ እንተ ኣንበሮም፡ ነተን ዓይነን ዝዓወራ ኣዲኡን ነቲ ብፖልዮ ዝተጠቕዐ ሓዉን እንክርኢ ግና፡ ጓሂኡ ወሰን ይስእነሉ ነበረ። ሓዉ፡ ብዝነበሮ ስንክልና ተኣላዪ ብምንባሩ፡ ኣቦይ ገብረኣነንያ ገለ ሓገዝ እንተ ኾኖም ብምባል ንእልል,ታ ኣብ ንኡስ ዕድሜኣ ካብ መኣዲ ትምህርቲ ብምፍላይ ኣመርዓዉዋ። እልል,ታ፡ ኣብ እዋን ዓጸቦ 1984/85 ኣቦኣ፡ ሰብኣያን ክልተ ደቃን ብሞት ካብ ዝፍለዩዋ ኣትሒዛ፡ ነዲኣን ሓዋን ክትኣሊ ሓዳር ኣይገበረትን። ነቲ እንኮ ዝተረፉ ውላድን ስድራኣን ክትናቢ ዘሕለፈቶ ሓሳረ መከራ ጸዊኻ ኣይውዳእን'ዩ ነይሩ። ኮይኑ ኸኣ፡ ናብ ኣዲስ ኣበባ ድሕሪ ምምጻኣ እያ እፎይታን መብረን ክትረክብ ዝኸኣለት። ሓጐስ ቀኑዑብ እንተ ደንጒዩ ሰለም ዘይተብል ዝነበረት እልል,ታ፡ ኣብታ ምሽት እቲኣ ግና ኣብ ሳ ሎን ኮይና ተለብሽሮን እናረኣየት ድቃስ ወሲዱዋ ኣይተበራበረትን። ሰዓት ዓሰርተው ሓደ ምሸት፡ ክልተ ሰባት ማዕጾ ምስ ኳሕኵሑ እያ፡ ብዘይ ልባ ተንሲኣ ዝኸፈተቶም።

ሓጐስ፡ ኣብቲ ንሰለስተ መዓልቲ ኣቢሉ ዝጸንሕ ኣኼባ ማእከላይ ሽማግለ ህ.ወ.ሓ.ት ንምንስታፍ ናብ መቐለ ኸደ። እቲ ድሕሪ ምርጫ ነሓሰ 1992 ዝተኸፍተ ኣኼባ፡ ትግራይ፡ ኣብ መጻኢ ኸመይ ክትመስል ኣለዋ? ዝምድና ህ.ወ.ሓ.ትን ህዝባዊ ግን ባርን፡ ረፈረንደም ኤርትራ፡ ጉዳይ ወደብ፡ ቀኑጠባዊ ምትእስሳር ምስ ኤርትራ፡ ናጻ ናይ ንግድን ምንቅስቓስ ዜጋታትን ካልኦትን ዝሓዘ ኣጀንዳ ብምንባሩ፡ ሓጐስ፡ ሰፊሕ ዝትሕዝቶኡ ወረቐት ኣብ ዘቕረበሉ እዋን፡ ብፍላይ ንደባት ኤርትራን ትግራይን ኣመልኪቱ፡

"ብጾት፡ እዚ ተኣፋፊ ጉዳይ ብኣጋኡ ክንኣልዮ እንተ ዘይክኢልና፡ ንመጻኢ ንኽልቲኣን ኣሓት ሃገራት ናብ ከቢድ ረጽሚ ከውድቐን'ዩ። ተሰካም ናይቲ ዝወርድ ኣደራዕ ከኣ፡ ህዝቢ ትግራይ እዩ ክኸውን፣ ምኽንያቱ፡ መሬት ኤርትራ፡ ህ.ወ.ሓ.ት ኣብ 1976 ኣብ ዘውጽኦ ካርታ ዝኣተወ እምበር፡ ሃይለስላሴ ይኹን

ደርግ ዝገበሩዎ ኣይኮነን። ንሳቶም'ሞ ብመሰረቱ ዶባት ኤርትራ ኣይተንከፉዎን። ስለዚ፡ ከምቲ ብቐጻሊ ንመሪሕነትን ነዚ ማእከላይ ሽማግለን ከእምኖም ዝፈተንኩን ዝፍትን ዘለኹን፡ ጽባሕ ንግሆ፡ መንግስቲ ኤርትራ ብርዱእ ምኽንያት፡ ኣብ ልዕሊ ግዝኣታዊ መሬት ኤርትራ ጌርኩሞ ዘለኹም ጐበጣ ኣልዕሉዎ ክብለና ምኧኑ ዘጠራጥር የልቦን። ሽዑ'ሽ መልስና እንታይ ክኸውን'ዩ? እንታይ ግብረ መልሲ'ሽ ከምጽእ'ዩ? ዝብሉን ዝመስሉን ሕቶታት፡ መሪሕነትን ማእከላይ ሽማግለን ብኣጋኡ ክሓስቡሉ ዝግብኦም ጉዳይ እዩ። ንመጠቓለሊ፡ ዝምድና ኽልቲኤን ሃገራት ኣብ መጻኢ ኣብ ድልዱል መሰረት ተሃኒጹ ምትእምማንን ምክብባርን ዝዓሰሎ ሃዋህው ክፍጠር እንተ ኾይኑ፡ እቲ ቕድሚ ዓሰርተው ሓሙሽተ ዓመት ማለት ኣብ ሓምለ 1976 ብማኒፌስቶ ትግራይ ኣቢልና ኣብ ልዕሊ ኤርትራ ዝኣወጅናዮ ኩናት፡ ብወግዒ ክነልዕሎ ኣለና። እንተ ዘይኮነ፡ እቲ ዝመጽእ ኩናት፡ ኩናት ኤርትራን ኢትዮጵያን ኮይኑ ተሪፉ፡ ኩናት እቶም ብደም ዝተኣሳሰሩ ህዝብታት ኤርትራን ትግራይን ክኸውን'ዩ፡" ብምባል፡ ንመሪሕነት እቲ ውድብ ዘደንጸወን ኣባላት ማእከላይ ሽማግለ ብጽሞና ንኽሓስቡ ዝዓደመን መደረ ኣስምዐ። መሪሕነት ህ.ወ.ሓ.ት፡ ነቲ ንልዕሊ ዓመት ብምስጢር ሒዙዎ ዝተጓዕዘ እማመ፣ ሓጐስ፡ ኣብ ቅድሚ ማእከላይ ሽማግለ ስለ ዘቃልዖ፡ ሕጉስ ኣይነበረን። ስለ ዝኾነ ኸኣ፡ ነቲ ካብ ዝተፈላለየ ኲርናዓት ዝቐርብ ዝነበረ ርእይቶ ንምዕጋት፡ መለስ፡

"ነዚ ብብጻይ ሓጐስ ዝቐረበ ሓሳባት መሪሕነት ካብቶም ብዕቱብ ሒዙዎም ዘሎ ናይ ቀዳምነት ቀዳምነታቱ ብምዃኖም፡ ምስ መንግስቲ ኤርትራ ኣብ ጠረጴዛ ኮፍ ኢሉ ከም ዝፈትሖ ዘጠራጥር የልቦን፡" ብምባል፡ ነቲ ሓጐስ ንሓደ ዓመት ምሉእ ከእምኖ ዝፈተነ ጉዳይ ንጐድኒ ገዲፉ፡ ንስለ ስልጣኑ ኽብል ሕጂ'ውን ቀልቢ ማእከላይ ሽማግለ ናብ ካልእ ኣርእስቲ ቀየሮ። ኣኼባ ተወዲኡ ኸኣ ነናብ ቦታኦም ተመልሱ።

ሓጐስ ገብረኣነንያ፡ ኣኼባ መቐለ ተዛዚሙ ናብ ኣዲስ ኣበባ ምስ ተመልሰ፡ ኣብ ሳልስቱ፡ ኣብ መወዳእታ ነሓሰ 1992 ምሸት ብዘይ ተፈልጠ ሰባት ብጥይት ተቐንጸለ።

~ ተፈጸመ ~

ኣብ ኤርትራ ዝተሳዕሩ ጀነራላትን ሰብ ካልእ መዓርግን ኢትዮጵያ

ሌ/ኮ መንግስቱ ሃይለማርያም
ሌ/ጀ ኣማን ዓንዶም
ሌ/ጀ መርዕድ መንገሻ
ሌ/ጀ ሃይሌ ባይከዳኝ
ሜ/ጀ ተሾመ እርገቱ
ሜ/ጀ ኣምሃ ደስታ
ሜ/ጀ ስዩም ገድለጊዮርጊስ
ሌ/ጀ ሃይለጊዮርጊስ ሃይለማርያም
ሜ/ጀ መርእድ ንጉሴ
ሜ/ጀ ኣበራ ኣበበ
ሜ/ጀ መርዳሳ ሌሊሳ
ሜ/ጀ ወርቁ ቸርነት
ሜ/ጀ ከበደ ያቆብ
ሜ/ጀ ኣለማየሁ ደስታ
ብ/ጀ እሸቱ ገብረማርያም
ብ/ጀ ነጋሽ ወልደየስ
ብ/ጀ ታደሰ ተሰማ
ብ/ጀ ተመስገን ገመቹ
ብ/ጀ ሃይሉ ከበደ
ብ/ጀ ተገኔ በቀለ
ብ/ጀ ጥላሁን ክፍሌ
ብ/ጀ ከበደ መሓሪ
ብ/ጀ ኣስራት ብሩ
ብ/ጀ ብርሃኑ ደምሴ
ብ/ጀ ፊለቀ እንግዳ
ብ/ጀ ተስፋየ ሃብተማርያም
ብ/ጀ ውብቱ ጸጋየ
ብ/ጀ ኣርኣያ
ብ/ጀ ስሙ ንጉሴ
ሪር ኣድሚራል ተስፋየ ብርሃኑ
ሪር ኣድሚራል የህዋላሸት ግርማ
ብ/ጀ ተፈሪ ባንቴ
ሌ/ጀ ኣበበ ገመዳ
ብ/ጀ ጌታቸው ናደው
ሌ/ጀ ተስፋየ ገብረኪዳን
ብ/ጀ ታየ ጥላሁን
ሜ/ጀ መርእድ ግዛው
ሜ/ጀ መስፍን ገብረቃል
ሜ/ጀ ቁሙላቸው ደኔ
ሜ/ጀ ዓብዱላሂ ዑመር
ሜ/ጀ ደምሴ ብልቱ
ሜ/ጀ ሃይሉ ገብረሚካኤል
ብ/ጀ ግደይ ህድሩ
ብ/ጀ ኣፈወርቅ ወልደሚካኤል
ብ/ጀ የማታ ምስክር
ብ/ጀ ተሾመ ተሰማ
ብ/ጀ ሑሴን ኣሕመድ
ብ/ጀ ታየ ባለኬር
ብ/ጀ ካሳየ ጨመዳ
ብ/ጀ ከተማ ኣይተንፍሱ
ብ/ጀ ከበደ ወልደጻድቕ
ብ/ጀ ሰሎሙን ደሳለኝ
ብ/ጀ ዓሊ ሓጂ
ብ/ጀ ንጉሰ ዘረጋው
ሜ/ጀ ረጋሳ ጂማ
ብ/ጀ ገብረመድን መድሃኔ
ብ/ጀ ታሪኩ ያይኔ
ብ/ጀ ገብረየስ ወልደሃና
ብ/ጀ ደመቀ ፋንታ
ብ/ጀ በረታ ጎመራው
ብ/ጀ ሽዋረጋ ቢሆነኝ
ኮሞዶር ፊሊጶስ ክብረት

ኮሞዶር ጌታቸው ስዩም
ኮ/ ተስፋየ ወልደስላሴ
ኮ/ ግርማ ሃይለማርያም
ኮ/ ሃይሉ ክንዴ
ኮ/ አድማሱ መኮንን

ኮሞዶር በለገ በለጠ
ኮ/ ዳዊት ወልደጊዮርጊስ
ኮ/ ካሳ ገብረማርያም
ኮ/ አለማየሁ አዳሙ

እዞም ኣብ ላዕሊ ተጠቒሶም ዘለዉ ጀነራላትን ሰብ ካልእ መዓርግን ውሑዳት ካብቶም ኣዝዮም ብዙሓት፣ ኣብ ውግእ ኤርትራ ዝተኻፈሉ ክኾኑ ከለዉ፣ ገሊኦም ህሉዋት ገሊኦም ከኣ ምውቲታት ምዃኖም ክዝንጋዕ የብሉን። እቶም ካብ ኮሎኔል ክሳብ ሻምበል ዝነበሩ ሰብ መዓርግ ልዕሊ 350 ክም ዝነበሩ ክግመት ይክኣል። እዚ ቍጽሪ'ዚ ነቶም ኣብ ሓይሊ ኣየርን ሓይሊ ባሕርን ኣይሕውስን'ዩ።

ደራሲ

ኣብ መሬት ኢትዮጵያ ብመሪሕነት ህዝባዊ ግንባር ሓርነት ኤርትራ ዝተሳዕሩ ጀነራላት

ብ/ጀ በረታ ጎመራው
ብ/ጀ ኣርኣያ
ሜ/ጀ ሓዲስ ተድላ
ሜ/ጀ ኣለማየሁ ኣጎናፍር
ብ/ጀ ኣበበ ሃይለስላሴ
ሜ/ጀ ስዩም መኰንን
ብ/ጀ ክንፈገብርኤል ድንቁ
ብ/ጀ እምቢበል ኣየለ
ሜ/ጀ ውብሸት ደሴ
ብ/ጀ ዋስይሁን ንጋቱ
ብ/ጀ ዘለቀ በየነ
ሜ/ጀ ግርማ ንዋይ
ሜ/ጀ ብርሃኑ ጀምበሬ
ብ/ጀ ሃይለጊዮርጊስ ብርሃኑ
ብ/ጀ ገዝሙ በዛወርቅ
ብ/ጀ ጌታቸው ሽበሺ
ሜ/ጀ ክፈለኝ ይብዛ
ብ/ጀ ገብረመስቀል ኣዝብጤ
ሜ/ጀ ጌታቸው ገዳሙ

እዞም ኣብ ላዕሊ ተጠቒሶም ዘለዉ ጀነራላት፡ ውሑዳት ካብቶም ኣዝዮም ብዙሓት ብመሪሕነት ህዝባዊ ግንባር ሓርነት ኤርትራ ካብ ትግራይ ጀሚሩ ክሳዕ ምትሓዝ ዋና ከተማ ኢትዮጵያ ኣብ ዝተሰላሰለ ውግእ ዝተሳዕሩ ክኾኑ ከለዉ፡ ገሊኦም ህሉዋት ገሊኦም ከኣ ምዉታት ምዃኖም ክዝንጋዕ የብሉን። እቶም ካብ ኮሎኔል ክሳብ ሻምበል ዝነበሩ ሰብ መዓርግ፡ ክግመቱ ኣዝዩ ኣጸጋሚ እዩ። እዚ ቝጽሪ'ዚ ነቶም ኣብ ሓይሊ ኣየርን ሓይሊ ባሕርን ዝነበሩ ኣይሕውስን'ዩ።

ደራሲ

www.ingramcontent.com/pod-product-compliance
Lightning Source LLC
Chambersburg PA
CBHW051123230426
43670CB00007B/649
* 9 7 8 0 5 7 8 9 6 6 4 0 3 *